2015

北京市社会科学基金项目
阶段成果选编

[上]

北京市哲学社会科学规划办公室 编

首都师范大学出版社
CAPITAL NORMAL UNIVERSITY PRESS

图书在版编目(CIP)数据

2015 北京市社会科学基金项目阶段成果选编 / 北京市哲学社会科学规划办公室编．—北京：首都师范大学出版社，2017.6

ISBN 978-7-5656-3453-6

Ⅰ.①2… Ⅱ.①北… Ⅲ.①社会科学—科技成果—汇编—北京 Ⅳ.①C121

中国版本图书馆 CIP 数据核字(2017)第 097172 号

2015 BEIJINGSHI SHEHUI KEXUE JIJIN XIANGMU JIEDUAN CHENGGUO XUANBIAN

2015 北京市社会科学基金项目阶段成果选编

北京市哲学社会科学规划办公室　编

项目统筹　马　岩
责任编辑　董良敏
首都师范大学出版社出版发行
地　址　北京西三环北路 105 号
邮　编　100048
电　话　68418523(总编室)　68982468(发行部)
网　址　www.cnupn.com.cn
印　刷　北京九州迅驰传媒文化有限公司
经　销　全国新华书店
版　次　2017 年 6 月第 1 版
印　次　2017 年 6 月第 1 次印刷
开　本　787mm×1092mm　1/16
印　张　48
字　数　940 千
定　价　96.00 元（全二册）

目 录

哲学学科

科社·党建学科

经济·管理学科

法学学科

教育学学科

社会学学科

语言·文学·艺术学科

历史学学科

城市学学科

综合类学科

哲学学科

Z H E X U E X U E K E

项目名称：马克思与怀特海的哲学比较研究
项目编号：13ZXB001
项目负责人：张秀华
项目信誉保证单位：中国政法大学

现代实践哲学与历史唯物主义[①]

国内马克思主义研究，经历了苏联的教科书阶段、教科书改革阶段，目前已经进入后教科书阶段。[②] 在这一过程中一直必须回答并引发热议的问题是：究竟马克思主义哲学是怎样的一种哲学？而随着对现当代哲学转向的讨论，对马克思主义哲学观、哲学范式的阐释显得尤为必要。许多学者已经从不同的理路指出：马克思主义哲学就是历史唯物主义、实践唯物主义，就是旨在变革世界的实践哲学，或者就是实践本体论等。问题是作为实践哲学的马克思主义哲学与以往实践哲学有何不同？是否有必要对其做实践本体论的解读？它与学界已基本取得共识的作为历史唯物主义的马克思主义哲学观是否契合或冲突？这些问题都有待课题化并做出进一步考察。

一、作为现代实践哲学的马克思主义哲学

无疑，产生于现代性展开与启蒙话语文化背景下的马克思主义哲学，只能是现代哲学；如果是实践哲学的话，也只能是现代实践哲学。

首先，从哲学形态学的意义来说，现代西方哲学发生了哲学范式的转向，即由近代认识论和实体论形而上学转向现当代实践哲学。这主要是由其哲学的兴趣和使命所决定的，前者在于“拯救知识”，回答普遍的确定性的知识何以可能；后者则让哲学回归生活世界，试图“拯救实践”，以寻求摆脱人类生存困境的可能方案。各种领域哲学的兴起构成了现当代实践哲学的不同表达样式，而各种“哲学转向说”也只有回到实践哲学的地基上才能得以说明。因此，对马克思主义哲学的哲学观定位，只能在现代哲学——现代唯物主义、现代实践哲学的范式下来解读才是恰当的。

其次，从马克思主义哲学本身来看，它充分体现了新实践哲学——现代实

---

① 本文原文发表于《哲学研究》，2015 年第 3 期。

② 孙正聿：《三组基本范畴与三种研究范式——当代中国马克思主义哲学研究的历史与逻辑》，《社会科学战线》，2011 年第 3 期。

践哲学的特质：在提问方式上，不再按照科学的逻辑追问世界和宇宙的本原、本体是什么，而是在历史的逻辑下探究社会历史的产生、发展规律以及人类解放何以成为可能。也就是说马克思主义哲学转换了传统哲学的基本问题，由思—存关系问题转向观念与现实、理论与实践、社会意识与社会生活的关系问题。在解决问题的方法上，马克思主义哲学不再单纯地诉诸客体性原则或主体性原则，而是二者的辩证统一。按照总体性辩证法、实践辩证法，重新考察现实的人与社会——现代资本主义社会，既看到资本主义的积极方面，又揭示资本逻辑下的异化劳动、强迫分工以及资本主义深层的社会冲突与矛盾，并诉诸历史主体——无产阶级的社会革命这一直接动力，来拯救现代性、重建现代性，以终结史前史，进而建设没有剥削、压迫的平等、正义的共产主义社会，实现人的解放和自由全面发展。在理性的诉求上，不再是客观理性、世界理性、逻各斯，也不是主观理性（心灵的思维、主体自我、纯粹理性等），而是现实的人的社会（历史）理性、交往理性和实践理性，而且借助对以往一切虚假意识形态的批判，进而说明人的感觉、意识和理性能力都不过是社会历史的产物和实践活动的结果。在理论旨趣上，不再是为思辨而思辨的"解释世界"，而是回归现实的生活世界，不仅要"解释世界"，更要"改变世界"，使现存世界革命化。因此，马克思主义哲学要终结一切旧哲学，特别是传统的二元论和形而上学。其立足点不再是市民社会，而是人类社会。马克思的全部问题在于如何通过对现实的资本主义社会批判，而实际地进展到未来共产主义社会。在"实践"概念的界定上，它不再只是在 Praxis 意义上——目的在自身的活动之亚里士多德实践概念上被理解，或者是单纯的物质实践 Practice，而是在 Praxis 和 Practice 相统一的意义上被说明。但这种统一是以物质生产实践为基础的。正是基于此而凸显出历史唯物主义、现代唯物主义、实践唯物主义的立场。也就是说，劳动、生产实践在改变对象世界的过程中改变着人自身，并通过实践活动的结果确证和提升人的本质力量。被亚里士多德传统所忽略的创制、技术生产活动得到了重视，并使其获得了内在的目的性与规范性价值，而非单纯的工具性和手段性。这也是马克思实践哲学区别于传统实践哲学的关键所在。

再次，借助西方马克思主义对马克思主义哲学观的理解与阐释理路，特别是对其哲学与现实、理论与实践之统一性的强调，在社会、历史总体范畴下对马克思主义总体性辩证法、主客体辩证法、实践辩证法、人学辩证法、交往辩证法、具体辩证法的解读，不仅进一步指认实践作为人的生存方式，而且通过对启蒙理性的批判，针对资本主义全面异化、物化的现实，给出寻求拯救现代性、重建现代性的种种乌托邦方案等，无一不彰显出作为现代实践哲学的马克思主义哲学的总特征。特别是东欧新马克思主义的南斯拉夫"实践派"、法兰克福学派、分析马克思主义的政治伦理转向，以及生态社会主义中的生态学马克思主义等，无一不弘扬了马克思主义实践哲学，尽管更多是在Praxis意义上。

国内学界对马克思主义哲学是实践哲学的理解，要么从马克思主义伦理、政治哲学的维度来说明马克思主义哲学是实践哲学；要么从实践唯物主义的立场坚持马克思主义哲学是实践哲学；要么从实践本体论的角度认为马克思主义哲学是实践哲学；要么从元实践学的阐释来回答马克思主义作为实践哲学何以可能；要么从哲学思维方式上来探究马克思主义哲学的实践哲学本性；要么从哲学人类学的路径来说明马克思主义实践哲学，等等。应该说这些研究成果在探讨马克思主义哲学观方面都有一定价值和意义，然而，还没有看到现代实践哲学与传统实践哲学的根本差异，马克思主义实践哲学的独特性既不同于亚里士多德、康德传统的实践哲学，也不同于现代西方各种领域哲学的实践哲学。根本说来，建构在“实践”之上的马克思主义实践哲学，在历史的视域下认为，历史是有目的的人的实践活动在时间中的展开，物质生产是历史产生的前提，生产力则是社会发展的最积极因素，不仅把“实践”看成是现实的人的理论的、伦理的、政治的活动，而且把它们放置在物质生产、劳动这一最切近人的生存方式的基础之上。正是后者(生产、劳动)曾被亚里士多德的实践概念(Praxis)所忽略，但最早为基督教因上帝是第一个工程师和劳作者而看重劳动的意义与价值，特别是经近代宗教改革尤其加尔文教使得世俗事务神圣化，劳动作为天职，成为目的在自身的活动；伴随现代科学技术的发展及其社会功能的凸显，尔后经黑格尔对劳动创造人的理解，马克思在继承这一关于劳动之理解的传统基础上，在《1844年经济学哲学手稿》中把劳动看成是自由自觉的活动、实践——人的类生活，把工业和工业产生的历史性存在视为人的本质力量的公开展示，并且从实践出发把历史看成是劳动、异化劳动和扬弃异化劳动的过程；而在《关于费尔巴哈的提纲》中明确提出社会生活在本质上是实践的；在《德意志意识形态》中，马克思、恩格斯不仅用劳动区别人和动物，而且用生产什么和怎样生产作为评价人的依据，还把消除了劳动者的分工看成是未来共产主义社会的一个特点。而恩格斯在《自然辩证法》一书中也强调劳动创造了人本身，以及人的劳动应该不愧于人的本性。此外，劳动还被说成是人的第一需要，也是就劳动是人的基本生存方式而言的。

所以，对马克思主义实践哲学的阐释必须在历史的视域下把握劳动、生产的实践内涵，及其对于人的生存之存在论意义。唯有在此路径下，才能避免直接把实践作为本体的实践本体论阐发。后者有悖于马克思哲学所实现的哲学革命，因为马克思哲学作为现代哲学，它反对和终结一切旧本体论的形而上学。对马克思主义哲学做出现代实践哲学的解读，其意义在于凸显马克思主义哲学的实践辩证法特质，即现实的人通过劳动、生产等实践活动，从其目的和需要出发，在改变对象世界的过程中，也改变人自身，是一个永不停歇的“人—物—人”的辩证过程。在这个过程中，实践是人根本的存在方式和媒介。

二、马克思主义实践哲学并非等同于实践本体论

强调马克思主义的实践观点，并不必然得出与唯物主义相冲突的实践一元论的本体论结论。但离开实践的观点，忽略马克思基于感性的实践活动对自然、社会和人的理解，就根本无法彻底回答唯物主义关于世界的物质统一性问题。也只有在社会生活本质上是实践的这一命题基础上，才能解决一切旧唯物主义包括费尔巴哈的人本学唯物主义试图回答但回答不了的人类社会的客观实践性、物质性问题，而这恰是现代唯物主义、新唯物主义对以往旧唯物主义的超越。也就是说，只有借助于在现实的人的生产、实践基础上所确立的历史唯物主义，马克思主义才可能成为最完备的唯物主义形态。

把葛兰西对马克思主义所做的实践哲学阐发，理解成实践本体论或实践一元论是不恰当的。葛兰西从未把马克思主义的实践哲学称为实践一元论。在葛兰西那里，(现代的)实践哲学不但不同于现代唯心主义，更不同于传统的形而上学唯物主义，是一种超越了一切旧唯心主义和旧唯物主义并包含着历史唯物主义的新哲学。因此，实践哲学是历史性的，也是历史主义的。用他自己的话说：“实践哲学以一种历史主义的方式思考它自身，把自己看成是哲学思想的一个暂时阶段……而且，在某种意义上，实践哲学是黑格尔主义的一种改革和一种发展；它是一种已经从(或企图从)任何片面的和狂信的意识形态要素中解放出来的哲学；它充满着矛盾的意识……甚至实践哲学也是历史矛盾的一种表现”。[①]因此，“实践哲学是以前一切历史的结果和顶点。从对黑格尔主义的批判中产生出现代唯心主义和实践哲学。黑格尔的内在论变成历史主义，但只在实践哲学那里，它才是绝对的历史主义——绝对的历史主义或绝对的人道主义”。[②]实际上，这种历史主义表达了马克思主义实践哲学以历史性为主导的历史主义，并给予实践哲学辩证法的本性。同时，这种辩证法根本说来就是“历史的方法论”——不同于“反历史主义的”、形而上学唯物主义的“社会学”之实证主义方法的“历史的辩证法”。

显然，不能把马克思主义哲学观的解读——(现代)实践哲学与历史唯物主义对立起来。毋宁说，前者是对历史唯物主义世界观的实践基质和实践观点的强调，以彰显马克思主义哲学是不同于一切传统理论形态的哲学，而是旨在“改变世界”并最终寻求人的解放，以期拯救现代性的现代哲学。如果说

① ［意］葛兰西著，徐崇温译：《实践哲学》，重庆：重庆出版社，1990 年版，第 93—94 页。

② ［意］葛兰西著，徐崇温译：《实践哲学》，重庆：重庆出版社，1990 年版，第 108 页。

对马克思主义哲学的历史唯物主义称谓有助于突出马克思主义哲学对以往旧唯物主义在社会历史领域的理论空场问题的有效解决，以及对黑格尔唯心史观的批判，那么对马克思主义哲学的实践哲学称谓则在于彰显不同于理论形态哲学范式的马克思主义哲学革命和对传统形而上学的终结；如果说前者(历史唯物主义称谓)强调的是与旧唯物主义一脉相承的唯物主义立场下的历史观和世界观，那么后者(现代实践哲学称谓)则着眼于在现代意义上所实现的哲学思维方式与方法论的变革或哲学范式的转换。在这一意义上，我们可以把新唯物主义、现代唯物主义叫作历史唯物主义、实践唯物主义或实践辩证法、历史辩证法、现代实践哲学。

之所以赋予马克思主义哲学一个新名称，不只是因为现当代哲学的实践转向，而强调马克思主义哲学是具有现代性特征的现代哲学，“马克思是西方现代实践哲学的奠基者”[①]；还由于现代实践哲学更容易说明马克思主义哲学对传统形而上学的终结和所实现的哲学革命，进而更好地理解马克思的新唯物主义、现代唯物主义特质，批判并拒斥一切试图把马克思主义哲学拉回到旧的理论哲学范式的倾向。应该说，西方马克思主义理论家的理路，是通过对第二国际试图把马克思主义理论仅仅作为经济和社会理论的实证主义倾向的批判，对第三国际等所谓正统的马克思主义将马克思主义哲学倒退的解释——倒退到旧唯物主义的思想方式，比较准确地回答了马克思哲学革命的问题，并彰显出马克思主义哲学的实践哲学本性。

卢卡奇在西方马克思主义奠基之作《历史与阶级意识——关于马克思主义辩证法的研究》中，通过对正统马克思主义的批判指认，马克思主义哲学是主客体相互作用的辩证法、实践辩证法、历史辩证法、总体性辩证法，进而指出无产阶级只有确立起阶级意识、让自身作为总体才能把握社会、历史的总体，最终成为推动历史进步、变革现实社会的主体。这一过程本身就是一个理论与实践的辩证统一过程。因此，马克思的“唯物主义辩证法是一种革命的辩证法”，只有无产阶级“既是认识的主体，又是认识的客体，而且按这种方式，理论直接而充分地影响到社会的变革过程时，理论的革命作用的前提条件——理论和实践的统一——才能成为可能”。[②] 这样马克思主义辩证法只能在历史领域，是历史辩证法，是无产阶级革命道路寻求的理论根据。

柯尔施通过对马克思主义和哲学关系的探讨，阐明马克思主义是哲学而且是现代哲学。这种现代哲学终结了一切传统形而上学，它不同于“资产阶级意识必然地把自身看作像纯粹的批判哲学和不偏不倚的科学一样离开世界并独

---

① 王南湜：《进入现代实践哲学的理路》，《开放时代》，2001 年第 3 期。

② [匈] 卢卡奇著，杜章智等译：《历史与阶级意识——关于马克思主义辩证法的研究》，北京：商务印书馆，1992 年版，第 48—49 页。

立于世界的东西，正像资产阶级国家和资产阶级法律好像是超出社会之上似的一样。应当由作为工人阶级的哲学的革命的唯物辩证法去同这种意识进行斗争。只有当整个现存社会和它的经济基础在实践上完全被推翻、这种意识在理论上全部被取消和被废除的时候，这一斗争才会结束”[①]。他引述马克思的话“不在现实中实现哲学，就不能消灭哲学”，表达了马克思主义实践哲学的理论诉求——改变现实，并终结一切旧哲学。

葛兰西则径直地把马克思主义哲学叫作实践哲学，并批判性、论战性地回答了实践哲学的理论组成、特质、方法论、工作任务等。他认为“‘实践哲学的理论’应当指对于在历史唯物主义的标题下一般所知道的哲学概念的逻辑的和融贯的系统论述”[②]，试图在世界观、哲学观、理论与实践的关系的意义上做出回答。同时，葛兰西批评布哈林在《通俗教材》中把实践哲学总是分裂为两个部分：一种关于历史和政治的学说，和一种哲学——辩证唯物主义的做法。但是，用这种方式思考问题，人们就不再能够理解辩证法的重要性和意义，因为辩证法从作为一种认识论、编史工作的精髓以及政治科学的位置上，被贬黜为形式逻辑和初级学术的一个亚类。只有把实践哲学看作一种开辟了历史新阶段的世界思想发展中的新阶段的、完整和独创的哲学的时候，才能领会辩证法的基本功能和意义。而实践哲学则在其超越作为过去社会的表现的传统唯心主义和传统唯物主义，保持其重要因素的范围内做到这一点。如果只是把实践哲学看作臣服于另一种哲学，那就不可能领会新的辩证法，然而，实践哲学却正是通过它（指辩证法）来实现对旧哲学的超越的。[③] 而葛兰西在“论形而上学”这一节中，进一步批评布哈林“没有理解形而上学的概念，正如他没有理解历史运动的概念，生成的概念，从而辩证法本身的概念那样”[④]，把历史的运动与生成看成是历史的辩证法。可以说，葛兰西把唯物的辩证法、历史的辩证法看成是实践哲学超越旧哲学的根本所在。在这个意义上可以认为葛兰西所说的实践哲学内蕴着历史唯物主义世界观和辩证法，重视历史性和历史主义的方法。

三、现代实践哲学与历史唯物主义的契合

我们通过作为现代实践哲学的马克思主义哲学观的解读，确认了现代实践哲学的根本特质在于其实践辩证法或历史辩证法，而这种实践辩证法构成了历史唯物主义世界观的根本解释原则。正是在这个意义上，西方马克思主义的

---

① ［德］卡尔·柯尔施著，王南湜、荣新海译：《马克思主义和哲学》，重庆：重庆出版社，1989年版，第 54 页。

② ［意］葛兰西著，徐崇温译：《实践哲学》，重庆：重庆出版社，1990 年版，第 116—117 页。

③ ［意］葛兰西著，徐崇温译：《实践哲学》，重庆：重庆出版社，1990 年版，第 128 页。

④ ［意］葛兰西著，徐崇温译：《实践哲学》，重庆：重庆出版社，1990 年版，第 129 页。

思想家才把马克思主义哲学看作实践辩证法、主客体辩证法、历史辩证法或总体性辩证法等。只有建立在实践辩证法这一思维方式与逻辑的基础上，历史唯物主义才能获得合理的说明。同样，具有实践辩证法特质的马克思主义的现代实践哲学，只有在历史唯物主义的立场与框架内才是可能的。

一方面，只有在历史唯物主义的立场下，依循历史的逻辑，按照历史性和历史主义的方法，才能克服以往认识论或知识论抽象的实践观。苏联哲学教科书体系的认识论是思维——存在二元论思维模式下的传统知识论和形而上学的反映论。这种认识论虽然也主张实践是认识的来源、基础、动力，是检验真理的标准等，但这里的"实践"是单纯服务于认识的，是第二性的，是抽象的，是在排除了历史唯物主义之后而引入实践观的。在这种情况下，认识主体被看成是孤立的而非社会历史中的人，存在也被看成是自然对象而非社会历史的存在，实践必然被抹去社会历史条件和具体的交往关系。

只有在历史唯物主义的世界观下，按照历史的逻辑，现代实践哲学作为马克思主义哲学观的认识论才能克服旧唯物主义认识论的局限，改变以思维与存在的关系为哲学基本问题的二元论思维方式，而转向新的哲学基本问题：社会意识与社会存在也就是理论与实践或观念与现实的关系的问题。这就是为什么马克思在《德意志意识形态》中讨论了现实的人是如何生活、如何存在、如何创造社会历史以后，才开始关注意识、精神生产的原因之所在。更为重要的是，马克思主义哲学不是以往为思辨而思辨的"纯粹的哲学"——旨在"解释世界"的理论形态的哲学，而是着眼于实践、服务于实践——"改变世界"、改造现实的革命的哲学，是科学性与革命性统一的哲学。

所以，理论与实践的关系问题构成马克思主义哲学的根本问题，这一点为安德森在《西方马克思主义探讨》一书中所言明；而哈贝马斯的著作《理论与实践》则系统研究了理论与实践的关系。在他看来，"历史唯物主义想要全面地说明社会进化，因此这种说明既涉及理论本身的形成联系，也涉及理论本身的运用联系"[①]。因此，"历史唯物主义可以被理解为一种以实践的意图拟定的社会理论；这种理论避免了传统政治和近代社会哲学互补的缺陷，所以它把科学性要求同一种与实践相关的理论结构相联系。"[②]因而，哈贝马斯主张，批判的社会哲学通过理论对自身形成过程中的联系的反思有别于科学和哲学。科学不考虑结构联系，它客观主义地去对待自己的对象领域；哲学(指传统哲学，引者注)则相反，它太相信自己的起源，它用本体论的观点把自身的起源

① [德]尤尔根·哈贝马斯著，郭官义、李黎译：《理论与实践》，北京：社会科学文献出版社，2010年版，第1页。

② [德]尤尔根·哈贝马斯著，郭官义、李黎译：《理论与实践》，北京：社会科学文献出版社，2010年版，第2页。

视作根基。批判的社会哲学通过理论对自身运用过程中的联系的预测，区别于霍克海默所说的传统理论；它的公认的要求只能在成功的启蒙过程中，也就是说，只能在有关人员的实际对话中得到兑现；它拒绝人们以独白方式建立的理论苦思冥想出来的要求，并且认为，迄今为止的哲学，尽管它也提出过自己的要求，但带有苦思冥想的性质。进而，可从三个方面解释理论与实践的关系：从晚期资本主义社会制度中科学、政治和公众舆论的关系的经验方面；从认识与兴趣的认识论方面；从肩负批判使命的社会理论的方法论方面。①

只有历史唯物主义立场下的实践观，才能确立起实践的总体性地位，如何做(How to do）的实践问题——H问题②，以及应该怎么做的实践规范问题才能凸显出来，旨在拯救实践、拯救现代性的现代实践哲学对马克思主义哲学观的解读才有了可靠的理论进路。

另一方面，在历史的逻辑下，现实的人之生存实践的历史性，内蕴着实践辩证法这一思维方式。历史唯物主义与一切旧唯物主义的根本区别在于“历史”和“实践”的观点，或者说“历史的逻辑”和“实践的逻辑”。只有在“历史的逻辑”下，实践的前提性、境遇性或历史性和过程性才获得重视，实践的辩证法才得以浮现，并最终使得逻辑与历史的统一成为可能。在马克思看来，历史是人们的生活过程，是人们的实践活动在时间中的展开，世界历史也是随着人们的劳动而不断生成的过程。因此，对历史的考察必然回归现实的生活世界，回到现实的人的感性实践活动上来，展现为历史与实践思维方式的内在联结和不可分性。他对历史的说明是感性活动过程论的——实践过程论的；他对实践和感性活动的说明又总是强调历史性境遇的历史主义立场。正是在此意义上，历史唯物主义的历史的逻辑内蕴着实践的思维方式——实践的逻辑、实践辩证法，这也就是为什么马克思注重劳动批判、生产批判和资本批判的原因。对感性实践活动的迷失与遮蔽是传统形而上学和旧唯物主义共同的局限。

只有历史唯物主义凭借历史的逻辑，最终解除了以往对不变、永恒、绝对的实体论形而上学信念，运动变化、生成与过程的历史性思维以及由此所确立的感性活动过程论或实践过程论，也就是实践的辩证法、实践的逻辑和实践总体的解释原则才成为历史唯物主义同历史唯心主义、旧唯物主义的根本分野，成为现代实践哲学的内在特质。这也就不难理解为什么 Pomeroy 把

---

① [德]尤尔根·哈贝马斯著，郭官义、李黎译：《理论与实践》，北京：社会科学文献出版社，2010年版，第2页。

② 徐长福：《走向实践智慧——探寻实践哲学的新进路》，北京：社会科学文献出版社，2008年版，第37页。

马克思主义哲学叫作“过程辩证法”[①]，Russell 写作 *Marx via Process*[②] 一书的原因了。如果说新唯物主义、现代唯物主义的解释原则是“历史的解释原则”，遵循“历史的思维逻辑”[③]，那么，“历史的思维逻辑就是辩证法的逻辑”[④]，而这种辩证法又超越了单纯概念的辩证法，进展到现实的主体与客体的相互作用的辩证法——实践的辩证法的基地。

总之，把马克思主义哲学解读为现代实践哲学是基于现当代西方哲学实践转向的总体境遇，然而，这种对马克思主义哲学所做的现代实践哲学的阐释，只有在历史唯物主义世界观和解释原则下才是可能的，同时，它也是对作为马克思主义世界观的历史唯物主义的契合与理论支撑，既不同于西方传统实践哲学，也有别于当代西方实践哲学。

（作者：张秀华　中国政法大学教授）

① A. F. Pomeroy, *Marx and Whitehead: Dialectics, and Critique of Capitalism State*. New York: University of New York Press, 2004.

② L. K. Russell, *Marx via Process*. University Press of America, Inc., 1982.

③ 刘福森：《我们需要什么样的哲学——哲学观变革与历史唯物主义研究》，北京：北京邮电大学出版社，2012 年版，第 164 页。

④ 刘福森：《我们需要什么样的哲学——哲学观变革与历史唯物主义研究》，北京：北京邮电大学出版社，2012 年版，第 167 页。

项目名称：道家生态美学思想及其当代价值
项目编号：13ZXB003
项目负责人：罗美云
项目信誉保证单位：北京林业大学

论《道德经》的生态伦理思想

道家思想是中国传统文化的三大流派之一，里面含有丰富的生态伦理思想。现代生态伦理学大多从中汲取了有益的养料，有的甚至把道家的经典作为根本经典。《道德经》是道家的第一经典，尽管只有区区五千余字，里面所蕴含的生态伦理思想却博大精深，令人难以窥其堂奥。因此，尽管有关《道德经》的生态伦理思想已多有阐发，但笔者还是不揣冒昧，谈谈自己对于《道德经》生态伦理思想的看法。

一、道生万物的生态整体观

正如塔克尔及白诗朗所说："中国的自然主义表现为一种有机的整体论(organic holism)和一种动态的活力论(dynamic vitalism)。"①《道德经》认为，不管是从纵的时间维度看，还是从横的空间维度看，整个生态世界都是一个有机、完整、充满动态活力的生态整体。这种生态整体观和"有机和谐，而不是不碰触的自然，应成为生态运动的指南"②的宗旨是一致的。

(一)道生万物

"要坚持生态世界观，把世界看作一个不可分割的有机整体，必须具备两个前提：一是世界万物必须具有同源性，即世界上存在的所有东西都来自于同一个生长点；二是必须存在一种内在驱动力，即整个世界不是靠某种外力被组织起来的，而是依靠着自身的内部力量逐渐长起来的，就像一个人体。"③《道德经》认为，在天地万物之前有个更加根本的东西，它生出了天地万物，是天地万物的宗主，《道德经》把它称之为"道"。对于"道"，《道德经》在不同

① [美]塔克尔、白诗朗：《导论：设定语境》，见安乐哲等编：《儒学与生态》，南京：江苏教育出版社，2008 年版，第 2 页。

② [美]迈克尔·拉法格：《道教的"自然"是人类文化的一部分》，见安乐哲等编：《道教与生态——宇宙景观的内在之道》，南京：江苏教育出版社，2008 年版，第 56 页。

③ 陈炎、赵玉：《"道"与"能量"：两个与生态学有关的范畴》，《中国文化研究》，2005 年第 4 期，第 20 页。

的地方有不同的表述：

> 无名天地之始。有名万物之母。(《道德经》第一章，以下凡出于此书者只标注章数。)
>
> 道冲而用之或不盈，渊兮似万物之宗。挫其锐，解其纷，和其光，同其尘。湛兮似或存，吾不知谁之子，象帝之先。(第四章)
>
> 谷神不死，是谓玄牝，玄牝之门，是谓天地根，绵绵若存，用之不勤。(第六章)
>
> 有物混成，先天地生，寂兮寥兮，独立不改，周行而不殆，可以为天下母。吾不知其名，字之曰道，强为之名曰大。(第二十五章)
>
> 天下万物生于有，有生于无。(第四十章)
>
> 天下有始，以为天下母。既得其母，以知其子；既知其子，复守其母，没身不殆。(第五十二章)

这些表述从不同的方面及角度阐明了什么是“道”，以及和万物相比，道的本根性，道的相关属性、作用等。

“道生一，一生二，二生三，三生万物。万物负阴而抱阳，冲气以为和。”(第四十二章)道就是通过这种生成模式生出了宇宙中的万事万物，万物也内在地含有阴阳及气，内在地含有道。从这个意义说，万物是平等的。而“自今及古，其名不去，以阅众甫。吾何以知众甫之状哉？以此”。(第二十一章)这是从相反的方向，从万物现在的存在状况追溯到它的产生情况，也可以确证万物来源于道、道生万物的宇宙生成模式。而且道生出万物之后并不是对它们弃之不顾，而是要以自己的方式来抚育万物。

(二)万物平等

道尽管生出了天地万物(包括人)，是万物的本根、宗主，但它并不认为自己高天地万物一等，而是认为道、天、地、人这四大生态要素在整个生态系统中是平等的。“故道大，天大，地大，王亦大。域中有四大，而王居其一焉”(第二十五章)，对此做了很好的说明。“人法地，地法天，天法道，道法自然”(第二十五章)，是说人、地、天都要效法道，而道是要效法自己，自然而然。因此，人、地、天、道其实都是要效法自己，自然而然。从这个意义说，人、地、天、道也是平等的。当然，在这四大生态要素中，人是具有主观能动性的。但这并不能说明人比其他生态要素高一等，而只是说人应该具有这种特性，就像其他的生态要素都有各自的特性一样。从人要顺自然而为这一点来说，人和其他的生态要素也是平等的。天地万物的平等也表现在它们都内在地包含着道，且万物本身就是道的不同体现。“昔之得一者，天得一以清，地得一以宁，神得一以灵，谷得一以盈，万物得一以生，侯王得一以为天下贞。”(第三十九章)相反，如果万物不能保有自己所含的道，就不可能保住自己，更不用说和其他事物保持平等关系。“天无以清将恐裂，地无以宁将恐发，神无以灵将恐歇，谷无以盈将恐竭，万物无以生将恐灭，侯王无以高贵将恐蹶。”（第三十九章）另外，万物的平等还表现在天地对于万物一视同仁，没有亲疏贵贱之别。“天地不仁，以万物为刍狗；圣人不仁，以百姓为刍狗。”（第五章）而“天道无亲，常与善人”（第七十九章），也是说天道对万物众生是平等的，只是出于公平，它才会更多地帮助善人。这些平等的万物，每一个都有自己的独特价值和意义，正如泰勒“首先论证了所有有生命的物体都有其自身的善”。① 作为有主观能动性的人，我们要认识、尊重万物存在的独特价值和意义，并且要“扩大心胸，以冥同大道，与万物浑然合一”②。

冯沪祥认为“大道生命能融贯万物，无所不在。所以肯定物物相通、彼是相因”③，岳友熙认为“万物的生命相通”④，天地间万物尽管千差万别，各不相同，但因为它们都由道所生，都内含着道，因此，不同事物之间会有一种交感、贯通的关系。“故有无相生，难易相成，长短相较，高下相倾，音声相和，前后相随。”（第二章）它们都顺从着道，以道为转移，如“孔德之容，惟道是从”（第二十一章），而道也可以左右、支配一切事物，如“大道泛兮，其可左右”。（第三十四章）因此，整个生态系统就像一张天网，每个事物都是这张天网上的一个网结，每个网结都和其他网结联系在一起。尽管天网有很多网眼，却不会遗漏任何一个事物，真是“天网恢恢，疏而不失”。（第七十三章）这样形成的生态系统就是一种有机、整体而充满活力的生态系统。

（三）夫物芸芸，各复归根

《道德经》认为，道会运动、变化、远去、消失，但最终还是会回归于它本身。“有物混成，先天地生，寂兮寥兮，独立不改，周行而不殆，可以为天下母。吾不知其名，字之曰道，强为之名曰大。大曰逝，逝曰远，远曰反。”（第二十五章）而天地间万物，包括天地本身都不可能长久地存在，都会消失、死去。“希言自然。故飘风不终朝，骤雨不终日。孰为此者？天地。天地尚不能久，而况于人乎？”（第二十三章）《道德经》认为，天地万物最终都会复归于无，“绳绳不可名，复归于无物”，（第十四章）也就是复归于道，道是天地万物的汇归之处，“道者，万物之奥”（第六十二章）。作为四大生态要素之一、具有主观能动性的人，我们只有保持极虚静的状态才能够观察、顺从万物的兴作并复归于道之根的常规。“致虚极，守静笃，万物并作，吾以观复。夫物芸芸，各复归其根。归根曰静，是谓复命。复命曰常，知常曰明。”（第十六章）这样我们才能做到终身没有危险，“没身不殆”（第十六章），并且还能由此

① ［美］戴斯·贾丁斯著，林官明、杨爱民译：《环境伦理学——环境哲学导论》（第3版），北京：北京大学出版社，2002年版，第157页。

② 冯沪祥：《人、自然与文化》，北京：人民文学出版社，1996年版，第238页。

③ 冯沪祥：《人、自然与文化》，北京：人民文学出版社，1996年版，第238页。

④ 岳友熙：《生态环境美学》，北京：人民出版社，2007年版，第58页。

培育出“见素抱朴，少私寡欲”的生态人生观。

二、“见素抱朴，少私寡欲”的生态人生观

《道德经》倡导“见素抱朴，少私寡欲”（第十九章）的生态人生观。也就是说，人要以本来面目出现，保持内心纯朴，尽量减少私心和欲望。

“见素抱朴”就是要“复众人之所过”（第六十四章），“知其雄，守其雌，为天下溪。为天下溪，常德不离，复归于婴儿。知其白，守其黑，为天下式。为天下式，常德不忒，复归于无极。知其荣，守其辱，为天下谷。为天下谷，常德乃足，复归于朴”（第二十八章）。人要回到自己经历过的无知无欲的婴儿状态，回归于生命的本初、本真状态，知道雄、白、荣的方面，而守住雌、黑、辱的方面。人回到了这种“见素抱朴”的原始状态，好像是一无所有，却是拥有一切可能性，拥有一切。而且只有先做到了“见素抱朴”，才能够做到“少私寡欲”。

至于“少私寡欲”，《道德经》认为“五色令人目盲，五音令人耳聋，五味令人口爽，驰骋畋猎令人心发狂，难得之货令人行妨。是以圣人为腹不为目，故去彼取此”（第十二章）。人在满足了基本的感官欲望、物质需要时，就要使内在精神和心灵尽量充实。相反，过分注重外在感官享乐、物质享受会使我们的身体、感觉、精神、行为受到伤害。“是以圣人去甚，去奢，去泰”（第二十九章），我们要去掉那些极端的、奢侈的、过度的东西，以尽量减少我们的欲望。而且“少则得，多则惑”（第二十二章），我们欲望少，所取也少，但这些所取的我们都能够得到，同时我们还能够得到内心的宁静。相反，如果我们贪得无厌，想得到不该属于自己的更多的东西，反而会感到迷惑，甚至还会惹出横祸。而且，“是以圣人欲不欲，不贵难得之货”（第六十四章），人还要以没有欲望作为欲望，不要看重那些难以得到的东西。现在是个物欲横流的社会，大都市的花花世界更易激起人的各种欲望，每天不知有多少人被欲望蒙住了眼睛，陷入各种欲望中不能自拔，以致人性沦丧。《道德经》这一思想对此很有针对性，它要求我们减少欲望，保住人性。

“无名之朴，夫亦将无欲。不欲以静，天下将自定”（第三十七章），如果我们真正能够做到“见素抱朴，少私寡欲”，甚至以没有欲望为欲望，我们就能够效法道，对万物进行自然无为而无不为的管理与抚育，并能实现知足知止的生态公平观，实现可持续发展，使整个社会、世界真正保持和谐安定。

三、“自然无为”的生态抚育观

道不但生出万物，还“以辅万物之自然，而不敢为”（第六十四章），即以“自然无为”的方式来抚育万物。当然，“道常无为而无不为，侯王若能守之，万物将自化。”（第三十七章）因此，这种“自然无为”是一种包括了“无不为”的

"负责的无为"。[①] "故不仅天地万物是由道的运作生成的，而且宇宙中的一切实体、关系、结构和秩序，也是由道的运作生成的。而道创造了天地万物之后，并非就大功告成，它还继续生养万物，运化万物，参与万物的流行变化，养育和辅助万物的成长发育。""但是，道生养万物和哺育万物成长，并非出于有意的行为，也不是外力作用的结果，而是固存于一切事物和过程中的自然趋势和结果"，"天地万物因其自然之本性而生成、运行和显现。"[②]确如此论，《道德经》具体阐发了道生出万物，并以自然无为的方式来抚育万物的情况。当然，为此，道要通过各种各样的具体方式，借助于各种各样的具体力量来抚育万物。"道生之，德畜之，物形之，势成之。是以万物莫不尊道而贵德。道之尊，德之贵，夫莫之命而常自然。故道生之，德畜之：长之、育之、亭之、毒之、养之、覆之。生而不有，为而不恃，长而不宰，是谓玄德。"(第五十一章)《道德经》在别的地方也进一步阐述了类似思想："万物恃之而生而不辞，功成不名有，衣养万物而不为主"(第三十四章)，"万物作焉而不辞，生而不有，为而不恃，功成而弗居"(第二章)。《庄子》这方面思想也非常丰富："应之以自然，然后调理四时，太和万物"(《庄子·天运》)，"四时得节，万物不伤，群生不夭……莫之为而常自然"(《庄子·缮性》)，"以无为为常"(《庄子·天道》)，"从容无为而万物炊累焉"(《庄子·在宥》)，"天道运而无所积，故成万物"(《庄子·天道》)。这些可以说是对《道德经》相关思想的进一步发挥。总之，《道德经》认为，道这种自然无为地养育万物、保护万物而又不占用、主宰它们的行为是一种奥妙玄远的德性。

在上述基础上，《道德经》认为，人应该效法道，"尊重万物的自然本性，顺物自然而为"[③]，不要做对万物有害的事，"天之道，利而不害。圣人之道，为而不争"(第八十一章)。人也要效法水，善于做各种对万物有利的事。这方面水和道是一致的，因此，效法水也就是效法道，"上善若水。水善利万物而不争，处众人之所恶，故几于道"(第八章)。而当万物出现困厄，处于困境中时，我们要善于救助它们，不要抛弃它们，使它们能够尽量恢复、保住自身价值，从而为我们所用。《道德经》认为，如果能够这样做的话，就是具有了一种幽微、隐晦的明智。"是以圣人常善救人，故无弃人；常善救物，故无弃物，是谓袭明"(第二十七章)。而如果我们真正能够以这种自然无为而又无不为的态度来对待自然万物，自然万物就会归属于道，归属于我们。即使这样，我们也不要自命为万物的主宰者。这样，我们就能够真正地和自然万物达到

① [美]柯克兰：《对自然的"负责的无为"：基于〈内业〉、〈庄子〉和〈道德经〉的分析》，见安乐哲等编：《道教与生态——宇宙景观的内在之道》，南京：江苏教育出版社，2008年版，第238页。

② 佘正荣：《"自然之道"的深层生态学诠释》，《江汉论坛》，2001年第1期，第74页。

③ 许建良：《道家"无用之用"的思想及其生态伦理价值》，《哲学研究》，2007年第11期，第48页。

合一的境界，这样，人的价值和意义才能够真正体现出来。“万物归焉而不为主，可名为大。以其终不自为大，故能成其大”（第三十四章）。我们现在正在进行的环境治理、保护物种多样性、废物回收利用、植树造林等工作以及正在建设的生态文明型社会等，正是《道德经》这一思想的具体表现。

相反，“不知常，妄作，凶”（第十六章），我们如果忽视这种自然无为而无不为的常道生态保护观，就会面临诸多困境与凶险，会使我们和环境形成一种紧张的对立关系，使我们无法在我们所生存的环境中、在这个地球上生存下去。《道德经》认为，当时对环境、对生态造成最大破坏的是战争。战争所到之处，良田美地都成为不毛之地，荆棘横生，人们无法在这里生存。因此明道的圣君贤士不会轻易发动战争。“以道佐人主者，不以兵强天下，其事好还。师之所处，荆棘生焉。大军之后，必有凶年。”（第三十章）而近代工业文明以来，《道德经》所说的这种“不知常，妄作，凶”的具体表现，除了战争继续给我们带来巨大的灾难外，还有我们没有顺应自然及万物的本性而滥用高科技。结果，我们的物质财富是充分涌现了，但给生态环境造成的破坏是无以复加的。而且，这也造成了贫富差别悬殊、人性堕落、道德沦丧等诸多难以解决的社会问题。这确实应该引起我们的警醒。

四、“知足知止”的生态公平观

《道德经》认为，只有“知足知止”才能构建“人类与自然之间可持续的和谐关系”①，实现代内生态公平及代际生态公平。对于具体怎样实现知足知止的生态公平观，《道德经》认为，天地对人没有偏爱，平等、平均、公平地分配它所具有的各种资源。“天地相合以降甘露，民莫之令而自均。”（第三十二章）如果我们所占资源不公平，天会想方设法重新分配，使我们能公平占有。“天之道，其犹张弓与！高者抑之，下者举之；有余者损之，不足者补之。天之道，损有余而补不足。”（第七十七章）人要效法天地之道，公平分配各种资源，“孰能有余以奉天下？唯有道者”（第七十七章）。

但正像唐朝宰相陆贽所说“夫地力之生物有大限”，自然界生态资源是有限的。因此，我们要“取之有度，用之有节，则常足。取之无度，用之无节，则常不足”（《资治通鉴》卷二百三十四《唐纪五十》）对生态资源的利用能够知足，不要过度，就不会觉得生态资源欠缺，而可能还会觉得有限的生态资源对于我们来说是充裕的，“故知足之足，常足矣”（第四十六章），“知足者富”（第三十三章）。这样我们就能够公平地分配生态资源。同时，我们对于生态资源及物质的享受要适可而止，“乐与饵，过格止”（第三十五章）。这也像《管

① 杜维明：《当代新儒家人文主义的生态转向》，见安乐哲等编：《儒学与生态》，南京：江苏教育出版社，2008年版，第299页。

子》所说的，“山林虽近，草木虽美，宫室必有度，禁发必有时”(《管子》卷五)，“江海虽广，池泽虽博，龟鳖虽多，网罟必有正”(《管子》卷五)。假如能够执持这样的理念，社会、国家就会太平，就能实现可持续发展，实现生态资源的公平分配与利用。“执大象，天下往；往而不害，安平太”(第三十五章)，“知足不辱，知止不殆，可以长久”(第四十四章)。相反，假如对生态资源贪得无厌地占有、消耗，不顾他人死活，那我们最终也将不能实现生态公平，更不能实现可持续发展。“祸莫大于不知足，咎莫大于欲得”(第四十六章)，“名与身孰亲？身与货孰多？得与亡孰病？是故甚爱必大费，多藏必厚亡”(第四十四章)。

知足知止的生态公平观也表现在我们对于生态资源的消费利用不能过于盈满，这样才能使生态资源不断新陈代谢，从而实现生态资源的可持续利用，实现可持续发展。“持而盈之，不如其已。揣而棁之，不可长保。金玉满堂，莫之能守。富贵而骄，自遗其咎”(第九章)，“保此道者不欲盈，夫唯不盈，故能蔽不新成”(第十五章)。

就像任俊华所说：“为了爱护资源，保护生态系统，《周易》古经提倡一种节俭消费观。”[①]《周易》是群经之首，众学之源，《道德经》也从《周易》中吸取了诸如此类的有价值的理念，它的知足知止的生态公平观也表现为对生态资源的节俭消费。因为“俭，故能广”(第六十七章)。只有节俭才能够把事业做大，使国家富强，使民众安康，就像墨子所说：“故其用财节，其自养俭，民富国治。”(《墨子》卷一)同时，节俭还能够培育出很多美好德性，使社会、国家获得可持续发展。“治人事天莫若啬。夫唯啬，是谓早服。早服谓之重积德，重积德则无不克，无不克则莫知其极，莫知其极，可以有国。有国之母，可以长久。是谓深根固柢，长生久视之道。”(第五十九章)

为了使民众能持知足知止的消费观，《道德经》提出了如下理念：“不尚贤，使民不争；不贵难得之货，使民不为盗；不见可欲，使民心不乱。是以圣人之治，虚其心，实其腹；弱其志，强其骨。常使民无知无欲，使夫智者不敢为也。为无为，则无不治。”(第三章)这种消费观在当时自然经济条件下，为了能够在民众中实现生态公平，还是有积极意义的。在现在市场经济条件下，这种理念仍有借鉴作用。

但是，在《道德经》所处那种时代，资源及社会财富的分配是极不公平的，《道德经》对此进行了无情的批判，认为那些上层统治者及贵族是强盗头子，现实社会之所以民不聊生，就是因为他们过于重视养生而浪费了太多的社会财富，他们的这种做法是不符合道的。“大道甚夷，而民好径。朝甚除，田甚

---

① 任俊华：《“厚德载物”与生态伦理——〈周易〉古经的生态智慧观》，《孔子研究》，2005 年第 4 期，第 29 页。

芜，仓甚虚。服文彩，带利剑，厌饮食，财货有余，是谓盗夸。非道也哉!”(第五十三章)“民之饥，以其上食税之多，是以饥。民之难治，以其上之有为，是以难治。民之轻死，以其求生之厚，是以轻死。”(第七十五章)由此我们可以看出，《道德经》对于这种资源及社会财富分配极端不公平的现实是持批判态度的。老子是多么想找到一种使资源及社会财富能够公平分配的方法，但是那只是一种理想，在当时社会中是行不通的。《道德经》没有找到使资源及社会财富能够公平分配的方法。2000 多年后，我们也没有找到这种方法。但《道德经》的生态思想还是能够给予我们一些警示及启示作用，使我们为了能更好解决生态公平问题而做更多理论及实践方面的探讨。

（作者：罗美云　北京林业大学副教授）

项目名称：首都藏传佛教文化传统与践行“北京精神”关系研究
项目编号：13ZXB007
项目负责人：王文东
项目信誉保证单位：中央民族大学

北京藏传佛教文化之内涵和特色

佛教在中国已有2000多年的历史，北京作为五朝帝都，其藏传佛教文化经历过辉煌，也遭遇过沉寂，时至今日，无论从时代特点、信仰主体范围以及僧团、群众基础多个方面，都面临着许多新情况与新问题。现代人不能忽略的是由于现代化、全球化影响，僧团力量趋于薄弱，民众信仰多元化，世俗观念冲击宗教信仰，这种背景下对于北京藏传佛教蕴含的文化内涵和特征要给予特别的体认，以便更好地为立足于传统文化，创新首都现代文化事业奠基助力。

一、北京藏传佛教文化之独特内涵

基于以民族文化为本位的现代文化意识的普遍复苏，“宗教及其基本要素是人类创造的一种社会文化”这一认识已经成为30多年以来中国人文社会科学关注的一个重要问题。在北京文化现代化发展中，特别是21世纪以来学术思想界关于文化、信仰、民族道德生活的理论争鸣与实践探索已将宗教纳入了首都文化建设相关框架中进行全新的认识。

从宗教与文化的关系、宗教包含的文化诸要素的角度来认识北京藏传佛教文化“究竟何所指”，是本课题研究的基本支点之一。宗教是一种文化现象，从表现上看，宗教观念往往通过文化形式来表达，如特定宗教有其哲学观点、道德规范、律例守则、文艺形式等，并与其他文化领域形成区别；从整体上看，宗教在本质上是一定文化的表现，不同的宗教表现不同的文化形式、体现迥异的文化传统。宗教不可能离开人类的文化和历史，它保留着丰富的人类思想文化内容，广泛深刻地影响着其他形态的文化，与哲学、道德、政治、法律、科学、艺术、民俗等密切联系在一起，蕴含着丰厚的精神文化资源且具有重要的思想、伦理、审美和知识价值。文化本身是系统的结构存在，依据怀特的文化理论，文化具体构成有三个层次：“底层是技术的层次，上层是哲学的层次，社会学的层次居中……技术的层次是基本的和首要的；社会系统是技术的功能；而哲学则在表达技术力量的同时又反映社会系统。因此，技术因素是整个文化系统的决定性因素。它决定社会的系统形式，而技术和社会则共同决定着哲学的内容和方向。”①因此，宗教教会的、政治的等形式也反映在作为意识形态核心系统的哲学中。

从文化的层次结构理论分析，藏传佛教文化是包含器物、制度、精神三大层次内容的系统。佛教器物文化涉及范围包括以技术手段运用物质的、工具的、机械的、物理的方式构成的可见形态，例如庙宇、寺院、物品以及其他一切进行佛教活动所需的器物、场所等，都属于佛教器物，它是佛教意识的具体物化实体，佛教器物文化就是基于这些实体而发展壮大起来的。藏传佛教制度文化蕴含的丰富内容涉及群体社会中佛教活动本身以及与信仰者相关的人际关系构成形式，也包括佛教组织结构、基本制度、礼仪模式（当然也包含这些方面与外界政治、民俗、伦理等的互动关系）以及佛教法规、习俗、修持方式、经典等构建佛教活动的一切形式和方法，这些从结构上体现了藏传佛教制度的意识形态，为佛教活动的发展提供了源源不断的动力。藏传佛教精神文化包含各种形式的，或简单或复杂的佛教教义、世界观、人生观、价值观、生命观、历史观以及佛教哲学、伦理、艺术等，包括一系列多样化的佛教意识活动形式，并通过精神世界意识形态来具体表达其内涵。藏传佛教之器物、制度、精神三个层面的文化形式是密切联系、相互渗透的。器物文化、制度文化是精神文化的承载者，其核心思想和内容需要通过精神文化来体现；而佛教精神文化则为佛教器物、制度文化提供重要的导向作用。佛教器物、制度文化是佛教文化外在的体现形式，佛教文化的深刻内涵不仅体现在器物、制度方面，更体现在精神文化层面。

北京藏传佛教传统在器物、制度、精神层面的构成与北京本土文化和信众生活在物质生产、人际关系、政治、风俗、道德、礼仪、制度、历史、艺术、意识形态层面的构成存在着内在关联，它是一个包含哲学、伦理、民俗、艺术等复杂内容的综合文化体系，是北京多元文化系统的重要组成部分。北京藏传佛教文化传统以寺庙文化为载体、以政教文化为优势、以佛法文化为核心、以民俗文化为补充、以园林文化为羽翼、以文博文化为精髓，是我国藏传佛教文化在内地传播与发展的一个缩影，具有不同于汉传佛教、上座部佛教（即南传佛教或小乘佛教）文化的显著特色。此即对北京藏传佛教内涵的概括。

二、教系天下、中心引领：北京藏传佛教之寺庙载体和政教色彩

北京藏传佛教文化在历代发展的共性体现为数量众多的寺院和良性的政

---

① ［美］怀特著，曹锦清等译：《文化科学——人和文明的研究》，杭州：浙江人民出版社，1988年版，第350页。

教关系，代表了藏传佛教在内地传播从而影响佛教的一个中心。藏传佛教在元代传入古幽州地区，辽代以后该地区基本上成为全国佛教中心，演化出北京佛教以寺庙文化为载体、以政教文化为优势，关系天下兴衰的特殊文化特征与地位。“教系天下、中心引领”指北京地区藏传佛教因与皇权或中央政权的特殊关系而与蒙藏甚至其他地区佛教的关联中具有一定程度和意义上的强势影响地位。有学者将其概括为“庙系天下”之寺院文化政治色彩①，也是不无道理。幽州地区许多寺院受皇家支持而兴建、兴盛，如云居寺、戒台寺、独乐寺、感化寺、悯忠寺等。金代中都地区在金熙宗、金世宗时寺院修复和兴建出现数次高潮。元大都是元代国际化的大都市，中央政府对各大宗教兼容并包。北京地区成为当时藏传佛教传播和发展的一个重要中心。明朝在文化上也具有包容性，北京地区藏传佛教在宗教文化方面的引领地位并没有改变，全城内外的寺、庵、宫、观、庙、堂、祠共有千余座，西山风景优美的地方以及环城百里敕建的寺庙比比皆是。清代有《钦定理藩部则例》登记入册驻京喇嘛寺庙，基本上都是在顺治到乾隆年间修建。修建这些喇嘛寺院的目的一是“绥靖荒服，柔怀远人”(如仿布达拉宫建造普陀宗乘之庙)，二是为帝后庆寿(如永慕寺)，三是皇帝故居改为喇嘛寺以昭崇敬(如雍和宫、福佑寺)，四是试图推行藏传佛教，使之成为满族全体成员的共同信仰。② 清代教系天下的色彩体现在喇嘛庙怀柔抚远的功能，乾隆皇帝的《喇嘛说》(1792 年)一文告诫子孙后代“兴黄教即所以安众蒙古”之宗旨，其中讲述了藏传佛教的来源和发展，阐述了大清皇帝不信藏传佛教而又保护藏传佛教的道理，总结了元朝曲庇喇嘛的历史教训，告诫他的子孙对黄教决不可曲庇谄敬，避免重蹈元朝的覆辙。同时他讲述了用封建法律制裁上层喇嘛搞分裂危害国家统一的历史事实；着重说明活佛转世制度的由来和弊病，提出整顿和改革的办法。最后乾隆皇帝指出其成功妙诀在于“予幸在兹，予敬益在兹矣”。这无疑是乾隆传授后代皇帝使“新旧蒙古，畏威怀德”，辑藏安边、治国安邦之重要政策和策略。③ 清初喇嘛教在蒙藏民族中已经根深蒂固，达赖喇嘛、班禅额尔德尼被藏族人民视为生命，他们集政治、宗教权力于一身，是西藏地方政权的代表。乾隆时期是尊崇喇嘛教的最盛时期，清政府把雍和宫改为藏传佛教寺庙，接待蒙藏的高僧大德。达赖喇嘛、班禅额尔德尼等定期到北京向皇帝朝贡，带来大批精美的藏传佛教艺术品，并列雍和宫瞻礼拜佛，使雍和宫成为全国喇嘛事务的中枢，也是联系中央政府与蒙藏地方政权的纽带和桥梁。五世达赖和六世、九世班禅先后进京谒帝，对蒙藏地区产生了重大的影响。清代黄庙

① 张连城：《北京地区佛教寺院文化特征初探》，《北京联合大学学报》，2001 年第 1 期。

② 陈晓敏：《清代北京藏传佛教寺院》，《才智》，2008 年第 22 期。

③ 周润年：《北京雍和宫御制〈喇嘛说〉碑文校录考诠》，《西藏研究》，1991 年第 3 期。

是“民族的纽带”，雍和宫、西黄寺、嵩祝寺、普胜寺都是皇家寺院的典型。清政府沿袭了明朝的宗教政策，进一步完备了宗教祀典，使得藏传佛教的中心引领地位更加突出。

新中国成立后，北京自然成为展示中国宗教与民族文化的窗口，寺庙为藏传佛教文化发展之基础，北京藏传佛教以此为载体展开。寺庙如雍和宫、西黄寺等有的开辟为博物馆，有的是佛教机构所在地，有的是休闲旅游园林，历史上大多因与中央政权关系密切而影响着全国各地藏传佛教寺院而在政教关系上凸显优势。同时，寺院大多藏有精湛、丰富的藏族文化文物精品，建筑、碑刻等艺术和史料价值巨大，同时承担着宣传民族宗教政策的功能。佛教团体的会址设在北京，在全国佛寺和信众中具有一定的影响力和知名度。北京藏传佛教文化以其历史悠久、内涵深厚和地位突出，深深地影响着全国各地佛教文化，其教系天下、中心引领性的地位是在历史中形成的。

三、包容合流、多元共生：北京藏传佛教之佛法特征和通合精神

北京藏传佛教秉承显宗和密宗的大乘佛教，同于一般藏传佛教的家族相似性，既追求出世又在世间，把出世和在世有机统一起来。[①] 在佛法上一如既往地强调慈悲平等、止恶行善、普度众生、超越解脱之教义，并使之深入切合中国“和而不同”的文化认知传统，如与《国语》记载史伯所说的“和实生物，同则不继”、孔子提出的“和而不同”“周而不比”、《易传》强调的“天下同归而殊途，一致而百虑”、《中庸》倡导的“万物并育而不相害，道并行而不相悖”不相悖，使多元通合成为藏传佛教文化之精神而代代相传。

佛法文化是北京藏传佛教文化之核心，此核心的坚持与发展既表现于普通寺庙信仰崇拜对象的多位一体与佛寺风格兼收共存，同时又贯穿于藏传佛教与儒、道等中国传统文化信仰的融合、吸收与共生关系之中。1928 年北平市警察局登记的 1631 座寺庙档案表明，大多数较具规模的寺庙均供奉多位神灵，全市各类寺庙主祀的神灵众多，总数居前 16 位的寺庙为关帝庙、观音寺、七圣祠、五圣祠、龙王庙、娘娘庙、真武庙、土地庙、三圣祠、火神庙、药王庙、地藏庵、九圣祠、财神庙、弥勒寺、吕祖祠。[②] 这说明北京藏传佛教信仰崇拜对象与其他宗教信仰崇拜对象之间显示出包容合流、多元共生之特征。佛教寺院更是多种风格并存，显示出兼容并蓄的文化品格。藏传佛教寺院与汉传佛教寺院交相互存，蔚为壮观。金末律宗影响巨大，元、清两代，藏传佛教寺院独盛于时。民国时期，北平城区有宗派可查的佛寺大多存在着佛教寺院与道教庙观兼供两教神像，甚至共同供奉儒、释、道三教神像的现

① 刘俊哲：《藏传佛教哲学思想研究》（上册），北京：民族出版社，2013 年版，第 17—21 页。

② 习五一：《近代北京寺庙的类型结构解析》，《世界宗教研究》，2006 年第 1 期。

象。这种现象反映出寺院为吸纳信众，供奉诸造像的取舍标准逐渐脱离了自身宗派束缚，采取了哪位“灵验”供奉哪位的态度；北京地区佛、道具有包容性，寺院供奉道教偶像，道观中供奉佛教偶像，寺院、道观中供奉儒家人物。包容大度的心态和胸怀实则为北京宗教文化之品格。北京藏传佛教与儒、道既冲突又融合，相互吸收，相互渗透，在碰撞中各自改变、充实、发展自己。道教自东汉产生后便开始在北京地区流传，北魏时期统治者以道教为国教，始建于唐朝的天长观是历史上记载的北京地区第一座道观。基督教从唐朝至明末清初曾三度传入中国，但都未能取得长足发展，19 世纪末传教士依靠不平等条约的保护逐步融入北京文化中。伊斯兰教在公元 7 世纪中叶传入中国，宋辽时期传入北京。佛教、基督教、伊斯兰教三教在北京地区经过彼此吸纳、融合，逐渐融入北京本土文化。佛教文化与本土文化的融合蕴含着北京藏传佛教文化多元共存之特色，在元朝时期已基本确立。蒙古贵族在宗教信仰上实行承认现状和兼容并包的政策，对佛教、道教、伊斯兰教、基督教以及其他宗教信仰都较为宽容，形成宗教文化多元并存、共同发展的局面。北京藏传佛教文化与北京本土文化、西方文化以及其他宗教文化，长期和谐共处、相互沟通，形成了包容合流、多元共生的显著特征。多种宗教信仰共存成为构建一个充满活力与生机的、和而不同的北京现代化大都市文化的一个特点。

四、佛俗同体、和谐发展：北京藏传佛教之世俗特征与民俗天性

藏传佛教文化与北京本土文化渗透融合，使得一些宗教节日或纪念日逐渐走进世俗生活，形成独特的北京佛教民俗文化。如清代以京城兴建的许多藏传佛教寺庙中的一些活动为中心，形成了上至皇室达官贵人、下至平民百姓都积极参与的一些民俗活动，如“白塔燃灯”(黄教寺内在藏历十月二十五日晚上燃放万盏酥油灯)、“雍和宫舍粥”(农历腊月初八释迦牟尼得道成佛纪念日以米及果物粥供佛和僧尼自用或舍给官员百姓)、“绕塔”(每年从正月初至元宵节百姓绕白塔行走以祈求福寿安康)、“喇嘛打鬼”(雍和宫在正月三十日举行的各喇嘛僧等扮演诸天神将以驱逐邪魔之舞)等活动都具有浓烈的民俗文化意义。它们在传播和发展的过程中与汉地传统年节结合起来，呈现出新的面貌。藏传佛教的节日活动带上了浓厚的汉地文化色彩，汉地传统年节也融汇了藏传佛教风格，显示出浓厚的宗教文化内涵，可见北京藏传佛教对民俗文化所产生的影响之深。

庙会文化是北京佛教民俗文化的独特天性，其重要性在于典型地体现了佛俗同体以及和谐发展的北京藏传佛教文化风貌。北京藏传佛教民俗文化体现于民众衣、食、住、行，与佛教寺庙活动和信仰相关的人之常情、常行等诸多方面。与佛教相关的一切宗教民俗体现出人们在日常生活环境下的生存智慧与基本精神，可以说是对佛教文化的补充。北京地区的庙会在明代已很

兴盛，其中一种是在祭日定期开放，以进香敬神为主。信徒入庙进香，虽然也带有一些娱乐、商业活动，但它们基本上是附属行为；另一种是以商业活动为主，在庙宇中定期开市，交易百物，日期根据贸易需要而定，不与宗教节日挂钩。庙会期间虽也有信徒进庙烧香叩头，但也是一种附属行为。北京地区庙会的集散地佛教寺院占据主体地位的时代主要是在清代。清初将庙市和灯市移至外城，庙市移至报国寺，灯市移至琉璃厂等处。雍正初隆福寺和护国寺开店设市，乾隆初开庙设市增多。清代乃至民国，《北京庙会调查》对北京地区佛教寺院庙会集散迁移的兴衰，分析道："盖西城昔为满族及旗人聚居之地，日用所需多取给于庙会，故清代护国寺庙会甚盛。今则满族及旗人经济情况日下，护国寺因之遂衰。而东城则外人侨居，商业日盛，隆福寺遂因之发达。"庙会迁移兴衰史反映出清代北京地区佛教寺院文化发展的世俗化，寺院庙会的纯商业性质占据了主体。

民国初年，北京城内及郊区有庙会30多处，土地庙、隆福寺、白塔寺、护国寺、花市集、海王村公园、东岳庙合称七大庙会，东城隆福寺和西城护国寺庙会因热闹非凡而有"东庙"和"西庙"之说。随着社会的变迁和信仰的多元化，庙会的烧香礼佛的意义逐步淡化，商业和娱乐的功能不断扩大，商业经济在庙会中所占的比例日重。庙会文化在现代化飞速发展的今天不断以新的形态出现，日益焕发出浓郁的传统文化风韵，成为北京地区最具有特色的民俗活动，也折射出藏传佛教文化对北京民俗文化的深刻影响和独特意义。

五、园林风趣、文博典藏：北京藏传佛教之景观修性、文明传承特征

北京藏传佛教历元、明、清三代，计有大小佛寺近百座，有历史资料记载的有60多座，目前有寺院建筑或历史遗迹、遗存的藏传佛教寺院有20多座，包括妙应寺(白塔寺)、广通寺、护国寺、五塔寺、双寺、五门庙、察罕喇嘛庙(后黑寺)、永安寺、普胜寺、西黄寺、普度寺、嵩祝寺、智珠寺、福祥寺、福佑寺、雍和宫、阐福寺、西天梵境(大西天)、实胜寺、香山梵香寺、宝相寺、大报恩延寿寺、须弥灵境、新正觉寺、宗镜大昭之庙等。佛教寺院在建筑手法、风格上与其他文化相交融，基本规则未脱离汉地佛教寺院的轴心中贯、左右对称、伽蓝七堂建筑格局。建筑手法上，一种取法于皇家建筑、士大夫宅院，坐北朝南、轴线对称、重点居中、两翼为辅、突出大雄宝殿、虚实相生，构成整个寺院建筑的等级秩序；一种取法于道教建观于名山，相对灵活地建造山林寺院，与印度佛教建石窟于山崖、苦行心性的隐修之志相吻合。两种寺院建筑都有园林风趣，前者园林花园是点缀、次要的，后者则深得汉文化的山林之趣。佛教寺院的建筑重点在于在闹市中构建清幽之处，如法源寺的庭院以花木丰美而饮誉京师；也有单独建造寺院花园的，如月河

梵苑池亭幽雅、甲于都邑。① 雍和宫整体建筑按藏传佛教教义设计，东路为庭园部分，称为东书院，是乾隆皇帝诞生和其他帝王到雍和宫礼佛时小憩之所；西路原有关帝庙，是雍和宫的护法寺院；中路为主体建筑，自南而北由六进崇宏大殿构成，两侧分别建有多所研习经学、导循宗教仪轨的建筑物，严谨有序，次第上升。雍和宫与天坛、地坛、日坛、月坛、景山、颐和园等遥相辉映，拱卫、簇拥着中心的紫禁城，构成了北京历史悠久的文化名城之象。

多数寺庙为国内外游客旅游养性、游览观光之地，雍和宫从1981年每年游客仅40万人，增到2012年近500万人，其中外国游客就达到百万人次。改革开放之前，接待的国际友人多数为亚、非、拉各国的共产党代表团和政府代表团及驻华使馆官员。现在游人国籍、民族、职业、性别、年龄、文化程度、宗教信仰各不相同，通过寺庙园林景观游览、文物精品展播功能，可以宣传民族文化之精粹和国家的宗教政策，促进同世界各国人民的交往。

北京藏传佛教文化在佛法精神上弘扬护教爱国、创新发展、宽厚包容、劝善戒恶之传统，与倡导爱国、创新、包容、厚德为内容的现代“北京精神”是相承接、相融合的。其文化精粹已融入了北京精神之中，爱国、创新、包容、厚德是首都人民长期发展建设过程中所形成的精神财富的概括和总结，充分体现了与传统文化精神及现代核心价值的相互协调、城市共性与北京个性的相互兼容、历史底蕴与未来取向的相互统一、城市特色与市民气质的相互融合，反映了北京特有的文化品位和特质。

参考文献

[1] 北京市档案馆编：《北京寺庙历史资料》，北京：中国档案出版社，1997年版。
[2]《大清会典》中理藩院和内务府档案等。
[3]中国第一历史档案馆、中国藏学研究中心合编：《清初五世达赖喇嘛档案史料选编》，北京：中国藏学出版社，2000年版。
[4]中国第一历史档案馆、中国藏学研究中心合编：《六世班禅朝觐档案选编》，北京：中国藏学出版社，1996年版。
[5][清]于敏中等纂修：《日下旧闻考》(清代北京的地方志资料)，北京：北京古籍出版社，1983年版。
[6]《清末京师内城庙宇调查表》，宣统元年(1909年)版。
[7]许道龄主编：《北平庙宇碑刻目录》，1936年。
[8]《京师内城庙宇调查表》，宣统元年(1909年)版。
[9]吴建雍、王岗等：《北京城市生活史》，北京：开明出版社，1997年版。
[10]陈文良主编：《北京传统文化便览》，北京：燕山出版社，1992年版。
[11]冉光荣：《中国藏传佛教寺院》，北京：中国藏学出版社，1994年版。

① 张连城：《北京地区佛教寺院文化特征初探》，《北京联合大学学报》，2001年第1期。

[12]佟洵主编：《佛教与北京寺庙文化》，北京：中央民族大学出版社，1997 年版。
[13]田奇编著：《北京的佛教寺庙》，北京：书目文献出版社，1993 年版。
[14]汪建民、侯伟：《北京的古塔》，北京：学苑出版社，2004 年版。
[15]黄颢：《在北京的藏族文物》，北京：民族出版社，1993 年版。
[16]张羽新：《清政府与喇嘛教》，拉萨：西藏人民出版社，1988 年版。
[17]妙舟法师：《蒙藏佛教史》，南京：江苏广陵古籍刻印社，1993 年版。
[18]于洪：《北京藏传佛教史》，北京：宗教文化出版社，2011 年版。
[19]佟洵等：《北京宗教文化研究》，北京：宗教文化出版社，2007 年版。
[20]李德成：《藏传佛教与北京》，北京：华文出版社，2009 年版。
[21]李德成：《藏传佛教史研究》(当代卷)，北京：中国藏学出版社，2014 年版。
[22]康春英：《藏传佛教中的爱国主义情愫及其现实意义》，《当代中国民族宗教问题研究》(第 4 集)，兰州：甘肃民族出版社，2009 年版。
[23]赵改萍：《元明时期藏传佛教在内地的发展及影响》，四川大学博士学位论文，2007 年。
[24]佟洵：《佛教在元大都传布的历史考察》，《北京联合大学学报》，2008 年第 2 期。
[25]张连城：《北京地区佛教寺院文化特征初探》，《北京联合大学学报》，2001 年第 1 期。

（作者：王文东　中央民族大学哲学与宗教学学院教授）

科社·党建学科

K E S H E · D A N G J I A N X U E K E

项目名称：用社会主义核心价值体系引领高校社会思潮的有效途径研究
项目编号：12KDB028
项目负责人：左　鹏
项目信誉保证单位：北京科技大学

社会主义核心价值观与高校社会思潮引领

用社会主义核心价值观引领社会思潮、凝聚社会共识，是当前我国意识形态领域的一项重要工作。高校作为培养中国特色社会主义事业合格建设者和可靠接班人的人才基地，一直是各种思想文化交流、交融、交锋的前沿阵地。用社会主义核心价值观引领高校社会思潮，既是高校人才培养的需要，也是社会主义意识形态巩固和发展的需要，对高校乃至整个社会凝魂聚气、强基固本，坚定不移走中国特色社会主义道路具有重要意义。

一、高校社会思潮生成发展环境的新变化对其引领工作提出了新要求

社会思潮是意识形态领域的“指示灯”。任何社会思潮都是在一定时代背景下，代表一定阶级或阶层利益诉求的思想观念或倾向。它最初表现为少数“知识精英”的学术思想，然后经过人际传播或大众传播，在相当数量的群众中扩散，引起广泛的共鸣或争议，进而影响人们的思想观念，影响国家、社会的发展方向。高校是“知识精英”集中的地方，既有有影响力的专家学者，又有知识层次高、思想活跃的年轻大学生，这就为各种思潮的滋生、发酵和传播提供了丰厚土壤。各种思想势力都试图进入高校，沿着“知识精英”—大学生—社会公众的顺序，制造并传播社会思潮。对此，高校必须实时关注并正确引领。否则，任由错误思潮泛滥，不仅可能误导师生，而且可能贻害社会。在国内外情势发生深刻变化的今天，高校社会思潮生成发展的内外环境均发生了新的变化，这对其引领工作提出了新的要求。

第一，国际上不同发展模式和价值观念的激烈竞争要求高校社会思潮引领必须常抓不懈，一刻也不能放松。早在1989年，邓小平就指出：“可能是一个冷战结束了，另外两个冷战又已经开始。一个是针对整个南方、第三世界的，另一个是针对社会主义的。”[①]东欧剧变和苏联解体后，中国不仅成为世

① 《邓小平文选》第3卷，北京：人民出版社，1993年版，第344页。

界上仅存的社会主义大国，而且在改革开放的强国之路上不断取得令世人瞩目的伟大成就。对此，西方一些势力虽然不得不承认，但仍抱着冷战思维和意识形态偏见不放，从来都不认可中国的政治制度和发展模式，想尽一切办法把正在崛起的中国遏制下去。正如美国前总统尼克松的直白表述："进入21世纪，采用武力侵略的代价将会更加高昂，而经济力量和意识形态的号召力，将成为决定性的因素"，通过文化扩张和渗透，"播下思想的种子，这些种子有朝一日会结成和平演变的花蕾。"①

多年来，西方敌对势力一直是这么做的。他们携带着沉甸甸的政治使命，在一些基金会和非政府组织的支持下，通过书刊、广播、电视、互联网和民间交往、学术交流等各种形式，把他们的核心价值观打扮成"普世价值"，不遗余力地向中国推销，实施所谓的"松土工程""金字塔工程"。一方面，他们在包括高校教师在内的"知识精英"中寻找并培植代理人，使其穿上学术隐身衣，把西方的某些理论学说和政策主张奉作教条，以此为标准来衡量中国的现实，指责中国，制造并传播错误思潮，误导改革开放的正确方向。另一方面，他们把大学生作为思想文化渗透的重点，通过错误思潮的大肆传播，潜移默化地改变他们的思想观念和价值取向，使他们在缺乏有效抵制和积极引导的情况下，不自觉地落入西方意识形态的陷阱。

第二，国内改革发展面临的一些突出矛盾和挑战要求高校社会思潮引领必须着眼实际，研究并回答重大理论和现实问题。国际上不同发展模式和价值观念的激烈竞争是社会思潮产生的外部原因，但外因总是要通过内因起作用的。改革开放30多年来，在经济社会的快速成长中，也出现了这样那样一些问题，人们包括大学生都切身感受并迫切求解。这时，如果有人打着学术研究的旗号，做出不同于主流意识形态的解读，说中国取得这些成就，就是因为推行了市场化改革；中国存在这些问题，就是因为只搞经济改革，不搞政治改革；中国要解决这些问题，就必须接受"普世价值"，从经济基础到上层建筑的一切领域都要与西方接轨。这确实具有很强的迷惑性，在未经科学分析和澄清的情况下，很容易被一些大学生和社会公众接受。

针对这种情况，高校社会思潮引领就不能只是停留在严谨宏大的马克思主义理论研究和笼统宽泛的社会主义核心价值观培育中，而应着眼实际。在日常思想政治教育中，围绕经济社会发展的主脉，把准大学生和社会公众心理反应、思想变动的主脉，主动到物质利益的变革中探寻各种思潮形成发展的根本动因，对于重大的理论和现实问题做出具有说服力的马克思主义的解读和评说，不给错误思潮的传播留下缝隙。在错误思潮刚刚萌发的时候，就要给以迎头痛击，揭露其本质，针砭其要害，帮助大学生和社会公众划清是

① 转引自陶文钊：《中美文化交流论集》，北京：中国社会科学出版社，1999年版，第110页。

非界限，澄清模糊认识，确保在事关大是大非的政治原则问题上，既不似是而非、模棱两可，也不退避三舍、沉默失语，而是敢抓敢管，能够站在风口浪尖上开展积极的思想斗争。

第三，网络新媒体的迅猛发展要求高校社会思潮引领必须转移阵地，在互联网开辟舆论工作主战场。20 世纪 90 年代以来，以信息技术为核心的科技进步有力地推动了世界经济、政治、文化的发展和创新，同时也加剧了世界范围内不同思想文化的互相激荡，进一步放大了我国意识形态领域多元、多样、多变的特点。尤其是随着移动互联网和智能终端的发展和普及，信息源头和传播渠道急剧增多，网络舆论规模和影响越来越大，互联网日益成为各种社会思潮和利益需求汇聚的平台。境外敌对势力早就盯上了这一点，一直妄图利用互联网"扳倒中国"。多年前就有西方政要声称，"有了互联网，对付中国就有了办法""社会主义国家投入西方怀抱，将从互联网开始"。在互联网这个战场上，我们能否顶得住、打得赢，直接关系国家意识形态安全和政权安全。

截至 2013 年 12 月，我国网民规模达 6.18 亿，手机网民规模达 5 亿，微博用户规模虽然下降至 2.81 亿，但微信、QQ 等移动即时通信用户规模提升至 5.32 亿。[①] 今天，很多人特别是年轻人基本不关注主流媒体，大部分信息都从网上获取。移动互联网和智能终端已经成为大学生在课堂之外获取信息、拓展知识、塑造思想的主渠道，而且这种渠道因其内容的多样性、接收的便捷性、反馈的自主性、沟通的情感性，往往会比课堂内外、网络上下由教师和学校主导的显性思想政治教育更具吸引力、更富实效性。如果我们不积极抢滩网络这一思潮传播新阵地，任由一些负面言论在其上滋生蔓延，就等于放弃了对大学生的思想引领。

第四，当代大学师生中出现的一些新情况、新问题要求高校社会思潮引领必须分层分类，有针对性地开展工作。高校教师是现代科学文化知识的传播者，是大学生成长成才的引路人，因为他们直接接触学生，对学生的思想行为影响最大，各种思想势力都在竭力争取他们，希冀由他们提出学术观点、制造社会思潮，经由大学生向社会传播。在经济社会深刻变革的今天，高校教师也存在多元多样的经济诉求、政治诉求，其中大多具有必然性、合理性，但也有个别超越发展阶段、脱离中国国情的。特别值得注意的是，少数教师由于对党的历史和中国国情了解不深，不同程度地存在与党和政府疏远的倾向。他们盲目推崇西方学术理论，对马克思主义的解构和对中国现实的批判常常"话不惊人死不休"。他们虽然人数不多但影响极大，错误思潮往往由他们而起、经他们传播。

① 张紫：《第 33 次中国互联网络发展状况统计报告》，《计算机与网络》，2014 年第 2 期。

大学生便是这些思潮的首要受众和易感人群。虽然从总体上讲，今天的大学生主流仍是积极、健康、向上的，并且随着时代的进步，独立意识、自主意识、创新意识不断增强，但他们毕竟处在世界观、人生观、价值观的形成时期，缺乏足够的知识积累和人生阅历，对人对事的看法更多地停留在表面，容易受情感因素左右。他们对自身的处境和国家、社会的发展都有切身的感触和进一步向好的愿景，但对于应试教育背景下的理论解读、政治说教往往不以为然甚至抱有抵触情绪。在这种情况下，如果继续四平八稳地向他们灌输主流意识形态，不但很难引起他们共鸣，而且极可能遭到冷遇；如果不同于主流意识形态的社会思潮经由教师或互联网，以碎片化、娱乐化的形式向他们传播，就很容易满足他们的求异心理，激起他们的求知兴趣，使他们不假思索地接受并进一步向外传播。面对这种形势，引领高校社会思潮必须区分不同的对象和阶段，针对社会思潮的先期制造者、积极传播者、过程接受者、接力传播者，制定不同的引领策略，尊重差异，包容多样，甄别错误思潮并斩断其传播链条。

二、社会主义核心价值观是引领高校社会思潮的精神向导

多样化的高校社会思潮必须及时给予正确引领。社会主义核心价值观体现了社会主义意识形态的本质要求，体现了社会主义制度在思想和精神层面的质的规定性，完全可以成为引领高校社会思潮的精神向导。

第一，富强、民主、文明、和谐是国家层面的价值要求，回答了我们要建设什么样的国家的问题，可以为引领涉及国家发展目标的社会思潮提供精神向导。国家要发展、民族要振兴、人民要幸福，是不可抗拒的历史洪流。近代以降，中华民族历经屈辱而又涅槃重生。今天的中国，亿万人民正在中国共产党领导下，致力于实现“两个一百年”的奋斗目标。但是，“树欲静而风不止”。国际上，“中国威胁论”“中国崩溃论”的声音不绝于耳；国内，推行彻底私有化、实现“宪政民主”、接受“普世价值”、建设“公民社会”的主张此起彼伏。实际上，我们的发展目标早已明确，就是坚定不移走中国特色社会主义道路，建设富强、民主、文明、和谐的社会主义现代化国家。

富强，即民富国强。我们追求的民富，不能只是少数人富裕，而应该是全体人民共同富裕；我们追求的国强，不能只看GDP(国内生产总值)总量，还应该看GDP质量和效益。这就要求我们必须坚持以公有制为主体，必须贯彻落实科学发展观。民主，既是一种价值理念，也是一种国家制度。世界上从来没有什么抽象的民主，“资本主义社会讲的民主是资产阶级的民主，实际上是垄断资本的民主，无非是多党竞选、三权鼎立、两院制。我们的制度是

人民代表大会制度，共产党领导下的人民民主制度，不能搞西方那一套。”[①]文明，指人的教养和开化，是对国家发展状态的一种总体描述。社会主义文明，既包括殷实的物质生活，也包括丰富的精神生活。精神生活的丰富，必须坚持社会主义先进文化的前进方向。继承和弘扬中华民族优秀传统文化，既不能搞复古主义，也不能搞历史虚无主义；吸收和借鉴世界各国创造的积极文明成果，既不能盲目排外，也不能全盘西化。和谐，是中国传统的价值取向，也是中国特色社会主义的本质属性。在充满对抗和非对抗矛盾的中国和世界，不能幻想矛盾会自动清除。

第二，自由、平等、公正、法治是社会层面的价值要求，回答了我们要建设什么样的社会的问题，可以为引领涉及社会进步方向的社会思潮提供精神向导。国家从社会中产生，国家的发展离不开社会的进步为其创造必要的前提。在社会层面上，我们追求自由、平等、公正、法治。单从字面上讲，这些和西方推崇的价值观高度相似，甚至有人认为它们本身就是源于西方的“普世价值”。其实，自由、平等、公正、法治不是西方的专利，也不是西方的优势，不同的社会形态可以赋予它们不同的内涵，社会主义也一直奉行这一价值要求。

自由，本来就是马克思主义的终极追求，马克思、恩格斯在《共产党宣言》里就把未来的共产主义社会描绘为“自由人联合体”。他们批判资产阶级的自由是奴役的自由、剥削的自由、压迫的自由，主张无产阶级要认识和掌握社会发展规律，从资产阶级的自由中解放出来，建立社会主义制度。“这种制度将给所有的人提供健康而有益的工作，给所有的人提供充裕的物质生活和闲暇时间，给所有的人提供真正的充分的自由。”[②]平等，是千百年来人类最基本的价值追求，但在存在着阶级对立的社会中，平等只能停留在表面，其下必然掩盖着不同阶级在财富、地位、生活前景等方面的不平等，“1%对99%”的“占领华尔街”便是例证。社会主义的平等则要求消灭阶级本身，以财产权的平等带动其他各方面的平等。公正，同样是一个古老的概念，不同阶级会做出不同的诠释。在西方经济学中，工人拿工资，资本家得利润，就是公正；在马克思主义看来，“工人生产的财富越多，他的产品的力量和数量越大，他就越贫穷”[③]，就是不公正。所以，社会主义的公正观不能到西方意识形态中寻找灵丹妙药，而应该在坚持公有制、按劳分配、共同富裕的基础上，实现社会利益分配的起点公正、程序公正、结果公正，在保障人民共同参与国家事务管理的基础上，实现政治和法律的公正。法治，是在西方社会土壤中成

① 《邓小平文选》第3卷，北京：人民出版社，1993年版，第240页。

② 《马克思恩格斯全集》第21卷，北京：人民出版社，1965年版，第570页。

③ 《马克思恩格斯选集》第1卷，北京：人民出版社，1995年版，第40页。

长起来的治国理念和方略，但社会主义法治是依照社会主义宪法和法律而治。把党的领导与社会主义宪法和法律的实施对立起来，实际上是以西方宪政民主取代社会主义基本制度和原则，这根本不是什么法治，而是“改旗易帜”，对此我们必须要高度警觉。

第三，爱国、敬业、诚信、友善是公民层面的价值要求，回答了我们要培育什么样的公民的问题，可以为引领涉及大学生个人道德准则的社会思潮提供精神向导。当代大学生面临大量西方文化思潮和价值观念的冲击，面临某些腐朽没落的生活方式的影响，不同程度地存在价值取向扭曲、诚信意识淡薄、社会责任感缺乏、团结协作观念较差、心理素质欠佳等问题。这就需要大力倡导爱国、敬业、诚信、友善，从公民个人层面培育和践行社会主义核心价值观。

爱国，是中华民族精神的核心。在经济全球化的条件下，爱国并没有过时，也不会过时。在当代中国，爱国首先体现在对社会主义中国的热爱上。“有人说不爱社会主义不等于不爱国。难道祖国是抽象的吗？不爱共产党领导的社会主义的新中国，爱什么呢？”①敬业，是职业道德的灵魂，亦即人们常说的干一行爱一行，尽职尽责，精益求精。越是敬业的人，他的劳动成果越多，对社会的贡献越大，社会给予他的回报自然也越多。每个人都想实现自我价值，但只有在敬业奉献中创造了社会价值的人，才能真正实现自我价值。诚信，既是中华民族的传统美德，也是发展社会主义市场经济的必然要求。包括大学生在内的每一个公民，都应该自觉把诚信作为高尚的人生追求、优良的行为品质、立身处世的基本准则。友善，也是中华民族精神的优良传统和高尚品德。我们讲的友善，不是基于宗教的“爱”和“善”，而是基于人们现实的社会关系。每一个社会成员都应该努力培养自己的善心、善言、善行，对身边的人多一份热忱、少一份冷漠，多一份真诚、少一份虚伪，多一份理解、少一份猜忌，让家庭更温馨、邻里更团结、社会更和谐、生活更美好。

三、用社会主义核心价值观引领高校社会思潮的关键环节

在用社会主义核心价值观引领高校社会思潮时，需要把握好以下几个关键环节：

第一，阐释好、解决好重大理论和现实问题是做好高校社会思潮引领工作的基础性工程。用社会主义核心价值观引领高校社会思潮，绝不单纯是一个从思想到思想的教育引导过程。要使多样化的社会思潮经过引领最终融入社会主义核心价值观，其现实基础在于，社会思潮产生的根源——时代经济、政治、文化的发展必须体现社会主义核心价值观的基本要求。为此，一方面

---

① 《邓小平文选》第2卷，北京：人民出版社，1994年版，第392页。

要做好重大理论和现实问题的科学阐释。由于世界范围内社会主义和资本主义力量对比的差异，使改革发展过程中深层次矛盾和问题凸显，理论分析的偏颇和信息占有不对称，不少人面对多样化的社会思潮茫然无措甚至盲目从流。事实上，这些社会热点难点问题都可以在马克思主义指导下，得到圆满的实证分析和理论解释。这就需要进一步加强研究，并使其成果以大众化、通俗化的形式占据课堂、舆论的主阵地。另一方面，要解决好改革发展中深层次的矛盾和问题。多样化的社会思潮得以产生，特别是其中的错误思潮泛滥，固然有宣传教育、舆论引导上的问题，但经济社会的深刻变革、利益格局的深刻调整才是形成这种局面的根本原因。所以，用社会主义核心价值观引领社会思潮，最根本的还是牢牢把握改革开放的正确方向，始终坚持中国特色社会主义是社会主义而不是别的什么主义。

第二，利用好、管理好网络新媒体是做好高校社会思潮引领工作的重中之重。社会思潮引领说到底是在做人的工作，人在哪儿工作的重点就应该在哪儿。针对各种思想势力竞相抢滩网络舆论新阵地和大学师生成为最主要上网群体的现实，高校社会思潮引领工作的重点也应实现战略转移，即由传统媒体转向新兴媒体，由 web1.0 时代平面、静止的门户网站、主题教育网站转向 web2.0 时代基于移动互联网终端的微博、微信等。为此，首先要建立起科学有效的网络信息收集体系，通过对大学师生思想动态的实时监测，准确把握他们关注的社会热点话题，并以社会主义核心价值观为统领，设置议程、策划讨论，先入为主地占据思想制高点，后发制人地同错误观点正面交锋，达到弘扬主流、澄清模糊、戳穿谣言的社会思潮引领效果。其次，要根据大学生的兴趣偏好，跳出严谨宏大的官方叙事系统，借鉴网上流行的语言、文体和表现形式，创造出受众肯于浏览、勤于分享、乐于讨论的好文章、好段子，既传达正确的思想观点，又产生良好的传播效应。最后，要根据社交网络上话语权下降和分散的特点，大力培育包括哲学社会科学教师、思想政治理论课教师、辅导员、大学生骨干在内的体制内主流意见领袖，使他们能够及时捕捉网络舆论场的风吹草动，全面回应大学生的各种网上诉求，在透彻的说理、激烈的论辩中，有效引导“沉默的大多数”，科学引领多样化的社会思潮。

第三，团结好、引导好高校教师是做好高校社会思潮引领工作的必要前提。处在教书育人、科学研究、文化传播最前沿的高校教师，既可能成为社会思潮的制造者，也可能成为社会思潮的接受者、传播者。团结好、引导好高校教师，就可以在高校乃至整个社会更好地发挥社会主义核心价值观的精神向导作用，在一定范围内、一定程度上切断错误思潮产生的源头、阻隔错误思潮传播的渠道、消弭错误思潮造成的影响。这就需要加强高校教师中的马克思主义理论队伍和哲学社会科学队伍建设，努力造就一批德才兼备、与党同心同德、能够引领时代发展和社会风尚的理论家、思想家，特别是要造就一批坚定的青年马克思主义者，使他们能够把社会主义核心价值观内化于心、外化于行，以高度的社会责任感和政治敏锐性在校园内外弘扬主旋律、传播正能量。在这个过程中，需要特别引导思想政治理论课教师和哲学社会科学教师终身学习马克思主义的立场观点方法，深刻认识党性和人民性的统一，深刻认识哲学社会科学意识形态性和科学性的统一，始终站在全党和全体人民的立场上，坚持研究无禁区、宣传有纪律。决不对党的政治纪律、宣传纪律置若罔闻、口无遮拦、毫无顾忌，受到敌对势力追捧，不以为耻、反以为荣；决不当开明绅士，搞“爱惜羽毛”那一套，而是把握好时、度、效，对于错误思潮，旗帜鲜明地予以批驳，理直气壮地予以抵制。

第四，教育好、帮助好大学生是做好高校社会思潮引领工作的重要保证。大学生是高校社会思潮产生的土壤、影响的对象、传播的载体，只要他们真正理解并接受了社会主义核心价值观的基本要义，就可以科学辨识并妥善应对多样化的社会思潮。对处于红色地带的，主动接受并进一步扩大其社会影响；对处于黑色地带的，坚决拒绝并不经由自己继续传播；对处于灰色地带的，加快使其转化为红色地带，防止其向黑色地带蜕变。要使大学生具备这样的能力，必须扎实开展社会主义核心价值观的宣传教育。近年来，各地各高校加强和改进大学生思想政治教育的力度不可谓不大，成效不可谓不明显，但从总体上看，与中央的要求、形势的发展、大学生的期待还有不少差距。不过有一点可以肯定，当代大学生绝大多数是爱国的。虽然爱国主义者不一定都是社会主义者，但在爱国主义的基础上，一定能培养造就出大批社会主义者。这就给扎实推进社会主义核心价值观宣传教育找到了切入点，由爱国主义到社会主义，由社会主义的制度规定到社会主义的价值取向，一点点地把社会主义核心价值观植入大学生思想政治教育的全过程。与此同时，我们要密切关注大学生的现实问题和利益诉求，找准各种社会思潮容易打动他们的内外原因。对于社会层面的，如个人成长环境、家庭社会地位，放到经济社会变革的大局中予以说明；对于校园层面的，如学习成才、择业交友，能够帮助其解决的要帮助解决，不能帮助解决的要厘清缘由、寻求理解；对于个人层面的，如追赶潮流、求异逐新，结合青年人的共同特点，做好耐心细致的说服教育工作。总之，要在解决大学生的实际问题中有针对性地引领高校社会思潮，要在引领高校社会思潮中有目的地培育和践行社会主义核心价值观。

（作者：左　鹏　北京科技大学教授）

项目名称：国际舆论对中国和平崛起的认知差异分析
项目编号：13KDA003
项目负责人：卢 静
项目信誉保证单位：外交学院

中国和平崛起的国际舆论环境分析①

中国崛起是21世纪以来国际社会中最热门的话题之一。崛起的中国将对世界产生怎样的影响？中国是“将成为现有国际体系中的修正主义大国还是一个负责任的利益相关者”？②中国崛起是否会重复“国强必霸”的历史逻辑？针对这些质疑、猜测甚至是忧虑，中国政府庄严地向世界承诺，中国将坚持走和平发展道路。那么，中国的承诺是否得到了国际社会的认可？国际舆论对中国和平崛起有着怎样的认知？这些认知背后反映出哪些主导理念？在当今的信息化时代，舆论安全越来越成为国家安全体系中的重要组成部分。为此，我们需要更加重视国际舆论环境，并力求使国际社会读懂中国，以营造中国和平崛起的良好舆论环境。

一、国际舆论对中国和平崛起的认知

近年来，国际社会关于中国崛起的争论“主要集中在中国作为美国最终的比肩竞争者决心挑战现有国际秩序而带来的潜在威胁方面”。③特别是自2010年中国成为世界第二大经济体后，西方舆论中开始广泛传播着关于中国的新“过度自信说”(New Assertiveness)。美国《外交》双月刊网站在2014年11月底刊载的一篇题为《中国得分》的文章感叹道：“几十年来，世界上都没有出现另外一个大国这么有能力，这么自信了。”④围绕着中国是否因“坚定自信”而变得更具威胁性，中国是否会坚持走和平发展道路，国际社会中出现了不同的

① 本文原载《国际问题研究》，2015年第2期。

② Alan Dupont，China's Maritime Power Trip，*The Australian*，May 24，2014. p. 16，http：//www. lowyinstitute. org/publications/chinas-maritime-power-trip.

③ Avery Goldstein，China's Real and Present Danger：Now is the Time for Washington to Worry，*Foreign Affairs*，September/October 2013，Vol. 92，No. 5，p. 136.

④ Matthew Goodman & Ely Ratner，China's Scores and What the United States Should Do Next? *Foreign Affairs*，November 23，2014，http：//www. foreignaffairs. com/articles/142384/matthew-goodman-and-ely-ratner/china-scores.

认知。

(一)中国"过度自信说"

自2010年以来，中国新"过度自信说"开始充斥西方舆论，尤其是美国。[①]世界多数知名媒体和研究机构等都将此作为一个主要话题发表相关评论。中国"过度自信说"认为，中国随着经济实力的不断增强，会变得越来越坚定自信，从而在对外事务处理中越来越不容阻挠，甚至是有些耀武扬威。更有甚者认为，"过度自信"使中国正成为一个傲慢、好战、强硬、跋扈、激进，甚至是革命的"修正主义大国"。[②]

中国的"过度自信"集中体现在：第一，外交政策变得强硬和富有进攻性。中国已经开始"以更具扩张性和强硬的外交政策"来取代已坚持了几十年的"韬光养晦"战略。[③]第二，中国的外交行为要挑战现状。"根据中国越来越自信的行为来判断，……很清楚的是，中国打算通过强制运用其强大的经济和军事实力来挑战亚洲的现状。"[④]中国正成为"一个意在征服整个地区的凶狠的修正主义强国"。[⑤] 第三，中国在与周边国家的领土争议问题上"显然已经表现出要使用强迫性外交，甚至动用武力来实现领土主权声张"的意图。[⑥]从而使中国"崛起已开始显得更具威胁性，而非良性"[⑦]。为了支持"过度自信"下的强硬外交，中国不仅在军事上积极研发先进武器，"打造一支可以挑战和威胁美国的

① John Pomfret, China's Strident Tone Raises Concerns Among Western Governments, *Washington Post*, January 31, 2010; Andrew Small, Dealing with A More Assertive China, *Forbes*, February 8, 2010; Michael D. Swaine, China's Assertive Behavior Part One on "Core Interests", *China Leadership Monitor*, 2011, No. 34; He Kai and Huiyun Feng, Debating China's Assertiveness: Taking China's Power and Interests Seriously, *International Politics*, 2012, No. 49; Alastair Iain Johnston, How New and Assertive is China's New Assertiveness? *International Security*, Spring 2013, Vol. 37; Jane Perlez, Beijing's Exhibiting New Assertiveness in South China Sea, *The New York Times*, May 31, 2012.

② Alastair Iain Johnston, How New and Assertive is China's New Assertiveness? *International Security*, Spring 2013, Vol. 37.

③ Elizabeth C. Economy, China's Imperial Resident: Xi Jinping Tighten His Grip, *Foreign Affairs*, November/December 2014, Vol. 93, No. 6, p. 88.

④ Alan Dupont, China's Maritime Power Trip. *The Australian*, May 24, 2014. p. 16, http://www.lowyinstitute.org/publications/chinas-maritime-power-trip.

⑤ Michael J. Mazarr, A Strategy of Discriminate Power: A Global Posture for Sustainable Leadership, *Washington Quarterly*, March 1, 2014, http://twq.elliott.gwu.edu/strategy-discriminate-power-global-posture-sustained-leadership.

⑥ 《中国在东海争端上的务实性接近法：对区域安全的影响》，越南东海研究官方网站，2012年7月23日，http://www.nghiencuubiendong.vn/cn/nghien-cuu-cua-vn-ve-bien-dong/936-2012-07-23-03-31-33。

⑦ Alan Dupont, China's Maritime Power Trip. *The Australian*, May 24, 2014. p. 16, http://www.lowyinstitute.org/publications/chinas-maritime-power-trip.

军事力量"[①]，并炫耀不断增长的军事实力，而且时刻准备以武力来捍卫自身的核心利益。中国虽然声称和平发展，但不排除在海外诉诸军事行动的可能性。

（二）中国"和平崛起说"

尽管西方舆论大力渲染中国的"过度自信"，但国际舆论中仍有一种声音，支持中国和平崛起，认为中国崛起不会对世界和平与安全造成威胁，甚至还将惠及世界。

新加坡前总理吴作栋曾形象地把中国比喻成一个友好的大象，认为中国的崛起不会造成任何威胁。[②] 也有美国学者指出："中国是现行体系的受益者，随着中国不断融入国际体系，中国的崛起不会挑战当前国际秩序，将会是和平的。"[③]"随着中国的不断发展，国际地位的日益提升，中国作为东亚地区积极的、有决断力的领导者的形象，正在逐步稳健地显示出来。……中国已经开始扮演起传统大国的角色——越来越看重自己的地区利益，并在崛起的过程中保持和邻国的和睦。"[④]还有澳大利亚学者也认为，中国外交尊重现有的国际法原则，并且越来越倚重多边主义的国际机制。[⑤]所以，"中国外交的目标整体上来看还是防御性的，基本前提是保证主权和民族的统一。目前，在全球层面，中国的重心仍是要为经济发展营造和平、良好的国际环境。"[⑥]

有专家进一步指出，中国崛起不但无害且十分有益。澳大利亚国立大学中国研究院院长理查德·里格比(Richard Rigby)指出："对外部世界来说，一个更加富裕和强大的中国并不必然是一种挑战。中国的失败远比成功更加危险。"[⑦]有美国专家指出："中国和平发展，不仅对中国人民有利，而且能惠及

---

① Rebeccah Heinrichs, China's Strategic Capabilities and Intent, *Issue Brief*, The Heritage Foundation, December 18, 2013, http://www.heritage.org/research/reports/2013/12/china-s-strategic-forces-military-capabilities-and-intent.

② 《温家宝总理会见中外记者》，新华网，2004年3月14日，http://www.xinhuanet.com/zhibo/20040314c/zhibo.htm。

③ John Ikenberry, The Rise of China and the Future of the West: Can the Liberal System Survive? *Foreign Affairs*, Vol. 87, No. 1, January/February 2008, pp. 23-37.

④ Robert G. Sutter, China's Rise in Asia: Promises, Prospects and Implications for the United States, Asia-Pacific Center for Security Studies, February 2005, http://www.docin.com/p-119848303.html.

⑤ Ann Kent, China's Changing Attitude to the Norms of International Law and Its Global Impact, Pauline Kerr, Stuart Harris and Qin Yaqing eds., *China's "New" Diplomacy: Tactical or Fundamental Change?* Palgrave Macmillan, 2008, p. 71.

⑥ Stuart Harris, China's Strategic Environment: Implications for Diplomacy, Pauline Kerr, Stuart Harris and Qin Yaqing eds., *China's "New" Diplomacy: Tactical or Fundamental Change?* p. 28.

⑦ Richard Rigby, Rising China on the Eve of the Olympics, August 6, 2008, http://www.lowyinstitute.org/Publication.asp?pid=867.

整个世界。一个经济上稳定与繁荣的中国，能够在帮助国际社会应对世界面临的众多严重问题方面，发挥更加积极的作用。可以说，像气候变化、疾病与健康、环境与水等重要的全球性问题，没有哪一个不需要中国发挥作用。”①

（三）中国和平崛起“不确定论”

针对中国崛起的规模与速度，国际舆论中也普遍存在着一种对中国是否和平崛起的不确定论的声音。新加坡国父、中国问题的权威观察家李光耀先生说：“今天，中国是世界上发展速度最快的发展中国家，其速度在50年前是无法想象的，这是一个无人预料到的巨大转变……中国人的预期和抱负已经提升。每一位中国人都渴望一个强大、富裕的中国，一个与美国、欧洲国家和日本同样繁荣昌盛并同样具有科技竞争力的中国。这种重新唤醒的使命感是一股极其强大的力量”。所以，“中国有可能变成一个盲目排外、奉行沙文主义的力量，会因西方试图放缓或阻止其发展而仇恨、敌视西方，也有可能变成一个行为文明、积极参与国际事务、更具世界特色、更加国际化和外向型的国家，亚太地区的和平与安全将取决于中国朝哪个方向演变。”②

对于中美关系，美国学者约瑟夫·奈指出，鉴于“中国仍然远远落后于美国”，所以，“现阶段的事实并不支持那些杞人忧天的、认为（中美之间）即将爆发战争的预测”。但是，“中国不大可能成为与美国比肩的竞争者的事实并不意味着中国不会在亚洲对美国发起挑战，爆发冲突的风险永远不能被完全排除。”③而在2014年APEC领导人北京峰会期间，尽管“习奥会”取得了丰硕成果，但仍有评论指出，中美关系“重启”是否已经来临，关键“取决于妥协的意愿。中国从未从奥巴马那里得到承认说中美关系已发展成一种新型大国关系。美国也没有从习近平那里得到中方对美国全球霸主合法地位的承认”④。习奥会“最大的悬而未决的问题是，中国就其外交政策姿态做出的调整和保证究竟是战术性还是战略性的”⑤。

二、对中国崛起的不同观察视角和解释逻辑

国际社会对中国是否和平崛起的不同认知，反映出不同的观察视角和解

---

① 《美国专家：中国和平发展惠及世界》，《人民日报》，2011年7月4日。

② ［美］格雷厄姆·艾利森等编，李光耀口述，蒋宗强译：《李光耀论中国与世界》，北京：中信出版社，2013年版，第4、56页。

③ ［美］约瑟夫·奈：《一种新的大国关系?》，香港中美聚焦网站，2013年2月26日。转引自21CN新闻网站，http：//news.21cn.com/caiji/roll1/2013/02/28/14742151.shtml。

④ Allen R. Carlson，Is the Long-Awaited U.S.-China “Reset” Upon Us?” National Interest，November 15，2014，http：//nationalinterest.org/feature/the-long-awaited-us-china-reset-upon-us-11686.

⑤ Douglas Paal，Xi-Obama Meeting：US-China Relations off to A More Promising Start，November 14，2014，http：//www.chinausfocus.com/foreign-policy/xi-obama-meeting-us-china-relations-off-to-a-more-promising-start/.

释逻辑。归纳起来，大致有权力政治、国内政治和利益攸关方三种视角与解释。然而，即使在同一观察视角下，国际社会也对中国是否和平崛起得出不同的结论。

(一)权力政治视角

权力政治是国际舆论尤其是西方舆论观察中国崛起的主要视角。在权力政治视角下，国家之间的关系实质上是一种"权力关系"，而国际体系中也始终存在崛起国与守成国的较量，双方实力较为接近的时期是国际权力转移的关键阶段。也正是在这一关键阶段，崛起—守成双方的矛盾最为尖锐，也最容易爆发战争。①这是因为处在权力转移中的霸权国家和崛起国家最容易因崛起国家对自身地位的不满而走向战争。②

当前，中国毫无疑问是一个具有全球领导地位的、并对现状不满的潜在挑战国。③ 鉴于历史经验，"没有任何崛起中的大国是一个安于现状的国家。崛起中大国往往是既喜欢冒险且急躁又偏执的国家。他们展示其实力并考验老牌大国的崛起。通过采用非对称战略削弱老牌大国的霸权，一次寻求从老牌大国的决心——而非能力——的疲软中获益。"④况且，"历史上从未有过中国与另一个地位相当或低一些的国家平起平坐的时期。同过去一样，一个富裕强大的中国总是会要求别国听话和顺从。与过去不同的是，现在中国的经济利益已经取代了过去意识形态的狂热。"⑤同时，中国的崛起也是未来 20 年可能出现的对美国持久国家利益最严重的潜在威胁之一。⑥由于中国的崛起将会导致中美之间激烈的安全竞争，而中国的邻国大多会和美国联合遏制中国崛起，因此中国的崛起不可能是和平的。历史证明，不是基于战略利益的和谐，而是靠政治手腕和克制建立起来的和平具有天生脆弱性。⑦况且，中国随着实力的增长已"无法平静地接受美国领导的世界秩序观"，"而且会更不甘心

① [美]约翰·米尔斯海默著，王义桅、唐小松译：《大国政治的悲剧》，上海：上海人民出版社，2003 年版，第 49-79 页。

② A. F. K. Organski & Jacek kUgler, *War Ledger*, The University of Chicago Press, 1980, pp. 22-27.

③ David Rapkin and William R. Thompson, Power Transition, Challenge and the (Re)emergence of China, *International Interactions*, Vol. 29, 2003, p. 316.

④ Mohan Malik, National Interest, America and China's Dangerous Game of Geopolitical Poker. *National Interest*, June 18, 2014, http: //nationalinterest. org/feature/america-chinas-dangerous-game-geopolitical-poker-10690.

⑤ Mohan Malik, National Interest, America and China's Dangerous Game of Geopolitical Poker. *National Interest*, June 18, 2014, http: //nationalinterest. org/feature/america-chinas-dangerous-game-geopolitical-poker-10690.

⑥ Joint Statement of William J. Perry and Stephen J. Hadley before the House Armed Services Committee Hearing on "Quadrennial Defense Review Independent Panel," July 29, 2010, p. 2.

⑦ John Lee, China's Rise and the Road to War, *The Wall Street Journal*, August 5, 2010.

在美国领导的地区和国际秩序中扮演配角。”①因此，中国崛起导致“亚洲将滑向日趋激烈的战略竞争和冲突”②。所以，“美国应高度防范中国，应独自或结成联盟，通过平衡、遏制及必要的战争来阻止中国以保证自身安全。”③

权力政治视角坚持“实力决定行为”，但是如何评估实力，不同的人却有不同的评判标准，由此得出了对中国实力的不同认知和对中国是否更具危险性的意见分歧。著名的权力研究专家约瑟夫·奈就对中国的实力提出了质疑，认为中国还未强大到能挑起战争的程度。他指出：“尽管中国拥有令人印象深刻的权力资源，但对于那些仅仅依据现阶段增长率、政治言论、军事应变计划和存在瑕疵的历史类比所得出的预测，我们应当持怀疑态度。别忘了，中国仍然远远落后于美国，而且中国的政策主要关注地区问题以及本国的经济发展。”“中国要想获得与美国相同的权力资源还有很长的路要走，而且中国在发展过程中仍然面临许多障碍。”所以，“现在两国之间尚有结成合作关系的时间。”④也有学者指出：“当前，中国在任何方面都不是美国的对手，并且在可预见的将来，中国也不具有这样的潜力。”“首先也是主要的，中国仍然是一个面临核心发展挑战的贫穷国家”；其次，“向全球投放力量的前提是能运用和提升地区权力”，而中国却“面临着其邻国都担心中国崛起”的现实。⑤ 因此，目前中国会因权力制约而走和平崛起道路。

(二)国内政治视角

“外交是内政的延续”如今已“多少被视为外交学的一条公理”。⑥因此，国内政治成为影响国家外交的一个重要考量因素。国内政治因素也是国际社会观察中国崛起的一个重要视角。在国内政治视角下，一国的政治体制与权力结构、政治文化与意识形态、内部变革与政治形势的发展变化、各种政治势力之间的博弈以及主要领导人对于国内压力的敏感度等因素，都将在很大程度上影响该国的外交政策目标和原则的确立，以及处理对外事务的程序和方式。⑦

---

① Hugn White, The limits to optimism: Australia and the rise of China, *Australian Journal of International Affairs December*, 2005. Vol. 59, No. 4, pp. 471-472.

② Hugh White, Winds of Change Dem and Hard Debate, *The Australian Financial Review*, April 28, 2009, p. 63.

③ 陈华杰、胡承统：《和平发展：塑造美国对中国的新认知》，《复旦学报》，2005 年第 6 期，第 39 页。

④ Joseph Nye, A New Great Power Relationship, *China Daily*, March 4, 2013, http://joe-nye. com/post/44647424398.

⑤ Stuart S. Brown, *The Future of US Global Power: Delusions of Decline*, Palgrave Macmillan, 2013, pp. 184-185.

⑥ 章百家：《中国内政与外交：历史思考》，《国际政治研究》，2006 年第 1 期，第 2 页。

⑦ 马荣久：《国内政治与外交决策：以领土争端中的印度对华决策为例(1959—1962)》，《世界经济与政治》，2009 年第 12 期，第 34 页。

从国内政治视角下分析中国外交政策与行为，有人认为，中国国内经济政治和社会发展的压力会促使中国外交走向强硬。其原因主要有五个：第一，资源威胁论。中国的发展使得对资源的需求不断增加，这将加剧全球资源短缺。[①]作为石油和天然气进口大国，中国能源进口主要是通过海路，途经马六甲海峡，正是出于对能源资源需求的驱动和保护海事运输线的需要，中国外交尤其是在南海问题上实行强硬的单边主义政策。第二，经济社会转型威胁论。中国经济在经历了30多年快速发展后，如今已难以持续高速增长，面临着低效率、高污染、过度投资等问题，经济转型存在困难；[②]并且，包括中国的人口结构在内的各种问题会最终导致中国经济发展的停滞甚至倒退。[③]因此，中国正面临经济社会的重大转型，期间各种矛盾的爆发和激化将使中国的和平发展难以继续。第三，政治威胁论。中国的政治制度和意识形态使得中国难以和平发展。第四，文明威胁说。中国是近代以来为数不多的不同于西方文明体系的大国，中国的和平发展将冲击西方的自由民主模式，削弱西方的文明优越感，西方将对此感到恐惧。[④] 第五，中国民族主义崛起。有人指出："在中国民众、军方和精英中广泛散播着一种被压抑的挫折感、一种宏大抱负和扩张的情绪。有一种要走出去大显身手(既包括好事也包括坏事)的欲望，以及一种历史悠久的民族主义"。[⑤]还有人认为，中国有着成熟的"极端民族主义"(hypernationalism)，这必将导致中国在对外政策方面变得更加强硬。[⑥]"在民族主义热情的驱动下，一个新的超级大国意图控制别国，获得服从和尊敬。"[⑦]

然而，同样在国内政治视角下却有支持中国和平崛起的声音。其原因如下：第一，中国因经济发展需要全球自然资源，所以会保持头脑冷静而非恣意妄为。第二，中国的历史传统缺乏军事扩张主义。中国并非奉行"扩张主

---

① Dambisa Moyo, *Winner Take All: China's Race for Resources and What It Means for the World*, Basic Books, 2012.

② M. Pettis, *The Great Rebalancing: Trade, Conflict and the Perilous Road Ahead for the World Economy*, Princeton University Press, 2013.

③ Karen Eggleston, Jean C. Oi, et al., Will Demographic Change Slow China's Rise? *The Journal of Asian Studies*, Vol. 72, No. 3, August 2013, pp. 505—518.

④ Michale Barr, *Who's Afraid of China? The Challenge of Chinese Soft Power*, Palgrave Macmillan, 2012.

⑤ The Emerging Powers and The Future of the Global Order, The Brookings Institution, February 6, 2014, http://www.brookings.edu/~/media/research/files/reports/2014/02/state%20of%20the%20international%20order/intlorder_report.pdf.

⑥ John J. Mearsheimer, Can China Rise Peacefully? October 25, 2014, Excerpted from *The Tragedy of Great Power Politics*, W. W. Norton & Company, 2014, http://nationalinterest.org/commentary/can-china-rise-peacefully-10204.

⑦ Au Loong Yu, The New Chinese Nationalism, *Solidarity*, September/October 2008, http://www.solidarity-us.org/node/1886.

义”的强国，即使在其帝国影响力处于巅峰之际，也是通过经济“朝贡制度”控制泛亚洲贸易，而非军事征服。第三，中国的国内问题复杂，各种利益集团斗争制约了中国的对外冒险主义。[①]第四，当今世界并不存在严重的意识形态斗争，没有“道义之争”，完全是实力之争。中国虽然是“一个列宁式的一党执政国家，但却不一定因为在国内的方式就会在国外恃强凌弱”[②]。第五，中国从自身受外人统治的苦涩经历得出结论，对他国事务采取不干预的态度是一种必要的尊重。[③]

（三）利益攸关方视角

“利益攸关方”也是国际社会观察中国的一个视角。它主张既然中国崛起势不可挡，就需要以务实态度处理与中国的关系。对于传统强国美国来说，帮助中国和平崛起比互相竞争有可能使美国分享更多的影响力和繁荣[④]。“美国需要加强和中国的接触，更好地管控和中国的关系，以便共同合作应对全球和地区热点问题；同时要减少双方的战略猜疑和敌对情绪。”[⑤]对东南亚国家来说，应该欢迎“一个富裕和强大的中国”，因为它“将通过贸易和经济交往而共享财富。”[⑥]从中国立场上来看，中国是现行国际体系的受益者，中国需要和平的外部环境来实现进一步发展。所以，中国“要尽量避免一个被战争、冲突和不稳定所困扰的世界”。[⑦] 为此，国际社会可以通过制度安排保障中国成为负责任的一员，从而共同维护亚洲秩序。[⑧]

在利益攸关方视角下，也有人坚持，尽管中国与世界已实现高度相互依存，中国已经成为现有国际体系的重要利益攸关方，但也不能因此而认为中国不会挑起争端乃至战争，因为主权安全仍然是中国的首要安全关切。

---

① Martin Jacques, Fading America Must Face China Rising on its Own Terms, *The Huffington Post*, April 18, 2010, http: //www. huffingtonpost. com/martin-jacques/fading-america-must-face _ b _ 464450. html.

② Justin McDonnell, Interview with Robert D. Kaplan, *The Diplomat*, March 20, 2014, http: //thediplomat. com/2014/03/interview-with-robert-d-kaplan/.

③ ［美］罗杰·科恩：《中美两种世界观的对垒》，《纽约时报》网站，2014 年 10 月 20 日，转引自 http: //www. aisixiang. com/data/79845. html。

④ When The Annual Again: To Assess The Chinese Threat, *Aviation Week*, November 8, 2012.

⑤ Michael Swaine, *America's Challenge: Engaging a Rising China in the Twenty-first Century*, Carnegie Endowment for International Peace, 2011, pp. 337-380.

⑥ 北京外国语大学中国马来语教学中心编：《马来西亚总理马哈蒂尔演讲集》，北京：世界知识出版社，1999 年版，第 14 页。

⑦ 《美国专家：中国和平发展惠及世界》，《人民日报》，2011 年 7 月 4 日。

⑧ Michael Wesley. Critical Thinking Needed to Bolster Ties with Asia, *The Australian*, April 30, 2007.

三、读懂中国的维度

在信息化高速发展的今天，国家形象已成为国家利益的重要构成部分，在国家形象的构建中，国际舆论发挥着十分重要的作用。因此，营造有利于中国崛起的良好国际舆论环境是国际关系研究者的职责。要让世界“读懂中国”，一方面要求我们自己讲好“中国故事”，因为一种舆论的影响力很大程度上取决于其“讲故事”的能力。“在今天的全球信息化时代，胜利有时并不依赖谁的军队能获胜，而是依赖谁讲的故事会获得人心。”①另一方面也需要国际社会客观地理解中国，因为“误读中国”不仅给中国的发展带来阻力，同样也给世界带来不利影响。为此，本文提出观察中国的四个维度，希望国际社会在多维度的统一中“读懂中国、理解中国”。

第一，从时间维度看今日之中国。中国外交理念发端于中华文化传统。中华民族在五千多年的历史长河中，形成了“协合万邦”“天下一家”的理想和“以和为贵”“和而不同”的理念，也对“国虽大，好战必亡”的箴言有深刻认识。在实践中，中国自秦汉以来建构的被称为“华夷体系”或“朝贡体系”的国际体系，推崇上下有序、尊卑有别的秩序观念，实施以“仁”为核心的礼治。然而，近代西方的入侵彻底结束了中国的天朝礼治，中国被强行拉入现代民族国家体系中。在这个高举主权大旗的现代国际体系中，中国不但没有享有真正的主权，反而经历了丧权辱国的切身感受。百年的屈辱史使中国深刻体会到，一个国家丧失了主权，人民就没有尊严和地位。新中国成立后，中国坚决捍卫来之不易的国家主权和领土完整，决不允许任何外来干涉，中国同样也尊重别国的主权和领土完整。在新中国成立后的60多年外交实践中，中国政府形成了一系列重大的外交政策主张和战略思想，特别是和平共处五项原则至今仍然是中国外交理论的核心和实践指南。在捍卫国家主权问题上，中国从来没有妥协过，即使在自身力量还十分薄弱的时候，在强权面前也从未屈服。今日的中国虽然国力增长了，但中国从惨痛的历史遭遇中深刻认识到的“己所不欲，勿施于人”，已经成为中国人的信条，在捍卫本国主权的同时必然也尊重别国主权。

第二，从空间维度看世界之中国。在世界的坐标系中看中国的位置，首先，中国既是世界大国也是最大的发展中国家。作为世界大国，中国既是决定国际和平与稳定的重要力量，也是促进世界经济发展的主要推动力，这需要中国承担大国责任和具备担当意识。而作为发展中国家，中国仍面临艰巨的国内发展难题，仍需要将发展问题作为国家的首要任务。这种兼具世界大国和最大发展中国家的双重身份，需要中国在承担世界责任与谋求自身发展

① [美]约瑟夫·奈：《信息革命与权力》，《国外社会科学文摘》，2014年第10期，第4页。

中寻求统一。因此，建立以合作共赢为核心的新型国际关系是中国的必然战略选择。其次，中国是一个亚洲地区的大国。亚洲在世界上是最具多样化和多元性的一个大洲。亚洲地区人种各异、宗教多样、文化多元、政治制度不同、经济水平各异，加上历史原因，亚洲各国在价值认同和利益诉求等方面存在诸多差异乃至分歧，这也反映在中国与周边国家之间的关系中。如今，中国崛起加剧了中国与周边国家间原本就复杂难解的历史、领海和岛屿主权纷争。而世界各大国基于全球战略考虑，加大对东亚地区的投入更使中国周边地缘环境更加复杂。这一切决定了中国维护和平稳定的周边环境的紧迫性和艰巨性。周边是中国安身立命之所、发展繁荣之基，中国致力于在推动地区发展与维护地区和平方面发挥主要作用，这既是中国的利益也是中国的责任。最后，中国是一个社会主义国家。社会主义是中国人民的历史选择。但由于各种原因，西方社会对社会主义存在诸多疑虑甚至敌意，冷战的结束不但没有导致“意识形态的终结”，反而使得资本主义和社会主义两种意识形态的斗争更为宽泛和错综复杂。崛起中的中国在诸多领域面临着“意识形态陷阱”。①因此，中国的大国地位、发展中国家特征和社会主义属性使得崛起中的中国正经历着“成长的烦恼”，创造一个和平友善的国际环境是当今中国面临的重要任务。

第三，在实践维度看中国与世界关系的变化。实践是人类社会生活的本质特征。将实践作为观察、思索一切自然现象、社会现象和思维现象的基础和出发点，是马克思实践哲学的本质特征。②中国正是在与国际体系的双向互动实践进程中“改变自己，影响世界”的。③当代中国自改革开放以来，就以开放的姿态积极参与国际体系，不但在经济上全面而深入地融入西方主导的全球经济体系中，而且越来越多地参与政治、安全、社会、文化等各种国际制度中，并利用现有国际秩序中的制度渠道提升了自己的地位。与此同时，中国也始终坚持独立自主的和平外交路线，为地区和世界的和平与稳定做出重要贡献。正是在中国参与国际体系的双向互动实践进程中，不但中国成为现有国际体系的积极参与者、建设者和贡献者，而且国际体系也因为接纳中国而更具开放性和合法性，并朝着包容性方向发展。

第四，在换位思考中去“理解中国”。换位思考既是人与人之间交往的基础，也是建立良好的国家间关系的基础。美国著名的中国问题专家戴维·兰

① 董德福、安理：《国际政治视域中的意识形态陷阱及其防范》，《江苏大学学报(社会科学版)》，2014年第1期，第36页。

② 俞吾金：《论实践维度的优先性——马克思实践哲学新探》，《现代哲学》，2011年第6期，第1页。

③ 章百家：《改变自己 影响世界——20世纪中国外交基本线索刍议》，《中国社会科学》，2002年第1期，第4—19页。

普顿经常提醒美国学生，“要学会把自己放在中国的位置上去看待中国的内外政策，考虑中国的问题”。“我们可能不喜欢中国的政策，可能不赞同中国的价值观，但我们必须明白，中国人同我们一样是一个有理性的民族。中国政府之所以制定这样的政策，有它自己的道理。我们应当了解它的道理是什么”。[①] 美国哈德逊研究所资深研究员迈克尔·皮尔斯伯里(Michael Pillsbury)也指出，误读中国的“问题不在于中国，而在于我们自己。60 余年来，我们西方人一直通过我们自己的利益来看待中国”。“65 年之后，我们并不知道中国想要什么，因为我们没有真正倾听部分与我们一厢情愿的想法相反的强有力的声音。”[②]因此，如果美国人总是用自己的价值和制度来衡量中国，怎么可能指望他们了解一个在历史、文化和民族方面与他们迥然不同的中国呢?[③]同样的，中国人也需要在换位思考中去坦然面对外界对中国的说三道四。“中国是一个拥有 13 亿多人口的大国，是人群中的大块头，其他人肯定要看看大块头要怎么走、怎么动，会不会撞到自己，会不会堵了自己的路，会不会占了自己的地盘。”[④]因此，站在对方的立场上去体验和思考问题，是增进理解和信任的基础。

当代中国正经历着多重转型，国际体系也处于深刻转型之中，中国与外部世界的关系在发生着历史性变化。这种双重转型既增加了双方相互认知的困难，也更反映出相互理解的重要性。我们相信：“相互了解、相互理解是促进国家关系发展的基础性工程。了解越多，理解越深，交流合作的基础就越牢固、越广泛。”[⑤]

（作者：卢　静　外交学院教授）

---

① [美]克里斯托弗·杰斯普森著，姜智芹译：《美国的中国形象(1931—1949)》，南京：江苏人民出版社，2010 年版。

② Michael Pillsbury，Misunderstanding China，Hudson Institute，October 17，2014，http://www.hudson.org/research/10623-misunderstanding-china.

③ [美]戴维·兰普顿：《美国人了解中国到底有多难?》，《新闻周刊》，2004 年第 28 期。

④ 《习近平在澳大利亚联邦议会发表重要演讲：携手追寻中澳发展梦想 并肩实现地区繁荣稳定》，《人民日报》，2014 年 11 月 18 日第 3 版。

⑤ 习近平：《历史是最好老师　给每一个国家未来的发展提供启示——在德国科尔伯基金会的演讲》，外交部网站，2014 年 3 月 28 日，http://www.mfa.gov.cn/mfa_chn/zyxw_602251/t1142177.shtml。

项目名称：北京市政务微博传播效果及其影响因素研究
项目编号：13KDB011
项目负责人：闫　强
项目信誉保证单位：北京邮电大学

科学利用新兴社会媒体促进政务信息沟通

近年来，微博、微信等社会媒体的兴起，带来了人们信息沟通方式的重大变化。尤其是随着移动互联网技术的发展，新兴社会媒体因其使用方便、互动性强以及传播速度快等特点，给传统的政务信息的传播与沟通方式带来了重大影响。在新兴信息通信技术不断发展的时代背景下，如何科学利用新兴社会媒体、有效促进政务信息沟通，成为政府部门和学术界关注的一个重要问题。

北京市通过建立"平安北京""北京发布"等微博账号，在利用新兴社会媒体加强政务信息传播、促进信息双向互动方面进行了有益的尝试与努力。同时，信息通信技术的不断发展也推动了社会媒体自身的升级演进。政府管理部门、公共机构对这些新兴社会媒体的使用过程也必然是一个不断探索、不断完善的过程。本文讨论了政府机构合理用好政务微博平台过程中的几个关键问题，并前瞻性地探讨政府机构如何适应当前各类新兴社会媒体不断更新发展的形势。

一、赢得公众信任是政务微博发展的前提条件

公众对当前各类网络媒体的信任一方面是维系现代民主制度和政治稳定的基石，另一方面也能推动政府与公众之间的沟通向纵向深层次发展。公众只有相信政务微博中的内容是真实的、通过政务微博与政府机构进行沟通是可靠的，才愿意参与到和政务微博的互动之中。而对于政务微博账号的管理者来说，树立良好的形象及公信力、争取受众信任是改进传播效果、引导更多用户参与使用政务微博的前提条件。

调查数据表明，目前我国公众对政务微博发布的热点事件具有较高的信任度，该信任度与公众对政府官方网站中热点事件的可信度持平，而远远高于对其他新闻网站的信任度。党员对政务微博的信任度明显高于其他社会群体。众所周知，微博作为一种广受欢迎的社会媒体，其内容具有明显的片段化、非逻辑化和娱乐化特征。尽管政务微博在某种程度上继承了微博本身的

这些特点，但这并没有影响公众对于其所发布的内容信息的信任程度。政府管理部门应珍视公众对政务微博的这份信任，再接再厉，确保政务微博内容的真实、及时、公证、可靠，为政务微博的持续健康发展奠定良好基础。

二、做好公众服务是政务微博发展的关键要素

尽管目前公众对政务微博具有较高的信任度，但其要发挥相应的影响与作用，还必须为公众提供务实的服务，把政务微博打造成为促进政府与公众之间进行信息互动的“桥头堡”以及公众参与公共管理的信息平台。

(一)做好政府与公众之间的信息互动

目前用户对政务微博的定位仍是以获取信息为主，微博平台提供的搜索、@提及、推送、收藏等功能，使得政务微博大大便利了公众的信息搜寻，并进而提高用户的满意度。

微博提供的“关注”模式，使得用户可以基于个人的喜好、兴趣和意愿，实时获得其关注对象的动态，并可以发起提问或者参与话题讨论。而作为政务微博的关注者，公众可以及时了解政府机构发布的数据和事件信息。例如两会期间“北京发布”对政府工作报告全程直播，使公众及时获得了第一手政务相关信息。又或是在突发事件中，公众通过政务微博可以实时了解到事件信息、灾情控制与救助等重要情况，及时满足公众的信息需求。同时，政务微博通过创设话题、设置微博标题，使微博内容主题一目了然。因此，政务微博通过切合公众的信息需求，使得公众对接收的信息有更高的利用效率，从而提高了政务微博的使用满意度，并提高公众的参与意愿。

但仍需注意的是，调查显示目前政务微博在公众中的知晓度并不高，其政府与公众之间信息互动“桥头堡”的作用还未充分发挥出来。因此，政务微博还需进一步重视信息的时效性以及信息内容本身的价值，通过为公众提供更多更有针对性的信息而赢得公众的关注与参与。

(二)方便公众参与公共管理

公民参与公共管理是指公民个人或集体参与公共事务、参与解决社会问题的行为。当前社会大众的权益意识以及对政府公共管理的参与意识越来越强，对政府的服务质量要求也越来越高。政务微博降低了公民参与公共管理的技术难度，增强了信息沟通过程的交互性，大大降低了公共管理参与的门槛。随着政务微博互动性功能的提升，公众已经不仅仅满足于“围观”，同时希望获得更多如在线咨询、业务办理、信息推送等便民政务服务。在一些发达国家，如美国，其联邦政府近年来也将公众参与度、公众与政府的合作程度作为衡量政府管理部门及公共机构运营社会媒体行为的一项重要评价指标。政务微博通过提升公众对公共管理参与需求的满足程度，提高了公众对政务微博的满意度，并进而提高公众对政务微博的整体参与意愿。

目前，就北京市政务微博而言，公众参与公共管理的程度仍需进一步提升。政务微博需要不断提高自身的资源协调能力，积极补充完善其公共管理职能，通过微博平台，增加政务信息透明度，满足公众知情权，完善多种倾听民意的运营模式。如就公众关心的热点话题及信息，组织微访谈、微调查投票等活动，提供更切合其公共管理职能的服务，使政务微博真正成为公众参与公共管理的一个便捷渠道。

三、关注情感效果是提升政务微博影响力的重要途径

传播效果是传播活动的目的，是人类传播行为研究中的一个永恒的话题。“认知—情感—行为”理论是一种广为认可的关于媒介传播效果评价的理论方法。传播过程对人的影响体现在受众接受信息后，在认知、情感、行为等方面发生的变化。政务微博内容对公众的认知影响表现为公众对政务微博的理解和关注；政务微博内容对公众的情感影响表现为公众对政务微博内容的兴趣、感知有用以及赞同或否认的态度；政务微博内容对公众的行为影响表现为公众对政务微博内容的点赞、评论、转发或访问主页等行为。认知效果、情感效果以及行为效果三者之间相互影响，并且其效力逐层增加。

根据劝服理论，并结合对北京市政务微博用户群体的调研，政务微博对公众的认知影响主要与信息源可信度、文字易读性及内容相关性等因素有关。

当传播主体是政务微博时，信息源可信度指政务微博发布主体的专业性和可信赖度。政务微博在公众心目中越可信，其内容越能得到公众的认可，公众也越愿意主动关注政务微博，并对其内容进行评论、转发等，因而政务微博的信息传播效果就越好。文字易读性则强调了政务微博内容逻辑清晰、浅显易懂。内容相关性是指政务微博的内容在地域上与接受群体相符，在功能上符合接受群体需求，能够与接受群体形成良好互动的程度。这三个因素中，信息源可信度对公众的认知效果影响最为显著。

与认知效果相比，公众的情感效果更易受到政务微博内容情感倾向性的影响。正如传统的传播理论研究所显示的，情感性的传播内容的说服效果会优于逻辑性的传播内容，情感传播往往会给传播效果带来意想不到的助力，信息内容中包含的幽默、热情、愤怒等情感因素对公众的情感效果具有显著的影响。

公众的认知和情感均会对行为效果带来影响，相比之下，公众的情感对其行为的影响比公众的认知具有更大的影响。公众对政务微博的关注并不会直接导致其情感和态度上发生明显变化，因而不会有效推动公众对政务微博进行评论、转发、点赞等。而如果政务微博引起了公众在情感和态度上的变化，则更可能使公众对政务微博采取评论、转发、点赞等。在现实中，很多政务微博虽然“粉丝”数量众多，但公众对微博内容的评论与转发普遍较少，

微博活跃度明显偏低。这也反映出政务微博发展的初期阶段较为重视用户关注数量的增长，在一定程度上忽略了内容建设方面的工作，使得公众与政务微博难以在情感上形成共鸣。因此，在注重树立公信力的同时，政府管理部门还应主动适应诸如微博这样的社会媒体的风格与特点，在传播内容与形式上不拘泥于传统新闻媒介的风格，在社会媒体内容的片段化、非逻辑化和娱乐化的特点与官方媒体的严肃、严谨的风格之间寻求一个适度的平衡。

四、积累政务微博管理经验，适应社会媒体的快速发展

当今社会信息技术与应用的发展日新月异。在政务微博的发展刚刚起步之际，以微信为代表的其他社会媒体也纷纷异军突起，政府机构对社会媒体的利用面临着平台多元化的局面。对此，政府机构既不能对社会媒体的发展存在抵触心理，也不能在各种平台上浅尝辄止，更不能轻易放弃在既有社会媒体运营中所积累的经验。

从用户的角度来看，公众对不同的社会媒体的选择受到网络外部性、转移成本、情感承诺等因素的影响。用户从一个社会媒体向另外一个社会媒体的迁移，一方面存在对原有媒体不满导致的推力因素，另一方面存在新媒体由于相对易用、有用等带来的拉力因素，同时还存在转移成本、情感承诺等因素。

从政府机构的角度来看，无论是微博还是微信，它们同属于移动互联网时代的新兴社会媒体，它们在功能、平台、内容及受众等方面存在一定的共性。因此，对政府机构而言，通过这些媒体进行政务信息沟通的运作和管理方式也是具有共性的。政府部门应建立稳定、专业的社会媒体运营管理团队，及时总结社会媒体运营过程中的经验，切实抓住公众需求，以求在信息通信技术与应用快速发展的环境中，有效利用好新兴社会媒体。

五、总　结

无论是政务微博，还是其他新兴的社会媒体，在“互联网＋”行动计划推进过程中，都将是政府部门推进信息公开、促进政府与公众的信息互动的重要渠道。

当前政务微博的运营管理，要进一步加强微博公信力建设，拓展单一的信息发布功能，充分发挥社会媒体的互动特性，做好政府与公众之间的信息互动，方便公众参与公共管理。对政务微博的评价管理，也应从单纯侧重用户关注数量，转向关注公众满意度。在政务微博内容建设方面，需关注公众的情感效应，合理、高效地利用政务微博促进政务信息传播。在今后一段时期内，利用社会媒体加强政府与公众之间的信息沟通将成为一种新的常态化的工作方式。在这个过程中，政府部门应逐步建立稳定、专业的运营管理团

队，适应社会媒体的发展变化，不断总结经验，逐步探索出一种基于社会媒体的政务信息传播新模式。

参考文献

[1] 刘晓娟、王昊贤、肖雪、董鑫鑫：《基于微博特征的政务微博影响因素研究》，《情报杂志》，2013 年第 12 期。
[2] 赵旦：《浅析网络情境下公民的电子参与》，《电子科技大学学报（社科版）》，2012 年第 6 期。
[3] 张志安、贾佳：《中国政务微博研究报告》，《新闻记者》，2011 年第 6 期。
[4] 吴晓菁、郑磊：《政务微博运营管理现状与对策研究》，《电子政务》，2012 年第 6 期。
[5] 郑烨：《政务微博中的信息交流与信息公开——信任的中介作用》，《情报杂志》，2012 年第 10 期
[6] 刘宁雯：《中国政务微博研究文献综述》，《电子政务》，2012 年第 6 期。
[7] 李卫东：《试论网络信息化中的公正问题》，《社会科学评论》，2009 年第 4 期。
[8] 倪琳：《微博的传播特性及影响力研究》，《上海商学院学报》，2011 年第 2 期。
[9] 宋利国、张亚娜：《社会管理创新背景下我国政务微博建设刍议》，《理论导刊》，2012 年第 1 期。
[10] 杨娜：《浅谈政务微博——社会管理创新的新方式》，《经济视角》，2012 年第 2 期。
[11] 李卫中：《从语言信息传播效果的角度看政务微博》，《社科纵横》，2012 年第 12 期。
[12] 张浩、尚进：《微博时代的电子政务建设与创新》，《中国信息界》，2011 年第 9 期。
[13] 郑磊、任雅丽：《中国政府机构微博现状研究》，《图书情报工作》，2012 年第 3 期。
[14] 李雅：《从政务微博看政府信息公开的发展》，《电子政务》，2012 年第 4 期。

（作者：闫　强　北京邮电大学教授）

项目名称：微时代高校思想政治工作新模式探析
项目编号：13KDB035
项目负责人：赵 洁
项目信誉保证单位：北京航空航天大学

"微时代"背景下的高校思想政治工作新特点初探

一、"微时代"探索高校思想政治工作新模式的意义

正如传媒大师麦克卢汉所说，媒介是区分不同社会形态的重要标志，每一种新媒介的产生与运用，都宣告一个新的时代的来临。"微时代"的提法始于 2009 年，以微博的兴起和广泛应用为标志。"微时代"传播媒介的主要特征是传播内容的即时性、传播方式的互动性、传播手段的多样性等。

"微时代"是网络时代发展的又一里程碑，特指当前利用互联网技术和现代通信技术融合催生出的工具进行人际交流的时代，以微博和手机媒体的应用为主要方式，以实时、互动、高效、全民参与的自媒体传播为主要特征，是一个蕴涵着文化传播、人际交往、社会心理、生活方式等多种复杂语义的时代命题。"微时代"的到来，极大地改变了大学生的思想观念和行为方式，这就要求思想政治工作也必须与时俱进，探索新的模式，以适应"微时代"的变化和要求。

(一)探索高校思想政治工作新模式是党和国家的一贯要求

中共中央、国务院多次强调，要积极探索新形势下大学生思想政治教育的新途径、新方法。2015 年，中共中央办公厅、国务院办公厅印发《关于进一步加强和改进新形势下高校宣传思想工作的意见》(简称《意见》)。《意见》强调，意识形态工作是党和国家一项极其重要的工作，高校作为意识形态工作前沿阵地，肩负着学习研究宣传马克思主义，培育和弘扬社会主义核心价值观，为实现中华民族伟大复兴的中国梦提供人才保障和智力支持的重要任务。做好高校宣传思想工作，加强高校意识形态阵地建设，是一项战略工程、固本工程、铸魂工程，事关党对高校的领导，事关全面贯彻党的教育方针，事关中国特色社会主义事业后继有人，对于巩固马克思主义在意识形态领域的指导地位，巩固全党全国人民团结奋斗的共同思想基础，具有十分重要而深远的意义。谈到具体路径，《意见》指出，要着力加强高校宣传思想阵地管理。强调要加强校园网络安全管理，加强高校校园网站联盟建设，加强高校网络

信息管理系统建设。这正是在"微时代"背景下探索高校思想政治工作新模式的具体要求。

如何针对网络的特征尤其是"微时代"的特征来研究高校思想政治教育的新理论、新形式、新方法，引导大学生在虚拟空间中趋利避害，实现现实性和虚拟性的有机统一等，是高校思想政治教育亟待研究的重大课题。这些问题的研究与解决有利于推动思想政治教育学科的发展和建设。因此，服务于学校育人目标，利用微博和手机媒体作为高校思想政治教育的新载体，将理论研究和日常思想政治教育相结合、传统思想政治教育与网络思想政治教育相结合，以教学与实践互通为着力点，实现高校全员参与、全方位覆盖、全过程培养的"三全"思想政治教育模式，是高校的必然选择。

（二）探索高校思想政治工作新模式是网络时代的必然选择

与以往的高校思想政治工作不同，"微时代"带给高校思想政治工作的冲击相对比较强烈。当信息的传播无时无处不在，社会呈现出多元、开放、民主和自由的状态时，高校思想政治工作难免会出现暂时的困境，存在与网络发展不适应、与大学生思想发展不匹配、与信息化需求不融合等问题。

首先，思想政治工作的教育载体发生了变化。"微时代"以微博和手机的应用为主要特征，手机媒体和微博已经成为大学生获取信息的主要渠道。"微时代"下的新兴传播媒介具有较强的交互性和开放性，比如微博的"关注""转发"及"评论"以及"@"等功能充分展示其强大的交互性特征，微信朋友圈等自媒体也充分满足了大学生积极要求展示自我、凸显个性的要求。"微时代"的传播方式更加即时和快捷，这种传播方式更能够迎合当代大学生的需求。传统的高校思想政治教育工作通常是由教师授课或者校园媒体等方式进行传播，这样大众化的宣传方式缺乏必要的交流和互动。

其次，高校思想政治教育工作者的信息劣势。高校思想政治教育工作者由于种种原因处于信息劣势，教育内容和教育者灌输的教育信息和大学生在微博、微信中获取的信息不对称甚至截然相反，这容易引起大学生的思想困惑，甚至会挑战思想政治教育工作者的话语权，影响教育的预期效果。因此，"微时代"要求思想政治工作者不断提高自身信息素养、掌握最新传播技术，积极主动融入"微时代"，探索新的思想政治教育模式以及利用"微时代"即时性、互动性和多样性的优势开展思想政治教育。

二、"微时代"背景下高校思想政治工作的新特点

"微时代"的大环境给大学生的思想政治教育带来了全新的机遇，呈现出不同于之前的传统思想政治工作的新特点。

（一）从"立法者"到"对话者"——师生关系的转变

微博和手机媒体因其即时、互动的特征改变了大学生的思维观念、认知

形式和生活方式。让思想政治教育工作者尴尬的是，年轻人也许早就知道其所讲授的东西，而年轻人嘴里蹦出的新名词和新鲜事却可能是思想政治教育工作者闻所未闻的。

"微时代"是对传统信息传播模式的颠覆和突破，传统思想政治教师的"话语权"地位被终结，直接、简单、单向的教育方式转变为间接、隐性、多向的教育方式。离开了课堂和讲台的教师也走下"神坛"，由规则的制定者和立法者转变为拥有和学生平等权利的对话者。

(二) 从"学生"到"公众"——受众群体的扩大

"微时代"的到来使传统的高校思想政治教育模式发生了一些转变，当前，自媒体成为所有社会化媒体中，最为即时性的信息传播平台。任何一个人，都可以利用微博、微信等来实时传递自己身边的第一手信息，因此，高校思想政治工作者不再单纯地面对学生。

据中国互联网络信息中心(CNNIC)公布的第38次全国互联网发展统计报告显示，截至2016年6月，中国网民规模达7.10亿，中国手机网民规模达6.56亿，网民中使用手机上网人群占比由2015年年底的90.1%提升至92.5%。"微时代"的到来使传统的高校思想政治教育模式发生了转变。传统的高校思想政治课以课堂教育为主渠道，教师面对的是有限的、特定年龄段的、教育背景和知识储备有限的学生；网络的公开性使高校网络思想政治教育要面对无限的、各个年龄段和拥有不同教育背景和知识储备的网民，不仅使受众群体增加，也使教育难度增加。

(三) 从"单向灌输"到"多向互动"——传播方式的转换

长期以来，在高校思想政治教育工作中一直存在着"教师主体"和"学生主体"的两种争论和误区。单纯强调教育者的主体作用，既不能反映教学活动的复杂性，容易使教学活动流入简单化，又不能实现师生间的双向交流，制约了学生的自主性和创造性，影响了思想政治教育的教学质量和课堂效率，远离了思想政治教育的目标。单纯强调受教育者的主体地位，就容易导致高校思想政治教育远离既有轨道、失去正确方向，从而出现"政治信仰迷茫、理想信念模糊、价值取向扭曲、诚信意识淡薄、社会责任感缺乏、艰苦奋斗精神淡化、团结协作观念较差、心理素质欠佳等问题"①。

由于高校思想政治教育的受众是全体在校学生，传统的思想政治教育课堂往往是"满堂灌"的填鸭式教学，教师占据课堂的主导地位，知识、信息的传播是单向的，且受时间和空间的影响，覆盖面有限。但是，微博和手机媒体的出现使知识和信息的传播从单向灌输转变为多向互动，教师和学生都可

---

① 胡锦涛：《关于进一步加强和改进大学生思想政治教育的意见》，《人民日报》，2004年10月14日第1版。

以成为信息的发布者和传播者，传播方式实现了从“一对多”到“一对一”“多对一”“多对多”的转换。

（四）从“长篇大论”到“格言警句”——传播内容的转型

传统的高校思想政治工作，通常是通过“长篇大论”的灌输来进行的，无论这种灌输是以在课堂或课下进行。这种长篇大论的传播方式，有着系统性、规范化等优点，可以较为全面地反映或介绍某一种观点和内容。但是，这种大段内容的传播，并不适应“微时代”的高校思想政治工作。在“微时代”背景下，思想政治教育的传播方式往往是以“格言警句”类的碎片化方式传播的。以微博为例，微博作为一种新兴媒介，信息的传播也更加碎片化。基于“单一性”特征和 140 个字符的限制，微博所生产、传播的信息，多数是个人琐碎的生活细节，或新闻、事态的滚动进展，每一条单独的内容，都只能表达有限的信息。基于微博语言的碎片化，网络信息的内容与教育者传输的信息不同甚至截然相反的现象就非常普遍，这可能会引起年轻人思想上的疑惑、混乱甚至逆反。

无论是微博类的网络媒体，还是手机报类的手机媒体，其传播的内容往往是“碎片化”的只言片语，传统的高校思想政治教育的长篇大论必须转变为“微言大义”，以格言警句的形式来承载更多的教育信息。

三、打造高校思想政治工作新模式

（一）创新高校思想政治工作新模式的意义

首先，创新网络思想政治教育是高校宣传思想工作刻不容缓的新任务。对于高校思想政治工作者而言，我们面对的宣传思想工作的主体和受众，是 20 世纪 90 年代以后出生的、在网络环境下成长起来的学生，他们对于网络的熟悉程度和依赖程度，远远超过我们的想象。网络已经成为当代大学生获取信息和学习知识的最重要、最便捷的方式。

但是，由于缺乏完善的监管途径、立法不够完善等各种原因，网络信息良莠不齐，网络谣言、人肉搜索等负面内容层出不穷，影响着网络甚至现实社会秩序。我们所熟知的很多网络“大 V”，为了博取眼球和吸引力，有些甚至为了某些利益，抓住网络监管不力的漏洞，对不实言论大加转发和评论，甚至打着“还原历史真相、维护社会正义”的幌子，颠倒是非黑白，无视法律法规和道德规范，知法犯法，故意造谣并传播。这些谣言对于世界观、人生观和价值观正在形成和完善过程中的大学生，无疑会产生巨大的冲击力，经过被别有用心的人精心包装过的虚假言论和攻击党和国家的论调很容易影响大学生。所以我们时常看到，那些没有任何根据的谣言却在微博、微信、QQ 空间等网络自媒体上被大学生们津津乐道并广为评论转发。但是，网络谣言对大学生的危害不仅仅是评论和转发，更严重的后果是这些学生相信并接受了这些谣言，继而对现有的社会制度和现实秩序产生不满和抵触情绪，甚至走向极端。因此，占领网络宣传的高地、创新网络思想政治教育，就成为当前高校宣传思想工作刻不容缓的任务。

其次，创新网络思想政治教育是高校宣传思想工作出实效的新途径。在网络的世界里，离开了课堂和讲台的高校思想政治工作者，话语权被终结，由规则的制定者和立法者转变为拥有和学生平等权利的对话者。那么，走进思想政治教育的主体和受众熟悉并且依赖的网络世界，寻求他们能够听懂并且易于接受的网络语言，以平等的身份、活泼的形式、充实又新奇的内容来和受众对话，以润物无声的方式将高校宣传思想工作做到实处。

例如，2013 年 10 月，网上开始流传一则名为《领导人是怎样炼成的》的动漫视频。在只有 5 分多钟的视频里，中央政治局七常委和毛泽东、邓小平、江泽民、胡锦涛等前国家领导人在视频中先后以卡通头像出现；视频还以习近平的晋升之路为例介绍了中国领导人的选拔过程，并与英美等国的领导人产生机制进行对比。这是一次史无前例的尝试，是第一次以故事的形式来介绍中国的干部选拔制度，也首次将国家领导人以动漫卡通形象展现在公众面前。轻松幽默的语调、生动有趣的画面，使得这一短片在两天时间内点击量超过了 100 万次。中国共产党友好代表团在赴老挝访问时，也播放了这部短片。这部短片在大学生中也引起了广泛的反响。在上课的时候，笔者曾就此短片让学生谈谈自己的感想，他们普遍认为这种短片以轻松有趣的方式介绍了国家的干部选拔制度，摆脱了乏味的说教色彩。相较于传统的宣传方式，这种形式是他们乐于接受的，也能够产生积极的效果。

因此，了解当代大学生的需求，选择他们感兴趣、易于接受的方式为突破口，精心设计高校思想政治教育和宣传的内容，积极占领网络宣传高地，是高校宣传思想工作出实效的新途径。

（二）创新"微时代"高校思想政治工作模式的具体路径

具体来讲，"微时代"的到来，要求高校必须改变传统的思想政治教育模式，充分利用新兴载体，打造高校思想政治教育信息咨询和发布平台。

1. 以微博、微信、社区论坛和手机报为载体，实现思想政治教育的网络、手机全覆盖

首先，完善高校互动网络社区，每天定时、定量发布思想政治教育相关信息、探讨和关注热点问题，并积极同学生沟通互动，传递正能量，丰富网络思想政治教育的表现形式。其次，充分利用微博、微信、QQ 等网络交流工具，将学校、教师所构成的实体有限空间与由微博群体所形成的微社区以及开放式的虚拟空间进行整合，真正实现"微时代"对大学生思想政治教育的改造。再次，充分利用手机报，组织骨干团队，将思想政治课教学内容以学生喜闻乐见的形式有针对性、分层次地发送给学生辅导员、学生党员和全体学

生。此举一方面拓展了高校思想政治教育的空间；另一方面增强了学生对思想政治教育的认同感。

2. 加强队伍建设，提高思想政治教育工作者的网络素养

成立一支专业的大学生网络思想政治教育队伍，进行舆情监控，把握大学生思想动态。高校思想政治教育工作者要有网络警觉性，增强预见性和前瞻性，充分利用“微时代”的传播媒介。高校思想政治教育工作者要紧跟时代热点，发布新闻、政策及理论学习心得，并积极参与热门话题讨论，分析甄别微博空间里多样的文化形态和多元的文化内容，科学引导，将其纳入主流文化的轨道。

高校思想政治教育工作者应保持思想和行动上的与时俱进，利用网络平台做好引导和教育工作，切实提高广大大学生的认识水平和能力，探索出一条有效的管理新模式，提出更多的解决办法，促进思想政治教育工作健康、和谐发展。

3. 适应“微时代”特点，转变高校思想政治教育的话语体系

推广网络用语进思想政治课堂，鼓励思想政治课教师和高校思想政治工作者使用大学生常用的网络用语授课和交流。这种方式一方面可以消除话语表达隔阂，促进思想政治教育双主体话语形式的衔接，实现全面的双向互动；另一方面能够引导学生通过网络用语的辨析来形成有效的价值判断和社会自觉意识。

在对基本理论进行阐释时，灵活使用网络流行语，能使意识形态教育更加活泼，在一定程度上改变课堂气氛沉闷的状况。实践证明，这样的教学创新不仅不会影响思想政治理论课的严谨性、科学性，反而大大增强其针对性和实效性，对高校思想政治工作能起到画龙点睛的作用。

4. 建立健全网络监管和数据分析机制

网络的虚拟性使网络信息良莠不齐，高校思想政治教育工作者要密切关注各类信息，关注事件的发展方向，在舆论宣传中强化正面信息，消解负面信息，对网络舆情的干预要做到及时、恰当。

“微时代”的到来是全新的时代命题，积极探索“微时代”背景下高校思想政治工作的新特点，并以此为基础，寻求高校思想政治工作的新模式，是当前高校思想政治工作的重要任务。因此，在“微时代”背景下，高校思想政治工作必须探索新模式，提出更多的解决办法，促进高校思想政治教育工作健康、和谐发展。

参考文献

[1] [美]杜威著，孟宪承、俞庆棠译：《思维与教学》，上海：华东师范大学出版社，2010年版。

[2][美]威廉姆·多尔著，王红宇译：《后现代课程观》，北京：教育科学出版社，2000年版。
[3]陈秉公：《思想政治教育学原理》，北京：高等教育出版社，2006年版。
[4]张耀灿、许志远：《现代思想政治教育学科论》，武汉：湖北人民出版社，2003年版。
[5]冯建军：《生命与教育》，北京：教育科学出版社，2004年版。
[6]时伟：《高校思想政治理论课教学方法创新刍议》，《学校党建与思想教育》，2012年第9期。

（作者：赵　洁　北京航空航天大学讲师）

项目名称：总体性视域下的党性和人民性统一关系研究
项目编号：13KDC048
项目负责人：史文瑞
项目信誉保证单位：北京联合大学

论马克思的总体性思想及其当代意义

马克思曾经指出："不论我的著作有什么缺点，它们却有一个长处，即它们是一个艺术的整体；但是要达到这一点，只有用我的方法。"①自20世纪90年代末以来，国内学术界对马克思主义整体性问题展开了深入探讨，并取得了丰富成果。但是，如马克思所言，是不是使用"我的方法"，将是判断能否将马克思主义作为一个"艺术的整体"来看待的关键所在。那么，马克思所指的方法是什么？笔者认为，就是马克思用"总体"或"总体性"的视野来研究问题的方法。认清马克思总体性思想的缘起，明晰马克思对总体性方法的具体运用，不仅能为认清和把握马克思主义本身整体性奠定科学的方法论基础，而且有助于我们科学、理性地看待和解决现实社会问题，也有助于我们更好地理解新一届政府治国理政的理念。

一、马克思总体性思想的缘起及指涉

总体(totality)，也称总体性。总体性思想是一种辩证的观察原则和分析方法，首先强调的是整体对于部分的全面的、决定性的统治地位，坚持整体对部分的决定性和统摄作用；同时"总体性观点就是辩证联系的观点"②，强调的是事物各个方面之间相互依存、联系、影响和作用的不可分割性。

总体性思想一方面源于哲学家对世界本原的探索，另一方面则源于西方理性主义文化中客体性原则与主体性原则的内在矛盾。早在古希腊时期，亚里士多德、德谟克利特、伊壁鸠鲁等很多哲学家就已经从探求世界本原的角度，把世界作为一个整体来考察和描述。而正是在探寻世界本原的过程中体现了总体性(整体性)的思想方法。尤其是亚里士多德，他揭示出总体(整体)概念所体现出的部分与整体、要素之间相互依存、相互作用的不可分割性。

① 《马克思恩格斯全集》第31卷，北京：人民出版社，1972年版，第135页。

② 孙伯鍨：《关于总体性的方法论问题：评卢卡奇(早期)对马克思历史辩证法的理解》，《江苏社会科学》，1998年第4期，第81页。

近代哲学实现了由本体论向认识论的转变，笛卡尔、斯宾诺莎所主张的唯理论与培根、霍布斯等所秉承的经验论形成了明显的对立和争论，进一步凸显了理性主义的内在矛盾。不过，唯理论也好，经验论也罢，都是把主体的人和客体的外部世界的对立状态作为其理论的出发点的。因此，在这种情况下，理性主义的内在矛盾不但没有解决，反而陷入更加严重的危机。康德在本体论的视域里阐述了其总体性思想。在他眼里，所谓总体性就是审美的总体性。康德的主体统摄客体的企图终因主体不能最终把握客体的总体(即“物自体”)而未能得以实现。费希特则企图把主、客体最终统一在主体上，主张由“自我”来设定“非我”，通过“非我”来认识自身，主体被当作实际的总体、实体，体现出的是其彻底的唯心论立场。黑格尔在反对唯物论者将主体统一于客体的做法的同时，也反对康德和费希特试图用主体统一客体的做法。在对这两种思想进行批判的基础上，黑格尔找到了解决问题的办法，即通过绝对观念的客观运动，实现思维与存在、主观与客观的完全统一。他对总体性思想的弘扬，在德国古典哲学中达到了高峰。

马克思在唯物主义的基础上彻底地改造了源于黑格尔的总体性思想，把它运用于对人类历史特别是对资本主义社会的研究，将总体性的观念置于社会总体化进程之上，使总体性具有了开放的视域，打破了黑格尔概念总体性的封闭性。

马克思的总体性思想源于他对客观世界整体性的准确认知和正确反映。首先，他将自然界视作一个整体性的存在：“我们所接触到的整个自然界构成一个体系，即各种物体相联系的总体，而我们在这里所理解的物体，是指所有物质的存在。”①其次，他将人类社会视作一个整体性的“社会有机体”。他指出，社会是“一切关系在其中同时存在而又互相依存的社会机体”②。再次，他通过劳动，将自然运动和社会运动两种基本的物质力量的运动联系起来，构成一个“自然—社会”构成的系统的大整体。“我们仅仅知道一门唯一的科学，即历史科学。历史可以从两方面来考察，可以把它划分为自然史和人类史。但这两方面是不可分割的；只要有人存在，自然史和人类史就彼此相互制约。”③在明确客观世界整体性的基础上，马克思以总体性的方法关注人、人类社会以及社会历史，在“原本”的社会总体化进程的层面上，在对人类社会进行全面而系统的理解的基础上，他的总体性思想得以确立。可见，马克思的总体性思想有两方面的指涉：一方面指涉一种哲学的方法论；另一方面指涉社会的总体化进程。在这个进程中，总体性的人、总体性的社会、总体性的

① 《马克思恩格斯选集》第4卷，北京：人民出版社，1995年版，第347页。

② 《马克思恩格斯选集》第1卷，北京：人民出版社，1995年版，第143页。

③ 《马克思恩格斯选集》第1卷，北京：人民出版社，1995年版，第66页注②。

历史成为马克思剖析资本主义社会的理论武器，也构成了马克思主义总体性思想具体运用的科学成果。

二、马克思对总体性思想的具体运用

马克思将总体性思想不再局限于观念领域，而是将其完全引入到社会现实当中，以总体性的视角认识人、认识人类社会、认识社会历史，为改造世界打下了坚实的基础。把上述三个方面紧密联系起来做总体性的解读才是对马克思的总体性思想的科学理解和真正践行。反之，如果把它们割裂开来，单独强调其中的任一方面，就会走向片面。

（一）马克思运用总体性思想认识了人

在马克思主义总体性方法的视野里，现实的人是完整的或总体的人，而不是单向度的人或片面的人。这体现在马克思对人的类本质、人的社会本质乃至人的发展的总体性解读，进而揭示出人的发展过程中所包含的阶段性和可持续发展性的丰富内容。

在对人的类本质即劳动的总体性解读中，马克思在《1844 年经济学哲学手稿》中，区分了人的生产和动物的生产。他认为动物的生产是一种只生产自身的片面的生产，它只能按照动物所属的那个种的尺度和需要来建造；而人的生产是全面的生产，人会用任何一个种的尺度来进行生产，并且能以全面的生产为特征再生产出整个自然界。马克思认为人的生产是一种自由而全面的“类生活”，全面性或者总体性是人的生产活动与动物的生命活动本质的区别之一，即人类劳动的对象是“整个自然界”；人类劳动的手段也是全面的，可以按照“任何一个种的尺度”对对象进行改造。

在对人的社会本质的总体性解读中，马克思以总体性思想作为方法论，站在社会关系的视角思考人的本质问题。正如马克思在《关于费尔巴哈的提纲》中所写：“人的本质不是单个人所固有的抽象物，在其现实性上，它是一切社会关系的总和。”①这种总和指的是包括“一切”社会关系在内的总体，而非部分或某些社会关系。“如果说个人是‘类存在物’，显示出人的抽象的‘类属性’，那么，说‘个人是社会存在物’，则显示出不同的人在社会中具有不同的‘社会属性’这一现实特点。一个人的现实特点，是由其在社会生活中的地位和作用、交往和联系、职能和作用等方面所决定的。”②可见，人本身的需要以及通过自由自觉的生产劳动满足这种需要的生命活动，只有在一定的社会关系中才能实现，才能变成现实的生命活动。

---

① 《马克思恩格斯选集》第 1 卷，北京：人民出版社，1995 年版，第 56 页。

② 夏之放：《论马克思〈手稿〉关于人的科学的思想》，《黄河科技大学学报》，2000 年第 4 期，第 34 页。

在对人的发展的总体性解读中，马克思在《1844年经济学—哲学手稿》中，以异化劳动理论为出发点，考察了资本主义社会由于异化而导致的人的发展的片面性，论述了人与自然的和谐共处的必要性，并基于人的“类本质”，对人的发展提出了自己的理想和目标，即实现对人的本质全面占有的共产主义。在当时尚没有形成“人的全面发展”的完整概念的情况下，却已经孕育着人的全面发展思想的萌芽。在马克思的经典文本中，马克思多次对人的发展问题予以总体性视野下的阐述。在《德意志意识形态》中，马克思给出了“全面发展的个人”“个人的全面发展”等概念，认为人的发展是全面的发展，提出“个人向完整的个人的发展”[①]“任何人的职责、使命、任务就是全面地发展自己的一切能力”[②]。马克思、恩格斯共同起草的《共产党宣言》提出：“每个人的自由发展是一切人的自由发展的条件。”[③]在马克思的后期著作中，他用“个人的全面性不是想象的或设想的全面性，而是他们现实关系和观念关系的全面性”“个性得到自由发展”“人的全部力量的全面发展成为目的本身”等表述对人的发展的“总体性”做了较为明确的阐述。可见，马克思在总体性方法基础上以人的发展为研究主题，突出了人的发展是自由的、全面的发展。

(二)马克思运用总体性思想认识了人类社会

马克思一贯主张在理解把握社会的时候要站在总体性的立场上。

在1845年《关于费尔巴哈的提纲》中，马克思提出了“社会关系的总和”的概念，实质上就是“社会”的概念。马克思在《关于费尔巴哈的提纲》中，指出了新旧唯物主义在历史观上的本质区别在于在理解资本主义社会的过程中，能否从社会关系总和的角度出发。在《政治经济学批判》(1857—1858年手稿)中，马克思进一步明确地指出：“社会不是由个人构成，而是表示这些个人彼此发生的那些联系和关系的总和。”[④]马克思形象地以奴隶和公民在社会关系中的规定作为比喻，证明不是个人构成社会，而是社会构成了个人，抽去社会差别的人最多只是生物学和生理学的对象，这种人是历史和现实中都不曾存在过的抽象的人，因而并不构成历史科学的研究对象。他指出：“社会不是由个人构成，而是表示这些个人彼此发生的那些联系和关系的总和。[蒲鲁东的说法]就象下面这样的说法一样：从社会的角度来看，并不存在奴隶和公民；两者都是人。其实正相反，在社会之外他们才是人。成为奴隶或成为公民，这是社会的规定，是人和人或A和B的关系。A作为人并不是奴隶。他在社会里并通过社会才成为奴隶。”[⑤]马克思认为，即使将任何一个个人列入研究视

---

① 《马克思恩格斯全集》第3卷，北京：人民出版社，1960年版，第77页。

② 《马克思恩格斯全集》第3卷，北京：人民出版社，1960年版，第330页。

③ 《马克思恩格斯选集》第1卷，北京：人民出版社，2012年版，第422页。

④ 《马克思恩格斯全集》第46卷(上)，北京：人民出版社，1979年版，第220页。

⑤ 《马克思恩格斯全集》第46卷(上)，北京：人民出版社，1979年版，第220页。

野时，社会这个总体是都必须经历的理论基点。在此，马克思将总体性范畴改造成了一个方法论的原则。这一点在《雇佣劳动与资本》中得到了更直观的体现。在谈到资本的时候马克思有一段经典的论述："黑人就是黑人。只有在一定的关系下，他才成为奴隶。纺纱机是纺棉花的机器。只有在一定的关系下，它才成为资本。脱离了这种关系，它就不是资本了，就像黄金本身并不是货币，砂糖并不是砂糖的价格一样。"[①]在此，马克思强调了总体性范畴的方法论意义，也就是说对于社会历史发展过程中个别现象和事实的考察，无一例外地都应该放到总体的社会过程当中去考察和把握，将其视为总体的社会过程的一个环节或一个方面来理解，才能够实现对任何现象和事实的正确理解和把握。马克思在社会生活的研究中，选择从生产关系的角度研究社会的形成和发展的同时，也研究了上层建筑的各个方面的关系。这不只是一个或几个方面的研究，而是将社会视为统一体的总体性研究。在创作《资本论》的过程中，马克思将这一方法做了淋漓尽致的发挥，将资本主义社会视作一个具有多方面内容和规定的整体。从认识上，马克思采取了两个方向相反的过程，一是从现象到本质的内部联系，一是从本质的内部的联系再到表面的现象规定，最后实现对整个对象的总体把握。

(三)马克思运用总体性思想拨开了历史的迷雾

在马克思看来，总体性具有历史的规定性，总体性概念与历史之间存在互文关系；总体性概念与历史互为规定，总体性是特定历史语境中的总体性，历史是具有总体性的历史。

马克思在《德意志意识形态》中，对青年黑格尔派的批判都是在纯粹思辨领域中发生的做法进行了深入批判。在马克思看来，离开特定的历史语境，以概念代替历史基础时，就走进了思辨哲学的桎梏。马克思认为："这些哲学家没有一个想到要提出关于德国哲学和德国现实之间的联系问题，关于他们所作的批判和他们自身的物质环境之间的联系问题。"[②]在《哲学的贫困》一书中，马克思对蒲鲁东伪造历史的辩证法的错误进行了深入的批判，从而鲜明地体现出了对社会历史的总体性解读。马克思指出：从蒲鲁东的角度，纵使存在于资本主义社会各种经济现象之间的某种联系也被他敏锐地觉察到，但他却把价值、货币、所有制等经济范畴看成是超时空的、体现平等原则的永恒观念，否定了经济范畴是一种与一定发展阶段的物质生产相适应的社会关系的理论表现；排除了历史过程，蒲鲁东也就不能理解各种经济现象在本质上联结成一个整体，它们都是一定生产力发展阶段上的生产者之间社会关系的不同表现形式而已。事实上，"每一个社会中的生产关系都形成一个统一的

① 《马克思恩格斯选集》第1卷，北京：人民出版社，1995年版，第344页。

② 《马克思恩格斯选集》第1卷，北京：人民出版社，1995年版，第66页。

整体”[①]；蒲鲁东人为地编织了一个所谓“经济矛盾体系”，断言现实历史的发展就是按照这些经济范畴的顺序进行的，历史在他眼里是思想家、“社会天才”以及学者所创造的，是根据他们所谓神秘的理性所创造的。马克思以社会经济体制的形成为例，说明了任何有机体都是一个历史地形成和发展的总体。“这种有机体制本身作为一个总体有自己的各种前提，而它向总体的发展过程就在于：使社会的一切要素从属于自己，或者把自己还缺乏的器官从社会中创造出来。有机体制在历史上就是这样向总体发展。”[②]《资本论》的逻辑在实质上所揭示的就是一种“历史的总体性”，把资本主义社会定位为人类有史以来最复杂、具有多方面内容和规定的总体的社会有机体，从而为整个人类历史的研究提供了最为重要的方法论原则。商品概念成了马克思理论的出发点和突破点，选择了商品也就是选择了从资本主义社会最简单的矛盾关系出发。在分析商品的过程中，马克思发掘出在商品价值的使用价值和交换价值的二重性中，隐含着生产商品的劳动(即具体劳动和抽象劳动)的二重性。具体劳动所表现的是代表着生产力的人对自然界的一种能动的改造关系，抽象劳动所指涉的是作为生产关系的生产者彼此之间的社会关系。没有生产力和生产关系的矛盾，货币的产生、资本的产生都是不可理解的。由此可见，马克思选择从最简单的关系出发来展开对社会和历史的分析。以资本主义社会的分析为例，他选择了商品作为突破点，透过商品的表象来分析伴随生产快速发展背后所体现出的生产者之间的社会关系。《资本论》的逻辑所揭示出的实质上就是一种“历史的总体性”，是关于个体的人的总体性和社会总体性理论的综合统一。

综上所述，作为哲学方法论意义上的“总体性”指涉和作为“原本”的社会总体化进程中的“总体性”指涉(突出地体现在它对人、对社会和对历史的总体性解读中)构成了一个马克思主义表述的“总体”。而马克思正是运用“总体性”的方法认识了人的本质、认识了人类社会以及人类历史的发展动力和规律。由此可见，总体性方法是马克思在创立和发展自己理论以及达到两个伟大发现的至为重要的方法，也是我们今天改造世界、改造社会的至为宝贵的方法和强大的思想武器。

三、马克思总体性思想的当代意义

我们研究马克思的总体性思想，是为了更好地发掘马克思总体性思想的重要意义，进而能够更好地以总体性的视野去理解马克思主义的整体性，理解自然界、人类社会和人自身的整体性，理解党中央关于社会建设的一系列

---

① 《马克思恩格斯全集》第4卷，北京：人民出版社，1979年版，第144页。

② 《马克思恩格斯全集》第46卷，北京：人民出版社，1979年版，第235—236页。

正确的构想与举措，为实现人的总体发展和社会的总体进步而不断努力。所以说，马克思的总体性思想在今天仍然是我们认识世界和改造世界的强大的思想武器。

（一）有助于我们更好地理解马克思主义的整体性

整体性是马克思主义的典型特征。要真正实现以总体性思想为引领来研究马克思主义整体性问题，从方法论的角度就必须实现在科学与实践、科学与价值的结合上认识马克思主义。首先，要原原本本地再现其理论本身的整体性。要打破原有的将其分为传统哲学、政治经济学和科学社会主义“三个组成部分”的框架模式，以创新思维构建一个以“三个组成部分”为基础，体现马克思主义基本原理体系的具有综合性特点的理论；要正确处理好“三个组成部分”与其他组成部分之间、“三个组成部分”之间的关系；要吸取以往理论斗争的经验与教训，摒弃肢解马克思主义整体性的做法，反对将马克思的思想划分为人道主义的和科学主义的两部分，坚持从马克思主义内容和意义的科学与价值的统一维度上理解马克思主义；在研究马克思主义发展史时，也要从历史的总体的视野牢牢抓住三大关系，即世界范围内马克思主义发展和马克思主义在国内的发展之间的关系，中国马克思主义发展与国外马克思主义发展的关系，中国马克思主义发展在各个时期各个阶段各种形态之间的关系。其次，要以整体性和全局性的视野加强马克思主义研究的学科建设。要把马克思主义基本理论、马克思主义发展史、马克思主义的中国化、国外马克思主义研究和思想政治教育这几个学科作为一个整体，在认清这五个二级学科性质的基础上，厘清它们相互间的逻辑关系。正如张雷声教授所言：“是这五个二级学科之间的逻辑关系构成了马克思主义理论学科的‘整体性’，也就是说，整体性主要表现在马克思主义理论学科之间的内在逻辑关系上。”①在学科建设上要遵循“研究上尽可能地强化学科意识，在人才培养目标和教学环节上尽可能地淡化学科意识”②的思路。

（二）有助于我们更好地理解党中央关于“四个全面”的战略布局

党的十八大以来，以习近平为总书记的党中央从坚持和发展中国特色社会主义全局出发，提出并形成了全面建成小康社会、全面深化改革、全面依法治国、全面从严治党的战略布局。“四个全面”战略布局的提出是马克思总体性思想在中国社会主义实践中的现实运用。李君如指出：“这‘四个全面’，特就特在‘全面’，贵就贵在‘全面’，难也难在‘全面’，关键就在‘全面’。”③贯

---

① 张雷声：《马克思主义整体性的三个层次》，《思想理论教育导刊》，2008 年第 2 期，第 46 页。

② 梁树发：《马克思主义整体性与基本原理体系的建构》，《教学与研究》，2007 年第 11 期，第 36 页。

③ 李君如：《用辩证唯物主义把握“四个全面”战略布局》，《思想政治工作研究》，2015 年第 5 期。

彻落实“四个全面”战略布局，要始终坚持总体性思维，要讲求对每一个“全面”的总体把握，更需要把“四个全面”作为一个大系统来推进。全面建成小康社会是涵盖“经济持续健康发展”“人民民主不断扩大”“文化软实力显著增强”“人民生活水平全面提高”“资源节约型、环境友好型社会建设取得重大进展”等丰富内涵的全面小康。“全面深化改革”是源于“改革开放是一个系统工程，必须坚持全面改革，在各项改革协同配合中推进。改革开放是一场深刻而全面的社会变革，每一项改革都会对其他改革产生重要影响，每一项改革又都需要其他改革协同配合。要更加注重各项改革的相互促进、良性互动，整体推进，重点突破，形成推进改革开放的强大合力”①。“全面推进依法治国”则是“围绕中国特色社会主义事业总体布局，体现推进各领域改革发展对提高法治水平的要求，而不是就法治论法治”②。“全面从严治党”从内容上涵盖了党的思想建设、组织建设、作风建设、反腐倡廉建设和制度建设各个领域，从主体上实现全覆盖，表明从严管党治党不仅是党中央的责任，党的各级组织都必须贯彻从严治党要求，把从严治党常态化、制度化。与此同时，“四个全面”之间也有着内在的逻辑关系，全面建成小康社会是党的十八大提出的总目标，而全面深化改革与全面推进依法治国，则如大鹏之两翼、战车之两轮，共同推动全面建成小康社会奋斗目标顺利实现。全面从严治党是各项工作顺利推进、各项目标顺利实现的根本保证。四者不是简单并列关系，而是有机联系、相互贯通的顶层设计。马克思说：“理论在一个国家实现的程度，总是决定于理论满足这个国家的需要的程度。”③因此，实现“四个全面”的战略布局，就需要在更加注重发展的整体性、系统性、协同性的过程中，以马克思的总体性思想及其方法论，全面落实好这四个“全面”。

(三)有助于我们更好地理解意识形态领域关乎舆论导向的一些重大问题

在意识形态领域关乎舆论导向的一些重大问题的认识理解上，如在党性和人民性关系的认识上，同样需要以马克思总体性方法的视角，从哲学的维度、历史的维度和实践的维度来深化对党性和人民性统一关系的认识。

从哲学的维度来看党性和人民性的统一关系，首先，要以总体性的方法来看待党性和人民性概念本身。党性和人民性都是总体性的概念，党性是从全党而言，人民性也是从全体人民而言的，不能简单地从某一级党组织、某一部分党员、某一个党员来理解党性，也不能简单地从某一个阶层、某部分群众、某一个具体人来理解人民性。其次，要以总体性方法来看待党性和人民性之间相互依存的总体统一性。不坚持党性，主体所坚持的人民性就会失

① 《习近平谈治国理政》，北京：外文出版社，2014 年版，第 68 页。

② 参见习近平关于《中共中央关于全面推进依法治国若干重大问题的决定》的说明。

③ 《马克思恩格斯文集》(第一卷)，北京：人民出版社，2012 年版，第 9 页。

去正确的方向；不坚持人民性，也就失去了主体坚持党性原则的动力和意义。党性和人民性实质上是相互渗透、相互包含的关系。再次，将党性和人民性对立起来作为矛盾的双方来看待的观点不符合马克思主义的矛盾学说。因为党性来自于政党，政党会随着人类社会的进步而消失，人民性来自人民，人民却不会随着政党消失而消失。所以从人类社会发展的长河来看，党性与人民性并不能构成一对矛盾，因为矛盾双方没有构成互为前提和条件的矛盾关系，其中的一方不会因对方的存在与否而决定自身的存在与否。

从历史的维度来看党性和人民性的统一关系，就要学会以总体性方法来正确看待党性与人民性关系认识上的不同阶段及其争论。回顾中国共产党的新闻史上关于党性和人民性的表述，中国共产党坚持党性和人民性一致的立场是一贯的，但是 20 世纪 80 年代前后，在反思“文革”的过程中，党性和人民性的问题也曾引发了较为激烈的争论。党性与人民性关系争论背后的根源还是对中国共产党的历史、对党性以及党性和人民性的统一缺乏总体性的视角。所以要坚持党性与人民性的统一是具体的、历史的统一。党性和人民性的统一经历了一段曲折的历史过程。历史总是在曲折中向前发展，要在整体方向上、最终结果上认识二者的统一性。在此过程中，对党性本身也要有正确的理解，不能以某一历史阶段党在工作中所犯过的一些错误与党性上犯了错误混同起来。以党的一段历史怀疑党的意识形态、以现实争论质疑党的执政理念的错误想法在理论上是不成立的，在实践上也是有害的。党性和人民性相统一的客观基础源于党和人民在利益上的高度一致。

从宣传思想工作实践的角度看党性和人民性的统一关系，就要坚持客观性与能动性的统一。宣传主体必须一方面重视当前经济和社会发展中的实际问题和人民群众的思想动向；另一方面，在工作中要发挥主体选择性，抓住反映客观实际的本质性问题能动地做好工作。此外要高度警惕新闻传播操纵人民性，以自由化思潮篡夺党的意识形态领导权。

参考文献

[1] 黄楠森主编：《马克思主义哲学史》，北京：高等教育出版社，1998 年版。

[2] 陈先达：《走向历史的深处：马克思历史观研究》，北京：中国人民大学出版社，2010 年版。

[3] 复旦大学哲学系现代西方哲学研究室编译：《西方学者论〈1844 年经济学—哲学手稿〉》，上海：复旦大学出版社，1983 年版。

[4] 张康之：《总体性与乌托邦：人本主义马克思主义的总体范畴》，北京：中国人民大学出版社，1997 年版。

[5] 车玉玲：《总体性与人的生存》，哈尔滨：黑龙江人民出版社，2001 年版。

[6] 郝立新、黄志军：《论唯物史观考察人的总体性方法》，《学术研究》，2011 年第 6 期。

[7] 张云飞：《马克思总体性方法及其学科建设意义》，《教学与研究》，2008 年第 7 期。

（作者：史文瑞　北京联合大学讲师）

项目名称：中国特色社会主义理论体系逻辑结构与大众认同研究
项目编号：13KDC050
项目负责人：刘洪森
项目信誉保证单位：北京师范大学

邓小平"南方谈话"与中国特色社会主义话语体系构建①

1992 年 1 月 18 日—2 月 21 日，邓小平先后赴武昌、深圳、珠海和上海考察，沿途发表了一系列重要谈话，史称"南方谈话"。这篇谈话被作为《邓小平文选》(第 3 卷)结束文章，足见其在整个邓小平理论中的地位。而邓小平理论又是中国特色社会主义理论体系的开创之作，是最基础的组成部分。因此，邓小平"南方谈话"在中国特色社会主义话语体系构建过程中，起着举足轻重的作用。

一、"南方谈话"进一步明确了中国特色社会主义核心话语主题

话语是人们说或写出来的语言。人们通过话语的运用来表达意志、影响他人，进而形成特有的社会影响力。体系是由若干相互影响、相互联系而又相对独立的要素构成的有机整体。话语在人们实践和交流的过程中，不断地系统化、条理化、规范化，逐渐形成话语体系。在整个话语体系中，总有一个由核心话语构成的主题。中国特色社会主义是中国特色社会主义话语体系的核心话语，"什么是社会主义，怎样建设社会主义"是中国特色社会主义话语体系的主题。中国共产党人对此的认识经历了一段艰辛的历程。

1956 年年底社会主义改造完成，社会主义制度在中国确立起来，实现了中国历史上最深刻、最伟大的社会变革。以毛泽东为代表的中国共产党人，适时地提出了把马克思主义与中国实际"第二次结合"的任务，并开始探索适合中国情况的社会主义建设道路。十一届三中全会后，以邓小平为代表的中国共产党人冲破"两个凡是"的禁锢，拨乱反正，拨正了马克思主义中国化的航向。

1982 年 9 月，在中国共产党第十二次全国代表大会开幕词中，邓小平强调："把马克思主义的普遍真理同我国的具体实际结合起来，走自己的道路，

---

① 本文是北京哲社习近平系列讲话增补项目(13KDC050)阶段性成果。

建设有中国特色的社会主义，这就是我们总结长期历史经验得出的基本结论。”[①]“建设有中国特色的社会主义”命题的提出，使得中国现代化建设第一次有了自己的称谓，确立了现代化建设的“核心话语”。尽管如此，当时对“什么是社会主义，什么叫马克思主义”的认识也还是不完全清醒的。随着实践的不断发展，中国共产党的认识也在不断深化。1991 年 8 月，邓小平在同几位中央负责同志谈话时强调：“我们搞改革开放，把工作重心放在经济建设上，没有丢马克思，没有丢列宁，也没有丢毛泽东。老祖宗不能丢啊！问题是要把什么叫社会主义搞清楚，把怎么样建设和发展社会主义搞清楚。”[②]这样就明确了中国特色社会主义话语的主题，即后来概括的“什么是社会主义，怎么建设社会主义”。

围绕着这一主题，邓小平“南方谈话”对社会主义本质、社会主义道路、社会主义制度等话语做了进一步阐述。

一是社会主义本质。社会主义从一开始就面临着一个基本矛盾，即科学社会主义逻辑出发点与现实社会主义历史出发点之间的矛盾。社会主义并没有像经典作家所设想的那样发生在发达资本主义国家，而是发生在经济文化比较落后的国家。社会主义是共产党人的追求，同时也困扰了几代共产党人。“社会主义究竟是个什么样子，苏联搞了很多年，也并没有完全搞清楚。可能列宁的思路比较好，搞了个新经济政策，但是后来苏联的模式僵化了。”[③]毛泽东意识到了苏联人所走的弯路，倡导“以苏为鉴”，但最终未能突破苏联模式的束缚。在反思以往社会主义理论和实践的基础上，1980 年 5 月，邓小平指出：“社会主义是一个很好的名词，但是如果搞不好，不能正确理解，不能采取正确的政策，那就体现不出社会主义的本质。”[④]这是邓小平最早提出社会主义本质的概念。1990 年 12 月，邓小平明确地说：“社会主义最大的优越性就是共同富裕，这是体现社会主义本质的一个东西。”[⑤]1992 年“南方谈话”，邓小平指出：“社会主义的本质，是解放生产力，发展生产力，消灭剥削，消除两极分化，最终达到共同富裕。”[⑥]与之前的相关论述相比，此时邓小平关于社会主义本质的论述已经不仅仅局限在概念层次，而是从内容上进一步系统化，从而把握了对社会主义的解释权。

二是社会主义道路。道路关乎党的命运，关乎国家前途、民族命运、人民幸福。民主革命时期，中国共产党人走出了一条农村包围城市、武装夺取

① 《邓小平文选》第 3 卷，北京：人民出版社，1993 年版，第 3 页。
② 《邓小平文选》第 3 卷，北京：人民出版社，1993 年版，第 369 页。
③ 《邓小平文选》第 3 卷，北京：人民出版社，1993 年版，第 139 页。.
④ 《邓小平文选》第 2 卷，北京：人民出版社，1994 年版，第 313 页。
⑤ 《邓小平文选》第 3 卷，北京：人民出版社，1993 年版，第 364 页。
⑥ 《邓小平文选》第 3 卷，北京：人民出版社，1993 年版，第 373 页。

政权的道路；新中国成立后，中国共产党人又开辟了一条适合中国特点的社会主义改造道路。十一届三中全会后，以邓小平为核心的中国共产党人带领全国各族人民开辟了中国特色社会主义道路。邓小平在“南方谈话”中指出：“走社会主义道路，就是要逐步实现共同富裕”，并提出“一部分地区有条件先发展起来，一部分地区发展慢点，先发展起来的地区带动后发展的地区，最终达到共同富裕”。[①] 邓小平还强调：“我们要在建设有中国特色的社会主义道路上继续前进”[②]，表明了中国共产党人坚持和发展社会主义道路的恒心、信心和决心。此后，社会主义道路在中国越走越宽广。党的十七大对中国特色社会主义道路从内涵上做了界定，党的十八大又予以进一步丰富，指出“中国特色社会主义道路，就是在中国共产党领导下，立足基本国情，以经济建设为中心，坚持四项基本原则，坚持改革开放，解放和发展社会生产力，建设社会主义市场经济、社会主义民主政治、社会主义先进文化、社会主义和谐社会、社会主义生态文明，促进人的全面发展，逐步实现全体人民共同富裕，建设富强民主文明和谐的社会主义现代化国家”。

三是社会主义制度。社会主义制度集中体现了社会主义的特点和优势。在“南方谈话”中，邓小平特别强调了社会主义制度的优势。他指出：“现在，我们国内条件具备，国际环境有利，再加上发挥社会主义制度能够集中力量办大事的优势，在今后的现代化建设长过程中，出现若干个发展速度比较快、效益比较好的阶段，是必要的，也是能够办到的。”[③]与此同时，他也意识到了社会主义制度建设的长期性和艰巨性。邓小平告诫人们说：“恐怕再有三十年的时间，我们才会在各方面形成一整套更加成熟、更加定型的制度。在这个制度下的方针、政策，也将更加定型化。”[④]至于巩固和发展社会主义制度，“需要一个很长的历史阶段，需要我们几代人、十几代人，甚至几十代人坚持不懈地努力奋斗，决不能掉以轻心。”[⑤]2011 年 7 月 1 日，在纪念中国共产党成立 90 周年的大会上，胡锦涛提出了“中国特色社会主义制度”这一概念，并论述了中国特色社会主义制度的基本含义。党的十八大再次强调：“中国特色社会主义制度，就是人民代表大会制度的根本政治制度，中国共产党领导的多党合作和政治协商制度、民族区域自治制度以及基层群众自治制度等基本政治制度，中国特色社会主义法律体系，公有制为主体、多种所有制经济共同发展的基本经济制度，以及建立在这些制度基础上的经济体制、政治体制、文化体制、社会体制等各项具体制度。”

---

① 《邓小平文选》第 3 卷，北京：人民出版社，1993 年版，第 374 页。
② 《邓小平文选》第 3 卷，北京：人民出版社，1993 年版，第 383 页。
③ 《邓小平文选》第 3 卷，北京：人民出版社，1993 年版，第 377 页。
④ 《邓小平文选》第 3 卷，北京：人民出版社，1993 年版，第 372 页。
⑤ 《邓小平文选》第 3 卷，北京：人民出版社，1993 年版，第 379—380 页。

从以上论述可以看出，社会主义本质话语及其理论规定了社会主义属性的科学内涵，社会主义道路、社会主义制度则指明了建设社会主义的基本途径和根本保证，进一步明确了"什么是社会主义，怎样建设社会主义"的中国特色社会主义话语主题。

二、"南方谈话"拓深了中国特色社会主义基本话语范畴

人们在认识客观事物的过程中，总是通过对个别事物的特殊本质的把握，使思维深入到同类事物的普遍本质，形成反映同类事物本质特性的带有普遍性的概念，这就是范畴。中国特色社会主义话语基本范畴就是对中国特色社会主义的本质属性和各方面关系的概括。邓小平在"南方谈话"中强调："改革开放以来，我们立的章程并不少，而且是全方位的。经济、政治、科技、教育、文化、军事、外交等各个方面都有明确的方针和政策，而且有准确的表述语言。"①这些表达语言浓缩了中国特色社会主义话语体系最丰富的理论内容，是理论内容的最基础的承载者。

(一)革命与改革

十一届三中全会之前，"革命"这个词对中国广大人民群众来说是再熟悉不过的了。以此为核心概念组合而成的名词很多，诸如新民主主义革命、社会主义革命、无产阶级专政下继续革命，等等。十一届三中全会后，尽管革命话语还经常见于文献及领导人讲话中，但此时的"革命"与之前所谓的"革命"已经不能等同。1981年6月，党的十一届六中全会通过的《关于建国以来党的若干历史问题的决议》指出："我们现在为建设社会主义现代化国家而进行的斗争，正是这个伟大革命的一个阶段。这种革命和剥削制度被推翻以前的革命不同，不是通过激烈的阶级对抗和冲突来实现，而是通过社会主义制度本身，有领导、有步骤、有秩序地进行。这个转入和平发展时期的革命比过去的革命更深刻，更艰巨，不但需要很长的历史时期才能完成，而且仍然需要许多代人坚持不懈、严守纪律的艰苦奋斗，英勇牺牲。"②这表明，改革开放背景下的革命话语已经不再是你死我活的阶级斗争，用邓小平后来的话讲，这不是对人的革命，而是对体制的革命。

新时期中国的改革肇始于农村。1984年10月，邓小平指出："这几年进行的农村的改革，是一种带革命意义的改革。"③之后，邓小平又多次把改革与革命联系起来进行论述，如"改革是中国的第二次革命"等。1992年，邓小平

① 《邓小平文选》第3卷，北京：人民出版社，1993年版，第371页。

② 中共中央文献研究室编：《十一届三中全会以来重要文献选读》上，北京：人民出版社，1987年版，第351页。

③ 《邓小平文选》第3卷，北京：人民出版社，1993年版，第78页。

在“南方谈话”中强调：“革命是解放生产力，改革也是解放生产力。推翻帝国主义、封建主义、官僚资本主义的反动统治，使中国人民的生产力获得解放，这是革命，所以革命是解放生产力。社会主义基本制度确立以后，还要从根本上改变束缚生产力发展的经济体制，建立起充满生机和活力的社会主义经济体制，促进生产力的发展，这是改革，所以改革也是解放生产力。”[①]同时，邓小平针对改革过程中出现的姓资姓社争论的情况，提出了判断改革的“三个有利于”标准，即应该主要看是否有利于发展社会主义社会的生产力，是否有利于增强社会主义国家的综合国力，是否有利于提高人民的生活水平。随着社会主义建设实践的深入，人民对改革的认识也在不断加深。“‘改革’的实质和目标也被明确阐释，不再是空泛宏大的叙事，而是囊括经济体制、政治体制和其他方面的体制等内容的具象目标。”[②]改革逐渐取代革命，成为中国共产党阐述中国特色社会主义建设事业的核心话语。

(二)计划经济与市场经济

长期以来，由于受经典作家对社会主义特征描述的影响，人们总是自然而然地把社会主义同计划经济联系在一起，把市场经济同资本主义联系在一起，把计划和市场看作判断社会主义还是资本主义的标准。新中国成立后，中国实行“一边倒”的战略方针，以苏联为榜样建设国家，在经济体制上选择了计划经济。尽管计划经济体制在一定时期促进了国民经济的发展，奠定了社会发展的物质基础，但其自身的缺点也越来越成为生产力发展的束缚。改革开放初期，邓小平提出：“只有资本主义的市场经济，这肯定是不正确的。社会主义为什么不可以搞市场经济，这个不能说是资本主义。我们是计划经济为主，也结合市场经济，但这是社会主义的市场经济。虽然方法上基本上和资本主义社会的相似，但也有不同，是全民所有制之间的关系，当然也有同集体所有制之间的关系，也有同外国资本主义的关系，但是归根到底是社会主义的，是社会主义社会的。市场经济不能说只是资本主义的。市场经济，在封建社会时期就有了萌芽。”[③]根据邓小平这一讲话的精神，之后党的一些文献中又对此做了进一步发挥。1981 年《关于建国以来党的若干历史问题的决议》中，提出了“计划经济为主、市场调节为辅”的方针。1984 年十二届三中全会通过的《中共中央关于经济体制改革的决定》指出：我国实行的是计划经济，即有计划的商品经济。中国共产党十三大提出了社会主义有计划商品经济的体制，应该是“计划与市场内在统一的体制”“计划和市场的作用范围都是覆盖

① 《邓小平文选》第 3 卷，北京：人民出版社，1993 年版，第 370 页。

② 兰夕雨、陈金龙：《中国共产党政治话语的演进：从“革命”、“继续革命”到“改革”》，《中国特色社会主义研究》，2014 年第 1 期。

③ 《邓小平文选》第 2 卷，北京：人民出版社，1994 年版，第 236 页。

全社会的”，新的运行机制总体上来说应当是“国家调节市场，市场引导企业”的机制。后来，中央又提出“计划经济与市场调节相结合”。

1992 年邓小平“南方谈话”中明确指出：“计划多一点还是市场多一点，不是社会主义与资本主义的本质区别。计划经济不等于社会主义，资本主义也有计划；市场经济不等于资本主义，社会主义也有市场。计划和市场都是经济手段。”①这一精辟论述，从理论上破除了计划经济和市场经济是制度属性的陈旧观念，从根本上解除了把计划经济和市场经济看作属于社会基本制度范畴的思想束缚，有力推动了社会主义市场经济的形成和发展。不久，党的十四大明确把建立社会主义市场经济体制作为我国经济体制改革的目标，使党在社会主义经济理论上实现了又一次重大突破。

(三)物质文明与精神文明

改革开放后，我们在建设社会主义物质文明的同时，适时地提出了建设社会主义精神文明。1979 年 10 月，邓小平在中国文学艺术工作者第四次全国代表大会的祝词中强调：“我们的国家已经进入社会主义现代化建设的新时期。我们要在大幅度提高社会生产力的同时，改革和完善社会主义的经济制度和政治制度，发展高度的社会主义民主和完备的社会主义法制。我们要在建设高度物质文明的同时，提高全民族的科学文化水平，发展高尚的丰富多彩的文化生活，建设高度的社会主义精神文明。”②1982 年党的十二大报告阐述了物质文明和精神文明的含义，指出：“客观世界包括自然界和社会。改造社会的成果是新的生产关系和新的社会政治制度的建立和发展。改造自然界的物质成果就是物质文明，它表现为人们物质生产的进步和物质生活的改善。在改造客观世界的同时，人们的主观世界也得到改造，社会的精神生产和精神生活得到发展，这方面的成果就是精神文明，它表现为教育、科学、文化知识的发达和人们思想、政治、道德水平的提高。”③同时强调“社会主义的物质文明和精神文明建设，都要靠继续发展社会主义民主来保证和支持。建设高度的社会主义民主，是我们的根本目标和根本任务之一。”④

在改革开放和社会主义建设的过程中，物质财富得到了极大的发展，但中国的一些地方也出现了丑恶的现象，如吸毒、嫖娼、经济犯罪等。面对这种情况，1992 年“南方谈话”邓小平提出“要坚持两手抓、两手都要硬”的方针。他强调：“要坚持两手抓，一手抓改革开放，一手抓打击各种犯罪活动。这两

① 《邓小平文选》第 3 卷，北京：人民出版社，1993 年版，第 373 页。

② 《邓小平文选》第 2 卷，北京：人民出版社，1994 年版，第 208 页。

③ 中共中央文献研究室编：《十二大以来重要文献选编》上，北京：人民出版社，1986 年版，第 26 页。

④ 中共中央文献研究室编：《十二大以来重要文献选编》上，北京：人民出版社，1986 年版，第 33 页。

只手都要硬。打击各种犯罪活动，扫除各种丑恶现象，手软不得。广东二十年赶上亚洲'四小龙'，不仅经济要上去，社会秩序、社会风气也要搞好，两个文明建设都要超过他们，这才是有中国特色的社会主义。"①为了达到此目的，他要求："在整个改革开放过程中都要反对腐败。对干部和共产党员来说，廉政建设要作为大事来抓。还是要靠法制，搞法制靠得住些。总之，只要我们的生产力发展，保持一定的经济增长速度，坚持两手抓，社会主义精神文明建设就可以搞上去。"②

在继物质文明和精神文明后，中国共产党又提出了政治文明和生态文明的概念。2002 年党的十六大报告谈到政治建设和政治体制改革时说，发展社会主义民主政治，建设社会主义政治文明，是全面建设小康社会的重要目标。政治文明概念的提出，表明党从人类文明发展的角度推进政治发展的理论自觉。2012 年党的十八大把"生态文明"写入报告中，并强调"树立尊重自然、顺应自然、保护自然的生态文明理念，把生态文明建设放在突出地位，融入经济建设、政治建设、文化建设、社会建设各方面和全过程，努力建设美丽中国，实现中华民族永续发展"③。随着物质文明、精神文明、政治文明、生态文明的提出和发展，与之相对应的中国特色社会主义总体布局也不断完善，为中国特色社会主义话语增色不少。

(四)和平与发展

从俄国十月革命到 20 世纪 70 年代初，这一时期发生了两次世界大战和一系列抗击外来侵略、反对殖民统治的民族解放战争。中国共产党领导新民主主义革命，实现了民族独立和人民解放。新中国成立后，中国共产党强调战争的不可避免性，以革命形势高涨的思维方式坚持备战。1977 年年底，邓小平从当时国际形势出发，第一次做出了"可以争取延缓战争爆发"的判断，这就为党的工作重心转变提供了重要的思想条件。在此基础上，邓小平深入探讨了当代世界面临的主要问题。1984 年 5 月，邓小平指出，当今世界的两大突出问题，即和平问题和南北问题。1985 年 3 月，他强调："现在世界上真正大的问题，带全球性的战略问题，一个是和平问题，一个是经济问题或者说发展问题。和平问题是东西问题，发展问题是南北问题。概括起来，就是东西南北四个字。南北问题是核心问题。"④1992 年"南方谈话"，邓小平进一步明确指出："世界和平与发展这两大问题，至今一个也没有解决。社会主义中国应该用实践向世界表明，中国反对霸权主义、强权政治，永不称霸。中

① 《邓小平文选》第 3 卷，北京：人民出版社，1993 年版，第 378 页。
② 《邓小平文选》第 3 卷，北京：人民出版社，1993 年版，第 379 页。
③ 《中国共产党第十八次全国代表大会文件汇编》，北京：人民出版社，2012 年版，第 36 页。
④ 《邓小平文选》第 3 卷，北京：人民出版社，1993 年版，第 105 页。

国是维护世界和平的坚定力量。”[①]与此同时，邓小平就中国发展问题着重进行了阐释，提出了一系列真知灼见。如“抓住时机，发展自己，关键是发展经济”“经济发展隔几年上一个台阶，是能够办得到的”“发展是硬道理”“发展经济得快一点，必须依靠科技和教育”。

邓小平关于和平与发展的论述，改变了之前中国共产党对世界形势“战争与革命”的判断，顺应了历史发展的趋势，并成为体现党审视外部环境的核心话语。“南方谈话”后不久召开的党的十四大坚持了十三大所做出的“和平与发展是当今世界的两大主题”这一科学论断。1997年党的十五大进一步明确提出：“和平与发展是当今时代的主题。”党的十六大、十七大、十八大都强调和平与发展仍然是当今时代的主题。就中国发展而言，江泽民提出“发展是党执政兴国的第一要务”，胡锦涛提出科学发展观，习近平提出的“创新、开放、协调、绿色、共享”五大发展理念都丰富了中国特色社会主义关于“发展”的话语。

由上观之，当下我们熟知的中国特色社会主义话语体系的基本范畴或观点大多直接来源于“南方谈话”中的话语。例如，“三个有利于”；不争论；发展是硬道理；改革也是一场革命，等等。此外，“南方谈话”也对邓小平之前提出的一些范畴或观点予以了深化。例如，“一个中心、两个基本点”、“四项基本原则”等。

三、“南方谈话”确立了中国特色社会主义话语体系构建的基本原则

邓小平“南方谈话”无论是其形成的背景、内容及语言风格都蕴含了中国特色社会主义话语体系建构的基本原则，为中国特色社会主义话语体系创新指明了方向和取向。

(一)解放思想、实事求是，反对各种形式主义

从“南方谈话”的背景及其内容可以看出，中国特色社会主义话语体系的建构要求我们要解放思想、实事求是，反对各种形式主义。

首先，解放思想是中国特色社会主义话语体系建构的前提。话语的变换或创新首先来自话语的创造者。创造者的地位、素养、学识都会影响话语的形成和发展。邓小平是邓小平理论的创立者，也是中国特色社会主义话语体系的主要创造者。他在国际国内政治风波严峻考验的重大历史关头，坚持十一届三中全会以来的理论和路线，发表了重要的“南方谈话”，掌握了中国特色社会主义话语权，深刻回答了长期束缚人们思想的许多重大认识问题，把改革开放和现代化建设推进到新阶段。

① 《邓小平文选》第3卷，北京：人民出版社，1993年版，第383页。

其次，根据实践主题的变化推进中国特色社会主义话语体系的创新。实践的千变万化处处在冲破已有的话语规则，并且又时刻促使人们创造新的话语。实践在发展，话语也在不断地丰富和扩展。如果不顾历史条件和现实状况的变化，拘泥于马克思主义经典作家在特定历史条件下、针对具体情况做出的某些个别论断和具体行动纲领，我们就会因为思想脱离实际而不能顺利前进，甚至发生失误。改革开放后，中国实践主题转化为社会主义现代化建设。邓小平在"南方谈话"中提出的诸多概念正是立足于这一基础之上，经过凝练而产生的。

再次，反对各种形式主义，倡导中国作风、中国气派和中国风格。话语的功能表现为人们之间表达和沟通的工具。因此，话语只有贴近生活、符合大众口味，才能容易为大众理解、掌握和运用。"南方谈话"中邓小平对形形色色的形式主义给予严厉的批评，他说："现在有一个问题，就是形式主义多。电视一打开，尽是会议。会议多，文章太长，讲话也太长，而且内容重复，新的语言并不很多。重复的话要讲，但要精简。"[①]"学马列要精，要管用的。长篇的东西是少数搞专业的人读的，群众怎么读？要求都读大本子，那是形式主义的，办不到。"[②]

（二）吸收和借鉴人类创造的一切文明成果

话语是民族国家形成的标志之一，它可以通过一定的方式和途径加以传播和继承。中国特色社会主义话语体系是马克思主义以及西方文化中反映现代化普遍规律的积极因素与中国优秀传统文化相融合的结果。

建构中国特色社会主义话语体系要体现中国特色。任何一种思想理论，如果脱离了本民族的文化传统和民族化的话语体系，就不可能在民众中扎根。毛泽东指出："今天的中国是历史的中国的一个发展；我们是马克思主义的历史主义者，我们不应当割断历史。从孔夫子到孙中山，我们应当给以总结，承继这一份珍贵的遗产。"[③]"南方谈话"中，邓小平提出或强调的"不争论""两手抓、两手都要硬""德才兼备"等话语，既有中华文明的深厚根基，又体现了时代发展的进步要求。

建构中国特色社会主义话语体系要利用国外的话语资源，吸收国外的文明成果。早在1848年，马克思和恩格斯在《共产党宣言》中就指出："资产阶级，由于开拓了世界市场，使一切国家的生产和消费都成为世界性的了。……过去那种地方的和民族的自给自足和闭关自守状态，被各民族的各方面

① 《邓小平文选》第3卷，北京：人民出版社，1993年版，第381页。

② 《邓小平文选》第3卷，北京：人民出版社，1993年版，第382页。

③ 《毛泽东选集》第2卷，北京：人民出版社，1991年版，第534页。

的互相往来和各方面的互相依赖所代替了。物质的生产是如此，精神的生产也是如此。各民族的精神产品成了公共的财产。民族的片面性和局限性日益成为不可能，于是由许多种民族的和地方的文学形成了一种世界的文学。”①如今，全球化的趋势日益明显，使各国形成了“你中有我，我中有你”的相互依存的局面。因此，社会主义话语体系的构建更不能闭关自守，搞狭隘的民族主义。邓小平在“南方谈话”中再次重申，社会主义要赢得与资本主义相比较的优势，就必须大胆吸收和借鉴人类社会创造的一切文明成果，吸收和借鉴当今世界各国资本主义发达国家的一切反映现代社会化生产规律的先进经营方式、管理方法。这为我们更好地创新中国特色社会主义话语指明了方向。

（三）坚持马克思主义基本原理，勇于同错误思潮做斗争

首先，建构中国特色社会主义话语体系要坚持马克思主义基本原理，离开了马克思主义的立场、观点和方法，就容易说废话、假话、错话，甚至是胡话和鬼话。邓小平在“南方谈话”中强调：“我坚信，世界上赞成马克思主义的人会多起来的，因为马克思主义是科学。它运用历史唯物主义揭示了人类社会发展的规律。”②其次，要勇于同各种错误思潮做英勇的斗争。中国特色社会主义话语体系是在与不同思潮做斗争中而不断形成和创新的。正如毛泽东所说：“正确的东西总是在同错误的东西做斗争过程中发展起来的。真的、善的、美的东西总是在同假的、恶的、丑的东西相比较而存在相斗争而发展。”③改革开放要探索和开辟新的道路，突破束缚生产力发展的体制和观念，有来自“左”和右的阻力。右的表现主要是否定四项基本原则，搞资产阶级自由化，甚至制造政治动乱；“左”的表现主要是否定改革开放，认为和平演变的主要危险来自经济领域，甚至用“阶级斗争为纲”的思想影响和冲击经济建设这个中心。邓小平语重心长地告诫全党：“右可以葬送社会主义，‘左’也可以葬送社会主义。中国要警惕右，但主要是防止‘左’。”④对此，中国特色社会主义话语体系要勇于“亮剑”，敢于和善于同错误思潮做斗争，力争把话语权牢牢地把握在马克思主义者手中。

总之，对于邓小平“南方谈话”的重要作用，党的十五大报告指出，这“是在国际国内政治风波严峻考验的重大历史关头，坚持十一届三中全会以来的理论和路线，深刻回答长期束缚人们思想的许多重大认识问题，把改革开放和现代化建设推进到新阶段的又一个解放思想、实事求是的宣言书”。在实现

① 《马克思恩格斯文集》第 2 卷，北京：人民出版社，2009 年版，第 35 页。

② 《邓小平文选》第 3 卷，北京：人民出版社，1993 年版，第 382 页。

③ 《毛泽东文集》第 7 卷，北京：人民出版社，1999 年版，第 230 页。

④ 《邓小平文选》第 3 卷，北京：人民出版社，1993 年版，第 375 页。

中华民族伟大复兴中国梦的伟大征程中，重温邓小平这一经典著作，着眼于其对中国特色社会主义话语体系的构建，有助于我们讲好中国故事，把中国的发展优势转化为话语优势。

（作者：刘洪森　北京师范大学讲师）

项目名称：网络时代背景下的群众路线创新研究
项目编号：13KDC056
项目负责人：吴韵曦
项目信誉保证单位：中国政法大学

“五位一体”总体布局视域下的工人阶级先进性

一、经济建设与工人阶级先进性

生产力是社会发展的决定力量。社会主义取代资本主义是社会化大生产的内在要求。其余阶级随着大工业的发展而日趋没落，工人阶级作为“大工业本身的产物”，“创造了现代工业的无穷无尽的生产力”，并且随着大工业的发展而发展，成为“掌握着未来的阶级”。处于被统治地位之时，工人阶级致力于打碎和改造束缚生产力发展的旧的生产关系；成为统治阶级之后，工人阶级积极投身于解放和发展生产力的建设事业。

工业是国民经济的主导，也是工人阶级高度集中的产业。在社会主义革命和建设时期，工人阶级为建立独立的、比较完整的工业体系和国民经济体系做出重要贡献。随着科学技术的发展和产业结构的调整，第二产业占国民经济的比重有所下降。2013 年中国 GDP 中第一产业、第二产业和第三产业分别占 10%、43.9%和 46.1%，第三产业首次超过第二产业。① 工人阶级的内涵和外延也在不断发展。不管从事体力劳动还是脑力劳动，处于物质生产部门还是非物质生产部门，都属于工人阶级的范畴，都在各自领域推动社会经济的发展。在从业人员规模、经济总量贡献、财政收入贡献等方面，工人阶级仍是经济发展的支撑力量。在应对国际金融危机冲击的重大考验中，工人阶级发挥了经济建设主力军作用，为经济持续平稳较快发展做出了重大贡献，使中国经济成为带动全球经济走出困境的强劲引擎。“中国工人”成为《时代》周刊 2009 年年度人物的唯一入选群体，标志着中国工人和中国制造得到世界的充分认可。

中国共产党的十八大提出，坚持走中国特色新型工业化、信息化、城镇化、农业现代化道路。信息化和工业化深度融合有利于提高工人阶级的素质。

---

① 《中华人民共和国 2013 年国民经济和社会发展统计公报》，《经济日报》，2014 年 2 月 25 日第 7 版。

代表先进生产力是工人阶级先进性的根本来源。适应和推动生产力发展，是工人阶级保持和发扬先进性的基本前提。先进社会生产力"指以现代科技特别是高科技为龙头，带动经济迅速发展的生产力。而与这样的生产力直接联系的劳动者恰恰是工人阶级队伍中最具活力的一部分，是先进生产力的代表者"[①]。随着生产力发展，社会化大生产的具体形态不断更新，日新月异的科学技术发挥着越来越重要的作用。先进科技应用于社会化大生产离不开工人阶级的劳动。随着工人阶级的素质不断提高，有知识、懂技术、会管理的人越来越多，这是先进生产力不断取代落后生产力的标志。

城镇化和农业现代化的相互协调有利于壮大工人阶级的队伍。中国的工人与农民具有天然联系。在工人阶级最初形成时，大部分出身农民，两者便于结成亲密联盟。新中国成立后，工人、农民和知识分子构成计划经济体制下"两阶级一阶层"的基本社会结构。改革开放以来，农民工作为一支新型劳动大军，成为工人阶级的重要组成部分。2013 年，全国农民工达 26894 万人[②]。大批农民工进入城镇、加入企业之后，融入社会化大生产，接受城市文明和工业文明的熏陶，思想观念和行为方式明显改变，在思想上、观念上、行为上与城市的工人阶级逐步趋同。随着城镇化和农业现代化的发展，从事农业生产的人口逐渐减少，工人阶级占全国人口的比重上升，影响越来越大。

二、政治建设与工人阶级先进性

发展社会主义民主政治，保证国家政治生活既充满活力又安定有序，关键是要坚持中国共产党的领导、人民当家作主、依法治国的有机统一。

政党是代表一定阶级利益的政治组织，由该阶级先进分子组成。阶级先进性是政党先进性的基本来源，政党先进性是阶级先进性的集中体现，两者相互依存、相互促进。一方面，工人阶级的先进性和领导地位通过中国共产党的执政来体现。党的路线、方针、政策关系着工人阶级的前途命运，反映了工人阶级的意志利益。作为中国改革开放事业的倡导者和直接推动者，中国共产党对于中华民族的现代化事业起着巨大的推动作用。这就使得中国共产党确保了自身的先进性，也使得工人阶级的主人翁地位越来越得到社会层面上的普遍认同。[③] 另一方面，工人阶级始终把实现党在不同历史时期确立的目标作为自身的历史使命和时代主题。工人阶级在党领导的社会主义现代化

---

① 王韶兴：《论工人阶级政党的先进性及时代性》，《马克思主义研究》，2002 年第 2 期，第 8—9 页。

② 国家统计局：《2013 年全国农民工监测调查报告》，详见：http：//www.stats.gov.cn/tjsj/zxfb/201405/t20140512_551585.html。

③ 梁波：《当代中国工人阶级先进性研究综述》，《科学社会主义》，2003 年第 4 期，第 76 页。

事业中，不断提高自身的能力、素质，保持有别于其他阶级的先进性质。[①]

习近平同志指出："坚持全心全意依靠工人阶级，充分发挥工人阶级主力军作用，把广大职工群众紧紧团结在党和政府周围，这是我们党的一个突出政治优势，也是中国特色社会主义的一个鲜明特点。"[②]工人阶级是中国共产党最坚实最可靠的阶级基础。从成立之日起，中国共产党就把自己定为中国工人阶级的政党，始终坚持工人阶级先锋队的性质，为保持自身的先进性奠定了坚实的基础。

人民当家作主是社会主义民主政治的本质和核心。中国宪法明确规定，中华人民共和国是工人阶级领导的、以工农联盟为基础的人民民主专政的社会主义国家。工人阶级的先进性为自身成为人民民主专政国家中的领导阶级奠定了坚实的基础，工人阶级在国家、社会中的崇高地位由此而确立。[③] 发挥工人阶级先进性，必须在国家和社会事务的管理和监督中落实好广大职工的民主权利。人民代表大会制度是保证人民当家作主的根本政治制度。因此，提高基层人大代表特别是一线工人、农民、知识分子代表比例，有助于体现工人阶级的政治地位。

工会是中国共产党领导的工人阶级群众组织，是党联系职工群众的桥梁和纽带，是社会主义国家政权的重要社会支柱。《中华人民共和国工会法》规定："在中国境内的企业、事业单位、机关中以工资收入为主要生活来源的体力劳动者和脑力劳动者，不分民族、种族、性别、职业、宗教信仰、教育程度，都有依法参加和组织工会的权利。"[④]中华全国总工会是世界最大的工会组织。全国基层工会组织有 266.5 万个，会员 2.8 亿人。[⑤] 在企事业单位民主管理的过程中，工人阶级发挥不可替代的作用。企业职工代表大会是基层民主自治体系的重要内容。贯彻厂务公开、职工董事、职工监事和集体合同等制度，落实职工的知情权、参与权、表达权、监督权，有利于促进基层民主制度的完善，推进企事业单位的协商民主建设。

依法治国是中国共产党领导人民治理国家的基本方略。保持工人阶级先进性和巩固工人阶级主人翁地位，要切实保障国家各项法律体现工人阶级的意志，反映工人阶级的要求。工人阶级要通过各级工会，就重大法律草案提

---

① 梁波：《当代中国工人阶级先进性研究综述》，《科学社会主义》，2003 年第 4 期，第 72 页。

② 《习近平同中华全国总工会新一届领导班子集体谈话》，《人民日报》，2013 年 10 月 24 日第 1 版。

③ 张瑞敏：《对"工人阶级的先进性也在发展"的思考》，《江南大学学报（人文社会科学版）》，2005 年第 3 期，第 44 页。

④ 《中华人民共和国工会法》，北京：中国工人出版社，2001 年版，第 2 页。

⑤ 李建国：《高举旗帜　改革创新　团结动员亿万职工在实现中国梦历史进程中充分发挥主力军作用——在中国工会第十六次全国代表大会上的报告》，《工人日报》，2013 年 10 月 25 日第 1 版。

出意见建议，从立法源头上保障职工群众的利益；要充分发挥各级工人人大代表、工会界政协委员的作用，积极参与立法和政策制定，推动劳动法律的健全和实施；要牢固树立法治意识，带头学法、尊法、守法、用法，依法维护自身权益，履行法律义务，努力营造全民守法的良好氛围。

三、文化建设与工人阶级先进性

代表先进文化是工人阶级先进性的思想来源。建设崭新的社会制度是先进文化取代落后文化的重要体现。工人阶级掌握政权后，既要“同传统的所有制关系实行最彻底的决裂”，又要“同传统的观念实行最彻底的决裂”，发挥先进文化创造者、传播者和践行者的重要作用。

首先，工人阶级引领先进文化的方向。一个先进的阶级离不开先进理论的指导，只有以先进理论武装起来的阶级，才能正确认识和把握历史发展规律，认清历史发展方向，认识自己肩负的历史使命，才能成为先进的阶级。[①]“共产主义是从人类知识的总和中产生出来的。马克思主义就是这方面的典范。”[②]工人阶级则是“马克思主义理论的第一块主要‘基石’”[③]。

坚持社会主义先进文化的前进方向，根本在于坚持马克思主义的指导地位。运用马克思主义的立场、观点、方法来正确认识经济社会发展趋势，才能在错综复杂的社会变革中看清本质、找准定位、明确方向。只有先进理论的导向与社会先进文化的方向保持一致，工人阶级的运动才能扩展为全社会的整体运动，呈现源源不断的生命力。

其次，工人阶级引领思想道德建设。在革命、建设和改革不同时期形成和发展起来的伟大品格，是工人阶级先进性的具体表现：其革命的坚定性和彻底性逐渐演变为社会主义现代化的劳动热情和创造活力；其严格的组织性和纪律性逐渐发展为识大体、顾大局的光荣传统。

新中国成立以来，从“铁人”王进喜、“两弹元勋”邓稼先到“新时期铁人”王启明、“蓝领专家”孔祥瑞，工人阶级不断涌现出辛勤劳动、诚实劳动、创新劳动的典范，铸就了“爱岗敬业、争创一流，艰苦奋斗、勇于创新，淡泊名利、甘于奉献”的劳模精神，丰富了民族精神和时代精神的内涵，树立了爱国、敬业、诚信、友善的榜样。工人阶级要积极培育和践行社会主义核心价值观，把劳动创造、职业理想、家庭幸福融入国家富强、民族复兴的伟大事业，以先进思想、伟大品格和模范行为影响和带动全体人民焕发劳动热情、迸发创造活力，通过劳动创造更加美好的生活。

---

① 牛先峰：《正确认识当前我国工人阶级的先进性》，《科学社会主义》，2003 年第 3 期，第 47 页。

② 《列宁专题文集：论马克思主义》，北京：人民出版社，2009 年版，第 296 页。

③ 《列宁全集》第 12 卷，北京：人民出版社，1987 年版，第 284 页。

最后，工人阶级引领科学文化发展。知识经济方兴未艾，国际竞争日趋激烈，增强了工人阶级提高素质的紧迫感。新中国成立初期，全国职工有 80％是文盲，如今平均受教育年限为 12.6 年。[①] 工人阶级内部脑力劳动者、技术劳动者、管理劳动者、服务劳动者所占比重上升。专业技术人才队伍建设工作取得显著成绩，达 5550.4 万人，规模位居世界第一。[②]

知识分子作为工人阶级一部分，提升了工人阶级的整体素质。在实施创新驱动发展战略中，高层次人才发挥了重要的引领支撑作用，成为推动教育、科技、文化、卫生等事业现代化发展的重要力量。先进科技的发明者主要是知识分子，但其创造源泉离不开广大工人的经验积累。通过工人阶级的生产过程和创造性劳动，先进科技转化为现实生产力得到进一步发展，从而逐步提高自主创新能力，实现“中国制造”向“中国创造”的历史性跨越。

四、社会建设与工人阶级先进性

资本主义用一种剥削制度取代另一种剥削制度，造成了新的不平等。社会主义是对资本主义制度性弊病的反应，也是资本主义不平等现象的批判者及不平等制度的继承者。就依托力量来说，资产阶级脱胎于封建时代的市民等级之时，其掘墓人无产阶级也相伴而生。相比消灭阶级特权的资产阶级的平等要求，无产阶级消灭阶级本身的平等方案显得更进一步。“工人阶级的解放斗争不是要争取阶级特权和垄断权，而是要争取平等的权利和义务，并消灭一切阶级统治。”[③]工人阶级没有自己的特殊利益，致力于促进社会全面进步，“是认识到自己的利益和全人类的利益相一致的人，是伟大的人类大家庭的成员”[④]，其“运动是绝大多数人的，为绝大多数人谋利益的独立的运动”[⑤]。消灭私有制、消除两极分化、实现理想社会是工人阶级的历史任务，也是其先进性的重要表现。在完成神圣使命之前，工人阶级始终代表社会发展方向，从而不同于在一定历史阶段起进步作用的其他阶级。

社会和谐是中国特色社会主义的本质属性。和谐的劳动关系是和谐社会的重要基石。随着经济体制改革和经济结构调整，不符合先进生产力发展要求、不符合市场规律的行业和企业逐渐退出，部分工人转岗或下岗，生活比较困难。社会结构、利益格局、劳动关系、思想观念随之发生深刻变化，社

① 王娇萍：《建设永葆先进性的“主力军”——记中国特色社会主义工会发展道路的探索、坚持和丰富(三)》，《工人日报》，2013 年 10 月 10 日第 1 版。

② 《我国专业技术人才已达 5550 多万人——高、中、初级专业技术人才比例为 11∶36∶53》，《人民日报》，2014 年 9 月 24 日第 12 版。

③ 《马克思恩格斯文集》第 3 卷，北京：人民出版社，2009 年版，第 226 页。

④ 《马克思恩格斯文集》第 1 卷，北京：人民出版社，2009 年版，第 384 页。

⑤ 《马克思恩格斯文集》第 2 卷，北京：人民出版社，2009 年版，第 42 页。

会成员收入差距有所拉大，社会保障水平有待提高，部分职工利益受到冲击。因此，全面深化改革、保持社会和谐稳定的任务艰巨而繁重。

面临错综复杂的形势，工人阶级要始终成为推动改革、促进发展、维护稳定的中坚力量。其一，工人阶级要正确认识和对待利益关系调整，顺应时代需要，积极支持改革，主动参与改革，争当改革开放事业的时代先锋。其二，保障和改善民生是加强社会建设的重点，经济发展是民生改善的前提。发展社会生产力，满足人民日益增长的物质文化需要，离不开工人阶级的辛勤劳动。工人阶级作为社会财富的主要创造者，要努力实现共建、共享和谐社会。其三，妥善处理人民内部的利益矛盾，发扬识大体、顾大局的优良传统和团结协作、互助友爱的集体主义精神，自觉做好工人阶级的内部团结，加强同其他劳动人民的紧密团结，维护安定团结的社会政治局面。

五、生态文明建设与工人阶级先进性

资本主义的盲目生产和“异化消费”延缓了经济危机，却导致全球资源消耗加剧和生态环境明显恶化。生态社会主义源自西方生态运动和左翼运动，批判资本主义是生态危机的根源。关于社会变革主体，生态社会主义内部有“新无政府主义”和“科学社会主义”两种倾向。后者认为，在从事生产劳动的过程中，工人阶级直接受到环境污染的严重伤害，变得富有革命性；阶级冲突日益全球化，发展中国家的工人阶级将和发达国家的工人阶级一起成为实现生态社会主义社会的主体。

近年来，中国经济持续发展，逐渐出现资源消耗过大、环境污染加剧、生态系统退化、自然灾害频发等问题。生态问题不仅带来经济损失，而且孕育着不稳定因素。工人阶级率先意识到生态问题的严重性和科学发展的重要性，探索摆脱“先污染，后治理”“边污染，边治理”的发展模式。从“四位一体”到“五位一体”总体布局，以及“美丽中国”宏伟目标的提出，表明作为工人阶级先锋队的中国共产党将生态文明建设上升到国家意志的战略高度。

中共十八大强调，转变经济发展方式更多依靠提高劳动者素质。工人阶级是科学发展的重要力量。广大职工积极参加创建“工人先锋号”“我为节能减排做贡献”生态文明宣传教育等活动，做好重点领域和重点工程的节能减排工作，为建设资源节约型、环境友好型社会做出重大贡献。工人阶级深入了解先进生产力的发展要求，牢牢把握先进生产力的发展方向，开展技术革新和发明创造活动，以昂扬的姿态屹立于科学技术进步、产业结构升级和发展方式转变的时代前沿。2012 年度，全国已建工会企事业单位职工提出合理化建议 1139.8 万件，技术革新项目 66.4 万项。[①] 充分发挥工人阶级先进性，提高环保意识，激发创造活力，有助于加快转变经济发展方式，构建人与自然和谐相处的发展格局。

习近平同志指出："工人阶级是我国的领导阶级，是我国先进生产力和生产关系的代表，是我们党最坚实最可靠的阶级基础，是全面建成小康社会、坚持和发展中国特色社会主义的主力军。"[②]工人阶级是在近代以来中国社会变革大潮中成长起来的先进阶级。工人阶级始终紧跟中国共产党的前进步伐，走在民族复兴的征途前沿，发挥先进阶级的关键作用，展现领导阶级的伟大力量。工人阶级是社会变革的主体力量。在全面深化改革的新阶段，在实现中国梦的新征程中，必须毫不动摇地贯彻落实全心全意依靠工人阶级的根本方针，不断巩固工人阶级的地位，保障工人阶级的权益，激发工人阶级的积极性、主动性和创造性，全面推进社会主义经济建设、政治建设、文化建设、社会建设和生态文明建设。

（作者：吴韵曦　中国政法大学讲师）

---

① 全国总工会研究室：《2012 年工会组织和工会工作发展状况统计公报》，《中国工运》，2013 年第 6 期，第 55 页。

② 习近平：《在同全国劳动模范代表座谈时的讲话》，《人民日报》，2013 年 4 月 29 日第 2 版。

经济·管理学科

JINGJI · GUANLIXUEKE

项目名称：北京高端服务业发展研究
项目编号：11JGB083
项目负责人：朱晓青
项目信誉保证单位：中共北京市委党校

论北京高端服务业的升级与疏解

一、对北京高端服务业的界定

国内外学术界尚未对高端服务业的含义和部门行业分类做出明确界定，我国标准统计层面也没有设定高端服务业的标准门类。本文通过对高端服务业的特性和外延研究认为，高端服务业的界定可以有两个基本维度：一是从某一服务行业维度，可以将其划分为高端与低端两部分；二是从服务业总体维度，也可以按照国家行业分类标准，将其划分为高端与低端两部分。其中，从服务业总体维度划分，北京高端服务业应包括五大服务行业或门类，即金融业（GB/T 4754-2011，代码 J）、信息服务业（I）、科技服务业（M）、商务服务业（L）和文体娱乐业（R，在此不用文化创意产业的提法，是为了避免因其涵盖信息服务业和商务服务业的内容而出现重复计算的问题）[①]。这五大服务行业构成了现代服务业和生产性服务业的核心产业群，是符合首都核心功能定位的、具有独特资源优势的核心产业。

二、北京高端服务业发展现存突出问题及主要成因分析

从目前情况看，高端服务业是北京最具国际竞争力和全国影响力的产业，也是在新常态下增速最为强劲的产业。特别是金融业、信息服务业和科技服务业在 2014 年的增速皆超过 11%，远超 GDP 增速。这说明北京发展高端服务业，竞争力优势明显，产业集聚力强，投资与消费需求量大，综合效益好，增长势头强劲，对外开放综合试点措施明确，对其他产业发展的拉动与融合作用显著，具有广阔的发展前景。

但在京津冀协同发展大背景下，北京发展高端服务业也面临严峻挑战。一方面，总体规模水平偏低，尚未达到主导产业水平。2014 年北京高端服务

① 中华人民共和国国家质量监督检验检疫总局：《中华人民共和国国家标准 国民经济行业分类 GB/T 4754-2011》，北京：中国标准出版社，2011 年版，第Ⅱ—Ⅲ页。

业占 GDP 比例仅为 43.1%，与纽约、伦敦同类指标(2011 年)相差 20 个百分点以上。另一方面，在发展的结构、质量、效益和国际化水平等方面也面临一些亟待解决的突出问题。包括：(1)劳动生产率低于工业水平。根据北京市第三次全国经济普查提供的法人单位从业人员数据，2014 年北京高端服务业人均增加值(即劳动生产率)为 23.0 万元/人，其中金融业为 76.5 万元/人，信息服务业为 22.2 万元/人，科技服务业为 17.5 万元/人，商务服务业为 12.0 万元/人，文体娱乐业为 17.0 万元/人。与工业同类指标为 24.2 万元/人相比，[①] 北京高端服务业从业人员过多、总体效率水平低，存在富克斯和鲍尔默所讲的“成本病”[②]问题。尽管其内部行业构成中金融业“一枝独秀”，劳动生产率水平大大超过工业，但与上海金融业同类指标为 99.3 万元/人相比，北京金融业的劳动生产率仅相当于上海的 77.0%，说明即使是北京的金融业，也亟待提质增效。(2)符合首都核心功能定位的科技服务业、信息服务业和文体娱乐业占 GDP 的比例较低。2014 年，这三大高端服务业占 GDP 的比例仅分别为 7.8%、9.7%和 2.2%，其中文体娱乐业尚未达到支柱产业的水平，也没有总部性质的企业(根据北京市第三次全国经济普查资料显示)。(3)产业空间布局过度集中在中心城区，小规模产业集聚区分散同质化竞争严重。根据北京区域统计年鉴提供的数据计算，2013 年北京中心城区(即城 6 区)高端服务业占全高端服务业的比例高达 88.8%，其中信息服务业、金融业、商务服务业、科技服务业和文体娱乐业占全市的比例分别为 88.3%、87.8%、93.1%、87.1%和 88.2%。北京市第三次全国经济普查资料也显示，北京高端服务业的总部企业 2996 家全部集中在中心城区。同时，根据实际调研，仅北京东城区、西城区就有 22 个小规模的金融、科技、商贸和文化产业集聚区。特别是按照“一主一副三新四后台”的金融业布局，北京把 3 个低端的金融后台服务区也安排在中心城区。(4)产业融合化、信息化(互联网+)和辐射力水平亟待提升。(5)产业创新驱动和新兴业态孵化动力不足，产业低端环节和后台服务没有有效向周边区域疏解。(6)国际化运作水平低，运作模式和政策规制有待进一步完善等。这些问题的存在，既严重阻碍了北京构建“高精尖”经济结构和以高端服务业为主导的现代产业体系，也助长了“大城市病”。

要有效解决这些问题，首先就必须深入剖析产生这些问题的根源。在理论上，产业集聚发展有政府主导型和市场主导型两种基本模式。在北京高端服务业发展的实践中，这两种基本模式的实际运用存在本质差异：在政府主

① 资料来源：作者根据《北京市 2014 年国民经济和社会发展统计公报》和《北京市第三次全国经济普查主要数据公报》提供数据计算。

② [美]维克托·R. 富克斯著，许微云等译：《服务经济学》，北京：商务印书馆，1987 年版，第 7—112 页。

导模式下，政府管控国有土地和产业及其空间布局规划，负责组织建设项目工程和招商引资；而在市场主导模式下，土地由企业和农村集体掌控，没有明晰的产业及其空间布局规划，企业和农村集体自主开发建设项目工程、自主招商引资。尽管这两种基本模式存在本质差异，但两者之间也有管控聚焦点，即政府可以通过土地用途和产业及其空间布局规划的管控手段以及基础设施配套和公共服务供给等方式，引导或抑制市场主导模式的发展。也就是说，北京高端服务业的发展实际是以政府主导模式为主的，包括北京金融街、中关村国家自主创新示范区、中央商务区、奥林匹克中心区和怀柔国际会议中心区等，都是政府主导规划和招商引资形成的。而大量零星、分散、同质化的高端服务业集聚区，虽然在形成初期是由企业和农村集体自主开发的，包括 798 和宋庄文化艺术集聚区等，但要形成规模化经营，也离不开政府放松土地用途和产业及其空间布局规划的管制以及相关政策的扶持。由此可见，北京高端服务业发展面临的突出问题，症结在于政府主导模式及其相关政策扶持得不够。而政府主导模式及其相关政策扶持之所以不够，关键是政府在利益机制驱动下，产业及其空间布局定位不清晰，只注重做大服务业及其“两轴”(中轴线和长安街延长线)单中心的空间布局，不注重高端服务业的提质增效升级和京津冀协同发展。

尤其值得关注的是，在政府主导模式下，政府与入驻企业相互合作，不断修订和扩张建设规划，形成在中心城区的过度开发，是导致高端服务业在中心城区过度集中的主要成因。以北京金融街和中央商务区为例：金融街现已完成建筑面积 400 多万平方米，而现有建设体量高达 200 多万平方米，未来规划建设区域 800 万平方米，建筑面积高达 1200 万平方米；中央商务区现已完成建筑面积 700 多万平方米，而现有建设体量高达 400 多万平方米，未来规划建设核心区域 700 万平方米，建筑面积高达 2000 万平方米，远超伦敦金融城建筑面积为 1600 万平方米的体量。[①]

三、北京高端服务业升级与疏解的思路和主要措施

根据京津冀协同发展规划纲要的要求，要抓住机遇、迎接挑战、破解难题，北京就必须借鉴有关理论和国际经验，在推进高端服务业的升级与疏解上狠下功夫，努力创新思路、研究相关对策措施。

(一)明晰城市定位体系

按照城市定位理论，定位既要体现城市功能的唯一性、差异性和特色性，也要确立城市在区域城市群中的产业分工与协作职能，并由此构成城市定位体系或定位层级，包括总体定位、功能定位、产业及其空间布局定位和具体

---

① 资料来源：作者实地调研中，金融街商会和中央商务区管委会提供了相关数据。

建设项目定位。北京在过去只讲“一亩三分地”的行政区划边界，不搞区域城市群建设。总体定位是建设世界城市；功能定位是多中心，包括政治中心、文化中心、对外交往中心、国际金融中心、国际生产性服务业中心、科技创新中心、全球信息服务枢纽城市、国际一流旅游会展城市、企业总部之都、高端人才之都、世界设计之都等；产业定位是“优一产、强二产、大三产”；产业空间布局定位是“两轴、两带（东部发展带和西部生态带）、多中心（多个产业集聚区）”；具体建设项目定位是突出强调限高和时效，不讲究打造精品力作。这种城市定位体系，导致北京什么产业都发展，什么建筑都能建，中心城区“摊厚饼”，形成“虹吸效应”，严重影响了区域城市群的协同发展，自身也患了“大城市病”和“成本病”。

要根本解决问题，北京就必须明晰定位体系，以定位体系统领生产性服务业的升级与疏解。具体而言，北京的总体定位应是建设世界级城市群（即区域定位）；北京的核心功能定位应是全国政治中心、文化中心、国际交往中心和科技创新中心；北京的产业定位应是建立“高精尖”经济结构，实现产业的高端化、服务化、集聚化、融合化和低碳化，加快科技服务业等高端服务业的发展；北京的产业空间布局定位应是“多点一城，老城重组”，建立通州副中心城市，全面实施“一核、双城、三轴（京津发展轴、京保石发展轴和京唐秦发展轴）、四区（中部核心功能区、东部滨海发展区、南部功能拓展区和西北部生态涵养区）、多节点（包括河北各地级市）”的区域布局；北京的具体建设项目定位应是充分体现安全性、低碳性、特色性、前瞻性、智能性、配套性、品位性、精品性和楷模性，打造精品力作。

（二）建立多元主体治理结构

北京高端服务业的升级与疏解不能完全由市场决定，因为北京现有小规模的高端服务业的集聚与扩张，与市场主导模式有关，企业和集体土地所有制者不会自动放弃已相对固化的利益，而地方政府在中心城区主导形成的高端服务业集聚区，也需要地方政府主动放弃招商引资的切身利益，谋划好疏解的任务。当然，从理论上讲，政府引导、市场决定没错，但市场决定是有前提的，不同的运作模式，需要有不同的政府引导方式。换句话说，按照治理体系现代化的要求，北京要推进高端服务业的升级与疏解，就必须构建多元主体治理结构，在地方政府引导下，充分发挥行业协会、商会和开发商的作用，共同协作完成升级与疏解的重任。

回顾历史，20世纪70年代，美国开始出现所谓“逆城市化”现象。这一现象的本质实际是富裕阶层和大批产业向郊区转移，远离中心城市，使中心城市“空心化”，形成大都市区或大都市圈的发展格局。促成郊区化的主要原因，除资源环境和转移成本的因素外，土地私有制和居民自主建立市政府制，是两大驱动力。在土地私有制下，有钱的市民可以到郊区买地，自主建住宅；

在居民自主建立市政府制度下，只要有 2/3 以上的居民同意，并经州立法机关批准后，就可以在当地建市，组建独立的市级政府，控制当地发展，规避低收入者进入。其具体措施包括：颁布住房建设法典，规定住宅内的卧室、卫生间的数量和质量以及室外绿地面积和质量的最低建设标准，限制适合下层居民居住的住宅建设；通过与金融保险机构签订住房抵押贷款协议，拒绝为贫困人口和少数民族人口提供信贷保险服务，以达到限制其迁入的目的等。美国的郊区城市化发展，必然导致多样性的地方政府和地方政府的碎片化。在此前提下，美国大都市区的管理理论可以分为“公共选择”与“区域主义”两大学派。公共选择理论认为，可以把大都市区看作一个巨大的公共产品市场，市民和企业根据社区能否为其提供价格公道、便利的服务而决定去留。这样，地方政府碎片化、辖区分割就比大统一的大都市区政府有效，有利于促进竞争，有利于服务供给多样化，也有利于培育社区意识，为市民和企业提供更多的参政或协助供给服务的机会。区域主义理论认为，大都市区的基本问题是地方政府分散化和碎片化，机构臃肿，效率低下，公共服务不平等，缺失对区域总体发展的关注。所以，有必要着力构建以区域发展为基础的大都市区政府。大都市区政府要把中心城市与郊区看作大都市区“屋脊的两面”，中心城市要保持繁荣，可以用兼并周边郊区的办法扩展地域范围。同时，大都市区政府要减少下发指令，积极与地方政府合作，共同解决区域问题。由此可见，美国的郊区化发展和大都市区发展都离不开地方政府的鼎力相助，只是运作方式有所差别。①

北京高端服务业的升级与疏解，要置于京津冀协同发展的大背景下。在中央层面，现在已有国务院京津冀协同发展领导小组，负责顶层设计，统筹安排京津冀协同发展规划，包括城市发展规划、土地利用规划、社会经济发展规划、产业发展规划、交通设施建设规划等，并负责重大方针政策的制定与协调。在地方层面，北京市政府的组织体系是“直线职能制”，权利相对集中，对土地及其用途和规划拥有一定的管控权，对公共服务的供给与管理可以通过国有企事业单位实施。因此，北京在推进高端服务业的升级与疏解过程中，首先就应该下放市政府的权利给各区政府，让其具体负责升级与疏解的引导工作，并会同行业协会、商会和开发商，共同制定升级与疏解的具体方案，由行业协会、商会和开发商具体组织方案的落实。在此过程中，北京市政府要按照京津冀协同发展的思路，帮助区政府履行好土地利用规划、市政基础设施建设和跨省业务协调、对接的职责，包括与中央政府协调的职责；而区政府要想方设法做好行业协会、商会和开发商的工作，可以采取一定的

① 王旭：《美国城市发展模式——从城市化到大都市区化》，北京：清华大学出版社，2006 年版，第 335—391 页。

土地利用和财政激励政策，促其出资、让利做好每个企业和经营者的工作，由此形成多元主体治理结构。尽管这种做法，会招致所谓"地方政府公司化"的诟病，但在北京高端服务业升级与疏解的特定条件下，强化地方政府的引导职责也是必需的。

(三)建设特色市场

特色市场与区域统一市场不同。区域统一市场强调无差别生产要素自由流动，市场可以建在任何有比较优势的地域。而特色市场则强调市场建设的差异性和唯一性，特别是高端服务业市场必须建在特定区域或特定城市，否则，产业转移和市场搬迁将会失效。特色市场作为实体，尽管受到网上交易等虚拟市场的冲击，但其服务具有面对面近距离交易的特性，使特色市场仍能展现服务集聚与融合的产业核心竞争力。特色市场的形成，一方面源于历史文化财富的积累，构成独特的资源优势，能够打造不可复制的产业竞争力优势。例如，北京的天安门广场、故宫博物院和中轴线是历史文化财富积累的结果，具有不可复制性，可以打造差异化和特色化的旅游文化市场；另一方面，源于城市发展进程中依托各种资源集聚优势，率先打造产业发展的战略高地，新建特色市场。例如，北京金融街是我国第一个高端服务业集聚区，它不仅在整体上形成了以金融业为主导的特色市场，而且其内部单体市场也具有显著特色。以英蓝大厦为例，它的内部建筑结构中空，设有音乐厅和大型图兰朵装饰壁画；楼层之间高 5 米，办公空间豁亮；4 路供电系统，确保无断电之忧；6 次空气过滤和加湿、加氧等装置，确保室内空气质量达到"阿尔卑斯山"的标准；再加上周边的软硬设施环境优良，使之成为特色市场。美国高盛公司通过对国内多地的考察比较，最终选定将中国业务总部设在英蓝大厦。现在英蓝大厦每平方米月租金尽管高达 850 元，外加物业费 35 元，但仍供不应求。因此，借鉴北京发展特色市场的经验，要推进生产性服务业的升级与疏解，北京就必须着力建设类似金融街和英蓝大厦之类的特色市场，吸引高端企业长期入驻，打造"高精尖"的生产性服务业功能区。也就是说，北京要立足不可复制的资源优势，既要打造单体特色市场，基本标准是建筑物是精品力作，周边软硬设施环境优良，专业服务业功能齐备等，也要打造整体特色市场，基本标准是规划完备、核心产业突出、基础设施完善、能够融入单体特色市场，由此形成单体市场与整体市场互为依托、集聚融合、有特色的高端服务业功能区。通过有特色的高端服务业功能区的建设，北京就可以对现有市场进行改造、整合、升级与疏解，消除同质化、碎片化和低端化，推进高端服务业多点布局、高效优质发展。

(四)明确升级标准与疏解清单

假定不考虑符合首都定位体系的定性标准，只讲定量指标测算，那么高端就是符合"9 高标准"，即收益高(以年利润率为指标)、劳动生产率高(以年营业收入与从业人员数为指标)、从业人员素质高(以从业人员平均受教育年限16年以上为指标)、资源集中度高(以万元GDP能耗、煤耗、水耗和占地为指标)、资产高、科技投入与产出高(以研发投入强度和人均拥有发明专利数为指标)、信息化水平高(以互联网运作为指标)、品牌知名度高和规模效益高(或具有总部性质)。据此,根据北京市统计局提供的第三次全国经济普查和第六次全国人口普查的主要数据测算,北京高端服务业有11大类,即电信、广播电视和卫星传输服务,互联网和相关服务,软件和信息技术服务业,货币金融服务,资本市场服务,保险业,其他金融业,租赁业,商务服务业,研究和实验发展,专业技术服务业。从这一测算结果看,文体娱乐业被排除在外,说明公益性的文化产业占文体娱乐业的比重很大,低端的出版业、电影和影视节目制作业、图书和档案馆业、娱乐业应当大力疏解。从其他高端服务业的内部行业构成角度看,金融业和信息服务业中的后台服务(包括数据中心、信息中心、呼叫中心和服务外包业务等),科技服务业中的地质勘查业、科技推广和应用服务业,商务服务业中的会展服务、包装服务和安全保护服务,属于低端环节,应当疏解。

至于北京高端服务业的升级标准,可以根据上述“9高标准”和若干具体指标的办法,由政府有关部门会同行业协会、商会和开发商具体设定,列出清单,分类实施。只有设定了升级标准,建设特色市场、疏解低端环节才有根基。

(五)疏解存量,严控增量

北京城区土地资源稀缺,中心城区几乎没有产业用地存量,拆迁和“腾笼换鸟”的成本非常高;北部作为生态涵养区,不适宜大规模土地开发;城市发展新区土地存量也十分有限,只占规划总用地面积的16%左右,主要集中在通州、大兴和顺义。根据北京市国土资源局、北京市统计局、北京市第二次全国土地调查领导小组办公室的“三方”确认,到2020年,北京要保有21.47万公顷耕地的红线,新增建设用地最多不超过1.24万公顷(1996—2009年北京耕地减少11.67万公顷)。在此条件下,依据京津冀协同发展规划纲要,北京要推进高端服务业的升级与疏解,就必须明确疏解存量、严控增量的思路。

对疏解存量而言,实际包括4项内容:一是就地淘汰低端的产业基地和零星市场;二是把中心城区的部分高端服务业疏解到市域内的其他区域;三是把高端服务业中的低端环节或行业疏解到北京周边区域;四是对现有产业基地和市场进行升级改造,以形成高端特色市场。对北京中心城区疏解存量所腾退出来的土地要重新规划,不能再用于产业发展,只能用于恢复生态环境建设、市政基础设施建设、改善中央党政机关办公条件和开展国际交往活动。

对严控增量而言,就是严格控制在中心城区新建高端服务业项目。北京中心城区的高端服务业功能区不能再扩大规模，以引导高端服务业向北京城市发展新区集聚，形成新的产业增长点和增长极，促进市域均衡发展。

(六)降低转移成本，拓展融资渠道

北京高端服务业的升级与疏解，涉及转移成本的问题。这种成本，既是总成本的概念，也属于比较成本和机会成本范畴，涵盖内容十分广泛，包括市场培育时间成本、市场人气聚集成本、市场租金成本、市场经营收益成本、市场管理水平成本、交通服务成本、信息获取成本、治安保障成本、吃住成本、教育医疗养老成本、文体娱乐成本、空气质量成本等。这些成本，在两地市场和新旧市场之间以比较成本的形式出现，由企业和经营者通过机会成本的抉择，最终确定在哪个市场“安家”。这种对转移成本的解读，实际说明在市场存在明显差异的条件下，只有进一步全面突出比较优势或全面降低转移成本，才能促使企业和经营者转换经营地点或场所。

全面降低转移成本，需要分类、分阶段逐步解决。一般理论和实践经验表明：降低租金和管理费、实行税收优惠政策、改善吃住和治安保障条件，在短期内比较容易办到，可以成为降低转移成本的第一阶段；提升市场管理水平、改善交通通信等基础设施条件、培育市场人气、增加文体娱乐场所，在 2—5 年也可以办到，可以成为降低转移成本的第二阶段；实现教育、医疗和养老服务水平均等化，需要很长时间才能办到，可以成为降低转移成本的第三阶段。根据这种降低转移成本的分类、分阶段的特征，北京在高端服务业升级与疏解的过程中，首先要抓主要矛盾，着力解决前两个阶段的问题。

由于京津冀三地特别是京冀两地的市场经营水平存在落差，要降低转移成本，就需要建立转移激励和资金补偿机制。这种机制，不能靠税收优惠政策(财政部已出台《京津冀协同发展产业转移对接企业税收收入分享办法》，以迁出前 3 年内，企业年均缴纳地方的增值税、企业所得税和营业税大于或等于 2000 万元为上限，只允许在 3 年内最长不超过 5 年，由迁入地区和迁出地区按五五分成比例分享)，只能靠千方百计拓展融资渠道。否则，没有资金注入市场(或服务于实体经济)，光靠地方政府的行政命令手段和企业自我消减利润的办法，很难有效保证企业和经营者真正实现转移。

要拓展融资渠道，可以有三个层面的设计或办法：一是地方政府层面。京津冀三地政府应该设立产业协同发展基金和基础设施建设政策性银行。这两个金融机构的资本金，按照京津冀三地政府的财力大小，由地方财政出资，资金来源以发行地方债券为主，不吸收储蓄存款。其中产业协同发展基金的资金运用是建设新市场、按照一定标准对从事转移工作的行业协会、商会和开发商给予一次性补贴或在一定年限内对转移企业和经营者给以租金和管理费的减免；基础设施政策性银行的资金运用主要是交通、通信、水、电、气等市政设施的建设。二是行业协会、商会和开发商层面。京津冀三地的行业协会、商会和开发商应设立互助性私募基金，定向募集股票和债券，按照一定标准对转移企业和经营者给予补贴，同时允许互助性私募基金跨省级区域交易。三是企业和经营者层面。京津冀三地应设立互联网众筹股平台，允许转移企业和经营者利用互联网筹措股本。

（七）推广“互联网＋”的运作模式

北京高端服务业的升级与疏解必须转化动力，靠科技创新驱动。根据北京市第三次全国经济普查资料显示，北京高端服务业的研发经费投入强度不足0.2％，远低于工业1.1％和全市6.1％的水平。因此，追加科技投入，势在必行。从理论上说，政府和企业按照规划追加投资各类科技项目，实行产、学、研相结合和组建科技联盟，依托技术交易市场，实现科技成果转化，是促进科技投入持续增长的基本路径。但这一路径最适宜工业，对某些高端服务业而言，包括金融业、商务服务业和文体娱乐业并不完全适宜。高端服务业发展更强调商业模式创新、新兴业态创新和经营管理手段创新，而不是产品创新。这就需要结合高端服务业运作的具体特点，分类实施不同的追加科技投入的办法，其中推广应用大数据、云计算、物联网等技术手段，以“互联网＋”的运作模式，实现高端服务业的功能整合、产业融合和经营管理手段的智能化，是促进科技投入追加的有效路径。对此，北京在实施高端服务业升级与疏解的过程中，必须要求各行业及其所属企业和经营者，加大对“互联网＋”运作模式的投入，明确禁止2年内还没有线上业务的企业和经营者进入市域市场。

参考文献

[1] 北京市统计局：《北京市2014年国民经济和社会发展统计公报》，北京市统计局网站，2015年2月12日公布。

[2] 北京市第三次全国经济普查领导小组办公室、北京市统计局：《北京市第三次全国经济普查主要数据公报》，北京市统计局网站，2014年12月1日公布。

[3] 北京市统计局：《2014北京区域统计年鉴》，北京：同心出版社，2014年版。

[4] 上海市统计局：《上海第三次经济普查主要数据公报》，上海统计局网站，2015年2月25日公布。

（作者：朱晓青　中共北京市委党校教授）

项目名称：北京建设世界一流会议目的地战略研究
项目编号：12JGC077
项目负责人：王起静
项目信誉保证单位：北京第二外国语学院

世界会议城市的评价指标和发展战略
——以北京为例

会议和展览同是会展产业的重要组成部分[①]，在实践中通常以“会展”一词来概括，不做具体区分，比如北京在“‘十二五’会展产业发展规划”中就提到建设“亚洲会展之都”的战略目标。会议和展览在产品构成、功能、运作模式等方面具有很多相似之处，但也存在很大不同。不同城市具有不同的会展产业发展条件，在确定会展产业发展战略时应有所侧重。

长期以来，在会展业界一直存在着“重展轻会”的现象，而北京会展产业近年来发展却出现了“会强展弱”的显著特点。这促使相关人员在理论和实践不得不重新思考北京会展产业的具体定位。目前，北京已提出到2050年建成世界城市的伟大目标，而世界城市的一个主要标志就是积极参与并承担国际事务，如承担举办国际会议；同时，北京在新时期确立的“四个中心”功能定位以及“京津冀”一体化战略也为北京会展产业的重新定位提供了大的环境。因此，新形势下研究北京建设世界一流会议城市的发展战略具有非常重要的理论意义和现实意义。

一、北京建设世界会议城市的必然选择

（一）北京近年来会展产业的发展特点：“会强展弱”

1. 北京是中国第一、亚洲第二的会议城市

根据国际大会及会议协会[②]每年发布的《国际协会会议市场报告》（2011—

① 会展是“人造事件”，包括多种事件类型，理论研究多使用“事件”而非“会展”。国内外不同研究认为，会展所包括的事件类型的范围的宽窄有所不同。会展的狭义范围就是会议和展览，而更多学者认为会展（事件）应该从广义的角度来研究。

② 国际大会及会议协会（International Congress & Convention Association，简称ICCA），创建于1963年，总部位于阿姆斯特丹，是全球国际会议最主要的机构组织之一，是会务业最为全球化的组织。

2014年)，北京所举办的国际会议数量一直处于中国第一、亚洲第二的地位①，相比上海等国内其他城市来说具有绝对的优势。从表1可以看出，北京每年举办的国际会议数量都在100次以上，远远多于上海。当然，北京的国际会议数量和排名在近些年也有些下滑，但下滑幅度很小，一直保持着中国第一的位置。

表1　北京和上海的国际会议数量和世界排名对比

国际会议数量和排名 / 城市	2011年		2012年		2013年		2014年	
	数量	世界排名	数量	世界排名	数量	世界排名	数量	世界排名
北京	111	10	109	13	109	13	104	14
上海	—	—	64	35	72	29	73	29

资料来源：《国际协会会议市场报告》

2. 北京展览产业落后上海、广州

由于广州一直是中国最重要的展览城市之一，所以研究北京的展览产业地位时还应参考广州。由表2可以看出，2011—2014年，上海的展览面积一直位居三大城市之首，其次是广州，北京位列第三。

表2　2011—2014年城市展览面积　　(单位：万平方米)

年份 / 城市	2011年	2012年	2013年	2014年
上海	953	1109	1201	1279
广州	837	829	831	859
北京	735	562	552	608

判断一个产业在所在区域是否具有优势，还需要判断产业集中程度，在此选择区位熵(LQ)②进行判断。由表3可以看出，上海、广州、北京三市的LQ系数都大于1，说明展览产业在这三个城市都有集中现象。但通过对比可以发现，北京的产业集中度在近些年内一直在下滑，由2011年的3.33下降到2014年的1.76。2011年上海的集聚度在三个城市中位居第三位，但在

① 亚洲第一会议城市是新加坡。

② 区位熵也叫专门化率，是指某区域某产业的产值(或相关指标)在全部地区中所占的百分比与该地区的国内生产总值(或相关指标)在全部地区中所占的百分比之比。采用区位熵判断产业集聚度有两个明显的优点：一是统计数据容易获得；二是充分比较区域生产力水平与全国平均生产力水平，明晰该地区的生产集中情况在全国所处的地位(通常只有区位熵值大于1才能说具有产业集中倾向)。采用区位熵法可在数据可得性、分析的可操作性和研究的客观性之间取得平衡。由于展览产业缺乏产值数据，因此在此计算LQ系数采用的是展览面积的数据。

2013 年开始跃居第一位，并把这个优势一直持续保持到 2014 年。广州的展览产业集聚度 2011 年曾经位列第一，但近年来也被上海所取代。由此可见，无论是从绝对面积，还是从相对的产业集中度来看，北京已远远落后于上海和广州①。

表 3　2011—2014 年展览面积集聚度对比(LQ 系数)

年份 城市	2011 年	2012 年	2013 年	2014 年
上海	3.20	3.40	3.69	3.36
广州	4.07	4.17	3.61	3.18
北京	3.33	2.14	1.86	1.76

(二)北京新的城市功能定位需要建设会议目的地

2014 年 2 月底，习近平考察北京时提出坚持和强化首都全国政治中心、文化中心、国际交往中心、科技创新中心的核心功能。总体来说，会议和展览对于北京“四个中心”的核心功能定位都有促进作用。但相比而言，展览在促进北京四个核心功能实现的同时也对北京的交通基础设施形成了巨大的挑战。这主要是因为从要素流动来看，会议和展览的运作都会涉及人、资金、信息的流动，除此之外，展览则还会涉及物(主要指展品)的流动。也就是说，举办大型展览会给北京交通带来更大压力。因此，在“四个中心”核心功能定位的前提下，北京在发展会展产业时应重点放在会议产业上。

二、世界一流会议城市的发展模型和评价体系

已有研究并没有提供城市会议产业的发展模型和评价体系，本文将通过对文献的梳理和理论研究，为北京建设世界会议城市提供理论模型和评价体系。

(一)城市会议产业发展模型

1. 资源因素

第一，核心资源。会议城市并不存在明确的核心资源，会议理论研究也没有对此进行过探讨。但可以肯定的是，对于一些大型会议活动，举办地是否具有举办会议的场所至关重要，因此会议场地的数量和质量可以看作会议城市的核心资源。事实上，会议产业发达的城市也通常是以建设大型会议中

① 虽然北京的展览面积在绝对值上位列全国第三，但从产业集聚度的角度来分析，北京不仅落后于上海、广州，还落后于很多其他城市，如重庆(2.61)、成都(2.00)、沈阳(2.53)、济南(2.86)、西安(2.39)、南京(2.79)、厦门(3.28)、青岛(2.00)、哈尔滨(2.35)、义乌(4.48)、海口(3.69)。(括号内数字为 LQ 系数)

心或高级会议酒店为主要的产业推动力。大量研究者确定了会议地点选择和评估的具体因素，如 Go & Zhang(1997)[①]研究了酒店客房和会议设施质量、服务人员效率、专业管理/运营人员、成套设备、会议组织和策划的现场支持、安全和价格等因素。Qu，Li & Chu(2000)[②]比较了东南亚会议中心的比较优势，研究了更加具体的因素，如视听设备、电话会议设备、同声传译设备等。

第二，支持资源。会议城市的支持资源包括旅游资源、相关支持产业、目的地整体环境等。首先，旅游资源(如旅游景区、气候和环境、文化和历史、购物和娱乐)可以激发参加会议的协会会员的动机。其次，相关支持产业有利于会议产业的发展。交通、运输、旅行社、住宿和餐饮运营、娱乐等产业是确保会议活动平稳运营的支持产业，如专业会议中介可以充当会议中心和国际协会之间的桥梁，帮助会议策划者策划并在会议运营中准备具体细节。最后，目的地整体环境包括举办地的基础设施、目的地可达性、服务质量、安全性、城市形象，等等。

2. 管理要素

目的地管理是指可以提高会议城市核心资源的吸引力、增强支持资源的质量和效率、适应由于条件因素所带来的限制的那些因素，包括目的地管理组织的活动、目的地营销管理、目的地政策、计划和法规、人力资源发展、环境管理等。目的地管理分为政府管理和产业管理。

第一，政府管理。政府管理包括城市会议产业发展战略、城市会议营销、城市人力资源项目、环境保护立法，等等。政府管理是形成会议城市竞争力的基础部分，因为会议产品是由整个城市提供的，政府对整个会议系统的支持会起着重要作用。政府各个部门在营销、规制、展示、策划、监督、维护、协调、发展、提高会议产业资源方面至关重要。政府支持可以增强会议城市在国际市场上的竞争力，如促进会议产业的政策、信息收集和分布、会议代表签证程序的简化、会议设施的财务/税收支持，等等。

第二，产业管理。产业管理包括会议行业协会、产业融入、目的地营销项目资金、产业培训项目、采用绿色会议运作，等等。会议行业协会在行业管理、政府和企业之间的信息沟通、行业自律、会议项目评估、会议人才培训等方面发挥着积极而重要的作用。

3. 条件因素

条件因素包括运营环境和远期环境。运营环境是城市运营会议产业的优

---

① Go F，Zhang W. Applying importance-performance analysis to Beijing as an international meeting destination，*Journal of Travel Research*，1997，35(4)，pp. 42-49.

② Qu H，Li L，Chu G K T. The comparative analysis of Hong Kong as an international conference destination in Southeast Asia，*Tourism Management*，2000，21，pp. 643-648.

势和能力，如人力资源、资本资源、物质基础设施、科技基础设施、信息等因素，与产业结构、企业行为和企业绩效有关，与会议城市举办会议并支持会议产业的能力相关，是一个城市发展会议产业的基础。远期环境包括那些在目的地之外的并限制组织管理者战略选择的条件，如汇率变化、政府财政政策、世界经济条件，等等。总体来说，条件因素是会议产业运营的大环境和远期环境，很难对其进行量化，但往往由于这样的条件因素形成了会议城市非常重要的竞争力。

4. *需求要素*

目的地需求创造条件对于形成会议产业的竞争力至关重要。需求创造条件指的是城市为会议产业创造需求，包括当地的和国际的。首先，国内会议的当地需求是会议产业发展的必要条件，因为当地需求是对会议设施和服务的基本消费。其次，国际市场对会议服务的需求可以由城市在国际协会中的地位和活动所决定，因为这种地位和活动会影响会议选择的决策制定程序。

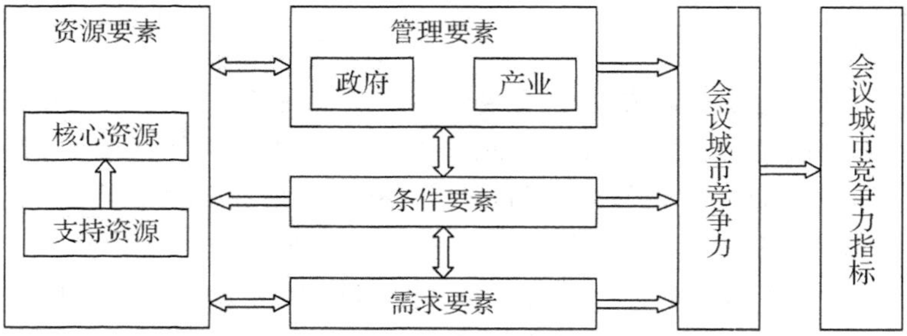

图 1　城市会议产业发展模型

(二)世界一流会议目的地的评价指标

在会议城市竞争力模型的基础上，笔者根据大量的文献综述，把前人研究影响会议目的地选择的因素进行分类，形成会议城市评价指标体系(见表 4)。

表 4　会议城市竞争力评价指标体系

因素	具体因素	指　标
资源因素	核心资源	会议场馆容量、会议场馆价格、会议场馆设备设施、会议场馆服务、会议中心步行距离内饭店数量
	支持资源	·旅游资源和吸引物：旅游文化资源、娱乐活动 ·相关支持产业：交通成本、住宿成本、食物和餐饮设施、接待和住宿设施、饭店服务、餐馆服务 ·整体环境：可达性、安全、城市形象、通用语言、气候、当地居民的好客程度

续表

因素	具体因素	指　标
管理因素	政府管理	对会议中心的财政/税收支持、支持会议产业的政策、会议代表的签证程序、对人力资源发展的支持、信息的采集和发布、会议观光局（CVB）（支持、服务、赞助、补贴）、会议产业发展战略*、城市会议营销*、环境保护立法*
	产业管理	协会提升、产业融入*、目的地营销项目资金*、产业培训项目*、采用绿色会议运作*
条件因素	运营环境	法律、经济/政治和社会稳定性、人力资源*、资本资源*、物质基础设施*、科技基础设施*、信息*
	远期环境	汇率变化*、政府财政政策*、世界经济条件*
需求因素	—	会议和大会的当地需求、和国际协会的关系、在国内的国际协会的数量、国家在协会的作用和影响、在国际协会中国家的参与度、在国际社团/市场中的国家地位

注：*表示该指标在本项目所研究的文献中没有使用过，是根据会议城市竞争力模型选择的指标

通过对文献的研究发现，以往在研究会议目的地竞争力或会议目的地选择影响因素时，所研究的指标主要属于资源因素（核心资源和支持资源），而对于管理因素、条件因素、需求因素的指标的研究非常少。表4中政府管理因素的部分指标（对会议中心的财政/税收支持、支持会议产业的政策、对人力资源发展的支持、信息的采集和发布等）和需求因素中的指标只在Lee & Josiam（2004）[①]所研究的国家竞争力模型中出现过，其他文献对这些指标基本没有研究。另外，几乎没有文献研究过政府管理因素中的会议产业发展战略、城市会议营销、环境保护立法、产业管理因素（指标“协会提升”除外）、运营环境因素（指标“法律”和“经济/政治和社会稳定性”除外）以及远期环境因素中的指标。表4中这些指标是根据城市会议产业发展模型选取的。

三、北京建设世界一流会议目的地的条件和战略

（一）北京会议产业发展条件的已有研究

专门评估北京会议产业发展条件的研究很少，有些学者曾选取部分指标对北京作为会议城市的发展条件做了研究。Go & Zhang（1997）从协会策划人的角度研究了北京作为国际会议目的地的发展条件。王起静（2011）[②]选取12

① Lee W, Josiam B M. A Framework for Assessing National Convention Tourism Competitiveness: An Exploratory Study, Journal of International Business and Entrepreneurship Development, 2004, 2(2), pp. 105-112.

② 王起静：《基于协会会议参会人角度的国际会议目的地竞争力研究——以北京为例》，《旅游学刊》，2011年第10期。

个指标①用 IPA 分析法从协会参会人的角度分析了北京建设国际会议城市所具备的优劣势，并得出了几个重要结论：第一，国内外参会人都认为“可达性”“目的地形象”“安全”三个因素重要性高、表现性好，属于“继续保持”的因素；第二，国外参会人认为“通用语言”“住宿成本”和“当地居民的友好程度重要性高”表现性差，尤其是“通用语言”为亟须改进的因素，而国内参会人则认为“接待和住宿设施”是重要性高、表现性差的因素。Parka. et al. (2014)②也从会议策划者的角度对北京作为会议目的地的发展条件做了研究，并与 Go & Zhang(1997)的研究做了对比。Parka. et(2014)在 Go & Zhang(1997)研究所选择的指标基础上又增加了政府支持、公共关系创造等因素，而且研究表明不同指标在 1997—2014 年的重要程度和绩效水平都发生了不同程度的变化。

(二)北京建设世界会议城市的战略

1. 确定建设世界会议城市的定位

北京近年来“会强展弱”的产业发展特征已经非常明显，而且会议和展览属于不同的细分产业，具有不同的运作规律，需要不同的发展条件。根据目前的产业发展态势和特征，北京应明确建设世界会议城市的定位，以发展会议为主、展览为辅。

2. 综合评估北京建设世界会议城市的条件

由于会议城市发展模型和评价指标体系的复杂性，目前还没有研究根据城市会议产业发展模型进行评估。城市会议产业管理者应该利用系统的理论模型动态评估北京会议产业的发展条件，制定合理的发展措施。目前，城市发展会议产业时比较注重资源因素和需求因素，而对管理因素和条件因素不太重视。通过以上分析，管理因素和条件因素也是会议产业发展的非常重要的因素。

3. 在“京津冀”一体化背景下协调会展产业发展

目前，北京的经济发展处于“京津冀”一体化大背景下，经济发展和产业调整应该考虑这一背景下的产业协调和非首都核心功能的疏解。北京建设“会议城市”的产业定位正是顺应这一大背景下的战略选择。同时，在建设会议城市的同时，还应该把北京的展览产业在京津冀地区进行合理配置，比如可使展览项目向天津、石家庄、廊坊等具有较好产业基础和展览基础的城市转移。

（作者：王起静　北京第二外国语学院教授）

① 这 12 个指标是：可达性、交通成本、住宿成本、食物和餐饮设施、接待和住宿设施、目的地形象、安全、通用语言、当地居民的友好程度、气候、娱乐活动、旅游文化资源。

② Jinah Parka, Bihu Wua, Ye Shena, Alastair M. Morrisonb & Yeung Kongc. The Great Halls of China? Meeting Planners' Perceptions of Beijing as an International Convention Destination, *Journal of Convention & Event Tourism*, 2014(15), pp. 244-270。

项目名称：北京市金融产业竞争力发展研究
项目编号：12JGC085
项目负责人：张亚光
项目信誉保证单位：北京大学

北京市金融产业竞争力的整体评测和比较分析

在现代经济体系中，金融业的重要作用日益凸显。传统的产业经济学主要关注的是实体经济产业，尤其是工业的发展及其对经济增长的作用。进入后工业化时代，金融业对经济社会发展的带动作用愈发突出，成为发达国家或地区竞争优势的主要内容。而在经历了上一轮全球性的金融危机之后，金融产业如何健康发展，如何继续为区域经济增长提供动力，仍然是学界和业界的重大课题。本文旨在从产业竞争力的角度出发，通过定量指标的选择和计算构建一个金融产业竞争力的评测体系，并据此对北京市的金融产业竞争力进行测度，进而对其进行比较分析。

一、城市金融产业竞争力测算体系

(一)聚类分析与对比研究对象选择

考虑到金融产业发展对实体经济的促进作用，全国各地政府都对金融产业发展给予一定重视。在此基础上，绝大部分直辖市、副省级城市、计划单列市和部分经济发展较为领先的重点城市均提出了建设金融中心城市的目标。据不完全统计，全国共有超过 30 个城市提出了建设金融中心城市的目标，其中大多数都从自身地缘优势和经济优势出发，提出了具有针对性的建设目标，部分城市已经确定了发展路线图。除此之外，更多的城市虽然没有明确提出建设金融中心城市，但当地政府也对金融产业给予大力支持，提出了大量的金融产业规划，包括金融商务区建设、金融机构优惠政策、高级金融人才奖励政策，等等。本文采用聚类分析方法，通过对 34 个经济发展较为领先的全国性或地区性重点城市的金融产业规模进行分析，可将其分为三类，如表 1 所示。

表 1　城市金融产业发展聚类分析结果

类别	城市
第一类	北京、上海、深圳
第二类	天津、成都、重庆、广州、杭州、苏州、南京
第三类	其他

北京、上海、深圳三市遥遥领先，成为全国范围内金融业产业发展最为先进的城市，这与三市在全国经济发展中的地位密不可分。其中，北京集中了大量的国有企业和金融机构；上海作为金融业国际化的先锋，聚集了全国最多的外资金融机构，同时也是金融改革试点的重点地区；深圳是最早的经济特区，紧邻作为国际金融中心的香港，同时也是金融科技创新最为活跃的地区之一。北京、上海、深圳三市可称之为全国性的金融中心城市。天津、成都、重庆、广州、杭州紧随其后，其中天津、杭州、苏州、南京、广州分别位于中国最发达的环渤海、长三角、珠三角三大经济圈核心区，成都、重庆是西南经济圈的核心城市，区域范围内的经济快速增长催生了大量的资金需求，促进了这几大城市的金融产业发展，这些城市可称之为重点区域金融中心。第三类的若干城市均是所在省市的经济中心，其金融产业发展规模虽远远落后于前两类城市，但金融业增加值占 GDP 比重均超过了 3%，多数城市已超过 5%，其金融产业规模正在逐步扩大，可将其作为有限的地区范围内的金融中心，根据中国综合开发研究院(CDI)的定义，也可称之为次级区域金融中心。

从聚类分析的结果来看，北京、上海、深圳的金融产业发展已经远远超过了其他城市。因此，本文仅选择上海、深圳两城市作为北京的对照系，通过熵值法逐层研究北京市金融产业发展的相对状况。

(二)城市金融产业竞争力测度

基于上述分类，本文从金融产业运行环境和金融体系发展两方面入手对城市金融产业竞争力进行综合测度，其中前者划分为经济环境、政治环境和城市基础建设三项分项指标，后者则划分为金融市场、金融机构两个分项指标。本文采用 2013 年北京、上海、深圳三大城市的相关数据进行测算，其五大分项指标得分和综合竞争力得分如表 2 所示，由于《中国地区金融生态环境评价报告》只更新到 2012 年，因此三级指标中的政府执政状况指标仍暂时采用 2012 年的数据。所有数据均来自各城市统计年鉴，《中国证券期货统计年鉴》《中国证券业年鉴》《中国金融年鉴》，各市人民银行、证监局、银监局、保监局统计资料。

表 2　2013 年北京、上海、深圳三大城市金融竞争力指标体系测度结果

一级指标	二级指标	项目	北京	上海	深圳
金融产业运行环境	经济环境	数值	0.331	0.339	0.330
		排名	2	1	3
	政治环境	数值	0.332	0.333	0.335
		排名	3	2	1
	城市基础建设	数值	0.3335	0.3334	0.3333
		排名	1	2	3

续表

一级指标	二级指标	项目	北京	上海	深圳
金融体系发展	金融市场	数值	0.324	0.363	0.312
		排名	2	1	3
	金融机构	数值	0.341	0.331	0.328
		排名	1	2	3
总指数		数值	0.230	0.235	0.233
		排名	3	1	2

根据表 2，从金融产业运行环境来看，上海的经济环境居于首位，深圳的政治环境位居第一，而北京的城市基础建设则相对较为领先；从金融体系发展程度来看，上海的金融市场规模较大，北京的金融机构发展程度较高。下文将继续对各指标进行分解，更加深入地研究三大城市在金融产业各个方面的区别，从而得到北京市金融产业的优势和劣势所在。

二、城市金融产业竞争力分项比较

(一)经济环境

表 3　2013 年北京、上海、深圳经济环境指标测度

—			北京	上海	深圳
分项指标	经济发展水平	数值	0.327	0.318	0.355
		排名	2	3	1
	经济结构	数值	0.335	0.333	0.332
		排名	1	2	3
经济环境		数值	0.331	0.339	0.330
		排名	2	1	3

由表 3 可见，深圳的经济发展水平较高，但经济结构优化程度较差；上海的经济发展水平较低，北京的经济结构较为领先；从总体上看，上海位居首位，北京其次，深圳则位居末尾。北京的经济发展水平不如深圳，这是因为尽管北京的 GDP 总量较高，但从人均水平上看，其人均 GDP 和城镇居民家庭人均可支配收入均落后于深圳；而深圳尽管经济总量较低，但其人均创造价值和人均财富量却是全国最为领先的城市之一，因此深圳的经济发展水平较高。

北京的经济结构较为优化，主要在于其第三产业所占比重和最终消费率较高。北京的第三产业所占比重达到 76.90%，位居全国首位，其产业结构优化程度高于上海和深圳。北京的最终消费率为61.30%，说明其GDP超过一半都是由消费拉动的，这一数值虽远远落后于美国等发达国家的70%，但在国内仍居首位。在"拉动内需"成为中国经济持续增长的关键手段之时，消费对经济增长较高的贡献率无疑说明了北京经济发展质量的优化。(见图1)

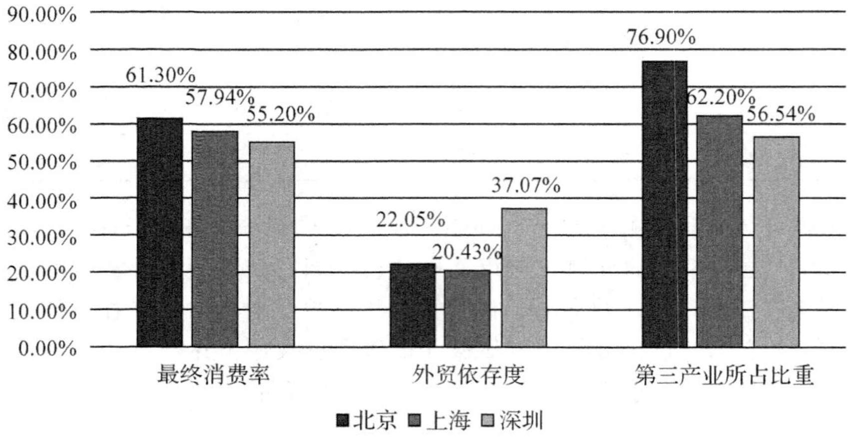

图1　2013年北京、上海、深圳经济结构指标

(二)政治环境

表4　2013年北京、上海、深圳政治环境指标测度

—			北京	上海	深圳
分项指标	财政状况	数值	0.104	0.337	0.323
		排名	3	1	2
	政府执政状况	数值	0.208	0.319	0.473
		排名	3	2	1
政治环境		数值	0.332	0.333	0.335
		排名	3	2	1

从表4可知，深圳市政府的财政状况最优，上海其次，北京则相对较为落后。从政府执政情况来看，深圳的政府效率、政府透明度、司法体系及社会制度等相对领先，上海其次，北京则排名最末。两项分项指标中，上海没有一项处于最落后的位置，因此其综合政治环境评价最为领先。从财政收入和财政支出状况来看，深圳和上海远远领先于北京。从财政自给率(财政收入、财政支出)来看，深圳在三市中居于首位，说明其财政赤字最小，财政平衡状况较好。

政府执政状况的评价来自中国社会科学院金融研究所进行的金融生态环

境评价，该评价通过中国人民银行的调查统计系统向超过5000家企业进行问卷调查，在此基础上得出了有关政府执政能力的评价指标。其中，深圳除在政策透明度上略低于上海外，其他几项得分均在三市中居于首位，其政府工作效率较高(审批时间短)、政府政策的波动性较低、地方司法和制度体系相对较为优越。作为中国最早进行改革开放的经济特区之一，为吸引企业入驻，深圳在政策设计上给予诸多便利，在审批、注册等企业运作的各个方面都实现了流程简化和效率优化，因此在"投资项目和企业登记注册审计评分"项目上得到的评价最高。同时，上文中已经提到，与上海和北京相比，深圳的政府部门更加接近于"无作为"的状态，因此其政策变动性相对较低，这也在一定程度上提高了社会对政府的信任水平。除此之外，在频繁的对外交流中，深圳的法制环境、法制意识、规范化程度、信用文化等也在很大程度上受到外部(尤其是香港)的影响，其司法、制度和诚信建设水平相对较高。

与上海和深圳相比，北京在有关政府执政状况的四项指标上都位居末位。作为中国的政治中心，北京集中了全国最高等级的监管机构和政策制定机构，一方面，职能重叠、令出多头的情况难以避免；另一方面，与深圳类似的注册、审批等环节的流程精简相对更加难以推行，从而使北京的政府运作相对较为缓慢。与此同时，作为历史深厚的内陆城市，北京受传统文化的影响较深，其在社会法制、诚信等方面距离现代化大都市尚具有一定差距。因此综合来看，北京的政府执政情况低于上海和深圳。(见图2)

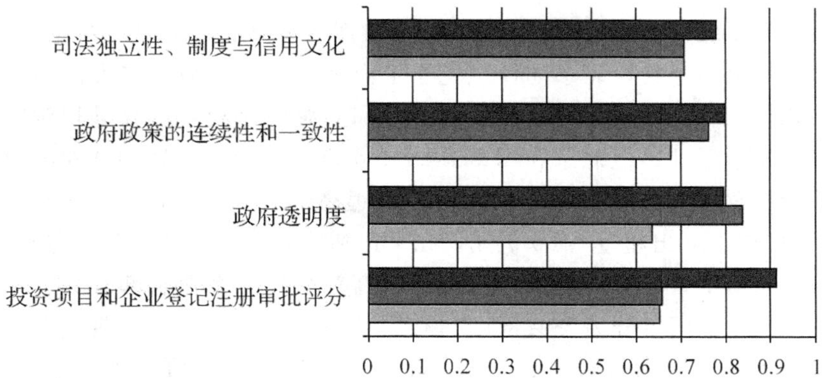

图2　2012年北京、上海、深圳政府执政能力指标

（三）城市基础建设

表5　2013年北京、上海、深圳城市基础建设指标测度

—			北京	上海	深圳
分项指标	人力资本	数值	0.3333345	0.3333329	0.3333325
		排名	1	2	3
	创新	数值	0.333333333698876	0.333333333485396	0.333333332815728
		排名	1	2	3
	交通	数值	0.333	0.350	0.317
		排名	2	1	3
城市基础建设		数值	0.3335	0.3334	0.3333
		排名	1	2	3

从表5可知，有关城市基础建设的测度非常一致，北京无论在分项指标还是总指标上都较为领先，上海位居第二，深圳次之。从人力资本的情况来看，北京领先于上海和深圳的重要原因在于高等教育的绝对优势，其高等院校数量接近深圳的10倍，其中包括了一大批如北京大学、清华大学、中国人民大学等在内的“985”“211”高水平院校。这些高水平院校为北京吸引了大量的高素质人才。在一般情况下，考虑到熟悉的人际关系和社会环境，毕业生往往会优先选择就读高校所在城市就业，因此，高等教育水平的领先在很大程度上推动了北京的经济发展，也为其金融产业积累了大量的人力资本。

从创新水平上看，北京同样领先于上海和深圳，这似乎与人们的一贯认知并不相符。但是从具体指标上看，北京和上海的专利产出数量相对较为接近，略领先于深圳，但北京在Research and Development（R&D）方面的研发投入不论在总量上还是占GDP比重上却都远高于上海和深圳。2013年北京的R&D经费内部支出超过1000亿元，几乎达到上海和深圳的总和。究其原因，可能与北京集中了大量的政府研究机构、高等院校和企业总部有关。创新活动的具体执行部门可分为公共部门和私人部门两大方面，其中前者以政府研究机构和高等院校为代表，后者则以企业为代表。一方面，北京是中科院、工程院、社科院等一大批政府科研机构和北京大学、清华大学等一大批国内顶尖高等院校所在地；另一方面，北京也聚集了大量的企业总部，而创新研发部门通常是企业总部的重要组成部分，这就使得北京无论在公共研发部门还是私人研发部门上都具有了较大优势。与此同时，北京高度重视城市创新系统建设，中关村国家自主创新示范区是第一个国家级的高新技术产业开发区和自主创新示范区，聚集了高新技术企业近2万家，已经形成下一代互联网、移动互联网和新一代移动通信、卫星应用、生物和健康、节能环保及轨道交通六大优势集群产业和集成电力、新材料、高端装备与通用航空、新能源和新能源汽车四大潜力产业群，其高新技术产业增加值占北京市 GDP 的比重达到 20%。北京在创新和高技术产业上的大量投入和高度重视使其科技创新水平超过了上海和深圳，居全国首位。

从交通状况来看，北京作为全国的政治中心、经济中心和文化中心，其交通建设十分发达，总公路里程数远大于上海和深圳的总和。从周转量来看，北京和深圳的客运总量远远超过上海，其中深圳甚至超过了北京，充分说明深圳作为一个移民城市，其人口流动数量庞大；与之相反，上海的货运总量超过了北京和深圳的总和，原因是上海由于特殊的地理位置和自然条件，其自身拥有的自然资源有限，生产和生活所需的大量原料需从其他地方运输。

(四)金融市场与机构

表 6　2013 年北京、上海、深圳金融市场指标测度

—			北京	上海	深圳
分项指标	货币市场	数值	0.33339	0.33335	0.33325
		排名	1	2	3
	资本市场	数值	0.358	0.326	0.317
		排名	1	2	3
金融市场		数值	0.324	0.363	0.312
		排名	2	1	3

从表 6 可知，北京无论在货币市场还是资本市场方面都较为领先，上海位居其次，深圳则处于最末。综合来看，北京的金融市场发展规模位居第二位。一般认为，北京由于承担了更多的政治性功能，而导致其金融市场发展相对落后，同时，北京并不拥有全国性的金融产品交易市场，也使得其金融市场活跃程度相对较差。不过从分项指标上来看，尽管上海和深圳拥有全国性的证券交易所，但通过银行间市场、上交所和深交所发生的金融市场交易却在很大规模上由北京的金融机构和企业进行。从货币市场来看，银行业金融机构是货币市场的主要参与者，大部分全国性的银行业金融机构都在北京设有总部，并分布有大量的营业网点，这些金融机构参与货币市场交易的活跃程度非常高。从资本市场来看，作为经济中心，北京吸引了为数众多的国有和非国有上市公司，这些企业在经营过程中不断地通过股票、债券等金融工具进行融资，从而使北京的资本市场规模迅速扩大。

表7　2013年北京、上海、深圳金融机构指标测度

—			北京	上海	深圳
分项指标	银行业	数值	0.338	0.329	0.333
		排名	1	3	2
	证券业	数值	0.313	0.330	0.357
		排名	3	2	1
	保险业	数值	0.391	0.3046	0.3047
		排名	1	3	2
金融机构		数值	0.341	0.331	0.328
		排名	1	2	3

在有关金融机构的分项指标测度中，本文将金融产业分成了银行业、证券业、保险业三个主要行业进行研究。从表7可知，北京市的银行业金融机构发展位居首位，其次为深圳，最末为上海；深圳的证券业金融机构发展位居首位，其次为上海，北京则居于最末；而在保险行业中，北京再次领先，深圳次之，上海则位居最末。

北京市的银行业金融机构发展程度最高，这与上文中的论述相符。由于中国的银行系统主要以国有银行为主体，而北京聚集了中国人民银行、银监会等最高监管机构，便理所当然地吸引了大批量的银行业金融机构和从业人员。除此之外，北京拥有大量的常住人口和流动人口，也拥有数量众多的国有和私营企业，这对银行业金融机构来说意味着庞大的个人和公司客户数量以及庞大的市场需求，同样对其形成了极大的吸引力。而由于银行业本身在中国的金融系统中占据绝对优势，这些分布于北京的银行业金融机构恰恰是金融体系中那些分支机构众多、资产规模庞大、业务范围广、客户数量多的“重量级”金融机构，因此其对北京的金融产业发展起到了良好的助推作用，在很大程度上提升了北京的金融产业竞争力。

证券业金融机构的发展则与银行业呈现不同的状况。北京无论在证券业金融机构数量还是资产规模上均落后于上海和深圳，这一现象的出现有着多层次的原因。首先，上海和深圳拥有全国性的证券交易所，虽然根据上文的研究，北京拥有大量的国有和非国有企业，其大规模的融资需求使北京的金融市场规模并不落后，但从证券业金融机构的角度来看，考虑到邻近交易所带来的便利，其可能更加倾向于落户上海和深圳，而在北京派驻机构。其次，与北京的综合产业发展不同，上海和深圳都将金融业作为城市经济发展的关键性行业，上海的国际金融中心和深圳的金融改革创新综合试验区战略定位均已上升到国家战略层面，无论中央政府还是地方政府都对两市的金融产业

给予诸多优惠政策，不仅在金融机构注册和金融项目审批上大幅度精简流程，在税收等环节提供一定减免，而且将大量金融创新业务的优先试验权给予两市（这些金融创新业务常与证券行业紧密相关，如前海股权交易中心等），这些都对金融机构形成了极大吸引力。同时，与银行业金融机构相比，证券业金融机构大多是私营企业，其规模较小，灵活度较高，受政策吸引的可能性较大。最后，上文已经提及，在北京、上海、深圳三市中，北京的经济发展水平相对较低，其人均 GDP 和城镇居民家庭人均可支配收入均落后于上海和深圳，这就意味着上海、深圳两市的居民财富相对较为丰富，随之派生出大量的投资和财富管理需求，这也使得专注于资产增值和财富管理的证券行业在上海、深圳两市发展程度较高。北京一方面居民财富规模相对较小，另一方面受传统文化的影响，居民更倾向于通过银行体系进行资金管理，因而其证券业发展不足，而银行业发展水平较高。

三、结论与建议

本文首先回顾了已有的关于城市金融产业竞争力指标体系的研究，并在此基础上吸收已有研究的优势，考虑中国城市金融产业特点及数据可得性，从金融产业运行环境和金融体系发展两方面入手，选择 39 个统计指标构建了一个四层次的城市金融产业竞争力综合测度系统。其次采用金融产业规模数据，对 30 余个已提出金融产业发展目标、规划或将金融产业作为重点行业之一的重点城市进行聚类分析，从中确定了在金融产业规模上能够与北京相比肩的上海、深圳作为北京市金融产业研究的比较对象，三市可称之为全国性金融中心。再次根据已构建的指标体系，用熵值法逐层计算了北京、上海、深圳三市的金融产业竞争力指标及其各分项指标，并在此基础上进行了更加深入的比较分析，从三市的经济特点、城市定位、战略规划、文化背景等各个方面出发对其在金融产业发展各个方面的相互优势和劣势进行了解释。最后采用 2008—2013 年连续五年数据再次计算金融竞争力指标及各分项指标，对比较分析结果的可靠性进行验证。

研究测算表明，上海的金融产业竞争力稳居全国第一，深圳其次，北京则位居最末。从分项指标来看，上海虽然并未在每项指标上均超过北京和深圳，但其金融产业发展较为平均，无论在支持金融产业的经济环境、政治环境、城市基础建设，还是在描述金融产业发展程度的金融市场、金融机构指标上均没有一项指标位居最末，同时在更加细致的三级指标分项上也没有一项指标位居最末，这使得上海的金融产业发展不存在明显的短板，从而使其综合竞争力稳居第一。北京在财政状况、政府执政状况、证券业金融机构发展水平上在三市中位居最末，对其综合性竞争力指标产生了一定的负面影响，这也是北京市金融产业发展的未来改善方向所在。

我们认为，首先，这样的排序结果不值得沮丧。从根本上说，区域经济发展的目的不是为了竞争和攀比，只要各产业之间相互协调，实现绿色可持续发展，在有效提供社会公共资源的基础上最终能够惠及民生，就是合理的区域经济政策。金融业的发展同样如此。与此同时，从历史和中外经验来看，一国拥有多个金融中心也是正常现象。不同金融中心承担的功能有所侧重，反而能够相互促进，共同发展。狭隘的区域竞争并不有利于资源的优化配置和高效利用。

其次，对北京而言，在未来的金融产业发展规划中，应当有针对性地注意如下几点：第一，要继续推动经济增长和产业升级，提高整体经济实力和居民财富水平，为金融产业发展提供良好的实体经济支持；第二，要简政放权，在合理范围内尽量减少审批环节，缩减审批时间，提供负面清单，提高政府工作效率，同时加大信息披露力度，提高政府工作透明度，做好各部门之间的协商，保持政策的稳定性和一致性；第三，加快发展多层次资本市场，促进“新三板”和“新四板”发展，前瞻性地研究推动“新五板”，弥补北京在缺乏全国性资本市场方面的劣势。同时加大政策力度，为金融机构落户提供更多的便利和优惠，吸引更多金融机构，尤其是证券业金融机构和创新型金融机构入驻；第四，充分利用北京自身的综合产业优势，建立各产业尤其是高新技术产业和新型服务业和金融产业之间的相互良性促进机制，以金融服务产业发展，以产业发展和产业结构升级为金融产业创造市场需求，以技术进步为金融创新提供条件。尽管北京的金融产业发展并没有如上海和深圳一样上升为国家战略，但北京仍然可以从自身的经济特点、城市定位、金融产业特点出发，充分发挥自身优势，弥补既有短板，走出一条以协调发展和产业互补为重点的金融产业发展之路，成为中国不可替代的综合功能性金融中心。

（作者：张亚光　北京大学副教授）

项目名称：北京市文化创意产业与旅游业融合发展研究
项目编号：12JGC093
项目负责人：吴丽云
项目信誉保证单位：中国旅游研究院

798 艺术区文化旅游发展存在的问题及改进建议

798 艺术区位于北京市朝阳区大山子社区，是原国营 718 联合厂的电子工业厂区所在地。1995 年，中央美术学院教师隋建国租用厂区空置厂房作为雕塑车间，由此拉开 798 工厂旧址由废弃工厂向艺术区转变的序幕。此后，陆续有艺术家进驻。2002 年，中外艺术家的进驻达到了一个高峰。2006 年，北京市认定了首批十个文化创意产业集聚区，其中就包括了 798 艺术区。2007 年，美国 CNN 的调查显示，798 艺术区是外国人到北京的第二目的地。2014 年，美国《世界旅游画报》杂志社出品的“北京最值得外国人去的 10 个地方”中，798 艺术区同样榜上有名。798 艺术区已成为国内外文化创意产业与旅游业融合发展的范例，也是北京建设世界城市的重要组成部分，是北京文化软实力的重要体现。随着 798 艺术区社会影响力的日益提高，文化资源的产业化发展、文化与旅游的融合发展、艺术区的可持续发展等问题开始凸显，成为影响 798 艺术区可持续发展的关键因素。2013 年 10 月 12 日，笔者对 798 艺术区来访游客和商户进行问卷调查和访谈，以充分了解 798 艺术区旅游发展现状，并为行政部门提供直观的决策依据。

一、798 艺术区文化旅游发展存在的主要问题

（一）文化资源转化为文化旅游产业的程度偏低，产业链条短

798 艺术区已成为北京市的文化新地标、北京世界城市建设的重要组成部分、新北京城市形象的代表。但 798 艺术区以艺术创作、展示、交易和包豪斯建筑为核心吸引力的文化资源的产业化发展水平尚低，文化资源向产品、产业的转化度较低，导致 798 艺术区文化资源的社会影响力未能有效转化为产业竞争力。798 艺术区内主要为个体经营者、工作室和画廊等，规模偏小；现有产业链主要集中于艺术展示和艺术交易两个环节，产业链条短，对周边区域经济发展和相关产业的带动作用较小，这也导致 798 艺术区所有者七星物业管理公司形成以房租为主的单一收益模式。产业化程度低导致 798 艺术区的发展仍处于文化艺术区而非文化旅游产业功能区阶段。

（二）旅游产品形式单一，旅游基础设施和公共服务不完善

虽然游客的主要诉求是艺术氛围和艺术品本身，但游客在 798 艺术区的消费却偏向于休闲娱乐及餐饮等方面。对来访游客在 798 艺术区的消费调查显示，休闲娱乐（42.8%）是游客最主要的消费内容，其次是购买艺术品（33.4%）、购买纪念品（25.4%）、购买饮料（24.1%）、餐饮（21.2%）等。消费内容的非艺术主体客观反映了 798 艺术区在文化艺术资源向旅游产品的转化性开发方面尚存在很大的不足。现有旅游产品形式单一，主要是画廊、艺术中心等观光性旅游产品，缺乏参与性、体验性的艺术活动和可购买的艺术性商品，限制了游客对文化艺术的深度体验，也制约了游客的消费水平。同时，艺术区外部交通引导标识不清晰、艺术区内部同样缺乏清晰的指示牌和导览图、停车场很小、区域内对外来车辆并无限制，造成艺术区游览环境的杂乱和无序。上述问题，在对来访游客的问卷调查中得到印证：43.7%的游客反映“区域内重要建筑物或设施缺乏明显的指示牌”，31.2%的游客反映“没有地图或旅游导览图”，37%的游客反映没有直接到达本地的公共交通，20.6%的游客认为没有停车场或停车场太小，10%的游客反映打不到出租车、43.7%的游客反映“公共厕所太少”。旅游产品形式单一，旅游基础设施、公共服务的不完善，使得 798 艺术区的旅游产业仍处于非常初级的发展阶段，与 798 艺术区的资源吸引力很不匹配。

（三）艺术家和艺术机构比例的相对减少影响 798 艺术区旅游发展的源吸引力

艺术家和艺术机构的集聚是 798 艺术区得以存在、逐步发展并形成世界影响力的最初原动力。同时，艺术家、艺术机构及其所创造的艺术环境、艺术氛围是吸引游客来此参观的核心吸引力。对来访游客旅游目的的调查显示，“接受艺术熏陶”（43.1%）、“感受时尚氛围（41.5%）”、“购买艺术品”（22.2%）、“看画展”（19.6%）是来访游客来此旅游的主要目的。可见文化艺术区旅游发展的核心吸引物不同于一般旅游景区，艺术家、艺术机构和艺术本身是 798 艺术区的核心吸引物。随着 798 艺术区的快速发展，其内部、外部环境也发生着变化，商业性机构进入 798 艺术区，部分改变了最初单纯的艺术氛围。2003 年，798 艺术区的艺术家工作室、画廊和艺术机构有 55 家，商业性机构极少。目前，798 艺术区的个人工作室、画廊、艺术机构共 134 家，单独的餐馆、酒吧有 20 余家，加上部分艺术机构和画廊所开的餐厅，约有 30 家餐馆，公司和时尚店铺有 44 家。

商业性机构的存在可以丰富 798 艺术区的产品形态，满足游客餐饮、休闲等需求，但 798 艺术区以艺术为核心吸引力的特征决定了其内部机构形态必须以艺术类机构为主体，适度配置商业类机构。鉴于近 10 年中 798 艺术区商业类机构比例的快速扩张，如不加以控制，势必减弱 798 艺术区的旅游源的吸引力，并对 798 艺术区未来的可持续发展和艺术影响力造成不良影响。

二、制约 798 艺术区文化旅游发展的原因

(一)战略性规划缺失和专业性管理缺乏导致 798 艺术区的产业化发展受阻

虽然佐佐木等艺术家曾为 798 艺术区进行过总体规划，但 798 艺术区的规划更多是在维持现状基础上的局部调整。由于缺乏战略性发展规划，798 艺术区的未来发展方向、内部功能分区、产业链构建、产业化发展路径等战略性问题也就无法明确，无法实现由文化创意产业集聚区向文化旅游功能区的转变。这导致 798 艺术区只能维持在低水平运营和管理状态，依靠房租增长实现收益增长。

798 艺术区的日常管理一直由七星物业管理公司负责，从工厂管理到艺术区管理的跨度过大，客观导致 798 艺术区的管理难以按照更符合艺术和产业发展的方向进行。在对 798 艺术区内商户和艺术家的访谈中也同样发现了这一问题，受访者反映艺术区物业管理水平过低、无法沟通、艺术区整体感觉混乱、缺乏长远发展规划等问题。作为政府机构，798 艺术区管委会对 798 艺术区的管理主要限于公共性活动、基础设施和服务的提供等方面，对 798 艺术区的宏观管理尚有待加强。随着周边 751 等艺术区的崛起，798 艺术区的发展将面临更大挑战。

(二)以自发集聚为特点的发展导致艺术区旅游功能不足

798 艺术区是以艺术家和艺术机构的自发性集聚而逐步发展成为当代艺术的重要展示和交易场所，在吸引艺术家、艺术机构入驻的同时，也逐渐成为代表北京新形象的旅游资源。798 艺术区是以艺术展示和交易为主要功能的文化创意产业集聚区，一切功能以自发性形成为主，并不以旅游为主要发展方向，因而在艺术体验性旅游产品开发、旅游服务提供、旅游基础设施建设等方面均出现缺失。

(三)持续上涨的房租倒逼艺术家和艺术机构离开

798 艺术区出现之初，因其低廉的房租吸引了黄锐、徐勇等知名艺术家的入住，从而形成示范和集聚效应，带来一批艺术家进入，并逐步形成了具有国际影响力的现代艺术区。随着 798 艺术区知名度和影响力的提升，其房租持续、快速上涨，由 2002 年每平方米每天 0.6 元，到 2007 年的 5—12 元，5 年时间房租上涨了 10—20 倍。房租的快速上涨，既有社会经济发展而带来的水涨船高，也有 798 艺术区人气渐旺和空间有限而导致的卖方市场效应，还有部分空间的层层转租导致的成本叠加。同时，产业化程度低、产业链条不完善导致管理方七星物业管理公司以房租为主要收入来源，房租上涨因此成为公司收入增加的主要方式。一度沸沸扬扬、闹上法庭的摄影家徐勇与 798 艺术区的房租纠纷事件或许是房租逼走艺术家的直接案例。对 798 艺术区画

廊等艺术机构的访谈表明，被访者均表达了房租持续上涨对艺术类机构的成本影响很大，部分画廊也表达了要搬走的想法。

三、对策建议

（一）完善 798 艺术区资金税收优惠政策

建议朝阳区积极向北京市政府争取艺术交易税等方面的优惠政策。建议北京市、朝阳区文化创意产业发展专项基金设置 798 艺术区发展专项资金，用于支持 798 艺术区的艺术产业发展。建议对 798 艺术区的入驻机构采取差异化的租金制度，对于艺术类机构，或艺术产业链上重要环节的相关艺术机构，给予优惠租金，并可根据艺术类机构的国内外影响力的差异，实行分等级的优惠租金。对于国际影响力大、具有艺术发展引领能力的艺术机构给予低租甚至免租待遇；对于商业类机构，则实施市场化租金。七星物业管理公司可以通过为艺术区来访游客和机构提供附加服务，如环保游览车，艺术品的装饰、加工、后期制作，艺术旅游体验，会展服务等获取其他收益，改变以房租为主要收益的发展模式。

（二）推动 798 艺术区艺术与会展的融合

建议充分发挥 798 艺术区在国家艺术品展示和交易方面的影响力，充分挖掘大山子文化保税中心的政策优势，充分利用外部区域的土地和空间，完善硬件设施和服务配套，打造国际艺术品交易中心。积极推动国际性、高规格、高品级的展览、拍卖会、交易会在此举行，推动艺术类鉴赏会、研讨会等专业性会议在此召开，进一步扩大 798 艺术节的规模和国际影响力，把以 798 艺术区为核心的大山子区域打造为北京市现代艺术的中心、国际艺术品交易展示中心、未来艺术发展的风向标，使之成为北京市建设世界城市和提升文化软实力的重要支撑体。

（三）拓展 798 艺术区的产业化发展路径

建议进一步完善 798 艺术区的文化产业链条，构建集艺术创作（含艺术衍生品创作）—艺术品制作（含艺术衍生品制作）—艺术品仓储中心—艺术品互动体验（含艺术衍生品）—艺术品在线宣传（含艺术衍生品）—艺术品展示（含艺术衍生品）—艺术类会议（含艺术衍生品）—艺术品评估鉴定—艺术品交易（含艺术衍生品）—物流运输等于一体的产业链条，带动艺术品及其衍生品的创作产业、加工产业、销售产业、包装产业、网络营销产业、旅游产业、会展产业、物流产业等协同发展，实现多元化发展路径，改变目前以艺术展示和小规模交易为主的产业发展格局。考虑 798 艺术区的发展空间有限，部分产业链条如艺术品创作、艺术品制作、艺术品仓储、物流运输等环节可转移至周边区域，推动形成更大范围的艺术产业化发展区域。

（四）开发 798 艺术体验系列旅游产品

建议推进 798 艺术区艺术资源的旅游化开发，加速文化与旅游的深度融合。从艺术品的创作、制作、展示、交易等多环节融入旅游元素，把艺术品生产过程与游客分享，并把其作为一种旅游产品进行开发。增加体验性、参与性、互动性的艺术体验类活动，把绘画、雕塑、面塑、脸谱等艺术创造活动设计为大众可参与的旅游产品，强化游客对文化艺术产品的认识深度，使艺术品、艺术资源以更生动、可亲近、可接触的方式为普通游客所了解，在促进文化艺术普及性教育的同时，实现文化艺术与旅游的共同发展。

(五)加强798艺术区内外标识系统和公共设施建设

建议尽快完善798艺术区的标识系统、基础设施和公共服务建设。完善外部交通，在798艺术区南门增设公交站点，命名为798艺术区站；在798艺术区主干道、公交站点等处设置明显的引导标识，方便外来游客进入；在798艺术区的各个入口，设置停车场和导览图，使社会车辆统一停放于艺术区入口处停车场，使798艺术区成为步行街区；艺术区内部商家运货车辆等应该在参观时间以外进出798艺术区；798艺术区内可增设环保游览车，并在主要艺术机构设置停车点；增加798艺术区内部的导览图、引导标识、文字性宣传材料，借助移动终端和微信，提供电子讲解服务。根据来访游客人数适度增配公共卫生间、休息座椅等公共设施和旅游信息亭、旅游咨询台等公共服务设施，为来访游客提供更加人性化的设施和服务，培育良好的文化旅游发展环境。

(六)完善798艺术区“三位一体”的管理体制

建议提升798艺术区管委会的管理职能和权限，整合政府、企业和艺术家群体，构建由朝阳区政府主要领导担任管委会主任，七星集团负责人担任副主任，798艺术区艺术家艺术委员会主任担任副主任的三位一体管理体制，实现政府指导、艺术引领、企业管理的管理制度，确保798艺术区在现代艺术发展中的领先地位和文化资源产业化发展中的示范作用，实现798艺术区的可持续发展。可制定798艺术区准入标准，严格控制进入798艺术区的机构品质、类别和数量，由艺术家委员会代表、管委会和七星物业管理公司共同进行准入企业资格审核。

(七)适时启动大山子及798艺术区总体规划前期研究

建议在北京市政府相关部门的指导下，成立由朝阳区政府主导，相关部门和专家学者组成798艺术区总体规划课题组，开展大山子艺术区总体规划前期研究，全面整合798艺术区、751艺术区、京城电通时代创意产业园、恒通国际创新园、国投创意信息产业园的艺术和文化创意资源，充分考虑各艺术区和产业园之间的上下游产业链建设，以及周边区域的产业配套，明确各区域发展重点并进行功能分区，增设旅游休闲功能区，作为五个艺术区或产业园区的共有旅游休闲中心，满足游客的休闲娱乐需求。在大山子艺术区旅游发展总体规划的指导之下，制定798艺术区总体规划、旅游发展规划等系列规划，明确其发展方向、主要功能、功能分区、产业化发展路径等核心内容，以指引其后续发展。

参考文献

[1] 高红岩：《文化创意产业的政策创新内涵研究》，《中国软科学》，2010 年第 6 期。

[2] 王凯、唐承财、刘家明：《文化创意型旅游地游客满意度指数测评模型——以北京 798 艺术区为例》，《旅游学刊》，2011 年第 9 期。

（作者：吴丽云　中国旅游研究院副教授）

项目名称：考虑人群动态分布的可变向应急疏散标识的影响研究
项目编号：12JGC098
项目负责人：刘梦婷
项目信誉保证单位：北京化工大学

考虑人群动态分布的可变向应急疏散标识的影响研究

一、引　言

应急疏散标识(Emergency Evacuation Sign，EES)作为一种重要的疏散引导和干预手段，一直被要求设置在人员众多、密集的公共建筑内，是公共安全规划必不可少的组成部分。设置合理的 EES 能够帮助疏散者正确地选择逃生路径，达到降低群聚风险、提高疏散效率的目的，反之则会造成视觉或听觉上的“噪声”，甚至延误逃生时机。

EES 的研究主要包括以下三个方面。(1)EES 的物理特性，如颜色、大小、发光亮度等。(2)EES 的可辨识性，与环境的可见度和紧急程度、人的生理条件、人的认知能力等有关。(3)EES 的系统设置，对 EES 的数量和位置进行优化，以使导向信息的整体覆盖面积最大化。Chen et al.(2009)以“最大化应急标识的覆盖区域”为优化目标，提出了一种启发式优化算法来优化应急标识的位置，这个算法考虑到了标识被障碍物遮挡的情况。Yuan & Tan (2009)提出了一个扩展的元胞机模型来模拟充满浓烟的房间内的疏散场景，结果显示引导者的数量和可见距离对疏散具有显著影响。Chu & Yeh(2012)研究复杂场景中应急疏散引导的设计，首先利用不限制数量的标识实现全覆盖，再利用优化方法实现有限数量标识的覆盖最大化。岳昊等(2013)基于等边三角形划分空间平面的几何特征，提出了无障碍物设施“相切圆填充”的连贯设置方法；基于行人疏散距离和疏散路径簇，提出存在障碍物设施“簇节点布局”的设置方法。Wang & Zheng(2013)利用两步优化算法得到应急疏散标识的最佳地点，分为最大范围覆盖和覆盖距离最小(P－中心)两个优化问题。在现有的研究中，优化设置的对象主要是应急疏散标识的数量、位置及其影响范围，尚没有发现对 EES 方向设置的研究。

EES 的作用主要是帮助疏散者进行路径选择，尤其是在多出口情况下，存在出口人群不均衡的问题。已有学者研究了人群拥堵感知和出口选择对疏散效率的影响。Guo & Huang (2010)将出口类型划分为可见的、熟悉但不可见的、有标识或他人指示的出口；成本函数包括了疏散者正常行走和拥堵时的感知效用，并分析了不均匀分布人群疏散的出口量。Alizadeh（2011）研究了不均匀人群分布情形中的出口选择，指出起步时选择两个出口的人数相同，疏散时间降低，反之不一定成立。李成龙等(2014)研究了前后拥挤和左右拥挤对人员疏散的影响，得出了不同形状出口处人员的拥挤状况。

在现有的研究和实践中，EES方向设计大致指向逃生路径方向，且在整个疏散过程中固定不变。当突发事故时，疏散标识指引的方向上有可能存在严重的人群拥堵，危险程度反而较高。因此，EES方向的设置不仅要考虑距离出口的空间距离，还有必要考虑局部人群拥堵状况。本文考虑到疏散人群分布，研究了EES方向的动态设置方法，并利用元胞自动机疏散模型对双出口不均匀分布人群的疏散过程进行仿真，分析了可变向EES对疏散效率的影响。

二、模　型

(一)疏散者运动的地面场模型

本文使用二维元胞自动机(Cellular Automata，CA)模型来模拟逃生者的运动。模型基本假设如下：将室内空间划分为$L \times W$的元胞网格，出口为d个元胞宽度，每个元胞对应的空间是0.4m×0.4m，取1(无人)或0(有人)两种状态；行人的行走速度是0.4m/s，每时步移动一个元胞，因此每时间步长耗时1s；每时步，逃生者移动到相邻的未被占用的元胞中，或者保持原地不动，采用Von Neumann型邻居，如图1显示了逃生者可能的行走方向。

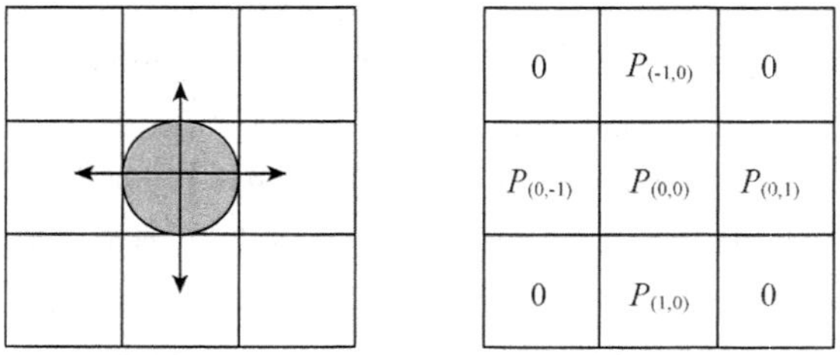

(a) 运动方向　　(b) 对应的转移概率

图1　Von Neumann型邻居

逃生者的方向选择由地面场(floor field)决定。考虑到疏散者的惯性效应，在静态场S和动态场D的基础上加入了惯性项$I_{(i,j)}$对模型进行扩展。因此逃生者选择方向位置(i, j)的转移概率表示为：

$$p_{(i,j)} \propto \exp(k_S S_{(i,j)}) \exp(k_D D_{(i,j)}) \exp(k_I I_{(i,j)}) \tag{1}$$

其中，参数k_S、k_D和k_I用于控制静态场、动态场和惯性场的相对影响力，分别表示最短路径行为、从众行为和物理惯性行为的程度。

(1)对于多出口场景，静态场的计算公式为：

$$S_{xy}^m = \min_n\left(\sqrt{(x - x_n^m)^2 + (y - y_n^m)^2}\right) \tag{2}$$

其中，(x, y)为元胞坐标，(x_n^m, y_n^m)为第 m 个出口的第 n 个元胞的坐标。

(2)惯性效应反映了逃生者继续“当前”路径的倾向和趋势，分为两类：

一是物理惯性，可以从运动状态的依赖性来表述，因此惯性场表示为：

$$I_{(i,j)} = \begin{cases} 0, \text{ if current direction is the same as before} \\ 1, \text{ else} \end{cases}$$

二是感知惯性，与外部信息如 EES 提供的导向信息紧密相关。根据逃生者对信息的感知延迟致使 EES 的作用延伸，定义了 EES 作用距离来描述感知惯性，具体算法见后文。

(3)元胞自动机中疏散者的运动规则同步更新，引入了摩擦系数 μ 表示多个行人同时选择一个元胞位置时滞留在原地的概率。当 $\mu=0$ 时，表示逃生者之间没有冲突，随机选择一个行人进入目标位置；当 $\mu=1$ 时，参与冲突的行人都滞留在原位置。

(二)逃生者对 EES 的响应模式

EES 的外观及亮度决定了其导向信息覆盖的范围(可见距离)，但是由于疏散者的信息感知延时，使得疏散者在离开 EES 可见范围后的一定距离内仍然能够按照指示方向运动(作用距离)。因此，考虑到逃生者对 EES 的感知惯性修正了 ESS 的影响范围。

引入系数 $\beta(i, j)$ 来表示逃生者离开 EES 可见距离后在元胞位置 (i, j) 上的感知惯性程度，即仍然选择 EES 指示方向的概率。根据我们前期的研究，β 值的衰减规律近似指数形式。β 从 1 衰减到 0.02 时逃生者运动的距离 $ED=\sqrt{(i-i_0)^2+(j-j_0)^2}$ 定义为 EES 的作用距离(Effective Distance，ED)，(i_0, j_0)为 EES 可见范围的边缘位置。本文假设逃生者是同质的，具有相同的 $\beta(i, j)$，表示如下：

$$\beta = \exp(-ED/\lambda) \tag{3}$$

其中，$1/\lambda$ 的大小决定了 β 值衰减的幅度。图 2 显示了不同时步的作用距离所对应的 λ 和 β 值。

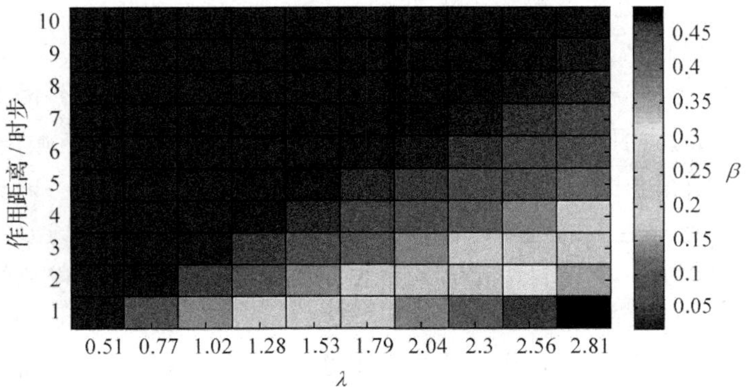

图 2　不同作用距离(时步)对应的 λ 和 β 值

(三)EES 方向设置方法

可变向 EES 为智能疏散标识，显示前后左右四个方向，每时间间隔 Δt 根据当时人群分布情况重新设置 EES 的方向，计算方法采用离散选择模型。根据随机效用和效用最大化的概念，EES_j 在时刻 t 显示方向 i 的概率由下列公式确定：

$$P_i^t = \frac{\exp(-\theta_i V_i^t)}{\sum_{i \in I} \exp(-\theta_i V_i^t)} \tag{4}$$

$i \in I=(1, 2, 3, 4)$ 表示前后左右方向；θ_i 为对于方向 i 的效用感知变化，这里 $\theta_i=1$；成本函数 V_i^t 由下列公式计算：

$$V_i^t = \alpha \cdot d_i + \beta \cdot N_i^t, \ t = n \cdot \Delta t \tag{5}$$

在这个公式中，d_i 为 EES 方向 i 距离最近安全出口 k 的长度；N_i^t 为在 t 时刻 EES 方向 i 上的局部区域内的行人数量，局部区域如图 3 所示，如斜线框为前方向的计算区域；α，β 为两个正参数。

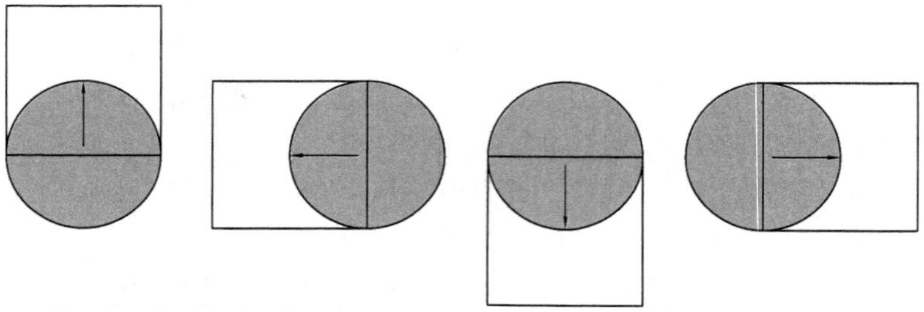

图 3　应急疏散标识 4 个方向的局部区域

三、仿真和讨论

以一个空间大小 65×65 个元胞网格的大厅为疏散场景，两个出口的宽度都为 1 个元胞且对称分布于同一侧墙。EES 的位置以房间中心对称布置。利用建立的模型进行疏散模拟，步骤如下：

Step 1：初始化。静态场参数 $k_S=0.2$；动态场参数 $k_D=3$，其衰减水平 $\delta=0.2$、扩散水平 $\alpha=0$；惯性场参数 $k_I=0$；EES 作用距离为 5 个时步，即衰减系数 $\lambda=1.53$。初始时刻的行人位置随机分布在房间 2/3 的区域内。

Step 2：根据公式(1)或者 EES 的方向确定每个逃生者下一时刻的位置，每时步更新所有逃生者的位置，即元胞网格状态，并计算动态场 $D(i, j)$。若多个逃生者同时选择同一目标位置，根据摩擦系数 μ 判断冲突避免的可能性。

Step 3：每经过时间间隔 Δt，根据公式(4)调整一次 EES 的方向。当逃生者通过出口离开疏散区域，将其从系统中移除。当所有的逃生者都离开出口，仿真结束，否则回到 Step 2。

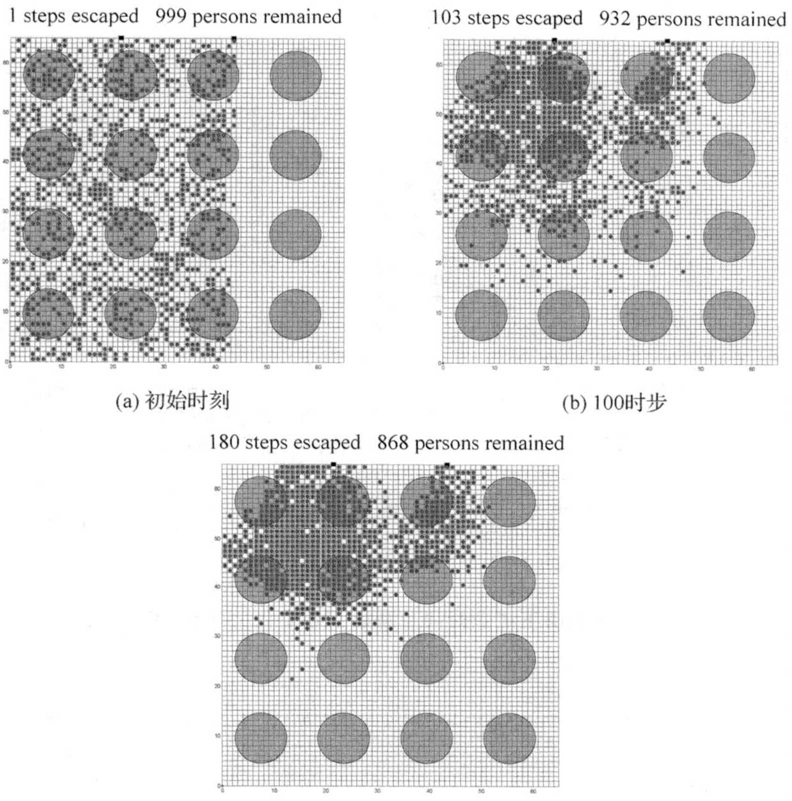

(a) 初始时刻　(b) 100时步　(c) 180时步

图 4　模拟过程的示意图(4×4 标识)

以下针对人群初始分布不均匀的情况进行疏散仿真，观察 EES 变向间隔 Δt、EES 数量、逃生者的从众系数 k_D 和运动惯性程度 k_I 对疏散效果的影响。数据为 100 次实验的平均值。疏散时间记录的是 95％的疏散者逃离房间的时间。

（一）EES 变向间隔的影响

从图 5 和图 6 可以看出，具有变向功能的 EES 能够提高疏散效率。图 5 显示出对于不同初始人数，EES 变向间隔不同（$\Delta t=100$，200）带来的疏散时间降低的程度有所差异。根据图 6，当疏散者初始人数较少（100 人）时，变向间隔越小疏散时间越少；当疏散人数较多（1000 人）时，随着变向间隔的增大疏散时间先减少后增加，最佳点 $\Delta t=300$，说明频繁的改变标识方向反而会造成疏散者的信息混乱，疏散时间甚至超过不变向的情况，例如 $\Delta t=20$ 对应的疏散时间是 2230.46s，大于标识不变向时的疏散时间 1868.31s。而且从图 6 中可以看出，变向 EES 的作用在人群不均匀分布和均匀分布两种情况下的变化趋势相同，且能够使人群不均匀分布的疏散效果接近于均匀分布的疏散效果。

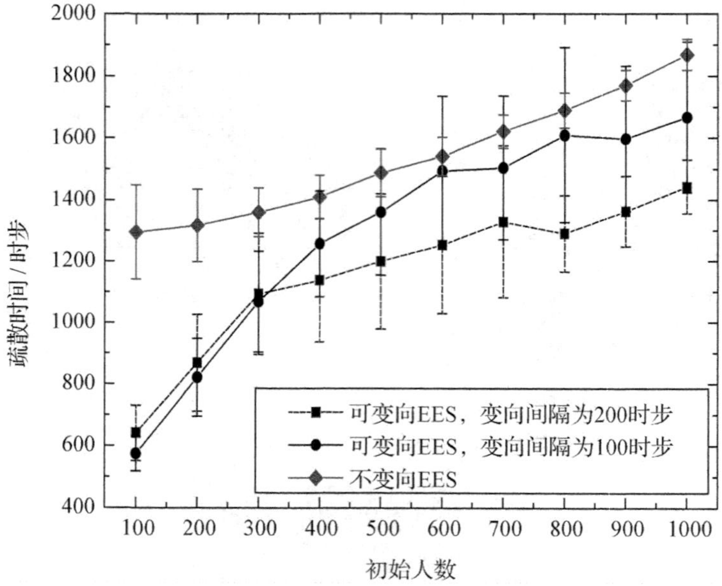

图 5　不同变向间隔下疏散时间随初始人数变化关系图(不均匀分布)

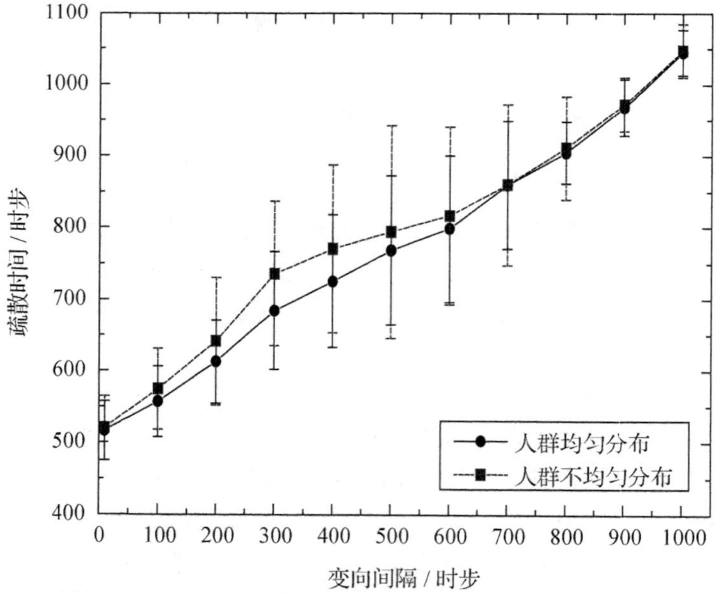

(a)100 人

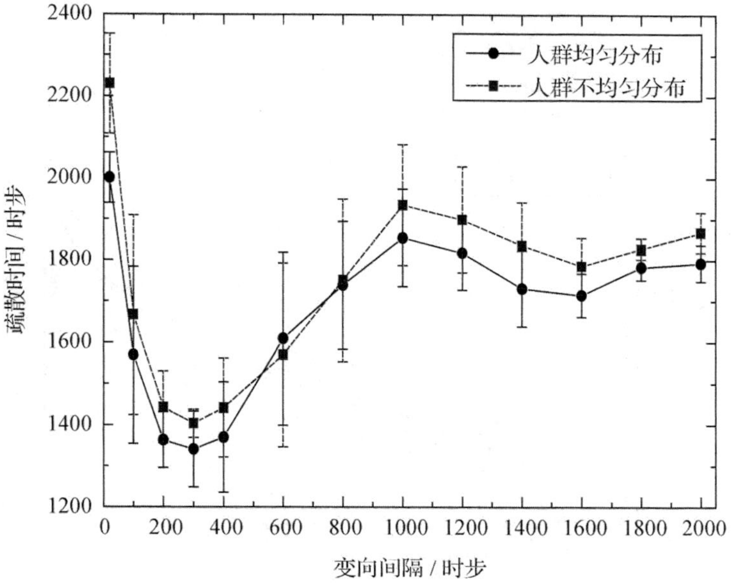

(b)1000 人

图 6　变向间隔与疏散时间关系图

(二)EES 数量的影响

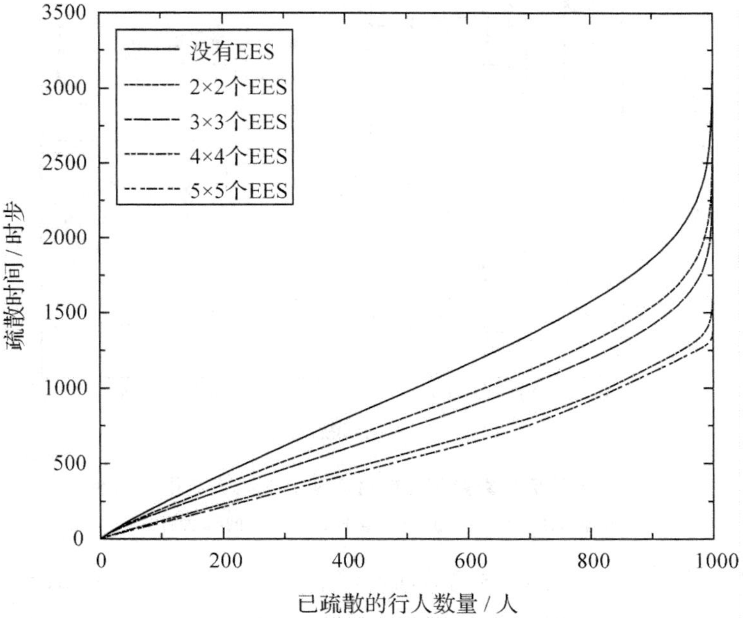

(a)EES 方向准确指向出口

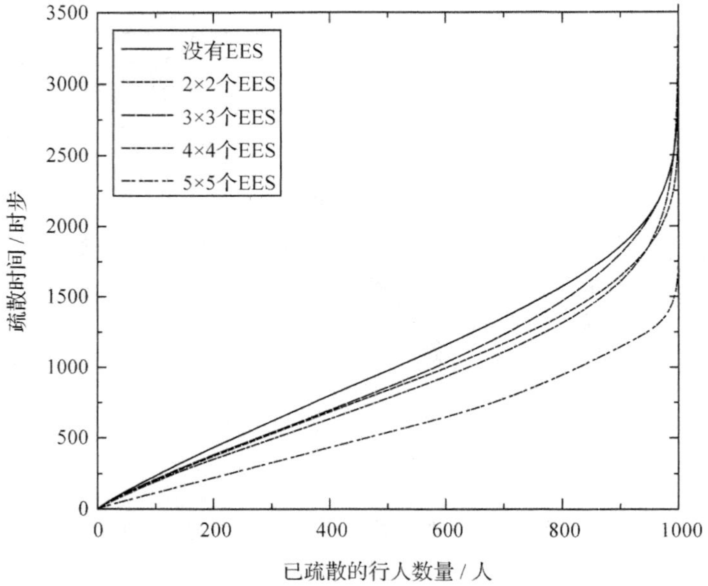

（b）EES 方向为前后左右

图 7　不同 EES 数量下疏散过程的模拟结果

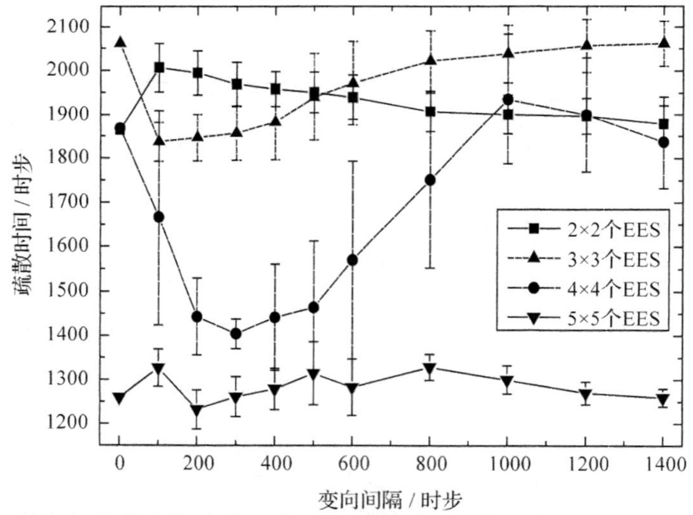

图 8　不同标识数量下疏散时间随变向间隔变化关系图

（变向间隔为 0 的点对应的是不变向 EES 的疏散用时）

从图 7 可以看出，当 EES 的方向能够准确指向出口，随着 EES 数量的增多疏散时间逐渐降低；但现实中 EES 一般固定为前后左右方向，标识只有增加到一定数量后，疏散时间才有明显的降低。图 8 显示了疏散人数为 1000 人时，不同 EES 数量的场景下，疏散时间随变向间隔的变化关系。当 EES 数量为 3×3 和 4×4 时，智能变向标识的存在能够较大地提高疏散效率；而当 EES 数量为 2×2 和 5×5 时，智能变向标识的疏散时间反而要大于不变向标识的时间，说明通过 EES 变向起到了辅助作用，对于方向指引信息过少或充足的情况下变向的作用不明显甚至相反。

（三）惯性行为和从众行为的影响

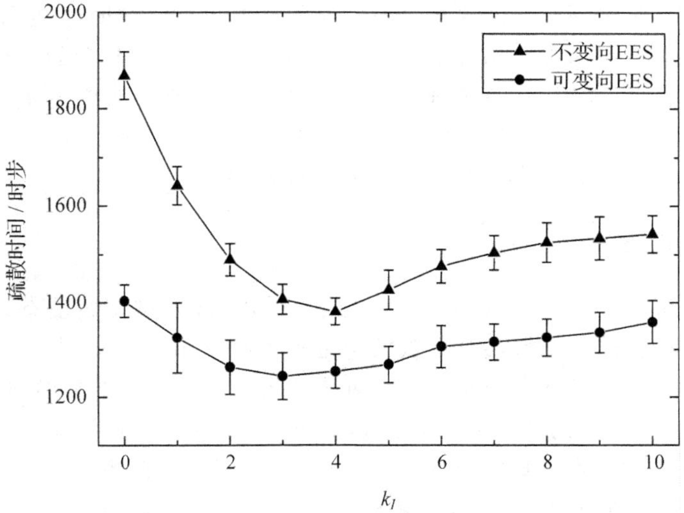

图 9　疏散时间随惯性程度 k_I 的变化关系图(1000 人)

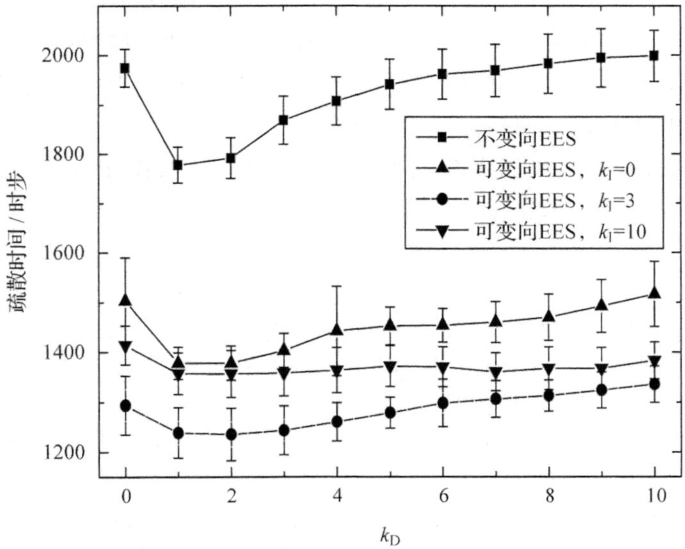

图 10　不同惯性程度 k_I 下疏散时间随动态场参数 k_D 的变化关系图(1000 人)

如图 9 所示，随着惯性场系数 k_I 的增大，疏散时间先下降后上升，说明一定的惯性效应对疏散是有利的，尤其是在设置有 EES 的情况下，因为惯性加强了那些看见标识的逃生者保持正确方向的趋势；k_I 继续增大，逃生者灵活性的缺失表现出非适应的行为，导致疏散效率降低，但是当 EES 具有变向功能后，惯性行为的负面效应减弱。如图 10 所示，疏散时间随着动态场系数 k_D 的增大先减少后增加，符合前人的研究成果，疏散人数较多时小程度的从众行为对疏散是有利的。当存在变向标识的情况下，疏散时间随 k_D 增大而上升的趋势减弱，说明能够减小从众行为的负面效应。疏散者的从众行为、惯性行为以及在 EES 作用下的变向行为之间在物理意义上相互抵消：来自他人位置的吸引和 EES 变向功能提高了疏散者行动的灵活性，基于人群分布的 EES 变向功能能够帮助分散从众导致的人群拥堵。

四、结　论

本文提出了一种智能变向标识，能够根据疏散人群分布动态改变指引方向；并通过改进的元胞自动机疏散模型进行人群疏散仿真；讨论了 EES 数量和变向间隔、疏散者从众和惯性行为对疏散效果的影响。本文得到以下结论：

（1）EES 能够提高疏散效率，但是如果 EES 不能准确指向出口方向，需达到一定的覆盖率才有明显的效果。通过动态调整 EES 的方向，可以有效地提高疏散效率，但前提是 EES 的数量和变向间隔需满足一定条件。在本文的疏散场景中，EES 数量大于 2×2 小于 5×5 才有效果。

（2）当人群密度较低时，变向间隔越小，疏散时间越少；但是当人群密度较高时，随着变向间隔的增加疏散时间先减少再增加，频繁的改变标识方向反而会造成疏散者的信息混乱，变向间隔为 300s 达到最优。变向 EES 使得不均匀分布人群的疏散时间接近于均匀分布的时间。

（3）变向标识具有分散人群拥堵的作用，提高疏散者行动的灵活性，从而能够减小惯性效应和从众行为的负面影响。

参考文献

[1]Collins B L, Dahir M S, Madrzykowski D, Visibility of Exit Signs in Clear and Smoky Conditions, *Fire Technology*, 1993, 29(2).

[2]Jeon G Y, Hong W H, An experimental study on how phosphorescent guidance equipment influences on evacuation in impaired visibility, *Journal of Loss Prevention in the Process Industries*, 2009, 22(6).

[3]Kobes M, Helslootb I, De Vriesc B, et al., Way finding during fire evacuation: An analysis of unannounced fire drills in a hotel at night, *Building and Environment*, 2009, 45(3).

[4]Wong L T, Lo K C, Experimental study on visibility of exit signs in buildings, *Building and Environment*, 2007, 42(4).

[5]马剑、宋卫国、房志明等:《烟气条件下疏散指示能见度实验及图像分析》,《安全与环境学报》,2007年第3期。

[6]Horasan M B N, Occupant Evacuation and Orientation Problems in Large Halls—An Exhibition Building Case Study, *Fire and Materials*, 1999(23).

[7]Filippidis L, Galea E R, Gwynne S, Representing the Influence of Signage on Evacuation Behavior Within an Evacuation Model, *Journal of Fire Protection Engineering*, 2006(16).

[8]Xie H, Filippidis L, Gwynne S, et al., Signage legibility distances as a function of observation angle, *Journal of Fire Protection Engineering*, 2007, 17(1).

[9]Liu M T, Zheng X P, Cheng Y, Determining the effective distance of emergency evacuation signs, *Fire Safety Journal*, 2011, 46(6).

[10]Chen C X, Li Q, Kaneko S, et al., Location optimization algorithm for emergency signs in public facilities and its application to a single-floor supermarket, *Fire Safety Journal*, 2009(44).

[11]Yuan W, Tan K H, Cellular automata model for simulation of effect of guiders and visibility range, *Current Applied Physics*, 2009, 9.

[12]Chu J. Yeh, C, Emergency Evacuation Guidance Design for Complex Building Geometries, *Journal of Infrastructure Systems*, 2012, 18(4).

[13]岳昊、邵春福、关宏志:《大型行人步行设施紧急疏散标志设置》,《北京工业大学学报》,2013年第6期。

[14]Wang Y F, Zheng X P, Location optimization for evacuation signs and cellular automaton model simulation for evacuation in smoke, *Journal of applied fire science*, 2013-2014, 23(3).

[15]Guo R Y, Huang H J, Logit-based exit choice model of evacuation in rooms with internal obstacles and multiple exits, *Chinese Physics B*, 2010, 19(3).

[16]Alizadeh, A dynamic cellular automaton model for evacuation process with obstacles, *Safety Science*, 2011, 49(2).

[17]李成龙、李元洲、孙焕:《不同形状出口处的人员拥挤研究》,《安全与环境学报》,2014年第1期。

[18]Saloma C, Perez G J, Tapang G, et al., Self-organized queuing and scale-free behavior in real escape panic, *PNAS*, 2003(100).

[19]Nishinari K, Sugawara K, Kazama T, et al., Modelling of self-driven particles: Foraging ants and pedestrians, *Physica A*, 2006(372).

[20]Burstedde C. et al., Simulation of pedestrian dynamics using a two-dimensional cellular automaton, Physica A, 2001(295).

[21]Kirchner A, Schadschneider A, Simulation of evacuation processes using a bionics-inspired cellular automaton model for pedestrian dynamics, *Physica A*, 2002, 312.

[22]Srinivasan K K, Mahamassani H S, Dynamic decision and adjustment processes in commuter behavior under real-time information, *University of Texas at Austin: Center for*

Transportation Research, 2002.

[23]Yuan W, Tan K H, An evacuation model using cellular automata, *Physica A*, 2007, 384(2).

[24]Kirchner A, Nishinari K, Schadschneider A, Friction effects and clogging in a cellular automaton model for pedestrian dynamics, *Physical Review E*, 2003(67).

（作者：刘梦婷　北京城市系统工程研究中心助理研究员）

项目名称：建设世界城市背景下北京小城镇可持续发展模式选择与评价研究
项目编号：12JGC103
项目负责人：万冬君
项目信誉保证单位：北京建筑大学

世界城市郊区小城镇发展经验及对北京的启示

根据北京市政府的发展目标，到 2050 年左右，北京市将建设成经济、社会、生态全面协调可持续发展的城市，进入世界城市行列。从纽约、伦敦、东京这三个国际公认的世界城市的发展经验来看，世界城市通常都以区域内发展水平较为接近的都市圈形式出现，不仅城区高度发达，郊区也呈现出较高的发展水平。世界城市郊区小城镇是世界城市都市圈的重要构成部分，在京津冀经济圈一体化发展的背景下，北京建设世界城市，不仅要重视中心城区的发展，同时也需要在区域发展框架内研究郊区小城镇的功能定位和发展方向。本文对世界城市小城镇的研究，是在探讨世界城市都市圈的背景下展开的，根据对纽约、伦敦和东京都市圈发展历程与城市规划、产业布局等方面经验的研究，分析其对北京小城镇可持续发展的启示，以供北京郊区小城镇借鉴和参考。

一、世界城市都市圈发展概况

(一)纽约

1. 纽约都市圈的发展历程与城市规划

纽约是世界经济中心，也是世界三大金融中心之一。在工业革命的带动下，美国在 20 世纪 20 年代就完成了城市化进程，乡村人口及工厂纷纷向纽约聚集，纽约的城市规模迅速膨胀，但过快的城市化也导致了一系列问题。从 1820 年到 1920 年的 100 年间，大约有 1130 万移民陆续涌入纽约，给纽约注入了不同的宗教信仰、文化风俗和生活习惯，同时也给城市的运转带来了沉重的负担。由于工厂、居民集中于市中心，纽约市变得拥挤不堪，交通堵塞问题突出，工业生产带来了严重的环境污染，并引起了贫富差距增大、医疗资源短缺、犯罪率居高不下等一系列社会问题。上述弊端迫使纽约市不得不调整城市发展战略，从城市化向城郊化转移，纽约周边小城镇就是在这个过程中逐步形成并得以发展的。

纽约的“城郊化”发展大致可划为三个阶段：

第一阶段为城市居住功能的郊区化，即将居民住宅迁移到城市郊区。1940 年前，纽约居民的工作生活主要集中在市中心。随着城市规模急剧膨胀，居住环境恶化，越来越多的中产阶级选择在纽约郊区环境较舒适的地区购房或建房。20 世纪 50 年代，纽约的城郊化迈入高潮阶段，大量居民由市中心搬往郊区。而公路的发展、小汽车的普及以及城郊中心的完善，也使得人们有条件住到郊外。

第二阶段为城市商业功能和产业功能的郊区化，即在纽约郊区城镇建立大型购物中心等商业网点，并把工厂企业搬到郊区。20 世纪 60 年代至 70 年代，纽约市郊区城镇建起了许多大型购物中心，人们不必再为购买生活用品而往返于市中心商业区。而城郊与市中心之间的土地差价也使许多企业纷纷向各郊区城镇迁移，大规模的工业园和商业服务网点落户郊区，具有完善城市功能的中心区域在纽约郊区城镇逐步形成。这一变化给纽约郊区创造了大量就业机会，原来往返于市区与郊区之间的工作生活方式也随之改变，纽约郊区城镇逐渐成为许多中产阶级人士主要的生活和工作空间。

第三阶段为建立卫星城镇。卫星城镇是指在城市周边形成的具备居住、购物、娱乐等城市功能的新城镇。纽约的卫星城镇包括长岛以及与纽约相邻的新泽西州的一些小城镇。这些卫星城镇很大程度上解决了传统城市普遍存在的噪音、交通、住房、空气污染等方面的问题，也为居民提供了良好的生活环境。

目前，纽约都市圈已经从原有的单一中心格局转变为分散性多中心的大都市区格局，甚至转变为容纳了大量人口的城市带，外围地区成为居住、就业的重要区域。

纽约的城市规划，是推动纽约都市圈形成的重要推力。纽约城市规划可以追溯至 19 世纪初。1806 年，纽约市的公共理事会制定了一项曼哈顿岛的规划，将曼哈顿全岛规划成具有“网格状”街道的城市空间，以应对未来城市的急速发展。该规划文本在 1811 年通过州立法机构审议，标志着纽约现代城市规划与建设的开始。到目前为止，纽约大都市区已经历三次大型规划，一直在平衡人口和城区建设的关系。

2. 纽约都市圈的产业布局

纽约的产业结构经历了一个不断升级的过程，从 17 世纪的商贸业立埠，到 19 世纪末成为美国制造业中心，主要以服装鞋帽、印刷、皮革、食品加工、机械制造等轻工业为主。第二次世界大战后，随着美国全国产业结构的调整与变化及传统工业部门的衰落，纽约的制造业也开始步入衰退期。20 世纪 70 年代以后，作为国际商务中心、金融中心、公司总部中心的纽约，开始逐步集聚了面向全球市场的最先进、最完备的生产服务业，成为文化艺术、保健、教育、室内设计、时装、旅游和信息中心。

在纽约的产业结构不断升级的过程中，与都市消费紧密相关的部分都市型制造业，如服装业和印刷出版业仍然得以生存下来，这些制造业从纽约市区迁往郊区地带。与此同时，纽约都市区外围也经历了从工业化迅速发展到向商贸物流、休闲娱乐等产业升级的过程。

(二)伦敦

1. 伦敦都市圈的发展历程与规划引导

伦敦是英国的首都、第一大城市及第一大港口。广义的伦敦都市圈是指以伦敦—利物浦为轴线，包括伦敦、伯明翰、谢菲尔德、曼彻斯特、利物浦等数个大城市和众多中小城镇的都市圈。这一地区是产业革命后英国主要的生产基地和经济核心区。从发展历程来看，伦敦都市圈的早期工业化主要以伦敦、伯明翰和曼彻斯特等城市发展为主，但随着人口和产业的不断聚集，在规划的驱动作用下，开始向周边城镇扩散。

伦敦在其发展过程中，多次制定地区规划，在规划中，结合伦敦人口、产业分布的状态和趋势，注重推动和引导外围地区新城的建设，目的是在更大范围内实现伦敦及其周边地区人口、经济、社会的均衡与合理发展。到20世纪70年代中期，英国已经在伦敦周边建立了33个新城，其中有11个新城分散在伦敦外围129公里周长的范围内，在这11个新城内，迁入了大量的工业和其他行业的企业。

为了密切中心地区与外围地区的联系，伦敦建立了发达的公共交通体系，由地铁、机场轨道快线、轻轨线和城市铁路线组成，使得郊区城镇的居民即使在不使用小汽车的情况下，也能在1小时内抵达市中心的办公区域。

2. 产业布局特征

伦敦后工业化特征比较明显，大伦敦都市核心区以金融保险、创意设计等产业为主，外围地区以汽车制造、生物制药等高技术产业和旅游、休闲娱乐业为主。

(三)东京

1. 东京都市圈的发展历程与规划引导

东京是日本的政治、经济、文化和交通中心。在官方的行政区划定义上，东京指的是东京都。狭义的东京都市圈(又称为东京圈)指“一都三县”，即东京都、神奈川县、埼玉县、千叶县；而广义的东京都市圈(又称为首都圈)指“一都七县”，除“一都三县”外，还包括山梨县、群马县、枥木县和茨城县。

从发展历程上看，东京都市圈经历了从集中到疏解的过程。东京在19世纪上半叶进入城市化阶段，第二次世界大战以后进入快速城市化阶段。1965年，东京行政区域内的城市化率首次达到欧美同类型城市水平，达到78%。进入20世纪70年代后，东京城区内的用地基本饱和，已无法满足城市发展的各项需求，各类产业功能和城市功能迅速向外扩展，最终形成了目前的东京都市圈。

早在 20 世纪 50 年代，日本就制定了首都圈规划，到 20 世纪末完成了第五次规划。自第一次都市圈规划开始，日本政府从政策上开始鼓励发展卫星城市，以缓解东京城市功能的过度集中。第二次规划提出，建设近郊 50 公里整备地带，构建多中心体系。第三次和第四次规划，提出建立区域多中心城市“分散型网络结构”，加强外围次中心城市建设。第五次规划提出，构建高密度的“分散型网络区域空间结构”。

对东京都市圈形成起到最关键作用的基础设施因素为轨道交通建设。在第二次世界大战后重建的过程中，东京的轨道交通网始终贯彻立体建设的原则，城区地铁—区域轻轨—国家级高速铁路为东京构筑了立体化轨道交通网络，为产业、城市功能的扩展提供了基础。目前东京市区通往邻近副都铁路网由 21 条快速有轨电车组成，且还在继续开发中，基本能保障在 60 公里范围内的上班族 1.5 小时以内到达办公室。

2. 产业布局特征

东京城区以金融保险业、出版印刷业、精密仪器制造业、商品零售业及交通物流业为支柱产业，外围地区主要承担研发、高新技术、物流、轻纺工业等职能。

按圈层分布看，10 公里圈的东京都是第一阶梯。东京都以金融保险业、出版印刷业、精密仪器制造业、商品零售业及交通物流业为支柱产业，进一步巩固了其金融中心、信息中心及物流中心的地位。

第二阶梯是东京都近郊地区、神奈川县、千叶县及埼玉县，位于首都圈的 50 公里圈内，主要以物流和轻工业为主。例如神奈川县以“产官研”的发展模式为基础，着力加强科研机构与高新技术产业的联合发展；同时，发挥其地理区位优势，进一步强化其物流枢纽功能。千叶县凭借东京都的地缘优势，发展食品、纺织等轻工业，向东京都及周边县域提供生活必需品。

第三阶梯是位于 60—160 公里的外围圈域四县，分别是茨城县、枥木县、群马县以及山梨县。四县的经济起步较晚，在 20 世纪 70 年代得到长足发展。由于发达地区的产业升级导致部分夕阳产业向外围圈域转移，四县将大型机械制造业等重化工业以及轻工业作为主导产业发展，从而拉动了当地的经济。其中，茨城县效仿美国硅谷建立了筑波学园，以期形成日本首都圈的科研中心，推动高新技术产业的发展。枥木县和群马县以重化工业为主导产业，特别是飞机、汽车等大型机械制造业区位商较高，在首都圈内占有绝对优势。

二、世界城市郊区小城镇发展的经验

(一)在区域协调发展背景下发展郊区小城镇

纵观纽约、伦敦、东京这三个世界城市小城镇的发展，并非是孤立的，而是与核心都市及周边都市圈的发展存在紧密联系，不仅承载了核心都市的部分职能，在都市圈的发展中，也发挥着不可替代的作用。总体上以居住、制造业、服务业为主，各小城镇特色鲜明、分工明确，近郊地带承接研发、居住、物流及轻工业职能，远郊地带承接工业、休闲等职能，融入了大都市圈的产业布局体系中。例如，日本的动漫产业高度发达，东京周边一些小城镇、城市充分开发了动漫旅游资源，将其打造成特色产业，在整个都市圈内独树一帜。再如，埼玉县新座市、东京都练马区分别以阿童木、哆啦A梦等动漫形象为切入点打造特色旅游资源。

(二)充分发挥规划的引导作用

纽约、伦敦、东京三个世界城市都市圈都是在规划的推动力作用下形成的。在这三个世界城市开始城市化进程的早期阶段，都制定了大都市区的发展规划，并结合城市人口增长、产业分布等因素，在城市漫长的发展过程中进行了多次完善。正是由于有着不断完善的规划，使得世界城市周边小城镇得以形成和发展。以纽约市为例，第二次世界大战后，大批士兵回国，纽约人口暴涨，因此纽约市进行了第二次规划，目的是阻止都市区无限膨胀。正是在规划的引导下，大量纽约居民由纽约市中心搬往郊区城镇居住。商业配套设施相继完善，郊区城镇具备了完善的城市功能。

(三)设立专门机构保障区域协调规划

如前文所述，世界城市小城镇是在大都市圈的背景下得以发展的。在城市规模不断扩大的过程中，纽约、伦敦、东京等城市不仅要解决自身的城市病，还需要面临与周边地区协调规划的问题。为此，各国均设立了相应的机构，保障区域的协调规划。例如，第二次世界大战后，美国一批政府联合会(COG)应运而生，其主要成员来自各地多个相关政府权力部门，在区域协调过程中发挥重要作用。美国政府利用立法和交通基金划拨两个方面，通过COG实现对区域发展进行协调的目标。按照其主要职能，COG可以划分为区域委员会(RC)和大都市区规划组织(MPO)两类。其中，RC主要负责区域社会经济发展中各政府部门间的协调问题，而MPO则主要负责大都市区交通和相关基金申请有关的规划和协调工作。纽约大都市交通委员会(NYMTC)的性质就是MPO，负责纽约、长岛和下哈得逊河谷地带。COG在区域协调规划中发挥了重要的作用，这也使得小城镇能够在大都市圈的背景下形成自己的特色，进行明确的定位。

(四)建设发达的公共交通系统

纽约、伦敦、东京等世界城市均拥有发达的公共交通系统，尤其是密布的轨道交通网络，这是城市人口向郊区转移的重要前提，是郊区小城镇分担城市部分职能的重要基础。通过发达的轨道交通网络，能够确保居住在郊区的人口可在较短时间内到达市中心的办公场所，避免了上班族被堵在道路上情况。伦敦、纽约和东京均建立起了公交覆盖范围为40公里左右的一小时经济圈，使中心区功能溢出、人口转移，构建有机一体、均衡协调的城乡关系成为可能。例如，很多在纽约市城区工作的人居住在周边地区，如居住在与纽约市有一河之隔的新泽西州。每天有大批的通勤族，上班时将汽车开到纽约市周边停靠再换乘发达的公共交通系统到办公室。再如东京，不仅是城市地铁系统发达，城际之间的轨道交通也非常发达，这为在东京市区工作、但居住在郊区小城镇乃至周边大中城市的上班族提供了通勤的必要条件。

（五）实现城乡高度一体化

纽约、伦敦、东京等世界城市的发展经验显示，在城市化发展过程中，不能仅仅重视城市的发展、城市功能的健全，也要处理好核心城区、城市郊区和城市周边农业区的关系，要重视城乡一体化发展。实现了城乡发展的一体化，在城市周边小城镇生活、开办企业，既缩减了与市中心的差别，又不会因乡村地区配套条件的不完善而形成发展瓶颈，有助于小城镇分担城市发展的部分职能。以东京为例，在推动城市发展的同时，也注重乡村的重新振兴及其机能的健全，重视乡村的生态机能、环保机能、绿地机能，同时还在农业文化传统的延续、乡村生活的复兴上进行了诸多探索。其中，日本的全面健康保险制度、养老金制度以及城乡基础设施资源的平等分配在消除城乡差别、推动城乡一体化方面起到了重要作用，最大限度地消除了城乡差别。

（六）小城镇需要具备一定的规模

从纽约、伦敦、东京等世界城市郊区城镇的发展经验看，在中心城区向外疏解城市职能的过程中，郊区小城镇规模均不断提高。从功能演变上看，小城镇的发展经历了卧城、独立的小城镇和郊区中心城三个阶段，功能从单一的居住功能逐渐向综合性功能发展。必要的城镇规模能够聚集产业，提供完善的生活和生产配套条件，因而是实现功能综合化的重要保障。例如，东京郊区乃至农村地区都有等级较高的公路，在具备一定规模的城镇里经常能看到巨大的体育馆或度假村等设施，为当地居民提供不低于中心城区的生活品质。

三、对北京小城镇可持续发展的启示

（一）在京津冀经济圈背景下科学规划小城镇

根据纽约、伦敦、东京的经验，不能孤立地针对中心城区和郊区小城镇的互动关系来发展小城镇，而应在区域协调发展的宏观背景下研究小城镇的规划与发展问题。当前，从政府到社会，京津冀经济圈的一体化发展都是热点和焦点。因此，应在京津冀经济圈一体化发展的背景下，对北京郊区小城镇的功能定位、产业转移、特色产业培育进行科学、合理的规划，使得各个类型的小城镇在区域一体化背景下准确找到自身的定位，避免发展的盲目性，提升小城镇的产业竞争力。

（二）进一步完善公共交通系统

目前，北京正处于中心城区产业升级和城市功能向外疏解的关键阶段。纽约、伦敦、东京等世界城市在这一阶段发展中，通过建设完备、发达的公共交通系统，强化郊区城镇基础设施和公共设施建设，达到疏解中心城区职能的发展目标。相比之下，北京郊区小城镇在交通基础设施、公共交通尤其是轨道交通等方面仍较为滞后。尽管目前北京市已投入运营或正在修建通往远郊地区的轨道交通线路，将通州区、大兴区、房山区、昌平区、顺义区等郊区与中心城区连接起来，但这些线路对郊区小城镇尤其是远郊区小城镇的辐射力还不够。生活在郊区小城镇、工作在中心城区的居民，为到达办公室还需要烦琐的换乘，耗费掉大量的时间，极大地限制了郊区小城镇分散城市人口、承担城市部分职能的作用。因此，我们可以学习东京、纽约等城市，加大对小城镇公共交通尤其是轨道交通建设的投入，进一步完善公共交通系统。

(三)推进城乡一体化

根据世界城市的经验，城乡一体化对于小城镇的发展具有重要的意义，由于纽约、伦敦、东京较早、较快地完成了城市化进程，城乡一体化水平较高。尽管与我国其他城市相比，北京市的乡村地区在户籍制度、社会保障、基础设施建设水平、资金投入、配套政策等方面享有很多的优势，但与北京中心城区相比，城乡之间的差距仍然很大，特别是较为偏远的山区村庄，人均收入较低，基础设施建设资金匮乏。这使得北京市远郊地区的小城镇发展也受到了制约，不能形成对城市居民和企业的吸引力，进而不能发挥小城镇对乡村地区的辐射和带动作用，形成了恶性循环。为此，应加大对北京市乡村地区尤其是远郊乡村的资金投入，完善公共配套设施，改进交通环境，扶持优势产业和特色产业，进一步推进城乡发展的一体化。

(四)建立多层级的郊区城镇体系

根据世界城市的发展经验，若要让郊区小城镇具备承担城市职能的条件，需要具备一定的规模，才能形成较为完善的生产和生活配套条件。但相比之下，北京郊区小城镇规模偏小，各项配套条件尚不齐备。虽然一些小城镇具有了基本的生产和生活配套设施，但在较高层次的文化、休闲、娱乐、教育、医疗等方面，与中心城区尚有较大的差距。甚至在一些偏远小城镇，连基本的生活基础设施都配套不全，更别谈较高层次的配套服务了。基于上述现实，北京市可建立多层级的郊区城镇体系，在一定郊区范围内，发展规模不同的小城镇。对于规模较大的小城镇，配以完善的、功能齐全的生产和生活配套设施，发挥其对周围较小规模城镇的辐射带动作用，增强北京郊区小城镇整体实力，提升其吸纳城市人口、承担城市部分职能的作用。

(五)打造与中心城区联动发展的特色产业

纽约、伦敦、东京等世界城市在都市圈的形成过程中，在历次规划中，均将部分产业外迁到周围城镇，形成了如今的产业布局。以纽约为例，在都市边缘地区形成了一种独特的城镇特色，集中了以第三产业、服务业为基础的城镇，环境优美，房价低于中心城区，交通极其便利，吸引了许多年轻人和老年人定居。与之相比，当前北京郊区工业型、农业型、物流型、旅游休闲型、历史名胜型、综合型等小城镇，基本上都是在依靠自身资源的基础上形成并发展起来的，缺乏与中心城区在产业上的联动性。相同类型小城镇在定位和发展上具有雷同性，以旅游休闲型小城镇为例，主要围绕民俗村、采摘园、垂钓园等展开服务。无论具备何种旅游资源，其产业规模均偏小，以家庭为单位的农家乐为服务提供主体，配套设施不够完备，管理水平较低，不能提供优质的服务，未能充分挖掘特色资源，难以将旅游业发展为主导产业，旅游品牌效益不高。应学习世界城市的经验，将中心城区的部分文化、创意、艺术等较高层次产业以及服务业转移到具备相应条件的小城镇，使得小城镇的产业链能够融入现代城市生活中，形成与中心城区联动发展的特色产业。

四、结　论

本文首先分析了纽约、伦敦、东京这三个公认的世界城市都市圈的发展历程与规划、产业布局，总结了世界城市郊区小城镇发展的经验。这些经验包括在区域协调发展背景下发展郊区小城镇、充分发挥规划的引导作用、设立专门机构保障区域协调规划、建立发达的公共交通系统、实现城乡高度一体化、小城镇需要具备一定的规模。最后，本文分析了世界城市郊区小城镇发展经验对北京郊区小城镇发展的启示。

参考文献

[1] 谈明洪、李秀彬：《伦敦都市区新城发展及其对我国城市发展的启示》，《经济地理》，2010 年第 11 期。

[2] 国家发改委城市和小城镇改革发展中心赴日城镇化调研组：《东京都市圈发展对我国特大城市发展的启示》，城市中国网，2014 年 7 月 11 日。

[3] 陈振华、张章：《世界城市郊区小城镇发展对北京的启示——以伦敦、东京和纽约为例》，《北京规划建设》，2010 年第 4 期。

[4] 蓝建中、王雷：《东京：乡村与城市的一体化》，《环球》，2013 年第 14 期。

[5] 王勇、谭静：《城市规划》，《环球》，2011 年第 10 期。

[6] 潘劲、周云、吕予阳：《国外小城镇发展的经验对北京发展的借鉴意义》，《经济师》，2011 年第 11 期。

（作者：万冬君　北京建筑大学讲师）

项目名称：北京都市型现代农业新型经营主体发展与支持政策研究
项目编号：13JGA001
项目负责人：孔祥智
项目信誉保证单位：中国人民大学

京郊新型经营主体的农业社会化服务功能研究

一、问题的提出

随着我国工业化、城镇化进程加快，农村劳动力大量向城镇和非农产业转移，务农劳动力老龄化和妇女化、农业生产兼业化和副业化越来越普遍，“谁来种地”的问题日益凸显，发展更加有效率的农业经营组织、创新农业经营体制的要求日益迫切(张晓山，2006)。中共十八大提出，要“构建集约化、专业化、组织化、社会化相结合的新型农业经营体系”。2013 年年底召开的中央农村工作会议又提出，“要构建以农户家庭经营为基础、合作与联合为纽带、社会化服务为支撑的立体式复合型现代农业经营体系”。2013—2015 年的中央一号文件连续三年对此做出了具体部署：一方面要在保障农户生产经营主体地位的基础上培育、壮大新型农业生产经营组织；另一方面要在充分发挥公共服务机构作用的基础上，构建公益性服务与经营性服务相结合、专项服务与综合服务相协调的新型农业社会化服务体系。以上部署回答了“未来的中国谁来经营农业、如何经营农业”的问题。换言之，农业经营将由多元化的生产主体和服务主体共同参与，并以专业化、集约化、组织化、社会化相结合的方式来推进。据此，新型农业经营体系的基本框架将由普通农户和多种类型经营主体参与的新型农业生产体系同由公共服务机构和多元化服务主体配合的新型农业社会化服务体系共同构成。

显然，一些新型农业生产主体也发挥着重要的农业社会化服务功能，兼具生产主体和服务主体的双重特征。综合学界和政界的观点，这些新型农业经营主体主要分为专业大户、家庭农场、农民专业合作社、农业产业化龙头企业和经营性农业服务组织等类型(张照新，2013)。它们体现了改造传统农业的历史规律性，引领着现代农业的发展方向，符合提升农业现代性的基本要求，是中国现阶段农业发展的中坚力量(黄祖辉、俞宁，2010)，因而也是当前中国农业政策的重要依托和支持对象。那么，新型农业经营主体是如何在农业生产经营的同时提供农业社会化服务的？不同经营主体所发挥的农业社会化服务是否存在着差异，存在着何种差异？哪些因素影响着农业社会化服务功能的发挥及其差异的存在？对于这些问题的回答，将有助于提高新型农业经营主体支持政策的针对性和有效性，对加快完善并构建起新型农业经营体系起到积极作用。

二、研究现状与预期推断

以家庭承包经营为基础、统分结合的双层经营体制，既是我国农村改革已取得的最重要的制度性成果，也是走中国特色农业现代化道路的现实起点（陈锡文，2013）。故新型农业经营主体的发展不是对家庭经营的取代，而是在家庭经营基础上的拓展和创新。即使在已经实现了现代化的欧美国家，农业仍普遍实行家庭经营，并同样面临经营规模大小选择、代际传递等问题。因此，所谓"家庭经营已没有前途"的观点是不能成立的。当然，尽管家庭经营本身是难以被替代的，但在大多数情况下仍需要靠通过合作和社会化服务来弥补家庭经营的不足。这正是培育新型农业经营主体和构建新型的农业社会化服务体系的现实与逻辑起点。

从新型农业经营主体方面的实践和研究看，经过三十多年的发展，中国的农业经营主体已由改革开放初期相对同质性的农户家庭经营占主导的格局向现阶段的多类型经营主体并存的格局转变。但是，由于"新型农业经营主体"的概念被提出的时间还不长，系统和深入的研究还十分薄弱，目前多集中在政策性理论探讨（如顾益康，2013；楼栋和孔祥智，2013；等等）和趋势性调查总结（如黄祖辉和陈龙，2010；于亢亢和朱信凯，2012；等等）两个方面。而以综合性框架对新型农业经营主体的特征、功能及不同主体间的差异等方面的研究则明显不足。相比而言，农业社会化服务方面的实践和研究要更为丰富一些。到目前为止，国内学术界已经就如何建立新型农业社会化服务体系形成了不少有价值的研究成果（孔祥智等，2009、2012；谭智心等，2009；宋洪远，2010；陈建华等，2010）。但是这些成果多数采用规范分析的方法，侧重于从宏观层面探讨建立新型农业社会化服务体系的必要性、作用、历史沿革及模式选择，从微观层面对于谁来提供农业社会化服务、哪些因素影响了农业社会化服务的供给、政府如何提供支持政策等方面所进行的实证性研究相对较少。

三、拟验证的研究推断

目前，农业经营主体的多样化已经促成了农业社会化服务需求的多元化格局，而各类新型经营主体本身也具备供给农业社会化服务的（部分）功能，所以农业社会化服务的供给也将呈现多样化特征。这种农业社会化服务需求与供给的"双重多样化"正是当前建设新型经营体系所要面临的重要挑战。当然，由于小规模的普通农户在各类农业经营主体中仍占主导地位，他们仍将是农业社会化服务的主要需求者；而农业社会化服务的供给者则将从有政府背景的公益性机构扩展至各类新型经营主体。由于新型经营主体提供的农业社会化服务往往来自农业生产经营，服务于农业生产经营，故更能为普通农户和相关需求者所接受。但新型农业经营主体自身的发展也面临着诸多方面的限制，进而影响到其农业社会化服务功能的发挥。那么哪些因素将显著影响新型经营主体的农业社会化服务功能呢？根据已有文献的相关结论①，本文将利用实证数据重点验证经营规模、盈利能力、政府支持和经营者特征四个方面的推断。

推断 1：新型农业经营主体的土地经营面积、劳动力使用数量、资本投入规模对其农业社会化服务功能的发挥具有正向的促进作用。

推断 2：新型农业经营主体盈利能力越强，其农业社会化服务功能就越强。

推断 3：新型农业经营主体获得政府支持越多，其提供的农业社会化服务就越多。

推断 4：如果具有党政干部经历、经营者是本地人，新型农业经营主体更倾向于提供更多的农业社会化服务。

四、数据来源与变量设置

(一)抽样调查及样本概况

本文所用数据来自对北京郊区 8 个区的调查。调查共访问新型农业经营主体 245 家，获得有效问卷 228 份。② 其中专业大户 110 家(48.2%)，农民合作社 88 家(38.6%)，农业企业 30 家(13.2%)。本文涉及的农业企业不包括农产品加工企业，仅为直接从事农业生产的企业。从产业分布看，所获样本中从事蔬菜产业的新型经营主体数量最多，占到了 46.5%，其后依次是水果、养殖、粮食和花卉四大涉农产业。从不同经营主体角度看，除专业大户中从事粮食产业的比例略多于养殖产业外，各类主体在上述五种产业中分布排序大致相同。这基本符合北京市“菜—果—养—粮—特”的农业发展格局。(参见表 1)

表 1　样本中各类型经营主体数量与产业分布情况

	专业大户	合作社	农业企业	合计
粮食	5.3%	6.1%	0.9%	12.3%
蔬菜	23.7%	17.5%	5.3%	46.5%
水果	13.2%	7.0%	3.5%	23.7%

① 限于篇幅，本文在此不对关键的影响因素做具体的文献综述。

② 调查的 8 区为大兴、房山、通州、延庆、怀柔、昌平、顺义、平谷。调查采取每个区选择 2 个典型乡镇，每个乡镇根据其农办提供的新型经营主体名单并结合具体情况随机选择 10—20 家进行访问。

续表

	专业大户	合作社	农业企业	合计
花卉	1.6%	1.0%	0.9%	3.5%
养殖	4.4%	7.0%	2.6%	14.0%
合计	48.2%	38.6%	13.2%	100%

(二)因变量：新型经营主体提供的农业社会化服务

农业社会化服务是指各类市场化主体或公益性组织为农业产前、产中、产后各个环节提供的相关服务，包括物资供应、生产服务、技术服务、信息服务、金融服务、保险服务，以及农产品的包装、运输、加工、贮藏、销售等各个方面。从调查的情况看，北京市新型农业经营主体所能提供的农业社会化服务主要覆盖了销售服务、技术服务、农资服务、信息服务、农机服务、金融服务、基建服务七个方面。其中，可以帮助普通农户解决农产品销路问题是新型经营主体发挥最多的服务(包括直接收购和代销等方式)，具有该功能的新型经营主体比例达到88.1%；其次是技术服务(包括技术指导、培训和直接的技术应用服务等)，具有该功能的比例为72.9%；排在第三、第四的服务为农资服务和信息服务，发挥这些功能的新型经营主体都约在一半左右；而只有不到10%的新型经营主体可以在资金借贷和农业机械方面提供相关服务；最少被提供的服务是为周边农户提供农田水利或乡村道路等公益性的基础设施，发挥该功能的新型经营主体只有5.3%(见表2)。可见，目前北京市新型农业经营主体发挥的农业社会化服务功能仍主要集中在产后的农产品销售与产中的相关技术方面，而在信息、金融等非生产性农业社会化服务供给方面的作用还十分有限。从总体上来看，新型经营主体提供的农业社会化服务最大的贡献来自农民合作社，其份额除了在技术服务方面略低于专业大户外，其他服务均高于专业大户与农业企业；其次是专业大户，而农业企业提供服务的份额均相对较小(见表2)。

表2　新型经营主体提供各类农业社会化服务的比例

	新型经营主体的供给比例	各类主体的供给份额		
		专业大户	农民合作社	农业企业
销售服务	88.1%	35.7%	42.9%	9.5%
技术服务	72.9%	31.6%	29.0%	12.3%
农资服务	52.6%	23.7%	25.4%	3.5%
信息服务	48.2%	17.5%	21.9%	8.8%
金融服务	8.7%	2.6%	3.5%	2.6%

续表

	新型经营主体的供给比例	各类主体的供给份额		
		专业大户	农民合作社	农业企业
农机服务	8.8%	0.9%	6.1%	1.8%
基建服务	5.3%	0.9%	3.5%	0.9%

注："销售服务"是指农产品的直接收购、代销等；"技术服务"包括技术指导、技术培训和直接技术应用服务等；"农资服务"包括农资供应、农资代购、农资选购指导等；"信息服务"指技术、市场、政策等各种相关信息资讯的提供；"金融服务"指为解决资金困难而提供直接借贷、担保等服务；"农机服务"指农业机械销售、出租和修理等；"基建服务"指提供农田水利、乡间道路等农村基础设施建设相关的服务

那么，如何来衡量新型经营主体的农业社会化服务功能的强弱呢？本文认为，从供给者角度看，农业社会化服务功能的强弱至少应从供给的广度和深度两个方面来衡量；而从完整的农业产业链角度看，产前、产中、产后的任何一种农业社会化服务对于农业本身而言都具有同等重要的价值。之所以不同的供给者或需求者具有不同的重要性，是因为他们所处的具体产业、区域环境以及所采用的经营方式等方面存在差异，而这些差异可以通过设定相应的自变量来控制。所以农业社会化服务功能的强弱更多地可以体现在服务的广度上。而本文主要从供给者角度进行研究，故服务种类可以成为考察服务功能强弱的重要指标。为此，本文假定：(1)新型经营主体所能提供的各类农业社会化服务的权重是一致的；(2)新型经营主体所能提供的农业社会化服务种类越多，其农业社会化服务功能就越强。

基于上述逻辑，本文对北京市新型经营主体提供的农业社会化服务种类进行了汇总。数据显示，仅提供 1 种农业社会化服务的新型经营主体占到了 27.2%，提供 2—4 种服务的比例分别为 17.5%、20.2%和 19.3%，提供 5 种及以上服务的比例迅速降低，而有 4.4%的新型经营主体基本没有提供相关服务(见图 1)。

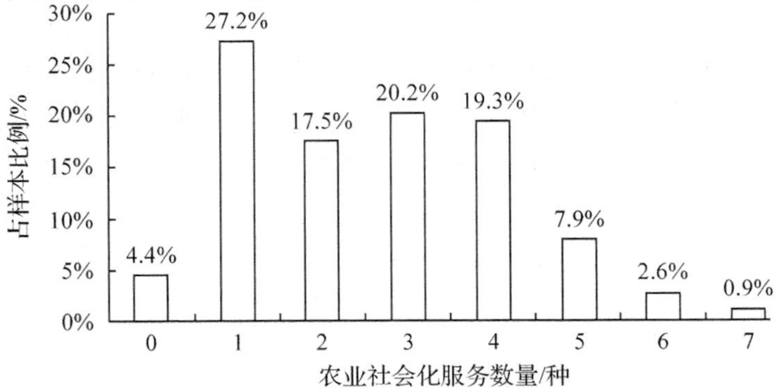

图 1　新型经营主体提供农业社会化服务的数量分布

(三)自变量：新型经营主体的资源禀赋与生产经营特征

本文采用土地经营面积、劳动力使用数量、资本投入规模来衡量新型经营主体的经营规模。样本数据显示，北京市新型农业经营主体的平均土地经营面积达到了约8.7公顷，其中80.7%的经营主体是通过流转土地实现土地规模经营的；平均的劳动使用数量为68人，其中79.8%的经营主体以长期雇工的方式实现劳动投入；平均的年资本投入规模在358.8万元(取对数后的均值为3.99)，其中85.1%以上的经营主体具备价值4万元以上的农业生产性用房或中大型农业机械等固定资产。

从盈利能力看，当前盈利水平和未来的盈利潜力是两个重要指标。对于前者，本文采用当年投资利润率带衡量；而对于后者，我们使用“当前是否还存在资金缺口”来衡量。这是因为如果新型农业经营主体还存在资金缺口，那么进一步提高盈利水平将受到限制，而往往需要将利润进一步投入再生产中，进而减少在农业社会化服务方面的投入。数据显示，当前北京市新型农业经营主体平均投资利润率约为1.62，即1元的投资将获得1.62元回报，这是激励着越来越多的经济主体投身农业的重要原因之一；但也有56.1%的新型经营主体仍然存在不同程度的资金缺口，制约着业务的发展和服务的提供。

从政府支持方面看，新型农业经营主体所获得的来自政府的帮助形式多样(项目形式、奖励形式、补助形式、优惠形式等)，内容差异也较大(资金的、技术的、管理的、市场的等)，很难用同一指标衡量。为此，本文将其统一为一个二分变量，即是否获得过政府相关支持。数据显示，目前北京市新型农业经营主体中有24.6%的比例获得过相关的政府支持。

从经营者的个人特征看，具有一定政治身份(党员或村干部等)和本地居民的比例分别为39.5%和58.8%。他们中的大多数是男性(约占80.7%)，平均年龄为46.9岁，且有57%的人都具有农业生产以外的特殊从业经历(如企事业单位任职、村干部、自营工商业、运输、建筑包工、外出打工、教师等)。这些因素或许都会对新型经营主体发挥农业社会化服务具有直接或间接的影响。

此外，为了更准确地估计关键变量对新型经营主体农业社会化服务功能的影响，本文还将经营主体的类型和所从事的具体产业作为控制变量引入模型。具体涉及的上述所有变量的统计学特征可见表3。

表 3　自变量描述性统计

变量名		变量设置	样本量	均值	标准差
E1	专业大户	否＝0，是＝1	228	0.482	0.501
	农民合作社	否＝0，是＝1	228	0.386	0.488
	农业企业	否＝0，是＝1	228	0.132	0.339
A	土地经营面积	实际经营的土地总面积(公顷)	228	8.6778	258.803
	劳动使用数量	全年平均投入的劳动力(人)	228	68.219	85.777
	资本投入规模	ln[全年固定资本折旧与可变资本投入额之和(万元)]	228	3.988	2.202
B	投资利润率	当年经营利润/资本投入规模	228	1.621	3.840
	资金缺口	目前是否存在资金短缺，否＝0，是＝1	228	0.561	0.497
C	政府支持	是否获得政府资金补贴、实物奖励或其他优惠政策；否＝0，是＝1	228	0.246	0.431
D	政治身份	是否为党员、村干部等；否＝0，是＝1	228	0.395	0.490
	本地居民	是否为经营地所在乡镇居民；否＝0，是＝1	228	0.588	0.493
E2	性别	女＝0，男＝1	228	0.807	0.396
	年龄	目前年龄(岁)	228	46.877	8.544
	经历	无特殊经历＝0，有特殊经历＝1	228	0.570	0.496
E3	粮食	否＝0，是＝1	228	0.123	0.329
	蔬菜	否＝0，是＝1	228	0.465	0.500
	水果	否＝0，是＝1	228	0.237	0.426
	花卉	否＝0，是＝1	228	0.035	0.184
	养殖	否＝0，是＝1	228	0.140	0.348

五、计量结果与分析

由于新型经营主体提供农业社会化服务的数量是一个非负整数集合，且具有较明显的偏态分布特征，为此本文选择 Tobit 模型对前述推断进行计量检验。根据已有研究的经验和计量结果，政府支持在模型中存在明显的内生性问题。而在利用本地区灾害发生情况作为政府支持的工具变量，较好地解决了这一问题。根据 IV-Tobit 的估计结果(见表 4)，本文前述推断并没有得到全部验证。具体来说主要表现在以下几个方面：

第一，反映经营规模的三种要素投入规模中，只有劳动使用数量对新型经营主体提供的农业社会化服务数量具有显著的正向影响，但影响的程度较小（平均每多投入 100 个劳动力，才能使其增加一种农业社会化服务）。而土地经营规模与资本投入规模对服务数量的影响并不显著，并且在没有考虑内生性的情况下，资本投入规模的影响显然是被高估了。事实上，投入更多劳动力的新型经营主体往往需要更多地与农民打交道，一方面是因为普通农户是初级农产品的供应者，新型经营主体常常是他们的下游收购商；另一方面是因为普通农户也是土地和劳动力的提供者，并常常受雇于新型经营主体。因此，劳动密集型的农业经营往往容易实现农业社会化服务的扩散与共享。

表 4　模型估计结果

		Tobit		IV-Tobit	
		系数	标准误	系数	标准误
E1	专业大户	0.05	(0.373)	2.75*	(1.389)
	农民合作社	0.73*	(0.392)	3.31**	(1.349)
A	土地经营面积	0.00	(0.000)	0.00	(0.001)
	劳动使用数量	0.00*	(0.001)	0.01**	(0.003)
	资本投入规模	0.13**	(0.052)	0.06	(0.082)
B	投资利润率	−0.12	(0.216)	−0.55	(0.378)
	资金缺口	−0.05**	(0.026)	−0.05	(0.039)
C	政府支持	−0.08	(0.279)	4.50**	(2.201)
D	政治身份	0.28	(0.214)	0.52	(0.495)
	本地居民	0.35**	(0.157)	0.34**	(0.157)
E2	性别	0.29	(0.256)	0.43	(0.384)
	年龄	−0.02*	(0.012)	−0.01	(0.019)
	经历	0.45*	(0.214)	0.54	(0.319)
E3	粮食	0.023	(0.382)	1.21	(0.799)
	蔬菜	0.229	(0.308)	1.26**	(0.667)
	水果	−0.130	(0.341)	1.09	(0.767)
	花卉	0.428	(0.585)	2.82**	(1.422)
	常数项	2.80	(0.834)	0.91	(1.523)

续表

	Tobit		IV-Tobit	
	系数	标准误	系数	标准误
观测值	228		228	
卡方检验 P 值	0.000		0.002	
对数似然值	−393.72047		−455.36553	

注：*、** 分别表示在 10%、5%水平上统计显著。E1 中以农业企业为参照组，E3 中以养殖业为参照组

第二，盈利能力并没有表现出预期的显著影响。纠正了内生性之后，投资利润率对服务功能的负向影响看似更大了，但依然不具有统计显著性。而资金缺口对新型经营主体提供社会化服务数量的负面影响，也变得不显著了。这说明，至少对北京市新型经营主体而言，盈利能力并不是其提供农业社会化服务的决定性因素。调查的情况也表明，越是盈利能力强的新型经营主体，以资本为导向的企业化运作特点越突出，而向普通农户提供的农业社会化服务，尤其是他们经营范围之外的服务，就会因增加成本而变得越少。

第三，经营者个人特征中，是否为本地居民对其服务供给具有显著的正向影响，而党员、村干部等政治身份并没有使新型经营主体表现出更强的服务功能。可能的原因是，对于带有一定公益性质的农业社会化服务而言，政治荣誉感的影响已经逐步让位于经济地位和社会声誉。调查也发现，在具有政治身份的新型经营主体中仅有不到 15%的人认为他们提供农业社会化服务与政治荣誉感有关；相反，几乎所有人认为未来稳定的经济回报与更高的社会认同感是最大的动力。此外，在经过内生性问题的校正之后，性别、年龄、特殊经历等因素的影响均不显著。其原因或许是，随着农业的市场化、专业化程度不断深入，提供农业社会化服务与生产经营行为的动机与目的在根本上是存在差异的，因而人口学特征、社会经历等被多数学者认为能决定生产经营行为的因素显著影响着农业社会化服务的供给。

第四，从其他控制变量看，不同经营类型和不同产业类型的新型经营主体的农业社化服务功能的确存在着明显差异。相对于农业企业而言，专业大户、农民合作社能够提供更多的农业社会化服务，且农民合作社的服务功能略强于专业大户。相对养殖业而言，从事蔬菜和花卉种植的新型经营主体所提供的服务数量也显著地提高。从调查资料看，可能的原因是：京郊蔬菜种植业的进入门槛虽然较低，但在数量和品种上的市场要求较高，而花卉占经营户的比例较小，但技术要求很高；这就迫使新型经营主体主动连接一定数量的普通农户，并向其提供销售、技术、信息等服务，以获得更大、更稳定

的蔬菜和花卉种植面积与供应量。

六、研究结论与政策含义

在新型经营体系的基本框架下，以专业大户、农民合作社、农业企业为代表的新型农业经营主体，兼具生产和服务的双重功能。而它们的农业社会化服务功能的有效发挥将有助于我国农业的"新四化"转型。基于此，本文利用北京市新型经营主体的调查数据，重点对经营规模、盈利能力、政府支持、经营者特征四个方面可能影响其服务功能发挥的因素进行了实证检验，所得主要研究结论及其政策含义如下：

第一，经营规模并不必然与新型经营主体的农业社会化服务功能呈正相关关系。在土地、劳动、资本三个维度上，只有劳动使用数量在统计上表现出显著的"微弱"影响（系数很小）。这说明，不是种植规模或投入资本越大的经营主体所提供的农业社会化服务就越多，而吸纳农民就业较多、与农户互动较深的劳动和相对密集的农业经营方式才是促进新型经营主体发挥农业社会化服务功能的优选方向。

第二，盈利能力对新型经营主体提供农业社会化服务具有正向影响的推断没有得到证实。这说明，为强化新型经营主体通过农业社会化服务对普通农户的辐射带动作用，而根据其经营绩效或盈利状况进行的"锦上添花"式的政策扶持模式是缺乏理论依据的。

第三，经营者的本地人特征对新型经营主体的农业社会化服务功能具有明显的正向影响。这说明，基于地缘关系的社会网络所能带来的社会认同感和经济回报，比预期的社会地位或政治荣誉感，更能够激发新型经营主体的农业社会化服务供给。所以，从更好发挥农业社会化服务功能的角度看，新型经营主体培育对象以本地化为重点策略是必要的。当然，这并不是指新型经营主体的培育要应排斥外来经营者，如果他们能与当地普通农户建立良好的社会关系和经营互动，亦能有效提供农业社会化服务。

第四，政府支持对于新型经营主体提供农业社会化服务具有强有力的促进作用。但如果不考虑政府支持的内生性问题，将严重低估甚至误判它对新型经营主体服务功能的影响。为此，政府在培育新型经营主体和提高其农业社会化服务功能方面仍需发挥主导作用，进一步加大支持的力度和范围，强化新型经营主体作为生产主体和服务主体的双重功能，促进新型农业经营体系的不断完善。

参考文献

[1] 张晓山：《创新农业基本经营制度 发展现代农业》，《农业经济问题》，2006年第8期。
[2] 张照新、赵海：《新型农业经营主体的困境摆脱及其体制机制创新》，《改革》，2013年

第 2 期。
[3] 黄祖辉、俞宁：《新型农业经营主体：现状、约束与发展思路——以浙江省为例的分析》，《中国农村经济》，2010 年第 10 期。
[4] 陈锡文：《加快发展现代农业》，《求是》，2013 年第 2 期。
[5] 顾益康：《加快构建新型农业双层经营体制的政策建议》，《农民日报》，2013 年 2 月 28 日第 6 版。
[6] 孙中华：《大力培育新型农业经营主体　夯实建设现代农业的微观基础》，《农村经营管理》，2012 年第 1 期。
[7] 楼栋、孔祥智：《新型农业经营主体的多维发展形式和现实观照》，《改革》，2013 年第 2 期。
[8] 黄祖辉、陈龙：《新型农业经营主体与政策研究》，杭州：浙江大学出版社，2011 年版。
[9] 于亢亢、朱信凯、王浩：《现代农业经营主体的变化趋势与动因——基于全国范围县级问卷调查的分析》，《中国农村经济》，2012 年第 10 期。
[10] 孔祥智主编：《中国农业社会化服务：基于供给和需求的研究》，北京：中国人民大学出版社，2009 年版。
[11] 孔祥智等：《建立新型农业社会化服务体系：必要性、模式选择和对策建议》，《教学与研究》，2012 年第 1 期。
[12] 谭智心、孔祥智：《新时期农业产业化龙头企业提供农业社会化服务的现状、问题及对策研究》，《学习论坛》，2009 年第 11 期。
[13] 宋洪远：《新型农业社会化服务体系建设研究》，《中国流通经济》，2010 年第 6 期。
[14] 陈建华、商秋红：《建立新型农业社会化服务体系的探讨》，《中国农学通报》，2010 年第 23 期。

（作者：孔祥智　中国人民大学教授
钟　真　中国人民大学副教授）

项目名称：北京市文化创意产业集群空间演化研究
项目编号：13JGB019
项目负责人：姜　玲
项目信誉保证单位：中央财经大学

基于CES生产函数模型的北京市文化创意产业集聚效益分析

近十年来，文化在综合国力竞争中的地位和作用日益凸显，文化创意产业也成为最具活力的产业之一。中共十八大和十八届三中全会提出，要深化文化体制改革，提高文化产业规模化、集约化、专业化水平。文化创意产业已成为北京市重要的支柱产业，因此研究其产业集聚效益具有重要的现实意义。

一、北京市文化创意产业集聚现状

（一）文化创意产业发展情况

2005年年末，北京市就吹响了打造“创意产业之都”的号角。在当年年底召开的北京市财政工作会议中，政府决定投资5亿元人民币用于建设文化创意产业。[①] 2006年，北京市认定了第一批文化创意产业集聚区，10个集聚区内包括了1500多家公司，当年获得的收入占到15%[②]。随后在2008年、2010年，北京市先后批准设立了第二批至四批。目前，“北京市已经认定的集聚区有30个，数量方面各区县的情况如下：朝阳区是8，海淀区是3，东城区是2，西城区是2，丰台区是2，石景山区是2，通州区是2，其余区县都是1”[③]，涵盖了北京市全部区县、全部产业领域，企业数量超过10000家。

当前，北京市的文化创意产业集聚已初具规模，根据北京市第二次经济普查的数据，我们发现文化创意产业年产值占GDP的比重是连年递增的，现已达到12%，集聚规模大。2008年，文化创意产业的总资产已达到8275.15亿元，从业人员达到107万人。根据2008年北京市经济普查数据测算发现，

① 李鹏：《北京，下一个全球创意产业中心?》，http：//bkb.ynet.com/3.1/0612/13/2040537.html，2006年。

② 赵倩：《北京—上海文化创意产业集聚效应对比研究》，北京服装学院硕士学位论文，2012年。

③ 徐文营：《北京大力发展文化创意产业》，《经济日报》，2011年4月24日。

北京市文化创意产业的集聚程度高，2008年16区文化创意产业的基尼系数绝大多数在0.5以上，平均值是0.62，这其中有7个区的基尼系数比平均值更大。基尼系数最高的是延庆区，达到0.79，最低为石景山区，仅为0.29。

这其中，集聚区更是文化创意产业增长的主要引擎。“2011年1—11月，集聚区内规模以上单位，实现收入1025.3亿元，占全市文化创意产业收入比重为15.6%”①，集聚区内的发展速度也比全市该产业的整体发展速度快了2.3%。

（二）研究对象与数据来源

由于产业相关的数据十分有限，不同类型的文化创意产业的集聚效益变化的动因也是有差异的，因此我们选择了三大类产业作为文化创意产业的代表。这三大产业依次是信息传输、计算机服务和软件业，科学研究、技术服务和地质勘查业，文化、体育和娱乐业，以下分别简称信息传输类产业、计算机服务类产业和文化类产业。这样归类的理由如下：

“2006年，北京市统计局、国家统计局北京调查总队联合制定了《北京市文化创意产业分类标准》”。② 根据这个标准，北京市文化创意产业主要包括9个大类，分别可以归入《国民经济行业分类标准》中的文化、体育和娱乐业（产业大类代号R），信息传输、计算机服务和软件业（产业大类代号G），科学研究、技术服务和地质勘查业（产业大类代号M），以及租赁与商务服务业（产业大类代号L）、批发和零售业（产业大类代号H）③。

“2010年，文化创意产业年增加值是1697.7亿元，其中属于G、R、M类的产业增加值分别占了49.9%、25.5%和5.0%”④，合计80.4%。因此，黄斌指出，上述三大类产业“基本都符合创意产业的三要素，其最终的研究结果也具有国内和国际的比较意义”⑤。因此，我们选择了三大类产业作为文化创意产业的代表。同时，我们假定三大产业下面包含的产业小类的生产规律、集聚效益、集聚效益影响因素与所属大类一致。

这三大类产业对文化创意产业有很好的代表性。根据2012年的统计数据，文化创意产业的产值中，属于信息传输类产业的产值比重达到53.98%，属于科学研究类产业的产值比重达到4.42%，属于文化类产业的产值比重则

① 北京文化创意网：《文化创意产业集聚区发展论坛——京津沪渝台文化创意产业发展论坛成功举办》，http://www.bjci.gov.cn/459/2013/01/04/41@20818.htm，2013。

② 周显宝、郑峰：《文化创意产业的定义、分类与特点》，《神州》，2012年第36期，第164—166页。

③ 百度百科：《国民经济行业分类》，http://baike.baidu.com/link?url=ygq3GC5X5x38PUMvOYz6sH37QF5O7T8kbEwtYBxxLyU5wwE0Ls9N3K5HkR8hpBLOZMfDg4_Cws934zKeU5ztPK，2014rh。

④ 北京市统计局：《北京市统计年鉴》，http://www.bjstats.gov.cn/nj/main/2011-tjnj/index.htm，2011年。

⑤ 黄斌：《北京文化创意产业空间演化研究》，北京大学博士学位论文，2012年。

有24.73%。同时，从这三大产业的角度来说，信息传输类产业中，属于文化创意产业的部分达到73.39%；科学研究类产业中，属于文化创意产业的部分达到7.68%；对于文化类产业来说，更是几乎100%属于文化创意产业，但是由于文化创意产业中，旅游、休闲娱乐这一类中部分产业不属于文化类产业，因此计算时出现了比例大于100%的结果(见表1)。

表1　三大产业产值中属于文化创意产业部分大概比重

三大产业	总产值(亿元)	属于文化创意产业部分大概产值(亿元)	属于文化创意产业部分大概比重(%)
信息传输类产业	1621.8	1190.3	73.39%
计算机服务类产业	1268.4	97.4	7.68%
文化类产业	402.6	545.3	135.44%

数据来源：北京市统计年鉴(2013年)

信息传输类产业与文化、体育和娱乐下属的产业中，绝大多数都属于文化创意产业，而且占据了文化创意产业80%以上的产值，代表性很强。文化创意产业中，设计服务属于科学研究类产业，其产值占文化创意产业总产值的比例为4.42%，占科学研究类产业的比例为7.68%。相比其他两大产业，科学研究类产业对文化创意产业的代表性较弱，但是由于它是典型的未来发展潜力大的产业，受到各个国家的重视，本文也将其纳入分析范围。

二、北京市文化创意产业集聚效益评价

目前，还没有人提出专门针对文化创意产业集聚效益计算的方法，但是对集聚效益的测算已经有很多人进行过研究，并且已经提出来一些模型。这些模型主要运用于工业领域，也有学者用它们来测算第三产业的集聚效益。“柯布道格拉斯生产函数，固定替代弹性生产函数(CES)模型，Ciccone模型都被用作分析产业集聚效应，许志芳基于CES函数模型，经过一定的修改，提出综合区位商法，也可以用来测度产业的集聚效益。”[①]

唐杰等人在1989年提出了一套基于CES模型的集聚效益及其影响因素的测量和分析方法，“可以测出集聚效益 h 值，并分析内部集聚经济(ISE)、布局集聚经济(LOC)和城市集聚经济(UBE)对 h 值的影响”[②]。该模型得到了很多学者的认可，并被广泛应用，主要用来分析一个省的工业集聚效益和动因，

① 许志芳：《京津冀产业集聚效应分析》，北京交通大学博士学位论文，2009年。

② 唐杰等：《城市产业经济分析——一项经济案例研究》，北京：北京经济学院出版社，1989年版。

近年来也有学者开始尝试将这种方法运用于第三产业。[①]

(一)固定替代弹性(CES)生产函数模型

1989年，唐杰等通过改造CES生产函数模型，提出了产业集聚效益分析的一套方法，用于工业部门的分析。

$$P = AQ^{\beta}K^{\gamma}$$

其中，P、Q、K 分别表示某工业部门的利润、总产值和某年份的固定资产净值。β 为产出利润弹性，表示增加单位产出里含有的利润，γ 是固定资产占用的利润弹性，它的含义是增加单位固定资产所带来的利润的增加。通过收集 P、Q 的时间序列数据，取对数后，用计量软件对 $\mathrm{Ln}(P)=\mathrm{Ln}(A)+\beta\mathrm{Ln}(Q)+\gamma\mathrm{Ln}(K)$ 进行回归分析可以求得 β 和 γ 的值。

唐杰等人提出用 $h=(1+\gamma)/(1-\beta)$ 判定集聚效益，意味着固定资产占用水平提高，会带来单位固定资产的增多，进而导致成本的增加、集聚经济效益减小。如果 $h>1$，意味着产业规模报酬递增，存在集聚效益，集聚效益随着 h 值的增加同时变大；如果 $h=1$，意味着产业规模报酬不变，不存在集聚效益；如果 $h<1$，意味着产业规模报酬递减，不存在集聚效益。需要注意的是，在计量过程中，为了更加准确地反映出现象的发展趋势，会采用“移动平均法”对时间序列数据进行一定的处理。同时，模型假定资本价格不变，在计算时，我们将 P、Q、K 都用基年的不变价格表示。

唐杰等人还提出用“内部集聚经济(ISE)，布局集聚经济(LOC)，城市集聚经济(UBE)，用来解释集聚效益 h 的变化”[②]。内部集聚经济的作用在于阐明一个企业生产规模的增加是不是会推动集聚经济实现，ISE＝某工业某一年份固定资产量/企业数。布局集聚经济主要用于解释某一工业区位集聚的专业化程度是否影响集聚效益，测算时以区位商为指标，LOC＝(某一部门产值/地区经济总产值)/(地区经济总产值/全国经济总产值)。城市集聚经济主要用以估计产业规模的扩大和企业多样性增强是否能带来集聚效益，UBE＝企业数。一般会对UBE进行指数化处理，把最早那年的企业数当作100，后面每一期都表示那一年的指数。

本文认为，CES生产函数模型的解释力很强，可以用来分析文化创意产业的集聚效益情况。CES生产函数代表一类函数，对这类函数来说，替代弹性不是一个具体的数值，但是对某一类生产部门，CES生产函数假定其替代

---

① 王树林、戴兵：《基于CES模型的黑龙江省产业集聚效应分析》，《商场现代化》，2007年第22期，第339—340页；毛江楠、温佩佩、杨丹萍：《基于CES模型的宁波服装产业集聚效应分析》，《经济论坛》，2010年第7期，第82—85页；黄康、张福莉：《基于CES模型的重庆市产业集聚效应分析》，《商业文化》，2012年第4期，第201页。

② 唐杰等：《城市产业经济分析——一项经济案例研究》，北京：北京经济学院出版社，1989年版。

弹性是固定的，类别不同的生产部门的替代弹性可能不同。这就使得 CES 生产函数的适用范围很广，不仅可以用在工业部门，也可以用来分析第三产业，曾国平等学者就曾经用 CES 生产函数分析过重庆市的第三产业[①]。唐杰等人提出的 CES 生产函数模型使用的基本条件是研究对象的生产规律符合这类函数的特点，文化创意产业作为第三产业的一种，其生产规律也可以用这类函数表示。现在也有学者曾经"将 CES 模型用于分析现代服务业产业集聚效益"[②]。由此可以得出，该模型也可以用于研究文化创意产业的集聚效益。

（二）北京市文化创意产业集聚效益评价

表 2　文化创意产业的集聚效益分析结果

年份	$\beta 1$	$\beta 2$	$\beta 3$	$\gamma 1$	$\gamma 2$	$\gamma 3$	$h1$	$h2$	$h3$
2005—2008	−2.66	2.30	−0.41	−2.51	−1.38	0.99	−0.41	0.29	1.41
2006—2009	−4.22	2.23	−0.92	−3.79	−1.14	2.07	−0.54	0.11	1.60
2007—2010	2.20	2.64	1.56	−1.75	−1.37	−0.31	0.63	0.23	−1.24
2008—2011	0.50	1.17	2.18	1.34	0.80	0.97	4.67	−10.83	−1.67
2009—2012	0.92	−0.87	1.04	1.66	0.19	−0.52	34.43	0.64	−10.90

数据来源：北京市统计年鉴（2005 年至 2012 年）

注：其中"1"对应信息传输产业，"2"对应科学研究类产业，"3"对应文化类产业

1. 信息传输类产业集聚效益逐年递增

为了进行 CES 生产函数模型的分析，我们收集到 2005 年至 2012 年北京市信息传输类产业的相关数据，并以 2012 年的不变价格表示。数据经无量纲化处理并对各项数据取对数之后，以 4 年为一组，用 Eviews 进行回归分析，并通过 $h=(1+\gamma)/(1-\beta)$ 的计算，得到的结果如表 2 所示。

从表 2 可以看出信息传输类产业的产出利润弹性 $\beta 1$ 呈波动变化，由负转正，但截至 2012 年仍在 1 以下，表示增加单位产出带来的利润变动也由负向转为正向。固定资产占用的利润弹性 $\gamma 1$ 基本呈现递增趋势，达到 1 以上，表示固定资产增加带来了利润更大程度的提升。在 $\beta 1$ 和 $\gamma 1$ 的共同作用下，集聚效益值 $h1$ 呈现逐年递增的趋势，在 2008—2011 年首次突破 1，意味着信息传输类产业的规模效益从递减首次转为递增，集聚效益开始出现。2009—2012 年的 $h1$ 值有突飞猛进的上升，达到 34.43。

① 曾国平、苏宏、曹跃群：《重庆第三产业 R&D 投入产出效应的实证研究》，《科研管理》，2011 年第 7 期。

② 庞莹、谢众、赵左旋：《基于 CES 模型的安徽省现代服务业产业集聚效应研究》，《中国经贸导刊》，2013 年第 35 期，第 31—33 页。

2. 科学研究类产业集聚效益不存在

对科学研究类产业而言，$\beta2$ 基本呈现逐年下降趋势，表明产出提升带来利润提升的幅度在逐年下降。$\gamma2$ 基本上下波动。在 $\beta2$ 和 $\gamma2$ 的共同作用下的集聚效益值 $h2$ 一直在 1 以下，说明规模效益一直是递减的，不存在集聚效益。同时，除了 2008—2011 年猛降至－10 以下，其他年份的 $h2$ 值一直保持在 0—1 之间，而且逐年略有增加。

3. 文化类产业集聚效益逐渐消失

对文化类产业而言，$\beta3$ 呈波动变化，由负转正，2009—2012 年在 1 以上，表示增加单位产出带来的利润变动也由负向转为正向。$\gamma3$ 呈波动变化，在正负之间摆动，表示固定资产增加 1%带来使得利润时增时减。在 $\beta3$ 和 $\gamma3$ 的共同作用下，$h3$ 值呈现递减趋势，前两个时间段内 $h3$ 值比 1 大，说明规模效益递增，集聚效益存在，后三段时间内 $h3$ 值小于 1，而且都是负值，说明规模效益不存在，集聚效益消失。这说明，文化类产业经历了从规模效益递增转变为规模效益不存在、集聚效益从有到无的变化。

三、北京市文化创意产业集聚效益的动因分析

通过分析北京市文化创意产业中三大主导产业集聚效益变化背后的动因，我们可以找到影响集聚效益发挥的原因，提出相对应的集聚效益提升策略。这里继续采用唐杰等人提出的内部集聚经济(ISE)、布局集聚经济(LOC)和城市集聚经济(UBE)进行分析。

结合北京市统计年鉴的数据，以及 ISE、LOC 和 UBE 三个指标的定义，通过计算可以得到表 3 数据。

表 3 文化创意产业 ISE、LOC 和 UBE

年 份	ISE1	ISE2	ISE3	LOC1	LOC2	LOC3	UBE1	UBE2	UBE3
2005—2008	0.80	0.19	0.29	3.15	2.02	0.84	135.12	128.46	123.25
2006—2009	0.63	0.20	0.29	3.02	2.07	0.77	149.71	145.63	137.96
2007—2010	0.54	0.22	0.27	2.93	2.11	0.72	155.43	159.76	150.68
2008—2011	0.45	0.23	0.25	2.84	2.13	0.68	160.68	171.64	165.87
2009—2012	0.46	0.23	0.24	2.78	2.14	0.67	158.89	174.07	170.10

数据来源：北京市统计年鉴(2005 年至 2012 年)

注：其中“1”对应信息传输产业、“2”对应科学研究类产业、“3”对应文化类产业。

我们将信息传输类产业的 ISE1、LOC1、UBE1 和集聚效益($h1$)情况汇总得到表 4。

表4 文化创意产业集聚效益情况

项目	ISE1	ISE2	ISE3	LOC1	LOC2	LOC3	UBE1	UBE2	UBE3
系数大小	627.67	2036.23	575.86	515.07	1583.79	254.22	2.6	2.48	1.39
系数符号	+	−	+	−	+	+	+	−	+
历年指数变化	下降	上升	下降	下降	上升	指数小于1,且下降	上升	上升	上升
对集聚效益的影响	效益为正，但效益水平逐年下降	效益为负，且负效益逐年上升	效益为正，但正效益逐年下降	效益为负，但负效益逐年降低	效益为正，且正效益逐年上升	无集聚效益	效益为正，且效益水平逐年上升	效益为负，且负效益逐年上升	效益为正，且正效益逐年上升

数据来源：北京市统计年鉴(2005年至2012年)

(一)信息传输类产业集聚效益动因分析

运用Eviews软件进行统计回归分析得到下面的关系式：

$$Y=766.047224+627.67\times ISE1-515.07\times LOC1+2.60\times UBE1$$
$$(7.10)(6.37)(-12.62)(2.86)$$

由此可以发现，对信息传输类产业来说，ISE和UBE的系数是正的，说明两个指数的变化带来产业集聚效益的同向变动；LOC1的系数是负的，意味着指数的变动带来了产业集聚效益的反向变动。

ISE1的系数是正的，意味着信息传输类产业所属企业生产规模增加能够带来集聚效益，但历年来ISE指数的大小在不断下降，最后导致ISE带来的正的集聚效益在逐年递减。LOC1系数是负的，意味着信息传输类产业的专业化水平提升不能带来集聚效益。

近几年来，虽然该产业的LOC1指数一直保持在2.5以上，但是呈现逐年下降趋势，说明信息传输类产业的专业化水平虽然还处于较高水平，但是在逐年下降，结果就是LOC1带来的集聚效益虽然为负，但负作用在逐年降低。

UBE1系数是正的，意味着在这个产业中，企业数量的增加可以带来集聚效益。同时可以看到，历年来该产业的UBE1指数在不断上升，意味着在北京，该产业的企业是多样化发展的，该产业规模在增大，城市集聚经济带来的集聚效益也在不断上升。

在上述三股力量的作用下，信息传输类产业的集聚效益指数逐渐递增，并增至1以上，集聚效益存在且逐年递增。

(二)科学研究类产业集聚效益动因分析

运用Eviews软件进行统计回归分析得到下面的关系式：

$$Y = -2497.92 - 2036.23 \times ISE2 + 1583.79 \times LOC2 - 2.48 \times UBE2$$
$$(-2.16)(-1.86)(2.18)(-2.09)$$

ISE2系数是负的，意味着科学研究类产业所属企业的生产规模的增加没能带来集聚效益。历年来ISE指数的大小在不断上升，伴随着负的集聚效益也在逐年上升。LOC2的系数是正的，意味着该产业的专业化程度上升能带来集聚效益。近几年来，科学研究类产业的LOC2指数一直保持在2以上，且呈现逐年上升趋势，说明科学研究类产业的专业化程度高且专业化水平逐年增加，带来了越来越大的正的集聚效益。UBE2系数是负的，意味着该产业所属企业数量的增加不能带来集聚效益。

历年来，科学研究类产业的UBE2指数在不断上升，说明在北京，该产业相关企业呈现多元化发展趋势，行业规模也在不断扩大。结果就是UBE带来的集聚效益是负的，而且负效益在逐年上升。在上述三股力量的作用下，科学研究类产业的集聚效益指数一直在1以下，说明该产业不存在集聚效益。

内部集聚经济系数为负一般有两种情况，企业规模过小或者企业已经超过了最佳生产规模。相比其他两大产业，科学研究类产业的内部集聚经济指数是最低的，据此推断，其内部集聚经济系数为负比较可能的原因是企业产出规模过小，难以获得内部规模收益。

(三)文化类产业集聚效益动因分析

结合北京市统计年鉴的数据，运用Eviews软件进行统计回归分析得到下面的关系式：

$$Y = -551.92 + 575.86 \times ISE3 + 254.22 \times LOC3 + 1.39 \times UBE3$$
$$(-0.20)(0.29)(0.17)(0.18)$$

其中ISE3的系数是正的，意味着文化类产业所属企业的生产规模的扩大能够带来集聚效益。历年来，ISE指数的大小在不断下降，使得内部集聚经济带来的正的集聚效益在不断下降。LOC3系数是正的，意味着文化类产业专业化水平的提升能够带来集聚效益。近几年来，文化类产业的LOC3指数一直未能达到1，而且呈现逐年下降趋势，说明文化类产业的专业化水平在降低，集聚效益并没有发挥出来。

UBE3系数是正的，意味着文化类产业所属企业数量的增加可以带来集聚效益。同时，历年来文化类产业的UBE3指数也在不断上升，说明文化类产业企业多元化发展，产业整体规模在扩大，带来了一定的集聚效益，且正效益逐年上升。在上述三股力量的作用下，文化类产业集聚效益一开始存在，但后来逐渐消失。

四、结论与建议

综上所述，对以上三类产业，内部集聚经济(ISE)、布局集聚经济(LOC)和城市集聚经济(UBE)的作用如表 5 所示，其中“＋”代表正效益，“－”代表负效益。

表 5　ISE、LOC 和 UBE 对三大产业的作用方向和程度

产业大类	内部集聚经济 ISE	布局集聚经济 LOC	城市集聚经济 UBE
信息传输类产业	＋	－	＋
计算机服务类产业	－	＋	－
文化类产业	＋	＋	＋

内部集聚经济、布局集聚经济和城市集聚经济指标的含义和作用机理可以总结如表 6 所示：

表 6　ISE、LOC 和 UBE 的指标含义和作用机理

类　别	指标含义	作用机理
内部集聚经济 ISE	企业规模大小	内部规模经济：企业规模扩大带来长期平均成本降低
布局集聚经济 LOC	产业专业化水平	比较优势：产业占据主导地位，上下游衔接紧密，生产成本降低，产品对外输出，经济效益大
城市集聚经济 UBE	产业规模和企业多样性	1. 外部规模经济：产业整体规模的扩大带来企业单位成本下降 2. 多样化需求：企业多样化，满足城市居民多样化需求，带来经济效益

结合三大产业的集聚效益计算结果和动因分析结果，以及 ISE、LOC、UBE 的指标含义和作用机理，我们可以发现要提升三大产业的集聚效益，关键在于发挥正效应和削弱负效应。也就是说，对于能带来正效应的因子要进一步强化，对于负效应要想办法阻碍和扭转。具体的结论如表 7 所示：

表7 三大产业集聚效益提升策略

产业大类	包含的文化创意产业	内部集聚经济 ISE	布局集聚经济 LOC	城市集聚经济 UBE
信息传输类产业	软件、网络及计算机服务	扩大企业规模	优化产业结构	多元化发展
计算机服务类产业	设计服务	扩大企业规模	提升产业专业化水平	发展龙头企业，提供高质量服务
文化类产业	文化艺术，新闻出版，广播、电视、电影，旅游、休闲娱乐	扩大企业规模	提升产业专业化水平	多元化发展

根据我们的假定，三大产业包含的产业小类的集聚规律与所属产业大类一致。根据表7，为了进一步获得和发挥集聚效益，建议从以下几方面着手改进：

(1)扩大企业生产规模，获得规模收益。整体而言，对文化创意产业来说，要通过扩大企业规模来获得或者强化内部集聚经济带来的集聚效益。虽然科学研究类产业的内部集聚经济效应是负的，但是背后的原因是企业规模还太小，无法发挥其规模效益，因此对属于该产业大类的设计服务业来说，也有必要扩大规模。

(2)提升北京市设计服务业，文化艺术业，新闻出版业，广播、电视、电影业，旅游、休闲娱乐业的专业化水平，借此获得产业发展的比较优势，实现产业上下游之间的良好衔接，提高集聚效益。尤其是文化艺术业，新闻出版业，广播、电视、电影业，旅游、休闲娱乐业这4个行业，现有的区位商仍然在1以下，专业化水平很低，没有获得发展的比较优势，上下游协作后可能相应产生的集聚效益也没能实现。

(3)优化软件、网络及计算机服务业的产业结构。当前，这一产业的区位商比较高，布局集聚经济指数较高，但是布局集聚经济系数是负的，说明产业专业化水平虽然很高，但是产业上下游衔接不佳，区位优势没能发挥，并未带来集聚效益，因此当前的重点在于调整该产业的内部结构。

(4)减少软件、网络及计算机服务业，文化艺术业，新闻出版业，广播、电视、电影业，旅游、休闲娱乐业这5个行业的进入壁垒，促进产业多元化发展。可通过增加各类企业数来提高城市集聚经济指数，满足城市居民多样化的需求，提升UBE带来的正向集聚效益。

(5)提升设计服务业的服务质量，着重发展该产业的龙头企业。设计服务业的城市集聚经济效益是负的，说明该产业规模的扩大和多样化企业的出现并不能带来集聚效益，可能的原因是在北京，对设计服务的需求更加强调服务的质量而不是种类，盲目增加企业数量不能带来集聚效益，要通过发展龙头企业，提供高质量服务来满足社会需求，实现集聚效益。

（作者：姜　玲　中央财经大学副教授
王丽龄　中央财经大学硕士研究生
温锋华　中央财经大学副教授）

项目名称：北京市新能源汽车市场化机制及产业政策研究
项目编号：13JGB021
项目负责人：丁慧平
项目信誉保证单位：北京交通大学

我国新能源汽车市场化发展的“双失灵”及对策：以北京市为例

在新能源汽车产业的市场化进程中，由于存在着“市场失灵”和“系统失灵”，因此政府的作用至关重要。政府应当发挥怎样的作用，产业政策应当怎样安排，成为亟须研究的问题。本文从环境经济学视角，就我国新能源汽车的市场化机制进行了探讨，阐释了政府政策消解“市场失灵”和“系统失灵”的作用机理；并结合北京市新能源汽车发展的状况，分析了弥补“市场失灵”和“系统失灵”的政策效果；在此基础上，就我国发展新能源汽车的产业政策提出相关对策建议。

一、我国新能源汽车产业的发展现状

新能源汽车产业是一个节能减排导向的新兴产业，也是未来汽车技术发展的重要领域。其发展引起了美国、德国、日本等世界主要发达国家政府的充分重视，各国纷纷出台相关政策和措施促进本国新能源汽车产业的发展。为鼓励新能源汽车发展，我国从2000年开始正式规划新能源汽车的研发与产业发展，从863计划、汽车产业规划、税收政策等多方面支持新能源汽车的研发和市场化推广。2009年以来，我国的相关扶持政策开始密集出台。例如，科技部、财政部、发改委、工业和信息化部(以下简称“四部委”)于2009年联合启动了“十城千辆节能与新能源汽车示范推广应用工程”(简称“十城千辆”工程)，随后财政部和科技部又联合发布了《节能与新能源汽车示范推广财政补助资金管理暂行办法》。国务院于2010年将新能源汽车产业确定为战略性新兴产业之一。2012年年底，首轮“十城千辆”工程试点城市推广结束后，“四部委”继续发布《关于扩大混合动力城市公交客车示范推广范围有关工作的通知》，将首批25个节能与新能源汽车示范推广城市扩大到全国所有城市。

北京市是首批进入“四部委”“十城千辆”工程的试点城市之一，近年来也陆续制定和出台了多项制度和政策，推动新能源汽车在北京市的发展。例如，北京市科委联合市发展改革委、经济信息化委、财政局等14家单位建立了新能源汽车联席会议制度，定期召开联席会议，研究、部署、协调北京市新能源汽车的研发、生产、示范运营、市场化推广等。2011 年，北京市出台了《北京市纯电动汽车示范推广市级补助暂行办法》，明确了纯电动汽车市场补助标准、电池租赁费用及充电服务费用等。2014 年，北京市的各项相关政策更是密集出台，不仅涉及财政补贴，而且覆盖了购车摇号、公共和自用充电桩建设、示范运营等多个环节，同时还在怀柔、昌平、密云、大兴等地布局新能源汽车的研发和生产。

尽管中央和各地方政府的密集政策和大力补贴有力地促进了新能源汽车产业的发展，然而，由于新能源汽车市场发展过程中面临价格高、技术尚不成熟、可选产品不多、配套基础设施不完善等一系列制约因素，其实际情况并不乐观。工业和信息化部数据显示，截至 2014 年年末，我国新能源汽车的保有量累计 10 万辆，与国务院《节能与新能源汽车产业发展规划(2012—2020年)》提出的“2015 年纯电动汽车和插电式混合动力汽车市场保有量计划达到 50 万辆以上”目标差距较大。地方发展以北京市为例，截至 2014 年年底，北京市新能源汽车的保有量累计 1.3 万辆，离其“2015 年新能源汽车应用规模 10 万辆”的规划目标相差甚远。

二、新能源汽车产业市场化发展的“市场失灵”与“系统失灵”

新兴产业在自身尚未达到市场化推广的成熟程度之前，市场不会主动进行产品的供给和消费，产业链上下游企业之间的合作也存在不顺畅、不匹配的情况，因此“市场失灵”与“系统失灵”在新能源汽车这个尚未成熟的新兴产业市场化进程中必然存在。

(一)“市场失灵”

新古典经济学在“完全竞争”的假设下建立了均衡理论。均衡理论认为，在一系列理想化假定之下，完全竞争的市场经济可以实现对经济资源的配置最有效率，此时整个经济达到一般均衡。然而，市场经济本身并不完备。市场机制实际上是一只“看不见的手”，推动着人们往往从自利的动机出发进行生产和消费的选择。但是个体最优的选择结果并不一定带来整体最优，尤其是存在经济外部性的情况下，产生“市场失灵”是趋利动机所致。

新能源汽车正是这样一个产业。推广新能源汽车最大的意义，就在于对环境的保护和石油资源的节约。但是，对于消费者而言，使用新能源汽车，将承担着技术不成熟、购置不经济、使用不方便的风险；对于汽车制造商来说，由于新能源汽车相关的基础研究和核心元件(如电池)技术尚不成熟，开发新能源汽车不仅意味着巨额研发投入和较大的技术风险，而且意味着大规模的生产线购置和布局调整。在产品竞争性不及传统燃油汽车的情况下，对生产企业而言，研发、生产新能源汽车无疑是一项“高风险，低收益”的投资。这样，新能源汽车产业在研发和消费两个环节都存在较大的外部性。也就是说，相关的生产者和消费者承担了较大的成本，产生的收益（环保和节能）为社会所分享。由此，在完全市场竞争下，将几乎没有厂商和消费者主动选择生产和使用新能源汽车。换句话说，仅仅依靠市场机制难以推动新能源汽车产业初始阶段的发展，从而导致“市场失灵”。

（二）“系统失灵”

演化理论将事物的发展视为一个多因素相互作用的复杂系统过程，认为创新是一个不断累积的复杂过程，创新主体是由企业、科研机构、学校、中介机构和用户组成的复合体。当创新系统各机构之间不能实现有效配合时，便出现了“系统失灵”，主要表现在系统的行为者之间缺乏相互的配合。例如，科研机构的基础研究和企业的应用性研究不匹配，研发联盟之间的技术合作不顺畅，各行为者之间的信息沟通和技术转移的阻力较大等，导致技术创新的效率较低。弥补“系统失灵”的政策工具应定位于如何促进创新系统的有效运行，通常包括促进各创新主体之间的合作、提高企业的技术能力和吸收能力、增加知识产权保护力度、降低创新活动的交易成本等。

新能源汽车市场化的发展也可以从系统论的角度去观察和解释。例如，在研发领域，新能源汽车行业中存在许多技术联盟。比如 2010 年成立的“央企电动车产业联盟”，联合了长安、东风、一汽、上汽、普天、国家电网、中石化、中海油等多家跨行业企业，旨在加强新能源汽车关键、共性技术的联合研发。新能源汽车产业的市场推广更是一个系统工程。比如公共和私人充电设施的建设，就涉及汽车企业、电网公司、物业公司、房地产开发企业的合作；新能源汽车组合政策的出台，需要交通部门、科技部门、财政部门、税务部门等多个政府部门的配合与相互支持。

然而，在这个系统工程中也存在着不协调的情况。例如，各企业的研发合作程度较低，研发联盟形同虚设；配套充电设施滞后，不能满足用户的需求；政府政策不够连续或不落地，补贴不到位等。即使在政府层面，也由于地方保护主义的存在，减缓了新能源汽车产业发展的进程。地方政府为了地方利益考虑，往往会构建一定的进入壁垒，为非本地品牌进入本地市场设立一定障碍（如设置“新能源汽车车型目录”），非目录产品不能进入本地市场，不能上本地车牌，不能享受财政补贴等。“目录”虽然保护了本地企业的利益，却造成了新能源汽车地区市场中事实上的不公平竞争，一定程度上制约了有竞争力的产品和企业的发展。这不仅限制了当地消费者的选择，而且不利于我国新能源汽车产业的整体技术发展。

三、政府消解“双失灵”的作用机理

消解新能源汽车产业市场化发展中的“市场失灵”和“系统失灵”，需要政府进行干预。针对新能源汽车产业政策的实施，需要结合新能源汽车市场化机制就消解“双失灵”的有效性进行经济可行性分析。

(一)消解“市场失灵”

造成“市场失灵”的主要原因，在于企业因投资新能源汽车使得产品成本增加而面临市场竞争的挑战。怎样才能促使企业自愿生产新能源汽车以降低其对环境的负外部性影响，是政府与社会共同面临的问题。这需要通过实行环境成本内部化来破解该问题，即通过由企业承担环保投资成本，部分乃至全部消解原来由社会公众和政府承担的因环境污染所导致的环境成本，达到降低或消除污染、净化保护环境的目的。对于新能源汽车的市场化问题，可以基于环境成本内部化视角，从政府和企业双向互动角度出发，探讨政府规制—激励政策与企业投资环保产品(新能源汽车)经济可行性之间的关系。本文借鉴丁慧平等人的研究方法，对环保产品的经济政策进行分析，探析环保投资的经济可行性。

企业期望能通过环保投资获得收益(如节省排污处理成本或增加销售收入)，但因环保投资致使产品成本增加而面临市场竞争的挑战。为使环保产品(新能源汽车)在市场上与非环保产品(传统燃油汽车)具有同等的竞争力(消解“市场失灵”)，政府一方面要对非环保产品实行规制政策，如征税和罚金，另一方面也要对环保产品实行激励政策(如减免税和补贴)，以此来促进企业自愿生产环保产品以降低对环境的负外部性影响。

在竞争市场环境下，所有市场参与者都是价格的接受者，通过边际成本分析，可以考察政策干预对企业行为的影响。图 1 和图 2 分别表述了非环保产品和环保产品的边际成本分析。如图 1 所示，实线表示政府实行政策干预之前非环保产品的边际成本，为了使环保产品在经济上可行，政府对非环保产品实行征税和罚金，使其承担因污染环境造成的损失，由此非环保产品的边际成本曲线相应上移，其上移的程度取决于规制政策的力度大小(如虚线所示)。图 2 中实线表示环保成本的边际成本(市场失灵状态)，由于生产环保产品需增加额外环保投资及运营成本，边际成本较高，为鼓励企业生产环保产品，政府采取激励性货币政策(补贴)以降低环保产品的边际成本，使其边际成本曲线下移，其下移的程度取决于补贴数额多少(如虚线所示)。

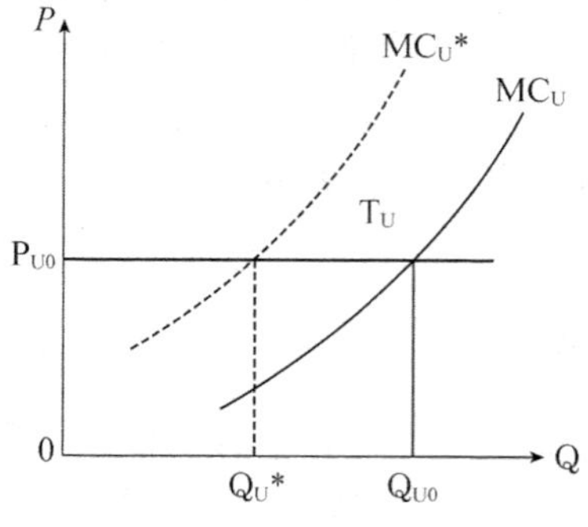

图 1　非环保产品的边际成本分析

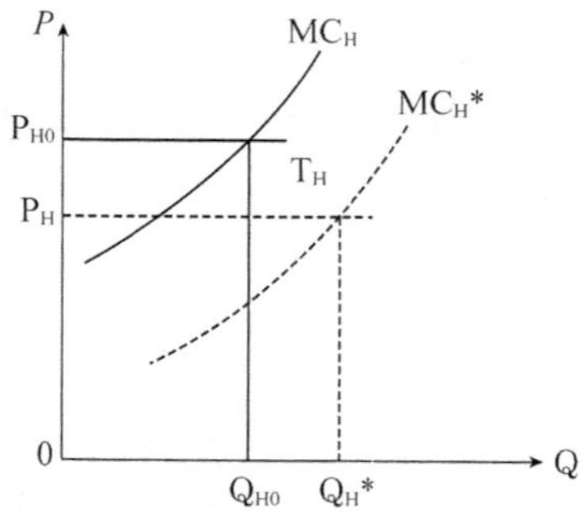

图 2　环保产品的边际成本分析

随着新能源汽车市场化的逐步推广，政策效果逐步显现，新能源汽车产品将逐步为公众接受，经过市场渗透销售量得到增加，商业风险随之降低。销售收入增加达到一定规模时，收回投资直至盈亏平衡，此时政府的激励政策退出，新能源汽车投资项目过渡到增长阶段，其经济可行性得以实现。

(二)消解“系统失灵”

作为一个新兴产业，新能源汽车从产品研发到市场推广，都涉及诸多主体的参与和协作，包括整车制造商、零部件制造商、科研机构、电网公司、房地产开发公司、小区物业、小区居民、用户，等等。如果各参与主体之间的配合不顺畅(如整车制造商与零部件制造商不能协同研发，电网公司或物业管理部门对安装充电桩的积极性不高等)，则造成整个系统低效运行，减缓产业发展速度。此时，如果政府通过相关政策或措施协调系统各参与主体之间的行为，则可以提高系统演化发展的效率。

本文将政府在解决新能源汽车产业发展“系统失灵”中的角色概括为：产业发展环境的构建和维护者、创新产品的首购者以及市场推广的协调者。

第一，产业发展环境的构建者和维护者。政府通过制定产业发展目标和规划，启动产业的发展，而企业进入该产业发展的动力，也取决于政府推行产业目标的力度。同时，政府可通过制定相关政策，搭建研发平台，促进企业之间的研发合作，提升研发能力。基础设施建设也是新能源汽车推广中的重要环节，政府通过合理规划基础设施布局和基础设施建设方案，使基础设施建设有法可依、有章可循，则能够提高各参与方合作的效率。

第二，创新产品的首购者。相对于传统汽车而言，新能源汽车属于技术尚不够成熟的新产品。政府公共部门带有鼓励性质的首先购买，维持生产企业基本的收入和利润水平，在一定程度上可以降低创新的风险，鼓励企业的研发。同时，公共部门作为用户还可为企业提供用户信息，包括需求信息、对产品的性能要求、改进建议等，从而提高制造商的研发能力，加快产品创新。公共部门的消费也带动了充电基础设施的建设，为新能源汽车向私人领域推广奠定了基础。

第三，市场推广的协调者。新能源汽车产业体系中涉及的主体众多，各主体之间在合作中存在着大量的交易成本，包括搜寻成本、沟通成本、谈判成本等。较高的交易成本降低了新能源汽车购买、使用的便利性。政府可通过积极引导来协调各方的利益及合作关系，降低信息不对称程度，促进新能源汽车的市场化推广。

可以看出，在新能源汽车产业体系中，政府的角色和作用可从不同层面帮助解决产业发展中存在的关键问题，从而有助于加快产业发展的进程。

四、政府消解“双失灵”的政策实践：以北京市为例

从“市场失灵”和“系统失灵”的动因出发，政府对新能源汽车产业的扶持政策应注重于技术研发和市场推广两个方面。

(一)技术研发方面的政策安排

对于新能源汽车而言，技术成熟度是影响产品竞争力的决定性因素。尽管技术研发支持政策的作用不会立竿见影，但却至关重要。

《北京市“十二五”时期汽车产业发展规划》中提出：“加大研发投入，通过自主开发和引进、消化、吸收再创新等多种方式，重点突破电池及其管理系统、电机及其控制系统、整车控制系统等领域的核心技术，抢占技术高点。”为带动企业研发，北京市政府给予了大量的研发补贴。例如，2010 年，北京市科委设立节能与新能源汽车专项，投入近 2 亿元科技经费；2011 年北京市财政累计安排资金 2.85 亿元，用于新一代信息技术、高端装备制造与新能源汽车等领域关键技术的研发。

除了资金上的支持，北京市政府还发挥系统协调作用，引导不同部门之间在研发方面建立合作关系。如 2014 年出台的《北京市电动汽车推广应用行动计划》中提出：“持续加大科技创新及产业化力度，引导产学研用紧密合作，重点提升动力电池、驱动电机、整车电控等关键核心技术水平，支持新型动力电池开发，加强共性技术平台的建设。”产学研合作模式在新能源汽车关键技术研发过程中十分重要，尤其是北京市具有很强的高校资源优势，通过政府引导企业与科研机构、高校进行研发合作，企业发挥自己对市场需求的了解优势，高校和科研机构利用自己的科研能力，可以提高资金利用效率和科研产出成果。

这些政策在一定程度上缓解了研发领域的“市场失灵”和“系统失灵”。一方面，政府在研发方面的资金投入，补充了企业的研发资金，政府采购和对基础设施建设的支持也间接降低了研发投资的风险，从而提高了企业研发的积极性；另一方面，政府在研发系统协调方面的行为，促进了新能源汽车产业的企业合作，降低了研发合作的交易成本，从而推动新能源汽车技术的发展。

(二)市场推广方面的政策安排

与技术研发方面的支持政策不同，市场推广方面的政策安排能够在短期内起到推动新能源汽车销量增长的作用。2014 年北京市新能源汽车销量远高于前几年，与当年密集出台《北京市电动汽车推广应用行动计划(2014—2017年)》《北京市示范应用新能源小客车管理办法》《北京市示范应用新能源小客车财政补助资金管理细则》等市场推广政策有着密切联系。这些政策涉及新能源汽车购车补贴、充电桩设施建设补贴、市场推广计划等方面。

除了制定政策之外，北京市政府还采取了其他的措施，以促进新能源汽

车的市场推广。例如制作充电桩电子地图，联合车企举办充电体验活动等。

这些政策和措施在一定程度上降低了新能源汽车产业消费领域的“市场失灵”和“系统失灵”。一方面，高额的财政补贴降低了消费者的购置成本，价格杠杆撬动了潜在的市场需求；另一方面，政府对于充电基础设施建设方面的支持与协调，推动了充电桩的建设。政府组织的体验活动、示范运营等，也培养了新能源汽车的消费市场认知度和消费意识，在推广新能源汽车市场化的系统工程中，起到了“助推器”和“润滑剂”的作用，从而有力推动了新能源汽车的市场发展。截至 2014 年年底，北京市推广的新能源汽车累计 1.3 万辆，其中，仅 2014 年就达到 8050 辆，超过 2008 年到 2013 年的推广总和，占 2014 年全国新能源汽车销售总量的 11%。

五、推动我国新能源汽车产业发展的对策

从以上分析可以看出，目前我国中央和地方政府出台的各类扶持新能源汽车产业发展的政策，在一定程度上弥补了该产业发展过程中出现的“市场失灵”和“系统失灵”，促进了新能源汽车在我国的快速发展。然而，鉴于目前新能源汽车产业的发展现状与政府的规划之间仍存在较大差距，为进一步推动我国新能源汽车产业稳步发展，本文提出如下对策：

(一)扶持政策多头并进

财税激励(政策补贴)是解决“市场失灵”的重要手段之一，能够刺激消费者购买和厂商生产。同时，作为价格引导信号，补贴政策也带来了如下值得思考的问题：推动新能源汽车市场化的首要目标，究竟是解决环境污染，还是带动产业发展？究竟是先培育市场，还是先培育技术？如果是环境目标优先，应该允许更多的新能源车型进入补贴范围，增加消费者的选择，鼓励消费者的购买。但这可能导致大量的外国厂商进入中国市场，重蹈传统汽车“市场换技术”的覆辙，不利于自主品牌的培育和发展。如果是产业发展目标优先，则必然鼓励最有利于促进产业发展技术路线和产品优先发展，而这些技术和产品未必是当前市场最为接受的性价比最优的产品，于是新能源汽车市场推广的速度可能降低，影响环境目标的实现。

政府政策导向应从消费引导和公务采购两方面发挥作用。一方面，顺应市场需求，对个体消费进行适度补贴，鼓励新能源汽车消费；另一方面，推行政府采购，对市政管理用车、政府公务用车、公共交通用车实行新能源汽车购买政策，以扩大规模效应，降低成本与促进销量形成良性循环。同时，要强化节能减排政策导向，促进电动汽车研发，突破电池技术瓶颈，为电动汽车大规模市场扩散进行技术准备。

(二)制定切合实际的产业发展目标

我国新能源汽车实际发展状况与目标差距较大，一方面是因为新能源汽

车技术和配套设施尚不够完善，需要进一步提升；但另一方面也反映了产业发展目标偏高。事实上，我国当前新能源汽车的发展规模现状与世界主要国家基本同步。如从全国新能源汽车销售数量来看，我国 2014 年销售 7.48 万辆，仅次于美国的 11.87 万辆，远高于法国的 1.4 万辆和日本的 1.66 万辆。从新能源汽车销售占汽车销售总量的比重来看，中国和美国 2014 年分别为 0.32%和 0.73%，2013 年日本、德国和法国分别为 0.51%、0.23%和 0.78%，尽管我国低于除德国之外的其他国家，但差距不大。

如果我国改变财政补贴过度偏向纯电动汽车的政策导向，同时发展插电式混合动力汽车，这个比例可能会迅速提高。因此，政府应该根据市场的接受程度合理制定发展目标，避免过度的财政补贴刺激，遵循经济效率原则。

(三)合理规划充电基础设施建设

充电基础设施的建设应当比电动汽车的发展适度超前，相当数量的充电基础设施是保证电动汽车正常运营的前提，是促进新能源汽车产业化发展的铺垫。我国要合理规划和扶持新能源汽车充电基础设施的建设，加大投入，为推广电动汽车打好基础。同时，要完善和实施支持新能源汽车商业化运营的激励性政策，对电动汽车充电实行优惠电价，降低其使用成本。

(四)破除地区壁垒

从全局最优的角度出发，地方政府应当取消新能源汽车补贴目录，构建公平的竞争环境，最大限度促进新能源汽车的市场化进程。事实上，工业和信息化部正在进行地方保护政策的清理，建立全国统一的新能源汽车发展目录。在中央政府部门的要求下，地方的保护主义政策也正在松动。例如，北京市科委在公开场合表示，按照中央的要求，北京市新能源汽车准入方式正在改变，现在主要采用车型备案制，车型只要备案就可以在北京销售、上牌，而政府则会加强事中、事后的监管。

参考文献

[1] 王晓蓉、贾根良：《“新熊彼特”技术变迁理论评述》，《南开经济研究》，2001 年第 1 期。

[2] 刘倩、丁慧平、侯海玮：《供应链环境成本内部化利益相关者行为抉择博弈探析》，《中国人口·资源与环境》，2014 年第 6 期。

[3] Huiping Ding, Mingfeng He, Chao Deng, Lifecycle Approach to Assessing Environmental Friendly Product Project with Internalizing Environmental Externality, *Journal of Cleaner Production*, Vol. 66, March 2014.

[4] 蓝朝晖、刘洋：《北京新能源汽车市场推广“破冰”》，《北京商报》，2015 年 2 月 17 日。

（作者：丁慧平　北京交通大学教授
何　琳　北京交通大学副教授）

项目名称：构建支持北京大气污染治理的绿色金融体系研究
项目编号：13JGB024
项目负责人：郭红玉
项目信誉保证单位：对外经济贸易大学

商业银行绿色金融：国际实践与经验借鉴

自20世纪70年代，发达国家经济发展与环境保护之间的矛盾日渐明显。在社会呼声和国际机构的推动下，世界银行、联合国等先后以公约、协定等形式出台多种环境保护政策和规定，各国政府也积极响应并推行金融的绿色改革。银行业作为金融中介服务机构，因其内部运作对环境的直接影响相对较小而对环境问题反应较滞后。但作为资金的主要融通者，银行业对环境的间接影响巨大，既可以成为环境保护的重要力量，又可以成为环境破坏的资金提供者。商业银行自身也面临因环境问题而导致的贷款损失风险和声誉风险。因而，在制定绿色金融政策、创新绿色金融产品与服务方面，部分发达国家商业银行已不断增加资源投入。经过数十年的发展，发达国家商业银行在绿色金融领域已占有先机，其在战略高度上重视环境问题并将绿色金融理念与环境要求尽量融入银行政策制定、组织结构、业务操作流程等日常经营活动中，积累了丰富的实践经验。

中国银监会于2012年2月颁布了《绿色信贷指引》，要求银行在环保理念、政策制度、组织管理、流程管理、业务创新、内部控制和信息披露等方面加强环境和社会风险管理及对绿色经济发展的支持。商业银行开展绿色金融业务，既是落实监管部门的要求，也是国内银行金融机构拓展市场、提升声誉的重要途径，更是银行自身可持续发展的内在要求。本文以花旗银行、摩根大通银行、汇丰集团、瑞穗银行、渣打银行、荷兰国际集团、荷兰银行为代表，研究和总结发达国家商业银行绿色金融理念、政策与管理实践，为我国商业银行开展绿色金融业务提供借鉴。

一、发达国家商业银行绿色金融理念与政策

绿色金融，又称环境金融，根据 José Salazar (1998)最早提出的定义，是指金融业根据环境产业的需求而进行的寻求环境和生物多样性保护的金融创新。虽然在 José Salazar 之后，学者们对绿色金融进行了不同的诠释，但其核心要点都是通过金融机构的管理政策与业务运作实现环境保护和金融机构的

可持续发展，进而实现经济的可持续发展。环境保护与可持续发展理念是金融机构开展绿色金融的起点。代表性银行秉承可持续发展理念，高度重视环境保护并将绿色金融视为其发展机会，在其发展战略中不同程度纳入环境与社会问题。除了接受国家相关协定或倡议，如瑞穗银行签署日本“21 世纪金融行动原则”，花旗银行和摩根大通银行在煤炭融资中执行低碳原则，7 家银行都致力于推行要求更高的国际准则和良好实践（这些国际准则都属于自愿性协定或倡议），如联合国环境规划署金融行动（UNEPFI）、赤道原则（EPs）与联合国责任投资原则（PRI）。部分银行开展业务时甚至也会考虑其合作对象是否签署 PRI 或类似的可持续倡议，如荷兰银行宣布 2014 年的目标之一是仅与签署 PRI 或类似可持续倡议的外部经理人合作。

可持续性银行最高倡议——赤道原则（EPs），是金融机构采用的用以确定、评估和管理项目所涉及的环境和社会风险的行业基准。赤道原则与赤道银行国际银行界在绿色金融领域的重要进展，也是发达国家商业银行所遵循的主要原则，因此是否是赤道银行也成为绿色银行的一个重要评判标准。赤道原则于 2003 年提出后，国际赤道银行迅猛发展，截至 2014 年 10 月，已有 80 家金融机构（分布于 34 个国家）正式承诺采纳 EPs（覆盖新兴市场超过 70% 的国际项目融资），主要分布在欧美地区（见图 1）。欧洲共有 34 家（42.5%），其中英国和荷兰各 6 家；北美共有 14 家（17.5%），其中美国和加拿大分别有 5 家和 7 家；大洋洲只有澳大利亚的 5 家金融机构采纳了赤道原则。亚洲地区较少，只有 7 家（8.75%），且主要分布于日本（3 家），我国只有兴业银行[①]接受了赤道原则。环境可持续理念在欧美银行界相对领先，而在包括我国在内的发展中国家银行金融机构不是很普及。

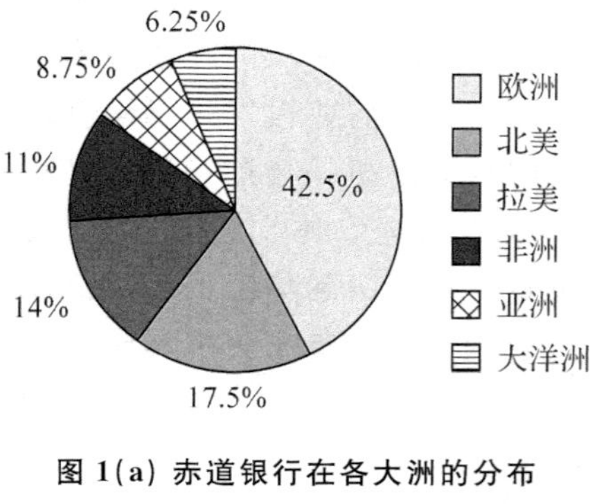

图 1(a) 赤道银行在各大洲的分布

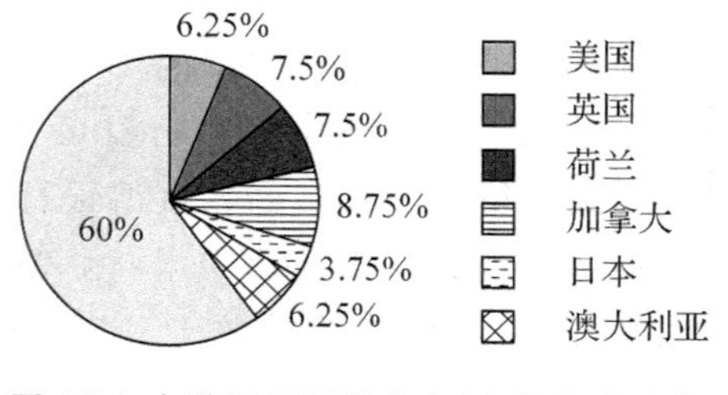

图 1(b) 赤道银行国别分布(主要发达国家)

资料来源：赤道原则官方网站

① 兴业银行是国内绿色金融的先行者，在该领域已取得显著成绩。截至 2013 年 12 月底，兴业银行共对 794 笔项目开展赤道原则适用性判断，所涉项目总额约 11181 亿元，其中认定适用赤道原则的项目融资共计 180 笔。

积极与国际准则接轨一方面向社会传达了一个积极的信号，即银行在关注自身发展的同时，积极承担环境和社会责任，努力建设绿色银行，这有利于提升银行的形象和声誉，获得更多的国际合作机会；另一方面为银行绿色金融政策和方针提供了基本依据，代表性银行依据包括赤道原则在内的一系列国际标准都已制定了自己的环境和社会风险管理的指导性原则(总体政策)。在总体政策的指引下，代表性银行针对能源、国防、林业等特殊的环境敏感行业制定了政策界限明显、行业覆盖面广的行业政策。其中，渣打银行制定了涵盖林业、水资源、国防等在内的20个环境敏感行业的可持续发展信贷政策，行业准入标准详细，行业覆盖面甚广。瑞穗银行虽未另行制定环境与社会风险管理政策，但其在信贷管理过程中直接融入了环境与社会风险管理方法。总体政策和行业政策的公开增加了政策的透明度，有利于政策的执行和加强外部监督与约束。各银行在提升自身业务水平的同时，帮助客户改善其在环境和社会问题方面的表现，对于存在较高潜在环境与社会风险项目，积极与客户进行沟通并紧密合作，共同管理潜在环境和社会风险。

二、发达国家商业银行绿色金融业务创新

绿色金融将金融服务与产品创新和环境保护有机结合起来，拓宽了商业银行金融产品外延和金融服务范围，为银行业开辟了金融创新的全新领域和巨大发展空间。发达国家银行已充分认识到绿色金融产品和服务带来的商业机会和价值。目前，本文选取的7家银行拥有的绿色金融产品和服务涉及清洁技术、可再生能源、能效融资(如住房抵押贷款和房屋净值贷款)、环保储蓄、环保技术租赁、碳融资与排放交易、环境投资基金、环境基础设施投资基金、小微融资、绿色金融产品与服务咨询等，涵盖能效提高、新能源和可再生能源开发利用、碳减排、污水处理与治理等众多项目类型，涉及能源、建筑、交通、工业、国防等各个主流行业。汇丰银行、摩根大通银行和荷兰银行在碳融资和排放交易方面非常活跃，通过提供各种碳金融产品实现了银行盈利和温室气体减排的双重目标。荷兰国际集团向经荷兰政府认定的环境友好项目提供贷款，涉及领域包括可再生能源、土壤治理、自然保护、生态农业等，将环境标准嵌入投资流程，向各类基金和私人银行客户提供可持续投资组合管理方案，帮助客户筛选、监测投资对象。花旗银行旗下的金融子公司针对中低收入顾客推出的结构化节能抵押产品，将省电等节能指标纳入贷款申请人的信用评分体系。

发达国家银行绿色金融产品与服务范围相当广泛，在零售和批发、贷款和存款等银行基本业务领域都进行了创新，普通银行业务所能涉足的领域，绿色金融业务几乎都会涉足，逐渐实现全覆盖。在服务对象上，代表性银行也不仅仅局限于向大型企业、大型项目提供绿色金融产品和服务，还积极向

小微企业、个人和家庭进行推广。在规模上，绿色金融产品和服务规模不断扩大。截至2013年年末，荷兰国际集团个人(家庭)抵押贷款和其他形式的贷款占总资产的41.3%，2013年可持续总资产增长了14.8%(包括保险资产共8.45亿欧元)。

三、发达国家商业银行绿色金融管理

(一)注重绿色运营管理

代表性银行积极管理自身运用中的环境足迹，通过明确设立总体绿色运营目标、采取内部环境管理手段、引进先进技术减少自身日常经营中温室气体排放及能源消耗。花旗银行为此专门设立物业服务机构(Corporate Realty Services)以管理运营中的环境足迹并对其目标负责。2010年，花旗银行计划在2015年之前(以2005年为基年)实现温室气体(GHG)减排25%，垃圾减排40%，用水节约20%，能源使用效率提升20%及15%全球不动产投资达到LEED认证标准①。为实现上述目标，花旗银行将其温室气体排放划分为直接、间接及第三类(包括员工公务出行及其项目融资下的火力发电厂二氧化碳排放)，采用“投资、改善、创新”三管齐下的方法减少温室气体排放，通过利用循环能源、提高设备利用率并推行桌面标准化计划(DSI)、利用技术创新等措施提升能源效率，实现水资源节约、垃圾减排及降低建筑物对环境的影响。通过持续的努力，花旗银行已于2013年提前完成温室气体以及垃圾减排目标，节约用水、能源使用效率、全球不动产投资达到LEED认证标准目标分别完成了46%、72%及66%。

(二)建立环境和社会风险管理体系

1. 成立专责机构并赋予相应权限

代表性银行绿色金融业务最终都由董事会层面②负责，如渣打银行可持续发展问题由品牌和价值观委员会(包括董事长和集团首席执行官在内)全面负责，荷兰银行由董事长最终负责。董事会层面负责确定绿色金融发展战略，审批高级管理层制定的绿色金融目标和提交的绿色金融报告，是确保将绿色金融上升到战略高度、进行长远规划的一种必要的制度安排。其他专责机构，如汇丰集团董事会专设可持续发展委员会，花旗银行设立环境和社会政策审查委员会专门负责指导环境可持续性事务。环境与社会风险的具体管理主要

① LEED(Leadership in Energy and Environmental Design)是一个评价绿色建筑的工具，其宗旨是在设计中有效地减少环境和住户的负面影响，目的在于规范一个完整、准确的绿色建筑概念，防止建筑的滥绿色化。

② 董事会层面指整个董事会，或某位董事会成员，或董事会成员参加的委员会。

由环境与社会风险团队[①]和环境与社会风险专家负责。环境与社会风险专家的主要职责是就环境与社会风险问题向一线信贷员提供初步建议，并决定是否需要专职环境与社会风险管理团队提供进一步的指导。将可持续发展绩效与高管业绩考核挂钩，并合理激励所有员工为银行的环境和社会业绩做出自己的贡献，是代表性银行推动和创新绿色金融业务的普遍做法。

2. 严格的贷前审查和贷后监控

在环境与社会风险初评中，由业务前台确定项目是否在银行排除清单上并对项目进行风险分类，代表性银行不为排除清单内的项目或客户提供贷款。“高风险”项目则需环境与社会风险管理团队进行进一步的详细审查，以全面、准确和客观地评估项目可能造成的社会和环境影响与风险，借款人是否拥有完备的缓解和纠错措施及顺畅的投诉机制，是否进行充分的信息披露。若银行与客户积极进行沟通并采取一系列风险规避措施后，风险敞口仍未降至可接受的水平，代表性银行都会拒绝提供贷款。虽然环境与社会风险不是银行提供贷款与否的唯一影响因素，但代表性银行都实行了环境与社会风险一票否决制。贷款发放后，代表性银行通常每年(至少)对环境与社会合同进行合规性审查，未能达到合同要求或基本达到要求的客户将会面临更严格的监督。此外，对环境与社会风险管理绩效和体系进行内部审计也是确保金融机构进行充分的尽职调查及遵守相关政策的必要手段。

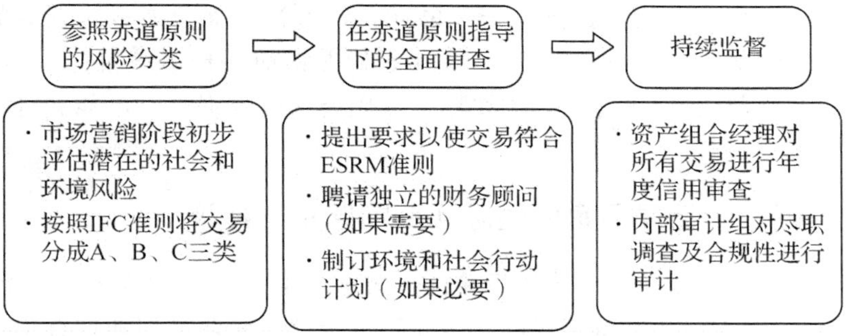

图 2　花旗银行 ERSM 评审过程

资料来源：根据花旗银行可持续发展报告整理

花旗银行作为赤道原则的创始金融机构之一，于 2004 年建立了自己的环境和社会风险管理(ESRM)标准，用于管理客户活动以及项目融资中的环境和社会风险。图 2 描述了花旗银行 ERSM 体系的评审过程，主要包括风险分类、全面审查以及持续监督三个重要环节。完善的环境与社会风险管理体系和严格的信贷审批流程使更多花旗银行员工认同并参与到绿色信贷产品与服

① 一般都设置在银行总部，规模从 2 名到 8 名全职人员不等，如摩根大通银行的全球环境和社会风险管理(GESRM)团队有 7 名成员。

务的开发创新活动中。

3. 健全信息披露机制

全球报告倡议机构(GRI)的《可持续发展报告指南》(G3.1 版)是代表性银行年度可持续发展报告的编写依据。部分银行披露的信息比要求的内容更多，如花旗银行、摩根大通银行、荷兰银行对项目融资情况的披露比赤道原则 10 项报告内容要求的更多，不仅对外公布按风险类别分类的交易情况，还公布按照行业和地区细分的交易数。自愿披露提高了信息披露的有效性，共同的信息披露指导原则使得各银行信息披露口径较一致，有利于进行横向比较。除了瑞穗银行和摩根大通银行，其他银行的报告均经过第三方独立机构鉴证，并在其年度可持续发展报告中公布结果。如花旗银行、荷兰国际集团、荷兰银行的社会责任报告由毕马威会计师事务所审验。汇丰银行、花旗银行不仅通过发布可持续发展报告披露自己在可持续发展上的进展，还积极鼓励其利益相关者加强环境与社会信息披露。

(三)积极应对气候变化及其他环境挑战

积极应对气候变化及其他环境挑战，是代表性银行对因环境和社会问题而带来的机遇进行的管理。代表性银行均是全球性重要金融机构，在应对气候变化及其他环境挑战的行动中扮演着重要的角色。2007 年，花旗银行承诺在 10 年内投放 500 亿美元用于缓解气候变化。近几年，花旗银行凭借其业务能力及专业知识，在关注自身碳资产的同时，重视环保节能减排领域的融资服务，以 539 亿美元的投资额于 2013 年超额并提前实现了该目标。2013 年，花旗银行共投放资金 88 亿美元主要用于太阳能、能效提升、风能和可再生能源领域。

四、商业银行绿色金融国际实践的启示与建议

发达国家商业银行已充分认识绿色金融所产生的有形(如财务)和无形(如声誉)效益，其在绿色金融领域的实践证明了绿色金融业务创新符合银行经济和非经济效益目标。我国商业银行应积极探索绿色金融业务，借鉴发达国家经验，把握绿色金融这一未来发展新契机。

(一)秉承绿色金融理念，积极采纳国际准则

我国商业银行对绿色金融的探索已有近十年时间，主要银行金融机构已在运营中积极关注环境与社会风险，其中兴业银行于 2008 年 10 月正式宣布接受赤道原则，成为中国首家也是迄今唯一一家实施赤道原则的金融机构。但是，中国各商业银行的关注重点大多为环境风险规避，而非环境保护所带来的机会与价值，故其针对环境问题很大程度上采取的是防御性措施。绿色金融理念的树立是金融机构积极开展绿色金融业务的起点。国内商业银行应秉承可持续发展理念，高度重视环境保护并将绿色金融视为其发展机遇，将

环境问题纳入其发展战略中。除了接受国家相关协定或倡议，还应致力于推行要求更高的国际准则和良好实践，如联合国环境规划署金融行动、联合国责任投资原则、赤道原则等，特别是赤道原则。积极与国际准则接轨可为国内商业银行绿色金融政策和方针提供基本依据，国内银行可以把国际准则与自身情况相结合，制定切合自身实际的绿色金融总体方针，并据此针对能源、国防、林业等特殊的环境敏感行业制定行业政策，有针对性地管理环境和社会风险。虽然接受国际准则将面临更多的监督和舆论压力，可能在竞争中损失短期利益，但从长期看，更加有助于其提高声誉，在未来获得更多的业务和国际合作机会。

（二）加快创新步伐，丰富绿色金融产品与服务

目前，国内银行把绿色金融产品与服务创新的重点主要放在项目融资和基于碳资产的信贷产品上，零售绿色产品及服务的需求与供给均处于较低水平，绿色资产证券化的创新更是鲜见，绿色金融产品单一，规模较小。发达国家商业银行已推出各类绿色金融产品和服务，在保护环境的同时也很大程度上满足了以环保为导向的客户的需求。国内商业银行在创新绿色金融产品和服务的过程中，也需注重绿色金融的包容性，不仅要重视大中型企业的环保需求，对零售业务领域也要同样重视；同时，还要根据国内资本市场发展和相关法律的完善、环境的变化及国际绿色金融发展的趋势积极推进绿色金融产品与服务的创新；通过公开投入资金承诺和设定减排目标等方式推进环境保护的广度和深度，促进绿色金融产品与服务的进一步发展。

（三）提高风险管理能力，完善内部环境风险管理体系

为确保绿色金融发展上升到战略高度、长远规划绿色信贷，国内商业银行可让董事会层面负责绿色金融战略的制定与工作指导，同时设立专责部门负责分析和评估绿色金融政策和标准、开发创新绿色金融服务和产品等。专业的环境与社会风险管理团队、分散于其他部门的环境与社会风险专家及监督与审计部门相互配合，可严格控制环境与社会风险，并将高管等级和薪酬与银行可持续发展绩效挂钩，做到权责明确，激励与约束并存。通过行业分类、环境风险评估、项目筛选等加强放贷流程环境风险管理与监控，加强贷前调查、放款审核和贷后监控。同时，要提高社会责任报告信息披露的质量，积极与利益相关者沟通，为利益相关者和社会公众提供了一个监督渠道，从而加强银行的自律与外部监督，宣传绿色金融理念和提升自身形象。

（四）做好绿色运营管理，积极应对环境新挑战

国内商业银行首先要从自身做起，学习发达国家银行，设立银行总体减排目标，减少自身日常经营中温室气体排放及能源消耗，减少银行自身可能对环境产生的负面影响。具体措施有提高能源使用效率、使用可再生能源或清洁能源、发展绿色节能建筑、鼓励员工乘坐公交及构建可持续供应链等。

此外，国内银行应积极关注和参与与环境保护有关的国际国内会议，了解环境污染新变化，致力于气候变化、清洁能源、水资源以及绿色建筑等领域的研究，积极应对环境新挑战。

参考文献

[1] 宋晓玲：《西方银行业绿色金融政策：共同规则与差别实践》，《经济问题探索》，2013 年第 1 期。

[2] 陈伟光、卢丽红：《中国商业银行绿色信贷外部障碍与环境风险管理框架的构建》，《广东金融学院学报》，2011 年第 3 期。

[3] 赤道原则官方网站：http：//www. equator-principles. com/。

[4] 中国银行业监督管理委员会、世界自然基金会、普华永道：《中国银行业金融机构可持续绩效表现国际比较研究》，2013 年。

[5] 联合国环境规划署金融行动机构(UNEP FI)北美工作组(NATF)：《绿色金融产品和服务》，2007 年。

[6] José Salazar B. *Environmental finance: linking two worlds*, Presented at a Workshop on Financial Innovations for Biodiversity, Bratislava, Slovakia, 1998.

[7] Bert Scholtens. Lammertjan Dam, Banking on the Equator: Are Banks that Adopted the Equator Principles Different from Non-Adopters?, *World Development*, 2007, 35(8).

[8] Marcel Jeucken. *Sustainable Finance and Banking: The Financial Sector and the Future of the Planet*, London: Earthscan Publications Ltd., 2001.

[9] Ralph Chami、Thomas F. Cosimanob & Connel Fullenkamp. Managing ethical risk: How investing in ethics adds value, *Journal of Banking & Finance*, 2002(26).

（作者：郭红玉　对外经济贸易大学教授
代玉簪　对外经济贸易大学博士研究生）

项目名称：基于全球价值链理论的北京服务外包产业升级研究
项目编号：13JGB028
项目负责人：姜荣春
项目信誉保证单位：对外经济贸易大学

如何突破北京服务外包产业转型升级的困境

当前我国经济发展已进入服务经济主导期、经济转型和创新国际竞争优势关键期，服务外包作为其中最有活力的领域之一，不仅成为新时期驱动经济增长的重要引擎之一，也为我国转向就业型增长开创了新局面。与此同时，从最新趋势看，我国经济发展整体步入新常态日益对服务外包产业发展带来复杂而深远的影响，表现在企业经营压力持续加大，亟待“由主要基于要素投入扩张的成本导向型发展模式加快向要素投入与自主创新并行的价值导向型发展模型转变”①，产业升级问题迫在眉睫。北京作为成本较高的一线城市、最早的服务外包示范城市和国内高端服务外包业务集聚地之一，产业发展居于国内前沿，所面临的转型升级压力也最为集中和突出，因此最有希望率先实现产业升级。本文首先对北京服务外包产业转型升级的现状和最新变化趋势进行全面分析，在此基础上研究制约北京服务外包产业转型升级的主要因素，提出加快北京服务外包产业转型升级的对策措施。

一、北京服务外包产业转型升级现状与变化趋势

（一）从宏观趋势看，增速放缓且明显快于全国

北京作为中国政治、文化中心和总部经济集聚地，人才丰富，成为最早吸引在华跨国公司进行业务外包的主要目的地之一。除了在华跨国公司分支机构和央企大量集聚外，文思创新、软通动力等一批本土领军企业也快速成长起来，并通过逐步分流中低端业务，成为国内高端服务外包业务集聚地之一。当前，随着经济进入新常态，产业进入转型期，北京也最新感受到了需求放缓和成上涨带来的增长压力。

从实际承接离岸服务外包收入数据看，从 2008 年到 2014 年，北京服务外包产业收入占全国总收入比重基本稳定，规模占到全国总收入的 10%左右；

---

① 姜荣春：《服务外包产业的经济效应、国际趋势及对中国发展的思考》，《绿叶》，2011 年第 12 期，第 67 页。

收入变化趋势与全国总体变化大体一致，2011年增速最高，之前增速逐年加大，之后增速逐步放缓；2014年，全国和北京都出现较为明显的放缓迹象，但北京比全国更加显著，增速从上年的36.2%下降到10.4%，减少近25个百分点，而全国增速仍保持在23.1%，滑落不足12个百分点，北京占全国比重减少1.1%。这些数据初步表明，随着我国经济发展全面进入新常态，北京率先感受到增长压力。这一判断是否成立，仍需较长周期的观察数据。

根据商务部最新数据，2015年1—5月，我国离岸服务外包执行金额为204.6亿美元，增长速度进一步下滑至10.3%，虽然未能获得北京同期数据，但可以判断，北京服务外包产业收入增长也面临较大压力。

表1　2008—2014年北京离岸服务外包收入变化与全国总体情况比较

年度	离岸收入(亿美元)			增长率(%)		年增长额(亿美元)	
	全国	北京	北京占比(%)	全国	北京	全国	北京
2008	55.9	5.4	9.7	—	5.4	—	1.2
2009	100.9	10.5	10.4	80.5	94.4	45	5.1
2010	144.5	15.4	10.7	43.2	46.7	43.6	4.9
2011	238.3	24.5	10.3	64.9	59.1	93.8	9.1
2012	336.4	35.6	10.6	41.2	45.3	98.1	11.1
2013	454.1	48.3	10.6	35	35.7	117.7	12.7
2014	559.2	53.3	9.5	23.1	10.4	105.1	5.0

数据来源：国家商务部、北京市商务委员会、北京市服务企业协会

(二)从中观层面看，区域布局集中，产业集聚效应凸显

在政府有形之手与市场无形之手的共同作用下，北京服务外包产业集群化发展格局初步形成。2008年12月，北京市商务委员会首先认定了首批中关村科技园区海淀园、朝阳CBD等6个服务外包示范园区。此后各示范区高度重视园区建设，逐步明确了各示范区发展重点和定位，在改善发展环境、促进体系建设和搭建服务平台等方面做了大量工作。经过6年多的发展，北京已经形成了一批特色鲜明的服务外包产业园区。例如，西城区、朝阳区成为金融商务服务外包聚集地；望京科技园区成为跨国研发外包企业聚集地；中关村软件园成为博彦科技、文思海辉、软通动力等一批本土领军企业的总部基地；海淀区以离岸服务外包著称；昌平区正在成为医药研发外包的集聚地。2011年，6个服务外包示范园区离岸外包金额中占北京市离岸收入总额的81.7%，2012年为86.3%，2013年为85.3%，保持了较高水平，较好地发

挥了不同园区对产业发展转型的聚集、带动、示范和辐射作用。

(三)从微观层面看，企业两极分化趋势明显，优势企业竞争力加快提升

不同视角的研究表明，不管是从数量还是综合竞争力指标看，北京IT服务企业都稳居全国首位(姜荣春、阮小静，2012；阮小静，2014)。需求萎缩、成本上涨以及大量中低端业务向二三线城市分流，以成本竞争为主要手段的中小企业难以为继，但并没有影响到北京龙头服务企业的总体实力，反倒促进领军企业加快向创新驱动和价值竞争模式转型升级，竞争力快速持续提升。2012年，北京国际服务外包收入为35.6亿美元，前十大服务外包企业离岸收入为17.99亿美元，占北京市国际服务外包总规模的50.6%；2013年，4家服务外包企业进入全国10强，行业实力国内领先。2014年，在中国国际投资促进会发布的20家年度领军企业中，北京有6家企业入选。[①]

外资企业和跨国公司长期在北京服务外包产业发展中扮演重要角色[②]，但本土优秀企业也正在脱颖而出。以博彦科技为例，1995年成立，2012年在深圳创业板上市，此后通过加大研发力度、频繁收购和加快国际化，竞争力大幅度提升。2008年以来，其年复合增长率一直在33%以上，主营业务毛利率高达34.85%，远远高于行业内平均水平；2014年收入为15.6亿元，是上市前2011年的2.3倍；7545名员工中，93.8%为业务和技术人员，75%的员工具有本科硕士及以上学历，研发投入占营收比重高达7.9%(于红哲，2015)。除持续加大研发外，博彦科技同时加大了外延式并购发展力度，以尽快形成全产业链，加快全球化布局，2012年以来，启动一系列国内外收购，如先后收购北京王鼎大展信息、上海泓智、美国TPG、红麦聚信等公司。目前已在全球三大洲的六个国家设有超过30个分支机构和交付中心，具备全球范围的交付能力和灵活多样的交付方式，业务范围涵盖咨询、产品研发、信息技术服务、系统集成、业务流程外包、大数据，等等。博彦科技的案例表明，持之以恒通过内生式增长和外延式扩张并举的方式完全可能在严峻的增长的环境下闯出一条转型升级的新路，实现从成本导向向价值导向的价值链升级之路。

二、影响北京服务外包产业转型升级的主要因素

(一)经济因素：经济进入新常态和成本上涨、竞争加剧的影响

产业升级的实质是提升企业能力或经济体能力，使之向利润率更高、技

---

① 2014年中国服务外包领军与成长型企业榜单，http：//www.hqcbd.gov.cn/details.aspx? id=7702，2014年9月28日。其中，文思海辉位居第1位、中软国际第4位、软通动力第5位、博彦科技第7位、方正国际软件第8位、康龙化成第9位，文思、中软、软通都是连续七次入选这一榜单。

② 北京市商务委员会、北京服务外包企业协会：《北京服务外包产业发展报告》，2013年内部报告。

术更复杂和知识更密集领域转移的过程(Gereffi，1999)，因此必然是一个循序渐进的成长过程。从最新经济形势看，世界经济始终未能真正走出低迷，我国步入经济增长速度换挡期、结构调整阵痛期、前期刺激政策消化期①，三期叠加导致各行业加快融合和重组，服务外包产业也随之迎来模式调整和结构转型。2015 年一季度经济增长只有 7%，是 2009 年以来的最低点，对于已习惯高增长环境的各类企业来说，都受到前所未有的巨大挑战，融资紧张，发包量缩减。北京作为一线热点城市，一方面面临需求萎缩的市场端压力，另一方面占到生产成本 70%以上的劳动力成本仍在持续快速上涨，办公用房等综合商务成本也在小幅上涨，企业能力提升难以消化过快上涨的成本，这必然给大部分中小企业带来巨大压力，难以在短期内完成转型升级，部分竞争力不足的企业只能被兼并或离开北京。

与此同时，中西部城市和二三线城市在人力资本、软硬件基础设施建设方面快速提升，综合商务成本优势凸显，加大了对中低端业务的吸引力。例如中部中心城市武汉，自 2006 年建设光谷软件园后，又积极打造新型高水平服务外包企业聚集园区，即武汉软件新城，当前已有 IBM 公司、甲骨文公司、华中电力公司等包括世界 500 强和国内行业领军企业在内的一批国内外知名企业入驻。我们判断，由于北京的服务外包产业已进入成熟期，而中西部产业基数仍然较小，发展潜力尚未充分展示，未来这一竞争压力还将加剧。

(二)制度因素：现行法律法规及相关政策制约了服务外包产业的顺利转型

制度因素构成一个产业生态系统不可或缺的外部环境，涉及方方面面。目前，在制度环境方面，存在大量不适应服务外包产业发展的成分。一是相关法律法规不完善不健全。如发展云计算和云服务的掣肘并非技术问题，而是我国在信息安全方面的缺失。客户对于云核心系统安全性和云服务商的诚信问题存有疑虑，严重制约其对外包服务的接受度和发包意愿，导致市场对于云外包需求不足。再如公共服务外包在发达国家服务外包需求市场中占据首要组成部分，我国政府采购市场制度不成熟，导致国内外包需求不足，特别是大型项目不足。二是融资瓶颈。服务外包属于典型的“轻资产”行业，企业通常以拥有知识产权、人力资本、开发工具(软件)、品牌等无形资产为主，房屋、机器设备等固定资产所占比重较小，与以硬资产为主的制造行业相比，由于缺乏可供抵押融资的固定资产和科学合理的软资产评估体系，在融资方面面临更多瓶颈，尤其是经济下行压力下，这一问题更加凸显。三是相关税收和社保政策加剧用工成本高企。按照目前的税负和社保政策设计，服务外包从业人员属于中等收入群体，承担了过高的税负成本，间接加大了企业用

① 《中国经济面临“三期”叠加阶段性特征》，《经济日报》，2013 年 8 月 8 日，http：//news. xinhuanet. com/fortune/2013-08/08/c _ 116858168. htm。

工成本压力。四是扶持政策不力。目前，中央和各级政府实施的大量服务外包支持政策以直接性的奖励补贴为主，获取补贴的评价标准以规模和收入为主，有简单化倾向，精准性和科学性不够，在减轻部分企业负担的同时，客观上对其他企业造成了一定的歧视，导致扭曲效应和同质竞争，干扰了公正透明的商业环境，甚至导致政策阻滞效应。

此外，具体到北京来看，现行户籍政策不利于留住优秀人才。我国每年有700万大学学历以上的毕业生进入劳动力市场，这些都是从事服务外包产业的后备人才，但由于北京的户籍政策越来越紧，而服务外包企业很难解决用人指标问题，导致大量非京籍优秀人才不得不离开北京，到二三线城市就业；即使留在北京，也优先考虑能够解决户籍的其他行业，这使得北京服务外包企业难以在当地吸引到最优秀的后备人才，必然对于未来转型升级形成制约。

(三)观念和认识因素：社会各界对服务外包、服务经济本质和发展规律认识不足的制约

服务外包，特别是离岸服务外包是服务贸易的重要组成部分，而且是最有活力、最有发展前景的那一部分，发展服务外包对于贸易发展方式转型和构建国际竞争新优势具有重要意义已成为各界共识。然而，仅仅理解这一层远远不够。追根溯源，服务外包的本质是服务分工和进入市场交易。对于我们这样的经济大国来说，服务外包不仅是服务贸易的重要组成部分，实际上大量未能进入现有统计体系的服务交易是在国内进行的，因此，归根结底，服务经济的市场化和对内对外开放是其加快发展和提升水平的前提条件和基础要求。当前，社会各界对服务经济的认识存在较多分歧，相关研究长期不足，对其内在发展规律了解不够深，导致服务经济体制机制改革迟缓，对内对外开放不足和发展长期滞后，必然制约服务外包的发展。随着我国经济进入服务主导期，各界对于服务经济的关注度提高，对其本质和发展规律的研究思考逐步深入，但达成共识仍然需要一个过程。

上述制约因素有些与北京自身特性、产业发展阶段以及国家对其实施的特殊政策有关，有些则是服务外包产业升级中的共性问题，但无一例外都影响到了北京服务外包产业转型升级问题。

三、加快北京服务外包产业转型升级的对策措施

(一)创造性利用人力资本红利，加快创新驱动，走高端化道路

如前文所述，北京作为首都和一线城市，在用工和综合商务成本方面不占优势，未来竞争压力还将持续加大，中低端业务将继续加快向二三线城市和中西部地区分流。在这种背景下，北京短期内不宜把规模和增长指标作为核心关注，而要以价值创造为核心目标，坚持创新驱动，走高端化路径。只

有让市场更好地在资源配置中发挥决定性作用，主动适应产业发展需求和客观发展规律，才能尽快实现转型升级过程。

建议在创造性利用人力资本，吸引、培育和留住优秀企业，推动中低端业务合理分流以及加快服务业体制机制改革方面加大工作力度，特别是优秀人才是创新的核心和根本，尤其需要在核心人才方面下功夫。例如，户籍政策短期难以改变，能否在购房、子女入学等方面出台更灵活的创新措施，而不是简单地采用一刀切的政策，以留住产业转型升级所必需的人才。

(二)明晰作为全国和区域性总发包基地的战略定位，充分利用京津冀一体化建设契机，支持中低端业务在区域内布局

京津冀一体化战略的实施为北京主动向周边地区分流中低端服务外包业务提供了宝贵机遇。最新趋势表明，在京津冀一体化战略的带动下，河北省离岸服务外包增长快速，仅仅 2015 年 1—5 月，离岸服务外包合同金额增长了 772.9%。[①] 北京应抓住这一契机，主动强化与京津冀地区在服务外包产业发展方面的合作，同时支持企业京内业务尽快实现转型升级，吸引从事知识更密集、技术水平更高的企业入驻。由于北京高技术专业人才和创业人才更加集中，拥有更加发达的服务经济基础和知识经济基础，支持中低端服务外包业务流出并在区域内合理布局，将为知识更加密集的高端服务外包业务留出发展空间，北京将由服务承接地转型为高端服务外包承接地和中低端服务外包业务的发包地以及大型服务企业的总部基地。否则，一旦大量中低端业务在市场机制和其他地方政府的支持下流出京津冀地区，北京向高端服务外包业务集聚地全面转型将缺少业务支撑。

因此，北京应尽快明晰作为全国和区域性总发包基地的战略定位，充分利用京津冀一体化建设契机，支持中低端业务在区域内合理布局。

(三)坚持面向全球，充分利用“一带一路”建设契机，提升国际化运营水平

北京作为首都和全国政治经济文化中心，其国际化知名度和国际化水平构成其固有优势。坚持面向全球和国际市场，鼓励在京服务外包企业走国际化道路，有利于构建其区别于其他城市的独特竞争优势，而“一带一路”建设恰恰提供了这一契机。原因在于，北京作为最重要的总部基地之一，集中了大量中央企业、国有企业和民营企业的总部机构以及跨国公司区域总部，而这些企业构成参与“一带一路”建设的主体，在参与“一带一路”建设的过程中，必将对在京服务外包企业产生合作需求，从而借“一带一路”建设之便“走出去”，开辟服务外包产业持续发展的新蓝海。从 2014 年数据看，“一带一路”

---

① 《京津冀协同发展战略带动河北服务外包猛增》，《北京商报》，2015 年 6 月 30 日，http://news.xinhuanet.com/finance/2015-06/30/c_127966425.htm。

建设对服务外包产业的促进效应已有所展现。

鉴于大量中国企业将在"一带一路"建设中发挥关键角色，北京服务外包企业在与基建、高铁、工程机械、电子通信等其他企业的合作中，将掌握更多主动权，在大型项目和产业链前沿发挥重要作用，加快转型升级过程。因此，应鼓励企业走国际化道路，积极参与"一带一路"建设，提升国际化水平，实现转型升级。

(四)加强顶层设计和政策创新，将服务外包和服务经济发展问题纳入同一制度框架进行全面统筹

以知识处理和信息加工为工作对象和内容的服务外包产业与传统产业有着本质不同，很难直接借鉴传统制造业的发展经验，但它本质上是现代服务业中高端服务业的内在组成部分。因此，它所要求发展环境与服务经济和知识经济所要求的发展环境内在一致，应该从经济结构转型和发展方式转变的高度来考量服务外包产业的发展，将促进服务经济发展和服务外包产业发展纳入统一框架进行全面统筹，优化服务外包发展环境需要加强政策创新，营造更公正公平的中性公共服务政策。例如，保障知识产权、加强信息保护和诚信体系建设、探索科学合理的软资产评估体系、降低中等收入群体的用工成本等，这并非服务外包产业发展的特殊要求，而是加快服务贸易、服务经济和知识经济发展的共性要求。因此，服务外包支持政策亟待进行顶层设计、全面创新。

2015 年 5 月 5 日，国务院批复了《北京市服务业扩大开放综合试点总体方案》，同意将北京市作为服务业扩大开放的综合试点，在扩大服务业开放方面开展创新试验。服务型企业理应与制造型企业平等享有各种制度支持，应充分利用这一契机，将服务外包产业和服务经济发展纳入统一框架进行全面统筹，在优化服务外包和服务经济发展环境方面进行顶层设计，积极探索和尽快制定实施符合服务型企业发展规律的具体措施，以期不仅为突破北京服务外包产业发展闯出一条新路，也为其他地区服务外包产业的转型升级提供有益借鉴。

参考文献

[1] 姜荣春：《一带一路促进服务外包产业大发展》，《服务外包》，2015 年第 3 期。

[2] 姜荣春：《全球服务外包产业发展演进：主要轨迹、典型事实及政策建议》，《国际贸易》，2014 年第 5 期。

[3] 姜荣春、阮小静：《我国 IT 服务企业竞争力评析》，参见对外经济贸易大学国际经济研究院课题组著：《中国产业竞争力报告 2012》，北京：人民日报出版社，2012 年版。

[4] 姜荣春：《服务外包产业的经济效应、国际趋势及对中国发展的思考》，《绿叶》，2011 年第 12 期。

[5] 姜荣春：《在华跨国服务外包企业运营模式及其发展》，见杨立强、王丽丽等著：《中国外商投资发展报告(2014)——新一轮改革开放下的外商投资》，北京：对外经济贸易大学出版社，2014 年版。
[6] 阮小静：《我国 IT 服务企业竞争力研究——基于海内外上市企业数据分析》，对外经济贸易大学硕士学位论文，2014 年 6 月。
[7] 舒凯：《服务外包迈出顶层设计第一步——专访对外经济贸易大学副教授姜荣春》，《服务外包》，2015 年第 1 期。
[8] 于红哲：《中国服务外包产业升级研究——以北京市为例》，对外经济贸易大学硕士学位论文，2015 年 6 月。
[9] 北京市商务委员会、北京服务外包企业协会：《北京服务外包产业发展报告》，2013 年内部报告。
[10] Gereffi G, International trade and industrial upgrading in the apparel commodity chain, *Journal of international economics*, 1999, 48(1).

（作者：姜荣春　对外经济贸易大学副教授）

项目名称：北京都市型蔬菜产业经营体制创新研究
项目编号：13JGB040
项目负责人：张领先
项目信誉保证单位：中国农业大学

面向都市型农业功能定位的北京蔬菜产业组织绩效评价

都市型现代农业是指依托于大都市，服务于大都市，遵从大都市发展战略，以大都市统筹和谐发展为目标，以大都市需求为导向，以与现代技术融合为特征，具有生产、生态、生活等多功能性和知识、技术、资本密集特点的现代、集约、可持续农业。

北京都市型农业是要满足北京市发展的要求，发展多功能性农业，其功能定位主要为生产、生态、生活和技术推广示范。

一、基于生产功能的北京蔬菜产业组织绩效评价

基于都市型现代农业生产功能定位，北京蔬菜产业组织模式绩效主要表现为经济效率，为都市居民提供优质、无公害的蔬菜供应，增加农民收入。利用DEA方法可对不同蔬菜产业组织模式的投入产出效率进行评价，分析不同主体带动模式下的生产效率。

(一)研究方法

1. 数据包络分析法

数据包络分析(DEA)是使用数学规划模型评价具有多个输入和多个输出的“部门”或“单位”(称为决策单元，简记为DMU)间的相对有效性(称为DEA有效)。DEA方法最基本的模型是CCR模型(基于规模报酬不变假设)和BCC模型(基于规模报酬可变假设)。CCR模型可以表示为：

$$MAX\ h_0 = \frac{\sum_{j=1}^{q} u_j \cdot y_{jk_0}}{\sum_{i=1}^{p} v_i \cdot x_{ik_0}}$$

$$
\text{s. t.}\begin{cases}\dfrac{\sum_{j=1}^{q}u_j\cdot y_{jk}}{\sum_{i=1}^{p}v_i\cdot x_{ik}}=\dfrac{u_1\cdot y_{1k}+u_2\cdot y_{2k}+\cdots+u_q\cdot y_{qk}}{v_1\cdot x_{1k}+v_2\cdot x_{2k}+\cdots+v_p\cdot x_{pk}}\leqslant 1,(k=1,2,\cdots,n)\\ u_j,v_i\geqslant 0,j=1,2,\cdots,q,i=1,2,\cdots,p\end{cases}\tag{1}
$$

其中，h_0 是决策单元 DMUk0 的效率值；i=inputs (i=1，2，…，p)；j=DMUs (j=1，2，…，q)；r=outputs (r=1，2，…，q)，x_{ik}，y_{yk} 是第 K 个决策单元的投入和产出；u_j 和 v_i 是权重。如果 $h_0=1$，决策单元同时达到规模和纯技术效率有效，即综合技术效率有效。适当改动其中的参数，可得到第二个 DEA 模型(BCC)用于测算纯技术效率。

本文采用投入导向 DEA 模型来评估北京蔬菜产业的经济效率问题。

2. Malmquist 指数模型

Malmquist 指数是利用距离函数的比率来计算投入产出效率，产出导向的 Malmquist 指数可以表示为：

$$
\begin{aligned}M_i(x_s,y_s;x_t,y_t)&=\sqrt{\frac{D_i^s(x_t,y_t)}{D_i^s(x_s,y_s)}}\times\sqrt{\frac{D_i^t(x_t,y_t)}{D_i^t(x_s,y_s)}}\\&=\frac{D_i^t(x_t,y_t)}{D_i^t(x_s,y_s)}\sqrt{\frac{D_i^s(x_t,y_t)}{D_i^t(x_t,y_t)}}\times\sqrt{\frac{D_i^s(x_s,y_s)}{D_i^t(x_s,y_s)}}=\text{Effch}\times\text{Tch}\end{aligned}\tag{2}
$$

全要素生产率变化(TFPch)分解为技术效率变化(Effch)和技术进步变化(Tch)的乘积。当规模报酬不变时，全要素生产率变动又可以分解为纯技术进步效率变化(PEch)、规模效率变化(SEch)和技术进步变化(Tch)三者的乘积。

(二)数据来源与指标体系建立

目前，北京蔬菜产业组织模式主要有三类：农户个体生产模式、合作社/生产基地带动型模式、龙头企业带动型模式。通过北京市大兴、顺义、通州、昌平、房山、怀柔和密云等七个蔬菜主产区实地调研，可以获得三种模式的生产成本、产出和利润等具体数据(表 1)。

表 1 投入产出原始数据 （单位：元/亩/年）

组织模式	决策单元	投入				产出	
		直接费用	间接费用	人工成本	土地成本	产量	销售额
农户个体生产模式	1	2091	1667	48000	100	12000	36000
	2	5084	5000	48000	100	10668	26670
	3	1385	353	7950	50	20000	16000
	4	5050	2500	28800	100	24000	48000
	5	2847	689	12800	3333	20000	50000

续表

组织模式	决策单元	投入				产出	
		直接费用	间接费用	人工成本	土地成本	产量	销售额
合作社/生产基地带动型模式	6	7800	1020	8446	31	28000	22400
	7	2525	125	9450	100	20000	14000
	8	2834	1067	19200	115	12000	24000
	9	2835	917	14500	100	15000	30000
	10	4301	5000	48000	100	10000	50000
龙头企业带动型模式	11	4590	1044	4050	300	20000	40000
	12	6200	625	27000	1150	15000	12000
	13	5000	1150	28800	2500	18000	36000
	14	3500	2083	9800	100	16000	12800
	15	3502	6000	19200	115	10000	25000

投入指标分别为：直接费用(元/亩/年)、间接费用(元/亩/年)、土地成本(元/亩/年)、人工成本(元/亩/年)。2个产出指标为：产量(斤/亩/年)和销售额(元/亩/年)。选取5个样本，组成15个决策单元。

(三)不同组织模式下蔬菜生产效率实证分析

利用DEAP2.1软件对样本数据进行分析，计算结果见表2。农户个体生产模式相对效率最低(平均相对效率为0.556)，投入产出改进余地最大；龙头企业带动型模式的相对效率最高(平均相对效率为0.943)；合作社/生产基地带动型模式相对效率处于中间水平(有1个样本综合技术效率为1，平均效率为0.756)。

表2　不同组织模式生产效率评价结果

组织模式	决策单元	综合效率	纯技术效率	规模效率	规模收益
农户个体生产模式	1	0.386	0.395	0.977	drs
	2	1	1	1	—
	3	0.269	1	0.269	irs
	4	0.655	0.797	0.822	drs
	5	0.468	0.488	0.958	irs

续表

组织模式	决策单元	综合效率	纯技术效率	规模效率	规模收益
合作社/生产基地带动型模式	6	1	1	1	—
	7	0.503	0.706	0.713	irs
	8	0.684	0.713	0.96	irs
	9	0.603	0.66	0.913	irs
	10	0.985	1	0.985	irs
龙头企业带动型模式	11	1	1	1	—
	12	1	1	1	—
	13	0.714	0.773	0.924	drs
	14	1	1	1	—
	15	1	1	1	—

从规模效益角度，计算结果排序为：龙头企业带动型模式(0.985)＞合作社/生产基地带动型模式(0.914)＞农户个体生产模式(0.805)。农户自营模式样本为规模收益递减；合作社、龙头企业及生产基地为规模收益不变或递增，可以通过增加投入、扩大规模来提高生产效率。从技术效率和规模效率的角度，综合看龙头企业带动型模式是最有效率的模式。

二、基于生态功能的北京蔬菜产业组织绩效评价

基于都市型现代农业生态功能定位，北京蔬菜产业组织模式绩效主要表现为生产生态系统可持续发展，具体表现为节水、减投入、减药等。利用能值分析法进行生态能值换算，可以对比分析不同组织模式的生态绩效。

(一)能值概念与能值转换率确定

1. 能值概念界定

能值(Emergy)被定义为某种流动或贮存的能量所包含另一种类别能量的数量。在能值评价方法中，以能值为基准，可以衡量和比较不同类别、不同等级的能量的真实价值，可以用太阳能作为基准来衡量各种能量的能值，即太阳能值(Solar emergy)，单位为sej(Solar emergy joules)。对于蔬菜生产系统而言，其投入的种类很多，将所有投入数据归为三类：环境投入、工业品投入和人工投入。产出方面主要是蔬菜作物的产量。

2. 能值转换率确定

能值转换率是能量等级的度量，通过能值转换率可区分各种燃料能量的异质性，并将不同类型能量的能值相加。在地球生物圈系统中，支持地球生物圈系统的年均太阳能值总量为9.44×1024sej/a，其中包括直射太阳光、地

热能和潮汐能的总能值量。以该能值总量除以各能流量，所得即为相应的能值转化率。

劳务和经济投入的商品，通过将在该劳务商品上支付的货币乘以其对应的能值/货币比率，可得到它们所含的太阳能值。

(二)能值分析指标体系的建立

利用不同农业产业模式下蔬菜生产系统的能值投入—产出数据，按照能值理论，可以评估其生态效率。测算系统能值投入结构，评估自然(不)可更新资源购入(不)可更新资源在系统总能值投入中所占的比重；测算系统能值自给率、对内部资源的开发利用程度。能值产出率，即单位经济资源能值投入生产换取的产品能值的数量，可以衡量不同栽培模式系统的生态效率。主要的指标有 RR：可更新自然资源；NR：不可更新的自然资源，如土壤；NP：购入的不可更新资源，如化肥、农药、燃料等；RP：购入的可更新资源，如有机肥；I：环境资源总投入；F：总购入能值；U：能值总用量；Y：系统产出。

能值自给率计算公式：

$$ESR = \frac{I}{U} \tag{3}$$

能值产出率计算公式：

$$EYR = \frac{Y}{NP + RP} \tag{4}$$

能值投资率计算公式：

$$EIR = \frac{NP + RP}{RR + NR} \tag{5}$$

投入产出率计算公式：

$$IOR = \frac{Y}{U} \tag{6}$$

土壤能值成本计算公式：

$$SEC = \frac{NR}{Y} \tag{7}$$

环境负载率计算公式：

$$ELR = \frac{NP + NR}{RR + RP} \tag{8}$$

环境可持续发展指数计算公式：

$$ESI = \frac{EYR}{ELR} \tag{9}$$

通过以上能值分析法计算公式，可以分析不同农业产业组织模式下蔬菜生产的能值状况：能值投入结构，能量转换、价值递增规律、能值效率等。

(三)基于能值分析法的北京蔬菜产业组织绩效测评

通过设计调研问卷，可以统计不同农业产业组织经营模式下物质能源投入的各个指标情况。从农户、合作社和生产基地的调研数据中各选取数据齐全的样本点，并将每个指标都换算成以焦耳为单位的指标数值，利用能值分析法计算公式，对能值指标进行样本均值计算可得表 3。

表 3　四种蔬菜生产经营模式的能值分析对比表

经营主体	*RR*	*NR*	*NP*	*RP*	*Y*	*EYR*	*ELR*	*ESI*
农　户	37563.83	7689.33	61584.53	13258.81	156707.50	2.09	1.36	1.54
龙头企业	683724.60	2233088.00	2575213.58	19829520.10	53481000.00	2.39	0.23	10.18
生产基地	158666.08	269884.33	159601.88	1322538.97	6608333.30	4.46	0.29	15.38
合作社	251554.58	1735788.89	1427778.88	10262975.16	47342100.00	4.05	0.30	13.46

从能值分析的角度，生产基地带动型的 *ESI* 指标最高，达到 15.38；其次是以合作社带动型组织模式，其 *ESI* 指标为 13.46；以农户个体为主的经营模式生态效率最低，其 *ESI* 为 1.54(见表 3，图 1)。数据表明，发展新型农业生产经营体制尤其是合作社带动型经营模式，其生态绩效最优化。

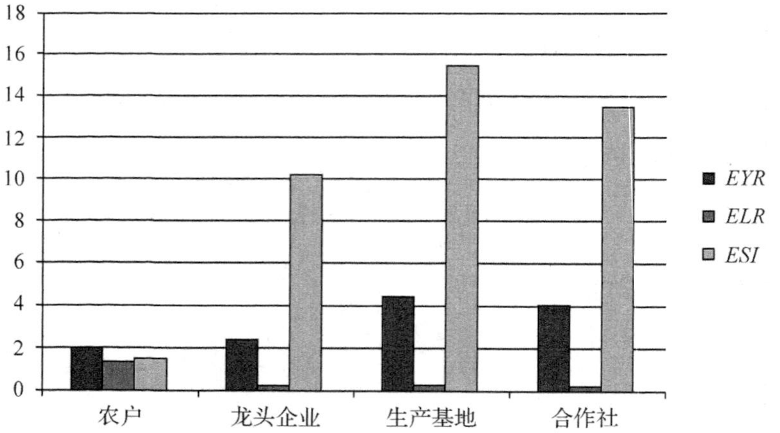

图 1　各模式能值分析统计图

EYR：能值产出率。农户的能值产出率最低，生产基地带动型能值产出率最高，其次是合作社带动型。说明单位能值消耗能够带来蔬菜产出量，生产基地带动型＞合作社带动型＞龙头企业带动型＞农户单独个体生产经营；产业化经营模式提高了对能耗的利用率，增加了农业生产效率。

ELR：环境负载率。农户的环境负载率最高，生产基地带动型、合作社带动型及龙头企业带动型的环境负载率都比较低，其中农户个体经营＞合作社带动型＞生产基地带动型＞龙头企业带动型。农户单独生产经营这种模式

对资源的利用率低，相反组织模式更为紧密的其余三种产业化组织模式对资源的利用率较高。

ESI：环境可持续指数。生产基地带动型模式下对于生态绩效来说为最优，其次为合作社带动型模式，再次为龙头企业带动型组织模式，农户单独生产经营模式的生态绩效较低，对于环境资源的利用率不高。

三、基于节水功能的蔬菜产业组织绩效评价

从节水农业角度，利用统计分析法可对不同蔬菜经营主体、组织模式进行节水绩效分析。

(一)北京蔬菜节水技术现状分析

北京蔬菜生产过程中主要采用工程、农技、生物和管理四类节水技术。其中管理节水技术的推广比例最高，其次是工程节水技术的应用；农技节水技术与生物节水技术的使用比例相对较少(见图 2)。

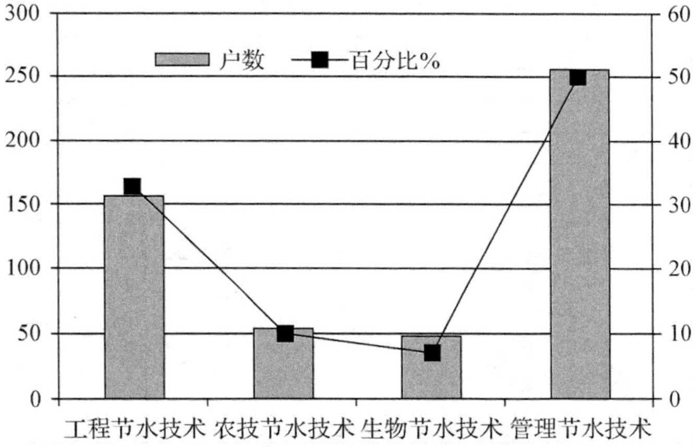

图 2　调研区域蔬菜节水技术大类分布比例图

地下灌溉技术：大多数蔬菜种植过程中采用地下滴灌技术节水，只有14%的蔬菜种植农户采用渗透技术节水(见图 3)。

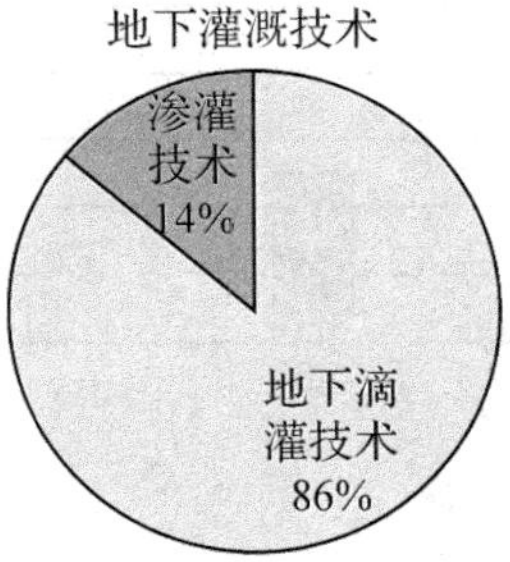

图 3　地下灌溉技术细分比例图

地上灌溉技术：使用比例最大的是滴灌技术，喷灌技术次之，使用比例最小的是膜上灌水技术(见图 4)。

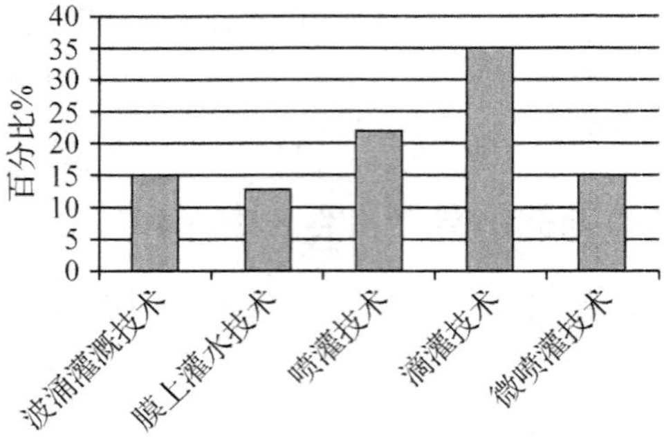

图 4　地上灌溉技术细分比例图

输水节水技术：使用比例最高的是低压输水管道技术，其次是高压输水管道技术，混凝土防渗技术使用比例最小(见图 5)。

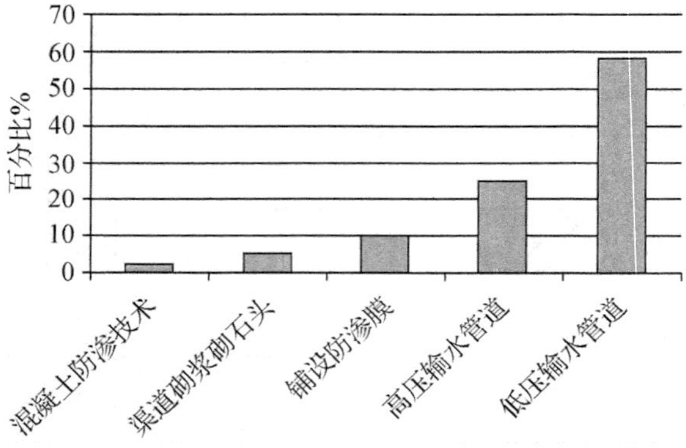

图 5　输水节水技术细分比例图

农技节水技术：应用最为广泛的是田间覆盖技术，田间耕作技术的使用比例次之，水肥耦合技术的使用最低(见图 6)。

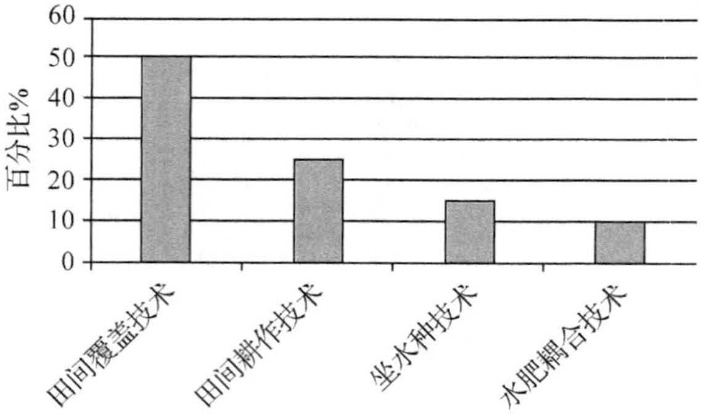

图 6　农技节水技术细分比例图

生物节水技术：使用抗旱品种节水技术应用最为广泛，节水效果也最为有效(见图 7)。

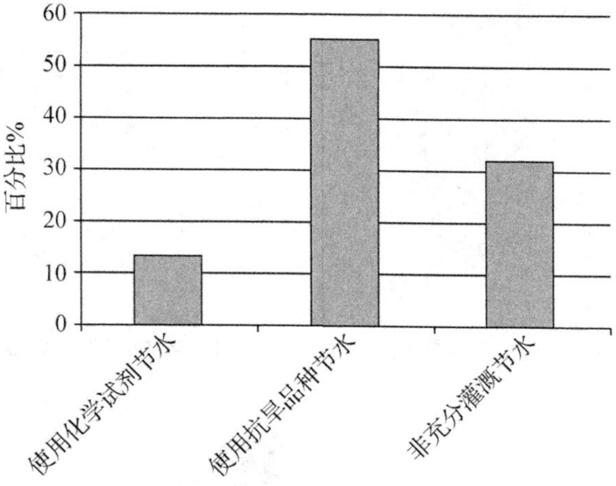

图 7　生物节水技术细分比例图

管理节水技术：测量灌溉水这一管理节水方法的使用最为广泛，也是最为简单和直接的节水方式(见图 8)。

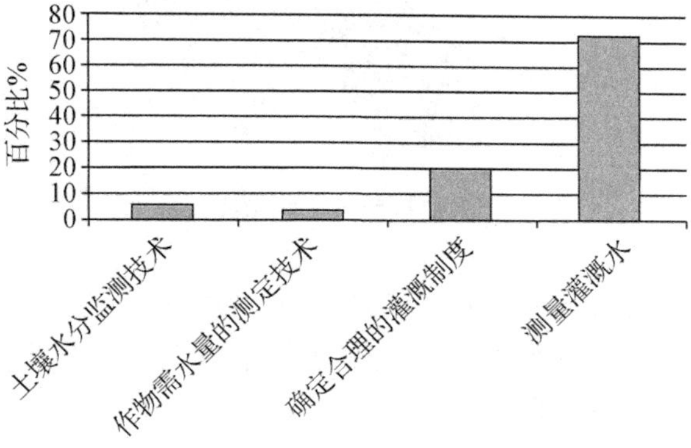

图 8　管理节水技术细分比例图

(二)农户节水技术采纳意愿与采纳行为分析

蔬菜节水技术是否采纳，对于农户来说并不是一件简单的事情，有很大一部分蔬菜种植者是否采用节水技术取决于村里其他人的示范作用和政府的推广(见图 9)。要在农户群体中推广农业节水技术，必须先建立示范点，使得大家看到实实在在的收益和良好的节水效果；同时加大政府的推广、农业补贴和技术指导等措施都会起到正向促进作用。对于农户不采用节水技术的原因来看，主要还是因为节水设备现阶段的投入成本比较大(见图 10、图 11)。

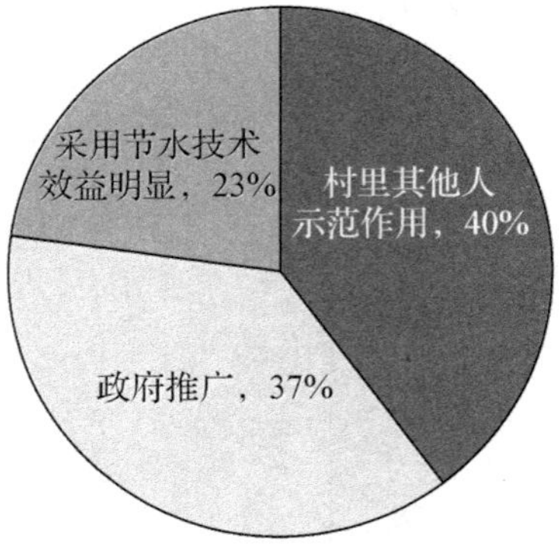

图 9　农户采用农业节水技术原因

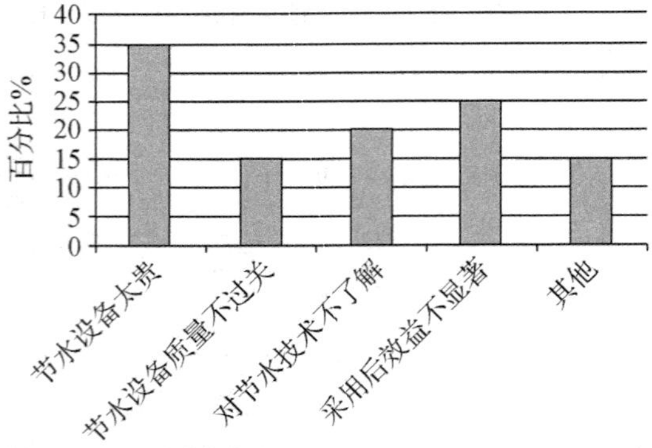

图 10　农户不采用农业节水技术原因

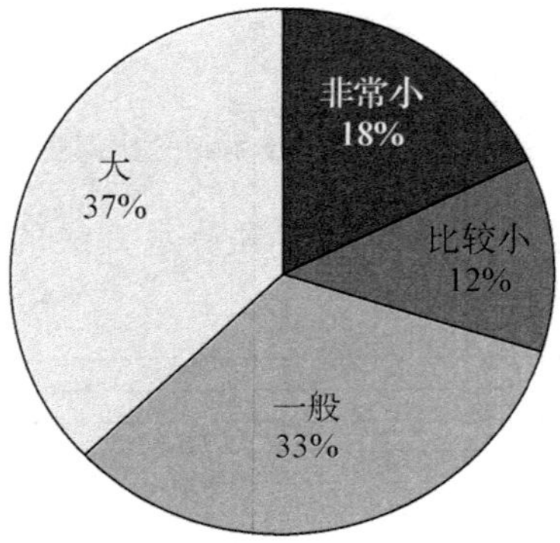

图 11　农户认为节水技术投入成本

另外，农户了解节水技术的信息渠道主要有五种，其中占比例最大的是通过电视和广播渠道来获取有关农业节水技术信息，农业技术人员的推广也是一个比重较大的信息获取渠道(见图 12)。

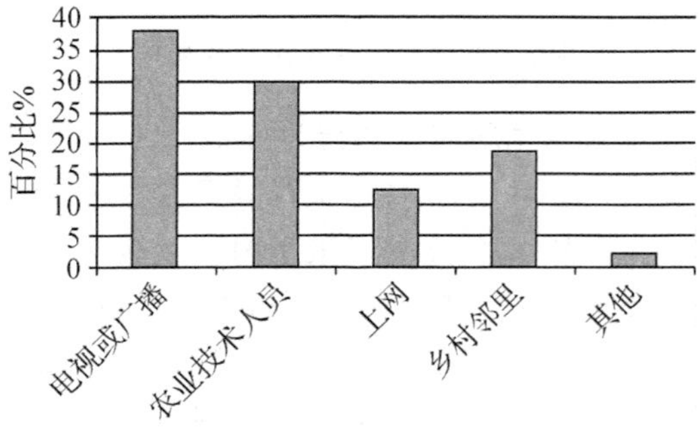

图 12　农户了解节水技术信息渠道

(三)面向现代农业的北京蔬菜产业节水绩效实证分析

选取2013—2014年北京各个区蔬菜生产调研数据，按照农户个体生产经营、合作社带动型、生产基地带动型与龙头企业带动型划分，计算每个模式下节水面积、蔬菜种植面积、蔬菜年产量及蔬菜年终收入数据平均值如表4所示。

表4　不同产业组织模式北京节水现状对比表

项目	年收入中蔬菜生产收入(元)	蔬菜年产量(千克)	蔬菜种植(亩)	节水灌溉面积(亩)
农户个体生产经营	33963.11	17518.84	5.678125	2.035656
合作社带动型	21606.571	371.77	328.625	226.75
生产基地带动型	3535.25	1151.43	114	50
龙头企业带动型	721	66.88	214.5	201.375

计算分解公式：

(1)蔬菜单产＝蔬菜总产量/蔬菜播种面积

(2)蔬菜生产收入产量比＝蔬菜总收入/蔬菜总产量

(3)蔬菜节水面积收入比＝节水灌溉面积/蔬菜总收入

上述三个计算分解公式相乘可以得到节水覆盖度：

节水覆盖度＝(节水灌溉面积/蔬菜总收入)×(蔬菜总收入/蔬菜总产量)×(蔬菜总产量/蔬菜播种面积)＝节水灌溉面积/蔬菜播种面积

对四种模式节水效率对比分析，龙头企业带动型的节水覆盖度最高，为93.88%；其次是合作社带动型模式，其节水覆盖度达46.21%；农户个体生产经营节水程度最低，节水覆盖度仅为35.85%，即龙头企业带动型＞合作社带动型＞生产基地带动型＞农户个体生产经营(见表5)。

表5　节水绩效节水覆盖度对比分析表

项　目	蔬菜节水面积收入比	蔬菜生产收入产量比	蔬菜单产(斤/亩)	节水覆盖度(%)
农户个体生产经营	0.0000599	0.97	6170.64	35.85
合作社带动型	0.0000351	0.22	61089.97	46.21
生产基地带动型	0.00000217	0.36	620219.29	43.86
龙头企业带动型	0.000112	0.43	19580.42	93.88

四、基于技术推广效应的北京蔬菜产业组织绩效评价

(一)不同蔬菜经营主体农业信息技术来源分析

2013—2014年针对北京七个蔬菜主产区农户、合作社、生产基地及龙头企业等模式进行实地调研，分析结果表明不同蔬菜经营主体农业信息技术来源差异较大(见表6)。

表6 不同蔬菜经营主体农业信息技术来源分析 (单位:%)

经营主体	技术人员的培训	电视、报纸、广播等传统媒体	手机、网络	政府示范	周围的种植户	合作社、龙头企业、基地等组织
农户	41.93	23.23	7.10	12.26	25.81	25.16
合作社	77.78	50.00	16.67	33.33	11.11	55.56
生产基地	50.00	25.00	37.50	25.00	12.50	37.50
龙头企业	54.55	63.64	45.45	27.27	18.18	54.55

(1)合作社。合作社模式在绝大多数技术推广采纳渠道中都占有较大比重；技术推广效应最为明显。其中，合作社样本中有77.78%是通过技术人员培训方式获得，55.56%是合作社自行组织进行生产培训的技术推广活动，33.33%是通过政府示范推广获得信息技术。

(2)龙头企业。龙头企业带动模式较其他模式在技术推广采纳过程中较为主动，主动获取意识最明显；技术推广效应较明显。其中，龙头企业带动型样本中有63.64%信息技术来源于电视、报纸、广播等传统媒体，也有54.55%的龙头企业带动模式是通过技术人员的培训形式获得信息技术；有45.45%是通过手机和网络形式获得技术信息。

(3)生产基地。较其他主体来看，生产基地技术采纳的意愿稍弱，技术推广效应不明显。50%的生产基地是通过技术人员的培训进行技术采纳，有37.50%通过手机及网络进行技术学习及采纳。

(4)农户。农户主体的技术推广采纳渠道较为狭窄，主动获取意识不明显，技术推广效应不明显。有41.93%的农户是通过技术人员的培训获得农业信息技术，进而推广和采纳农业信息技术；其他几种农业信息技术获取渠道比重较小。

(二)不同主体对蔬菜生产技术的需求分析

2013—2014年北京七个蔬菜主产区农户、合作社、生产基地及龙头企业等模式实地调研结果表明，不同蔬菜经营主体对蔬菜生产技术的需求差异较大(见表7)。

表7　不同主体对蔬菜生产技术的需求分析　(单位:%)

经营主体	新品种	施肥技术	灌溉技术	病虫害防治技术	土壤改良技术	采收与保鲜贮藏技术
农　户	61.94	45.81	29.03	74.84	32.90	26.45
合作社	88.89	66.67	44.44	88.89	66.67	38.89
生产基地	50.00	37.50	25.00	62.50	62.50	50.00
龙头企业	81.82	45.45	36.36	54.55	36.36	81.82

(1)合作社。合作社带动型样本中，有 61.94%的农户对新品种最为需要；45.81%的农户需要施肥技术的推广；74.84%的农户样本需要病虫害防治技术的推广和学习。

(2)生产基地。生产基地带动型中，有 62.50%的基地需要病虫害防治技术及土壤改良技术的推广和学习；有 50.00%的基地需要新品种的推广和学习。

(3)龙头企业。龙头企业带动型中，有 81.82%的龙头企业亟须解决新品种问题，81.82%的龙头企业需要推广和学习采收与保鲜贮藏技术。这可能与龙头企业多为蔬菜加工一体化模式有关。

(4)农户。农户样本中，有 74.84%农户希望得到病虫害防治技术的推广及学习；对于新品种需求有 61.94%的农户；有 45.81%农户需要学习施肥技术。

(三)不同经营主体对农业信息技术认知分析

2013—2014 年对北京七个蔬菜主产区农户、合作社、生产基地及龙头企业等模式的实地调研结果表明，不同蔬菜经营主体对农业信息技术的认知差异较大(见表 8)。农户个体生产模式对于农业信息技术优势性认识及信息技术方法获取难易度都不及其他三个模式。合作社带动型模式最有机会参与技术培训，从农业信息技术中感受到优势最多；这种模式普遍认同农业信息技术对农业生产来说很有用，且方便管理、节约劳动力、有助于提高产量。龙头企业带动型模式普遍认为具备资金和条件去推广学习农业信息技术，也有很强的意愿采纳与推广信息技术，认同农业信息技术具有改善生产、节约劳动力、便于管理、有助于提高产量的优势。

表8　不同生产经营主体对农业信息技术认知分析　(单位:%)

项　目	农　户	生产基地	合作社	龙头企业
蔬菜信息技术有助于提高产量	71.30	37.50	77.78	45.45
蔬菜信息技术可以节约劳动力	53.91	25.00	66.67	54.55
蔬菜信息技术有利于方便管理	45.22	50.00	77.78	63.64

续表

项目	农户	生产基地	合作社	龙头企业
蔬菜信息技术可以改善生产环境	43.48	25.00	61.11	36.36
我认为蔬菜信息技术比较容易掌握	18.26	25.00	33.33	33.33
我认为蔬菜信息技术比较有用	17.39	75.00	77.78	45.45
我认为比较容易获得相关信息	15.65	37.50	50.00	45.45
我有机会参加相关技术培训	13.91	50.00	61.11	54.55
政府对蔬菜信息技术有资金支持	13.91	37.50	27.78	27.77
我认为蔬菜信息技术投资成本不高	11.30	12.50	22.22	22.22
我周边有很多人都在使用	10.43	50.00	22.22	22.22
我具有使用蔬菜信息技术的资金基础	8.70	12.50	27.78	27.77
我的能力足以掌握蔬菜信息技术	8.69	18.75	22.22	22.22

（四）不同经营主体对农业技术采纳意愿分析

2013—2014年对北京七个蔬菜主产区农户、合作社、生产基地及龙头企业等模式的实地调研结果表明，不同蔬菜经营主体的农业技术采纳意愿差异较大（见图13）。四种生产经营主体中每个主体农户平均收入与各主体样本中对于农业技术需求度所占比例平均值呈正相关关系，即对于技术推广采纳意愿强烈的主体，其收入也会相应多；另外，合作社和基地及龙头企业带动型较农户来说对于农业技术的推广采纳意愿和效率较高，其收入也明显较高。

综合比较分析表明，从技术推广效应角度，合作社模式最优，生产基地次之，农户个体的技术推广及采纳效率最低。

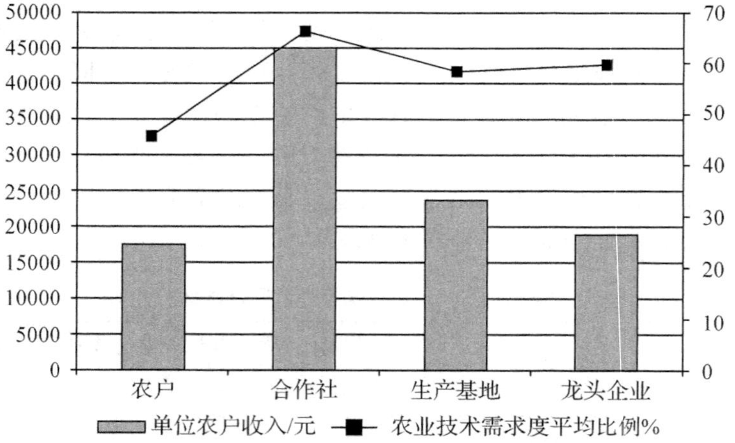

图13　不同经营主体对农业技术采纳意愿分析

五、面向都市型农业的北京蔬菜产业组织模式选择与政策建议

(一)面向都市型农业发展的北京蔬菜产业组织模式选择

基于不同都市型农业功能定位，北京蔬菜产业组织模式选择与优化路径如表 9 所示。

表 9 面对都市型农业功能定位的北京蔬菜产业组织模式选择与优化路径分析

功能定位	蔬菜产业组织模式选择与优化路径
生产功能	龙头企业带动型模式＞合作社/生产基地带动型模式＞农户个体生产模式
生态功能	生产基地带动型模式＞合作社带动型模式＞龙头企业带动型模式＞农户个体生产模式
节水功能	龙头企业带动型模式＞合作社带动型模式＞生产基地带动型模式＞农户个体生产模式
技术推广	合作社带动型模式＞龙头企业带动型模式＞生产基地带动型模式＞农户个体生产模式

(1)基于生产效率角度的生产功能定位。农户个体生产模式相对效率最低(平均相对效率为 0.556)；合作社/生产基地带动型模式相对效率处于中间水平(综合技术效率为 1，平均效率为 0.756)。从规模效益角度分析，对四种组织模式的平均规模效率进行排序为：龙头企业带动型模式(0.985)＞合作社/生产基地带动型模式(0.914)＞农户个体生产模式(0.805)。从技术效率和规模效率的角度综合看来，龙头企业带动型模式是最有效率的模式。

(2)基于生态能值角度的生态功能定位。从生态能值角度探究四种组织模式的生态绩效评价可知，生产基地带动型模式的 ESI 指标最高，达到 15.38；其次是合作社带动型模式，其 ESI 指标为 13.46；以农户个体为主的经营模式生态效率最低，其 ESI 指标为 1.54，说明发展新型农业生产经营体制尤其是合作社带动型模式，其生态绩效最优化。

(3)基于节水角度的节水功能定位。四种模式节水效率对比分析表明，龙头企业带动型模式节水覆盖度最高，为 93.88%；其次是合作社带动型模式，其节水覆盖度为 68.99%；农户个体生产经营节水效率最低，节水覆盖度仅为 35.85%。

(4)基于技术推广角度的技术推广功能定位。从农业信息技术来源角度来看，合作社带动型的多数生产主体获取农业信息技术的比例最大，龙头企业带动型的多数龙头企业获取农业信息技术的比例较大。其中，龙头企业带动型样本中有 63.64%的生产主体，其信息技术来源于电视、报纸、广播等传统媒体；龙头企业带动型样本中 54.55%的龙头企业带动模式是通过组织培训的形式获得信息技术；农户单独个体在生产中较为依赖技术员培训，主动行为较弱。从四大生产主体来看，农户主体的技术推广采纳过程渠道较为狭窄，主动获取意识弱，技术推广效应不明显；从技术推广及采纳效率角度来看，

合作社最优，龙头企业与生产基地次之，农户个体的技术推广及采纳效率最低。

(二)基于不同产业组织模式的北京蔬菜产业发展政策建议

北京都市型农业发展具有很强的区域差异，各个区可以根据其都市型农业区域发展功能需求，从生产效率、生态绩效、节水绩效以及技术推广示范效应的不同角度，选择与优化适应的、高效率的蔬菜产业组织模式。北京都市型蔬菜产业发展应当充分利用各个区的产业优势及地域优势，依据区域发展的重点，采纳较为优势的产业模式重点发展，推进农业产业结构战略性调整，实现北京都市农业保供应、调结构、转方式，从而提高农业资源利用率。

首先，针对四个城区和部分近城郊区应重点发展具有景观价值和观赏价值的都市型蔬菜产业模式，大力发展观光园、采摘园等形式；其次，远郊平原及山区应结合其规模化生产优势，发展具备生产功能较优的蔬菜产业组织模式；再次，针对以特色农业发展的生态山区，应结合其生态功能的优势，发展具有生态功能较优的蔬菜产业组织模式。同时，北京蔬菜产业整体发展重在考虑区域优势，突出发展优势蔬菜产业组织模式外，也应在技术推广、农资服务以及农技培训等方面整体提高管理与服务水平。

参考文献

[1] 李彦普：《基于功能视角的郑州市现代都市农业发展研究》，《山西农业科学》，2013 年第 10 期。

[2] 李伟书、张领先、傅泽田、任晰：《北京都市型现代农业发展的重点与对策》，《科技管理研究》，2013 年第 1 期。

[3] 张领先、熊蓓、刘雪：《基于 DEA 的北京蔬菜产业生产效率与技术进步评价》，《科技管理研究》，2013 年第 8 期。

[4] 蓝盛芳、钦佩：《生态系统的能值分析》，《应用生态学报》，2001 年第 1 期。

[5] 周文婷、黄毅斌、王义祥、翁伯琦：《基于能值分析的农业生态系统综合效率研究与进展》，《福建农业学报》，2013 年第 2 期。

[6] 段玉英：《基于能值分析法的生态效率构建》，《商业时代》，2012 年第 27 期。

[7] 张振贤、高丽红、任华中、陈青云、王倩、眭晓蕾：《设施蔬菜现代节水技术研究进展》，《中国蔬菜》，2012 年第 18 期。

[8] 曹优明、陈倩、王秀茹、康璇、王则一、张由松：《北京市大棚蔬菜节水灌溉技术》，《吉林农业科学》，2011 年第 3 期。

[9] 王金霞、刘亚克、李玉敏：《农业节水技术采用——信息和资金来源渠道及制约因素》，《水利经济》，2013 年第 2 期。

[10] 张标、张领先、傅泽田：《北京市蔬菜生产技术采纳意愿与采纳行为分析》，《宁夏农林科技》，2014 年第 5 期。

（作者：张领先　中国农业大学副教授）

项目名称：北京市农产品产销协同一体化模式研究
项目编号：13JGB045
项目负责人：李先国
项目信誉保证单位：中国人民大学

产销各环节成本对农产品价格形成的贡献率研究
——以北京市场为例

一般来说，我国农产品从生产到消费要经过生产者、收购商、产地批发市场、销地批发市场、销地农贸市场、销地零售市场等环节。由于中间环节较多，每个环节层层加价，导致流通成本较高，最终转嫁到消费者身上时，往往比农民手中的“地头收购价格”上涨了2至3倍[①]。因此，如何在农产品产销过程中有效地控制农产品的成本，实现农产品产销协同一体化成为一个重要的研究课题。

本文主要以北京市场为例分析产销各环节成本对农产品价格的贡献率，分析其合理性，找出降低农产品成本的可行途径，从而为调节和稳定农产品价格提供决策依据。

一、当前农产品价格的总体变化趋势分析

为了更好地研究当前农产品价格波动的原因，最直观的数据分析方法就是观察各个环节的总体农产品价格指数。农产品价格指数是经济指数的一种，是反映不同时期农产品价格水平的变化方向、趋势和程度的经济指标，通常以报告期和基期相对比的相对数来表示。价格指数是研究价格动态变化的一种工具，为制定、调整和检查各项经济政策，特别是价格政策提供依据。[②]

(一)2009—2013年全国农产品生产价格指数

农产品生产价格指数，是衡量在一段时间内(通常为每月)，农产品生产价格水平变动趋势及幅度的相对数。其中，农产品生产价格是指农产品生产者在向收购者出售其产品时实际收获的单位农产品的价格。

农产品生产价格指数的编制，是为了更加全面地收集农业生产价格资料，客观地反映全国范围内农产品价格的总体价格水平和结构变化情况，更好地满足农业与国民经济的核算需要，也为各级政府制定农业政策提供决策依据，

① 王英平：《我国农产品高流通成本原因及对策分析》，《价值工程》，2012年第36期。
② 国家统计局：《中国统计年鉴2013》，北京：中国统计出版社，2013年版。

同时也向社会各界提供准确的农产品价格信息。农产品生产指数的编制，为研究农民农业经营性收入水平变化以及我国农产品总体价格变化状况具有重要意义。

农产品生产价格指数采取抽样调查和重点调查相结合的方法进行编制。我国幅员辽阔，农产品品种较多，在农产品代表产品的选择上，农产品生产指数主要包含农、林、牧、渔四大类，14 个小类，180 种代表产品；代表产品均为稳定性较强，对国计民生影响较大的产品；各产品所代表的各类别销售额可占到全国农产品销售额的 70%以上，具有足够的代表性。

根据 2009—2013 年全国农产品生产价格指数变化数据[①]，通过处理，以 2008 年为基准，得到表 1。

表 1　2009—2013 年农产品生产价格指数变化表(2008 年＝100)

指　标	2009 年	2010 年	2011 年	2012 年	2013 年
农产品生产者价格指数	97.6	108.2	120.0	123.3	126.9
农业产品	102.9	114.1	126.6	130.0	133.7
林业产品	94.9	105.2	116.7	119.9	123.3
畜牧产品	90.1	99.9	110.8	113.8	117.1
渔业产品	99.0	109.8	121.8	125.0	128.7

从表 1 中可以看出，2009—2013 年的农产品生产价格一直上涨，细分可分为两个阶段：

第一阶段从 2009 持续到 2011 年，农林牧渔和总体价格均加速上涨，农产品总体价格指数从 2009 年的 97.6，上升到 2011 年的 120.0。

第二阶段从 2011 年开始持续到 2013 年年末，农林牧渔和总体价格指数增长速度均出现了不同程度的放缓。从中国统计年鉴的原始数据可知，2011 年相对上一年同比涨幅为 110.9，而 2013 年相对上一年的同比涨幅降到了 102.9。

生产价格指数的上升反映了农产品生产成本的上升，长期以来，农户支付的生产资料价格占有农产品生产价格的较大比重。通过分析看出，2009 年以来，各地化肥农药价格，雇工成本和土地流转租金的上涨非常明显，农业投入要素成本的上升，势必会影响农产品的生产价格。农产品生产资料成本的上升，较大地推动农产品整体价格的上升，这与当今国内外许多学者的观

① 国家统计局：《中国统计年鉴 2013》，北京：中国统计出版社，2013 年版；国家统计局：《中国经济景气月报》，2013 年第 1—12 期。

点相符①。

(二)2009—2013 年全国农产品批发价格指数

全国农产品批发价格指数是对批发环节农产品价格总体反映的重要指数。自 2005 年 11 月 11 日起，农业部网站(中国农业信息网)每天发布一次，该指数主要包括全国批发价格个体指数、农产品小类批发价格指数、农产品大类批发价格指数和全国农产品批发价格总指数的指数群。因此，全国农产品的批发环节和价格波动都能在全国农产品批发价格指数中及时准确地反映出来。

在选取代表农产品方面，由于我国农产品批发交易品种较多，故选用经常交易具有代表性的农产品，主要有粮食样本品种为 5 种(粳米、籼米、玉米、面粉、大豆)，食油样本品种为 4 种，蔬菜样本品种为 26 种，水果样本品种为 7 种，畜产品样本品种为 5 种，水产品样本品种为 5 种②。

在确定小类品种后，针对全国批发市场，选取具有代表性的样本蔬菜批发市场的蔬菜批发价格进行统计。然后，将当期的农产品批发价格指数群以 2000 年各有关小类品种的全年平均价格作为指数计算的基期价格生成当期小类产品价格的相对指数。接着，在生成各小类批发价格指数结果的基础上，按照权重进一步综合生成为“菜篮子”产品批发价格指数和粮油批发价格指数等大类指数，最后再加权综合成全国农产品批发价格总指数。

根据 2009—2013 年全国农产品批发价格指数和“菜篮子”产品批发价格指数变化③，汇聚整理数据如表 2。

表 2　2009—2013 年农产品批发价格指数变化表(2008 年＝100)

指　标	2009 年	2010 年	2011 年	2012 年	2013 年
农产品批发价格总指数	159.1	106.3	188.8	104.0	104.0
“菜篮子”产品批发价格指数	158.2	168.6	188.2	104.3	104.4

周莉、孔令成④的研究指出，影响农产品批发价格的因素既有农产品供求关系、农产品生产成本变化，又有农业政策、国际农产品市场价格传导等。由于影响农产品批发价格的因素较多，通过观察 2009—2013 年农产品批发价格变化可知，与全国农产品生产价格指数一路上升相比，批发价格指数在 2011—2013 年出现了一定程度的背离，出现了绝对值的下降，从 2011 年的 188.8 点下跌到 2013 年的 104 点。

---

① 薛淑珍、王保忠：《当前我国农产品价格上涨原因及对策分析》，《价格理论与实践》，2008 年第 8 期；李国祥：《2003 年以来中国农产品价格上涨分析》，《中国农村经济》，2011 年第 2 期。

② 《全国农产品批发价格指数解读》，中国农业信息网，http：//pfscnew. agri. gov. cn。

③ 国家统计局：《中国统计年鉴 2013》，北京：中国统计出版社，2013 年版；国家统计局：《中国经济景气月报》，2013 年第 1—12 期。

④ 周莉、孔令成：《中国农产品价格的理论研究综述》，《经济研究导刊》，2012 年第 10 期。

这意味着在 2011—2013 年虽然生产资料成本的上升使得生产价格成本升高，但批发市场的相应价格并没有合理补偿到农民的成本增幅。从另一方面也可以看出，在农产品流通环节中，收购、批发等流通环节对农产品最终的价格形成作用更大，“过山车”似的价格波动，在批发价格指数中体现得更加淋漓尽致。

因此，要考虑农产品价格的波动原因，除了分析供求因素和季节变换因素外，还应该考虑农产品流通各环节对农产品最终价格的影响，这需要深入农产品从生产到零售的各个环节，进行深入地实地调研，才能更好地得出量化的结果，看到问题的实质。

二、农产品产销各环节成本对价格贡献率的实证研究

下面以蔬菜品种为例分析产销各环节对农产品价格贡献率。蔬菜产业是我国农业中仅次于粮食产业的第二大产业，在提高人民生活水平，丰富人们膳食结构，发展我国特色农业等方面发挥着越来越重要的作用，并且已成为调整产业结构、促进农民增收的重要内容。

自 2013 年以来，蔬菜价格大起大落，“过山车”似的价格的涨跌直接影响了人们的生活。特别是由于蔬菜的流通环节较长，流通成本较高，零售价格上涨并未惠及菜农，产生了“两头叫，中间笑”的怪现象[①]，一头是“消费者菜贵，买菜难”，另一头是“农民菜贱，卖菜难”。在流通过程中，蔬菜是如何从农民手中的低价格，一步步传到了市民餐桌上的高价格的？蔬菜上涨的价格多少是由成本引起的？蔬菜各个流通环节成本对价格的贡献率是多少？谁又真正从蔬菜涨价中获益？

为了了解实际的蔬菜流通情况，解决这些问题，就需要对蔬菜产销各环节的成本费用和利润分配进行实地调查，了解目前蔬菜流通中各环节的成本结构和利润结构。通过分析，找出蔬菜流通中存在的关键问题，得出科学的解决对策。本研究在一些学者研究方法和思路的启发下，成立了专门的调查小组，在 2013 年 6 月 7 日至 27 日，对从山东寿光蔬菜批发市场到北京新发地蔬菜批发市场的生产、采购、运输、经销、零售等各个环节的流通成本和利润的分配情况做了详细调查。

(一)研究设计

1. 研究方法

本研究主要采用实地调查法，重点访问、现场察访结合问卷调查的方法，通过对农户、批发商、物流公司等流通主体进行详细的调查，以获得可靠、翔实的一手数据。

---

① 马翠萍：《蔬菜流通主体成本构成与收益分配实证研究》，《商业研究》，2011 年第 11 期。

2. 调查和研究对象

(1)蔬菜研究对象：茄子。我国蔬菜批发交易品种多，但经常交易的蔬菜主要有茄子、大白菜、油菜、生菜、西红柿、豆角、黄瓜等。本文主要是为了研究从山东寿光地区到北京新发地蔬菜批发市场的蔬菜流通过程，考虑到不同的蔬菜品种供应渠道和环节可能有些差异，本文仅选取茄子这一种蔬菜。原因如下：首先，茄子是从寿光运输到北京蔬菜市场的代表性蔬菜；其次，茄子在北京地区较受消费者的欢迎，消费也非常普遍。由于本文的研究目的主要是对比同一种蔬菜在各流通环节的费用构成及利润分配，虽然不同品种的蔬菜存在价格差异，但是流通费用相对固定，因此选取的蔬菜品种的研究结论对其他蔬菜也应该适用。

(2)产地批发商调研对象：寿光物流城内相关批发商。山东省寿光市是我国最大的、也是最重要的蔬菜生产、批发基地，到目前为止，全市蔬菜种植面积达 80 万亩，共建设塑料薄膜大棚超过 40 万个。近年来，寿光市涌现出了“中国韭菜第一乡”“中国胡萝卜第一镇”“中国香瓜第一镇”等专业镇村 587 个，蔬菜产业已经日渐成为寿光市最具竞争力的支柱产业[①]。其中本课题选择调研的产地批发商位于寿光市的农产品物流园，园区总面积占地近 200 公顷，可实现年蔬菜、水果及农副产品交易量近 100 亿千克，每天在物流园中集中的蔬菜商络绎不绝。他们通过在市场内洽谈完成交易，并联系物流运输发往全国各地，于是进一步对华北乃至全国的蔬菜市场价格造成影响。因此，在山东寿光物流园选择样本点进行调研，具有充分的代表性和典型性。

(3)销地经销商调研对象：北京新发地批发市场相关经销商。北京大型批发市场主要有：新发地农产品中心批发市场、大洋路农副产品批发市场、玉泉路批发市场、昌平水屯农副产品批发市场、八里桥农产品中心批发市场和岳各庄批发市场等。

本研究选择的销地批发商调查的样本点是新发地批发市场，也是北京市交易规模最大的农产品专业批发市场。该市场现占地面积近 100 公顷，是一处以蔬菜、果品、肉类批发为龙头的国家级农产品中心批发市场。在高峰时期，新发地批发市场日吞吐蔬菜近 1200 万千克，其交易量、交易额均名列全国第一。其中，蔬菜、果品两大项的供应量已占全市总需求量的近 80%以上[②]，是北京市名副其实的“大菜篮子”和“大果盘子”。

(4)零售终端调研对象：北京市四环内某大型超市。超市是城市日常生活

---

① 张喜才、张利庠、张屹楠：《我国蔬菜产业链各环节成本收益分析——基于山东、北京的调研》，《农业经济与管理》，2011 年第 5 期。

② 王绍飞：《北京市蔬菜流通中的价格形成与调控》，《北京农业职业学院学报》，2013 年第 3 期。

用品销售的主渠道，在控制蔬菜零售终端方面有先天优势。据调查，2013年北京市的物美、京客隆、超市发、家乐福四家超市的零售店面就超过500家。超市大部分蔬菜品种较全，非常新鲜，但同时超市蔬菜价格也相对其他农贸市场等零售终端高出不少。为了调查在蔬菜流通环节中，零售终端超市蔬菜高价格的形成，本研究没有选定小型农贸市场，而是选定北京市四环内一家大型综合超市为零售环节调查样本点。该超市品牌在北京市内连锁较多，在同类超市中规模也最大，并且在整个北京地区消费者中具有相当的影响力。该超市每天从北京新发地蔬菜批发市场进货，主打"蔬菜天天平价"，吸引较多市民购买，作为蔬菜的零售终端，具有一定的代表性。

(5)蔬菜流通渠道选择：选取最典型流通模式。在调研之前，笔者对蔬菜流通环节进行了初步调查，总结出了几种较为典型的蔬菜流通模式。由于课题调研的主要目的是探究不同流通环节对蔬菜最终价格的贡献率等，并且由于成员的时间和精力的限制，所以在选择流通模式时，本次调研仅研究山东寿光到北京的最主要流通渠道(如图1所示)。这样不仅具有代表性，而且可以更直观地分析流通成本的价格贡献率。

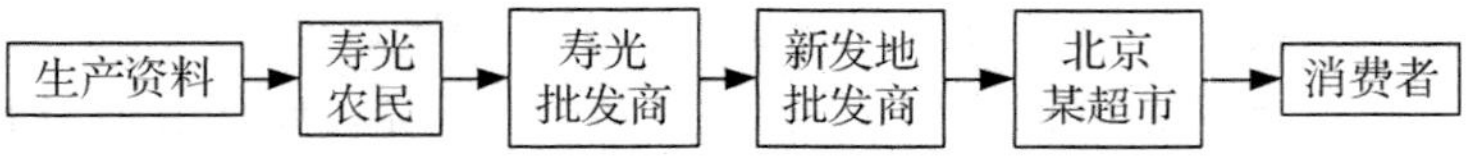

图1　蔬菜流通渠道

3. 数据分析

本次调研主要得到的数据包括：农户的各个生产环节的成本及利润，寿光产地批发商的批发环节的成本及利润，北京新发地批发商的成本及利润，还有超市零售商的销售成本及利润。这里先是将调研得到的总成本统一除以蔬菜的重量，换算为"元/千克"，还有就是假设在流通过程中，只有茄子这一种蔬菜流通，方便直观地看到流通成本在各个环节的价格贡献率。

(二)蔬菜流通各环节情况调查

1. 生产环节(农户)

在山东寿光地区，农户根据自己的喜好和对市场的判断选择种植不同品种的蔬菜。在寿光调查样本点，大多数农户主要还是家庭生产经营，每家平均有1—2个大棚。蔬菜的生产环节主要在大棚内进行，生产过程包括产前准备环节、产中管理环节和产后收获环节。

通过调查发现，农户主要的生产成本费用集中在大棚设施更新、秧苗、化肥、农药、农膜、灌溉、机械等(如图2所示)。其中大棚设施更新方面的费用所占的比例最大(33.6%)。近几年由于塑料薄膜、草苫价格的上涨幅度较大，大棚设备折旧等占蔬菜生产成本增加的比重也较大；化肥占生产资料成本也较大(28.2%)，且价格逐年上涨，化肥主要包括复合肥和有机肥，有机肥主要是粪肥；人工、秧苗等费用较低，常年较为稳定。

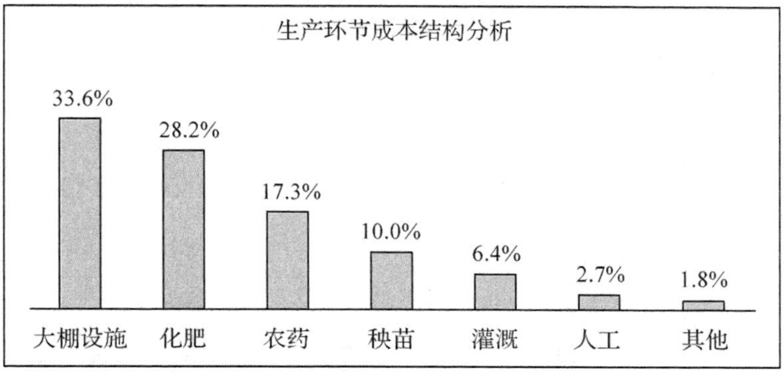

图 2　生产环节成本结构图

2013 年，笔者在山东寿光地区某蔬菜种植大棚基地调研得知，该样本点茄子地头收购价为 1.15 元/千克，比上年同期上涨了 0.45 元/千克；同时，生产成本也由上年的 0.63 元/千克涨到了 0.98 元/千克，上涨幅度也达到了 0.36 元/千克，生产成本上涨主要是由于大棚设备（如薄膜等）和化肥等价格比上年增长较大。

2. *产地批发商环节*

产地批发商环节主要包括“收购”和“运输”两个过程。

首先是收购过程。一般的收购过程是由一级批发商在田间地头向农民们进行蔬菜收购，将农户生产的蔬菜聚集起来。之后，二级批发商到相应村庄小市场，在一级批发商处进行蔬菜采购，雇用小工将需要的蔬菜进行质检、分等、整理、包装、装车等工作，然后运到寿光物流园进行蔬菜交易。在收购过程中需要支付市场管理费、包装费、雇工费等。

其次是运输过程。一般在寿光当地的批发商、代理商与北京经销商有长期合作关系，北京经销商将所需蔬菜的具体要求告诉当地代理商后，代理商会尽快找到需要的菜品，并收集到他们在物流园内的出租房内进行重新挑拣、包装等，然后与当地物流公司合作，通过高速公路，运往北京新发地等大型蔬菜批发市场。

从山东寿光到北京新发地约 470 千米车程，2013 年一辆 30 吨大货车单程运输费用合计约 3300 元，运输成本主要包括运输车辆燃油费用、过桥过路费、装卸和运输的人工费用、车辆折旧与保养费和蔬菜损耗等费用（如图 3）。

根据调查结果得知，2013 年度，从山东寿光物流园到北京新发地蔬菜批发市场，收购和运输的成本费用是 0.37 元/千克，其中较大花费是运费 69.4%和包装费 13.7%，而雇工费和蔬菜损耗等费用，也占有一定比重；其中批发环节的成本费用，比上年同期上涨了 0.04 元，上涨的原因主要是当年度燃油费的上涨、包装箱价格的上涨等。

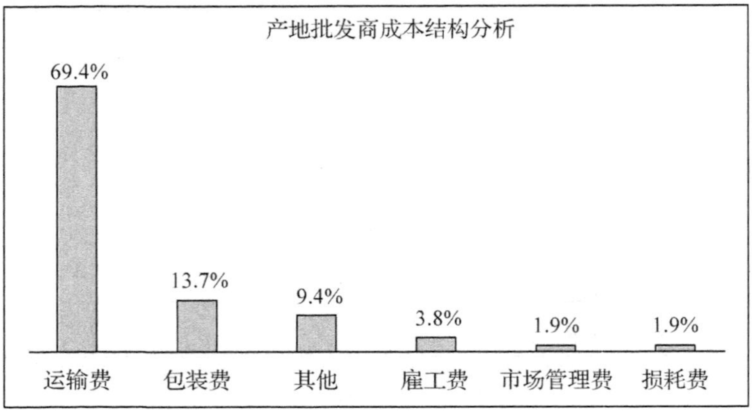

图 3　产地批发商环节成本结构图

3. 销地批发商环节

北京市农产品批发市场分为一、二两级，坐落在新发地北桥西侧的新发地蔬菜批发市场是北京市最大的一级批发市场，其交易量占一级批发市场的90％以上，蔬菜供应量占全市蔬菜供应量的 80％。

新发地蔬菜批发市场既可以向二级批发市场(如各大农贸市场等)供货，也可直接向大型超市、团体机关和零售商贩供货。

当蔬菜运抵北京市新发地蔬菜批发市场后，新发地的当地经销商会雇用人工进行卸车，并需要支付市场管理费，经过分拣处理后，销售给北京当地的农贸市场和大型超市。本文研究的四环内一家大型超市，其蔬菜即是从新发地批发市场直接进货。

通过访谈得知，2013 年 6 月，当期经营成本为 0.18 元/千克，新发地的蔬菜流通成本主要包括管理费、仓库租金等；2013 年管理费按交易额的 2％收取，仓库租金每年约 23 万元，还包括蔬菜损耗费和雇工费用等。

根据调查结果发现，新发地经销商环节需要支付成本是 0.18 元/千克，其中占比例最大的是仓库租金(36.3％)，其次是雇工费(19.9％)和市场管理费(18.6％)，其成本结构分析如图 4 所示。

通过访谈新发地经销商往年情况得知，2013 年度新发地经销商成本比上年同期上涨了 0.01 元/千克，主要是由于仓库租金费用的上涨和北京地区雇工费用上涨等。

4. 零售商环节

超市是本文研究的蔬菜流通的最后一道环节——“零售环节”的主体。本文研究的对象是四环内的一家大型连锁超市，在北京市有较多的连锁门店，该超市大部分蔬菜是从新发地等大型批发市场直接采购的。在超市零售过程中，由于该品牌超市多在人流比较密集、购物方便的繁华区域，场地、人工

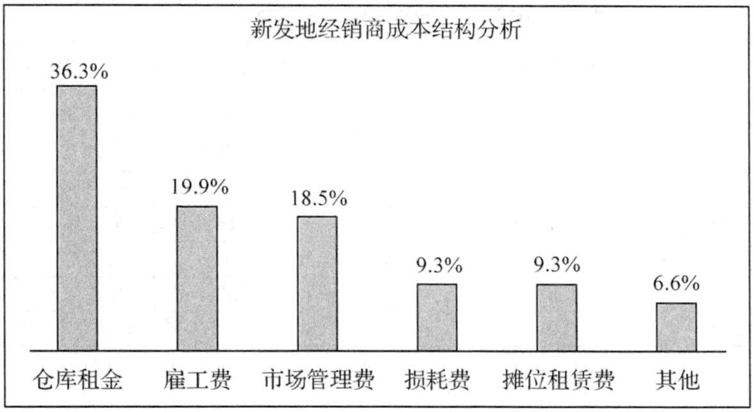

图 4　新发地经销商环节成本结构图

等运营成本较高，超市销售蔬菜在食品安全、包装、品牌和农产品标准等方面有严格的要求，这无形中也增加了该环节的流通成本。

根据调查得知，超市零售商环节需要支付成本是 0.77 元/千克，其中，占比例最大的是运输费用（32.3%），其次是超市租金（24.2%）和雇工费（19.4%）。值得一提的是，在此环节，超市蔬菜的损耗比前几个环节都高，占到了 6.5%（如图 5）。

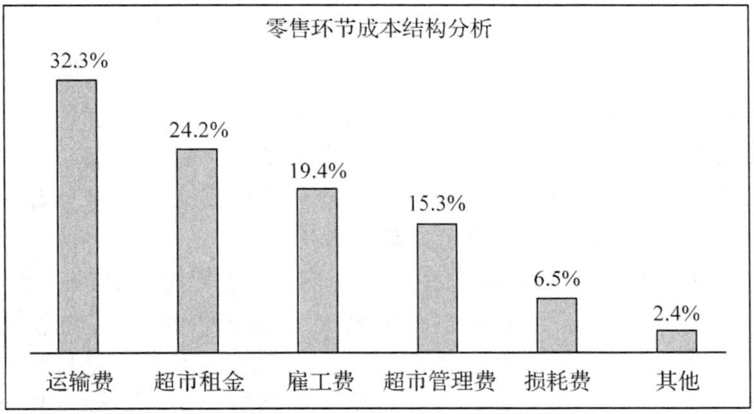

图 5　超市零售商成本结构图

通过访谈得知，超市支付的成本比上年同期增加了 0.15 元/千克，上涨的主要原因是超市租金和雇工费用的上涨。

5. 数据分析

通过课题组对茄子生产、收购、运输、批发、零售环节的调研，综合整理数据情况如表 3 所示（注：2012 年 6 月超市零售价格为 2.65 元/千克，2013 年 6 月超市零售价格为 3.55 元/千克）。

表 3 2012—2013 年流通环节成本—利润表

	2012 年 6 月			2013 年 6 月			2012—2013 年	
各流通环节	成　本	利　润	成本占百分比	成　本	利　润	成本占百分比	成本增幅（百分比）	利润增幅（百分比）
生产环节	0.63	0.07	36.0%	0.98	0.17	42.6%	63.6%	28.5%
产地批发商	0.33	0.15	18.9%	0.37	0.18	16.1%	7.3%	8.5%
销地经销商	0.17	0.15	9.7%	0.18	0.37	7.8%	1.8%	62.8%
超市零售商	0.62	0.53	35.4%	0.77	0.53	33.5%	27.3%	0.02%
共　计	1.75	0.9	100.0%	2.3	1.25	100.0%	100.0%	100.00%

三、结论与建议

第一，在流通环节成本中，对价格贡献率最大的环节是农户的生产成本和超市的成本，其次是产地批发商的运输成本。

农户的生产成本占到了总成本的 36%(2012 年)和 42.6%(2013 年)，从源头上推动了农产品价格的上涨，给农民带来了不小的负担，减少了他们的利润率。例如，在农村地头收购环节中，2013 年的收购价格虽然比 2012 年增长了 0.45 元/千克，但是扣除生产资料的价格上涨，农民实际得到的收益增加只有 0.1 元/千克。其中，农药、化肥、塑料薄膜等价格上涨对生产资料成本的影响较大。

超市由于选址通常靠近购物方便的繁华区域，基本运营成本较高；此外，在超市销售的蔬菜在食品安全、包装、品牌和农产品标准等方面有严格要求等，都在无形中提高了蔬菜在超市零售环节的成本。此外，超市一般是从批发市场通过小型车辆运货，随着近年来运输和燃油费用的上涨，蔬菜在进城销售的“最后一公里”，零售价格可以翻倍增长。

从山东寿光到北京的运输成本占比重较大，主要是过路费、燃油费等。经调查，2012 年包括运输成本在内的物流总费用占国内生产总值比重约 19%，比发达国家高出约一倍。尽管全国 2011 年已经禁止各路桥对蔬菜运输车辆收费，但是为了节约运输成本，批发商因超限、超载受到罚款的现象仍然十分普遍，这无形中也推高了运输成本。

第二，在蔬菜流通过程中，利润较大的环节是超市零售商和销地经销商，再次是产地批发商，农民获得利润最低。

通过数据可以看出，在农民收益较好的 2013 年，超市的利润(0.53 元/千克)仍为菜农所得利润(0.17 元/千克)的 3 倍，销地经销商所得利润(0.37 元/千克)也是菜农的 2 倍；在 2012 年度，农民的获利更是微薄，再加上农民所要经受的时间成本、风险成本，菜农确实非常被动。

之所以出现这样的情形，主要有三点原因：一是由于当前蔬菜流通环节过多、过长，造成生产环节农民利益不稳定；二是农民组织化程度低，每家每户自由化生产程度较高，没有形成供给的统一力量，在蔬菜价格谈判中处于被动地位，缺乏与中间商谈判价格话语权；三是农村作业生产时间较长，农业信息存在着滞后性，信息不通畅，造成生产的盲目性。农产品流通的完成，是农产品物流的传递，也是信息流的传递。获取信息和处理信息的能力在流通过程中深刻影响着生产者生产和交易行为的发生。

第三，在茄子等蔬菜的超市零售价格上涨过程中，生产资料成本上涨占了蔬菜最终零售价上涨的60%，其次是超市的运营成本上涨。在涨价过程中，真正获利的是销地批发商、产地批发商，占据了蔬菜上涨70%的利益；而在蔬菜价格上涨中，超市的获利情况几乎不受影响，并且利润绝对值仍为所有流通环节中最大的。虽然农民的利润增幅达到28.5%，但农民获利绝对值仍然只有0.17元，是所有流通环节中最低的。

第四，蔬菜流通环节过多，是造成蔬菜价格过高的主要因素。根据本文所选的蔬菜典型物流渠道，从田间到餐桌，要经历农民、收购经纪人、产地批发商、销地经销商和零售终端——超市，才能到达消费者的手中。过长的流通环节、过多的流通主体，势必造成流通成本及利润的累加并传递给下一级流通商，导致价格层层加码，最终转嫁到消费者身上。

参考文献

[1] 王英平：《我国农产品高流通成本原因及对策分析》，《价值工程》，2012年第36期。

[2] 国家统计局：《中国统计年鉴2013》，北京：中国统计出版社，2013年版。

[3] 国家统计局：《中国经济景气月报》，2013年第1—12期。

[4] 周莉、孔令成：《中国农产品价格的理论研究综述》，《经济研究导刊》，2012年第10期。

[5] 马翠萍：《蔬菜流通主体成本构成与收益分配实证研究》，《商业研究》，2011年第11期。

[6] 张喜才、张利庠、张屹楠：《我国蔬菜产业链各环节成本收益分析——基于山东、北京的调研》，《农业经济与管理》，2011年第5期。

[7] 王绍飞：《北京市蔬菜流通中的价格形成与调控》，《北京农业职业学院学报》，2013年第3期。

（作者：李先国　中国人民大学教授）

项目名称：基于“艺术城市”概念的“北京古村落文化旅游经济圈”构建研究
项目编号：13JGB052
项目负责人：刘　彤
项目信誉保证单位：北京印刷学院

以“艺术城市”概念探索北京古村落文化旅游发展新模式

2001 年美国诺贝尔经济奖获得者约瑟夫·尤金·斯蒂格利茨曾预言：“21 世纪人类发展进程有两大关键因素：美国的高科技和中国的城镇化。同时，新世纪对中国有三大挑战：城镇化居首位。”不管是“关键”，抑或“挑战”，斯蒂格利茨关于城镇化的预言都成了现今中国最热的话题和最重要的发展方向之一。在新型城镇化进程中，如何解决由于传统城市规划模式僵化所导致的目标趋同、功能重复、产业同质、形象单一，特别是“千城一面”的城镇特色危机等一系列问题？城镇特色化已成为新型城镇化进程中亟须解决的重要问题。

以“艺术城市”概念整合丰富的历史、人文、自然资源，保护和利用好民族文化遗产，在发展旅游产业和其他产业的同时，保持并弘扬本民族的特色文化；将当地的民族、民间艺术融入现代生态文明的城镇化建设；以文化产业为引擎，带动相关产业发展，实现经济持续稳定增长。本文试图以“艺术城市”概念对北京古村落文化旅游发展模式的创新，探讨如何走出一条特色城镇化建设的新路。

一、“艺术城市”概念与新型城镇化

党的十八大报告明确了推进新型城镇化的战略任务。这是我国在新的历史时期，顺应经济社会发展转型而提出的重要发展战略。新型城镇化是指在科学发展观的指导下，遵循城镇化的基本规律，以全面提升城镇化质量和水平为目标，坚持以人为本，强调城乡统筹、社会和谐、环境友好、集约发展、规模结构合理的城镇化发展模式。与传统城镇化模式相区别，新型城镇化更加注重城乡统筹，更加注重城镇发展的集约性，更加注重城镇化的社会性，更加注重城镇化的区域性，更加注重城镇化的协调性，更加注重城镇化质量内涵的提升。①

早在2010年，在厦门举办的“海峡两岸文化创意产业合作与发展论坛”上笔者发表主题发言，从城市建设，特别是公共艺术建设以及旧城改造角度提出“艺术城市”概念。笔者认为，“艺术城市”是一个城市根据其民族文化特点、地域特点、自身的文化定位，综合运用历史文化、民族文化艺术、当代综合艺术和各种环境艺术，所形成的体现该城市在世界范围“唯一”性的，以独具风格和风貌的城市建筑、城市公共艺术、城市文化为代表的个性化的城市符号。“艺术城市”概念从广义上讲，是以一个国家与民族的历史文化为依据，规划一座城市的建设，包括在旧城改造中保留历史文化、历史风貌，同时重塑城市功能。“艺术城市”是依照“以人为本”的原则，遵循文化艺术规律、经济规律而建立起来的，具有历史性、民族性、地域性、唯一性的城市设计和公共艺术，是具有可持续发展的文化内涵的人类聚居环境。②

在经济全球化的今天，每个城市都以它不同的文化特色，形成自身的亮点和影响力。文化特色越强，城市影响力就越大，社会经济发展也就越快。在当前中国新型城镇化进程中，大量的旧城改造(尤其是县级城市改造)，一定要以“艺术城市”的理念进行规划。创造“艺术城市”要结合生态旅游、文化旅游，挖掘当地未挖掘的历史和传统文化，形成地域性特色城市；要站在全球旅游、特色旅游角度进行城市规划；要从“影响力、标记性、艺术性、公共性”四个方面评价城市雕塑与公共艺术建设；要将构建“艺术城市”与区域经济、文化产业发展相结合。③

以“艺术城市”概念指导城市规划建设，是对我国城镇化由速度扩张向质量提升转型新模式的有益探讨。以“艺术城市”概念为指导，充分利用我国丰富的历史文化、人文文化遗存，进行城市规划建设，将会让城市形象更加鲜明、更加美好；将会产生一大批经得起历史考验的，又极具个性风格的艺术城市、文化城镇；必将使我们的民族文化升华；同时，也会给各个城市带来规模化的文化产业经济效益。

二、城镇化对县域经济的推动作用

县域经济作为社会经济功能比较完整和相对独立运行的综合性经济单元，是以县城为中心、以集镇为纽带、以广大乡村为基础的多层次的区域性经济系统，它处于国民经济的基础层次。县域经济是区域经济的一种特定形式，

① 盛广耀：《新型城镇化理论初探》，《学习与实践》，2013年第2期。

② 刘彤、蒋骏雄：《艺术让城市更美好——浅谈“艺术城市”概念》，《中国文化产业评论》，2011年第2期。

③ 刘彤、蒋骏雄：《广西桂林市灌阳县“艺术城市”助力建设美丽家园》，《人民日报》，2013年3月20日第13版。

是中国经济中特殊的行政区域经济。县域经济除了具有一般区域经济共有的特征以外，还具有它自身的基本特征，即具有综合性经济特征；县域经济是以农业为基础，以中小工业为支柱的行政区域经济；县域经济是基本利用本地资源的行政区域经济；县域经济是一种中观经济；县域经济是市场开放型经济；县域经济是市场化程度较低，资本、技术和人才为较稀缺的经济。①

城镇化是伴随工业化进程的一种规律性的经济社会现象，是农村人口向城镇集聚，农业向第二、三产业转移和城市文明向农村扩散的“三位一体”互动的社会变迁过程。② 发展城镇化可以加快农业现代化进程，带动县域工业发展和服务业繁荣，实现农村劳动力转移，同时加快产业结构调整，推进工业化、现代化步伐。城镇化是县域经济发展的核心主题，是县域经济发展的重要载体，也是县域经济发展的持久动力。

党的十八大报告明确了推进新型城镇化的战略任务，提出了“四化同步”的战略思想，做出了推进经济结构战略性调整、推动城乡发展一体化等战略部署。新型城镇化、城乡一体化成为转方式、调结构的战略重点。推进新型城镇化是我国在新的历史时期，顺应经济社会发展转型而提出的重要发展战略，为县域经济发展指明了道路。

县域经济发展模式是县域地区在不断推进工业化与现代化进程中逐步形成的一种独特的发展过程和路径。③ 在区域经济竞争日益激烈、县域经济渐趋同质化发展的大背景下，根据县域自身的发展阶段、区域环境、资源禀赋、人力资本等条件的特点和实际情况，选择正确的发展模式，对于形成县域经济发展战略、加快县域经济发展速度有着十分重要的作用。

县域经济的本质是特色经济。县域经济起步阶段的主要特点是寻求产业和产品结构的多样化，随着发展阶段的演进，县域经济的产业发展则由多样化转向特色化。特色经济是指从本地区比较优势和资源禀赋出发，根据本地区在某一阶段的要素禀赋结构，即经济中的自然资源、劳动力和资本的相对份额，在某一产业或产品上构建经济增长极，形成主导产业，提高县域经济增长的核心竞争力，最终促进区域经济全面发展。④

县域经济发展模式应当是基于特定条件下的产物。其模式的创新必须立足本地实际，同自然资源、传统文化、政策环境、市场经济制度等因素紧密结合。所以，各级政府在发展县域经济上，应在实践中探索出适合本地特色的发展模式，做到尊重发展规律、符合时代要求、顺应群众愿望，特别是在

① 郭华：《县域经济发展研究的理论框架》，《中国集体经济》，2009年第10期。
② 赵润田：《欠发达地区城镇化与县域经济发展》，《理论学刊》，2012年第11期。
③ 刘吉超：《中国县域经济发展模式研究评述及其反思》，《区域经济》，2013年第2期。
④ 曹群：《我国县域经济发展的区域差异及模式选择》，《商业研究》，2012年第8期。

政策上要给予强有力的支持。①

三、以“艺术城市”概念构建“北京古村落文化旅游经济圈”，促进县域经济联合发展

在中国城镇化改造过程中，要保护、挖掘、利用好各民族非常稀缺、不可再生的珍贵资源。新型城镇化不是千城一面的“现代化”，而是要以“特色化”赋予城镇化新的内容和形式。特别要突出本土文化、民族艺术，通过彰显民族特有的文化，赢得在世界文化圈的话语权，以此开拓本民族的文化视域，建设中华民族共有的精神家园，构建和谐的美丽中国。

如何在保持民族文化多样性与丰富性的同时与时代同步、可持续地发展民族文化和区域经济？如何立足生态环境、自然风光、特色文化等资源优势，走出一条旅游产业、文化艺术、城镇建设深度融合发展的特色城镇化之路，跳出以往县域经济发展的窠臼，另辟蹊径，通过城镇化整合各类优势资源，推动县域经济生态发展、绿色崛起，是摆在各地、各级政府面前的重大课题，更是深入贯彻落实党的十八大关于推进经济结构战略性调整、推动城乡发展一体化、大力推进生态文明建设等重大战略部署精神的迫切要求。

北京作为中外历史文化名城，深厚悠久的积淀形成了庞大的旅游体系和坚实的旅游产业的基础。根据北京旅游“十二五”规划，到“十二五”末期，旅游业占全市 GDP 的比重争取达到 7%到 10%之间，未来旅游产业将成为北京市的重要支柱产业。北京旅游业除了传统的旅游项目之外，散落在京郊的、数以百计的不可复制的古村落将会是中国后旅游时代“最具潜质”的旅游资源。其深厚的文化积淀、丰富的历史信息、意境深远的文化景观，具有“史考”的实证价值、“史鉴”的研究价值、“史貌”的审美价值，还可以称为古代“资源节约型、环境友好型”社区的典范，具备和谐中国的历史风范和诸多宝贵的社区管理与繁衍发展的经验。但以往的北京古村落旅游，只是以简单的“乡村游”“农家乐”“景点游”为主体，而最宝贵的文化遗存的特色并未被开发利用，如此舍本逐末，浪费了珍稀的历史文化资源。

主题文化是形成“艺术城市”唯一性的文化形象和品牌概念。构建“艺术城市”主题文化的目的和战略意义，就是塑造“艺术城市”主题文化内核、铸造主题精神气质、张扬主题经济态势、彰显主题建筑风格，以此形成“艺术城市”历史文化、民族精神、社会经济、城市形象的高度统一和完美结合，从而形成“艺术城市”独一无二的形象和品牌，并拥有核心竞争力。

为此，必须树立区域（县域）经济联合发展观念，联合北京 16 区以及天津、河北形成一个各方协同受益的“北京古村落文化旅游经济圈”区域特色产

① 安士婧：《县域经济发展模式创新的理性思考》，《黑河学院学报》，2012 年第 3 期。

业格局，形成一个北京旅游新品牌。此举可以形成北京旅游新的兴奋点，并以此全面拉动北京京郊游，形成京郊文化旅游产业，走一条区别于其他地区和国家的，独具特色的古村落文化旅游大产业道路，一条古村落保护与现代城镇化建设和谐发展的道路。以“意识观念现代化、资源整合特色化、运营理念品牌化、营销目标全球化”的理念，共同挖掘“东方未挖掘的东方文化”；形成宽泛的“北京古村落文化旅游概念”和神奇的“北京古村落文化旅游现象”，打造一个超越县市乃至省区行政区划范围的特色文化旅游品牌；形成北京古村落文化旅游经济的样板(包括“艺术城市”概念的建设和古村落文化旅游产业模式)，带动京津冀各区县形成一个区域特色产业格局，形成共同受益、共同发展的北京古村落文化旅游特色经济圈；提高北京古村落文化旅游区域(县域)经济的集聚效应，及其在国内外旅游市场上的地位与竞争能力。

(一)整合资源，总体规划北京古村落文化旅游产业格局

以区域县域经济联合的科学发展观，联合北京16区以及天津、河北分布古村落的区、县、乡镇，组建中国唯一的、区域产业格局特色鲜明的、联盟成员共同受益的“北京古村落文化旅游经济圈联盟”作为打造北京古村落文化旅游产业的总协调组织和轴心，以联盟的构架促进古村落区域文化旅游产业的发展。规模化、集约型地发展与繁荣区域经济，可以推动旅游产业、文化创意产业等相关产业的发展，促进招商引资以及城镇化、国际化进程。这样，北京周边丰富的文化旅游资源，就会变成巨大的经济资源，同时，还有利于加强精神文明建设、构建和谐社会、创建美丽家园。这是一项功在当代、利在千秋的伟业！

在整合梳理各区、县、乡镇原有的旅游基础上，要整盘考虑和重新整合北京古村落文化旅游产业格局。以“意识观念现代化、资源整合特色化、运营观念品牌化、营销目标全球化”的理念，走出一条不同以往的文化旅游大联盟、大产业的新路子，使其成为一个自然生态、人文历史、产业业态等各方面，真正具有神奇魅力的特色文化旅游区域。

(1)首先对北京16区，以及天津、河北分布古村落的区、县、乡镇现有资源及旅游基础做一次系统调查及整合工作。

(2)以“艺术城市”概念为导向，制定构建“北京古村落文化旅游经济圈”的总体规划。协调、整合、指导、规划各区县的文化与旅游资源，共同规划“北京古村落文化旅游经济圈”的区域合作格局，明确各区域特色和产业布局，避免重复建设，形成一个特色鲜明的北京古村落文化现象、旅游概念和特色品牌。

(3)以此为基础，制定发展规划、实施计划，探索形成商业运营模式、政府指导与管理模式，并使之不断完善。

(4)选择有基础的区、县、乡镇试点，探索“艺术城市”的建设，创新古村落文化旅游经济发展模式，延伸至资源运营和产业运营、资本运营。不断建设和完善各区、县、乡镇的旅游设施，形成更多的优质旅游产品和精品旅游线路，为联盟发展古村落特色旅游经济做出样板。

(二)宣传推广“北京古村落文化旅游经济圈”

1. 与海内外旅行社、传媒机构建立长期合作关系，建立优质旅游产品、精品旅游线路推广中心。

2. 在各区域建立宣传广告牌、电子屏，建立“北京古村落文化旅游经济圈”信息网，编发《北京古村落文化旅游经济圈联盟会刊》。

3. 建立统一的票务销售、管理服务网络等现代旅游服务项目；实现资源共享、统一对外低成本运营与推广，相互协作，共同受益。

4. 建立协调机构，共同推进“北京古村落文化旅游经济圈”的形成。每年轮流由各联盟单位举办一届权威的“北京古村落文化旅游经济圈年会”和“北京古村落文化旅游合作高峰会”。

(三)以“艺术城市”概念指导新型城镇化规划建设

1. 指导联盟区、县、乡镇公共空间的规划、设计和建设，包括雕塑与城镇公共艺术规划、具前沿性和导向性的城镇化公共艺术以及其他主题造型文化形态的规划、设计等。

2. 指导联盟区、县、乡镇非物质文化遗产、文化遗存及传统文化艺术的保护、抢救、传承和开发利用。

3. 下大力气建设和推广北京古村落特色旅游，加强以国外游客为主体的旅游接待设施的建设和完善。

(1)制订与欧洲民间旅游对接的整盘计划。引导和发动农民搞特色旅游，团结一致、齐心协力、建设世界唯一性的北京古村落文化特色。这种方式投资很少，能迅速改变旅游格局和原来以国内市场为主体的旅游产品，转换为以国际游客为主导设计产品；整合资源和营销推广，改变消费主体，改变市场格局。

(2)一定要让农民按自己的方式去做，从而形成真正的原生态特色，包括心态、方式、建筑风格、旅游业态等；政府不插手，只是起到指导、引导和服务的作用。

(3)对农民经营者进行系统培训。聘请欧洲行业专家对农民经营者进行系统培训，学习和了解欧洲乡村特色旅游的经营方式、业态；了解欧洲及世界发达国家吃、住、行习惯及旅游、民族习惯等。

(4)根据联盟各区域特点布局特色旅游网点。提倡徒步、骑自行车旅游；布局并逐步建设中等的娱乐中心，以乡镇和民族村寨为主体散点布局建设，有组织的统一管理，每个区域都能凸显自身特色。

在中国新一轮的城镇化建设浪潮中，一定要依据当地特色以“艺术城市”

概念进行城镇再造；要依托丰富多样的民族文化，构成大的产业项目，或者形成与大产业的互动，从而形成可持续发展的产业经济格局，并提升城镇文化含量，扩大“特色城镇”的知名度，形成旅游业并拉动其他相关产业。这样，必将会产生一批经得起历史考验、充满民族魅力与民族风情，又极具个性风格的民族文化城镇；同时，为各民族地区带来文化升华、规模化的旅游效应及产业经济效益。由此，可以实现党的十八大提出的“四化同步”战略思想，建设“美丽中国”，实现中华民族永续发展的伟大的中国梦。

（作者：刘　彤　北京印刷学院教授
蒋骏雄　中国雕塑杂志社原副社长）

项目名称：大数据时代网络社会的管理博弈及政府策略选择
项目编号：13JGB119
项目负责人：孙　宇
项目信誉保证单位：北京师范大学

1994—2014 年中国互联网治理政策变迁的思想脉络和现实逻辑

伴随着互联网的应用普及和创新发展，互联网基础资源配置、数字包容、网络空间的语言多样性、跨境数据流管制、政府数据开放、互联网内容审查、个人数据保护、在线信息资源的知识产权以及网络犯罪、网络恐怖主义和网络战争等一系列全球治理议题应运而生。在中国，2014 年是中国全功能接入互联网的第 20 个年头。中国的互联网治理政策随着互联网走进千家万户而变迁，1994 年 2 月 18 日生效的《中华人民共和国计算机信息系统安全保护条例》(国务院令第 147 号)被公认为是中国对互联网实施官方管制的首个标志性政策。20 年间，互联网可公开查阅的、中央政府层面的政策共 280 份文件。采用文本分析方法，立足政策议题、政策主体和政策的价值取向，我们可以发现政策变迁所蕴含的思想脉络和现实逻辑。

一、政策议题：从微观规制走向宏观引导

1994 年，中国成为国际互联网大家庭中的第 77 个成员。经过 20 年的努力，中国逐渐制定了涵盖规制网络资源、信息内容、应用行为及信息安全等方面议题的公共政策(见图 1)。我们通过一级编码发现，出现频率最高的词是“信息”，有 52 份文件重点涉及；其次是网吧，有 25 份文件重点涉及；此外关注域名、网络游戏和网络文化的文件数量也比较多。立足政策议题，我们大致可以将 1994 年以来中国互联网治理政策变迁划分为三个阶段：1994 至 1999 年间以规制接入为核心，2000 至 2009 年间以规范应用为重点，2010 年之后以引导产业发展为主线。有的议题，比如对“上网服务营业场所”(俗称网吧)的监管，在这些年间始终被关注，唯一变化的是随着实践发展，其称谓及政策导向有所不同。在各类规章政策的文件名中曾经使用过“网吧”“互联网上网服务营业场所”“网吧等互联网上网服务营业场所”“互联网上网服务行业”等术语。在政策导向方面，从技术规范、专项整治行动转到了引导产业转型升级。从这个视角看，在某些政策议题上，中国的互联网治理政策具备一定的

延续性。但在另一面，在所涉及的各类议题中，政策周期一般较长，失效文件仅占约 3.6%。众所周知，互联网技术创新日新月异，互联网应用普及迅猛发展，长周期的公共政策往往滞后于互联网的技术创新及应用普及，从而导致实践中要么找不到政策依据，要么政策已无法满足治理诉求。

图 1　1994—2014 年中国互联网治理的政策议题

(一)以规制接入为核心的起步阶段(1994—1999 年)

在这个阶段，中央政府共发布规章政策 25 项，重点涉及域名、互联网国际联网、网吧等议题。接入是互联网应用普及的第一步，因此与接入相关的政策自然会成为互联网起步阶段的核心议题。然而，客观地看，起步阶段的接入政策导向重在规制互联网连接的秩序。一些更为重要的接入议题，例如普遍服务、网络中立性等，尚未纳入政策议题。或许，这也是当前在互联网接入领域(无论是城乡之间、还是省与省之间，抑或是人群之间)存在互联网普及差距的原因之一。

需要特别注意的是，在这个阶段，信息安全已经被纳入政策议题框架，先后出台了《中华人民共和国计算机信息系统安全保护条例》(国务院令第 147 号)、公安部《关于加强信息网络国际联网信息安全管理的通知》(公通字〔1996〕40 号)、《计算机信息网络国际联网安全保护管理办法》(公安部令第 33 号)、人事部办公厅《关于加强人事部门在国际互联网上所建站点及网页管理防止发生失泄密事件的通知》(人办发〔1999〕34 号)。这说明，信息安全在中国互联网治理的政策体系中，从初期就占有一席之地。当然，在这个阶段涉及信息安全的政策还主要以部委“通知”出现，其约束范围和约束力相对较弱。

(二)以规范应用为重点的发展阶段(2000—2009 年)

自 2000 年 3 月 10 日纳斯达克指数触及 5048.62 点以后，网络经济泡沫达到了最高点。3 天后，高科技股的大量抛售引发连锁反应，投资者、基金和机构纷纷开始清盘。仅仅 6 天时间，纳斯达克就损失了将近 20%，股指一度下滑到 4580 点，由此宣告互联网经济泡沫的破灭。自此以后，中国的互联网治理政策进入以规范应用为重点的发展阶段(2000—2009 年)，这是公共政策变迁进程中的关键阶段。这种关键性不仅体现在公文数量的大幅增多上，而且所关注的议题从接入问题向服务性、应用性问题发展。这个阶段中央政府的年均发文量超过 21 份，发文量的两个高峰分别出现在 2004—2005 年以及 2009 年，2009 年的发文量为 25 份，达到最高点。越来越多的应用主题，包括医疗卫生、网络出版、网络知识产权、数字印刷、互联网地图、医疗卫生、网络文化、网络游戏、网络音视频传播、电子商务、电子支付、电子银行、网络税务、网络民事纠纷等被纳入政策议题。在这个阶段，对互联网普及应用产生巨大影响的《中华人民共和国电子签名法》颁布实施。当然，一方面，这个阶段对于信息安全议题虽然有所涉及，但是持续关注不足，仅体现在 2000 年 12 月 28 日第九届全国人民代表大会常务委员会第十九次会议通过《关于维护互联网安全的决定》；另一方面，这个阶段的重要逻辑脉络是，从重点规制技术应用向重视意识形态延展。当信息成为公共物品、自媒体大行其道、点对点传播成为常态、互联网成为公共空间，这无疑是一个无法回避的现实治理议题。

有观点认为，中国的互联网治理公共政策议题多为突发公共事件所催生，反映了政府治理互联网是一种回应型治理。但如果我们将公共政策放在跨度为 20 年的时间轴上分析，这种观点是站不住脚的。2002 年 6 月 16 日，北京市海淀区蓝极速网吧发生火灾，导致 24 人死亡，13 人受伤，在社会上引起了强烈反响。2002 年 7 月 1 日，一场由文化部、公安部、信息产业部、国家工商管理局联合开展的针对网吧等互联网上网服务营业场所专项整治行动在全国范围内展开。2002 年 9 月 29 日，国务院第 363 号令颁布《互联网上网服务营业场所管理条例》。早在 1998 年，公安部、信息产业部、文化部、国家工商行政管理总局四部委就出台了《关于规范“网吧”经营行为加强安全管理的通知》，规定了网吧经营者的准入条件和审批程序。2001 年文化部、公安部、信息产业部、国家工商管理总局颁布了《互联网上网服务营业管理场所办法》，详细规定了互联网上网服务经营场所经营者的条件、义务、禁止行为及相应处罚。从公共政策议程来看，这反映出政策制定虽然具有一定的前瞻性，但是政策执行往往大打折扣，所以导致互联网治理领域陷入“政策出台—突发公共事件—政策重申—部门行动”的逻辑怪圈。

(三)以引导产业发展为特征的转型阶段(2010 年至今)

21 世纪的第二个 10 年，作为战略性信息产业的互联网产业在全球范围内异军突起，成为创新发展热点，也成为创业投资热点。这个阶段，产业界非常活跃。2010 年，团购网站在国内风生水起；2011 年，微信平台投放市场，首批 27 张第三方支付牌照下发，百度、腾讯、新浪微博、360、阿里巴巴等纷纷开放平台，从而导致“平台＋应用”的竞合格局出现，智能手机开始快速普及；2012 年，国家提出实施宽带中国工程，当年中国手机网民规模首次超过电脑网民数量；2013 年，互联网金融、可穿戴设备给互联网产业带来新增长；2014 年，“互联网＋”在带来新业态的同时也对政府的公共行政提出前所未有的挑战。与实践发展相吻合的是，这个阶段的互联网治理政策也进入了以引导产业发展为特征的转型阶段（2010 年至今）。产业主管部门、意识形态主管部门纷纷出台政策，推动互联网接入服务、数据服务、应用服务、网络文化等行业的转型。当然，信息安全仍旧被这个阶段的政策关注，先后出台了《互联网网络安全信息通报实施办法》（工信部保〔2009〕156 号）、《关于加强互联网域名系统安全保障工作的通知》（工信部保〔2010〕53 号）、《通信网络安全防护管理办法》（工业和信息化部令第 11 号）、《电信和互联网用户个人信息保护规定》（工业和信息化部令第 24 号），以及 2012 年 12 月 28 日第十一届全国人民代表大会常务委员会第三十次会议通过的《关于加强网络信息保护的决定》。

然而，互联网接入中国的 20 年，行政管理体制改革在一定程度上滞后于经济领域的各项改革。互联网产业的蓬勃发展以及“互联网＋”战略部署的逐步实施，对深化行政体制改革，特别是转变政府职能提出了新的要求。以“互联网＋交通”的出行服务为例，2015 年在中国境内引起广泛关注。而这场由技术变革引发的产业态创新，最终将矛头指向出租车行业的现行管理制度。也就是说，转型阶段的公共政策不能仅针对互联网产业的引导，还需要将行政管理体制改革纳入政策议题。所以，转型阶段不仅指互联网治理的政策议题的转型，而且也指政策特征的转型。这要求有关互联网治理的公共政策更加系统化、站位更加宏观，涉及技术、产业、制度的方方面面。

二、政策主体：从政出多门走向合作治理

中国互联网治理政策的政策主体多为官方，社团组织尚处于边缘地位（见图 2）。官方主体基本涵盖了执政党机关、行政机关、权力机关和司法机关，其中以行政机关为主；280 份文件涉及 39 个部门，并且呈现出从产业部门逐步转向意识形态部门的发展态势。社会和市场主体仅涉及中国互联网协会和

图 2　1994—2014 年中国互联网治理的政策主体

中国互联网络信息中心。可喜的是，随着时间的推移，中国互联网治理政策的合作治理格局初露端倪，市场和社会力量在公共政策议程中的作用日益显著。

(一)历次机构改革逐步缓解了“政出多门、多头管理”的问题

就各部门发文数量看，位列前五的部门依次是工业和信息化部，发文数量63份；文化部，发文数量53份；国务院，发文数量26份；国家广播电影电视总局，发文数量18份；新闻出版总署，发文数量14份[①]（见图3）。工业和信息化部的前身信息产业部是由邮电部和机械电子工业部组建而成。无论是规制接入、规范应用，还是引导产业，作为行业主管部门的工业和信息化部在互联网治理过程中都发挥了重要作用。正如前文所述，当互联网治理的问题不仅仅是经济问题，也是政治问题和社会问题时，文化部、广播电影电视总局、新闻出版署、国家互联网信息办公室等在互联网治理中也扮演着重要的角色。当然，涉及一些跨部门、跨领域的议题，国务院扮演了政策主体的角色。

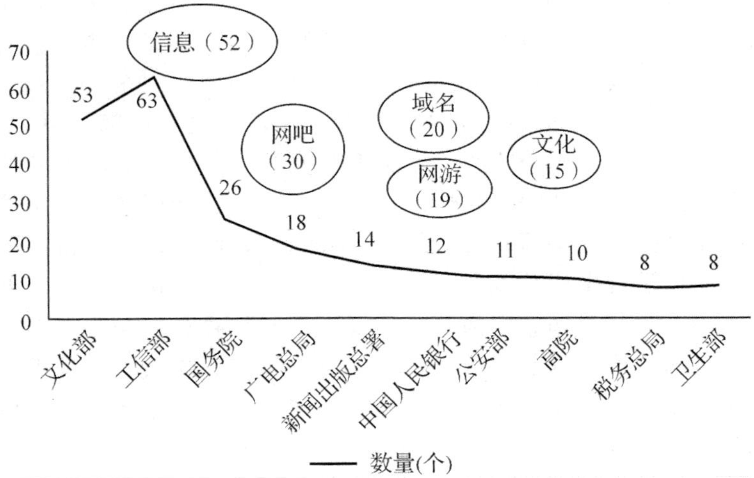

注：工信部所发文件数量包括原工业和信息化部、邮电部和机械电子工业部的文件数量；网游为网络游戏的简称，网吧包含互联网上网营业场所

图3 发文数量TOP10机构及发文热词

“政出多门、多头管理”是行政管理备受诟病的弊端，在互联网治理领域也有体现。以互联网上网服务营业场所的管理为例，公安部等四部委于1998年联合发布的《关于规范“网吧”经营行为加强安全管理的通知》是中国政府管

① 2013年国务院将新闻出版总署和国家广播电影电视总局职能整合，组建了国家新闻出版广电总局。但在此前，这两个部门在互联网版权、影视内容等政策议题中分别发挥着重要作用，因此将二者分开统计。

理互联网营业场所最早的文件，而2014年文化部发布的《关于推动互联网上网服务行业转型升级的意见》(文市发〔2014〕42号)是引导互联网上网服务场所健康持续发展的最新文件。自1998年以来，针对互联网上网服务营业场所整顿治理的文件总数达25份，这个议题的文件数量较多、持续时间最长、政策主体最多。上网服务营业场所的管理主体涉及国务院、文化部、公安部、信息产业部、国家行政管理总局、教育部、财政部、监察部、中央文明办以及卫生部等十余个中央党政部门，其中多部委共同发布的文件数量为6份，分别是公安部、信息产业部(2008年后为工业和信息化部)、文化部、国家工商行政管理总局《关于规范"网吧"经营行为加强安全管理的通知》(1998年)，信息产业部、公安部、文化部、国家工商行政管理总局《贯彻落实国务院办公厅关于进一步加强互联网上网服务营业场所管理通知的意见》(2001年)，文化部、国家工商行政管理总局、公安部、信息产业部、教育部、财政部、国务院法制办公室、中央文明办、共青团中央《关于进一步深化网吧专项整治工作的意见》(2004年)，文化部、国家工商行政管理总局、公安部、信息产业部、教育部、财政部、监察部、卫生部、中国人民银行、国务院法制办公室、新闻出版署、中央文明办、中央综治办、共青团中央《关于进一步加强网吧及网络游戏管理工作的通知》(2007年)，文化部、国家工商行政管理总局、公安部《关于网吧管理工作有关问题的通知》(2008年)，以及文化部、中央文明办、国家工商行政管理总局、公安部、工业和信息化部、中国关心下一代工作委员会《关于开展2009年净化网吧市场、查处取缔黑网吧督查工作的通知》(2009年)。这些文件的政策议题均针对"黑网吧"、网吧违规经营进行整治清理。在政策实施过程中所涉及的部门众多，需要跨部门协同合作。虽然多部门联合可以相互支持，加大政策执行力度，但是也存在多头管理的弊端，一旦政策执行过程中出现问题，容易造成相互推诿、无人负责的局面。在政策文件发布过程中，各部委除转发国务院关于网吧管理的通知外，虽根据自身职能范围发布了相应文件，但也存在交叉越权的现象。比如，2002年11月文化部颁布了《互联网上网服务营业场所计算机经营管理系统技术规范》，而技术性的规范实属信息产业部的职能范围。

互联网在中国发展的20年始终伴随着机构改革，作为政策主体的政府不论职能还是组织都有调整。以工业和信息化部为例，1998年在邮电部和机械电子部的基础上建立了信息产业部，2008年又组建了工业和信息化部。正如前文所述，工业和信息化部是发文最多的部门，事实上这是机构改革过程中累积的结果(见图4)。邮电部和机械电子工业部所关注的议题分别是国际联网和互联网软件著作权的管理问题。信息产业部发文所涉及的政策议题既涉及互联网基础服务，如域名管理、IP地址备案等，也涉及互联网应用层面的管理，包括网络游戏、网络著作权、电子邮件、互联网视听节目等。工业和信息化部所发布的文件重点规范互联网基础服务，如《电子认证服务管理办法》

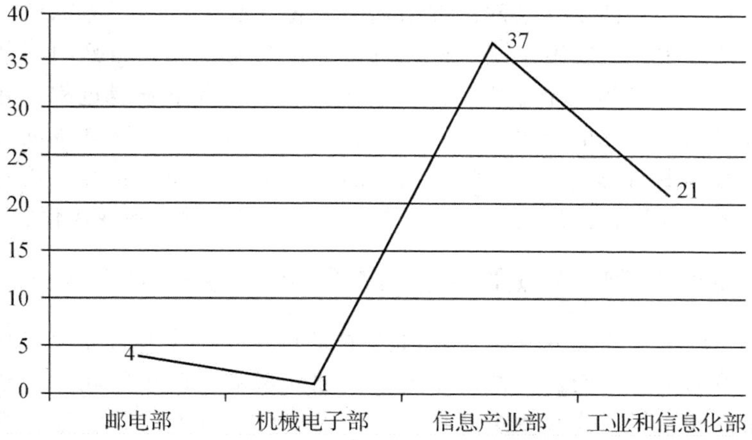

图4 机构改革中发布文件数量分布

(工业和信息化部令第1号),《电信和互联网用户个人信息保护规定》(工业和信息化部令第24号)等文件。2008年之后的机构改革,是对互联网管理领域政府职能的逐步规范,无论是意识形态部门还是产业主管部门各自的职责更加明晰,职能交叉有所改善,从根本上改善了多头管理的体制弊端。

(二)社会组织的作用日益凸显

进入21世纪,中国互联网协会的成立无疑是中国互联网治理领域的制度创新,先后独立发布或联合发布了7份旨在规制行业自律的规章制度,包括《中国互联网行业自律公约》(2001年)、《中国互联网协会反垃圾邮件规范》(2003年)、《互联网站禁止传播淫秽、色情等不良信息自律规范》(2004年)、《中国互联网网络版权自律公约》(2005年)、《绿色网络文化产品评价标准(试行)》(2007年)、《举报互联网和手机媒体淫秽色情及低俗信息奖励办法》(2009年)、《互联网终端软件服务行业自律公约》(2011年)。

事实上,社会主体参与互联网治理一直可以追溯到1994年。因为代表中国实现互联网全国功能接入的,是中国科学院牵头的科研项目——中关村地区教育与科研示范网(The National Computing and Networking Facility of China,NCFC)。1997年,主管域名的中国互联网络信息中心(China Internet Network Information Center,CNNIC)成立,2000年之后,CNNIC也开始扮演互联网域名管理的政策主体角色,先后出台了《中国互联网络域名注册申请程序》(2000年)、《关于中文域名注册管理办法(试行)》(2000年)、《域名注册服务机构认证办法》(2002年)、《中国互联网络域名注册实施细则》(2009年)、《关于中国域名注册和服务调整的公告》(2012年)、《域名争议解决办法》(2012年,2014年修订)等。与中国互联网协会不同,CNNIC主要在域名资源分配领域发挥作用,这不仅与机构属性相关,也与机构职能相关。

当然,无论是中国互联网协会,还是中国互联网络信息中心,都带有一定的官方色彩，并且在互联网治理格局中仍扮演配角，还不能称作真正意义上的多元治理主体。这不是互联网治理领域的独有现象，而是中国社会的第三方组织发展现状的一个缩影。但是，任何事物总有个发展过程，并且由于互联网技术是通用目的技术，它不仅具备目的的通用性，还具备创新的互补性。我们有理由相信，互联网治理领域的合作治理正如互联网产业的发展一样，可以成为开拓合作治理经验、推进治理能力和治理体系现代化的示范。

三、价值取向：先重秩序、后重创新、始终重视安全

无论是政策议题的变化，还是政策主体的演进，其中均蕴含着互联网治理公共政策的价值取向。公共政策的价值取向影响着政策问题的构建、公共政策的制定和执行、公共政策的评估。价值取向关系着公共政策能否有效解决互联网治理问题，协调多元主体利益，实现和维护互联网空间中公共利益。

在2010年之前，公共政策重在追求互联网空间的秩序。改革开放以来，虽然市场的地位稳步提高，但政府始终在互联网治理领域非常注重运用行政手段。从发文类型看，通知所占的比例最大，为36%；其次是部门规章，所占比例为18%(见图5)。从发文对象上看，一类是发给下级的，另一类是面向全社会发布的。从政策内容上看，第一类基本都是要求下级部门应该怎么做，什么样的行为是属于管理范围；第二类通常包含三个部分：从业者的条件和审批程序，禁止事项的范围和内容、相应的义务以及违反规定所受的惩罚。这充分体现了公共政策强调行政相对人遵守规则、承担责任、履行义务，旨在维护互联网空间的秩序。

图5　1994—2014年中国互联网治理的发文类型

2010年之后，创新成为中国互联网治理的价值诉求，这不仅体现在技术创新、产业创新上，而且还体现在管理创新和体制创新上。将2010年至今的阶段命名为转型阶段，最重要的原因在于政策价值取向的转型，即从重秩序向重创新转型。在互联网时代，创新的含义不仅仅是某种跨越式发展的技术，而且也是利用互联网技术创造出前所未有的商业模式。和互联网精神相契合的是，这一时代的创新往往是在开放、合作、平等与全球化的前提之下发生

的。政策价值取向这种转型，标志着中国从网络大国向网络强国迈进的决心和自信。

安全是中国互联网治理的永恒追求。经过 20 年的发展，网络和信息安全被视为国家安全的重要组成部分，正如习近平主席明确指出的那样："网络和信息安全牵涉到国家安全和社会稳定，是我们面临的新的综合性挑战。"信息安全问题不外乎是由于"人"借助"终端"访问和使用各种"网络应用"引起的。从这个意义上看，信息安全是全社会所有人的事。因此，保障信息安全需要社会全体成员的共同努力，也需要在国际社会之间构建一种跨国合作的机制。

互联网治理已经成为世界各国的普遍共识，互联网也从创立者初期所设想的自由独立空间变为了一个虚拟公共空间，需要系列规制。进入 Web2.0 时代以来，互联网治理领域出现的系列新问题，不仅凸显了以科层制和官僚制为特征的传统治理的失灵，而且提出了"谁在治理、如何治理、治理的合法性"等一系列问题。互联网治理的内涵也更为丰富，既包含对互联网实施治理，也包含基于互联网的政府治理，尤其是全面落实"四个全面"的战略布局，迫切需要顺应互联网时代的发展特征，加快走向以整体政府、协同治理和一体化服务为特征的政府治理新模式。表面上看，互联网所带来的未知因素远远多于已知因素；而本质上，互联网真正带来的是探索未知因素的无穷可能性。我们相信，问题的产生和解决问题的办法是同时出现的，只有普及互联网才是实现治理转型、优化公共政策的前提条件。

参考文献

[1] 北京市互联网信息办公室编：《国内外互联网立法研究》，北京：中国社会科学出版社，2014 年版。

[2]马志刚：《中外互联网管理体制研究》，北京：北京大学出版社，2014 年版。

[3]乌静、白淑英：《论我国互联网管制的政策主体与能力提升问题》，《黑龙江社会科学》，2009 年第 4 期。

[4]李遵白：《社会化网络时代中国互联网管理的元政策分析》，《前沿》，2011 年第 1 期。

[5]谢永江、纪凡凯：《论我国互联网管理立法的完善》，《国家行政学院学报》，2010 年第 5 期。

[6]吴绍辉：《我国互联网管理现状与对策研究》，内蒙古师范大学硕士学位论文，2013 年。

[7]阴立影：《中国政府对互联网管理的变迁》，陕西师范大学硕士学位论文，2013 年。

[8]乌静：《我国互联网治理政策中的问题及对策研究》，哈尔滨工业大学硕士学位论文，2008 年。

[9]孔令君：《不要认为已经是互联网强国了》，《解放日报》，2014 年 11 月 24 日。

（作者：孙　宇　北京师范大学教授

冯丽烁　北京师范大学硕士研究生）

项目名称：北京创新农业经营体制机制研究
项目编号：13JGC061
项目负责人：毛　飞
项目信誉保证单位：中国人民大学

日本农业经营体系构建及对我国的启示

世界各国经验表明，农业现代化的过程也是农业经营规模扩大、主体分化以及体系重塑的过程。进入21世纪以来，随着我国工业化、城镇化进程加快，农村劳动力大量向城镇和非农产业转移，谁来种地、怎么种地问题凸显，培育壮大规模化、专业化、集约化、市场化相结合的农业经营组织、创新农业经营体制机制的要求日益迫切。党的十八大报告明确提出，要发展多种形式规模经营，构建集约化、专业化、组织化、社会化相结合的新型农业经营体系。十八届三中全会提出，坚持家庭经营在农业中的基础性地位，推进家庭经营、集体经营、合作经营、企业经营等共同发展的农业经营方式创新。可以说，发展各种类型的新型农业经营主体和推进规模经营，已成为我国加快现代农业建设，推进工业化、信息化、城镇化和农业现代化同步发展的战略性选择。日本与中国同属东亚社会，在文化背景、资源禀赋、生产条件上具有一定的相似性。因此，对日本农业经营的主体构成、模式转换进行探讨，深入分析农业经营体系构建的特征，对于促进中国新型农业经营主体建设具有重要借鉴意义。

一、日本农业经营体系发展现状

(一)日本农业经营体系的演变历程

随着日本农业人口老龄化、少子化程度不断加深，日本出现了农地撂荒、农民人口锐减、农业生产停滞与农村衰退的困境。为了拯救农业与农村，日本政府通过修订法律、制度改革，实施了一系列促进农地流转与规模经营等政策措施。近年来，日本政府主要致力于通过土地流转，扩大农户的经营规模，并将财政资金向销售农户和家庭经营体等主体倾斜。

2003年，为了应对农业劳动力不足与耕地撂荒激增现象，在地方公共团体的强烈要求下，日本政府制定了《构造改革特别区域法》，首次为包括公司在内的“农业生产法人之外的法人”，参与农业经营开辟了道路。同年，日本为了应对撂荒耕地激增现象，进一步推动集落营农组织[①]高效稳定地开展农业经营，设立了特定农业团体制度，扩充实施了游休农地对策，并通过对相关法律进行修改，放宽了农业生产法人的成立条件。2005 年，日本颁布了《食品、农业与农村基本计划》，加快培育骨干农户和推进集落营农组织法人化进程。2009 年，《农地法》被进一步修改，对于企业通过土地租赁，参与农业生产的行为，实行“原则自由化”。在上述制度改革的带动与政策激励下，日本法人经营与集落营农经营快速发展，在农业生产服务与农地高效利用等方面，发挥了重要作用。经过多年的发展，日本初步形成了以家庭经营为主体、法人经营和集落营农经营相互补充的农业经营体系。

(二)日本农业经营体系主要构成

家庭经营、法人经营与集落营农经营是日本三大农业经营形式(见图 1)。以销售农户和家庭经营体为主要形式的家庭经营，是日本农业生产与农产品

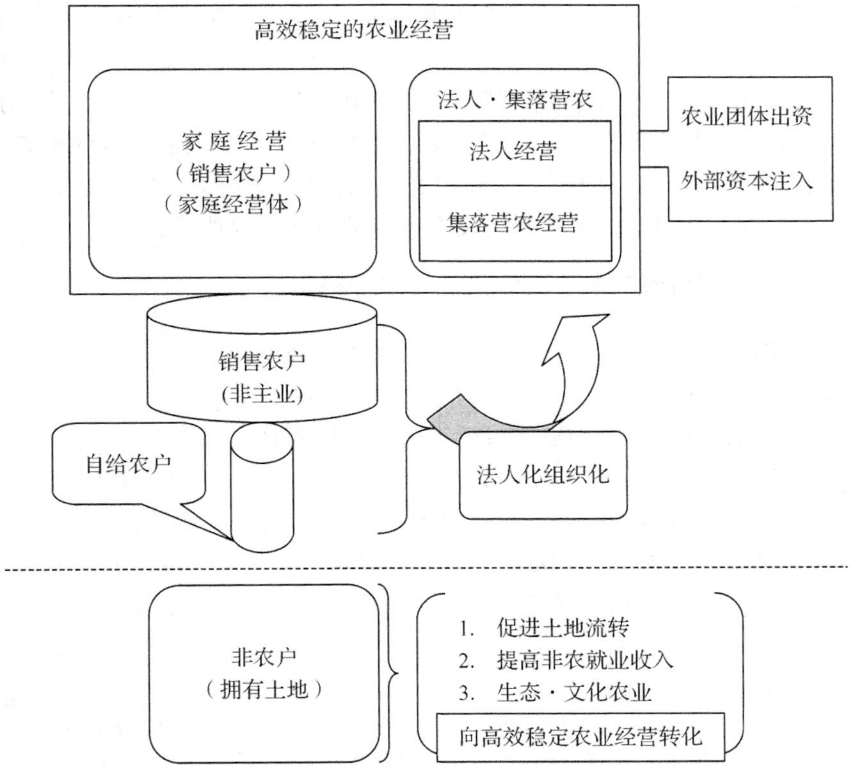

图 1　日本农业经营体系

资料来源：農業の担い手をめぐる現状と農業経営体の 育成・強化の方向について，农林水产省，平成 21 年 7 月公布

① 集落营农组织主要指以村落为单位，就农业生产过程的某个或全部环节开展共同服务、统一作业的农业经营组织。

销售的核心力量，承担着维持粮食生产与保障重要农产品供给的重任。以公司和农事组合法人为主要形式的法人经营是日本农业生产中的新型力量。公司等主体拥有先进的生产技术、完善的管理方法与丰富的市场信息，多围绕农作物种植之外的领域，从事产销一体化经营。近年来，日本政府一方面鼓励农协等农业团体出资，另一方面放开外部资本进入农业的限制，支持法人农业的发展。

集落营农组织作为区域性农业生产联合组织，在农业生产服务、土地流转与规模经营等方面发挥着重要作用。由于农业收益比较低，非主业销售农户和自给农户在日本农户中占有很高的比重。为了改善这一局面，日本政府一方面通过设立认定农业者制度，采用组织化、法人化等措施，促进这些农户向法人经营和集落营农经营转化；另一方面加大骨干农业支持力度，积极培育新型家庭经营体。

另外，一百多万拥有土地的非农户是日本农业经营主体的“潜在力量”。日本一方面通过开展农地租赁信托事业，促进土地流转与集中；另一方面加大这部分群体非农就业转移的支持力度，使其依靠非农收入可以自立。另外，为了防止撂荒耕地面积的扩大，日本还通过宣传教育，提倡土地的生态与文化价值，鼓励这部分群体开展“生态·文化农业”。通过以上措施，日本初步构建了一个结构明确、功能互补、动态调整的农业经营体系。

二、日本农业经营主体的发展现状及特点

（一）家庭经营内部构成出现变化，数量不断减少

在日本，销售农户与农业经营体是日本农业生产的主体力量。销售农户是指经营耕地面积 0.3 公顷以上或者过去一年间农产品销售额 50 万日元以上的农户。除此之外，还有“自给农户”和“拥有土地的非农户”。1999 年，日本废除了旧的《农业基本法》，颁布了《食品、农业、农村基本法》，首次提出了“农业经营体”[①]这一概念。家庭经营体指农业经营体中以家庭劳动力为主要劳动力，并且家庭控制经营权的经营体。[②] 近些年，销售农户和家庭经营体都发

① 农业经营体的经营规模至少应满足以下三个条件之中的一个：(1)经营耕地面积 0.3 公顷以上；(2)下列条件之一：蔬菜栽培面积 0.15 公顷以上；大棚蔬菜栽培面积 350 平方米以上；果树栽培面积 0.1 公顷以上；花卉栽培面积 0.1 公顷以上；大棚花卉栽培面积 250 平方米以上；饲养奶牛或育肥牛 1 头以上；饲养生猪 15 头以上；饲养蛋鸡 150 只以上；年间肉鸡出栏数 1000 只以上；年间农产品销售额达到 50 万日元以上；(3)从事农业托管服务。

② 销售农户和农业经营体都属于“规模经营主体”。两者的区别与联系在于：所有的销售农户都属于农业经营体，绝大部分销售农户是家庭经营体；然而，与农业经营体相比，销售农户侧重于农业生产环节，主要指从事大田农作物种植的农户，不包括农产品加工或经营林牧副业农户。由于销售农户和农业经营体在日本农业经营体系中处于主体地位，日本政府每年都会对这两个主体的经营情况展开调查。

生了数量减少、规模扩大等不同程度的变化。

1. 销售农户数量不断减少，副业化程度加深

为了更好地掌握农业劳动力的老龄化进展情况，日本开始将劳动力的年龄因素纳入农户分类评价体系中。在方法上，日本从农户收入和农户家庭劳动力年龄两个方面对农户进行评价，构建了“主业农户—准主业农户—副业农户”分类标准。在新的分类评价体系中，主业农户指以农业收入为主(农户收入的50%以上来自于农业)，并且至少拥有一名65岁以下家庭成员在过去1年间直接从事农业生产活动60天以上；准主业农户指非农业收入为主(农户收入的50%以下来自于农业)，并且至少拥有一名65岁以下家庭成员在过去1年间直接从事农业生产活动60天以上；副业农户指家庭中不含过去1年间直接从事农业生产活动60天以上的65岁以下家庭成员的农户。

表1　日本销售农户构成情况　　(单位：万户)

年　份	主业农户	准主业农户	副业农户	总计
2011年	35.60	36.26	84.26	156.11
2012年	34.37	34.37	81.65	150.39
2013年	32.45	33.27	79.77	145.50
2014年	30.40	30.98	79.79	141.16

注：表中数值均为四舍五入之后的近似值，因此各小项数值相加不一定和合计数值完全相等

资料来源：《平成26年农业构造动态调查》，2015年3月5日公布；《平成25年农业构造动态调查》，日本农林水产省，2014年2月18日公布；《平成24年农业构造动态调查》，日本农林水产省，2013年4月15日公布；《平成23年农业构造动态调查》，日本农林水产省，2013年2月5日公布

如表1所示，从2011年到2014年，日本销售农户从156.11万户减少到141.16万户，减少了9.6%。2014年日本销售农户中，主业农户有30.4万户，准主业农户有30.98万户，副业农户有79.79万户，分别占总体的比重为21.5%、22%和56.5%。与2011年相比，副业农户数量虽然减少了4.47万户，但其占总体的比重却增加了2.5个百分点。这说明，销售农户的副业化程度不断加深。这反映出日本农业对于年轻人而言依旧没有吸引力，同时说明，日本农户兼业化程度严重，即便是具有一定经营规模的销售农户，其中一半以上的收入也主要来自于非农业。

2. 家庭经营体比重不断下降，组织经营体法人化趋势增强

2014年日本农业经营体数量为147.12万个，比2011年减少14.64万个，减少了9%。其中家庭经营体143.91万个，比2011年减少了14.7万个，而

组织经营体基本保持增加态势。这说明，农业经营体的构成出现变化，与农户数量减少趋势相一致，家庭经营体规模在扩大的同时，数量也在缓慢减少，而组织经营体数量在增加，且法人化趋势增强(见表 2)。

表 2 农业经营体数 （单位：万个）

年 份	农 业 经营体 ①+②	家 族 经营体 ①	组织经营体				
			小计 ②	从事农业生产的经营体		只从事托管服务的经营体	
				数量	其中法人经营体	数量	其中法人经营体
2011 年	161.76	158.61	3.15	2.20	1.37	0.95	0.40
2012 年	156.39	153.27	3.12	2.23	1.41	0.89	0.37
2013 年	151.41	148.24	3.17	2.31	1.46	0.85	0.36
2014 年	147.12	143.91	3.21	2.38	1.53	0.83	0.35

注：1. 组织经营体中的“从事农业生产的经营体”一项，不仅包括只农事农业生产的经营体，还包括既从事农业生产又同时从事托管服务的经营体。2. 表中数值均为四舍五入之后的近似值，因此各小项数值相加不一定和合计数值完全相等

资料来源：《平成 26 年农业构造动态调查》，2015 年 3 月 5 日公布；《平成 25 年农业构造动态调查》，日本农林水产省，2014 年 2 月 18 日公布；《平成 24 年农业构造动态调查》，日本农林水产省，2013 年 4 月 15 日公布；《平成 23 年农业构造动态调查》，日本农林水产省，2013 年 2 月 5 日公布

(二)农业法人经营初具规模

在日本政府的支持下，组织经营体取得了快速发展。近年来，随着日本政府不断解除对公司等法人组织从事农业的限制，组织经营体中单纯从事托管服务的经营体快速减少，而从事农业生产的经营体不断增加。如表 2 所示，2014 年从经营形式上看，直接从事农业生产的组织经营体 2.38 万个，比 2011 年增加了 8%；只从事农业托管服务的组织经营体 0.83 万个，比 2012 年减少了 12.6%。

1. 土地流转加速，耕地开始向组织经营体集中

从经营耕地规模来看，2014 年农业经营体的经营耕地总面积为 357.48 万公顷，比 2011 年减少 6.04 万公顷；经营耕地中的流转面积 120.87 万公顷，比 2011 年多流入耕地 7.84 万公顷，增加了 6.9%。平均而言，2014 年每个农业经营体的经营面积为 2.45 公顷，比 2011 年增加了 0.18 公顷。

另外，2014 年组织经营体的经营耕地面积为 51.98 万公顷，比 2011 年增加了 4.13 万公顷。2014 年，组织经营体流转耕地 36.84 万公顷，比 2011 年增加了 2.86 万公顷。从土地流转的角度来看，2014 年组织经营体流转耕地面积占经营总面积的 70.9%，远远高于农业经营体 33.8%的水平。每个组织经

营体的平均经营面积为24.63公顷，同样远远高于农业经营体的平均水平。这说明，日本农业经营体经营规模逐渐扩大，土地流转成为重要手段。这其中，组织经营体规模集中趋势尤为明显，并逐渐成为土地流转的主力。

表3　日本农业经营体经营耕地面积情况

经营体类型	年　份	有耕地的经营体数(万个)	经营耕地面积(万公顷)	流转面积(万公顷)	平均每个经营体耕地面积(公顷)
农业经营体	2011年	159.87	363.52	113.03	2.27
	2012年	154.76	359.56	113.76	2.32
	2013年	149.88	358.51	117.87	2.39
	2014年	145.64	357.48	120.87	2.45
组织经营体	2011年	1.91	47.85	33.98	25.12
	2012年	1.94	48.46	33.67	24.95
	2013年	2.04	50.28	35.45	24.65
	2014年	2.11	51.98	36.84	24.63

注：表中数值均为四舍五入之后的近似值，因此各小项数值相加不一定和合计数值完全相等

资料来源：《平成26年农业构造动态调查》，2015年3月5日公布；《平成25年农业构造动态调查》，日本农林水产省，2014年2月18日公布；《平成24年农业构造动态调查》，日本农林水产省，2013年4月15日公布；《平成23年农业构造动态调查》，日本农林水产省，2013年2月5日公布

2. 农事组合法人和公司数量快速增长

农业法人指以法人形态经营农业、依法享有民事权利并承担相应义务的各类组织。为了提高农业产业化、留住人才与促进地域农业振兴，近年来日本政府多次对《农地法》《农业协同组合法》《农协法》和《公司法》等法律进行修改，农业法人数量快速增长，逐渐成为日本农业经营体系中一支重要力量。

从组织形态上看，农业法人主要有三种：第一种是公司法人，主要以盈利为目的，依据《公司法》成立。公司法人又可进一步分为合伙公司、合资公司、合同公司、股份公司四类。第二种是农事组合法人，主要是依据《农协法》设立的具有合作社性质的农业法人。农事组合法人指农民或其他组织为了促进农业生产、提高共同利益，依据《农业协同组合法》成立的法人组织。农事组合法人有两种：一是利用共同农业机械设施，为农业生产提供服务的法人组织，称之为1号法人；二是开展农业经营的法人组织，也被称为2号法人。1号法人与农协相似，而2号法人的组织性格更接近于公司。第三种是农

业生产法人①，主要依据《农地法》成立，是农业法人中利用土地进行农业经营的法人，是农业法人的一种特殊形式。

表4　2011—2014年组织经营体的构成情况　　（单位：万个）

年　份	合　计	有法人资格的经营体					无法人资格的经营体
		小　计	农事组合法人	公　司	各种团体	其他法人	
2011年	3.15	1.78	0.39	0.90	0.42	0.07	1.38
2012年	3.12	1.78	0.42	0.92	0.38	0.06	1.34
2013年	3.17	1.82	0.45	0.94	0.37	0.06	1.34
2014年	3.21	1.89	0.49	0.96	0.36	0.07	1.32

注：1."各种团体"项，包括农协及其联合组织、农业保险组合、森林组合等组织。"其他法人"项，包括一般社团法人、一般财团法人、医疗法人、宗教法人等组织。2.表中数值均为四舍五入之后的近似值，因此各小项数值相加不一定和合计数值完全相等

资料来源：《平成26年农业构造动态调查》，2015年3月5日公布；《平成25年农业构造动态调查》，日本农林水产省，2014年2月18日公布；《平成24年农业构造动态调查》，日本农林水产省，2013年4月15日公布；《平成23年农业构造动态调查》，日本农林水产省，2013年2月5日公布

如表4所示，从2011年到2014年，日本组织经营体的数量发生了先减后增的变化。从内部构成来看，有法人资格的经营体数量增加与无法人资格的经营体减少同步进行，提高了法人经营的比例。尤为突出的是，农事组合法人和公司的数量有了持续增长。从2011年到2014年，农事组合法人数量增加了1000家。2009年12月，日本修改了《农地法》，对于公司通过土地租赁，参与农业等行为，实行"原则自由化"。根据日本农林水产省资料显示，从2009年12月到2010年6月底近7个月的时间里共有144家企业参与农业，经营土地总面积达504公顷。到了2011年，经营体农业的公司达到9000家。从2011年到2014年，公司数量每年以200家的速度递增。这说明，近年来日本农业经营法人化趋势明显，而法人化农业经营的扩张主要依靠公司和农事组合法人数量的增加。

农业经营法人化的意义在于，促使生计与经营分离、便于税收统计及享受优惠政策、促进劳动条件合法化以及提高对外信用等。此外，与传统农户或非法人组织相比，农业法人更有利于吸引农村青年就业、农民培训以及部

① 根据日本《农地法》，利用农地或草地进行农业经营，并满足一定条件的农业法人称之为农业生产法人。因此，利用大棚进行蔬菜花卉种植、畜禽规模养殖等非土地利用法人或者土地面积小于一定的规模等要件不足的土地利用法人都不属于农业生产法人。

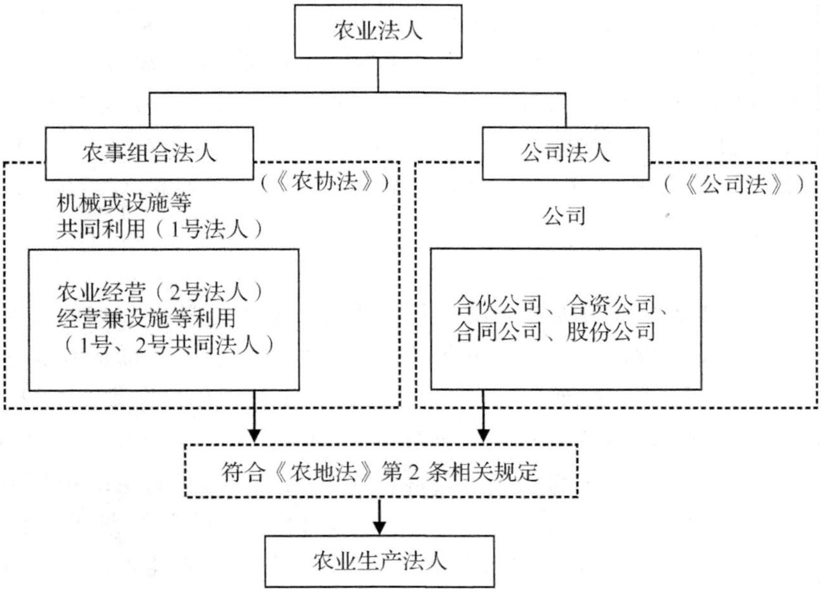

图2　日本农业法人种类及体系

分农业政策的执行。由图2可以看出，依据不同法律，日本成立了不同类型的法人组织。这些法人组织享有不同程度的权利，履行各不相同的义务。例如，农事组合法人中的2号法人与公司的业务相似，都是从事农业经营，但是在成员资格、出资额度等方面与公司存在不同之处。根据《农协法》，农事组合法人的成员可以是农民、协会、农地组织或供应商等主体，但是供应商等主体的数量，不能超过总成员数的三分之一。同时，农事组合法人可以为非成员提供农业生产服务，但是对外服务的营业额不能超过总营业额的五分之一。另外，公司法人与农事组合法人以及农业生产法人之间，在税收减免、组织变更等方面也存在显著差异。

（三）集落营农经营快速发展

农业生产联合组织主要指多个农户或农业法人，就农业生产过程中的某个或多个环节开展共同合作而结成的生产集团，或有组织地从事农业经营或农作业托管服务的组织。日本农协和集落营农组织都是典型的代表。集落营农组织主要指以集落为单位，就农业生产过程的某个或全部环节开展共同服务、统一作业的农业经营组织。

1. 农协改革力度加大

农协是日本规模最大、实力最强并且农户参与最多的农业生产联合组织。历史上，农协作为农民的合作组织，在提供生产生活服务、带动农民增收方面发挥了积极作用。与此同时，大量从事分散经营的兼业农户也构成了日本农协的组织基础。然而，近年来，日本农协保护下的兼业农户越来越与市场脱节，一定程度上阻碍了农地规模化与集约化经营，甚至减弱了农业发展活力。在国际国内多重压力之下，日本农协不得不开启了新一轮改革。

这场被称之为“60 年一遇的改革”，主要包括废除农协中央会制度、JA 全农公司化改制、单位综合农协专业化、业务转型等内容。截至 2013 年 3 月底，日本共有综合农协 738 个，社员 983 万人，其中正社员 467 万人，准社员 517 万人。

2. 集落营农组织服务功能突出

在对农协加大改革力度的同时，日本政府也加大了其他类型的农业生产联合组织的支持力度。近年来，集落营农组织发展迅速，逐渐成为农业生产联合组织的主流形式。截至 2014 年 2 月 1 日，日本共有集落营农组织 14717 个，其中 3255 个拥有法人资格，占全体的 22.1%。日本共有村落 13.9 万个，其中有 2.9 万个村落组建或参加了集落营农组织。集落营农组织中，由单个村落组建的集落营农组织占全体的 74.4%，由 5 个以上村落组建的仅占 7.2%。平均而言，每个集落营农组织为两个村落提供农业生产服务。从经营面积来看，有 52.1%的集落营农组织经营耕地面积(包括托管服务面积)在 20 公顷以上。就经营内容而言，有 79.5%的集落营农组织拥有机械或提供农机服务，有 73.3%的集落营农组织提供农产品生产销售服务，有 58.2%的集落营农组织提供耕地集中或土地整治服务。[①] 这说明，集落营农组织在地域农业支持，尤其是为中小农户服务等方面，发挥着积极作用。

三、日本农业经营体系发展对我国的启示

(一)扶持专业农户发展，加快培养新型职业农民

随着工业化、城镇化深入推进，我国农村青壮年劳动力大量转移，农业劳动力结构发生重大变化。一方面，自给自足的传统农户越来越少，兼业农户大量增加；另一方面，一批专注农业生产、以农业收入为主要来源的专业农户或主业农户日益兴起。根据农经统计显示，截至 2012 年年底，经营规模在 2 公顷(30 亩)以上的农户达到 891 万户，其中 3.3—13.3 公顷(50—200 亩)的有 261.8 万户，13.3 公顷(200 亩)以上的有 25.7 万户。相比兼业农户或副业农户，这些专业农户或主业农户在土地、资金和技术等要素使用上规模化和集约化水平更高，在采取先进技术、使用优质种质资源、实施市场化经营等方面都具备明显优势。

职业农民是将农业作为产业进行经营，并充分利用市场机制和规则来获取报酬，以期实现利润最大化的理性经济人，是各类农业经营主体的基础。

① 数据来源：集落营农实态调查结果，http://www.maff.go.jp/j/tokei/sokuhou/syuraku2014/index.html，日本农林水产省，2014 年 3 月 28 日。

日本为了缓解农业劳动力兼业化、老龄化趋势，鼓励农地向“骨干农户”集中，设立了认定农业者制度。在该项制度推动下，土地迅速向认定农业者集中，加快了农地有效集约利用。借鉴日本经验，安徽宿州探索建立了职业农民认证注册制度，明确了职业农民认定标准，提出了职业农民培训和资格鉴定程序，取得了积极效果。四川崇州公开竞聘职业经理，构建了以农民职业经理人(农民 CEO)为生产管理核心的“理事会＋农业职业经理人＋监事会”的运行机制。这为我国新型职业农民培养积累了一定的经验。

借鉴日本设立“青年农务学堂”“骨干农户补贴”等经验，我国要在扶持专业农户发展的同时，更加注重青年职业农民的培养，从国家层面制定中长期新型农民培养规划，并在新增农业补贴、土地流转、奖励补助、扶持培训等方面给予新型职业农民倾斜性政策，让一部分年富力强、有文化、懂技术、会经营的农村劳动力能主要靠提高劳动生产率，获得与其各类要素投入相对称的合理的报酬，使他们能安心在农业中发展和致富。

(二)培育新型经营主体，促进农业经营法人化

农业生产经营组织创新是推进现代农业建设的核心和基础。培育和壮大新型农业生产经营组织，是尊重和保障农户生产经营主体地位的有效手段，也是充分激发农村生产要素潜能的重要载体。在我国，新型农业经营主体主要包括专业大户、家庭农场、合作社和涉农企业。其中，家庭农场、合作社与企业都属于市场法人。与传统农户相比，农业经营法人化，一方面可以促使生计与经营分离，使农民变为自主经营、自负盈亏的商品生产者和经营者，可以提高专业化、集约化水平；另一方面，有利于农业经营者根据商品经济的客观要求，打破地区部门和所有制的界限，发展各种形式的横向经济联合，在平等自愿、互利的基础上组建新的经济实体，提高农业经营的规模化、组织化水平。

日本政府通过不断修订和完善法律，明确了各类农业法人的性质与内涵。近年来，在政府的支持下，日本各种类型的农业法人均有所增长，农业法人经营初具规模。当前，我国新型农业经营主体还面临规模小、运行不规范、发育不足等问题。借鉴日本经验，我国应当尽快明确界定专业大户、家庭农场、农民合作社、龙头企业等新型经营主体的规范标准、认定方法和登记办法，抓紧制定支持新型农业经营主体的政策措施，促进法人农业健康有序发展。

(三)创新农业经营组织模式，鼓励发展农业生产联合组织

当前，由于我国各类农业经营主体具有成员相似性、服务趋同性、对象一致性等特点，各主体之间的联系也越来越紧密。专业大户、家庭农场、合作社与龙头企业之间融合度增强，一些诸如“龙头企业＋合作社＋农户”“龙头企业＋家庭农场＋农户”“合作社＋家庭农场＋农户”等组织模式不断涌现。安徽宿州在承担创新现代农业经营组织体系试验任务过程中，开始探索建立以农业企业为龙头、家庭农场为基础、农民专业合作社为纽带，基于专业化分工和利益联结的现代农业产业联合体，走在了全国前列。然而，与日本相比，这些经营主体间的合作还较松散，深层次利益联结机制仍不完善，基本上未形成固定的具有约束力的行动规范。

在日本政府的支持下，日本各类农业经营体之间的联合与合作不断深化，形成了共同利用组织、集体栽培组织及托管服务组织多种类型的农业生产联合组织。这些农业生产联合组织拥有明确的行动计划和发展规划，对内可以相互调剂余缺、发挥信息优势，激活各个经营主体的活力；对外可以联合开发、发挥信息优势，提高市场竞争力。这些生产组织还具有灵活性强、适应性广等特征，可以满足兼业农户、副业农户的生产需求。借鉴日本经验，我国应当积极鼓励各类农业经营主体之间的联合与合作，探索培育多种类型的农业生产联合组织。

（四）推进农业社会化服务新机制，加快新型农业经营体系建设

改革开放以来，我国农业社会化服务体系建设取得了快速发展，但同时也存在着制度供给不足、体系不健全、供需结构不合理、“全要素”服务滞后等问题与挑战。日本农业的最大特色在于“官民结合”的农业社会化服务体系。政府主导的普及指导体系与农协主导的营农指导体系，为日本农业从生产到销售的各个环节以及农村生活中的各个方面提供农业科技服务，有效地促进了日本农业与农村发展。此外，日本政府通过修订法律、制度改革，实施了一系列促进农地流转与规模经营等政策措施，推进家庭经营、法人经营和集落营农经营共同发展，初步构建了一个结构明确、功能互补、动态调整的农业经营体系。

借鉴日本经验，我国应当在加强公益性服务组织建设的同时，加快培育经营性服务机构，探索创新社会化服务模式，形成公共性服务、合作型服务、市场化服务有机结合、整体协调、全面发展的农业社会化服务体系。同时，坚持和完善农村基本经营制度，推进家庭经营、集体经营、合作经营、企业经营等共同发展，构建集约化、专业化、组织化、社会化相结合的新型农业经营体系。

参考文献

[1] 高强、孔祥智：《日本农地制度改革背景、进程及手段的述评》，《现代日本经济》，2013 年第 2 期。

[2] 农林水产省：《農業の担い手をめぐる現状と農業経営体の育成・強化の方向について》，http：//www. maff. go. jp/.

[3] 李勤昌、石雪：《日本强化农业保护的经济与政治原因》，《现代日本经济》，2014 年第

2 期。
[4] 高强、彭超：《日本农协改革的最新趋势及展望》，《农民日报》，2015 年 1 月 24 日第 3 版。
[5] 张照新、赵海：《新型农业经营主体的困境摆脱及其体制机制创新》，《改革》，2013 年第 2 期。
[6] 木村伸吾：《日本の農政改革——競争力向上のための課題とは何か》，東京：明石書店，2010 年版。
[7] 罗必良、李玉勤：《农业经营制度：制度底线、性质辨识与创新空间——基于"农村家庭经营制度研讨会"的思想》，《农业经济问题》，2014 年第 1 期。
[8] 张晓山：《当前和未来农村经济和社会发展中的突出问题和对策》，内部研究报告(未出版稿)，2014 年。
[9] 高强、孔祥智：《农业科技创新与技术推广体系研究：日本经验及对中国的启示》，《世界农业》，2012 年第 8 期。
[10] 高强、孔祥智：《我国农业社会化服务体系演进轨迹与政策匹配：1978～2013 年》，《改革》，2013 年第 4 期。

（作者：高　强　农业部农村经济研究中心助理研究员）

项目名称：北京市老年人身体活动的经济性研究
项目编号：13JGC065
项目负责人：于洪军
项目信誉保证单位：清华大学

公共健康视阈中的身体活动经济性收益研究

随着人们以静坐为主的生活方式增加，身体活动的时间和活动强度明显减少，患肥胖病和慢性疾病的概率也逐渐增加。根据世界卫生组织（WHO）最新报道，长期缺乏身体活动是引发死亡的第四大因素，导致全世界每年 320 万人死亡。据世界卫生组织的一份报告（WHO，2012）显示，缺乏身体活动已经成为一种全球性的公共健康问题。该报告称，许多慢性疾病，诸如心血管疾病、中风、II 型糖尿病、乳腺癌、结肠癌等疾病是由缺乏身体活动引发的。我国国民由于缺乏身体活动而导致的健康问题也非常严峻。根据一份最新研究（Lee et al. ，2012），中国因缺乏身体活动引发的 II 型糖尿病、乳腺癌、直肠癌和全因死亡率分别是 6.4%、8.4%、9.2%和 8.3% 。大量的研究认为（于洪军、刘路，2012），有规律的身体活动，不仅能够有效减少心血管疾病、中风、高血压、II 型糖尿病、骨质疏松、肥胖病、结肠癌、乳腺癌等生理性疾病患病率，而且能有效治疗焦虑、抑郁症等心理疾病，因此，积极参与身体活动一方面可以促进健康、预防疾病、提高生命质量，同时能够有效减少国家医疗开支。

基于身体活动对人们生理和心理的健康收益和对医疗节省化的经济性收益效果，本文提出了身体活动的经济性概念，探讨了身体活动的经济性对我国公共健康的意义和价值，为促进我国身体活动的公共健康政策制定提供参考。

一、身体活动对健康的收益性影响

身体活动能够有效预防和治疗慢性疾病已有多年的研究可以证明。早在 1700 年前，意大利的 Bernardino Ramazzini 和 Wright 在研究（Ramazzini & Wright，1964）中发现，以经常静坐为工作方式的理发师相对于以经常活动为工作方式的送信员更容易患病。1843 年，Guy 研究了从事不同强度和频率工作的工人之间全因死亡率的差异，认为经常运动的工人全因死亡率显著低于从事运动较少职业的工人，因此，他认为体育锻炼是对健康非常有意义的生活方式。之后很长一段时间里，身体活动对健康的收益性研究处于停滞阶段。其主要原因，一是随着药物对人体疾病治疗效果的信任，人们在身体活动对疾病健康治疗方面的研究忽视和停滞，甚至对心脏病人而言，医生认为身体活动对疾病有害，是一种禁忌(Paul，1986)；二是风俗的影响，无论在西方还是中国，运动和锻炼被视为不优雅的生活方式(Paffenbarger，Blair，Lee，& Hyde，1993)。直到1950年，有着“身体活动流行病学研究之父”之称的Jeremiah Morris在对长期缺乏活动的公共汽车司机和邮递员的研究发现(Morris，Heady，Raffle，Roberts，& Parks，1953)，与从事其他工作的人群相比，长期缺乏活动是导致司机和邮递员群体心血管疾病患病率急剧上升的主要原因。这是第一个建立锻炼的剂量和健康方式关系的研究。他的研究认为，人们从事较多的身体活动性工作将会更多地减少由心血管疾病导致的全因死亡率。从此之后，身体活动对于疾病和健康的效果研究再次得到医学和流行病学研究学界的重视。进入21世纪之后，国内外大量的研究已经证实，身体活动和慢性疾病患病率之间存在着一种线性关系，即越缺乏身体活动的人，其患慢性疾病的概率就会越高，越经常进行身体活动的人，其患慢性疾病的概率越低(见图1)(Warburton，Charlesworth，Ivey，Nettlefold，& Bredin，2010)。在不同年龄群体中，与年轻人相比，老年人积极参与身体活动对预防疾病效果更为显著。于洪军等人(于洪军、仇军，2013)对清华大学离退休老年人采用国际上经典的老年身体活动流行病学PASE问卷进行了调查，研究结果表明，身体活动和疾病患病率之间存在着显著的关系，随着身体活动的增加，其患病风险显著降低(见图2)。

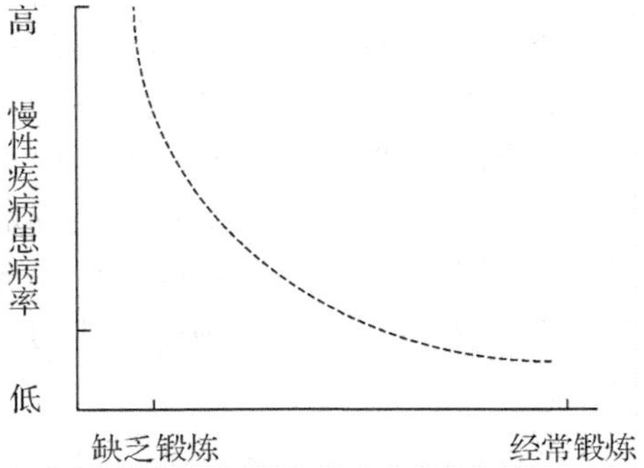

图1 体育锻炼和慢性疾病患病率间的线性关系

大量的研究已经表明，增加身体活动不仅能减少人的死亡率和疾病患病率，而且能够有效预防心血管疾病、高血压、II型糖尿病、肥胖病、高胆固醇疾病、骨质疏松症、骨关节炎、中风等疾病。

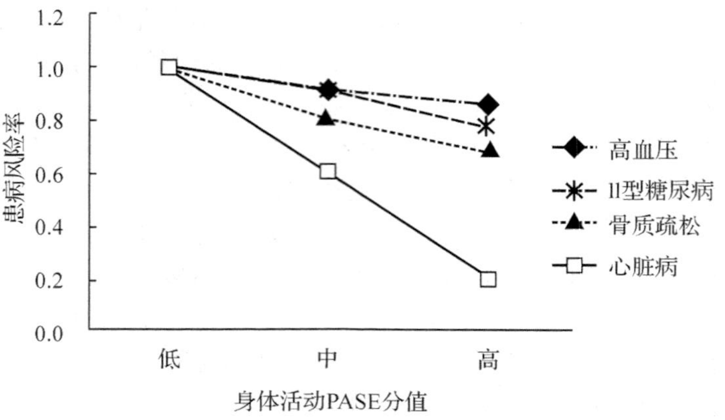

图 2　身体活动的 PASE 分值与患病风险率关系

二、身体活动的经济性概念

1. 身体活动的定义

1985 年，Caspersen 等人指出，身体活动(Physical Activity)和体育锻炼(Exercise)是不同的概念，身体活动是由骨骼肌收缩导致能量代谢的任何机体活动；体育锻炼则是身体活动的下位概念，是指有计划、有结构、重复性的身体活动，目的是为了提高或者保持一种或几种身体能力(CaspersenPowell & Christenson，1985)。1996 年，美国卫生部对身体活动做出了定义(Physical Activity)(Services，1996)：身体活动是由骨骼肌收缩产生的能量消耗并提高健康受益的身体运动；体育锻炼(Exercise Training)作为身体活动的下位概念，是指有计划、有组织的、重复性的身体活动，目的是提高或保持一种或几种身体能力。世界卫生组织(WHO，1998)在美国卫生部定义的基础上，认为身体活动是由骨骼肌的收缩要求能量消耗所产生的机体运动。2009 年，美国运动医学学会(ACSM)基本沿用了 1996 年美国卫生部的定义(Chodzko-Zajko et al.，2009)，认为身体活动是由骨骼肌的收缩引发的能量代谢增加的运动；同时界定体育锻炼是为了保持一种或几种生理能力而进行的有计划、有组织、重复性的身体活动。

总之，身体活动是身体锻炼、体育活动的上位概念，涵盖了身体锻炼和体育活动，是指由骨骼肌收缩产生能量消耗并提高健康收益的身体运动。

2. 经济性

工业生产中的经济性是指经营活动中获得一定数量和质量的产品以及其他成果时耗费的资源程度(何建洪，2012)。身体活动中的经济性和健康紧密相关，健康经济学认为，健康是一种资本，对其投资可以有效地生产出健康时间。健康既是一种投入品，又是一种产出品，也是一种具有经济价值的收益，因此，和健康相关的收益是健康经济学中经济性的集中体现。

3. 身体活动的经济性

目前，学术界尚未对身体活动的经济性做出定义，按照技术经济学对经济性的解释和健康经济学对健康是一种投资又是一种产品的理解，笔者认为，所谓身体活动的经济性就是通过身体活动在医疗支出上产生的节省化效果和在生理及心理上获得的健康性收益(见图 3)。

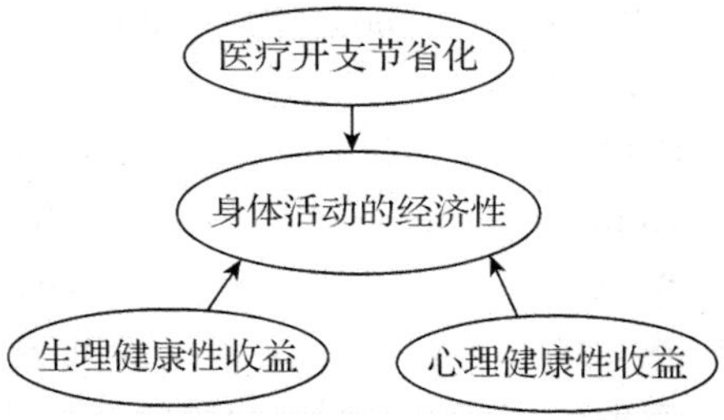

图 3　身体活动经济性概念的组成要素

进一步认识身体活动的经济性，身体活动产生的经济性收益可以分为直接的经济性收益和间接的经济性收益。直接的经济性收益是由身体活动直接创造出来的可用货币计量的收益，是显性的，如可计算的个人医疗支出、公费医疗支出，等等；间接的经济性收益是由身体活动带来的可计量之外的收益，包括个人收益和社会收益，是难以用货币计量的、潜性的，如生活能力、健康状况(生理的、心理的)、健康寿命，等等。从健康经济学的视角看，这些收益就是一种盈利、一种利润，它和用货币计量的显性的经济性收益具有同等的价值和意义，甚至具有超值的意义。

身体活动的经济性分析中，主要以福利经济学为基础。有关身体活动经济性的分析方法主要包括成本效果分析 (Cost-effectiveness Analysis，CEA)、成本效用分析(Cost-utility Analysis，CUA) 、成本效益分析(Cost-benefit Analysis，CBA)等。其中，经济性主要关注的是资源投入和使用过程中成本节约的水平和程度。

三、身体活动的经济性研究启示

身体活动对生理健康和心理健康的收益影响已经得到大量研究证实，基于健康经济学成本效益(Cost-effectiveness)经济有效性的分析来评估身体活动健康介入中医疗开支的对比影响，已经有许多研究涉及。美国糖尿病预防研究组(Heman et al.，2003)曾在 2001 年 7 月对 3234 名平均年龄为 51 岁的糖尿病群体进行为期三年的身体活动介入后的成本效益实验追踪研究。该研究称，身体活动干预组比二甲双胍治疗组(metformin group)在三年实验期间产生了 3540 美元的医疗节省化效益。该研究组在随后的追踪研究中都得出了身体活动干预节省医疗开支的结论(Herman et al.，2005)。本文考察了 26 篇有关身体活动经济性的研究，将研究结果分为普通成人、老年人和疾病群体三个部分。其中有关普通成人群体身体活动的经济性研究 9 篇(见表 1),老年人群体身体活动经济性研究 6 篇(见表 2),疾病群体身体活动经济性研究 10 篇(见表 3)。现分别综述如下。

1. 普通成人群体身体活动显性的经济性收益研究

在普通成人群体身体活动的经济性研究中(Dzator et al.,2004a,2004b;Finkelstein,Troped,Will,& Palombo,2002a,2002b;Garrett et al.,2011;Hatziandreu,Koplan,Weinstein,Caspersen,& Warner,1988;Jones & Eaton,1994;Lindgren,Fahlstadius,Hellenius,J Nsson,& de Faire,2003a,2003b;Müller-Riemenschneider Reinhold & Willich,2009;M. A. Sevick et al.,2000;Shi,1993;Sims,Huang,Pietsch,& Naccarella,2004;Stevens,Hillsdon,Thorogood,& McArdle,1998),有 6 个研究认为,身体活动能够有效地节省医疗开支,有的研究结果表明节约医疗开支达 2 倍以上(见表 1)。

表 1 身体活动节省医疗开支的普通成人群体的医疗开支研究

序号	研究者	国家	研究时间和设计	受试者年龄	受试人数	经济化数额
1	Dzator (2003)	澳大利亚	4 个月的营养和锻炼介入课程	中年夫妇	274	4450 美元/人
2	Finkelstein (2002)	美国	体育锻炼和营养提升课程,时间无报道	50 岁以上女性	1586	5000 美元/人
3	Hatziandreu (1988)	美国	每周体育锻炼消耗 2000 卡热量,目的是防止心血管疾病,30 年的时间	35 岁男性	1000	11313 美元/人
4	Jones (1994)	美国	每周走路 5 小时,没有时间报道。假如 10%美国人进行锻炼	35—74 岁	10%美国人	560 亿美金
5	Leiyu (1993)	美国	疾病控制防御,体育锻炼课程 12 个月	30—65 岁工人	205	节省医疗开支 2.8 倍
6	Lindgren (2003)	瑞士	预防心血管疾病锻炼课程	35—60 岁男性	160	重要节省*
7	Sevick (2000)	美国	肥胖病人行为技能训练课程 24 个月	35—60 岁	35	重要节省*
8	Sims (2004)	澳大利亚	锻炼课程	20—75 岁	670	3640 美元/人
9	Stevens (1998)	英国	公务员的 10 周锻炼课程	45—74 岁	714	2500 英镑/人

注:* 重要节省是指作者在文中提及身体活动的经济性显著性影响,但未提及具体金额

2. 老年人群体身体活动显性的经济性收益研究

在普通老年人身体活动显性的经济性收益研究方面，Ackermann 等人(Ackermann et al.，2003；Leigh et al.，1992；Leveille et al.，1998；Munro，Brazier，Davey，& Nicholl，1997；Robertson，Devlin，Gardner，& Campbell，2001；Robertson，Gardner，Devlin，McGee，& Campbell，2001；Wilson & Datta，2001)的研究结果表明，身体活动能够有效提高老年人健康水平，节省老年人医疗开支。其中有研究提出，节省医疗开支达到对照组的 5.7 倍(见表 2)。

表 2　身体活动节省医疗开支的老年人群体的医疗开支研究

序号	研究者	国家	研究时间和设计	受试者年龄	受试人数	经济化数额
1	Ackermann (2003)	美国	20.7 个月锻炼课程实验	65 岁以上	实验组 1114，控制组 3342	节省医疗开支 5.7 倍
2	Leigh (1992)	美国	12 个月，健康习惯问卷，提高锻炼的私人建议	65 岁以上银行退休工人	5686	直接节省医疗开支 5 倍
3	Leveille (1998)	美国	12 个月，基于老年慢性疾病中心的锻炼课程	70 岁以上慢性病患者	201	节省医疗开支 4 倍
4	Munro (1997)	英国	无时间限定的每周 2 次的有氧健身课程	65 岁以上	NS*	每年节省 330 英镑
5	Robertson (2001)	新西兰	6 个月，家庭健身指导	75 岁以上家庭健身服务	240	减少医疗开支 2 倍
6	Wilson (2001)	美国	12 个月，每周两次杨氏太极拳	80 岁以上的护理院群体	NS*	节省医疗开支 1.1 倍

注：* NS 表明作者在文中没有提及该数据

3. 疾病群体身体活动显性的经济性收益研究

在疾病群体身体活动显性的经济性收益研究方面，许多研究都表明(Georgiou et al.，2001；Ginsberg et al.，1993；Johannesson，Berg，Agreus，Borgquist，& J Nsson，1991；Kaplan & Wilson，1987；Kaplan，Hartwell，Wilson，& Wallace，1987；Knowler et al.，2002；Levin Perk & Hedb Ck，1991；Lowensteyn，Coupal，Zowall，& Grover，2000；McCarthy et al.，2004；Oldridge，1997；Richardson et al.，2006；Roine et al.，2009；M. A. N. N. Sevick et al.，2000)，患病老年人适当的身体活动能够节省医疗开支，甚至其中有研究提出，和对照组相比能够节省医疗开支达 4 倍以上(见表 3)。

表 3　身体活动节省医疗开支的疾病群体的医疗开支研究

序号	研究者	国家	研究时间和设计	受试者年龄	受试人数	经济化数额
1	Georgiou (2001)	美国	长期慢性心脏疾病病人 14 个月中强度锻炼	55—64 岁	II—III 期的病人	1773 美元/人
2	Levin (1991)	瑞士	每周 2 次，3 个月病人锻炼课程	55—64 岁	305	医疗节省 1.6 倍，生产率提高 17.4 倍
3	Lowensteyn (2000)	加拿大	心血管病人，每周 3 次体育锻炼	35—74 岁	NS	6800 美元/人
4	Oldridge (1997)	美国	NS*	NS*	201	6800 美元/人
5	Ginsberg (1993)	以色列	高血压病人的 6 周锻炼课程	35—65 岁	52	药物节省 7.8 倍
6	Johannesson (1991)	瑞士	高血压病人 24 个月的体育锻炼治疗课程	30—69 岁	400	2100 美元/人
7	McCarthy (2004)	英国	骨关节炎病人 8 周的练习课程	NS*	214	节省 4 倍
8	Sevick (2000)	美国	骨关节炎病人 18 周力量和有氧锻炼课程	60 岁以上	439	力量锻炼课程是最有效的节省
9	Kaplan (1987)	美国	糖尿病人 10 周锻炼课程	NS*	76	10870 美元/人
10	美国糖尿病预防课程 (2003)	美国	糖尿病人 3 年体育锻炼课程	25 岁以上	3234	24400 美元/人

注：* NS 表明作者在文中没有提及该数据

四、公共健康问题的挑战与应对

积极参与身体活动不仅对健康产生积极的影响，而且还能节省个人的医疗费用，降低政府财政负担，具有显性的和潜在的经济性收益。身体活动能够有效减少公共健康负担、节省公共医疗支出已经被许多国家的研究所证实。Katzarzyk 研究了加拿大国民由于缺乏身体活动导致的经济负担问题。他认为，在 1999 年一年里，2.5%的国家医疗开支（在当时约为 21 亿美元）是由于国民缺乏身体活动导致，如果每年增加 10%的体育锻炼，国民将会节省 1.5 亿美元的国家医疗开支（Katzmarzyk Gledhill & Shephard，2000；Katzmarzyk

& Janssen，2004）。在美国，Colditz 等人研究报道，由于缺乏身体活动导致美国每年 240 亿—760 亿美元的医疗开支，相当于美国 2.4%—5.0%的国家医疗开支(Colditz，1999；Pratt Macera & Wang，2000）。在英国，Allender 指出，约 3%的英国国家医疗开支是由于国民缺乏身体活动所致，每年造成国家直接经济健康损失达 10.6 亿英镑（Allender，Foster，Scarborough，& Rayner，2007）。在澳大利亚，Zheng 指出，假如人们每次走路 1 小时，每周进行三至五次，将会节省 4.199 亿美元的国家医疗开支(Zheng Ehrlich & Amin，2010)。

我国作为世界上人口最多的国家，身体活动对改善人们健康水平，节省医疗开支的经济收益研究尚处于起步阶段。另外从 20 世纪 80 年代开始，我国逐渐步入老龄化社会，老年问题已经成为严峻的社会问题。截至 2011 年，60 岁以上老年人口达 1.85 亿，占总人口的 13.7%，预计 2013 年将超过 2 亿（中国老龄事业发展报告，2011）。我国是世界上唯一老年人口过亿的国家，庞大的老年人口始终是影响我国社会经济发展的现实问题。只有关注老年人健康，实现老年人健康时间的延长，即健康寿命的延长，才有可能破解这一社会难题。然而，我国有关老年人身体活动的经济性研究还是一片空白。对于我国这样一个老年人口大国来说，老年人医疗支出负担巨大，养老问题严峻，老年人身体活动经济性问题的研究更为重要。

中国老年人身体活动的状况怎样？其身体活动是否具有经济意义？如果具有经济意义，衡量其经济意义的收益又有多大？与老年人身体活动密切相关的社会支持和公共政策是否能够保障老年人身体活动的需求？这些都需要学者们做出具体深入的研究。从这个意义上说，本文提出身体活动的经济性问题，从身体活动的经济性概念和促进包括老年人参与在内的身体活动，来应对因公共健康问题造成的巨大的财政负担和社会负担；通过对身体活动的经济性收益的影响和身体活动所具有的经济性意义，所具有的经济功能和社会功能的认识，为应对我国日益严峻的公共健康问题提供一种新的路径和研究思路。

参考文献

[1] Ackermann，R. T.，Cheadle，A.，Sandhu，N.，Madsen，L.，Wagner，E. H.，& LoGerfo，J. P. (2003). Community exercise program use and changes in healthcare costs for older adults. *American journal of preventive medicine*，25(3)，232-237.

[2] Allender，S.，Foster，C.，Scarborough，P.，& Rayner，M. (2007). The burden of physical activity-related ill health in the UK. *Journal of epidemiology and community health*，61(4)，344.

[3] Altman，R. D.，Hochberg，M. C.，Moskowitz，R. W.，& Schnitzer，T. J. (2000).

Recommendations for the medical management of osteoarthritis of the hip and knee: 2000 update. *Arthritis Rheum*, 43(9), 1905-1915.

[4]Anon. (1998). AGS clinical practice guidelines: The management of chronic pain in older persons. *GERIATRICS*, 53*Suppl.* 3, S6-S7.

[5]Brignole, M., Alboni, P., Benditt, D. G., Bergfeldt, L., Blanc, J. J., & Thomsen, P. E. B., et al. (2004). Guidelines on management (diagnosis and treatment) of syncope-update 2004. *European heart journal*, 25(22), 2054.

[6]Brosse, A. L., Sheets, E. S., Lett, H. S., & Blumenthal, J. A. (2002). Exercise and the treatment of clinical depression in adults — Recent findings and future directions. *Sports Medicine*, 32(12), 741-760.

[7]Caspersen, C. J., Powell, K. E., & Christenson, G. M. (1985). Physical activity, exercise, and physical fitness: definitions and distinctions for health-related research. *Public health reports*, 100(2), 126-132.

[8]Chobanian, A. V., Bakris, G. L., Black, H. R., Cushman, W. C., Green, L. A., & Izzo, J. L., et al. (2003). Seventh Report of the Joint National Committee on Prevention, Detection, Evaluation, and Treatment of High Blood Pressure. *Hypertension*, 42(6), 1206-1252.

[9]Chodzko-Zajko, W. J., Proctor, D. N., Fiatarone Singh, M. A., Minson, C. T., Nigg, C. R., & Salem, G. J., et al. (2009). Exercise and physical activity for older adults. *Medicine & Science in Sports & Exercise*, 41(7), 1510-1530.

[10]Colditz, G. A. (1999). Economic costs of obesity and inactivity. *Medicine & Science in Sports & Exercise*, 31(11), S663-S670.

[11]Garrett, S., Elley, C. R., Rose, S. B., O'Dea, D., Lawton, B. A., & Dowell, A. C. (2011). Are physical activity interventions in primary care and the community cost-effective? A systematic review of the evidence. *British Journal of General Practice*, 61(584), e125-e133.

[12]Georgiou, D., Chen, Y., Appadoo, S., Belardinelli, R., Greene, R., & Parides, M. K., et al. (2001). Cost-effectiveness analysis of long-term moderate exercise training in chronic heart failure * 1. *The American journal of cardiology*, 87(8), 984-988.

[13]Guy, W. A. (1843). Contributions to a knowledge of the influence of employments upon health. *Journal of the Statistical Society of London*, 6(3), 197-211.

[14]Hatziandreu, E. I., Koplan, J. P., Weinstein, M. C., Caspersen, C. J., & Warner, K. E. (1988). A cost-effectiveness analysis of exercise as a health promotion activity. *American Journal of Public Health*, 78(11), 1417.

[15]Jones, T. F., & Eaton, C. B. (1994). Cost-benefit analysis of walking to prevent coronary heart disease. *Archives of family medicine*, 3(8), 703.

[16]KAPLAN, R. M., ATKINS, C. J., & WILSON, D. K. (1987). The cost-utility of diet and exercise interventions in non-insulin-dependent diabetes mellitus. *Health Promotion International*, 2(4), 331.

[17]Katzmarzyk, P. T., Gledhill, N., & Shephard, R. J. (2000). *The economic burden of physical inactivity in Canada* (Vol. 163).

[18]Katzmarzyk, P. T., & Janssen, I. (2004). The economic costs associated with physical inactivity and obesity in Canada: an update. *Canadian Journal of Applied Physiology*, 29(1), 90-115.

[19]Lee, I., Shiroma, E. J., Lobelo, F., Puska, P., Blair, S. N., & Katzmarzyk, P. T. (2012). Effect of physical inactivity on major non-communicable diseases worldwide: an analysis of burden of disease and life expectancy. *The Lancet*.

[20]LEVIN, L., Perk, J., & Hedb Ck, B. (1991). Cardiac rehabilitation—a cost analysis. *Journal of internal medicine*, 230(5), 427-434.

[21]Lindgren, P., Fahlstadius, P., Hellenius, M. L., J Nsson, B., & de Faire, U. (2003a). Cost-effectiveness of primary prevention of coronary heart disease through risk factor intervention in 60-year-old men from the county of Stockholm—a stochastic model of exercise and dietary advice. *Preventive medicine*, 36(4), 403-409.

[22]Lindgren, P., Fahlstadius, P., Hellenius, M. L., J Nsson, B., & de Faire, U. (2003b). Cost-effectiveness of primary prevention of coronary heart disease through risk factor intervention in 60-year-old men from the county of Stockholm—a stochastic model of exercise and dietary advice. *Preventive medicine*, 36(4), 403-409.

[23]Lowensteyn, I., Coupal, L., Zowall, H., & Grover, S. A. (2000). The cost-effectiveness of exercise training for the primary and secondary prevention of cardiovascular disease. *Journal of Cardiopulmonary Rehabilitation and Prevention*, 20(3), 147.

[24]Morris, J. N., Heady, J. A., Raffle, P. A., Roberts, C. G., & Parks, J. W. (1953). Coronary heart-disease and physical activity of work. *Lancet*, 265(6795), 1053-1057.

[25]Müller-Riemenschneider, F., Reinhold, T., & Willich, S. N. (2009). Cost-effectiveness of interventions promoting physical activity. *British journal of sports medicine*, 43(1), 70.

[26]Munro, J., Brazier, J., Davey, R., & Nicholl, J. (1997). Physical activity for the over-65s: could it be a cost-effective exercise for the NHS? *Journal of Public Health*, 19(4), 397.

[27]Paffenbarger, R. J., Blair, S. N., Lee, I. M., & Hyde, R. T. (1993). Measurement of physical activity to assess health effects in free-living populations. *Med Sci Sports Exerc*, 25(1), 60-70.

[28]Pratt, M., Macera, C. A., & Wang, G. (2000). Higher direct medical costs associated with physical inactivity. *The Physician and Sports Medicine*, 28(1).

[29]Ramazzini, B., & Wright, W. C. (1964). Diseases of workers: translated from the Latin text De Morbis Artifactum of 1713 by Wilmer Care Wright. *History of medicine*, 23, 602-603.

[30]Robertson, M. C., Gardner, M. M., Devlin, N., McGee, R., & Campbell, A. J.

(2001). Effectiveness and economic evaluation of a nurse delivered home exercise programme to prevent falls. 2: Controlled trial in multiple centres. *Bmj*, 322(7288), 701.

[31]Services, U. D. O. H. (1996). Health: A Report of the Surgeon General. Atlanta, GA: US Department of Health and Human Services, Centers for Disease Control and Prevention (pp. 146-148).

[32]SEVICK, M. A. N. N., BRADHAM, D. D., MUENDER, M., Chen, G., ENARSON, C., & DAILEY, M., et al. (2000). Cost-effectiveness of aerobic and resistance exercise in seniors with knee osteoarthritis. *Medicine & Science in Sports & Exercise*, 32(9), 1534.

[33]Sevick, M. A., Dunn, A. L., Morrow, M. S., Marcus, B. H., Chen, G. J., & Blair, S. N. (2000). Cost-effectiveness of lifestyle and structured exercise interventions in sedentary adults1: Results of project ACTIVE. *American journal of preventive medicine*, 19(1), 1-8.

[34]Shi, L. (1993). A cost-benefit analysis of a California county's back injury prevention program. *Public health reports*, 108(2), 204.

[35]Warburton, D. E. R., Charlesworth, S., Ivey, A., Nettlefold, L., & Bredin, S. S. D. (2010). A systematic review of the evidence for Canada's Physical Activity Guidelines for Adults. *International Journal of Behavioral Nutrition and Physical Activity*, 7(1), 1-220.

[36]Zheng, H., Ehrlich, F., & Amin, J. (2010). Economic evaluation of the direct healthcare cost savings resulting from the use of walking interventions to prevent coronary heart disease in Australia. *International journal of health care finance and economics*, 10(2), 187-201.

[37]于洪军, & 仇军. (2013). 身体活动负荷对我国老年人患慢性疾病风险率的影响研究——基于对清华大学老年人群PASE问卷的流行病学调查. 中国体育科技(02), 139—145.

[38]于洪军, & 刘路. (2012). 预防慢性疾病发生、发展的最佳身体活动负荷研究综述. 中国体育科技(04), 113—123.

（作者：于洪军　清华大学副教授）

项目名称：13JGC066
项目编号：北京市能源消耗与碳排放的历史特征及发展趋势研究
项目负责人：耿玉环
项目信誉保证单位：北京联合大学

我国能源消耗和二氧化碳排放的历史特征研究[①]

中国经济的突飞猛进导致了能源的大量消耗，尤其是煤炭(占能源消耗总量的 70% 以上)的燃烧必然造成温室气体(尤其是二氧化碳)排放的增加。根据国际能源机构(International Energy Agency，IEA)的统计数据，中国的化石燃料燃烧排放的二氧化碳占全世界的比重，已经从 1990 年的 11% 上升到 2004 年的 17%；从 1990 年到 2004 年，中国的二氧化碳排放增加量占全球比重的 42%。根据国家气象台资料统计，近百年来，中国年平均温度升高了 0.5℃—0.8℃，略高于同期全球平均水平；1991—2000 年全国平均气温比 1995—1960 年升高了 0.68℃。2006 年年末，中国已经超过美国成为世界上二氧化碳排放量最大的国家。不断增长的能源需求和由能源消耗造成的碳排放，给中国的能源安全和气候变化带来了极大的压力，国民经济与社会的可持续发展面临着严重的挑战。因此，积极探索中国能源消耗与碳排放的历史特征变得尤其重要。如何在保持我国经济高速发展的同时降低碳排放、探索可持续发展的道路，已经成为我国政府在制定宏观发展战略、中长期发展规划、五年计划以及各种政策措施时必须考虑的问题。

鉴于此，本文依托我国历史能耗数据，从能源消耗结构和二氧化碳排放量的历史变化趋势分析入手，探讨我国能源消耗和二氧化碳排放的历史特征，为我国能源安全和生态环境的可持续发展提供研究基础。

一、研究区域、研究方法与数据来源

(一)研究区域

我国省级行政区划分为 4 个直辖市，23 个省，5 个自治区，2 个特别行政区。本文的研究区域指不包括中国台湾以及香港、澳门特别行政区在内的中国的广大内地地区。因为香港、澳门实施“一国两制”的政策，其能源比重占当地的经济发展比重及其所实施的经济政策与中国内陆地区均不同。在能

① 本文已发表于《生态经济》，2014 年第 10 期。

源消耗的统计上，这些特区政府又有自己的一套统计方法，因此，能源消耗数据来源的不同会导致结果的根本性不同，从而没有可比性，因此不列为本文的讨论对象。此外，由于西藏的能源消耗数据非常小，在整个计算过程中可以忽略不计，所以本文并没有计入西藏的能耗和排放。

(二)研究方法

要研究我国能源消耗结构和二氧化碳排放特征，首先要查清我国能耗导致的二氧化碳排放清单。二氧化碳排放清单是指在特定的时段内释放到大气中的二氧化碳的总量(以质量单位计算)。国际上常见的碳排放清单计量方法有多种，根据本研究的区域特征和数据特点，本文选用 IPCC 推荐的表观能耗估算法进行排放清单估算。表观能耗估算法，是利用国家的能源消耗数据，来计算主要化石燃料燃烧产生的二氧化碳排放量，它是一种根据相对易获的能源消耗统计资料就可采用的简易方法，此法不分部门、不分设备，可以对一些无法实测的污染源进行排放估算。

基本计算公式为：

$$E_{CO_2} = \sum_i A_i \times NCV_i \times C_i \times O_i \times 44/12 \tag{1}$$

其中：

E_{CO_2}—— 二氧化碳排放量(Gg)；

A —— 表观能源消耗量(kg)；

NCV —— 能源的净热值[kJ/(kcal・kg)]；

C —— 碳排放因子(kg C/GJ)；

O —— 碳氧化因子，通常该值为 1，表示完全氧化；

i—— 能源类型。

(三)数据来源

本研究所用的基础能源消耗数据主要是通过汇总和统计而来，来源有四：《中国统计年鉴》《中国能源统计年鉴》、高水平国际期刊和地方政府统计报告。其中，因为重庆市于 1997 年才成立为直辖市，因此重庆市的能耗数据自 1997 年之后才有。不同能源的净热值来源于《2009 中国能源统计年鉴》(见表 1)；碳排放因子采用《2006 年 IPCC 国家温室气体清单指南》(见表 1)。各省、自治区、直辖市每年的 GDP 和常住人口数据分别来源于历年《中国统计年鉴》。由于早期(1990—2005 年)的能源统计数据是每五年统计 1 次，因此 2005 年之前的数据我们以五年为时间间隔，之后按每年进行测算。计算过程中，不同能源的碳氧化率都默认为 1。

表 1　不同类型能源的净热值（*NCV*）和碳排放因子（*C*）

能源类型	净热值 (1)	碳排放因子（kg/GJ）(2)
原煤	20908 kJ/(5000 kcal) /kg	26.8
焦炭	28435 kJ/(6800 kcal) /kg	22.0
原油	41816 kJ/(10000 kcal) /kg	20.0
燃料油	41816 kJ/(10000 kcal) /kg	21.1
汽油	43070 kJ/(10300 kcal) /kg	20.2
煤油	43070 kJ/(10300 kcal) /kg	19.6
柴油	42652 kJ/(10200 kcal) /kg	20.0
天然气	38931 kJ/ (9310 kcal) / m^3	15.3
电	3596 kJ / (860 kcal) /kW·h	0.5772—0.7802(3)

数据来源：(1)见《中国能源统计年鉴 2009》；(2)见《2006 年 IPCC 国家温室气体清单指南》；(3)国家发展和改革委员会，2009 年

二、结果和讨论

(一)中国能源消耗特点

1. 能源消耗的总量大，增速快

改革开放以来，我国经济的飞速发展不断刺激能源需求量的增加。1980—2011 年，我国的国内生产总值由 4545.6 亿元增长到 468562.38 亿元，能源消耗总量由 5.86 亿吨标准煤增长到 34.80 亿吨标准煤，年均增长率分别达到 16.7%和 6.12%。2010 年中国(大陆)终端能源消耗量为 30.50 亿吨标准煤，已经超过美国的 15 亿吨油当量，位居世界第一(见表 2)。2002—2010 年，发达国家已经处于能源的零增长或者负增长阶段，而中国(大陆)能源消耗的年均增长率达到了 11.79%，并且在今后相当长的一段时间内能耗量仍将保持较高的增长速度。迅速增长的能源消耗量给中国的能源供应造成了较大压力。受国内需求增长和外贸政策调整的影响，中国已经由能源出口国转变为煤炭净进口国和原油净进口国。

表 2　2002—2010 年美国、中国、日本和俄罗斯的能源消耗量

（单位：亿吨标准煤）

国　家	年　份									年增长率
	2002	2003	2004	2005	2006	2007	2008	2009	2010	
中国(大陆)	6.20	6.84	10.25	10.85	11.72	12.53	13.70	14.32	15.12	11.79%
美　国	15.50	15.71	16.00	15.92	15.72	15.82	15.42	14.59	15.00	−4.09%
日　本	3.52	3.47	3.51	3.54	3.52	3.42	3.19	3.14	3.25	−9.93%
俄罗斯	4.10	4.20	4.27	4.16	4.25	4.28	4.35	4.18	4.46	1.06%

数据来源：《中国能源统计年鉴 2012》

2. 能源消耗结构不合理

能源消耗结构是指各种能源在整个能源消耗总量中，尤其是一次能源消耗总量中所占的比例。中国是世界上少数几个以煤炭作为主要能源的国家之一。由于我国煤炭的储量相对丰富、分布广泛、易于开采、价格适宜，因此煤炭一直是我国能源供应的主体。2011 年我国煤炭消耗占能源总消耗的 57% 以上(见图 1)。虽然天然气、水电、核电等清洁能源每年的消耗量不断增加，但仍然不足全部能源消耗的 10%。此外，我国煤炭清洁利用水平低、污染大，给生态环境带来了很大的压力。改革开放至今，在我国能源结构中，煤、天然气和水电的供求基本稳定，但是煤炭在能源消耗总量中的份额略有下降，石油的需求明显增加。因此，尽快调整能源结构，避免在以油代煤、以气代煤的过程中，出现油气供应不足、煤炭供应过剩的问题。

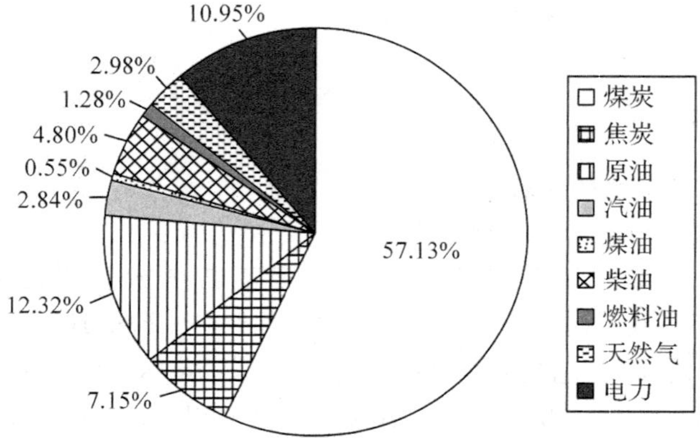

图 1　2011 年我国能源消耗结构示意图

数据来源：《中国能源统计年鉴 2012》

3. 能源利用效率低

我国的能源利用效率低下，不足发达国家的 1/10，单位 GDP 能耗却是世界平均水平的 2 倍之多。我国八大行业(石化、钢铁、有色、电力、建材、化工、纺织、轻工)的主要产品单位能耗均比国际先进水平高出 40% 之多；机动车百公里耗油比日本高 20%，比欧洲高 25%；燃煤工业锅炉的平均运行效率比国际先进水平低 15%—20%。此外，我国建筑采暖、空调能耗均高于发达国家，其中单位建筑面积采暖能耗相当于气候条件相近的发达国家的 2—3 倍。虽然自节能减排工作开展以来，由于技术进步和经济结构的调整，我国能源利用效率有了显著提高，但仍然远低于发达国家水平，能源利用效率仍存在很大的提高空间。

4. 能源环境问题严重

在我国能耗结构中，煤炭消耗占总能耗的 57% 左右。这种以煤为主的能源消耗结构以及较低的能源利用效率，使我国生态环境遭到严重破坏，制约了我国经济社会的健康发展，不符合可持续发展的要求。我国 80% 以上的煤炭是不经过任何处理直接燃烧的原煤，产生的废气直接排放到大气中。在我国，二氧化碳和烟尘的 70%、二氧化硫的 90%、氮氧化物的 67% 都来源于煤的燃烧。严重的大气污染导致国家需要付出更高昂的经济成本来治理环境，而且对广大人民的身体健康造成了极大的危害。目前，我国空气质量达标城市还不到一半，流经城市的河段 70% 以上均受到不同程度污染。

(二)中国能源消耗产生的二氧化碳清单特点

1. 二氧化碳排放清单的估算

根据表观能耗估算法和能源消耗数据，本文对 1990 年、1995 年、2000 年、2005 年、2010 年、2011 年的中国各省、自治区、直辖市与能源消耗相关的二氧化碳排放清单进行了估算。估算结果见附录 1 和图 2。

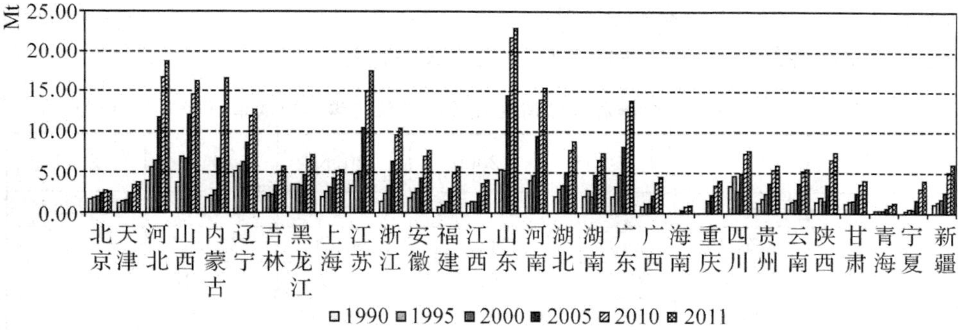

图 2　中国省级地区二氧化碳排放量比较

2. 我国二氧化碳排放总量的特点

第一，我国二氧化碳排放总量增长迅猛。由于我国的经济和能源消耗增长迅速，化石燃料燃烧产生的二氧化碳排放量也增长迅猛。从总体上看，我国能耗导致的二氧化碳排放量从 1990 年的 5769.02×10^6 t 增长到 2000 年的 8715.11×10^6 t，再增长到 2011 年的 25995.89×10^6 t。1990—2000 年和 2000—2011 年二氧化碳排放量的年增长率分别为 4.21% 和 10.45%。二氧化碳排放量仍保持较高的增长速度。

第二，二氧化碳排放主要表现在化石燃料的燃烧。表 3 和图 3 为计算所得的全国能耗产生的二氧化碳排放量。从中可以看出，煤所排放的二氧化碳量在过去 20 年内始终处于主导地位，这是由我国以煤为主的能源结构所决定的。在过去的 20 年里，煤炭的消耗量占总能耗的 50%以上，却贡献了超过 70%的二氧化碳排放。值得注意的是，煤炭的能耗比例正在不断减少。

2011 年，电力能耗排放居总排放量的第二位，占总排放量的 16.27%。电力在我国能源结构中处于核心地位，消耗量从 1990 年占总能耗的 6.37%

增长到 2011 年的 10.95%，二氧化碳排放量也由 419.85 Mt 上升到 4230.51 Mt，翻了 10 倍。

原油和焦炭消耗导致的二氧化碳排放量位居其后，各超过总排放量的 5%。我国是原油净进口国，焦炭出口国，这决定了我国原油的消耗比重正逐渐减少，而焦炭消耗比重在逐年增加。汽油、煤油、柴油和燃料油均属于成品油。成品油的消耗量从 1990 年到 2011 年稳步增加，但是比例基本保持不变，为 9.50% 左右。其排放的二氧化碳量也在总排放量中维持 4.30% 的水平。

天然气作为典型的清洁高效能源，其消耗量与日俱增，从 1990 年的 152.54×100 million cu·m 增加到 2011 年的 1316.07×100 million cu·m，约占总能源消耗的 3%，但是其二氧化碳排放量只占总排放量的 1% 左右。目前，虽然我国的天然气消耗量在不断增加，但是距离发达国家天然气占据总能耗 25% 的比例仍有很大差距。加速提高中国天然气在能源结构中的比例，优化能源结构，将是我国今后的能源战略目标。

表 3　全国总能源消耗导致的二氧化碳排放清单　（单位：Mt）

类型＼年份	1990	1995	2000	2005	2010	2011
煤	4336.15	5949.30	6037.15	10908.59	15672.73	17628.12
焦　炭	233.89	348.46	345.70	760.70	1222.41	1331.48
原　油	361.32	456.49	665.64	947.34	1352.48	1418.70
汽　油	55.38	86.70	105.65	188.34	297.61	330.64
煤　油	7.38	11.34	18.78	32.69	54.97	59.81
柴　油	78.59	114.60	161.76	327.32	502.01	537.07
燃料油	109.90	110.98	114.58	141.23	147.27	150.82
天然气	35.78	41.63	55.20	108.48	262.05	308.74
电　力	419.85	677.99	916.06	1686.80	3753.97	4230.51

第三，二氧化碳排放量区域间不平衡。从图 2 可以看出，我国区域能源消耗导致的二氧化碳排放量显著不同，排放量最大是山东，最小的是海南。这与区域产业的定位密切相关，山东省是工业大省，能源消耗居全国前列；而海南省的发展则以旅游业为主，几乎没有工业能源的消耗。此外，各省的排放量呈自东向西、自北向南逐渐递减的趋势。2005—2011 年，河北、山西、江苏和山东的二氧化碳排放量持续高于 1000 Mt。它们均位于东部和沿海地区，并且是传统工业密集区或者经济发达地区；相反，海南、青海、广西壮族自治区、宁夏回族自治区的二氧化碳排放量始终低于 500 Mt。此外，1990—2011 年，二氧化碳排放量涨幅超过 1000 Mt 的省分别为河北、山西、内蒙古、江苏、山东、河南和广东；而涨幅不超过 200 Mt 的省为海南和青海；其他省则介于这两者之间。

第四，直辖市的二氧化碳排放量大。我国四个直辖市的总二氧化碳排放量在 2011 年达到 1111.02 Mt(见表 4)，占全国总排放的 6.15%，然而这些直辖市仅占了中国 1.2% 的土地面积。2011 年，我国人均二氧化碳排放量为 18.94t，而北京、天津、上海和重庆当年的人均二氧化碳排放量分别为 13.11 t、27.87 t、22.76 t 和 13.50 t。城市是人口密集、经济高度发展的地区，以四个直辖市为代表的广大城市地区必须率先开辟一条低碳减排的道路。

表 4　四个直辖市的二氧化碳排放清单　（单位：Mt）

年份 城市	1990	1995	2000	2005	2010	2011
上海	193.60	268.34	322.76	430.77	517.00	534.07
北京	155.18	183.66	199.90	242.53	278.26	264.79
天津	110.71	144.14	157.60	239.35	345.39	377.60
重庆	—	—	164.63	228.08	347.48	394.06

3. 我国二氧化碳排放强度的特点

对于一个国家来说，仅从二氧化碳排放总量来衡量它的碳排放水平是不充分和不科学的。在本文中，我们引入碳排放强度这个指标。碳排放强度是指单位国内生产总值所产生的二氧化碳排放量。这一指标可以衡量一国经济发展同碳排放量的关系：在该国经济增长的同时，由每单位国民生产总值产生的二氧化碳排放量下降了，那就说明这个国家实现了低碳经济的发展模式。

第一，我国二氧化碳排放强度逐年降低。表 5 显示了我国各省 1990—2011 年二氧化碳排放强度对比。从总体上来看，各地区的二氧化碳排放强度呈明显的下降趋势，下降速度由快变慢。这是因为区域二氧化碳排放水平与当地经济发达程度密切相关。总体的下降趋势也说明我国在能源结构调整上所采取的低碳减排措施取得了很大的成效。

表 5　各地区二氧化碳排放强度　（单位：千克/元）

年份 地区	1990	1995	2000	2005	2010	2011
北　京	3.07	1.29	0.79	0.34	0.20	0.16
天　津	3.59	1.57	0.98	0.62	0.37	0.33
河　北	4.35	1.98	1.25	1.17	0.82	0.77
山　西	8.55	6.38	4.11	2.89	1.59	1.44
内蒙古	5.73	2.57	2.01	1.73	1.13	1.16

续表

地区＼年份	1990	1995	2000	2005	2010	2011
辽　宁	4.79	2.04	1.34	1.07	0.64	0.57
吉　林	4.82	2.18	1.26	0.96	0.58	0.55
黑龙江	4.80	1.73	1.07	0.87	0.64	0.57
上　海	2.52	1.07	0.69	0.45	0.30	0.28
江　苏	2.34	0.92	0.59	0.55	0.37	0.36
浙　江	1.53	0.69	0.56	0.47	0.35	0.32
安　徽	2.67	1.27	1.00	0.79	0.57	0.50
福　建	1.31	0.48	0.36	0.44	0.33	0.33
江　西	2.66	1.08	0.63	0.79	0.39	0.35
山　东	2.37	1.23	0.78	0.75	0.56	0.51
河　南	2.69	1.28	0.53	0.69	0.60	0.57
湖　北	2.72	1.27	0.68	0.59	0.48	0.45
湖　南	3.16	1.33	0.87	0.87	0.41	0.38
广　东	1.36	0.63	0.47	0.34	0.27	0.26
广　西	1.75	0.75	0.61	0.53	0.40	0.39
海　南	0.45	0.32	0.31	0.33	0.40	0.39
重　庆	—	—	0.99	0.64	0.44	0.39
四　川	2.78	1.27	0.67	0.65	0.43	0.37
贵　州	4.82	2.93	2.46	1.85	1.18	1.05
云　南	2.43	1.20	0.83	1.05	0.73	0.63
陕　西	3.27	1.92	0.99	0.89	0.66	0.60
甘　肃	4.52	2.75	1.65	1.28	0.87	0.83
青　海	3.47	1.71	1.27	1.14	0.81	0.78
宁　夏	6.53	3.22	2.10	2.72	1.80	1.96
新　疆	3.86	1.76	1.28	1.00	0.94	0.93
全　国	3.02	1.28	0.85	0.82	0.52	0.49

第二，二氧化碳排放强度区域间不平衡。以2011年的全国二氧化碳排放强度为例，全国二氧化碳排放均值为0.606千克/元，而排放强度高于平均水平的有9个省，其中山西、内蒙古、贵州、宁夏和新疆是最高的五个省；低

于全国平均水平的有21个省市，最低的四个省市分别为北京、广东、上海和浙江。我国区域经济发展不平衡是导致区域二氧化碳排放强度不均的根本原因。

山西省的二氧化碳排放强度常年是全国最高，从1990年的8.55千克/元下降到2011年的1.44千克/元。这是因为山西长期以来一直都是中国的头号产煤大省，同时作为北京市重要的能源供应基地，山西省的煤炭消耗多用于发电供给北京等能源短缺的省市，其经济发展水平并不位于国内前列，导致其二氧化碳排放强度非常大。

宁夏的二氧化碳排放强度紧随其后，从1990年的6.53千克/元下降到2011年的1.96千克/元。宁夏产业结构的不合理和能源结构单一是导致二氧化碳排放强度大的根本原因。宁夏的产业结构以重化工业为主，电石、硅铁、铁合金、化工、水泥建材等高耗能企业密集，因此不可避免地造成了经济增长对能源的过度依赖和消耗水平的增加。此外，煤炭在宁夏的一次能源生产总量中的比重高达99%，从而进一步导致二氧化碳排放强度的居高不下。

内蒙古自治区是产能大户也是耗能大户，它的一次能源消耗是经济增长的内在因素。化工、冶金、能源等重化工产业是内蒙古发展的主导产业，对资源消费依赖性较强。虽然内蒙古能源丰富，但是全区的能源利用水平偏低。此外，内蒙古也是北京、天津等地区的能源供给基地。因此，粗放型的能源利用状况以及大量的能源供给决定了内蒙古较高的二氧化碳排放强度。2011年，其二氧化碳排放强度为1.16千克/元，仅次于宁夏和山西。

二氧化碳强度低的省市均为东部沿海发达地区，其经济增长主要来源于第三产业和低耗能产业的发展。2011年，东部沿海地区的二氧化碳排放总量超过全国的50%，但是东部地区土地面积仅占全国土地面积的9.5%，人口不足全国比重的40%，GDP约占全国比重的54%。因此，东部地区在区域发展上的优势还是很明显的。广东省是我国大陆地区二氧化碳排放强度最低的省份，从1990年的1.36千克/元降到2011年的0.26千克/元。浙江省和福建省紧随其后，2011年二氧化碳排放强度分别为0.32千克/元和0.33千克/元。

第三，直辖市二氧化碳排放强度低于全国水平。四个直辖市的二氧化碳排放强度明显要低于全国平均水平(见图3)。这是因为中国四个直辖市的经济和产业结构调整始终领先于全国平均水平，尤其是北京和上海这种政治和经济中心，在建筑、交通、工业、能源的产业结构调控方面采取了大量措施，并制定了“低碳生态城市”规划，将减排从首都和直辖市做起。

第四，二氧化碳排放强度与经济发展的关系。本文进一步比较了二氧化碳排放强度与经济发展水平的关系。2005—2011年，以国家平均二氧化碳排放强度0.59千克/元和GDP增长率6.8%作为标准，各省的经济发展可以被

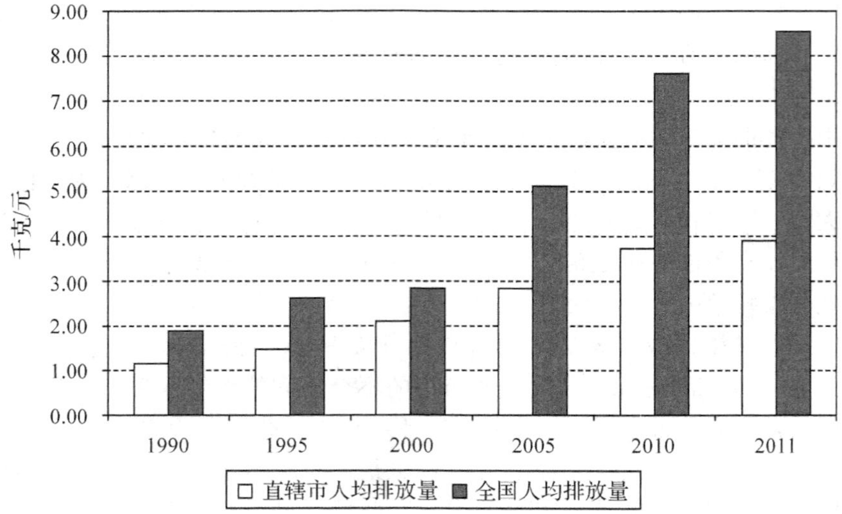

图3　直辖市和全国的平均二氧化碳排放强度比较

划分为三种模式：高GDP/低排放、中GDP/中排放和低GDP/高排放。中国自东向西、自南向北呈现出由高GDP/低排放发展模式向低GDP/高排放发展模式的转变。整个东部沿海地区均为高GDP/低排放发展模式；而北部地区、云南省和四川省均为低GDP/高排放发展模式；其他地区则处于平均水平。对于四个直辖市来说，北京、天津和上海都呈现出了高GDP/低排放的发展水平，重庆因其地域影响而次之。

4．我国人均二氧化碳排放量的特点

第一，人均二氧化碳排放量不断增长，区域增速不均。我国各省的人均碳排放量呈现出不同幅度的增长（见图4）。其中，1990—2009年人均二氧化碳排放量增长最快的4个省分别为海南、内蒙古、宁夏、福建，增长幅度超

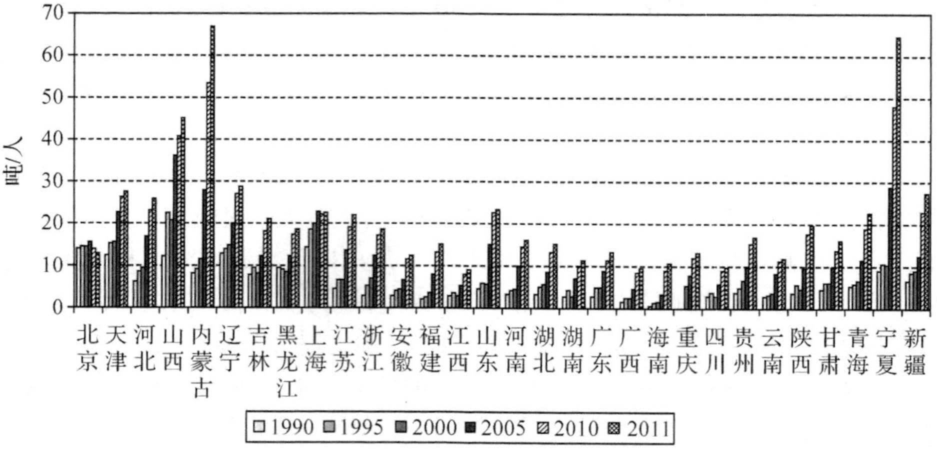

图4　我国各省人均碳排放量(吨/人)

过500%；增长最慢的5个省市分别为北京、上海、黑龙江、天津和辽宁，增长幅度不足130%。

从区域上看，东部地区的人均二氧化碳排放量明显要高于中部和西部地区。华东和东北地区的人均排放量要远远高于全国平均水平，并且随时间的推移差距也在不断扩大；同时，东西地区的排放差异也越来越明显。

第二，人均二氧化碳排放量低于发达国家水平。表6是中国与国际其他代表国家和地区的人均二氧化碳排放量的对比表。从表中可以看出，我国人均二氧化碳排放量呈增长趋势，而在发达国家却呈下降趋势，并且从2005年到2010年，我国人均二氧化碳排放量增长显著。人均二氧化碳排放水平的不同是因为各个国家的大小、人口、经济、科技水平都不尽相同。当然，简单地对比各个国家的人均二氧化碳排放水平还是有失公允的，尽可能比较在相同经济发展阶段的各个国家的人均碳排放量是更准确的，例如以我国目前的碳排放水平与发达国家工业化发展初期的排放水平进行比较。鉴于数据的匮乏，本文没有就此展开详细的论述。

表6 典型国家的人均二氧化碳排放量比较 （单位：吨/人）

国家 \ 年份	2005	2010
中国	6.92	17.15
加拿大	17.43	14.63
美国	19.72	17.56
俄罗斯	11.29	12.23
日本	9.69	9.19

数据来源：World Bank，World Development Indicators，2013年11月12日

三、结　论

通过本文的估算和研究可以发现，我国能源消耗结构主要存在以下特点：一是我国能源消耗的总量大，增速快；二是能源消耗的结构不合理，化石能源比重高，清洁能源和新能源的比重小；三是能源利用的效率低，达不到发达国家的1/3；四是能源环境问题非常突出，能源消耗导致了严重的环境污染问题。我国的二氧化碳排放清单的特征有：一是二氧化碳排放的总量大、增速快，二氧化碳的排放强度远高于发达国家水平，总体呈减少的趋势；二是人均二氧化碳排放量低于发达国家平均水平，总体呈上升的趋势；三是我国二氧化碳排放量的地区分布不平衡，发达地区排放的多，落后地区排放的少；四是我国以煤为主的能源结构造成了我国二氧化碳排放量的增加，煤炭为代

表的化石能源产生的排放量占总量的 70% 以上。所有这些排放特点，都与我国能源消耗的特点是分不开的。

值得一提的是，从这 20 年的数据中可以看出，我国煤炭为主的能源结构正在转型，煤炭的消耗比重正逐渐降低，而清洁高效能源分量正逐渐增加。二氧化碳排放强度是衡量一个国家的经济与碳排放之间关系的重要指标，虽然我国的二氧化碳排放强度要高于世界平均水平，但是从 1990 年到 2011 年，我国的二氧化碳排放强度正逐渐降低，这正是我国低碳减排政策实施的可喜成果。当然，我国控制温室气体排放的力度还不够大，还需要进一步强化实施。低碳减排道路任重而道远。

参考文献

[1] Gurney，K. R.. Global change：China at the carbon crossroads. *Nature*. 2009.

[2] IPCC. *Climate Change* 2007：*The Assessment Report*. *Contribution of Working Group I to the Fourth Assessment Report of the Intergovernmental Panel on Climate Change*. [Solomon，S.，D. Qin，M. Manning，Z. Chen，M. Marquis，K. B. Averyt，M. Tignor and H. L. Miller（eds.）]. Cambridge，United Kingdom and New York：Cambridge University Press，2007.

[3] 国家统计局：《中国统计年鉴 2012》，北京：中国统计出版社，2012 年版。

[4] 国家统计局工业交通统计司、国家发展和改革委员会能源局：《中国能源统计年鉴 2012》，北京：中国统计出版社，2012 年版。

[5] 王皓良：《我国工业企业能源消耗研究》，江苏大学硕士学位论文，2009 年。

[6] 韩非：《中国能源安全战略研究》，吉林大学硕士学位论文，2009 年。

[7] World Bank，World Development Indicators，2013 年 11 月 12 日。

附录 1　各地区二氧化碳排放量　(单位：Mt)

地区＼年份	1990	1995	2000	2005	2010	2011
北　京	155.18	183.66	199.90	242.53	278.26	264.79
天　津	110.71	144.14	157.60	239.35	345.39	377.60
河　北	389.53	565.95	641.61	1173.56	1672.45	1880.53
山　西	368.40	699.43	677.95	1225.13	1458.87	1623.54
内蒙古	183.11	214.36	282.07	672.28	1319.50	1664.33
辽　宁	512.31	575.85	634.71	866.30	1190.17	1271.85
吉　林	206.44	248.24	232.36	345.05	506.94	578.95
黑龙江	343.98	349.22	343.53	475.90	665.94	717.59
上　海	193.60	268.34	322.76	430.77	517.00	534.07
江　苏	334.92	481.86	516.27	1048.24	1520.26	1756.27
浙　江	138.40	242.40	337.74	637.68	965.31	1035.83
安　徽	177.22	256.59	305.18	428.62	699.05	763.36
福　建	69.54	105.04	144.21	294.45	489.65	577.17
江　西	116.86	156.69	140.16	241.00	366.12	412.29
山　东	400.41	540.41	535.55	1444.60	2180.74	2298.68
河　南	302.13	412.58	464.24	951.91	1395.56	1540.14
湖　北	199.30	300.87	342.47	506.77	772.66	886.90
湖　南	204.77	289.11	205.26	471.35	654.83	740.27
广　东	204.32	348.07	470.59	818.99	1250.28	1394.26
广　西	80.89	124.84	129.82	217.51	387.45	455.28
海　南	4.60	11.23	16.37	31.14	81.78	97.82
重　庆	—	—	164.63	228.08	347.48	394.06
四　川	339.06	465.86	277.78	501.55	737.26	775.18
贵　州	127.92	190.40	252.74	381.05	541.41	600.50
云　南	112.85	150.67	171.58	372.23	525.65	556.65
陕　西	135.03	196.04	170.52	353.53	665.81	749.10
甘　肃	113.03	155.67	166.47	255.19	359.72	417.19
青　海	25.03	29.62	35.80	64.88	109.10	130.10
宁　夏	43.40	56.60	58.26	171.78	304.31	412.16
新　疆	104.93	146.57	174.35	260.39	509.69	612.26

附录2　各地区人均二氧化碳排放量　　（单位：吨/人）

地区＼年份	1990	1995	2000	2005	2010	2011
北　京	14.29	14.68	14.66	15.77	14.18	13.12
天　津	12.52	15.30	15.74	22.95	26.58	27.87
河　北	6.32	8.79	9.61	17.13	23.25	25.97
山　西	12.71	22.73	20.88	36.52	40.82	45.19
内蒙古	8.47	9.39	11.89	27.98	53.37	67.06
辽　宁	12.91	14.07	15.17	20.52	27.20	29.02
吉　林	8.31	9.58	8.66	12.70	18.46	21.06
黑龙江	9.71	9.44	9.02	12.46	17.37	18.72
上　海	14.48	18.96	20.06	22.79	22.45	22.75
江　苏	4.95	6.82	7.05	13.81	19.32	22.23
浙　江	3.32	5.61	7.22	12.78	17.72	18.96
安　徽	3.12	4.27	5.01	7.00	11.74	12.79
福　建	2.29	3.24	4.23	8.28	13.26	15.52
江　西	3.07	3.86	3.38	5.59	8.20	9.19
山　东	4.71	6.21	5.95	15.62	22.74	23.85
河　南	3.49	4.53	4.89	10.15	14.84	16.41
湖　北	3.66	5.21	6.07	8.88	13.49	15.40
湖　南	3.34	4.52	3.13	7.45	9.97	11.22
广　东	3.22	5.07	5.44	8.91	11.97	13.27
广　西	1.90	2.75	2.73	4.67	8.40	9.80
海　南	0.69	1.55	2.07	3.76	9.42	11.15
重　庆	—	—	5.78	8.15	12.05	13.50
四　川	3.14	4.11	3.34	6.11	9.16	9.63
贵　州	3.91	5.43	6.73	10.22	15.56	17.31
云　南	3.02	3.78	4.05	8.36	11.42	12.02
陕　西	4.07	5.58	4.68	9.58	17.83	20.02
甘　肃	5.01	6.39	6.62	10.03	14.05	16.27
青　海	5.59	6.16	6.92	11.95	19.36	22.90
宁　夏	9.23	11.03	10.52	28.82	48.08	64.46
新　疆	6.86	8.82	9.43	12.95	23.33	27.72

（作者：耿玉环　北京联合大学讲师）

项目名称：北京市商业集群体系研究
项目编号：13JGC067
项目负责人：刘玉奇
项目信誉保证单位：北京物资学院

商业集聚的本质研究

当前，我国城市商业已进入集聚发展阶段，代表了专业化水平的业态分工与集聚类型的产业融合并存，由各业态店集聚形成的商业综合体、销品茂(Shopping Mall)、商业中心主导城市商业，形成了层级和网络关系并存的商业集聚体系。学界普遍关注了商业集聚的成因、分类及作用，但对商业集聚与商业理论的逻辑演进关系仍有待深化。

一、文献综述

学者对于商业集聚的研究大都借鉴了工业集聚相关理论的研究成果，界定了基本概念、描述了集聚现象、分析了集聚成因及集聚效应的表现，但这些研究并没有建立在已有的商业经济理论的基础之上，造成了商业集聚研究与商业经济原理的割裂。

对于商业集聚的概念，罗元军(2003)认为，商业集聚是“一个大型商业群，一般由一个管理机构规划、组织和协调，把一系列零售商店、服务企业组织在一起，提供购物、休闲、餐饮、娱乐等多种服务的‘一站式’消费中心”。蒋三庚(2005)、魏剑锋(2006)等学者进一步强调了构成商业集聚的各门店之间的关系。前者认为，商业集聚是“利益密切关联的多种商业经济主体……的集合，是利益相关者聚集体”；后者进一步明确这种关联关系是门店业种的相似性。刘玉奇(2010)基于门店业态的类型区分了同业集聚和综合集聚。

对于商业集聚的成因，学者认为是集聚后的经济效应。武云亮(2004)认为，商业集聚的竞争优势来源于“成本节约效应、商业区位品牌效应、组合经济效应和关联效应”；钱寿海(2008)认为，商业集聚具有“消费带动效应、节约社会成本效应、集聚区区位品牌效应和知识外溢效应”；这与工业集聚理论所提出的成本节约、关联效应等直接相关。对成本节约效应的研究可以追溯到经济学家韦伯(Max Weber)，他认为聚集是由于把生产按照某种规模聚集在同一地点进行，因而给生产或销售方面带来的利益或造成的成本节约；关联效应则是在集聚的高级阶段①实现成本节约的必然要求，建立在专业化分工基础上的相互协作促进了企业自发集聚，相反，没有任何联系、过渡性、偶然性的集聚往往难以产生聚集经济；消费带动效应、区位品牌效应等是以集聚为“黑箱”的，但没有对“黑箱”的内部结构、特点进行深入研究。尹德洪(2011)、刘玉奇(2012)等人的研究较好地深入到商业经济内部。前者认为，商业集聚是以交易效率提高为核心，在分工演进、交易效率提高的循环累积过程中形成的；后者认为，商业集聚是商业主体的区位选择、业态选择以及门店选择与集聚发展的循环累积作用的结果，业态选择的不同形成了不同类型的商业集聚。这是对商业集聚现象与商业经济原理结合的初步探索。

日本学者对于商业集聚的研究更好地体现了商业经济本身的特点。田村正纪认为，最小分化原理和集聚经济是解释商业集聚形成的两大原理。在区域市场中，零售商店选址的重要特征就是零售商通常选择相互接近的地点开店，这种选址行为就形成了商业集聚。其中，最具代表性的商业集聚就是在城市的中心区形成的中心商业区。石原武政则将商业集聚的认识推进一步，他认为商业集聚实际上是以顾客购买的相关商品为中心的，只是其店铺所经营的商品品种又有所拓展而已。保田芳昭和加藤义忠在其著作中按照布局、规模和作用将商业集聚划分为大范围商业集团、地区商业集团和近邻商业集团三种类型，其具体形式包括近邻商业街、地区商业街、大范围商业街和超大范围商业街四种。各种商业街的门店类型、购物频率、目标客群明显不同。

这些研究利用集聚经济的基本原理深入解读商业发展，对于深化商业集聚的研究具有重要的借鉴意义。当然，这些研究与商业经济理论中的零售业态演进理论等核心理论的结合仍有待深化。

二、商业集聚是买卖集中的零售门店的集合

从表象上看，商业集聚是业种店、业态店等零售门店的集中布局，但这种布局不是随意的，而是以买卖集中为导向的。

(一)业种店和业态店

业种店就是以使用相同或相近商品经营技术的商品为个别备货物的零售商。这里的业种是从供给方视角对商品所属品类的划分，是商业领域的基本分类标准。按照石原武政的说法，“只有业种作为分类规则发挥作用，消费者才能够大致判断某商品属于哪个业种，会在哪个店铺里销售”。

---

① 韦伯将聚集分为两个阶段：低级阶段和高级阶段。低级阶段单纯是由企业经营规模扩大而带来了生产聚集，高级阶段则强调因扩大规模经营带来利益。在高级阶段，是由于生产的专业化、劳动的专业化、专业市场的扩展以及共享基础设施四个因素所带来的成本节约促使企业自发地集聚。转引自刘玉奇：《城市商业发展的理论分析与探讨》，中国人民大学博士学位论文，2010年。

业种的区分是以代表商品不同物理属性的供给方的条件来说明的，这些条件也统称为商品经营技术，主要包括商品的物理属性、使用方法、使用目的等。同类业种店大都使用相同或相近的商品经营技术。业种店大都可以从门店名称中加以区分，例如“彰化肉圆”“天福茗茶”等。

业态店则是零售企业根据业态分类原则区分，满足不同消费要求的零售门店。区别于业种的供给方视角，业态是从需求方视角对商业经营形态的划分，是零售企业为了满足不同的消费需求进行相应的要素组合而形成的，这里的要素包括经营方式、商品结构、服务功能、选址、商圈、规模、店堂设施、目标顾客以及有无固定营业场所等方面。

零售业态中的专业店与业种店有相似之处。专业店是以专门经营某一大类商品为主的零售业态，例如家电专业店、药品专业店等。专业店强调的是经营商品在物理属性上的相似性。业种店则更加强调商品经营技术的相似性。

从业种店向业态店的演化反映了消费者在产业链中地位的提升，表现为从生产者驱动的产业链向消费者驱动的产业链的转变。业态店的发展和创新，特别是大型零售组织的快速发展，甚至成为加尔布雷斯说的“单个消费者的代理人”，反映了产业链转变过程中渠道权力的对角线转移趋势(杨慧，2002)。

(二)买卖集中和商业区位

业种店、业态店的集中布局并不是随意的，而是以顾客购买的相关商品或服务为中心的。

商业集聚是买卖集中在区位空间上的表现。石原武政(2012)认为，买卖集中是行业最基本的性质。这既是分工原理在商业经济中的体现，也是零售业态分化与创新的根本动力。买卖集中原理在空间上表现为商业集聚，形成商业区位。商业集聚形成的经济动因在于买卖集中，从而形成经济空间。

买卖集中的作用体现在三个层面。首先，商业的出现本身就是独立的交换关系的集中，即买卖关系的集中，这是商业从手工业活动中独立出来的基础和前提。其次，零售业态的出现则是面向特定“市场”的买卖的集中。黄国雄认为，“百货卖精、超市卖廉、专卖店卖品牌、专业店卖品种、便利店卖时间”，强调的就是零售业态所服务的不同细分“市场”。再次，城市综合体、厂家直销中心、销品茂以及商业集聚区则是更高层级的买卖集中，其服务对象由业态所对应的特定“市场”转向商业集聚区所对应的特定“消费者”。“大悦城”主要面向青年人，旨在打造时尚达人、流行先锋、潮流新贵休闲购物首选的“国际化青年城”。

买卖集中推动了供给方和商业从业者的功能分化。一方面，买卖集中推动了供给方功能的分化。基于供给方市场沟通手段的集中，也为了获得全部的规模经济，商业从供给方分化出来，成为专门服务于供给方的独立的商业从业者。另一方面，买卖集中也推动了商业从业者的功能分化。商业从业者从供给方购买的过程，是形成自己内部的“市场”或社会备货物的过程，在这个过程中，商业从业者获得了范围经济(石原武，2012)。基于内部“市场”的不同，形成了不同的零售业态，即各种零售业态的形成是商业从业者功能分化的结果。

商业区位是基于区位空间的非均质性形成的经济空间场(高进田，2007)。区位空间的非均质性既是买卖集中的结果，更是买卖集中的原因。这种非均质性既是客观交通条件的函数，也是商业空间集聚的函数。在首家门店选择集聚区位的时候，交通区位条件起到了重要的作用。零售业界的“黄金定律”——“区位、区位、区位”就体现了这种重要性。在后续门店入驻集聚区位、形成商业集聚的过程中，集聚空间的影响越来越大，率先入驻的门店增强了区位空间的非均质性，使其区别于不包含任何经济主体的地理空间概念，提高了区位空间价值，形成了经济空间场，进而使商业集聚成为商业门店实体和商业集聚空间的统一、主观商业经济和客观地理空间的统一。

商业集聚的形成既离不开买卖集中，也离不开区位选择。买卖集中形成了商业集聚的“商气”，区位选择孕育了商业集聚的“地气”，连同作为买卖集中前提的“人气”，三者共同形成了商业集聚的“人气”“商气”“地气”。在商业集聚的发展过程中，三者不可或缺。

(三)商业集聚是业态店的买卖集中

在实体形式上，商业集聚始终表现为多门店的集中布局。批发市场、商业街以及零售业态中的购物中心、厂家直销中心本身就是商业集聚的具体形式。入驻专业市场的往往是某一生产厂商的代表，或者专业经营某品牌商品的代理机构。入驻商业街的通常是具有某种地域特色的专卖店。

事实上，2004 年发布的《中华人民共和国标准——零售业态分类》(GB/T18106-2004)所列的有店铺零售业态，并不都是商业集聚的“元业态”，而是包含了三个层级的买卖集中(如图 1 所示)。第一个层级是有待商业分化的食杂店。这是零售业态分化的母体。1852 年，法国巴黎的博马尔谢百货商店的建立标志着基于这一母体分化出的新业态的诞生(李飞，2003)。第二个层级是面向不同“市场”的业态店，包括便利店、折扣店、超市、大型超市、仓储会员店、专业店、专卖店、百货店以及家居建材商店九个业态。这些业态店面向不同的市场需求，分别以便利、折扣、齐全、批量、品类、品牌、时尚以及专业等为主要特征。第三个层级是以商业集聚形式呈现的购物中心和厂家直销中心。购物中心往往是多种零售店铺和服务设施的集中，厂家直销中心则汇集了多家企业品牌。其中，第一个层级和第二个层级的业态可以称之为构成商业集聚的“元业态”，第三个层级的业态在本质上是两种商业集聚的形态。只不过相对于更高层级的商业集聚而言，其构成相对较为简单。

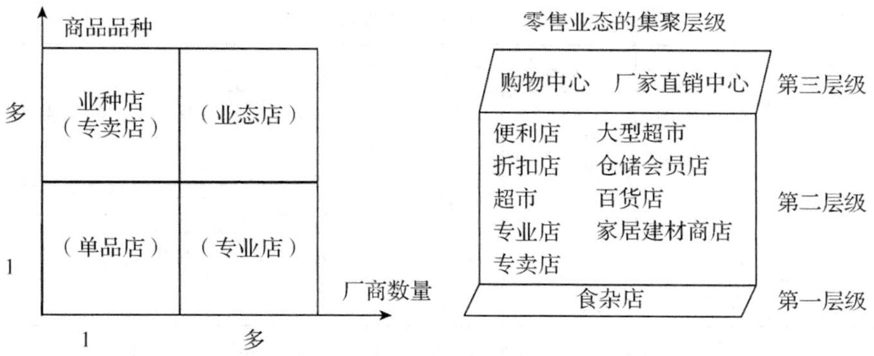

图 1 零售业态的集聚层级

在城市商业发展过程中，第三层级的业态集聚曾经是商业中心区的代名词。当前，以城市商业中心、区域商业中心和社区商业中心为代表的更高层级的业态集聚已经替代了前面三个层级，成为更具影响力的商业中心区。购物中心、厂家直销中心往往是这些商业中心区的龙头，同时，还分布有多家百货店、大型综合超市、专业店以及数十家专卖店，形成由更多门店、更多业态的集中布局态势。

三、商业集聚体现不同业态的要素组合

零售业态是从需求方视角对商业经营形态的划分。这种划分意味着，为了满足某一类消费者的特定需求，需要对业态各构成要素进行特定的组合。商业集聚是零售门店的集聚，是对其要素组合的再组合。

（一）要素层次区分不同业态

李飞（2006）在综合顾客满意要素的基础上，提出“产品、服务、价格、店址、环境和沟通，它们应该也是零售业态构成的基本要素”，并基于对美国、法国、日本和中国相关文献[①]的研究，以及清华大学经济管理学院中国零售研究中心对顾客满意度影响因素的随机抽样调查，将零售业态的构成要素划分为“6 个基本营销组合要素的 22 个具体维度”（如表 1 所示），基于此，建立了由 24 个维度构成的营销组合维度表。

① 李飞（2006）整合了 McGoldrick（2002）、Michael Levy 和 Barton A. Weith（2004）、Barry Berman 和 Joel R. Evans（2002）、加里·阿姆斯特朗和菲利普·科特勒（2004）以及李飞（2003）相关研究的成果。

表 1　组合要素的维度表

产品要素	品类数量	单品深浅	商品性质	商品质量	品牌归属	—
服务要素	服务范围	人员服务	结算方式	营业时间	顾客管理	服务效率
价格要素	价格水平	折扣与促销	—	—	—	—
店址位置	区域细分	独立性	商圈范围	停车场	—	—
环境要素	店铺规模	店面布局	商品陈列	休闲设施	后台设施	—
沟通要素	沟通方式	沟通内容	—	—	—	—

资料来源：李飞：《零售业态创新的路线图研究》，《科学学研究》，2006 年 12 月，经笔者整理

显然，这些维度只是组合要素构成，并不能区分各类业态，而能够区分不同业态的是业态在各种维度上的不同表现。例如，产品有高、中、低档之分，店址有社区、区域和市域的差异，环境有优雅、别致和脏乱差的区别。各种要素所体现的差异性共同构成了不同的零售业态。

当然，这并不意味着各种零售业态在其要素维度上的表现都不相同，而只是在个别维度上存在极为明显的差异性（如图 2 所示）。以杂货店、百货店和超市为例，相对于杂货店的“单一品类”“非买勿入”“歧视价格”，百货店的“综合经营”降低了消费者搜寻成本，“自由进出”“明码标价”则从经营理念上体现了真正的“尊重顾客”“童叟无欺”。相对于百货店和杂货店的“柜台销售”和“繁华地带”，超市践行了“自主服务”的理念，选址更倾向于“边缘地区”。

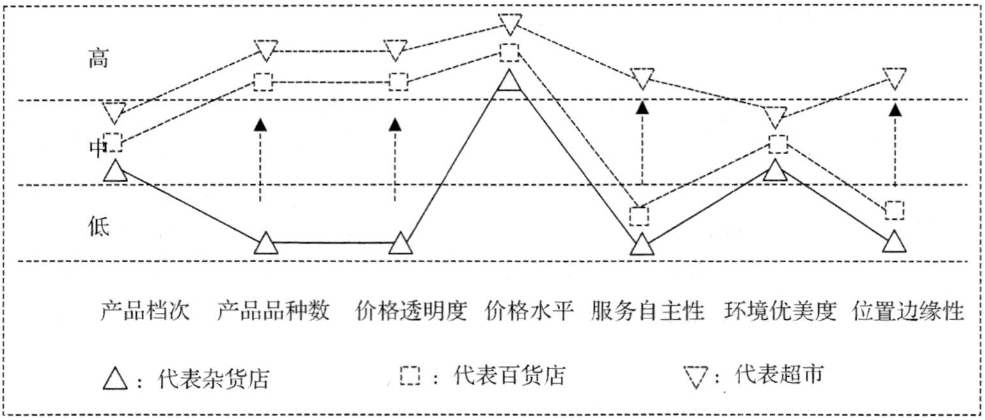

图 2　零售业态的代表性要素维度差异性比较

从相同业态门店的比较来看，商业企业在各要素的表现并非全部优秀或者全部落后。世界上最为成功的商业企业也仅仅在其中某一方面做得出色，某一方面做得优秀，其他几个方面不过达到行业平均水平。当然，真正能够区分相同业态不同企业的要素则必然是深受消费者追逐和偏爱的个别要素。

(二)核心要素区分商业集聚

商业集聚的差异性则来源于构成集聚的各门店的业态以及各业态的要素组合。基于构成商业集聚的门店业态和商品品类的差异性，可以将商业集聚区分为同业集聚和综合集聚(刘玉奇，2012)。

同业集聚通常指各类商业街、专业(批发)市场、销品茂、厂家直销中心以及城市商业综合体等。在这类商业集聚中，从事商业经营的商户数量多、商品档次差异性小、服务层次相同。综合集聚通常指城市的各级商业中心，如市级商业中心、区域商业中心及社区商业中心等。在这类商业集聚体内，通常会有龙头企业带动，各门店之间的业态互补性强，商品档次跨度较大。

商业集聚的辐射力和影响力得益于构成门店的业态。同业集聚的各门店业态雷同，各要素表现差异性小，只有全部门店各要素的整体表现才能体现商业集聚的整体特点。也就是说，水平约束的普通要素在管理技术作用下的综合表现成为同业集聚的核心要素，例如，产品或服务的种类、档次、价格等。北京西四—新街口沿线的婚纱摄影、电气五金、乐器和服装四类商业门店构成的特色商业街，通过模仿实现了相同档次、只有细微差异化的产品的集中经营。同类门店的集中布局有助于形成商业集聚特色。综合集聚的各门店业态差异性大，主力店的要素往往成为深受消费者追逐和偏爱的个别要素，主力店的营销要素组合主导了综合集聚的特点。例如，商品档次、价格水平、服务细节以及环境要求，等等。个别主力店能够带动综合集聚的发展。

如果各门店水平约束的普通要素体现了商业集聚的核心要素特点，那么这个核心要素特点就体现了该商业集聚的特色，该特色决定了该商业集聚的辐射力和影响力。例如，北京 798 艺术区广泛分布有艺术品专卖店。如果主力店的核心要素主导了商业集聚的要素特点，那么该主力店的核心要素就成为消费者追逐和偏爱的个别要素，这个核心要素就决定了该商业集聚的辐射力和影响力。例如，西单商圈中体现青年人消费特点的大悦城。

四、商业集聚是符合消费者满意的选择

(一)零售业态是消费者满意选择的结果

在零售企业与消费者的关系上，要素组合是服务于特定消费需求的。零售企业依托要素组合形成辐射力和影响力，消费者“用脚投票”，通过消费者选择反作用于零售企业。符合消费者满意的要素组合确立了特定的“市场”，也就形成了特定的零售业态；不符合消费者满意的要素组合逐步退出“市场”，或者通过优化要素组合进一步适应“市场”，重新形成符合消费者满意的要素组合。

当然，这个过程总是以循环累积的形式实现。确立了特定“市场”的零售业态，一方面，以连锁方式扩大市场辐射，争取市场优势地位；另一方面，

通过收取通道费、排他性协议、零售价格限制、掠夺性购买以及自有品牌进入等纵向约束巩固和扩大市场优势。消费者则一方面通过对满意门店的重复购买展示其正反馈机制；另一方面则通过对不满意门店的规避展示其负反馈机制。

(二)消费者满意基于满意基准

消费者对零售业态的满意并不是通过组合要素的加权平均，或者对要素层次的评价得分绝对值体现的，而是通过消费者与其满意基准的比对或者基于"参考点依赖"的"期望不一致"体现的。超过或符合消费者基准的，表现出较高的消费者评价、较高的忠诚度以及后续消费，即消费者满意；达不到消费者基准的，表现出较低的消费者评价、较低的忠诚度以及损失厌恶(Loss Aversion)，即消费者不满意。

消费者满意基准是消费者基于此前购物经验、零售业态认知以及相关知识，所形成的对各要素表现水平的预期。这一预期也成为消费者评价各门店的依据。当然，消费者对不同零售业态各要素维度的水平以及同一业态不同要素维度水平的预期也存在明显不同。例如，消费者对于百货店的环境要求，与对食杂店环境的要求显然不同，他们认为，较差的环境与百货店较高的商品价格及知名品牌的档次明显不匹配。厕所的异味和不干净在很大程度上会降低消费者对百货店的满意程度。消费者可以忍受食杂店没有空调，但很难忍受百货店过高或过低的室温。同样，消费者对于同一业态的各要素基准水平的预期也存在明显差别。例如，消费者对百货店的服装品牌档次的预期会明显高于停车位的充足程度，因为高档次的百货店往往位于停车位并不充足的繁华闹市区；对折扣店的商品折扣的预期也会明显高于商品的齐全性，因为折扣店销售的更多为下架或者断码商品。

(三)多次购物中的消费者满意

在商业经营管理中，零售门店除了某几个方面做到出色或优秀之外，其他几个方面也要达到预期的行业平均水平。这是消费者满意的要求，即至少有一项要素的表现超过预期的平均水平，而其他所有要素维度都不低于预期平均水平。

从单次消费过程看，消费者对高于满意基准和低于满意基准的反应程度并不相同。在消费者看来，高于满意基准是零售企业追求卓越的表现，而低于满意基准是零售企业管理不善的结果。超出一个单位的满意基准所带来的满意的增量，要小于因相差一个单位的满意基准所带来的满意的递减。如图 3 右所示，超过满意基准 1 单位的满意表现为消费者带来 a 单位的超额评价，低于满意基准 1 单位的满意表现为消费者带来 b 单位的差额评价。这里，$b>a$。

在多次消费过程中，同样的超过(或不足)预期水平所带来的消费者满意的提升程度并不相同，而是呈现出“敏感性递减”的特点。例如，百货店长期的八折优惠并不会给消费者带来额外的惊喜，尽管第一次购物时可能会让你吃惊。即便是第一次遇到购物折扣，第二次遇到返券促销，当第三次遇到现金立减，消费者很可能会认为是理所当然。与之相反，当第一次购物遇到商品过期，第二次购物遇到残次品，第三次购物遇到厕所不干净的时候，消费者也就不会大惊小怪。如图 3 左所示，原点 0 点代表满意基准水平，横轴代表满意表现，纵轴代表对满意表现的评价。当零售商的满意表现超过满意基准 1 单位时，会为消费者带来 a 单位的超额评价；当零售商的满意表现再超过满意基准 1 单位，即达到 2 单位时，会为消费者带来 $a+a'$ 单位的超额评价。这里，$a>a'$。同理，$b>b'$。

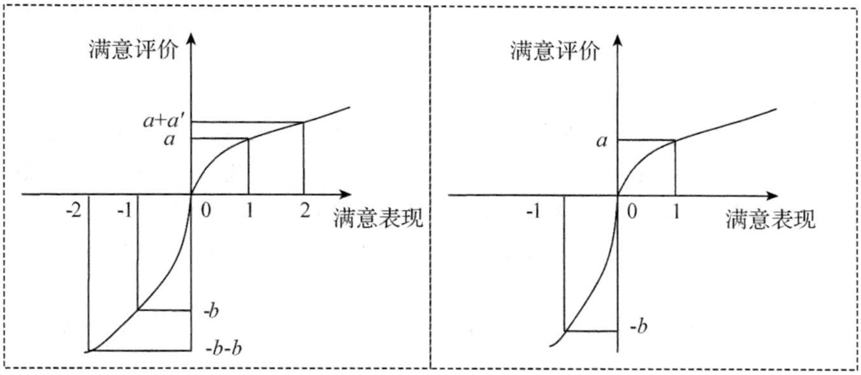

图 3　多次购物中的消费者满意表现

(四)商业集聚的消费者认同①

消费者对商业集聚的认同比对单个业态店的满意更为复杂。一方面，消费者基于某些要素的出色表现和其他要素达到预期的行业平均水平，对单个业态店表现出满意；但对单个业态店的满意并不表示对商业集聚的整体认同。另一方面，消费者基于某些要素尚未达到预期的行业平均水平，对单个业态店表现出不满意；但对单个业态店的不满意也并不表示对商业集聚的整体不认同。

当然，这里的消费者认同并不是全部消费者的认同，而只是某类消费者的认同。对于综合集聚而言，主力店的要素组合主导集聚的特点，应该得到目标消费群体的认同。主力店要素组合的某些方面理应超越消费者预期，其他方面以及非主力店的要素组合不低于预期的平均水平。对于同业集聚而言，

① 认同是一个心理学名词，指寻求亲近感或归属感的愿望和行动(来源于互动百科)。曼纽尔·卡斯特在 1993 年出版的《认同的力量》中指出，“认同是行动者自身的意义来源”，也是自身通过个体化建构的过程。本文认为，消费者对商业集聚的选择并不是一种满意选择，而是一种带有个人消费建构的过程。因此，借用“认同”一词表示。

各门店的要素组合除了不低于预期的平均水平之外，还应该能够实现要素的水平约束，即能够统一到某类需求上，形成集聚特色。这意味着，消费者对综合集聚的认同首先是对主力店的认同，对同业集聚的认同则是对全部店铺共同特色的认同。

五、结束语

集聚是城市商业的重要形态。商业集聚的形成既是买卖集中的结果，又是消费者对高于“参考点依赖”的“期望不一致”循环累积的结果，是消费者对业态和门店构成的认同。商业集聚的壮大既要优化业态结构，更要突出高于消费者预期水平的要素。关于消费者满意基准的优化以及商业集聚的消费者认同有待进一步深化。

参考文献

[1] 武云亮：《我国商业集群的模式及其发展趋势》，《生产力研究》，2004年第1期。

[2] 钱寿海：《商业集群的效应分析和发展途径探讨》，《商场现代化》，2008年第7期。

[3] 冯云廷：《城市聚集经济》，大连：东北财经大学出版社，2001年版。

[4] [日]田村正纪著，吴小丁、王丽译：《流通原理》，北京：机械工业出版社，2007年版。

[5] [日]石原武政著，吴小丁译：《商业组织的内部构成》，北京：科学出版社，2012年版。

[6] [日]保田芳昭、加藤义忠编，江虹译：《日本现代流通论》，上海：上海大学出版社，2009年版。

[7] [日]石原武政著，吴小丁译：《商业组织的内部构成》，北京：科学出版社，2012年版。

[8] [美]加尔布雷斯著，王肖竹译：《美国资本主义：抗衡力量的概念》，北京：华夏出版社，2008年版。

[9] 杨慧：《对角线转移：渠道权力理论研究的新视角》，《当代财经》，2002年第8期。

[10] 黄国雄：《零售业的格言与警语》，《商业时代》，2008年第32期。

[11] 高进田：《区位的经济学分析》，上海：上海人民出版社，2007年版。

[12] 李飞：《零售革命》，北京：经济管理出版社，2003年版。

[13] 李飞：《零售业态创新的路线图研究》，《科学学研究》，2006年第S2期。

[14] 李飞、刘明葳、吴俊杰：《沃尔玛和家乐福在华市场定位的比较研究》，《南开管理评论》，2005年第3期。

[15] Daniel Kahneman and Amos Tversky. Prospect Theory: An Analysis of Decision under Risk. *Econometrica*, 1979, 47(2).

[16] Oliver. R. L., *Customer Satisfaction: A Behavioral Perspective on the Consumer*. New York: McGraw-Hill. 1997.

[17] Mittal. Vikas. William T. Ross. Jr., Patrick M. Baldasare. The Asymmetric Impact

of Negative and Positive Attribute-level Performance on Overall Satisfaction and Repurchase Intentions. *Journal of Marketing*, 1998, 63(January).
[18]尹德洪：《分工演进、交易效率与商业集群——基于新兴古典经济学框架的分析》，《财经科学》，2011 年第 8 期。
[19]罗元军：《商业集群的竞争优势分析——天津百货大楼发展战略》，天津大学硕士学位论文，2003 年。
[20]蒋三庚：《论商业集聚》，《北京工商大学学报(社会科学版)》，2005 年第 3 期。
[21]魏剑锋：《商业集群的聚集效应——基于消息学视角的分析》，《当代经济科学》，2006 年第 6 期。

（作者：刘玉奇　北京物资学院教授）

项目名称：产业结构优化对北京市碳减排目标的影响效应研究
项目编号：13JGC071
项目负责人：张宏艳
项目信誉保证单位：北京工商大学

北京市碳排放约束下产业结构优化调整研究

中国在《国民经济和社会发展第十二个五年规划纲要》中将能源消耗强度和二氧化碳排放强度作为约束性指标，实现2020年单位GDP碳排放强度较2005年下降40%—45%的自主减排目标是中国今后发展的战略性任务。这就使我国在经济快速增长的同时面临一种“两难”局面：一边是对经济高增长的依赖，另一边是资源和环境的约束。根据《北京市国民经济和社会发展第十三个五年规划纲要》，北京市已经超额完成“十二五”减排目标，生态环境建设成效明显，节能减排工作继续走在全国前列。“十三五”期间北京力争生态环境质量显著提升，生产方式和生活方式绿色、低碳水平进一步提升。单位地区生产总值能耗、水耗持续下降，城乡建设用地控制在2800平方公里以内，碳排放总量得到有效控制。因此，推动经济发展方式、产业结构和能源消耗的低碳转型，既是中国对全球环境责任感的体现，更是中国建立资源节约型与环境友好型社会、实现全面建成小康社会奋斗目标的内在要求。

本文以北京市产业结构为基础，根据能源消耗种类、政府间气候变化委员会公布的折算系数和北京实际GDP，计算1995—2012年北京市碳排放水平。文中首先运用基于环境影响评估的可拓展随机模型，检验出第一、二、三产业结构与二氧化碳排放量之间存在显著关系，并计算出总体产业结构变动的相对贡献水平。而后重点把三大产业细分为第一产业、工业、建筑业、电力热力、交通运输仓储邮政业、批发零售住宿餐饮业和生活部门7个产业，验证了细分产业与二氧化碳排放量之间存在显著关系，并计算出各个产业的相对贡献水平。随后利用对数权重平衡分析法先对三大产业的二氧化碳排放水平进行绝对量分解，同时按7个产业进行绝对量分解，并结合随机拓展模型进行分析。最后研究北京市产业结构调整对碳减排的效应，提出要同时加快内部产业升级与产业间协调发展，加快提升第三产业能源利用效率的政策建议。

一、1995—2012 年北京市碳排放水平的变化

根据北京市各类能源的历年实际消耗，并将能源消耗的实物量换算成标准量(标准煤)的形式，即能源消费标准量＝能源消费实物量×折煤系数，然后乘以二氧化碳排放系数获得实际二氧化碳排放。

北京市二氧化碳总排放量在 1995—2012 年总体呈上升趋势，共上涨 81.76%。其中 1995—2004 年，二氧化碳排放趋势增长较为平缓，从 5761.74 万吨上升到 7701.96 万吨，上升了 33.67%，年平均增长率为 3.37%。2004—2005 年二氧化碳排放量的增长出现异常，2005 年比上一年增长率高达 25.51%。此后除 2006 年有短暂下降外，增长均趋于平缓，2007—2012 年二氧化碳排放量增长了 5.98%，年平均增长率为 0.99%，这说明北京已经开始注意到二氧化碳排放对于环境的污染，节能减排措施已取得了初步的成效。

二、二氧化碳排放变化与产业结构变动关系的实证分析

(一)基于三大产业碳排放相对贡献分析

通过 STIRPAT 模型分析，人口、经济水平、能源强度、产业结构与生活水平确实是影响二氧化碳排放的显著性解释变量，其中产业结构的影响程度最为显著。

回归结果显示，与二氧化碳排放量有同向关系且影响程度从高到低依次是能源强度、经济水平、人口、人均收入水平，三大产业的占比都与二氧化碳排放量存在反向关系。能源强度与二氧化碳排放量关系的系数为 0.984，即技术水平每上升 1%，二氧化碳排放总量下降 0.98%。人均生产总值与二氧化碳排放量关系的系数为 0.71；人口因素与二氧化碳排放量关系的系数为 0.22；人均收入与二氧化碳排放量关系的系数为 0.14。

(二)基于细分产业碳排放相对贡献分析

把三大产业细分为七个产业，即第一产业、工业、建筑业、电力热力、交通运输仓储邮政业、批发零售住宿餐饮业和生活部门，根据其分别占北京地区 GDP 比重，再进行检验。在第二次检验中，能源强度、经济水平、人口和人均收入水平仍与二氧化碳排放量有同向关系，且影响程度也大致相同。

在产业结构中，对二氧化碳减排贡献最大的三个行业为批发零售住宿餐饮业、工业、第一产业，这三个行业占比与二氧化碳排放量关系的系数分别为－69.33、－0.27、－0.19，即三个产业占比每上升 1%，二氧化碳排放量分别减少 69.33%、0.27%、0.19%。在增加二氧化碳排放量上影响最大的三个行业分别为交通运输仓储邮政业、电力热力业、建筑业。

(三)基于 LMDI 模型的绝对贡献分析

本文采用迪氏对数指标法(LMDI)对北京市碳排放因素进行分解分析。在

对北京碳排放绝对贡献进行分段分析后，得出以下结论：

在二氧化碳排放总量方面，北京碳排放变化量呈现先升后降的趋势。增长最快的阶段为 2000—2005 年，二氧化碳排放变化量约是 1995—2000 年的 2.18 倍。2005—2010 年二氧化碳排放变化量约是 2000—2005 年变化量的 46%。这说明北京注重治理环境的一系列政策措施成效显著。

在人口方面，人口规模对二氧化碳减排起正向作用且影响最大。北京市常住人口从 1995 年的 1251.1 万增长到 2012 年的 2069.3 万，平均年增长 3.8%。人口规模在 2000—2005 年影响最显著，使二氧化碳排放增长 5382.59 万吨。随后二氧化碳排放增长率逐年下降。

在生活部门方面，其对二氧化碳排放量增加有正效应，且影响有增加的趋势。在 2005—2010 年达到顶峰，比 2000—2005 年多排放 1559.17 万吨二氧化碳。仅 2010—2012 年，二氧化碳排放量就高达 558.46 万吨。可见，生活部门已成为影响二氧化碳排放的重要因素。

在能源强度方面，碳减排一直存在负效应，技术进步的提升使得二氧化碳减少量在 1995—2000 年、2000—2005 年、2005—2010 年、2010—2012 年四个阶段依次是 1071.71 万吨、3439.05 万吨、4561.04 万吨和 1519 万吨，因技术进步而使二氧化碳减少量逐年递增，说明技术进步使二氧化碳排放减少的力度在持续加强。

在能源结构方面，碳减排也一直存在负效应。煤炭比例从 1995 年的 82.71%减少到 2012 年的 36.66%，说明北京的能源使用持续改善，北京在 2001 年推行的“煤改电”措施，其效果在 2005—2010 年最为明显，五年累计减排 765.12 万吨二氧化碳。

在产业结构方面，北京市产业结构效应在 2000—2005 年的二氧化碳减排量为 2843.6 万吨。2005—2010 年比前一阶段减少了 2587.62 万吨，减少了约 91%，产业结构效应逐渐减小。由此说明北京市产业结构调整对抑制二氧化碳排放起着重要作用。

在经济发展方面，北京通过产业升级改造，对二氧化碳排放的影响由正转负，说明北京市经济增长方式逐步从“粗放型”转向“资源集约、环境友好型”。

（四）产业进阶分析

北京市三大产业结构虽已接近完备，但产业间的优化升级仍在继续，需了解各产业对于二氧化碳排放的影响程度和因素。

1. 第一产业减排效应分析

第一产业对二氧化碳排放的影响因素中，产业结构变动对于二氧化碳减排贡献最大且趋势稳定；其次为能源强度，即技术进步因素，1995—2012 年在技术进步的影响下，第一产业的二氧化碳排放量减少 120.96 万吨。第一产业的能源结构中，总体趋势振幅较大，且煤炭占比从1995年的54%上升到2012年的70%，说明第一产业能源结构亟须改进。

北京市第一产业已经开始运用现代化科技手段转变传统农业功能，提升农业综合生产力，其内部结构在文化创意产业的促进下向高端产业发展。例如，一方面，第一产业与工业相结合，利用高科技制造业发展农业设施；另一方面，第一产业与住宿餐饮业相结合，发展民俗旅游和农业观光园。

2. 工业减排效应分析

工业对二氧化碳排放的影响因素中，对于二氧化碳减排贡献最大且效果日益显著的因素为产业结构和生产能源强度。这两大因素变动最大的时间为2005—2010年，说明北京市从2005年提出“首钢”搬迁，到2011年首钢彻底停产，并利用现代技术与现代组织管理来提高工业的技术含量、打造高附加值和高技术含量的现代工业这条路走得非常成功。

通过上述改造，北京市工业二氧化碳的排放量从2005年开始出现明显下降趋势，共下降41.05%，同时期工业增加值上升86.44%，说明技术进步和产业结构内部升级未阻碍北京市工业的发展，反而促使工业向低碳化成功转型。

3. 建筑业减排效应分析

建筑业中生产能源强度在减排上贡献最大，在2005—2010年效果尤为显著，并且持续加强。由于建筑业会直接拉动以非金属矿物制品业和金属冶炼为主要建材行业的碳排放水平，因此北京在2000—2005年对冶金、石化及建材等传统制造业进行了大幅改造，使得产业结构变动对二氧化碳减排效果显著。由于北京的建筑和基础设施基本稳定，建筑业今后调整的重点应放在技术进步和清洁能源的利用方面。

4. 电力热力业减排效应分析

电力热力业技术进步对二氧化碳减排效果最显著，其次是能源结构。2001年北京市倡导“煤改电”活动，能源结构改进效果在此后五年开始逐步显现，到2012年煤炭占比为65.58%，2001—2012年煤炭占比共下降30.1%。煤炭消耗占比虽下降很多，但占比依旧过半，因此能源结构调整潜力很大。由于电力热力业的技术进步周期较长，所以该行业应着重调整产业结构，同时加大从外省输入电力的比例。

5. 交通运输仓储邮政业减排效应分析

目前对该行业二氧化碳排放产生负效应最大的因素是能源结构，主要是因为煤油和柴油消耗减少而天然气使用增加。技术进步效应在2005年后开始显著增加，北京从2009年开始在公共交通上推动新能源使用，有效控制了该行业的二氧化碳排放量。

随着旅游和电子商务的兴起，拉动了交通运输仓储邮政业的产值增加和二氧化碳排放量急剧上升。2006—2012 年，该行业的二氧化碳排放量上涨 67.13%，而同期产值仅上涨 23.02%，说明该行业还处于产业链低端、处在高排放、低产出的阶段。在增加二氧化碳排放的众因素中，人口和经济发展的作用远超其他因素，因此通过技术进步、运用新能源和调整产业结构是控制北京市二氧化碳排放的长久之策。

6. 批发零售住宿餐饮业减排效应分析

技术进步对批发零售住宿餐饮业二氧化碳减排效应最大，观测期间内共减少 82.17 万吨二氧化碳，在 2000—2005 年效果最为显著。其次是能源结构，1995—2012 年共减少二氧化碳排放 33.31 万吨。能源结构改变最显著的时期是 2000—2005 年，该产业能源消耗中煤炭占比共下降 57.64%，而天然气、液化石油气占比分别共上涨 158.87%、937.41%。

2004—2007 年北京市批发零售住宿餐饮业的行业增加值年均增长率为 21.48%，但同期该行业的二氧化碳排放量年均增长率高达 46.68%。但 2008—2012 年在产业增加值上升的同时二氧化碳排放量则明显下降，四年间共下降了 37.54%，说明该行业在经过最初的粗放型增长后，开始逐步重视调整产业结构和优化升级的集约式发展。

7. 生活部门减排效应分析

据统计，北京市汽车拥有量从 1995 年的 58.9 万辆增长到 2012 年的 495.7 万辆，增长了 741.59%；私人汽车保有量占比从 1995 年的 21.73%上升到 2012 年的 82.21%。2010 年北京开始实行的机动车车牌摇号政策抑制了私车拥有量的增长速度，但减排效果不显著。生活部门方面，技术进步带来的二氧化碳减排效果最为显著，2009 年北京开始推广新能源汽车，能源结构效应由正转负。北京市的煤炭占比在 1995—2012 年共下降 70.97%，汽油消耗占比由 1995 年的 5.36%上升到 2012 年的 50.10%，已成为北京居民消费中的第一大能源。

三、政策建议

（一）加快技术进步在产业间的渗透

科技创新和技术进步无疑是改变世界和减少污染的主要手段。在降低二氧化碳排放方面不应该只局限于发展高端制造业。从产业进阶分析结果可以看到，技术进步对各个产业的效应表现各异，在工业、电力热力业和生活部门最为明显，而第三产业的效果并不显著，说明技术进步的渗透并不平均。同时，产业内部的技术变化也影响着产业结构的升级，科技革命推动产业革命就是最好的佐证。北京在发展科技创新的同时，应该加速高新技术的转化，推进专业技术产业化，加快用高新技术改造传统行业，尤其是改造和提升服务业的发展质量，这将进一步强化北京市在京津冀协同发展中的“科技创新中心”的核心功能，也是落实节能减排政策的必经之路。

(二)提高各产业的能源使用效率

通过本文分析可以看出，北京市能源效率的提升主要表现在第二产业，尤其是工业能源使用效率的大幅提升，这不仅抵消了其他产业能源消费波动，特别是第三产业和生活消费中能源消费上升的影响，而且推动了全市能源强度的持续下降。因此，下一阶段北京市要着重提高服务业和生活部门的能源效率，关闭污染大的服务业，在生活消费中推广新能源的使用，把第三产业打造成环境友好型低碳产业。

(三)促进产业内部升级与协调发展

北京市第一产业率先完成了从单一农业向多功能农业的转变，且内部升级效果显著。第二产业正在进行调整升级。全球金融危机后，各发达国家将产业调整的重点再次对准工业与制造业。为了能在新的一轮国际竞争中抢占科技竞争制高点，北京必须加快第二产业尤其是高端制造业的产业升级。高端制造业拥有“高产值、低污染、强竞争力”的特点，非常适合以北京为代表的资源紧张型城市作为重点发展行业，既能保证经济增长，又能达到二氧化碳减排的目标。

参考文献

[1] Ang B W, Zhang F Q, Choi K H. Factorizing Changes in Energy and Environmental Indicators Through Decomposition, *Energy*, 1998, 23(6).

[2]Fisher Vanden, What is Driving China's Decline in Energy Intensity? , *Resource and Energy Economics*, 2004, 26(1).

[3]Wu L, Kaneko S, Matsuoka, Dynamics of Energy Related CO_2 Emissions in China During 1980 to 2002: The Relative Importance of Energy Supply Side and Demand Side Effects, *Energy Policy*, 2004, 34(18).

[4]You Guozhang, Structural Decomposition Analysis of Sources of Decarbonizing Economic Development in China: 1992-2006, *Ecological Economics*, 2009, 68(8-9).

[5]WANG D, NIE Rui, SHI Hai-ying, Scenario Analysis of China's Primary Energy Demand and CO_2 Emissions Based on IPAT Model, *Energy Procedia*, 2011, 5.

[6]徐大丰:《碳生产率、产业关联与低碳经济结构调整——基于我国投入产出表的实证分析》,《中国软科学》, 2011 年第 3 期。

[7]张晓平:《中国能源消费强度的区域差异及影响因素分析》,《资源科学》, 2008 年第 6 期。

[8]虞义华、郑新业、张莉:《经济发展水平、产业结构与碳排放强度:中国省级面板数据分析》,《经济理论与经济管理》, 2011 年第 3 期。

[9]张雷、黄园淅:《中国产业结构节能潜力分析》,《中国软科学》, 2008 年第 5 期。

[10]林伯强、孙传旺:《如何在保障中国经济增长前提下完成碳减排目标》,《中国社会科学》, 2011 年第 1 期。

[11]余泳泽、杜晓芬：《技术进步、产业结构与能源效率——基于省域数据的空间面板计量分析》，《产业经济评论》，2011 年第 4 期。

[12]陈志建、王铮：《中国地方政府碳减排压力驱动因素的省际差异——基于 STIRPAT 模型》，《资源科学》，2012 年第 4 期。

[13]邢芳芳、欧阳志云、王效科等：《北京终端能源碳消费清单与结构分析》，《环境科学》，2007 年第 4 期。

[14]唐志鹏、刘卫东、付承伟等：《能源约束视角下北京市产业结构的优化模拟与演进分析》，《资源科学》，2012 年第 1 期。

（作者：张宏艳　北京工商大学副教授）

项目名称：京郊旅游型小城镇“特色建构”模式与可持续用地政策支持研究
项目编号：13JGC097
项目负责人：刁琳琳
项目信誉保证单位：中共北京市委党校

1984年以来京郊农村土地制度的变迁特征、基本经验与展望

任何制度的产生和演变都受过去影响，与历史密切相关，同时也对当前和未来改革路径的选择极具启发和借鉴意义。北京经济和社会发展的巨大成就得益于现行土地制度。从历史发展的观点看，1984年以城市为重点的经济体制改革启动以来，京郊农村土地管理制度变更的阶段性与各时期首都经济社会发展的目标和模式密切相关，其改革进程与经济体制改革同步，既是特定社会经济条件下的历史选择，也是“摸着石头过河”的探索创新。由于顺应了整个社会主义市场经济改革的方向，因而减少了改革的成本，有力地支撑并保障了首都迈向“城镇化、工业化、农业现代化”的进程。

由于土地管理制度改革的特殊重要地位，我们利用相关政策文件的资料平台，以制度变迁和管理体制变化的关键性时点划分京郊农村土地制度30多年的改革历史，探讨土地管理制度改革的政策成效及其对经济社会发展的贡献，并试图发现进一步变迁的线索。

一、京郊农村土地制度变迁的逻辑起点与阶段性划分

任何一项制度或政策都有历时性、阶段性，其逻辑起点的选取在制度变迁研究中往往十分关键。由于改革背景和环境的复杂性，制度变迁存在强烈的路径依赖和体制锁定，逻辑起点和初始选择将决定“制度演化过程中的分叉现象与锁定现象”①，并使其过程呈现渐进性、交叠性和渗透性等特点。

1978年以后，改革开放逐渐起步，中国土地管理制度发展经历了重大历史拐点，逐步构建了包括节约用地政策（1982年）、保护耕地政策（1986年）、土地有偿使用政策（1990年）、土地宏观调控政策（2004年）等土地管理的基本政策体系。1982年、1986年、1990年、2004年成为阶段转换点。在“两个最严格的制度”的改革总目标下，京郊农村土地制度改革实践和政策调整，符合

---

① 张旭昆：《制度演化分析导论》，杭州：浙江大学出版社，2007年版，第43页。

并从属于这些阶段，但在具体改革路径的选择时，又有自身的特殊性和规律性。1985 年、1993 年、2002 年、2008 年等年份是农村土地制度变迁的重要时间节点。北京土地改革始于农村。基于 20 年(1958—1978 年)计划经济体制下实现的土地所有制基本框架，中国现行土地制度改革始于十一届三中全会后，遍及中国大陆农村的农业生产责任制的试验和推广，北京平谷区罗家沟村的“大包干”试点与安徽小岗村仅时隔一年。从逻辑起点来看，北京市农村土地使用制度改革先于城市国有土地使用制度改革。1984 年首都经济体制改革全面启动时，联产承包责任制已在京郊农村试行 5 年，经过“联产计酬”“包干分配责任制”阶段，并逐步冲破思想禁锢、甩掉历史包袱、克服质疑和争论，“统分结合、双层经营”的新体制初步建立起来，京郊农村土地改革顺利完成一轮承包(1978—1984 年)。北京市 1984 年以来的农村土地管理制度改革，主要是针对改革开放以后建立的以家庭联产承包责任制为主要内容、土地所有权与经营权相分离为主要特征的土地制度体系。而这一时期，关于生产责任制的大讨论，也推动了农村土地制度理论研究的第一次学术繁荣。因此，本文将京郊农村土地制度改革的逻辑起点选为 1984 年。1984 年以来北京

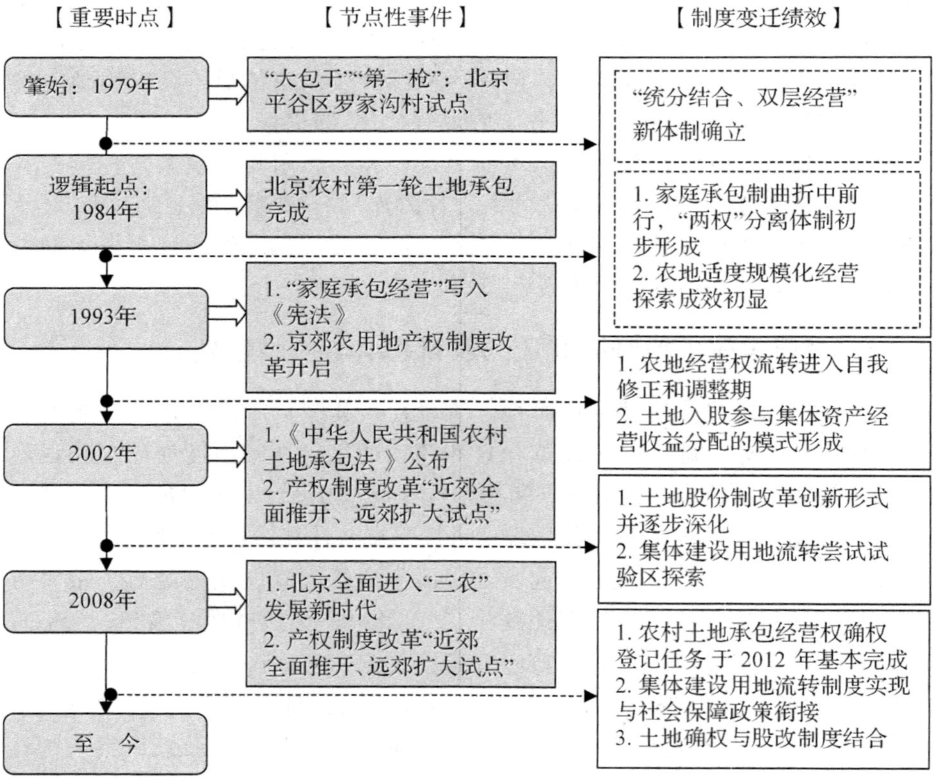

图 1　1979 年以来京郊农村土地制度改革路线图

市农村土地管理制度的变迁，大致可划分为土地家庭承包制稳定和深化发展阶段（1984—1993 年）、土地使用权鼓励流转和制度创新阶段（1993—2002 年）、集体建设用地尝试流转和规范管理阶段（2002—2008 年）、土地确权和深化改革阶段（2008 年至今）四个历史时期（见图 1）。

二、京郊农村土地制度变迁特征总结

任何制度创新，都根植于特定的环境和土壤。作为中国经济大变革的发源，农村土地制度改革的理论与实践革新根植于其自身发展演变的特定历史时期和社会背景。从 20 世纪 80 年代初期京郊推行家庭联产承包责任制，到 20 世纪 90 年代初都市农业起步，再到最近 20 年农村产权制度改革，30 多年来，北京市的农村改革始终走在全国前列。作为农村经济体制改革的配套制度，土地制度供给和政策调整也表现出阶段适应性、诱致性和强制性等特点，在推动城乡一体融合发展中持续探索创新。尽管各区途径多样、进展各异、成效不一，但总体渐进性制度变迁的基本特征十分显著。这场改革正持续且广泛地改变农村资源利用的产权形式和效率，我们将其称为分权化的渐进改革[①]。

（一）集体经济产权制度改革作为主体制度呈现显著的强制性变迁特点

制度变迁是以一种效率更高的制度替代原制度，强制性制度变迁则以政府为制度变迁的主体，具有存量改革的性质。这种制度变迁方式，能够迅速完成制度轮替，也节约了变迁成本。[②] 农村土地制度的变迁过程，实质上是在保留土地集体所有制前提下，赋予并不断强化和保障农民土地承包经营权的产权制度改革过程。1993 年开始的集体产权制度改革将京郊农村土地产权的组织形式迅速带入股份合作制时代，产权界定、股份设置成为改革的核心内容，这一改革广泛地改变了农村土地资源利用的产权形式和效率，赋予了集体资产股份权能。农民以土地承包权成为股东，土地股份合作社得到发展，这是农村土地产权制度的重大突破。由于地方政府的政策性指导起到了重要作用，这一改革具有典型的强制性变迁特点。几十年来，集体经济产权制度改革虽有诸多变化，但始终恪守三个基本原则：一是坚持农村土地集体所有制形态和现有土地承包关系保持稳定；二是严格控制农地非农转用，在鼓励和承认流转的同时，对流转范围、方式和条件附加了明确的限制；三是非农地流转注重平衡城乡利益，特别注意对农民利益的保护。

---

① 周其仁在其《农村改革：国家与土地所有权关系的变化——一个经济制度变迁史的回顾》[刊载于《中国社会科学季刊》（香港），1995 年第 6 期]中描述：20 世纪 80 年代的中国农村改革是一场“分权化的渐进改革”，这场改革使“国家与农村社会的关系已经发生实质性的变化”。

② 孙涛、黄少安：《制度变迁的路径依赖、状态和结构依存特征研究——以改革开放以来中国农村土地制度变迁为例》，《广东社会科学》，2009 年第 2 期，第 19—24 页。

但同时，强制性变迁成本向后累积推移，矛盾和问题也呈逐渐积累态势。统计数据显示，全市范围的农村集体经济发展已经出现一定程度的失衡，2009年至2011年，改制后的农村集体资产收益率、利润总额均呈现连续下滑态势，集体经济发展后劲不足的问题，农村集体经济发展带动农民增收能力仍然偏低。

(二)土地家庭承包制度的诱致性变迁体现历时性特征

在京郊农村，土地家庭承包制的实行是一场深刻而复杂的变革，是由农民内生的制度需求来渐进推动改革，几经波折最终得以确立后，通过制度体系内的其他配套制度逐步完善、修正和调整，这是典型的制度诱致性变迁路径依赖发挥作用的结果，因而体现了强烈的历时性特征。30多年的农地制度改革创造性地使农村土地产权在一定程度上得到了释放和分离，产生了巨大的制度绩效，为京郊农地制度变迁研究提供了丰富的实践素材。

但这一变迁方式固有的制度安排的可逆性、路径选择的低成本陷阱等问题，也随之显现出来。首先，从地权稳定性上来看，目前的农村土地承包制度尚未解决土地所有权的有效实现形式，坚持土地承包关系长期稳定与集体内部成员边界不稳定的矛盾始终存在，频繁的土地调整导致改革过程推进艰难；其次，在对农业绩效的影响方面，按户均分农地制度导致较为规范的整田划分细碎①，导致土地界限纠纷增多，依靠农地流转实现土地集中、提高土地利用效率的难度加大，进而影响农业政策尤其是农村基本经营制度的发挥。

(三)农村集体土地流转制度的阻滞因素导致制度体系共时性衰弱

共时性指一项具体制度的变迁受其所在的制度环境、其他现存制度的影响，不同制度变迁在力量制衡中达到均衡，从而构成相对稳定状态和结构依存。农村集体土地流转制度改革的阻滞效果体现为在解决历史遗留问题时因某一项制度政策边际上持续的渐进变迁②，甚至出现博弈变迁，进而影响制度体系均衡实现的结果。影响农村集体土地流转制度的阻滞因素有：一是集体土地作为资源性资产在经营利用方面仍受到诸多制度性限制，城乡一体的要素市场发育滞后；二是农地经营权、农民宅基地使用权的抵押、担保等功能长期缺失，农业生产、农村建设领域存在融资难题；三是集体土地开发市场准入条件存在诸多限制，等等。因此，提供对这些影响因素的规制对策显得尤为重要。

---

① 据统计，我国耕地平均每块为0.087公顷，与世界各国耕地比较，破碎化程度是德国的8倍(0.7公顷/块)，荷兰的44.8倍(2.3公顷/块)，印度的5倍(0.46公顷/块)，致使耕地利用率直接损失3%—10%、每吨谷物劳动力成本增加115元、生产效率下降15%，农业机械化作业效率低、油耗增加(曲福田，2008)。

② North，D. C.. Institutional Change and Economic Growth，*The Journal of Economic History*，1971(31)，pp. 118—125.

三、京郊农村土地制度改革的基本经验

（一）以集体经济产权制度改革为引擎，地方政府政策性文件指导集体土地流转实践

在探索推进集体土地流转层面，北京地方政府的政策性指导起到了重要作用：通过现有法律框架内政策的区域性调整、模式创新，由尝试流转到鼓励流转再到积极试行流转，制度重心由社会保障和控制逐渐转向提升经济效率，通过“边试点、边研究、边总结”，及时进行动态调整，在改革模式稳定成熟的基础上开展试点规章制度建设，由市、区出台相关政府文件予以规范，构建市、区、镇、村联动工作机制，这是“先立后破，再立再破”的制度创新过程。具体做法有：对城乡结合部 50 个市级挂账整治督办重点村的建设整治；对地处第一道绿化隔离区（2008 年）的海淀区北坞村、大望京村，通过实物返还、留地安置、合作分成、土地入股等征地多元化补偿安置的具体操作方式推进城乡一体化试点；在对大兴区西红门镇、海淀区东升乡的乡域集体建设用地统筹利用的规划试点中，通过规划引导实现对集体建设用地流转的比例和总量的控制；其他非试点地区则主要通过编制土地利用总体规划、耕地占补平衡、城乡建设用地增减挂钩、土地综合整治、历史遗留项目处理等方式规范土地流转程序、探索集体土地市场空间；2008 年先后将农村集体建设用地流转政策写入《关于加强土地管理推进小城镇建设的意见》（京国土研〔2010〕395 号）、《中关村国家自主创新示范区条例》等文件中，支持各区在全市上述区域先行先试。上述创新模式总结和提升了地方农村土地管理改革的实践经验，这些区域也将继续成为未来新土改试点的“探路者”。

（二）集体土地确权与股改制度相结合，土地登记确权的重要性被首先予以明确

北京在推进农地经营权流转的过程中，首先明确了土地登记确权的重要性，确权同时也为推进农地流转提供了重要保障。由于农民被赋予明晰的股权，因而享有明确的土地收益权，农民带着资产进入城市改变了农村被动城市化的局面，也带动京郊农村进入土地市场培育的快车道。2008 年后，集体土地确权发证和农村产权制度改革等工作成为重点任务。一方面，北京市集体土地地籍调查工作于 2006 年年底完成，为确权工作奠定了基础；另一方面，根据《北京市集体土地登记发证实施办法》（京国土籍〔2007〕768 号）、《北京市农村土地确权登记颁证试点工作方案》（京政办发〔2010〕7 号）、《北京市关于加快推进农村集体土地确权登记发证工作的意见》（京政办发〔2011〕58 号）等规范性文件，包括农村宅基地在内的农村集体土地所有权和建设用地使用权地籍调查和确权登记工作于 2007 年启动。《北京市农村土地确权登记颁证试点工作方案》标志着农村集体土地确权政策研究制定工作的重大进展。据初步

统计，北京全市农村土地承包经营权确权登记任务于 2012 年年末基本完成，比预期提前了两年，农村土地确权面积共约 31 万公顷，其中“确权确地”“确权确利”和“确权确股”分别占比 57.5%、35.3%和 7.2%，大规模的确权工作为农地流转提供了重要保障，已流转农地总面积占确权总面积的 46.7%。①

（三）不断总结推广集体占地和“自征自用”利用模式，多层级联动推进

“集体占地”是指农村集体经济组织利用自有土地，以“占地”方式实现灵活供地，被占土地保留集体土地所有权的形式，但不能融资抵押；“自征自用”是指通过集体经营性经济组织实现“自我征收”，土地所有权性质由集体所有权向国家所有权转变，允许融资抵押，但不允许转让。这两项政策有效保障了集体经济组织的土地财产权和发展权等权益不丧失，将土地级差收益留存在集体内部，使农村集体经济组织获取了比较稳定的扩大再生产资金，维护了农民的长远生计。由于该项政策成效明显，2013 年北京市委、市政府在《关于坚持改革创新深入推进城乡发展一体化的意见》（京发〔2013〕4 号）中明确提出，“对城市规划范围内的现状集体土地，农村集体经济组织可以自征自用，用于产业发展，安置农民就业，但自征自用的土地不得转让”，进一步将该政策拓展到城市规划区范围内。

四、三个关键问题的进一步讨论和展望

农村土地使用制度改革涉及农地流转制度改革、农地非农转用（征地）制度改革、农村集体建设用地的流转制度改革三个领域。同所有改革一样，北京市农村土地制度改革在率先突破政策体制约束的同时，也遇到了局部改革创新与历史遗留、伦理困境、法律障碍、技术瓶颈等之间的摩擦与矛盾。与此同时，诸多学者（刘广栋，2007；刘彦随，2011）呼吁，当前农村土地利用仍有许多深层次的问题没有解决。理论和实践层面，关于土地制度改革的方向、范围、速度、模式等诸多纷争，更导致多年来改革进展缓慢，成为推进城乡统筹的限制性条件。综合前文分析，在全面深化改革的新形势下，对京郊农村土地制度改革的方向提出以下三点建议：

（一）以依法治国、依法行政理念，推进农村“三块地”试点改革

农村土地制度改革属于认识还不够深入，但必须推进的改革。回顾农村土地制度的历史，我国法律对农村集体建设用地流转的有关规定一直是十分谨慎和有保留的，要求集体建设用地“自有自用”，其使用权不得出让、转让或者出租用于非农建设，也不能单独抵押；受限于现有法律，全国层面的集体土地入市交易（流转）管理办法始终未能出台，相关法律的改进已经整体滞

① 北京市农村经济研究中心：《2012 年北京市农村经济发展报告——农村改革与集体经济发展（第三分册 内部资料）》，2012 年。

后于农村土地制度改革的实践。事实上，农村集体建设用地流转改革的地方试点，十余年前即已启动。地方政府具有很强的流转农村集体建设用地的冲动，广东、浙江、成都、长沙等均出台了《集体建设用地使用权流转管理暂行办法》，具体试点范围、路径、方式等各异，但由于上位法缺位、集体产业用地规划滞后以及利益分配、税费等配套政策不完善，土地融资难、权益保护难成为普遍问题，农民没有成为流转收益的主体，特别在农村宅基地流转、城镇区外流转等关键问题上，往往绕道而行或变通处理，安徽省"合法宅基地可流转"和广东省"流转不设城镇区外限制"的尝试，效果也不尽理想，难以有实质性突破。与以往不同的是，从 2014 年 12 月 31 日中央层面整体部署农村土地制度改革到 2015 年 2 月 27 日全国人大授权试点区域暂停调整实施有关法律规定①，用法律授权的方式解决了改革措施与现行法律规定不一致的问题，是一次巨大进步。

(二)严守三条"底线"，明确农村土地制度改革的受益主体

第一条底线是坚持"公有制"，也就是坚持农村土地集体所有制前提下的所有权、承包权、经营权"三权"分置；第二条底线是坚持"最严格的耕地保护制度和最严格的节约用地制度"，即坚守"耕地红线"；第三条底线是坚持"农民利益不受损"。土地制度变革以所有制锁定②为基本前提，所能做的探索只能是土地公有制实现形式的突破，即"三权分离"的实现形式，耕地保护则是一切土地改革的基础，京郊农村土地流转应以如何守住耕地红线为前提条件。未来农村土地制度改革的受益主体是谁？多年来，土地管理制度改革始终是根据城市化战略和布局做出适应性调整和变化，工业和城市通过初次分配和二次分配的"剪刀差"从农业和农村不断转移财富、获得土地利益。十八届三中全会《中共中央关于全面深化改革若干重大问题的决定》将农村土地问题作为改革突破的主要攻坚堡垒，第六部分相关阐述以第 20 条"加快构建新型农业经营体系"统领，第 21 条"赋予农民更多财产权利"服从、统一于这个前提，这是在稳定农村土地承包关系的基础上，谈扩大包含于承包土地流转改革中的承包地物权问题。这表明深化土地管理制度改革的重点转向农村，尤其是农地产权制度改革，改革的方向是"同地同权"。未来农村土地制度改革的受益主体是农民和移居城市的农民工，完善农村集体土地占有、使用、收益、流转、有偿退出以及抵押、担保、入股等权能，其主体只能是从农民到农民，

① 在全国人大的授权《决定》中，针对农村集体经营性建设用地试点，对现行《土地管理法》第 43 条第一款、第 63 条，以及《城市房地产管理法》第 9 条中"集体建设用地使用权不得出让"的相关规定，进行了暂停调整，并规定在 2017 年 12 月 31 日前试行。

② 锁定效应，即制度变迁的既定方向在其以后发展中得到自我强化。

而不是为城市居民从农村土地流转中获益增开新通道。① 坚持农村土地集体所有权，依法维护农民土地承包经营权、解决农村承包土地流转问题，土地流转过程中的农民收入和就业问题，制定政策的出发点和落脚点都要注意保护和发展农民的利益。

(三)农村土地流转是解决“三农”问题的核心，需要更多的制度创新

当前京郊农村土地流转形式不断丰富，但在流转的程序、合同、实际操作方法层面的不规范问题仍然非常突出。根据2013年北京市集体土地典型调查，按照宗地数量初步统计，没有合法批准手续的集体建设用地有超过一半已经自发流转，存在大量“未批先用”和“圈而未建”的情况，许多自发流转土地经多次转包，利益主体多元，情况非常复杂。要按照现行土地管理制度总体框架，继续对农村集体土地利用模式和流转方式进行创新，引导农村集体经济组织自主成为城市建设主体，赋予农民更多财产权利；同时，要积极研究集体经营性建设用地乡镇统筹利用的政策机制，先行试点示范。围绕如何推进首都产业结构优化升级和如何破解城乡二元土地利用结构问题，结合“一道绿隔”建设、旧村改造、城乡结合部建设等工作，不断探索集体土地租赁住房、“自征自用定向出让”、征地多元化补偿(集体土地占地)、集体建设用地乡镇统筹利用、集体建设用地流转等多项土地改革措施，探索创新农村集体土地利用管理的政策机制。

参考文献

[1] 张旭昆：《制度演化分析导论》，杭州：浙江大学出版社，2007年版。

[2] 周其仁：《农村改革：国家与土地所有权关系的变化——一个经济制度变迁史的回顾》，《中国社会科学季刊》(香港)，1995年第6期。

[3] 孙涛、黄少安：《制度变迁的路径依赖、状态和结构依存特征研究——以改革开放以来中国农村土地制度变迁为例》，《广东社会科学》，2009年第2期。

[4] North，D. C.，Institutional Change and Economic Growth，*The Journal of Economic History*，1971(31).

[5] 北京市农村经济研究中心：《2012年北京市农村经济发展报告——农村改革与集体经济发展(第三分册 内部资料)》，2012年。

[6] 王立彬：《农村土地制度改革：须法律授权的不要超前推进》，《中国国土资源报》，2013年12月4日。

（作者：刁琳琳　中共北京市委党校副教授）

① 王立彬：《农村土地制度改革：须法律授权的不要超前推进》，《中国国土资源报》，2013年12月4日。

项目名称：新型城镇化视角下北京市流通业现代化发展研究
项目编号：13JGC100
项目负责人：汪　洋
项目信誉保证单位：首都经济贸易大学

新型城镇化背景下北京市流通产业发展研究

《国家新型城镇化规划(2014—2020年)》指出，要“优化城镇化布局和形态以及提高城市可持续发展能力”。对北京市流通产业发展的分析论述，应充分结合北京市流通产业发展的实际情况。北京市流通产业应当厘清“内外并举”的发展思路，定位于“立足北京市，放眼京津冀”的发展目标，坚持“辐射”与“辐扩”作用统筹兼顾的发展举措。如图1所示，在新型城镇化背景下应积极探索实践行之有效的发展策略。

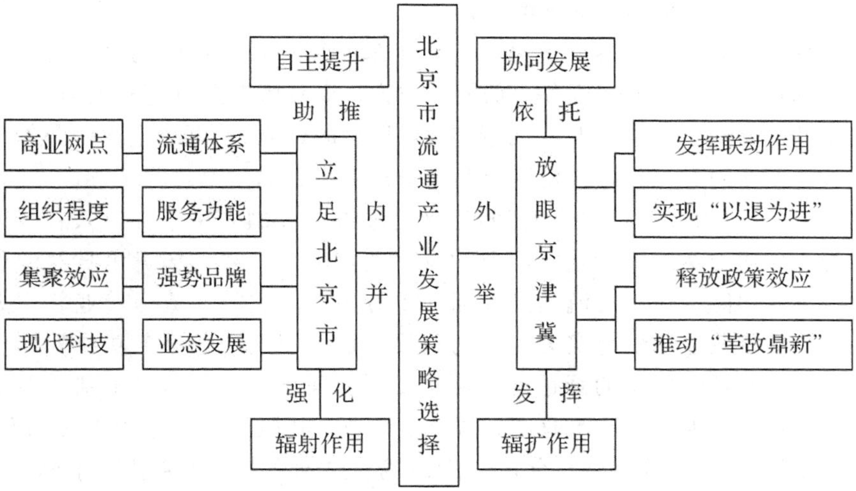

图1　新型城镇化背景下北京市流通产业发展的策略选择

一、助推北京市自主提升、强化辐射作用

“123456”发展格局为北京市流通产业的发展指明了方向，流通产业的发展要立足于北京经济社会发展的全局，要贯彻全面深化改革的总体部署，要符合新型城镇化发展的要求，在不断推动北京新型城镇化建设的进程中，全面提升北京的城市综合实力，强化首都的辐射作用，遵循绿色、智慧、人文的新型城市发展理念，形成特色发展的良好局面。

(一)策略选择之流通体系的建设

在流通体系的建设过程中，现代农产品流通体系的构建尤为重要。其原因在于：农业为国之根本，农业的健康发展是确保国家和城市健康稳定的基础；流通作为农业发展的核心环节，顺畅高效的农产品流通是保证和促进农业健康发展的重要前提。

在新型城镇化背景下，农产品流通体系的建设应当着重从以下两方面着手：

一是要逐步引导城区内农产品批发市场的转型发展，促进农产品经销商的发展，以现代物流配送逐步取代传统批发，形成专业的物流集散中心，将主要通过批发市场进入零售终端转变为通过农产品经销商进入。这一改变将提高农产品流通效率、缩短流通环节、降低流通成本、促进新型流通组织的产生，也将推动农产品公益性流通的实现。

二是要以新型终端逐步取代传统零售模式，即从以社区菜市场为主转变为以生鲜折扣店为主的模式，实现农产品零售终端的多元化。除此以外，在农村地区也要创新发展，通过鼓励当地创办经纪公司、搭建规范化的采购平台，以实现“促进农产品生产和流通的有效衔接”。

(二)策略选择之服务功能的优化

北京市流通产业中的商贸服务业近年来始终呈现出良好的发展态势，在新型城镇化背景下，商贸服务业仍大有作为。商贸服务业“服务”的对象是人，而新型城镇化的核心也是人，“以人为本”思想的树立，“更加重视服务的人文化并且使商业同文化相融合发展”①是流通产业发展的重要思路。

坚持“以人为本”“顾客至上”的理念是赢得顾客的先决条件，只有赢得了顾客的心才能为企业、行业、产业的发展奠定基础。在市场竞争日益激烈的今天，服务功能的作用对流通产业而言十分重要，它将是流通产业软实力的体现，是各企业进行综合实力较量的重要手段。流通产业服务功能的优化除了体现在提升经营环境的舒适度、便利度等方面外，还应当紧密结合新型城镇化发展要求，实现流通产业作为基础性产业，其服务功能作用于文化产业、休闲旅游业等，并不断取得优化，最终凭借流通产业的优质服务赢得消费者青睐。

(三)策略选择之强势品牌的创建

品牌意识的强化对于流通产业中的企业而言至关重要，而强势品牌的创建则是领头企业的制胜法宝。“二八法则”同样适用于品牌与市场份额的关系，因此，强势品牌的创建可以让消费者产生品牌联想，强化品牌资产，从而扩大企业的市场份额。强势品牌之所以有如此强劲的实力，是因为它与产品有着本质的区别。“老字号”就是最为典型的范例，全聚德、同仁堂、内联升、

① 王水平：《基于城镇化视角的中国流通产业发展空间研究》，《财贸研究》，2012年第6期。

瑞蚨祥、张一元等“老字号”集中在前门—大栅栏商业区，这些“老字号”在同街区内与其他企业竞争时，正是由于其品牌资产的影响力而占据优势。强势品牌在开展特许经营、连锁加盟时，通过加盟费的收缴、规定经营活动的开展进一步强化品牌的影响力。除此以外，强势品牌在占领或控制渠道关系的过程中也具有较强的竞争优势，因为强势品牌受到消费者的青睐，分销商与零售商为了满足市场的需要，同样会选择强势品牌进行采购经营。因此，强势品牌的创建对流通产业在新型城镇化背景下的发展具有积极的促进作用。

(四)策略选择之业态发展的创新

新型城镇化将会助推流通业态的创新，这种创新除了体现在原有业态的升级变革，还体现在新业态的诞生。北京的百货业具有辉煌的历史，但伴随着百货店的增多，以及购物中心、专业大卖场、大型综合超市的兴起，百货店急需通过调整转型来顺应时代的发展。为了避免百货店出现“千店一面”的问题，创新发展的关键在于突出店铺特色，实现差异化经营。百货店应当有其独特的定位，不是针对商品与价格，而是指向目标市场，定位于能够标明其身份、张扬其个性、激发其情感、获得其体验的某一类人群。除此以外，大型购物中心的发展也应谋求变革以顺应新型城镇化。北京已具有一批如西单大悦城、金源时代购物中心、中关村广场等发展较好的大型购物中心，然而它们大多集中在城市中心区。在之后的建设发展过程中应当实现在北京远郊区、边缘地区选址建设，不仅可以改善北京商业设施分布体系，还可以缓解城市交通压力，同时满足非中心城区居民购物休闲的需求。

流通产业也应当紧密与其他新兴产业、特色产业相结合，例如发展商旅结合的特色商业、从事逆向物流的第三方物流企业等，让流通产业不断拓宽其内涵，培育新的增长点，孕育新业态的诞生。

(五)策略选择之商业网点的完善

新型城镇化的过程将伴随着社区数量的增加。北京市政府要求到 2020 年力争将便民商业服务网络覆盖 90%的城市社区并逐步向农村地区延伸。城市的宜居需要依靠社区，社区商业的品质将直接影响社区内居民的生活。社区商业的核心是要体现其便捷性，要满足居民生活的消费需求，除了体现在购物、就餐等方面以外，还要涵盖休闲娱乐、社会交往等方面，形成多元复合的功能。

伴随着北京新城区发展战略的实施和北京城市空间结构的转移，新城区居民的迁入将带来新的市场和消费需求，新城区的商业需要升级发展。新城区商业的发展首先要完善布局网点，满足最基本的消费需要；其次要与主城区形成功能互补，即发展由于受空间、资源等条件限制而中心城区无法发展的商业功能。新城商业的发展模式可以跨越业态发展的中间形态，直接构建现代商业中心区等新型商业形式，实现新城与中心城区的对接与全面发展，逐步缩小城乡差距。

（六）策略选择之组织程度的提高

以产业组织集中化、经营机构组织化为特征的大企业主导型流通格局是国际流通产业发展的趋势。尽管北京市流通产业持续平稳较快发展，但是整体的运行效率与运行质量仍有不足，其原因在于流通的组织化、集中化水平偏低，受地区、部门限制的小规模、小市场等运行机制在整体上放缓了北京市流通产业发展的步伐。新型城镇化背景下北京市流通产业的发展，需要不断提升组织化、集中化程度，提升流通企业运营水平，通过规模优势扩大影响力。因此要支持优势连锁企业向规模化发展，积极鼓励有条件的连锁企业扩张发展，进一步扩大经营网络和规模。连锁企业的经营应当向流通领域的更多行业延伸，发展多种类型的专业连锁，中关村科技园区海淀园、北京经济技术开发区等重点地区要高标准、高起点地发展新型业态连锁经营。流通产业通过组织程度的提高，“支持符合条件的大型流通企业上市融资和发行债券”①。

（七）策略选择之集聚效应的彰显

中心商业区、特色商业街区等是流通产业集聚效应的代表，而王府井、西单、前门—大栅栏步行街又是中心商业区、特色商业街区的典型范例，它们有着悠久的历史和丰厚的文化底蕴，有着较高的品牌知名度，长期以来已经形成了各自相对稳定的发展模式，具有一定的集聚效应，但是同国际城市著名的商业中心区相比，还具有较大的差距。因此，要进一步加强流通产业集聚效应的彰显，升级原有商业区，开发打造新兴商业区，从而提升对北京消费群体的吸引力，推动北京新型城镇化进程的发展。

在对传统商业中心区进行升级时，一定要尽可能地保持其“原真性”。历史积淀赋予传统商业区深厚的文化底蕴，是其灵魂所在，不能因为新型城镇化的发展、老旧城区的改造，使得传统商业区、“老字号”企业无力经营、无地经营，要对传统文化进行保护、传承与发扬，让其彰显独具特色的集聚效应。除此以外，对于各商业中心区、特色商业街区，要使其形成各自的个性特色，根据各自文化渊源与顾客群体的不同，体现不同的商业个性，在品牌的选择、业态的组合、店铺的分布、氛围的营造等方面增强吸引力。

对于开发打造新兴商业区，要充分考虑新型城镇化的整体布局规划，考虑现实可能和未来发展，应当以提升居民生活水平与质量为出发点，着力打造大型现代生活休闲中心等新兴商业区。

（八）策略选择之现代科技的应用

传统零售业态应当在新型城镇化的进程中不断展开变革，创新能力是商业企业获取市场优势的主要手段之一，电子商务的迅猛发展已经对传统业态

① 《深化流通体制改革 加快流通产业发展重点工作部门分工方案》。

造成了一定的冲击，因此，流通产业的发展要紧密与现代科技相结合，开展O2O等交易形式，实现多渠道经营发展之路。同时应当着眼于农村网民，他们在新型城镇化进程中将成为在线交易新的增长点。农村网民数量增速要远高于城镇网民，农村电子商务的使用率却远低于城镇，这一巨大的增长空间，将对流通产业的发展产生重要的影响。

现代科技的应用除了体现在网络技术以外，低碳绿色也是其重要的组成部分。"北京的绿色农业、绿色制造已经具有一定的基础，能够为绿色经营提供相应的绿色商品，"北京零售业的绿色市场建设也取得了一定的进展。构建绿色供应链，形成良好的上、下游关系，协调好与供应商、消费者的关系，是流通产业发展的又一重要内容。建立绿色供应链就是要让供应商树立绿色理念，在流通环节注重低碳环保，同时也将影响零售商形成自身的绿色营销。

二、依托京津冀协同发展发挥辐扩作用

"京津冀城市群要以建设世界级城市群为目标，科学定位各城市功能，建立城市群发展协调机制，促进各类城市协调发展"①是今后 7 年内新型城镇化工作的重要任务。习近平总书记在 2014 年 2 月听取京津冀协同发展专题汇报时强调，"实现京津冀协同发展，是面向未来打造新的首都经济圈、推进区域发展体制机制创新的需要，要坚持优势互补、互利共赢、扎实推进，努力实现京津冀一体化发展"②。京津冀协同发展已成为重大的国家战略，流通产业的发展也应当在立足北京市的基础上放眼京津冀，在强化自身辐射作用的前提下加大对周边城市地区的辐扩作用，实现跨越式发展。

(一)北京新城与天津新城流通产业的发展

北京与天津的新型城镇化发展水平较高，在京津冀城市群中名列前茅，如何在初步完成城镇化进程后实现城市发展质量的提升是摆在这两个特大城市面前的重要问题。新城是京津冀城市群的重要组成部分，对于缓解中心城区压力，承接中心城区功能具有重要的意义。

北京新城的流通产业发展呈现两极分化的情况，顺义、大兴、房山、平谷区的增速始终为正值，门头沟区和密云区的增速基本为正值，然而通州、昌平、怀柔、延庆以及亦庄却出现了较为明显的负增长，这说明北京新城流通产业的发展还有待提高，新城对中心城区产业功能承接的效应并不明显。与北京不同的是，天津中心城区与新城的批发与零售业社会消费品零售总额均持续增长，但中心城区的增速逐年下降，天津新城对中心城区产业功能的承接效应已初步显现。

---

① 《国家新型城镇化规划》(2014—2020 年)。

② 《国家新型城镇化规划》(2014—2020 年)。

(二)京津冀流通产业协同发展的可行性分析

第一，生产要素有互补。区域生产要素禀赋是形成产业梯度和区域分工的基础，京津冀三地内部要素禀赋不同，地区发展定位也存在差异，这也就使得京津冀城市群内各城市间有着较大的生产要素需求，既可相互服务，又能互相依存。北京在生产性服务业方面占据产业优势，而天津与河北的优势分别在加工工业和重工业方面，要素资源的流动将进一步整合区域资源，实现首都职能的疏解。

第二，产业合作有基础。早在 2007 年，“来自北京、天津、河北的物流行业协会及物流公司就共同签署了京津冀三地物流业之间首份物流合作协议，协议约定三地将加强沟通、合作，共同推进三地现代物流产业的发展”。这一流通产业合作基础的搭建标志着京津冀城市群中以自建物流体系并独立承担流通运营业务的局面将有所改变，专业高效的物流合作将进一步降低流通成本，提高服务质量。

第三，升级发展有空间。陈璋、颜平等曾重点分析了北京与天津、河北乃至全国之间的投入产出表，认为北京对整个京津冀区域的直接带动作用不高，没有形成明显的产业链。韩利红、母晓萌认为，京津冀地区本身具有独特的区位优势，共同的科技人才资源，具有现实基础与有利条件。北京作为首都在京津冀城市群中居于中心位置，但是在流通产业方面，其核心作用并未完全体现，因此流通产业的协同发展仍有很大空间。

第四，政策规划有保障。通过对京津冀三地“十二五”规划的分析，北京、天津、河北分别将商务流通、生活服务业以及商贸物流作为优先发展产业；《河北省委省政府关于推进新型城镇化的意见》也指出，“要以京津冀协同发展为引领，大力培育特色小城镇，完善商贸流通服务功能”。由此可见，在新型城镇化背景下的流通产业，其发展不仅具有要素的互补、形成合作的基础、拥有升级的空间，同样还有区域协同发展以及推进新型城镇化等政策规划的保障，为流通产业的升级发展提供了强大的制度支持。

三、发挥城市群联动作用，实现北京市流通产业“以退为进”

作为流通产业发展“龙头”的北京，在其发展过程中要充分依托京津冀城市群的联动作用，紧密与天津、河北等地展开合作、形成合力，通过统筹规划、协商对话，充分发挥市场的决定性作用，实现产业布局的调整与产业结构的优化。北京市流通产业的发展不应当谋求总量高、规模大、种类多、形式全，而应当着眼于谋改革、转观念、提质量、上水平；要敢于“以退为进”，要对北京市流通产业中不适合或者不能够顺应新时期首都功能定位的部分进行疏解，通过“退”除制约因素、落后产能，集中精力对流通产业中的核心行业、业态进行有针对性的培育，朝着转型升级、现代发展迈“进”。

在北京市流通产业中，零售和批发业的年产值常年占据半壁江山，以动物园、天意、万通、百荣、大红门、木樨园等为代表的批发市场在其中发挥了重要的作用。然而受交通、环境、人口聚集、社会管理等客观因素的制约与影响，近年来已处于发展的瓶颈期，难以实现新的跨越，并且已开始对首都的整体发展产生了部分负面影响，同首都核心功能的不协调性已逐步显现。除此以外，批发业自身也面临着风险与挑战，由于生产企业为了确保产品销售的主动权，逐渐重视营销，并且开始建立自己的分销体系，大型超市等零售企业也为了拥有稳定的流通渠道而建立自己的物流配送中心，作为渠道中进行连接生产者与零售商的批发行业，其主渠道地位的作用日益下降。然而在新型城镇化的背景下，尤其是在广大乡镇市场，规模小、地理分散的零售店仍然存在，直销渠道不具有经济性，需要依靠批发环节来满足这种分散消费的需求；组织化程度较低的生产、零售企业如果直接进行交易，仍然具有不经济性，因此其商品经营也需要批发商业的支持与帮助。由此可见，对北京商品批发业的产业转移与功能疏解势在必行也理所应当。

天津与河北将承接北京批发业的功能，在进行新的批发市场建设时，要注重建设的公益性与功能的延伸性。批发市场自身是非营利的组织，但是批发市场有时会被当作追求高利润的投资对象，通过征收高额租金、手续费、管理费等获利，从而变相提高了渠道中间环节的流通成本。批发业要在京津冀城市群发挥现代流通产业的重要作用，仅仅依靠交易功能是不够的，“要逐渐向信息功能、价格形成功能、物流配送等功能转变”，才能真正实现流通产业的发展。

四、释放城镇化政策效应，推动北京市流通产业“革故鼎新”

新型城镇化的政策引领作用将为北京、天津等地的新城建设提供支撑与保障，“新城作为中心城功能疏解的‘重要空间载体’、缓解中心城压力的‘反磁力’基地”，在新型城镇化进程中对于京津冀城市群的发展具有重要意义与作用。北京与天津中心城区流通产业的发展情况较好，而新城的发展尚处在起步阶段。新城与中心城的对接将实现北京市流通产业的“革故鼎新”，要变“革”中心城区的发展模式，鼎立新城创“新”发展。

流通产业在新城的发展应当充分发挥集聚作用，吸纳人口与劳动力。这一举措除了可以实现劳动密集型的流通产业从中心城区转移出去，同时能够推动农村人口城镇化，从而加快城镇化进程，还可以解决剩余劳动力的就业问题，提高其收入水平，改善其生活质量。产业的转移在实现自身升级发展的同时还要促进新城功能的完善，流通产业的发展要依靠一定的基础设施建设，这将带动新城在交通市政、信息网络、公共服务等方面加快前进步伐，从而实现新城居民的生活便利化、新城公共资源与中心城区的均等化，推动北京市流通产业升级发展现代化。

参考文献

[1] 李丽：《基于投入产出法的北京市流通产业发展研究》，《商业时代》，2013年第22期。
[2] 李颖慧：《建设智慧城市背景下我国城市流通产业发展思路研究》，《商业时代》，2013年第36期。
[3] 梁伟欣、王珏：《京津冀产业对接实证研究》，《现代产业经济》，2013年第11期。
[4] 林卫通：《流通信息化对流通产业发展的促进作用研究》，南京财经大学硕士学位论文，2012年。
[5] 刘根荣：《转型时期农村现代流通体系建设》，《中国流通经济》，2012年第8期。
[6] 刘建朝、高素英：《基于城市联系强度与城市流的京津冀城市群空间联系研究》，《地域研究与开发》，2013年第2期。
[7] 刘立峰：《对新型城镇化进程中若干问题的思考》，《宏观经济研究》，2013年第5期。
[8] 柳思维、欧阳煌等：《湖南省商贸流通产业发展报告2012》，北京：社会科学文献出版社，2012年版。
[9] 罗兴武：《低碳视角下城乡双向商贸流通农业物流模式构建》，《商业时代》，2012年第3期。
[10] 马临波：《我国流通业运行效率及对城乡发展的影响》，浙江工商大学硕士学位论文，2012年。
[11] 马龙龙：《中国流通改革：批发业衰落与崛起》，北京：中国人民大学出版社，2009年版。
[12] 马永欢、张丽君、徐卫华：《科学理解新型城镇化　推进城乡一体化发展》，《城市发展研究》，2013年第7期。
[13] 孟铁、张殿波：《论我国流通产业组织结构优化与创新》，《经济纵横》，2008年第9期。
[14] 倪鹏飞：《新型城镇化的基本模式、具体路径与推进对策》，《江海学刊》，2013年第1期。
[15] 牛晓春、杜忠潮、李同昇：《基于新型城镇化视角的区域城镇化水平评价——以陕西省10个省辖市为例》，《干旱区地理》，2013年第2期。
[16] 祁红、唐淑荣：《首都西南区域新型城镇化研究》，北京：中国经济出版社，2010年版。
[17] 任保平：《统筹城乡商贸流通：态势、机制与模式选择》，《社会科学辑刊》，2010年第4期。
[18] 商务部流通业发展司：《商务部办公厅关于印发2014年规范市场秩序工作要点的通知》，http：//www.mofcom.gov.cn/article/h/redht/201402/20140200489690.shtml，2014年2月10日发布。
[19] 商务部流通业发展司：《商务部办公厅关于印发2014年流通业发展工作要点的通知》，http：//ltfzs.mofcom.gov.cn/article/smzx/201404/20140400542837.shtml. 2014年4月8日发布。
[20] 邵晨钟：《中国新型城镇化六大命题》，《经济导刊》，2013年第Z2期。

（作者：汪　洋　首都经济贸易大学副教授）

项目名称：基于高速铁路发展的京津冀旅游一体化战略研究
项目编号：13JGC103
项目负责人：殷 平
项目信誉保证单位：北京交通大学

高铁引导下京津冀旅游一体化研究

区域旅游一体化发展已经成为在交通设施完善条件下参与竞争的区域旅游发展模式和空间组织形式。区域旅游一体化，不仅包含着旅游产业要素的充分自由流动，而且还包含了城市间旅游产业的分工协作以及产业体系的完善。在现代交通体系的支持下，区域中的各城市更易形成各具特色的产业分工与协作体系。

京津冀地区的旅游一体化是在京津冀协同发展的背景下提出来的。2015年4月30日，中央政治局审议通过了《京津冀协同发展规划纲要》，京津冀协同发展正式上升为国家战略，这一顶层设计最终落地。这一重大国家战略的提出是顺应世界发展趋势和我国改革发展要求的体现，为中国下一个产业增长极点圈定了框架。在京津冀协同发展的诸多抓手中，旅游产业因其产业特色可以确定为先行推进领域，优先破解协同发展难题。原因有四：第一，旅游业作为关联性强、辐射面广、产业链长的产业，对于拉动区域联动、推动公共服务衔接、促进生态可持续发展等方面有望起到重要的示范和带动效应，这恰恰体现了京津冀协同发展的核心——“有序疏解北京非首都功能，调整经济结构和空间结构”“促进区域协调发展，形成新增长极”。第二，虽然京津冀协同发展这一重大国家战略的主要实施着力点已日渐清晰，但三地资源的不匹配、协同发展的阻力在一定时间内仍将持续，而旅游领域协同发展相对其他领域而言，则更为容易推进，更容易形成抓手。第三，在国民经济加快转型升级的现阶段，旅游消费已成为新的经济增长点。《国务院关于加快发展旅游业的意见》提出，将把旅游业培育成国民经济的战略性支柱产业和人民群众更加满意的现代服务业。将旅游产业作为京津冀协同发展的现行抓手，可以在区域内开展大量与管理体制、金融贸易、税收管理、资源配置有关的改革措施，通过示范效应，释放改革红利，最终达到优化产业布局、带动经济发展、提高人民生活质量的目标。第四，京津冀地区最先实现一体化的是交通一体化，其中尤其是以高速铁路、客运专线为代表的高速铁路网络即将形成，旅游产业要素充分自由流动的环境已经基本形成。

京津冀旅游一体化的充分性和必要性不言而喻，然而目前旅游一体化的程度仍然不尽如人意，与便捷的高速铁路网的对接程度也不够，需要充分借助高铁尽快推进一体化进程。

一、京津冀旅游一体化现状

(一)旅游总量与客源现状

根据京津冀各省市公布的官方数据，2014年，京津冀共接待国内游客7.23亿人次，占全国国内游客总数的20.03%；共接待入境游客856.57万人次，占全国入境游客总数的6.67%；国际旅游外汇收入为81.3亿美元，占全国国际旅游外汇总收入的14.29%。京津冀总体经济形势的平稳发展为京津冀旅游经济的良好运转提供了基础条件。从京津冀旅游经济总量来看，国际国内旅游收入在全国占比很大，远超GDP在全国的比重；接待国内游客规模在全国占比也很高，接待入境游客规模稍次之。总体反映出，京津冀旅游市场在全国旅游经济的发展中占有非常重要的地位；京津冀旅游一体化进程的发展对驱动区域旅游经济增长动力，焕发全国旅游经济活力具有重要的战略意义。

2014年，北京市接待国内游客2.6亿人次，比上年增长4%；接待入境游客427.5万人次，比上年下降5%。天津市接待国内游客1.53亿人次，同比增长12.2%；接待入境游客296.17万人次，同比增长12%。河北省接待国内游客3.1亿人次，比上年增长16.2%；接待入境游客132.9万人次，比上年下降0.7%。就接待国内游客而言，天津最少，京冀相近，总体呈现快速上涨趋势；就接待入境游客而言，京津冀依次下降。受国际机场的布局与承载量影响，北京的入境游客呈现下降趋势；而凭借着游轮母港的建设，天津的入境游客呈现上升态势。

但是，在接待国内和入境游客方面，三地客源互送的比例远低于长三角地区；北京既是集散地又是目的地，游客由北京向津冀区域的流转率偏低。京津冀旅游客源规模的不平衡发展，凸显了完善京津冀协同发展机制的必要性与迫切性。

(二)产业集聚水平

产业集聚水平用于判断区域产业发展的空间布局，其常用衡量指标有空间基尼系数、EG指数和区位熵。三个指标相互补充，能够分析出产业集聚的真实情况。通过对2004—2012年京津冀地区产业集聚水平进行计算与分析，得出2012年北京市EG指数为0.01129，天津市EG指数为0.00034，河北省EG指数为0.00312。(见表1)北京的旅游业发展比其他两个地区的集聚程度都要高，而河北省要比天津市旅游业的集聚程度稍高一些。

通过计算2004—2012年京津冀地区旅游产业的区位熵(见表2)以及其内

部产业发展的区位熵(见表3)，可以发现相对全国来说京津冀整个地区旅游产业的专门化程度比较低，而且三个区位熵指标都低于1，也就是说在京津冀地区旅游产业的发展较均匀，但社会分工的专门化程度不明显。目前，京津冀地区的分工水平由高到低依次排名为北京、天津、河北。河北省旅游产业的集聚水平和发展程度不及北京的1/10。

表1　京津冀地区空间基尼系数和EG指数一览表

指标 / 年份	空间基尼系数				EG指数			
	北京	天津	河北	京津冀	北京	天津	河北	京津冀
2004	0.00729	0.00001165	0.00208	0.00938	0.01085	0.00044	0.00346	0.03919
2005	0.00745	0.00000686	0.00225	0.00971	0.00805	0.00041	0.00337	0.03378
2006	0.00676	0.00000270	0.00212	0.00888	0.00499	0.00039	0.00411	0.02983
2007	0.00549	0.00000017	0.00195	0.00744	0.00933	0.00033	0.00548	0.04078
2008	0.00574	0.00001827	0.00201	0.00777	0.01073	0.00035	0.00607	0.04522
2009	0.00550	0.00006408	0.00183	0.00739	0.00968	0.00031	0.00648	0.04317
2010	0.00562	0.00006433	0.00186	0.00754	0.00962	0.00043	0.00357	0.03290
2011	0.00599	0.00015186	0.00181	0.00795	0.00846	0.00041	0.00429	0.03579
2012	0.00469	0.00038639	0.00163	0.00671	0.01129	0.00034	0.00312	0.03664

表2　京津冀地区旅游业区位熵一览表

年份	北京	天津	河北	京津冀	星级饭店	旅行社	其他旅游企业
2004	1.84138	0.59428	0.05795	0.09274	1.439	2.118	1.249
2005	1.56079	0.65678	0.06013	0.08686	1.440	2.012	1.181
2006	1.20119	0.67091	0.06455	0.07981	0.648	1.016	0.523
2007	1.51496	0.55387	0.07052	0.09178	1.591	1.872	1.180
2008	1.50878	0.50721	0.07246	0.09315	1.781	1.818	0.367
2009	1.39937	0.42546	0.07313	0.08835	1.432	1.599	0.836
2010	1.17723	0.34945	0.03249	0.06079	1.318	1.740	0.187
2011	0.97150	0.32524	0.03876	0.05686	1.409	1.421	0.604
2012	0.97740	0.28270	0.03522	0.05475	1.472	1.609	0.575

表 3　京津冀旅游产业内部发展区位熵一览表

年份＼地区	北京			天津			河北		
	星级饭店	旅行社	其他旅游企业	星级饭店	旅行社	其他旅游企业	星级饭店	旅行社	其他旅游企业
2004	3.428	5.512	3.057	0.464	0.661	0.149	0.375	0.225	0.359
2005	3.312	5.371	2.115	0.687	0.638	0.221	0.439	0.224	0.896
2006	3.408	6.184	1.388	0.623	0.634	0.277	0.415	0.202	1.347
2007	3.759	4.999	1.265	0.701	0.575	0.213	0.440	0.216	1.477
2008	4.548	5.063	0.957	0.637	0.325	0.132	0.438	0.197	0.078
2009	3.215	4.276	1.365	0.619	0.277	0.114	0.530	0.216	0.779
2010	3.390	4.843	0.343	0.477	0.209	0.148	0.266	0.216	0.096
2011	3.307	3.994	0.604	0.471	0.249	0.318	0.585	0.207	0.735
2012	3.528	4.617	0.716	0.468	0.229	0.532	0.576	0.188	0.501

二、京津冀旅游一体化的问题剖析

(一)各地产业发展水平不均衡

京津冀地区的旅游产业整体集聚水平较低，产业集聚水平不均衡。北京市的集聚水平较高，天津市次之，河北省居末尾。京津冀地区旅游产业内部企业集聚水平不均衡，而且地区间也有差异。北京市各类型企业的集聚水平远远高于其他地区。旅行社的集聚水平较星级饭店、其他旅游企业高，星级饭店集聚水平比较稳定，其他旅游企业变化幅度较大且不稳定，整体的集聚水平处于下降的趋势。

(二)尚未形成合理的区域空间结构

作为区域的绝对中心，北京市的旅游集散效应并不突出。北京市致力于建设成为我国入境旅游者首选目的地、亚洲商务会展旅游之都、国际一流旅游城市；北京作为全国政治中心、文化中心、国际交往中心和科技创新中心的地位，使北京不可避免地成为集散中心。旅游目的地与旅游集散地的复合体，使北京的旅游工作重点聚焦于“集”，引导游客“散”向津冀的动力不足。随着北京功能疏散工作的开展，北京的旅游集散功能将会更加凸显。天津等城市也没有显著发挥次中心的集散功能。总体而言，京津冀地区尚未形成合理的梯级网状旅游集散结构，区域内旅游目的地和集散地的定位需要重新布局。

(三)合作主体与合作范围有待扩大

目前，京津冀旅游合作属于“政府协作的旅游合作阶段”，尚未形成“政府主导、市场主体、多元参与”的合作格局，旅游企业参与度还有待提升，区域合作微观基础并不牢固。2014 年 5 月，由京津冀三地多家旅行社建立的京津冀旅游营销合作联盟正式成立，迈出了加快京津冀旅游合作市场化进程的重要一步。未来，还应吸引更多协会、科研机构、院校参与到京津冀旅游协同发展中来，进一步扩大京津冀合作的主体范围。

三、高速铁路给区域旅游一体化发展带来的契机

(一)法国高速铁路促进旅游一体化的经验

20 世纪 80 年代以来，法国建设了多条高速铁路。1983 年开通运营的东南高铁，将巴黎与里昂(空间距离 460 公里)的旅行时间缩短到 2 小时。1989 年东南高铁向西延伸，将巴黎到勒芒、巴黎到图尔的旅行时间缩短到 1 小时(两地距离 200 公里)。高铁向北延伸，将巴黎到里尔的旅行时间也缩短到 1 小时(两地距离 210 公里)。2001 年，环地中海高速铁路将巴黎与马赛的旅行时间缩短到 3 小时(空间距离 770 公里)。20 世纪 90 年代建成的泛欧高速铁路网使巴黎与伦敦之间用 2 小时 40 分钟即可到达，巴黎与布鲁塞尔则可以在 1 小时 20 分钟到达。

从实践发展来看，由于高速铁路将巴黎与里昂之间的旅行距离缩短到 2 小时，因此里昂的商务旅游业得到了极大的发展。为了适应商务游客的需求，里昂的商务酒店设施大量增加，例如会议设施、展馆设施以及酒店的容量都得以实现数量上的增加和结构上的调整。同时，由于交通便捷程度的增加，里昂在法国的城市知名度也得以提高。然而高速铁路同时也带来了负面影响，最大的影响在于游客过夜率的降低。由于游客可以在一天内往返巴黎，因此里昂游客平均停留时间由 1980 年的 2.3 天下降到 1992 年的 1.7 天。同样的现象也出现在通过大西洋高铁与巴黎联通的城市勒芒。大西洋高铁运营后，勒芒到巴黎的旅行时间缩短为 1 小时，因此勒芒的会议参加者显著增加。尽管游客在勒芒停留时间缩短，但游客在酒店停留的时间延长。勒芒的大量酒店进行了商务型的改造，以适应会务游客的需要。图尔的旅游业也由于高速铁路而获得了明显的增长，大量的巴黎游客前往图尔旅行。然而很少有外国游客乘坐高铁，因为外国游客青睐的旅游产品是“卢瓦尔河风情”，若乘坐高铁就无法体验到该产品的精妙。

很多学者对法国的高速铁路对旅游业的影响进行了研究。高速铁路对法国产生的空间集聚效应是很多学者研究的重点。TGV 网络的形成加剧了法国经济活动向几个有限的地区集聚，使得巴黎成为区域旅游的中心。研究证明，西班牙高铁线路马德里—巴塞罗那—法国，提高了西班牙沿线城市的可达性，引发了西班牙国内旅游经济活动向巴塞罗那和马德里的聚集。Sophie 等(2009)以法国佩皮尼昂与西班牙巴塞罗那之间的高速铁路所连接的区域为研

究对象，指出该高速铁路提高了区域旅游集聚效应，同时也加剧了区域空间竞争。由于高速铁路的出现，佩皮尼昂与巴塞罗那在面对相同的客源市场时，巴塞罗那的旅游资源吸引力得以强化，形成了集聚效应，而佩皮尼昂的旅游资源空间竞争力被弱化，游客不断被分流。高速铁路通过影响区位交通向心性和连接度来影响区位可达性，进而影响旅游企业的区位选择。有学者运用交通向心性指标研究了欧洲高速铁路对经济活动的影响。这些研究表明，向心性指标衡量高速铁路对于区域之间经济活动的影响更大。这些研究同时还表明，尺度越小的区域交通阻抗函数的结果越陡峭，而可达性的另一个指标交通连接度则在衡量区域内部交通与经济区位的影响方面更为优越。高速铁路对酒店的布局也有一定的影响。高速铁路停靠站附近的商务型酒店、会展类酒店在高速铁路开通后数量有明显的增加。

综上所述，法国高速铁路对区域旅游产业发展的影响的经验显示：

(1)强化中心城市(巴黎)的旅游集散能力，使之成为面向长途旅游市场的区域旅游集散地；

(2)增强高等级、高知名度的旅游城市的吸引力，拓展旅游市场；

(3)释放了低知名度地区的旅游产业潜力，引发了旅游产品的结构调整；

(4)带动了城市旅游和商务旅游的大发展，对于短时间的旅行活动有较大的促进；

(5)影响了区域旅游开发战略，带动了区域对发展方向、产品定位、资源整合、要素组织的重新审视。

(二)京津冀高速铁路运营与规划

京津冀都市圈的高速铁路建设始于2005年国家批复的《环渤海京津冀都市圈城际轨道交通网规划(2005—2020年)》。该规划指出，京津冀都市圈将形成以京津为主轴，以石家庄、秦皇岛为两翼的城际轨道交通网络，覆盖京津冀都市圈的主要城市，基本形成以京津为中心的“两小时交通圈”，构筑京津冀都市圈城际轨道交通网的主轴，运营里程达160公里。到2020年，将建成北京—石家庄、北京—唐山—秦皇岛城际轨道交通线。截止到2014年年底，京津冀地区已经投入运营的高速铁路线路有京津城际高速铁路、京沪高速铁路(京津冀段)、京石客运专线—石武客运专线、津秦客运专线四条。

2008年8月1日投入运营的京津城际高速铁路成为区域铁路交通干线。目前，京津城际高速铁路上运行的城际高速列车、动车及高速动车约108对，运行时间为33—49分钟。据相关部门的统计数据显示，京津城际高速列车日均客流量在6万人左右，平均上座率在70%以上；周末上下车旅客比工作日略多，黄金周期间运送旅客数量会明显增加。2011年6月30日正式运营的京沪高铁连接了区域内的北京、廊坊、天津、沧州4个城市，将沧州纳入首都一小时经济圈中。2012年12月26日投入运营的京石客运专线—石武客运专线联通了北京、保定、石家庄、邢台和邯郸，将石家庄纳入北京一小时经济圈中，邢台和邯郸则纳入京津冀两小时经济圈中。津秦客运专线于 2013 年 12 月 1 日开通运营，通过它的连接，北京到秦皇岛实现两小时到达。

除了已经运营的四条高速铁路(铁路客运专线)以外，承德、张家口、唐山等城市都在规划中，有京承高速铁路、京张高速铁路、京唐高速铁路等线路连接(如图 1 所示)。由此，到 2020 年，京津冀地区将通过以北京为中心的放射状的高速铁路网，形成半小时、一小时、两小时的三个交通圈和经济圈，京津冀地区整体形成联系紧密、高速快捷的高速铁路交通网络和经济共同体。高速铁路的运营带来的通勤观念的转变、经济发展的机遇将从根本上改变区域交通网络空间布局，方便区域人才、物资、资金、信息、技术等产业要素的流动，使资源配置更加合理，促进同城化效应的实现，进而真正实现区域一体化。

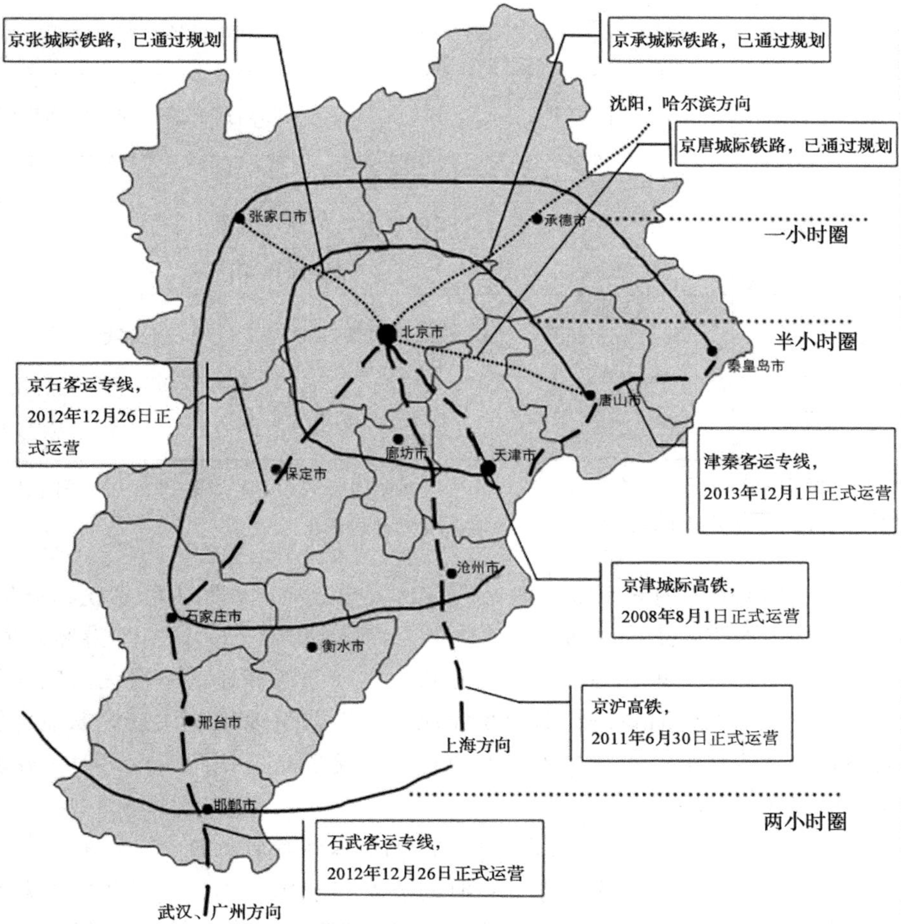

图 1　京津冀地区高速铁路网络

(三)高速铁路对京津冀旅游发展的影响

1. 旅行时间的压缩

高速铁路给京津冀地区的旅游带来旅行时间缩短的效果是非常明显的。通过高速铁路网络，京津冀地区的所有城市(除衡水外)都可以通过高速铁路交通纳入京津冀两小时交通圈内，为一日观光游、两日休闲游或深度游创造了时间上的可能性。交通时间改变的具体情况，如表 4 所示。

表 4　京津冀地区旅游交通时间变化表

出发城市—目的地城市	高铁开通前时间(分)	高铁开通后时间(分)	高铁节约时间	高铁线路
北京—天津	78	33	45	京津城际高速铁路
北京—石家庄	153	79	74	京石客运专线
北京—秦皇岛	145	109	36	京津城际高速铁路—津秦客运专线
北京—唐山	93	72	21	京津城际高速铁路—津秦客运专线
北京—保定	72	41	31	京石客运专线
北京—廊坊	37	21	16	京沪高速铁路
北京—沧州	140	65	75	京沪高速铁路
北京—邢台	205	103	102	京石客运专线—石武客运专线
北京—邯郸	223	121	102	京石客运专线—石武客运专线

注：高铁开通前时间以快速直达特快或特快列车的时间为准；高铁开通后时间以高速铁路线上运营的最快列车速度为准。两者均以最短时间计算

从表 4 的高铁开通前后交通时间的对比可知，高速铁路为石家庄、沧州、邢台、邯郸等城市带来的时间压缩效应最大，均超过 1 小时。对于游客来说，旅行时间的缩短，意味着游玩时间的延长。在未开通高速铁路前无法完成的区域内一日游则可借助高速铁路轻松完成；对于其他地区前往京津冀地区旅游的游客而言，则可以实现在中心城市住宿，通过高速铁路实现短时间在其他城市的观光、体验游的模式。

2. 高速铁路降低了旅游交通成本，加剧了旅游目的地的空间竞争

旅游交通成本可以分为两部分：时间成本和费用成本。从时间成本角度分析，游客在旅游过程中花费的时间可以分为两部分：旅行时间和游玩时间。在给定的时间预算条件下，游客可以通过对时间的分配获得旅游效用的最大

化。对于大多数游客来说，以较少的价格在较短的时间内到达尽可能远的旅游目的地，被认为是旅游效用较高的表现。每一次交通工具的变革都进一步推动了旅游效用的提高，高速铁路也不例外。相比于其他交通工具，尤其是汽车和其他铁路交通工具而言，高速铁路的运行速度更快，能够极大地节约游客在旅行过程中花费的时间成本。

3. 高速铁路促进了旅游产业要素流动，带来核心—边缘结构的形成

交通，不仅成为区域发展的重要因素，同时也是区域格局演变的驱动力，显著影响着区域经济格局的变化。新经济地理学的模型综合了交通成本与经济行为的区位选择以及空间竞争的关联及作用，力图解释交通成本如何影响企业的决策行为，进而影响经济行为的区域模式。从产业发展要素的角度来看，由于高速铁路提高了区域可达性，节约了旅游交通成本，也降低了旅游产业要素流动的成本。劳动力、资本、技术等一般性产业要素的流动成本降低，这些产业要素将向区位更优、存在规模递增收益的区位集聚；传统旅游资源(景区)由于其位置的不可移动性，虽然仍然停留在原地，但由于旅行时间的极大缩短，游客可以借助高速铁路实现在旅游居住地与旅游景区(点)之间的往返。对于旅游企业来说，交通条件的改进将增强旅游企业在发达区域的集聚效应。给定一个较低的交通成本，区域内空间竞争的强度较弱，则企业将缺乏变更区位的意图；相反，较高的交通成本下空间竞争的强度变强，企业将通过区位选择提高竞争力。由此可见，在较低交通成本约束下，集聚力强于离散力，旅游企业将集聚于同一区位，形成集聚效益；在较高的交通成本情况下，旅游企业倾向于分散布局。

随着高速铁路的逐步开工建设与运营，除在讨论中的京唐高速铁路外，在其他 5 个方向上都将有高速铁路直接与其他 9 个城市相连接。在高速铁路网络建成之后，京津冀都市圈除北京外的 12 个城市中的 9 个城市都将被纳入到以北京为中心的一小时交通圈中。北京将成为京津冀都市圈最大的高速铁路枢纽，成为区域旅游空间结构的中心。由北京到达区域其他城市的交通成本(货币成本与时间成本)逐步降低。北京作为京津冀都市圈枢纽的旅游接待(住宿、餐饮、娱乐等)的优势将不断加强，最终变成京津冀都市圈的旅游产业集聚中心，其他城市则演变为外围地区。

四、京津冀地区旅游一体化发展格局预测

(一)短途旅游要素向天津、石家庄、唐山集聚

在连接 12 个城市的京津冀高速铁路网络中，天津、石家庄、唐山三个城市都将有两个方向上的高速铁路管线，与其他两个城市形成半小时交通圈，因此将成为京津冀都市圈高速铁路网络中的二级结点。由于这些城市交通成本的降低，从而使得短途旅游的生产要素向这三个城市集聚，形成区域旅游

空间格局中的二级中心。

(二)旅游交通端点城市成为旅游景区(点)

除北京、天津、石家庄、唐山等结点城市以外，承德、秦皇岛、张家口、保定、沧州、邢台和邯郸都成为高速铁路网络中的端点城市。这些端点城市的旅游接待(如住宿、餐饮、娱乐等)功能将逐渐弱化，游览功能将得以强化。因此，旅游住宿设施、旅行社及组织企业等将逐步减少，而承担游览功能的旅游景区的数量、服务水平将得以提高，从而成为以北京为中心的长途旅游板块及以天津、石家庄、唐山为二级中心的短途旅游板块中的旅游景区(点)。值得注意的是，衡水市脱离了高速铁路网，成为网格中的城市，加之目前旅游景区和旅游住宿设施的缺乏，该城市未来旅游产业发展的方向和路径值得相关部门深思。

(三)北京成为旅游核心城市

首先，北京应进一步完善游客服务体系，形成种类丰富、等级多样的旅游服务产品。以住宿接待设施为例，除了星级酒店以外，各种经济型酒店、主题酒店的种类和数量要进一步丰富，从而满足不同消费偏好游客的需求。除此之外，旅游信息供给、旅游接待组织等方式都要发生变化和完善。其次，应当进一步完善游客集散体系，尤其注意其他交通工具与高速铁路的无缝对接。再次，高速铁路站点附近将成为城市旅游集聚区，从而变革北京城市旅游空间结构。经济型酒店、商务型酒店、旅游租车公司等为游客集散服务的设施将集聚于交通枢纽地区，需要管理部门更多地引导其他配套服务跟进。最后，开拓夜间休闲产品。“吃住在北京，游玩在周边”的旅游模式一旦形成，游客将除了白天在外游玩以外的时间都将在北京度过，对各类演艺产品、购物场所、酒吧、茶馆等休闲产品的需求将大大加强。

(四)京郊旅游景区将面临河北旅游景区的竞争

京郊旅游景区的客源空间结构将不再仅限于北京市民，将沿着高速铁路网络延伸到周边城市。天津、河北各地的市民都将成为京郊旅游景区的客源。然而，由于高速铁路带来的交通成本的变化，原先以公路交通到达北京京郊旅游景区，如今用相同的成本却能到达更远的河北某旅游城市，因此京郊旅游景区更多的将面临河北旅游景区的强大竞争。空间竞争的结果将使得高品质的京郊旅游景区客源市场扩大，而低品质的京郊旅游景区被河北旅游城市所取代。

五、京津冀旅游一体化发展对策建议

针对京津冀地区高速铁路带来的旅游产业发展环境变化，京津冀旅游一体化发展进行了对策分析，提出：

（一）积极推动京津冀旅游一体化发展的机制构建及体制创新工作

制订并出台《京津冀旅游一体化发展行动计划（2015—2017年）》；紧紧围绕京津冀协同发展的顶层设计方案《京津冀协同发展规划纲要》，统筹策划京津冀的旅游定位与布局；以《关于促进旅游业改革发展的若干意见》为指导，与交通、金融等相关部门举行座谈会，寻找彼此工作的契合点和业务抓手；尽快制订《京津冀旅游一体化发展行动计划（2015—2017年）》，明确协同计划的实施主体、细化实施细节。计划制订后，一方面，京津冀旅游主管部门分别向所在省（市）的发改委及省（市）政府汇报，争取以发改委或省（市）政府的名义下发该《行动计划》，从而将《行动计划》纳入当地的整体发展中；在交通网络、生态环境、公共服务等方面进行更高层面的对接，获得统一指导和重点支持。另一方面，将《行动计划》印发至各市区县旅游主管部门，确保各项计划真正落地生根；同时，修订政绩考核指标，将《行动计划》的精神体现在业绩考核当中，充分调动各级旅游部门对于工作推进的主动性与积极性。

（二）构建以“高铁＋汽车租赁”为模式的旅游交通体系

建立起以放射状高速铁路为骨架、汽车租赁体系为服务的“高铁＋汽车租赁”的旅游交通服务体系。推动旅游汽车租赁服务体系的全面建立，尤其注重与高速铁路的接轨，实现与旅游景区“最后1公里”的无缝对接。推动京津冀地区旅游直通车发展。建立以旅游直通车为推动力的旅游集散中心网络；建立发展协作机制，开展专题调研；制定京津冀旅游直通车服务规范和质量标准；推动在旅游集散中心、交通枢纽城市、重点旅游城市及重点县（市、区）之间陆续开通旅游直通车；结合旅游直通车，重点打造一日游和二日游产品，采取往返车票、景区门票及住宿餐饮捆绑销售模式，为游客出行提供优惠价格和快捷服务，打造京津冀区域绿道体系。制定“绿道”服务标准（含步道、游道、骑行道等），为行人和骑行者提供进入性良好、自然景观优美、以休闲功能为主的绿色空间；以生态休闲为特色，穿越京津冀地区旅游目的地的发展节点，实现将景区之间进行绿色生态串联的构想。同时，完善自驾旅游基础配套设施与服务。在主要的自驾旅游路线沿途，完善旅游交通引导标识；依托城区、景区、交通节点合理布局，保障行程2小时以内有综合服务区，1小时以内有旅游厕所；在风景优美、交通便捷之处建设汽车露营地，满足现代休闲、运动、度假需求；编制统一的自驾车营地服务经营规范。

（三）创新旅游融资渠道，推动旅游产业创新项目

建立区域内共享的旅游招商项目库，多措并举创新旅游投融资平台。借助北京旅游产权交易中心平台，推进京津冀旅游项目招商、旅游企业融资、旅游企业股权交易、旅游实物资产交易、旅游产品发布等业务；整合京津冀旅游项目资源，拓展旅游项目投融资渠道，促进旅游资源和资本的结合，吸引民营经济、国际资本参与重大旅游项目开发，打造一批具有国际竞争力的旅游品牌，加强京津冀旅游项目建设信息的沟通和交易；设立区域旅游协同发展基金、京津冀协同发展母基金，在母基金的框架下各个领域各自设立子基金；积极扶植、培育跨区域旅游龙头企业，鼓励旅游企业跨区域投资；重点选择推动几个旅游项目建设并予以金融扶持，对促进跨界资源整合利用、带动提升区域旅游产业结构的项目和精品路线进行嘉奖；对受益不均衡的目的地要建立必要的利益补偿机制，鼓励有关方面保持积极的合作态度和意愿。

(四)构建京津冀一体化的旅游公共服务体系

构建京津冀地区旅游集散总体构架。基于《京津冀协同发展规划纲要》及京津冀旅游规划，构建区域内的梯级网状集散结构；制订旅游集散中心的建设计划，并明确任务布置和推动主体；完善京津冀旅游咨询服务中心体系；依托京津冀地区现有的旅游咨询服务中心体系，配备和分发区域旅游景区与旅游线路宣传手册，统一推广京津冀旅游形象；在实物展示上既要展示当地旅游纪念品和特色产品，也要展示京津冀地区特色旅游商品；对旅游咨询员进行统一培训，能够提供京津冀区域的旅游信息咨询服务。

六、小　结

京津冀地区旅游产业的一体化发展在京津冀协同发展国家战略中占有浓墨重彩的一笔。在当前区域产业结构调整、空间结构优化任务着重于北京非首都功能外迁这一系统工作中，区域旅游产业因其特色各异的旅游产品易于实现全区域开发，方便快捷的高速铁路网便于区域内自由集散，旅游服务标准化助推全区服务一体化等优势，最易成为京津冀协同发展的产业突破点。尤其是高速铁路网方便、快捷、运量大的优势，使得游客自由集散、旅游产业要素自由流动成为可能，为旅游产业率先实现一体化发展提供了基础。

基于以往京津冀行政隔离开发历史上形成的旅游产业相似度和重合度，在协同发展要求下旅游行业的开发与发展不能继续重复建设，而是在现有产业(行业)优势和发展积累基础上，进行分工，从而实现区域分工与合作，最终推动京津冀地区形成分工有序、特色鲜明、服务标准化的旅游大区。

参考文献

[1] Gutiérrez J，Location，economic potential and daily accessibility：An analysis of the accessibility impact of the high-speed line Madrid-Barcelona-French border，*Journal of Transport Geography*，2001(9).

[2] Sophie Masson，Romain Petiot，Can the high speed rail reinforce tourism attractiveness? The case of the high speed rail between Perpignan (France) and Barcelona (Spain)，*Technovation*，2009(2).

[3] 国家发改委：《环渤海京津冀都市圈、长江三角洲地区、珠江三角洲地区城际轨道交通

网规划(2005—2020 年)》, 2005 年国务院审议通过。
[4] 蒋秀兰、梁成柱、刘金芳:《高速铁路对京津冀都市圈经济发展的影响探讨》,《中国铁路》, 2009 年第 8 期。
[5] 汪德根:《武广高速铁路对湖北省区域旅游空间格局的影响》,《地理研究》, 2013 年第 8 期。
[6] 汪德根:《旅游地国内客源市场空间结构的高铁效应》,《地理科学》, 2013 年第 7 期。
[7] 殷平:《高速铁路与区域旅游新格局构建——以郑西高铁为例》,《旅游学刊》, 2012 年第 12 期。
[8] 张文新、刘欣欣、杨春志等:《城际高速铁路对城市旅游客流的影响——以南京市为例》,《经济地理》, 2013 年第 7 期。

(作者:殷 平 北京交通大学副教授)

项目名称：北京市经济发展与生态环境的演化关系及双赢路径分析
项目编号：13JGC127
项目负责人：李春梅
项目信誉保证单位：首都经济贸易大学

北京市大气环境的时间与空间变化特征及规律分析

随着人类近 100 年来社会的发展，尤其是技术的进步，人类与外界环境之间相互影响的范围和强度逐渐扩大，生态环境问题成为目前人类关注的重要话题。“生态”这个概念最早由德国的生物学家海克尔(1866)定义，指有机体与周围环境——包括生物环境和非生物环境之间的相互关系。尽管生态环境这个词频繁地出现在各类文章、论坛以及人们的生产和生活中，但这一概念至今仍然没有一个十分明确的定义(叶亚平、刘鲁君，2000)。本文中的生态环境的概念基于已有研究，指由生物群落及非生物自然因素组成的各种生态系统所构成的整体，主要或完全由自然因素形成，并间接地、潜在地、长远地对人类的生存和发展产生影响。生态环境中包含的要素很多，包括水、大气、动物、植物、微生物、阳光、矿物、土地等。其中，大气环境严重影响生态环境，密切地影响着人类的生产生活及人类的身体健康。据世界卫生组织统计，每年因为空气污染而导致人类过早死亡而造成的经济损失约占世界 GDP 总值的 1.2%—2%(WHO，2005)。在中国淮河以北，空气中总悬浮颗粒增多引起的空气污染，会增加心肺发病的死亡率，由此使得人类的预期寿命平均缩短 5.5 年(Chen et al. ，2013)。由此，本文选取近年来引起人们广泛关注的大气环境为生态环境代表，以大气环境作为研究对象，分析大气环境的变化趋势和变化特点。

近年来，国家不断加大环境治理工作的力度，中共中央、国务院出台《关于加快推进生态文明建设的意见》，国务院发布《大气污染防治行动计划》《水污染防治行动计划》，新修订的《环境保护法》自 2015 年 1 月 1 日起施行，生态文明建设和环境保护正在加快推进。然而，经济的快速发展也带来了一系列的环境问题，2013 年 1 月以来，中国三十多个城市持续遭受严重的雾霾天气，其中京津冀地区最为严重。北京市作为首都，也是全国城市的典范，更需要处理好经济发展和生态环境之间的关系。虽然大气会流动，但是大气环境的区域性特征却特别明显，本文主要探讨北京市大气环境的现状和污染的成因，进而分析大气环境的时空分布特征和主要污染来源的贡献率。

一、生态环境质量指数变化的时间和空间特征

大气环境是生态环境要素的一个重要组成部分。生态环境更能够全面反映当前人类的生产和生活环境状况，我们首先看一下北京市生态环境状况。生态环境指数(Ecological Environment Index)是指反映被评价区域生态环境质量状况的一系列指数的综合。生态环境质量指数简称 EI[①]，因其主要用于评价县级以上区域生态环境质量现状及动态趋势，因此，通过对 EI 的分析，可以综合探讨北京市生态环境状况总体情况。依据《生态环境状况评价技术规范(试行)》(HJ/T192—2006)，从 2006 年开始，北京市启用生态环境质量指数指标，因此，生态环境质量指数可以获得的数据的时间跨度也仅为 2006—2014 年，如图 1 所示。

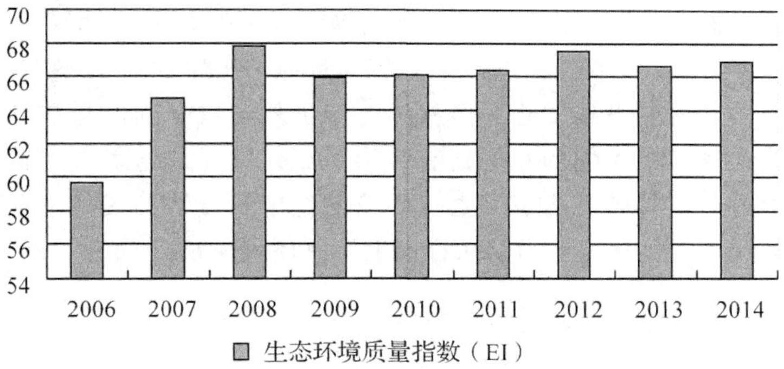

图 1　2006—2014 年北京市生态环境质量指数变化

数据来源：根据 2006—2014 年《北京市环境统计年鉴》数据整理

从图 1 中可以看出，2006 年到 2014 年，北京市生态环境质量指数总体保持较稳定状态，生态环境质量级别一直处于良的状态。2008 年奥运会之后，北京市生态环境指数明显改进，呈现出上升趋势。下面，借 2013—2014 年北京市各区县生态环境质量指数情况，分析北京市生态环境的空间分布特征(见图 2)。

图 2 显示了北京市各区县生态环境质量指数。怀柔区生态环境质量级别为优[EI＝76.4(2013)，EI＝76.5(2014)]，排在其后的分别为密云、平谷、门头沟和延庆，排在后三位的为西城、东城和石景山，生态环境质量级别均

① 生态环境质量指数包括生物丰度指数、植被覆盖指数、水网密度指数、土地退化指数和环境质量指数，主要用于评价县级以上区域生态环境质量现状及动态趋势，数值范围为 0—100，EI 值分为 0—19、20—34、35—54、55—74、75—100 五级，对应的生态环境质量分别为差、较差、一般、良和优。

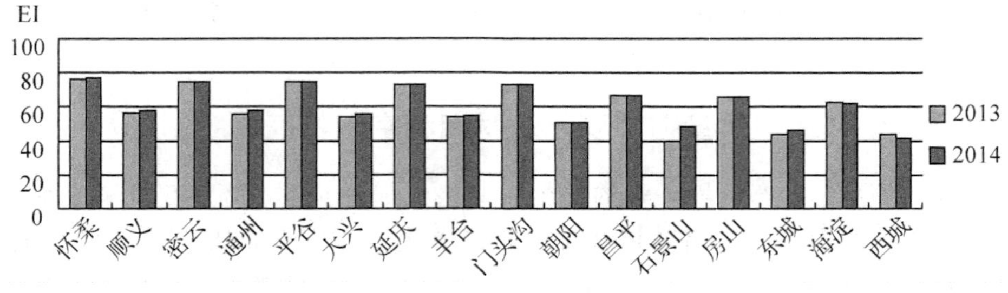

图 2　2013—2014 年北京市各区县生态环境质量指数变化

数据来源：根据 2013—2014 年《北京市环境统计年鉴》数据整理

为一般。由此可以得到，从地域空间分布来看，北京市生态环境质量由南到北，由市区到郊区，级别逐渐增加。这主要由于相比于郊区，市区人口密度较大、机动车数量较多，且北京市北部地区绿化面积明显优于南部地区。

随着北京市经济的发展和人们生活水平的提高，人们对环境的要求标准逐渐增加，北京市政府也采取了一系列控制大气污染的政策和措施，如机动车限行、首钢搬迁等；全市城市绿化覆盖率由 2000 年的 35.6%上升到 2014 年的 47.4%[①]；北京市设立了各项环境标准目标，比如“APEC 蓝”等，使得北京市的空气质量逐渐得到改善。但从图 1 中仍然可以看到，北京市生态环境近几年始终为良，距离优的状态还有较大差距。因此，北京市生态环境建设依然任重而道远，要保持北京市生态环境的稳定和良性发展，还需要进一步观察生态环境的变化规律，力求从根本上解决环境问题。

二、北京市空气质量变化特征

空气质量(Air Quality)能够反映出空气的污染程度，它是依据空气中污染物浓度的高低来判断的。空气污染指数(Air Pollution Index，简称 API)就是将常规监测的几种空气污染物浓度简化为单一的概念性指数值形式，并分级表示空气污染程度和空气质量状况，它适合表示城市的短期空气质量状况和变化趋势(朱传凤、赵和平，1998)。自 2000 年开始，国家环境保护部门要求，中国环境监测总站组织 47 个环境保护重点城市开展城市环境空气质量日报工作，监测项目为 SO_2、NO_2 和 PM10、CO 及 O_3，发布形式为空气污染物指数、首要空气污染物、空气质量级别和空气质量状况。[②] 我国城市空气质量日报 API 分级标准如表 1 和表 2 所示。

---

① 数据来源：北京市 2014 年国民经济和社会发展统计公报。

② 中华人民共和国环境保护部网站，http://jcs.mep.gov.cn/hjzl/200604/t20060426_76155.htm。

表 1　空气污染指数对应的污染物浓度限值

污染指数	污染物浓度(毫克/立方米)				
API	SO_2	NO_2	PM10	CO	O_3
	(日均值)	(日均值)	(日均值)	(小时均值)	(小时均值)
50	0.05	0.08	0.05	5	0.12
100	0.15	0.12	0.15	10	0.20
200	0.80	0.28	0.35	60	0.40
300	1.60	0.57	0.42	90	0.80
400	2.10	0.75	0.50	120	1.00
500	2.62	0.94	0.60	150	1.20

数据来源：中华人民共和国环境保护部

表 2　空气污染指数范围及相应的空气质量类别

空气污染指数 API	空气质量状况	对健康的影响	建议采取的措施
0—50	优	可正常活动	—
51—100	良		
101—150	轻微污染	易感人群症状有轻度加剧，健康人群出现刺激症状	心脏病和呼吸系统疾病患者应减少体力消耗和户外活动
151—200	轻度污染		
201—250	中度污染	心脏病和肺病患者症状显著加剧，运动耐受力降低，健康人群中普遍出现症状	老年人和心脏病、肺病患者应停留在室内，并减少体力活动
251—300	中度重污染		
>300	重污染	健康人运动耐受力降低，有明显强烈症状，提前出现某些疾病	老年人和病人应当留在室内，避免体力消耗，一般人群应避免户外活动

资料来源：中华人民共和国环境保护部

通过查阅历年《北京市环境统计年鉴》，得到北京市市区空气质量二级和好于二级的天数变化图(见图 3)。

图 3 显示北京市空气质量二级和好于二级的天数从 2000 年全年的 177 天，占比 48.5%，上升到 2011 年全年的 286 天，占比 78.4%，12 年时间，增长了 30%，说明北京市空气质量逐年好转。接下来，本文要探讨影响空气质量的污染物的变化情况。

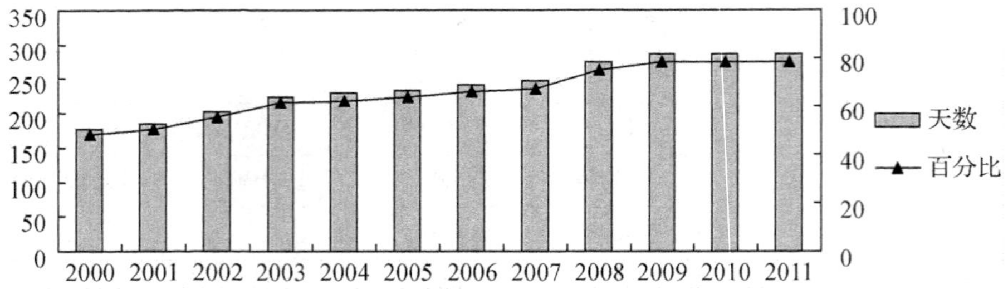

图 3 北京市市区空气质量二级和好于二级的天数

数据来源：根据 2000—2011 年《北京市环境统计年鉴》数据整理

三、北京市空气中主要污染物变化特征

我国环境污染指标数据的来源主要有两类：污染物年均浓度指标和污染物排放量指标。流量污染会对当前的环境产生破坏作用，存量污染会在将来对环境产生负面影响，因此，一些国家只注重当前，在保持经济增长的同时，允许存量污染的存在(Lieb，2004)。空气中主要污染物主要包括 SO_2、NO_2、PM10、CO、O_3等，大气污染物年均浓度指标一般通过城市各检测站点实时获得，如北京市环境保护检测中心通过各个检测点实时发布的空气质量状况(包括 PM2.5、SO_2、NO_2、PM10、CO、O_3的浓度值；2013 年后，全社会开始并重点关注 PM2.5 的浓度值)。污染物排放量主要是全市 SO_2的排放量统计。一般来讲，流量污染的控制在短时间内可以实现，但存量污染的治理难度较大。在流量污染已经减轻时，存量污染仍然可能会一直加剧，而目前大部分的文献中，都只考虑了流量污染而没有考虑存量污染，这产生了存量的外部性问题，并不能真实地反映环境污染情况(Tisdell，2001)。在分析空气中主要污染物的变化特征时，本文通过查阅历年《北京市环境统计年鉴》《北京市统计年鉴》及北京市环境保护局网站等，获得相关数据，从污染物排放浓度和排放总量两个方面以及从时间和地域两个维度综合比较，具体分析如下：

(一)北京市空气中主要污染物年均浓度值

这里主要以二氧化硫①、二氧化氮、一氧化碳及可吸入颗粒物②的指标来分析空气中污染物浓度的变化。在分析北京市空气中主要污染物浓度变化前，

① 按照《北京市环境状况公报》环保指标释义，二氧化硫是一种无色、具有刺激性气味的气体，是大气中主要污染物之一。大气中的二氧化硫主要由人类活动产生，大部分来自煤和石油燃烧以及石油炼制等过程。二氧化硫会刺激人的呼吸道，诱发呼吸道各种炎症。

② 按照《北京市环境状况公报》环保指标释义，可吸入微粒物，简称 PM10，是指悬浮在空气中、能进入人体呼吸系统、粒径在 10 微米以下的颗粒物。它的来源广泛，包括燃煤、机动车、施工扬尘、土壤尘等。可吸入颗粒物被人吸入后，会聚集在呼吸系统中，引发许多疾病。另外，空气中的可吸入颗粒物还影响大气能见度。

首先观察一下国家关于环境空气污染物基本项目浓度限值要求，以此对比目前市区污染物达标情况(见表 3)。

表 3　环境空气污染物基本项目浓度限值

序号	污染物项目	平均时间	浓度限值		单位
			一级	二级	
1	二氧化硫	年平均	20	60	μg/ m^3
		24 小时平均	50	150	
		1 小时平均	150	500	
2	二氧化氮	年平均	40	40	
		24 小时平均	80	80	
		1 小时平均	200	200	
3	一氧化碳	24 小时平均	4	4	mg/ m^3
		1 小时平均	10	10	
4	臭氧	日最大 8 小时平均	100	160	μg/ m^3
		1 小时平均	160	200	
5	微粒物(粒径小于等于 10 μm)	年平均	40	70	
		24 小时平均	50	150	
6	微粒物(粒径小于等于 2.5 μm)	年平均	15	35	
		24 小时平均	35	75	

资料来源：中华人民共和国国家标准《环境空气质量标准》(GB3095—2012，代替 GB3095—1996 和 GB9137—88)

通过查阅历年《北京市环境统计年鉴》，得到 1994 年到 2014 年二氧化硫年均浓度值数据，但二氧化氮、一氧化碳和可吸入颗粒物年均浓度值的数据只能得到 1998 年到 2014 年的数据。四种空气中主要污染物的时间变化趋势如图 4 所示。

从图 4 中可以看到，空气中四种主要污染物，除一氧化碳在 2013 年和 2014 年出现了比较严重的反弹外，从 1998 年开始总体都呈现出平稳的下降趋势。北京市空气中主要污染物年均浓度值总体上来讲呈现下降趋势，但下降速度较为缓慢；2008 年时均出现较大的拐点，主要得益于 2008 年奥运会期间空气质量保障措施，使得在奥运会、残奥会期间，北京市空气质量天天达标，大气中主要污染物浓度比上年同期下降 50%左右，其中二氧化硫、一氧化碳和二氧化氮日均浓度达到世界发达城市水平，可吸入颗粒物达到世界卫生组织空气质量指导值第三阶段目标值，远优于承诺指标。①

① 2008 年《北京市环境状况公报》。

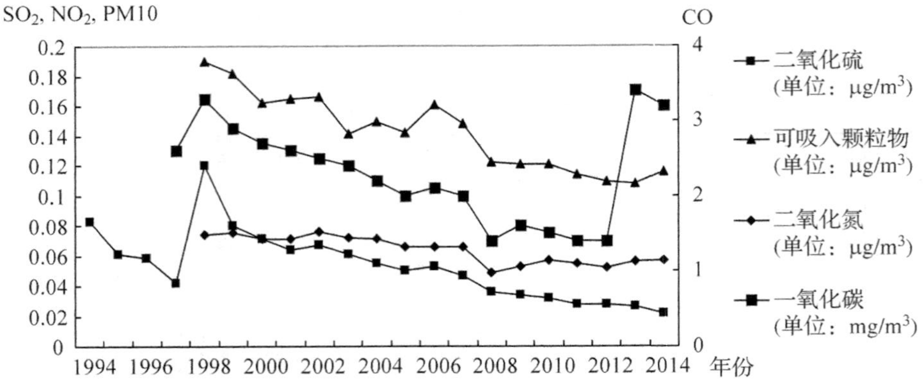

图 4　北京市空气中二氧化硫、二氧化氮、可吸入颗粒物和一氧化碳年均浓度值

数据来源：根据 1994—2014 年《北京市环境统计年鉴》，及北京市环境保护局《2014 年北京市污染减排力度大空气质量持续改善》①数据整理

对比国家标准《环境空气污染物基本项目浓度限值》，北京市市区二氧化硫年均浓度在 2004 年首次达到国家环境空气质量二级标准。在北京市市区空气污染物年平均浓度值中，一氧化碳的浓度在四种主要污染物浓度中占主要地位。相对于二氧化硫和二氧化氮年平均浓度值，可吸入颗粒物年均浓度值较高，成为近年来“雾霾”天气的主要元凶之一。

接下来，我们来分析一下 2006—2014 年北京市各区县空气中主要污染物年均浓度变化。以二氧化硫、二氧化氮和可吸入颗粒物年均浓度值作为分析对象，来探讨污染物的地域分布情况(见图 5、图 6、图 7)。

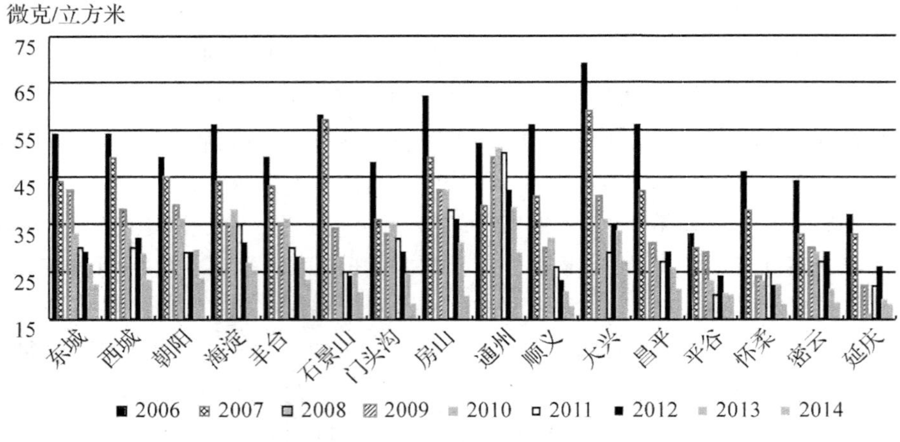

图 5　2006—2014 年北京市各区县二氧化硫年均浓度值

数据来源：根据 2006—2014 年《北京市环境统计年鉴》数据整理，2008 年数据缺失

① http：//www.bjepb.gov.cn/bjepb/413526/331443/331937/333896/418344/index.html.

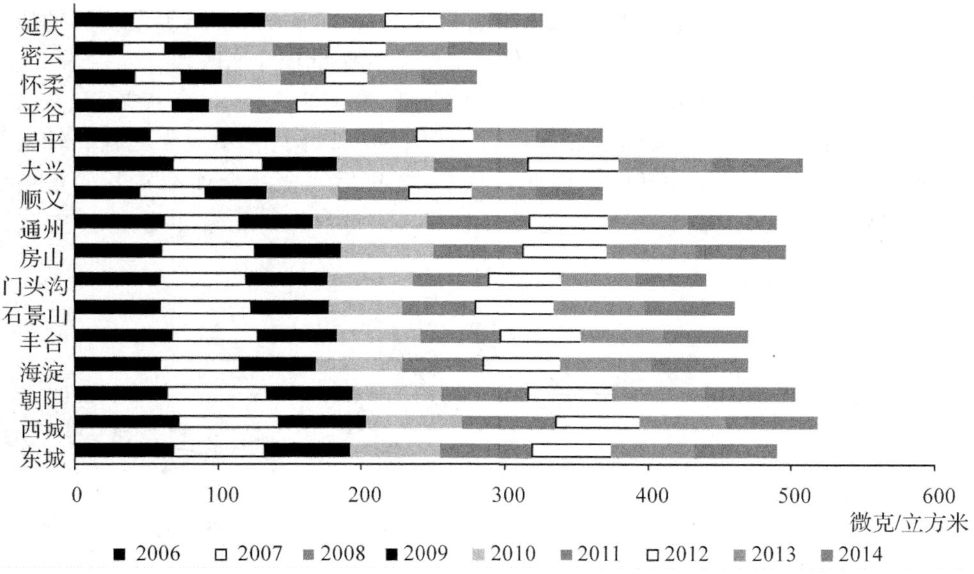

图 6　2006—2014 年北京市各区县二氧化氮年均浓度值

数据来源：根据 2006—2014 年《北京市环境统计年鉴》数据整理，2008 年数据缺失

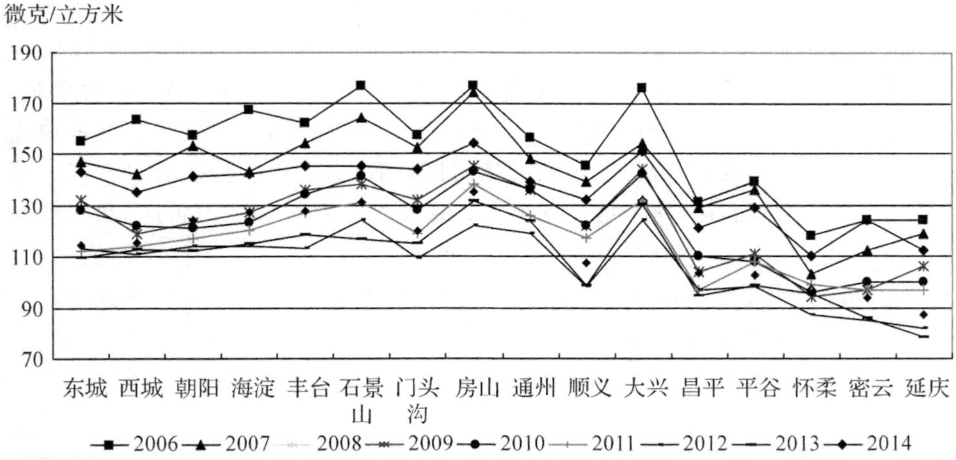

图 7　2006—2014 年北京市各区县可吸入颗粒物(PM 10)年均浓度值

数据来源：根据 2006—2014 年《北京市环境统计年鉴》数据整理，2008 年数据缺失

从图 5、图 6 和图 7 的数据可以看到，2006—2014 年，北京市各区县二氧化硫、二氧化氮及可吸入微粒物的年均浓度值均呈现出下降趋势。其中，二氧化硫的变化趋势最为明显。九年间，二氧化硫浓度平均值排在前三位的是通州、大兴和房山，排在后三位的是平谷、延庆和怀柔；二氧化氮浓度平均值排在前三位的是大兴、朝阳和房山，排在后三位的是平谷、怀柔和密云；可吸入颗粒物(PM 10)平均值排在前三位的是房山、大兴和石景山，排在后三位的是怀柔、

延庆和密云。可以看到，大兴三项污染物指标均排在前三位，属于重度污染地区，怀柔三项污染物指标均排在后三位，属于空气质量较好地区。

2012 年，为顺应人民群众对空气质量改善的期盼，北京市展开了以 PM2.5 为重点的大气污染治理工作，将治理 PM2.5 作为一项民生工程、转型工程、生态工程和公信工程。[①] 因此，从 2012 年后，全社会逐渐并开始重点关注 PM2.5 指标。接下来，本文将分析 2013—2014 年北京市各区县空气 PM2.5 年均浓度值。

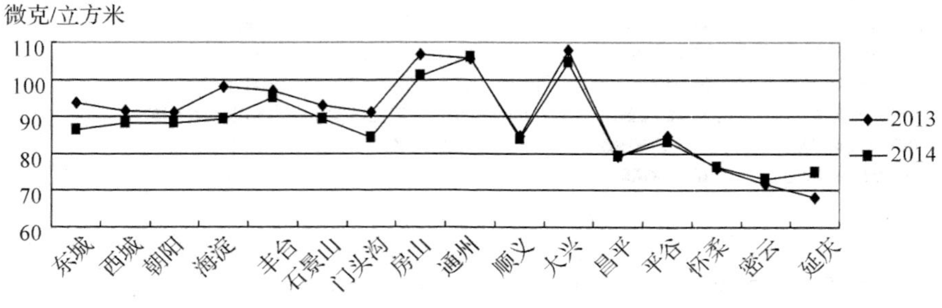

图 8 2013—2014 年北京市各区县空气 PM2.5 年均浓度值

数据来源：根据 2013—2014 年《北京市环境统计年鉴》数据整理

在国家标准《环境空气污染物基本项目浓度限值》中微粒物(粒径小于等于 2.5μm)，即 PM2.5 的二级要求中，达到二级标准为年平均浓度值低于 35μg/m³，北京市各区域 PM2.5 的年平均浓度值均远远超标，情况不容乐观。

根据北京市行政区划(2013 年)划分，北京市分为四个功能区：首都功能核心区(东城区和西城区)、城市功能拓展区(朝阳区、丰台区、石景山区、海淀区)、城市发展新区(房山区、通州区、顺义区、昌平区、大兴区)和生态涵养发展区(门头沟区、怀柔区、平谷区、密云县、延庆县)。把四个功能区中，每个区域二氧化硫、二氧化氮和可吸入颗粒物年均浓度值再做平均计算，可以观察四个区域的污染情况。

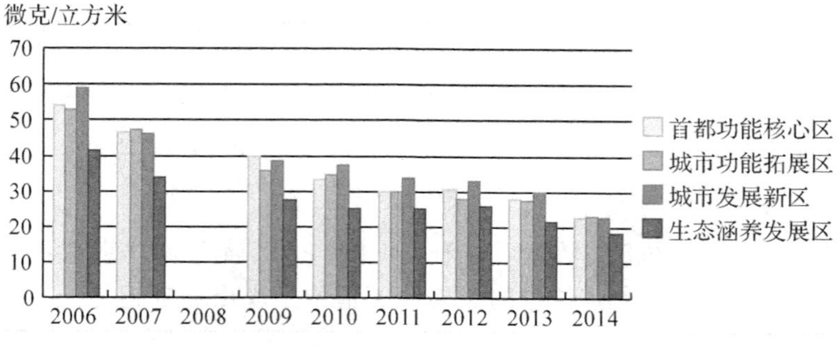

图 9 北京市四个功能区二氧化硫年均浓度值

数据来源：根据 2006—2014 年《北京市环境统计年鉴》数据整理，2008 年数据缺失

① http://www.bjepb.gov.cn/bjepb/323474/331443/331810/331826/451768/index.html.

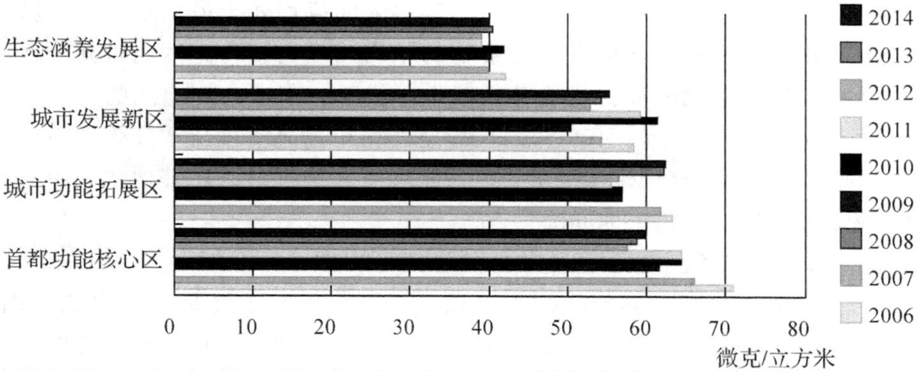

图 10　2006—2014 年北京市四个功能区二氧化氮年均浓度值

数据来源：根据 2006—2014 年《北京市环境统计年鉴》数据整理，2008 年数据缺失

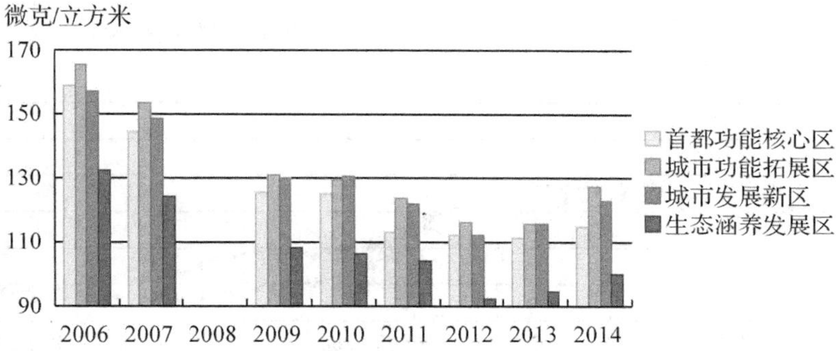

图 11　2006—2014 年北京市四个功能可吸入颗粒物(PM10)年均浓度值

数据来源：根据 2005—2014 年《北京市环境统计年鉴》数据整理，2008 年数据缺失

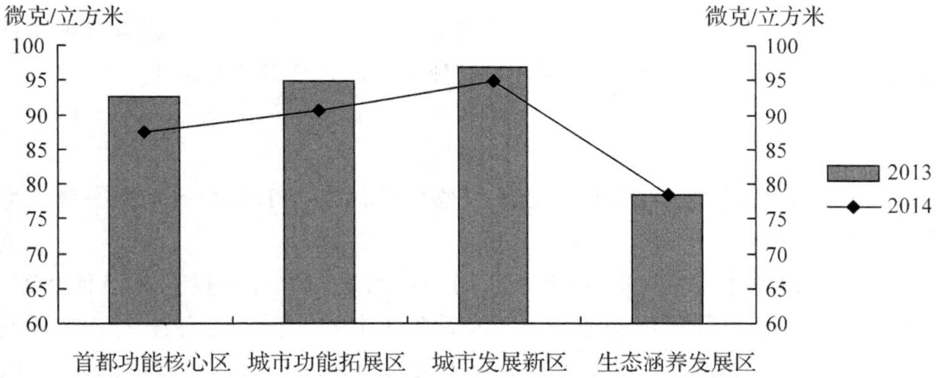

图 12　2013—2014 年北京市四个功能区可吸入颗粒物(PM2.5)年均浓度值

数据来源：根据 2013—2014 年《北京市环境统计年鉴》数据整理

从图 9—12 中可看出，北京市四个功能区中，生态涵养发展区的空气中

二氧化硫、二氧化氮及可吸入颗粒物的年均浓度值均处于最低水平；而城市功能拓展区和城市发展新区空气污染物的年均浓度均较大。由此可知，北京市全市空气质量南北差异比较显著，其中，位于北京市北部地区的生态涵养发展区优于其他区域。与国家标准《环境空气污染物基本项目浓度限值》相比，除 2004 年之后的二氧化硫年平均浓度达到国家二级标准外，其他空气中主要污染物浓度值均超过国家标准水平。

(二)北京市空气中主要污染物排放量变化趋势

北京市空气主要污染物排放中可以获得数据的，主要是二氧化硫和烟、粉尘的年排放量。从 1985 年开始，北京市二氧化硫和烟、粉尘的年排放量的变化情况如图 13 所示。由于数据跨越 30 年，时间段较长，因此，数据来源分别为：1985—1991 年的数据来源于 1985—1992 年《中国统计年鉴》，1992 年和 1993 年的数据来源于《中国环境年鉴》，1994—2014 年的数据来源于 1994—2014 年《北京市环境统计年鉴》，其中，1988 年数据缺失。

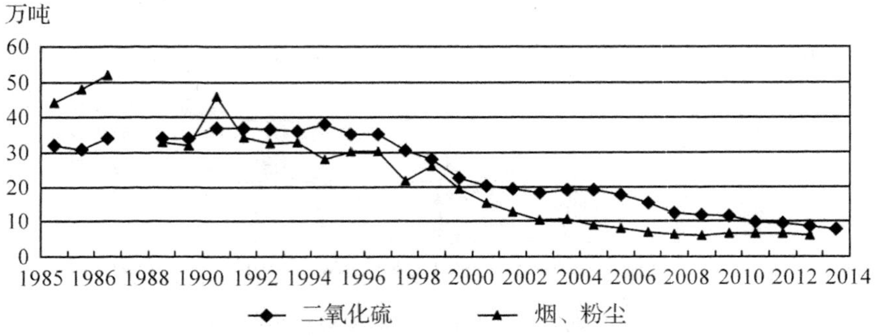

图 13　北京市空气中二氧化硫和烟、粉尘年排放量

从图 13 可以看出，北京市空气中二氧化硫和烟、粉尘年排放量呈现出逐年稳步下降趋势，尤其是 2002 年开始，较之前的排放量明显减少。

四、小　结

从以上分析看到，北京市生态环境建设总体上处于良好的发展态势，生态环境逐渐改善。

从时间纬度来看，2008 年奥运会期间，北京的生态环境达到最佳状态，尽管之后又开始下降，但总体上处于良性发展状态。随着近年来北京市环境保护和建设规划的执行以及各项环境保护的实施，北京市空气质量逐渐好转，全年二级和好于二级天数逐渐增加，全市空气中主要污染物年均浓度值逐渐降低，市区二氧化硫年均浓度在 2004 年首次达到国家环境空气质量二级标准，但其他污染物浓度仍远超国家标准水平。北京市空气中二氧化硫和烟、粉尘年排放量也呈现出逐年下降趋势。

从地域范围来看，北京市空气质量南北差异比较显著。其中，北京市北部地区的生态涵养发展区好于其他区域。

参考文献

[1] [美]罗・麦金托什著，徐篙龄译：《生态学概念和理论的发展》，北京：中国科学技术出版社，1992 年版。

[2] 叶亚平、刘鲁君：《中国省域生态环境质量评价指标体系研究》，《环境科学研究》，2000 年第 3 期。

[3] Chen. Y., A. Eben Stein, M. Green Stone, and H., Evidence on the Impact of Sustained Exposure to air Pollution on Life Expectancy from China's Huai River policy, *Proceedings of the National Academy of Sciences*, 2013(32).

[4] Air Quality Guidelines Global Update 2005. Denmark: WHO, 2005.

[5] 朱传凤、赵和平：《用空气污染指数评价城市空气质量》，《甘肃环境研究与监测》，1998 年第 2 期。

[6] C. M. Lieb, The Environmental Kuznets Curve and Flow Versus Stock Pollution: The Neglect of Future Damages, *Environmental and Resource Economics*, 2004(29).

[7] C. Tisdell, Globalization and Sustainability: Environmental Kuznets Curve and the WTO, *Ecological Economics*, 2001(39).

（作者：李春梅　首都经济贸易大学讲师）

法学学科

FAXUEXUEKE

项目名称：北京市法律援助体系实证研究
项目编号：12FXC026
项目负责人：袁　钢
项目信誉保证单位：中国政法大学

北京市法律援助体系实证研究

一、北京市法律援助体系的研究背景

（一）法律援助研究现状

作为国际通行的法律制度，法律援助制度是指由政府设立的法律援助机构，组织法律援助人员和社会志愿人员，为经济困难的公民或特殊案件的当事人提供免费的法律服务，以保障其合法权益得以实现的一项法律保障制度。法律援助是为了实现"法律面前人人平等"的宪法原则而实施的司法人权保障制度，是实现社会正义和司法公正，保障公民基本权利的国家行为，在一国的司法体系中占有十分重要的地位。

2003年国务院《法律援助条例》颁布实施，标志着我国法律援助工作进入了法制化、制度化的轨道。综合我国法律援助研究成果，可以概括为"两个集中"：集中在法律援助制度和价值层面研究；集中在国家层面的法律援助制度和文本研究。相对应的，国内研究中表现为"两个缺乏"：缺乏对法律援助的系统、全面和专门的关于地区层面的实证研究，特别缺乏地区层面法律援助制度运行状况。

（二）北京市法律援助现状

北京市在提供高水准的法律服务以及多层次的法律援助领域一直为全国的风向标。北京市法律援助经历了从律师开展法律援助到由法律援助机构统一实施，由司法行政机关进行管理、指导的运行模式，由律师个人慈善行为向政府提供服务转变。北京市的法律援助工作出现了"三个趋势"：社会法律援助需求旺盛且多元化趋势；案件数量增幅加大的趋势；人民群众对服务能力和服务水平的要求逐步提高的趋势。[①] 这些新特征、新情况是北京市法律援助事业中需要应对和解决的实际问题，也是本文需要发现和解决的主要问题。

① 周旺生：《论北京市法律援助立法》，《北京市政法管理干部学院学报》，2002年第1期，第3页。

经过多年建设与努力，在政府为主导下社会广泛参与法律援助，初步形成政府主导、律师前导、公益倡导、高校教导的全面覆盖、全员参与的法律援助体系，提高了法律援助的提供能力。北京市法律援助体系包括政府型和非政府型两大基本类型，法律援助参与者包括政府专门机构、律师、民间公益组织、高校志愿者，从而形成四种不同的法律援助模式。北京市在市、区两级建立了 19 家法律援助中心，并建立了法律援助公职律师队伍；同时，积极引导、鼓励社会力量参与法律援助工作，组建法律援助律师志愿团，在工、青、妇、残、老“五大社团”设立了法律援助站点；先后批准成立了“北京市农民工法律援助工作站”等社会法律援助机构；在清华大学、中国人民大学、中国政法大学等高校建立了法律援助志愿者队伍。

本文以北京市法律援助体系运作为主体，以北京市法律援助不同运作模式为客体，以规范和实施北京市法律援助制度为内容，以北京市法律援助体系构建和完善为目标，围绕如何提高北京市法律援助体系有效性这一核心问题，采取实证分析与文本分析结合的方式进行研究，以实现“所有人的正义”。本文的研究不仅具有跨领域、跨学科的应用性研究的性质，对于中国法律援助体制建设和发展、社会矛盾化解机制研究具有长远意义，而且可供政府部门制定政策决定借鉴和参考。

二、政府主导：政府专门法律援助机构模式

自 2003 年国务院《法律援助条例》实施以来，北京市采取有力措施，服务困难群众成效显著，至 2013 年累计已有 230 万困难群众受益，挽回经济损失约 15 亿元。北京市法律援助工作在法制建设、队伍建设和财政保障上居于全国前列，形成了覆盖全市的法律援助服务网络，为公民申请法律援助提供了便利。北京市已建立起社区(村)法律援助联系点—街道(乡镇)法律援助工作站—区(县)法律援助中心—市法律援助中心四级法律援助网络。[①] 同时，设立了“1600148”全市法律服务专线和“北京市法律援助网上咨询”，积极引导群众以合理、合法方式表达诉求，极大地畅通了群众寻求法律帮助的渠道。

(一)建立完善规章制度

早在 2001 年，北京市就有计划、有步骤地开展立法准备工作，之后北京市法律援助地方性立法从“超前性立法”转变为“实施性立法”。2008 年 12 月 19 日，北京市第十三届人民代表大会常务委员会通过《北京市法律援助条例》，这是北京市法律援助工作的首部地方性法规，也是一部比较优秀的地方性立法，较好地体现了地方立法的科学性和民主性。[②]

---

① 王斌、李海婷：《四级法援网惠及 230 万人》，《法制日报》，2013 年 11 月 15 日第 5 版。

② 朱力宇主编：《地方立法的民主化与科学化问题研究——以北京市为主要例证》，北京：中国人民大学出版社，2011 年版，第 244—272 页。

2003年以来，北京市司法行政机关积极推进法律援助制度建设，先后出台了《北京市法律援助公职律师管理办法（试行）》《关于公民申请法律援助经济困难标准和事项补充范围的意见》《北京市法律援助业务档案立卷归档办法》等规章；结合实施新修订的刑事诉讼法，北京市司法局与北京市公检法机关联合出台了《关于办理刑事法律援助案件的工作规定》和《北京市未成年人法律援助实施办法（试行）》。北京市法律援助已逐步形成完整的法律制度体系，使法律援助工作做到有法可依、有章可循。

（二）保障法律援助基本经费

北京市政府积极履行法律援助的责任，不断加大对法律援助的经费投入。2010年至2012年，北京市政府对法律援助经费的投入实现“三级跳”，分别为2048万元、2339万元和2840万元，年平均递增17%以上。[①]

2011年，北京市司法局联合北京市财政局出台《关于印发〈北京市法律援助补贴办法〉的通知》，调整了北京市法律援助案件补贴标准，与原补贴标准相比有较大幅度提高。[②] 并且，随着北京市消费者物价指数、职工平均工资发生较大变化，将适当调整补贴标准，建立与北京市经济和社会发展相适应的动态调整补贴机制。

（三）采取降限扩面有效措施

为使更多经济困难群众获得平等的法律保护，北京市法律援助受案事项范围除国务院《法律援助条例》规定的6类外，2005年扩大了“请求给予工伤待遇、因交通事故引起的人身伤害赔偿、主张因家庭暴力行为引起的民事权益”3项；2006年将农民在劳务方面利益受到侵害，因农业生产资料质量导致经济受到损失等纳入援助范围；2007年，对农村“五保户”供养对象等五类人员认定为经济困难，扩大了对“残疾人、老年人、未成年人请求人身损害赔偿的，因家庭暴力、虐待、遗弃等违法行为造成损害请求赔偿的”等案件的援助范围，降低了法律援助的门槛。与此同时，北京市按照《国务院关于解决农民工问题的意见》的要求，率先在全国对农民工法律援助案件简化程序，凡是对农民工申请支付劳动报酬和请求工伤赔偿的，不再审查经济条件。

例如，2009年在10639件民事和行政法律援助案件中，属于国务院《法律援助条例》规定的事项共计8906件，占83.71%；属于北京市新增事项共计1492件，占14.02%，其他类241件，占2.27%。

---

① 王斌、李海婷：《四级法援网惠及230万人》，《法制日报》，2013年11月15日第5版。

② 刑事案件按照办案阶段分别确定补贴标准：侦查阶段每件1200元，审查起诉阶段每件1200元，一审、二审、再审、自诉案件每件2000元。为同一受援人提供刑事辩护同时代理附带民事诉讼的，增加补贴20%。民事诉讼案件，按审判阶段每件补贴2000元。民事执行案件每件补贴1000元。为刑事案件被害人代理刑事附带民事诉讼的案件，每件补贴2000元。劳动仲裁、人事争议仲裁代理或其他非诉讼法律事务案件，每件补贴2000元。

表 1　2009 年北京市民事、行政法律援助案件中各类事项数量

案件类型	国务院《法律援助条例》规定范围							北京市法律援助条例增定范围						其他类	批准案件总数
	国家赔偿	社会保险待遇	最低生活保障待遇	抚恤金救济金	赡养、抚养、扶养费	支付劳动报酬	见义勇为	婚姻家庭暴力	交通事故	工伤	产品质量事故	医疗事故	其他人身伤害事故		
数量(件)	4	343	1	8	448	8033	1	68	583	361	13	34	501	241	10639
比例(%)	0.38	3.22	0.09	0.75	4.21	75.51	0.09	0.64	5.48	3.40	0.12	0.32	4.71	2.27	100.00

自 2006 年起，全市法律援助机构每年共接待(接听)来访、来电法律咨询就超过 20 万人次，2012 年更是达到了 25.97 万人次。其中，75%以上咨询来自于全市法律援助中心、法律服务专线和网络法律援助咨询。究其原因，是与社会经济活动活跃、群众维护自身权益意识增强、政府专项宣传活动增多、电话和网络咨询服务便捷有关。

按照咨询数量，排名前三位的分别是劳动纠纷、婚姻家庭、房屋土地法律咨询。劳动纠纷类咨询中，排名前三位的分别是支付劳动报酬类、请求社会保险待遇、工伤类咨询；婚姻家庭类咨询中，排名前三位的分别是离婚类、“赡养、抚养、扶养三费”类和遗嘱继承类咨询。[①] 这些都是群众最关心、最直接、最现实的利益问题。

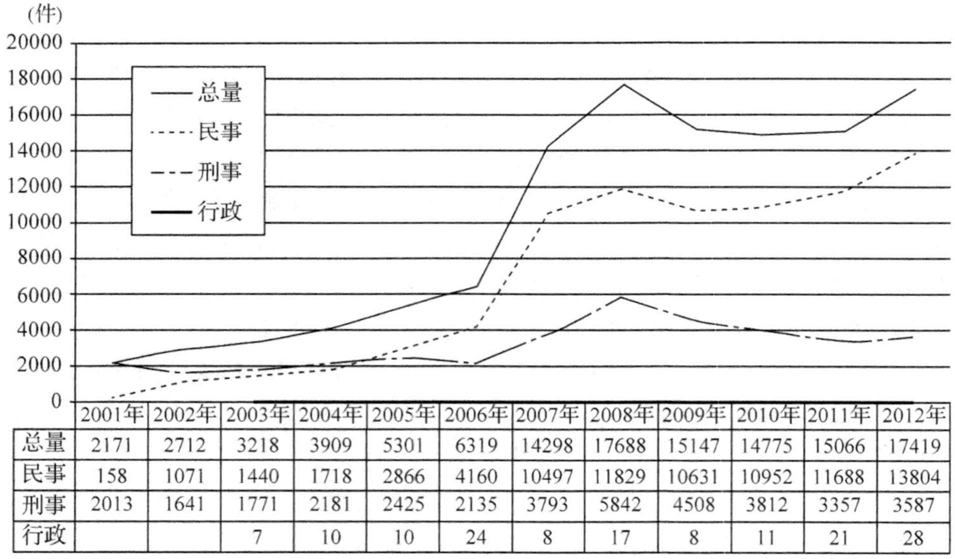

	2001年	2002年	2003年	2004年	2005年	2006年	2007年	2008年	2009年	2010年	2011年	2012年
总量	2171	2712	3218	3909	5301	6319	14298	17688	15147	14775	15066	17419
民事	158	1071	1440	1718	2866	4160	10497	11829	10631	10952	11688	13804
刑事	2013	1641	1771	2181	2425	2135	3793	5842	4508	3812	3357	3587
行政			7	10	10	24	8	17	8	11	21	28

图 1　北京市法律援助案件的年度变化

① 《北京法律援助》2010 年第 1 期，http://www.bjsf.gov.cn/publish/porta10/tab189/info12648.htm。

从 2005 年开始，民事法律援助案件数量超过刑事法律援助案件，成为法律援助最主要的案件类型，大约占到案件总量的八成。就刑事法律援助案件而言，95％以上案件来源于法院指定案件，来自远郊区县案件占了多数。主要罪名有盗窃罪、故意伤害罪、寻衅滋事罪、抢劫罪。

自 2007 年以来，农民工民事法律援助案件总量占到民事案件总量的七至八成。(见图 2)农民工案件主要集中于请求支付报酬和工伤赔偿。2010 年至 2012 年三年间，北京市各级法律援助机构总共为农民工挽回经济损失 1.6 亿元、1.94 亿元和 1.7 亿元。农民工法律援助案件可以直接反映出矛盾走向，例如与金融危机、工厂停产、工程停工、固定资产投资变化等相关。

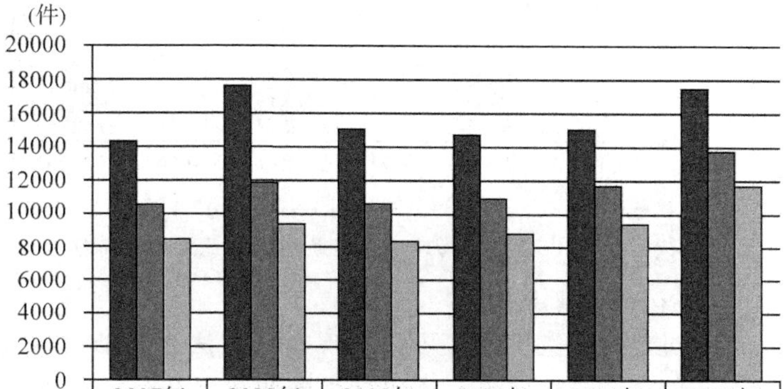

	2007年	2008年	2009年	2010年	2011年	2012年
■总量	14298	17688	15147	14775	15066	17399
■民事案件总量	10497	11829	10631	10952	11688	13804
□农民工民事法律援助案件总量	8472	9375	8387	8825	9472	11801

图 2　北京市法律援助民事案件的年度变化

三、律师前导：政府购买律师法律服务模式

近年来，我国律师制度不断完善，律师队伍不断发展壮大，律师在经济社会生活中发挥的职能作用日益凸显，已经成为建设社会主义法治国家的重要力量。北京市律师积极履行律师的社会责任，为北京市创造良好法治环境做出了贡献。法律援助虽然是国家的责任，但律师是提供法律援助的主力军。本文在 2012 年采取实证研究的方法对 2011 年北京市律师和律师事务所参与法律援助情况进行考察，具体包括发放问卷、组织访谈、数据统计等方式。本次调查共收回律师问卷 1062 份，其中有效问卷 1050 份；收回律师事务所问卷 270 份，其中有效问卷 267 份。

(一)律师的调查

本次调查数据显示，在 2011 年有 64.8％的律师提供过法律援助。

1. 律师年龄和执业年限

根据调研结果，对于法律援助案件的代理主要还是集中于 30 岁以下、执业3年以下的年轻律师，而这一数字在40岁以上或者执业10年以上的律师中形成一个回升。见图3所示。

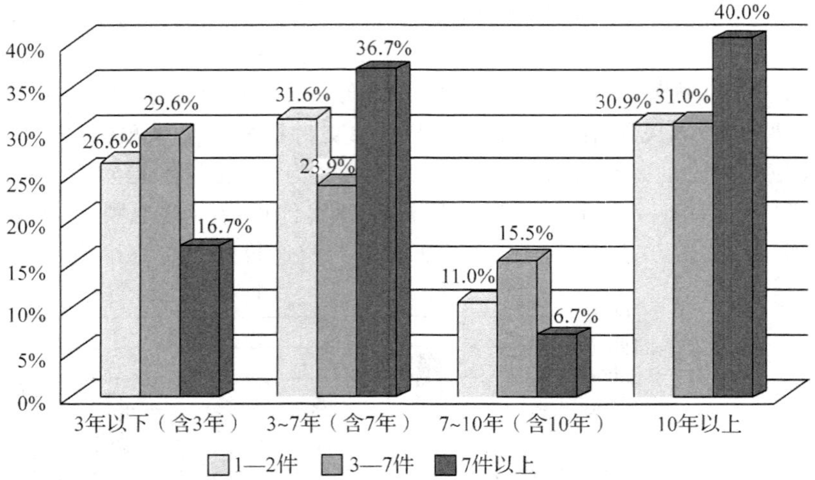

图3　代理法律援助案件的北京市律师执业年限

2. 律师执业身份

通过这次调查问卷，可以发现在承担法律援助案件代理的律师中，除了有专职的律师群体之外，还包括了兼职律师和公司律师。2011年专职律师代理过法律援助案件的占97.3%，兼职律师占1.9%，公司律师占0.8%。

(二)律师事务所的调查

对律师事务所的调查问卷显示，2011年有46.4%的律师事务所提供过法律援助。

1. 代理法律援助案件数量

在怀柔区和门头沟区，代理过法律援助案件的律师事务所2011年代理的数量都在10件以上，可以看出这些地区对法律援助的需求量更大(见图4)。

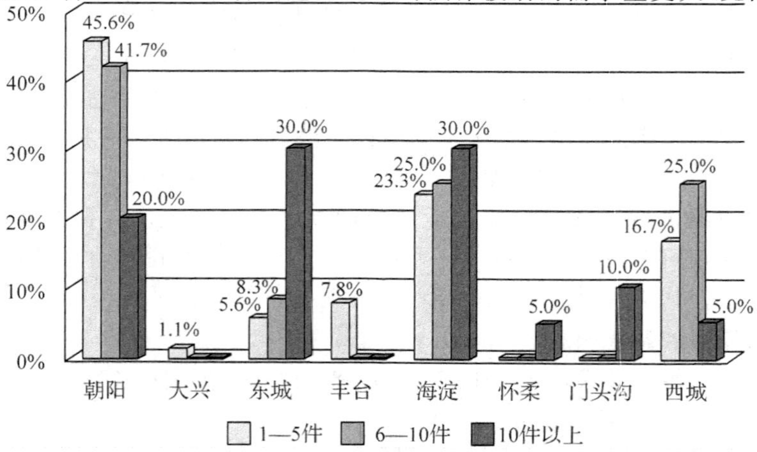

图4　承办法律援助案件的北京市律师事务所的案件数量及地域分布

2. 承办法律援助律师人数

根据对北京市律师参与法律援助人数的统计，律师事务所里有 1 至 3 人承办法律援助案件的占履行过法律援助义务的律师事务所的 73.8%；有 4 至 7 人承办法律援助案件的律师事务所占 9.8%；有 7 人及以上承办法律援助案件的律师事务所占 16.4%。

3. 案件涉及当事人数量

与涉及的律师数量相对应，法律援助案件涉及的当事人数量也能反映法律援助案件的规模。大部分律师事务所代理法律援助案件涉及的当事人数量为 1 至 5 人。有意思的是，涉及当事人人数在 10 人以上的占到了代理法律援助案件律师事务所总数的 19.8%。特别是通过图 5 对几个城区的对比可以看出，北京市几个区县在 2011 年虽然参与调查的律师事务所在代理案件的总数上少于朝阳、海淀等，但是每个区县都有涉及当事人 10 人以上的法律援助案件的律师事务所。这些数据显示了 2011 年律师事务所在法律援助案件的代理数量方面呈现出稳定增长的趋势。

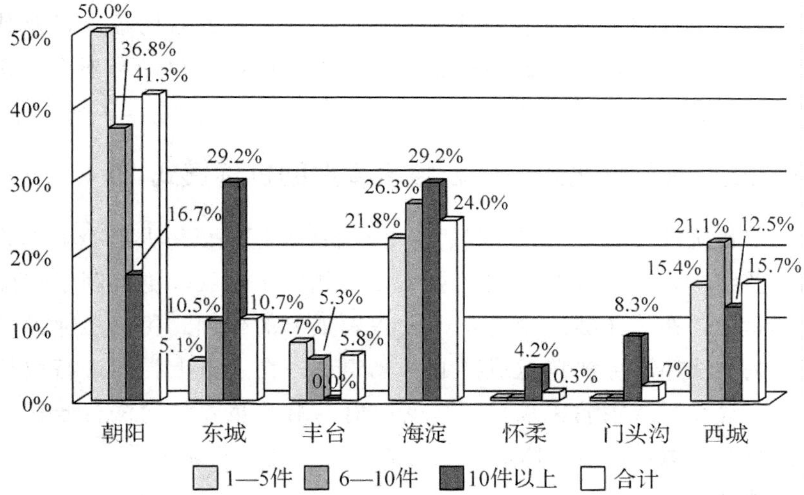

图 5　北京市律师事务所承办法律援助案件涉及当事人人数及区县对比

4. 法律援助案件代理的范围

在对 2011 年北京市律师事务所代理法律援助案件的类型进行统计后，得出图 6 所示结果。

5. 法律援助为当事人减免诉讼费用数目

根据对律师事务所在 2011 年代理法律援助案件所减免的当事人诉讼费用的统计，57.5%律师事务所减免金额在 1 万元以内，23.8%律师事务所减免 1—5 万元，17.8%律师事务所减免金额在 5 万元以上。可以看出北京市律师

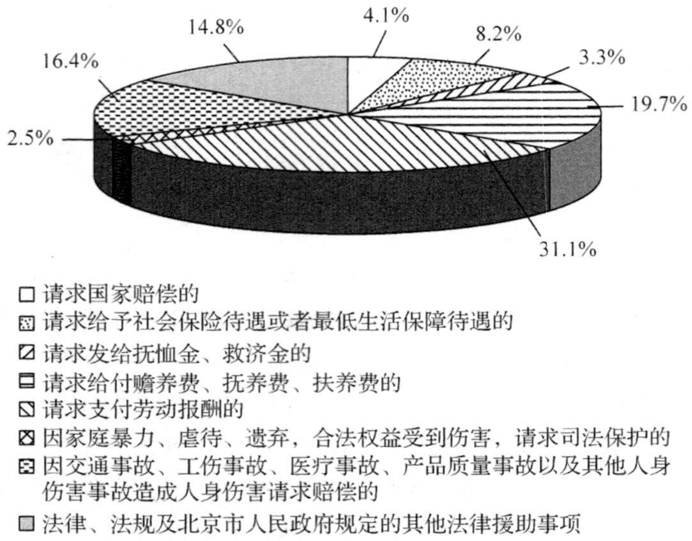

图 6　北京市律师事务所承担法律援助案件类型

事务所在履行法律援助义务上的投入、对受援助对象的帮助程度以及其所产生的社会影响力大小，对于那些缺乏经济基础来诉讼维权的当事人来说，起到了实质性的救助。

四、公益倡导：北京民间公益法律援助机构模式

无论是传统的工、青、妇、残、老等社团[①]，还是以民办非企业形式出现的民间公益组织，即民间法律援助组织，都扎根于基层，更有利于特殊群体获取法律帮助，在法律援助中也正在发挥着重要的作用。民间法律援助组织是由能够提供法律服务的单位或热心公民组成，在业务上受司法行政机关的指导，但不存在行政隶属关系，不享受政府的财政拨款和司法行政机关的资助。本文重点对致诚公益团队、义联公益团队等进行实证调研。

（一）致诚公益团队

1. 北京青少年法律援助与研究中心

1999 年 8 月，佟丽华个人出资，以北京市致诚律师事务所的名义，联合中国青少年犯罪研究会共同成立了青少年法律援助与研究中心。2003 年 5 月，该机构在北京市民政局正式注册为“北京青少年法律援助与研究中心”。从成立至 2011 年年底，其直接办理法律援助案件超过 400 件，协调支持各地支援

① 例如 2004 年 1 月 16 日，经北京市司法局批准成立北京市教育工会法律援助中心。该中心是由中国政法大学工会具体实施的法律援助志愿者组织，中心的主要业务范围是为教育系统内经济困难或特殊案件的教职工提供无偿的法律援助。见北京市司法局编：《北京司法行政年鉴 2005》，第 410 页。

律师直接办理案件500多件。其中多数案件的当事人是未达到国家规定的法律援助标准但又确实贫困的。①

2. 北京致诚农民工法律援助与研究中心

北京致诚农民工法律援助与研究中心前身是北京市农民工法律援助工作站，工作站成立于2005年9月8日，是经北京市司法局批准的全国第一家依托专职公益律师从事农民工法律援助的公益组织。2009年7月，经北京市民政局依法注册，正式注册登记为"北京致诚农民工法律援助与研究中心"，现有专职人员近30人。

该中心对符合法律援助条件的农民工案件，指派专职律师提供免费的代理服务。截至2011年年底，农民工中心提供免费法律咨询39549件，受益农民工140694人次，办结案件6896件，涉及农民工9134人次，通过仲裁、诉讼和律师调解切实帮助农民工得到金额约6391万元。此外，中心在中国法律援助基金会和联合国开发计划署的资助下，与中华全国律师协会合作，在各省市律师协会、司法行政机构的共同努力下，将该中心的专业化法律援助模式在全国范围内推广。截至2011年4月底，除北京市外在大中城市推动建立了26家农民工法律援助专门机构，专职人员近90人。

(二)义联公益团队

北京义联劳动法援助与研究中心(以下简称"义联")成立于2007年8月，是由黄乐平律师发起成立，由北京市司法局批准、北京市民政局登记的民办非营利机构。2013年，义联受理各类法律援助申请1096件，办结994件，为当事人挽回经济损失1034万元。②

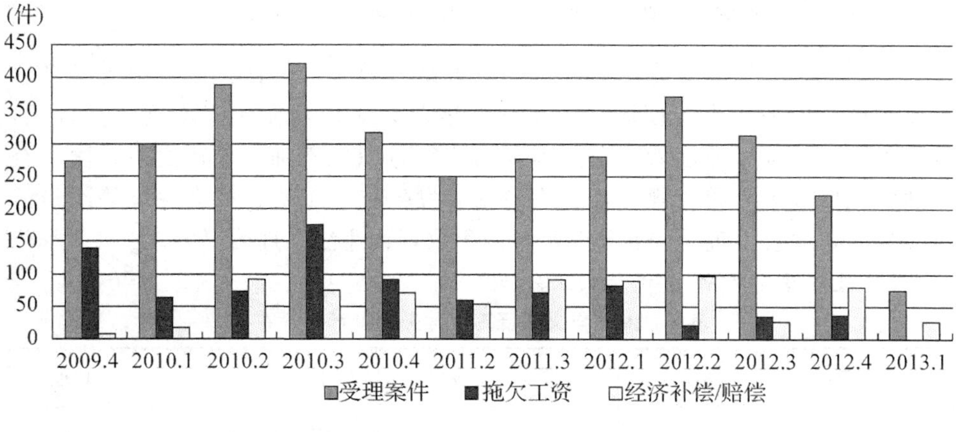

图7　义联法律援助案件数量(2009年第4季度至2013年第1季度)

---

① 数据来源于《2011年北京律师社会责任报告》。

② 数据来源于北京义联劳动法援助与研究中心网站，www.yilianlabor.cn。

1. 义联受理案件类型

表 2　2013 年义联受理案件类型

案件类型	劳动关系	加班工资	经济补偿/赔偿	二倍工资	工伤认定	工伤待遇	社会保险	拖欠工资	人身损害赔偿	其他
数量(件)	188	99	221	37	6	48	158	479	27	169
比例(%)	17.16	9.03	20.16	3.38	0.55	4.38	21.66	14.41	2.47	15.42

注：(1)本表中的数量，以案件中涉及的申诉请求为标准统计

(2)本表中的比例，以 2013 年度批准受理的案件量为基数计算

从上述数据可以看出，农民工法律援助案件类型明显向经济补偿/赔偿、拖欠工资两个领域集中。季度案件整理数量和分布也表明，每年年末，申请经济补偿/赔偿数量、拖欠工资案件数量、集体案件数量都会呈增加的趋势。此种趋势也受到传统因素影响，年初正值农历新年，大批农民工回乡，而每到岁末往往要求一次性结算工资，农民工讨薪引发的纷争会集中出现。

2. 义联受理案件用人单位类型

表 3　2013 年义联受理案件用人单位类型

单位类型	国家机关	事业单位	国有企业	集体企业	民营企业	外企	个体经营	其他
数量(件)	0	3	62	9	882	1	0	139
比例(%)	0	0.27	5.66	0.82	80.47	0.09	0	12.68

注：本表中的比例，以 2013 年度批准受理的案件量为基数计算

从用人单位的类型看，民营企业所占比重最大。民营企业是市场经济的重要主体，但一些小规模的民营企业，运营灵活却存在用工不规范的现象，劳动者流动性强，劳动者、企业本身的法律意识也不强。相比之下，国有企业通常制度较为完善、规范性程序较高，发生拖欠工资、社会保险等纠纷的情况较少，但会出现一些有体制特色的争议，如违法办理内退等。

3. 义联受理案件劳动者从业分布

表 4　2013 年义联受理案件劳动者行业分布

劳动者职业	建筑	采矿	销售	服务	加工	其他
数量(件)	320	0	0	578	162	36
比例(%)	29.20	0	0	52.74	14.78	3.28

注：本表中的比例，以 2013 年度批准受理的案件量为基数计算

在劳动者从业分布上，服务业一直是劳动争议高发的行业。随着经济的发展，第三产业尤其是服务业市场会进一步繁荣，特别是低端服务业会吸收大量劳动力。这些劳动者因知识、技能的缺失进入低端服务业，也会因同样的原因面临维权的困境，法律援助要充分发挥作用，就要重视他们的权益和诉求。例如，每年第一季度，即年前、年后，建筑业拖欠工资的问题尤为突出，如果不能合理引导、及时解决，会激化社会矛盾，不利于社会稳定。在这样的纠纷解决中，法律援助机构应扮演缓冲、减压的角色，使合理的诉求通过合法的渠道表达和实现。

五、高校教导：北京市高校法律援助志愿者模式

中国高校法学院校普遍设立了学生社团性质的法律援助组织。这类法律援助组织设在高等法学院系内，由法学教师负责指导，以学生为主参与法律援助活动。2000 年中国法学教育正式引入了“诊所式法律教育”，又称“法律诊所教育”。① 一方面，北京市高校的法律援助已经正式纳入北京市法律援助体系之中；另一方面，法律诊所教育将高校法律志愿者的学生社团自治形式，纳入高校正式的教学管理范畴之中。②

本次调研选取笔者所在的中国政法大学法学院第十九期、第二十期法律诊所整个 2013 学年为调研对象。③ 根据案件登记表的记载和教学安排，两期法律诊所 237 名学生总共接待案件 1283 件，指导教师先后共 10 名。

(一)法律诊所案件类型分析

法律诊所接待的案件主要有民事(48%)、刑事(22%)、行政(30%)三种类型的案件，受案范围较广，且多为法律援助范围的案件。从法律诊所实际接待的案件来看，其范围远远超过《北京市法律援助条例》所规定的法律援助的范围。

---

① 甄贞：《方兴未艾的中国诊所法律教育》，见甄贞主编：《方兴未艾的中国诊所法律教育：2002—2004 年诊所法律教育文集》，北京：法律出版社，2005 年版。

② 2002 年 11 月 28 日，北京市司法局与中国人民大学、清华大学法学院签署了《法律援助合作协议书》，协议书规定法学院的学生在具有律师执业资格的教师指导下，接受北京市法律援助中心指派，办理民事法律援助案件。周信：《认真落实实事项目，积极开展法律援助，为首都经济发展和社会稳定做出新贡献》，载北京市司法局编：《北京司法年鉴 2004》，第 34—35 页。

③ 本调研只是进行基础实证调研，回避了实证研究的风险管理、伦理责任等方面的问题。

(二)法律案件来源地分析

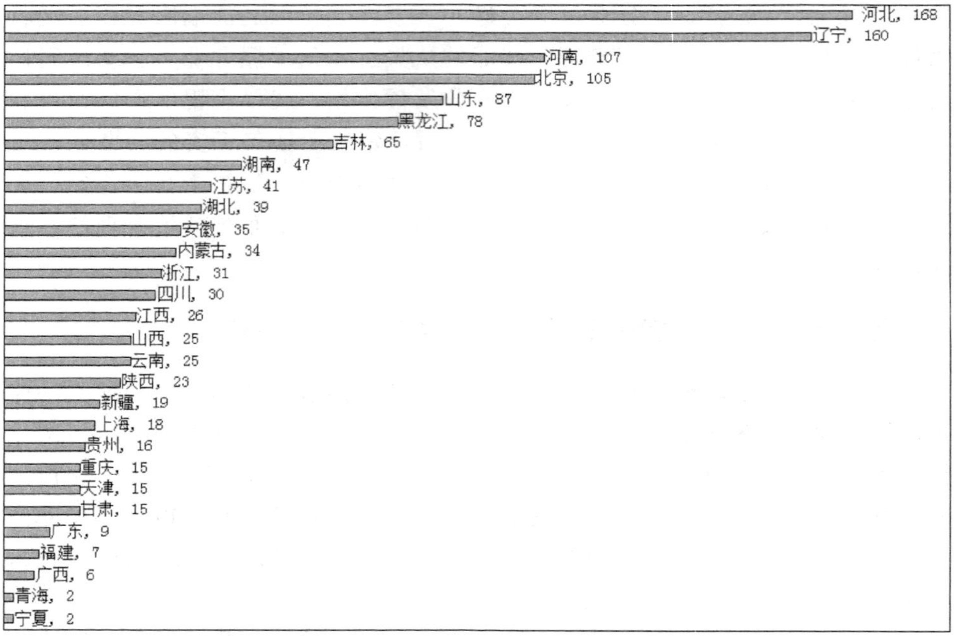

注：在统计过程中发现学生记录部分案件登记表未能记载当事人的住址、籍贯等有关信息，因此本表中只统计了 1250 件。

图 8　2012 年中国政法大学法律诊所案件来源分析

上图显示来自河北、辽宁、河南、北京的案件居多，山东、黑龙江、吉林次之。很明显地表现为多数案件都来自于北京周边的省份，特别是东三省。数据表明，来自于河北、辽宁、河南、北京、山东、黑龙江、吉林案件数量占到法律诊所全部接待案件数量的 60%。

(三)法律诊所案件接待方式分析

从案件接待方式上看，当事人来访的占 89%，反映出学生与当事人有充分的接触，基本上都是面对面地沟通与交流。这可以让学生直接接触真实的当事人和案例，直面各种社会冲突和纠纷，把理论与实际真正综合在一起运用。

(四)法律诊所案件处理方式分析

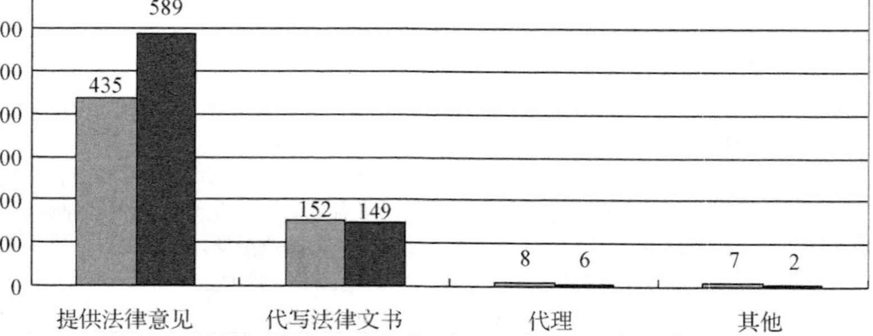

图 9　2012 年中国政法大学法律诊所案件处理方式分析

可以看出，对于案件的处理方式，法律诊所的学生为当事人提供法律意见占绝大多数，约为 76%。[①]

六、北京市法律援助体系的初步结论

(一)政府主导——明确公职律师职责

根据《法律援助条例》的规定，北京市积极履行法律援助的政府职责主要体现在以下几方面：在立法上，从地方性法规到地方规章、规范性文件，北京市已经构建起民主化、科学化的地方法律援助立法；在财政上，稳定为政府责任履行提供持续性的财政支持；在机构上，已经专门的设立四级法律援助机构；在政策上，积极支持、鼓励其他社会组织为经济困难的公民提供法律援助。本文调研显示，北京市法律援助体系政府主导特征显著，这也说明构建法治政府中不可缺少政府责任的履行。

政府责任的履行，使得需要帮助群体的权利，能够真正从纸面文件中落实于每个人的实际。但是，现实中仍然存在问题，例如：北京市法律援助主要依靠法律援助机构指派律师来完成，虽然涌现出一批著名的公益律师，甚至辐射到了全国，但是专门的公职律师队伍数十年没有大的变化。虽然在强大财政支持和政策引导之下，政府购买律师法律服务，律师获得相应的办案补贴，此种方式有效缓解了服务资源不足的问题，但是也存在以下问题：指派援助集中于部分律师或者律师事务所，被多数律师或者律师事务所认为是“行政摊派”；法律援助补贴还与律师收入有较大差异，与律师的“营利性”相悖；依赖于部分律师或者律师事务所的公益奉献，而不是有效的制度支撑。

好的制度安排可以有效解决机制集中的任意性，因此，本文建议：第一，加强扩大专职公职律师队伍建设，明确专职律师的法律援助职责，避免成为政府的法律服务人员；第二，从北京市社会律师队伍以及庞大的基层法律服务工作者队伍中汲取新鲜力量，通过身份转变扩大公职律师试点；第三，与高校的奖学金、贷学金衔接，通过政府给予奖学金或者代偿贷学金的方式，吸引高校法学优秀毕业生毕业后专职从事二至三年的法律援助工作；第四，公职律师走入高校，试点公职律师驻点高校，直接参与法律诊所教学项目，实现教学相长。

(二)社会参与——鼓励多元参与协同

北京市民间公益组织和高校法律援助志愿者都是北京市法律援助体系中的重要组成部分，处于“辅”的地位。传统社团只关注既定领域，并具有官方色彩，很难发挥更大作用。而以民办非企业方式注册的民间公益组织，在北

① 因对同一个案件，法律诊所学生可能既提供法律意见又代写法律文书甚至代理的情况，故其统计总数会大于案件总数。

京还处于点状分布，个人色彩比较浓厚，再加上民办非企业注册难度较大，也使得民办公益组织虽然影响不小，但是覆盖面较小。

相对于其他区域，北京市具有高校众多的优势，尤其是法学学科重要学府多数都位于北京市内，在校本科、硕士、博士人数也众多。特别是引入法律诊所教育模式之后，以往的高校法律援助已经摆脱了传统学生社团的定位，成为法学高等教育中越来越重要的组成部分。高校法律援助不仅已与北京市司法行政确立合作关系，建立高校法律援助志愿者工作站，而且部分高校法律援助还获得"中央专项彩票公益金法律援助项目"的直接资助。

基于本文的研究，笔者建议：第一，政府法律援助应与高校法律援助有效结合，普遍建立起法律援助志愿者工作站，明确高校法律援助为辅的定位；第二，加强高校志愿者的系统性培训，将志愿法律服务和学校"法律诊所"的教学模式相结合，以实践教学的方式和理念，加强志愿者队伍的专业化；第三，利用高校学生的优势，拓展新的法律援助方式，即借助网络平台，尤其是社交媒体，使得高校法律援助的辐射范围可以扩展到更多的地方，尤其是法律资源较为稀缺的中小城市和农村，为自身的发展提供新的模式。

北京市法律援助可以结合北京市的特色，在既有成果基础上，进一步探索和研究北京市法律援助体系运行机制，特别是进行制度创新，在中国民主和法治的土壤上，培育出可复制、可实施的地区法律援助的运作模式。

（作者：袁　钢　中国政法大学副教授）

项目名称：北京市农村土地可持续利用法律制度研究
项目编号：13FXB010
项目负责人：郑 翔
项目信誉保证单位：北京交通大学

北京市农村土地可持续利用法律制度研究

北京市农村土地可持续利用过程中涉及错综复杂的利益冲突：政府作为国家权力的行使者，在执行耕地保护农用地用途管制过程中与农民土地承包经营权的冲突；在城市扩张土地开发利用过程中与农民集体土地所有权的冲突；政府作为宏观经济调控权力的行使者，在城市布局、产业规划、城乡一体化发展过程中，存在的城市发展与农村发展之间的经济利益冲突；农民个体的土地权益与农民集体土地权益存在的冲突；农村土地生态安全与都市圈发展的利益冲突，等等。因此，北京市农村土地可持续利用，不仅是一个经济问题，更是一个法律问题。

一、北京市农村土地可持续利用法律制度完善问题的提出

北京市农村土地主要分为三类。第一类是处于城乡结合部，与城市土地相互交错，土地利用结构是农业用地与非农业用地兼有的土地。在这一区域，人口和产业经济高度密集，农村经济实力发达，是土地利用率较高以及人地矛盾较尖锐的地区。第二类是农业用地类型区。主要包括顺义、通州、大兴及房山、平谷等平原区，非农业用地面积比重少，以农村居民点和乡镇企业用地为主。第三类是林牧用地类型区。主要包括延庆、怀柔、密云、门头沟以及房山、昌平、平谷等区的丘陵山地部分。这些地区还有大片果园，为北京市重要的果品生产基地。整体来看，北京市农村土地的特点是山地多、平地少、土地利用的地域差异明显、土地利用结构复杂多样，具有典型的大城市及其郊区用地圈层结构①的特点。针对不同类型土地所面临的不同利益冲突，法律调整也应有所不同。

① 北京市土地利用从地域上看，由城区向近郊区、远郊区呈现这样一种圈层结构：城区城市建设用地—近郊区城乡混合用地—远郊平原区商品粮、副食品生产基地(城郊农业用地)—远郊半山区、山区林果生产基地(城郊生态农业用地)。这种圈层结构主要是由城市的辐射作用造成的，这种作用具有距离衰减的特征，同时这种结构也同北京市的地形结构相吻合。

土地利用是人类为经济社会目的而进行的一系列生物和技术的活动，是对土地进行的长期或周期性经营过程。土地利用既受自然条件的作用和制约，又受经济、技术、社会条件的重大影响。农村土地可持续利用是指依靠技术和行政手段，协调农村土地利用类型的结构、比例、空间分布与当地自然特征和经济发展之间的关系，使农村土地资源充分发挥其生产与环境功能，以达到社会、经济和生态的最佳综合效益。由于长期以来受到粗放型、外延型的土地利用方式的影响，北京市农村土地资源存在低效利用问题，独立工矿用地的投资强度和产出水平不高，农村居民点中空心村、闲散地大量存在；农村建设用地分布散、面积大、空置超占多；农用地的实际利用水平和产出率偏低，耕地的有效利用面积和单产水平都不高，果园单产及林地的单位生产量等都低于先进水平。[①]

北京市农村土地可持续利用面临的现实困境是：一方面京津冀协同发展国家战略对北京市农村土地提出了"非农化"[②]的现实需求；另一方面根据国家部署，北京农业用地数量上仍然坚持严格的土地管理制度来加以保障。

(一)京津冀协同发展对北京市农村土地的重新定位

2015 年 4 月，中共中央政治局审议通过了《京津冀协同发展规划纲要》。根据规划纲要，京津冀协同发展的核心是有序疏解北京非首都功能，调整区域经济结构和空间结构，走出一条内涵节约发展的新路子，促进区域协调发展，形成新的增长极。从比较优势来看，北京市农村土地非农化的压力很大，北京城市的扩张使得农村土地用途发生重大转变，北京将着重发展都市农业、休闲农业、观光农业，支持企业"走出去"，到河北等地开拓外埠基地。[③]

(二)农村土地用途管制和数量限制的现实要求

从北京的现实来看，耕地保有量以国土资源部对北京下达的分解指标为准，北京市对耕地和基本农田实施最严格的保护制度，规划到 2020 年，全市耕地保有量为 322 万亩，基本农田保护面积 280 万亩，建设用地总量 3817 平方千米。[④] 在北京这样经济发达的地区，粮食生产的相对收益很低，土地被划

---

① 参见《北京市土地利用总体规划(2006—2020 年)》，北京市国土资源局网站，http://www.bjgtj.gov.cn/tabid/3195/InfoID/61218/Default.aspx，2013 年 11 月 26 日访问。

② 非农化包括三个方面：(1)农地的非农化，即大量的农业用地将转化为非农用地；(2)农民的非农化，即大量农业人口转入非农业产业部门；(3)农村产业非农化，即传统农业向现代农业发展。

③ 2014 年 2 月 28 日的北京市农村工作会议上，北京市副市长林克庆表示，将继续支持京津冀外埠蔬菜生产基地建设，发展一批畜禽、水产品外埠基地，鼓励北京市农业产业化企业到环首都地区建设现代化的种养和加工基地；组织区域间"农超对接"，搭建产销合作平台。参见曾鼐：《力推京津冀农业协同发展》，中新网，http://www.chinanews.com/df/2014/02-28/5896961.shtml，2014 年 2 月 28 日。

④ 参见《北京市主体功能区规划》，2012 年 7 月，首都之窗网站 http://zhengwu.beijing.gov.cn/ghxx/qtgh/t1240927.htm。

定为粮食生产功能区的地区，意味着将会失去农地非农化巨额收益的机会。

因此，有必要研究在新形势下实现北京市农村土地可持续利用的法律制度的完善路径。

二、北京市农村土地可持续利用法律制度现状

(一)北京市现行有效的农村土地法律法规

北京市农村土地可持续利用应遵循的法律除了国家层面的法律法规，还包括北京市制定的土地法律法规。从国家层面来看，我国一直非常重视农村土地管理制度的建设。改革开放以后，我国关于农村土地的法律规定从数量到质量都有大幅提高，内容更为完善，体系更为严密，执行和监督机制也越来越健全。

北京市农村土地基本法律规定是《北京市实施〈中华人民共和国土地管理法〉办法》(1991 年)，该办法结合北京市的现实情况，制定实施《土地管理法》的具体制度。北京市在农村土地规划、农村土地产权制度、农村土地交易制度、农村土地生态安全保护制度等方面都制定了不少法律法规。

(二)北京市农村土地可持续利用法律制度中的问题

1. 农村土地产权制度规定不完善

在现有法律规定中，土地集体所有权的表述不清，集体和农户之间的权利边界一直处于含混状态。实践中农村集体土地所有权与国有土地所有权地位不对等、集体建设用地产权不明晰、权能不完整、实现方式单一等问题长期存在。[①]

2. 土地用途管制制度不完善

(1) 土地用途分区及管制规则不完善。主要表现为：第一，农村土地利用分区仅仅是土地利用类型区，分区种类与农村土地利用现状分类呈对应关系，造成分区结果普遍过于零碎，分区缺乏弹性，与经济发展及产业结构的变化相脱节。第二，土地用途分区管制属于静态或被动性的管制方式，缺乏相应的动态调整机制，不能及时对分区管制规则的适用性进行检查和修订；对城市扩张侵吞大量优质农地的现象，未能通过用途管制制度加以制止。[②]

(2) 土地规划制度不完善。主要表现为：第一，现行的规划体系中，规划的种类及层级多，且各自的功能、地位及衔接关系不清，从而无法发挥土地利用总体规划在土地利用上的总体指导和协调功能。第二，规划自身体系与

---

① 参见姜大明：《建立城乡统一的建设用地市场》，http://bj.house.163.com/13/1122/21/9EAJ8MFH00073SD3.html，2013 年 11 月 22 日。

② 王文革：《土地生态安全法治建设——论我国土地节约政府管制立法研究》，《政法论坛》，2011 年第 5 期，第 102 页。

内容不完善。从土地规划编制角度来看，目前的土地利用规划仍多是以远景蓝图为重点，而对近期建设规划的研制不够深入细致。农村土地控制指标确定依据不够科学、合理和充分，缺乏弹性特征，缺乏自下而上的编制规划对自上而下下达的规划控制指标给予的反馈作用和验证机制。[①] 第三，农村土地利用规划缺乏完整的生态系统服务理念，把土地看成均质的或拼盘的，缺乏区域尺度的生态系统完整性概念，割裂地看待区域生态系统，主观地割裂山区和平原、浅山区和深山区、保护区和非保护区的有机联系。[②]

3. 缺乏对农村土地流转制度的具体规定

(1)缺乏农村宅基地流转的相关制度。北京市关于农村宅基地的相关规定是不支持宅基地流转的[③]，因此对宅基地流转中的基本问题缺乏制度设计，对宅基地流转条件、范围、方式、期限、收益分配及流转后土地产权关系的调整等方面都缺乏明确规定。

(2)缺乏农村土地征收统一制度，导致大量农村土地拆迁行为没有纳入全市统一管理的范畴中。例如，《北京市集体土地房屋拆迁管理办法》第 27 条规定：因进行水利水电工程建设、绿化隔离地区建设、贫困山区农民搬迁以及因地质灾害移民涉及集体土地房屋拆迁的，不适用本办法。不同性质的征收对农民的权益补偿制度不一样，地方政府在不同时期出台不同的征收补偿政策，导致同一地块的农民获得的补偿差异很大。[④]

4. 土地可持续利用的经济激励不健全

在农村土地资源利用方面，资源价格扭曲和要素价格扭曲未能有效改正，助长了资源的浪费。在农村经济发展相关核算中没有体现土地资源利用的经济发展成本，资源耗竭状况得不到反映，经济发展成本与经济发展收益的比

① 杜宇：《热衷建大马路大广场，全国城乡规划中存五大问题》，新华网，http：//news.xinhuanet.com/ house/2006-05/04/content _ 4508655.htm，2006 年 5 月 4 日。

② 俞孔坚、袁弘、李迪华等：《北京市浅山区土地可持续利用的困境与出路》，《中国土地科学》，2009 年第 11 期，第 5 页。

③ 依据我国现有法律，农村宅基地由村级组织分配给村民，属于农民集体所有，个人只能在上面建造房屋自用。转让只能在村集体内部进行，农民住宅不得向城市居民出售，也不能为在农村购买房屋的城市居民发放土地证和房产证。

④ 北京市某乡镇总共有 21 个村庄，却实施了四种拆迁政策，且分别以“红头文件”的形式对外公布，即 7 号文、12 号文、20 号文和重点村政策。这四种政策有一致的地方，也有不同之处，其中最重要的不同是对原有宅基地、房屋的补偿标准以及对新购房价格认定标准等问题。按照 12 号文和 20 号文的政策，只能对房屋评估作价。重点村政策规定了对宅基地使用权及其地上物进行补偿，其补偿标准相对较高。按照上述几种政策，就会出现这样的情况：一个三口之家按照 12 号文、20 号文的政策执行，如果想要获得两套房子的话，需要自己再拿出 3 万元到 10 万元；而按重点村的政策执行的话，除了能免费获得房屋以外，还能获得 100 多万元补偿款。越是后制定的政策优惠条件越多，使一开始就积极配合政策执行的村民感到极大的不公。参见：北京市农村法治研究会：《〈北京市农村宅基地及农民住宅条例〉法规预案研究报告》，许传玺：《北京法治发展报告(2011)》，北京：法律出版社，2012 年版，第 108 页。

较不准确。财政工具缺少促进资源节约利用的系统化设计，政策组合差，激励与惩罚的手段极为缺乏。涉及农村土地使用的税收制度安排不够合理，“重流转轻保有”的税种设计，不能促进农村土地可持续利用。金融信贷制度偏向于土地利用中较快见到收益的项目，而对提高农地质量、维护土地生态效益的项目支持很少。

三、北京市农村土地可持续利用的法律制度框架

北京市要实现土地资源可持续发展，应形成科学完善的农村土地法律制度体系。

（一）北京市农村土地规划和土地用途管制制度

1. 农村土地规划要纳入城乡一体化的规划范畴

北京市农村土地紧邻城市，从提高土地使用的经济效益和社会效益来看，应该考虑制定城乡一体化①的土地规划，以保障城乡一体化建设用地，引导城乡合理布局，达到集约用地、提高土地使用效率的目标。要将农村土地可持续利用目标放在京津冀区域内考量，实现农村土地整体规划。②

2. 合理安排土地使用产业发展的相关性

北京市农村的发展，不可避免地涉及产业结构调整。制定北京市农村土地规划需要考虑不同产业结构的相关性，例如在重视农村郊区旅游业发展的同时，强调农业也是旅游业的资源。③ 农村土地规划应该在掌握产业发展规律的基础上，适当超前规划，引导产业结构、调整产业合理布局。

3. 采用逆向规划细化功能空间单元

北京市农村土地规划的制定，要从土地的健康、安全和长远公共利益的角度进行逆向的规划。逆向规划是指提供给决策者的规划成果中体现的是一个强制性的非建设规划——生态基础设施的构建，构成该区域的“底”和限制性格局，而把发展区域作为可变化的“图”，留给渐进式的发展规划和市场去完善。④ 将农村土地功能区划细化，确定每块土地在区域的具体位置、用途，更重要的是确定该块土地在整个生态系统中的地位及其与其他土地之间的

---

① 城乡一体化是城市发展的一个新阶段，就是要把工业与农业、城市与乡村、城镇居民与农村居民作为一个整体，统筹谋划，综合研究，通过体制改革和政策调整，促进城乡在规划建设、产业发展、市场信息、政策措施、生态环境保护、社会事业发展的一体化，使整个城乡经济社会全面、协调、可持续发展。参见：蔡成凤、师红琴：《创新土地利用规划服务城乡一体化建设》，《合作经济与科技》，2010 年第 6 期，第 19 页。

② 黄海蕾：《非首都核心职能向京外疏解》，《京华时报》，2014 年 3 月 25 日。

③ 刘欣：《山区发展：法国策略对北京的启示》，《北京规划建设》，2007 第 4 期，第 107—110 页。

④ 俞孔坚、袁弘、李迪华等：《北京市浅山区土地可持续利用的困境与出路》，《中国土地科学》，2009 年第 11 期，第 6 页。

关系。

4. 土地用途管制制度

要切实进行农村土地调查，以调查数据为基础，以土地利用总体规划为依托，针对农用地、宅基地、建设用地不同用途的农村土地，建立相应的土地用途管制制度，在保证农村土地基本量的基础上，通过在京津冀跨区域的耕地占补平衡，实现农村土地可持续利用合理布局。

(二)农村土地权属制度

建议制定专门的农村土地权利法，对农村土地权利的名称、主体与客体、取得与丧失、内容与限制以及权利的变动，做出全面、系统、具体、明确的规定。

1. 完善农村土地权利主体制度

按照乡(镇)、村和村民小组农民集体三类所有权主体，将农村集体土地所有权确认到每个具有所有权的农民集体。村民委员会作为村民自治组织，行使社会组织、管理和服务的自治功能；形成多样化的集体土地产权主体，实行股份化改造，使之成为拥有独立产权、股份合作、自主经营的合作经济组织。[①] 现在已经有地方开始试点土地信托制度和农村集体资产信托制度[②]，农村土地主体制度明确为：农民为土地信托人，政府成立土地承包经营权信托公司或者委托商业信托公司，通过规范的信托制度明确农村土地权利人的权利和义务。

2. 建立新型农村土地权利制度

北京市农村土地改革基本的方向是构建以集体所有、家庭承包、多元经营为特征，所有权、承包权、经营权“三权分离”的新型农地制度。所谓的“三权分离”的农地制度创新，构建集体所有、农户承包、多元经营的新型农地制度，其前提是坚持农村土地集体所有、家庭承包经营的基本制度长久不变，并在此基础上，进一步明晰相关制度的权益内涵。

3. 农村土地确权制度、登记制度

土地确权登记发证的过程，是进一步查清宗地的权属、面积、用途、空

---

① 项继权：《我国农地产权的法律主体与实践载体的变迁》，《华中农业大学学报(社会科学版)》，2014 年第 1 期，第 5—14 页。

② 土地流转信托是将农村土地使用权(包括农用地的土地承包经营权、集体建设用地使用权以及宅基地使用权)作为信托财产，委托给信托公司进行经营管理，并计划实现土地受益权的标准化和凭证化，农民凭证定期领取收益。具体做法是政府主动介入，试点搭建政府平台——土地承包经营权信托公司，规范土地流转。农户将分散、抛荒、小块的土地交给信托机构，由其统一归集、整理后通过出租等方式流转给专业农业经营企业或农业大户，承租者支付土地租金，并由信托公司统一分配给农民。

间位置，摸清土地利用情况的过程。① 北京市要进一步落实《不动产统一登记条例》②，实现登记机关、登记程序、登记效力、权利证书等方面的统一，建立城乡建设用地统一登记信息查询系统。

(三)农村土地交易制度

农村土地和城市土地一样，也应形成土地置换、土地收购、储备与供应一体化运作模式，以实现土地资产经营效益最大化。

1. 建立农村土地和城市土地“同地同权同价”的土地市场

农村建设用地将会通过两种方式进入到土地市场：一是国家公益性征地；二是农村建设用地直接入市。农村建设用地的交易制度需要平衡公益性征地与直接入市之间的利益关系③，研究制定集体建设用地流转收益分配调节政策，确保国家(政府)、集体和农民之间合理分配土地增值收益。从公益性征地角度来看，需要建立补偿动态调整机制和多种方式的征地补偿安置机制，同时鼓励以留地安置农民的土地权益，确保农民享受土地增值收益。从农村建设用地直接入市角度来看，需要明确农村集体土地资产管理的主体、管理方式和管理责任，确保农民权益不受侵害。

2. 建立合理的农村土地资源价格制度

农村土地资源价格制度要符合农村土地价格规律和供求关系，以真实的反映土地市场经济运行状况。在农村土地资源使用过程中，明确相关的土地资源开发成本以及生态环境影响成本、资源利用外部成本等。在核算农村土地资源价格时，不仅要考虑农民现有的土地收益，还要考虑未来土地使用者通过土地所获得的增值收益，同时还需要考虑土地使用可能造成的外部不经济等问题(如环境污染的问题、对生态安全的影响，等等)。

(四)促进农村土地可持续利用的激励机制

根据北京市农村土地可持续利用的资金需求，完善北京市与区县分税制财政管理体制，增加功能区转移支付，加大对生态涵养区的转移支付力度，

---

① 按照北京市农村土地确权工作安排，2013 年起，凡是被征收的农村集体所有土地，须具有集体土地所有权证，并以此作为征地拆迁补偿的依据。凡是未完成农村集体所有权登记发证的，暂停审批农转用、土地征收，土地整治项目不予立项。2014 年起，在征地拆迁时要依据集体土地所有权证、集体建设用地使用权进行补偿安置。凡是依法进入市场流转的经营性集体建设用地使用权，必须经过确权登记，做到产权明晰、四至清楚、没有纠纷，没有经过确权登记的集体建设用地使用权一律禁止流转。

② 中华人民共和国总理李克强 2014 年 11 月 12 日签署第 656 号《中华人民共和国国务院令》，公布《不动产登记暂行条例》，自 2015 年 3 月 1 日起施行。《条例》共 6 章 35 条，对不动产登记机构、登记簿、登记程序、登记信息共享与保护等做出规定。

③ 城乡土地实行同地(指按土地规划确定的同一土地用途，如同属农地或建设用地或同属宅基地)、同权(指具有同等的占有、使用、收益和处置权利)、同价(指相同用途、相同位置的土地应具有相同的价格，而不能由于所有制不同实行价格歧视)。

优先支持城乡结合部、重点镇、重点产业功能区等重点区域建设①，建立促进农村土地可持续利用的多种激励机制：

1. 农村土地可持续利用财政补贴制度

财政补贴应该面向土地实际使用人和土地投资者，为实现土地自然可持续、经济可持续、社会可持续，可以设立三种形式财政补贴：(1) 农村土地节约利用补贴，即对减少占有农村土地的项目投资人进行补贴，鼓励土地开发利用的投资人节约使用土地，如果投资人通过土地复垦等技术手段节约了农村土地的使用，也可以获得相应的补贴；(2) 农村土地利用投资补贴，即对提高土地利用率和产出水平的土地投资者进行补贴。通过对增加土地投入的投资者补贴，来提高地力，促进土地投资者更新土地利用技术，降低土地利用成本；(3) 农村土地利用环境保护补贴。通过对在利用农村土地过程中主要环境保护、防止环境污染、维护生态安全的土地使用中给予补贴，以促进农村土地资源的节约利用和生态环境的保护。

2. 农村土地可持续利用税(费) 收政策

土地税费一方面要考虑农村土地可持续利用的环境效益和生态效益；另一方面也要考虑税收环节的合理配置，不仅在流通环节，更重要是在土地持有阶段引导使用者对土地进行可持续利用。具体可以设置：(1)利用耕地占用税保护土地的可持续利用；(2)构建新型房产税，将农村集体建设用地纳入到征税范畴；(3)开征农村土地使用特别调整税。对农用地的过度使用，如开发别墅、高尔夫球场等行为开征农村土地使用特别调整税，以限制这类农用地浪费利用的行为；(4)调整农村土地税费结构，改变目前“高流转、低保有”的税赋结构，引导农村土地合理流转，从而提高促进土地可持续利用。

3. 农村土地可持续利用金融制度

首先，应该建立相关的农村土地金融优惠政策，吸引社会资金投入到相关项目，例如促进土地质量提高的技术改造项目，有利于土地资源节约使用的建设项目。其次，建立土地资源扶持政策，例如鼓励土地抵押信用，通过土地产权流转，实现土地经济效益的可持续利用。再次，可以考虑建立农村土地可持续利用基金。

四、结　论

土地资源可持续利用目标的实现，需要建立以下相关保障制度：在制度中明确农村土地可持续利用的责任主体；在土地可持续利用的约束条件下，土地开发、利用过程中应遵循的基本原则；农村土地所有者、使用者应具备的权利和义务及行为模式；农村土地管理者与使用者之间的权益分配；不利

① 参见《2009 年北京市国民经济和社会发展报告》，第 135 页。

于土地可持续利用的违法行为的法律责任等问题。

参考文献

[1] 曾鼐：《力推京津冀农业协同发展》，中新网，http：//www.chinanews.com/df/2014/02-28/5896961.shtml，2014 年 2 月 28 日。

[2] 刘德炳、姚冬琴：《让农民捧上金饭碗》，《中国经济周刊》，2013 年 11 月 26 日。

[3] 姜大明：《建立城乡统一的建设用地市场》，http：//bj.house.163.com/13/1122/21/9EAJ8MFH00073SD3.html，2013 年 11 月 22 日。

[4] 王文革：《土地生态安全法治建设——论我国土地节约政府管制立法研究》，《政法论坛》，2011 年第 5 期。

[5] 杜宇：《热衷建大马路大广场，全国城乡规划中存五大问题》，新华社，http：//news.inhuanet.com/house/2006-05/04/content _ 4508655.htm，2006 年 5 月 4 日。

[6] 俞孔坚、袁弘、李迪华等：《北京市浅山区土地可持续利用的困境与出路》，《中国土地科学》，2009 年第 11 期。

[7] 许传玺主编：《北京法治发展报告(2011)》，北京：法律出版社，2012 年版。

[8] 蔡成凤、师红琴：《创新土地利用规划服务城乡一体化建设》，《合作经济与科技》，2010 年第 11 期。

[9] 黄海蕾：《非首都核心职能向京外疏解》，《京华时报》，2014 年 3 月 25 日。

[10] 刘欣：《山区发展：法国策略对北京的启示》，《北京规划建设》，2007 年第 4 期。

[11] 项继权：《我国农地产权的法律主体与实践载体的变迁》，《华中农业大学学报(社会科学版)》，2014 年第 1 期。

[12] 李鹏：《土地信托激活农地流转》，《中国房地产报》，2013 年 3 月 25 日。

[13] 苗野：《土地流转信托首度试水》，《中国房地产报》，2013 年 9 月 9 日。

（作者：郑　翔　北京交通大学副教授）

项目名称：北京市社区力量参与社区矫正的实证研究
项目编号：12FXC029
项目负责人：廖　明
项目信誉保证单位：北京师范大学

社区矫正社会工作者研究
——以京沪为主要样本

社区矫正是一种非监禁刑罚执行方式，是指将符合法定条件的罪犯置于社区内，由专门的国家机关在相关社会团体、民间组织和社会志愿者的协助下，在判决、裁定或决定确定的期限内，矫正其犯罪心理和行为恶习，促进其顺利回归社会的非监禁刑罚执行活动。最高人民法院、最高人民检察院、公安部和司法部(以下简称"两院两部")2012年1月10日联合印发的《社区矫正实施办法》(以下简称《实施办法》)第3条第2款规定，社会工作者在社区矫正机构的组织指导下参与社区矫正工作。社区矫正工作的深入开展，离不开社会工作者的全面参与。

2011年2月25日颁布的《刑法修正案(八)》和2012年3月14日颁布的《刑事诉讼法修正案》均规定，依法实行社区矫正。此外，国务院已将制定社区矫正法列入立法工作计划，司法部正在按照国务院的立法计划推进这项工作。在此大背景下，以北京市和上海市这两个社会工作开展相对发达的地区为主要考察对象，对社会工作者参与社区矫正的问题困难与对策建议进行研究具有重要意义。

一、社区矫正中社会工作者的界定和法律地位

社区矫正领域的社会工作者，就是根据一定条件选择并经培训后对社区矫正服刑人员开展相关社会工作的全日制专业人员，可以简称为"社工"。

我国在社区矫正工作中对于社会工作者的重视和使用，是比较晚的。"两院两部"2003年7月10日联合印发的《关于开展社区矫正试点工作的通知》(以下简称《试点通知》)没有提到"社会工作者"，司法部2004年5月9日发布的《司法行政机关社区矫正工作暂行办法》(以下简称《暂行办法》)也没有提到"社会工作者"。直到"两院两部"2009年9月2日联合印发的《关于在全国试行社区矫正工作的意见》(以下简称"试行意见")，才专门提到社会工作者，提出要建立健全社会工作者的聘用、管理、考核、激励机制。2012年的《实施办法》再次专

门提到“社会工作者”，提出社会工作者在社区矫正机构的组织指导下参与社区矫正工作。

实践先于立法和司法解释的制定。在社区矫正工作中引入社会工作者方面，上海市发挥了首倡性的先导作用。上海市在 2003 年 11 月发布的有关构建预防和减少犯罪工作体系的文件中，提出要建立非企业性质的事业单位，建立组织职业化、专业化的社会工作者队伍，开展社区矫正和其他相关工作。社会工作者要经过统一考试、面试和政审后择优录用，并且要在经过 120 小时的集中培训和考核合格之后上岗工作。上海市社区矫正办公室是开展社区矫正工作的社会工作者团体的业务主管单位，社会工作者以社工小组的形式开展具体的社区矫正工作。2004 年 1 月 20 日，上海市成立了民办非企业、非营利的社会工作者参与社区矫正工作的组织——上海市新航社区服务总站，它根据与上海市社区矫正办公室签订的《政府采购服务合同》，协助社区矫正机构对社区服刑人员进行教育转化、帮困解难、生活指导、心理咨询等工作。

继上海市之后，2004 年 1 月 29 日，北京市第一家在民政部门登记注册的街道社区矫正中心——北京市西城区新街口街道阳光社区矫正服务中心成立，成为在社区矫正中利用社会工作者开展社区矫正工作的具体组织形式。随后，在全市建成多个民办非企业性质的阳光社区矫正服务中心，进一步扩大利用社会工作者开展社区矫正工作的规模。在北京市社区矫正办公室 2005 年 1 月发布的有关规范性文件中，使用了“社区矫正社会工作者”的名称。①

一般认为，社会工作者是指遵循助人自助的价值理念，利用个案、社区、行政等专业方法，以帮助机构和他人发挥自身潜能，协调社会关系、促进社会公正为职业的社会服务人员。② 从我国目前的社区矫正实践来看，社会工作者应当是一些地方成立的、从事社区矫正工作的民办非企业社团中的专门工作人员。例如，前述上海市新航社区服务总站的社工；又如，依托首都师范大学政法学院社会学与社会工作系的两个社会工作研究与服务中心的社工。

社会工作虽然是“助人的专业”，但它不是一般的慈善工作或救济工作，也不是一般的公益或公共事业。对社区服刑人员来说，它从社区服刑人员生理、心理、社会、经济、家庭、职业等各个方面着手，协助社区服刑人员顺利进行矫正工作，帮助其自力更生，重新适应社会和融入社会。据此，社会工作者在社区矫正中的地位和作用不可小觑。

二、社会工作者参与社区矫正的现状

当前，在我国社区矫正工作中，社会工作者已被大量引入。从北京市各

---

① 吴宗宪：《论社区矫正工作人员的种类与名称》，《中国司法》，2005 年第 12 期，第 64 页。

② 《社会工作机构是什么?》，http：//zhidao. baidu. com/question/49808690. html? fr = ala0，2012 年 8 月 25 日访问。

区的情况来看，在社区矫正工作中着力推行专群结合、专兼结合的“3＋N”工作模式。其中的“3”，即以司法助理员、抽调民警为主，司法社工为辅的三支专业专职力量结合的工作队伍。全市16个区均成立了阳光社区矫正服务中心，专门负责组织招聘、培训、管理社会工作者，并在每个街道(乡镇)设立工作站，按照与社区服刑人员1∶20的比例招聘社会工作者，协助司法所开展社区矫正工作。2006年，朝阳区阳光社区矫正服务中心成立了一支由129人组成的社区矫正专职工作者队伍，作为参与社区矫正的社会力量。①

在社工的首倡地上海市，则建立了一种由政府主导、行业管理、民间组织运作、社工服务、义工参与的社会工作新模式。如今，上海市新航社区服务总站近500名社工，已深入该市16个区县260余个街道，从事社区矫正工作。实际上，早在2004年11月，上海市社区矫正办就与之签订了《政府服务采购合同》。按照合同，其自主开展社工招募、职业培训、业务指导等工作，并接受政府的委托，按照双方确定的服务对象、服务内容、服务要求等开展部分社区矫正工作。政府以每个社工每年4万元的标准，支付社团购买服务费，并按照一定的评估标准，每年对其进行一次评估，根据评估的等级，在次年相应增加或减少服务费用。若连续两年被评定为不合格社团，政府有权终止部分或全部合同内容。上海市新航社区服务总站的社工来源有两种，一种是从公务员中主要是从政法战线选聘的社工，占到1/5左右，其余为社会招聘。社会招聘的社工，主要来源是大学生，所学专业为社会学、心理学、社会工作学、法学等。通过社工工作不仅可加强对矫正对象的监督管理以实现社区矫正，并可大大节约财政经费。这种工作模式在上海市已经取得了良好的社会效果。

然而，我国社会工作者参与社区矫正的现实状况与发达国家相比仍然相去甚远。一方面，社工数量明显不能符合社区矫正的要求。另一方面，社会工作者的专业化和职业化水平不高，远远不能满足社区矫正工作的需要。例如，北京市的X社区，没有专门的社会工作者参与社区矫正。北京市的L社区，社工极少。在L社区，社工有的工作经验比较少；大部分社工虽然经验比较多，但是因为之前的学历都不是很高，所以工作方法比较单一和简单化。社工由街道统一管理，工资除去“五险一金”后大概在2000元，由政府财政支出。社工参与社区矫正承担的职能主要是上报信息情况，其他工作很少；在效果方面，虽然再次犯罪率较低，但是效果不是很好。此外，社工参与社区矫正，并不能及时与社区服刑人员沟通。

① 《朝阳区阳光社区矫正服务中心成立了一支由129人组成的社区矫正专职工作者队伍》，http://sifaju.bjchy.gov.cn/sub/viewDetail.jsp?newsid=55616&subjectid=2436，2012年8月15日访问。

北京市的F社区，社工由司法所管理，待遇统一由街道负责，待遇不高，每月2000元左右，无其他福利。在工作经验方面，与L社区的情况相同，社工参与社区矫正承担的职能是上报信息，协助片警。社工参与社区矫正的效果不明显，基本没有控制住再犯罪率。另外，社区服刑人员一般不愿意让社工对其进行管理，包括生活上的帮助。社区服刑人员与社工交流较少，而且社区服刑人员的家属也不愿意社工过多介入。

北京市的B社区，从事社区矫正的社工有1人，是一位25岁的女同志，大学本科法律专业毕业，工作1年，由街道民政科统一管理，工资收入1874元/月。社工参与社区矫正承担的职能包括：定期走访、监管。社工参与社区矫正的效果停留在监督层面，没有深入。社工参与社区矫正存在的问题主要是缺乏心理知识的支撑。

L社区和F社区认为，社工在协助司法所开展培训、教育和心理疏导上应该可以发挥更大的作用，但是因为司法所本身机构和制度的不健全，所以很难开展。B社区则建议，对社工进行相关知识的培训，例如，到开展得比较大比较好的地方参观，学习经验。

综上所述，一方面，应当扩大社会工作者的来源和数量；另一方面，应当对社会工作者的任职资格、待遇和职业发展等进行规范和完善，以促进社会工作者在社区矫正工作中功用的积极发挥。

三、社区矫正中社会工作者的任职资格

国际社会工作界认可的“社工”应当符合以下要求：(1)持有社会工作执照；(2)必须具有社会工作的专业教育背景；(3)受社会工作道德伦理和职业守则的制约；(4)从属于社会工作专业组织或协会的成员；(5)以社会工作作为一种职业生涯。①

我国自2003年开始社区矫正试点工作，将社会工作者引入社区矫正以来，社会工作者已成为教育、感化、帮助曾犯过罪错的人员回归社会的一支重要力量。然而，由于我国社会工作者职业起步较晚，社会工作者的现实状况与国际标准相去甚远，从整体规模和质量上看都远远不能适应社会发展的要求，社工体系在实际运作过程中存在着发展“瓶颈”。

首先，社区矫正工作者的数量和稳定性不能满足社区矫正的需要。同发达国家相比较，我国社会工作人才奇缺，而专业矫正社会工作人才更少。社工体系在实际运作过程中存在的两个发展“瓶颈”之一即是社工工作量太大，一名社工同时要联系50名社区服刑人员，尤其在郊区面积大的街镇，常常疲

① 殷晓清、薛和主编：《当代社会工作》，北京：中国时代经济出版社，2003年版，第246页。

于奔命。[1] 在数量少的同时，社工的流失率较高，稳定性较差。例如，在北京市海淀区几个街道的流失率就达到了30%。2009年招收的2000名应届大学生社工中，由于找到了更好的工作机会，先是300人没有到岗，后又有200多人离职。[2]

其次，社会工作者的专业性不强，没有明确的资格要求。一方面，社会工作为专业从事社会工作的职业，目前的从业者多不具备相关的专业素养和技能。根据劳动与社会保障部门的统计，全国30余万社会工作人员中1/3学历在大专以下。[3] 即便在社会工作者职业比较发达的上海市，截止到2008年8月，在4万多名社工中取得社工职业资格证书的也仅只有8000余名，不到1/5。而且，"这8000多名拥有资格证书的人并不一定在社工岗位上"[4]。另一方面，社工的资质认定标准在我国刚刚起步，社工的定义尚不明确，做着社会工作的人很多难以称为严格意义上的社工。例如，北京市社区矫正工作领导小组办公室2006年发布的《关于加强阳光社区矫正服务中心建设的通知》规定：各区县可按照北京市安置就业困难人员的政策精神招聘下岗失业人员，也可以招聘政法、教育系统退休干部和大专院校毕业生等人员。从实践情况来看，北京市社区矫正社工的主要来源是就业困难人员、下岗失业人员和退休干部，虽然这些人大多数是中老年人，有些生活经验和阅历，但是人员素质参差不齐，缺乏系统、专门的培训，更缺乏社会工作的专业知识，难以保证完全适应政策性很强、不断发展的社区矫正工作的需求。特别是面对一些综合素质较高的矫正对象时，开展工作会比较困难。他们能否顺利完成社区矫正任务，实现社区矫正目的，值得怀疑。

再次，各地区对社工的定位不明确。例如，上海市新航社区服务总站从政法战线选聘的社工，人事关系和工资待遇都在原单位，主要任务是对社会招聘的社工进行传、帮、带，之后陆续回到原单位；招聘的社工则与新航社区服务总站签订劳动合同。当然，招聘的社工是主流。北京市社区矫正工作领导小组办公室2006年发布的《关于加强阳光社区矫正服务中心建设的通知》规定：聘用人员所需经费应当纳入区县财政保障范围，确保建立社会力量参与社区矫正的长效机制。虽然各区县对矫正社工的具体称谓有所不同，但不

---

① 《上海明确社工薪酬最低标准不低于每年5万元》，http://news.sohu.com/20091022/n267628684.shtml，2012年10月22日访问。

② 《北京市公务员明年将不再从大学应届生中选录》，http://edu.qq.com/a/20100130/000026.htm，2012年1月31日访问。

③ 《社会工作机构是什么?》，http://zhidao.baidu.com/question/49808690.html? fr = ala0，2012年月8月25日访问。

④ 《上海试点社工以岗论薪新模式　改变收入不变现状》，http://news.sohu.com/20080825/n259185128.shtml，2012年8月23日访问。

管称呼是什么，矫正社工均由政府直接聘请、培训和发工资。以上海模式为例，社工由社团组织管理；以北京为例，社工由司法行政机关直接管理。前者的模式，政府与社团组织的关系难以理顺，直接导致社工承担的工作量过大，尤其是司法行政机关和社团同时、多头管理经常令其无所适从；后者的模式不利于社工以平等视角切入矫正对象的矫正和服务，容易使社工本人在开展工作时不自觉抬高身份，也容易使矫正对象将社工当作专门机关的“钦差”，从而对其工作产生抵触情绪。

在我国，社会工作作为一种职业（工种），社会工作者作为一种职业人员类型，经历了一个从无到有的发展过程。在社区矫正和社区矫正社会工作者的首倡地——上海市，已认识到加强社区矫正社会工作者任职资格建设的重要性。上海市综治办 2009 年 10 月表示，将建立健全相应任职资格评价标准及其认证、注册制度。① 笔者认为，应当逐步提高社工的任职资格，除了已经在从事社区矫正工作的社会工作者外，招聘社工的基本要求应为本科以上学历，最好是社会工作、法律、社会学、心理学、教育学等专业的大学毕业生。在条件成熟时，应当实行只有通过全国助理社会工作师、社会工作师职业水平考试，取得相应资格的人员才能担任社区矫正社工的制度。

除了提高担任社区矫正社工的入门资格外，还应当加强对社工专业知识和能力的培训。我国一些地区已开展了这方面的培训。例如，上海市新航社区服务总站为了提高社工的实际操作能力，建立了一套完善的内部培训机制，包括岗前培训、在岗轮训、骨干培训以及同工督导。而且，还重视专业技能培训，每年在政府购买服务合同中列 30 万专项资金，用于选派优秀社工参加心理咨询师培训，累计已有 177 名社工参加培训，已有 127 名（占社工总数 29.4%）社工取得心理咨询师或助理心理咨询师资质。② 又如，为了提高社区矫正专职社会工作者的专业技能和实际操作能力，北京市朝阳区阳光社区矫正服务中心于 2007 年 3 月 21 日举行了“2007 年朝阳区社区矫正专职社会工作者培训会”，为专职社会工作者做心理咨询实务技巧辅导。③

对社工的认同在很大程度上是对社工这一职业的认同和工作方法的认同。只有当社区矫正在人们的观念中被接受为与心理咨询相当的活动时，社工才易于为社区矫正服刑人员和社区居民所接受。当前，应当积极推进社区矫正

① 《上海明确社工薪酬最低标准不低于每年 5 万元》，http：//news.sohu.com/20091022/n267628684.shtml，2012 年 10 月 22 日访问。

② 《上海社区矫正的五年探索之路》，http：//www.shzfzz.net/node2/zzb/jrgz/xw/u1a32455.html，2012 年 8 月 25 日访问。

③ 《朝阳区阳光社区矫正服务中心举行“2007 年朝阳区社区矫正专职社会工作者培训会”》，http://sifaju.bjchy.gov.cn/sub/viewDetail.jsp? newsid=55617&subjectid=2436，2012 年 8 月 15 日访问。

社会工作立法，将社会工作制度化、规范化，并借助政府力量加大对社会工作的宣传力度。关于社工的运作体系，可以借鉴和推广上海市新航社区服务总站和北京市首都师范大学社会工作研究与服务中心的司法社工体系，建立社区矫正的社会团体或非政府组织，由政府向其购买社区矫正社会工作服务。这种方式不仅可以解决大量毕业生就业问题，而且可以推动社会工作的职业化、专业化水平。

四、社区矫正中社会工作者的待遇和职业发展

(一)社区矫正中社会工作者的待遇

在发达国家和地区，从事社会工作是一项比较体面的工作，报酬也较高。在中国，情形则大为不同。如前所述，北京市多个社区的社区矫正社工月工资只有 2000 元左右。在上海，社区矫正社工试用期内，大专、本科学历的社工月薪在扣除公积金、养老金等“四金”后，分别为 800 元和 1000 元。试用期满，在扣除公积金、养老金等“四金”后，大专学历的社工月薪约 1500 元，本科学历的社工月薪约 2000 元；晋升到社工助理和社工师，则分别在这基础上多加 100 元和 200 元。① 从北京、上海等地反映的情况来看，待遇不高已成为社工，尤其是高学历社工离职和流动的重要原因。

另一个问题是，社会工作者的工资待遇只有按照学历的两个层次划分，随着时间的推移，同样的工作却有着较大差距，工资待遇的问题日益显现。有的社会工作者学历虽然不高，但是具有较丰富的工作经验，对工作非常投入，在工作中取得比较明显的成绩；有的人虽然具有本科学历，但因为刚从学校毕业，对工作有一个逐步适应期，因此工作的成效并非十分明显。现在的情况却是：社工干多干少、干长干短，工资都一样。这样的工资制度无法充分体现按劳分配的原则，对社会工作者的积极性产生了消极的影响。

北京和上海等地的情况表明：要做好社区矫正工作，必须认真考虑和设定社区矫正社工的工资和待遇问题。笔者建议：

首先，应当将社工的工资待遇和福利纳入国家财政。2009 年发布的《试行意见》指出：建立社区矫正经费的全额保障制度，将社区矫正工作人员经费、行政运行经费、办案业务经费、业务装备经费等纳入财政年度预算，并根据工作发展的需要，建立社区矫正经费动态增长机制。现在的问题是，不但要将社区矫正经费纳入财政予以保障，而且应当将社工的工资待遇和福利待遇也纳入财政予以保障。

---

① 《上海试点社工以岗论薪新模式改变收入不变现状》，http：//news. sohu. com/20080825/n259185128. shtml，2012 年 8 月 23 日访问。

其次，应当提高社工，尤其是社区矫正社工的工资待遇和福利。在所有的社工种类中，社区矫正社工的工作尤为特殊，其工作对象是在社会上服刑的罪犯，有一定的人身危险性，责任比较大，心理和情绪也会受到相当的影响。因此，从道理上来讲，社区矫正社工的待遇应当比从事其他领域工作的社工高一些。笔者认为，既然社区矫正也是刑罚的执行，可以比照监狱劳教警察的工资待遇和福利待遇来相应提高社工的工资待遇和福利待遇。

最后，对于社工的工资待遇和福利待遇，应当有所差别，杜绝干与不干一个样、干多干少一个样的情况出现。笔者认为，应当明确社工工作业绩与职业发展、薪酬保障相挂钩的考核导向，建立健全与社工专业水平和职业水平相适应的薪酬管理办法。

(二)社区矫正中社会工作者的职业发展

与任职资格和待遇关系密切的一个问题即社会工作者的职业发展问题。上海市综治办在 2009 年 10 月认为，社工体系在实际运作过程中存在的两个发展"瓶颈"之一即社工缺乏晋升途径，对职业的前景预期失望，造成社工队伍不稳定和大量骨干社工流失。[①] 社工队伍不稳定和大量骨干社工流失的直接后果就是社区矫正质量难以保证。

怎样才能更好地把人才留住？上海市民政局事业社会工作处处长黄志华认为，政府在制定社会政策时考虑让社工收入有所提高应该是发展初期的第一步。如果再能辅以人文关怀、社会尊重、重奖社工领袖、评选"十杰"并颁发荣誉证书等方式，一定会对树立社工职业精神以及职业地位起到积极作用，进而让更多社工爱上这份工作。[②]

国家劳动和社会保障部[③]于 2004 年 7 月 1 日颁布了第九批国家职业标准，"社会工作者"首次被载入其中。至此，这个曾经在中国有实无名的行业，方始获得政府认可，正式成为一门新职业，走上专业化、职业化的发展道路。社区矫正的职业化不同于社区矫正的专业化。为了推进社工的专业化建设，应当首先加强社工的职业化建设，完善社工组织内部的职业晋阶制度，拓展社工的职业发展空间。具体来说，包括社工的技术职称晋升和职务晋升。技术职称晋升，通过参加全国助理社会工作师、社会工作师职业水平考试予以确定；职务晋升，可以与技术职称晋升相挂钩，以鼓励社工积极从事社会实践和学习专业知识，不断提高专业素养。此外，对从事社区矫正工作达到一

---

① 《上海明确社工薪酬最低标准不低于每年 5 万元》，http：//news.sohu.com/20091022/n267628684.shtml，2012 年 10 月 22 日访问。

② 《上海试点社工以岗论薪新模式改变收入不变现状》，http：//news.sohu.com/20080825/n259185128.shtml，2012 年 8 月 23 日访问。

③ 即现国家人力资源和社会保障部。

定年限、工作成效显著，且又获得相应级别社工师资格的人，应当不定期选拔录用为矫正官；甚至可以进一步规定，新增矫正官的来源，一律从矫正社工中选拔，这对社工而言无疑是极大的鼓舞，必然会使其安心本职工作并激发他们积极进取。

（作者：廖　明　北京师范大学副教授）

项目名称：北京市农村住房养老法律制度研究
项目编号：13FXB012
项目负责人：张晓霞
项目信誉保证单位：北京建筑大学

基于未来养老需求的住房养老推行障碍研究

2010 年 7 月 13 日全国老龄工作委员会首次向社会发布《2009 年度中国老龄事业发展统计公报》。根据公报显示的数据，中国已经进入并将长期处于人口老龄化社会，人口老龄化形势严峻。根据专家预测，21 世纪中期我国老龄人口将突破 4 亿，届时 60 周岁及 60 周岁以上的人口数将达到总人数的 1/3。[①]同时由于我国现有的家庭结构呈现“四二一”的特点，导致养老压力剧增。如何缓解巨大的养老压力已成为我国政府急需解决的问题。

住房养老作为一种新型的养老模式，是一种辅助养老手段，是补充家庭养老和社会养老的有效方式。相较于住房养老的起源地荷兰以及美国等住房养老已较成熟的国家[②]，我国的住房养老起源于 20 世纪 90 年代，至今仅有 20 余年的发展时间，因此其发展研究尚不成熟。目前，国内关于住房养老的研究主要集中在住房养老的内涵、现状、可行性等方面。例如，刘杰锋、朱沙、曾胜[③]、袁璟[④]等将住房养老界定为老人将自己的住房抵押出去，由接受抵押的机构负责老人的养老生活，老人去世后机构可收回房屋。张琳[⑤]分析了我国住房养老现在所面临的政策、技术、法律等方面的风险及限制。傅鸿源、孔利娟[⑥]则从我国居民现有住房情况、养老压力等分析了住房养老实施的可行性，并提出我国应实施以政府为主导的住房养老模式。关于住房养老的研究层出不穷，而居民作为住房养老的主体，其养老意愿直接关系着住房养老模式的成败，然而至今为止鲜有学者从居民的养老意愿的角度出发研究住房养

① 陈素琴：《以房养老探索研究》，《哈尔滨学院学报》，2010 年第 11 期，第 48—51 页。

② 柴效武：《以房养老漫谈》，北京：人民出版社，2009 年版，第 50 页。

③ 刘杰锋、朱沙、曾胜：《以房养老：理念、模式和经验》，《西部论坛》，2014 年第 3 期，第 32—39 页。

④ 袁璟：《“以房养老”模式推行障碍及对策》，《人民论坛》，2011 年第 20 期，第 182—183 页。

⑤ 张琳：《我国发展“以房养老”模式实践及完善对策》，《商业时代》，2014 年第 28 期，第 106—107 页。

⑥ 傅鸿源、孔利娟：《“以房养老”模式的现状及分析》，《城市问题》，2008 年第 9 期，第 68—71 页。

老推行障碍。本文从居民未来的养老意愿出发研究住房养老推行的障碍，并提出相关的对策建议。

一、住房养老现状分析

(一)问卷调查情况简介

为了了解大型城市中老年人群对于未来的养老需求状况，笔者拟对北京、上海两个特大城市进行调查，主要采取问卷调查、居民访谈的形式进行，共发放问卷1300份，回收问卷1035份，回收率为79.6%，其中有效样本为991份，有效率为76.2%。通过多元线性回归模型与系数检定后，满足统计学中置信度与效度系数的要求。在调查中，当调查对象为非调查地常住居民者，视为无效样本直接进行排除。

调查问卷的内容主要包括六个部分：第一部分是个人基本资料，包括年龄、教育程度、收入、婚姻状况等，借此调查住房养老的需求是否与这些基本情况相关；第二部分是关于调查对象现有的住宅情况，主要是了解调查对象是否拥有自有住房；第三部分调查内容是关于住房养老制度的推广程度，即人们是否了解住房养老以及政府、银行等金融机构、保险公司等出台哪些优惠政策可以促使住房养老的推行；第四部分是关于住房养老的意愿调查，包括调查对象对于住房养老的态度，以及排斥住房养老的原因等；第五部分是住房养老的偏好调查，即被调查者会在何时、何种情形下选择住房养老以及希望享受的服务，可以接受的住房养老模式；第六部分调查内容为调查对象对于养老居住环境的偏好，主要包括住宅周围的环境、交通、教育等。通过调查这六个方面的信息，借以了解北京、上海居民对于住房养老的意愿、需求以及住房养老推行的障碍等。

(二)住房养老推行现状

为了更好地了解现有住房养老的推行状况以及未来的养老需求，调查选取中低收入的中老年人群为基本的调查对象。通过数据统计，发现调查对象有55%为30—55岁的在岗人群，45%为56—69岁之间的退休人群，其中有79%的人拥有自有住房，并且93%的人现在或未来均有一定的养老金收入(见图1)。此类人群是住房养老最具潜力的消费者，通过调查此类人群对于住房养老的需求、意愿等，可以为完善我国的住房养老模式，破解现有住房养老困境提供帮助。

通过调查还了解到，调查对象中只有8%的人详细了解过现有国务院住房养老的政策，且其中有75%的人属于老年人；43%的人不了解住房养老，有的人甚至没有听说过住房养老，完全不清楚住房养老的含义，其中30—55岁的中年人群占63%。通过对比分析，可以发现老年人群比中年人群关注住房养老的政策。由数据可知，目前近92%的人不了解住房养老，住房养老的宣

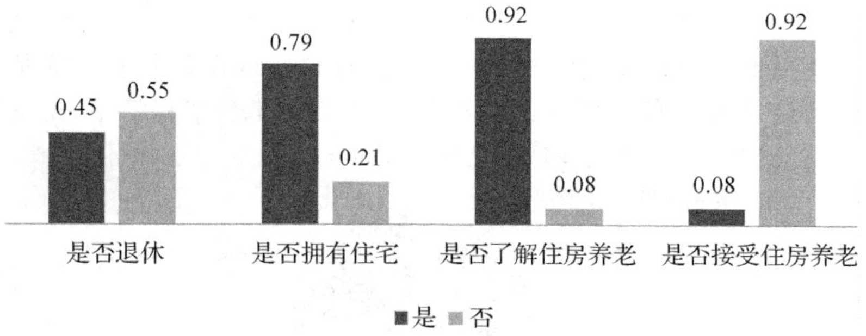

图1 住房养老基本情况

传工作不到位，需进一步加强。

调查数据显示，92%的人不愿意将住宅进行抵押用于未来的养老，仅有8%的人愿意接受住房养老。

综上所述，目前我国的住房养老发展尚不完善，居民对于住房养老比较陌生，也不愿意接受住房养老，住房养老推行状况不容乐观。

通过调查，发现人们排斥住房养老的原因主要包括希望将房子留给子女继承；现有住房养老政策等外部环境还不稳定；住房养老机制不完善等(见图2)。这些原因是住房养老推行过程中的主要障碍，其中最大的障碍在于相比起将房屋抵押出去，由政府、银行、保险公司等进行养老，人们更愿意将房屋留给子女，让子女为自己养老。

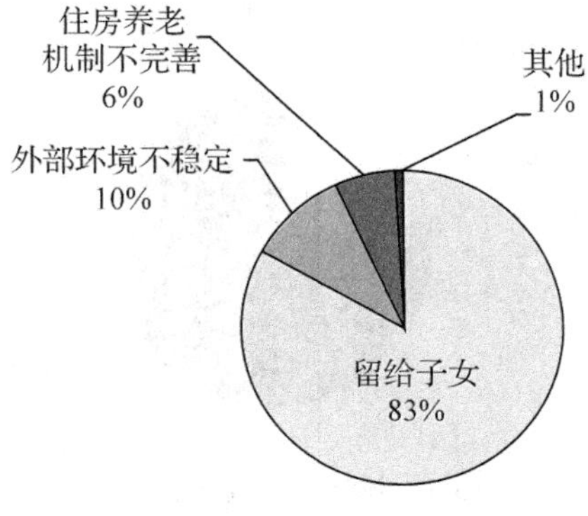

图2 拒绝住房养老原因分析

(三)养老需求分析

通过调查居民未来的养老需求，发现大部分人倾向于选择住在现有住房；抵押现有住房后，购置或租赁养老房；直接按揭购买养老住房等几种住房养老方式进行住房养老。由图3可知，住在现有住房所占比例最大，为34%，即有34%的人们愿意一直住在自己现有的住房里，让子女进行养老；其次有33%的人愿意将现有住房抵押出去，重新购置或者租赁专门的养老房；18%的人愿意直接按揭购买养老住房；13%的人希望将自己现有的住房租赁出去后，再重新购置或租赁专门的养老房；另外还有 2%的人愿意将自己现有的住宅出售，然后购置或租赁专门的养老房。通过这些调查数据可以发现，有将近 66%的人并不愿意住在现有的住房里，希望重新购置或租赁专门的养老房，这对于进行住房养老的模式设计具有重要的指导意义。

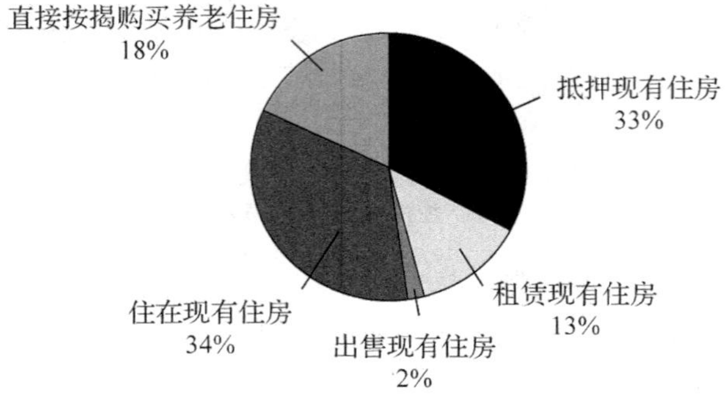

图 3　居民养老方式意愿调查

在调查人们对于未来养老住宅环境的偏好时，发现 78%的人选择在郊区购置、租赁养老房，15%的人选择在市区购置、租赁养老房，仅有 6%的人选择养老机构进行养老(如图 4 所示)。说明大部分人更愿意在环境比较好的郊区进行养老，而不愿意在市区、养老机构等进行养老。为了增加住房养老的可行性，提高住房养老的接受程度，应该将养老住宅安排在郊区。

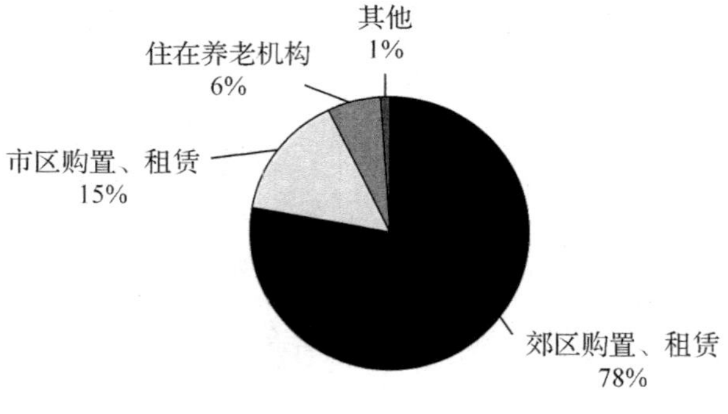

图 4　养老住宅偏好调查

二、住房养老现存推行障碍

根据调查分析可以发现，我国住房养老推行的主要障碍表现在以下几个方面：

(一)根深蒂固的传统观念

根据调查数据可以发现，83%的人不愿意进行住房养老的主要原因在于想将房子留给子女，这是住房养老推行过程中面临的最大障碍。我国居民几千年来受儒家思想的熏陶，虽然新中国成立后，人们不断接受西方新思想的影响，然而儒家思想依然深刻地影响着我国居民。

从老年人的角度来说，“但有方寸地，留与子孙耕”的观念深深地影响着他们[①]，他们认为自己的一切应该由子女继承，为子女留下房产等于是自己的义务；同时，家庭也是联系父辈与子女之间的一个重要纽带。从子女的角度讲，为老人养老是自己的义务，同时也是儒家思想“孝”的重要表现。虽然随着时代的改变，“孝”的含义也在不断改变，但是子女对于父母的照顾是永远不变的主题。[②] 从另外一个角度来说，在大家的心里，房屋不仅仅是一个居住的地方，更重要的意义是它代表着一个家，是联系亲人的桥梁，有了自有住宅，才感觉有了家，才有了依靠。而住房养老要求人们将房屋抵押出去，这和人们长期以来的传统观念相悖，因此，人们比较抵制住房养老。

(二)不完善的住房养老机制

由上述调查数据可以发现，居民排斥住房养老的另外一个重要原因在于现有的住房养老机制尚不完善，无法获得人们的信任。住房养老作为一种养老补充方式，在国外发展比较成熟，而我国的住房养老发展则不成熟，主要表现在：第一，现有的住房养老方式与我国的国情不符。目前，我国已在北京、上海、南京等地开展住房养老的试点，然而这些试点均以失败告终，究其原因是这些地方的住房养老方式与我国国情不符。例如，北京“养老房屋银行”的住房养老模式虽然并未变更房屋产权，但是由于其操作方为商业银行，缺乏信誉保障；上海的住房养老模式则由于产权变更问题不被人们所接受；南京住房养老模式的失败原因在于限制条件过于严苛。[③] 总而言之，这些试点失败的原因在于住房养老机制的不完善，无法与我国的基本国情相匹配。第二，现有的住房养老的方式过于单一。现在，我国的住房养老方式主要采取的是老人将房屋抵押后住在原有房屋或者养老服务中心，这种住房养老方式过于单一，无法让老人们自主选择养老地点。由上述调查结果可知，大部分的老年人更倾向于住在养老房屋中，现有的住房养老方式不能满足人们的养老需求。综上所述，人们拒绝选择住房养老这种方式进行养老。

(三)不稳定的政策环境

根据调查结果，不稳定的政策环境也是人们对于住房养老望而却步的一个重要原因。由于住房养老需要老人将房屋产权抵押出去，而居民作为弱势群体，对此存在诸多顾虑。譬如，如果银行、保险公司将房屋产权收回后，不履约应如何解决；如果签订了住房养老的合同，之后的养老政策变化了应

---

① 陈鹏军：《我国“以房养老”发展瓶颈及其模式选择》，《经济纵横》，2013 年第 10 期，第 43—46 页。

② 杨善华、贺常梅：《责任伦理与城市居民的家庭养老——以“北京市老年人需求调查”为例》，《北京大学学报(哲学社会科学版)》，2004 年第 1 期，第 71—84 页。

③ 袁璟：《“以房养老”模式推行障碍及对策》，《人民论坛》，2011 年第 20 期，第 183 页。

怎么办等问题，没有一个稳定的政策环境去保障。因此，住房养老不被人们所接受。住房养老的实施需要一个稳定的政策环境作为支撑，政府必须出台一系列可以保护居民权益不受损害的法律法规，确保居民可以保护自己的权益，增强居民对于住房养老的信任度。而目前我国关于住房养老的政策较少，相关的法律法规更是寥寥无几，这种不稳定的政策环境导致居民对于住房养老模式缺乏信心，不愿意接受住房养老。

三、相关对策建议

（一）确立灵活的住房产权制度

由上述调查结果可以看出，住房养老推行的最大障碍在于人们根深蒂固的将房屋留给子女的传统观念。而住房养老中将房屋产权抵押出去是最违背人们传统观念的地方，因此，为了消除人们对于住房养老的抵制，应该确立灵活的住房产权制度，使其最低限度地违背我国的传统观念。灵活的住房产权制度包括两个方面：一是建立间断性的产权回收制度，即为了消除人们对于产权抵押的抵制心理，可以将产权分阶段回收，而不是一次性将产权全部收回。分阶段回收产权可以以时间点为节点，也可以根据银行、保险公司等机构支付的养老金的数量以及履行的合同量为节点。二是建立产权可赎回制度，即当子女或者本人想赎回房屋产权时，应允许其赎回，且价格合理，不能刻意抬高价格。通过确立灵活的住房产权制度，可以减轻人们对于住房养老的排斥度，提高住房养老的接受度，进一步推广住房养老在我国的应用。

（二）建立多元化的住房养老方式

根据调查结果，可以发现有将近66%的人并不愿意住在现有的住房里，希望重新购置或租赁专门的养老房，并且有78%的人希望在郊区购置、租赁养老房。因此，为了提高住房养老的接受度，应该建立多元化的住房养老方式。银行、保险公司等接受住房养老抵押的机构可以根据人们的养老需求，在郊区建立、购置或者租赁专门用于养老的养老房，当人们与机构签订住房养老的合同时，可以询问老年人的养老意愿，给予老年人多元化的选择。如果老年人愿意住在原有住宅中养老，则可以采取反向抵押的方式进行住房养老；如果老年人选择在郊区或者市区等专门的养老房中进行养老，则可以采取以房换房的方式进行住房养老，即将老人现有的房屋进行出售或者出租，用于购买或者租赁专门的养老房，机构应支付老人其中的差价。通过建立多元化的住房养老方式，完善我国住房养老机制，可以提高住房养老的推广度。

（三）完善相关的法律法规

完善的法律法规是住房养老顺利实施的重要保障。根据调查数据不难看出，不健全的法律法规也是我国住房养老推行困难的重要原因。为了确保住房养老的顺利实施，应尽快出台相应的法律法规，同时完善相关的法律法规，例如《物权法》等。另外，政府应出台一些相关的优惠政策，例如税收优惠等①。完善的法律法规，稳定的外部环境可以增强人们对于住房养老的信心，有助于人们接受住房养老这种养老方式。

四、结 论

综上所述，住房养老可以优先缓解我国严峻的养老压力，然而通过调查发现，我国住房养老在推行过程中面临着各种障碍，具体包括根深蒂固的传统观念、不完善的住房养老机制、不稳定的政策环境等。笔者针对这些推行障碍，提出应该通过确立灵活的住房产权制度、建立多元化的住房养老方式、完善相关的法律法规等对策建议，解决我国住房养老的推行难题，提高住房养老的接受程度，完善我国的养老保障体系。

参考文献

[1] 陈素琴：《以房养老探索研究》，《哈尔滨学院学报》，2010年第11期。

[2] 柴效武：《以房养老漫谈》，北京：人民出版社，2009年版。

[3] 刘杰锋、朱沙、曾胜：《以房养老：理念、模式和经验》，《西部论坛》，2014年第3期。

[4] 袁璟：《"以房养老"模式推行障碍及对策》，《人民论坛》，2011年第20期。

[5] 张琳：《我国发展"以房养老"模式实践及完善对策》，《商业时代》，2014年第28期。

[6] 傅鸿源、孔利娟：《"以房养老"模式的现状及分析》，《城市问题》，2008年第9期。

[7] 陈鹏军：《我国"以房养老"发展瓶颈及其模式选择》，《经济纵横》，2013年第10期。

[8] 杨善华、贺常梅：《责任伦理与城市居民的家庭养老——以"北京市老年人需求调查"为例》，《北京大学学报(哲学社会科学版)》，2004年第1期。

[9] 惠婷：《我国以房养老模式面临的困境及对策研究》，内蒙古大学硕士学位论文，2014年。

（作者：张晓霞　北京建筑大学副教授
姜　军　北京建筑大学教授）

① 惠婷：《我国以房养老模式面临的困境及对策研究》，内蒙古大学硕士学位论文，2014年。

项目名称：境外追赃国际合作研究——以习近平同志反腐败思想为指导
项目编号：13FXB044
项目负责人：张　磊
项目信誉保证单位：北京师范大学

《刑法》第 64 条中刑事涉案财物处理措施的反思与完善

我国《刑法》第 64 条主要规定了对于刑事涉案财物的处理措施和处理对象问题。前者包括追缴、责令退赔、返还、没收、上缴等；后者包括犯罪分子违法所得的一切财物、被害人的合法财产、违禁品和供犯罪所用的本人财物等。上述处理措施和处理对象的内涵以及彼此之间的逻辑关系对于理解和适用《刑法》第 64 条具有重要意义。但是，从该条现有规定来看，并没有明确各术语之间内涵和理顺彼此的逻辑关系，司法实践中的适用也并不一致。本文拟对《刑法》第 64 条中刑事处理措施的规定进行反思，厘清其内涵和逻辑关系，进而提出该条文的完善建议，以推动实践中对于刑事涉案财物的处理。

一、反思：刑事涉案财物处理措施存在的问题

我国《刑法》第 64 条规定："犯罪分子违法所得的一切财物，应当予以追缴或者责令退赔；对被害人的合法财产，应当及时返还；违禁品和供犯罪所用的本人财物，应当予以没收。没收的财物和罚金，一律上缴国库，不得挪用和自行处理。"

从文字表述来看，第 64 条文共计分为四段[①]，分别规定了对于不同处理对象所适用的不同处理措施。在行文上，前三段之间用分号隔开，最后一个用句号隔开。这似乎暗示着前三段之间是并列关系，其所规定的四种措施分别适用于不同的涉案财物，第四段则是对于前三段的总结或者递进。如此规定存在以下问题：(1)各项措施适用对象之间没有明确的界限，甚至存在混用。作为处理对象的违法所得的一切财物、被害人的合法财产、违禁品和供犯罪的本人财物彼此之间没有明显的界限，甚至有不同程度的重合。如被害

① 一个条文的同一款中包含有两个或者两个以上意思的，在学理上称之为前段、中段、后段，或者第一段、第二段……参见高铭暄、马克昌主编：《刑法学》，北京：北京大学出版社、高等教育出版社，2011 年版，第 21 页。

人的合法财产，以及部分违禁品也可以是违法所得，那么对于这部分被害人合法财产和违禁品是使用追缴、责令退赔，还是返还、没收就不无疑问。而且，在我国《刑法》中也存在将追缴和没收混同的情形。如虽然在《刑法》第 64 条中，“追缴”的对象是“违法所得的一切财物”，“没收”的对象是违禁品和供犯罪所用的本人财物。但是在《刑法》第 191 条关于洗钱罪的规定中，对犯罪的违法所得及其产生的收益采取的措施是“没收”，而不是“追缴”。① (2)没有规定追缴财产的最终去向。《刑法》第 64 条规定，对于被害人的合法财产要返还，对于没收的财物要上缴国库。在没有明确“追缴”包括“没收”或者“上缴国库”含义的前提下，经过追缴的“违法所得的一切财物”中，除了属于被害人合法财产的应当返还被害人的部分以外，其他财物的去向没有指明。

二、完善：合理界定各项刑事措施的应有内涵和逻辑关系

我们认为，厘清《刑法》第 64 条中各项刑事处理措施之间的关系，需要赋予各个措施特定的内涵，明确追缴、责令退赔程序性处理措施以及返还和没收实体性处理措施的性质。

(一)追缴

追缴的内涵和性质主要有广义和狭义两种观点。第一种观点认为应当从广义上理解追缴的含义，认为追缴兼具有程序性处理措施和实体性处理措施双重性质，既包括对于财物的强制追回，也包括了对于财物的最终处理。如有学者认为，追缴就是追回、上缴，是将罪犯的违法所得强制收归国有。② 第二种观点认为应当从狭义上理解追缴，认为追缴只是程序性处理措施，而不包括对于财物的最终处理。如有学者认为，追缴就是追回、收缴，是公安司法机关通过强制措施将财物置于自己的控制之中。③

我们认为，追缴当然可以从广义上进行理解，特别是我们从宏观上研究违法所得追缴制度的时候，就包括了对于违法所得的扣押、冻结、返还、上缴的整个程序，蕴含程序性和实体性的双重含义。但是具体到《刑法》第 64 条中，我们认为应当是狭义的追缴，因为该条规定的是具体的刑事处理措施，并将其与责令退赔、返还、没收等其他措施并列使用，如果将其理解为广义的追缴，将无法协调其与其他措施特别是没收之间的关系，导致司法适用的混乱。所以我们认为，《刑法》第 64 条中追缴的含义应当界定为追回、收缴，

① 我国刑法第 191 条规定：“明知是毒品犯罪、黑社会性质的组织犯罪、恐怖活动犯罪、走私犯罪、贪污贿赂犯罪、破坏金融管理秩序犯罪、金融诈骗犯罪的所得及其产生的收益，为掩饰、隐瞒其来源和性质，有下列行为之一的，没收实施以上犯罪的所得及其产生的收益……”

② 胡康生、郎胜主编：《中华人民共和国刑法释义》，北京：法律出版社，2004 年版，第 62 页。

③ 刘振会：《刑事诉讼中涉案财物处理之我见——刍议对〈刑法〉第 64 条的理解与适用》，《山东审判》，2008 年第 3 期。

作为没收或者返还之前的程序性措施，强调对于涉案财物的收集和实际控制。追缴的具体措施包括查封、扣押、冻结等。另一方面，从追缴的实际后果来看，违法所得被追回后上交给办案的司法机关，再由其根据情节决定是返还给被害人(被害人合法财产)，还是在没收后上缴国库(其他违法所得)。

(二)责令退赔

从字面含义看，责令退赔由“责令”和“退赔”两部分组成。“责令”是责成、命令，口头训诫他人实施某种行为；“退赔”则是退还、赔偿。根据来自于最高立法机关相关人士的解释，责令退赔是指当违法所得已经被挥霍、毁灭时，责令罪犯按财物的价值退赔。[①] 不论违法所得是被挥霍还是毁灭，都意味着该财物已经不存在。如果原物存在，则只能追缴，不能责令退赔。关于责令退赔，主要有以下问题值得关注：

1. 在性质上是实体性处理措施还是程序性处理措施

关于责令退赔的性质，有观点认为是实体性措施：由于责令退赔适用于赃款赃物已被用掉、毁坏或挥霍即无法退还的情形，因此责令退赔的法律含义强调的是对原财物权利人所应进行的赔偿，属于最终的实体处分。[②] 我们不赞同这种观点，认为责令退赔不涉及对于财物权利的实体性处分，是和追缴并列的程序性措施。理由如下：

第一，责令退赔的重心是“责令”而不是“退赔”。责令退赔本质上是一种口头训诫措施，虽然其目的是实现已经挥霍、损毁财物的“退赔”，但重点在于“责令”，即司法机关工作人员对于被告人口头上的责成与命令。由此，也就不可能直接实现对于财物的实体性处分。

第二，责令退赔不意味着必然退赔。责令退赔是司法机关基于刑罚的威慑力而赋予被告人的机会，如果没有退赔或客观上无法退赔的，可能受到一定的从重处罚(而不是必然从重处罚)。[③] 由于不退赔仅仅是可能从重处罚，而且具体案件千差万别，所以责令退赔对犯罪分子的威慑作用极其有限[④]，被告人可能由于各种原因没有抓住或者主动放弃这样的机会。也就是说，责令退赔并不意味着必然退赔，所以也不可能是对财物的实体处分。

第三，退赔是将财物交给司法机关，而不是返还被害人。行为人退赔的财物是先交给司法机关，经过必要的刑事程序之后，由人民法院最终决定将退赔款返还给被害人。而且，由于退赔的情况要作为人民法院对于行为人量

① 胡康生、郎胜主编：《中华人民共和国刑法释义》，北京：法律出版社，2004 年版，第 62 页。

② 曲升霞、袁江华：《论我国〈刑法〉第 64 条的理解与适用——兼议我国〈刑法〉第 64 条的完善》，《法律适用》，2007 年第 4 期。

③ 2000 年 12 月 13 日最高人民法院《关于刑事附带民事诉讼范围问题的规定》(后文简称《规定》)第 5 条规定：“被追缴、退赔的情况，人民法院可以作为量刑情节予以考虑。”

④ 杨宏亮：《责令退赔的司法适用及程序完善》，《人民检察》，2005 年第 23 期。

刑考量的因素，所以对于退赔款的实体性处分，应当交由人民法院在审判后予以决定更为合适。[①] 也就是说，只有人民法院判决将退赔款返还给被害人，才真正实现对于退赔财物的最终处分，之前不论是“责令退赔”还是“退赔”都只是对于财物的程序性处理。

2. 追缴、责令退赔和刑事附带民事诉讼的关系[②]

刑事附带民事诉讼，是维护刑事诉讼中被害人合法权益，减少其损失的重要措施。对此，修改后的《刑事诉讼法》第99条第1款进行了明确规定：“被害人由于被告人的犯罪行为而遭受物质损失的，在刑事诉讼过程中，有权提起附带民事诉讼……”而《刑法》第64条中追缴和责令退赔的规定，也是将违法所得中属于被害人的合法财产返还被害人。在此前提下，如何协调追缴、责令退赔与刑事附带民事诉讼的关系，变得尤为重要。《刑事诉讼法》修改以后，2012年12月20日最高人民法院颁布了《关于适用〈中华人民共和国刑事诉讼法〉的解释》(以下简称《解释》)，区分了刑事附带民事诉讼和追缴、责令退赔的适用对象。《解释》第138条规定：“被害人因人身权利受到犯罪侵犯或者财物被犯罪分子毁坏而遭受物质损失的，有权在刑事诉讼过程中提起附带民事诉讼。”第139条规定：“被告人非法占有、处置被害人财产的，应当依法予以追缴或者责令退赔。”

结合《刑事诉讼法》第99条，以及上述司法解释之规定，我们知道刑事附带民事诉讼和追缴、责令退赔不同的适用对象：(1)刑事附带民事诉讼适用于“被害人因人身权利受到犯罪行为侵犯和财物被犯罪行为损毁而遭受的物质损失”的情况。也就是说，在被害人的财物因为被告人的犯罪行为而被损毁，造成物质损失的情况下，适用刑事附带民事诉讼。[③] 如被告人放火烧毁了被害人的房屋、现金，被害人的物质损失是被告人的犯罪行为(放火行为)所直接导致的。(2)追缴、责令退赔适用于“犯罪分子非法占有、处理被害人财产而使其遭受的物质损失”的情况。如犯罪分子非法占有被害人的现金，将其挥霍掉，导致被害人的物质损失。此时，相关财物可能并没有毁灭(如现金)，只是不再为被告人所有。所以，刑事附带民事诉讼和追缴、责令退赔具有不同的适用对象。

3. 追缴、责令退赔无法弥补被害人损失时的救济措施

如前所述，追缴、责令退赔和附带民事诉讼适用不同的对象，不存在后者救济前者的问题。在此背景之下，如果追缴、退赔的违法所得不足以弥补

---

① 刘志德、刘树德：《“判处赔偿经济损失”、“责令赔偿损失”及“责令退赔”辨析》，《法律适用》，2005年第4期。

② 由于追缴也涉及与附带民事诉讼的关系，而且与责令退赔紧密相连，所以在此一并讨论。

③ 由于本文讨论的主要是对于财产权的救济问题，所以不再涉及人身权利的救济问题。

被害人损失，或者责令退赔后没有退赔的情况下，如何弥补被害人损失就值得我们思考。对此有观点认为，现行法律法规只明确对赃款赃物应当追缴、退赔，但对于一般刑事案件(除刑事附带民事诉讼案件外)经过追缴、退赔仍不能弥补被害人损失的情况，法律法规没有明确的解决方式，如无相应的负责部门，无相应的救济途径等。[①] 我们不赞同这种观点。实际上，最高司法机关的相关规范性文件对此进行了规定。《规定》第5条第1款规定，如果“经过追缴或退赔仍不能弥补损失，被害人向人民法院民事审判庭另行提起民事诉讼的，人民法院可以受理”。根据上述规定，我们可以得出结论：经过追缴、责令退赔后，仍然不能弥补被害人损失的，被害人可以另行提起民事诉讼进行救济。

(三)返还

返还是将犯罪人通过犯罪行为取得的被害人的财产，经过公安司法机关认定后，退还给被害人。关于在人民法院判决以前，公安机关和人民检察院是否有权将被害人合法财产予以返还，有观点认为，我国《刑事诉讼法》第12条规定“未经人民法院依法判决，对任何人都不得确定有罪”。因此，在法院判决生效之前，犯罪嫌疑人、被告人被扣押、冻结在案的财物尚不能被称为赃款赃物，更不得擅自处理，故而在判决生效前返还被害人财物有违法之嫌。[②]

我们不完全赞同这种观点。返还被害人合法财产虽然涉及实体权利的处分，但是为了尽快恢复被犯罪行为侵犯的社会秩序，弥补被害人因为犯罪行为所遭受的损失，在有证据证明该财物属于被害人的前提下，应当赋予公安机关、人民检察院直接决定返还的权力。如果要求法院在审判后才能做出返还决定，不仅不利于恢复被破坏的产权关系，也会大大增加审判机关的负担。同时，我们也应当注意，公安机关和人民检察院对于被害人的合法财产，应当在权属明确无争议的前提下才能返还。因为此时人民法院尚未判决，该财产是否真的是赃款赃物尚存疑问，如在权属不明时仓促返还，可能会引发更多问题，甚至是国家赔偿。所以，公安机关、检察机关在审前决定返还时，应当慎重。

(四)没收

没收是指对违法所得或者与犯罪相关的其他财物，无偿地收归国有的强制措施。没收强调财物权利归属的变化，是对财物的实体性处分。

---

① 陈福民、唐震：《刑事裁判中有关财产内容的执行问题探析》，《政治与法律》，2006年第5期，第159页。

② 陈福民、唐震：《刑事裁判中有关财产内容的执行问题探析》，《政治与法律》，2006年第5期，第159页。

关于没收，主要争议是关于其适用对象。第一种观点认为，没收仅适用于违禁品和供犯罪所用的本人财物。[①] 第二种观点认为，没收的财物包括追缴或责令退赔的犯罪所得扣除被害人合法财产后的部分、违禁品及犯罪工具。[②] 第三种观点认为，没收的对象应该是违禁品、供犯罪所用的本人财物和犯罪分子违法所得的一切财物(除应当返还被害人的以外)。我们赞同第三种观点。第一种观点肯定追缴为程序性措施的前提下，应当将追缴后的违法所得(除了返还被害人的合法财产)也纳入没收的范畴，该观点遗漏了违法所得中应当没收的部分。第二种观点忽略了供犯罪所用的本人财物同犯罪工具之间的区别，前者除了包括犯罪工具外，还包括组成犯罪行为的财物(如走私犯罪的走私货物等)。总之，没收是对刑事涉案财物的实体性处理措施，只能由人民法院适用，适用对象除了包括违禁品和供犯罪人所用的本人财物外，还包括违法所得中返还被害人合法财产后的剩余部分。

经过没收的财物、违禁品和供犯罪所用的本人财物，要上缴国库。这里的上缴并不是同追缴、没收、返还等并列的刑事处理措施，而只是对以“没收”等方式处理的涉案财物的归属指向或归属要求。经过没收和上缴，最终实现对于刑事涉案财物的最终处分。[③]

综上所述，我们可以厘清《刑法》第 64 条中各项刑事措施的逻辑关系：(1)在刑事诉讼的侦查、起诉、审判阶段，公安机关、人民检察院、人民法院都可决定对违法所得的一切财物、违禁品、供犯罪所用的本人财物进行追缴；(2)违法所得无法追缴的(原物已经被行为人使用、挥霍)，责令退赔后返还被害人；(3)对于追缴到案和退赔所得的违法所得，属于被害人合法财产的，返还被害人；(4)追缴、责令退赔后依然无法弥补被害人损失的，可以另行提起民事诉讼进行救济；(5)对于违禁品和供犯罪所用的本人财物，在追缴后予以没收；(6)没收的一切财物，一律上缴国库。经过上述程序，违法所得的一些财物、违禁品和供犯罪所用的本人财物，经过追缴或者责令退赔以后，最终根据其性质分别返还被害人(属于被害人的部分)，或者没收后上缴国库(其他部分)，实现对于所有刑事涉案财物的最终处理。各项刑事措施逻辑关系如下图：

① 郎胜主编：《中华人民共和国刑法释义》，北京：法律出版社，2009 年版，第 63 页。

② 参见高铭暄、马克昌主编：《中国刑法解释》(上册)，北京：中国社会科学出版社，2005 年版，第 780 页。

③ 刘振会：《刑事诉讼中涉案财物处理之我见——刍议对〈刑法〉第 64 条的理解与适用》，《山东审判》，2008 年第 3 期，第 92 页。

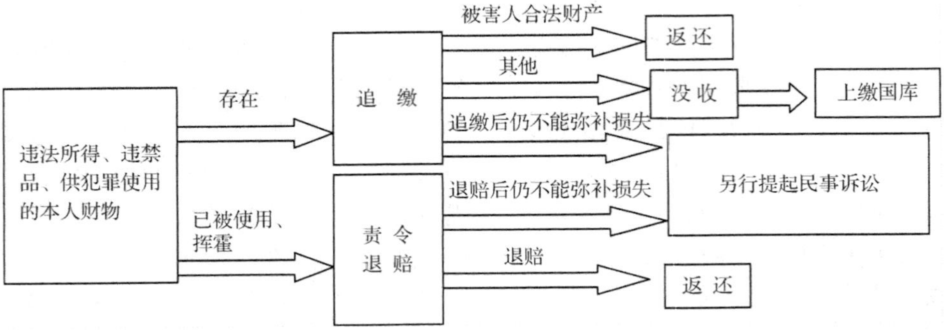

三、结论：修法建议

《刑法》第 64 条的现有规定造成了追缴、责令退赔、返还、没收等刑事处理措施含义的模糊与逻辑关系的混乱。只有在明确追缴和责令退赔程序性处理措施（可由公安机关、人民检察院和人民法院做出），返还（可由公安机关、人民检察院和人民法院做出）和没收（只有人民法院才能做出）实体性处理措施性质的前提下，合理界定各项措施的适用对象，才能理顺刑事涉案财物的处理制度，为依法顺利追赃奠定基础。根据以上分析，笔者建议可以将《刑法》第 64 条修改为：

犯罪分子违法所得的一切财物，违禁品和供犯罪所用的本人财物，应当在追缴后予以没收；违法所得属于被害人合法财产的，追缴后及时返还；违法所得无法追缴的，责令退赔后及时返还。没收的财物和罚金，一律上缴国库，不得挪用和自行处理。

（作者：张　磊　北京师范大学副教授）

项目名称：北京高校行政事业单位国有资产管理中的法律问题
项目编号：13FXC031
项目负责人：张江莉
项目信誉保证单位：北京师范大学

公立高校民事责任的承担

高校是高等学校的简称，指的是我国实施高等教育的学校，包括大学、专门学院、高等职业学校以及高等专科学校。我国的高等学校以公立高校为主，这些高校与私立高校的主要区别在于是否“利用国有资产举办”。[①] 本文中所指的大学、高校，均指公立大学或者高校，而不包括民办或者私立高校。

我国的公立高校是独立的法人。《中华人民共和国教育法》第三十条规定：“高等学校自批准设立之日起取得法人资格，高等学校的校长为高等学校的法定代表人。”第三十一条第一款规定：“学校及其他教育机构具备法人条件，自批准设立或登记注册之日起取得法人资格。”在我国，公立高校属于事业单位法人。

我国《物权法》第五十四条规定：“国家举办的事业单位对其直接支配的不动产和动产，享有占有、使用以及依照法律和国务院的有关规定收益、处分的权利。”因此，公立高校对其占有、使用的资产不具有所有权。公立高校的国有资产，根据《教育部直属高等学校国有资产管理办法》的规定，指公立高校占有、使用的，依法确认为国家所有，能以货币计量的各种经济资源的总称。公立高校国有资产包括用国家财政资金形成的资产、国家无偿调拨给高校的资产、按照国家政策规定运用国有资产组织收入形成的资产、接受捐赠等经法律确认为国家所有的其他资产，其表现形式为流动资产、固定资产、在建工程、无形资产和对外投资等。[②]

对于各种形式存在的高校国有资产，高校在名义上只有占有、使用和收益的权利，而不具有所有权。如果仅仅停留在“国家—高校”层面，“所有”和

---

① 见2004年《事业单位登记管理暂行条例》第二条：“本条例所称事业单位，是指国家为了社会公益目的，由国家机关举办或者其他组织利用国有资产举办的，从事教育、科技、文化、卫生等活动的社会服务组织。”《民办非企业单位登记管理暂行条例》第二条：“本条例所称民办非企业单位，是指企业事业单位、社会团体和其他社会力量以及公民个人利用非国有资产举办的，从事非营利性社会服务活动的社会组织。”

② 《教育部直属高等学校国有资产管理暂行办法》第三条。

“占有”并不需要做明确的法律上的区分，因为这在事实的使用上不会产生差别。但一旦高校和第三方产生关系，尤其是高校向第三方举借债务的时候，“所有”和“占有”的差别就会显露出来。高校不具有独立的所有权，影响到其是否具有独立的偿还债务的能力。

一、高校对债务的承担

20 世纪 90 年代以来，我国各高校积极落实国家高等教育扩招政策，招生大规模增加，在校生规模快速增长，许多高校为实现扩招后各项办学条件和保障教学，进行了大规模建设，从银行进行大规模贷款投入建设。随着高校还贷高峰的到来，部分高校债务风险显现，“高校化债”问题一度成为两会热词，引起了国家的高度重视。从法律规定的直接内容看，作为公立高校，大学并没有属于自己所有的财产，那么，其将如何还债呢？在实务中，高校对其债务的承担，主要包括以下两种方式：

（一）金钱化债

因为“货币的所有权不得与对货币的占有相分离”①，以金钱的形式存在的各种拨款、经费和收益，作为一般等价物，任何主体对其进行占有和使用的时候，事实上已经取得了所有权。因此，对于高校所占有的国家财政拨款、学费收入、经营收益、科研资金，尽管法律形式上规定所有这些财产也属于国有资产，但是在事实上，高校是这些金钱的所有人，法律形式上所规定的高校占有、管理的这类资产属于国家在实际上被金钱“占有即所有”的特性所架空，国家在实质上对高校仅享有债权，即返还请求权。因此，高校得以其占有、使用、管理的各种金钱形式存在的资金偿还债务。用以偿还债务的金钱资产主要包括国家财政性教育经费、学费、高校经营性资产收益、捐赠。

（二）不动产化债与土地置换

高校占有、使用的不动产主要包括土地及其附着的房屋。对这一类资产的处分可以用于化解高校债务。为了偿还债务，高校对不动产的处分主要有行政有偿调拨、商业出售和资产置换三种形式。② 资产置换主要针对土地，所以也可以称为土地置换。2007 年，时任教育部部长周济曾明确表示，中国高校负债 2000 多亿元。关于如何解决，他曾提出：加大财政投入的同时，高校可以在地方政府的支持下采用各种措施偿还债务，比如进行土地置换来还债。土地置换逐渐成为高校化解债务危机的主要手段之一。③ 高校“土地置换”存在两种形式，一种是老校区置换，即卖掉位于市区价格相对较高的老校区地皮，

---

① 梁慧星：《民法总论》，北京：法律出版社，2011 年版，第 156—157 页。

② 张平：《地方公立高校存量不动产处置问题探析》，《现代大学教育》，2007 年第 3 期。

③ 彭宏辉：《“土地置换”化解高校债务危机的策略探讨》，《湖南行政学院学报》，2012 年第 3 期。

获取土地级差收益；另一种是将高等教育大众化过程中获取的大量扩张性土地，分出一部分用于市场化的商品运作。[①]

二、高校债务化解的实质

(一)高校化债与政府化债

从前面的梳理和分析可以看到，对于高校在市场活动中所欠下的债务，主要通过两种方式偿还：一是通过高校在必要的教育科研活动支出之外的结余资金偿还，另一个则是通过土地置换来完成。对于这类通过高校处分其占有、使用的资产来化解债务的方式，本文称为“高校化债”。从形式上看，高校化债似乎仍然是大学在努力将自身占有、使用的资产用于偿还债务。大学作为独立的法人，正在努力地“独立承担责任”。但事实上，这种形式上的努力并不足以偿还高校债务。

除了高校的化债活动之外，政府还安排了其他积极的化债措施。除了配合高校土地置换之外，还安排财政专项资金、高校事业收入配套等有效措施，努力将高校债务负担降至合理水平。[②] 2007 年 9 月，时任教育部长周济在国务院新闻办公室举行的新闻发布会上明确表示：“从根本上来说，还应当加大财政投入，我们准备将来从中央财政到地方财政对高校的平均拨款都会增加投入，逐步偿还基本建设债务。”对于各类在向高校投入资金或者配合、允许高校处置资产之外，再由政府专门投入财政资金来化解债务的方法，本文称为“政府化债”。

(二)高校化债的实质仍是政府还债

正如前文所述，高校化债从形式上看，是高校通过处分其占有、使用的国有资产来承担对外债务，但大学化债种种努力的本质，也仍然是政府还债。由于金钱作为一般等价物的特性，大学用结余资金偿还对外债务时，可视为大学在“独立承担民事责任”。但更多的大学化债是通过资产置换，尤其是土地置换来进行的，仍然是通过政府允许改变土地使用权的用途而产生的“剩余价值”。因此，各地土地置换都是在政府财政规划支持的框架下进行的。

我国《土地管理法》第五十八条规定：“有下列情形之一的，由有关人民政府土地行政主管部门报经原批准用地的人民政府或者有批准权的人民政府批准，可以收回国有土地使用权：(一)为公共利益需要使用土地的；(二)为实施城市规划进行旧城区改建，需要调整使用土地的；(三)土地出让等有偿使用合同约定的使用期限届满，土地使用者未申请续期或者申请续期未获批准的；(四)因单位撤销、迁移等原因，停止使用原划拨的国有土地的；(五)公

① 彭宏辉：《“土地置换”化解高校债务危机的策略探讨》，《湖南行政学院学报》，2012 年第 3 期。

② 龙素英：《政府化解高校债务后相关问题研究》，《商业会计》，2014 年第 7 期。

路、铁路、机场、矿场等经核准报废的。依照前款第（一）项、第（二）项的规定收回国有土地使用权的，对土地使用权人应当给予适当补偿。”《城镇国有土地使用权出让和转让暂行条例》第47条规定：“无偿取得划拨土地使用权的土地使用者，因迁移、解散、撤销、破产或者其他原因而停止使用土地的，市、县人民政府应当无偿收回其划拨土地使用权，并可以依照本条例的规定予以出让。对划拨土地使用权，市、县人民政府根据城市建设发展需要和城市规划的要求可以无偿收回，并可以依照本条例的规定予以出让。无偿收回划拨土地使用权时，对其地上建筑物、其他附着物，市、县人民政府应当根据实际情况给予适当补偿。”

高校土地属于国家划拨土地，是历史上抵偿或者无偿取得的土地使用权。土地置换化债的实质是土地所有权人国家根据情况对地块进行调整[①]，并将因改变土地用途而产生的价值用于偿还高校债务，是国家对高校债务进行化解的一种支持。

三、政府偿还高校债务中的法律问题：如何理解“独立承担民事责任”

由于政府最终承担了化解高校债务的责任，这里导致的一个突出的法律问题是，高校是如何表现出作为一个法人所具备的“独立承担民事责任”的。事实上，这也是许多“循规蹈矩”的高校并未大肆借债而考虑的法律约束。

正如前文所述，我国《民法通则》第三十七条规定：“法人应当具备以下条件：（一）依法成立；（二）有必要的财产或者经费；（三）有自己的名称、组织机构和场所；（四）能够独立承担民事责任。”《事业单位登记管理暂行条例（2004修订）》第六条也明确规定，成为事业单位法人，在财产方面必须满足两个条件：“有与其业务活动相适应的经费来源”和“能够独立承担民事责任”。

对于“独立承担民事责任”是否是构成法人的要件之一，我国学术界存在争议：

江平等人认为，法人的独立包括四个方面：独立的财产、独立的名称、独立的社会组织和独立的责任。其中，独立财产与独立责任是法人独立人格的两个基本支柱，而独立责任是独立财产的最终体现。[②] 我国法人制度的实践中，也往往把是否独立承担责任定为一个团体是否具有法人资格的最终标准。

梁慧星等人认为，团体人格独立的支柱在于独立的财产和独立的意志。团体人格是团体在符合法定条件后经过法定程序登记而取得，独立责任在人

① 黄杰智：《高校土地置换的法律分析》，西南政法大学硕士学位论文，2011年，第8—9页。

② 李永军：《民法总论》，北京：中国政法大学出版社，2012年版，第277页；江平：《法人制度论》，北京：中国政法大学出版社，1994年版，第32页；尹田：《论非法人团体的法律地位》，《现代法学》，2002年第5期。

格独立后才得以确立，它不过是人格享有后的效果特征，而不是前提。[①] 团体是否具有人格不取决于其是否能够独立承担责任，公司人格不等于公司责任的必然独立。例如法国、英国、日本等国家在立法上就将成员承担无限责任的非独立责任实体——无限公司赋予独立的法人资格。因此，责任完全独立只是公司形态的一种，尽管其可能占据公司形态的主流地位。[②]

还有一部分学者认为，法人之所以具有法律人格的根本原因在于法律之承认。当一个组织或者实体得到国王、议会、政府的许可或者法律的承认而可以以其名义实施法律行为、拥有法律利益、进行诉讼与被诉讼的自我保护，并以此与其成员或者任何第三人相区别时，则可以成为法人。有限责任不是衡量组织或实体是否是法人的标准，只是鼓励潜在投资者减少风险、平衡投资者与其他相关利益主体的制度，从而与法人紧密结合，其产生与发展另有原因。[③]

在上述诸多观点中，除了对“独立承担民事责任”与法人形成之关系存在差异之外，对于何为“独立承担民事责任”本身也存在不同的理解。部分学者将“独立承担民事责任”理解为“有限责任”；更有大多数人未能明确何为“独立承担民事责任”，但从其适用该范畴的上下文可推知其亦将“独立承担民事责任”理解为“有限责任”。若持此类观点，《民法通则》第三十七条和《事业单位登记管理暂行条例(2004 修订)》第六条所要求的“独立承担民事责任”则流于空谈，因为机关法人责任承担民事责任的方式注定不可能以“有限”方式承担。

朱庆育教授指出，我国没有划分公法人和私法人，这两类法人在承担民事责任时其实也存在较大差异。私法人只能以自身财产对外承担责任，而公法人的目的事业一般在公共领域，有公共财政提供支持，责任财产多出自国库。对于我国机关法人的责任承担，《民法通则》第一百二十一条规定：“国家机关或者国家机关工作人员在执行职务中，侵犯公民、法人的合法权益造成损害的，应当承担民事责任。”但国家机关作为典型的公法人，自身并无独立的财产来源，其所有经费的获取与适用，均通过预算收支来实现。若在执行公务时对他人构成侵权，所谓“承担民事责任”所需费用，则无法通过预算事前安排，因此只能求诸公共财政，规范基础优先考虑《国家赔偿法》。[④]

然而也有学者指出，“独立承担民事责任”不同于“有限责任”。“有限责任”制度是在公司法上的一项构造。所谓有限责任即有限清偿责任，责任承担的主体指公司人的投资人，即投资人仅以自己投入企业的资本对企业债务承

① 朱庆育：《民法总论》，北京：北京大学出版社，2013 年版，第 410 页。

② 李永军：《民法总论》，北京：中国政法大学出版社，2012 年版，第 277 页。

③ 任尔昕：《我国法人制度的批判》，http://class.chinalawedu.com/news/16900/174/2006/8/zh4394273411111118600215244-0.htm。

④ 朱庆育：《民法总论》，北京：北京大学出版社，2013 年版，第 410 页。

担清偿责任，资不抵债的，其多余部分自然免除的责任形式。有限责任是大公司兴起的重要因素，而合伙制和个人业主制的所有者一般情况下却需要对债务负有无限的责任。

从这个角度看，独立责任和有限责任是不同的概念。独立责任是指法人承担财产责任的形式，而有限责任指出资人承担财产责任的形式。李永军教授指出，我国法律上所要求的“独立承担责任”，或者法人的“独立责任”应当称为“全部财产责任”。① 正如我国《公司法》第三条规定：“公司是企业法人，有独立的法人财产，享有法人财产权。公司以其全部财产对公司的债务承担责任。有限责任公司的股东以其认缴的出资额为限对公司承担责任；股份有限公司的股东以其认购的股份为限对公司承担责任。”按这种说法，机关法人和事业单位法人同样地应以其全部财产对外清偿债务。

按这种说法，除了责任的主体不同，“独立责任”与“有限责任”所体现出的出资人与法人之间对于法人债务的关系也有所不同。法人出资人的“有限责任”，强调法人债务止于法人全部财产本身，法人得通过破产程序，阻止法人债务向投资人延伸。而企业的“全部财产责任”，则并未强调阻止法人债务向投资人延伸这一观念，也就是说，当法人用全部财产清偿债务之后，或可要求出资人承担法人债务。

如何理解“独立承担民事责任”与该“独立承担民事责任”是否应当成为法人的要件之一，是两个相互独立又相互关联的问题，体现在我国法律立法体系中，也是混乱的。我国《民法通则》和《事业单位登记管理暂行条例(2004 修订)》明确要求“独立承担民事责任”是构成法人的要件之一，但是无论如何理解“独立承担民事责任”，也都无法有效解释我国高校债务偿还问题的实质。

如果将“独立承担民事责任”理解为“有限责任”，则显然无法解释政府为公立高校外债兜底，以及机关法人需要政府承担民事责任的做法；而如果将“独立承担民事责任”理解为“全部财产责任”，则存在一个更深层次的问题：在我国立法上，并非只有法人才承担“全部财产责任”，比如说我国《合伙企业法》第三十八条、第三十九条规定：“合伙企业对其债务，应先以其全部财产进行清偿。”“合伙企业不能清偿到期债务的，合伙人承担无限连带责任。”承认此种观点导致的推论是：法人无须以“独立承担民事责任”为前提要求。

四、国家与高校对第三方债务的关系

无论是从出资人的“有限责任”角度，还是从法人的“全部财产责任”角度，显然都无法解释现实生活中政府为高校还债的做法。政府为高校债务买单的行为，事实上已经推翻了从“有限责任”的角度来理解“独立承担民事责任”。

① 李永军：《民法总论》，北京：中国政法大学出版社，2012 年版，第 282 页。

如果从“全部财产责任”的角度去考虑，撇开对法人要件问题的冲击，也很难说高校是以其“全部财产”承担对外债务之后，再由国家来承担责任。一方面，为了确保高校正常的教学科研活动展开，高校不可能通过清算现有教学科研资产进行还债；另一方面，利用大学的“全部财产”偿还债务也是非常难以确定的事情。所谓法人的“全部财产”，可以包括法人所有的财产、对财产的使用权价值、股权、债权等。但由于大学的一切资产形式属于国家，所以非常难以确定大学财产的价值。高校利用自身有处分权的资产偿还债务极为有限。

《民法通则》和《事业单位登记管理暂行条例(2004修订)》要求高校“能够独立承担民事责任”的要求是不现实的。正是法律对高校身份的这一要求，使得国家与高校对外债务的关系变得混乱和模糊。“校银”合作运动可以看作高校资产管理改革的一种尝试，一种在模糊法律框架下从行政化到市场化改革的尝试：除了从政府获得财政支持，高校还可以通过市场化的融资方式获得资金，并用以发展高校，参与高校之间的竞争。[①] 但是，由于高校资产产权的限制以及法律框架的模糊，这一尝试最终在实质上未能摆脱行政色彩。

从未来看，大学的发展无论是保持原有的行政全面控制，还是走更为市场化的道路，都需要一个清晰的规则和活动框架。对于高校和国家与第三方债务，可以考虑从法律框架下明确以下几种关系：

第一种：高校仍然对其占有、管理的资产不具有所有权，但明确大学无须以全部财产对外清偿，政府对大学债务兜底。除了从国家获得财政拨款、收取学费和从校办产业获得资金以外，高校利用市场融资是一种现实的需要。可以看出，我国目前大致仍然延续了高校仍然对其占有、管理的资产不具有所有权，政府对大学债务兜底的模式，但在法律制度上并未明确。

第二种：资产仍然属于国家所有，但从法律上明确国家对高校的有限责任，高校凭借其占有、使用的财产及收益对外承担债务。市场主体对高校进行借贷时，主要考虑的是高校的偿还能力，但高校的资产不得用于担保。允许通过破产程序解决高校与债权人之间的债务问题。笔者建议中国高校与国家之间的相互关系可以按照此种模式发展。

第三种：财产属于高校所有。国家与高校之间是出资人和法人的关系，从法律上明确国家对高校的有限责任。市场主体对高校进行借贷时，主要考虑的是高校的偿还能力，高校的资产可以用于担保，允许通过破产程序解决高校与债权人之间的债务问题。

(作者：张江莉　北京师范大学副教授)

① 王培华：《一种新的教育融资途径——“校银合作关系”研究》，华东师范大学硕士学位论文，2004年，第6—9页。

2015

北京市社会科学基金项目
阶段成果选编

[下]

北京市哲学社会科学规划办公室 编

首都师范大学出版社
CAPITAL NORMAL UNIVERSITY PRESS

教育学学科

J I A O Y U X U E X U E K E

项目名称：北京市产学研联合培养博士研究生的模式、机制和路径研究
项目编号：12JYA001
项目负责人：赵世奎
项目信誉保证单位：北京航空航天大学

研究生参与科研现状及其对培养质量的影响
——基于部分高校和科研单位的调查分析

从历史的角度看，研究生教育与科学研究的关系并不是一成不变的，既不是“自然的匹配”，也不是“自然的疏离”。研究生教育并非从一开始就和科学研究有着天然的联系，把科学研究职能引入大学不仅是科学走向专业化和职业化的重要标志，也彻底改变了哲学博士学位的性质。在早期，“教学与科研相结合”更强调通过科研促进教育作用的实现。随着近现代科学体系的建立，科研具有了自身明确的目的，“教学与科研相结合”开始指向出科研成果和培养科研人员两大国家任务，科研与教学和学习的结合成为近代高等教育的基本特征之一。许多学者认为，研究生培养与科学研究的一体化是美国研究生教育成功的重要原因。把研究生教育和有组织的科研联系起来，不论对研究生教育还是对科研都带来成效，已经成为教授、行政人员和科研赞助人内化的一个普遍信念。

当下，在我国博士研究生教育规模迅速扩大、培养质量问题逐渐凸显以及协同创新战略的大背景下，研究生教育与科学研究的深度融合成为政府决策部门、培养单位和高等教育学界高度关注的重要议题。2010 年颁布的教育规划纲要指出，要“建立以科学与工程技术研究为主导的导师责任制和导师项目资助制”。教育部、国家发展改革委、财政部《关于深化研究生教育改革的意见》指出，要“更加突出科教结合和产学结合。重视对研究生进行系统科研训练，要求并支持研究生更多参与前沿性、高水平的科研工作，以高水平科学研究支撑高水平研究生培养”。

从现有研究来看，一些机构和学者主要从研究生参与科研的情况和研究生对科研训练的满意度两个维度进行实证调查。例如，中国学位与研究生教育发展报告课题组 2005 年的调查结果显示，博士生参与课题“较多”“一般”“较少”的比例分别为 60.6%、29.9%和 6.7%，硕士生参与课题“较多”“一般”“较少”的比例分别为 41.9%、36.4%和 15.5%；中国博士质量分析课题组在 2007 年开展的全国博士质量调查结果显示，除人文学科外，其他学科

80%以上的博士生在读期间均至少参与了一项课题研究；中国研究生院院长联席会 2009 年的调查结果显示，博士研究生参加导师课题数的平均值为 2.17 项；周文辉等人从研究生参与科研项目的数量、质量、作用、导师科研补助、学校科研支持等方面考察了研究生对参与科研训练情况的评价，分析结果表明，66.0%的研究生对科研训练情况感到“非常满意”或“比较满意”，只有 7.0%的研究生对科研训练的情况不满意。但是，这些研究均没有涉及参与科研项目对研究生培养质量影响的内在机制这一根本问题，即没有反映出参与科研项目和研究生培养质量之间的联系，参与不同的项目类型和不同的科研组织方式对研究生培养质量究竟产生了怎样的影响仍有待深入探讨。

本文主要聚焦如下问题：一是究竟有多大比例的研究生参与了何种科研项目；二是研究生在科研项目中承担了怎样的任务；三是不同的科研项目、在科研项目中承担不同的任务究竟对研究生培养质量产生了怎样的影响。

一、调查样本和方法

本次调研，涉及南京大学、河海大学、南京农业大学、南京财经大学、中国科技大学、安徽大学、安徽农业大学和中科院合肥物质科学研究院 8 家单位，总计回收有效学术型研究生问卷 3418 份。其中，学术型博士研究生(以下简称“博士生”)1241 人，占 36.3%；学术型硕士研究生(以下简称“硕士生”)2177 人，占 63.7%。其中，参与中外联合培养的硕士生 24 人、博士生 75 人；参与国内高校与科研院所、工程院所联合培养的硕士生 135 人、博士生 34 人。调研研究生样本的学科分布见表 1。

表 1　调研研究生样本的学科分布

学科＼研究生	硕士生		博士生	
	数量(人)	比例(%)	数量(人)	比例(%)
人文社科	518	23.8	229	18.5
理　学	404	18.6	419	33.8
工　学	692	31.8	364	29.3
农　学	159	7.3	94	7.6
医　学	26	1.2	27	2.2
管理学	375	17.2	103	8.3
缺　失	3	0.1	5	0.4
合　计	2177	100.0	1241	100.0

在研究生培养质量评价指标方面，目前国内外评价研究生培养质量大致

有四种视角，即学术视角的质量观、过程视角的质量观、效益视角的质量观和就业视角的质量观。中国博士质量分析课题组在2007年全国博士质量调查中曾选取了科研能力、创新能力、基础和专业知识、相关学科知识、思想道德水平、组织与协调能力、使命感责任感、外语水平8项指标来考察博士生培养质量。本调查基于过程视角的质量观，选取了独立科研能力、发现问题和抽象问题的能力、沟通合作能力、建立有用的学术联系、掌握科学研究的基本范式、获得研究方法的良好训练、立足学科前沿的开阔视野、掌握论文写作的基本规范、发表高水平论文9项指标。

二、参与课题类型及其对培养质量的影响

研究生作为生力军直接参与一些科研项目的研究工作，不仅为研究生的学术训练提供了保障，也通过助研金等形式为研究生的生活、学习提供了重要的经济来源，其中的一些科研项目还直接成为研究生学位论文研究的重要选题。在我国，随着近年来国家科研经费投入的增加和研究生培养机制改革的推进，对以科研项目为依托研究生特别是博士生培养模式的建立发挥了重要作用。本次调查结果显示，博士生参与纵向科研项目的比例达到了60.1%，硕士生也达到了37.5%，但仍有很高比例的研究生在读期间没有参与任何科研项目。如果不考虑信息缺失因素的影响，博士生没有参与任何科研项目的比例接近1/3，硕士生没有参与任何项目的比例达到了一半(见表2)。

表2　不同层次研究生在读期间参与科研项目统计

研究生 / 参与项目	硕士生		博士生		总　计	
	数量(人)	比例(%)	数量(人)	比例(%)	数量(人)	比例(%)
都有参与	288	13.2	254	20.5	542	15.9
仅参与纵向课题	530	24.3	492	39.6	1022	29.9
仅参与横向课题	253	11.6	108	8.7	361	10.6
都没有参与	1106	50.8	387	31.2	1493	43.7
合　计	2177	100.0	1241	100.0	3418	100.0

注：实际统计中，把信息缺失样本视为没有参加任何课题，可能会导致没有参与比例偏高

总体来看，无论研究生参与纵向课题还是横向课题都会对培养质量带来显著的影响。如表3所示，在读期间没有参与过任何科研项目的研究生对9项培养质量指标的满意率(含“满意”和“非常满意”，下同)仅占1/3左右，而纵向课题和横向课题都有参与的研究生对9项培养质量指标的满意率达到或接近一半。同时，参与科研项目类型对部分研究生培养质量指标也有重要的

影响。其中，仅参与过纵向课题的研究生对独立科研能力的满意率比仅参与过横向课题的研究生高8.4个百分点；研究方法的良好训练、掌握论文写作基本规范和立足学科前沿开阔视野的满意率分别高7.2个、6.2个和4.3个百分点。但是，仅参与纵向还是横向课题对发现抽象问题的能力、沟通合作能力、建立有用的学术联系、掌握科研基本范式4项指标的满意率没有实质影响。一位管理学科国务院学科评议组召集人指出：我们要培养研究人员，最需要的是发现问题、提炼问题和提出框架的能力，而不是拿一个设计好的去做，那样是培养研究助理。现在越来越多的课题要求跟社会实践相关联，其中大部分是政府委托课题，做博士论文、开展学术研究是不够的。经济管理类很多课题是非学术性的，不是寻找学科规律的。如果研究生的培养就是做这样的课题，那是不合适的。

表3　参与不同类型课题研究生对培养质量的满意率　（单位：%）

培养质量＼参与项目	都有参与	仅参与纵向课题	仅参与横向课题	都没有参与
独立科研能力	55.2	52.3	43.9	34.6
发现、抽象问题的能力	54.0	49.0	47.4	34.8
沟通合作能力	54.3	49.3	49.8	35.2
建立有用的学术联系	47.8	42.2	42.3	31.5
掌握科研基本范式	52.0	48.4	47.5	34.3
研究方法的良好训练	53.0	49.0	41.8	34.8
立足学科前沿开阔视野	50.3	46.6	42.3	34.4
掌握论文写作基本规范	54.1	53.6	47.4	38.7
发表高水平论文	49.4	47.1	44.6	34.4

注：此处满意率指“比较满意”“非常满意”合计，下同

三、课题组织方式及其对培养质量的影响

尽管研究生事实上已经成为科研的“生力军”，甚至是“主力军”，但研究生科研训练的性质和对科研训练强度的要求，在不同学科、不同院校之间存在着相当大的差别。在自然科学领域，学位论文选题通常与导师的研究项目相关，可能就是一个团队的课题的一部分。在社会科学领域，学位论文通常是个体性的选题，反映了研究者的兴趣。一位法学研究者指出：人文社科课题，老师更多的是指导学生，并不是研究主力军，不能完全按照科技类的思想来。人文社科的指导过程主要是学习的阶段，理论的基本分析、一般问题

的抽象、原理的学习更加重要(2012 年调研访谈)。一位计算机学科的博士生导师和一位化学学科的博士生导师都曾指出：80％的课题研究是由研究生来承担的，其中最主要的是博士生(2004 年中国研究生教育发展访谈)。

调查结果显示(见表 4)，人文社会科学研究生在科研项目中独立承担课题中的部分科研工作或者在导师指导下承担部分科研工作的比例仅占 55.6％，而农学和管理学这一比例达到了 60％以上，理学和工学达到了近 70％。除此之外，人文社会科学、管理学研究生在科研项目中更多地承担了数据录入、资料查阅等辅助性工作，而农学、理学研究生更多地承担了在实验室开展课题相关实验工作。

表 4　不同学科研究生在课题中承担的主要工作统计　　(单位：％)

主要工作＼学科	人文社科	理学	工学	农学	管理学
独立承担课题中的部分科研工作	13.0	22.2	20.8	20.6	12.1
在导师指导下承担部分科研工作	42.6	45.8	47.9	40.2	49.3
在实验室开展课题相关实验	1.5	21.5	17.9	32.1	2.0
辅助性工作(数据录入、资料查阅等)	42.9	10.5	13.5	7.2	36.6
总计	100.0	100.0	100.0	100.0	100.0

注：本次调查中医学研究生样本数较少，可能不具有代表性，故未做单独分类统计

总体而言，研究生在课题中承担不同的任务对培养质量有重要的影响。在导师指导下承担部分科研工作的研究生群体对培养质量的满意率最高，所有 9 项质量指标的满意率均超过或接近 50％。独立承担课题中部分科研工作的研究生群体对独立科研能力的满意率达到了 54.5％，超过了在导师指导下承担部分科研工作研究生群体近 2 个百分点。除独立科研能力外，主要在实验室开展课题相关实验研究生群体对培养质量的满意率均最低，其中建立有用的学术联系、掌握科研基本范式和研究方法的良好训练 3 项指标的满意率均不足 40％(见表 5)。

表 5　不同参与课题方式研究生对培养质量的满意率　　(单位:%)

主要工作 / 培养质量	独立承担课题中的部分科研工作	在导师指导下承担部分科研工作	辅助性工作(数据录入、资料查阅等)	在实验室开展课题相关实验
独立科研能力	54.5	52.6	42.1	44.2
发现、抽象问题的能力	49.3	51.6	44.5	41.3
沟通合作能力	48.2	51.9	44.7	41.1
建立有用的学术联系	41.8	46.2	40.4	33.9
掌握科研基本范式	46.5	52.4	42.4	39.7
研究方法的良好训练	46.3	51.0	45.0	38.7
立足学科前沿开阔视野	46.7	49.4	42.3	40.4
掌握论文写作基本规范	50.3	54.7	45.8	44.6
发表高水平论文	45.6	50.6	40.4	40.1

四、研究生培养方式及其对培养质量的影响

为了深入推进研究生教育和科学研究的深度融合，近年来我国先后开展了高等学校和中国科学院等科研机构、高等学校和工程院所、高等学校和企业的研究生联合培养工作(以下简称“校所联合培养”)。但是，由于联合培养的高校和科研、工程院所分属不同系统，突破了传统的模式和现有体制框架的规定，双方在合作中难免会受到一些制约，联合培养的效果也受到一些部门和学者的质疑。

考虑到校所联合培养研究生的学科问题，本文选取理、工、农、医四个学科门类的研究生样本进行了统计分析。总体而言，中外联合培养研究生群体对培养质量的满意率明显高于培养单位自主培养研究生；而校所联合培养研究生群体对培养质量的满意率明显低于培养单位自主培养研究生。其中，如表 6 所示，中外联合培养研究生群体对独立科研能力、沟通合作能力、立足学科前沿开阔视野、掌握论文写作基本规范和发表高水平论文五项指标的满意率达到了 60%以上。校所联合培养研究生群体除对发表高水平论文的满意率达到 45.5%，高于自主培养 3.4 个百分点外，掌握科研基本范式、研究方法的良好训练、掌握论文写作基本规范、发现抽象问题的能力、独立科研能力 5 项指标的满意率均低于单位自主培养研究生超过或接近 5 个百分点。

表 6　理、工、农、医学科不同培养方式研究生对培养质量的满意率（单位：%）

培养质量＼培养方式	自主培养	中外联合培养	校所联合培养
独立科研能力	45.1	61.5	40.2
发现、抽象问题的能力	43.0	56.9	37.1
沟通合作能力	43.1	60.0	41.4
建立有用的学术联系	37.5	46.2	36.1
掌握科研基本范式	42.6	52.3	35.3
研究方法的良好训练	42.7	55.4	35.3
立足学科前沿开阔视野	41.4	60.0	39.8
掌握论文写作基本规范	45.7	64.6	39.1
发表高水平论文	42.1	63.1	45.5

科研、工程院所是我国高层次工程人才培养的重要基地，在高水平导师队伍、科研设施和工作条件、重大研究课题等方面具有明显优势。但从本次调研结果来看，校所联合培养研究生对培养质量绝大多数指标的满意率尚不及单位自主培养研究生。除了校所联合培养是一个新生事物，在管理、运行等方面尚待进一步理顺外，更多的研究生在课题中承担了辅助性和实验性工作可能是造成培养质量满意率低的重要原因。如表 7 所示，校所联合培养研究生主要独立承担课题中的部分科研工作的比例低于单位自主培养研究生 6.6 个百分点，在导师指导下承担部分科研工作比例低于中外联合培养研究生 5.5 个百分点，而主要在实验室开展课题相关实验研究生比例高于单位自主培养研究生 4.1 个百分点。这也从另一个侧面印证了课题组织方式对研究生培养质量具有重要的影响。

表 7　理、工、农、医学科不同培养方式研究生在课题中承担的主要工作统计

主要工作＼培养方式	自主培养		中外联合培养		校所联合培养	
	人数（人）	比例（%）	人数（人）	比例（%）	人数（人）	比例（%）
独立承担课题中的部分科研工作	316	21.8	10	18.5	17	15.2
在导师指导下承担部分科研工作	666	46.0	28	51.9	52	46.4
辅助性工作（数据录入、资料查阅等）	163	11.3	5	9.3	15	13.4
在实验室开展课题相关实验	302	20.9	11	20.4	28	25.0
总　计	1447	100.0	54	100.0	112	100.0

五、主要结论

本文就研究生参与课题类型、课题组织方式和培养方式三个维度的实证分析表明：

第一，参与高水平科研项目是提高研究生培养质量的重要支撑。研究生在读期间无论参与纵向课题还是横向课题，都会对培养质量带来显著的影响。比较而言，特别在独立科研能力、研究方法的良好训练、掌握论文写作的基本规范和立足学科前沿开阔视野四个方面，参与纵向科研项目对提高研究生培养质量更具有明显优势。

第二，不同的参与课题方式对提高培养质量的效果有明显差异。总体而言，在导师指导下承担部分科研工作对提高研究生培养质量的效果更为明显，而主要从事诸如数据录入、资料查阅、开展实验等辅助性工作研究生对培养质量的满意率相对较低。校所联合培养研究生对培养质量的满意率较低，一个可能的原因是在课题研究中更多地承担了数据录入、资料查阅、开展实验等辅助性工作。

参考文献

[1] [美]伯顿·克拉克著，王承绪译：《研究生教育的科学研究基础》，杭州：浙江教育出版社，2001 年版。

[2] 中国学位与研究生教育发展报告课题组：《中国学位与研究生教育发展报告(1978—2003)》，北京：高等教育出版社，2006 年版。

[3] 中国博士质量分析课题组：《中国博士质量报告》，北京：北京大学出版社，2010 年版。

[4] 中国研究生院院长联席会：《中国研究生教育年度报告 2009》，北京：高等教育出版社，2010 年版。

[5] 周文辉、王战军、刘俊起等：《我国研究生教育满意度调查——基于在读研究生的视角》，《学位与研究生教育》，2012 年第 12 期。

（作者：赵世奎　北京航空航天大学副研究员
张　帅　北京大学博士研究生
沈文钦　北京大学副教授）

项目名称：北京市属高校中青年教师专业化发展状况与院校支持策略研究
项目编号：12JYB013
项目负责人：曲学利
项目信誉保证单位：北京联合大学

北京市属高校中青年教师专业化发展的院校支持策略研究报告

一、研究的背景

（一）问题的提出

随着我国高等教育快速发展，北京市高等教育进入了大众化阶段，北京市属高等院校中青年教师的专业化发展问题日益受到关注、重视，已成为提高和保障高校人才培养质量的关键。据不完全统计，45 岁以下中青年教师在北京市属高校已占 60％—70％，成为北京市属高校教师队伍的关键力量，其专业化发展面临诸多问题与挑战，应该得到有关院校和教育主管部门高度重视。市属高校如何从人力资源开发角度，提出有助于中青年教师专业化发展的院校支持策略，构建发展支持体系，将直接影响到高校的可持续发展。因此，各校逐步开始构建中青年教师发展的院校支持体系，包括制定和实施各类人才强校计划、成立教师发展研究和支持机构、逐步对青年教师实施导师制等，支持策略已初见成效。但是，北京市属高校中青年教师专业化发展的院校支持策略的实施状况如何？效果怎样？中青年教师对这些已经初步建立起来的支持策略的感受如何？如何根据中青年教师专业化发展的实际需要，进一步完善和建立更加科学的院校支持策略，是当前市属高校教师队伍建设面临的重要任务，也是本课题深入研究和关注的问题。

（二）高等学校教师专业化发展的内涵

高等学校教师专业化发展是一个逐步完善的概念。1975 年，盖夫把“教师发展”界定为一个“提高能力，扩展兴趣，胜任工作，从而促进教师专业与个人发展的过程”。1991 年美国教育联合会（NEA）发表《大学教师发展：国力的提升》报告书，认为教师发展基本围绕四个目标：个人发展、专业发展、教学发展和组织发展。其中，个人发展包括提高教师人际交往能力、维护健康、进行职业规划等；专业发展包括促进个人成长，获得或提高与专业工作相关的知识、技能与意识；教学发展包括学习材料的准备、教学模式与课程计划的更新；组织发展集中于营造有效的组织氛围、促进教师采取新的教学实践。

目前，大多数国内学者将教师专业化的内容概括为：教师内在的合理的知识结构，以此为基础具有通过专门训练而获得的、其他专业人员不具备的教育教学实践能力，并能有效地、创造性地解决教育教学领域中的所有具体问题等。本研究主要聚焦北京市属高校中青年教师的执教能力、专业实践能力、应用性科研能力和社会服务能力等问题，分析中青年教师在这些方面的专业化发展状况，针对存在的问题，从院校支持策略体系角度进行研究。

(三)研究的实施

根据北京市哲社办课题研究内容的要求，北京联合大学、北京服装学院、北京农学院的人事部门共同组成了北京市属高校教师专业化发展状况与院校支持体系调研组，对北京市属高校中青年教师专业化发展状况和支持策略开展了调研。调研采用问卷调查法，对教师个人概况、日常工作、教育教学、科学研究、校内外服务、师生互动、同行互动、院校组织与制度环境、职业发展、职业满意度与压力等方面进行了调查。调研对象为各市属高校本科教育专任教师(不包括教辅人员、行政管理人员、兼职人员、后勤人员等)，旨在从与教师自身发展密切相关的各个方面，摸清北京市属高校教师特别是中青年教师专业化发展状况，促进北京市属高校教师专业化发展，并为探讨高校教师专业化发展支持策略提供理论和数据支撑。共10所高校参与了调查，包括：北京联合大学、北京服装学院、北京建筑工程学院、北京农学院、北京工业大学、北方工业大学、北京信息科技大学、北京工商大学、首都经济贸易大学和北京第二外国语学院。

参与调查的教师问卷由各高校人事处统一发放并组织回收。各高校按统一格式对专职教师数进行了基本状况统计。在此基础上，随机抽样20%左右发放问卷，完成回收不少于15%的有效问卷。在确定样本分布情况时，注意了以下几点：

(1)学科类别：抽样覆盖本校各学科类别，各校根据各自特点调整。

(2)年龄结构：抽样覆盖各高校各年龄段的教师，其中特别请关注和保证45周岁以下的中青年教师的抽样比例，这部分教师抽样比例略高5%左右。

(3)职称结构：中高级、副高级、中级和初级各职称比例与各高校状况基本吻合。

(4)性别比例：与各高校整体比例状况基本吻合。

研究数据源于北京联合大学教师发展中心组织的“北京市属高校教师发展状况调查”，调查对象为各校专任教师，在各参加调查高校的大力支持下，本次共发放教师问卷2815份，回收2401份，回收率为85.3%，其中有效问卷2039份，占回收问卷的84.9%。

二、北京市属高校中青年教师专业化发展院校支持现状

目前，北京市属高校对中青年教师专业化发展的政策支持和相关制度的保障现状到底如何？本研究主要从 9 个方面对 10 所北京市属高校进行了调研和统计(见表 1)。

表 1　北京市属高校对中青年教师专业化发展的支持情况

内容 学校	有专门的中青年教师培养计划	参加学科或科研团队或配导师	设置科研、教研专项资助	有职称晋升政策倾斜	专门的培训、出国进修计划和政策	有到行业企业挂职或实践的政策支持	有攻读学位的经费补贴	进校后有其他相关的补贴	学校有相关的爱心工程或活动
数量	7	8	9	4	9	5	8	6	9

从表 1 中可见：(1)10 所北京市属高校普遍制定和实施了中青年教师专业化发展支持政策和计划；(2)7 个以上高校在中青年教师专业化发展上，都把政策支持重点放在了提升中青年教师教学、科研能力和水平上，制定了科研、教研专项资助政策；进入学科或科研团队的制度和政策，导师制度；培训、出国进修政策和计划；到行业企业挂职或实践的制度等；(3)部分高校还对中青年教师成长有鼓励资助政策，如在职称晋升上制定政策倾斜，攻读学位的经费补贴，组织相关的爱心活动等；(4)大部分学校对青年教师增加了进校补贴。

综上说明，近几年北京市属高校对中青年教师专业化发展是重视的，针对中青年教师专业化发展中存在的问题，各高校在政策和制度支持方面采取了相应措施，并开展了相关工作；不足的是，现有政策和措施还不能完全满足中青年教师发展需要，一些政策和措施的实施还没有落实，已经实施的措施和制度，其绩效如何还有待考证。

三、中青年教师对院校支持的感受状况(满意度)调查

(一)调查设计

调查主要针对高校中青年教师对院校支持的感受状况进行，可以分成两个层面(如图 1)：

一是制度支持层面：本研究中对管理制度的认同定义为，高校教师对人事管理各项规章制度的认可，并在认可基础上体现出的满意程度。

二是实践支持层面：人力资源实践(HRP)反映院校组织对教师的关心程度及其对教师贡献与价值的认识，它是院校组织支持的显示器，反映院校组织是否想与教师建立一种持续发展的社会交换关系的意愿。

两个变量分别可以通过因子分析，从调查问卷的相关原始题项提取。

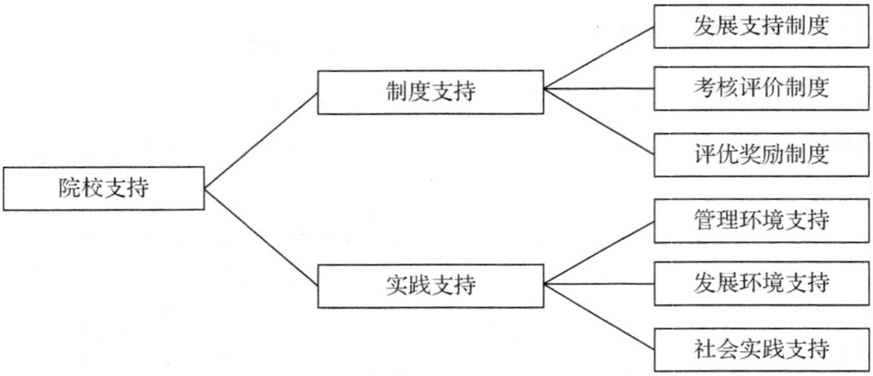

图1　院校支持结构图

研究分两个角度进行了比较，首先是中青年与非中青年教师对组织支持评价的差异比较，然后分析了中青年教师群体对组织支持给予负面评价的不同表现。

（二）调查数据获取

研究数据仍源于北京联合大学教师发展中心组织的“北京市属高校教师发展状况调查”，通过问卷整理，得出受调查10所高校专任教师的基本情况（见表2）。

表2　接受调查的10所北京市属高校专任教师结构情况分析表

属 性		样本数（个）	比例（%）	属 性		样本数（个）	比例（%）
性　别	男	776	38.06%	最高学历	博士研究生	827	39.34%
	女	1263	61.94%		硕士研究生	971	46.19%
年龄段	30岁及以下	135	9.59%		本科及以下	241	14.46%
	31—35岁	548	26.02%	职　称	正高级	199	9.60%
	36—40岁	536	25.45%		副高级	727	35.07%
	41—45岁	367	17.43%		中　级	982	49.01%
	46—50岁	290	13.77%		初　级	88	4.25%
	51—55岁	112	5.32%		尚未申请	43	2.07%
	55岁以上	51	2.42%				

（三）研究变量处理及研究方法

1．研究变量说明及处理

对研究中相关变量的可操作化定义规定见表3：

表 3 研究变量的可操作性定义

研究变量	变量说明
是否中青年	构造的虚拟变量：年龄≤45 岁为中青年，其他为非中青年，具体规定为：1=是，0=否
组织管理制度支持	因子分析(详见表 4)
组织管理实践支持	因子分析(详见表 5)

对其中组织管理制度支持和组织管理实践支持两个研究变量处理如下：

(1)制度支持

从调查问卷中选取相关原始题项，进行因子分析，得到三个因子(见表 4)。

表 4 高校教师发展的组织管理制度支持因子分析结果

因　子	题　项	f1	f2	f3
考核评价制度	教师评价制度	0.805	0.343	0.345
	教学质量评价制度	0.792	0.329	0.346
	职称评定制度	0.750	0.396	0.343
	教师新聘制度	0.736	0.357	0.324
	岗位聘任制度	0.719	0.443	0.350
发展支持制度	教师企业实践机会	0.357	0.777	0.330
	产学研合作教育制度	0.425	0.751	0.343
	科研资助制度	0.481	0.685	0.356
	培训学习机会	0.285	0.675	0.449
	学历进修制度	0.545	0.658	0.280
评优奖励制度	教学成果奖励制度	0.364	0.355	0.800
	教师评优制度	0.406	0.342	0.785
	科研成果奖励制度	0.349	0.373	0.774

提取方法：主成分分析；Kaiser-Meyer-Olkin 度量值为 0.958；解释的总方差为 84.016%

(2)实践支持

本研究从调查问卷中选取相关原始题项，进行因子分析，得到三个因子(见表 5)。

表 5　高校教师发展的组织管理实践支持因子分析结果

因　子	题　项	f1	f2	f3
发展措施支持	学校/学院设有教师发展中心等支持机构	0.813	0.310	0.257
	学校和院系对教师发展有充分支持政策与制度	0.771	0.401	0.308
	学校和院系聘专家为教师发展提供咨询与支持	0.728	0.460	0.278
	学校教学研究和改革氛围很好	0.686	0.384	0.405
	教师能充分参与学校决策	0.681	0.363	0.376
	学校鼓励和支持教师组成学术/教学共同体	0.629	0.494	0.323
社会实践支持	学校鼓励教师参与校外服务活动或商业活动	0.374	0.808	0.265
	学校鼓励招聘有学术界之外工作经验的人从教	0.380	0.789	0.284
	学校给教师提供资源以从事社区教学和研究	0.491	0.756	0.238
院校管理支持	非常强调学校的使命和目标	0.213	0.158	0.850
	学校最高领导能胜任学校管理工作	0.307	0.273	0.816
	在学校行政管理系统与学术系统间有较好关系	0.443	0.345	0.660

提取方法：主成分分析；Kaiser-Meyer-Olkin 度量值为 0.955；解释的总方差为 80.949%

2. *研究方法*

所有研究通过 Spss19.0 进行统计，采用因子分析提取教师组织支持感受；用独立样本 T 检验比较中青年教师跟非中青年教师对组织支持评价的差异性。

四、中青年教师对院校支持的评价

(一)中青年教师较非中青年教师对组织支持的认同感更显著

在院校组织制度支持和管理实践支持的相关方面，对中青年教师和非中青年教师的评价，就 6 个因子得分进行独立样本 T 检验，结果见表 6。可以发现，两者均存在显著性差异。

表 6 中青年教师与非中青年教师对组织支持评价状况的独立样本 T 检验

因　子	教师类别	均　值	标准差	t 值	P 值
院校管理支持	中青年	0.0234785	0.97730691	2.030	0.055
	非中青年	−0.0866688	1.07641822		
发展措施支持	中青年	0.0629635	0.97685028	5.256	0.004
	非中青年	−0.2324246	1.05010908		
社会实践支持	中青年	0.0446999	0.99526786	3.875	0.000
	非中青年	−0.1650059	1.00127689		
发展支持制度	中青年	0.0351786	0.97985607	2.995	0.003
	非中青年	−0.1353511	1.06451484		
考核评价制度	中青年	0.0383844	0.99521931	3.270	0.001
	非中青年	−0.1476859	1.00588759		
评优奖励制度	中青年	0.0341311	0.98491264	2.905	0.004
	非中青年	−0.1313208	1.04701996		

注：$P<0.05$ 为通过显著性检验

中青年教师对各项组织支持的满意度，尤其是在发展措施支持、社会实践支持等方面，均显著高于非中青年教师。这说明各高校在中青年教师专业化发展的制度支持和实践支持方面的努力初见成效，得到了中青年教师的认同和肯定，应继续坚持并不断改善。

(二)中青年教师对组织制度支持的认同度

1. 对教师发展支持制度的认同度

在发展支持制度方面，认同度最低的管理制度是“教师企业实践机会”，这一方面体现了北京市属高校应用型人才培养的实际需求，另一方面也反映了高校教师需要贴近行业企业实际，提升行业企业实践与服务能力(详见图 2)。

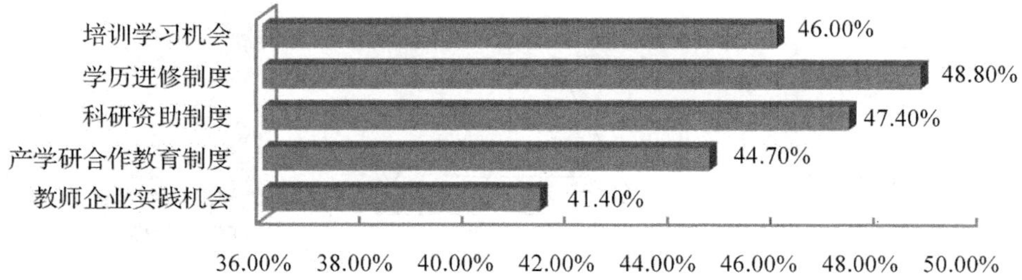

图 2 中青年教师对学校教师发展支持制度的认同度

2. 对教师考核评价制度的认同度

在考核评价制度方面，除了“教师新聘制度”外，其他方面认同度均低于50%，这说明中青年教师对高校的教师评价制度、职称评定制度、岗位聘任制度和教学质量评价制度等方面均有较强的改进意愿，希望更加合理化（详见图 3）。

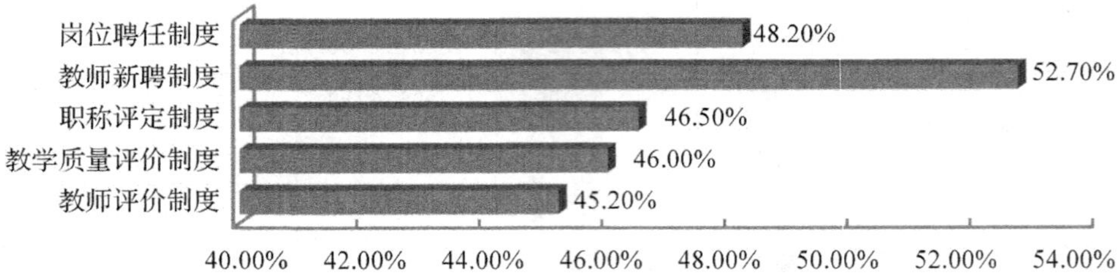

图 3　中青年教师对学校教师考核评价制度的认同度

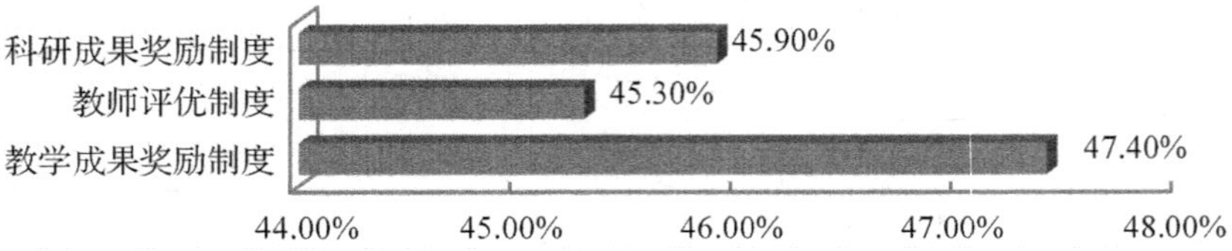

图 4　中青年教师对学校教师评优奖励制度的认同度

3. 对教师评优奖励制度的认同度

由图 4 可以看出，中青年教师对教师评优奖励制度的认可度普遍偏低，均低于 50%，说明中青年教师认为学校的奖励和评优制度有很大改进和提升空间，学校可以通过这些奖励和评价制度来有效地调动中青年教师的积极性。

（三）中青年教师对组织实践支持的认同度

1. 对院校管理支持的认同度

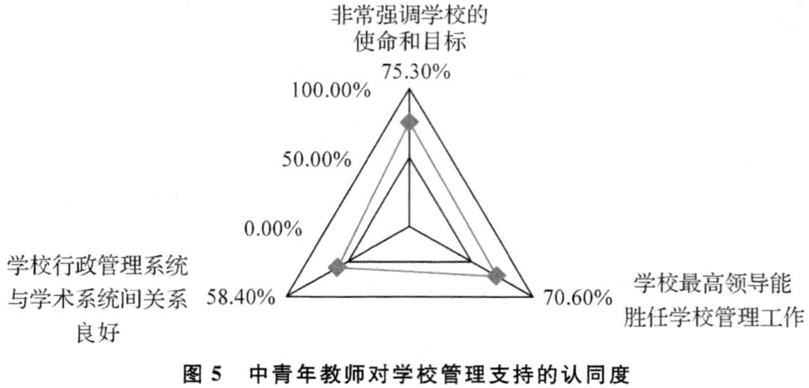

图 5　中青年教师对学校管理支持的认同度

由图 5 可以看出，中青年教师对院校“非常强调学校的使命和目标”和“学校最高领导能胜任学校管理工作”方面的认同度都比较高。这说明中青年教师对学校高层管理本身比较认同，但是对“学校行政管理系统和学术系统间关系良好”的认同度稍低；说明学校管理与学术之间的沟通存在一定的关系不协调，需要学校在这方面予以重视。

2. 对教师发展措施支持的认同度

中青年教师对大部分教师发展措施支持认同度比较高，而对“教师能充分参与学校决策”方面的认同度明显偏低。这一方面说明北京市属高校在教师发展措施支持方面的努力得到了中青年教师的认可；另一方面在创造条件吸引中青年教师参与学校决策等方面有更多改进空间。中青年教师在参与学校决策方面的意愿非常强烈，学校层面应该积极引导并充分利用这种积极性，为中青年教师发展提供更好的支持措施。此外，应引起重视的是，只有半数以上的中青年教师对学校和学院教师发展支持机构设置的状况，以及学校为教师发展提供专家咨询与支持方面的状况表示满意，说明中青年教师在专业化发展的支持措施方面对学校和院系还有更高的需求(详见图 6)。

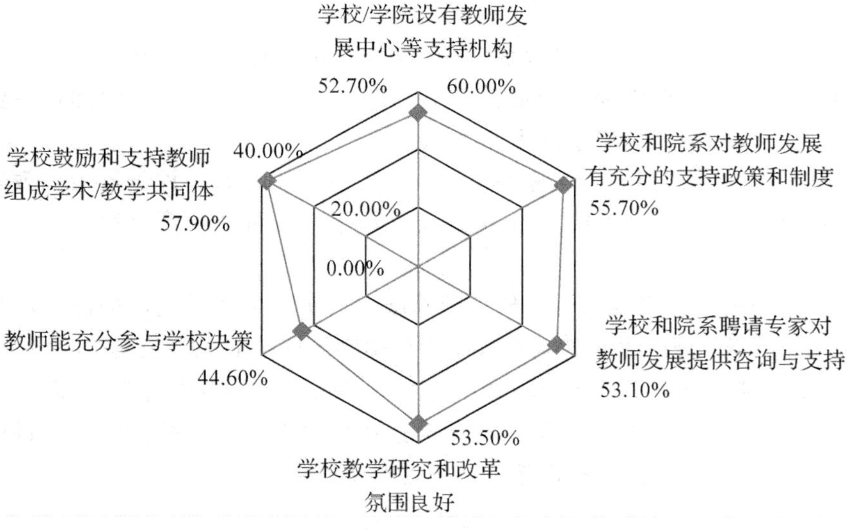

图 6　中青年教师对学校教师发展措施支持的认同度

3. 对教师社会实践支持的认同度

如图 7 所示，中青年教师在社会实践支持的三个方面都有合理化改进空间。应特别关注，学校在给教师提供资源从事社区教学和研究方面需要加强，只有不足半数的中青年教师表示满意，这在各高校加强高校的社会服务功能的大前提下显得尤为重要，高校在今后发展中应适当考虑教师在这些方面的需求。

另外，通过调查和统计得出，中青年教师对学校相关支持政策和措施的认可度和满意度如下：

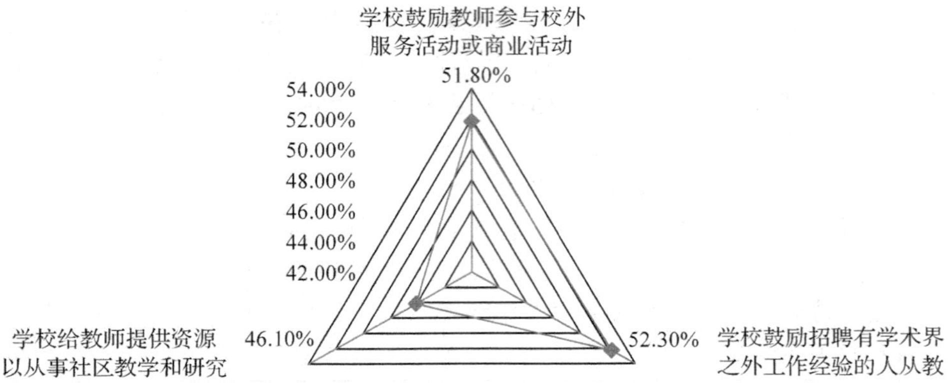

图 7　中青年教师对社会实践支持的认同度

(1)对学校在教学管理/技术等方面给予的支持满意度很低，只有 32.20%。

(2)对学校和院系在教师发展支持政策与制度的满意度为 55.7%；对教师晋升和晋级标准的满意度为 61.4%；对成为优秀/骨干教师获得奖励或资助的满意度为 64.9%。

(3)对学校鼓励支持教师组成学术/教学共同体的满意度为 57.9%；对鼓励教师参与校外服务活动或商业活动的满意度为 51.8%；对给教师提供资源从事社区教学和研究的满意度为 46.1%。

(4)对岗位聘任制度、职称评定制度、工资制度、教师评价制度、教师评优制度的满意度均不到 50%，个别学校中青年教师对教师评价制度的满意度只有 33.7%；

(5)对科研工作量要求、科研资助制度、科研成果奖励制度的满意度均不到 50%，个别学校中青年教师对科研成果奖励制度的满意度只有 34.2%。

综上所述，高校的支持政策和措施总体得到了大多数中青年教师的认可；但学校的教学管理制度，以及对中青年教师在教学技术、社会服务、科研资助和成果奖励等方面的支持政策和措施还有待改进。

五、中青年教师对院校支持策略的需求

通过调查，得出中青年教师在专业化发展方面最需要得到院校的支持包括：

(一)教师需要的教学发展支持需求

北京市属高校教师对于需要得到的教学发展支持从四个角度进行调查，统计数据如图 8 所示。可以看出，在教学研究改革方面需求最大，在教学策略技巧方面中青年教师与非中青年教师比例有所差距，有近 40%的中青年教师希望在教学策略技巧方面得到支持。

教学发展方面，中青年教师需要教学改革研究支持的人数为 51.10%；需

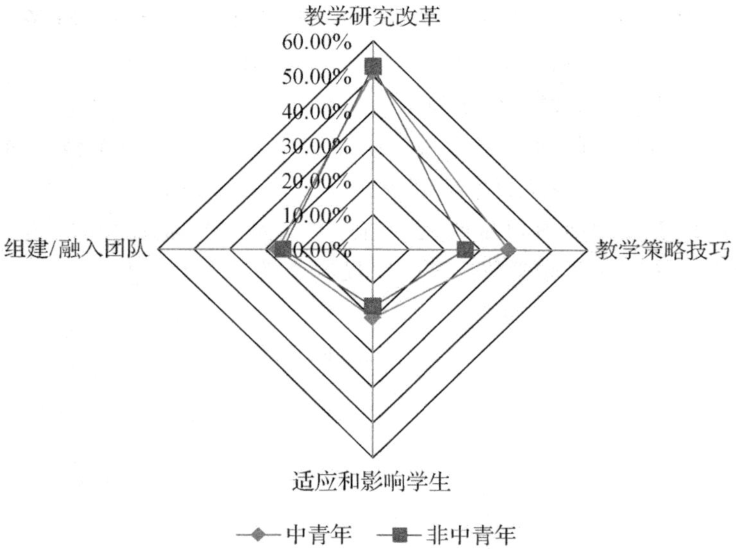

图 8　北京市属高校教师需要得到的教学发展支持

要教学策略技巧方面给予支持的为 37.90％；需要在融入相关学科团队上给予支持的为 26.70％。

(二)需要的科研发展支持

北京市属高校教师对于科研方面的支持需求从四个角度进行调查，统计结果如图 9 所示。从数据可以看出，很大一部分中青年教师认为需要在组建融入学术圈和申请项目及经费方面得到更多支持，比例要高于非中青年教师，而对获奖和成果与转让政策等没有表现出太大兴趣。

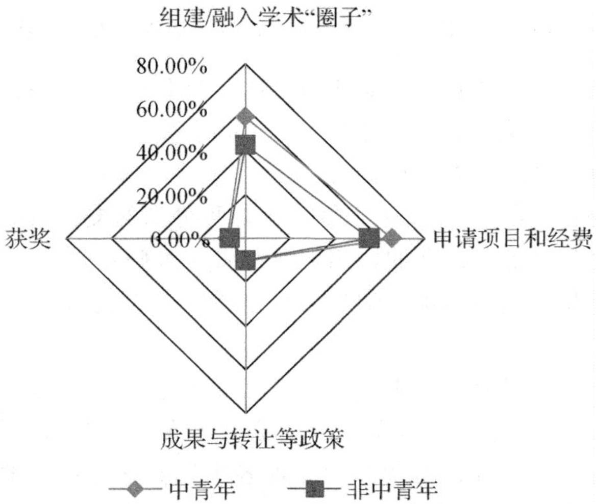

图 9　北京市属高校教师需要得到的科研发展支持需求

科学研究方面，需要尽快融入某个学科的学术“圈子”给予支持的为55.70%；在申请项目和经费方面需要给予支持的为65.40%。

(三)社会服务方面需要的支持

北京市属高校教师对于社会服务方面需要的支持从四个角度进行调查，统计结果如图10所示。从数据可以看出，很大一部分中青年教师认为在社会服务方面需要更多的横向项目政策支持，更多贴近产业机会的社会实践，而对于指导学生实践和参与学校决策方面没有表现出太大兴趣。

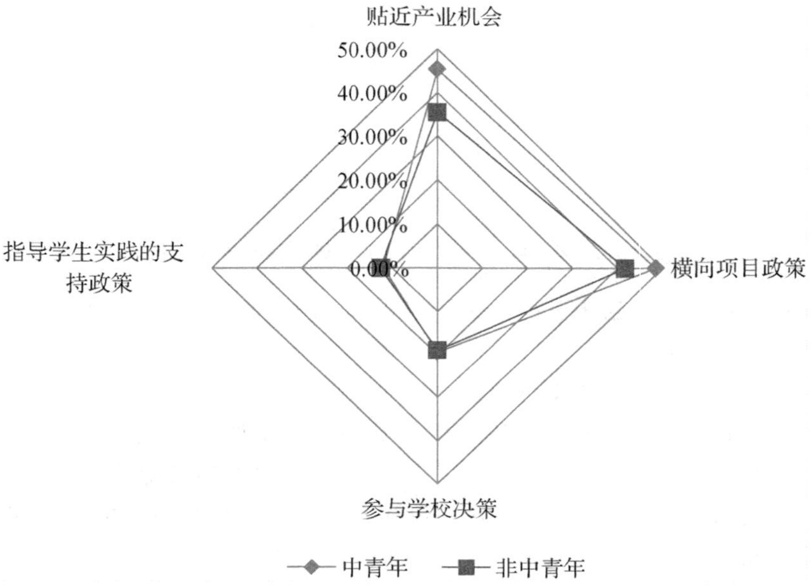

图10 北京市属高校教师在社会服务方面的支持需求

社会服务方面，需要在与产业加强合作机会上给予支持的为45.30%；需要在横向科研项目政策上给予支持的为48.50%。

(四)职业发展方面需要的支持

北京市属高校教师对于职业发展方面需要得到的支持中，职称晋升成为中青年教师关注的焦点，此项的比例与非中青年教师拉开了较大差距。此外，进入人才资助计划和更多的培训学习机会也是中青年教师的主要需求方面(详见图11)。

职业发展方面，需要在专业进修、实践锻炼、培训学习机会和经费上给予支持的为46.10%；需要在职称晋升上给予支持的为57.40%。

调查发现，中青年教师希望今后参加各类进修活动的意愿非常明显，均在70%以上，具体如图12所示。

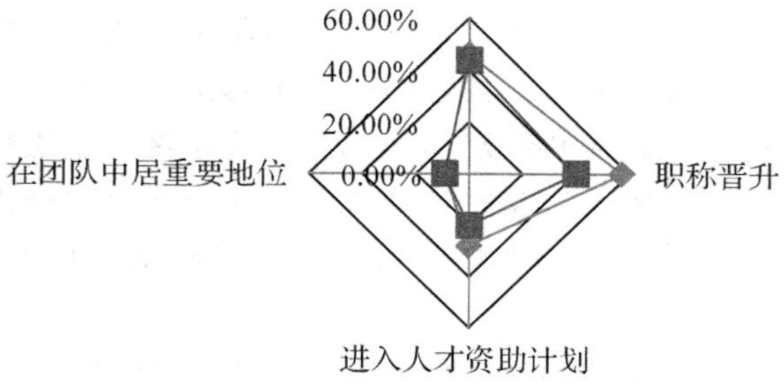

图 11　北京市属高校教师在职业发展方面的支持需求

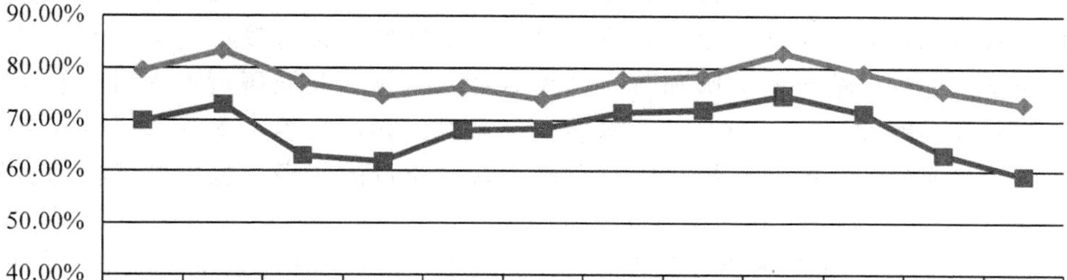

	国内访问学者	国外访问学者	博士生学历进修	博士后流动站	学校短期培训	首都教师发展培训基地活动	校际间交流观摩	高校实地考察	参加学术会议	行业企业考察	企业顶岗实践	政府主管部门挂职锻炼
中青年	79.60%	83.30%	77.30%	74.70%	76.30%	74.10%	77.90%	78.50%	83.00%	79.20%	75.70%	73.20%
非中青年	69.90%	73.10%	63.00%	61.90%	68.10%	68.40%	71.60%	72.10%	74.90%	71.50%	63.30%	59.10%

图 12　北京市属高校教师今后希望参加的进修活动数据统计

六、北京市属高校中青年教师专业化发展支持策略的建立

根据中青年教师专业化发展中遇到的问题及其发展需求，北京市属高校应该在已有支持策略建立基础上，进一步有针对性地完善对中青年教师专业化发展的支持策略。

(一)在提高中青年教师教学能力上完善支持策略

1. 利用教育的优势资源，提升青年教师的教学能力

近几年，北京市高校师资培训中心利用北京地区具有的优势高等教育资源，组织市属高校中青年教师到教育部部属高校访学，由部属高校的教学名师采取“师傅带徒弟”的方式进行一对一的培养，目的就是要利用这些高校具有一大批高水平教学名师的资源，培养一批高质量和高水平教学能力的青年教师。近几年，北京市属高校 100 多名青年教师已经通过这种方式“学徒转正毕业”，很多人已经成了学校的教学骨干。

北京各市属高校应充分挖掘和利用这种优势资源，弥补这方面资源短缺，提高中青年教师专业化发展水平；要继续加大政策性支持力度，更要在人力和物力上加大支持力度；同时，及时总结和提炼这种方式的成功案例，把此项工作纳入本校中青年教师队伍建设的规划和各年度重点工作中，由专门负责教学工作和师资队伍建设的校领导牵头，职能处室负责提出本校中青年教师利用这种方式进行培训提高的实施方案，制定政策和财力上的支持措施，把此项工作切实落实好。

2. 采取政策性引导和人财物支持，鼓励和支持中青年教师建立教师工作坊

可以在本教研室、本系统或跨专业、跨单位自愿组建；教师工作坊活动的主要内容是让青年教师自觉地研究和交流执教方面的体会、经验和好的做法，通过教师的互动研讨和交流，促进和提高教学能力。北京联合大学教师自发组织建立了设计类专业教师产学研修工作坊、英语教师教学学术研修工作坊，通过聘请行业大师和著名高校名师，指导并共同研讨本学科、专业青年教师实践教学能力和教学学术能力提高的问题，吸引了本学科、专业很多教师自愿参加，激发了教师研讨和提高教学质量的热情，也促进了教师教学能力的提高。

3. 针对中青年教师的发展需求，实施专题培训和专家指导

中青年教师在专业化发展的不同时期，最需要得到专业化的指导和支持。北京联合大学近年来实施“中青年教授培训”“新任系主任培训”“优秀青年教师培养导师制”等支持性措施。其中，“优秀青年教师培养导师制”是由资深教师和教育教学专家对优秀中青年教师开展导教活动，建立对中青年教师执教能力培养的过程指导、考核和反馈制度与工作机制，切实提升了中青年教师的执教能力。一些青年教师经过导师的一对一培养，已经成为学生欢迎的市级优秀教师或教学基本功大赛的获奖者。

4. 实施教师执教能力培训，支持在职教师教学发展

由学校教务部门牵头，实施“教师执教能力提升计划”，明确将“教师执教能力提升计划”列入学校教学品质提升计划，为提升教师执教能力做出制度规定。学校可以组织市(校)级名师开放课堂、与部属院校“大手拉强手”、举办“中青年教师执教能力提升系列讲座”等活动，要求各教学单位组织中青年教师深入校内外名师课堂系统学习、观摩，学习先进的教学方法；聘请国内外教学督导专家、教学名师、专家学者等来学校举办讲座；聘请教学经验丰富、教学效果好的教师担任青年教师导师，直接为“国家级和省市级教学名师”做遴选和人才储备，培育产生一批师德高尚、爱岗敬业、教学效果优秀的教师。

5. 开展有特色的教师学术活动

积极支持学校的二级学院开展有特色的中青年教师学术活动，选派教师到国外高校进修学习，帮助青年教师与国外研究机构建立合作关系；通过国

内外培训、积极推进网络学堂建设、加强教师全英语(双语)教学能力培训与交流，从教学理念更新、教学艺术与技巧、教育技术应用等全面提升教师双语教学能力。

(二)在提高中青年教师应用性科研能力上完善支持策略

北京市属高校中青年教师应用型科研能力的提高离不开承担省部级以上科研项目中磨炼；但是，在竞争国家级(或省部级重点)教科研项目时，与部属高校相比，市属高校的中青年教师明显处于劣势。根据调查统计显示，近三年市属高校中青年教师承担竞争性教科研项目人均不到1项，且大多数为省部级以下级别项目。

北京各市属高校要采取切实有效的措施改变此种状况。一是要在本校的教科研竞争性项目申报上给中青年教师一定的倾斜。如，近年来，北京市属高校通过专门对中青年教师设置的校级科研培育“新起点项目”，使很多中青年教师通过申报竞争，获得了国家级各类科研项目；二是组建由有经验的教授领军的教科研项目申报专家组，指导或带领中青年教师共同“写本子”参与高级别项目竞争并完成项目任务；三是建立青年博士俱乐部，开展青年教师科研方向与方法交流、科研实际问题解决、个人职业生涯规划交流、青年教师工作生活和学习的取舍观、课程改革方向与思路探讨等活动，吸引青年教师踊跃参加；四是制定鼓励政策，支持市属高校中青年教师利用母校学术资源，争取校与校之间的教科研合作项目或与社会行业之间的横向课题项目，在这方面制定科研资助制度、学术团队和学术共同体资助制度、科研成果奖励制度等。

(三)在提高中青年教师社会服务能力上完善支持策略

北京市属高校承担着服务首都，为北京区域经济和社会发展提供人才培养、技术创新和文化传承等重要任务，这些任务的完成需要中青年教师具有很强的社会实践能力和应用型技能。调查显示，70%左右的中青年教师都非常希望增加社会、行业实践机会，提高服务社会能力，促进自身专业化发展。

因此，应发挥市属高校身在首都，与北京市各行业有着天然联系和长期合作基础的优势条件，完善鼓励中青年教师参加社会、行业实践与合作的相关支持制度和措施，派出青年教师参加企业(行业)实践和挂职锻炼，提升教师行业企业实践和服务能力，学校在政策支持、经费支出上加大力度。在调查中已有5所市属高校制定并实施了有关政策和制度，但还应该在北京市支持市属高校创建的“协同创新中心”中，尽可能地给中青年教师提供参与社会各企(行)业、央属事业(科研)单位协同创新，服务国家和北京经济和社会发展的机会，使市属高校一批优秀的中青年教师能够在较高层次、较大规模的社会活动中经受历练，提升自己的专业化水平。

（四）面向不同发展阶段的教师，开展形式多样的培训活动

教师专业化发展支持体系的建立和完善，还需要立足不同发展阶段的教师，开展形式多样的培训活动。

1. 面向新教师，组织开展新教师研习营

对每年新入职教师进行职业导入教育，内容可以包括校情介绍、教学理念与方法、教学技能提升、师德修养、职业生涯规划、心理健康辅导、团队拓展训练等，以便帮助新教师尽快熟悉和适应学校环境、适应学校工作要求、树立信心，为自身职业发展奠定基础。

从新入职教师的特点和需求出发，培训活动的方式可以采用更加丰富多样的系列拓展活动，运用学员互动拓展、执教能力培养、教学观摩与交流、职业发展导航、在线学习等模块的活动，帮助新教师“进校门、进课堂、进团队”“近名师、近学生、近管理”，帮助新教师尽快适应学校环境、适应学生、适应教学和科研要求。其中，在执教能力培养阶段，以“让大学课堂更具吸引力”为主线，开展系列主题活动，聘请教学名师担任小组导师，对教师进行教学设计的指导和实战演练与公开观摩点评。

2. 面向新晋升副教授等特定群体组织专题培训班

根据学校发展和教师发展的实际需求，面向教师队伍中的关键群体，围绕学校和教师发展中的重点、难点和创新性问题，面向全校不同层面的教师举办各类专题培训班，满足不同教师群体多样化的发展需要，为教师专业化发展提供贴心服务与支持。例如，面向学校上一年度新晋升的副教授，开设专题培训班，以新晋升副教授的学术能力提升为主线，完善设计培训方案，开设教师职业发展、科学研究、学科建设和教学建设改革等模块的培训，组织学员结合学校的科研和教育科研课题申报，进行分组申报的实战演练和专家点评。培训班可以按学科类别分组，由学校相关学科带头人亲自指导，旨在提升新晋升副教授的学术能力。同时，可采用专题讲座、学术互动、科研项目申报模拟、在线学习等形式；并组织优秀学员赴国内兄弟院校交流学习。

此外，还可以根据学校和教师发展需要，组织名师面对面、教师实践计划、中青年教师学术沙龙、教师发展论坛和教师职业发展导航等系列活动，对在教学、科研中遇到问题和困惑的教师提供咨询和帮助。

（五）引入全国精品课程和名师资源，建设校级教师发展在线平台

全国高校教师网络培训中心集中全国优质教学资源，整合研发用于解决校级教师培训、提高教师专业发展的整体服务项目。高等学校可以借助这个平台建立自己的校级教师发展在线学习培训平台，将全国高校教师网络培训中心开发的在线培训课程及相关资源和活动直接接入本校，面向全体教师开放，同时可以在平台上开展校本培训和师资培训管理。目前，该网络的校级教师发展在线学习平台已经有 1340 门课程，并且计划每年新增 200 门左右，这些在线课程均可供本校教师直接选课参训，学校可根据专业设置自由选择课程内容和数量进行组合上线，所选课程及公共辅修资源面向全校教师开放，培训有效期为1年，参训教师不限人次。在线学习的方式普及丰富了教师课余学习学的方式，教师自己可以自由支配时间，不受空间限制，课程内容丰富，还有名家讲座，从多角度扩宽教师视野，对于教师专业发展尤其是中青年教师有很好的帮助。各高校可以出台政策让所有教师通过本系统进行继续教育学习，并计入继续教育学时。

(六)引入职业素质测评技术，开发教师发展测评和专家支持系统

为促进各高校中青年教师专业化发展，提升执教能力和科研水平，进一步满足中青年教师自我发展需求，各高校还应该建立教师发展测评与专家支持系统，聘请在职业规划发展、教学能力提升和科研学术水平提升等方面有丰富经验的教授、学者，对在教学、科研等方面遇到问题和困惑的中青年教师提供线上和线下咨询指导。

教师发展测评与专家支持系统应该包含教师自我发展心理测评系统和专家支持系统两个子系统。其中教师自我发展心理测评系统是基于平台化理念设计的一套心理教育信息化的管理系统，通过搭建一个集心理健康知识普及、日常心理教育工作流程、心理科研工作、心理工作水平评估于一体的信息化平台，能够有效整合学校的心理健康教育资源，拓宽学校的心理健康教育的深度和广度。教师可以通过该系统对自己的心理进行自我检测，及时发现问题并进行有效干预。

专家支持系统包含人员管理、预约管理、咨询档案管理、统计分析、记录档案与分析条件设计等功能，可以实现教师与咨询师之间的直接对接，从预约单到每次的咨询记录，为个案保存完整的咨询信息，科学地记录每一个个案的成长历程。

（作者：曲学利　北京联合大学教授
周华丽　北京联合大学研究员
张军辉　北京联合大学助理研究员
韩忠强　北京联合大学助理研究员）

项目名称：北京建设中国特色世界城市与教育国际化问题研究
项目编号：13JYA003
项目负责人：刘宝存
项目信誉保证单位：北京师范大学

PISA 2012 教育成功国家和地区的基本经验[①]

美国公立学校之父贺拉斯·曼(Horace Mann)认为教育是一个伟大的补偿器。当世界各国内部贫富差距不断加大时，各国政府和社会各界开始审视自己的教育体系是否能够承担起社会补偿器的功能，是否能够为所有学生提供服务，而不仅仅是为能付得起学费的学生提供高质量教育。OECD(Organization for Economic Cooperation and Development，经济合作与发展组织)秉承了贺拉斯·曼对教育功能的认识，认为教育成功不仅要满足教育卓越的标准，还应满足教育公平和教育包容的标准，充分体现教育的社会补偿器作用。为此，OECD 基于 PISA 2012 数据对教育成功的三个标准进行了操作性定义，阐释了教育成功的真正内涵。

一、教育成功的评价标准

PISA 2012 是 OECD 开展的第五次国际学生评估项目(Programme for International Student Assessment)。此次测评共有 34 个 OECD 成员国、31 个 OECD 伙伴国和地区参加。参评国家和地区经济总量占世界经济总量的 80%以上，参评学生人数为 51 万，年龄在 15—16 岁。他们代表了 65 个参评国家和地区的 2800 万 15 岁左右的在校学生。测试科目为数学、科学和阅读，其中数学科目是 PISA 2012 测试最核心部分之一。此外，44 个国家和地区的 8.5 万名学生额外参加了问题解决能力测试，18 个国家和地区的 2.9 万名学生选择参加了首次举行的理财能力测试。

OECD 一直以来认为教育必须实现卓越(Excellent)、公平(Equity)和包容(Inclusive)三个目标。PISA 2012《教育中的公平、卓越与包容研究报告》把教育公平、教育卓越和教育包容作为衡量教育成功的三项标准。其中，教育

---

① 本文系刘宝存教授主持的北京市哲学社会科学规划重点项目“北京建设中国特色世界城市与教育国际化问题研究”(课题批准号：13JYA003)的阶段性研究成果之一。

卓越是指 PISA 数学测试分数达到第五层级[①]及以上人数占总测试人数的百分比高于 OECD 平均水平；教育公平是指学生数学测试分数受家庭社会经济地位[②]的影响低于 OECD 平均水平；教育包容是指 PISA 数学测试分数处于第一层级人数[③]占总测试人数的百分比低于 OECD 平均水平。根据该评价标准，教育成功一方面需要保证学生成绩的总体水平，另一方面则要避免由学生家庭社会经济地位不同所造成的学生受教育机会的不均等。

在 PISA 2012 中，评价各个国家和地区教育成功的标准不是单一的成绩排名，而是由教育卓越、教育公平以及教育包容所构成的三维评价体系。首先，在教育卓越维度上，以 PISA 测试成绩较高学生人数占参评总人数的百分比作为衡量教育卓越的核心指标，认为教育成功首先要提高学生的学业成绩，使学生获得较好的学习效果。其次，在教育公平维度上，以 PISA 学生的家庭社会经济背景对其成绩的影响程度作为衡量教育公平的核心指标，认为教育的成功能够通过教师的教学、学校的管理、财政的投入来减少家庭背景对学生学业成绩的负面影响，使得不同家庭背景、能力水平以及不同兴趣需求的学生皆可获得发展最大化。最后，在教育包容维度上，以 PISA 测试成绩较低学生人数占参评总人数的百分比作为衡量教育包容的核心指标，认为学校与教师能帮助学习成绩差的学生提高学习成绩，从而避免辍学和留级现象的产生。

表 1　部分 PISA 2012 参评国家和地区教育成功情况

	第五层级及以上人数占总人数的百分比	学生成绩与家庭背景相关度	第一层级人数占总人数的百分比
OECD 均数	12.6%	14.8%	23.0%
新加坡	40.0%	14.4%	8.3%
中国香港	33.7%	7.5%	8.5%
韩国	30.9%	10.1%	9.1%
列支敦士登	24.8%	7.6%	14.1%
中国澳门	24.3%	2.6%	10.8%
日本	23.7%	9.8%	11.1%

① 早在 PISA2003 公布的时候，OECD 就按照学生对数学知识的熟识和运用程度把数学测试分数分为六个层级。其中第六层级为最高等级。成绩达到第五层级及以上学生被认为能够较好利用现有数学知识在不同情况下进行运用，对问题进行合理解释和推理。

② “经济社会文化地位指数”(Index of Economic Social and Cultural Statues，ESCS)是测量学生家庭社会经济地位的主要指标。该指标由父母的最高教育程度、父母最高职业地位以及家庭拥有财产三方面构成。在 PISA2012 测评中，学生测试成绩被家庭社会经济地位指标解释的比率为 14.8%。

③ 第一层级为 PISA 数学测试分数划分的最低层级。处于此层级的学生被认为缺乏运用基本数学知识解决问题的能力。

续表

	第五层级及以上人数占总人数的百分比	学生成绩与家庭背景相关度	第一层级人数占总人数的百分比
瑞士	21.4%	12.8%	12.4%
荷兰	19.3%	11.5%	14.8%
加拿大	16.4%	9.4%	13.8%
芬兰	15.3%	9.4%	12.3%
澳大利亚	14.8%	12.3%	19.7%
爱沙尼亚	14.6%	8.6%	10.5%
越南	13.3%	14.6%	14.2%
中国上海	55.4%	15.1%	3.8%
中国台北	37.2%	17.9%	12.8%
波兰	16.7%	16.6%	14.4%
新西兰	15.0%	18.4%	22.6%
奥地利	14.3%	15.8%	18.7%
英国	11.8%	12.5%	21.8%
爱尔兰	10.7%	14.6%	16.9%
卡塔尔	2.0%	5.6%	69.6%
印度尼西亚	0.3%	9.6%	75.7%
乌拉圭	1.4%	22.8%	55.8%
哥斯达黎加	0.6%	18.9%	59.9%
秘鲁	0.6%	23.4%	74.6%

注：阴影部分表示相关指标低于或高于 OECD 平均数

资料来源：OECD，PISA 2012 Results：What Makes Schools Successful? Resources，Policies and Practices（Volume IV），http：//dx. doi. org/10. 1787/9789264201156-en，2013-11-03

表 1 为部分 PISA 2012 参评国家和地区教育成功情况。根据教育成功的三个标准，上表中的国家和地区可被分为教育最为成功、教育较为成功和教育不成功三类。教育最为成功的国家和地区包括新加坡、中国香港、韩国等 13 个国家和地区。这类国家和地区 PISA 2012 评估结果符合教育卓越、教育公平和教育包容三个标准。以中国香港为例，其学生数学成绩达到第五层级及以上的学生人数占总测试人数的百分比为 33.7%，远高于 OECD 的平均水平 12.6%，符合教育卓越标准；其学生数学成绩与家庭背景相关度为 7.5%，低于 OECD 14.8%的平均水平，符合教育公平标准；其学生数学成绩处于第一层级学生人数占总测试人数比例为 8.5%，低于 OECD 23%的平均水平，符合教育包容标准。教育较为成功的国家和地区包括中国上海、中国台北、

波兰等 7 个国家和地区。此类国家和地区 PISA 2012 评估结果满足两项教育成功标准。以中国上海为例，其教育卓越、教育包容指标远优于教育成功标准，仅有教育公平指标即学生成绩与家庭背景相关度略高于 OECD 平均水平。在 PISA 2012 参评国家中，冰岛、德国等国亦属此类。教育不成功国家包括卡塔尔、印度尼西亚、乌拉圭等 5 个国家。此类国家 PISA 2012 评估结果仅满足一项教育成功标准或三项皆不满足。智利、保加利亚、罗马尼亚、巴西、阿根廷等国家亦属于此类。

二、教育成功国家和地区的经验

PISA 2012 研究显示，教育成功的国家和地区有共性经验可循。这些国家和地区较成功地解决了三个问题，即如何建设高质量的师资队伍，如何建构公平的教育体系以及如何创设满足不同学生需求的学习环境。

(一)建设高质量的师资队伍

PISA 2012 结果显示，教师工资、师资分配是影响教育质量的重要因素。首先，OECD 成员国中，绝大部分国家和地区的教师工资水平与学生数学测试分数呈显著正相关。其次，薄弱学校(disadvantaged school)的优质教师[①]占学校总教师人数的比例明显低于优势学校(advantaged school)；而薄弱学校学生本身基础较差，低质量教师加剧了学生成绩较差的状况。

在师资队伍建设方面，教育成功国家和地区的经验主要体现在以下五个方面：

1. 确保弱势学生拥有优秀教师

教育成功国家和地区通过教育财政投入确保为弱势学生[②]提供优秀教师。1985 年以来，荷兰为小学的弱势学生提供额外资助，但并不是直接把资助发放给学生，而是为其聘请更多优秀教师。荷兰要求小学基于学生家长文化程度对学生进行分类，为家长文化程度较低的学生配备较多的教师和工作人员，实行小班教学。韩国为鼓励科班出身且教学经验丰富的优秀教师为弱势学生授课，专门为授课教师提供了多种优厚条件。这些教师只需教授小班且教学时间较少，并可获得额外工资补贴，这段经历也可以作为教师晋升管理职位的重要参考。另外，爱沙尼亚、日本等国家和地区在财政充足的情况下增加教师数量，减少班级人数，让弱势学生也能接受小班化教学。

2. 加强薄弱学校师资培养

在 OECD 国家和地区，薄弱学校学生普遍具有种族多样、基础较差等特点。因此教育成功国家和地区非常重视培养满足薄弱学校特殊发展需求的师

① 在 PISA2012 中，优质教师的操作性定义为在领先大学取得学位或资格认证的教师。

② 在 PISA2012 中，弱势学生是指家庭经济社会文化地位指数较低的学生。

资。其一，加强教师综合能力培养。如芬兰开展教师训练项目，发展并提升教师诊断学生问题的能力和教学情境的理解力，培养教师满足不同学生学习需要的能力。其二，实行导师制度。日本、瑞士等国皆在薄弱学校实行导师制度，选择校内有经验的教师作为新教师的导师，帮助他们尽快适应工作环境，了解工作内容。具体做法包括：新教师观摩导师所教课程，进行分析和学习；导师对新教师授课进行观察，给出意见。此外，导师还开设工作坊和研讨会吸引新教师参加，并对新教师所遇问题进行解答。其三，鼓励少数族裔毕业生进入教师队伍。研究显示，少数族裔教师凭借良好的自我认知感(self-perception)能够更好地适应种族多样化学生群体的需要。英国、加拿大等国对现有少数族裔教师的发展进行专项经费支持，并制定政策吸引更多的少数族裔毕业生加入教师队伍行列。

3. 提高教师工资待遇

教育成功国家和地区通过较高的教师工资待遇吸引优秀人才加入到教师队伍中来，从而保证学生教育质量。一是增加偏远地区教师的基本工资，并根据偏远地区的实际情况进行津贴发放。如韩国、新西兰等国在提高偏远地区学校教师的工资基础上发放额外补助和年终绩效津贴，保障偏远地区学校能够吸引较为优秀的师资。二是在基本工资的基础上给予额外补贴。冰岛、英国、荷兰、奥地利等国细化教师工作量，基于教师工龄、教学质量、特殊任务完成情况、管理工作执行情况、课时超额情况等指标对教师进行额外补贴，较大程度上增加了教师工资，提高了教师工作动机。三是为高生活成本地区的教师提供补助。如伦敦市的教师工资比英国其他地区教师工资高12%。此外，英国、芬兰、韩国等国还逐年对师资短缺科目的教师进行补贴。

4. 增加教师职业吸引力

教育成功国家和地区不但为教师提供优厚的工资待遇，而且还采取多种措施有效增加教师职业的吸引力。首先，重视教师教学质量，开展教学质量评估。教学质量评估不仅为教师教学能力的提升提供动力支持，也搭建了教师工作获得认可的平台。其次，鼓励教师专业发展多元化。学校除了发展教师教学能力外，也注重培养其决策、协调、合作等能力，使其可以胜任课堂领导者、新教师导师、校本项目负责人等多个角色。澳大利亚对教师职业进行层级划分，每一层级都对教师教学能力、知识储备以及协调能力提出明确的要求。在加拿大，有经验的教师可成为新教师导师，新教师导师可以获得额外津贴、减少教学工作量，而且可以和大学教师合作开展教学与学习研究。再次，鼓励教师参与学校政策的制定过程，提高教师自我效能感(self-efficacy)，从而提升教师的工作积极性。

5. 鼓励教师流动

不少教育成功国家和地区在国家层面建立各地区教师资格互认制度，并鼓励教师流动，促进教师多元职业经验的积累和教师分布的均衡化。例如，日本实行教师定期流动制，全国公立中小学教师平均每 6 年流动一次，都道府县教育委员会统筹都市和乡村之间、偏僻地方和非偏僻地区间教师的交流。此外，一些国家和地区设置兼职教师岗位，建立专兼职相结合的教师队伍。荷兰、德国的小学兼职教师占总教师人数近一半，且都是由学校层面聘用教师。澳大利亚、新西兰、冰岛等国中小学兼职教师人数也占总教师人数的 1/5 以上。

(二)建构公平的教育体系

20 世纪 80 年代以来，世界各国教育发展体系日渐庞大。因此，赋予学校更多自主权成为学校管理改革的重点之一。学校自主权的扩大使得学校在课程设置以及资源配置方面拥有更大的支配权，运行更加高效。PISA 2012 研究显示，学校自主权与学生成绩呈显著正相关。但是，教育公平在学校自主权改革的进程中受到威胁，如何平衡卓越和公平两者之间的关系是日益发展的教育体系面临的挑战。近年来，越来越多的国家和地区对教育体系进行改革，使其兼具卓越性和公平性。

1. 避免不同学生群体隔离

家庭社会经济地位较高的学生在择校时考虑最多的是学校的声誉和教学质量，而社会经济地位较低的学生则更多基于学费、助学金、距离等因素决定就读学校。由于家庭背景不同，不同群体的学生被学区、学费以及距离等因素隔离开来。为避免不同学生群体隔离现象的发生，一些教育成功国家和地区开始建立灵活的招生制度，基于学校容量、学生族裔以及学生家庭背景等多个因素进行招生，尽量保证学生受教育的公平性。如荷兰奈梅亨市按照学生家庭居住地、家庭社会经济地位等因素分配学校，保证每所学校家庭背景较差学生占总学生人数的 30%。还有一些国家和地区对学校进行财政补贴，鼓励优质学校招收社会经济地位较低的学生。芬兰、韩国等国家和地区对接受家庭背景较差学生且教学质量较好的私立小学给予政府补贴。瑞士政府早在 1992 年就建立了私立与公立学校之外的第三种学校即独立学校，通过学费补贴鼓励独立学校招收弱势学生。

2. 鼓励学校间的合作

一些教育成功的国家和地区鼓励学校间建立合作伙伴关系。21 世纪以来，英国政府采取多种措施鼓励学校间合作，政府设立的学校创新项目基金申请要求之一即为需多个学校共同申请。此外，英国政府还鼓励优质学校与薄弱学校合作，帮助薄弱学校提高学校整体水平。中国上海市实施优质学校和薄弱学校交流策略，优质学校派其副校长前往薄弱学校担任校长，把优质学校的管理理念注入薄弱学校的管理工作中。与此同时，优质学校还把有经验的教学团队派到薄弱学校，引领薄弱学校的教学工作改革。此策略的实施有效促进了优质学校先进的管理理念、办学措施以及教学方法在薄弱学校的传播。

3. 建立学校评估体系

PISA 2012数据显示，越来越多的OECD成员方建立了学校评估体系，教育成功国家和地区的学校评估体系有以下几个特点：首先，评估对象多元化。评估对象既包括一线教学教师，也包括学校管理者、学生以及学校整体运行情况。其次，学生评教是学校评估体系的核心。学校评估通过学生评教、教师自评、学校外部评价等方式进行，但核心是学生评教。荷兰、韩国、爱沙尼亚、瑞士等国家和地区学生评教率皆高于80%。这些国家和地区的学生家庭背景对成绩影响程度明显低于斯洛文尼亚、乌拉圭、卢森堡等学生评教率低的国家。最后，基于评估结果改进学校管理。PISA 2012数据表明，越来越多的学校基于学生评教数据对教师教学进行动态监测，保证教学质量，同时把本校评估数据与其他学校相应数据进行比较，寻找差距与进一步发展的突破口。

4. 加大对学前教育的财政投入

PISA 2012研究表明：接受过一年及以上学前教育的孩子在PISA中的测试分数较高，一个国家或地区学前教育普及率与其学生PISA测试平均成绩呈显著正相关。近年来，澳大利亚、奥地利、波兰等OECD国家对学前教育进行了大量财政投入，延长义务教育年限，增加接受高质量学前教育的学生人数。这些国家把学前教育纳入公共财政支持范围，保证家庭社会经济地位较低的学生也能接受高质量的学前教育。此外，这些国家还设置了学前教育办学标准，确保私立学前教育机构以及非正式学前教育机构规范办学，保证学前教育质量。

(三)创设满足不同学生需求的学习环境

面对多样化的学生群体，各国和地区政府致力于创设基于学生能力、兴趣及家庭背景的学习环境，以满足不同学生的需求。面对不同家庭背景、能力和兴趣的学生，学校采取不同的筛选和分组制度，从而形成不同程度的学生垂直分层（vertical stratification）和水平分层（horizontal stratification）①。PISA 2012研究表明，学生家庭社会经济地位在垂直分层过程中起着较为重要的作用，这一点在成绩较差学生群体中体现尤为明显。此外，较早的水平分层强化了家庭社会经济地位在学生发展中的影响。因此在基础教育阶段，水平分层程度较低的学校或教育体系的教育卓越、公平以及包容程度普遍较高。研究表明，教育成功的国家和地区大都创设了满足不同学生需求的学习环境，从而降低了水平分层的程度。

---

① 学校系统分层包括两种类型，即垂直分层（vertical stratification）和水平分层（horizontal stratification）。垂直分层指同一年龄段学生在不同年级的分散程度，基于留级率和入学年龄政策而定。水平分层是指教育系统或学校依据学生能力、兴趣以及背景等因素对学生进行分组培养的差异程度。

1. 消除学生留级现象

教育成功的国家和地区采取不同的方法以尽量避免学生留级。从 20 世纪 70 年代起，芬兰坚守个性化学习和差异化教学的学校教育基本信条，在小学阶段对学习成绩较差的学生采取正常升级和早期干预相结合的政策，在初中更是以科目模块取代年级，学校基于学生能力、兴趣等个体特征实施教学。实行此项政策后，芬兰中小学留级率趋于零。新西兰的中小学则采取多层次教学策略。在小学阶段，教师根据班级学生实际情况将其分为不同水平的小组，实行小组教学。在教学过程中各个小组学习的课程内容相仿，但教师是依据小组水平特征来布置学习任务和提供教学帮助的。在初中阶段，学校则将不同年级课程向所有学生开放，学生可以根据自身情况选择最适合的课程。新西兰学校课程分组和年级同时存在，课程评价标准全面而灵活，既有利于成绩较差的学生掌握知识，又可以满足成绩优异的学生加速学习的需求。此外，加拿大则用科目留级取代年级留级，降低了学生学习重复性。

2. 推迟分流年龄

自 20 世纪 50 年代以来，教育成功国家和地区采取一系列措施来消除学生过早分流产生的消极影响，其中一种较为普遍的做法就是建立九年制综合学校。瑞士于 20 世纪 60 年代建立综合中学，把原来的 6 年义务教育延长至 9 年。芬兰在综合学校中设立大量数学与科学方面的新课程，规定所有学生在 16 周岁之前需完成必修课程。1999 年，波兰进行教育改革，将初等教育年限从 6 年延长为 8 年，并把学生分流推迟至中等教育阶段进行，也就是说保证学生直到 15 周岁才开始分流。OECD 数据显示，学制改革后的波兰在国际测试中的学生成绩明显提升。奥地利有着悠久的学生分流传统，原来学生 10 周岁便要进行首次分流。2007 年以来，奥地利政府对原有主体中学进行改革，创建新的学校类型即综合中学。新的综合中学所教课程参照文科中学(学术轨)设置，面向所有 10 至 14 周岁儿童，使得学生分流年龄由 10 周岁推迟至 14 周岁。预计到 2016 年，奥地利所有的主体中学都将转为综合中学。

3. 支持学生持续发展

教育成功国家和地区主要从以下三方面支持学生持续发展：首先，建立导师制。导师制有助于学生建立自信，提高其学习积极性。加拿大学校提倡教师用 20—30 分钟课外时间与学生进行一对一谈话，帮助学生改变不正确的观点和行为。其次，提供咨询服务。咨询服务可以另辟蹊径满足学生需求，也是对缺乏学前教育经历学生的补偿。加拿大魁北克省的小学为学生提供咨询服务，奥地利则在其职业教育中建立咨询制度，通过学生导师咨询、职业生涯规划教师咨询、学校心理学教师咨询等从而帮助学生进行职业规划。此外，奥地利学校在七年级和八年级分别开设 32 小时的职业生涯规划课程。最后，帮助学生从小学向初中过渡。学生从小学向中学过渡时面临新环境、青春期等挑战，为此挪威的小学为学生建立学习档案，确保其进入初中后能够正确认识自己和自我调节，预防学生辍学情况发生。

三、讨论与反思

PISA 是对基础教育阶段学生学习情况的评估，意在比较各个国家和地区学生学习水平的差异，使参加国和地区准确找到自己的位置，发现存在的问题，并采取相应的政策来改进教育。PISA 2012 研究报告《教育中的公平、卓越与包容》所定义的教育成功的内涵丰富了人们对教育成功含义的理解，对全球教育改革与发展有着积极的影响。与此同时，教育成功国家和地区对弱势群体教育质量的关注充分体现了政府在基础教育阶段所应扮演的调节和公平分配资源的角色，投入和评价相结合的实践则有效保证了教育成功目标的实现。

（一）重新审视教育成功的内涵

相比以往以分数高低为唯一衡量标准的教育成功，PISA 2012 研究所定义的教育成功不仅体现在学生成绩总体水平上，还通过教育公平和教育包容反映出来。把公平与包容纳入教育成功评价标准中，是对以往带有精英主义色彩教育成功内涵的重建。卓越、公平与包容相结合的教育成功标准的建立使人们重新审视卓越与均衡之间的关系。一方面，教育的卓越性十分重要。在 PISA 2012 中，数学测试分数达到第五层级和第六层级的人数占总测试人数的百分比较高印证了一个国家或地区教育的成功。另一方面，教育发展的均衡度也是教育成功的重要组成部分。在 PISA 2012 中，学生数学分数与家庭社会经济地位之间的关联程度低且数学测试分数处于最低层级人数占总测试人数百分比低，则体现了一个国家或地区的教育发展较为均衡。因此，PISA 2012 教育成功的内涵促进了教育补偿器功能的回归，重构了教育成功的逻辑，较大程度上改变了人们唯精英论、唯高分论的观点，使得人们更加关注教育资源分配的公平性和教育体系的全纳性。

对教育成功的重新定义对各个国家和地区的教育改革与发展起着指向性作用。各个国家和地区不应该仅致力于学生成绩的提高而保证优等生的比例，而且也要关注家庭背景较差学生、偏远地区学生等弱势群体的教育，促进教育的均衡发展和公平。政府应该在促进教育均衡发展方面发挥核心作用，通过教育资源再分配等措施，打破学生成绩与家庭社会经济地位的强关联，使教育在阶层流动、代际流动中发挥流通功能而不是结构固化功能。

（二）保障弱势群体的教育质量是教育成功的核心

提高教育质量是当今世界教育改革与发展的主旋律。提高质量不仅是为优势群体提供高质量的教育，而且要为弱势群体提供高质量的教育，为每一个人提供高质量的教育（quality education for all）便成为国际社会的共识。由于教育质量方面存在的最大问题是弱势群体的教育质量不高，因此如何保障弱势群体的教育质量是教育能否成功的核心。

PISA 2012 教育成功国家和地区政府较好地履行了教育资源再分配的职责，保障弱势群体的教育质量，不仅保障教育的卓越，而且可以有效提高教育的公平程度和包容程度，全面实现教育成功。首先，对优质师资进行再分配。政府通过财政补贴的方式提高优秀教师前往薄弱学校进行教学的积极性，以学校间交流合作的方式向薄弱学校输送优秀教师，打破优质师资扎堆、薄弱学校优质师资短缺的局面。一些国家还为家庭背景较差的学生提供小班教学，以工资补贴、减少课时量等方式鼓励优秀教师为这些学生授课。其次，建立均衡的学校招生制度。政府作为学校招生的宏观调控者，基于学生家庭背景、学生族裔等多个因素建立学校招生制度，均衡分配教育资源，保证弱势群体享受较高质量的基础教育。部分国家还对私立学校进行补贴，鼓励这些学校招收弱势群体学生。最后，降低基础教育阶段的学生分层程度。教育成功国家和地区通过取消年级划分、进行小组教学与考核等方式消除学生留级现象，避免成绩较差学生进行重复学习。一些教育成功国家和地区以建立综合中学的方式推迟学生的分流年龄，避免家庭背景较差或成绩不好的学生过早地进入职业轨道，保障每一个人都能接受全面的基础教育。

（三）投入和评估相结合是教育成功的重要保障

PISA 2012 教育成功国家和地区积极增加教育财政投入，通过绩效工资、额外补助等多种方式提高教师的工资待遇，从而提高教师的工作动机，也增加了教师职业的吸引力。教师工资水平的提高有效保证了学校的教育质量。教育成功国家和地区对偏远地区、经济欠发达地区的学校进行财政补贴，保证其师资水平和硬件配置可以提供较高质量的教育。部分教育成功国家和地区还加大了学前教育的财政投入，把学前教育纳入公共财政支持范围，既保证了学前教育的整体质量，又确保低收入家庭学生能够接受学前教育。与此同时，教育成功国家和地区建立了较为完备的学校评估体系。学校评估体系以学生评教为核心，对教学质量给予及时反馈，并开展教师自评，吸引社会力量参与评价。教育财政投入是教育质量提升、教育公平和包容三个标准实现的坚实物质基础，学校评估体系则是投入效果的检验与反馈。两者相得益彰，有效地保证了教育成功的实现。

参考文献

[1] OECD. PISA 2012 Assessment and Analytical Framework Mathematics, Reading, Science, Problem Solving and Financial Literacy, http://www.oecd.org/pisa/pisaproducts/PISA%202012%20framework%20e-book_final.pdf, 2013-02-11.

[2] Schleicher, A. Equity, Excellence and Inclusiveness in Education: Policy Lessons from

Around the World, Pairs: OECD, 2014.

[3] OECD, PISA 2012 Results: What Makes Schools Successful? Resources, Policies and Practices (Volume IV), http://dx.doi.org/10.1787/9789264201156-en, 2013-11-03.

[4] Darling-Hammond, L. Organizing for Success: From Inequality to Quality, The Flat World and Education: How America's Commitment to Equity will Determine our Future, New York: Teachers College Press, 2010.

[5] Johnson, S. M., Birkeland, S. E. Pursuing a Sense of Success: New Teachers Explain Their Career Decisions, *American Educational Research Journal*, 2003, 40(3).

[6] Kohl, R. Critical Race Reflections: Valuing the Experiences of Teachers of Color in Teachers of Color in Teacher Education, *Ethnicity and Education*, 2009, 12(2).

[7] OECD, Teachers Matter: Attracting, Developing and Retaining Effective Teachers, Education and Training Policy, http://www.oecd.org/edu/school/34990905.pdf, 2005-06-28.

[8] Whitty, G. Creating Quasi-Markets in Education: A Review of Recent Research on Parental Choice and School Autonomy in Three Countries, *Review of Research in Education*, 1997, 22(1).

[9] OECD. Starting Strong II: Early Childhood Education and Care, http://www.oecd.org/newsroom/37425999.pdf, 2006-03-31.

[10] OECD. The Impact of the 1999 Education Reform in Poland, http://www.oecd-ilibrary.org/docserver/download/5kmbjgkm1m9x.pdf? expires=1415777562&id=id&accname=guest&checksum=01E8E4939798A14E1D8F0D2E2608D9F5, 2011-06-09.

[11] Levin, B. In Canda-20Minutes to Change a Life, *Phi Delta Kappan*, 2008, 90(5).

[12] Styrian Association for Education and Economics. OECD Country Report Austria, Overcoming School Failure: Policies That Work, http://www.oecd.org/edu/school/49528170.pdf, 2011-07-31.

（作者：刘宝存　北京师范大学教授
屈廖健　北京师范大学博士研究生）

项目名称：北京市农村地区初中学习困难学生预警和干预研究
项目编号：13JYA004
项目负责人：梁　威
项目信誉保证单位：北京师范大学

应用班本教研模式促进农村初中学困生学习质量提升的实践研究

一、问题的提出

《国家中长期教育改革和发展规划纲要》(2010年—2020年)明确提出，教育“要充分发挥学生的主动性，把促进学生健康成长作为学校一切工作的出发点和落脚点”。但由于受到片面追求升学率错误观念的影响，部分教师将更多的注意力放在了学科教学上，将心理健康教育、人格养成教育的重任推给了班主任、德育主任，弱化了学科教师的育人职责，造成了教学与教育相隔离，这一情况在农村中学尤为突出。

当前，在我国多数学校都建立起了基于学科教学的校本研究制度，主要是同一学科的教师就本学科的教学问题进行研讨，重在研究教材、教法。但学生的全面发展面临的问题，如厌学问题(不想学)、个别学生的学习困难问题(学不会)、学生的网瘾问题、单亲孩子的心理健康问题(学不了)等，一般是靠班主任或心理教师等单独想办法去解决，缺少一个类似学科教研的教师集体研究的平台。虽然也有一些优秀班主任总结出一些针对个体学生的管理经验，但大多是临时性、应急性、非常规性、个人经验性的自我行为，而非规范性、常规性、集体化的自觉行为，更缺乏相关教育理论的指导。

针对以往在教育学生方面出现的班主任“单打独斗”的境况，借鉴基于学科教学的传统校本研究模式，我们于2007年构建了基于班级发展的校本研究模式(简称“班本教研模式”，见图1)。这一模式以大学研究者为专业引领，区县教科研部门为组织管理单位，中小学校校长为第一责任人，其他校领导为直接负责人，年级组长为召集人，班主任为主持人，由教授同一个班级的所有任课教师组成一个研究团队，各相关人员共同参与，把研究班级/学生发展基础、存在问题、发展需求和潜能作为研究对象，有组织、定期地开展研究活动，达到有效促进每一个班级/学生发展的目的。[①] 多年的实践证明这种模式在理论层面上有效地整合了大学、地方教科研机构、中小学三方的力量，厘清了各自的角色定位，形成了一个崭新的教研共同体，以发挥各自的优势，共同落实“面向全体”“关注差异”“以人为本”的教育理念；在实践层面上则打破了以往的学科限制，把教授同一个班级的各学科教师组成一个学习共同体，定期就本班或有特殊需求学生的发展开展集体研讨活动，为有效建立教师研究学生的协同合作机制提供了平台。为了进一步丰富和完善这一研究模式，探索应用该模式以解决农村地区初中学习困难学生的学习质量提升问题，2013 年，我们选择了北京市密云、通州、房山、延庆、大兴的 50 余所实验校开展了应用班本教研模式促进农村初中学困生学习质量提升的实践研究，经过两年多的探索，取得了一定成效。

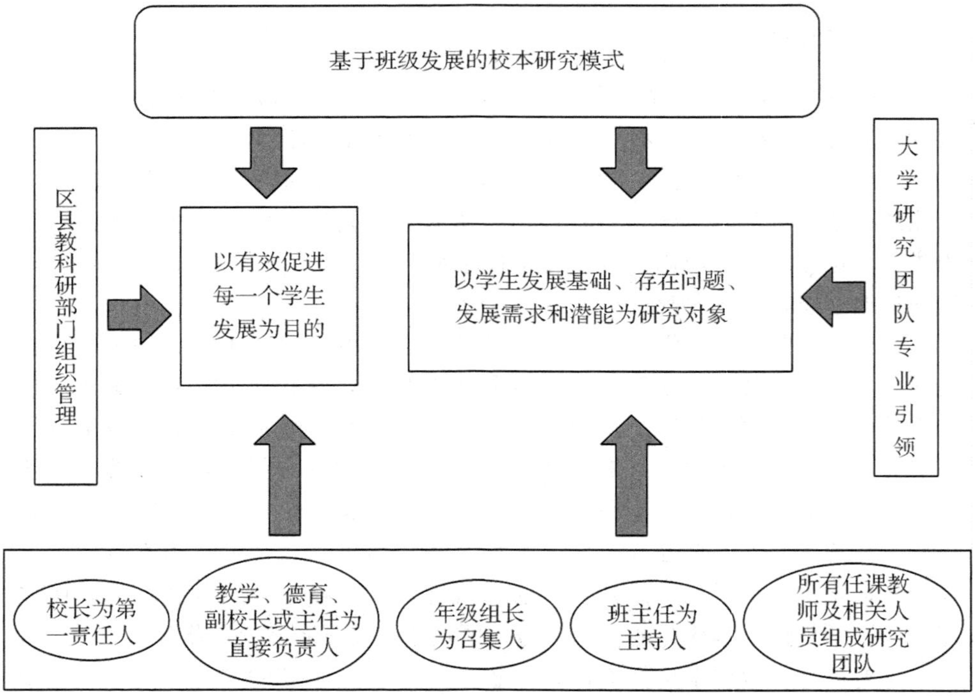

图 1　基于班级发展的校本研究模式

二、研究过程与方法

从 2013 年 9 月开始，我们选择了北京市密云、通州、房山、延庆、大兴的 50 余所实验校进行了研究。本研究采取教育行动研究的方法，借鉴行动研究的经典程序（计划—行动—观察—评价）“凯米斯程序”和“怀特海五步法”

① 梁威、卢立涛、温水擎：《基于班级：校本研究的新路径》，北京：北京教育出版社，2012 年版。

(“问题—方案—行动—评价—调整”)①，将研究程序设计为：组织培训—建立团队—选择对象—制定方案—采取行动—合作研讨—评价反思—调整改进(见图 2)。其实施程序是一个螺旋式不断上升的发展过程。其中，课题培训是前提，领导重视是关键，建立机制是保证，团队合作是基础，问题诊断是起点，实施干预是核心，反思改进是策略，促进学生发展是目的。

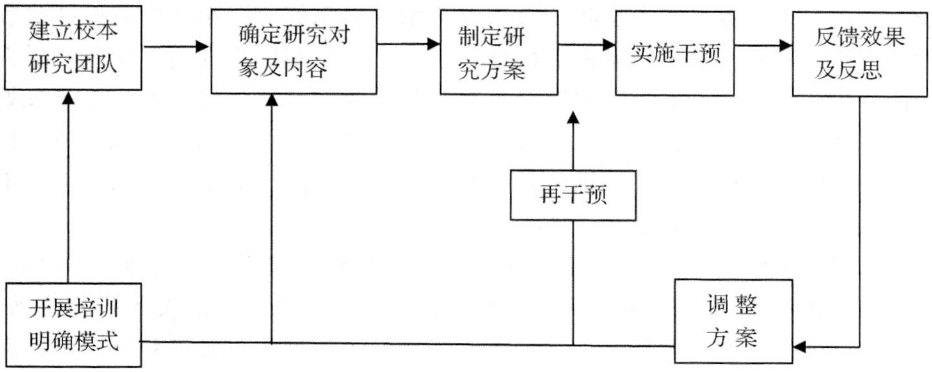

图 2　应用班本教研模式开展学困生干预的研究流程

具体来说，应用班本教研模式开展学困生预警和干预的研究流程主要包括五个环节：

第一，组织培训，专业引领。我们首先对参与实验的教师，包括负责人(校长或教学副校长、教导主任、德育副校长/主任/大队辅导员)、召集人(年级组长/教研组长)、主持人(班主任)以及任课教师代表等人进行培训。培训共从三个层面进行：总课题组培训、区县课题组培训和校本培训。培训的形式包括走出去学习、请进来指导、网上交流研讨等多种形式。培训的目的在于让实验教师明确基于班级发展的校本研究模式的基本理念、操作流程、干预工具和实施注意事项等。总课题组、区县课题组、学校不同层面的培训有效地保障了课题的顺利启动与实施。

第二，组建团队，制定方案。在总课题组和区县课题组的指导下，各校都成立了由校长、主任、年级组长、班主任及各相应班级任课教师所组成的研究团队。各校研究团队召开讨论会，从学生的长处入手，对主持人所在班级学生的具体情况进行认真分析，确定了以各班具有代表性的学困生作为研究对象，并参照课题组提供的干预方案和计划制定了本校的校本干预方案和研究计划。

第三，实施干预，合作研讨。研究中，教同一个班的所有任课教师定期坐在一起，共同对研究对象即学困生进行研讨。教师们首先分析学生的长处，

① 刘良华：《校本行动研究》，成都：四川教育出版社，2002 年版。

再分析主要问题的成因；然后通过集体讨论，共同提出初步干预方案；最后在日常的教育教学活动中，大家协调一致共同实施干预措施。如密云十里堡中学初一学生东东，厌学情绪较重，上课爱捣乱，严重影响了课堂教学。对于东东同学这个研究对象，基于班级发展的校本研究团队的各学科老师，首先对他的情况进行了全面了解和研讨分析，在此基础上，大家努力寻找东东身上的闪光点。美术老师反映说东东的美术素养不错，在小学的时候还代表学校参加比赛并获得密云第六名的好成绩。根据东东同学的这一优点，研究团队在班主任的主持下一起制定了对东东的干预措施，从表扬他的美术长处入手，及时抓住他的闪光点大力表扬，树立他在同学们中的新形象，鼓励他在其他学科上也取得进步。渐渐地，在老师们的共同努力下，东东对学习不再有抵触情绪，自信心逐渐增强，取得了可喜的变化。

第四，反思评价，调整改进。在实施干预措施的过程中，教师们边研究、边记录、边反思，及时观察研究对象的表现，若有效，则进入下一步行动；反之，则分析原因，调整干预方案，寻求最佳干预措施，实施新的行动，直至问题得到切实解决。

第五，总结提升，探寻规律。经过一段时间的研究之后，课题组和各校召开总结交流会，对前一段时间的干预实验进行评价总结，反思实验过程中取得的成效和遇到的问题，并以此为基础进行研讨，改进原有的干预方案或制定新的干预方案。

三、研究成效

经过两年多的实践，在各方人员的共同努力下，应用基于班级发展的校本研究预警和干预，学困生学习质量得到了提高。具体来说，研究成效体现在以下几个方面：

第一，以实际问题为研究起点，应用基于班级发展的校本研究模式转化了一些困惑教师们的问题。

针对当前教育教学管理中教师个体难以解决的突出问题，如学习困难学生学习动力不足、学习兴趣不高、学习主动性不强、中小学教育衔接问题、班级文化建设问题等，我们引导实验教师应用基于班级发展的校本研究模式开展相应的专题研究，引领教师关注差异，整合资源，研究学生，打破以往的学科界限，形成学科联动的教师研究共同体，大家定期开展集体研讨活动，群策群力制定和实施干预，探索出了一些行之有效的方法和策略，为解决教育教学中的真问题提供了经验和有效的做法。比如房山区五中针对某班问题学生相对集中、课堂纪律涣散的问题，班主任作为主持人，与该班的所有任课教师共同组成了课题研究小组，制定了一系列解决班级课堂纪律涣散的方案，包括使用课堂情况反馈表，在学生面前所有老师之间都要互相赞扬以在学生心中播下“尊师、敬师”的种子，创立表扬和激励的氛围等。慢慢地，这个班的课堂纪律逐渐好转，学生们的学习成绩也在大幅提升。该班的教师研究团队继续对学生进行干预，只要学生在学习过程中取得一点一滴的进步，任课老师就会向学生发“表扬条”，向家长发“喜报”，肯定学生的点滴进步，让学生感到自己的价值所在。在期末考试中，这个班从一直以来的年级倒数一跃进入年级前列，16 项指标进入年级前 3 名，其中 12 项指标排在了年级第一位，教师们深受鼓舞，学生的学习热情也空前高涨。

第二，引领教师关注差异，研究学生，变班主任的“单打独斗”为“集体攻关”“学科联动”，形成教师集体研究学生的学习共同体，在促进学困生发展的同时，也实现了教师集体的专业成长。

学生的发展是有差异的，这种差异不仅体现在体重、身高、视力等显性方面，而且不同学生的准备程度(或原有基础)、智力水平(或学习能力)、兴趣爱好、学习风格、发展需求都存在着不同程度的差异。因此，用同样的教育方法教育不同学生所取得的效果，当然是不同的。学生的差异性要求教师必须研究学生，了解他们的特点，根据他们的情况采取相应教育策略；必须将学生的个体差异视为教育教学的重要组成部分，并从学生不同的准备水平、兴趣和学习风格出发设计差异化的教育教学内容、过程和预期结果，最终促进所有学生在原有水平上得到最大潜能的发展。① 如新的《义务教育法》第 29 条所指出的“教师在教育教学中应当平等对待学生，关注学生的个体差异，因材施教，促进学生的充分发展”。然而，在以往的教育教学研究活动中，通常各学科教师仅能通过学科教研来进行研究。因此教师更多地关注了本学科的教学，研究的是学生学习的共性问题，而对学生“个别问题”的处理更多的则是靠班主任的“单打独斗”来完成。基于班级发展的校本研究模式打破了以往的学科界限，把教授同一个班级的各学科教师组织起来共同研究学生，这实际上就形成了一个学科联动的教师协作学习共同体，为教师集体研究学生搭建了平台。在这一共同体中，大家定期开展集体研讨活动，共享经验和资源，群策群力制定和实施干预，从而更加有效地促进每一个学生的发展。如今，在参与实验的学校中教同一个班的教师在校本研究时间坐在一起，就这个班或班里有特殊需求的学生进行研讨已然成为一种常态。

例如，在以往新学期开学之际，困惑初一教师的最大问题是“这一届学生不如上一届的学生”。针对这一问题，实验学校利用基于班级发展的校本研究，组织所有教初一的教师到小学六年级听课，与小学教师座谈。通过走访小学，初中教师对中小学教师的教育教学不同点有了了解，从而，通过集体

---

① [美]Carol Ann Tomlinson 著，刘颂译：《多元能力课堂中的差异教学》，北京：中国轻工业出版社，2003 年版。

讨论改变了以往的想法和做法。开始对中小学教育衔接问题进行思考和研究。实践证明，只有通过“集体攻关”“学科联动”，才能在解决问题中提升教师的专业发展。

第三，在实践应用中不断修正研究模式，探索出了大学与地方教育科研部门、中小学有效合作的科研模式，构建了一种合作共生的新文化，变“输血”为“造血”，从而使研究更具生命力，研究的规模和范围进一步扩大。

从2013年9月开始，应用基于班级发展的校本研究模式干预学困生的实践研究开始在北京市密云、房山、通州、门头沟、大兴、延庆的50余所中学进行，并在实验过程中不断修订和完善研究模式。在这一模式中，我们强调大学研究者要自觉摒弃视自己为高高在上的“理论者”或者万能“指导者”的角色，以平等的姿态进入实验学校，变双方传统的“指导—被指导”的关系为真正的合作性伙伴关系，践行一种融学习、工作、研究于一体的新的职业生活方式，与区域组织管理者、学校实验教师一起构建促进师生、学校共同发展的“实践共同体”，以沉浸式校本支援的方式，在解决实际问题的过程中，将自己主张的教育理论模式进行示范性技术转换，实现行动与研究的内在统一，推动理论与实践共同向前发展。

综上所述，经过两年多的实践，我们从关注学生的情感、态度差异入手，应用基于班级发展的校本研究模式，开发了一系列操作性强的工具，有效提升了教师的专业素养和技能，解决了一部分农村学困生“不想学”的问题，学生的学习兴趣和自信心大大加强，学习成绩也有了显著提升。如今，在北京市密云、房山、门头沟、大兴、延庆、通州等地的实验学校，我们经常可以看到，教同一个班的任课教师在校本研究时间坐在一起，就这个班里的学习困难学生进行研讨。通过定期开展这种“有组织”的活动，每一位教师都在集体研讨、分析思考、制定和实施教育措施中体验到了教育教学的成功喜悦，特别是班主任走出了以往“单兵作战”的孤岛状态，在与同事的交流与碰撞中不断激发出新的思想火花，尝到了集体攻关的甜头。可以说，基于班级发展的校本研究是关注差异、整合资源、促进师生共同发展的合作性行动研究的有效模式，这种模式取得了显著成效，得到了学校领导、教师、学生及学生家长的一致好评。它不仅在理论上探讨了“以生为本、关注差异”“促进每一个学生发展”的教育改革理念，更重要的是在实践上把这一理论从理想变为现实，真正落实到学校的教育活动中。通过研究，我们不仅关注了学习困难学生，而且使得这种关注在制度上得到了保障，有助于促进所有学生全面而又富有个性的发展，促进义务教育均衡优质发展，从而实现由理想到现实的转变。

（作者：梁　威　北京师范大学教授
卢立涛　北京师范大学副教授）

项目名称：基于游戏化学习的创造性思维的培育策略研究
项目编号：13JYB011
项目负责人：尚俊杰
项目信誉保证单位：北京大学

电子游戏与教育研究的脉络和热点分析
——基于科学引文数据库(WOS)百年文献的计量结果[①]

一、引　言

电子游戏(Digital Game)是指人通过电子设备(如电脑、游戏机、移动设备等)进行的一种游戏娱乐方式，最早是1952年发布的一款运行在真空管电脑的井字棋游戏。自20世纪50年代出现以来，电子游戏就在信息技术和多媒体技术的影响下迅速发展起来。[②] 之后，电子游戏的教育研究开始大量涌现，证明在传统教育教学中使用电子游戏，可以激发学生产生更强的学习兴趣，提高学生的学习动机水平；除此之外，还能培养学生的问题解决能力、协作学习能力、创造力等多种高级学习能力[③④]。这些成果的取得，不仅让大众对电子游戏的负面态度产生了一些改变，而且为实施游戏与课堂内容整合的教改实验提供了可能。

那么，从第一篇研究文献出现至今，电子游戏与教育研究到底经历了一个怎样的历史发展过程？目前研究的状况是怎样的，有哪些主要的研究学者和研究成果？当前的研究热点又有哪些？为了回答以上3个问题，本研究将以科学引文数据库(Web of Science，简称WOS)中的三个子库《科学引文索引(扩展版)》(Science Citation Index-Extend，简称SCI-E)、《社会科学引文索引》(Social Science Citation Index，简称SSCI)和《艺术与人文科学引文索引》

① 基金项目：2013年北京市哲学社会科学规划项目“基于游戏化学习的创造性思维的培育策略研究”(项目编号：13JYB011)。

② Jeannie Novak，*Game Development Essentials*：*An Introduction*，New York：Cengage Learning Custom Publishing，2011，p. 4.

③ 尚俊杰、庄绍勇：《游戏的教育应用价值研究》，《远程教育杂志》，2009年第1期，第63—68页。

④ 陶侃：《从游戏感到学习感：泛在游戏视域中的游戏化学习》，《中国电化教育》，2013年第9期，第22—27页。

(Arts & Humanities Citation Index，简称 A&HCI)作为文献来源，基于文献计量学的研究方法，使用 HistCite 和 CiteSpace 两款可视化文献统计分析软件，对数据库中 1900 年至 2014 年的所有满足检索条件的文献数据进行统计分析，并对分析结果进行可视化的呈现和描述。

二、样本与方法

(一)样本选择

本研究选用 WOS 中的三个子库 SCI-E、SSCI 和 A&HCI 作为文献来源。由于英文文献中“电子游戏”这一术语对应着多种英文表达，如“computer game”“video game”“serious game”“digital game”等①，因此，本研究最终使用的文献检索方式为主题=(“digital game * ” OR “video game * ” OR “computer game * ” OR “electronic game * ” OR “simulation game * ” OR “serious game * ” OR “online game * ”)，并且主题=(learn * OR education * OR teach *)，检索日期为 2015 年 1 月 12 日。由于 2015 年的文献数据尚不完整，所以时间跨度设置为 1900 年(数据库最早有记录文献的时间)至 2014 年，共检索到符合条件的文献 1884 篇。

(二)研究方法

本研究以文献计量学与科学计量学领域的知识图谱作为主要的研究工具和手段，分别使用 HistCite② 和 CiteSpace③ 两款软件，从文献计量分析和共词分析两个角度，对检索到的文献数据进行分析整理。

首先，利用 HistCite 软件的统计分析功能和 Graph Maker 工具，创建该领域文献的时间分布图和引文时序图，回顾电子游戏与教育研究的历史发展历程。其次，利用 WOS 和 HistCite 统计分析功能，对符合检索条件的所有文献进行分布统计描述，了解该研究领域目前的整体发展情况。再次，利用 CiteSpace 对最近 10 年(2005—2014 年)电子游戏与教育领域的研究成果进行关键词共词分析(Co-Keywords)，获取当前的研究热点和方向。

---

① Thomas M. Connollya，Elizabeth A. Boyle，Ewan MacArthur，Thomas Hainey，James M. Boyle，A systematic literature review of empirical evidence on computer games and serious games，*Computers & Education*，2012(2)：pp. 661—686.

② 李运景、侯汉清、裴新涌：《引文编年可视化软件 HistCite 介绍与评价》，《图书情报工作》，2006 年第 12 期，第 135—138 页。

③ Chaomei Chen，CiteSpace II：Detecting and visualizing emerging trends and transient patterns In scientific literature，*Journal of the American Society for Information Science and Technology*，2006(3)：pp. 359—377.

三、结果分析

(一)历史发展历程回顾

1. 时间分布

在 HistCite 软件中按年产量(Yearly Output)统计该领域所有文献的分布情况，结果如图 1 所示。由图可知，WOS 中最早的电子游戏与教育研究文献出现于 1966 年；1966—1990 年，文献的年产量基本保持在 5 篇以下；1991—2002 年，文献的年产量出现缓慢增长的态势，数量由原先的每年不足 5 篇增长至每年超过 20 篇；到了 2003 年以后，文献年产量开始呈现爆发式增长，且从 2012 年至今一直保持着每年 270 篇左右的较高发文水平。

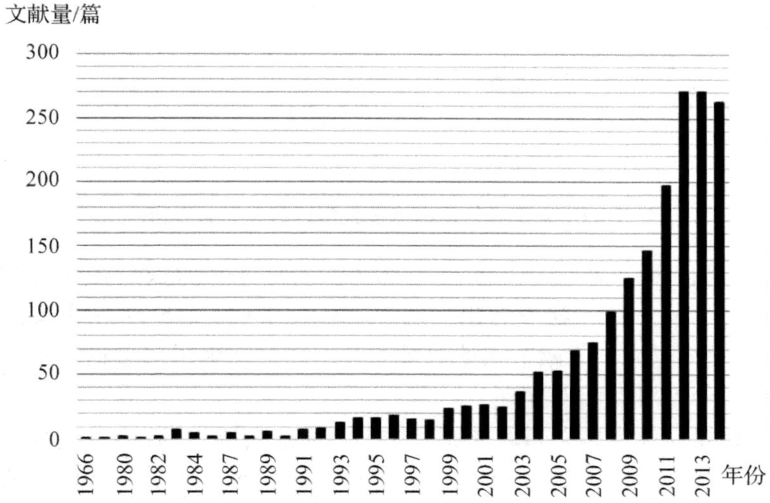

图 1　电子游戏与教育研究文献的年度时间分布

这些变化趋势说明：第一，电子游戏很早就引起了教育研究者的注意。早在 1952 年第一款电子游戏出现后不久，James L. McKenney 和 William R. Dill 两名研究者把游戏应用在大学生资本管理的教学中，并观察学生在游戏中的各项表现。① 第二，电子游戏与教育研究的发展大致分为三个阶段：萌芽期(20 世纪 60 年代中期至 80 年代)、发展期(20 世纪 90 年代)和繁荣期(21 世纪以来)。因此，随着信息技术的进一步发展，未来一二十年内，游戏与教育会成为教育技术的主流研究方向之一。

2. 引文时序图

引文时序图不但可以观察到某一主题领域的发展脉络和继承关系，还能

① James L. McKenney, William R. Dill, Influences on learning in simulation games, *American Behavioral Scientist*, 1966(2): pp. 28—32.

发现该领域在某一段时间内的发展程度。[①] 图 2 中节点的大小代表该文献被引的次数，带箭头的连线代表文献节点之间的引用关系。本研究将 1966—2014 年，共计 49 年的文献数据全部纳入引文时序图的绘制，并设置 LCS 的阈值为 40，得到如图 2 所示的引文时序图。

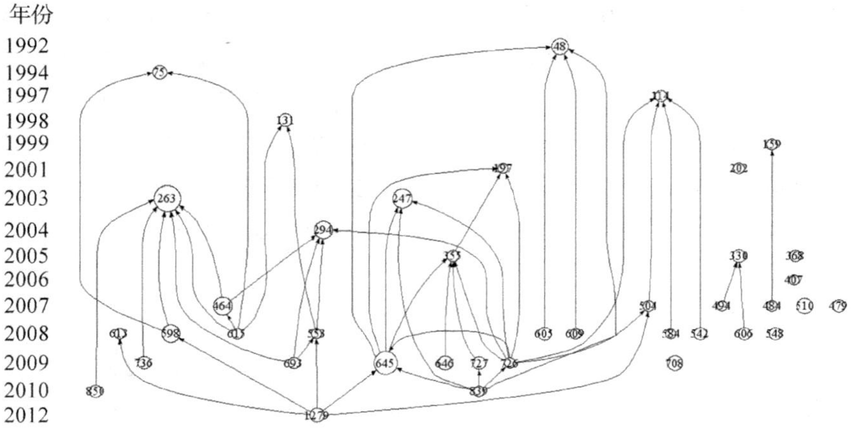

图 2　电子游戏与教育研究领域的引文时序图

电子游戏与教育研究经历了三次比较明显的发展阶段。在 20 世纪 90 年代以前基本没有关键文献被选出，到了 90 年代才开始出现一些关键文献节点，自 21 世纪以来，文献节点的数量逐渐变多、文献引用量也逐渐增多。这一点与图 1 恰好可以相互印证。

电子游戏与教育研究领域形成了三个主要的研究方向。从图中可以看出，以＃75、＃48 和＃114 这 3 个节点为起始点，自然形成了 3 个较为独立的引文网络。对这 3 个网络内所包含的文献节点进行深入分析可知，以＃75 为起始点的引文网络可归于心理学领域，其文献侧重于电子游戏与大脑认知、学习机制的关系研究[②]；以＃48 为起始点的网络，引文关系最为复杂，主要来自教育学领域，其侧重点在于电子游戏在教育实践中的应用研究[③]；以＃114 为起始点的引文网络，关系最为简单，其关注点是电子游戏在疾病治疗、行

① 李运景、侯汉清、裴新涌：《引文编年可视化软件 HistCite 介绍与评价》，《图书情报工作》，2006 年第 12 期，第 135—138 页。

② Daniel Gopher，Maya Well，Tal Bareket：Transfer of skill from a computer game trainer to flight，*Human Factors：The Journal of the Human Factors and Ergonomics Society*，1994（3）：pp. 387—405.

③ J M Randel，B A Morris，C D Wetzel，B V Whitehill，The effectiveness of games for educational purposes：A review of recent research，*Simulation & gaming*，1992(3)：pp. 261—276.

为矫正等方面的应用研究①。

最后，电子游戏与教育研究领域正在形成新的研究前沿。图 2 中零星分布、尚未形成网络的节点代表着该领域里刚兴起的、尚未形成体系的研究前沿。如何将有效的教学策略迁移到电子游戏的设计之中，成为近年来研究人员的又一关注焦点，未来几年可能形成以教学设计为核心的电子游戏“理论+实践”研究体系，这也会是电子游戏能否成为有效教育资源的重要一步。

(二)目前发展状况

1. *研究方向分布*

WOS 自带的“分析检索结果(Analysis Results)”工具可以快速找到文献在不同研究方向的分布情况。所有文献可划分为 83 个研究方向，其中排名前 5 的研究方向分别是教育学和教育研究、计算机科学、心理学、工程学、神经科学和精神病学(详细见表 1)。

表 1　排名前 5 的研究方向

序号	研究方向	文献数量(篇)	百分比(%)	发文起始点(年)
1	Education，Educational Research(教育、教育研究)	561	29.78	1973
2	Computer Science(计算机科学)	429	22.77	1983
3	Psychology(心理学)	383	20.33	1966
4	Engineering(工程学)	135	7.17	1973
5	Neurosciences，Neurology(神经科学、神经病学)	80	4.25	1991

电子游戏与教育研究最早出现在心理学领域，然而从目前的文献数量统计上看，教育学和计算机科学的相关研究已经开始超越心理学领域，但绝对文献数量差别不大。这说明目前电子游戏与教育研究以实践应用为主要研究内容，并已经成为多个学科共同关注的内容，因此可以考虑采用多学科合作共建的形式，推动其快速、有效的发展。

① S. J. Brown, D. A. Lieberman, B. A. Gemeny, Y. C. Fan, D. M. Wilson, D. J. Pasta: Educational video game for juvenile diabetes: Results of a controlled trial, *Informatics for Health and Social Care*, 1997(1): pp. 77—89.

2. 国家和地区分布

在 HistCite 中按照国家和地区指标统计所有文献的分布，除了 120 篇国家和地区不明的文献外，其他 1764 篇文献共分布于 69 个国家和地区，其中文献数量排名前 10 位的国家和地区，如图 3 所示。

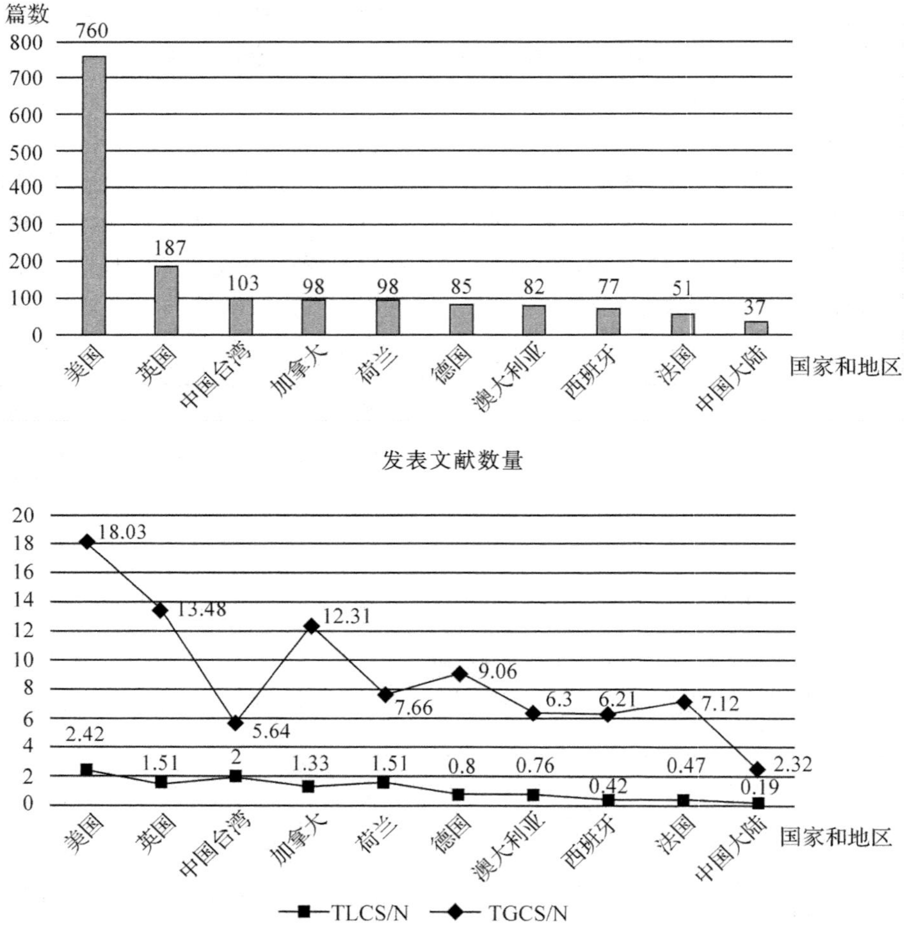

图 3　文献数量排名前 10 的国家和地区

由图 3 可知，无论在文献数量还是 TLCS 方面，美国都稳居第 1 位，且在文献数量上与之后 9 个国家的文献总量相当。中国台湾和中国大陆分别排在第 3 和第 10 位，相差较远。由此可知，目前世界范围内电子游戏与教育研究呈现出以下两个趋势：一方面，美国一家独大，领跑整个领域的发展，尚无其他国家和地区可以在该领域与美国相抗衡；另一方面，中国大陆在该领域的学术成果和国际影响力虽有较大发展，但与中国台湾地区相比仍有较大差距，还处于较低的发展水平。

3. 高影响力研究学者

在对高影响力研究学者的统计中，本研究引入了 TLCS 和 h 指数[①](h-index)双重评价指标。首先，作为本数据集的总被引次数，TLCS 在一定程度上可以反映某个研究者发表文献在某个领域的被认可程度；其次，h 指数更具客观性，能够有效避免自引、高被引单篇文献和作者合著关系的影响，对研究学者的未来学术成就具有显著的预测作用[②]。基于以上两点，本研究先用 HistCite 软件对所有文献的作者按照 TLCS 排序，再计算出每位作者的 h 指数，从中选取 h 指数≥6 的前 10 名研究学者，结果见图 4。

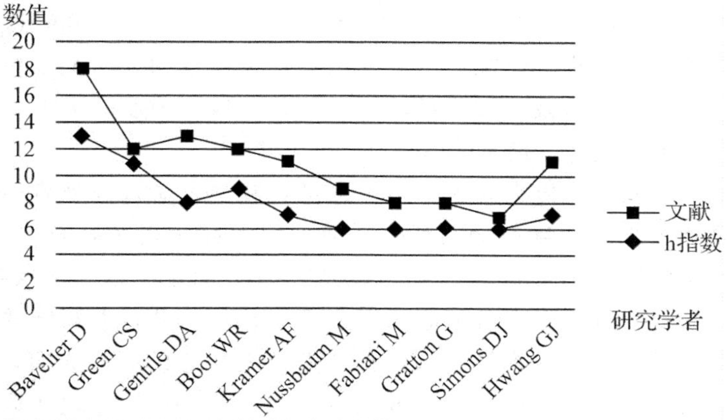

图 4　TLCS 指标排名前 10 的研究学者(h 指数≥6)

这 10 位研究学者中，有 7 位是来自心理学相关院系，其他 3 名则来自医学、工程学和教育学相关的院系，这从一定程度上反映出当前电子游戏与教育研究重大科研项目和成果仍以心理学为主导，其他学科领域可能由于研究历史短、开展项目少等原因，目前仍未形成较高影响力的研究和学者。

再从 h 指数看，Bavelier D 和 Green CS 两位学者的表现最为突出，h 指数均超过 10。进一步分析发现，两位学者都是来自美国罗切斯特大学脑认知科学系的教授，发表的文献以研究电子游戏与人类学习机制和大脑认知的关系为主，这一点反映出心理学相关的理论和实验在电子游戏与教育研究领域的研究中起着十分重要的作用。近些年来，随着学习科学在教育技术领域的逐渐兴起，以认知神经科学为设计依据的电子游戏风靡世界，Lumosity 就是其中的典型代表，它基于斯坦福、哈佛、伯克利大学的最新脑认知科学研究成果，设计制作了能帮助用户提高大脑核心认知能力的游戏，其效果得到了

① 赵基明、邱均平、黄凯、刘兵红：《一种新的科学计量指标——h 指数及其应用述评》，《中国科学基金》，2008 年第 1 期，第 23—32 页。

② Hirsch, J. E: An index to quantify an individual's scientific research output, *Proceedings of the National academy of Sciences of the United States of America*, 2005(46): 16569—16572.

很多实证研究的支持。①

然而，这 10 位中只有一位教育学领域的研究学者入围，这除了与学科自身发展的时间、开展项目等有关外，还可能与期刊影响因子有关。相比而言，教育学期刊的影响因子普遍低于心理学期刊，即教育学领域的文献引用率普遍低于心理学领域，而 h 指数与文献引用率直接相关，因此结果中出现更多心理学领域的研究者也就不足为奇了。

4. 高影响力文献

通过对当前数据集的被引次数(LCS)排序，可以找出该领域的高影响力文献。从文献的来源期刊上看，10 篇文献有 5 篇都来自《Computers & Education》，且均以教育实证研究作为主要内容。在剩下的 5 篇文献中，有 3 篇与基础心理学相关，涉及认知中的注意、记忆、执行控制等方面，有 1 篇来自医学教育研究，还有 1 篇是文献综述。

结合图 4 分析，可以发现这样一个现象，在电子游戏与教育研究里，教育学领域虽然很少出现高影响力研究学者，但却存在很多高影响力的文献，而且这些文献的发表时间都比较新。该现象的出现可能与以下两点事实相关：其一，电子游戏与教育研究最早起源于心理学领域，教育学领域的相关研究起步较晚，而且即使在教育学领域内部也并非是核心的研究方向；其二，相比于心理学实验，教育实证研究的开展难度更大——具体体现在取样难、不可控因素多、实验周期长、研究结果的可重复性低等，导致教育学领域的电子游戏实证研究较难持续深入。虽然教育学领域的电子游戏研究面临以上两点挑战，但这同样也带来了新的研究机遇——未来教育学领域不仅需要更多的电子游戏与教育研究的学者，而且还需要打破传统的研究体系和方法，走出一条具有电子游戏与教育研究特色的新途径，从而形成一批真正有实力的学术带头人以及一系列有高国际影响力的研究项目。

(三)当前研究热点

在文献计量学中，一般使用关键词共现分析的方法来挖掘某领域的研究热点。CiteSpace 软件不仅可以帮助研究人员快速实现关键词共现分析②，还能计算每个关键词的中心性——关键词的中心性越强，意味着它与其他关键词在文献中共现的次数也就越多，从而在一定程度上反映领域内的研究热点③。

本研究使用 CiteSpace 软件，对 1966 年至 2014 年的 1884 篇文献进行关

① 尚俊杰、庄绍勇、陈高伟：《学习科学：推动教育的深层变革》，《中国电化教育》，2015 年第 1 期，第 6—13 页。

② 吴晓秋、吕娜：《基于关键词共现频率的热点分析方法研究》，《情报理论与实践》，2012 年第 8 期，第 115—119 页。

③ 潘黎、王素：《近十年来中国教育研究热点主线的计量研究——基于八种 CSSCI 教育学期刊文献关键词共现知识图谱的分析》，《教育研究与实验》，2011 年第 6 期，第 20—24 页。

键词共现分析，设置阈值为每个时间切片(Time Slicing)的前 50 个高频关键词，并取消显示用于文献检索的关键词“computer game”“video game”“education”“learn”等，最终结果如图 5 所示，并以中心性的大小排出位于前 10 名的关键词(见表 2)。由此可以看出，当前该领域的研究热点主要集中在游戏化学习环境、游戏化教学策略、大脑可塑性、选择性注意等方面。

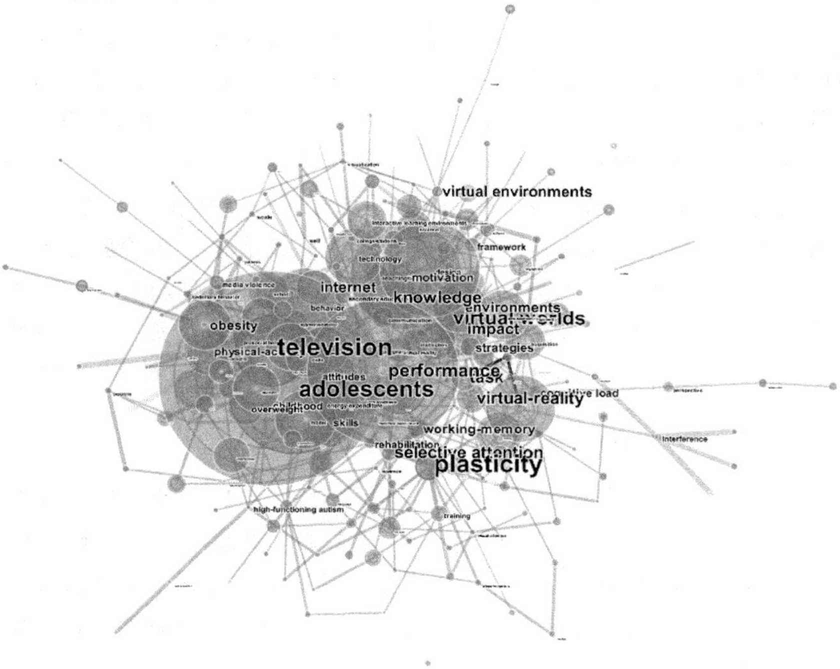

图 5 电子游戏与教育研究关键词共现知识图谱

表 2 中心性排名前 10 的关键词

排名	关键词	中心性	出现频次
1	television	0.13	69
2	plasticity	0.13	25
3	adolescents	0.12	117
4	experience	0.11	48
5	virtual world	0.10	19
6	performance	0.09	135
7	knowledge	0.09	59
8	virtual-reality	0.09	31
9	task	0.09	30
10	selective attention	0.09	20

此外，图5中密集的节点和连线反映了该领域的研究热点呈现出分化和融合两大特点。在分化方面，虽然节点之间有较多重叠，但还是能从中区分出参与该研究领域的3个主要学科，分别是与人类健康与疾病控制相关的学科(以 obesity、adolescents、behavior 等为代表的关键词网络)、脑认知方向的心理学(以 plasticity、working-memory、selective attention 等为代表的关键词网络)和以教育技术学为主的教育学(以 knowledge、environments、motivation、strategies 为代表的关键词网络)。这一点和图2中所得的3个研究起始点不谋而合，更加印证了电子游戏与教育研究已经分化出较为固定的研究学科。在融合方面，节点之间的较多重叠反映了电子游戏与教育研究在3个学科方向上的研究热点存在着较多的联系。比如心理学对人类在电子游戏中学习机制的研究可以作为另两个学科研究的理论依据和出发点，反过来，教育和人类健康与疾病控制两个学科的应用研究又能进一步检验心理学的既有研究成果，从实践的角度为心理学接下来的研究带来创新和灵感。因此在未来研究中，3个学科应该考虑跨学科合作，整合各方面优势，共同推动电子游戏与教育研究成为一个既有理论高度又有实践深度和广度的科研领域。

四、结论与启示

本研究以 Web of Science 数据库中三个子库(SCI-E、SSCI 和 A&HCI)作为文献来源，利用 HistCite 和 CiteSpace 两款知识图谱可视化工具，对1966年至2014年电子游戏与教育研究文献进行统计分析，总结了电子游戏与教育研究领域近50年来的历史发展脉络、研究现状以及当前研究热点，具体可总结为以下三点：

首先，从历史发展的脉络来说，电子游戏与教育研究最早起源于心理学，在萌芽期(20世纪60年代中期至80年代末)、发展期(20世纪90年代)和繁荣期(21世纪初至今)的不断繁荣发展中，逐渐分化形成了以心理学、教育学和人类健康与疾病控制为核心的三大研究方向，也正是这种多学科交织碰撞的复杂研究背景，为今天电子游戏与教育研究带来了极为丰富的研究成果。

其次，从当前的研究现状看来，虽然心理学和教育学还在该领域的三大核心研究方向之内，但近些年来，计算机科学已经超过心理学，成为电子游戏与教育研究领域的第二大研究方向，技术的促进作用足以引起该领域研究者的重视。此外，目前美国不管在科研质量还是数量上，都遥遥领先于其他国家和地区。但是，虽然教育学领域出现了较多高影响力的文献，但相比于心理学领域，尚未出现高影响力的学术带头人，这可能与教育学自身成为学科的时间短、尚未形成规范系统的研究范式有关。

最后，电子游戏与教育研究领域的热点分布呈现出心理学、教育学和其他社会学科三足鼎立的局面：在以脑认知和学习机制为研究重点的心理学中，研究热点主要分布在大脑可塑性、注意和记忆等与脑科学和认知神经科学紧密相关的方向上；以电子游戏的教育价值和教学实践方法为研究内容的教育学，把精力放在了游戏化学习环境、游戏化教学策略等方面；在以人类健康与疾病控制等为研究内容的其他相关社会学科里，肥胖控制、行为矫正等则成了研究热点。这些研究热点之间“既分化又融合”的特点，为未来该领域实现跨学科合作提供了有利的条件。

国际电子游戏与教育研究的历史发展、研究现状和热点分析，为国内相似研究快速赶上和超越国际水平有着重要的借鉴和启发意义。

首先，要正确认识电子游戏的教育价值。我国伟大的教育学家孔子很早就提出了“寓教于乐”的教育思想，认为游戏是孩子的天性，教育应该像游戏一样让人产生快乐。电子游戏与教育研究在质疑声中经过50多年的发展，目前已经在理论和实践上取得了突破性进展，其蕴藏的巨大教育价值也逐渐得到了社会各界的关注与认可。当前，随着移动互联网技术的快速发展和人们观念的转变，电子游戏在教育中应用的前景越来越广阔。国内的教育管理者、实践者和研究者应抓住这次难得的历史机遇，大力推进电子游戏与教育的理论与实践研究，让更多的学生早日脱离学习的“苦海”，真正实现快乐学习。

其次，要注重国际化。要加强与国外先进研究团队的学术交流和合作，开拓电子游戏与教育研究的国际化道路。目前，电子游戏与教育研究领域基本形成美国一家独大的格局。因此，国内研究水平要想早日与国际接轨，就必须走国际化合作道路：一是引进国外成功的研究成果，将其本土化后，在国内设立试验点开展应用研究，以积累该领域的宝贵研究经验；二是争取与国际知名研究项目的跨国合作机会，以把握该领域的最新研究动向。

再次，要注重跨学科合作。要加强与心理学、脑科学、信息技术等学科的合作，打造一支“理论指导、技术保障、应用实践”三位一体的科研团队。教育实证类研究与其他学科有着本质的不同，整个过程需要不断的实践和反复的修改，单凭教育技术学科的一己之力很难达成。作为联系理论与实践的桥梁学科，教育技术学应在理论上加强与心理学、脑科学等学科的交流，在技术上加强与信息技术、电子、工学等学科的交流，在实践上增强与企业、学校的合作，将电子游戏与教育研究的跨学科合作落到实处。这里要特别注意开展学习科学(Learning Sciences)视角下的游戏化学习研究①。借助学习科学领域先进的脑成像设备、大数据分析工具和已有的成果。学生在电子游戏中学习的大数据将得到更为深入的解读和应用，这对提升学生学习动机、实

① 尚俊杰、庄绍勇、陈高伟：《学习科学：推动教育的深层变革》，《中国电化教育》，2015年第1期，第6—13页。

现学生有效学习以及推动整个教育系统的深层变革都有着巨大而深远的意义。由此，电子游戏与教育研究将迈向一个新的发展高度。

最后，要注重应用策略。将电子游戏简单地应用到教学中，不一定能够取得满意的效果，一定要将游戏深度融合到教育教学中；要根据学科、学生、教师、学校的特点和客观条件，选择适当的电子游戏，力求有机地融入课堂中，不能为了游戏而游戏。此外，要特别注意现在比较受欢迎的游戏化(Gamification)①，它指的不一定需要使用纯粹的游戏，而是将游戏的元素、设计技术、设计理念应用到非游戏情境中，比如企业利用游戏化的方式来进行人力管理，已经在商业、军事等领域都得到了广泛的应用。在教育领域，游戏化的价值将更加广阔，比如在教学中也不一定真的要使用纯粹的游戏，而是将游戏的挑战、好奇、竞争、控制等动机应用到学习活动的设计中。

参考文献

[1] Jeannie Novak, *Game Development Essentials: An Introduction*, New York: Cengage Learning Custom Publishing, 2011.

[2] 尚俊杰、庄绍勇：《游戏的教育应用价值研究》，《远程教育杂志》，2009 年第 1 期。

[3] 陶侃：《从游戏感到学习感：泛在游戏视域中的游戏化学习》，《中国电化教育》，2013 年第 9 期。

[4] Thomas M. Connollya, Elizabeth A. Boyle, Ewan MacArthur, Thomas Hainey, James M. Boyle, A systematic literature review of empirical evidence on computer games and serious games, *Computers & Education*, 2012(2).

[5] 李运景、侯汉清、裴新涌：《引文编年可视化软件 HistCite 介绍与评价》，《图书情报工作》，2006 年第 12 期。

[6] Chaomei Chen, CiteSpace II: Detecting and visualizing emerging trends and transient patterns in scientific literature, *Journal of the American Society for information Science and Technology*, 2006(3).

[7] James L. McKenney, William R. Dill, Influences on learning in simulation games, *American Behavioral Scientist*, 1966(2).

[8] Daniel Gopher, Maya Well, Tal Bareket: Transfer of skill from a computer game trainer to flight, *Human Factors: The Journal of the Human Factors and Ergonomics Society*, 1994(3).

[9] J M Randel, B A Morris, C D Wetzel, B V Whitehill, The effectiveness of games for educational purposes: A review of recent research, *Simulation & gaming*, 1992(3).

[10] S. J. Brown, D. A. Lieberman, B. A. Gemeny, Y. C. Fan, D. M. Wilson, D. J. Pasta: Educational video game for juvenile diabetes: results of a controlled trial, *Infor-*

① Kevin Werbach, Dan Hunter, *For the Win: How Game Thinking Can Revolutionize Your Business*, Philadelphia: Wharton Digital Press, 2012.

matics for Health and Social Care, 1997(1).

[11] 赵基明、邱均平、黄凯、刘兵红：《一种新的科学计量指标——h 指数及其应用述评》，《中国科学基金》，2008 年第 1 期。

[12] Hirsch, J. E: An index to quantify an individual's scientific research output, *Proceedings of the National academy of Sciences of the United States of America*, 2005(46).

[13] 尚俊杰、庄绍勇、陈高伟：《学习科学：推动教育的深层变革》，《中国电化教育》，2015 年第 1 期。

[14] 吴晓秋、吕娜：《基于关键词共现频率的热点分析方法研究》，《情报理论与实践》，2012 年第 8 期。

[15] 潘黎、王素：《近十年来中国教育研究热点主线的计量研究——基于八种 CSSCI 教育学期刊文献关键词共现知识图谱的分析》，《教育研究与实验》，2011 年第 6 期。

[16] Kevin Werbach, Dan Hunter, *For the Win: How Game Thinking Can Revolutionize Your Business*, Philadelphia: Wharton Digital Press, 2012.

（作者：裴蕾丝　北京大学硕士研究生
尚俊杰　北京大学副教授）

项目名称：北京青年科技创新人才成长机制研究——基于人才与城市互动的视角
项目编号：13JYC019
项目负责人：黄海刚
项目信誉保证单位：对外经济贸易大学

通往Ph. D之路：中国博士生入学动机的实证研究

一、问题的提出

学术动机是高等教育领域的一个重要议题，它直接或间接决定了学生的学术意愿、创新行为和创新结果，从而对培养质量产生非常重要的影响。博士生教育作为国民教育的顶端，是高层次创新型人才的主要来源和科学研究潜力的重要标志，博士生的入学动机以及由此激发的学术表现和绩效是提升大学创新能力和水平的重要影响因素。就个体而言，追求博士学位是一个基于多样化动机的重要决策，因为这一过程不仅需要个体强烈的自我实现动机来维持学术探索活动并获得学位，同时也存在诸如损失时间、金钱等风险，甚至最终不能成功获得这一学位。以美国大学为例，约有五分之一的研究生会选择继续攻读博士学位，但其中40%—60%的学生未能获得学位，较高的耗损率是美国博士生教育面临的严峻问题。[①] 这一问题对个体而言是一个损失，对博士点甚至大学而言，也意味着声望和质量危机，最终会损害国家高水平人力资源的培养和储备。

入学动机被认为是关系博士生教育质量的关键因素。多样化的入学动机直接决定了博士候选人的学术态度，是潜心于科研创新以实现学术理想和自我实现感，还是仅仅将“博士学位”作为职业升迁的工具而平庸地学习和研究？这种由动机引发的学术态度影响了博士生的学术成就以及博士教育耗损率(Graduate Attrition)、毕业时间(Time-to-Degree)和完成率(Completion Rate)等，而这些因素影响着博士生的培养质量。

① IVANKOVA N V, STICK S L. Student persistence in a distributed doctoral program in educational leadership in higher education: A mixed methods study, *Research in Higher Education*, 2007, 48, pp. 93－135.

二、文献综述

（一）动机及其类型

动机主要是指个体愿意从事某项活动的性质和强度，① 是调节个体“能”做(can do)什么和“要”做(will do)什么的关键影响因素。② 动机不仅影响着博士生学术表现的优异与否，也是能否完成博士学位的重要影响因素。尽管很多博士生有能力完成学位并对知识生产有一定贡献，但动机是他们能否完成研究以及高质量完成博士学位论文的一个重要决定因素。③

研究者一般将动机分为内部动机和外部动机。内部动机主要来自任务本身，表现在个体对任务的积极反应或任务本身所带来的乐趣上，它通常表现为兴趣、参与度、好奇心或满足感。④ 当内部动机较高时，人们会花费更多时间和精力来从不同角度应对问题带来的挑战，积极学习和获取与这一问题相关的知识和信息，高强度的内部动机也会让人们更愿意冒险并更加积极和创造性地解决问题。

外部动机主要来自任务以外的因素，例如等级或其他形式的预期评价，期待获得诸如金钱或礼物的奖励、外部命令，以及其他并非任务本身所带来的因素。⑤ 大量的研究证明，外部动机能够削弱内部动机和创造性，部分因为外部动机只涉及目标/奖赏而不是任务本身。因此，具有强烈外在动机的人倾向于采取短、平、快的方式完成任务，以达到目的获得奖赏，而创造性的完成任务通常要耗费更多时间，并将任务本身作为奖赏，即任务和目标是统一的。⑥

（二）动机与学术表现和成就

知识和能力有时并不能完全解释学生的学术表现，⑦ 存在着其他影响学生学术成绩的因素。一些研究发现，动机，包括内部动机和外部动机对学生的

---

① STERNBERG R J, LUBART T I. *Defying the crowd: Cultivating creativity in a culture of conformity*, New York: Free Press, 1995.

② AMABILE T M. *Creativity in context*, Boulder: Westview Press, 1996.

③ LOVITTS B E. The Transition to Independent Research: Who Makes It, Who Doesn't, and Why, *The Journal of Higher Education*, 2008, 79 (3), pp. 296—325.

④ AMABILE T M. *Creativity in context*, Boulder: Westview Press, 1996.

⑤ AMABILE T M. *Creativity in context*, Boulder: Westview Press, 1996.

⑥ STERNBERG R J, LUBART T I. *Defying the crowd: Cultivating creativity in a culture of conformity*, New York: Free Press, 1995.

⑦ GOTTFRIED A E, COOK C R, MORRIS P E. Educational characteristics of adolescents with gifted academic intrinsic motivation: A longitudinal study from school entry through early adulthood, *Gifted Child Quarterly*, 2005, 49, pp. 172—186.

学术成绩具有非常重要的影响,[①] 其中内部动机对应着更高的学业成绩、智力表现、自尊、坚持和创造性。[②] 其他的研究也从不同方面研究了学习动机对学术成绩的影响,并将动机看作是对学习者重要的有益力量,一般具有强烈内部动机的学生,更会克服困难完成自己选择的任务并渴望应对问题带来的各种挑战,[③] Dev的研究认为,内部动机和外部动机对大学生的学术成绩都有积极的影响,但相对于内部动机,如果大学生的学习动力主要来自社会认可和社会压力,其学术表现则不理想,[④] Amrai等人的研究表明学术动机与学术成就之间存在显著的联系,应强调不同动机的合作和互动来提高大学生的学术成绩。[⑤] 此外,学习动机也与社会文化环境有关,Shaljan在对加拿大的印度移民学生和印度本国学生的对比研究发现,前者的学习更多基于内部动机,而后者的学习动机更多来自外部,在学业表现上前者也明显优于后者。[⑥] 也有研究认为,动机对学术表现的影响存在显著的性别差异。[⑦]

(三)动机与博士生培养质量

博士生教育的主要目标是"通过创造性的学术研究,为一生从事知识探索做准备",[⑧] 成功完成博士论文意味着个体实现了"从学生到独立研究者的转变"。[⑨] 但在具体的教育实践中,导师和教育管理们发现,对于部分博士生而言,完成这一转变显得非常困难,仅仅依据本科期间的学术成绩或博士一年

---

① AREEPATTAMANNIL S, FREEMAN J G. Academic achievement, academic self-concept, and academic motivation of immigrant adolescents in the Greater Toronto Area secondary schools, *Journal of Advanced Academics*, 2008, 19(4), pp. 700-743.

② EISENBERGER R, SHANOCK L. Rewards, intrinsic motivation and creativity: A case study of conceptual and methodological isolation, *Creativity Research Journal*, 2003, 15(2), pp. 121-130.

③ AFZAL H, ALI I, KHAN M A, HAMID K. A Study of University Students' Motivation and Its Relationship with Their Academic Performance, *International Journal of Business and Management*, 2010, 5(4), pp. 80-88.

④ DEV P C. Intrinsic motivation and academic achievement: What does their relationship imply for the classroom teacher?, *Remedial and Special Education*, 1997, 18(1), pp. 12-19.

⑤ AMRAI K, MOTLAGH S E, ZALANI H A, PARHON H. The relationship between academic motivation and academic achievement students, *Procedia-Social and Behavioral Sciences*, 2011, 15(1), pp. 399-402.

⑥ AREEPATTAMANNIL S, FREEMAN J G, KLINGER D A. Intrinsic motivation, extrinsic motivation, and academic achievement among Indian adolescents in Canada and India, *Social Psychology and Education*, 2011, 14(3), pp. 427-439.

⑦ TELLA A. The Impact of Motivation on Student's Academic Achievement and Learning Outcomes in Mathematics among Secondary School Students in Nigeria, *Eurasia Journal of Mathematics, Science & Technology Education*, 2007, 3(2), pp. 149-156.

⑧ BARGAR R R, DUNCAN J K. Cultivating creative endeavor in doctoral research, *Journal of Higher Education*, 1982, 52(1), pp. 1-31.

⑨ Council of Graduate Schools. Research student and supervisor: An approach to good supervisory practice, Washington, DC. 1995. 9.

级的学术表现，难以判断谁将能够完成博士学位。① Lovitts 认为，动机、个性、思维方式、知识和个体的智力资源是其中非常重要的影响因素。在博士生教育中，努力获得学位的激情和兴趣以及强烈自我实现需要为表征的内部动机，通常会让学生更积极和高质量地完成博士学位。②

除了学位完成率，博士学位论文的质量是博士生培养质量的核心，其最重要的特征表现在原创性(Originality)、重要性(Significance)和独立性(Independence)上，③ 因此完成博士论文以及实现从课程参与者(Course-taker)到独立研究者的身份转换，需要更多的自我管理、对学术研究的热情、兴趣和自我驱动力，有时学生有能力完成博士论文，但其质量却低到一种临界状态，内部动机在其中发挥着重要影响。④ Ivankova & Stick 的研究也表明，相对于经济资助、学术指导、教师等外部因素，学生的自我实现动机(Self-motivation)，即获得自信和实现个体目标是影响学生获得博士学位的关键因素。⑤

除了内部动机，一些学生选择攻读博士学位也主要基于外部动机。Michelle Hinkle & Iarussi 等人对教育咨询和监督领域的博士候选人的学术动机进行了实证研究，结果显示，成为教授、获得职业尊敬和职业安全感、成为教育实践领导者以及改变家庭和所处社区的不利地位是他们选择博士教育的主要动机，⑥ 以及希望未来获得更好和稳定的职业是攻读博士学位的重要外部动机。⑦

三、研究设计与分析

(一)数据来源

本研究共计选取了 60 所大学，其中大部分属于“985 工程”大学或“211 工程”大学。样本选择主要考虑：(1)区域均衡。样本学校的选择兼顾区域平衡。

---

① LOVITTS B E. *Leaving the ivory tower: The causes and consequences of departure from doctoral study*, Lanham, MD: Rowman and Littlefield, 2001.

② LOVITTS B E. The Transition to Independent Research: Who Makes It, Who Doesn't, and Why, *The Journal of Higher Education*, 2008, 79 (3), pp. 296—325.

③ BERELSON B. *Graduate Education in the United States*, New York: McGraw-Hill, 1960, p. 159.

④ LOVITTS B E. The Transition to Independent Research: Who Makes It, Who Doesn't, and Why, *The Journal of Higher Education*, 2008, 79 (3), pp. 296—325.

⑤ IVANKOVA N V, STICK S L. Student persistence in a distributed doctoral program in educational leadership in higher education: A mixed methods study, *Research in Higher Education*, 2007, 48, pp. 93—135.

⑥ HINKLE M, IARUSSI M M, SCHERMER T W, YENSEL J F. Motivations to Pursue the Doctoral Degree in Counselor Education and Supervision, *Journal of Counselor Preparation and Supervision*, 2014(6), pp. 1—19.

⑦ ABLONSKI A M. Doctoral studies as professional development of educators in the United States, *European Journal of Teacher Education*, 2001, 24(2), pp. 215—221.

所选高校分布在东北、华北、华中、华南、西北等地区；(2)类型均衡。大学类型的选择充分考虑了理、工、医、农、林等学科布局，分别包括部属大学、省属大学及其他类型大学；(3)学科均衡。充分考虑学科的平衡分布。基于各大学自身的优势研究领域，尽可能涵盖13个一级学科。

本次调查共发放调查问卷2000份，每所学校发放问卷数量为30—50份，其中北京地区高校，例如清华大学、北京大学、中国人民大学和北京师范大学的问卷数量均在50份以上。最终，回收了44所高校的1656份问卷(见表1)。

表1　问卷发放与回收情况

	发放数	回收数	回收率
高校数量	60所	44所	73.3%
问卷数量	2000份	1656份	82.8%

(二)研究设计

在研究设计上，根据动机理论，本研究将学生追求博士学位的动机分为：内部动机(Intrinsic Motivation)和外部动机(External-related Motivation)。内部动机主要包括个体对学术研究的热情、个体目标实现、期待成为大学教师以及对获得博士学位的自豪感；外部动机主要包括家庭、社会因素，例如社会对高学历的期待、家庭期待、更好的职业空间、更好的经济收益等，此外还包括其他一些动机，例如延缓就业时间或者持从众心态，即没有明确的动机。

在研究方法上，本研究主要采用问卷调查法。问卷采用李克特量表法，将问卷主体部分的填答方式分为七点，采用七重计分法，即从消极到积极分为七个等级，1代表完全不同意，7代表完全同意。问卷回收后，课题组对问卷数据进行录入，前后检查多遍，尽可能减少技术性误差。问卷数据的汇总与处理主要在STATA12.0软件上进行，数据统计主要根据不同性别、年龄、博士攻读方式、大学类型、不同年级等对选择题进行观察值个数、平均值、方差、最小值和最大值的分析，并进行组间偏差分析和组内偏差分析。此外，针对个别选项，还利用众数和中位数去观察选项的离散程度和分布情况，以便更好地观察问卷所反映的潜在问题。

(三)研究问题与结果分析

针对“攻读博士学位的动机”这一选题，从结果看，期待“未来谋得更好的工作和职业发展空间”被认为是攻读博士学位最主要的动机，其次为“对学术研究的热情”“未来在大学或研究机构就职”以及“未来获取更高的经济收益”(见图1)。从这一分析结果来看，大多数博士生将“博士学位”与未来的职业和生存发展紧密联系起来，期待通过博士教育改变未来的职业发展并增加经济收益，这是值得进一步研究的重要结论。

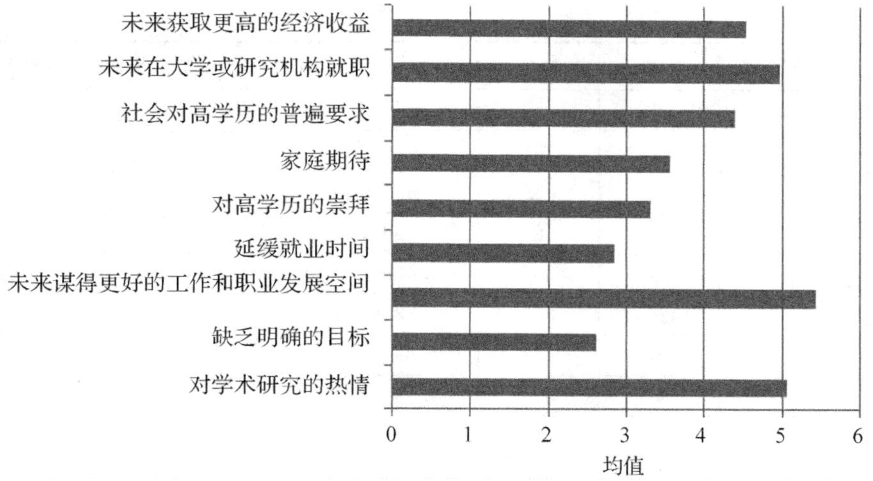

图 1 “动机”维度内部各题项的数理统计

为了更好地分析不同学生群体在入学动机上的差异，本研究对性别、婚姻状况、本科就读学校以及攻读博士学位方式与入学动机的关系进行了分析。

1. 博士生入学动机在性别维度的差异分析

在性别与入学动机上，经过独立样本 T 检验，考虑方差齐性与不齐性的条件下，男性和女性在“缺乏明确的目标”“对高学历的崇拜”“未来在大学或研究机构就职”以及“未来获取更高的经济收益”维度上呈现出极其显著的差异（见表 2）。男性在博士入学动机上，更倾向于追求高学历、获取更多的经济利益，同时还有在目标上出现混乱，没有建立起非常明确的目标。而女性在“期待在大学或研究机构就职”选项上的得分高于男性，这与女性择业希望“稳定”的社会期待和家庭期待相一致。

表 2 男性和女性在入学动机上的差异性分析

动机类型	性别	数量	均值	均值差异	显著性（双侧）
学术热情	男	864	5.08	0.06	0.443
	女	588	5.02		
没有目标	男	856	2.71	0.24	0.007**
	女	584	2.47		
职业前景	男	857	5.42	−0.03	0.644
	女	586	5.45		
延缓就业	男	855	2.84	0.02	0.844
	女	583	2.82		

续表

动机类型	性别	数量	均值	均值差异	显著性(双侧)
追求学历	男	857	3.45	0.38	0.000**
	女	583	3.07		
家庭期待	男	855	3.63	0.17	0.092
	女	586	3.46		
社会压力	男	855	4.44	0.12	0.226
	女	580	4.32		
稳定职业	男	851	4.83	−0.3	0.001**
	女	581	5.13		
经济收益	男	856	4.72	0.45	0.000**
	女	584	4.27		

2. 博士生入学动机在婚姻状况维度的差异分析

在婚姻状况与入学动机的研究上，经过单因素方差分析，选择事后多重比较的方式，发现已婚有子女、已婚无子女以及未婚三个群体在“延缓就业时间”与“未来在大学或研究机构就职”两个维度呈现出组间差异。整体来看，已婚群体在博士入学动机上带有明确的目标性，未婚群体更倾向于通过博士学习来延缓就业时间，以及到大学或研究机构找到工作。已婚有子女群体相比于已婚无子女群体来说，对于“延缓就业时间”的选项认同度较低，更倾向于直接工作，这可能是已婚有子女人群需要承担家庭责任的缘故。在“对学术研究的热情”选项上的得分一致，三类人群间没有差异(见表 3)。

表 3　入学动机在婚姻状况维度的方差分析

维度	量度	量度	均值差	显著性水平
延缓就业	已婚有子女	已婚无子女	−0.76	0.000**
		未婚	−1.13	0.000**
	已婚无子女	已婚有子女	0.76	0.000**
		未婚	−0.37	0.033*
	未婚	已婚有子女	1.13	0.000**
		已婚无子女	0.37	0.033*
在大学或研究机构就职	已婚有子女	已婚无子女	−0.23	0.395
		未婚	−0.47	0.001**
	已婚无子女	已婚有子女	0.23	0.395
		未婚	−0.24	0.245
	未婚	已婚有子女	0.47	0.001**
		已婚无子女	0.24	0.245

3. 博士生入学动机在就读学校类型维度的差异分析

在学校类型与入学动机的研究上，经过单因素方差分析，选择事后多重比较的方式，发现本科就读“985 工程”大学、“211 工程”大学及其他类型大学的学生在“学术研究的热情”“没有明确的目标”“延缓就业时间”以及“高学历崇拜”四个维度上呈现出组间差异。具体来看，在对学术研究的热情上，本科就读其他高校的学生相比“985 高校”“211 高校”对学术研究热情有更强烈的认同，本科就读“985 高校”与“211 高校”的学生在接受博士教育上更加缺乏明确的目标，本科就读“211 高校”的学生更倾向于认为博士教育是为了延缓就业时间，而且接受博士教育是对高学历的崇拜。本科就读“211 高校”的学生群体更期待通过博士教育以获得高的社会地位和改变处境不利的状况(见表 4)。

表 4　入学动机在本科就读学校维度的方差分析

维度	量度	量度	均值差	显著性水平
学术热情	985 高校	211 高校	−0.03	0.96
		其他高校	−0.3	0.009**
	211 高校	985 高校	0.03	0.96
		其他高校	−0.27	0.021*
	其他高校	985 高校	0.3	0.009**
		211 高校	0.27	0.021*
没有目标	985 高校	211 高校	−0.02	0.985
		其他高校	0.28	0.038*
	211 高校	985 高校	0.02	0.985
		其他高校	0.3	0.024*
	其他高校	985 高校	−0.28	0.038*
		211 高校	−0.3	0.024*
延缓就业	985 高校	211 高校	−0.19	0.28
		其他高校	0.25	0.097
	211 高校	985 高校	0.19	0.28
		其他高校	0.44	0.001**
	其他高校	985 高校	−0.25	0.097
		211 高校	−0.44	0.001**
高学历崇拜	985 高校	211 高校	−0.36	0.008**
		其他高校	−0.05	0.917
	211 高校	985 高校	0.36	0.008**
		其他高校	0.31	0.028*
	其他高校	985 高校	0.05	0.917
		211 高校	−0.31	0.028*

4. 博士生入学动机在所在学科维度的差异分析

在学科与入学动机上，主要将所学学科归类为人文社会科学与自然科学，经过独立样本 T 检验，考虑方差齐性与不齐性的条件下，两类学科博士生在“对学术研究的热情”“缺乏明确目标”“延缓就业时间”“家庭期待”“想在大学或研究机构就职”以及“带来更高经济收益”上呈现出显著性差异。具体从均值比较来看，人文社会科学的博士生在追求学术研究热情与寻求稳定职业上高于自然科学，自然科学的博士生在“无明确目标”“延缓就业时间”“满足家庭期待”以及“获得更高经济效益”上高于社会人文科学。可以看出，社会人文学科的博士生目标感更为明确，且抱有更高的学术热情，而自然科学领域的博士生考虑问题更为实际，在未来发展预期上更为多样(表 5)。

表 5　入学动机在所学学科维度的差异分析

动机类型	学科	数量	均值	T 值	显著性(双侧)
学术热情	人文社会科学	550	5.22	3.346**	0.001
	自然科学	899	4.95		
没有目标	人文社会科学	543	2.50	−2.042*	0.041
	自然科学	894	2.68		
职业前景	人文社会科学	544	5.41	−0.566	0.572
	自然科学	896	5.45		
延缓就业	人文社会科学	543	2.66	−2.836**	0.005
	自然科学	892	2.94		
追求学历	人文社会科学	543	3.26	−0.569	0.569
	自然科学	894	3.32		
家庭期待	人文社会科学	541	3.41	−2.344*	0.019
	自然科学	897	3.65		
社会压力	人文社会科学	538	4.34	−0.778	0.437
	自然科学	894	4.42		
稳定职业	人文社会科学	538	5.13	2.948**	0.003
	自然科学	891	4.85		
经济收益	人文社会科学	542	4.37	−2.969**	0.003
	自然科学	895	4.64		

5. 攻读博士学位的方式与入学动机

在攻读学位的方式与入学动机上，经过独立样本 T 检验，考虑方差齐性与不齐性的条件下，发现全职攻读博士与在职攻读博士群体在“延缓就业时间”“追求高学历”“满足家庭期待”以及“在大学与研究机构工作”四个维度上呈现出了显著差异。全职博士生更倾向于获得高学历，满足家庭成员对于自己的期待，而且通过博士教育延缓就业，找到在大学或者研究机构的工作，而兼职博士生则更多出于社会期待，即社会对高学历的普遍要求(见表 6)。

表 6　攻读学位方式在入学动机上的差异性分析

动机类型	攻读方式	数量	均值	均值差异	显著性(双侧)
学术热情	全职	1209	5.06	0.11	0.31
	在职	207	4.95		
没有目标	全职	1199	2.64	0.15	0.237
	在职	205	2.49		
职业前景	全职	1200	5.46	0.15	0.262
	在职	207	5.31		
延缓就业	全职	1198	2.97	0.90	0.000**
	在职	204	2.09		
追求学历	全职	1198	3.34	0.28	0.042*
	在职	206	3.06		
家庭期待	全职	1200	3.63	0.48	0.001**
	在职	205	3.15		
社会压力	全职	1194	4.39	−0.03	0.847
	在职	205	4.42		
稳定职业	全职	1194	5.02	0.39	0.01**
	在职	203	4.63		
经济收益	全职	1198	4.57	0.15	0.286
	在职	206	4.42		

6. 对博士学位本质的理解与学生的选择动机

除了内外部动机外，学生对博士学位的理解也是是否追求博士学位的重要影响因素，间接影响着个体的选择行为。本研究调查了学生对博士学位的理解是否存在偏差，而这种偏差是否影响了他们的入学动机。本研究将博士学位的本质界定为四个方面：为从事学术研究做准备、为就业做准备、提升社会适应能力以及获取专业技能。在这一调查中，共获得观测个数 1417 个，从数据的分析结果来看(图 2)，大部分人较为认同博士教育主要是为了“学术训练”，而将“提供专业技能训练”置于了最不重要的地位，这一统计结果与博士教育是“从事高深研究”的最初理解是一致的。随着博士教育与职业发展的关系日益紧密，多数博士生也认同博士教育能够“提升职业能力”，这表示博士教育不仅与高深学术研究密切相关，也被认同与其他职业能力的训练有关系。

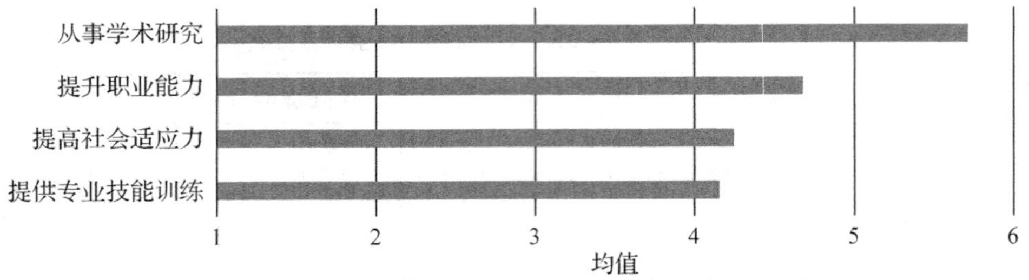

图2　博士教育的目标定位

四、讨论及其政策意义

通过以上分析可以看出，大部分博士生的入学动机都主要基于外部动机，即未来获得更好的职业机会。这一主要结论对当前博士生教育改革具有一定的启示，由于博士生教育的主要功能是为各领域培养高技能人才和创新人才，而高质量地完成博士学位不仅需要博士生具有较高的智力和知识基础，更需要他们具有克服困难、勇于突破研究困境的学术勇气和旨趣，而这主要由内部动机来激发，因此大学和院系在博士生教育上，要有合理明确的使命陈述，更多关注学生的内部动机。此外，博士生入学动机与社会经济文化大背景有着更为紧密的关系，劳动力市场对高学历的标签效应以及“学而优则仕”的社会价值观鼓励了很多原本缺乏学术兴趣的人进入博士生项目，以最低标准来完成这一学位，成为博士生教育质量的消极影响因素。

此外，博士生的入学动机在所在学科、学校类型以及个体特征上也存在一定差异，例如女性更希望通过博士学位获得稳定的职业机会，“985”高校学生的入学动机相对更为明确等。基于这些结论，博士生教育改革应关注以下几点：

(一)学术动机影响着科研创新的动力和博士生的培养质量

学术动机对于博士生教育而言更为重要，这主要基于：首先，博士生教育培养了大量实施创新的主体，即培养了高质量的研究人员和学者；其次，博士生的科研活动能够促进科学的创新，通过直接参与科研项目进行原创性研究和创造知识，毕业后，他们将博士教育期间所获得的前沿知识传播到工业或学术领域，成为知识传播的重要媒介。事实上，博士生在读期间的学术贡献也越来越被学术界所关注，他们甚至已经成为科学研究的重要生力军。杰姆斯(James)等人通过对美国100多所研究型大学的数据分析发现，在其他变量稳定的情况下，大学教师的研究生产力(可以用出版物或引用率来测量)

与一所大学博士生数量的多寡有着紧密的关系，[①] 马斯库斯(Maskus)等人利用国家统计年鉴的研究也发现，保持其他变量不变，科学和工程领域博士生数量的增加与专利申请、大学获得的专利和非大学获得专利的数量增加有着紧密的联系。[②]

但是，学术创新是一种有风险的探索活动，它需要个体具有积极的学术意愿、持之以恒的学术探索精神和良好的学术态度，因此博士生的学术动机直接或间接决定了他们的科研创新热情和科研成就。如果学生仅仅将博士学位作为劳动力市场的"资格凭证"而不是追求学术的精深和卓越，那么他们很可能在学术活动中采取较为消极的态度，而仅仅满足学位的最基本要求。从此次统计结果来看，大部分候选人认为博士教育的主要目标是从事学术研究，但在询问他们"攻读博士学位的动机"时，大部分人还是将博士学位作为提升未来职业竞争力的工具(具体见图 3)，缺乏明确的定位和目标，这使得博士生群体的质量参差不齐并导致部分人将"博士学位"作为沽名钓誉的工具。这一现象不仅与当今社会用人制度有关，更为关键的是博士候选人、用人单位和其他利益相关者对博士生教育的本质究竟是什么并不清晰。

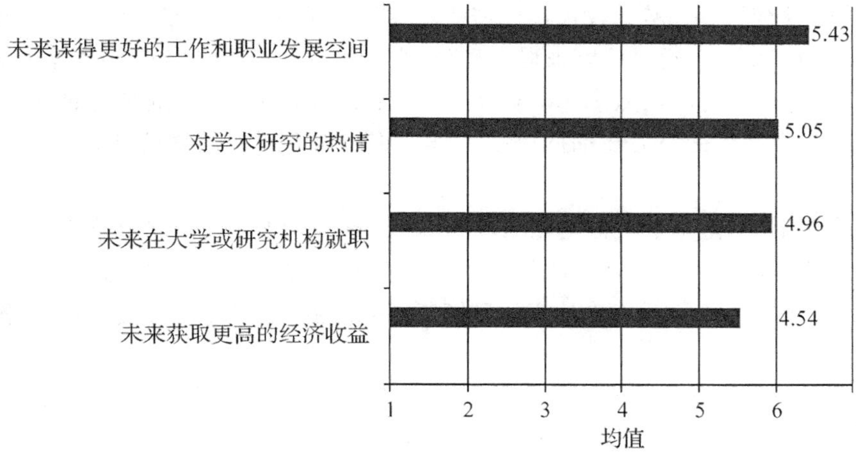

图 3　博士候选人最主要入学动机排序

① ADAMS J D, MARSH J, CLEMMONS J R. *Research, Teaching and Productivity of the Academic Labor Force*, New York: Department of Economics at Rensselaer Polytechnic Institute, 2005.

② CHELLARAJ G, MASKUS K E, MATTOO A. *The Contribution of Skilled Immigration and International Graduate Students to U. S Innovation*, Department of Economics University Of Colo-rado Boulder, 2005.

(二)在理论上厘清博士生教育的定位、概念、内涵等关系博士生培养质量的重要本质问题

自 1981 年 1 月 1 日正式建立学位制度以来，经过三十余年的改革与发展，我国博士生教育取得了举世瞩目的成就，已进入博士生教育大国行列。但是，从高等教育体系来看，博士生教育仍是整个高等教育系统中最薄弱的部分，由于中国学位制度的建立有其特定的历史背景，在哲学层面并未明确陈述诸如博士学位的核心、博士生教育的职能等关系博士生教育的本质问题，在培养机制上缺乏系统性和科学的制度安排，导致我国博士生的培养仍然面临着质量和声望危机。

博士生教育的本质究竟是什么？从哲学博士学位的产生历史来看，在德语地区的大学中，衡量哲学博士学位一个公认的重要标准是高深研究。在这种意义上，拉普德斯(LaPidus)分析了知识和信息生产的差异，他认为哲学博士学位与那些专业博士学位，例如法律、医学、神学是十分不同的。① 但在美国，独特的背景使这一传统发生了变化。沃尔特(Walters)说，早期的边疆背景塑造了美国人实用主义的精神，需要接受有关工业、机械和农业等方面的教育。② 伴随这一趋势的发展，就需要培养足够而稳定的研究生承担起这些职业发展的责任，并通过研究来促进实践。③ 实用主义的要求与传统的博士学位内涵产生了冲突，杜威(Dewey)将这种冲突看作是技术和专业训练的冲突……以及教育的努力还如同过去一样，将闲暇和自由的文化注入青年人的灵魂中。④

实际上，“博士生教育究竟培养什么人”这一问题贯穿博士生教育历史发展的始终。以美国为例，一般认为博士教育是要培养学生为创造性的研究做准备，⑤ 也有争论说博士生教育的目标范围应该更广一些，比如也要进行教学

① LAPIDUS J B. *Current Issues and Trends in Graduate Education*, Calgary: University of Calgary, 1990, p. 21.

② WALTERS E. *The Rise of Graduate Education: Graduate Education Today*, Washington: American Council on Education, 1965, pp. 1—4.

③ MAYHEW L B. Graduate and Professional Education, // Knowledges A S. The International Encyclopedia of Higher Education (Volume 5). San Francisco: Jossey-Bass, 1977, p. 1907.

④ *Association of American Universities*. Proceedings, Washington: Association of American Universities, 1917, p. 31.

⑤ Council of Graduate Schools. *The Doctor of Philosophy Degree: A Policy Statement*, Washington, D. C.: Council of Graduate Schools, 1990.

的训练，[①] 以及在非学术部门的工作能力。[②] 一些学者为关于他们市场导向的研究争辩说，这为后来的研究成果转化提供便利，[③] 由于博士生将来可能成为教师、研究者或非学术人员，他们的研究完全依赖于学生个人的职业选择。这导致很多人质疑：博士学位到底意味着什么？是标志着学生通过这一学位掌握了某种技能，还是他们变得更有可塑性？直至今日，对这一问题的争论仍是美国博士生教育中悬而未决的问题。

在实践上，博士生教育的本质问题不论对个体还是大学组织而言，都会导致因理论混淆而产生目标错位问题，从而影响博士生的培养质量。因此，大学应该明确博士生的培养目标和标准，吸引真正有学术兴趣和创新能力的学生。

(三)以清晰的使命陈述明确博士生教育的职能，激发学生的内部动机

相对于教育系统中的其他子系统，博士生教育在整个高等教育领域内的变革相对缓慢，这得益于它当初追求纯粹知识、与现实世界隔离的价值定位，即只培养那些精心挑选、具有自己独特视角、拥有崇高价值观的人，博士生常常是出于知识本身而去追求知识，而非实现某种社会功能的机器。遵循这一古老的价值定位，博士生教育一直以“高深研究”为其合法性基础，博士候选人也一定是出于增添“知识的荣耀”而选择攻读博士学位。

随着社会经济的发展以及不同教育哲学理念的更新，博士生教育的这一古老职能并未改变。尽管博士生的研究不再需要远离实际需要而保持“知识”的纯洁性，但从事原创性基础研究依然是评价博士生科研工作的主要标准。在很多国家，对博士候选人的要求尽管是多元化的，但是否具有研究兴趣和研究潜力却是遴选博士生的首要标准。基于此，考察博士候选人的入学动机，能够反映博士教育的现状和未来的发展水平，因为动机是推动人从事某种活动并朝一个方向前进的内部动力，是为达到一定目的而行动的原因。动机具有引发功能、指引功能和激励功能，只有符合博士教育本质的入学动机才能指引博士候选人潜心于学术研究，才能为国家的科技创新做出贡献，而动机的“异化”将会弱化一个国家的博士生教育水平和质量。

本研究不仅对博士生的入学动机进行了调查，还对他们的职业期待进行了分析。因为未来的职业选择不仅会影响博士生的入学动机，也会影响博士

---

① ADAMS K A. *What Colleges and Universities Want in New Faculty. Preparing Future Faculty Occasional Paper Series*, Washington, D. C.: Association of American Colleges and Universities, 2002.

② JONES E. Beyond Supply and Demand: Assessing the Ph. D. Job Market, *Occupational Outlook Quarterly*, 2003(4), pp. 22—33.

③ BERELSON B. *Graduate Education in the United States*, New York: McGraw-Hill, 1960, p. 57.

生的学术态度。从调查情况来看，分别有69.2%和51.6%的博士生对未来的职业生涯规划是进入“大学”“科研组织或机构”工作；其次，则分别是在“国有大中型企业”“党政机关”“出国(博士后或工作)”和“外资企业”工作；选择从事博士后研究的占16.6%，选择“创业”和“私人企业”的比例则很小(见图4)。

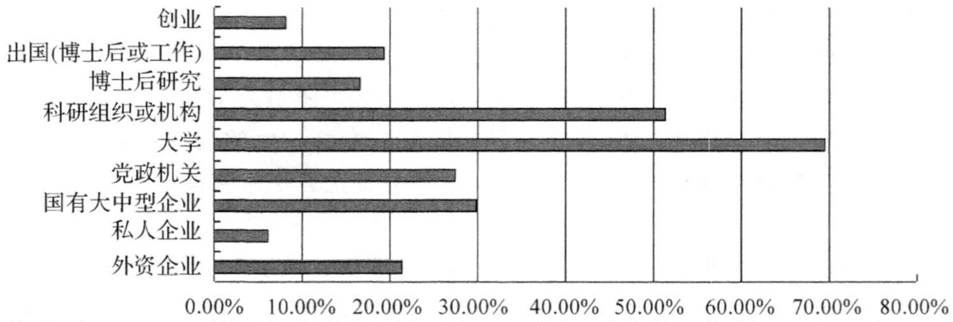

图4　博士生对“未来职业规划”的选择倾向

五、结　语

博士教育体系作为社会大系统的组成部分，其水平的高低或系统特点受到诸如民族文化、教育传统、经济发展水平等因素的影响，博士生只是其中的一个变量，仅对他们的调查显然不能反映博士教育体系的所有问题。不过，博士生作为博士教育的主体，他们对待研究和学习的态度直接或间接决定着博士教育的整体水平，也影响一个国家未来经济与科技的发展，对博士生的深度调查，可以部分反映当前我国博士教育的水平及其存在的问题。从此次调查结果来看，多数博士生认同“学术研究”是博士生教育的合法性基础，同时他们也在“博士学位”与“未来职业期待”间建立起了非常紧密的关系。

(作者：黄海刚　对外经济贸易大学副教授)

项目名称：北京市流动儿童放学后处境及社会教育支持机制研究
项目编号：13JYC025
项目负责人：周金燕
项目信誉保证单位：北京师范大学

危险还是机遇？流动儿童和本地儿童放学后时间分配的差异
——来自北京市四所小学的调查证据

一、问题的提出

如何度过放学后时间是现代儿童成长的新议题。在现代学校制度建立之前，儿童对时间的分配和成人相似，通常不上学而需做家务或工作挣钱。直到19世纪后半叶，随着义务教育法的实施以及对童工的禁令，儿童的时间才开始被分为上学和放学后。上学时能处于学校的监管之下，儿童如何度过放学后生活却产生了一些问题：

一是放学后的安全问题。迫于适应妇女就业率上升、单亲家庭数量增加等职业和家庭结构的转变，现代家庭常常没有时间和精力照顾放学后的孩子，尤其是现代学校下午三四点就放学了。这导致儿童有可能面临安全问题，包括穿越拥挤的道路回家，一个人在家沉溺于网络游戏，或和同伴在不安全的街头玩耍等。

二是放学后的教育需求。早在1972年，詹克斯(Christopher Jencks)在《不平等(*Inequality*)》一书中就指出："儿童在家里受到的影响似乎要远大于在学校的影响。同样，儿童街头游玩的经历或者看电视对儿童的影响，也有可能甚于学校的影响。"[①]科尔曼(James Coleman)的调查也发现："教育机会的不平等，首先取决于儿童生活的家庭及其所属的文化，然后才取决于学校教育并不有效的干预。"[②]而这些家庭和社会的影响在很大程度上源于儿童如何度过放学后时间。因此，将放学后时间理解为一种"空闲时间(free time)"是一种

---

① Jencks C. et al. *Inequality: a reassessment of the effect of family and schooling in America*. New York: Basic Books, 1972, p. 53, p. 255.

② Coleman, J. S., et. al. *Equality of educational opportunity*. Washington, D. C, Government Printing Office, dc, 1066－5684, 1966, pp. 73－74.

误解，放学后生活并非如休闲那么简单，这将低估儿童放学后环境的影响。[①]

对中国来说，上述问题可能更突出地表现在流动儿童群体。据统计，2011年中国流动儿童已达3895万人，有相当部分是在流入地城市完成义务教育。[②] 与城市儿童家庭相比，流动儿童家庭的经济和居住条件一般较差，孩子也更面临无人看管和照料的成长风险。如邹泓等的调查发现，流动儿童家庭有95％以上租用或借用住房，80％的儿童没有自己的房间。[③] 为了逃避拥挤并且缺乏隐私的居住空间，儿童可能乐于走上街头玩耍，暴露在威胁安全和成长的“危险”之中。[④] 此外，许多研究也发现，流动儿童与城市本地儿童相比，一般学习成绩较差，更易厌学、逃学和辍学；[⑤] 有更多的社交焦虑、孤独、自卑等心理问题；[⑥] 有更多的社会问题行为。[⑦⑧] 针对这些问题，已有研究主要将关注的重心指向流动儿童的学校教育，但放学后时间以及由此产生的教育空间，在很大程度上却被忽视了。当儿童离开了学校的监护，就完全置于家庭和社会环境之下，可能面临成长的危险。但如果能妥善安排流动儿童的放学后生活，提供教育和社会支持，却也可能成为他们成长的一种“机遇”。

为此，本研究将对流动儿童的放学后生活进行专门的调查和研究，并以北京市本地儿童为参照群体进行比较。通过调查儿童在下午三四点放学至就寝前的时间安排，分析和比较流动儿童和城市本地儿童在放学后面临不同危险和机遇。本文余下部分安排如下：第二部分提供对儿童放学后时间的分析框架；第三部分介绍数据、变量和方法；第四部分呈现研究结果；第五部分是结论和建议。

二、分析框架

在文献回顾的基础上，本文提供了一个分析框架，将儿童的放学后时间

---

① Medrich, E. A. *The serious business of growing up: A study of children's lives outside school*. University of California Press, 1982, p. 5.

② 国家人口和计划生育委员会流动人口服务管理司编：《中国流动人口发展报告2012》，北京：中国人口出版社，2012年版。

③ 邹泓、屈智勇、张秋凌：《我国九城市流动儿童生存和受保护状况调查》，《青年研究》，2004年第1期。

④ Hofferth, S. Out-of-school time: Risk and opportunity. In T. Swartz & K. Weigert (Eds.) *America's working poor*. South Bend, IN: University of Notre Dame Press, 1995, pp. 123－153.

⑤ 周皓、巫锡炜：《流动儿童的教育绩效及其影响因素——多层线性模型分析》，《人口研究》，2008年第4期。

⑥ 周皓：《流动儿童的心理状况与发展——基于“流动儿童发展状况跟踪调查”的数据分析》，《人口研究》，2010年第2期。

⑦ 金灿灿、屈智勇、王晓华：《流动和留守儿童吸烟行为的特点和影响因素》，《中国特殊教育》，2009年第11期。

⑧ 李晓巍、邹泓、金灿灿、柯锐：《流动儿童的问题行为与人格、家庭功能的关系》，《心理发展与教育》，2008年第2期。

分为三个方面：

1. 儿童的放学后时间被归为一种“危险”，尤其是对低收入家庭的儿童来说。因为这部分儿童与其他同龄人相比，放学后更易处于无人监护的境遇，出现成长中的“危险”。[①]

2. 儿童的放学后时间是一种教育的“机遇”。哈尔佩恩(R. Halpern)认为，对儿童放学后时间的放任不管是一种对儿童成长和学习机会的浪费，因为可以利用这部分时间来帮助儿童学习知识、锻炼技能、定位自己在社会中的角色，从而为正在兴起的新工业社会生活做好准备。[②]

教育的“机遇”可以进一步分解为：一是学校教育的“机遇”。这一观点是指除了学校学习，儿童需要更多的时间来学习基本知识和技能，这被视为学校教育时间的一种延长；二是开发和培养儿童艺术、体育以及其他方面天赋和特长的机遇。这一观点是指除了学习学校教授的知识和技能，还可发展儿童其他方面的兴趣和特长，通常还包括培养一些社会化的人格、态度和价值观。

3. 儿童放学后时间的自主分配，包括看课外书、体育活动、上网、看电视等。儿童对时间的自主分配，反映了个人的偏好、优势、机会和限制，也对儿童的成长起到至关重要的作用。一般认为，积极参加体育活动、看课外书、看合适的电视节目或利用网络学习等被认为是有助于儿童发展的；而沉迷于电视、网络游戏却被认为有碍儿童发展。

在上述分析框架的基础上，以北京市本地儿童为参照，比较和分析流动儿童的放学后生活，包括处境是否安全，是否享有同等的教育机遇，放学后的自主时间安排体现什么样的特征等。

三、数据、变量和方法

(一)数据

本研究以北京市为个案，采用分层整群抽样方法对北京市的小学生及其家长进行了问卷调查。考虑到北京市小学的校际差距，以及流动儿童和北京本地儿童在不同类型学校中的分布差异，本研究抽取了四所覆盖不同群体的学校：一所主要由北京本地儿童构成的公办优质学校，一所主要由北京本地儿童构成的公办普通学校，一所主要由流动儿童构成的公办学校，一所主要由流动儿童构成的民办学校。在这四所学校中分别抽取 4 年级、5 年级和 6 年级各 3 个班的学生，即每所学校抽取 9 个班学生，每班随机抽取 25 名学生，

---

① Hofferth, S. Out-of-school time: Risk and opportunity. In T. Swartz & K. Weigert (Eds.) *America's working poor*. South Bend, IN: University of Notre Dame Press, 1995, pp. 123—153.

② Halpern, R. After-school programs for low-income children: Promise and challenges. *Future of Children*, 1999, 9(2), pp. 81—96.

共 900 名学生。调查于 2013 年 12 月统一实施，最后回收 885 份问卷，回收率为 98.3%。

在这里，流动儿童是指不具有本地户籍的儿童，北京本地儿童是指具有北京本地户籍的儿童。考虑到流动儿童群体内部的差异性，进一步将流动儿童群体划分为外地城市户籍儿童和外地农村户籍儿童。在调查这一信息时，考虑到小学生可能对户籍信息并不清楚，采用了家长问卷报告的方式。另外，考虑到儿童通常对平均情况的估算能力不足，因此对儿童放学后生活的信息采集是通过让儿童回忆并记录昨天的放学后生活得到的，而非让儿童估计一周的平均情况。这需要避开周一和周日的调查时间，并删除“昨天”未能上学的儿童样本。最后得到有效样本量共 782 名儿童，包括 351 名北京城市本地儿童，105 名外地城市儿童，326 名外地农村儿童。

（二）变量

在上述第二部分的分析框架基础上，建构儿童放学后时间分配变量（如表 1 所示），具体分为放学后处境的危险、学校教育时间的延长、培养兴趣的机遇和放学后自由安排四个方面。

表 1　儿童放学后时间分配的指标

变量		操作性定义
一、放学后处境的“危险”	1. 有人接送	是否有人接送：是，否
	2. 无人监护	是否无人监护：是，否
二、学校教育时间的延长	1. 做学校作业	①是否做学校作业：是，否
		②学校作业时间（分钟）
	2. 上补习班	①是否上补习班（补习学校主干课程）：是，否
		②补习班时长：分钟
三、培养兴趣的机遇	上兴趣班	①是否上兴趣班（非学校主干课程）：是，否
		②兴趣班的时长（分钟）
四、放学后自由安排	1. 看课外书	①是否看课外书：是，否
		②类型：漫画、童话/神话/小说、诗词歌赋/人物传记/科普类
	2. 看电视	①是否看电视：是，否
		②节目：电视剧/电影，综艺类，科普教育类，新闻
	3. 上网	①是否上网：是，否
		②功能：看网页/查资料/聊天/玩游戏
	4. 体育活动	是否体育活动：是，否

（三）统计方法

为了比较流动儿童和北京本地儿童放学后时间分配的差异，本研究采用了独立样本的参数检验（Parametric T test）和非参数检验（Nonparametric Mann-Whitney U Test）。通常T检验要求被检验的变量呈正态分布，而非参数检验法则放宽很多，可以对呈非正态分布的被检验变量进行检验。本研究对这两种检验结果都进行了报告，以求更稳健的结果。

四、研究结果

（一）放学后的“危险”

放学后无人接送和监护被视为儿童放学后存在的两个重要安全问题。调查结果如表2所示，发现：

表2　流动儿童和北京本地儿童放学后安全的比较

	参数检验（T test）						非参数检验（Mann-Whitney U Test）		
	均值			平均差			Z统计		
	北京本地儿童	外地城市儿童	外地农村儿童	北京本地儿童—外地城市儿童	北京本地儿童—外地农村儿童	外地城市儿童—外地农村儿童	北京本地儿童—外地城市儿童	北京本地儿童—外地农村儿童	外地城市儿童—外地农村儿童
①有人接送（%）	66%	49%	31%	0.166** (0.006)	0.349*** (0.000)	0.183*** (0.001)	−2.751** (0.006)	−8.213*** (0.000)	−3.421*** (0.001)
②无人监护（%）	28%	37%	43%	−0.087 (0.106)	−0.148*** (0.000)	−0.060 (0.263)	−1.616 (0.106)	−3.801*** (0.000)	−1.120 (0.263)

注：* $p<0.01$，** $p<0.05$，*** $p<0.001$；括号内是显著系数

1. *放学后的接送*

仅31%的外地农村儿童在放学后有人接送，显著低于外地城市儿童的比例49%和北京本地儿童的比例66%。这表示放学路上，流动儿童比北京本地儿童更可能面临交通等方面的安全问题，尤其是来自外地农村的流动儿童。

2. *放学后的监护*

达43%的外地农村儿童在放学后处于无人监护的境况，显著高于北京本地儿童无人监护的比例28%。外地城市儿童无人监护的比例为37%，虽然也高于城市儿童，但差异并不显著。

上述结果表明，与北京本地儿童相比，流动儿童放学后的安全问题更突出，特别是来自外地农村的流动儿童。这些问题包括放学后无人接送，回家后独自一人或和同伴上街头、游乐场所等地方玩耍，处于无人监护的境况。

(二)学校时间的延长

做学校作业或上补习班(指补习学校主干课程),可被视为是一种学校教育时间的延长,是学校教育机会的一种补充。调查结果如表 3 所示,发现:

表 3 儿童放学后时间分配的比较

		参数检验(T test)						非参数检验(Mann-Whitney U Test)		
		均值			均值差			Z统计		
		北京本地儿童	外地城市儿童	外地农村儿童	北京本地儿童—外地城市儿童	北京本地儿童—外地农村儿童	外地城市儿童—外地农村儿童	北京本地儿童—外地城市儿童	北京本地儿童—外地农村儿童	外地城市儿童—外地农村儿童
1. 做学校作业	①比例	97.9%	100%	99.5%	−0.021 (0.14)	−0.161 (0.098)	0.00 (0.49)	−0.852 (0.394)	−0.633 (0.527)	−0.392 (0.695)
	②时长	55 分钟	46 分钟	37 分钟	8 (0.096)	18*** (0.000)	10*** (0.000)	−1.878 (0.060)	−5.803*** (0.000)	−2.254* (0.024)
2. 上补习班	①比例	46%	52%	34%	−0.567 (0.335)	0.124*** (0.001)	0.181*** (0.001)	−0.966 (0.334)	−3.169** (0.002)	−3.418*** (0.001)
	②时长	124 分钟	103 分钟	81 分钟	21* (0.019)	43*** (0.000)	22* (0.001)	−2.583** (0.010)	−6.5*** (0.000)	−2.568** (0.010)

注释:* $p<0.01$, ** $p<0.05$, *** $p<0.001$;括号内是显著系数

1. 做学校作业

绝大多数儿童放学后都要做学校老师布置的作业,但外地农村儿童的每天做作业平均时间(37 分钟),依次显著低于外地城市儿童(46 分钟)和北京本地儿童(55 分钟)。

2. 上补习班

外地农村儿童放学后上补习班的比例是 34%,显著低于北京本地儿童的比例 46%;但外地城市儿童上补习班的比例是 52%,却高于北京本地儿童的比例,但这一差异并不显著。具体到时长,在这些上补习班的儿童中,北京本地儿童的平均时长是 124 分钟,依次多于外地城市儿童的 103 分钟和外地农村儿童的 81 分钟,并且他们的差异都通过了 T 检验和非参数检验的显著性检验。

上述发现表明,与北京本地儿童相比,外地农村儿童的放学后时间更少用于做作业和上补习班,但外地城市儿童和北京本地儿童的差异并不明显。如果将其视为一种放学后的教育补习机遇,那么外地农村儿童更少拥有这种机遇。

（三）培养兴趣和特长

上兴趣班（不包括学校主干课程），可被视为是利用放学后时间培养儿童兴趣和特长的教育行为。调查结果如表4所示，可以发现：外地农村儿童上兴趣班的比例是30%，显著低于北京本地儿童的比例48%；但外地城市儿童和北京本地儿童之间却几乎没有差异。具体到时长，在上兴趣班的儿童中，外地农村儿童的平均时长为80分钟，外地城市儿童的平均时长为88分钟，都显著低于北京本地儿童的时长104分钟。

上述发现表明，和北京本地儿童相比，外地农村儿童的放学后生活更少有培养兴趣和特长的机会，但外地城市儿童和北京本地儿童之间的差异要小很多。

表4　儿童放学后时间分配的差异

	参数检验（T test）						非参数检验（Mann-Whitney U Test）		
	均值			均值差			Z统计		
	北京本地儿童	外地城市儿童	外地农村儿童	北京本地儿童—外地城市儿童	北京本地儿童—外地农村儿童	外地城市儿童—外地农村儿童	北京本地儿童—外地城市儿童	北京本地儿童—外地农村儿童	外地城市儿童—外地农村儿童
①比例	48%	47%	30%	0.010 (0.863)	0.177*** (0.000)	0.167*** (0.001)	−0.173 (0.862)	−4.572*** (0.000)	3.233*** (0.001)
②时长	104分钟	88分钟	80分钟	16.35 (0.07)	24.06*** (0.000)	7.71 (0.385)	−2.297* (0.022)	−4.083*** (0.000)	−1.146 (0.252)

注释：* $p<0.01$，** $p<0.05$，*** $p<0.001$；括号内是显著系数

（四）放学后时间的自主分配

儿童对自主时间的分配，在一定程度上反映了社会化力量的影响，包括来自父母、同伴、电视和网络等的影响。这些社会化因素培养了儿童使用时间的态度和偏好，进而影响对放学后时间的分配行为。本部分将儿童放学后的自由时间安排分为看课外书、看电视和上网、体育活动四个方面，以此观察流动儿童和北京本地儿童者的自主时间分配行为的差异。调查结果如表5所示，有以下发现：

1. 看课外书

外地农村儿童有看课外书行为的比例是82%，显著依次低于外地城市儿童的比例89%和北京本地儿童的比例91%；但外地城市儿童和北京本地儿童之间的差异并不显著。

分析所看课外书的类型，在这些有看书行为的儿童中，外地农村儿童更

多选择看漫画书，比例达 31%，显著高于北京本地儿童的比例 18%和外地城市儿童的比例 27%；关于文字类读物(童话/神话/小说、诗词歌赋/人物传记/科普类等)，流动儿童阅读的比例低于北京本地儿童。

2. 看电视

外地农村儿童有看电视行为的比例达 95%，显著高于外地城市儿童的比例 83%和北京本地儿童看电视的比例 73%。

观察所看电视节目的类型，在这些有看电视行为的儿童中，外地农村儿童更多选择看电视剧和电影，比例达 73%，依次显著高于外地城市儿童的比例 61%和北京本地儿童的比例 53%。与流动儿童相比，北京本地儿童更多选择综艺类和科普教育类的节目，加总比例为 38%，显著高于外地农村儿童的比例 17%。

总的来说，节目类型选择的差异显著性主要体现在外地农村儿童和北京本地儿童之间、外地农村儿童和外地城市儿童之间；但北京本地儿童和外地城市儿童之间的差异表现并不显著。

3. 上网

外地农村儿童上网的比例是 65%，依次低于外地城市儿童的比例 68%和北京本地儿童的比例 71%，但并未能通过显著性检验，表示在是否上网这一行为上并没有表现出显著的差异。

差异显著性主要表现在上网功能的选择上。在这些有上网行为的儿童中，外地农村儿童更多选择聊天和玩游戏，其中玩游戏的比例达 43%，显著高于北京本地儿童的比例 24%；而北京本地儿童更多选择查资料功能，比例达 52%，显著高于外地农村儿童。但上述差异在外地城市儿童和北京本地儿童之间的表现并不显著。

4. 体育活动

放学后外地农村儿童和外地城市儿童参与体育活动的比例分别是 79%和 83%，显著高于北京本地儿童的比例 67%。这表示在放学后的时间安排上，流动儿童参与体育活动的机会显著高于北京本地儿童。

表 5　儿童放学后时间的自主分配差异

		参数检验（T test）						非参数检验（Mann-Whitney U Test）		
		均值			均值差			Z 统计		
		北京本地儿童	外地城市儿童	外地农村儿童	北京本地儿童—外地城市儿童	北京本地儿童—外地农村儿童	外地城市儿童—外地农村儿童	北京本地儿童—外地城市儿童	北京本地儿童—外地童—村儿童	外地城市儿童—外地农村儿童
1. 看课外书	比例	91%	89%	82%	0.145 (0.676)	0.087** (0.002)	0.073 (0.072)	−0.419 (0.675)	−8.536*** (0.000)	−1.796 (0.072)
	①漫画	18%	27%	31%	−0.089 (0.098)	−0.124** (0.002)	−0.035 (0.540)	−1.656 (0.098)	−3.093** (0.002)	−0.614 (0.539)
	②童话/神话/小说	51%	51%	45%	0.004 (0.949)	0.060 (0.192)	0.056 (0.371)	−0.064 (0.949)	−1.308 (0.191)	−0.895 (0.371)
	③诗词歌赋/人物传记/科普类	31%	22%	24%	0.085 (0.155)	0.064 (0.112)	−0.021 (0.699)	−1.424 (0.154)	−1.588 (0.112)	−0.387 (0.699)
2. 看电视	比例	73%	83%	95%	−0.101* (0.045)	−0.228*** (0.000)	−0.127*** (0.000)	−1.999* (0.046)	−1.635 (0.102)	−4.562*** (0.000)
	①电视剧/电影	53%	61%	73%	−0.086 (0.233)	−0.202*** (0.000)	−0.116* (0.05)	−1.196 (0.232)	−4.264*** (0.000)	−1.959* (0.050)
	②综艺类	19%	13%	6%	0.065 (0.223)	0.134*** (0.000)	0.066* (0.042)	−1.221 (0.222)	−4.479*** (0.000)	−2.034 (0.042)
	③科普教育类	19%	13%	11%	0.067 (0.223)	0.082* (0.016)	0.017 (0.699)	−1.223 (0.222)	−2.403* (0.016)	−0.387 (0.698)
	④新闻	9%	14%	11%	−0.467 (0.301)	−0.014 (0.650)	0.033 (0.425)	−1.036 (0.300)	−0.455 (0.649)	−0.799 (0.424)
3. 上网	比例	71%	68%	65%	0.031 (0.564)	0.062 (0.102)	0.031 (0.556)	−0.578 (0.563)	−1.635 (0.102)	−0.589 (0.556)
	①看网页	15%	2%	5%	0.137** (0.004)	0.101*** (0.001)	−0.036 (0.227)	−2.834*** (0.005)	−3.397*** (0.001)	−1.210 (0.226)
	②查资料	52%	49%	40%	0.028 (0.712)	0.125* (0.015)	0.097 (0.171)	−0.371 (0.711)	−2.427* (0.015)	−1.371 (0.171)
	③聊天	9%	13%	12%	−0.044 (0.330)	−0.034 (0.287)	0.010 (0.829)	−0.976 (0.329)	−1.067 (0.286)	−0.217 (0.829)
	④玩游戏	24%	36%	43%	−0.121 (0.076)	−0.191*** (0.000)	−0.071 (0.317)	−1.775 (0.076)	−3.853*** (0.000)	−1.003 (0.316)
4. 体育活动		67%	83%	79%	−0.155** (0.003)	−0.117*** (0.001)	0.037 (0.395)	−2.929** (0.003)	−3.063** (0.002)	−0.852 (0.394)

注释：* $p<0.01$，** $p<0.05$，*** $p<0.001$；括号内是显著系数

五、结论和建议

(一)结论：放学后的“危险”和“机遇”

如何度过放学后时间对儿童的成长至关重要，既可能出现成长的“危险”，也可能是发展的“机遇”。本文以北京市的四所小学为样本，以北京本地儿童为参照群体，对流动儿童的放学后时间分配开展了调查和研究，得出以下结论：

第一，与北京本地儿童相比，流动儿童放学后更易处于较“危险”的境遇，包括无人接送和无人监管等。如超过三分之二的外地农村流动儿童无人接送，而回家后近一半处于无人监护和照顾的境遇中(包括独自一人在家或者上街头、游乐场所玩耍)。

第二，与北京本地儿童相比，流动儿童虽然整体上更少拥有家庭和社会提供的教育机会，包括上补习班、兴趣班等。但有意思的是，更主要的差异体现在外地农村流动儿童和北京本地儿童之间，而外地城市流动儿童和北京本地儿童之间的教育机会差异并不明显。

第三，作为一种自我选择的教育机会，在自主分配放学后时间的行为上，北京本地儿童更多选择看文字类课外书、上网用于查资料、看科普教育类电视节目等相对有教育意义的行为；而外地农村儿童相反，更多选择看电视剧/电影类节目，上网以玩游戏为主等。外地城市儿童的行为选择介于北京本地儿童和外地农村儿童之间，在统计上和北京本地儿童并无显著差异。

(二)建议：如何化“危险”为“机遇”

那么如何减少放学后的“危险”因素，提高儿童成长的“机遇”呢？尤其是对于外地农村流动儿童来说。一些研究指出，为儿童提供放学后生活的教育支持是一个有益的途径，不仅能帮助工薪家庭监护儿童的安全，还能够提高儿童的学业成绩、培养兴趣和特长，并更好地融入城市社会。① 然而，纵观国内主流的校外教育机构，却很少能覆盖到流动儿童，尤其是外地农村流动儿童。这些主流机构主要包括国家提供型机构和市场提供型机构。前者一般由政府拨款，并受教育部门、文化部门、共青团中央、全国妇联等部门主管，如少年宫、青少年科技馆、儿童文化馆、妇女儿童活动中心等。它们虽然服务于全体青少年儿童，但实际上常因政府拨款不足的原因而需“自谋出路”，提供的服务很少覆盖到流动人口。② 后者如学而思、新东方、学大、清华园教

---

① Posner, J. K., & Vandell, D. L. Low-income children's after-school care: Are there beneficial effects of after-school programs? *Child Development*, 1994, p. 65, pp. 440—456.

② 康丽颖：《中国校外教育发展的困惑与挑战——关于中国校外教育发展的三重思考》，《北京师范大学学报(社会科学版)》，2011 年第 4 期。

育集团等市场化经营的校外教育培训机构，主要服务于具有购买力的家庭，并以培养专业能力和提高学业成绩为重心，实质上也很难覆盖到经济环境较差的流动儿童。

但近些年来，这一情况有了新的改变：其一，针对流动儿童和低收入家庭儿童，开始出现一些新兴的 NGO 和社区型机构，以解决流动儿童的放学后问题。如北京市海淀区的马连洼社区发起的儿童工作站、丰台区马家堡街道妇联组织的流动儿童“四点半课堂”；由私人或基金会赞助发起的民工子弟爱心会(CMC)、新世纪梦想图书馆等。但这些机构往往因中国社区建设的不成熟，以及资金、人力等方面的限制，可持续性和推广性面临挑战。其二，政府也开始有所行动。如 2014 年起北京市政府每年提供 5 亿资金开展中小学生的放学后活动；① 上海推出的“放学后免费看护”项目；② 深圳市政府联合社区于 2009 年启动的“四点半学校”。③

到目前为止，虽然为儿童提供放学后的社会支持已达成共识，政府也开始积极介入，但衍生的一个更重要的问题是，我们应该提供什么方式和内容的放学后支持？在国外的研究和实践中，放学后支持基本上被定义为保护、照料、发展兴趣和各项能力，同时提供社会化、培训、问题行为治疗等方面的一种社会服务。④ 但如何平衡青少年的健康安全，预防问题行为，提高学业成绩，发展兴趣和爱好，乃至其他方面的生活经验之间的关系仍然是一个充满争议并需要被探讨和实践的议题。

（作者：周金燕　北京师范大学讲师）

① 樊未晨：《北京市政府将为中小学生课外活动埋单》，《中国青年报》，2014 年 1 月 23 日第 6 版。

② 王烨捷、周凯：《上海推出“放学后免费看护”》，《中国青年报》，2014 年 2 月 11 日第 6 版。

③ 蔡佩琼：《我市社区“四点半学校”试点工作正式启动：让孩子放学后不再“流浪”》，《深圳特区报》，2009 年 6 月 2 日第 7 版。

④ 周金燕：《对低收入家庭儿童的教育补偿：美国“放学后计划”的兴起和发展》，《比较教育研究》，2013 年第 4 期。

社会学学科

SHEHUIXUEXUEKE

项目名称：北京市老旧小区物业管理模式研究
项目编号：12SHC017
项目负责人：陈建国
项目信誉保证单位：华北电力大学

北京市老旧小区物业管理模式的几点建议

一、北京市老旧小区物业管理面临的问题

调研显示，目前北京市老旧小区物业管理中面临六大问题：

一是缺乏明确有效的治理体制。由于没有形成专业的业主委员会，没有代表业主利益的组织，因此老旧小区并不能完全像商业小区一样由业主委员会聘请物业公司提供专业的物业服务。由于老旧小区很多人将房屋出租，因此会出现“业主缺位”现象，很难组建业主委员会。

二是业主参与治理的观念较淡薄。老旧小区早期多是用来解决单位员工的住房问题，由于福利分房制度，小区的物业多是由单位或者政府解决。很多业主并没有产权人观念，虽然公共产权通过房改已经变成了私人产权，但是对于公共物业，业主并不认为是自己的责任，仍然认为是政府或者单位的责任。因为缺乏物业观念，业主就不会组建代表业主利益的业主大会和业主委员会，也不会缴纳物业费来聘请物业公司来为其提供物业服务。

三是没有物业管理用房与物业维修基金。老旧小区由于建设年代较早，大部分并没有收取专项的物业维修基金。加上老旧小区的房屋设备比较老旧更需要投入大量的资金，物业维修基金的缺乏对于老旧小区物业的维护有很大的障碍。

四是老旧小区设施设备陈旧。由于老旧小区建设时间比较久远，房屋硬件设施以及一些公共设施破损比较严重，存在严重的安全隐患。由于老旧小区设施设备陈旧，需要大量的资金进行维护和保养，这也造成了很多物业公司不愿意为老旧小区提供物业服务的原因之一。

五是有些房屋得不到及时维修。2009 年 11 月到 2010 年 2 月，北京市对城镇房屋进行了安全检查和调查，调查全市直管公房 1956 万平方米。调查发现有 27.92％的直管公房属于破损状态，没有得到及时修缮。

六是物业服务存在比较严重的问题。现在的老旧小区的物业服务完全跟不上需求，无大门，无围墙，流动摊贩多，财物及车辆被盗现象频繁发生等，

都是缺乏物业管理的结果。

二、北京市老旧小区问题的原因分析

第一，复杂型的产权结构导致权责不清。老旧小区的产权很复杂，可能一栋楼归好几个单位共有，有的单位存在，而有的单位已经破产。产权的多元化或者产权的模糊，使得公共部分的治理十分困难。共有部分由于没有一个具体的单位有产权证来证明所有权的归属，这就导致了共有部分产权的不确定性。

第二，老旧小区物业服务入不敷出导致资金缺乏。老旧住宅的原售房单位不断改制或重组，有的已经破产，收费主体日趋复杂化。同时，随着公房逐年出售，收缴的租金逐年下降，房屋设备设施日已老化。因此，除了实施物业管理的小区之外，基本上电梯、水泵的维护运行费用由房管单位负担。

第三，居民观念及支付能力不利于实施物业管理。从居民构成角度看，老旧小区的居民身份复杂，有商品房户、农民拆迁户、居民拆迁户、中央单位产权户、市属单位产权户等不同身份居民混杂居住在一起。从居民观念看，现在老旧小区之所以没有形成专业化的物业管理体系，除了制度上的原因之外，居民也缺乏建立专业物业管理的意识。

第四，居民业主的治理主体缺位导致服务不满意。有些老旧小区虽然名义上在向物业公司管理模式转变，但原有实质未变。主要表现为，无业主委员会和专业化的物业管理公司，现在承担物业管理的所谓物业公司是小区楼栋的产权单位原来的物业行政科转制而来的。这种模式实质上还是产权单位自管。这种模式中的物业公司与居民的关系完全不同于商品房小区里居民与物业公司的关系，提供的服务勉强维持小区，达不到专业化的水平。

第五，治理体制与产权关系不顺导致管理落后。老旧小区部分产权实现了从共有财产变成私人财产，但是仍然实行公房福利管理体制。老旧小区没有确立物业提供者和消费者之间的关系，因此无法建立起物业管理的有效运行机制。

第六，注重整治改造，忽视长效机制建设。北京市的部分老旧小区在奥运会前进行了集中整改，政府投入了大量财力、人力和物力，社区面貌焕然一新。市区两级政府投入专项资金对旧住宅区的环境、道路、楼梯外观等方面进行改造，但是缺乏相应的长效治理机制建设。如何让这些整改的成果得到很好的维护，发挥其最大价值，避免再次陷入脏、乱、差的境地，促使老旧社区走上社区治理的永续发展就成为当下亟须研究的问题。

三、其他地区老旧小区管理的经验借鉴

针对这些问题，探索其他地区老旧小区治理的成功经验，发现：

第一，武汉市老旧小区物业管理的成功经验。武汉市根据房屋、环境、配套设施和房屋产权的状况、居民的承受能力、服务需求以及消费意愿的实际情况，以社区为界，因地制宜，根据具体情况，在社区中划分一个或多个物业服务区域，以确定具体运作模式。老旧小区房屋及其配套设施设备管理包括日常养护服务和维修管理，武汉市要求各管理责任主体单位和个人要本着权责一致的原则，严格分工，履行义务。

第二，杭州市老旧小区物业管理的成功经验。在对住宅小区开展硬件设施整治改善的基础上，根据居民意愿引入物业服务企业实施专业化物业管理或由当地街道办事处委托社区公共服务工作站组织实施社区化准物业管理，建立住宅小区物业管理长效机制。

第三，上海市老旧小区物业管理经验。实行业主自助服务方式，上海市徐汇区湖南街道的绝大部分直管公房和售后公房分布在老弄堂中，难以推进专业化物业管理。街道提出开展“管理自治化、设施便民化、环境舒适化”的老弄堂“三化”工程，居委会牵头组织居民通过推荐和自荐的方式成立弄管会，负责弄堂的保安、保洁工作，实现老弄堂管理的自治化。并通过构建物业管理企业诚信体系，优化物业管理行业。

第四，天津丽娜模式。一是物权自主，业主拥有的建筑物，区分所有权是物业管理的前提。除了产权证面积以外的共有部分，业主自己说了算。二是区分穷尽，针对共同部分的管理（即对分不出的管理）由物业公司负责服务，由全体业主承担成本，从物业费中开支费用，在权责分明的情况下将物业管理费降到最低。三是量化公开，对物业管理体系来说，小区的（包括楼门的）全部收入、支出都必须定量再公开。对于小区各项物业费的使用情况，业主都能清楚明白，物业管理的成本收益公开透明，使得业委会工作透明化，这样做不仅会形成良好的物业账目管理制度，还能起到监督管理的作用，减少“搭便车”和业委会的腐败现象，有利于建立业委会与业主之间的信任。

第五，海外旧城改造经验。总结起来，包括如下四个方面：其一，“推倒—重建”的运动式改造不可取，要采用渐进和温和的多目标开发计划；其二，重在保持原有社区人文关系的延续，不仅追求物质空间上的改善，更应注重社区文化、邻里关系的延续和改善；其三，民意自主、自决，政府在整个更新过程中权力常常退居到民意的后面，对社区原居民的利益和主张给予足够的尊重和采纳；其四，形成和发展多元化的社区公共产品和服务的提供体制。

四、北京市老旧小区治理的政策建议

在总结北京市老旧小区物业管理存在问题及原因的基础上，借鉴国内外成功经验，笔者在承担北京市社科基金项目“北京市老旧小区物业管理模式研究”的基础上针对北京市老旧小区物业管理改造问题提出了八项建议：

第一，分类推荐产权制度改革，具体包括个人住房产权改革和老旧小区住宅养护责任转制。房改房延续下来的福利住房制度应该是当前住房改革的主要对象，改革的步骤首先是，有必要继续采取措施使得房改房的个人产权明晰化，使得单位产权的概念成为历史。在进行房屋产权转换的同时，采取措施确保房屋及其附属的共用部位和设施设备的维修养护责任向产权人的转移，通过合同及相应的制度建设等方式明确购房业主对房屋专有部分和对共有部分的产权，以及明确由此产生的权利义务关系，明确业主对于共有部分维修养护的责任、成本的负担等法律义务。

第二，产权和治权复合统一的基础上设计治理结构。其一，全体产权人付费原则。老旧小区的设施设备陈旧需要投入大量的资金，这与每一个产权人息息相关，所以小区需要建立专项资金维修制度，并且对专项资金维修进行统一管理。同时共用部位、设施设备的开发经营收入也可以冲抵服务费，由产权人统一支配。其二，基于产权基础上的业主组织。对于未成立业主大会而又愿意成立的小区，在居委会支持下，按照法律及相关规定，组织召开业主大会；对于未成立业主大会又难以成立的小区，组织业主、使用人代表、居民委员会、房屋管理(产权)单位、专业部门(单位)共同组成联席会议制度，通过共同协商达成小区重大事项的意见和决定。其三，从政府、司法、民间组织三方来建立冲突纠纷的解决与保障机制。

第三，根据产权分类设计成本收益分配机制。具体包括：其一，分类治理。北京老旧小区体制的改造在产权改革过程中，可以根据实际情况对老旧小区进行分类，分类可以根据物业状况、社群状况、民意取向等。其二，在原产权单位的基础上改制原产权单位存在且一直承担小区事务，由于基于单位的社会关系网依然存在，可以在此基础上、在改制过程中促成居民与业主的自我治理，并逐步向物业管理专业化发展。其三，对物业管理、原单位全部瘫痪处于无人管理状态的老旧小区，改造和重建计划不仅是物质层面的建设，更重要的是小区内治理组织培育的政策方案。其四，把物业服务生产组织过程与老旧小区的社群特性和社区富余劳动开发相结合。

第四，根据产品和社群情形分类设计治理政策。具体的社区治理政策应当根据社区的产权结构、产品特性和社群特性等的不同而在市场机制、自组织机制、非营利机制以及政府保障机制等众多的治理策略中进行选择。富有老旧小区共用产品的治理应当通过共有产权单位和业主(居民)的选择，逐步走上物业治理的模式。贫穷老旧小区共用产品的治理应根据社区共用产品资本、劳动密集程度的不同在共有产权单位、全体业主、居民组织与共有产权单位、政府保障之间进行选择。

第五，因地制宜组建成立业主委员会等组织。对于已经成立业主大会的老旧小区，帮助全体业主通过业主大会和业主委员会表达他们的意愿，支持和培育业主组织在小区事务中的运作能力。对于未成立业主大会而又愿意成立的，由业主在社区居民委员会支持下，按照法律及相关规定，组织召开业主大会，业主通过这种形式逐步成立业主大会，从而形成一种固定的渠道去进行需求偏好的表达，等等。

第六，建设楼宇业主会等多种形式的业主组织，并提出楼宇业主会要适应老旧小区混杂的产权特点、复杂多样化的管理现状。其运作特点为：灵活多样，无须刻意强求，可以采取轮班制，并在此基础上建立楼宇业主会自身的议事程序和决策机制。

第七，重视非营利物业管理机构与中介组织的作用。将物业管理模式分为专业化物业管理和社区化准物业管理的组织形式，分别制定服务内容和相应的收费标准。对于物业管理的监管与激励机制，可以通过重新测算、社区考核、行业评议和日常检查相结合的方式，进行“达标补贴”。对于达标合格、服务优良的物业服务企业给予资金补贴的奖励，实行以奖代补，对于服务不达标的物业服务企业督促整改，对于连续不达标的物业服务企业落实退出机制。另一方面，发挥银行等中介组织的作用，如果老旧小区的公共维修资金、政府资金投入及物业费的管理有银行及其他审计、评估、咨询等有权威和诚信的中介组织介入，不仅会对政策的公信力和政策执行的规范起到很好的作用效果，也会促使个人行为的规范和对于诚信的重视。

第八，坚持消费者付费的财政平衡原则。针对老旧小区中不同的物品，应区别对待。其一，针对老旧小区内部相关设施设备维修、养护责任所产生的费用，各专业经营单位可以向政府申请专项补贴。其二，除了管线设施之外的老旧小区内其他共用产品和服务生产维护所产生的费用可以严格按照“谁受益，谁付费”的原则进行分担。其三，老旧小区建筑物及附属设施管理费用支付的长久之计在于逐步建立老旧小区的住宅专项维修资金制度。其四，共用部位、设施设备的开发经营收入应当由这些部位和设施设备的产权单位与老旧小区内部的业主组织或者业主代表来决定这部分收入的分配与使用。其五，老旧小区中特别需要救助的群体可以由政府财政对其进行补贴，从而使低保户等贫困住户也能够缴纳得起相关费用。

（作者：陈建国　华北电力大学副教授）

项目名称：农民工流动子女社会文化融合的人类学研究——对北京市农民工子女教育活动的田野调查
项目编号：13SHB004
项目负责人：樊秀丽
项目信誉保证单位：首都师范大学

随迁子女在学校的文化融合逻辑
——基于对北京市朝阳区真理小学教育活动的田野调查

一、引　言

北京市统计局、国家统计局北京调查总队发布的《北京市2014年国民经济和社会发展统计公报》指出：2014年年末，北京市常住人口为2151.6万人，比2013年年末增加36.8万人；全市常住外来人口为818.7万人，比2013年年末增加16万人。[①] 2015年5月27日上午，北京市教委公布本市义务教育阶段非京籍在读人数：截至2014年年底，北京市义务教育阶段在校学生总人数为112.8万人，其中，义务教育阶段非京籍在校生共有47.08万人，占全市义务教育在校生总数的41.74%。[②] 数量如此庞大的随迁子女义务教育问题，成为政府和社会面临的巨大挑战。国家对随迁子女的受教育问题给予了高度重视，出台了相关政策以保证其接受义务教育。随迁子女的在京入学，一定程度上实现了空间意义上的转变，但由于城乡地域间经济背景、教育背景、文化和生活方式等的差异，实现了空间意义上转移的随迁子女，还面临着文化融合的问题。

本研究主要运用人类学的田野调查方法，对北京市朝阳区一所普通公办学校真理小学进行了为期一年（2014—2015年）的田野调查，获得了丰富的第一手资料；并以扎根理论为主，旨在对随迁子女在学校的文化融合现状进行描述和分析，讨论随迁子女在学校的文化融合逻辑。

---

① 《2014年北京市人口发展变化情况及特点》，（2015-06-18）[2015-07-06]，http://www.bjstats.gov.cn/sjfb/bssj/ndsj/ndsjfpfb/2014n/201506/t20150618_294572.htm。

② 《北京非京籍义务教育在校生47.08万 占总数41.74%》，（2015-05-27）[2015-07-06]，http://edu.people.com.cn/n/2015/0527/c367001-27064029.html。

二、文化融合的内涵

早在20世纪初，欧美国家就经历过大规模的移民，为解决移民所带来的诸多问题，Park(1928)将融合(fusion)定义为“个体或群体相互渗透、相互融合的过程；在这个过程中，通过共享历史和经验，相互获得对方的记忆、情感、态度，最终整合于一个共同的文化生活之中”。[①] 这个概念关注了移民在文化方面的融合。“文化融合”的经典定义是由人类学家Redfield等(1936)提出：“由那些拥有不同文化背景的个体所组成的群体，在直接的、持续的接触过程中，伴随产生一个或两个群体的原有文化图式变化的那些现象”。[②] Gordon(1964)的文化融合是指移民群体对迁入地社会“文化模式”(Cultural Patterns)的采用，移民首先通过文化融合开始他们在新环境中的调整过程，文化融合排在移民社会融合日程表的前面，是移民首先的，而且是不可避免的经历。[③] 但Gordon认为变化基本上只会发生在移民身上，文化融合是一个单向过程。这一观点受到后来研究者的一些批评。Berry(1997)指出文化融合不是一个具有两极(一极是纯粹的家乡文化，另一极则是纯粹的迁入地社会的文化)的连续系统，文化融合的过程不是随着时间的推移逐渐抛弃原有家乡文化、迁入地文化取代家乡文化的从一极到另一极的过程，移民的文化融合具有双向性。[④]

在借鉴国外文化融合理论的基础上，国内在文化融合方面也有着较为丰富的研究。对于农民工文化融合，周晓虹(1998)认识到：流动经历与城市生活经验对农民工现代性具有重要作用，尽管这两者对农民工现代性的影响存在差异，但他们都是农民工从传统向现代转变不可缺少的方面。[⑤] 在Gordon的分类标准中，现代性属于生活习惯和价值观的范畴，以此为据，可以认为关于农民工现代性的研究是对移民“文化融合”问题的探讨；从“传统人”到“现代人”的转变是农民工文化融合的最关键的一步。[⑥] 以杨菊华(2009)为代表的

① Park, Robert. Human Migration and the Margina/Man, *American Journal of Socidogy*, 1928(33)

② Redfield, R., Linton, R., & Herskovits, M. J.. Memorandum for the study of acculturation, *American Anthropologist*, 1936(38), pp. 149—152.

③ Gordon M. M. *Assimilation in American Life: The Role of Race, Religion, and National Origins*, New York: Oxford University Press, 1964.

④ Berry J. W. Immigration, acculturation, and adaptation, *Applied Psychology*, 1997, 46(1), pp. 5—34.

⑤ 周晓虹：《流动与城市体验对中国农民现代性的影响北京“浙江村”与温州一个农村社区的考察》，《社会学研究》，1998年第5期。

⑥ 悦中山：《农民工的社会融合研究：现状、影响因素与后果》，西安交通大学博士学位论文，2011年。

一些中国学者认为农民工的文化融合是单向的，即融入现代工业社会。[①] 但悦中山(2012)等人则不认同这种观点，他们认为的文化融合是双向的。[②] 杨卉(2009)认为，在城市公办学校成为接受流动儿童就学的主要渠道之后，由于学生来自不同地域、不同民族，有着不同的生活习惯、社会背景、经济状况，使公办学校出现多种文化差异，这种差异主要表现在城市教师代表的主流文化与流动儿童学生代表的传统文化之间的差异以及学生之间的差异。[③] 她从城乡文化差异的角度分析了农民工随迁子女进入城市学校后遭遇的文化融合问题。此外，多数研究者将随迁子女文化融合作为社会融合的一个维度：如黄兆信等人(2010)从身份融合、心理融合、文化融合及经济融合等角度分析了流动儿童社会融合的困境，并指出教育内容多元化、教育实践重互动、教育机制重整合是促进流动儿童教育融合的实施途径。[④] 江波(2012)认为文化融合是指具有不同文化背景的群体持续性的直接接触，结果两个群体或者其中一个群体最初的文化模式发生了变化，其目的是建设新的文化，实质上是对不同价值观的抉择、融合与创新的过程。[⑤]

结合上述理论，本文文化融合主要指：由那些拥有不同文化背景的个体或群体，在直接的、持续的接触过程中，伴随产生个体或群体的原有文化图式变化的那些现象。其中，我们采用对文化的广义理解，对随迁子女群体而言，不同的文化背景主要集中于城乡地域文化间的差异方面，具体涉及随迁子女在语言、着装、情绪表达、日常习惯、价值观和规范等方面的变化；文化融合是一个双向的动态过程，实现真正意义上的文化融合往往需要几代人才能完成，但这并不影响文化融合状态的阶段性表现。

三、随迁子女在学校的文化融合现状

本研究的田野调查对象真理小学，建于1985年10月，作为社区配套学校，主要招收本社区儿童。随着城市的发展，由于社区老旧、本地出生率下降以及原有住户搬离、划片学区范围调整等原因，学校在2000年前后出现了生源不足的状况。20世纪90年代末，学校开始少量接收随迁子女作为借读

---

① 杨菊华：《从隔离、选择融入到融合：流动人口社会融入问题的理论思考》，《人口研究》，2009年第1期。

② 悦中山、李树茁、费尔德曼：《农民工社会融合的概念建构与实证分析》，《当代经济科学》，2012年第1期。

③ 杨卉：《试从多元文化教育视角看流动儿童所在公办学校的教育》，《黑龙江教育学院学报》，2007年第2期。

④ 黄兆信、潘旦、万荣根：《农民工子女融合教育：概念、内涵及实施路径》，《社会科学战线》，2010年第8期。

⑤ 江波：《文化支持：农民工子女融入城市文化的研究》，苏州：苏州大学出版社，2012年版，第19—21页。

生；但2000年之后，学校本地生源人数逐年下降，学校不得不招收更多的随迁子女。在2014—2015年，该校共有312名学生，随迁子女人数为265人，所占比例高达85%。为使观察更聚焦，笔者深入该校六年级的两个班进行了长期的跟踪观察。

在田野研究过程中，笔者发现：随迁子女在真理小学的生存状态呈现出日常生活化和社会化的特征，日常生活化和社会化与文化融合有着密切的联系。

法国哲学家Henri Lefebvre认为日常生活是有别于某种整体性的、有组织的具有专业性特征的结构性活动，是人们经常从事的琐屑的、平凡的具有个人性特征的活动。[①] 学校教育本身具有一种双重性特征，它既是一个超乎日常现实生活的独立物，但同时又回归日常现实生活。在我国现代化的进程中，人、商品、信息的流动冲破了地域等的限制，到达了每一个角落，不同地域、不同文化、不同领域之间的互动越来越频繁。日常生活与教育相互浸染的色彩日益浓重。真理小学的学校教育或班级教育活动中有日常生活的渗透，有浓浓的日常生活气息，体现出诸多日常生活化的特点。而从社会化来看，从文化的角度讲，社会化被看作是一个文化传递和延续的过程，社会化的实质是社会文化(核心是价值标准)的内化。[②] 作为一个社会人、一个文化人，社会化是每个学生成长过程中必经的过程和必实现的结果，学校是促进他们社会化的重要场域。日常生活化和社会化共同涉及个人与社会的关系：个体各种要素构成的日常生活的累积，促成了个体社会化的发展，社会化也表现在日常生活中。

(一)充满日常生活气息的教室空间

人创造环境，环境塑造人。教室环境与人之间持续互动，这包括两种不同指向：一是环境指向学习者，环境所承载的物理或人文价值对个体有着潜在的教育影响；二是学习者指向环境，学习者本身是环境的重要组成部分，学生主动参与环境设计的过程，既是对环境的丰富，也是一个自我教育的过程。[③]

比如，六(2)班教室右侧的扎板上有“多彩生活”几个大字，上面贴了小鸟、蝴蝶、花儿等图片。后边扎板上的设计新颖且具有文化意义，有醒目的八个大字：爱国、创新、包容、厚德；有书画作品和师生照片；还有班徽，六(2)班也叫“雨燕班”，代表灵动、勇敢、团结、进取。教室共有十二盆盆

① 王晓东：《日常交往与非日常交往》，北京：人民出版社，2005年版，第34—35页。

② 郑杭生：《社会学概论新修》，北京：中国人民大学出版社，2003年版，第82页。

③ 谢翌、徐锦莉：《教室环境：一种被忽视的课程——课程开发视野中的教室环境布置》，《教育理论与实践》，2008年第11期。

栽，有绿萝、芦荟、吊兰等品种。除此之外，教室里还有针线、订书机、透明胶、抽纸、洗涤液、涂改带……这样的教室设计是师生共同完成的，每个人都是这个空间的主人。植物可净化空气，给学生视觉美感；北京精神和"雨燕"是对学生的一种宣扬教育。教室空间具有浓厚的生活气息，它不仅作为一种物理空间存在，更是一种文化空间，作为文化融合的主要场域，具有一定的文化意义。

(二)举止和秩序中的身体社会化

每一种文化都有自己的身体表达系统。身体表达系统在日常生活中的一项重要作用是作为人的举止。身体行为的一些基本方面，如走、站、坐等，都是被所在社会的文化观念建构的，坐有坐相，站有站相，它影射了一种规矩，而这个规矩具体地表现为人们的行为举止。①

学校专门为学生制定了"课前准备歌""容止格言"等的举止要求：

"课前准备歌"：上课铃声响，赶快进教室；书和文具盒，摆在桌子上；
起立要站直，坐下不乱晃；不做小动作，上课要听讲；
发言先举手，回答要响亮；学会守纪律，做个好学生。

"容止格言"：面必净，发必理；衣必整，钮必结；
头容正，胸容宽；肩容平，背容直。

除校规外，各班级还制定了班规。"雨燕班"全体同学制定了三条班规：

①进校：穿戴整洁重仪表，备齐用品准时到；
到校说声老师好，相互问候有礼貌。

②升旗：升旗仪式很庄重，热爱祖国第一条；
齐唱国歌感情深，肃立致敬要做到。

③两操：出操集队快静齐，动作规范做好操；
每天眼操做两次，持之以恒视力保。

（摘自周宜，20140928，田野笔记）

此外，学校要求每位学生饭前要洗手，还在洗手间备有洗涤液，每到中午，孩子们便有秩序地到洗手间洗手。再有，可能是年纪小或习惯的缘故，一些学生上完厕所不冲水，学校广播里便两次向学生强调了这个问题。这些要求对孩子良好生活习惯和素养的养成非常有利。习性是被某一文化定义了的言谈举止，逐渐上升成为一个群体共同遵守的惯性，被人们习得、模仿、记忆；围绕习性，各个阶层有各自的行为方式和举止。社会的每一个成员都将根据自己的角色和职位习惯性地沟通、行事。② 在我们的社会中，学生有学生的角色，并被一直以来的文化价值观所规定，在真理小学，学校和班级对

① 罗红光：《人类学》，北京：中国社会科学出版社，2014 年版。

② 罗红光：《人类学》，北京：中国社会科学出版社，2014 年版。

每个人形体的统一体现了对集体意识的表达，对学生提出了通过身体上的举止来遵守秩序的要求，学生身体便是在这样的过程中习得、逐步社会化的。

(三)教育语言中的文化表达

语言是一个具有表达、交流和记忆功能的系统，它始于生物事实，发展于社会事实，后又落脚于身体化这样一种文化了的过程。[①] 语言和文化不是一个平行的概念，语言作为文化的载体，是文化的一部分，但它是一种特殊的文化。我国语言种类繁多，在北京或者在任何有着来自不同方言区的场合，大家都使用普通话交流，这体现的是在语言上对北京文化的一种选择。随迁子女在学校并没有体现出语言上的差别，因为他们在相遇状态中的语言已经统一化。

语言作为人类最重要的交际工具和思维工具，在文化的构建、文化的传承以及文化间相互碰撞交融等方面，发挥着其他因素难以替代的作用。[②] 真理小学师生在教育空间中通过小绰号中的语言魅力亲密相处，教师在教育过程中通过语言进行环境教育、社会化教育等的文化表达。

1. 小绰号中的语言魅力

"教师对学生的称呼"是指教师与学生在教育教学活动交往过程中，教师对学生进行招呼、沟通、交流所必需的一种教育称谓，绰号是教育空间中常见的一种称呼。"教师称呼学生"是一门关于爱的教育艺术。在教育教学实践过程中，教师不但要把对学生的爱蕴于心，溢于表，更需要讲究教育的方法和技巧，把爱传递给学生，促进学生健康成长。[③] 当教师称呼某个学生"老何"的时候，给人的感觉就如同相互之间已是多年的老友；当教师称呼学生"小胖"的时候，充分体现了对学生的喜爱。石头、孔大哥、葛大小姐……这些有趣的小绰号，有些是教师取的，有些是学生取的，师生一起这么称呼，语言的魅力得到了充分体现，它拉近了师生的距离，师生间是满满的亲密。这种语言也促进着文化融合。

2."掏不起的是人类的明天"——环境教育

环境教育是以实现保护环境为目的的一种教育，旨在提高人们的环境意识，培养人们能够正确理解和评价人及其环境之间相互关系所必需的技能与态度的过程，是一种热爱自然的情感培育过程。[④] 每个人都生活在各种环境当中，对学生进行环境教育是很有必要的，语言在当中充当着一个主要的角色。

老师说："咱们所用的纸张，都是大树做的，前人种树后人乘凉，说明树

---

① 罗红光：《人类学》，北京：中国社会科学出版社，2014年版。

② 樊荣：《语言推广与文化融合问题研究》，东北师范大学博士学位论文，2012年。

③ 唐红秀：《论教师称呼学生的艺术》，四川师范大学硕士学位论文，2011年。

④ 崔建霞：《环境教育：由来、内容与目的》，《山东大学学报(哲学社会科学版)》，2007年第4期。

的成长也需要时间。为何北京这么多雾霾天啊？还有水资源，北京的水特别紧缺。还有某些同学的衣服还能穿，还很漂亮，但也要妈妈去买新的。老师有双鞋穿十三年，最后两边开了才换新的，不是没钱，跟钱没关系。我们每个人都要有种责任意识。其实，但留方寸地，留于子孙耕，这不光包括土地，还包括能源、整洁的环境，咱们要从自己做起，比方关灯。别说关灯了，老师只要出去，我都会把插销拔了，插销插着也耗电，四毛八分钱的电我掏得起，掏不起的是人类的明天。”

（摘自周宜，20141031，田野笔记）

“掏不起的是人类的明天”，教师通过语言表达对学生进行了相关的环境教育，语言表达中范围有大有小，由大到小，由小及大，给学生留下了深刻的印象；教师的语言有抽象有具体，由己及人，具体到告诉学生怎样节约资源，怎样认识人与自然、人与环境的关系。教育与日常生活不是相互独立的领域，日常生活在教育中渗透，教育也逐渐日常生活化。

3. 做人的三种层次——社会化教育

社会化指的是社会成员通过学习社会文化、扮演社会角色、参与社会活动，与社会相整合的过程。[①] 社会化教育是为促进个体社会化而进行的教育。一个时代的社会生活，决定了那个时代的语言内容。在学校，教师承担着促进学生社会化的主要责任，教师通过语言对学生进行社会化教育。

老师说：“做人有几种层次，第一是吃饱穿暖，所有动物都有这种本能；第二是实现自我价值，你不仅自己吃饱了穿暖了，同时还能帮助别人做一些事情；第三是受人尊重，为何社会上人和人之间区别不大，到最后有人受尊重，有人遭社会唾弃？老师要求的第一条就是‘慎独’，无论在什么情况下，不用提醒也能自觉，你们早上来了这么长时间，就在班里晃荡，你哪怕读读课文，背背单词，都算收获。”

（摘自周宜，20140928，田野笔记）

教师教给了学生做人的三种层次。教师的语言很具体，有形象的比喻，并与学生在学校的实际情况联系，教育学生一些具体行为。学生在其中学习社会文化，明白自身应以怎样的角色在社会上生存，以逐步学会处理与自身、他人、社会的关系，以达到融合相处，与社会相整合。

小绰号中的语言魅力促进了良好师生关系的形成，学生学会了与他人相处。无论是环境教育还是做人教育，都深刻涉及学生与自身、他人、社会、自然的关系，而语言在当中起着极为关键的作用。用老师的话来说便是：“孩子们得教，好多东西不说他们不知道，多听听也就耳濡目染了。”（摘自周宜，20141031，田野笔记）教育语言表达的内容是符合文化价值的，并充分发挥了

① 庄孔韶主编：《人类学概论》，北京：中国人民大学出版社，2006年版，第288页。

它在文化构建、文化传承以及文化间相互碰撞交融的作用。

(四)游戏中的生活和社会

德国的游戏大家 Wolfgang Kramer 认为游戏是一种由道具和规则建构而成的，由人主动参与，有明确目标，在进行过程中包含竞争且富于变化的以娱乐为目的的活动。它与现实世界既相互联系又相互独立，能够体现人们之间的共同经验，能够体现平等与自由的精神。①

从游戏组织看，学生的游戏有学校组织的，也有学生自发的。从游戏内容看，学生游戏的内容是极为丰富的，有扔沙包、“过家家”等，充分体现了生活性。从游戏来源看，有的是生活传承下来的，比如“过家家”，体现着历史变迁中人们之间仍存有的共同经历与文化；有的是通过电视传媒等学来的，“撕名牌”便是受了娱乐节目《奔跑吧兄弟》的影响，这与现实世界有着紧密的联系……

游戏对于学生来说是重要的：游戏影射的是真实的生活世界，具有生活化的特点；游戏是一种社会互动系统，它加强了学生的社会互动；规则将游戏秩序化，学生需要遵守其中的规则；学生在游戏中还常扮演角色，并对角色有着相应的期待；游戏带给了大家快乐，他们在游戏中团结；游戏还明显带有文化传承的特点，一些游戏超越了时空而存在；游戏为学生从自然人向社会人的转化创造了实践条件。他们就是在各种游戏中和谐共生。

四、结语——随迁子女在学校的文化融合逻辑

通过对随迁子女在真理小学文化融合现状的考察，我们弄清了随迁子女在真理小学的文化融合逻辑，以及随迁子女在真理小学文化融合过程中形成的新文化状态的特征。此外，虽然实现真正意义上的文化融合往往需要几代人才能完成，但这并不影响文化融合状态的阶段性表现。

(一)随迁子女在学校的文化融合逻辑

日常生活是一种生活环境状态，教育日常生活化是日常生活在教育中的渗透；社会化是教育实践的过程和目的。日常生活化和社会化关系密切，社会化在日常生活化中累积发展，是日常生活化发展的一种结果；日常生活化是社会化的过程和结果的常态表现。日常生活化和社会化的过程和结果是为逐步实现文化意义上的适应、习得和共生。也就是说，随迁子女通过空间的在场和文化意义的适应、习得、共生的共同完成而实现文化融合。从中，我们可以提炼出真理小学的文化融合逻辑，具体可以通过图 1 来表现②：

① 刘艳、闫慧洁：《我国教育游戏研究现状及存在的问题》，《软件导刊(教育技术)》，2009 年第 12 期。

② 文化 C：文化 C 中包含部分文化 A、部分文化 B、文化交融 AB，以及新生的其他文化。

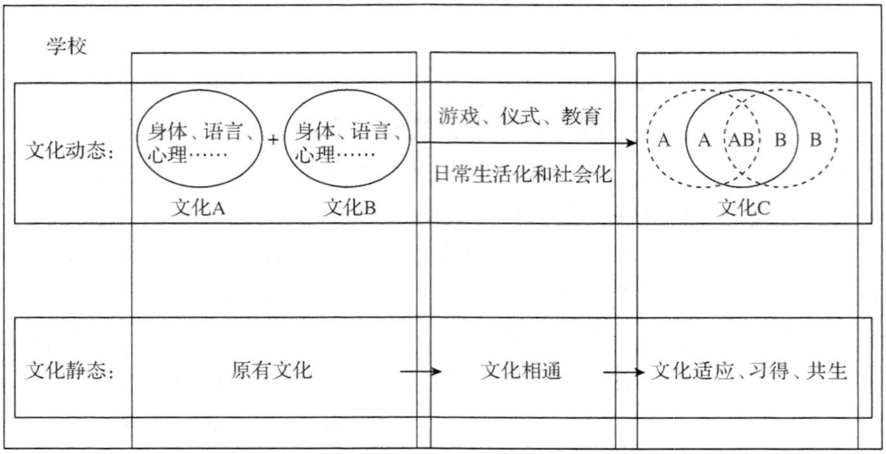

图 1　随迁子女在学校的文化融合逻辑图

在图 1 中，研究文化静态主要是指文化之间几种状态的相对静止描述，不涉及其内部的动态生成过程；文化融合这个动态过程正如“反应物质在一定条件下而生成了新的物质”的化学反应。在各种文化中，不同的文化带有自身的特点，随迁子女有其自身的生活方式、风俗习惯等，这些不同通过人的身体、语言、心理等得到充分的体现。随迁子女携带的原有文化相遇后，在同样的时空下，原有文化面临着文化融合的问题；在游戏、仪式、教育等形式的推动下，通过日常生活化和社会化过程，随迁子女实现在学校中的教育日常生活化和社会化状态，逐步对文化适应、习得，促成新的文化意义网络生成(这种新的文化既包含原有文化，又包含有新生成的文化)，逐步达到融合共生的目标与结果，从而实现文化融合。

在真理小学随迁子女文化融合逻辑中，身体、语言、心理是文化融合中的主要参与要素，游戏、仪式、教育是文化相遇中的主要推动力，其文化融合从日常生活世界这一逻辑起点出发，文化要素在文化推动力的作用下发展变化，通过随迁子女在学校中的教育日常生活化和社会化进程，个体或群体的文化图式或多或少地发生变化，以逐步达到文化适应、习得与共生。

(二)随迁子女在学校新文化状态的特征

在真理小学，带有文化差异的不同个体或群体相遇后，学生的身体、语言、心理等在游戏、仪式、教育的促进作用下，通过日常生活化和社会化逐步实现文化适应、习得和共生，新的文化状态主要有以下几个特征：

第一，个体的身体、语言、心理等要素的原有图式发生了变化，在新的动态过程中，他们逐步学会如何处理与自己、与自然、与社会、与他人的关系，逐步实现身体秩序化和社会化，语言统一化，逐步适应在新环境中的生活。

第二，这种文化带有北京文化色彩，比方班级文化中北京精神的倡导和代表北京的一个符号——雨燕；这种文化追求主流价值文化取向，如社会主义核心价值观等。

第三，文化融合不是同化，个体仍保有自身的文化特质，比如一些随迁子女和家人交流仍使用方言等。这种文化既保有个体和群体原有文化的要素，又是在它们基础上的融合生成，还留有差异的存在，形成既有状态。

第四，日常生活气息较为浓厚，存有教育日常生活化的倾向。

真理小学在随迁子女文化融合方面发挥着重要作用，为随迁子女的学习和成长创造了良好的环境。但真理小学也存在着一定程度上的文化区隔，笔者日后有机会将会进一步对其文化区隔进行讨论。我们可以试想一下，如果这些随迁子女没有进入学校，没有进入公立学校，那将会是怎样的一种情形？笔者是想借此问题来说明学校主体在随迁子女文化融合中所扮演的重要角色。这也为有关学校提供了一定的反思：当携带不同文化背景的个体或群体相遇时，差异的存在是相对客观的，但不是绝对的，差异可能走向文化融合，也可能走向文化区隔。面对差异，教育者应该如何应对，才能使不同文化主体和谐共生？这是全社会面临的共同课题，需要多方主体的共同努力。

（作者：樊秀丽　首都师范大学研究员
周　宜　中国传媒大学附属小学教师）

项目名称：老年人长期护理服务需求评估与护理保险设计
项目编号：13SHB009
项目负责人：胡宏伟
项目信誉保证单位：华北电力大学

中国老年长期护理服务需求评估与预测

一、研究背景与问题提出

第六次全国人口普查结果显示，中国 60 岁及以上老年人口比例达 13.26%，成为世界上唯一一个老龄人口过亿的国家；而且中国老龄化人口基数大、增速快，高龄人口增多，因慢性病、意外损伤、衰老等原因所致的失能、半失能老年人数量也不断增加，老年人的长期护理服务需求快速增长。国家对老年人的长期护理事业高度重视，2011 年 9 月 17 日国务院常务会议讨论通过了《中国老龄事业发展"十二五"规划》，确定了"十二五"时期老龄事业发展的重点任务之一是"大力发展老龄服务，加快发展护理康复服务"，这为长期护理事业发展带来新的契机。

虽然国内外关于长期护理服务需求估算的研究在方法、结论等方面取得了一定进展，但仍存在如下几个方面的不足：第一，有关中国老年护理需求的估算仍然较为宏观，基于微观数据的细致研究仍然不够充分；第二，既有研究在估算健康转移概率方面多借用发达国家测算结果，这制约了估算的准确性；第三，部分研究对护理需求内容设定较为简单，缺乏具体护理服务项目的数据，这制约了护理需求估算的精确性。

正是基于上述背景，本研究旨在运用马尔科夫多状态转移方法测算中国老年护理状态转移概率，并结合人口预测结果和老年服务调查结果，评估和预测中国老年护理服务需求的人口规模和货币规模。

与国内外已有研究相比，本研究的贡献包括两个部分。第一，估算精度更高。本研究利用马尔科夫多状态转移方法和最新的 CLHLS 的微观纵贯数据预测中国老年人失能状态转移概率，基于第六次全国人口普查数据及相应参数预测老年人口，评估和预测的准确度更高。第二，结构化预测结果的细致程度更高，服务需求结构化分析更科学。由于使用全国老年服务需求微观调查数据，预测精确到了具体的服务项目，并在具体服务项目精确预测的基础上预测总的服务需求。此外，预测还区分了潜在需求和有效需求，区分了不同失能等级老年人护理服务需求规模，这大幅提升了评估、预测的细致程度和科学水平。

二、评估与预测准备：转移概率与服务项目参数确定

本研究使用的数据主要来源于三个方面：第一，北京大学健康老龄与发展研究中心组织的“中国老年人健康长寿影响因素跟踪调查”(CLHLS)，本研究将利用马尔科夫状态转移测算方法，基于这一数据估算老年人健康状态转移概率；第二，使用“中国老年家庭与养老服务全面调查(2015)”，统计护理服务需求内容、需要比例、有效需求比例、项目单价等参数信息；第三，利用2010年第六次全国人口普查数据，估算未来老年人口规模、趋势，进而结合老年健康转移概率估计值，预测未来各年不同护理状态老年人的数量。

(一)老年健康状态转移概率预测

“中国老年人健康长寿影响因素调查”(CLHLS)项目，分别于1998年、2000年、2002年、2005年、2008年、2011年在全国22个省、自治区、直辖市进行调查，包括社会经济背景及家庭结构、居住安排、日常生活自理能力(ADL)、躯体活动能力、自评健康状态、自评生活状态、认知功能等方面信息。本研究将采用2008年、2011年调查样本数据作为测算的基础。

老年人健康状况等级的划分借鉴国内外常用办法，即同时使用ADLs量表和IADLs量表，将老年人的健康状态分为5类：健康、轻度失能、中度失能、重度失能和死亡，每项状态都对应着某些日常生活活动能力或器械性活动能力失能。具体分类标准如表1所示。

表1　失能状态界定标准

状　态	状态描述
健康	无任何日常活动障碍和器械性日常活动障碍
轻度失能	有1项及以上器械性失能，无日常生活活动失能
中度失能	有1—3项日常生活活动失能
重度失能	有4项及以上日常生活活动能力失能
死亡	死亡状态

对于老年人不同状态间的转移概率，本研究利用马尔科夫多状态转移方法，具体借鉴了黄枫(2012)的估算方法。本研究选取连续时间齐性Markov过程预测老年健康状态的转移状况，具体理由包括两个方面：第一，本研究基于2005—2011年三次的调查结果，分别求出2005—2008年、2008—2011年大致的健康转移概率，发现结果极为接近，两个时间段内老年人群的健康状态转移概率稳定；第二，彭荣(2009)、黄枫(2012)等学者在使用Markov方法计算老年人健康状态转移的过程中，均采用假定齐性Markov过程的方法，该

方法具有稳定、易用的特性，预测过程稳健。

研究设定 $P(t)=P_{ij}(t)$，为历时 t 从状态 i 转移到状态 j 的转移概率矩阵，$i=1$，2，3，4，5，分别代表健康、轻微失能、中度失能、重度失能、死亡五种状态，由于我们研究的是2008—2011年的转移概率，所以，这里的 $t=3$，概率矩阵为 $P_{ij}(3)$。

本研究用二元离散选择Logistic模型来模拟老人健康状态为死亡的概率，用有序多分类Logistic模型来模拟健康、轻度失能、中度失能、重度失能四个状态间的转移概率。同样，参照黄枫(2012)的做法，我们针对不同年龄段的老人，控制了性别、婚姻、户籍、初始健康状态等人口经济变量。

我们用 S_{it} 表示老人所处的第 i 状态，如 $S_{it-1}=1$ 表示2008年处于健康状态，$S_{5t}=1$ 表示2011年时已经死亡，对老年人期末死亡概率，研究基于以下公式进行计算：

$$P(S_{5t} \mid S_{5t-1}, X) = G(B_0 + \sum_{i=1}^{4} \beta_i S_{it-1} + \sum \beta_j X_j),$$
$$i=1,\ 2,\ 3,\ 4,\ t-1=2008,\ t=2011, \qquad (1)$$

其中 $G(x)$ 是Logistic累计分布函数，X_j 为其他控制变量。

我们用有序多分类logistic模型来模拟老人2011年处于健康、轻度失能、中度失能、中度失能四种状态的概率。

$$P(S_{1t=1} \mid S_{it-1},\ X,\ S_{5t}=0)=G(a_1-\sum_{i=2}^{4}\beta_i S_{it-1}-X\beta),$$
$$P(S_{2t}=1 \mid S_{it-1},\ X,\ S_{5t}=0)=G(a_2-\sum_{i=2}^{4}\beta_i S_{it-1}-X\beta)-G(a_1-\sum_{i=2}^{4}\beta_i S_{it-1}-X\beta),$$
$$P(S_{3t}=1 \mid S_{it-1},\ X,\ S_{5t}=0)=G(a_3-\sum_{i=2}^{4}\beta_i S_{it-1}-X\beta)-G(a_2-\sum_{i=2}^{4}\beta_i S_{it-1}-X\beta),$$
$$P(S_{4t}=1 \mid S_{it-1},\ X,\ S_{5t}=0)=1-G(a_3-\sum_{i=2}^{4}\beta_i S_{it-1}-X\beta), \qquad (2)$$

其中，a_1，a_2，a_3 是模型的门限参数，β 为回归系数。我们也采用极大似然估计法来对门限参数和回归系数进行估计，使用的软件是Stata11.0。

同样，由于使用多分类Logistic模型计算的结果为以老人期末生存为前置条件的条件概率，因此，在构建老年人健康状态的转移概率矩阵时，需要利用(3)式将其转化为无条件概率：

$$P(S_{it}=1 \mid S_{jt-1},\ X)=P(S_{it}=1 \mid S_{jt-1},\ X,\ S_{5t}=0)[1-P(S_{5t}=1 \mid S_{jt-1},\ X)]$$
$$i=1,\ 2,\ 3,\ 4,\ t-1=2008,\ t=2011, \qquad (3)$$

结合以上模型，研究可以对不同年龄段老人在三年内的健康状态概率转移矩阵进行预测。矩阵中的每个元素 $P_{ij}(t)$ 代表着初始状态为 i 的老年人经过固定时间段 t 后，转移到 j 健康状态的概率，矩阵每行之和为1。为了提升预测结果的精确性，本研究分年龄组分别进行老年健康状态的预测，具体分组标准为65—79岁、80—94岁、95及以上。

(二)护理服务内容及单价的确定

老年护理服务内容和单价的确定是基于“中国老年家庭与养老服务全面调

查(2015)”数据，该调查覆盖中国大陆 31 个省(除西藏外)，采用多阶段分层随机抽样方法，共抽取老年家庭 3354 个，调查老人共计 5510 人。调查中问卷内容涵盖了老年人的基本信息、经济状况、居住条件、家庭及社会支持、健康状况、社会参与、养老需求及长期护理需求 8 个方面。与此同时，调查还搜集了调查地区不同护理服务项目的价格等信息。

调查数据统计分析结果显示，老年人长期护理服务需求基本分为三大方面，即日常生活照料服务、医疗保健护理服务和精神慰藉服务。这三大需求又包括若干小的护理服务内容，具体内容构成见表 2。[①] 为了全面反映需求，本研究在调查时界定了老年护理服务潜在需求和有效需求：潜在需求即老年人实际上需要相应护理服务项目，而有效需求则表示为有需要且有支付能力。由于老年人对不同长期护理服务需求的程度具有一定稳定性，变化波动较小，因此，研究也假定在预测阶段内，不同状态失能老人的长期护理服务需求比率保持不变。

表 2　中国老年长期护理服务需求率　(单位:%)

长期护理服务分类	具体项目	潜在需求			有效需求		
		轻度失能	中度失能	重度失能	轻度失能	中度失能	重度失能
日常生活照料服务	助　餐	42.86	46.96	51.06	22.47	26.47	34.35
	助　浴	11.81	15.75	24.11	5.45	6.87	7.75
	助　行	15.84	17.12	29.79	3.68	4.44	6.20
	仪表修饰(包括理发、修剪指甲等)	14.16	21.87	29.58	7.60	7.75	12.31
	协助更衣	15.84	17.12	29.79	3.68	4.44	6.20
	排泄照料	15.84	17.12	29.79	3.68	4.44	6.20
	洗衣服	12.80	25.34	39.04	5.41	6.52	7.63
	打扫卫生	12.80	25.34	39.04	5.41	6.52	7.63
	代购陪购商品	11.93	13.70	24.65	3.56	4.41	8.40
医疗保健护理服务	健康咨询与管理	58.07	59.80	61.54	24.43	26.34	28.24
	康复理疗	27.67	36.99	37.32	7.97	9.77	11.57
	陪同就医	27.71	35.54	43.36	8.21	10.45	16.15
	用药服务	32.58	43.54	54.51	9.78	10.53	13.08

① 需要注意的是，表 2 中部分小项护理服务需求结果是等同的，这主要是由于调查时，个别小项护理服务由于内容接近，被整合在一个问题中提问的，所以，护理服务需求统计结果存在不同服务项目需求率相同的情况。

续表

长期护理服务分类	具体项目	潜在需求			有效需求		
		轻度失能	中度失能	重度失能	轻度失能	中度失能	重度失能
精神慰藉	特殊关怀（如庆生、节假日探望等）	25.71	29.45	37.59	6.07	7.81	8.80
	心理咨询	16.67	18.49	20.32	6.12	6.25	6.39
	开展文化娱乐活动	35.90	37.46	39.01	6.40	8.66	8.87
	临终关怀	19.88	30.82	41.76	8.38	8.66	8.94

长期护理服务项目需求的货币化，是中国长期护理服务项目需求的货币总规模，其计算方法为：

$$长期护理服务需求货币规模_t = \sum_{i=1}^{n} 长期护理服务项目单价_{it} \times 长期护理服务项目需求量_{it}$$

因此，对中国长期护理服务项目需求进行评估和预测，需要确定全国范围内各项长期护理服务的价格。为了更全面反映单项护理服务的价格，本研究采用单项护理服务的加权平均价格，在确定调查地区单项护理服务价格基础上，通过将调查地的 CPI 指数作为分子，以全国 CPI 作为分母，对不同地区的护理服务单项价格进行加权，最终得出一个全国范围内的长期护理服务项目的定价标准（加权价格），具体参见表 3。

表 3　2014 年中国长期护理服务项目定价

长期护理服务分类	具体项目	收费标准	年需求量	年费用
日常生活照料服务	助　餐	15 元/天	200 天/年	3000 元/年
	助　浴	8 元/次	50 次/年	400 元/年
	助　行	8 元/次	50 次/年	400 元/年
	仪表修饰（包括理发、修剪指甲等）	5 元/次	12 次/年	60 元/年
	协助更衣	5 元/次	200 次/年	1000 元/年
	助行服务	5 元/次	200 次/年	1000 元/年
	排泄照料	4 元/次	100 次/年	400 元/年
	洗衣服	3 元/桶	50 桶/年	150 元/年
	打扫卫生	5 元/次	60 次/年	300 元/年
	代购陪购商品	5 元/次	50 次/年	250 元/年

续表

长期护理服务分类	具体项目	收费标准	年需求量	年费用
医疗保健护理服务	健康咨询与管理	—	—	—
	康复理疗	8 元/次	300 次/年	2400 元/年
	陪同就医	20 元/次	10 次/年	200 元/年
	用药服务	5 元/次	200 次/年	1000 元/年
精神慰藉	特殊关怀(如庆生、节假日探望等)	—	—	—
	心理咨询	—	—	—
	开展文化娱乐活动	—	—	—
	临终关怀	50 元/天	60 次/年	4500 元/年

注："—"代表数据缺失，主要是由于数据采集结果精度不够或无法采集，或部分已经由政府作为公共服务免费提供，所以计算时没有包括该项目

三、评估与预测结果

(一)转移概率预测结果

老年健康状态转移概率估算结果显示，年龄为 65—79 岁在 2008 年健康状态为健康的老年人，到 2011 年状态为健康的比例最高，达 60.30%，到 2011 年时已经死亡的比例为 8.10%。2008 年处于轻度失能的老人，在 2011 年身体状况恢复到健康的比例为 29.74%，到 2011 年仍处于轻度失能的人所占比例最高，为 37.43%，同时，有 15.61%的老人在 2011 年调查之前已经去世。2008 年健康状态为中度失能的老人，到了 2011 年，有高达 26.97%的老人去世，而身体状态恢复到健康的老人仅为 14.61%。在 2008 年健康状态为重度失能的老人，在 2011 年调查时有 57.14%的老人已经去世，而存活人口里，有 24.49%的老年人仍然处于重度失能状态，能恢复到健康状态的老人占比仅为 4.08%。限于篇幅，其他结果不再做解释。

表 4　老年人健康状态转移概率预测结果　(单位:%)

年龄	状态	健康	轻微失能	中度失能	重度失能	死亡
65—79 岁	1	60.30	24.13	6.06	1.41	8.10
	2	29.74	37.43	12.86	4.36	15.61
	3	14.61	23.60	25.84	8.99	26.97
	4	4.08	8.16	6.12	24.49	57.14
	5	0.00	0.00	0.00	0.00	100.00

续表

年龄	状态	健康	轻微失能	中度失能	重度失能	死亡
80—94 岁	1	25.02	34.53	10.81	4.42	25.22
	2	6.99	32.41	13.40	7.83	39.37
	3	2.56	11.75	16.87	13.55	55.27
	4	0.29	3.17	4.03	13.26	79.25
	5	0.00	0.00	0.00	0.00	100.00
95 岁以上	1	9.68	34.84	10.32	3.87	41.29
	2	1.60	16.57	11.92	8.19	61.72
	3	0.28	4.57	10.07	11.56	73.53
	4	0.54	2.02	3.49	8.87	85.08
	5	0.00	0.00	0.00	0.00	100.00

综合以上分析可以发现：(1)低年龄段老人能保持或者恢复到健康状态的概率高于高年龄段老人，且死亡率明显低于高年龄段老人；(2)各年龄段老人健康状态转移概率不同，但变化趋势大致相同，即身体状态越差，越难恢复到健康或者较好状态，越容易死亡；(3)任何年龄段的重度失能老人，在期末为死亡状态的比例都超过 50%，重度失能老人去世的概率远高于中度和轻度失能老人。

(二)失能人口预测结果

预测结果显示，我国失能老年人规模庞大、增长迅速。中国不同程度失能状态的老年总人口将从 2014 年的 8255 万人增加到 2050 年的 2.19 亿人，后者为前者约 2.65 倍；同时，不同程度失能老人占总体老年人的比重从 2014 年的 58.84%上升至 2050 年的 68.33%，比例超过了三分之二。其中，重度失能老人占老人总数比例将从 7.15%(2014 年)上升至 11.68%(2050 年)，重度失能老人是我国长期护理的重点人群。

表 5　老年失能人口预测结果　　（单位：万人）

年份	健康老人	轻度失能	中度失能	重度失能	总体老人	重度失能老人占比	常规失能老人占比(重度＋中度失能)	广义失能老人占比(轻度＋中度＋重度)
2014	5775	5273	1979	1003	14030	7.15%	21.25%	58.84%
2020	6613	6795	2842	1626	17877	9.10%	24.99%	63.01%
2026	7091	7555	3324	1967	19938	9.87%	26.54%	64.43%
2032	8977	9467	4234	2491	25169	9.90%	26.72%	64.33%

续表

年份	健康老人	轻度失能	中度失能	重度失能	总体老人	重度失能老人占比	常规失能老人占比（重度＋中度失能）	广义失能老人占比（轻度＋中度＋重度）
2038	10573	11286	5108	3027	29995	10.09%	27.12%	64.75%
2044	10625	11804	5489	3326	31244	10.65%	28.21%	65.99%
2050	10154	12210	5952	3744	32061	11.68%	30.24%	68.33%

注：表中为65岁及以上老人，下同

（三）不同状态老年人长期护理服务需求规模预测

1. 老年人长期护理服务潜在需求人数规模预测

对老年护理服务潜在需求的变化趋势进行预测，结果显示，2014—2050年，我国老年人各项长期护理服务的潜在需求人口规模均存在不同程度的增长，其中增长较快的有助餐、仪表修饰、特殊关怀等。长期排在常规失能老年人（中度失能与重度失能）潜在需求规模前三位的长期护理服务是健康咨询与管理、助餐、用药服务。另外，开展文化娱乐活动、陪同就医服务潜在需求人口规模也较大。

2. 老年人长期护理服务有效需求人数规模预测

进一步预测我国失能老人护理服务有效需求（有需要且有支付能力）的变动趋势，结果显示，2014—2050年，失能老人对各项护理服务的有效需求规模增幅均较大，上升幅度均超过了100%。其中，助餐、健康咨询与管理、用药服务、陪同就医以及临终关怀等项目的有效需求规模大、增速快，表明这些服务是提供有偿护理服务的重点项目。

（四）失能老人长期护理需求货币化规模预测

分别加总潜在需求人数与有效需求人数，则分别得到了中国所有失能老人长期护理服务的潜在需求人数与有效需求人数，再与研究所得的加权护理服务单价相乘，加总即可得出总体需求的货币化规模，计算结果见表6。考虑到价格变动，本研究以收入增长速度预测以后具体年份护理服务单价，并扣除CPI因素影响，估算具体护理服务项目在未来特定年份的贴现实际价格。

预测结果显示，在日常生活照料服务中，助餐服务的费用增长较快，需求规模最大，到2050年将达到13069亿元；其次是协助更衣服务，在2050年将达到1862.75亿元；在医疗保健护理服务方面，康复理疗和用药服务的费用增长都较快，费用也较高，在2050年分别将达到7455.78亿元和3908.43亿元；在精神慰藉服务方面，临终关怀费用增长也较快，在2014年—2050年，总费用从862.29亿元上涨到12188.85亿元；护理服务需求总规模从3089.98亿元上涨到42695.35亿元，增速迅猛。

表6进一步展现了中国失能老人长期护理服务有效需求的货币化规模。

与潜在需求预测结果类似，助餐服务的有效需求增长较快，在 2050 年将达到 7550.41 亿元；在医疗保健护理服务需求方面，康复理疗和用药服务的有效需求增长都较快，在 2050 年分别达到 2133.75 亿元和 1022.73 亿元；在精神慰藉服务方面，临终关怀有效需求增长也较快，在 2014—2050 年，从 273.15 亿元上涨到 3654.20 亿元。老年护理服务有效总需求从 1172.42 亿元(2014 年)上涨到 16018.49 亿元(2050 年)。

表 6　中国所有失能老人长期护理服务状态需求总费用　　(单位：亿元)

护理服务类别	护理服务项目	潜在需求			有效需求		
		2014 年	2032 年	2050 年	2014 年	2032 年	2050 年
日常生活照料服务	助餐	968.46	5372.8	13069	548.85	3084.5	7550.41
	助浴	43.14	246.38	607.77	17.8	99.75	243.8
	助行	53.33	302.82	745.1	12.37	69.87	171.47
	仪表修饰(包括理发、修剪指甲等)	8.17	46.74	115.38	3.62	20.4	49.99
	协助更衣	133.32	757.05	1862.75	30.92	174.67	428.67
	排泄照料	53.33	302.82	745.1	12.37	69.87	171.47
	洗衣服	22.56	131.8	328.49	6.52	36.53	89.25
	打扫卫生	45.12	263.6	656.99	13.05	73.06	178.49
	代购陪购商品	26.23	149.83	369.64	8.33	47.96	118.77
医疗保健护理服务	健康咨询与管理	—	—	—	—	—	—
	康复理疗	545.76	3053.2	7455.78	155.61	872.65	2133.75
	陪同就医	46.54	262.07	642.07	14.63	83.39	205.5
	用药服务	281.73	1592.43	3908.43	75.19	419.35	1022.73
精神慰藉	临终关怀	862.29	4936.52	12188.85	273.15	1506.58	3654.2
总计		3089.98	17418.07	42695.35	1172.42	6558.57	16018.49

四、结论、思考与不足

本研究对老年人健康状态的变化趋势进行了预测，评估和预测了老年人护理服务需求，得到如下结论：第一，老年护理服务需求人数将快速增长。失能老年人口将从 2014 年的 8255 万人，上升至 2050 年的 2.19 亿人，失能老年人口占老年人口总数比例将从 58.84％升至 68.33％；重度失能老年人数也将从 1003 万人(2014 年)上升至 3774 万人(2050 年)，这部分人群是长期护理的主要目标对象。第二，老年护理服务市场规模庞大。到 2050 年，老年护理服务潜在需求将从 2014 年的 3089.96 亿元，上升至 2050 年的 4.27 万亿元，有效需求货币规模将从 2014 年的 1172.42 亿元，上升至 2050 年的 1.60 万亿元，老年护理服务市场广阔且增长迅速；重度失能老年人潜在护理需求从 773 亿(2014 年)上升至 1.39 万亿(2050 年)，有效需求从 276 亿(2014 年)上升至 4944 亿(2050 年)，重度失能老年人长期护理服务需求应得到充分重视。第三，部分重点护理服务供给应被重视。不论潜在服务需求还是有效服务需求，助餐、康复理疗、用药三项护理服务需求规模最大，应被视为老年护理服务供给体系的重点内容；同时，代购陪购商品、陪同就医等护理服务需求增速迅猛，也应给予重视。

本研究的核心目标在于准确估计老年长期护理服务潜在需求和有效需求，具体包括预测相应人口规模和货币规模，这将为深入研究和有效应对老年护理问题奠定数据基础。随着老龄化、少子化等问题日益严峻，家庭支持在老年人长期护理中发挥的作用正在逐渐下降，而中国需要护理的老年人口却快速膨胀，护理需求程度、护理时间长度也在快速增长，这些都要求国家、社会和市场对老年护理服务需求做出反应。第一，进一步完善收入分配公平促进机制，特别是实现老年人社会保障全面覆盖，以及收入保障随经济发展协同调整的机制；第二，鼓励商业护理保险发展，为商业护理保险发展创造良好的市场环境，并通过完善政策法制，不断规范商业护理保险公司的经营行为；第三，更为重要的是，国家应着手建立中国老年人基本护理保险制度体系，以社会护理保险形式，满足老年人最为基本的护理需求，部分服务以公共品和准公共品的形式提供，并确保低收入等弱势老年群体被充分覆盖和保障；第四，鼓励社会组织参与老年护理服务的生产、递送、评估等环节中来，并结合自身优势，在服务承接、非营利护理服务供给、慈善等具体领域发挥作用；第五，制定合理的家庭支持政策，为家庭在老年护理中发挥更大作用创造条件，并适时调整人口生育政策；第六，不断促进家庭养老、社区养老和机构养老协同发展，鼓励多种形式、多个主体共同应对老年护理服务供给问题。

参考文献

[1]黄枫、吴纯杰：《基于转移概率模型的老年人长期护理需求预测分析》，《经济研究》，2012 年第 2 期。

[2]刘鹏飞：《老年照料需求与成本——文献回顾与评述》，《中国医药指南》，2009 年第 7 期。

[3]蒋承等：《中国老年人照料成本研究——多状态生命表方法》，《人口研究》，2009 年第 3 期。

[4]彭荣：《基于马尔科夫模型的老年人口护理需求分析》，《统计与信息论坛》，2009 年第

3 期。

[5]宋占军、朱铭来：《我国长期护理保险需求测算与发展战略》，见《2012 中国保险与风险管理国际年会论文集》，2012 年。

[6]俞卫、刘柏惠：《我国老年照料服务体系构建及需求量预测——以上海为例》，《人口学刊》，2012 年第 4 期。

[7]曾毅：《中国老年健康影响因素跟踪调查(1998—2012)及相关政策研究综述(上)》，《老龄科学研究》，2013 年第 1 期。

[8]曾毅等：《21 世纪上半叶老年家庭照料需求成本变动趋势分析》，《经济研究》，2012 年第 10 期。

[9]曾毅等：《健康期望寿命估算方法的拓展及其在中国高龄老人研究中的应用》，《中国人口科学》，2007 年第 6 期。

[10]中国老龄科学研究中心课题组等：《全国城乡失能老年人状况研究》，《残疾人研究》，2011 年第 2 期。

[11]朱铭来、贾清显：《我国老年长期护理需求测算及保障模式选择》，《中国卫生政策研究》，2009 年第 7 期。

[12]Alemayehu B，Warner K. E.，The lifetime Distribution of Health Care Costs. *Health Services Research.*，Vol. 39，2004(3)，pp. 627-642.

[13]Bengtson V. L.，Beyond the Nuclear Family：The Increasing Importance of Multigenerational bonds，*Journal of Marriage and Family*. Vol. 63，2001(1)，pp. 1-16.

[14]Gibson，M. J. S.，Gregory，S. R.，& Pandya，S. M.，Long-term Care in Developed Nations：A brief Overview，*AARP Public Policy Institute*，2003.

[15] Huber，M.，& Hennessy，P.，Long-term Care for Older People，*OECD Publishing*，2005.

[16] Madge，Alan，Long-Term Aged Care：Expenditure Trends And Projections，*Productivity Commission Working Paper*. No. 1649，2000.

[17] Zeng，Y. (Ed.)，Healthy Longevity in China：Demographic，Socioeconomic，and Psychological Dimensions，*Springer Science & Business Media*，2008.

（作者：胡宏伟　华北电力大学副教授
石　静　华北电力大学讲师
栾文敬　华北电力大学讲师）

项目名称：北京市近年婚姻匹配模式的变迁
项目编号：13SHB012
项目负责人：高　颖
项目信誉保证单位：北京师范大学

"两地婚姻"与北京市的人口规模控制

北京作为我国的首都和主要的人口流入城市，始终为人口规模过大的问题所困扰，因此人口调控一直作为热点问题受到社会各界的广泛关注。近年来，北京市不断加大人口控制的力度，包括行政管控、产业置换和空间疏导等在内的多种策略并举，但现实的调控效果却差强人意。一个重要原因在于，当前的人口调控措施基本上针对就业人口，而忽视了那些与进京人口紧密相关的间接进京人口或者说"随迁人口"，这一群体的规模亦相当庞大。本研究基于北京市 2004—2013 年的婚姻登记数据，从两地婚姻与随迁人口的视角对人口控制中的困境和潜在问题进行剖析，一方面使我们对当前人口形势有了一个更为清醒和深刻的认识，另一方面也为相关部门的政策决策及预警提供参考与借鉴。

一、北京市的人口流入与人口增长

自改革开放以来，北京市逐步形成了"低出生、低死亡、低自然增长"的现代人口再生产模式；但与此同时，特别是进入 20 世纪 90 年代中期之后，以外来人口大量涌入为特征的人口机械增长则来势迅猛。最新的统计数据显示，北京市自 2011 年以来常住人口增量和增速均有所放缓，2014 年年末的常住外来人口数量比上年末增加 16 万人，增量减少 12.9 万人，增速回落 1.7 个百分点①。需要指出的是，尽管增速有所下降，但流动人口的增速仍是户籍人口增速的近 3 倍，要达到北京人口总量控制的目标依然任重而道远。

一项基于北京市劳动力市场的研究表明，北京常住就业人口约为 977 万，其中户籍就业人口约 529 万，仅占全部就业人口的 54%②。总体来看，当前北

① 参见人民网：《北京市常住人口 2151.6 万　常住外来人口增 16 万》，http：//bj.people.com.cn/n/2015/0122/c82840-23651587.html。

② 尹德挺、张洪玉、原晓晓：《北京人口红利的结构性分析和形势预判》，《北京社会科学》，2014 年第 1 期。

京市对于外来人口的关注主要集中在劳动力人口，人口调控措施基本也还是指向外来进京就业者。事实上，这类人群的规模相对容易估算和控制，而那些与外来人口、特别是既已落户京城的就业迁移人口紧密相关的“随迁人口”往往被忽视，目前的政策措施对此考虑不足。在劳动力相对年轻、特别是单身的状态下，迁移和流动通常是一种基于成本和收益权衡的、相对简单的个体选择行为，但在建立家庭之后，这种决策便不可避免地扩展到夫妇双方及各自的原生家庭。这意味着某一特定个体的迁移很可能牵涉两户家庭的人员安置问题，当此类情形增多并达到一定规模，就难免在宏观上引发一系列的问题和矛盾。从这个角度讲，基于婚姻人口特征的分析对潜在人口规模加以考察，要比基于未婚人口的分析更有现实意义；特别是近年来在人口流迁的大背景下，异地交往和通婚愈加普遍，相应的迁移决策也渐渐由个体转向家庭，由此引致的更大规模的人口扩张值得我们高度重视。

二、北京近年来的人口流迁与两地婚姻

(一)数据来源说明

本研究所使用的数据来自北京市婚姻登记业务数据库，包含 2004 年 1 月 1 日至 2013 年 12 月 31 日十年中全部婚姻登记业务的相关信息，共有数据记录 1964641 条(每对夫妇为一条记录)；其中结婚登记记录 1483289 条(占 75.50%)，其余为离婚登记和补发补办证件的记录。

为了对人口迁移类型加以考察，我们基于数据库中夫妇双方身份证号码前 6 位的信息以及登记时夫妇双方的户籍所在地信息对初婚人口类型和两地婚姻进行界定和分析。按照婚姻登记办法的规定，在北京进行婚姻登记的夫妇中有一方的户籍所在地为北京即可，这样根据“户籍所在地”，所有的结婚登记者可以被划分为“北京户籍”和“京外户籍”两类人群；而在“北京户籍”人群中，有些是北京本地人，还有一些是原籍非北京、自外省市迁入北京的，这一点我们可以根据身份证号码的前两位数字判断出来[①]。这样，根据户口所在地和原籍所在地，我们可以将在北京进行结婚登记的人群进一步区分为三类：①北京本地人口，户籍所在地和原籍均为北京；②迁移人口，由外省市来到北京并已将户籍迁移到北京的人口，具有北京户籍但原籍为非北京；③流动人口，户籍所在地不在北京。[②]

考虑到再婚群体的结构相对复杂，而涉外婚姻又比较特殊，本研究的对

① 考虑到数据库中的人群绝大多数为 1970 年及之后生人，年纪最小的生于 1993 年，基本上是在年满 16 周岁之际办理的身份证，因此身份证号码所标识的纵使不是其出生地，也很可能是其主要的婚前居住地(比如在 16 岁之前随父母迁移至某地)，间接反映了男女双方各自的父母即原生家庭所在地。

② 还有一种情况是“迁出人口”，即原籍为北京但户口不在北京；但数据库中具有这一特征的记录极少，且因其已不具有北京常住户口，我们将其归入“流动人口”一类中。

象主要集中在大陆地区的中国籍初婚人口；此外对于持护照登记的出国人员和持军官证、士兵证的登记者，我们无法对其原籍等相关信息做出判断，因此这部分记录也未包含在研究对象中。

(二)近十年北京初婚人口的流迁类型与两地婚姻情况

表1从个体的视角显示了2004—2013年初婚者人口流迁类型的分布状况。总体来看，本地人口虽然是北京婚姻市场的绝对主体，但明显受到其他两类人口的挤压，男女本地初婚人口所占比重均在2013年达到近十年中的最低点，而男女迁移人口的比重则有显著的上升趋势，流动人口(特别是女性)在初婚者中占比亦非常可观。

对于青壮年劳动人口而言，如果说独身一人在京仅仅存在留京发展的一定可能性，那么步入婚姻无疑将落户安居的可能性大大提升。也就是说，这些新婚人口相对于未婚人口而言，将是北京更为稳定的常住人口，其中的流动人口因其配偶具备北京户籍而减少了很多"体制外生存"的不便及未来发展的不确定性[①]，实质上已经成为"不流动的流动人口"。

表1　北京市初婚人群的人口流迁类型分布

年份	男性				女性			
	本地人口(%)	迁移人口(%)	流动人口(%)	合计(人)	本地人口(%)	迁移人口(%)	流动人口(%)	合计(人)
2004	70.12	18.36	11.53	93907	55.69	13.72	30.59	100070
2005	68.40	18.16	13.44	72031	51.21	13.17	35.62	77870
2006	68.01	19.19	12.80	133507	54.28	14.39	31.33	143773
2007	64.63	20.85	14.53	88328	49.30	15.11	35.59	95364
2008	63.51	21.64	14.85	114446	49.00	15.57	35.43	122511
2009	63.44	21.55	15.01	144046	49.94	15.49	34.56	153633
2010	61.41	23.08	15.51	107352	48.41	14.69	36.90	112134
2011	60.70	24.38	14.92	139128	49.80	16.36	33.84	143032
2012	61.16	24.24	14.60	138653	50.79	16.82	32.39	142064
2013	58.91	25.72	15.37	121590	48.36	17.75	33.89	124507
总体	63.65	22.01	14.35	1152988	50.64	15.46	33.90	1214958

注：为简化表达，仅在"合计"一列给出了频数，其余各列均为行向百分比的数值，具体的频数可通过计算得到

① 非京户的一方在婚姻满足一定年限之后可以向公安部门申请落户；此外，在北京市逐步放宽未成年子女随父落户条件之后，"单京户家庭"的居留稳定性无疑进一步增强。

由于在京登记结婚的夫妇至少需要一方具备北京户籍，因此上述三种不同流迁类型的初婚男女可以构成 8 类夫妇组合，具体情形及各年的分布情况如表 2 所示。总体来看，在近 10 年总共 108 万余对双方均为初婚的夫妇中，仅有 40%为本地人口的组合，其余近 60%都属于“两地婚姻”，其中“迁移男＋迁移女”“迁移男＋流动女”和“流动男＋迁移女”为“双外来人口组合”，其比例总体上已经超过 20%且显现出显著的逐年上升的趋势。

表 2　初婚夫妇不同流迁类型组合的分布　（单位：%）

年份	本地男＋本地女	本地男＋迁移女	本地男＋流动女	迁移男＋本地女	迁移男＋迁移女	迁移男＋流动女	流动男＋本地女	流动男＋迁移女	合计（对）
2004	45.35	3.79	21.16	4.55	7.30	6.78	8.08	3.01	89146
2005	40.99	2.58	24.95	3.65	7.58	7.45	9.30	3.50	67755
2006	45.92	2.89	20.12	4.03	8.95	6.79	8.03	3.28	125530
2007	39.33	2.56	22.96	3.52	8.79	9.09	9.35	4.40	82311
2008	39.25	2.44	21.96	3.14	8.76	10.38	9.12	4.94	107844
2009	40.29	2.37	20.85	3.09	8.40	10.77	8.96	5.26	136799
2010	37.74	2.16	21.65	3.17	7.92	12.88	9.28	5.19	101155
2011	39.08	2.48	19.25	3.40	8.66	12.90	8.61	5.62	130568
2012	40.62	2.54	18.18	3.36	8.80	12.58	8.09	5.83	129440
2013	38.15	2.64	18.30	3.27	9.29	13.88	8.21	6.26	111954
总体	40.66	2.62	20.62	3.49	8.51	10.60	8.65	4.85	1082502

数据来源：基于北京市婚姻登记数据库计算

注：为简化表达，仅在“合计”一列给出了频数，其余各列均为行向百分比的数值，具体的频数可通过计算得到

（三）“两地婚姻”与人口随迁规模的估算

婚姻是个体生命历程中的重要事件，通常意味着落户、定居及人口再生产的开始。在西方社会，婚姻通常意味着脱离原生家庭和一个独立新家庭的诞生；而在中国，婚姻往往意味着两个原生家庭的联结和传统家庭的扩大。对于北京“新移民夫妇”而言，他们的子女将成为北京人口自然增长中的一部分，而另一方面，其父母亦是助推北京人口机械增长的重要力量。毕竟我国目前的社会保障体系尚不完善，同时受传统文化习俗的影响，“养儿防老”的观念仍然根深蒂固。随着独生子女一代逐渐步入青壮年，养老困境也越发凸显，投靠子女或许将是其父母一代的养老首选。这意味着每一位定居北京的

新移民背后都有两位可能随迁入京的老人。

在极端情况下，每一对"外来人口＋当地人口"的组合将产生两个老人的入京需求，"双外来人口组合"则相应产生四个老人的潜在入京需求，由此我们基于表 2 可以估算，2004 年以来的两地婚姻可能引致约 180.3 万的随迁入京老人。事实上，表 2 的对象为初婚夫妇(排除了与再婚者结合的初婚人口)，如果我们基于表 1 进行计算，即每一个外来新移民(迁移人口或流动人口)都与两位随迁老人相关联，那么随迁人口规模的估计值将达到 203.8 万人。

这一极端情形下的估计数字固然有些"骇人"，毕竟不是所有的外地父母都会来京养老，特别是那些非独生子女的父母，他们完全可以留在家乡由其他子女照顾；而且随着北京生活成本的日益提高，选择"逃离"北京而前往其他地区发展或者出国移民的夫妇亦不在少数。但另一方面，这一估算其实也存在不少低估偏差。首先数据库中的涉外婚、再婚以及持军官证、士兵证和护照的登记者等均未包含在估算基数中，这一人群的规模在 56 万人左右。其次，虽然有些外来人口的父母不会来京，但亦有些外来人口除父母之外还有更多的相关亲属一起赴京。一项针对"北京市流动人口家庭户调查"的研究分析结果显示，2532 户被访家庭户中有 1096 户(占 43.3%)为举家迁移，其中包括夫妇二人、夫妇携子女、夫妇携父母子女、夫妇携兄弟姐妹和其他亲戚等情形[①]，可见"大家庭"的观念在我国仍旧普遍存在。此外，北京常住人口中还有大量的"双流动人口"夫妇未包含在本数据库中作为估算基数，其中很多人在北京居住工作多年，尽管没有北京户籍，但仍有望通过办理居住证而安居下来，与之相关的随迁人口亦不在少数。

当然，上述人口机械增长的可能增量不会在某一时刻集中爆发，而是逐步释放的，而且有些已经在发生，比如一些高龄老人已经进京跟随子女一同生活，还有很多父母从家乡来到北京帮助子女照看孙辈，等等，这在北京是相当普遍的现象。随着北京新移民的父母一代逐渐步入高龄，进京投靠子女的压力会越发凸显；对于独生子女来讲其父母的进京需求几乎是"刚性"的，而对其他有所选择的老年人来讲，北京丰富强大的公共服务特别是医疗资源无疑使之更具吸引力。

三、迁移人口的特点及相关影响

人口的迁移和定居本质上是一个个体和社会双重选择的过程，个体对于成本收益的权衡以及社会竞争机制的筛选决定了最终的人口迁移格局。如果说与本地人口相结合的"两地婚姻"因其中一方在京的"根基"而具有更好的定居条件，那么"双外来人口"夫妇的安居倾向则在很大程度上取决于具备北京

① 侯亚非：《关于"不流动的流动人口"的思考》，《北京行政学院学报》，2006 年第 6 期。

户籍迁移人口一方的状态。基于婚姻登记数据，我们主要从户籍分布、教育水平和职业类别三个方面对迁移人口的特点进行分析。

(一)户籍分布

北京市的辖域共包括 16 个行政区划单位，我们根据人口户籍所在地的编码将其划分为城区和郊区/县两类，前者包括东城(2010 年之前为东城和崇文)、西城(2010 年之前为西城和宣武)、海淀、朝阳、丰台、石景山 6 个中心区，后者包括门头沟、房山、通州、顺义、昌平、大兴、怀柔、平谷、延庆和密云 10 个区。

从表 3 的结果可以看到，北京初婚人口的户籍分布自 2004 年以来有明显的从中心城区向外围郊区/县扩散的趋势，特别是本地人口。对比来看，本地人口的户籍在中心城区和外围郊区/县的分布相对均衡，而迁移人口的户籍则集中地分布在中心城区。

表 3 北京市初婚本地人口和迁移人口的户籍分布 (单位:%)

年份	男性				女性			
	本地人口		迁移人口		本地人口		迁移人口	
	郊区	城区	郊区	城区	郊区	城区	郊区	城区
2004	38.88	61.12	9.29	90.71	43.64	56.36	12.70	87.30
2005	45.70	54.30	12.11	87.89	48.68	51.32	15.66	84.34
2006	40.22	59.78	12.22	87.78	43.37	56.63	14.96	85.04
2007	44.75	55.25	11.13	88.87	47.22	52.78	14.02	85.98
2008	43.98	56.02	11.02	88.98	47.20	52.80	12.76	87.24
2009	43.44	56.56	11.18	88.82	46.65	53.35	12.37	87.63
2010	48.67	51.33	13.71	86.29	51.17	48.83	12.67	87.33
2011	46.56	53.44	13.87	86.13	49.59	50.41	12.52	87.48
2012	48.23	51.77	13.48	86.52	51.17	48.83	13.07	86.93
2013	49.75	50.25	14.28	85.72	52.66	47.34	13.07	86.93
总体	44.94	55.06	12.47	87.53	48.05	51.95	13.25	86.75

(二)教育水平

表 4 显示了各类人口在 5 个层级学历水平上的分布状况。以本地人口作为参照，可见迁移人口是典型的“高知”群体，具备大学及以上学历的人口比重达到 96%以上，一半以上具有研究生学历，特别是女性迁移人口，研究生学历的比重接近 60%。流动人口的学历水平介于本地人口和迁移人口之间，且在各级学历水平的分布上相对均匀。

表4　北京市各类初婚人口的学历水平分布　(单位:%)

人口类别 \ 学历水平		小学及以下	初中	技校/职高/中专/高中	大专/本科	研究生	合计
男性	本地人口	1.38	11.86	29.09	54.25	3.43	100
	迁移人口	0.02	0.89	2.49	44.73	51.87	100
	流动人口	3.63	15.52	12.42	56.53	11.89	100
	总体	1.42	9.98	20.82	52.48	15.31	100
女性	本地人口	1.07	7.14	24.47	63.74	3.58	100
	迁移人口	0.12	0.65	1.22	39.88	58.12	100
	流动人口	2.49	18.49	19.22	52.37	7.44	100
	总体	1.40	9.98	19.09	56.20	13.32	100

(三)职业类别

表5显示了各类人口在7个不同职业类别上的分布状况。职业类别在很大程度上代表着个体社会地位的高低，有研究在综合评价权力、收入等因素的基础上将职业阶层从低至高定义为粮农阶层、农村专业户阶层、采掘业和制造业阶层、商业服务业阶层、办公室办事人员阶层、专业技术人员阶层、官员和私有业主阶层[①]。数据库中的职业分类与之较为相似。从表中结果可见，迁移人口中有近乎6成的人从业于"公务员"和"专业技术人员"这两类社会地位和阶层序列较高的职业，大大高出本地人口和流动人口的数量。

表5　北京市各类初婚人口的职业类别分布　(单位:%)

人口类别 \ 职业类别		公务员	专业技术人员	普通办事人员	商业及服务业人员	生产、运输操作人员	农林牧渔业从业者	其他	合计
男性	本地人口	5.09	33.82	19.08	4.75	12.42	10.25	14.60	100
	迁移人口	15.28	44.53	17.55	1.13	0.10	1.67	19.74	100
	流动人口	3.56	38.64	18.30	5.41	17.36	3.45	13.28	100
	总体	7.11	36.87	18.63	4.05	10.42	7.39	15.54	100
女性	本地人口	4.15	40.74	20.95	4.22	9.95	5.53	14.46	100
	迁移人口	13.22	46.21	19.91	1.50	0.16	1.05	17.95	100
	流动人口	2.37	35.22	17.93	4.63	20.02	2.84	16.99	100
	总体	4.95	39.71	19.77	3.94	11.85	3.93	15.85	100

综合分析不难发现，迁移人口所表现出的以上三个特点是紧密相关的。近年来北京市严控人口规模使得进京落户的门槛越来越高，通常只有高学历

① 张翼:《中国阶层内婚制的延续》,《中国人口科学》,2003年第4期。

水平、重要工作岗位的优秀人才才能获得户籍指标而迁入北京。这些迁移人口或者通过买房落户，或者暂时将户籍挂靠在单位。尽管数据库中没有收入相关的变量，但高学历、高职业序列显然与高收入密切相关，即迁移人口更具备在中心城区购置房屋的基础和经济实力。此外绝大多数政府部门、重要机构和知名大型公司都位于北京中心城区，因此迁移人口的户籍高度集中于中心城区就不足为奇了。

迁移人口的“精英化”趋向对于北京未来的人口结构及人口规模控制具有重要影响。在日益抬高的进京落户条件的门槛下，迁移人口通常具有高学历和高职位(这往往也意味着高收入和稳定的发展前景)，使之得以安居并创造条件将父母接到北京养老。这无疑会使北京的老龄化形势更为严峻。有研究表明，2009 年年底北京市户籍老年人口达 226.6 万人(占户籍人口的 18.2%)，北京已进入中度老龄化社会，1990—2005 年的人口老龄化进程还显示，老龄人口分布呈现出很强的向中心城区集中的趋势①。从本研究的结果来看，两地婚姻引致的父母随迁入京无疑会使上述趋势进一步加强。

根据北京市有关政策，外地独生子女的父母退休后可以投靠子女进京落户②，从北京当前的迁移人口特点来看，无疑会有相当数量的老人将在未来十几年内成为北京户籍常住人口。事实上，即使无法获得北京户籍，也并不妨碍老人们纷纷涌向北京，毕竟户籍的附加价值对于老年人而言要远远低于年轻人和儿童，最重要的是在子女身边的安全感，何况北京的各类公共资源和福利相比其他地区又极具吸引力。

随着“刚性”随迁人口陆续进入北京，对于各类社会服务的需求也会相应增加。然而，“转变低端服务业占主体的产业结构”的外来人口控制策略使得北京很多行业领域已经出现劳动力需求大于供给的状况。多年来的户籍体制分割和地方就业保护使得北京本地人口很大程度上形成了一种就业“惯性”，不大愿意从事低端的服务行业；那么在流动人口严格受控的情况下，如何满足日益增长的社会服务需求(特别是与养老相关的服务)将是我们必须面对和思考的一个重要课题。

最后从较为宏观的视角和政策层面来看，北京市其实一直面临着公共服务均等化和首都人口规模调控的两难窘境，有关“北京是否是全国人民的首都”的争论也一直在持续。为外来人口提供“市民待遇”是人本主义要求，北京作为首都更应率先起到垂范作用；但另一方面，有限的公共福利资源确实难

---

① 李扬、刘慧、金凤君、汤青：《北京市人口老龄化的时空变化特征》，《中国人口·资源与环境》，2011 年第 11 期。

② 参见首都之窗：《外地老人随独生子女入京落户问题》，http：//www.beijing.gov.cn/zfhf/zjhf/t1365328.htm。

以承受各种需求的无限扩张。在老年随迁人口进京压力日益加大的情况下，北京人口的年龄结构将持续向老龄化方向倾斜，相关公共资源和服务的供需缺口则继续扩大，人口结构优化与人口规模控制的矛盾则会进一步加剧。

四、主要结论和建议

基于婚姻大数据的分析显示，2004—2013年的10年间，在北京登记结婚的108万余对初婚夫妇仅有40%为本地人口的组合，其余60%均为"两地婚姻"，其中超过20%为"双外来人口"的组合，且这一比重在逐年上升；极端情况下，每一对异地组合的背后都将有2—4位进京投靠子女需求的老人，总体上潜在的随迁老人的规模数量相当可观。

北京近年来"引进高端就业人口、合理疏导低端就业人口"的政策导向进一步提升了进京落户条件，因此能够留京的新移民普遍具有高学历、高职位，这同时也意味着他们在北京具有较高的收入和良好稳定的发展前景，具备将父母(包括配偶的父母)接到北京安置下来的实力。另一方面，近10年的初婚人口恰好是独生子女政策实施、家庭规模逐渐小型化之后步入婚姻的第一代，承受着前所未有的养老压力；而我国的社会保障体系尚未健全完善，外地(特别是贫困落后地区和农村地区)老人如有条件投靠在京子女无疑是养老首选。从这个角度讲，北京的"两地婚姻"所可能引致的老龄人口的机械增长几乎是"刚性"的。北京的人口调控和疏导措施在引进人才、提高劳动人口素质的同时，也在无形中加速推进了北京的老龄化进程。

从时间上看，近10年初婚人口的父母大多出生于20世纪40—60年代，短期内尚不会对北京构成过大的人口迁入压力；但在接下来的10—20年中，随着其陆续步入高龄老人阶段，进京养老的压力和需求必将日益迫切。北京的人口发展历程中将首次面临大规模老龄人口进京的严峻形势，对于这一潜在问题我们没有经验可循，因此亟须关注；在政策和规划层面宜早做打算，包括社会服务及相关资源的配置和递送，等等。当然从长期看，还是应放眼全国、立足北京，以京津冀协调发展为契机，逐步疏解北京的非首都核心功能；随着地区之间的经济发展、资源分配与福利水平趋向平衡，人口的流向也必将分散化和多元化，而这才是北京人口问题的治本之道。

(作者：高　颖　北京师范大学副教授
张秀兰　北京师范大学教授)

项目名称：北京市城中村改造村民可持续生存利益保障研究
项目编号：13SHB014
项目负责人：周毕文
项目信誉保证单位：北京理工大学

北京市城中村改造村民可持续生存利益保障研究

一、研究背景及意义

改革开放以来，北京城郊的城市化进程稳步推进，城市化率不断提高，而一轮又一轮的城中村改造，为北京市的发展做出了不可磨灭的贡献。然而，城中村改造的加速也引发了一系列的问题，其中最关键的问题就是如何实现村民后续的发展。城中村改造一方面大大改善了他们的居住条件，提升了生活的质量；另一方面也让他们失去了赖以生存的土地资源，破坏了原有的“自给自足”经济产业链。“新城市”生活成本的增加与就业压力形成了鲜明的对比，生活得不到保障，看不到出路的村民逐渐沦落为城市的边缘人物。劳动技能单一，又不愿再去从事辛苦的体力活，消极怠工、生活懒散，一旦金钱被挥霍，出现经济危机，失地村民的生活都面临着严峻的挑战，真正成为没有土地耕种、没有工作岗位、没有社会保障的“三无村民”。在此背景下，研究北京市城中村改造村民可持续生计保障具有重要的意义。

二、北京市城中村的形成及现状分析

(一)北京城中村形成

城中村是中国城市化进程中出现的具有中国特色的事物，北京城中村的形成与城市的拓展、开发商选择式征地开发以及巨大的经济利益的驱动有着密切的关系。

1. 城市拓展的后遗症

北京市城市扩张和发展是沿着环路推进的，然后再慢慢填补环路之间的城市建设，这种无序的城市发展模式就形成了北京特色的景象，沿环线的地区经济发达、交通便利、城市配套齐全，而各环线之间的地区经济发展缓慢、市政混乱、城市景观也落后很多，这些地方就是孕育北京城中村的摇篮。

2. 选择式的开发征地

由于北京市地价的飞涨，基于经济利益的考虑，开发商大多不愿意征收拆迁量大、农转非人口多的地段。常年以来，开发商选择跳过农村居民点，只占耕地，这使得居民点外围的土地不断减少，而农民的宅基地被遗留下来。这种情况不仅造成了大量城中村的出现，还带来了诸多城市管理问题。

3．价格杠杆效应以及经济利益的驱动作用

北京城市的迅速发展，使得北京市成为流动人口的高度聚集区，四面八方赶来京城掘金包括为生计奔波的农民工、为梦想打拼的创业者、追逐深造机会的学生一族，还有众多白领，他们支撑了几乎全部份额的租赁消费市场，而“城中村”地理位置优越，且租房成本相对廉价，从而促使人流向“城中村”中云集，导致严重的人口倒挂现象。

（二）北京市城中村现行补偿机制问题分析

通过访谈、原始资料以及文献资料的整理，发现当前补偿机制、方式较为单一，少数地方开始试点新举措；此外补偿标准不统一，根据时间、空间的不同差异较大，而这种差异导致了改造后差异化的村民生存现状，从而引发了村民不满的情绪。

1．补偿方式单一

改造普遍采用两种方式：其一是传统的货币补偿与产权调换，根据村民意愿二选一；其二是货币补偿与产权调换相结合的结合型补偿。现行补偿机制补偿方式单一，实际上是一次性买断，将具有保障性质的土地（宅基地）转换为货币或住房，关于集体产业、村民就业以及社会保障等关于长远发展的关键环节涉及甚少。因此，这种单一的补偿机制缺乏对村民未来生计的考虑。

2．补偿标准不统一

即使采取的是相同的补偿安置方式，补偿标准在时间和空间上都有一定的差异，主要体现在同一地区改造时间不同，补偿标准差异很大；不同地区改造时间相同的情况下，差异也很明显。

3．现状总结——改造后村民可持续生计面临挑战

我们对海淀区已改城中村（北京海淀玉渊潭乡恩济里居委会前沙涧村）120户村民（居民）进行了调查，对肖家河、榆树庄村等的负责人进行了实地访谈，对城中村改造现状进行分析得出改造后村民可持续生计面临挑战。

“城中村”改造的实质应该体现为三个换取，即“土地换取生存、土地换取保障、土地换取发展”，改造后的村民生存不成问题，但是长期保障与后续发展确实让人堪忧。对于城中村村民而言，伴随而来的是一系列的变化。

从“农民”到“居民”的个人转型意味着失去了赖以生存的土地，失去了与生俱来的“天然保障”；集体经济的转型意味着原来稳定的经济结构受到破坏，村民被迫进行转型，不得不承担转型中的不确定风险；社会转型意味着村集体组织转化为居委会，改变了原来其乐融融的大家庭；文化价值观的转型意味着村民时刻告诫自己要摈弃农民身份，要适应城市的生活，要为高成本买

单，要在竞争激烈的城市社会寻求立足之地，但实际上价值文化观念不太可能短期内就发生本质的变化。这些变化构成了制约生存发展的环境背景，成为村民脆弱性的源头所在。

脆弱的背景下，村民的生计资本受到不同程度的冲击，随着土地的失去，自给自足的“农耕经济”遭到破坏，散户出租经济不稳定性不足以支撑村民后续发展，村民的物质资本和自然资本遭到了削弱；受教育程度普遍偏低，又缺乏在就业市场立足的一技之长，理财意识不足，这些都是村民人力资本无法适应新环境的表现；改造提升了村民的收入水平，收入结构却缺乏长远动力，而且城市化高生活成本及货币的不断贬值均成为资金资本不稳定的源头；集体感的弱化，集体福利的降低以及就业市场的不认可极大地冲击了村民的社会资本。

生计资本的不同程度的冲击使得原来因“脆弱性”环境变形的生计五边形再次缩小(见图 1)，极大地影响了村民的后续发展。现行的补偿制度，不论是货币补偿还是结合型补偿只能短期应对该情况，而不能长久给予村民各方面的支援。本文下面就结合对生计五边形的分析，从村民可持续生计角度，试图寻找科学合理的多方位保障模式，补偿村民生计资本的损失，进而实现村民的长远生计。

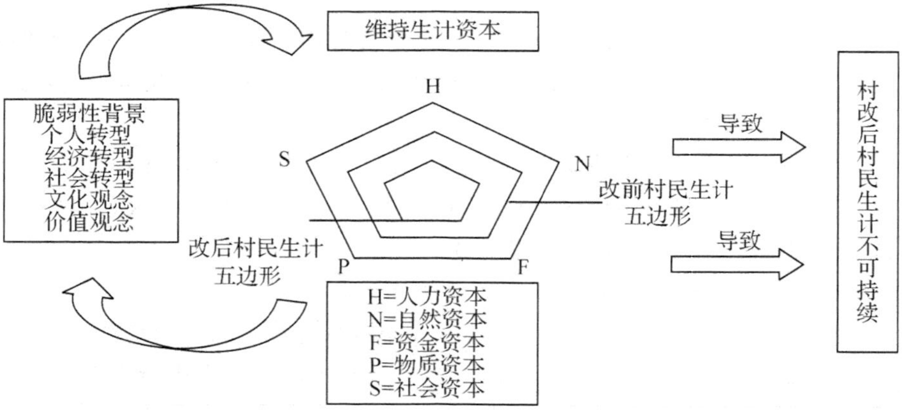

图 1　基于 DFID 北京城中村村民生存现状

三、村民可持续保障内容以及权责分析

前文提到，城中村改造使得村民暴露在脆弱的环境下，冲击了村民的生计资本，阻碍了村民的长远发展。而补偿村民的损失，不但要考虑村民不同程度的生计资本的损失，还要考虑村民权力价值的构成，改变以往对“地”补偿的观念，把对“地”补偿与对“人”补偿结合起来，除货币补偿外，从就业补偿、留地安置补偿、完善社保体系入手构建村民可持续补偿的内容，从根本

上解决村民的后顾之忧。

(一)村民可持续保障内容

1. 货币补偿

单一的货币补偿，通过货币一次性买断村民的各项权利，一方面无法顾及村民的长远生计；另一方面，巨额的货币补偿落到缺乏理财意识的村民手中很容易出现短时间内被挥霍一空的情况。此外，一次性货币支付无论是对于地方政府还是开发商都来说资金的压力过大，很有可能成为牵绊城中村改造进度和质量的源头。因此，不论是对于村民、政府还是开发商，一次性货币补偿显然不是最优选项。解决该问题的方案如下：

第一，鼓励、引导村民接受产权调换补偿，将货币补偿与产权调换补偿组合，大力推行结合型补偿。这种方式需要设置一定的规则，如限制购买面积，限制供应对象等，鼓励村民用手中的货币补偿金额换购安置房。

第二，采用逐年货币补偿，一次性货币补偿是具有指向性的一种生活安排，而不是具有保障性的多元化安置；而逐年货币补偿采取逐年支付补偿费用的方式，为村民提供了长期稳定的基本生活保障，因此可以认为是一种保障性质的安置。

一定要充分尊重民愿，切忌政策制定者强行将政策的实施加于村民，货币补偿不应该只考虑村民的现实利益，而应考虑到村民的可持续生计的问题。

2. 就业补偿

就业补偿不等同于就业安置，也不等同于招工安置，更不仅仅指货币形式的就业补偿。就业补偿需要以政府为核心，制定相关就业扶持政策，村集体、开发商、村民共同配合完成的一种非货币保障性质的补偿形式。

(1)建立以“市场引导培训、培训促进就业”为原则的就业培训体系。关于培训机构，可采用竞争确定培训机构的方式，对就业技能培训机构实行面向全社会的招标；还可以由政府或是村集体组织公益培训，无准入门槛，村民人人享有被培训的权利。此举的目的是促进村民的再就业能力和就业意愿，而不是在家坐吃山空。

(2)拓宽就业渠道，提供多样化就业选择，鼓励自主创业。通过政府制定相关政策，进行就业扶持，如由于改造而增加的就业岗位，必须优先考虑原村民；给符合条件的无业村民办理《就业失业登记证》，并为其量身制定相关就业扶持政策。通过税收减免政策和个人自主创业信贷政策，给自主创业的村民提供就业扶助，为失地农民自主创业搭建一个更加优越的服务平台。

就业补偿应该是一种非货币性质的补偿，是由一系列政策、服务体系维系的保障，目的是为改造后村民后续发展考虑，侧重于村民的长远权力价值。

3. 留地留房安置补偿

留地留房安置补偿即政府在征收土地时，根据征收规模，将部分农用地或建设后的商业房划拨给村集体或村民经营或使用，并通过一定的政策设置鼓励、扶持村集体发展二、三产业，通过产业经济为村民提供长期稳定的收益。村庄可以拆掉，但村集体经济组织还是要适当保留，有利于村民的后续管理与可持续生计的维护。

4. 完善社会保障体系

失地农民社会保障关系着国家发展的稳定，政府部门理应将建立健全社保体系的工作尽快落实，保障城中村村民享受到应有的国家社会保障，彻底消除改造后村民对于养老、就医等现实问题的担忧。建立完善的社会保障体系是以村民长远发展为目的，保障村民改造后的基本生活、养老、就医等问题，注重的是村民长远权利价值，弥补的是村民社会资本及因土地的损失而失去的自然资本和物质资本。

(二)相关利益者权责分析

相关利益者包括政府、村民、村集体以及开发商(投资者)。

1. 政府的权责

政府应起到政策的制定者、改造过程的监督者、各方利益的协调者三重作用，对城中村改造的顺利进行提供服务。

(1)政策的制定者。政府在城中村改造的实施中，最需要关注的应该是改造对象——村民的未来发展。显然，一次性征地补偿无法提供长远保障，政府所能提供的应该是“以村民为中心”的连续的、制度化的关怀。

(2)改造过程的监管者。地方政府改造城中村往往处于“能力有限，责任无限”的境地，既是“划桨人”又是掌舵人。政府应充当的是“监督者”和“监管者”的角色，既要掌权又要适当放权，切实行使好公共服务和有效监管的政府职能。

(3)各方利益的协调者。政府在城中村改造中应摒弃以往“利益相关者”的角色，明确“零受益”的身份定位，以一种主动的姿态退出利益博弈，向中立的利益协调者角色进行转型，以大局为重，不偏不倚地协调各方矛盾，保证改造工作的畅通进行。

改造过程中，各方利益相关者的矛盾冲突是不可避免的，为了能够及时有效地化解各种矛盾和纠纷，政府要依托社区居委会设立维稳工作组，下设直属管辖的城中村改造接访组、村务经营管理问题咨询组、维稳与安全保障组和法制宣传组等，负责协调、解决各项问题，服务于村民、村集体甚至是开发商。

此外，政府需要在自己的职责范围内，尽力为村民、村集体争取其合法利益，防范因信息不对称而遭受不必要的损失，如征地补偿的标准的设定、留用地的比例确定、社保基金的缴纳筹措等。

2. 村民的权责

村民是被改造的主体，是村集体组织的组成部分，同时也是资源的拥有者。当改造已成为定局时，希望得到相对较好的安置补偿、改善居住环境、在收入上没有太大的损失，相比拥有资金优势的开发商，村民明显处于弱势地位。为了能保护自己的权益或争取自身利益最大化，村民需要采取一些对策。

一方面，村民要积极参与城中村改造的全过程中来，参与整个的决策中，从改造规划的编制；到补偿方案的确定，再到后期各项保障措施的执行、改造资金的监管等，村民要积极掌握主动权和知情权，根据本村或自身的处境，提出切合实际的改造诉求。

另一方面，村民摒弃过去过分依靠拆迁改造“等、要、靠”的观念，树立“就业为本”的理念，通过主动参与政府或社会提供的就业培训，提高就业素质及劳动技能，主动地适应城市生活的发展需要。村民还应该逐渐学会合理理财、合理规划未来的发展方向，有效地利用手中的资本自主创业。另外，村民还要积极配合政府的社会保障政策，及时缴纳各项社保金，确保日后生活老有所依、病有所医。

3. 村集体的权责

村集体代表的是村民的集体利益，又是村民的管理者，是城中村改造的直接利益相关者。

(1)有实力的村集体要争当改造的主导者。当经济实力雄厚，拥有扎实、值得信赖的领导班子的村集体要积极争当城中村的主导者，采取自我腾退、自我建设、自我经营的一体化改造方式。当对于有资金压力，需要外来投资者资金注入支持时，一定要通过合理的股权设置，掌握未来联营的绝对控制权。

(2)做好谈判人、宣传者、协调者。作为村民权利的行使者，集村民利益于一身，村集体应该站在村民的角度，向政府争取相关政策、行政权力的支持，向开发商争取村民的应有权利(如原地回迁)，积极参与改造方案的制定、补偿标准的确定以及关乎村民长远发展的留用地、就业、社保等方面的方案的成形过程。需要注意的是，村集体不是少数村干部的意愿表现，而应该将所有情况如实反映给全体村民，所有决策都需要争取 95%以上村民的同意才能最终确定。

一旦方案确定，要做好村民的宣传动员工作，及时公布改造相关政策、方案，并向村民做详细的解读，把工作目标、政策标准、工作原则讲清讲透，形成正确的舆论导向，确保全体村民人人享有知情权。出现利益纠纷时，应协助有关的民事调解，并定期汇报工作，同时需负责向政府部门反映村民的意愿、要求。

(3)妥善处置“城中村”的集体资产。如何处置原集体资产是村民关注的焦点，与村民的切身的利益紧密相关，也关系到“城中村”的改造能否顺利进行。改造前，条件较好的城中村拥有一些实体产业，如北京榆树庄村拥有物流公司、驾校以及建材工厂。随着城中村的改造，由村委会管理的村集体经济也要进行相应的转型，要积极推动将“城中村”原村集体经济改造成村民入股的股份制企业或公司，对集体资产产权进行公平地界定，采取科学的量化方法依法、有效地对集体资产进行管理和分配，由产权相关人员或是第三方进行监督。

另外，对于留用地的发展规划，村集体(村委会)应该结合集体经济的实力、区域产业结构、未来片区总体规划等做出合理、经济的决策，是继续做集体出租物业，还是商业自留经营或是发展其他实体产业，要因地制宜，切忌无根据、不切实际的选择。

(4)推动“村转居”，建设文明社区。改造不应一味“撤村”，村集体应该积极推动村委会向居委会的过渡，建立现代化的文明社区，促进村民更好地融入新环境。“撤村”的同时保留村集体的领导力不丢，可以转换多种形式的领导，以村为主体的居委会、村集体股份公司、政农工商一体公司等。

总之，村集体既要扮演好谈判人、宣传者、协调者的角色，有足够的条件时还要争当城中村改造的主导者，妥善处理集体资产的同时还要积极推动“村转居”以及文明社区的建设。

4. 开发商的权责

开发商作为城中村改造工作中的社会参与者，因具备强大的资金实力和专业的开发运作能力，充当的是投资人的角色，其目的是最大限度地获取更多的利润。

对于开发商来说，首先应该是一个有良心的社会投资者，作为经济人虽然是以获取利润作为投资的目的，但不能以压榨村民、村集体利益为前提。拆迁补偿条款不能有隐形的霸王条款，不能拖欠或拒绝支付村民的补偿金额；回迁楼的质量应与对外出售的商品房保持一致，并且充分尊重村民的自主选房权；保证回迁村民同其他居民共享各项基础设施配套，如教育资源、健身器材等，不能区别对待。

其次，开发商应该是一个有责任心的社会投资者，作为城中村改造的参与者，应充分考虑改造后村民、村集体长远发展的诉求，在其商业配套规划、布局以及未来经营中，尽可能的为村民们提供就业岗位的输出以及相应的上岗培训。一方面能提高村民的劳动技能，使其实现能够就地就业、就近就业，增加村民的收入来源；另一方面也为自己吸纳劳动力资源，从而创造收益，而且还能作为社会责任的承担者，提升品牌价值，扩大其社会影响力。另外，对于村集体预留地的建设，开发商可以从技术、经济上给予村集体一定的支持，后期通过联营来获取相应的报酬。

四、政策建议

城中村的改造离不开政府有力的保障和指导，实现村民的可持续生计更离不开政府在政策、行政权力上的支持与维护。为使城中村改造能顺利进行，保障城中村村民长远发展的权利，政府必须全面引导城中村的改造，提供政策及管理保障，具体建议为：

(一)成立统一的城中村改造管理机构

城中村改造作为一项复杂的、系统浩大的工程，涉及面较广泛，社会、人口、政策、产业、财政、规划、管理等都是需要处理的问题，要求各职能部门间有大量的协调合作工作，因此需成立专门的城中村改造办公室，由政府、村委会代表、村民代表以及开发商共同组成，既负责城中村改造的整个管理工作，更肩负协调四方关系的重担。此办公室可通过制定工作职能表，对工作各方权责进行严格的界定，防范因职能界限的模糊不清导致各部门之间相互推诿分内的工作。

(二)积极推行村民可持续生计保障框架

现行的补偿机制缺乏对村民长远发展的考虑，显然已经不适应社会、经济的发展，而可持续生计保障在这方面明显存在优势，兼顾了村民历史、现实以及长远利益，为村民实现可持续生计提供全方位保障，所以变“补偿”为“保障”已势在必行。但是从目前的村民、村集体的观念来看，还是更加关注眼前的利益，货币和房产是其关注的焦点所在，在推行全新的可持续生计保障需要足够的时间来转变这些已有的观念，因此在推行的过程中可以采取分步、分段的方式，先找若干项目进行试点，一方面可以通过试点的实践完善可持续生计保障，另一方面也给了足够的时间让广大村民，乃至开发商逐渐接受这种转变。

(三)构建可持续生计保障的配套政策体系

政府作为城市的管理者，要按照服务型政府的标准，强化公共服务，通过政策先行的方式，尽快出台可行的、能为可持续生计保障提供支持的配套政策。这些政策涉及城中村改造的全过程，其核心一方面是要处理好村民的现实利益以及最终出路，另一方面平衡好政府、村民、村集体和开发商等各方面的利益关系。配套政策应包括：明确补偿标准的征地补偿政策，为村民就业提供服务的就业扶持政策、创业政策、培训机构运营及管理政策，为解决村民后顾之忧的社会保障政策，界定留用地的比例、用途、产权性质等的留地安置政策等。通过政府的这些政策的有效落实提高影响村民生计资本的就业能力、创业能力、协商能力以及参保能力。

(四)成立可持续生计保障监督管理机构

一项新制度顺利落实，除了需具备组织结构、制度方案、政策体系外，还离不开有效的监督和管理，因此需要成立独立的监督管理机构，负责资金的监督(改造资金、货币补偿金、社保资金、集体分红、就业培训投入等)；集体资产处理的监督；安置房质量、选取、分配、交付的监督；利益相关者权责落实情况的监督；集体经济运营的监督等。独立监管机构的成员建议让四方相关利益者以外的社会组织(第五方)构成，由于第五方不涉及城中村改造的利益，与利益相关者原则上无直接联系，因此在监督管理工作中能更好地担任铁面包公的角色，不偏不倚地做好监督管理的工作。

(五)鼓励以村集体为主导的自我改造、自我循环

从城中村改造的模式来看，分为政府主导、开发商主导以及村集体主导三种方式，但实践中大部分采用的是政府主导模式，政府既要制定相关政策、投入资金，还要负责改造工作的落实。这种模式下，政府很难在保障城中村改造工作顺利实施的同时，兼顾村民的长远利益。为了给政府减负，让其有更多的精力去为村民、村集体利益提供切实的服务，对于经济实力雄厚的村集体，可以鼓励其进行自我改造、自我循环。也就是说，让村集体自己负责村民的拆迁安置、新城的建设以及后期的运营，通过强大的集体资金的注入建设全新的城市综合体。通过运营建好的商业地产以及出租产业，有原有集体产业的保障，前期资金的投入以及后期村民长远发展都能够解决，政府要做的就是提供各项政策便利，比如在规划上为未来商业地产的发展提供方向，在税收上给予适当优惠等。这种方式可以减少利益相关者的参与，内部矛盾也就比较单一，但是对于村集体而言，风险较大，而且要求其有足够的经济实力以及专业化的管理团队。

(作者：周毕文　北京理工大学副教授)

项目名称：基于信访视角的社会心态管理与风险预警机制研究
项目编号：13SHB016
项目负责人：曹　颖
项目信誉保证单位：中共北京市委党校

治理现代化背景下的首都信访发展趋势与工作机制创新

信访制度是我国政治活动中独具特色的一项重要制度安排。它是党的群众路线的重要体现，是党和政府倾听民意、排解群众矛盾的重要渠道；也是广大群众向党和国家反映问题、表达利益诉求、实现民意上达的重要途径。信访制度从形成至今，主要发挥着政治参与、利益表达、行政监督和权利救济四大功能。

信访工作伴随着我国社会矛盾的高发而日益成为各方关注的焦点。我国目前正处在一个利益加速多元化的社会，社会问题日益复杂化和多样化，社会矛盾逐渐凸显，社会不满情绪不断积聚。这给信访工作带来新的压力与挑战，比如：功能过载导致社会的过高期望、与其他矛盾化解机制亟待有效衔接、工作方法急需适应新形势的需要等。

针对当前发展中面临的一系列突出矛盾和挑战，党的十八届三中全会提出完善和发展中国特色社会主义制度，推进国家治理体系和治理能力现代化这一全面深化改革的总目标，并就创新有效预防和化解社会矛盾体制、改革信访工作制度提出具体要求。本研究基于对北京市信访现状和发展趋势的经验考察及信访矛盾的社会根源分析，对治理现代化总目标下信访制度的改革提出前瞻性的思考①。

① 本研究的数据信息主要来源于以下方面：1. 调查数据来源于针对普通公众、信访人员和信访工作人员的访谈和问卷调查。(1)普通公众样本 599 人，来自北京市朝阳区、海淀区、房山区的 7 个街(乡、地区办事处)。男性占 40.9%，女性占 59.1%；平均年龄 37.1 岁。(2)信访人员，120 人，样本除来自上述 7 个街(乡、地区办事处)外，还有部分来自北京市东城区各委办局的信访人员。男性占 50.9%，女性占 49.1%；平均年龄 43.5 岁。给政府部门写过信(或发过电子邮件)的占 35.0%，到政府部门反映过问题的占 47.5%，给政府部门打过电话的占 41.7%，还有 5.8%上街静坐过或游行聚焦过(有些信访人员既写过信又上过访，所以总计百分比大于 100%)。(3)信访工作人员，105 人，来自北京市信访办和各区县信访办的一线接访和办信工作人员。2. 年度统计数据来源于“北京市信访与社会矛盾数据库”。

一、首都信访现状与趋势

（一）信访总量与强度：信访总量长期高位运行，信访强度有所增加

2000 年以来，北京市信访总量始终处于长期高位运行状态，全市信访件次经历了自 2000 年至 2005 年的快速增长之后，始终长期维持在 80000—100000 件次，总量持续多年不减。信访强度风向标的联名信和集体访也多年来一直处于高位，特别是集体访和过激信访事件多年来始终处于较高水平。从来信和来访的比例来看，来访作为强度更为突出的信访事件，占比持续增加(见图 1)。近年来，我们对于来访特别是集体访问题往往给予优先办理和重点关注，这也在一定程度上增加了来访矛盾所占的比例。

作为社会矛盾的集中爆发，长期高位运行的信访事件提示我们，在当前和今后一段时间内，比较严重的社会矛盾特别是信访矛盾是导致社会风险持续处于较高等级的风向标。

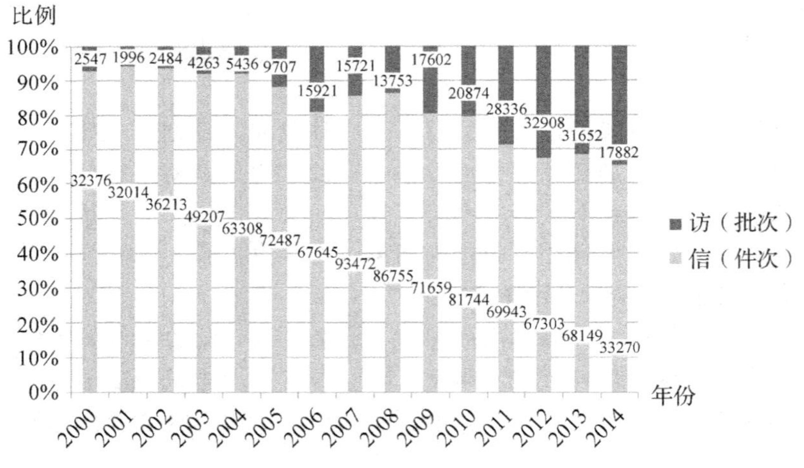

图 1 2000—2014 年来信和来访占比

（数据截至 2014 年 6 月 15 日）

（二）信访矛盾聚焦点：信访与社会矛盾焦点指向集中且长期一致

数据显示，多年来北京市的信访矛盾主要集中在几方面的焦点问题上，城市管理、住房问题、涉农问题、投诉举报、拆迁安置、劳动社保、社会建设和社会秩序等方面是群众来信来访比较集中的领域。2014 年以来，无论从信访总量还是从集体访数量和过激信访事件数量来看，城市管理、住房问题、涉农问题和拆迁安置始终处于排名靠前的位置。这种现象一方面同我们所处的历史发展阶段有关，是发展性的矛盾来源，另一方面也属于政府改革和政策变更较多的领域，因而也属于政策性的矛盾来源。

来自针对北京市普通公众、信访人和信访工作人员的调查问卷显示，当

前比较突出的社会问题也主要集中在住房、拆迁、腐败、医疗保障、养老保障等方面。其中，住房、拆迁和腐败是大家一致关注度较高的领域，也表明了当前社会矛盾的焦点所在。

当问及未来五年可能产生哪些尖锐的社会问题时，普通百姓、信访人和信访工作人员所认为的焦点问题依然集中在拆迁、住房和腐败方面。这种指向集中且长期一致的社会矛盾问题必然会增加现阶段和未来一段时期内的社会风险，是我们必须关注和注意防范的方面。

对社会问题专家的深度访谈也表明，住房、拆迁、腐败和分配不公将持续被关注；医疗保障、城市管理、物业纠纷、食品安全将越来越被关注；而国进民退、阶层壁垒、城乡和地区不平衡、文化建设等方面的问题将是影响未来发展的重要因素，公民诉求表达、非利益诉求、“三公”公开、买官卖官、司法腐败等现象作为未来社会矛盾的突出领域将受到关注。作为干群关系焦点的腐败问题将可能发展为裂痕性矛盾。

(三)信访类型新变化：非直接利益冲突剧增，蓄积大量隐性不满

无直接利益冲突指社会冲突事件的参与者对冲突事件本身并没有直接的利益诉求，而是路见不平或借题发挥、借机宣泄以表达不满情绪而造成的矛盾。近年来，我国一些热点社会事件，尤其是网络热点事件就具有无直接利益冲突的特点。这些事件往往是由某个偶然的具体事件引起，并没有明确的目标，也没有统一的组织，然而蔓延面却很广，持续时间也较长，有些还具有暴力和泄愤性质，后续影响力很大，很多冲突的矛头最终由指向当事人转而指向政府。

无直接利益冲突与人们的被剥夺感和受挫感直接相关。美国著名政治学家亨廷顿在《变化社会中的政治秩序》(塞缪尔·P. 亨廷顿著，王冠华、刘为等译，上海人民出版社，2008 年版。)中提出一个著名的命题：人们在现代化过程中会产生一种社会挫折感，这种挫折感会影响到社会的稳定，其过程是通过某些中介因素所构成的因果链条而发生联系的[①]。科塞则提出了“非现实性冲突产生于剥夺和受挫”的命题并对此进行解释：社会系统的流动性、开放性越小，缓解下层社会成员对稀缺资源分配不满情绪的管道越少，这部分社会成员发泄不满情绪的选择性就越小，其感到自我被剥夺的意识就越强，也越容易从绝对剥夺转为相对剥夺。[②]

针对公众的问卷调查结果印证了上述命题。在 7 级量表中，公众的心理状况仅略高于 4 分的中间水平(均值为 4.89)，远未达到良好(分数越高，评价

① [美]塞缪尔·亨廷顿著，李盛平等译：《变革社会中的政治秩序》，北京：华夏出版社，1988 年版。

② [美]科塞著，孙立平等译：《社会冲突的功能》，北京：华夏出版社，1989 年版。

越正向；下同）。对于社会的评价与感受也处于中等水平（9 个问题的均值在 4.06—4.76），对贫富差距（3.46）、腐败（3.73）和食品安全（3.54）评价较低。相对于外地居民而言，北京市居民对于社会的评价更为负面和悲观（北京市居民的评价均值在 3.33—3.97，外地居民的评价均值在 3.64—4.36，p 值在 0.004—0.03，存在显著差异）。在阶层归属认知方面，存在大比例的底层认同：无论是穷人还是富人，无论是地位高的人还是地位低的人，都认为自己属于弱势群体（评价均值为 3.69），存在一种“向下认同”的群体归属评价。当被问及“你觉得自己是富人吗”，高达 38.2％的人在 7 级量表中选择了“1”，即认为自己“很可能不是”富人，总体均值为 2.83，为所有问题中的得分最低。公众对于相对被剥夺感的感知也呈中等水平（均值为 4.18）。在 7 级量表水平上，所有指标鲜有超过 5 分的评价。这种“仅仅略高于”平均值 4 分的评价显示公众中可能已经蓄积着潜在的不满情绪。

在社会评价中，22.2％的人认为当前贫富差距“非常大”，29％的人认为“比较大”，两者合计超过 50％。认为腐败问题“非常严重”和“比较严重”的占 41.5％；认为社会“非常不公平”和“比较不公平”的占 37.5％。

当问及如果对政府不满意，将采取何种方式时，36.2％的人表示可能会上访；35.7％的人表示可能会向政府有关部门投诉写信。这表明，超过三分之一的人可能会通过信访方式表达这种不满。

从公众情绪状况来看，具有“满意”倾向的人群占 38.9％（在 7 级量表中的选择大于等于 5，下同）；而选择“不愉快”倾向的占 25.1％，选择“不安”倾向的占 22.2％，更有 17.1％的人群有“怨恨”倾向。相当比例的人群存在比较消极负面的情绪状态。这也在一定程度上解释了为什么某一局部、偶然的事件会在公众的关注围观下形成波及全国乃至全球的热点事件。

当问及“你目前的状况与同龄人产生差距的原因”时，45.1％的人将原因归于社会政策不合理、社会不公正以及社会提供的机会不足；而认为是自己能力不足、努力不够等原因的占 53.1％。这种社会化的归因模式在一定程度上增加了公众对于社会的不满情绪，从而导致社会矛盾和社会风险的加剧。从某种意义上说，非直接利益冲突是社会潜在矛盾和公众隐性不满情绪的爆发口。而信访可以看作是公众发泄显性不满的、直接的渠道之一。

（四）信访人心理状态：较之普通公众更为消极和悲观，存在严重负面情绪

数据表明，信访人的心理状态显著低于普通公众，其对自我的评价、婚姻家庭认知、人际认知、心理健康和相对被剥夺感方面与普通公众均存在显著差异。特别是在当前心态、工作满意度和未来信心方面较普通公众有较大差距，显示出比较悲观消极的态度。信访人的心理健康水平也略低于普通公众，在偏执倾向和敌对倾向方面尤其突出。

就情绪体验来看，信访人的正向情绪水平显著低于普通公众；而负面情绪水平又显著高于普通公众(图 2)。在情绪词联想方面，信访人群联想到的负面词汇较多。信访人这种悲观、消极和负面的心理状态如果不能及时化解，必然会随着信访过程的延伸而不断积蓄；在某种条件下还可能引发对抗性的冲突。

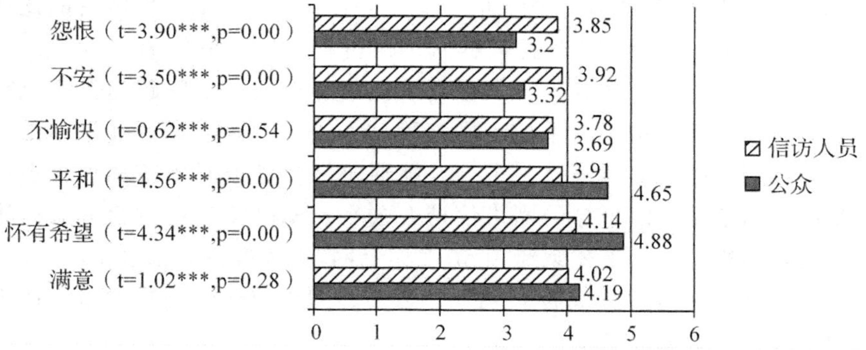

图 2　信访人与普通公众的情绪状况对比

在 7 级量表中，公众和信访人在自我认知评价、情绪评价和社会评价方面的总体均值均接近或略微超过 4 分的中间值(见图 3)，公众的总体均值在 4.04—4.59；信访人员的均值在 3.93—4.18，表明当前的社会心理状况处于一种相对消极状态，蕴含大量不满情绪。种种迹象表明，公众和信访人之间的差距呈缩小趋势。公众的隐性不满情绪有可能在某种条件下爆发出来，成为显性的信访矛盾。

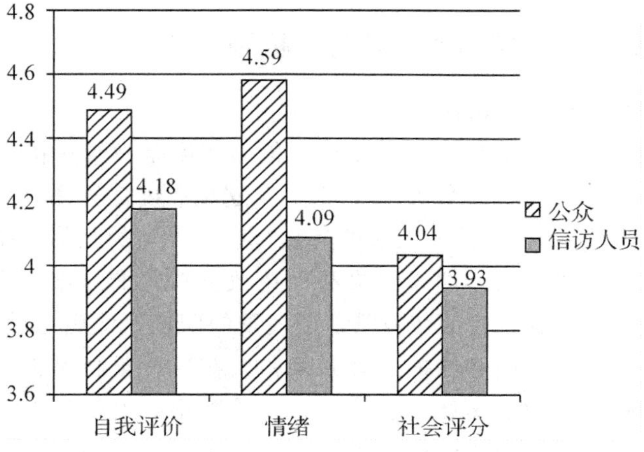

图 3　公众和信访人社会心理状况对比评价(7 级量表)

（五）信访形式在改变：网络成为重要的信访渠道，来自民间信访的挑战骤增

随着互联网的日益普及，多元化的网络渠道成为百姓信访的重要途径。网络信访，不仅包括电子邮件、政府网站和政务微博等诸多正式渠道，还包括大众论坛、名人微博、名人微信等多种非官方途径。

北京市自 1995 年开通电子邮件受理群众来信以来，纸质信所占的比例迅速下降；近年来，来自电子邮件的群众来信占到总来信量的 70%左右。百姓通过政务网络和论坛、政务博客和微博、微信等渠道反映问题的比例也在持续增加。目前，北京市正着手启动网络信访办公平台，使得百姓足不出户就能向政府部门反映问题和表达诉求，并能通过平台来及时跟踪和了解事件的办理情况。由信访部门主导的网络信访办公平台未来将有望成为群众信访的主流形式，使得百姓真正体会到“上访不如上网”。成都市新都区早在 2010 年网上信访量就占到信访总量的 75.4%。目前，网络信访的公开发布率达到了 95%以上，与群众形成了良好的互动。①

除上述官方的网络信访外，民间网络信访渠道的作用也在日益增强。以 703 网、天涯论坛等为代表的“民间网络信访”成为越来越受关注的信访新途径。由《中国青年报》联合“中青在线”和“天涯论坛”发起的网络信访调查显示，在 2471 名受访者中，有 70.8%的受访者表示有通过政府网站反映情况的经历。

互联网特别是移动互联网的普及和社会化媒体（SNS）的日益活跃在客观上推动了传统信访制度的变革，对政府部门进一步改进信访工作模式既产生了压力，也提供了机遇。

二、首都信访工作的发展趋势与机制创新

（一）新时期信访功能再认识

作为一项具有中国特色的制度设计，信访制度是契合中国传统法律文化和化解社会矛盾现实要求的产物。从 1951 年这项制度建立之始，信访制度至今已经存在了 60 多年。同此起彼伏的“信访潮”相伴随的是信访制度功能定位问题的争论。近年来，由于纠纷解决和权益救济功能的强化，政绩考核功能和公共政策等功能的加入，信访被赋予了过重的职能而滋生出一些负面效应。同时，受经济或其他方面利益的驱动，某些人在通过正当渠道不能达到其目的时，就利用信访特别是集体上访这一方式给基层政府施压，从而引发了一系列的社会问题。以维护社会稳定为宗旨的信访制度在一定程度上成为制造

① 人民网—理论频道，2014 年 6 月 10 日，链接网址：theory.people.com.cn/n/2014/0610/C40537-25128437.html。

社会矛盾、导致社会不稳定的制度因素。

信访作为一种长期存在的权利救济制度，与行政诉讼相比，具有成本相对较低、受案范围更广、更容易缓和矛盾、更强调实体正义的实现等特点。但是一项制度承载过多的功能，就会使其核心功能受到弱化，同时产生一些与制度目标相违背的负面作用。一些本应该通过其他渠道表达民意的政治参与方式，却因为其他渠道的不畅而全部拥挤在信访这个渠道中，信访渠道的堵塞和无效就在情理之中了。化解矛盾、消除不满意只是对政府政策延续性与官员不当行为的一种必要纠正，提升公众满意度根本上要依靠政府积极的作为。运用美国用户满意度指数模型(ACSI)对公众满意度的度量证实了这一点。该模型认为，公众满意度取决于公众的感知质量、感知价值、公众期望、公众抱怨和公众信任。来自北京市的公众问卷表明，公众满意度来源于公众信任(路径系数 0.8900)，而公众信任主要来源于百姓对于政府服务的感知质量(路径系数 0.8890)，减少公众抱怨对增加公众对政府信任度的路径系数仅为 0.0300。从参数值来看，公众抱怨指标的贡献率要远低于感知质量指标的贡献率。减少公众抱怨并不能大幅提升公众满意度。这可以用赫茨伯格的双因素理论加以解释：减少公众抱怨只是消除了不满意，但是并不一定能增加满意。信访和社会矛盾缓解了，只是减少了公众的不满意，但要实现公众的满意，必须通过政府改革提升政府服务质量。

为摆脱目前信访制度面临的困境，信访制度的功能必须实现理性回归。一是要实现法治的回归。应在法治纠纷解决机制的框架内确立信访的位置。目前的信访几乎都与司法救济的缺陷有关，因此，依法司法，提高司法救济的权威性和有效性，才能从根本上减轻信访压力，使司法和信访各归其位，各司其职。二是要实现信访制度功能的回归，即强化信访的政治参与功能和政治监督功能。事关公民重大利益的决策应当事先充分听取各方的意见和诉求，增强公共政策的民主性与科学性，从源头上舒缓救济类信访的压力。同时，还应进一步强化信访的政治监督功能，合理界定不同信访机构的权责边界，推动部门联动。

(二)信访工作的实践探索

党的十八大、十八届三中全会和习近平总书记系列讲话精神对完善信访制度、畅通信访渠道及依法信访等工作做出了新的部署。近一段时期以来，针对信访改革的实践探索已经开始。

1. 取消信访排名

国家信访局对各省市不再搞信访排名、通报，暂时停止了各地的“非正常上访”人次数排名。信访排名制度始于 2005 年，因与政绩考核和干部升迁直接挂钩，造成地方信访压力很大。各地信访部门不惜采取各种手段“截访”，甚至雇佣“黑保安”，设置“黑监狱”。许多的恶性事件的发生都与此相关联。

2. 实施信访终结制度

党的十八大报告指出，要“把涉法涉诉信访纳入法制轨道解决，建立涉法涉诉信访依法终结制度”。中共中央办公厅、国务院办公厅印发《关于依法处理涉法涉诉信访问题的意见》，实行诉讼与信访分离制度，把涉法涉诉信访纳入法制轨道。《意见》提出，对涉法涉诉信访事项，已经穷尽法律程序的，依法做出的判决、裁定为终结决定。对于反复缠访缠诉的，经过案件审查、评查，由中央或省级政法机关审核，认定其反映的问题已经得到公正处理的，除有法律规定的情形外，依法不再启动复查程序。

3. 不再受理越级上访

自2014年5月1日起，国家信访局印发的《关于进一步规范信访事项受理办理程序引导来访人依法逐级走访的办法》(2014年4月24日人民网发布。)正式实施。《办法》指出，对跨越本级和上一级机关提出的来访事项，上级机关不予受理，并引导来访人以书面或走访形式依法向有权处理的机关提出，同时将相关情况及时通报下级有关机关；在依法有权处理的本级或者上一级机关中，首先收到的机关先行受理，不得推诿。

4. 网络信访推动透明信访和数字信访

在实践层面的信访工作模式也日益受到关注。2009年，国家信访局开通网上投诉受理平台，试运行期间，专门受理三农、社保等方面的投诉。2013年7月1日，国家信访局门户网站网上投诉全面放开受理内容。2014年4月，国家信访局宣布建设全国网上信访信息系统，并要求各省份要在2014年年底前建成网上信访平台，进行信访透明化改革。6月，国家信访局将完成系统开发，系统集成、项目监理、硬件采购等方面的招标。计划于12月1日国家信访局网上信访信息系统进行试运行。12月31日，全国网上信访信息系统正式运行，从而实现信访业务的网上流转，并在此基础上推动省级平台与市、区(县)平台互联互通，信访部门与同级其他职能部门的联通，以方便各级信访部门的监督和访民监督。据来自全国网上信访工作现场推进会上的消息，至2013年年底，全国已有29个省、自治区、直辖市，275个地市和1831个区县开通了网上信访平台。上海、广东、江西等19个省、自治区、直辖市实现了省、市、县三级平台互联互通，228个地市实现了市、县两级平台互联互通，135个地市信访部门实现了与职能部门的互联互通。

(三)首都信访工作理念的战略转变

伴随着信访法规的调整和各地信访实践的探索，信访改革的序幕正徐徐拉开。2014年被媒体称为“信访改革年”。为适应信访制度改革，首都信访部门做了许多有益的实践探索，通过对信访矛盾的分析研究，实现了从理念到方法的战略转变。

北京市信访矛盾分析与研究中心自2009年成立以来，与市信访办分工协作，通过建立实时动态信访数据库、开展课题研究、定期出版刊物、设立硕士点、加强对外联系等一系列有力举措，将信访工作拓展到更为前瞻的领域，实现了信访工作理念与方法的战略性转变。在工作理念上，实现了从参与保障到参与决策的转变；在工作方式上，实现了从经验实操到规律研究的转变；在工作思路上，实现了从事后处置到事前预警的转变；在工作境界上，实现了从对维稳负责到对执政负责，有效地避免陷入“越维稳越不稳”的恶性循环。实现上述战略性转变，是践行十八大精神、进一步推动信访工作的核心所在。

（四）首都信访工作机制的创新思路

1. 建立非诉讼的社会矛盾纠纷解决机制

以往的信访工作往往承担了大量的、超越自身职能范畴的工作内容。今后，不仅诉讼类的信访矛盾要逐渐从信访工作中剥离出来，大量民间纠纷也需要进一步剥离出信访工作轨道，而依赖于各种调解和仲裁方式予以解决，从而使得信访能逐步回归其本质的核心职能。事实上，除信访外，非诉讼的社会矛盾纠纷解决机制还包括各类调解、行政复议、行业仲裁等。信访部门只有同其他承担非诉讼矛盾解决的机构分工协作，才能更有效率地工作。北京市拟将逐步建立非诉讼的社会矛盾纠纷解决机制，参照国外类似的机制，通过明确职能分工和分类管理，优化纠纷解决的工作流程。

2. 构建法治与行政效能联合监察机制

赋予信访政绩考核功能，忽视行政效能监察与法制的权威性，导致政府和百姓双方的大量逆向选择行为，使政府的公信力和法治的权威性受损。一方面，政府官员为了规避风险，减少信访导致的一票否决现象，从而选择不作为，这样，不仅影响行政效能，而且最终会导致群众的不满。虽然这种不满由于缺乏特定指向性而无法形成事实上的信访，但是群众不满的长期积聚往往会产生潜在的更大的社会风险。另一方面，对于上访者而言，既然“大闹大解决、小闹小解决、不闹不解决”，那当然会选择“闹”，进而提出超越事件本身的过多要求。而政府部门在博弈中为了所谓的政绩和排名，往往会无原则地妥协，且在很多时候是不合规、不合法的妥协。而这种不合规、不合法的妥协又往往引起更多人的不满，从而导致更多的信访。因此，构建法治与行政效能联合监察机制，将法治与行政效能并重，不仅是信访改革的大方向，更是今后信访工作创新的主要思路。目前，北京市正计划开展针对信访条例执行情况的执法检查，通过加强评估和监督进一步推动信访更好地步入法治化轨道。

3. 进一步推进网络信访体系建设

北京市将在原有信访办公信息系统的基础上，按照透明信访、数字信访和网络信访的思路，构建内部和外部互通互联的网络化信访体系。通过完善信访功能，拓展信访渠道，实现不仅可以“堂前击鼓”，还能“网上鸣冤”，让群众不必付出奔波之苦便能反映情况，不必四处求告就能解决问题。具体来讲，完善现有的内部统计信息系统和外部服务系统，实现信访办与其他职能部门的信息共享，推动信访网上公示和信访定量研究，对于整合信访资源、提高信访回应效率、实现网络信访体系的互联互通具有重要的实践意义。

2014 年的信访改革是对信访职能的一种修正和回归。其宗旨是加强和完善信访机制，使其步入科学化与法治化的轨道，从而更好地发挥其本来的职能，而不是弱化与取消信访制度。

（作者：曹　颖　北京市委党校副教授）

语言·文学·艺术学科

YUYAN·WENXUE·YISHUXUEKE

项目名称：复杂英语二语句子加工的句法和语义界面关系研究
项目编号：13WYB013
项目负责人：任虎林
项目信誉保证单位：华北电力大学

关系从句外置结构加工的语法权重效应研究

一、引 言

关系从句外置结构(relative clause extraposition construction)是句法学研究的主要语言现象之一，如英语中(见句 1)，主语是名词词组(NP)new sets，修饰主语 NP 的关系从句却出现在动词词组(VP) soon appeared 的后面；即在名词 sets 和 that 从句 that were able to receive all the TV channels 之间插入了 VP(soon appeared)。这样，在句 1 中，关系从句没有跟在其直接修饰的名词后面，这违背了传统语法的禁止错位修饰短语的规则(Trenga，2006)，形成了关系从句结构外置现象。因此，单从句法形态结构的角度看，句 1 的形态结构发生了句子成分结构错位修饰的关系；这和正常的句子形态结构规范句(见句 2)有明显不同。在句 2 中，修饰主语 NP(即 new sets)的关系从句(即 that were able to receive all the TV channels)直接跟在所修饰的主语 NP 后面，没有发生句子成分的结构错位修饰关系变化的情况。

句 1：New sets soon appeared that were able to receive all the TV channels.

句 2：New sets that were able to receive all the TV channels soon appeared.

对于关系从句外置结构的研究，多从语境传递信息需要的角度进行。通常把关系从句外置看作是用来表达某一特定语境下的信息传递，特别是用于表达新旧信息对照或重要的语境信息传递，或者和 VP 结合起来传递旧背景信息(Kuno & Kenichi，2004)。在这种情况下，关系从句外置于聚焦信息(成分)之后，出现在句尾旧背景信息之后。这样，从外置成分顺序可以洞察关系从句新旧信息的传递情况。

外置结构的动词类型和语境传递信息密切相关。Rochemont & Culicover (1990)的研究成果表明，不及物动词类型的外置句子多出现主语外置情况(见句 3 存在动词和表语动词)。这种外置结构和 there 嵌入结构形成对照；相较而言，there 嵌入结构出现的限制更为严格，主要出现在不及物动词类型中（见句 4）。据此，Rochemont & Culicover 认为，这种不及物动词结构源于特定的语境。但是，其他动词类型（如及物动词），如果述谓结构所传递的旧背景信息也能被接受，也会出现主语外置的情况。

句 3：A man called her up who she did not know.（关系从句外置结构）

句 4：There called her up a man who she did not know.（there 结构嵌入）

因为彰显了不同语境下传递信息的作用，所以从语境传递信息的角度解释关系从句外置结构有其合理性；但是，要想真正理解这种结构的本质特征，从以句子结构本身建构过程为特征的句子加工研究的角度，探究该结构很有必要。基于这种考虑，语法权重的作用同样不可忽视，甚至更为合理。因为语法权重是通过衡量、计算句中词组长度或结构复杂性，较该句中其他词组长度或结构复杂性得出的比值大小。如重成分结构长或结构更为复杂，则表明其语法权重值大；反之，则语法权重值小（Francis，2010）。因此，通过比较语法权重的大小，透视语法权重大小在句子加工中的不同作用，可以更好地把握关系从句外置结构的本质特征。

二、关系从句外置结构加工和语法权重效应

长期以来，句法学研究一直认为关系从句外置中句子成分结构存在错位修饰的现象，认为这种现象是由于主语 NP 和外置关系从句结构成分的非连续性问题的出现，形成了关系从句外置结构的非连续依存句。但是，形式句法理论者对这种非连续依存句结构存在的合理性提出质疑，主要原因是关系从句结构位置完全居于主语 NP 之外，这显然违背了 X 阶标理论（X-bar theory）。按照 X 阶标理论（Chomsky，1970），NP 和 VP 等短语范畴应为词汇范畴的阶标投射（bar projection），而词汇范畴应为一组同类特征。这就要求修饰成分应当位于所修饰的句子成分或句子短语投射修饰语所在的位置。如英语的短语结构模式，就是通过修饰或补语成分必须发生在最大投射的同等位置作为中心词来实现，这违背了 X 阶标理论。

早期的生成句法理论者认为（如 Baltin，1981），关系从句外置句子发生成分位置是句子成分发生连续右移所致。该观点既体现了方位格在句法学理论中的作用，也体现了“该结构在解释花园径式句子 garden-path seutence 习得模式和在句子二次加工的作用”（Aoun & Hornstein & Weinberg，1987）。如果句法与语义联系超出了给定的无限域，对句法的依赖和使用就须限制在一种既定的方式之内，可以被无限地重复使用，以适用新的有限域。因此，有研究者认为，这些有限域包涵的内容以及其如何与语法的根本无界本质的相关性是方位格理论涵盖的主要内容（Luigi，2013）。但问题是，关系从句外置结构或多或少受到方位格条件的限制，这可能会致使外置关系从句结构以非

正常顺序频繁地出现，如出现在先行词从句外边。同时，这种情况可能会引发句子岛效应违背的现象(Ross，1967)，如句 1 主语 NP 外置成分即发生岛效应违背的情况。还有解释认为，NP 非连续成分和混合外置短语的结构关系是由非外置句子成分位置发生左移所致(McCawley，1998)。另有研究者认为，关系从句外置结构以简单句法修饰为基础，涉及句法和语义非完全意义的匹配加工问题(Culicover & Jackendoff，2005)。

在句子加工相关研究中，一个重要的方法是基于规则的句子理解模式(Gina & Silvia，2014)。据此模式，句子分析器和句法是紧密联系的，句子分析器视句法在句子表征和解释的作用而定。句法知识是自动的，即从代表其他知识源(如语义学及先前语境知识等)在句法规则应用于其他知识源之前，变成后来解释过程的可及性是自动变化的过程(耿立波、杨亦鸣，2013)。在一些语言(如英语)中就存在大量关系从句结构外置现象。语法权重具有词序非连续的特征，如英语的趋尾权重规则，即句子短语是以不断增加的权重值顺序在句中出现。在英语的重名词短语移动现象中，及物动词的直接宾语发生在间接成分或修饰语后(见句 6)，而不是出现在连续的邻接动词位置(见句 5)。

句 5：The waiter brought the wine we had ordered to the table.（连续句）

句 6：The waiter brought to the table the wine we had ordered.（重名词短语移动）

有研究者(如 Wasowa，2002)提出，复杂的长短语易出现在句子末端，即所谓的尾重(endweight)效应。基于语料库的重 NP 及冠词移动相关研究表明，尾重结构的权重测量与句子成分序列长度相关。所以在复杂长句子加工时，使用基于尾重效应的分析方法较为合理。但这种方法的瑕疵是，它在很大程度上忽视了话语者句子规划的因素，即使弄清了影响句子分析器作用的主要因素是什么，也未必对句子加工产生实际帮助；并且，尾重效应不可能是单纯的句法结构所致，需要把词素等语义因素也考虑进去。因此，从此意义上讲，尾重效应的分析解释应是总体上满足话语者句子规划的目的要求。

Arnold(2000)进一步解释了尾重效应现象，认为重成分权重值出现在句尾能够给话语者额外“计划”时间，可以更好地操纵句子加工。Hawkins(1994)认为，把重成分放在句尾可使听者或读者加工句子更有效率，可以较快地识别出句子的主要成分。Gibson(1998)提出，把重句子成分移到句尾能减少加工非方位存在句的整合成本，有利于提高句子的加工效率。Hawkins(2004)拓展了这些论断，提出域最小化原则：人类语言加工器偏爱最小化语言形式的连接顺序，偏重于常规联系句法和语义特征混合依存加工的方法。这种偏爱程度与域关系数目最小化及结构中每个域顺序有一定比例关系。该规则预测，在语言加工过程中，话语者偏向于把重成分域优先安排在语言成分关系最小化的关系中。在一些和域相关成分的句法加工中，包括短语结构的句法存在句，介于首词和补语的词汇特定存在句等，最重要的是短语合并域(Phrase Combined Domain，PCD)，即最小系列成分需要构建母节点和子节点的即入成分，当遇见句首词时，就可以构建相应成分。如在句5，由于重NP成分移动，包括动词和每个补语句首词的VP短语合并域也随之移动，这些句首词包括动词、介词短语的介词句首和限定词或修饰NP的名词等。当NP权重值相对较大时，VP的PCD可以通过把NP移动到一个紧跟介词短语的位置，从而使句子权重最小化(见句5)。计算PCD的方法是，通过计算直接成分和词的比率大小得出结果，如在句5、句6中，VP有三个直接成分：动词、宾语NP和介词短语，这样，直接成分和词比率相对于句5的VP是3/7(43%)，但句6直接成分和词对VP的比率是3/5(60%)。这样，移动结构句6比连续结构句5的加工更有效率(60%>43%)。

对于关系从句成分非连续外置的特征使句法结构变得复杂，可能增加句子加工负担的疑问，Hawkins(2004)给出解释，由于权重效应以方位为基础，当听者、读者越过方位限制距离时，必须整合各种语言信息，在此过程中，会消耗较多的工作记忆(如陈宝国、徐慧卉，2010，任虎林，2013)。因此，在关系从句外置中，跨过介入的VP成分整合关系从句的中心名词应耗费工作记忆容量。考虑到语法权重的作用，把重成分移动到句尾便于操纵句子加工。

Hawkins(2004)的解释得到德语两种简单类型的外置结构句子加工研究的数据支持。德语的主要动词位于动词短语之后，宾语NP在动词之前。在关系从句从连续的宾语位置移到紧接动词的位置时，宾语NP短语合并域在连续句中得以最小化，直接成分和单词的比率是100%。但是，VP短语合并域在外置最小化的句子中，直接成分和单词的比率是75%。因此，显而易见，在决定哪种结构对给定的句子加工有效性方面，决定在所有相关语域中最小化语域中的作用方面，最小化外置结构是优选结构。因为当关系从句外置成分重时，如果只有一个词插入动词中，合并的宾语NP和VP短语动词域就最小化了。这样，可从外置结构直接成分和词的平均比率高低判断出来(75%<100%)；也可从外置结构句中需要构建NP域和VP域的单词数量多少进行判断，分别是8个和13个词(8<13)。所以，通常情况下，外置结构和与之对应的关系从句长度超出外置距离连续成分时，结构更有效，因为关系从句的长度增加了连续句的VP域，使外置距离变短，减少了外置句中NP域(Vasishth & Richard，2006)。

Konieczny(2000)研究了句法权重效应在句子加工中的作用。他以德语关系从句外置作为研究材料，通过句子可接受性试验和自步控速阅读来验证句法权重效应在德语关系从句外置句子加工中的作用。结果表明，当外置距离最短(如一个词)时，外置句子的句法可接受性最高；外置距离适中时，句法可接受性适中；外置距离长时，句法可接受性最差。同样，在测试中，不管外置结构句子简单还是复杂，没有外置结构连续句的合乎语法性判断比含有外置结构的句子总体上得分偏高。在自步控速阅读中，当关系从句有结构外置时，关系代词阅读速度慢，说明整合加工非邻接关系从句的成本加大；即使动词和宾语毗邻的外置句子，外置结构主动词比非外置结构句子主动词的阅读时间长。而且，关系从句长短对动词阅读时间没有显著影响；外置距离长短对关系代词阅读时间也没有显著影响。

Wasow(2002)解释说，外置成分(通常是重外置成分)、最终位置和NP的轻重安排，都是为满足不断增加的句尾权重规则的需要。但是，研究语法权重效应的困难是，它和语境状况密切相关；且轻成分结构易表达旧信息，重成分结构易表达新信息。另外，从关系从句外置语境状况的相关研究看，基本上都没有采用定量研究的方法，因而科学性有待考证。尽管如此，研究者们(Culicover & Jackendoff，2005)承认，语法权重效应是句法加工的独立影响因素，如英语关系从句外置结构构建应该充分考虑语法权重问题。

陈宗利等(2008)从生成语法角度对英语中的关系从句外置结构进行了研究。在对该结构句法和语义方面的特征进行总结和分析之后，他们对外置结构的句法语义特点提出解释，认为从句与先行词在句法加工过程中是二维分别生成的过程，二者在句法和逻辑表达式中都不能各自构成一个独立成分。从句是经过省略的“再思”成分，目的在于通过提供更为详尽的信息来帮助确定先行词的所指。当先行词位于宾语、主语以及特定CP位置时，“再思”分别发生在VP、IP和CP层次上，“再思”成分与包含先行词的VP、IP或CP是并列关系，具有相同的句法地位。该研究在一定程度上体现了语法权重效应在关系从句加工中的作用，如果具有相同句法地位的并列关系从句的语法权重大小不同，受句子加工过程中“计划”在关系从句外置结构中操控作用的影响，加工效率也会不同。

Francis(2010)对英语关系从句外置句子加工进行了探究。在类似句7的外置结构句子合乎语法性判断测试中，当外置成分相对较轻时，受试者得分正确率偏低；但对句8这类规范句的得分正确率偏高。当外置成分偏重时，两者得分正确率没有显著区分。在自步控速阅读中，当外置成分偏重时，外置成分句子比规范句子阅读速度明显加快；当外置成分偏轻时，阅读速度快慢的区别不大。

句7：Three people arrived here yesterday who were from London.

句8：Three people who were from London arrived here yesterday.

针对句法权重效应的重NP移动现象，有研究者(Yamashita，2002)认为，该现象是说话者把直接宾语长短语置于小句之后，而没有置于紧接动词之后，是因直接宾语短语长度所致。但Stallings(2011)持相反观点，认为不是由于直接宾语短语长度所致；相反，通过比较直接宾语短语和其他短语的长度大小，能够较为准确地预测移动结构的产出。他们还进一步解释，重 NP 移动是由于增加的产出加工需要，由于产出时长短语“计划”时间相对较少，因而在使用“计划”中易被延迟。重 NP 移动是话语者倾向于把直接宾语长短语放在子句末尾，而不是紧挨着旁边动词。虽然多数研究都过多集中在直接宾语短语的长度上，但也有研究表明，不仅仅是单纯的相较于其他短语长度的大小，直接宾语长度本身也能预示移动结构的产生。这些研究支持了基于接近性解释(accessibility-based interpretation)，该解释注重源自累加产生过程的词序长度效应的加工(Bock & Warren，1985)，词组结构长的句子往往不易短时间内“计划”出来，因此在“计划”话语产出时被延迟，这在很大程度上解释了句法权重效应在重 NP 结构句子加工中的作用。

三、结　语

本文对关系从句外置结构这种较为特殊的句法形态的研究，不同于以往基于语境传递信息需要的传统分析。本文与传统分析的不同主要有三点：(1)从句子加工的角度审视关系从句外置结构，根据域最小化原则，揭示了该结构的语法权重效应，说明只有充分认识、把握该结构形态的语法权重效应才能全面、准确理解该结构的本质特性；(2)提出对该结构句子加工效率分析的观点，证明关系从句外置结构加工效率与句子结构长度和句法结构复杂性有关；具有一定长度的复杂重成分外置结构移动到句尾，能够促进句子加工，使句子的反应加快，提高了加工效率；(3)揭示了句法权重效应对关系从句外置结构的句法可接受性和理解正确率的负面影响作用，重成分关系从句外置结构的句法可接受性及理解正确率偏低；相反，轻成分的句法可接受性及理解正确率相对偏高。

参考文献

[1]陈宝国、徐慧卉：《工作记忆容量的差异对第二语言句法歧义句加工的影响》，《心理学报》，2010 年第 2 期，第 185—192 页。

[2]陈宗利、胡加圣、王恒英：《英语关系从句外置的生成语法分析》，《外语教学与研究》，2008 年第 4 期，第 5—13 页。

[3]耿立波、杨亦鸣：《第二语言句法的自动加工：来自脑电的证据》，《外语教学与研究》，2013 年第 3 期，第 374—384 页。

[4]任虎林：《工作记忆容量大小对二语复句加工的影响研究》，《中国外语》，2013 年第 2 期，第 73—78 页。

[5]Alan，J. & Guillermo，A. R. Second Language Sentence Processing，Routledge (Taylor and Francis)，2014.

[6]Aoun，J. N.，D. L. Hornstein & A. Weinberg. Two Types of Locality，Linguistic In-

quiry, 1987, 184, pp. 537-577.

[7]Arnold, J. E. , W. Thomas. , L. Anthony & R. Ginstrom. Heaviness vs newness: the effects of structural complexity and discourse status on constituent ordering, *Language*, 2000, 76(1), pp. 28-55.

[8]Baltin, M. Strict bounding. In L. B. Carl & M. John (eds.). The Logical Problem of Language Acquisition, Cambridge, MA: The MIT Press, 1981, pp. 257-295.

[9]Bock, J. K. & R. K. Warren. Conceptual accessibility and syntactic structure in sentence formulation, *Cognition*, 1985, 21(1), pp. 47-67.

[10] Chomsky, N. Remarks on Nominalization, In Studies on Semantics in Generative Grammar, The Hague: Mouton. 1970, pp. 11-61.

[11] Culicover, P. W. & R. S. Jackendoff. Simpler Syntax, Oxford: Oxford University Press, 2005.

[12]Francis, E. J. Grammatical weight and relative clause extraposition in English, *Cognitive Linguistics*, 2010, 21 (1), pp. 35-74.

[13]Gibson, E. Linguistic complexity: locality of syntactic dependencies, *Cognition*, 1998, 68(1), pp. 1-76.

[14]Gina, F. H. & P. G. Silvia. Competitive mechanisms in sentence processing: Common and distinct production and reading comprehension networks linked to the prefrontal cortex, *NeuroImage*, 2014, 84, pp. 354-366.

[15]Hawkins, J. A. A Performance Theory of Order and Constituency, Cambridge: Cambridge University Press, 1994.

[16] Hawkins, J. A. Efficiency and Complexity in Grammar, Oxford: Oxford University Press, 2004.

[17]Konieczny, L. Locality and parsing complexity, *Journal of Psycholinguistic Research*, 2000, 29(6), pp. 627-645.

[18]Kuno, S. & T. Kenichi. Functional constraints in grammar: on the unergative-unaccusative distinction, Amsterdam: John Benjamins, 2004.

[19]Luigi, R. Locality, Oxford: Oxford University Press, 2013.

[20]McCawley, J. D. The Syntactic Phenomena of English, Chicago: University of Chicago Press, 1998.

[21]Rochemont, M. S. & P. W. Culicover. English Focus Constructions and the Theory of Grammar, Cambridge: Cambridge University Press, 1990.

[22]Ross, J. R. Constraints on Variables in Syntax, Cambridge, MA: Massachusetts Institute of Technology dissertation, 1967.

[23]Stallings, L. M. & M. C. MacDonald. It's not just the heavy NP: relative phrase length modulates the production of heavy NP shift, *Journal of Psycholinguistic Research*, 2011, 40, pp. 177-187.

[24]Trenga, B. The Curious Case of the Misplaced Modifier: How to Solve the Mysteries of Weak Writing, Cincinnati, OH: Writer's Digest Books, 2006.

[25]Vasishth, S. & L. L. Richard. Argument-head distance and processing complexity: explaining both locality and antilocality effects, *Language*. 2006, 82 (4), pp. 767-794.

[26]Wasowa, T. Postverbal Behavior, Stanford: CSLI Publications, 2002.

[27]Yamashita, H. Scrambled sentences in Japanese: linguistics properties and motivation for production, *Text*, 2002, 22(4), pp. 597-633.

（作者：任虎林　华北电力大学教授）

项目名称：北京话历时语法研究
项目编号：13WYB010
项目负责人：龙国富
项目信誉保证单位：中国人民大学

北京话"来＋N"结构历史演变研究①

一、现代北京话"来＋N"结构的用法

根据结构功能的不同，北京话"来＋N"格式有以下两种类型：

(一)"来＋N"述宾结构

该结构组合为行为与施事的述宾关系，存在有下面多种用法：

a. 来劲(来劲儿)，有三种用法：有劲头儿；让人有兴趣，使人振奋；老毛病发作。如：

(1)"是真的又怎么样?"马锐越发的来劲，声音提得很高。(杨朔《我是你爸爸》)

(2)这个现代化的炼钢厂真来劲儿。(陈刚等《现代北京口语词典》212 页)

(3)一提起这伤心的事，王大妈马上手脚冰凉，眼瞧着来劲儿，全身哆嗦起来。(徐世荣《北京土语词典》232 页)

在"来劲"这个词中间，还可以插入其他成分，如"你来什么劲"。

b. 来神(来神儿)，意即情趣倍增。如：

(4)瞧他那股得意劲儿，比喝了二两好酒还来神。(陈刚等《现代北京口语词典》212 页)

(5)大伙越干越来神儿。②

在"来神"这个词中间，还可以插入其他成分，如"大家来点神"。

c. 来潮，意即"心里忽然产生某种念头"，出现在成语"心血来潮"中。如：

(6)我们去看他，他也许接见，也许不接见，那全凭他的高兴与否。他若是一时心血来潮呢，也许来看看我们。(老舍《正红旗下》六)

d. 来电，意即送来生活用电、打来电话或发来电报。如：

(7)突然来电了，住宅区每座楼的窗户都星星点点地闪亮了。(王朔《无人

---

① 本文是北京市社会科学基金项目"北京话历时语法研究"(项目编号：13WYB010)的阶段性成果。

② 没有标明出处的用例来自北京口语调查。

喝采》)

(8)一个在铁路局作事朋友，把起运棺柩的篷车业已交涉停妥，上海来电又说下午五点志摩的儿子同他的亲戚张嘉铸可以赶到济南。(沈从文《三年前的十一月二十二日》)

e. 来事(来事儿)，意即处事，使事得到处理；出事，发生问题或意外。如：

(9)说自己"最会来事儿"。晚上弟弟妹妹都睡了，她一人等她爸下班回家，她爸总给她带栗羊羹、糖炒栗子什么的。(杨朔《致女儿书》)

(10)真来事了，还是一点儿辙也没有。

"来事"的中间可以插入其他成分，如"说不定他真会来点什么事。"

f. 来火(来火儿)，意即生气。如：

(11)他一听这话就来火了。

(12)我真的很来火儿，你心里没有惦记老婆孩子啊。

g. 来龙儿，意即收入。如：

(13)我没有那么大的来龙儿。

h. 来牛儿，意即可心、中意。如：

(14)"给你这壶茶，新沏的。""好，这回我可来牛儿了。"

i. 来头(来头儿)，分以下用法：

来头，意即身份、来由、收入来势等，如：

(15)我叫他念政治，回国后作个官儿什么的，来头大一点。(老舍《二马》)

(16)贾政等也猜不出是何来头，只得即忙更衣入朝。(曹雪芹《红楼梦》第十六回)

(17)房租的收入要比将本图利的作生意有更大的来头。(老舍《四世同堂》五十二)

(18)众人看到来头不好，也有躲进里间屋里的，也有垂手侍立的。(曹雪芹《红楼梦》第一〇五回)

来头儿，意即趣味，如：

(19)跳棋是小孩儿玩意儿，有什么来头儿?

j. 来真格的，意即打破情面，采取较严厉的办法。如：

(20)这回要来真格的了，谁不好好儿干就辞谁。

k. 来嘴儿的，意即只动嘴而不见行动。如：

(21)你别尽跟我来嘴儿的，先干点儿实际的再说。

"来劲/来劲儿"的语义是"提高劲头"；"来潮"的语义是"心里忽然产生某种念头"；"来电"的语义是"将断的电路接通，重新恢复供电"；"来火"的语义是"产生怒气"；"来头/来头儿"的语义是"身份""来由""收入""来势""趣味"；

"来真格的"的语义是"动用真格"。这一类的"来+N"格式有如下特点：结构中的"来"分别含有"提高""恢复供应""产生""动用"等意义；主语位置可以是人、单位和处所等，人和单位可以做宾语的处所和对象，在这里只把它看作话题；动词"来"含有泛化的"出现"义；宾语为只带中心语的名词，由施事充当。

(二)"来+N"定中结构

该结构组合为行为与施事的定中关系，存在有下面多种用法：

a. 来客，意即来访的客人。如：

(22)算命老头精神一振，睁大眼睛端详来客。(陈建功、赵大年《皇城根》)

(23)他知道火车站上一方面加紧搜查来客，而另一方面却放松了北平的妇孺出境。(老舍《四世同堂》八十六)

b. 来信，意即发送或邮寄来的信件。如：

(24)我现在只愁没法给老三去信，嘱咐他千万别再给家里来信！(老舍《四世同堂》二十八)

此例中，"去信"与"来信"互相对应。

c. 来文，意即下发或送达的文件。如：

(25)当下安公子只觉心里还有许多话要说，无奈他只坐了这一刻的工夫，便见他老师那里住了这部里画稿，便是那衙门请看折子；才得某营请示挑缺，又是某旗来文打到。(文康《儿女英雄传》第四十回)

d. 来人(来人儿)，意即来的人。如：

(26)小黄米从条凳上站了起来，打量这来人，来人头戴一顶蓝色遮阳帽，背一只旧猪皮双肩背，脚蹬一双白色运动鞋。(铁凝《小黄米的故事》)

(27)谁也不管，好容易出来几个善人给说合完了。大车王出来，来人儿带着给人家登门磕头，让人家教训大儿子似的，数落了一顿，算是完事。(蔡友梅《小额》)

"来人儿"还指雇用、买卖等中间介绍人。如：

(28)有什么问题找来人儿。

e. 来宾，意即来的客人，或邀请来的客人。如：

(29)太监高声说："礼成！新人入府，与来宾同庆！"(冯向光《三晋春秋》)

这一类"来+N"格式中，"来客"的语义是"来访的人"；"来信"的语义是"发送或邮寄来的信件"；"来文"的语义是"下发或送达的文件"；"来人"的语义是"来的人"；"来宾"的语义是"接受邀请并亲自光临现场的客人"。在语用上，"来客""来信""来文""来人"中的"来"含有"派""发送""下发"意义，"来宾"中的"来"含有"邀请"意义。

例(1)—(29)中的北京话"来+N"格式，分别含有"提高""恢复供应""产生""动用""发送""下发""邀请"等意义。其所有意义都不能从"来+N"格式中得到预测，即其意义不是结构中任何一个成员所赋予，而是结构整体所具备的。依此，“来＋N”结构可以看作一个结构。

二、北京话“来＋N”结构的历史演变

北京话“来＋N”结构分述宾结构和定中结构两种，这里主要从历史句法演变方面，着力研究该结构的产生和发展。

(一)述宾“来＋N”结构的产生和发展

北京话述宾“来＋N”结构的特点与先秦类似：(1)要件上，都有出现处所、出现方式和出现物三个要件；(2)方式上，都用动词来表示“出现”义，具有不及物性；出现物做宾语，为不定名词，属于施事；出现处所在句首，可以是代词和方位词，也可以省略。从“出现”义的所有用词看，在《诗经》《尚书》《左传》《国语》《论语》《孟子》《荀子》《韩非子》《吕氏春秋》《庄子》十部先秦文献中，其存现句中表“出现”义的词有“见(现)”、“生”和“出”等。如：

(30)睠言顾之，潸焉出涕。(《诗·小雅·大东》)

(31)韩与荆有谋，诸侯应之，则秦必复见崤塞之患。(《韩非子·李斯上秦王书》)

(32)肉腐出虫，鱼枯生蠹。(《荀子·劝学》)

这种存现句的结构义为“出现”，指某处所出现某物。其结构环境主要表现为：或者有前后分句相承的需要，或者有满足话题延续的需要，或者有前后对举的需要。

如果存现句中的宾语领属处所前移做话题，则需要有代词“其”进行回指。如：

(33)天见其明，地见其光，君子贵其全也。(《荀子·劝学》)

战国末期，“来”开始出现在存现句中。如：

(34)上葳蕤而防露兮，下泠泠而来风。(《楚辞·七谏》)

(35)枳句来巢，空穴来风，其所托者然，则风气殊焉。(宋玉《风赋》)

例(34)(35)中，“来风”指“吹来一阵阵风”。例(35)“来风”出现在成语“空穴来风”中。此处“来风”属于表存现的实例构体，这种构体需要前后有分句与之呼应，这是“来＋N”产生的结构环境。不过，在战国末期，“来＋N”的实例使用频率并不高。

魏晋南北朝时期，关于“来”字的用法，一方面，仍然在存现句中独立使用，表示趋向动作；另一方面，用在动词后面的情况开始出现，表现为：

a. 产生施事宾语存现句“(处所＋)V＋来＋施事/当事”。如：

(36)飞来双白鹄，乃从西北来。(《古辞·相合歌辞十四》)

b. 产生致使移动句“施事＋V＋来＋受事”。如：

(37)乌桓或愿留宿卫，于是封其渠帅为侯王君长者八十一人，皆居塞内，

布于缘边诸郡，令招来种人，给其衣食，遂为汉侦侯，助击匈奴、鲜卑。(《后汉书·乌桓鲜卑列传》)

(38)招来董卓，造为乱根，绍罪一也。(《三国志·魏书·公孙瓒传》注引《典略》)

例(36)属于施事宾语存现句，“来”的宾语是自主的施事者。例(37)、(38)中的宾语，既是“招”的受事，又是“来”的致使义产生的施事。用在动词后的“来”，已为虚化奠定了基础。

唐代，动词后面的“来”在存现句和致使移动句中变成了补语。如：

(39)买来侍女教人嫁，赐得朝衣在箧闲。(张籍《赠孔尚书》)

“来”作补语的用法表示为动作的方向和结果，是趋向动作的虚化。① “来”由“趋向动作”义到“完成”语法义的产生，是动补结构产生的结果。“来”字语义的虚化促发“来＋施事”的施事范围进一步扩大。

明清时期，“来＋N”述宾结构出现新的用法。如：

(40)邱八拖住了黛玉，不等黛玉开口，一片声叫：“来人!”就有四五个家人听见，答应一声齐赶进来。(《九尾龟》第二十四回)

(41)您来运了，那个房子我已经租出去了。(《官话指南》第二卷)

例(40)中，“来人”指“快过来人”，“来”有“过来”义。例(41)中，“来运”指“获得好运气”，“来”发展出“获得”义，“来”的语义变得抽象。宾语范围可以指向“运气”等抽象的事。句中“您”原本是领属成分，在此转化成为主语。

(二)定中结构“来＋N”的产生和发展

先秦时期，出现有定中结构“来＋者”，一般指向人。如：

(42)吾若善逆彼，以怀来者，吾又执之，以信齐沮，吾不既过矣乎?(《左传·宣公十七年》)

(43)往者不追，来者不拒。(《孟子·尽心下》)

例(42)—(43)中，“来者”都指“来的人”。

汉代及魏晋南北朝时期，定中结构“来＋N”的宾语扩大，可用于指向人和事物的名词。如：

(44)辄诵来贶，永以自慰。(《后汉书·文苑列传》)

(45)来示言“处怀期物，自有由来。”(《宋书·武帝纪》)

(46)行矣励令猷，写诚酬来讯。(南朝宋·谢瞻《于安城答灵运》)

(47)来人忘新术，去子惑故蹊。(南朝宋·谢灵运《登石门最高顶》)

例(44)中，“来贶”是敬称，可指“他人写来的书信”，也可指“赠予的诗文”。例(45)中，“来示”是敬称，指“他人的来信”。例(46)中，“来讯”指“写

① 太田辰夫认为，“来”在隋以前还没有失去“来”的意义，但到了唐代，就产生了“起来”“觉来”“醒来”等，不再有原来的实际动作的“来”，而是表示动作的方向和结果。

来的书信”。例(47)中，“来人”指“来的人”。

唐宋时期，“来＋N”定中结构进一步得到发展。如：

(48)各逐萍流转，来书细作行。(杜甫《别常征君》)

(49)来客去客船，皆向此中泊。(元结《小回中》)

(50)会面思来札，销魂逐去樯。(杜甫《冬晚送长孙渐舍人归州》)

(51)若到边庭有来使，试批书尾语梁州。(罗隐《送秦州从事》)

(52)前驱之人，忽获来翰，披寻狂惑，良深怅骇。(《宋书·吴喜传》)

例(48)中，“来书”指“写来的书信”。例(49)中，“来客”指“来作客的人”。例(50)中，“来札”指“送来的信札”。例(51)中，“来使”指“派来的使者”。例(52)中，“来翰”即“来信”，指“写来的信”，古代用羽翰为笔，因此“翰”作为书写文字的代称。

元明清时期，定中结构“来＋N”的使用更加广泛。如：

(53)贼军俏似儿，来兵俏似爷。(董解元《西厢记·诸宫调》)[①]

(54)此山乃十洲之祖脉，三岛之来龙，自开清浊而立，鸿蒙判后而成。(《西游记》第一回)

(55)却说黛玉同姐妹们至王夫人处，见王夫人正和兄嫂处的来使计议家务，又说姨母家遭人命官司等语。(《红楼梦》第四回)

(56)托他回转去禀大人，说大人的来信收到。(《官场现形记》第九回)

例(53)中，“来兵”指“派来的兵”。例(54)中，“来龙”指“来历”。例(55)中，“来使”指“来的人”。例(56)中，“来信”指“寄送来的信件”。在以上例句中，进入定中结构“来＋N”中心语位置的词是“兵”“龙”“使”“信”等。这些词都是单音节语素，都能与“来”构成单纯词。

“来”由“趋向动作”义到“派遣/寄送”新义的产生，以下两个方面的原因起了决定性作用：

其一，与“来”具备的方向、身份、动作、速度和语义五要素有关。在“趋向动作”义阶段，由于说话人处在动作的终点，而行为施动者却处在动作的起点，与说话人保持一定距离。此阶段的“来”，其方向表现为由远而近地向说话人靠拢，其身份是行为施动者，其动作的趋向性明显，其速度相对较快。在“派遣/寄送”义阶段，行为施动者(当事者)被派遣或寄送的结果出现。此阶段的“来”，其方向减弱，其身份是接受派遣的人，其动作的趋向性减弱，其速度相对减弱。由此，语义发生了变化。

其二，与“来”经常出现在“来＋施动者”存现句中有关。这种结构使“来”原先隐含的“派遣/寄送”义要素更为凸显。原先凸显的“趋向动作”义要素减弱，最终发生词义变化。一旦新的要素“派遣/寄送”义产生，它就构成新词。

① 太田辰夫认为，董解元《西厢记·诸宫调》不是出自金代，而属于元代北方话作品。

北京话中定中结构“来＋N”与先秦时期的“来者”一脉相承，是因为受到汉语双音节发展的影响，定中结构“来＋N”逐渐词汇化。魏晋南北朝是汉语双音节发展的成熟期，也是定中结构“来＋N”词汇化的关键期。

三、述宾结构“来＋N”产生的动因

北京话述宾结构“来＋N”的产生，主要表现在存现句的发展、结构赋义和动补结构三个方面动因。

（一）存现句的发展

通过对北京话述宾“来＋N”结构历史演变的考察，我们发现，“来＋N”结构有以下四个特点：一是结构中的动词指向不及物的具体行为；二是结构的宾语由无定施事名词成分充当；三是结构的主语指向处所或对象；四是动宾之间构成行为和施事的关系。“来＋N”结构的特点与表行为的存现句的特点存在一定的相似之处。存现句的产生和发展是表述宾的“来＋N”结构产生的动因。在先秦时期，汉语行为存现句开始萌芽。如：

(57)及子产卒，仲尼闻之，出涕曰：“古之遗爱也。”(《左传·昭公二十年》)

(58)大圣至理之世，天地之气，合而生风。(《吕氏春秋·昭公二十年》)

(59)韩与荆有谋，诸侯应之，则秦必复见崤塞之患。(《韩非子·李斯上秦王书》)

例(57)—(59)是行为存现句。该句式中，施事、处所和动作方式三者之间，不管语序如何排列，都不会对语义特征造成影响。施事可以出现在动词之前，也可以出现在动词之后。以上例句中，都属于动词在前，施事物在后的情况。例(57)中，“出涕”指“从鼻中流出鼻涕”，“出”与“涕”组成动词与施事关系。例(58)中，“生风”指风“从某处产生风”，“生”与“风”组成动词与施事关系。例(59)中，“见崤塞之患”指“秦出现崤塞之患”，“出”与“崤塞之患”组成动词与施事关系。这说明，先秦时期，存现句开始出现动词在前，施事物在后的情况。

元明时期，表行为的存现句扩展迅速，主要表现在主体词增加、语义语用扩展和句法扩展三个方面。如：

(60)汝家虽出二帝，可惜不得善终。(《新编五代史平话·梁史》上卷)

(61)去了红娘闷转加，比及到黄昏没乱煞，花影透窗纱，几时是黑，得见那死冤家？(董解元《西厢记·诸宫调》)

(62)委官道：“地方人等，都说刁通判府中不干净，不意今日又死了一个水手，谁人再敢下去？”(《三遂平妖传》第七回)

(63)人丛里一个人，骑在马上，口里大喝道：“休教走了这贼！”(《水浒传》第四回)

清初，官话中表行为的述宾“来＋N”结构的使用开始增多。如《儒林外史》中，“来＋N”结构共出现7例；而在用北京话写成的小说《红楼梦》中，行为动词“来”、“去”和“走”也都进入到类似于述宾“来＋N”结构。如：

(64)正说之间，只见几个小丫头并老婆子忙忙的走来，都笑道：“来了好些姑娘奶奶们，我们都不认得，奶奶姑娘们快认亲去。”(《红楼梦》第四十九回)

(65)岸上来了两百个凶神也似的人。(《儒林外史》第四十三回)

这一类行为存现句，施事、处所、动作方式三者之间语序排列不对语义造成影响。施事可以出现在动词之前，也可以出现在动词之后。也就是从该时期开始，施事物可以出现在动词之后。不过，该时期行为存现句中的宾语还没有出现无定名词，都还是有定名词。

在行为存现句的发展历程中，主语多为处所。但在北京话“来＋N”结构中，由于主语多为人和人称代词，所以原本由处所充当的主语也因此转化为由代词和普通名词充当。北京话“来＋N”结构之所以出现这种情况，是转喻起到了一定作用。这是因为，指人和物的普通名词以及人称代词，通常可以转喻为地点和处所。如北京话“您来运”中的“您”可以转喻为“您所处的场所”。

(二)结构赋义

北京话表述宾的“您来运”之类结构，用于话题主语的语言形式只限于有定光杆名词或代词，用于施事宾语的语言形式只限于无定单音节词。结构赋义是引发“来＋N”结构产生的主要动因。根据结构化理论，结构赋义(feature endowed from construction)是指主体词在进入结构后，能获得结构赋予的某些语义特征。将结构赋义落实到表述宾的“来＋N”结构之中，就是进入到结构的话题主语名词能够获得结构赋予的一个有定的语义特征，而进入到结构的施事宾语名词则能获得结构赋予的一个无定的语义特征。北京话表述宾“N＋来＋N”结构属于存现句，该结构的结构赋义规则更为严密。由此，主语只能由有定话题名词和代词充当，宾语只能由无定施事名词充当，绝不允许有任何形式的指称转化情况出现。

魏晋南北朝时期，存现句的结构赋义的部分规则开始出现，即进入存现句的主语出现有形式特征的有定和无定范畴，表现为：有定主语要求将话题移至主语位置，无定主语要求在光杆名词前添加“有”等语言形式。如：

(66)奴去之后，舍中财物，贼尽持去。(求那毗地《百喻经》卷三)

(67)有人向张华说此事，张曰：“王之学华，皆是形骸之外，去之所以更远。”(《世说新语·德行》)

例(66)中的“财物”是有定的，例(67)中的“有人”是无定的。

元明时期，开始出现存现句的结构赋义另一部分规则，即在宾语位置出现有形式特征的有定和无定范畴，表现为：有定施事宾语要求前加“个”等语言形式，无定施事宾语要求光杆施事名词。如：

(68)别无儿男，止生得一个女儿，小字倩英。(关汉卿《温太真玉镜台》第一折)

(69)哪吒曰：“你是何人，口出大言?”(《封神演义》第十四回)

无定施事宾语和有定主语组成的存现句，其赋义规则成熟于元明时期。北京话述宾“来＋N”结构正好产生于这一时期。存现句赋义规则是北京话述宾“来＋N”结构形成的主要动因。

(三)动补结构产生

北京话“来＋N”结构中的“来”存在“出现”“产生”“提高”等语义，其用法于“来”虚化以后出现。“来”的虚化与汉语动补结构密不可分。

两汉时期，“V＋来＋宾语”中的“来”用作趋向动词。如：

(70)乃作通天台，置祠具其下，将招来神仙之属。(《史记·孝武本纪》)

(71)自是之后，严助、朱买臣等招来东瓯。(《史记·平准书》)

例(70)中，“招来神仙之属”的语义为“招神仙之属使之前来”。例(71)中，“招来东瓯”的语义为“招东瓯使之前来”。这一类“来”用作趋向动词，属于使动用法，不能带施事宾语。这样的“来”难以进入存现句。唐宋时期，动补结构成熟。不过，该结构中的回指义是否能顺利转化为肯定义，语境(这里专指判断句式)和说话人的主观态度都起着至关重要的作用。

南北朝到隋代，汉语动补结构开始出现，趋向动词不再表示为施事和受事的位移，而是表示为行为的方向。趋向动词蕴含有动作完成的语用意义。如：

(72)秦始皇将我到彭城，引出周时鼎。吾告秦始皇，言此鼎是神物也。(《抱朴子·内篇祛惑》)

例(72)中，“引出周时鼎”的中心意义已不再表示施事者致使受事而使之发生位移，而是表示施事者致使受事动作位移的方向，“出”后带宾语。

唐宋时期，动补结构发展成熟，“来”字出现做补语的用法，从趋向动词虚化为表动作完成和动作结果。如：

(73)买来侍女教人嫁，赐得朝衣在箧闲。(张籍《赠孔尚书》，《全唐诗》卷385)

(74)不教人扫石，恐损落来花。(张籍《和韦开州盛山十二首》，《全唐诗》卷386)

例(73)中，“买来侍女”的语义为“买来了侍女”。例(74)中，“恐损落来花”的语义为“担心损落了花”。这一类“来”作趋向补语，虚化为动作完成的用法。

“来”的虚化带来了两方面的变化：一是“来”进入存现句的用例增多；二是“来”带宾语的语义范围扩大，其带的宾语可以是人，也可以是物。

四、结 论

目前，构式语法研究有一个问题没有得到解决，即在什么语义层次上概括一个构式，是不是一个构式只能有一种语法意义。沈家煊(2006)认为，“王冕死了父亲”和“我来了两个客户”属于两个不同的构式，前一个构式的意义为“失去”，后一个为“得到”。石毓智(2007)认为这两句应该是一个构式，其构式为：S+V 行为+O 施事。“失去”和“得到”都是一种行为与施事的关系。其实，从构式化理论来看，三个构式都是形式意义的统一。“失去”和“得到”是微观构式，“行为与施事”是宏观构式。根据 Traugott 研究，构式化的图式具有层级性，包含构体、微观构式、子图示构式和宏观构式四个层级。

本文研究表明，北京话“来+N”结构每一阶段的演变，是语言交际中形式意义产生的过程，产生不同层次的结构。先秦时期，当表达者用“施事行为者+来”格式表达时，接受者会把它理解为施事行为者的趋向动作，这是一个格式意义为施事的趋向动作的微观结构。魏晋南北朝以后，接受者把“来+N”当作动宾关系和定中关系来理解。当把“来+N”理解为动宾关系时，会因语用环境的不同对“来”字做出不同的解读。这又是一个表动作与施事关系的微观结构。当把“来+N”为定中关系时，也会因语用环境的不同而对“来”字做出不同的解读。这又是一个表修饰与中心语关系的微观结构。

北京话“来+N”结构的形成源于先秦时期汉语存现句。“来+N”结构产生的主要动因是：存现句的产生与发展，结构赋义和动补结构的出现。

参考文献

[1]韩景泉：《领有名词提升移位与格理论》，《现代外语》，2000 年第 3 期。

[2]陆俭明：《构式语法理论的价值与局限》，《南京师范大学文学院学报》，2008 年第 1 期。

[3]潘海华、韩景泉：《显性非宾格动词结构的句法研究》，《语言研究》，2005 年第 3 期。

[4]沈家煊：《“王冕死了父亲”的生成方式——兼说汉语“糅合”造句》，《中国语文》，2006 年第 4 期。

[5]石毓智：《论汉语的结构意义和词汇标记之关系——有定和无定范畴对汉语句法结构的影响》，《当代语言学》，2002 年第 1 期。

[6]石毓智：《语言学假设中的证据问题——论“王冕死了父亲”之类句子产生的历史条件》，《语言科学》，2007 年第 4 期。

[7]太田辰夫著，蒋绍愚、徐昌华译：《中国语历史文法》，北京：商务印书馆，2003 年版。

[8]Cooper-Kuhlen，E. & M. Selling. Introducing interactional linguistics，In M. Selling & E. Cooper-Kuhlen (eds.). *Studies in Interactional Linguistics*，Amsterdam：John Benjamins，2001.

[9]Goldberg，A. *Constructions：A Construction Grammar Approach to Argument Structure*. Chicago：The University of Chicago Press，1995.

［10］Hoffmann，Thomas & Graeme Trousdale，eds. *The Oxford Handbook of Construction Grammar*，New York：Oxford University Press，2013.
［11］Selting & Couper-Khlen. *Studies of Interactional Linguistics*，Chicago：The University of Chicago Press，2001.
［12］Traugott，Elizabeth Closs & Graeme，Trousdale. *Constructionalization and Constructional Change*，Oxford：Oxford University Press，2013.

（作者：龙国富　中国人民大学教授）

项目名称：先秦汉语动词及物性的变价视角
项目编号：13WYC036
项目负责人：王丽玲
项目信誉保证单位：首都师范大学

“受事＋动词＋施事”结构：上古汉语中一种特殊的被动式①

关于受事主语句，目前学界讨论较多的是“受事＋动词”结构（以下记作“P＋V”）。实际上，上古汉语文献中还见有一种相对少见的“受事＋动词＋施事”型受事主语句（以下记作“P＋V＋A”）。② 例如：

（1）儒有不陨获于贫贱，不充诎于富贵，不慁君王，不累长上，不闵有司，故曰“儒”。（《礼记·儒行篇》）按，郑玄注：“慁，犹辱也。累，犹系也。闵，病也。言不为天子、诸侯、卿、大夫、群吏所困迫而违道，孔子自谓也。”

此例中画线小句的语义关系，杨树达（1956：190）分析为：“不慁君王三句，谓不见慁于君王，不见累于长上，不见闵于有司耳。慁、累、闵三字，皆受事之词，与上文陨获、充诎一律；若以为主事之辞，则于文义不合矣。”即“（儒）不慁君王”等3个小句中，动词前省略的NP为受事，动词后的NP为施事，小句呈“P＋V＋A”的论元结构，其中P有时可省略。目前这种结构最早用例来自甲骨文，例如：

（2）贞：方其𢦏我史？

贞：方弗𢦏我史？

贞：我史其𢦏方？

我史弗其𢦏方？（张秉权《殷墟文字丙编》，69）按，“方”为国名，“我史”指

---

① 本研究得到北京市哲学社会科学规划青年项目“先秦汉语动词及物性的变价视角”（项目编号：13WYC036）的资助。本文在作者博士后出站报告（首都师范大学，2012年）其中一章的基础上写作而成。感谢博士后合作导师洪波教授的悉心指导，感谢在出站报告答辩会上胡建华、李运富、魏德胜、吴福祥、杨荣祥诸先生对拙文提出的宝贵意见。张富海博士帮助审核了文中的甲骨文例句，一并致谢。

② 除特别说明外，本文中的“受事”“施事”均为广义概念，分别相当于受事类论元、施事类论元，后者包括意志性施事（即“狭义的施事”）以及工具、动力（force）等非意志性施事（参 Hopper & Thompson，1980；Dowty，1991）。另外，本文引例中的“P＋V＋A”小句以单直线标注，用于对照的及物小句（“A＋V＋P”）和由介词引介施事的被动句分别以双直线和着重号标注。

我（商）军队人员。𢦏：消灭，战胜。

此例中4个小句出自同一套卜辞，其中前两句分别为一般及物句（"A＋V＋P"结构）的肯定式和否定式，问的是"（作战时，）方（国）会不会消灭我（商）军队人员"；后两句分别为"P＋V＋A"结构的肯定式和否定式，问的是"（作战时，）我（商）军队人员会不会被方（国）消灭"。

关于"P＋V＋A"结构，以往学界没有进行过专门的、深入的研究，但在相关研究中有所涉及，主要有两种看法：一是将该结构看作特殊的动宾结构（如杨树达，1956；王克仲，1986；杨伯峻、何乐士，1990：537－538）；二是将该结构看作特殊的被动式（如周法高，1956：138－139；杨伯峻、何乐士，1990：693－694；姚振武，1999）。上述研究对该结构做了初步的描写和探讨，但大多限于简单的举例，且通常将它作为对"P＋V"结构用法的补充。本文通过对上古汉语文献大规模的调查，一方面为这种"P＋V＋A"结构提供更丰富的例句，在此基础上分析其语义关系和构成特点，另一方面也尝试着探讨其被动关系表达的机制。

一、"P＋V＋A"结构的语义关系

一个典型的及物事件涉及施事和受事两个参与者，施事对受事施加某种作用或影响，使后者的状态或方所发生某种变化，其句法编码形式为原型及物小句"A＋V＋P"，即施事实现为主语，受事实现为宾语（参 Hopper & Thompson，1980；Givón，2001）。"P＋V＋A"结构与原型及物小句的表层结构相同，均为"NP_1＋V＋NP_2"，但论元结构正好和前者呈镜像关系，即受事实现为主语，施事直接位于动词后的句法位置，动词呈被动意义①。例如：

(3)a. 天下有道，小德役大德，小贤役大贤。天下无道，小役大，弱役强。（《孟子·离娄上》）按，赵岐注："有道之世，小德、小贤乐为大德、大贤役，服于贤德也。无道之时，小国、弱国畏惧而役于大国、强国也。"

b. 君子役物，小人役于物。（《荀子·修身》）按，杨倞注："君子能役物，小人为物所役。"

此例中，画线的5个小句为及物动词"役（'差遣、役使'）"构成的同形结构，其中a、b中画线小句的论元结构及深层语义关系正好相反：b中"君子役物"为一般及物句，主语"君子"为施事，宾语"物"为受事，论元结构为"A＋V＋P"；a中4个小句结构平行，以"小德役大德"句为例，"小德"为受事，"大

① 据本文初步调查，除"P＋V＋A"外，古代汉语中表层结构为"NP_1＋V＋NP_2"的受事主语句还有两类：一是"受事＋动词＋方所"结构，如"高帝欲伐匈奴，大困平城，乃遂结合和亲"。（《史记·酷吏列传》）二是"与事＋动词＋受事"结构（与事属"受事类论元"），如"禹锡玄圭"。（《尚书·禹贡》）以上两种结构，可参看周法高（1956：130，139）及杨伯峻、何乐士（1990：694）的有关论述。

德”为施事，论元结构为“P＋V＋A”，其深层语义关系为“小德役于大德”（与 b 中“小人役于物”句相同）。

关于“P＋V＋A”结构中语义关系的特殊性，清儒也已注意到。如“侵戎，我国家纯。（《尚书·文侯之命》）”孙星衍疏：“侵者，《广雅·释言》云：‘凌也。’戎者，《说文》云：‘兵也。’侵戎犹戎侵。”即指出“侵戎”（义为“侵于戎”）所代表的基本事件与对应的主动式“戎侵”相当。又如：

（4）a. 舜臣尧，举八恺，使主后土，以揆百事，莫不时序，地平天成。（《左传·文公十八年》）按，“舜臣尧”句，杜预注：“为尧臣。”

b. 故王臣公，公臣大夫，大夫臣士，士臣皁，……（《左传·昭公七年》）按，孔颖达疏：“文十八年传云‘舜臣尧’者，谓舜为臣以事尧也。此云‘王臣公’者，谓上以下为臣。文同而意异也。”

（5）骊姬见申生而哭之，曰：“有父忍之，况国人乎？忍父而求好人，人孰好之？杀父以求利人，人孰利之？……”（《国语·晋语二》）按，杨伯峻、何乐士（1990：538）谓：“‘好人’，好于人，被人喜爱。‘利人’，利于人，被人给以利。”

上引 2 例中的“舜臣尧”“好人”“利人”都是“P＋V＋A”结构。

句式转换也从一个侧面揭示了“P＋V＋A”式和由介词引介施事的被动式在深层语义关系上的一致性，文献中存在的同义形式为此提供了证据。例如：

（6）a. 是以一夫倡而天下和，兵破陈涉，地夺诸侯，何嗣之所利？（《盐铁论·结和》）

b. 然而兵破于陈涉，地夺于刘氏者，何也？（《汉书·贾山传》）

（7）a. 不夭斤斧，物无害者，无所可用，安所困苦哉？（《庄子·逍遥游》）按，“不夭斤斧”句，成玄英疏：“匠人不顾，斤斧无加。”夭：摧残。

b. 故未终其天年，而中道之夭于斧斤，此材之患也。（《庄子·人间世》）

（8）鸡其惮为人用乎！人异于是。牺者实用人，人牺实难，己牺何害？（《左传·昭公二十二年》）按，杨伯峻（1990：1434）注：“实用人，实用于人也，犹言为牺牲者实被人用。”

上引 3 例，前两例中“P＋V＋A”式与“P＋V＋于＋A”型被动式构成同义形式，末例中与“P＋为＋A＋V”型被动式构成同义形式。

二、“P＋V＋A”结构的构成特点

本节拟从谓语动词类型、施事语义次类两个方面考察上古汉语中“P＋V＋A”结构的构成特点。

1. 谓语动词类型

在我们收集的51例上古汉语"P＋V＋A"式用例中①，谓语动词从语义类型来看以动作动词为主：51例中，不计动词重出，包含21个动词，包括动作动词和心理动词两大类，其中动作动词可分为表具体动作和表抽象动作两个次类，心理动词包括认知动词和情感动词两个次类。各次类成员如下：

①具体动作动词(7个，共7例)：破、夺、夭、侵、犯、用

②抽象动作动词(11个，按重出计34例)：臣、役、利、庀、劫、化感化、恩、累、闵、容、戕

③认知动词(1个，按重出计8例)：见

④情感动词(2个，共2例)：好、信

第①类动词，除上文所引"侵""破""夺"(例6)、"夭"(例7)、"用"(例8)外，又如：

(9)夫燕之所以不犯寇被兵者，以赵之为蔽于南也。(《战国策・燕策一》)按，"犯寇被兵"句，何建章(1990：1083)译为"遭受敌兵进攻"。犯，侵犯；寇，兵。

第②类动词，除上文所引"恩""累""闵"(例1)、"戕"(例2)、"役"(例3)、"臣"(例4)、"利"(例5)外，又如：

(10)南宫敬叔至，命周人出御书，俟于宫，曰："庀女，而不在，死。"(《左传・哀公三年》)按："庀"同"庇"，保护。"庀女"即"庀于女(汝)"，义为"由你保护"。

(11)彼畏我威，劫我埶。(《荀子・议兵》)按，"劫我埶"，杨倞注："为我埶所劫也。"劫：威逼，胁迫。埶：同"势"，权势。

(12)夫物之感人无穷，而人之好恶无节，则是物至而人化物也。(《礼记・乐记》)按，孔颖达疏："'则是物至而人化物也'者，则是外物来至，而人化之于物，物善则人善，物恶则人恶，是'人化物'也。"化：教化、感化。

(13)故布衣行此指于国，不容乡曲。(《吕氏春秋・恃君览》)按，高诱注："指犹志。布衣之人行此志于国，不能自容于乡曲。"乡曲：乡亲。

第③类动词用例如：

(14)魏犨束胸见使者。(《左传・僖公二十八年》)按，《经典释文》(以下一般简称《释文》)："见，贤遍反。"

例(14)中，"见"本为"上临下"，在这里表示"下朝上"，用作被动义(有关"见"被动用法的分析，详下文第三部分。)

第④类动词，除上文所引"好"(例5)外，又如：

(15)天子之养不足，号令赋于天下则不信诸侯，为此有道乎？(《管子・

① 51例中包含动词重出例，其中动词"役""臣""化""见"在该式中的应用频率很高，计33例。

轻重丁》)按，“号令赋于天下则不信诸侯”句，马非百(1979：626)注：“此谓号令赋于天下，则不为诸侯所信，犹言诸侯不肯服从也。”

上举①至④四个动词次类，动词的及物程度呈递减关系。从上文举例及分析可见，应用于“P＋V＋A”结构的谓语动词总体上及物程度不高，至于其中及物程度相对高的第①类的用例仅占用例总数的13.7%。

2. 施事语义次类

“P＋V＋A”式中，动词后NP的语义角色为广义的施事，可以进一步区分为以下三类：

一是原型施事，上文引例绝大多数属此。

二是感事(experiencer)，见于心理动词用例(如上引例14至15)。这类用例的论元结构为“当事(刺激物)＋动词＋感事”，表示“刺激物为感事所感知”这一意义，这与典型及物心理事件中的语义关系相反。在一个典型的及物心理事件中，包含感事和刺激物两个参与者，“感事将其注意力朝向刺激物(或刺激物的某些图像表征)，而刺激物或刺激物的某些特征则在感事的头脑中产生一个心智事件。”(Kemmer，1993：128－137)。

三是工具，如上引例(7)“不夭斤斧”句。又如：

(16)惟周公左右先王，绥定厥家，毖殷顽民，迁于洛邑，密迩王室，式化厥训。(《尚书·毕命》)按，孔颖达疏：“慎彼殷之顽民，恐其或有叛逆，故迁于洛邑，令之比近王室，用使化其教训。”李民、王建(2004：385)将“式化厥训”句译作“他们被周公的教训感化了”。式：用。化：教化、感化。

此例，“式化厥训”句为动词并列结构[义为“用周公的教训(教化殷商顽民)从而使其被周公的教训感化”]，其中动词“式”用于主动义，动词“化”用于被动义；“厥训”为凭事成分，属于广义的工具语。

三、“P＋V＋A”结构的被动表达机制

根据上文的考察，“P＋V＋A”结构中动词呈被动用法，但在表层结构中不含任何句法和形态标记，那么它是以什么手段表达被动关系的呢？

语言类型学的研究表明，世界各语言中被动式的表达机制主要有词汇型、句法型和形态型三类(参Payne，2006：250－252)。我们认为，上古汉语中的“P＋V＋A”结构很可能是用形态的手段来表达被动关系的，该结构中动词的读音异于它在对应主动式(“A＋V＋P”)中的读音。这一假设主要基于以下两方面的证据：

1. 古人音读材料的证据

基于古人音读材料，我们发现动词“取”“见”在“P＋V＋A”式中的读音异于在对应的“A＋V＋P”式中的读音。例如：

(17)**取**　故大国以下小国，则取小国；小国以下大国，则取大国。故或

下以取，或下而取。(《老子·第61章》)[①]按，"则取小国"句，王弼注："小国则附之。""则取大国"句，王弼注："大国纳之也。"《释文》："则取，七榆反，又七喻反。"

杨树达(1956：190)案："取小国与或下以取之'取'，主事之辞也；取大国与或下而取之'取'，受事之辞也。取大国者，见取于大国也；或下而取者，或下而见取也。"[②]可见，"(大国)则取小国"句的意思是"大国攻取小国"，"取"表示"攻取"这一主动义；"(小国)则取大国"句的意思是"小国被大国攻取"，"取"表示"被攻取"这一被动义。据《经典释文》的音注，这一语义差异是通过平声(七榆反)和去声(七喻反)的不同来表达的。因此，本例以声调变化区分"A＋V＋P"式(主动式)和对应的"P＋V＋A"式(被动式)。

(18)**见**　a. 初，王儋季卒，其子括将见王，而叹。(《左传·襄公三十年》)按，《释文》："贤遍反，注同。"

b. 仲见于齐侯而请之。(《左传·文公十八年》)按，《释文》："见，贤遍反。"

c. 宋华父督见孔父之妻于路。(《左传·桓公元年》)按，《释文》无注。[③]

《广韵》："见，视也，古电切；露也，胡甸切。"《群经音辨》卷六："上临下曰见，古甸切。下朝上曰见，胡甸切。视之曰见，古甸切。示之曰见，胡甸切。"即，表"视/上临下"义的"见"读清音(记作"$见_{清}$")，表"露/下朝上"义的"见"读浊音(记作"$见_{浊}$")。例(18)中，c句的论元结构为"感事＋见＋刺激物"，"见"表"上临下"义，《经典释文》未注音；a、b两句的论元结构分别为"刺激物＋见＋感事""刺激物＋见＋于＋感事"，"见"用作"下朝上"义，呈被动义，《经典释文》注为浊音。因此，本例以清浊交替区分"A＋V＋P"式(主动式)和对应的"P＋V＋A"式(被动式)。

2. 同类结构"P＋V"式提供的旁证

古汉语中的"P＋V"结构可以采用音变形态手段区分主被动，这一看法目前在学界已被普遍接受。如下为经常被提及的一例："《春秋》伐者为客，伐者为主。"(《公羊传·庄公二十八年》)何休注："伐人为客，长言之；伐者为主，短言之。"杨伯峻注："'伐者为客'之'伐'，指伐人者，主事之词也。'伐者为主'之'伐'，指见伐者，受事之词也，而《公羊传》文皆只曰'伐'。"由此类推，

---

① 此处引例依据魏王弼《老子道德经注》(以明万历张子象刻本为底本)。此例中的"则取大国"句，帛书《老子》甲乙本(据高明《帛书老子校注》，中华书局，1996年版)分别作"则取於大邦""则取於大国"，都多一"於"字为明确的被动标记。另《老子》此句下文为："大国不过欲兼畜人，小国不过欲入事人，夫两者各得其所欲，大者宜为下。"

② 杨伯峻(1982：92)注："实际应该这样说：强大国家亲近弱小国家，就会攻取弱小国家；弱小国家亲近强大国家，就会被大国攻取；所以有的亲近而攻取小国，有的亲近而被攻取。"

③ 此例a至c三句皆出自《左传》。据宋亚云(2006)的研究，《经典释文》为《左传》中动词"见"注音呈现一定的规律：对于"感事＋见＋刺激物"用法中的"见"(即表"视/上临下"义的"见")不予注音；对"刺激物＋见(＋于)＋感事"格式中的"见"(即表"露/下朝上"义的"见")则注为"贤遍反"。

既然被动形态可能应用于“P+V”型受事主语句，那么也不排除应用于“P+V+A”型受事主语句的可能，从而为“P+V+A”结构为形态型被动式这一假设提供了旁证。

基于上述两方面的证据，我们推断，“P+V+A”结构并非真正的“无标记被动式”，而很可能是以形态手段表达被动语义的“形态型被动式”。当然这只是个初步的假设，因为古籍中古人留下的注音材料极少，在我们所收集的 51 例上古汉语“P+V+A”式用例中，仅“取”“见”的用例有音读记录，这一假设还有待日后研究的进一步证明。

参考文献

[1]何建章：《战国策注释》，北京：中华书局，1990 年版。
[2]（宋）贾昌朝：《群经音辨》，北京：中华书局，1985 年版。
[3]李民、王健：《尚书译注》，上海：上海古籍出版社，2004 年版。
[4]（唐）陆德明撰，黄焯汇校：《经典释文汇校》，北京：中华书局，2006 年版。
[5]马非百：《管子轻重篇新诠》，北京：中华书局，1979 年版。
[6]宋亚云：《从〈左传〉的“见”“闻”“伐”看上古汉语的被动构词和使动构词》，《语言学论丛》第 32 辑，北京：商务印书馆，2006 年版。
[7]王克仲：《古汉语动宾语义关系的制约因素》，《中国语文》，1986 年第 1 期。
[8]杨伯峻：《古汉语罕见之语法现象》，《中国语文》，1982 年第 6 期。
[9]杨伯峻：《春秋左传注》，北京：中华书局，1990 年版。
[10]杨伯峻、何乐士：《古汉语语法及其发展》，北京：语文出版社，1990 年版。
[11]杨树达：《古书疑义举例续补》，《古书疑义举例五种》，北京：中华书局，1956 年版。
[12]姚振武：《先秦汉语受事主语句系统》，《中国语文》，1999 年第 1 期。
[13]周法高：《古代被动式句法之研究》，《史语所集刊》第 28 本，1956 年版。
[14] Dowty, David, Thematic proto-roles and argument selection, *Language*, 1991, 67 (3), pp. 547-619.
[15]Givón, T., Simple verbal clauses and argument structure. In: Givón, *Syntax: An introduction*, Vol (Ⅰ). Amsterdam/Philadelphia: John Benjamins Publishinbg Company, 2001, chapter 6, pp. 105-71.
[16]Hopper, P. & Thompson, S., Transitivity in grammar and discourse, *Language*, 1980 (56).
[17]Kemmer, *The Middle Voice*, Amsterdam: John Benjamins Publishing, 1993.
[18]Payne, T. E. *Exploring Language Structure : A Student's Guide*, esp. chapter 8 (Grammatical relatons, 210—236) and 9 (Voice and valence, 237—287), Cambridge: Cambridge University Press, 2006.

（作者：王丽玲　首都师范大学讲师）

项目名称：系统功能语言学新及物性模式下的隐喻研究
项目编号：13WYC037
项目负责人：何中清
项目信誉保证单位：北京科技大学

“三重视角”下的隐喻分析模式探析

一、引　言

自古希腊的亚里士多德开始，隐喻研究一直受到人们关注。Cameron(1999)指出，隐喻研究实际上主要在两个层面进行：理论层面(theory level)和处理层面(processing level)。理论层面的隐喻研究需要建立隐喻理论框架，然后在框架内对隐喻进行界定和分类；而处理层面的隐喻研究则关注隐喻的具体描述和分析，阐释隐喻在语篇中的使用。纵观隐喻研究的发展，20世纪八九十年代以前，隐喻研究的重点以理论层面为主。这段时间内，各种隐喻理论流派层出不穷，研究者从不同背景学科出发，尝试建立不同的理论框架用于隐喻定义和阐述，如亚里士多德传统的隐喻理论、浪漫主义传统的隐喻理论、互动隐喻理论和概念隐喻理论等。随着Lakoff & Johnson(1980)的专著《我们赖以生存的隐喻》(Metaphors We Live By)的出版，概念隐喻理论(Conceptual Metaphor Theory)逐渐被人们普遍接受，成为主流的隐喻理论。大多数隐喻研究者开始在概念隐喻理论框架内进行隐喻分析，隐喻研究的重点也由理论层面转向处理层面。

近十几年来，概念隐喻理论框架下的隐喻分析发展迅速，研究者已经从单纯探讨概念隐喻类型过渡到将概念隐喻理论应用于具体语篇分析，阐释不同语篇中的隐喻使用。越来越多的研究者认识到具体语篇中隐喻现象的复杂性，隐喻分析不能局限于探讨隐喻实例后面的概念隐喻，还需要结合隐喻自身的语言特点和语境因素进行多层面和多角度的阐释和分析。一些学者开始尝试改进传统的概念隐喻分析方法，提出不同主张，如“批评隐喻分析”(Charteris-Black，2004)和“语篇动力框架下”的隐喻分析(Cameron，2010)等。这些尝试在一定程度上弥补了传统概念隐喻分析过于重视隐喻认知研究而忽略其他因素的不足，但是由于他们在隐喻分析中强调不同关注点且通常仅适用于某类语篇，因而难以全面揭示隐喻本质，在实际应用中受到一定的限制。本文在讨论隐喻的本质的基础上，尝试将系统功能语言学中的“三重视角”概念引入隐喻分析，探讨隐喻分析中的纬度和流程，建立新的隐喻分析范式，以期为当前隐喻分析带来一定的引导和借鉴。

二、隐喻的本质

隐喻的本质非常复杂，很多学者（如束定芳，1998；Charteris-Black，2004：2）都做过相关论述，但是难以形成定论。现在，人们普遍能接受的看法是，隐喻是一个多维度现象，其本质包含多个属性，单纯从某一方面定义或界定隐喻几乎是不可能的。根据前人的研究，笔者认为隐喻的本质至少涉及三方面的属性：

一是认知属性。隐喻在本质上是一种认知现象，它是一种思维方式，构建了我们的概念体系。这个观点在 Lakoff & Johnson（1980）之后被人们广泛接受，实际上有关隐喻认知属性的探讨贯穿了整个隐喻研究的发展进程，可以追溯到亚里士多德（Cameron，1999）。亚里士多德（Aristotle，1953：45）认为，隐喻是“天才的标志”，因为“好的隐喻需要发现事物之间的相似性，通过相似性，隐喻能够更清楚地表达事物”。这表明亚里士多德已经认识到隐喻的认知属性，强调理解隐喻涉及从不同中找到相同（Kittay，1987：2）。这种朦胧的隐喻认知观得到以柯勒律治（Coleridge）为代表的浪漫主义传统隐喻研究者的继承和发展。柯勒律治强调，隐喻的作用不只是记录事物间的相似点，隐喻能帮助我们融合不同思想，因为“隐喻重构了我们对世界的认知”（Kittay，1987：6）。在此基础上，互动隐喻理论代表人物理查兹（Richards）首次系统阐述隐喻的认知属性，他指出，隐喻是两个概念相互作用的结果，隐喻构成我们的思维方式（Richards，1936/1965：94）。另一位代表人物 Black（1962：37）则认识到隐喻是一种“认知工具”（Cognitive Instrument），并提出了“隐喻思维”（Metaphorical Thought）的概念，强调我们在使用隐喻时，并不只是比较 A 和 B，或者将 A 比喻为 B，而是将 A 想象为 B。

二是语言属性。语言是隐喻最重要的载体，人们对隐喻的探讨是从认识语言中的隐喻表达开始的，隐喻的语言属性一度是隐喻研究者的关注重点。亚里士多德首先将隐喻视为一种特殊的语言现象，涉及词语的“转用”，即“将属于甲事物的名称用来指称乙事物”（Aristotle，1953：40）。可见，亚里士多德将隐喻现象视为一种名词的使用，他关注的是语言中的“词语隐喻”（Word Metaphor）（Ricoeur，1977/2003：75）。互动隐喻理论研究者比亚里士多德更进一步，他们指出“隐喻是语言的普遍原则”（Richards，1936/1965：92），主张在句子层面上探讨隐喻，关注隐喻中两部分之间的互动给句子整体意义带来的影响，因而他们探讨的是语言中的“句子隐喻”（Sentence Metaphor）（Ricoeur，1977/2003：75）。但是，这种对隐喻语言属性的探讨在概念隐喻理论出现后发生变化。概念隐喻理论研究者重视隐喻的认知属性，弱化语言属性，强调隐喻中的“映射是首位的，而语言是第二位的”（Lakoff，1979/1993）。随着概念隐喻理论逐渐成为主流隐喻理论，这种对隐喻语言属性的弱化愈发严重。随之产生的一个问题是：研究者多通过内省法收集语料，过度依赖本族语者的语言直觉界定和阐述隐喻，使得相关研究成果过于主观化且缺乏系统性。针对这种情况，近年来越来越多的研究者开始强调在真实语篇中收集隐喻实例，开展"基于语篇"（text-based）的隐喻研究（Knowles & Moon，2006：74）。这种转向使研究者重新认识到隐喻语言属性的重要性，"隐喻研究必须在语言和认知中同时进行，我们需要将这两个领域结合起来进行隐喻理论研究和分析"（Cameron，2003：2）。

三是社会属性。隐喻不仅是一种认知和语言现象，也是人们进行交流的重要方式，具有社会属性。近年来，随着研究者转向基于真实语篇和语料库的隐喻研究，人们发现隐喻并不是孤立分散地出现，而是经常与语境中的社会文化因素互动，帮助人们达到交流目的。从这个意义上讲，隐喻不仅是研究对象，它本身也是"研究工具"（Cameron，2010）。当前隐喻研究的一个重要目标就是阐释人们如何在语篇中通过隐喻这个工具认识和描述周边世界，表达个人态度、情感和价值观，达到社会交际的目的。

隐喻的社会属性主要表现在两个方面：(1)社会群体如何通过隐喻建立和表明其社会身份和角色；(2)个人如何通过隐喻进行社会交际。一方面，隐喻的使用经常会带上明显的社会群体标签，不同社会群体可以通过隐喻表明其社会身份和角色。这表现为隐喻的使用与语言、性别、年龄、社会阶层和文化程度等因素之间存在某些必然联系，隐喻具有明显的社会文化属性（Cameron，2010）。另一方面，隐喻是一种普遍的语言现象，因而也具有语言的基本功能，即三大"元功能"（Halliday，1973/1994）：概念功能、人际功能和语篇功能。换言之，在语篇中人们可以通过隐喻"建构社会现实"（Lakoff & Johnson，1980：157），理解周边环境和事物，表达个人态度和情感，同时可以通过隐喻组织语篇使各部分相互联系形成整体。

综上所述，隐喻的本质至少涉及三方面的属性：认知属性、语言属性和社会属性。这三个属性相互作用，互相联系，共同构成隐喻的本质（如图1所示）。

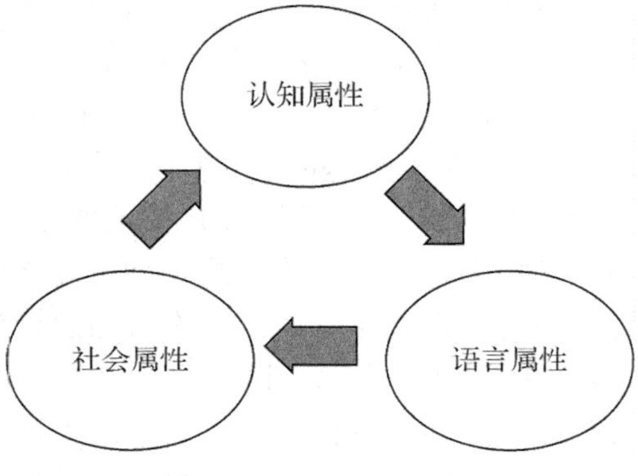

图1　隐喻本质的三属性

隐喻本质的多面性决定了 Lakoff & Johnson(1980)以来的传统概念隐喻分析方法的不足。它过于重视隐喻的认识属性，忽略了隐喻的语言属性和社会属性，使相关研究日趋同质化，难以揭示隐喻本质。近十余年来，一批研究者(如 Goatly，1997；Cameron，2003；Charteris-Black，2004 等)意识到这个问题，开始在重视真实语料的基础上，尝试改进概念隐喻分析方法，使其包含隐喻的语言和社会属性。

三、“三重视角”概念

“三重视角”(Trinocular Perspective)是系统功能语言学中的一个核心概念。该概念最初用于语法描述。Halliday(1995/2002)认为，我们可以从三个角度描述语法范畴：(1)“从上面”(from above)的角度，即从语义层出发，考察语法范畴如何体现意义；(2)“从自身”(from roundabout)的角度，即从词汇语法层着手分析某一语法范畴和其他语法范畴之间的联系；(3)“从下面”(from below)的角度，即从形态学和音系学的角度探讨语法范畴的体现形式。我们以英语中的“主语”范畴为例(Halliday，1992/2003)：

“三重视角”能使研究者从语言的三个不同层面出发考察同一语法范畴，从而获得比较全面的认识。在此基础上，Matthiessen 等人(2010：138)进一步论证了“三重视角”在其他语言维度上的应用。“三重视角”不仅可以用于描述语法范畴，它也是一种通用的语言研究方法，可以用于语言中多个维度的描述和分析，如“级阶”(rank)、“小句关系”(axis)、“实例化”(instantiation)和“精密度阶”(delicacy)等。作为“三重视角”的分析对象，这些语言维度应具备两个基本特征：层次(level)和体现(realization)。具体而言，这些维度中的各构成部分应处在不同的层次，这些层次可以是语言中的不同层面，也可以表现为同一语言层面上的某种“等级关系”(hierarchy)，如上面的“级阶”“小句关系”，或者“连续体”(cline)，如“实例化”和“精密度阶”等；另外，在这些语言维度中，上级层次中的构成成分通常由下级层次中的构成成分体现，这种“体现”可以表现为等级关系中的直接构成，也可以是连续体中的间接实现。

隐喻的认知、语言和社会属性具有明显的“层次”和“体现”特征，满足“三重视角”的分析要求。首先，隐喻的认知、语言和社会属性分别对应认知语言学、语言学和社会学等背景学科，它们反映了不同层次的“意义系统”(Systems of Meaning)(Halliday，2003)。其次，这三个属性之间存在双重“体现”关系：一方面认知属性是由语言属性体现，隐喻认知属性的探讨需要从具体隐喻表达入手，概念隐喻在语篇中表现为语言隐喻(Iinguistic Metaphor)；另一方面隐喻的社会属性又是由认知属性体现，阐述隐喻的社会属性需要从概念隐喻着手，概念隐喻与语境中的社会文化因素互动能够实现不同功能。这样，隐喻的三个属性处在不同的层次，从上到下依次是社会属性、认知属性和语言属性，这三大属性通过“体现”关系相连，它们分别对应“三重视角”中的“从上面”“从自身”“从下面”的角度。

四、隐喻分析中的维度和流程

如前文所述，隐喻的三种属性具有明显的“层次”和“体现”特征，符合“三重视角”的分析条件，我们可以在“三重视角”下分三个层面对隐喻进行多角度分析。

（一）“从自身”的角度

该层面的隐喻分析探讨隐喻的认知属性，关注概念隐喻。这是传统概念隐喻理论的研究内容。但是需要注意的是，传统的概念隐喻研究受制于其语料来源，隐喻分析多局限于概念隐喻分类和阐释，缺乏系统性。当前隐喻研究重视真实语料，强调基于语篇的隐喻分析，其关注点已转向探讨语篇中概念隐喻之间的内在联系。具体来说，该角度的隐喻分析可以从下列维度进行：

1. 隐喻网络(Metaphor Network)

“隐喻网络”是通过网络的形式呈现具体语篇中概念隐喻之间错综复杂的关系，直观地展现它们之间的内在联系。例如，Resche(2012)发现，经济语篇中的“货币同盟”(Monetary Union)概念可以通过隐喻被理解为“婚姻”“旅程”“俱乐部”和“建造”，其中“婚姻”又与“婚礼”“离婚”和“宗教”等概念相连，而“旅程”与“交通”“追求”和“宗教”等概念相关，这样“货币同盟是婚姻”和“货币同盟是旅程”两个概念隐喻又通过“宗教”这个概念联系在一起。(见图 2 所示)

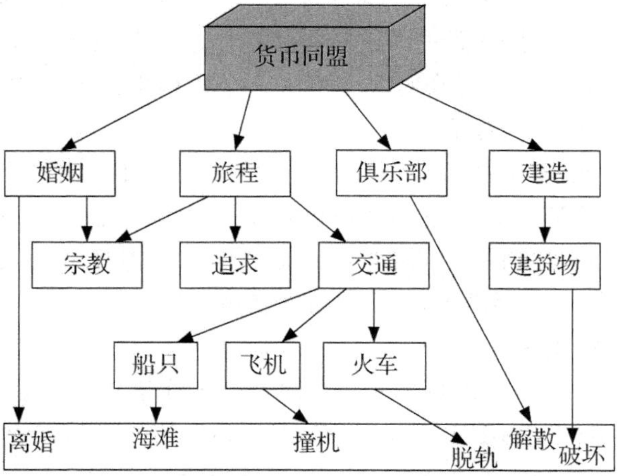

图 2 “货币同盟”的隐喻网络(引自 Resche，2012)

“隐喻网络”的构建旨在将语篇中的概念隐喻放在同一个网络体系中，展现概念隐喻之间的相互关系和层次性，发现与某一概念相关的属层次隐喻(Specific-level Metaphor)和潜在的总层次隐喻(Generic-level Metaphor)，从而弥补传统概念隐喻研究中缺乏系统性的不足。

2. 隐喻场景(Metaphor Scenarios)和隐喻故事(Metaphor Stories)

Musolff(2004)首次提出"隐喻场景"概念，他发现语篇中的隐喻经常共同作用表示一系列相关事件，这些事件反映了始源域情景中的某些"典型"特征，它们被映射到对应的目标域概念上，用于描述或阐释某个"语篇事件"(Discourse Event)。他继而将"场景"定义为人们对始源域情景中的典型特征所做的一系列假设，这些假设不仅能使说话者将始源域概念应用于目标域概念，还能帮助说话者"构建叙事框架用于社会政治事件的概念化和评估"(Musolff，2006)。

在此基础上，Cameron(2010)发现"隐喻场景"无法穷尽语篇中隐喻的叙事潜势(Narrative Potential)，这表现为说话者经常可以在特定语篇事件中通过隐喻进行叙事，故提出"隐喻故事"(Metaphor Stories)概念。该概念表明人们在某个语篇或语篇事件中经常通过叙述(而不是假设)行为动作构建一个"故事"，它能帮助说话者将该"故事"中的相关概念和场景映射到某个语篇事件上。我们以英国前首相布莱尔的一段演讲为例(Cameron，2010)：

All of a sudden there you are，the British people… And before you know it you raise your voice. I raise mine. Some of you throw a bit of crockery. And now you，the British people，have to sit down and decide.

在这段演讲中，布莱尔通过隐喻叙述了一个完整的家庭吵架"故事"，吵架的双方为英国民众和布莱尔自己，产生三个连续的动作：(你)"大吼"，(我也)"大吼"和"扔餐具"，吵架的结果是其中一方需要"坐下来"决定离开还是继续。布莱尔运用讲故事的手法，如时间状语和现在时时态等，将家庭吵架中的相关概念和场景映射到民众对政府不满这个语篇事件上，构建了"民众对政府不满是家庭吵架"这个概念隐喻。

"隐喻场景"或"隐喻故事"的探讨进一步揭示了真实语篇中概念隐喻的系统性，同时帮助我们理解隐喻如何影响和决定我们的思维和行动。但是要注意的是，这个隐喻维度的探讨需要识别语言隐喻并考虑社会文化因素，因此通常需要结合"从下面"和"从上面"的角度隐喻分析。

(二)"从下面"的角度

该层面的隐喻分析讨论隐喻的语言属性，关注语篇中的隐喻表达，即"语言隐喻"。与Brooke-Rose(1958)和White(1996)等人所进行的隐喻语法结构的探讨不同，当前隐喻研究者不再单纯探讨隐喻语言的语法表现形式，而是着眼于整个语篇探讨语言隐喻在语篇中的分布和动态发展。该角度的隐喻分析关注下列维度：

1. 隐喻构式(Metaphor Construction)

"构式"是认知语言学中的重要概念，Sullivan(2007)首次将其引入隐喻分析，用于描述语言隐喻中的词语和句法表现形式。与传统的隐喻表达式的语法结构分类不同，隐喻构式中的“构式”概念包含从具体词语到抽象句子结构的各级语言单位，其分类更加简洁，解释力更强。目前，相关研究多集中于探讨某些特殊隐喻构式，如 XYZ 构式、动词构式、形容词构式和论元构式等(参见 Gibbs，1999；Sullivan，2013)。未来的研究方向之一是隐喻构式与语类类型之间的联系，因为受语类特点的影响，隐喻构式的使用在不同语类中存在较大差异。

2. 隐喻密度(Metaphor Density)

隐喻密度的概念最先由 Cameron(2003)提出，指的是每 1000 词中的语言隐喻的使用频数(frequencies)。隐喻的使用频数应得到研究者的重视，它有利于揭示语篇中隐喻使用的整体模式(Todd & Low，2010)。隐喻密度体现了隐喻的使用频数，直观反映了语篇中隐喻的数量，能够帮助隐喻研究者探讨不同语篇，或者不同语篇事件中的隐喻使用情况。例如，Cameron(2003)发现口语语篇中的隐喻密度高于书面语，而教育语篇中的隐喻密度在每 1000 词 14 到 27 个之间，其中语法课上的隐喻密度最高。隐喻密度是近年来兴起的定量隐喻研究的重要组成部分，为探讨隐喻的语言属性提供了科学数据支撑。

3. 隐喻丛(Metaphor Cluster)

隐喻在语篇中并不是均衡分布，有时受语篇事件等因素的影响，隐喻呈“丛”状(Corts & Meyers，2002)，或“链”状(Kollar，2003)集中分布。隐喻丛的识别可以通过计算隐喻密度进行，如果某一段语篇中的隐喻密度超过每 1000 词 100 个，那么就可以确定隐喻丛的存在(Maslen，2010)。

隐喻丛能够帮助研究者发现语篇中应重点关注的部分，展现隐喻在语篇中的动态发展和转换。Cameron(2008)发现，隐喻丛中的隐喻动态发展通常表现为隐喻中“喻源”的变化，她将其称为“隐喻转移”(Metaphor Shifting)。根据她的研究，隐喻转移存在四种形式：喻源重复、喻源重新词汇化、喻源扩展和喻源对比。这四种形式是否穷尽，隐喻的动态发展与语篇事件和语篇类型之间存在何种联系，这些问题都值得我们进一步探讨。

(三)“从上面”的角度

该层面的隐喻分析主要考察隐喻与社会文化因素之间的互动，关注隐喻的社会属性。该层面的隐喻分析已经成为近年来隐喻研究中的一个热点，越来越多的研究者认识到隐喻社会属性的重要性，尝试揭示在语篇中人们如何通过隐喻促进社会交际和构建社会群体身份。我们可以重点探讨下列两个隐喻维度：

1. 隐喻使用者身份(Identity of Metaphor Users)

隐喻使用与使用者身份之间似乎存在某些联系，通常表现为同一语言社团中的成员趋向于采用相似的隐喻使用策略。这样，通过隐喻分析，我们可以将语篇中的隐喻与社会文化因素联系起来，构建隐喻使用者的身份，或对比不同隐喻使用群体在隐喻使用上的差别。隐喻使用者的身份特征包括语言、性别、年龄、工作、教育程度和社会地位等。目前，很多隐喻研究探讨了不同语言的本族语者在隐喻使用上的差别，主要表现为不同语言本族语者经常将同一目标域范畴映射到不同的始源域范畴上。另外，Rivers(2010)发现，隐喻的使用与性别因素也存在联系：男士通常使用与“权利”“汽车”和“时间”相关的隐喻，而女士使用的隐喻则围绕着“饮食”“创造”和“艺术”等。隐喻使用与使用者的其他身份特征，如年龄、工作和教育程度等，存在何种联系还有待进一步研究。

2. 隐喻功能(Functions of Metaphor)

隐喻在语篇中与不同的社会文化因素互动，产生不同的功能。人们可以通过隐喻行事，如构建周边世界、建立人际关系和表达个人情感等，从而达到社会交际的目的。关于隐喻功能，很多研究者都有所涉猎。例如 Charteris-Black(2004)归纳了隐喻的七个功能，包括：引起注意建立信任、启发、预测、同情、美化、表达思想和建立参与者角色。目前，一些研究者(如 Goatly，1997；Kollar，2003 等)将系统功能语言学中的“元功能”概念引入隐喻分析，探讨隐喻在语篇中的概念功能、人际功能和语篇功能。从已有的研究来看，隐喻功能的相关探讨还显得比较笼统，仍然停留在简单描述的阶段，将来研究还需要结合语类、语域和语篇事件等方面的信息深入进行。

综上所述，“三重视角”下的隐喻分析从三个层面，分别以概念隐喻、语言隐喻以及隐喻与语境因素之间的互动为研究对象，探讨隐喻的认知属性、语言属性和社会属性。该隐喻分析模式关注 7 个隐喻维度，如表 1 所示。

表 1 “三重视角”下的隐喻分析维度

分析层面	隐喻属性	研究对象	隐喻维度
“从自身”的角度	认知属性	概念隐喻	隐喻网络
			隐喻场景/故事
“从下面”的角度	语言属性	语言隐喻	隐喻构式
			隐喻密度
			隐喻丛
“从上面”的角度	社会属性	隐喻与语境因素的互动	隐喻使用者身份
			隐喻功能

需要指出的是，表 1 中所列举的隐喻维度并非穷尽，但是它们在一定程度上代表了当前隐喻分析的热点和未来研究的趋势。另外，各层面的隐喻分析之间的界限并非是一清二楚的，某个层面上的隐喻维度可能需要结合其他

层面的隐喻维度才能进行更好的分析。

(四)隐喻分析流程

“三重视角”下的隐喻分析模式区分三个层面，但在实际操作时这三个层面并不是同时进行的。根据它们特点，隐喻分析的一般流程应从识别语篇中的隐喻开始，整体顺序是从“从下面”的角度，到“从自身”的角度，再到“从上面”的角度。(见图 3)

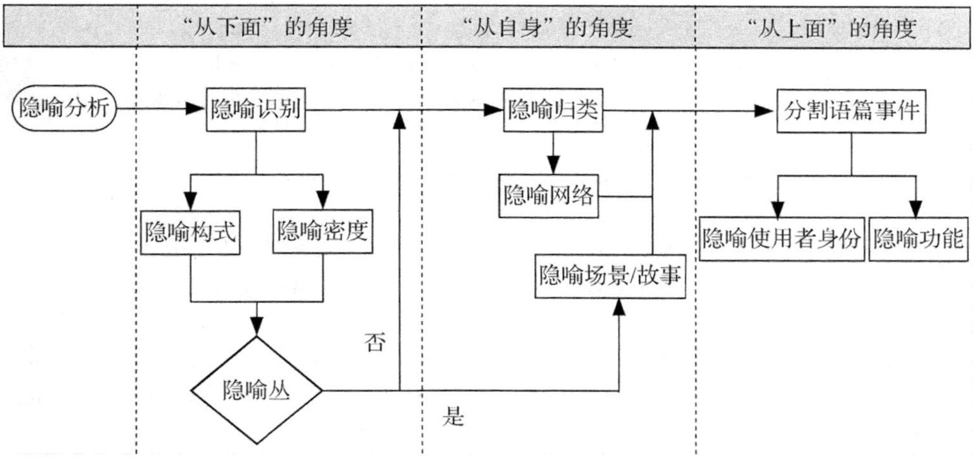

图 3 “三重视角”下的隐喻分析流程

这样，隐喻分析由隐喻识别开始，探讨隐喻构式和隐喻密度，然后确定是否为隐喻丛。如果是隐喻丛，就可以进入“从自身”的角度探讨隐喻场景/故事，再进入第三个层面——“从上面”的角度，分析隐喻使用者身份和隐喻功能；如果不是隐喻丛，就可以先进行隐喻归类，再讨论隐喻网络，最后进入第三个层面。当然，需要注意的是，这里说明的只是隐喻分析的一般流程，实际操作时并不需要按照该流程图面面俱到，可以根据研究兴趣和需要重点关注某个分析层面或某个隐喻维度。

五、结　语

隐喻是一个包含认知属性、语言属性和社会属性的多维度语言现象，研究者在隐喻分析中需要综合考虑这三个属性。本文将“三重视角”的概念引入到隐喻分析，讨论了隐喻分析中的层面和维度。隐喻分析可以分三个层面进行：首先是“从下面”的角度，以语言隐喻为研究对象，探讨隐喻的语言属性，重点关注隐喻构式、隐喻密度和隐喻丛等；其次是“从自身”的角度，以概念隐喻为研究对象，从隐喻网络和隐喻场景/故事等维度着手讨论隐喻的认识属性；最后是“从上面”的角度，聚焦隐喻使用者身份和隐喻功能阐释隐喻的社会属性。在此基础上，本文还讨论了隐喻分析的一般流程，其整体方向是从

“从下面”的角度到“从自身”的角度再到“从上面”的角度。“三重视角”下的隐喻分析模式的探讨有助于推动隐喻分析方法论的研究，给当前隐喻分析带来一定的积极影响。

参考文献

[1]Aristotle. *Aristotle's Poetics and Rhetoric*, London: J. M. Dent & Sons Ltd, 1953.

[2]Black, M. *Models and Metaphors*, Ithaca, New York: Cornell University Press, 1962.

[3]Brooke-Rose, C. A Grammar of Metaphor, London: Secker & Warburg, 1958.

[4]Cameron, L. Operationalising "metaphor" for applied linguistic research, InL. Cameron & G. Low (eds.). *Researching and Applying Metaphor*, Cambridge: Cambridge University Press, 1999.

[5]Cameron, L. *Metaphor in Educational Discourse*, London & New York: Continuum, 2003.

[6]Cameron, L. Metaphor shifting in the dynamics of talk, In M. S. Zanotto, L. Cameron & M. Cavalcanti (eds.). *Confronting Metaphor in Use: An Applied Linguistic Approach*, Amsterdam: John Benjamins, 2008.

[7]Cameron, L. The discourse dynamics framework for metaphor, In L. Cameron & R. Maslen (eds.). *Metaphor Analysis: Research Practice in Applied Linguistics, Social Sciences and the Humanities*, London: Equinox, 2010.

[8]Charteris-Black, J. *Corpus Approaches to Critical Metaphor Analysis*, New York: Palgrave Macmillan, 2004.

[9]Corts, D. , K. Meyers. Conceptual clusters in figurative language production, *Journal of Psycholinguistic Research*, 2002(4).

[10]Gibbs, R. W. Researching metaphor, In L. Cameron, G. Low (eds.). *Researching and Applying Metaphor*, Cambridge: Cambridge University Press, 1999.

[11]Goatly, A. *The Language of Metaphors*, London: Routledge, 1997.

[12]Halliday, M. A. K. *Explorations in the Functions of Language*, London: Arnold, 1973.

[13]Halliday, M. A. K. Systemic grammar and the concept of a "science of language", In J. Webster (ed.). *On Language and Linguistics*, London: Continuum, 1992/2003.

[14]Halliday, M. A. K. *An Introduction to Functional Grammar* (2nd edn.), London: Arnold, 1994.

[15]Halliday, M. A. K. On grammar and grammatics, In J. Webster (ed.). *On Grammar*, London: Continuum, 1995/2002.

[16]Halliday, M. A. K. Introduction: On the "architecture" of human language, In J. Webster (ed.). *On Language and Linguistics*, London: Continuum, 2003.

[17]Kittay, F. *Metaphor: Its Cognitive Force and Linguistic Structure*, Oxford: Oxford University Press, 1987.

[18]Knowles, M. , R. Moon. *Introducing Metaphor*, London & New York: Routledge, 2006.

[19]Kollar, V. Metaphor clusters, metaphor chains: Analyzing the multifunctionality of metaphor in text, *Metaphorik. de*, 2003 (5).

[20]Lakoff, G. The contemporary theory of metaphor, In A. Ortony (ed.). *Metaphor and Thought*, Cambridge: Cambridge University Press, 1979/1993.

[21]Lakoff, G., M. Johnson. *Metaphors We Live By*, Chicago: University of Chicago Press, 1980.

[22]Maslen, R. Working with large amounts of metaphor data, In L. Cameron & R. Maslen (eds.). *Metaphor Analysis: Research Practice in Applied Linguistics, Social Sciences and the Humanities*, London: Equinox, 2010.

[23]Matthiessen, M. I. M., K. Teruya, M. Lam. *Key Terms in Systemic Functional Linguistics*, London, New York: Continuum, 2010.

[24]Musolff, A. *Metaphor and Political Discourse: Analogical Reasoning in Debates About Europe*, Basingstoke: Palgrave Macmillan, 2004.

[25]Musolff, A. Metaphor scenarios in public discourse, *Metaphor and Symbol*, 2006(1).

[26]Resche, C. Towards a better understanding of metaphorical networks in the language of economics: The importance of theory-constitutive metaphors, In H. Herrera-Soler, M. White (eds.). *Metaphor and Mills: Figurative Language in Business and Economics*, Berlin, Boston: De Gruyter Mouton, 2012.

[27]Richards, A. *The Philosophy of Rhetoric*, Cambridge: Cambridge University Press, 1936/1965.

[28]Ricoeur, P. *The Rule of Metaphor: The Creation of Meaning in Language*, Trans. by R. Czerny with K. McLaughlin, J. Costello. London, New York: Routledge, 1977/2003.

[29]Rivers, S. Bringing it all together: Applying metaphor analysis to online discussions in a doctorate study, In L. Cameron, R. Maslen (eds.). *Metaphor Analysis: Research Practice in Applied Linguistics, Social Sciences and the Humanities*, London: Equinox, 2010.

[30]Sullivan, K. *Grammar in Metaphor: A Construction Grammar Account of Metaphoric Language*, Ph. D. Dissertation. University of California, Berkeley, 2007.

[31]Sullivan, K. *Frames and Constructions in Metaphoric Language*, Amsterdam & Philadelphia: John Benjamins, 2013.

[32]Todd, Z., G. Low. A selective survey of research practice in published studies using metaphor analysis, In L. Cameron, R. Maslen (eds.). *Metaphor Analysis: Research Practice in Applied Linguistics, Social Sciences and the Humanities*, London: Equinox, 2010.

[33]White, R. M. *The Structure of Metaphor: The Way the Language of Metaphor Works*, Oxford, Cambridge: Blackwell, 1996.

[34]束定芳:《论隐喻的本质及语义特征》,《外国语》,1998年第6期。

(作者:何中清　北京科技大学副教授)

项目名称：唐诗之中的丝绸之路文化意蕴
项目编号：12WYB019
项目负责人：石云涛
项目信誉保证单位：北京外国语大学

唐诗中长安生活方式的胡化风尚[①]

长安是唐朝政治文化中心，是丝绸之路的起点，是唐朝开放的窗口，在广泛的中外文化交流中吸收了不少外来文明。大量周边民族和域外人入华，长安是其最大的聚集中心，汇聚了来自周边民族和域外国家的众多人口，他们带来了不同于中原地区传统文化的风尚习俗。唐代是诗歌兴盛的时代，长安是唐代最大的诗歌中心。诗是社会生活的反映，长安的外来文明和域外习尚反映在诗歌的歌咏和描写中。已经有不少学者对流行长安的西域文明和唐代的外来文明进行了精细研究，特别是向达先生《唐代长安与西域文明》和美国汉学家薛爱华（E. H. Schafer）的《撒马尔罕的金桃——唐代舶来品研究》（*The Golden Peaches of Samarkand: A Study of T'ang Exotics*）影响甚著。长安流行异域风尚，薛爱华说："唐朝人追求外来物品的风气渗透了唐朝社会的各个阶层和日常生活的各个方面"；"整个唐代都没有从崇尚外来物品的社会风气中解脱出来"。他还指出，长安和洛阳"是胡风极为盛行的地方"。[②] 这种胡风进入唐诗的歌咏和描写。虽然也有学者论及文化交流造成的长安社会生活的胡化风尚在唐诗中的反映，却未见系统和深入研究，故本文拟在前人研究的基础上对这一问题进行探讨。

一、服饰方面

唐人在服饰方面喜欢模仿异域人，波斯、吐火罗、突厥、吐谷浑和吐蕃的服装都成为唐人模仿的对象，而以中亚和波斯服装最为流行，唐俑中折襟胡服的男像，即属波斯装。波斯萨珊王朝时代女性流行耳环，唐时妇女也喜戴耳环。唐太宗的儿子、太子李承乾"又使户奴数十百人习音声，学胡人椎

---

① 本文为北京市哲学社会科学规划项目（项目编号：12WYB019）的阶段性成果。

② ［美］薛爱华著，吴玉贵译：《撒马尔罕的金桃——唐代舶来品研究》，北京：社会科学文献出版社，2016 年版，第 93 页。

髻，剪彩为舞衣。……又好突厥言及所服”。[①] 刘肃《大唐新语·从善》载：“贞观中，金城坊有人家为胡所劫者，久捕贼不获。时杨纂为雍州长史，判勘京城坊市诸胡，尽禁推问。司法参军尹伊异判之曰：‘贼出万端，诈伪非一，亦有胡着汉帽，汉着胡帽，亦须汉里兼求，不得胡中直觅。请追禁西市胡，余请不问。’”[②]说明贞观年间长安汉人就习惯戴胡帽，在当时仅凭戴帽无法确定是汉人还是胡人。长安时兴的胡帽有几种，表演胡腾舞者戴虚顶织成蕃帽，柘枝舞者戴卷檐虚帽，波斯丈夫戴白皮帽。[③]

唐代前期妇女喜欢穿戴的羃䍦，可能是仿自波斯女性的服饰，以缯帛制作的方巾掩蔽全身，至迟北齐、隋代时已经传入中原地区。《隋书·秦王俊传》载，隋文帝之子杨俊“为妃作七宝羃䍦”。[④] 这种风气至初唐时始盛。《旧唐书·舆服志》载，武德、贞观年间，宫人骑马者承齐隋旧习，多著羃䍦。羃䍦“发自戎夷”，[⑤] 应该是对波斯妇人大衫披大帽帔的模仿。这种大帽帔在今青海之地立国的吐谷浑人和白兰国丁零人称为羃䍦，长安相沿称之。[⑥] 高宗永徽以后，宫人出行，有以帷帽、拖裙到颈，较为浅露。帷帽起自隋代，周围垂网，从吐谷浑的长裙缯帽、吐火罗的长裙帽发展而来，原为西域之服。[⑦] 中宗时，宫人已完全不用羃䍦。玄宗时充仪仗队的骑马宫人，“皆著胡帽，靓妆露面，无复障蔽”，更加暴露。而且“士庶之间，又相仿效”。甚至发展到女子露髻驰骋，衣着男子衣服鞯衫，尊卑难分，男女无别。开元以后，“士女皆竞衣胡服”。[⑧]

唐人反思安史之乱，总结动乱的根源，有人认为跟胡化风气有关，“故有范阳羯胡之乱，兆于好尚远矣”[⑨]。服饰的胡化就是这种风气的表现，元稹《法曲》诗写“咸洛”(长安、洛阳)风习：“自从胡骑起烟尘，毛毳腥膻满京洛。女为胡妇学胡妆，伎进胡音务胡乐，火凤声沉多咽绝，春莺啭罢长萧索。胡音胡骑与胡妆，五十年来竞纷泊。”[⑩]开元以后的袒露在唐诗中也有描写，方干《赠美人四首》其一云：“粉胸半掩疑暗雪，常恐胸前春雪释”[⑪]；施肩吾《观美人》诗云：“漆点双眸鬓绕蝉，长留白雪占胸前。”[⑫]那种流行的袒领低胸的服

---

① 《新唐书》第八十卷，北京：中华书局，1975年版，第3564页。
② (唐)刘肃：《大唐新语》第九卷，北京：中华书局，1984年版，第138页。
③ 向达：《唐代长安与西域文明》，北京：三联书店，1957年版，第46页。
④ 《隋书》第四十五卷，北京：中华书局，1973年版，第1240页。
⑤ 《旧唐书》第四十五卷，北京：中华书局，1975年版，第1957页。
⑥ 向达：《唐代长安与西域文明》，北京：三联书店，1957年版，第45页。
⑦ 向达：《唐代长安与西域文明》，北京：三联书店，1957年版，第45—46页。
⑧ 《旧唐书》第四十五卷，北京：中华书局，1975年版，第1957—1958页。
⑨ 《旧唐书》第四十五卷，北京：中华书局，1975年版，第1958页。
⑩ (唐)元稹：《元稹集》第二十四卷，北京：中华书局，1982年版，第282页。
⑪ 《全唐诗》第六百五十一卷，北京：中华书局，1960年版，第7478页。
⑫ 《全唐诗》第四百九十四卷，北京：中华书局，1960年版，第5604页。

装，可能是胡装翻领的发展，也可能是受胡风感染的新式样。白居易《上阳白发人》写天宝年间流行“小头鞋履窄衣裳，青黛点眉眉细长”。[①] 传统的宽博衣仿效胡服，改取紧身窄袖，目的是展示女性体态之美。这种样式应该受到异域胡装的影响。[②] 唐代宫人有穿回鹘装的。花蕊夫人《宫词》：“明朝腊日官家出，随驾先须点内人。回鹘衣装回鹘马，就中偏称小腰身。”[③]向达先生说：“唐代长安对于外国风尚之变迁，每因政治关系而转移。回鹘装束之行于长安，当在安史乱后。”[④]“末二语盖形容其窄小耳”。[⑤] 到了中唐时，这种服装已经过时，上阳宫白发宫女因不与外界接触，衣着陈旧。

与服饰有关的是梳妆，白居易《时世妆》批评了当时流行的式样：“时世流行无远近，腮不施朱面无粉。乌膏注唇唇似泥，双眉画作八字低。妍媸黑白失本态，妆成尽似含悲啼。圆鬟无鬓堆髻样，斜红不晕赭面状。元和妆梳君记取，髻堆面赭非华风。”[⑥]《新唐书·五行志》云：“元和末，妇人为圆鬟椎髻，不设鬓饰，不施朱粉，惟以乌膏注唇，状似悲啼者。”“唐末，京都妇人梳发，以两鬓抱面，状如椎髻，时谓之抛家髻。”[⑦]这也是受胡风影响的结果。向达指出：“赭面是吐蕃风，堆(当作椎)髻在敦煌壁画及西域亦常见之。此种时妆或亦经由西域以至于长安也。”[⑧]

二、饮食方面

唐人在饮食方面则流行胡食。胡食早在汉代就流行中国，史载汉灵帝好胡食，唐代更加盛行。《旧唐书·舆服志》载，开元以后，“贵人御馔，尽供胡食”[⑨]。唐代慧琳《一切经音义》中说：“油饼本是胡食，中国效之，微有改变”；

---

① (唐)白居易：《白居易集》第三卷，北京：中华书局，1979年版，第59页。

② 向达先生说：“吐火罗人着小袖袍小口袴，大头长裙帽。波斯丈夫剪发戴白皮帽，贯头衫，两厢延下关之，并有巾帔，缘以织成；妇人服大衫，披大帽帔。长裙帽即帷帽。贯头衫，两厢延下关之，或者与德国勒柯克(Le Coq)在高昌所发见壁画中人物之像相近似。巾帔或即肩巾，大帽帔必是羃䍦无疑也。唐代盛行长安之胡服，不知果何所似？唯刘言史《观舞胡腾》诗有细毡胡衫双袖小之句，李端《胡腾儿》诗云拾襟搅袖为君舞，张佑《杭州观舞柘枝诗》亦云红罨画衫缠腕出，皆形容双袖窄小之辞，与姚汝能所云襟袖窄小之言合。证以近出诸唐代女俑及绘画，所谓襟袖窄小，尤可了然。其音声队服饰尤与波斯风为近。则唐代所盛行之胡服，必有不少之伊斯兰成分也。陶俑中着折襟外衣鞠靴者亦不少。唐代法服中有六合靴，亦是胡服，为文武百僚之服，日本正仓院有乌皮六缝靴，足征唐制。”(《唐代长安与西域文明》，第47页)

③ 《全唐诗》第七百九十八卷，北京：中华书局，1960年版，第8978页。

④ 向达：《唐代长安与西域文明》，北京：三联书店，1957年版，第46页。

⑤ 向达：《唐代长安与西域文明》，北京：三联书店，1957年版，第53页注[九]。

⑥ (唐)白居易：《白居易集》第四卷，北京：中华书局，1979年版，第82页。

⑦ 《新唐书》第三十四卷，北京：中华书局，1975年版，第879页。

⑧ 向达：《唐代长安与西域文明》，北京：三联书店，1957年版，第47页。

⑨ 《旧唐书》第四十五卷，北京：中华书局，1975年版，第1958页。

“胡食者，即饆饠、烧饼、胡饼、搭纳等是。”[①]当时长安人喜欢吃的油煎饼、烧饼、胡饼、抓饭等都是胡食，从西域传来。唐代街市上往往有专营胡食的商铺，其中胡饼最为常见。胡饼在汉代时已经传入，之所以称为胡饼，有两种说法。一说有胡麻著其上，汉人刘熙的《释名·释饮食》云：“饼，并也，溲面使合并也。胡饼，作之大漫沍，亦言以胡麻著上也。”[②]另一说以为“胡人所噉”，即胡人的食物。《资治通鉴·玄宗纪》载，安史之乱发生，唐玄宗逃出长安，至咸阳集贤宫，正值中午，“上犹未食，杨国忠自市胡饼以献”[③]。卖胡饼者大概常常是胡人，唐代长安仍有胡人卖饼者。沈既济的小说《任氏》曾写到“有胡人鬻饼之所”[④]。唐人皇甫氏《原化记》记载有“鬻饼胡”的故事。[⑤] 日本僧人圆仁《入唐求法巡礼行记》写在长安的见闻：“开成六年正月六日，立春，命赐胡饼寺粥。时行胡饼，俗家皆然。”白居易《寄胡饼与杨万州》诗云：“胡麻饼样学京都，面脆油香新出炉。寄与饥馋杨大使，尝看得似辅兴无。”[⑥]说明胡饼制法从长安传至外地。

在长安人的食物中，使用了来自域外的调料。例如，唐代从西域引进了蔗糖(石蜜)及制糖工艺。《唐会要》载：“西番胡国出石蜜，中国贵之。太宗遣使至摩伽佗国取其法，令扬州煎蔗之汁，于中厨自造焉。色味逾于西域所出者。”[⑦]摩伽佗即印度。中国虽然种植甘蔗，却不会用来熬蔗糖。唐太宗遣人出国引进制糖技术，所得蔗糖用于长安人的饮食烹饪之中，色味俱佳。寒山《诗三百三首》中写到石蜜：“俊杰马上郎，挥鞭指绿杨。谓言无死日，终不作梯航。四运花自好，一朝成萎黄。醍醐与石蜜，至死不能尝。”[⑧]唐代输入的外来调味品，影响最大的应是胡椒。椒是原产于东南亚、南亚和非洲的藤本植物，因从域外传入，故称胡椒。胡椒籽粒含有挥发油、胡椒碱、粗脂肪、粗蛋白等，是人们喜爱的调味品。唐人苏恭《唐本草》云：“胡椒生西戎，形如鼠李

① (唐)慧琳：《一切经音义》第三十七卷，见《陀罗尼集》，上海：上海古籍出版社，2008年版，第1154页。

② (东汉)刘熙撰，(清)王先谦疏证补：《释名疏证补》卷四，北京：中华书局，2008年版，第135页。按，《初学记》引此段文字，“面”字之前有“麦”字；《太平御览》引此段文字，“面”作“麦”。“大漫沍”意思是无边际，形容其饼甚大。可知“胡饼”是大型的“饼”，或者即所谓馕。《邺中记》云：“石勒讳胡，胡物皆改名，胡饼曰‘麻饼’，胡绥曰‘香绥’，胡豆曰‘国豆’。”《艺文类聚》卷八五“豆”引，上海：上海古籍出版社，1965年版，第1453页。崔鸿《十六国春秋·赵录》云：“石勒讳胡，胡物皆改名。胡饼曰‘抟炉’，石虎改曰‘麻饼’。”《太平御览》卷八六〇引，上海：上海古籍出版社，2008年版，第8册，第572页。

③ (宋)司马光等：《资治通鉴》第二百一十八卷，北京：中华书局，1956年版，第6972页。

④ (宋)李昉等：《太平广记》第四百五十二卷，北京：中华书局，1961年版，第3693页。

⑤ 《太平广记》第四百〇二卷，北京：中华书局，1961年版，第3243页。

⑥ (唐)白居易：《白居易集》第十八卷，北京：中华书局，1979年版，第382页。

⑦ (宋)王溥：《唐会要》第一百卷，上海：上海古籍出版社，1991年版，第2135页。

⑧ 《全唐诗》第八百六卷，北京：中华书局，1960年版，第9066页。

子，调食用之，味甚辛辣。”[1]晚唐段成式《酉阳杂俎》说：“胡椒，出摩加陀国，……今人作胡盘肉食皆用之。”[2]还有莳萝子，又名小茴香，也是唐代引进的一种调味品，李珣《海药本草》引《广州记》称莳萝子“生波斯国”，“善滋食味”。[3]这些调料都被用于唐代长安人的胡食烹饪中。裴迪《辋川集二十首·椒园》云：“丹刺罥人衣，芳香留过客。幸堪调鼎用，愿君垂采摘。”[4]高适《奉赠贺郎诗》云：“报贺郎，莫潜藏。障门终不免，何用漫思量。清酒浓如鸡，臛肫与白羊。不论空蒜酢，兼要好椒姜。姑娣能无语，多言有侍娘。不知何日办，急共妇平章。如其意不决，请问阿耶娘。”[5]

西域美酒是唐人喜爱的，其中影响最大流行最广的是葡萄酒。唐代西域人贡的物品中仍有葡萄酒。鲍防《杂感》诗写了盛唐社会：“汉家海内承平久，万国戎王皆稽首。天马常衔苜蓿花，胡人岁献葡萄酒。”[6]葡萄酒酿制方法早在东汉末年就从西域传入，唐代继续引进先进工艺。西域名酒及其制作方法传入长安，有西域的葡萄酒、高昌的马乳葡萄酒、波斯的三勒浆、乌弋山离的龙膏酒等。[7] 据《唐会要》载，唐初就已将高昌的马乳葡萄及其酿酒法引入长安。唐平高昌，用其地马乳葡萄酿酒，唐太宗亲自监制，酿出八种色泽的葡萄酒，“芳辛酷烈，味兼缇盎。既颁赐群臣，京中始识其味”[8]。向达先生说：“依高昌法制之葡萄酒及波斯法之三勒浆，当俱曾流行于长安市上。”[9]唐代诗人喜饮葡萄酒，由此产生了许多歌咏葡萄酒的诗，因为饮用葡萄酒时的饮器往往也是进口产品，因此唐诗中便连同这种舶来物品一起歌咏。唐人还喜欢一边饮酒，一边欣赏乐舞，而这时表演的乐舞有的是来自域外的胡舞，这就更增添了异域情调。刘言史《王中丞宅夜观舞胡腾》描写来自中亚的艺人在长安一位官员家里表演舞艺：“石国胡儿人见少，蹲舞尊前急如鸟。织成蕃帽虚顶尖，细氎胡衫双袖小。手中抛下蒲萄盏，西顾忽思乡路远。跳身转毂宝带鸣，弄脚缤纷锦靴软。四座无言皆瞪目，横笛琵琶遍头促。乱腾新毯雪朱毛，

---

① （明）李时珍：《本草纲目》第三十二卷，北京：中医古籍出版社，1994年版，第789页。

② 段成式：《酉阳杂俎》前集第十八卷，北京：中华书局，1981年版，第179页。

③ （五代）李珣著，尚志钧辑校：《海药本草》，第二卷，北京：人民卫生出版社，1997年版，第30页。

④ 《全唐诗》第一百二十九卷，北京：中华书局，1960年版，第1315页。

⑤ 参见陈尚君：《全唐诗续拾》第十五卷，北京：中华书局，1992年版，第874—875页。

⑥ 《全唐诗》第三百七卷，北京：中华书局，1960年版，第3485页。

⑦ 唐朝从波斯引进了三勒浆及其酿造方法，这是一种果酒。李肇《唐国史补》卷下载：“三勒浆类酒，法出波斯。三勒者，谓菴摩勒、毗梨勒、诃梨勒。”（上海古籍出版社，1979年版，第60页）唐宪宗时从西域乌弋山离国引进龙膏酒，据苏鹗《杜阳杂编》卷中记载，其时处士伊祈元被召入宫，饮龙膏之酒。这种酒黑如纯漆，饮之令人神爽，乃乌弋山离国所献。（文渊阁《四库全书》影印本，台湾商务印书馆，1983年版，第1042册，第609页）

⑧ 《唐会要》第一百卷，第2135页。

⑨ 向达：《唐代长安与西域文明》，北京：三联书店，1957年版，第51页。

傍拂轻花下红烛。酒阑舞罢丝管绝，木槿花西见残月。”诗中写到胡儿、蕃帽、细氎胡衫、胡腾舞、葡萄酒、葡萄酒杯、锦靴、横笛、琵琶等等，无不在渲染一种域外风情。这种风情弥漫在唐代长安这个国际大都市里，显得非常自然和谐。

唐代食具也有外来文化色彩，例如玻璃器皿的使用，所谓“葡萄美酒夜光杯”。玳瑁生活在亚洲东南部和印度洋等热带和亚热带海洋中。玳瑁不光被作为美味佳肴食用，其美丽的甲壳又属珠宝，被用来装饰器物。食物中有玳瑁，或者食器用玳瑁装饰的宴席被称为“玳瑁筵”，成为唐诗中常见意象，形容筵席的精美与豪华。唐太宗《帝京篇》之九云：“建章欢赏夕，二八尽妖妍。罗绮昭阳殿，芬芳玳瑁筵。佩移星正动，扇掩月初圆。无劳上悬圃，即此对神仙。”①

三、居住方面

居住方面，长安人也引入了域外建筑方式。向达说：“采用西亚风之建筑当始于唐”。他举出《唐语林》记载的唐玄宗的凉殿、京兆尹王鉷的自雨亭子，与《旧唐书·拂菻国传》记载的拂菻国建筑形制相同，认为“当即仿拂菻风所造”②。此种建筑因极其少见，未见诗人吟咏。但宫廷中建筑使用来自异域的材料，则有诗人写及。李白《清平调》诗云：“名花倾国两相欢，常得君王带笑看。解释春风无限恨，沉香亭北倚栏杆。”③沉香亭，或以沉香木装饰之亭，或以异域香木命名亭子，总之带有异域风味。

唐朝有人对北方游牧民族的毡帐感兴趣，“甚至在城市里也搭起了帐篷”④。唐太宗的儿子、太子李承乾就曾经出于好奇，在东宫让宫中相貌类胡者“五人建一落，张毡舍”；并在东宫空地搭建一座毡帐，“设穹庐自居”。⑤贵族之家出游，也喜搭毡帐野餐。杜甫《丽人行》写杨氏兄妹曲江游宴：“就中云幕椒房亲，赐名大国虢与秦。紫驼之峰出翠釜，水精之盘行素鳞。犀筯厌饫久未下，鸾刀缕切空纷纶。黄门飞鞚不动尘，御厨络绎送八珍。箫鼓哀吟感鬼神，宾从杂遝实要津。后来鞍马何逡巡，当轩下马入锦茵。”这样奢侈的宴会，不是露天举办，而是在临时搭建的豪华的“云幕”中进行。这一点从“当轩

① （唐）李世民著，吴云、冀宇编辑校注：《唐太宗集》，西安：陕西人民出版社，1986年版，第11页。

② 向达：《唐代长安与西域文明》，北京：三联书店，1957年版，第41—42页。

③ （唐）李白著，瞿蜕园、朱金城校注：《李白集校注》第五卷，上海：上海古籍出版社，1980年版，第393页。

④ [美]谢弗著，吴玉贵译：《唐代的外来文明》，北京：中国社会科学出版社，1995年版，第49页。

⑤ 《新唐书》第八十卷，北京：中华书局，1975年版，第3564—3565页。

下马”也可知道，“轩”是有窗的房，在此指带窗的毡帐。杜甫还写了杨氏兄妹关系的暧昧：“杨花雪落覆白蘋，青鸟飞去衔红巾。炙手可热势绝伦，慎莫近前丞相嗔。”[①]这种行为当然也发生在毡帐中。这种游牧人的居室简便灵活，也为一般人所喜爱。白居易在洛阳履道坊宅内曾设青毡帐，这在他的诗中多次吟咏之，并明确说明其形制、用料和色彩都是仿自北方民族的毡帐。《青毡帐二十韵》云：“合聚千羊毳，施张百子弮。骨盘边柳健，色染塞蓝鲜。北制因戎创，南移逐虏迁。”[②]他说毛毡是羊毛毡，木头是“边柳”，颜色是“塞蓝”，形制模仿“戎”人的毡帐，可以像游牧民族一样随时搬迁移动。从白居易《别毡帐火炉》诗可知，他是天寒时入住，天暖时离开。[③] 毡帐内有火炉，显然是模仿胡人取暖烤食。白居易诗中至少有 13 处写到他的青毡帐，表达他的喜爱。[④]因为白居易喜欢把自己的日常生活写入诗中，我们才知道他有青毡帐。当时可能有不少人像他一样有这种毡帐，只是习以为常，未及形诸记述而已。

唐人居室装饰陈设多有异域风味，诗人往往以诗赞之。长安人喜用椒泥涂壁，取其香味和增加室内温暖。用椒泥涂壁过去只有皇室才能使用，所以后宫称“椒房”。韦庄《抚盈歌》云：“凤縠兮鸳绡，霞疏兮绮寮。玉庭兮春昼，金屋兮秋宵。愁瞳兮月皎，笑颊兮花娇。罗轻兮浓麝，室暖兮香椒。”[⑤]韦庄在这首诗里写的是后宫。唐代长安皇室之外显然也有人如此。张孜《雪诗》云：“长安大雪天，鸟雀难相觅。其中豪贵家，捣椒泥四壁。到处爇红炉，周回下罗幂。暖手调金丝，蘸甲斟琼液。醉唱玉尘飞，困融香汗滴。岂知饥寒人，手脚生皴劈。”[⑥]在唐代，在室内燃香熏香也很普遍，而其香料往往来自海外。李白《杨叛儿》云：“君歌杨叛儿，妾劝新丰酒。何许最关人，乌啼白门柳。乌啼隐杨花，君醉留妾家。博山炉中沉香火，双咽一气凌紫霞。”[⑦]沉香产于东南亚、南亚。薛能《吴姬十首》其二：“龙麝薰多骨亦香，因经寒食好风光。何人画得天生态，枕破施朱隔宿妆。”[⑧]其中“龙”即龙脑香，是来自海外的香料，龙脑树生长于东南亚。居室内的坐具则有胡床。李颀《赠张旭》云：“张公性嗜酒，豁达无所营。皓首穷草隶，时称太湖精。露顶据胡床，长叫三五声。”[⑨]胡床在东汉时既已从北方游牧民族那里传入中原，唐代更加流行。

---

① （唐）杜甫著，（清）仇兆鳌注：《杜诗详注》，第二卷，北京：中华书局，1979 年版，第 158 页。

② （唐）白居易：《白居易集》第三十一卷，北京：中华书局，1979 年版，第 703 页。

③ （唐）白居易：《白居易集》第二十一卷，北京：中华书局，1979 年版，第 474 页。

④ 参见吴玉贵：《白居易的毡帐诗》，见《唐研究》第 5 卷，北京：北京大学出版社，1999 年版。

⑤ 《全唐诗》第七百卷，北京：中华书局，1960 年版，第 8053 页。

⑥ 《全唐诗》第六百〇七卷，北京：中华书局，1960 年版，第 7009 页。

⑦ 《李白集校注》第四卷，上海：上海古籍出版社，1980 年版，第 287 页。

⑧ 《全唐诗》第五百六十一卷，北京：中华书局，1960 年版，第 6519 页。

⑨ 《全唐诗》第一百三十二卷，北京：中华书局，1960 年版，第 1340 页。

四、出行方面

唐人出行时的宝马、香车往往用来自域外的珠宝和香料美化装饰。卢照邻《行路难》描写了长安贵族之家的生活：“香车玉舆恒阗咽。若个游人不竞攀，若个倡家不来折。倡家宝袜蛟龙帔，公子银鞍千万骑。”[①]韦应物《长安道》也写了贵族之家的生活：“宝马横来下建章，香车却转避驰道。”[②]其中香车玉舆、宝马香车都是达官贵族的交通工具，也是其身份的象征。唐人最常见的交通工具是马，骑马或以马驾车是当时较普遍的出行方式。唐代诗人笔下常常写到来自域外的良马和马身上的佩饰。虞世南《门有车马客行》云：“财雄重交结，戚里擅豪华。曲台临上路，高门抵狭斜。赭汗千金马，绣毂五香车。白鹤随飞盖，朱鹭入鸣笳。夏莲开剑水，春桃发露花。轻裾染回雪，浮蚁泛流霞。高谈辨飞兔，摛藻握灵蛇。逢恩借羽翼，失路委泥沙。暧暧风烟晚，路长归骑远。日斜青琐第，尘飞金谷苑。”[③]达官贵族之家乘汗血宝马和宝盖香车终日驰逐。在他们那里，车马的佩饰也很讲究，往往佩以银鞍、明珠、香料等，都是来自域外的东西。杜甫《房兵曹胡马》诗云：“胡马大宛名，锋棱瘦骨成。竹批双耳峻，风入四蹄轻。所向无空阔，真堪托死生。骁腾有如此，万里可横行。”[④]兵曹是基层官吏，从这首诗来看，唐代一般官员都可能骑用从域外输入的好马。

唐代长安是外来文明汇聚之地，外来文明对长安的社会生活产生了巨大影响。在那个开放的时代，域外文化如一股股细流融入长安人的生活和情感，使唐代长安社会生活表现出超过以往任何一个时代的多姿多彩风貌。长安浸染在“胡风”之中，这种胡风为长安社会增添了新的元素，极大地丰富了长安人的生活内容，提高了长安人的生活质量，给长安文化增添了新的活力和色彩。通过诗人的生花妙笔，这种外来元素又进入其美妙的诗篇中，让我们看到中外文化交流是如何为唐诗提供了丰富素材，而唐诗又是怎样不负使命地展示了那个丰富多彩的时代的壮丽画卷、提供了唐代丰富的社会生活信息，也让我们生动地感受到长安这个国际大都市的浪漫色彩和开放气息。

（作者：石云涛　北京外国语大学教授）

① （唐）卢照邻著，祝尚书笺注：《卢照邻集笺注》第二卷，上海：上海古籍出版社，1994 年版，第 76 页。

② 《全唐诗》第一百九十四卷，北京：中华书局，1960 年版，第 1998 页。

③ 《全唐诗》第三十六卷，北京：中华书局，1960 年版，第 472 页。

④ （唐）杜甫著，（清）仇兆鳌注：《杜诗详注》第一卷，北京：中华书局，1979 年版，第 18 页。

项目名称：齐如山老北京文化研究
项目编号：13WYB024
项目负责人：梁　燕
项目信誉保证单位：北京外国语大学

齐如山笔下的“内廷供奉”[①]

京剧理论家、民俗学家齐如山（1877—1962）在他所著的《清代皮簧名脚简述》《谈四脚》书中，多处提到慈禧太后时期梨园界名伶进宫演戏的情形，这些名伶都是京城擅长皮簧戏的各路好角，进宫演戏主要是为满足慈禧太后宫廷娱乐的需求。像杨隆寿、谭鑫培、陈德霖、杨小楼、王瑶卿等，都有一个响亮的头衔，叫作“内廷供奉”。

一、“内廷供奉”的由来和慈禧太后对皮簧戏的推崇

“供奉”一词见于唐代，它是以某种技能在宫廷侍奉皇帝的一种职位，唐玄宗时有“翰林供奉”；宋代的武职阶官、宦官阶官中，都有“供奉”一职；清代称南书房行走为“内廷供奉”，是职官名称。[②]

齐如山笔下所记的“内廷供奉”，则是指被当时清宫戏剧管理机构升平署挑选入宫演戏的民籍皮簧名伶，由于他们能够以技艺侍奉帝王，享受宫中的“钱粮俸米”，即每月“食银二两”“公费一串”“白米十口”[③]，被民间视为荣耀，便以“内廷供奉”称之。

其实，清宫自南府改为升平署以来，从未给任何一位民间艺人授予任何官职和相应待遇。宫内只称其为“外边学生”“外学”“教习”等。一般来说，在民间唱红的艺人一旦被清宫选中，便会名声大震，许多人家更愿意将自己的子弟送到“内廷供奉”的门下学戏，以藉日后成才。齐如山说，名伶“挑上升平署的钱粮，这在戏界本等于一步登天，俗所谓‘一登龙门，声价十倍’”[④]。他们在外演戏的身价更高，收徒、教戏的收入更丰。

“内廷供奉”的挑选有两种途径：一是升平署有专职负责的太监到京城戏

① 此成果中的部分文字发表于《紫禁城》杂志2013年第11期。

② 幺书仪：《晚清戏曲的变革》，北京：人民文学出版社，2008年版，第58—59页。

③ 丁汝芹：《清代内廷演戏史话》，北京：紫禁城出版社，1999年版，第216页。

④ 齐如山：《谈四脚》，见《齐如山文集》第六卷，石家庄：河北教育出版社，北京：开明出版社，2010年版，第160页。

园子里去找寻，他们常常出入各大戏园看戏，特别留意当红的名角。京城各处的戏园子也总要长年给御史衙门、内务府、升平署留出免费的“官座儿”，供他们看戏、物色人选。二是通过梨园界熟人介绍，这些介绍人大多都是受升平署信任的“内廷供奉”，被介绍者获得这份差事后，要称介绍人为“老师”或“先生”，行弟子礼，这是梨园界不成文的规矩。王瑶卿就是经升平署信赖的“内廷供奉”陈德霖的“保举”入宫承差的，由于平日二人关系极熟，王瑶卿称陈德霖为“德霖哥”。此事后在宫中不可随便，喜爱说笑的王瑶卿便以“老夫子”呼之，既有戏谑之味，更有尊重之意，于是陈德霖便在梨园界有了“老夫子”的绰号。此事见于齐如山《谈四脚》中的记述。

慈禧太后不喜昆、弋，专好二簧。同治八年九月二十六日，慈禧传下谕旨，命太监学二簧戏：“印刘传西佛爷旨，着刘进喜、方福顺、姜有才学二簧鼓、武场，张进喜学武场。王进贵、安来顺学二簧笛、胡琴，文场。不准不学。”[①]当时京城二簧戏已经十分流行，但皇宫上下的观念仍奉昆、弋为正统，就连升平署的太监也有人认为二簧属“乱弹”之列，地位不高，学起来有些抵触，所以，慈禧太后才特别强调“不准不学。”

同治十一年三月慈禧太后命人传旨：“于三月十四日起，着会唱乱弹二簧之人、筋斗、随手上去，每日进中正殿门至长春宫，未正到齐。”[②]她对二簧戏的兴趣很浓，但那时还只能看宫里的太监演这些戏。从升平署的档案记录看，这一年慈禧太后在寝宫长春宫传戏频繁，戏目中有不少二簧戏：《朱砂痣》《樊江关》《甘露寺》《穆柯寨》《烈火旗》《五台会兄》《取帅印》《取荥阳》《打龙袍》《演礼》《战长沙》《探窑》《绑子上殿》《奇双会》《蒋干盗书》《梳妆掷戟》《徐母击曹》《连环套》《彩楼配》《十字坡》《华容道》《拾镯》《斩子》《空城计》《御碑亭》等。[③]

慈禧太后对宫中太监的演技和不甚规范深为不满，光绪五年《旨意档》上有这样的记录：

> 七月十六日　奉旨，着何庆喜口传，着总管排差管束。《迓福迎祥》判脸实在粗糙。《万花献瑞》马得安不等尾声完下场，懈怠。狄盛宝上场应穿造(皂)靴，不应穿薄底靴。安进禄上场不准卖野眼。王进福不准瞪场面人。传与众人等，穿造(皂)靴开后口，钉纽扣。如有靴坏买方头靴。李福贵此(跐)西跷，不准此(跐)打跷。着总管、首领、教习着实排差，如若不成式样，佛爷亲责不恕。为此特传。[④]

---

① 朱家溍、丁汝芹：《清代内廷演剧始末考》，北京：中国书店，2007 年版，第 332 页。

② 丁汝芹：《清代内廷演戏史话》，北京：紫禁城出版社，1999 年版，第 237 页。

③ 朱家溍、丁汝芹：《清代内廷演剧始末考》，北京：中国书店，2007 年版，第 333—350 页。

④ 朱家溍、丁汝芹：《清代内廷演剧始末考》，北京：中国书店，2007 年版，第 363 页。

由于同治皇帝驾崩，宫中禁止演戏已四年有余，升平署太监多已技艺生疏，慈禧太后的敦促在一定程度上起到了规范舞台的作用。然而，这也是她屡传民籍艺人入宫演戏的一个重要理由，毕竟宫外走红的艺人还是要比宫中太监的表演水平更胜一筹。

慈安太后暴毙以后，慈禧太后大权在握，无所顾忌，宫中演戏的活动更加随心所欲，从民间挑选艺人的数额、钱粮份例也不再受限于旧制。光绪时期几乎京城的所有名伶都被网罗到宫里承差，仅据王芷章《清升平署志略》所列“民籍学生年表”统计，升平署挑进的“内廷供奉”就有 78 位，其中包括鲍福山（小生）、杨隆寿（武生）、李顺亭（生）、彩福禄（武旦）、李永泉（武净）、孙菊仙（生）、时小福（小旦）、杨月楼（生）、王桂花（小生）、谭鑫培（生，宫中叫“谭金培”）、陈德霖（小旦，宫中写作“陈得林”）、罗寿山（丑）、相九箫（旦）、龙长胜（生）、侯俊山（旦）等，这些艺人在齐如山的《清代皮簧名脚简述》和《谈四脚》中都被提及。应该说，他们代表了当时京城皮簧戏的最高水平。

二、“内廷供奉”的特殊才能和特殊荣耀

作为“内廷供奉”，自然是各个行当的佼佼者。能让慈禧太后格外欣赏的，是他们还有一些特殊的才能。齐如山在《清代皮簧名脚简述》中记述了武生杨隆寿擅长排戏的本领：

> 元明两朝以及清初的剧本，没有武生的正戏，嘉庆、道光以后，武生才有出名之人，杨隆寿恐怕是最早出名者之一，所以他在同治初年就被西后传入宫内充当教习，此为北京戏班传进宫内当教习的第一人。……迨同治初年，西后与皇帝都有看戏的瘾……传了场面十人，……又因这些人都是场面，只能教腔及帮吹打，不能教身段，更不能帮助演戏，于是又添传了十几位名脚……这些人以杨隆寿为领班，又因他对于戏的知识较多，一切排戏都归他指点。一次排戏，西后在旁参观，见他太累，命太监给他搬一个座，宫中的规矩是当着西后或皇帝面前，谁也不许坐。这次奉太后谕，给他搬一座，从此在西后面前便算有了座位，故戏界以为殊荣。①

排戏，实际上就是导演，只是那时尚无导演一词，这项工作都是由教习或名角来承担。杨隆寿的出色工作赢得慈禧太后的“赐座”，这是无上的荣耀，不啻为一种高额的奖赏，一度在梨园界传为美谈。

① 齐如山：《清代皮簧名脚简述》，见《齐如山文集》第六卷，石家庄：河北教育出版社，北京：开明出版社，2010 年版，第 29—30 页。

谭鑫培的技艺尽人皆知，不必赘言。他擅长改戏，齐如山在《谈四脚》里记录了谭鑫培当年对他讲的一段话：

> 唱，咱们可不能照旧唱，咱们得自己琢磨。琢磨添上点俏头，好醒一醒人的耳目。《战长沙》这出戏，从前大老板（笔者注：程长庚）常演，以后就没什么人演了。靠背也正对咱的味儿，正好琢磨琢磨，当然是琢磨关公了，可是总算唱不过大头。乃改过来琢磨黄忠，所以两个脚，我都下过一番苦心。因为此戏，本是关公的正戏，咱们要去黄忠，也不能落在大头（笔者注：汪桂芬）之后哇！（此处齐如山插话从略）这也就如同《搜孤救孤》这出戏，本是公孙的正戏，最初我陪着卢台子（笔者注：卢胜奎）唱，人家当然去公孙了，他虽不算老辈，也总算是老脚啦（此处齐如山插话从略）。
>
> 演了两次，我以为光当配脚不合适，我就对卢台子说：“您是已经成名的脚儿了，但是我也正是往上熬摩（笔者注：奋斗、攀爬）的时候，我也不能光当配脚，我想给程婴多添上两段唱工”。卢台子说：“那当然没什么不可以”。于是我就添了两段。《南天门》一戏，人们都说我是学的崇天云，但我改过的也不少，《卖马》原是老生的戏，后来归为店主东的戏了。我看这里头有路可走，所以我也特别把它另排了一排，加了一段耍锏，从前虽有，可不是这个样子。①

谭鑫培善于变旧为新，在传统戏中挖掘出适合自己的表演空间，丰富其所塑造的角色，反“客”为“主”，从配角转为主演。齐如山说“此乃叫天绝顶的聪明，也是令人极佩服的地方”。这种本领使谭鑫培的艺术效应不论在民间还是在宫内都享获盛名。“光绪三十四年，谭鑫培、侯俊山等主演一场戏后曾多次拿到60两的赏银。”中国第一历史档案馆里至今保留着一批光绪朝对“外边教习”赏赐的名单，据有关专家推断，“档案上红字所写的数目，当为慈禧亲自授意”②。

由于极受慈禧太后的赏识，谭鑫培得到了一般“内廷供奉”所不能企及的“殊遇”：

> （西后）除恒传进宫演戏外，且于便中见各王公及内府大臣时常常夸奖他，各王公大臣为得西后之喜欢，每于府中家中演堂会戏时，必有谭

---

① 齐如山：《谈四脚·谈谈谭叫天》，见《齐如山文集》第六卷，石家庄：河北教育出版社，北京：开明出版社，2010年版，第123页。

② 丁汝芹：《清代内廷演戏史话》，北京：紫禁城出版社，1999年版，第255页。

之戏，也就是为的看过之后，于便中见西后时有话说。因此各王府宅门对于谭都要另眼相看。如此一来，谭的声望便一天比一天高，架子也一天比一天大，所以彼时有“谭贝勒”的外号。①

有关谭鑫培受到慈禧太后恩宠的民间传闻很多，为史料所证实的可举一例：“有传说称谭鑫培之女苹珍嫁给生行艺人王又宸时，慈禧曾送与妆奁。近日见到了上刻有楷书‘光绪三十年六月十五日慈禧端佑康颐昭豫庄诚寿恭钦宪皇太后上赏谭金培之女嫁妆铜盆一个’的实物照片，才得以证实。”②一个民间艺人嫁女，赫赫有威的慈禧太后送来嫁妆一份，这是何等的风光，何等的荣耀！

有着“正工青衣”（也有叫“正宗青衣”的）之称的陈德霖凭着经过苦练的好嗓子和端庄大气的扮相，于光绪十六年被升平署选中入宫承差，当上了“内廷供奉”。第一次在宫中演戏，他同孙菊仙、穆凤山二人合演《二进宫》。孙菊仙气足神完，穆凤山声如洪钟，陈德霖嗓音清亮，高亢刚劲，居然也毫不逊色：

西后大乐，很夸奖这出戏，说孙某（笔者注：即孙菊仙。此处齐如山插话从略）这出戏比金福（笔者注：谭鑫培）好。德霖刚出马也还配得上。西后说完之后回宫，后台诸人一齐给德霖道喜，说这是百年不遇的事情，刚挑上差使，头一次演戏就蒙佛爷指名夸奖，是以往没有的。德霖当然也非常得意，他曾说回家来几乎三夜没睡好觉。因为在宫里当差的名脚都知道了这件事，回家来，一传十，十个传百个，第二天大家都知道了，都来探寻。家中人也都问是怎么个情形，于是闹得家中人来人往，热闹了好几天。……由此一来，不但宫中得了面子，连外边搭班也容易多了。这个班也来约，那个班也来请，从此便发达起来。而每到逢宫里去演戏，升平署太监也特别照应，诸事代出主意……③

齐如山与陈德霖相识于庚子年秋天，此后二人交往很多。齐如山对他所讲述的进宫演戏的事情颇感兴趣，便记述于《谈四脚》中，留下了许多重要的口述史料。陈德霖除了唱戏之外，还有编戏之才。就编戏而言，齐如山认为，“在戏界中以德霖为唯一的人才”：

---

① 齐如山：《谈四脚·谈谈谭叫天》，见《齐如山文集》第六卷，石家庄：河北教育出版社，北京：开明出版社，2010 年版，第 126—127 页。

② 丁汝芹：《清代内廷演戏史话》，北京：紫禁城出版社，1999 年版，第 246 页。

③ 齐如山：《谈四脚·谈陈德霖》，见《齐如山文集》第六卷，石家庄：河北教育出版社，北京：开明出版社，2010 年版，第 139 页。

西后时代，宫中所编排的戏，都有德霖帮助；别的戏，他帮助少，就是《昭代箫韶》这本戏，他出力就很大。《昭代箫韶》原为昆腔，此次改为皮簧，却是一件很大的工作，升平署没有这种人才，……西后又不好意思交翰林院，于是就大家胡凑起来，西后自己编的唱词也很多，德霖除安置场子并编词句外，还要把西后所编之词，都安上唱腔。德霖常对我说：“老佛爷所编的词不但不能改，而且还得大恭维。可是有许多词句真是难以安腔，无论如何也得想法子迁就。所安的腔唱出来好听，她便得意，自以为编的词句好，容易唱；倘安的腔唱出来不好听，她不好说她词句不容易唱，她说腔安的不好，所以她编一套词交下来，安腔就得出几身汗，最初是很难，因为腔安的好听，字音则不正，戏界名曰倒字；字音正，腔又不容易好听，所以要大费斟酌”。[①]

从齐如山的记述中可知，陈德霖确为皮簧戏的全才，演戏、编戏、设计唱腔三者兼备。慈禧太后除了在宫中享乐，也要效仿乾隆时代，排演宫廷大戏。她爱好皮簧，要将昆腔的《昭代箫韶》改编为皮簧。升平署的能力有限，“内廷供奉”中陈德霖自然是不二人选。慈禧太后之所以不愿意将此事交翰林院承办，毕竟有些心虚。国家灾难深重，宫中支付巨额经费用于歌舞升平，到底有些底气不足。有陈德霖这样的专业人才协助她完成这部“慈禧皇太后御制”的宫廷大戏，当然对他格外恩宠。以后不论宫中还是王府找人承办演戏活动，慈禧太后总是向人夸奖陈德霖的才能。有了太后的推荐，陈德霖的声誉日隆，而且收入颇丰。

“内廷供奉”的头衔在宫外艺人中有着特殊的吸引力，大名鼎鼎的余叔岩曾因为倒嗓和身体的原因，未能挑上“内廷供奉”，甚感遗憾。清朝灭亡后的1922年，溥仪大婚，皇宫大门内的升平署照常“传戏”，昔日的老牌“内廷供奉”陈德霖、杨小楼、王瑶卿等悉数到齐，新传的筱翠花、郝寿臣、谭小培、盖叫天更是欣然入宫。余叔岩也属新传之列，尽管便血病发，依然强撑弱体，坚持上台。他的精湛演唱给溥仪留下了终身的记忆，而新老“供奉”们对已灭亡的清廷皇室依旧“一往情深”。

三、“内廷供奉”的卑微地位和风险

并非所有的“内廷供奉”都像杨隆寿、谭鑫培、陈德霖那般幸运，得到皇帝、太后的恩宠，其中也有许多人惨遭屈辱和冤枉。齐如山记述了一段同治年间“内廷供奉”李永泉的故事：

---

① 齐如山：《谈四脚·谈陈德霖》，见《齐如山文集》第六卷，石家庄：河北教育出版社，北京：开明出版社，2010年版，第149页。

> 名净脚李永泉，外号溜子，对于戏中的知识极宽，功夫也很深，不过风头上不够，所以外界人都不大知道，而戏界则无人不知之，可是只知溜子这个名字，而多不知李永泉三字，若论本领来说，谭鑫培、孙菊仙他们也都很怕他的。
>
> 一次，李永泉(溜子)在宫中演曹操的戏，大卖力气，以为一定可以得赏，结果同治皇帝大怒，将他打了四十竹竿子。……打完之后，还得给皇上叩头谢刑。可是这一顿打，他本人也不知道是为什么挨的，连升平署总管也不知道是犯的何罪。及至到同治面前谢责时，皇帝才说："我看你还奸不奸?"总管知道为此，才敢问："主子为什么打他?"同治说："就为他太奸。"总管说："主子打错了，他这是演戏，装什么人就得像什么人，不是他奸哪!"同治也乐了，说："打错了，赏他吧!"总管问赏他多少，同治说："使他自己说吧。"溜子说："一竿子十两银子。"同治登时应允，赏了他四百两银子。他以后便在彰仪门外买了一所房子、几亩地，还买了两把骆驼，便成小康之家，以后就不大演戏了。①

李永泉演技高超，出神入化，让同治皇帝入戏太深，不能自拔，反倒招致祸由，遭到毒打。虽然同治皇帝经人提醒，意识到自己对艺人行刑有错，赏了巨额银两，但仍令人胆寒。宫中艺人的低微地位和非人待遇、皇帝的喜怒无常和圣意难测，让这些在民间看似风光的"内廷供奉"们心惊胆战、如履薄冰。难怪李永泉于此事后置房置地，改行当了农民。

武行、丑行兼佳的配角王长林因为演出《一匹布》得罪了慈禧太后，他按戏词对旦角说了这样几句："这匹布你先搁着吧！你知道阴七阳八吗？你们娘们饿七天就死，咱们爷们饿八天也死不了。等你死后，我把这匹布卖掉，爱吃什么吃什么。"慈禧太后听闻此言，不禁忿然："你们男人就这样尊贵吗？老不给你赏，看你吃什么?"②因为不喜欢，王长林的赏赐每次总是最低的。光绪二十三年的一次赏单上记录：赏"外边教习"33人共赏600两银子，平均每人大约20两，谭鑫培、陈德霖等每人赏了30两，只有王长林一人最少，只给6两。③

王长林、李永泉二人见慈禧太后将进宫艺人分成三六九等，心有不满，常发牢骚："人家杨小楼到宫里来演戏，如同小儿住姥姥家来一个样，我们两

① 齐如山：《谈四脚·谈陈德霖》，见《齐如山文集》第六卷，石家庄：河北教育出版社，北京：开明出版社，2010年版，第143—144页。

② 曹心泉：《前清内廷演戏回忆录》，转引自幺书仪：《晚清戏曲的变革》，北京：人民文学出版社，2008年版，第62页。

③ 丁汝芹：《清代宫廷演戏史话》，北京：紫禁城出版社，1999年版，第255—256页。

个人来演戏，仿佛来打刑部官司的犯人一样。”[①]

慈禧太后的乖戾性格，宫内宫外无人不晓，慑于她的权威，几乎所有进宫的艺人都在设法曲意逢迎。齐如山在《谈四脚》里记录了老一辈名伶孙菊仙的一段回忆：

> 我们戏班中的人，最能揣摩佛爷心理，最能讨好者，当推侯俊山为第一。这小子可真有门儿，一次佛爷议论天明亮（笔者注：梆子腔旦角）演《送灯》某一句的身段可真好看，这小子听到耳朵里了。过了两三个月，他演这出，他跟天明亮不是一样的路子，他看着佛爷高兴，特别故意没有照那个样子演，佛爷挑了眼了，说原本应该怎样演法，他恭维了佛爷一大顿，说：“佛爷可是经多见广，看的多，知道的多，奴才听见老辈说过，好像就是这种演法，常想改过来，但记不清了，问人又多不知道，如今得佛爷指教，真是一生的幸运。”趴下扣了三个头谢恩。这样一来，西后不但没有降罪，且大为高兴。你看这小子鬼不鬼？[②]

侯俊山又叫“十三旦”，是慈禧太后时代极红极受宠的“内廷供奉”，他不仅要唱好戏，让慈禧太后满意，还要挖空心思讨好取悦，以满足慈禧太后自诩“内行”、自鸣得意的心理，可谓煞费苦心，足见这些民籍伶人在宫中的地位之微。

关于侯俊山迎合讨好慈禧太后的行为，陈德霖也讲述了一件事情，被齐如山记录下来：

> 一次他回老家张家口，回京带了两个大白菜、两个大苤兰，都重二三十斤，他带到后台，得了个空儿，他扮了一个猴，头顶大苤兰跪于台上，算是白猿献桃。佛爷大乐，赏了他二十两银子。[③]

慈禧太后一向敬神拜佛，也非常愿意别人将自己奉若神佛，这是宫内宫外人所共知的，侯俊山的“白猿献桃”之举，是借神仙故事的吉祥含义，投慈禧太后之好，伶人的可悲境遇可略见一斑。

进宫演戏须格外小心，因为人人都知道，戏台对面的殿里有一御案，上

---

① 齐如山：《谈四脚·漫谈杨小楼》，见《齐如山文集》第六卷，石家庄：河北教育出版社，北京：开明出版社，2010 年版，第 161 页。

② 齐如山：《谈四脚·谈陈德霖》，见《齐如山文集》第六卷，石家庄：河北教育出版社，北京：开明出版社，2010 年版，第 144—145 页。

③ 齐如山：《谈四脚·谈陈德霖》，见《齐如山文集》第六卷，石家庄：河北教育出版社，北京：开明出版社，2010 年版，第 145 页。

面放着每一出戏的剧本，名曰“安殿本”。此本上除了写明唱词、念白，还有演员与角色的对应名单，供帝后们看戏时随时翻阅。倘若有出入，定会获罪。往常，这些“内廷供奉”们在民间演出时不大注意，或有随意的现象，但到了宫中每个人都须小心谨慎，处处留意。齐如山曾说到宫中对某些戏词的忌讳：“例如《连环套》这出戏，词句中有‘兵发热河’一语，西后听了大不舒服。因为咸丰年间，英法联军进城，咸丰避往热河，不敢回京，西后当然也在那里，听到热河二字，觉着刺耳，命改为‘兵发关外’。经此一改，以后倘再念‘兵发热河’，那是绝对不成的。”①如此具有风险的工作，使每一个进宫的演员不敢有丝毫的懈怠。

“内廷供奉”进宫当差，不但要演好自己本行角色，还要有多种技能，以备宫里随时差遣。齐如山在《谈四脚》中记述了一次宫里派陈德霖“跳灵官”的情形：

> 德霖说：“我扮灵官？灵官归净脚应行，生脚都不管，旦脚更不管了。祖师爷的规矩，旦脚不许动朱笔。”总管太监说：“你打量你们外头哪？祖师爷的规矩，你们自然应该遵守；但是皇帝让你扮就得扮，祖师爷也不敢违抗圣旨！每逢遇到大节日，是好脚都得扮；这次让你扮是抬举你；你就扮吧，没错儿。”②

据陈德霖回忆，当时扮灵官的还有谭鑫培、汪桂芬、王桂官等人。民间戏班中人人遵守的规矩，到了宫里也要服从于皇权；无论多么骄傲的名伶，做了“内廷供奉”之后，不管生行、旦行，都要在节日勾脸涂彩“跳灵官”，为圣上祈福，为皇家制造喜庆气氛。

多年在宫中演戏的经历，让“内廷供奉”们养成了谨小慎微的习惯。即使是备受慈禧太后喜爱的陈德霖、杨小楼，也一样谨言慎行，不敢流露出丝毫纰漏。陈德霖在扮演《雁门关》萧太后这一人物时，神情、步态模仿了慈禧太后的形象，深受观众欢迎，但在公众场合下从不敢承认此事。齐如山专门向他问及此事，了解到他内心的顾忌：

> 德霖在宫中演戏已久，每次都看到西后入座观剧的走法，他把西后的步法、姿势、身段都看得很熟，且在家中私自也常模仿练习，日期长

① 齐如山：《谈四脚·谈陈德霖》，见《齐如山文集》第六卷，石家庄：河北教育出版社，北京：开明出版社，2010 年版，第 142 页。

② 齐如山：《谈四脚·谈陈德霖》，见《齐如山文集》第六卷，石家庄：河北教育出版社，北京：开明出版社，2010 年版，第 141 页。

久，学得很像，但别人都不知道。一次他演《雁门关》的太后，一出台就学的是西后的脚步，但台步之间有唱工，走不了几步就得立住，学得虽像，大家还不大理会，及至进场时，因为斜场下，他特别往上场台柱多走了几步，如此则由上场台边到下场门距离较远，多走些步，可以使他的步法、姿势很容易明显，他进场之后，不但太监宫女们看着像西后之行走，连个妃嫔都以为极像。西后大乐，不好意思夸他别的话，只说了个“他可真聪明”。以上这段话，德霖自己并未说过，后来我拿这套话问他，他笑了一笑，没有说什么。隔了一会，他说：“这个在宫里头不能承认的，你要说实在是学佛爷，她高兴夸你两句，自然是很好；但若不高兴，说‘你擅敢学我？’也可降罪的。”①

杨小楼红遍津、京之后，被传入宫中当差，成为慈禧太后面前最受宠的红人，这是宫里人都清楚的，但是备受追捧的杨小楼在慈禧太后面前不敢有半点儿造次。齐如山从升平署的一位太监口中得知慈禧太后赏赐杨小楼一枚“扳指”的故事：

一次杨嘉训(笔者注：即杨小楼)演完戏，佛爷高兴极了，对总管太监说：“嘉训太好，叫他来，我要特别的赏赏他。”总管即把嘉训带至佛爷面前，跪的地方离御座很近，佛爷说：“你今天演得太好，我要特别赏赏你。”嘉训叩一个头，说：“谢谢佛爷。”佛爷伸着大拇指，指上带着一个玉扳指，说：“你看这个扳指好不好？就赏了你吧。”嘉训又叩了一个头，说：“谢谢佛爷。”佛爷又说：“赏了你吧。”嘉训又叩头谢谢，如是者三次，而佛爷永远也不脱下来。看佛爷的意思，似乎是想嘉训亲手由佛爷手上脱下来，但嘉训他万万不敢，情形弄僵。后总管说：“佛爷，赏奴才赏他吧！”遂把扳指接到手交与嘉训，才算完事。②

从齐如山的记述中可以看出，杨小楼在慈禧太后面前反反复复就是那四个字：“谢谢佛爷”，跪在那里如泥塑木刻一般，完全没有了舞台上的生气和光彩，往日的威武潇洒、勇猛矫捷的“赵云”“武松”变成了低眉顺眼、大气不出的奴才、下人。伴“君”如伴虎，聪明、知趣的杨小楼深知以这种方式呈现是规避危险的最佳选择。

① 齐如山：《谈四脚·谈陈德霖》，见《齐如山文集》第六卷，石家庄：河北教育出版社，北京：开明出版社，2010年版，第147—148页。

② 齐如山：《谈四脚·漫谈杨小楼》，见《齐如山文集》第六卷，石家庄：河北教育出版社版，北京：开明出版社版，2010年版，第162页。

齐如山曾就此事向在宫中当过差的几位梨园界名伶求证，谭鑫培、陈德霖等人都证实确有此事。一向谨慎的陈德霖还说："佛爷之喜欢小楼确是从心里喜欢。"他评价慈禧太后此举用了"耐人寻味"四字，并且说："扳指这东西本是拉弓用的，乃男子所用，女子绝对用不着……但佛爷偌大年纪当然用不着，平常也没有看见她戴过一次。她这次特别戴上一个扳指，当然是有意的。"[①]梨园界议论纷纷，但杨小楼却三缄其口，这当然也是有意的。倘若冒犯天颜，招来的可是杀身之祸。

齐如山的有关著述表明，慈禧太后时代的"内廷供奉"是以出色的皮簧技艺侍奉皇家娱乐的当红艺人，他们的宠辱取决于帝后的好恶，个中的风光与悲酸况味，可谓冷暖自知。

齐如山遍访梨园界几千人，从多位有着"内廷供奉"身份的京城老艺人口中采集珍贵的历史资料，特别有助于后人了解和研究紫禁城内不为人知的皇家娱乐活动，及其审美习惯带给京剧的重要影响。

（作者：梁　燕　北京外国语大学教授）

① 齐如山：《谈四脚·漫谈杨小楼》，见《齐如山文集》第六卷，石家庄：河北教育出版社，北京：开明出版社，2010 年版，第 163 页。

项目名称：北京民间绘画研究
项目编号：13WYB029
项目负责人：宋红雨
项目信誉保证单位：首都师范大学

北京民俗纸马艺术

一、北京纸马的历史发展

纸马，旧时于纸上绘刻神像，祭祀后焚化，又名“甲马”，唐宋时期开始流行，是中国封建社会民间流传的俗信品。它是经木刻或手绘加工而成，又是中国民间木刻版画里的一个品种。中国的纸马产地遍布全国，在各地印绘的纸马中，形式与内容各有差异，但都与当地的风俗紧密相关。北京纸马就蕴含着独具特色的帝都民俗文化和艺术特征。

北京自古为燕国都城，一直是北方的重镇，后来又成为元、明、清三代的国都。作为全国政治经济文化中心的北京，商品经济繁荣，手工业发达，雕版印刷技术精湛，加之民俗活动丰富，为纸马刻印打下了良好的基础。北京纸马历史悠久，始于元代，到明代已经非常普及，在清代达到繁盛期。

从文献资料看，北京自元代就有涉及民俗纸马的记载。如元熊梦祥《析津(今北京)志辑佚》中记有五月“天都庆端午，艾叶天师符带虎……”①的文字。在《清嘉录》引《江震志》中，载有北京五月五有“绘画天师、钟馗之像或绘画五毒符咒之形悬而售之，都人争相购买，粘之中门，以避祟恶”②的习俗。虽然现在未能见到元代“天师符”的纸马实物，但从现存明清时期绘刻的“张天师骑虎”“天师镇宅”“钟馗捉蝠”的纸马，可见其遗风。相传，北京元代汪姓人家刻印纸马的作坊所在的“汪纸马胡同”，就是今天北京东四牌楼北的“汪芝麻胡同”。元代纸马实物罕见，北京现存元版纸马《四方进宝》(所图 1 所示)，刻画了岁末春始之时，

图 1　四方进宝　元代　北京

① (元)熊梦祥：《析津志辑佚》，北京：北京古籍出版社，1983 年版，第 218 页。
② (清)顾禄：《清嘉录》，南京：江苏古籍出版社，1999 年版，第 101—103 页。

少数民族牵骆驼护送珍宝进贡朝廷的情景。其中人物面额宽阔，络腮胡须，衣服为圆领大袍式的塞北装束。画面中间有一头健硕的骆驼，驼峰上驮一盆财宝。此图线条粗健有力、造型浑朴简洁，风格与元刻《武王伐纣》和《事林广记》中的插图相似。

明代北京民俗纸马进入兴盛期。一方面，随着明代传奇志怪小说、历史演义、戏曲杂剧的蓬勃发展，插图版画风行。永乐年间迁都北京后，北京成为北方刻版印刷中心，宗教版刻业发达，民间木刻版画艺术也深受影响。另一方面，北京岁时民俗活动增多。明代刘侗、于奕正《帝京景物略》“春场”条目中记载了北京一年中的民俗活动，且其中对纸马的品类、形制有较具体的描写。如北京“八月十五祭月。纸肆市月光纸，绘满月像。趺坐莲花者，月光普照菩萨也。华下月轮桂殿，有兔杵而人立，捣药臼中。纸小者三寸，大者丈。致工者金碧缤纷。家设月光位向月供而拜，则焚月光纸……”[①]这类月光纸马一直延续到清代，形式未变。北京现存明代纸马实物较元代多，如《十王图》《太乙慈尊宝号》《进宝图》《财门图》《月光纸》等。《十王图》是以彩色套印后再加手工绘制，用于水陆道场超度亡灵。图中有一王者戴冠穿袍，双手捧圭，居中端坐于殿内案桌前。主簿和判官分立其左右，殿前还有一高髻妇人立于台阶边。全图色调雅致沉稳，绘刻熟练精到。明代民间岁时风俗活动中出现的纸马艺术由清代承传，清代大多数纸马是由明版续印或翻刻而来。

清代北京民俗纸马达到鼎盛。各种形式的纸马在明代就已出现，到清代发展到极致。清潘荣陛著《帝京岁时纪胜》和富察敦崇著《燕京岁时记》中都有详细的清代北京民俗纸马的记载。清代北京纸马神位名目繁多，可达百余尊。更为独特的是，在一类行业祖师纸马中，祖师神像前刻印了各行各业人民生产劳动的情景。如《轩辕圣帝》神像案前刻印了纺织工人在缫丝、织布；《煤窑之神》下方刻画了矿工挖煤、装煤的劳动过程。现存有大量清代北京纸马实物，其中王树村先生收集珍藏的一百多幅，见于他本人所著的《迎春福祉》中，使今人得以重见清代北京民俗纸马风貌。

二、北京纸马的民俗分类

北京纸马是北京民俗的形象载体，按其在民俗文化中的应用，主要可分为以下四大类：

（一）岁时节庆类

从农历新春正月到岁末除夕，北京差不多每月都有一两个与岁时节庆有关的民俗活动，与之相应产生了不同形象的纸马。按时间顺序分列如下：

---

① （明）刘侗、于奕正：《帝京景物略》，北京：北京古籍出版社，1983年版，第69页。

正月初二日，祭财神。北京财神纸马有《增福财神》(如图 2 所示)《财公财母》。

正月初八日，相传为诸星下界，要燃灯祭祀。所祭的纸马有《本命星君》和《星科》等。

正月二十五日，粮商米贩们祭仓神。北京纸马中的《太仓之神》和《管库之神》为汉代萧何或韩信。

二月初一日，是中和节，祭祀太阳。祭日使用《太阳星君》纸马。

三月二十日，元君诞辰，祭祀碧霞元君。用《天仙娘娘》纸马。

四月二十八日，是药王生日，庙会三天。乡民要买《灵应药王》纸马，在药王庙前叩拜后焚化。

图 2 增福财神 清代 北京

五月五日，端午节。纸马为《钟馗捉蝠》和《天师镇宅》等。

五月十三日，若岁时无雨，各家各户贴龙王神马，如《水府龙王》纸马。

六月二十三日，祭祀马王。所用纸马《水草马明王》中的马王有三只眼，六只手。

七月十五日，中元节俗称“鬼节”，要祭扫坟茔。纸马有《冥钱封套》《冥衣纸钱》等。

八月十五日，中秋节祭月。祭月纸马有《太阴星君》《广寒宫》《月宫太阴菩萨》《月光菩萨》等。

九月初九日，染布祖师梅福、葛洪圣诞日，祭祀纸马有《梅葛仙翁》《染布缸神》。

十月初一日，是祭扫之时，俗称“送寒衣”。纸马店买《冥衣封袋》，剪各色纸衣，夜间焚化给亡人。

十二月二十四日，祭祀灶王。取下焚烧，除夕夜换新灶王纸马。祭灶纸马有单身灶、双人灶、绿大头灶、上天灶等十几种。

十二月三十日(除夕)，列案焚香，祭天地全神，将《百分》纸马焚化。

(二)人生礼俗类

人的一生，从出生到去世都有一系列仪礼习俗，如庆生礼、满月礼、百天礼、结婚礼、庆寿礼、丧礼等。过去北京在结婚、生子、祝寿这些重大礼俗中，还要配合使用相应的纸马。

婚礼需要准备《天地龙车》纸马，在新婚男女祭拜天地时使用。纸马上绘有玉皇大帝，坐于龙驾辇中，前后有护驾天神及上元天官、中元地官、下元水官。天空中有日光星君、月光星君等道教诸神。

旧俗“不孝有三，无后为大”。结婚后生儿育女，传宗接代，是民众历来遵守的孝道。北京纸马中祈子求安的“娘娘”纸马很多，如《送生娘娘》《引蒙娘娘》《陪姑娘娘》《痘疹娘娘》《奶母娘娘》《天仙娘娘》《泰山娘娘》等。还有一种保护幼儿安全的《床公床母》纸马，北京过去有“洗三”日，就是小孩出生后第三天，祭祀床神。

长寿是人生的美好愿望，人到“六十花甲”，亲朋好友要为老人祝寿。据星象家说，人生要受命运的支配，而本命是由天上星君应运，祸福皆可驱禳祈求，因此祭拜寿星可延年益寿。旧时家堂上要供《本命星君》纸马，在生辰之日燃烛上香，祭拜寿星南极仙翁。纸马图像正中一位笑容满面、隆额阔首、白色长须、手握如意的老寿星，两边有日月星君，下有八仙人物。

（三）行业祖师类

“仓颉作书”“杜康造酒”“鲁班作础”“蔡伦造纸”等古代先祖们的发明创造都载入了史册。这些发明创造者被各行各业工匠艺人尊为祖师。祭拜本行业创业祖师是一项重要的民俗活动，过去各行业都有一天是敬祖日。如孔子先师农历八月二十七日诞辰，学校师生要在这一天到文庙进行敬祖祭祀。十二月二十日鲁班诞辰，北京建筑业界聚集在广渠门的“鲁班殿”祭拜祖师。纸马店会在各祖师的诞辰日前印制出纸马供应给各行业人士。如《白衣送子观音》纸马是为琢玉业人士准备的；《无敌火炮大将军》纸马是供应给鞭炮行业作坊的。还有《轩辕圣帝》（成衣裁缝业）、《太上老君》（炼铁铸造业）、《漆宝真人》（油漆泼塑业）、《土地正神》（陶瓷业）、《灵感药王》（医药界）、《当法真人》（典当业）、《王二爷之神》（车辆运输业）、《炉火之神》（首饰冶炼业）、《达摩老祖》（修脚业）、《寄库宝车》（车库业）、《四季花神》（养花业）、《司命之神》（厨行）、《黑虎玄坛》（银钱业）、《关圣大帝》（香烛业）等纸马。

图3　至圣孔子先师　清代　北京

北京的行业祖师纸马印制风格独特：一是色调古雅，基本都是以墨线版印制在黄表纸上后略加几笔透明水色。一般只在祖师像四周刷上一圈红色，纸马顶部名称上刷红色，名称两侧神帐上刷两道蓝色。二是构图独特，纸马上部为祖师像，下部神案前为各行业工匠艺人劳动生产的情景。

（四）宗教神佛类

北京纸马所祭拜之神，一部分是“百分”中包含的儒、佛、道三教的神祇；另一部分是为数众多的“道教俗神”。这些“道教俗神”是民间信仰的道教神祇，可分为以下三种：

1. 反映自然现象的各种自然神灵，如《雷公电母》（如图 4 所示）《风伯雨师》《冰雹之神》等。

2. 带有人类特征的英雄神、文化神，如《关圣帝君》《文昌帝君》等。

3. 保护家宅和城乡民众的保护神，如《灶神》《城隍之神》《家宅六神》等。

图 4 雷公电母 清代 北京

三、北京纸马的艺术特征

北京纸马作为一种民俗版画艺术，经过历代传承，形成了独特的艺术风格和审美趣味。与全国其他地方相比，由于北京民俗文化带有国都、皇城的地域特色，其形象载体必然具备“京味”艺术特征。以下从北京纸马的造型刻画、构图章法和色彩表现三个方面做具体分析：

（一）造型刻画方面

1. 以线造型

通过追溯北京线描艺术的历史，可以探寻到北京纸马的艺术基础。早期北京地区的碑志线刻、木刻版画（佛经插图）、墓室壁画这些高超的线描艺术为北京纸马打下了良好的奠基。如隋唐时期北京房山云居寺的经碑线刻《瓶沙王五愿经》，线条匀净流畅，菩萨面相饱满，人物衣纹质感表现精美，展现了盛唐线描艺术的风韵；北京辽金时期的佛经插图《妙法莲花经》，其场面宏大，人物众多，线刻技法熟练，线条简劲流畅；辽代赵德钧墓壁画中的线描简洁流畅，人物形象生动自然。

北京纸马继承了北京隋唐碑志线刻、辽金木刻版画和辽墓壁画中的线条造型，风格写实，形象刻画生动，线条简括流畅、劲健有力。如清代《白衣送子观音》纸马，观音慈眉善目，面带微笑，怀抱幼儿，显得温柔端庄。线条细净匀称，画面充满宁静祥和的气息。清代《鲁公输子先师》（如图 5 所示）纸马

图 5 鲁公输子先师 清代 北京

中，鲁班先师笑容可掬，线条舒展大气。清代《四值功曹》（如图6所示）纸马中，四功曹造型高古，线条稳健有力，有明代版刻风格。

2. 造型规范

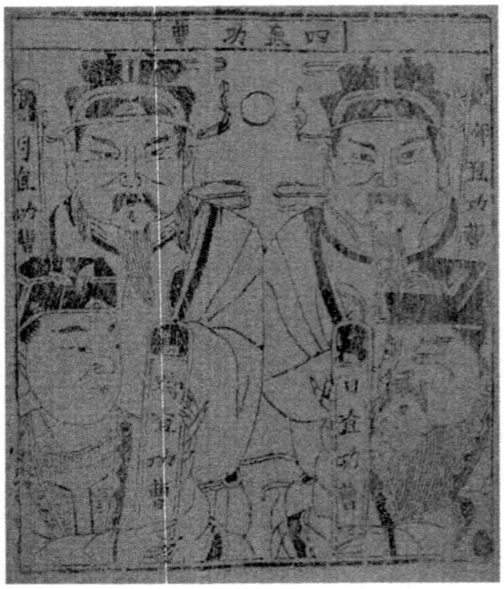

图6　四值功曹　清代　北京

明代《绘事指蒙》中对神像的要求为“神类只取威严慈厚之像”。[①] 北京纸马中的各类神像按照不同等级进行塑造，在面容、神态和服饰上都有讲究，形成各自的造型规范。其中儒家文化神、佛教神、行业祖师神大多面容慈祥，主神均为正面，位居正座，且体形最大。其头部更加突出，面积达到正常比例的两倍以上。如“孔子先师”手捧玉圭，端坐于画面中央，面带微笑、神情安详、庄严睿智；还有“鲁班先师”“药王孙思邈”“土地正神”等行业祖师神均刻画为没有官位品级装束、亲切慈善的文雅儒士。“轩辕圣帝”“玉皇上帝”“东岳大帝”等一般绘制成头戴冕旒、身穿袍裳、手捧玉圭的帝王形象。这些神像的造型刻画显然也受到古代圣贤像和帝王肖像写真的影响。此外，“床公床母”“土公土母”神像塑造得很像人间慈爱可亲的老年夫妇。

佛教神像造型按照佛家造像规范，如纸马《释迦文佛》（如图7所示）中释迦牟尼佛居中，面相丰满，慈目微垂，结跏趺坐。其左右为阿难和迦叶，上部有四大天王护法。此外，《南无燃灯佛》《南无大悲菩萨》等基本都仿照佛龛样式造型。

图7　释迦文佛　清代　北京

道教神像装束皆为道家打扮，如《三清三宝天尊》中，元始天尊头簪莲冠，身穿道袍，手握一卷《道藏》，居中而坐。其左右太上道君和太上老君都是簪莲冠着道袍。《漆宝真人》中的吴道子，也头簪云冠，身穿八卦星斗道袍。

武神形象神态威重，且都是一套武将装束。如纸马中的“管山之神”头顶金盔，内挂铠甲，外穿战袍，右手握剑。“无敌火炮大将军”头戴倒缨盔，身披鱼鳞甲，左手捻髯，右手执剑。还有“青龙之神”“白虎之神”“刘猛将军”等

① 王树村：《中国民间画诀》，引自明代邹德中编《绘事指蒙》，北京：北京工艺美术出版社，2003年版，第195页。

皆为顶盔披甲仗剑、面露英武之气的武神。

另外，北京纸马中有一些着官服的神像。如“管库之神”头戴乌纱帽，身穿圆领朝服，手捧笏板，居中端坐于案前。旁有四配执金瓜依仗，捧官印侍立左右。还有“太仓之神”“城隍之神”“炉火之神”“当法真人”等都是戴官帽、穿朝服的形象。

3. 个性化塑造

在遵循总体造型规范的同时，北京纸马中不乏精彩的个性化形象，一些形象具有鲜明的性格特征。如《三义之神》(如图 8 所示)纸马中，刘备、关羽和张飞三位的面部表情通过眉宇间的刻画，突出地表现出了各自的性情。刘备捧圭居中端坐案前，两眉舒展、印堂开阔，睿智的目光中带点狡黠，面相宽厚、神情坚忍而淡定，使汉高祖仁厚的武德修养和善于心计的性格跃然纸上，是一派能成就帝业的尊容。而两旁的关羽和张飞眉宇间少了一份宽容和城府，更多的是武将的英勇。左侧的关羽皱眉立目，面容中流露出义薄云天和骄狂自傲的神情；右边的张飞双目圆瞪、胡须满腮，展现了他豪爽率真而又暴躁的性格特质。还有《总管河神》中青面猬须的河神；毫发冲冠的“龙王之神”；《监斋使者》中怒目獠牙的监斋之神；赤面三目六臂的“水草马明王”；《七十二煞神》中青面披甲握剑的煞神等，仅用寥寥数笔就把他们刻画得传神到位，可谓达到了相当的艺术高度。

图 8　三义之神　清代　北京

《雷公电母》《风伯雨师》《冰雹之神》等一些表现自然神的纸马展现了画工的想象力。如在《雷公电母》中，上层右侧雷公人面鹰嘴，身形如力士，左手举斧，右手执锥，头上五鼓环绕，似有隆隆雷声；中间电母手持双钹，发出电光；左侧雨师左手握瓶，右手拿柳枝点水降雨；下层有一天官牵一长龙穿行云中治水；旁边的冰雹之神是一骑虎老婆婆，虎口大张，降下冰雹，真是各显神通，生动有趣。

(二)构图章法方面

1. 神、人上下图式

北京纸马中的行业祖师纸马的构图突破传统图式，图像上方正中是祖师神像，下方则刻画了与神像主宰相关的人间劳动场景。如《炉火之神》是炉火铸造业祭拜的祖师之像，金店、银楼也供奉此纸马。图像上方有一位头戴展翅乌纱帽、身穿圆领一品朝服的朝官居中端坐，下方描绘三位工匠在火炉旁炼金银、铸财宝。在成衣和纺织行业祖师纸马《轩辕圣帝》中，上画轩辕黄帝居中而坐，左右有史官二人；图下左右各有二人在从事缫丝、织布、染制等劳作。《鲁公输子先师》图上为土木建筑行业祖师鲁班，图下有两名工匠在做拉锯、刨木的木工活。《青苗之神》上绘青苗神居中，两侍者分立两边；下画两农夫，左边的在锄草，右边的在扶犁鞭牛耕地。

2. *众星捧月图式*

神佛题材的北京纸马承袭了辽金时期北京地区版刻佛画的构图方式：以主尊佛为中心，且形体超大。主从分明，突出主神的地位。以《总管河神》(如图 9 所示)纸马对照佛画《南无释迦牟尼佛像》，释迦佛端坐于画面中央，两侧各有六位弟子眷属侍立。释迦佛比侍从大了一倍之多。佛画中的莲台换成神案，头顶华盖换成了帷幕和图题文字。总管河神捧圭端坐于画面中央，左右文官武将及殿下两侧各有六位站神，有众星捧月之感。在《玉皇上帝》纸马中，玉帝戴冕旒冠，捧圭端坐于画面正中，两边有文臣宦官侍立。玉帝体量是侍臣的三倍之多，凸显了玉帝在天界的至高无上。纸马《释迦文佛》中，正座为形体巨大的释迦牟尼佛，其身旁左右为阿难和迦叶，释迦牟尼佛头部左右有四大天王护法。《七十二煞神》画面中间是超大的主煞神，两旁侍立七十一位小煞神，如同众星捧月。这类构图的纸马众多，还有《东岳大帝》《文昌帝君》《后土皇帝》《城隍之神》《四官之神》《五道之神》《五瘟圣众》《本命星君》等。

图 9　总管河神　清代　北京

3. *左右对称图式*

这种构图一般用于成双成对的神祇。中国神仙多为单身，但财神、灶君、床公、土母等民间家神常有夫人陪伴，都是成双成对出现。在构图上往往采用左右对称图式。如《双头灶府》和《财公财母》纸马，图中灶王爷和灶王奶奶并坐于香案前。另外，《四值功曹》图中左边是月值和时值，右边是年值和日值，完全对称。在《十代名医》(如图 10 所示)中，药王和药圣并坐香案前，神帐下左右各有四位神医。此外，《增福财神》《四大天王》等纸马也是采取左右对称图式。

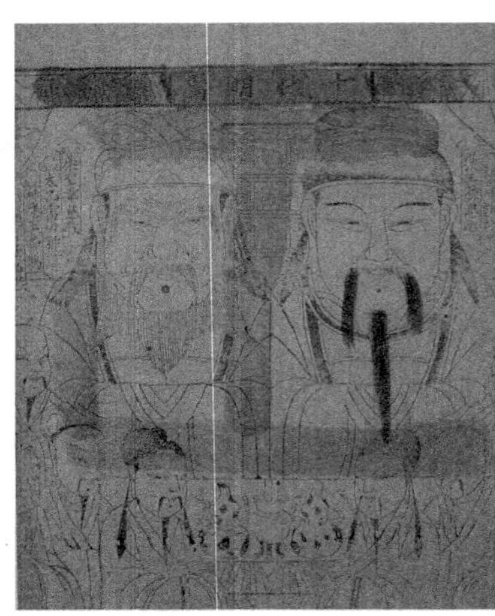

图 10　十代名医　清代　北京

4. 三位神祇图式

纸马《三清三宝天尊》中，元始天尊居中，左边为灵宝天尊，右边为太上老君。《三官大帝》（如图 11 所示）中，天官捧圭坐于正位，地官和水官分坐左右，天官比例大于地官与水官。《天后圣母》中，居中正位是天后圣母，左为眼光娘娘，右为子孙娘娘。

图 11　三官大帝　清代　北京

5. 天地牌位图式

《天地三界牌位》图下有一带雕花栏楯的须弥座，中间竖立"天地三界十万灵真宰"一金字莲座神牌。最上层"天界"玉皇捧圭居中而坐，头顶有"大鹏金翅鸟"做护卫，身后有太监举障扇，左右有龙王、火神星君托圭而立；中层"人界"有四值功曹；下层"地界"为地下阴间的二药叉。

6. 带顶饰的图式

一些神像顶部有外加的图案纹样，主要有殿背式和节气图两种。殿宇、文字匾额、帷幕、二十四节气表等装饰，用以烘托主神气氛，扩充纸马的文化内涵，强化纸马画面的视觉效果和艺术表现。

图 12　太阴月光　清代　北京

殿背式源自北京门神画，是古代王府宫殿守护朱门的形式。如在《门丞户尉》图上，一殿顶两角螭吻相对，中刻一"瓶插三戟"（平升三级之意）；檐下如斗拱，中横匾额，上有"门丞户尉"四字。纸马《水府龙王》、《太阴月光》（如图 12 所示）《黑虎玄坛》中都沿用了这种殿背式。在《汉圣清佛》《灵感药王》等纸马顶饰简化为殿宇斗拱和匾额帷幕。

灶君纸马上部常刻有节气图，如《双头灶府》是由南天门、三界直符和四值构成的图案围绕二十四节气表作为顶饰。

（三）色彩表现方面

北京纸马的色彩在全国纸马中独具特色，主要有墨线版印、套色版印和墨线版彩绘，特别是彩色套印后局部加金色或加印金版和金、银箔的运用，带有"京味"特点。

墨线版印占北京纸马的多数，常用黄表纸或毛边纸，以墨线印在黄色背景上，显示"神灵"庄严高贵。各行业祖师纸马基本都是墨线版印。在顶部名称匾额上和主神四周刷上一圈红色，突出主神。匾额左右的帐檐刷一笔绿色。一般不刷主神面部，只有极个别主神刷红脸，如关帝、火德星君、造酒仙翁等；还有几位凶神面刷青色，如总管河神、五瘟圣众等。

套色版印的纸马主要以红、黄、绿、紫四色套印，民间画诀里讲："红靠黄，亮晃晃"①，红、黄两色面积占主体，画面显得明耀华丽；"紫是骨头，绿是筋"，紫色稳重而神秘，绿色通畅有韧性，恰当运用紫、绿两色能在画面当中起到筋骨的支撑作用。如《汉圣清佛》《灵感药王》《天后圣母》《增福财神》等纸马，画面表现出既鲜明强烈又沉稳厚重的效果。在《增福财神》中，两尊财神并坐，一脸为红色，一脸为金色。北京"灶王"纸马中有一种"金灶"，最后要加印金粉线版，显得很华丽。清代《月光菩萨》纸马是在粉簾纸上四色套印之后，用金箔纸剪出人物脸形和兔子身形，贴于菩萨、关公面部和兔子身上，属于明版"致工者金碧缤纷"的月光纸马。同样，《天地龙车》（如图 13 所示）中，玉帝等神的头脸是用金、银箔剪贴而成。

图 13　天地龙车　清代　北京

墨线版彩绘一般在墨线版印之后采用重彩贴金勾描的方法，如《三官大帝》中，人物官帽、衣饰彩绘，面部贴金箔。画面色彩浓重，类似古代寺庙壁画的风格。《南极本命星君》（如图 14 所示）用墨线版刷印后对人物衣帽加工彩绘，本命星君头面贴金，须眉皆白。对天宫众星君面部进行了渲染勾绘，匾额上的文字用金色勾描，色彩厚重丰富，有如壁画效果。

图 14　南极本命星君　清代　北京

总之，北京纸马通过其造型、构图和色彩，显示出独具帝都特色的艺术风格。线条简练流畅、造型准确生动，形象刻画在规范中有个性变化，构图饱满匀称，色彩高贵稳重。

参考文献

[1]李福顺主编：《北京美术史》，北京：首都师范大学出版社，2008 年版。
[2]王树村：《中国民间美术史》，广州：岭南美术出版社，2004 年版。

① 王树村：《中国民间画诀》，北京：北京工艺美术出版社，2003 年版，第 125 页。

[3]王树村编著：《中国民间画诀》，北京：北京工艺美术出版社，2003年版。
[4](清)顾禄：《清嘉录》，南京：江苏古籍出版社，1999年版。
[5](元)熊梦祥：《析津志辑佚》，北京：北京古籍出版社，1983年版。
[6](明)刘侗、于奕正：《帝京景物略》，北京：北京古籍出版社，1982年版。
[7](清)潘荣陛、富察敦崇：《帝京岁时纪胜、燕京岁时记》，北京：北京出版社，1961年版。
[8]图片选自：王树村：《迎春福祉》，北京：北京工艺美术出版社，2008年版。

（作者：宋红雨　首都师范大学副教授）

项目名称：北京舞蹈群落
项目编号：13WYB031
项目负责人：史 红
项目信誉保证单位：首都师范大学

北京舞蹈群落现代舞种群的生态分析

北京舞蹈群落是在北京舞蹈生态环境下所形成的，并与北京舞蹈生态环境相互作用的各个舞种所有的舞蹈团体、组织的共同聚集的组合。北京舞蹈群落内含的舞蹈种群主要有古典舞、民族民间舞、芭蕾舞、现代舞等。北京现代舞种群是现代舞种的组织、团体的聚合，主要由舞蹈院校与舞团构成。此外，还有一些个体舞团扩展了现代舞种群规模。它们是北京现代舞种群的组织细胞，推动着北京现代舞种的发展。虽然北京在现代舞起源地上没有拿到“第一”之名，但是北京现代舞种由于结构相对完备以及组织数量相对较多而成为中国现代舞种里的领头羊。

一、北京现代舞种的产生与生态演变

从舞种年龄上看，现代舞种是建立时间最短的、最年幼的舞种。现代舞的种子是由中国新舞蹈先驱吴晓邦、戴爱莲、贾作光在 20 世纪 30 年代种下的。20 世纪 50 年代，由于国际形势与过分地强调民族特色等原因，西方现代舞被视为异端而遭到排斥。20 世纪 60 年代，自美国学习现代舞归来的北京舞蹈学院的郭明达难有用武之地，20 世纪 80 年代初他才开始传播现代舞的系统理论，对中国现代舞特别是北京舞蹈群落的现代舞种的兴起起到了催生的作用。随后，自美国归来的王连成对现代舞技法有了更多具体地传授。现代舞的出现是对舞蹈界呼唤新舞蹈艺术语言的回应，也是借鉴西方现代舞，发展中国现代舞之必然。虽然现代舞起步较晚，几度沉浮，但是历史与现实的舞蹈生态环境都孕育了现代舞种的必然降生。它脱颖而出以后，就以独特的现代舞蹈语言吸引了世人的目光。

曹诚渊说：“现代舞对我们中国来说，是我们的文艺复兴。”[①]北京现代舞种的舞蹈生态环境是复杂的，原因是多方面的。20 世纪 80 年代思想的开放、

---

① 曹诚渊：《中国需要了解现代舞 这是时代决定的》，《中国日报网》，2012 年 4 月 16 日，中国日报精选版。

文化的多元发展、社会的转型等都为其萌芽、开花、结果奠定了基础。影响北京现代舞种发展的他律性因素主要有：第一，西方现代舞的思潮、观念、技术等对中国舞蹈的巨大冲击。现代舞自身科学训练和创作理论与方法，与芭蕾舞以及我国古典舞、民族民间舞都不同，它对个性的坚持、对时代的关注、对原创的追求的特征使其独树一帜，这使得北京的舞者产生了对现代舞学习的兴趣与必要。第二，中国舞蹈与国际接轨的需要。现代舞最具时代感与世界性，与现代舞接轨就意味着与国际接轨，用舞蹈的“世界语”与西方舞蹈界交流。虽然说“民族的就是世界的”，但是“世界的一定是共同的”。在舞蹈的“世界语”风行天下之际，香港、台湾、广东已迈开步伐之时，北京更没有理由落后，这似乎成为北京舞者的自觉追求与责任。第三，北京频繁的舞蹈交流活动对现代舞的发展有积极的推动作用。在北京还未有正式的现代舞种时，就已有现代舞亮相于舞蹈赛事上，这也构成催生北京现代舞种的推力。

影响北京现代舞种发展的自律性因素主要有：第一，打破中国本土舞蹈相对封闭状态的动机与需要。现代舞不是出于对传统舞蹈有意地挑战与反叛而起，而是现代舞者对其先进的技法及不拘一格的强调个性、自由、创新精神的自觉吸收与秉承，是舞蹈艺术自身发展规律的表现。追求变革、创新是一个不断吸取、融合、发展的渐进过程，是舞蹈艺术获得自为和自在的必需。现代舞的技术训练多使用对立统一的法则——使人体在上升与下降中保持平衡与失掉平衡，在收缩与放松、吸气与呼气的对立中训练肌肉、肢体的灵活适应性，这对用外来身体动作语言揭示我国本土舞蹈的感觉经验具有借鉴价值与创新意义。第二，北京舞蹈群落的结构完整化的需要。20 世纪 80 年代，北京舞蹈群落已有古典舞种、民族民间舞种、芭蕾舞种，但缺少现代舞种。在北京舞蹈群落里，除现代舞之外的其他舞种几乎都是以北京为中心起源并发展的，但是现代舞却首先在香港、台湾以及广东萌芽并开花。1987 年，广东舞蹈学校首次引进了现代舞教学，1992 年广东现代舞团成立。北京有中国最大的舞蹈群落却没有现代舞种，显然是一种结构上的欠缺。北京舞蹈学院现代舞编导专业的设立与北京现代舞团的成立，逐渐奠定了北京作为中国的现代舞中心的地位，更弥补了北京舞蹈群落没有现代舞种的缺憾。可以说，北京现代舞种的产生不是偶然的、突然的，而是由北京现代舞的舞蹈生态的内外综合因素交集引起的必然结果。

北京现代舞种有着曲折的发展过程，其关键节点有进行现代舞教育、成立现代舞团、举行现代舞比赛。从北京舞蹈学院第一次支持王连成举办现代舞暑期工作坊，北京舞蹈学院正式开办现代舞教研室、创办现代舞实验班，招收中国首届现代舞编导专科班、本科班，到建立现代舞教育研究中心，现代舞得到舞蹈界的认可和接纳，正式进入高等教育，北京逐渐开始进行系统的形体及编舞法训练，现代舞的发展得到了正规教学上的保证，编导教学、科研、教材、师资队伍等方面得到了发展，建立了完整的现代舞教育体制。成立北京现代舞的团体，不仅意味着北京现代舞种有了专业组织细胞，更意味着舞蹈教育—演出的结构体系的完善。从中国首届现代舞大赛、中国现代舞展演、北京国际现代舞演出季、北京现代舞展演周，到北京舞蹈双周，北京搭建了一个现代舞种的广阔的表演平台，使得现代舞表演机制逐步成熟。这些展演以包容的态度和全方位的视角，集中展现了现代舞在不同国界、地域、艺术领域及不同人群中的发展状况。它们规模大、内容丰富、水平高、影响力广、参与人数多，起到了促进北京现代舞种的创作、表演、交流、发展的积极作用。

从发展历程的时间长度看，北京现代舞种仍处于年幼期。由于它进入北京的时间较晚，在北京发展仅仅30多年，是最年轻的舞种，以年幼团体或独立个体为主，种群规模也小。从地位上看，北京现代舞种群远不能与古典舞种群、民族民间舞种群并驾齐驱，也不能与芭蕾舞种群相媲美，它不是优势舞蹈种群，而属于伴生种群，但也属于增长型种群，其未来趋势是种群密度逐渐加大，内部发展逐渐多元化。

二、北京现代舞种群的生态结构与组织团体

北京现代舞种群内部结构主要由教育团体、演出团体构成，前者主要有北京舞蹈学院，后者主要有北京现代舞团、雷动天下现代舞团以及一些个人独立舞团等，结构简单，数量稀少。从地域结构上看，北京现代舞种群主要分布于海淀区、东城区、朝阳区。就种群内密度而言，北京现代舞种群是低密度的小种群，一方面内部之间没有太多的竞争，比较利于其快速成长，促进舞种发展与种群壮大；但是另一方面，由于种群整体力量偏弱，所以也会影响整个种群发展。就北京现代舞种群内部关系而言，现代舞团体需要北京舞蹈学院培养的现代舞人才，北京舞蹈学院也需要现代舞团进行现代舞概念的身体展示，它们是正相关作用，彼此之间形成相互依存、互利共生的关系。

北京现代舞种群里的优势教育团体是北京舞蹈学院，主要培养编—演—教三位一体的现代舞人才。它已经形成了比较系统的现代舞理论与实践的教学体系，具体课程设置见表1。

表1　北京舞蹈学院现代舞课程设置

课程设置	具体内容
理论课程	中国现代舞蹈发展、世界现代舞蹈发展
专业课程	现代舞技术、舞蹈素材组合训练、现代舞技能训练、舞蹈剧目分析、舞蹈创作实习、舞蹈编导理论、现代舞专业基础课程、现代舞表导教系统课程
实践课程	舞蹈演出、舞蹈竞赛
课时安排	两学期共70节

从表1中可以看出，在理论课程方面，北京舞蹈学院偏重于舞蹈历史学习；在专业课程方面十分全面；在实践课程方面，北京舞蹈学院以专业比赛为主；在课时安排方面，总课时不多。因此，笔者建议增加课时，加强普及型演出。

北京现代舞种群优势演出团体主要有两个，即北京现代舞团与北京雷动天下现代舞团。1995年成立的北京现代舞团是现代舞种群里最重要的舞蹈组织之一，也是现代舞种群里的文化品牌。它以促进现代舞在中国的本土化发展为责任，以表现中国社会的“现代面孔”、现代人物、现代现象、现代状态为使命，创作了大量的作品，并创造了一个现代舞的互动、交流和创作平台。它举办的四届“中国现代舞展演”，对现代舞在中国的本土化的普及起到了积极的推动作用。北京现代舞团是中国唯一真正意义上的“独立运作”的专业现代舞团。北京雷动天下现代舞团是2005年由曹诚渊和李捍忠携手创办的民营舞团，它以其严肃的艺术理念和整齐的演员阵容，确立了其在北京现代舞种群里不可替代的重要位置。它的创作特点是让舞者以肢体为工具，以动作为媒介，表现现代人的不同思想和情感，强调作品的风格色彩、个性释放、对时代的感悟以及原创性。他们的凝聚了智慧和体验、情感的个性之作，在创新与尝试中为现代舞的多元性建立了样本。该团举行现代舞巡演，成立“雷动天下教育培训中心”，开设业余及专业舞蹈课程。它的创作、表演、普及三位一体的先进理念，产生了相当的影响力。从基本情况看，以上这两个舞团生态位重合，表现对象一致，风格、动作语言也较为相近，同时也出现了一定的竞争。二者避开竞争的办法就是树立鲜明风格，运用独特形式，开辟新颖题材，错开生态位，各自发展。

除以上两个优势团体之外，还有一些个人的独立舞团。如滕爱民的“9当代舞团”开创了将戏剧表演与诗歌形象相结合的方式，探索了多种艺术形式之间的跨界合作。陶冶的“陶身体剧场”致力于“身体教学”的摸索中，挖掘身体潜在的无限空间，让舞者身体的每个部分都可以进行艺术表述与普适沟通。史晶歆的“歆舞界”对表演概念进行了深入思考，认为应以肢体语言为主要的创作元素，同时结合声音、影像、戏剧表演、环境空间等媒介元素进行综合表现。这些小舞团舞蹈理念迥异，个人色彩浓郁，风格独特，使得北京现代舞种群多姿多彩。但这些小舞团生态幅较窄，力量单薄，主要靠国外委约演出为生，没有固定资助，生存较为困难，因此发展前景堪忧。

三、北京现代舞种群的组织生态

生态学里的“生态位”揭示的是一个物种与其他物种相关联的特定时间位置、空间位置和功能地位。美国学者R. H. Whittaker(1970)认为，“生态位是每个种在一定生境的群落中都有不同于其他种的自己的时间、空间位置，也包括在生物群落中的功能地位”[①]。对北京现代舞种来说，其时间最短、团体最少、实力最弱、地位最低，现实生态位是观众少，演出市场小，影响有限。其理想的生态位是受到观众欢迎，演出市场大，影响广泛。北京现代舞种若想达到理想生态位，就要不断开拓空余生态位。现代舞观众主要是舞蹈爱好者，而普通人群并不太了解现代舞，这些人群就是北京现代舞种发展的目标人群。现代舞种空余生态位较大，应积极地改变其现实生态位，减少不利的生态位。

实际上，北京现代舞种群存在着竞争，其根源之一为趋适动机。追求适宜的、良好的生态位是生物的本能需要，这一动机就会导致生物所需资源的流动。对北京现代舞种群的两个舞团来说，都希望占据更好的生态位，获得更大发展，因而在资源、人才、市场等方面出现竞争。根源之二为重迭密度。组织生态学认为，组织生态位与组织设立之间的具有一定关系，即组织生态位重迭密度(Overlap density)与组织设立率负相关，非重迭密度(Non overlap density)与组织设立率正相关。重迭密度是指在特定的资源集合体中，一个组织的生态位与组织种群中其他组织的生态位相互交错的程度。非重迭密度是组织种群中未交替密度的集合。组织生态位重迭密度和非重迭密度直接影响着组织设立的可能性和成功率。北京两个现代舞团实力相当，生态位重迭密度高，差异程度低，直接影响了现代舞种群的发展。两个现代舞团一个国有，一个民营，体制不同，它们可进行空间错位，各自选择有利的生存空间；也可以进行风格错位，形成自己舞团的特色，各自选择好生态位，避开竞争，减低重迭密度，增强合作，共同促进北京现代舞种群的发展。

在生态生存策略上，美国生态学家麦克阿瑟(R. E. MacArthur)(1962)提出生物成长的 R-K 选择理论，R 成长策略是一种变态繁殖策略，它指生物进行有利于增大内禀增长率(Per capital rate of increase)的选择，表现为具有较高的繁殖能力，通过产生大量变态的后代适应不稳定的环境。R 对策者是新生境的开拓者，但死亡率高，防御能力弱，竞争能力不强，很容易出现突然的爆发和猛烈的下降。K 成长策略是一种饱和策略，它指生物进行有利于增加竞争能力的选择，表现为能更有效地利用资源，提高生物种群的环境容量，以达到更高的饱和密度。K 对策者是稳定环境的维护者，寿命长，个体大，发生灾变时，由于生育力低，所以很难迅速恢复，如果再有竞争者抑制，就可能趋向灭绝。R 对策者是以量取胜，K 对策者是以质取胜。

与其他舞种种群比较，北京现代舞种群规模小、数量少，但发展空间大，团体组织还未达到饱和，可以采取 R 成长策略进行大量变态繁殖，以多种局

---

① 卢升高、吕军主编：《环境生态学》，杭州：浙江大学出版社，2010 年版，第 50 页。

部性质不同的组织占据不同生态位，以一些变态的后代适应舞蹈生态环境，以保证北京现代舞种群实现动态平衡与迅速增长。对北京现代舞种群内部组织来说，R对策者的组织暂时占据有利的舞蹈生态环境，规模小，但是灵活、反应快，其发展方向是不断推陈出新，提高环境适应力。K对策者的组织有稳定的环境，规模大、影响广，其发展方向使其规模保持在平衡水平，不断增强其内部动力。这表明北京现代舞种群内每一组织应寻找自身最恰当的生态位。当然，生态位是动态的，寻求生态位的发展手段有：其一，生态位强化。采取各种强化措施，让自己的生态位更加稳固。其二，生态位特化。北京现代舞种群的团体、组织应高效地利用窄幅的、特定的现代舞资源，形成特化利用。特化程度越大，利用资源的专业化程度和成功概率就会越来越高。其三，生态位泛化。某些小舞团可以利用未被开发空间，从而扩大自己的生态位，实现生态位的泛化。

四、北京现代舞种的生态困境与方向

若根据生态学的生命周期理论分为年幼期、成长期、成熟期、衰退期四个时期的话，北京现代舞种群处于第一时期，虽有广阔发展空间，但组织年龄、组织规模小，其生存与发展存在诸多困难。西方新制度理论提出了“新组织不适宜生存”(Liability of newness)的推断(Stinchcombe，1965年)，其中包含了组织年龄、组织规模与组织死亡率的关系。北京现代舞种群的成长所受影响因素，就外部舞蹈生态环境而言，包括现代舞文化资源的供给、经济资本的资助、现代舞市场需求等。第一，现代舞文化资源的供给。现代舞文化资源主要是现代文化、思潮等，主要依靠西方现代舞的动作技术资源的养分而生存，现在的问题是如何使西方现代舞资源“种子”更好地植根于中国大地上，克服“水土不服”症状。第二，经济资本的资助。北京现代舞种群的组织没有资本运作，资金赞助不稳定。演出资金筹措主要来源于政府资助、国际资金赞助、个别捐献、公司赞助、门票和教学收入等，每一项资金都有限，而流入现代舞的更少之又少；未注册的舞蹈团体无法申请政府支持；企业对现代舞赞助太少；没有对编导和工作室的资助等。另外，表演场租昂贵、演出收入过低，故一些现代舞团主要依赖国际巡演的收入来生存，这使得舞团过多地考虑经济问题而不是艺术创作问题。第三，现代舞市场需求。与其他地方相比，现代舞种的北京市场是最大的，但是与其他舞种相比，现代舞市场却又是最小的。市场小不是观众接受水准问题，而是文化差异问题。主要表现为对芭蕾舞与现代舞艺术结构的熟悉与陌生的差异，大多数观众对芭蕾舞的情节化、叙事性结构认同度大，对现代舞的不和谐的、晦涩的结构形态认同度小。另外，由于文化背景导致的审美观念、价值取向等差异，也使得现代舞和观众之间产生距离。现代舞是小众的艺术，多在一些小剧场演出，只能容纳观众一百多人，每年的演出频率低，北京的观众总体数量几千人而已，所以，市场狭窄是客观事实。就现代舞种群内部因素而言，第一，经典的代表作品稀少。除北京现代舞种群王玫的《也许是要飞翔》《雷与雨》，北京现代舞团的《红与黑》，北京雷动天下现代舞团的《满江红》等作品较有影响外，其他作品大多不知名。这些凤毛麟角的经典作品往往具有一定的思想深度、艺术价值、身体技术、剧场观念、风格特征，同时又得到观众认可。稀少的经典作品降低了现代舞在北京市场上的号召力，也进一步导致观众对现代舞认知程度的弱化。缺乏对社会的关注，缺乏对生活、事件的敏感，缺乏对舞蹈本体的思考，或许是北京现代舞种创作的软肋。第二，舞蹈人才匮乏，明星凤毛麟角。目前只有北京舞蹈学院培养专业现代舞人才，职业现代舞者约为 100 人，人才奇缺。另外，舞者能自编自演的少，这与现代舞教育上对技术和动作的模仿多于编创的学习有关，“老师怎样教，学生就怎样跳”。演员演艺时间也较短，有的 30 岁即告“落幕”，有的演员则转行。独树一帜的现代舞者更是凤毛麟角。第三，舞团规模小。北京现代舞团和雷动天下现代舞团的舞者都是十几人，又常有舞者单飞。其余的如那舞团、陶身体剧场、歆舞界、舞蹈焦点等舞团也只有寥寥数人而已。相反，现代舞种在国外则是优势舞种，种群规模可观，据美国有关舞蹈研究报告显示，纽约市就有 270 个现代舞团，欧洲城市布鲁塞尔也有上百个舞团。北京现代舞种群需要发展有规模性的组织，只有增加组织的数量，提高种群密度，才可能生存下来。

优化内外部舞蹈生态环境，提高适应环境的能力，是未来北京现代舞种群发展的重要方向。首先，改变外部舞蹈生态环境，进行资本运作；加大各方面的赞助，降低场租，培养现代舞观众，扩大现代舞市场。其次，优化内部组织生态环境，增加舞团数量，扩大舞团规模。再次，改革现代舞教育，注重编创与实践结合，大量培养人才，解决人才匮乏瓶颈。最后，创作本土特色的现代舞作品，以优秀作品吸引观众。只要作品反映健康心态和创新意识，符合中国文化要求，语汇的选择与运用得当，又具现代属性，就会有观众喝彩。正如资华筠先生所说：“如果中国的现代舞人能够更科学地认识自己的‘生态环境’和所处的‘生态位’，正视实际存在着的诸多困惑，扩充容纳批评和汲取他人经验的雅量，着力提高传统文化的修养，悉心体察不同民族的人文环境，更准确地理解现代舞概念的精髓，并予以融会贯通，将会获得更大的创作自由。”[①]虽然北京现代舞种群的发展需要时间、耐心、培养，但我们相信它的未来是美好的、光明的！

---

① 资华筠：《现代舞的崛起与困惑》，《上海艺术家》，1997 年第 1 期，第 24—26 页。

参考文献

[1]资华筠、王宁：《舞蹈生态学》，北京：文化艺术出版社，2012年版。
[2]资华筠等主编：《舞蹈生态学论丛》(第1辑)，北京：北京广播学院出版社，1993年版。
[3]资华筠：《舞艺·舞理》，沈阳：春风文艺出版社，1998年版。
[4]北京市地方志编纂委员会：《北京志·舞蹈志》，北京：北京出版社，2002年版。
[5]王克芬：《中国舞蹈发展史》，上海：上海人民出版社，1989年版。
[6]王克芬、隆荫培：《中国近现代当代舞蹈发展史》，北京：人民音乐出版社，1999年版。
[7]隆荫培、徐尔充：《舞蹈艺术概论》，上海：上海音乐出版社，1999年版。
[8]于平：《风姿流韵——舞蹈文化与舞蹈审美》，北京：中国人民大学出版社，1999年版。
[9]曾永成：《文艺的绿色之思——文艺生态学引论》，北京：人民文学出版社，2000年版。
[10]袁鼎生：《审美生态学》，北京：中国大百科全书出版社，2002年版。
[11]杨持：《生态学》，北京：高等教育出版社，2000年版。
[12]李振基、陈圣宾：《群落生态学》，北京：气象出版社，2011年版。
[13]周纪纶等：《植物种群生态学》，北京：高等教育出版社，1992年版。
[14]冯耀宗：《人工群落》，昆明：云南科技出版社，2007年版。
[15]孙儒泳：《生态学与人类》，哈尔滨：黑龙江科技出版社，1982年版。
[16]梁磊：《组织生态学理论与应用》，北京：科学出版社，2012年版。

（作者：史　红　首都师范大学教授）

项目名称：明清官式建筑彩画比较研究
项目编号：13WYB035
项目负责人：李　沙
项目信誉保证单位：北京建筑大学

曼荼罗与明代官式宗教建筑彩画
——以智化寺为例

鉴于明代政治经济的原因，汉藏文化开始相互渗透融合，建筑型制兼容并蓄，藏传佛教在中央腹地开始广泛传播。藏传佛教与汉传佛教相互影响，并在建筑彩画上展现其艺术魅力，这在明代官式宗教建筑彩画上得以具体而充分的体现。北京的木结构建筑智化寺，建于明正统八年(1443 年)。其建筑规制并不恢宏，但殿内的彩画极其富丽堂皇，严格按照当时的等级制度组织工匠进行彩画制作，是明代早中期官式宗教建筑彩画的代表，其中的曼荼罗彩画独具藏传佛教特色，值得研究。

一、曼荼罗的源流及其形式

曼荼罗译自梵语 Mandala，佛教语，意为平等周遍十法界，轮圆具足，指佛教密宗按一定仪制建立的修法的坛场。①

曼荼罗图式源于古印度教。《吠陀经》中叙述了曼荼罗的产生神话：在远古，以太中央是大梵天，即太阳神，描绘为发光的生命之源，被众神环绕，呈现出有序的世界，即“梵天实在曼荼罗”(Vastu Purusha Mandala)。其形式圆中有方，圆象征世俗世界和时间流逝，方则象征神灵世界岿然不动，因而构成完美的绝对形式，象征着神灵世界的宇宙观。②

曼荼罗的主要文化源头出自古印度的太阳崇拜文化和生殖崇拜文化。公元 6 至 7 世纪密宗兴起，逐渐成为佛教的主流，曼荼罗图式也日趋成熟，被分为四种：

(1)大曼荼罗：以二维形式描绘诸佛、菩萨形象的坛场全景。

(2)三昧耶曼荼罗：以二维形式描绘佛的法器和印契。

(3)种子曼荼罗(亦称法曼荼罗)：以二维形式描绘代表诸尊名称的首写梵

① 《辞海(第 6 版)》，上海：上海辞书出版社，2010 年版，第 1686 页。

② 吴庆洲：《曼荼罗与佛教文化》(上)，《古建园林技术》，2000 年第 1 期，第 32 页。

文字母。

(4)羯磨曼荼罗：以三维形式塑造诸佛、菩萨形象的坛场全景。

曼荼罗图式出现于我国明代官式宗教建筑的藻井以及壁画之中，由于明代汉藏之间政治、经济、文化、艺术交流得以繁荣发展。西藏喇嘛定期朝贡，与内地使节往来穿梭于内地和藏区之间，随即出现大量汉藏结合的佛教寺院，虽然建筑形制貌似传统汉族建筑，而内部空间、壁画、彩画、雕刻等均呈现出明显的藏传佛教特点。明代早期，汉藏文化的融合是当时内地以及汉藏交界藏传佛教寺院流行的一大时尚。汉藏建筑彩画艺术形式的融合呈现了不同的特点。

北京智化寺的内檐彩画表现为汉藏风格的结合形式，其中藏殿明间出现了完整的曼荼罗图式。然而梁枋彩画又是典型的汉式风格，装饰纹样在如意形态的基础上向旋子图案演变。青绿的色彩规律在元代已基本形成，明代则更为制度化。明代官式建筑彩画题材，是围绕旋子图案的基本构图模式进行演绎的。旋子图案形象变化多端，特别是旋花心造型更是形态各异，历经进化的旋子图案业已初步形成稳定的规律，进而发展为以“一整两破”为基础，根据找头的长短进行增加或减少旋花瓣，构成多样化的旋子图案。在此，以曼荼罗图式为代表的藏风格和以旋子体系为代表的汉风格建筑彩画得以有机地融合于一体。

二、曼荼罗的内容

种子曼荼罗出现于智化寺藏殿明间藻井中，根据上述分类方法，属于藏传佛教密宗的曼荼罗典型图式之一。其中心是象征太阳神的大梵天，即发光的红色生命之源。沥粉贴金的梵文种子字母“唵”代表菩萨的身、口与心，是观世音菩萨的化身；环绕其周围的八个梵文种子字母则是寓意美好愿望的宝石、纯洁无瑕的莲花以及祈求智慧和福运。在梵文种子字母周围描绘了方形内城和长城箭垛的城墙，象征佛国世界岿然不动。圆形的外院被描绘为世俗世界和时间流逝，外围空间由硕火构成。(见图 1)

图 1　笔者绘制的种子曼荼罗复原图

三昧耶曼荼罗出现于智化寺万佛阁天花彩画中，呈现了缠枝纹八吉祥内容。在中心位置描绘大梵天，沥粉贴金的梵文种子字母“吽”，代表“梵我合一”，指个人生命基础的“我”和宇宙万有基础的“梵”之本质是相通的、永恒的、无形、无相、不变灭，如虚空般弥纶一切。也就是说，通过内在对真我的认识，使灵魂从世俗世界中解脱出来，达到真实、光明、喜悦的彼岸。其周围则由佛的八件法器所环绕，以此构成其艺术语言的组成要素，并未描绘诸佛与菩萨形象的坛场全景，因而颇具三昧耶曼荼罗之特色。（见图2）

图 2　笔者绘制的三昧耶曼荼罗复原图

三、建筑彩画的汉藏文化元素

由于明代汉藏之间经济、文化、艺术的广泛交流，藏传佛教题材及其艺术装饰形式大行其道，并对明代建筑彩画创作产生了深远影响，彩画的装饰纹样也在这一时期愈发丰富多彩。永乐皇帝迁都北京之后，开始大兴宫殿及寺庙建筑，从此彩画工艺在建筑上的应用逐步扩大，加上藏传佛教的影响，使得建筑彩画图案和题材多变，八吉祥、梵文、西番莲和佛像等诸多藏传佛教文化元素逐渐盛行，为建筑彩画的丰富和发展奠定了基础。

缠枝纹是具有浓厚汉族特色的装饰艺术语言，在明代建筑彩画中出现频率较高，特别是在宗教建筑的天花设计上。其表现形式为藤蔓型卷草纹的连绵不断，基础框架呈曲线的波浪形式、以回旋形或漩涡形等结构形式进行扭转缠绕，并配以叶片、花朵或果实，其中花朵和果实为表现主题，而枝茎和叶片则成为陪衬。在明代缠枝纹的形态造型中，叶片、花朵或果实以及枝茎是构成其艺术语言的组成要素，它们在相互对比和呼应的形式关系中展现了良好的组织性，使得看似复杂多变的组合形式体现出丰富而又均衡有序的视觉特征。由此可见，缠枝纹可谓明代最具活力的纹饰之一，它植根于元代造型元素基础上，得到明代吉祥文化的浸润，延续了传统构图样式，利用丰富多样的构成关系要素，演绎出鲜明的汉族特色，突出体现出中国传统文化的包容性与生命力。

明代建筑彩画将缠枝纹作为重要的装饰纹样。多元文化赋予了它多样化的组成形式和丰富的寓意表现。藏传佛教元素的融入，又将八吉祥纹样与花朵、果实和谐共生，既得益于藤蔓植物所独具的自然伸展特性，也得益于其灵动的组合形式，更得益于传统构图法极强的适应性。

当时，大量藏区艺术品被输入内地，包括七珍、八吉祥、铃杵等藏传佛教法器和礼器，其数量远大于元代。因明代皇室崇信藏传佛教，为适应大规模佛事需要，宫廷也批量制作藏传佛教铃杵、佛经等。这些对明代汉地装饰艺术乃至建筑彩画都产生了深远影响。八吉祥纹样在汉地建筑彩画中运用较为广泛，其图案的内容与形式的演变脉络也较为清晰。

八吉祥通常包括轮、螺、伞、盖、花、罐、鱼、肠八种宝物。八吉祥图案最初源于古印度文化。早期出现于释迦牟尼悟道成佛的图像中，也作为佛祖悟道时手中奉献的宝物，其中法轮、莲花及白螺出现频率较高。后来八吉祥被赋予吉祥富贵的内涵，八吉祥宝物作为装饰图案的流行与定型化则是伴随藏传佛教的发展而逐渐形成的。藏传佛教中不仅将八吉祥作为佛前礼器，而且还大量出现于壁画、唐卡及建筑彩画之中，并成为三昧耶曼荼罗的重要元素。

明代的八吉祥纹样是从西藏八吉祥纹样脱胎而来，而更加强调其装饰性与形式感，追求莲托图案中缠枝纹样的蜿蜒曲折与枝叶的蔓延，与西藏八吉祥纹样突出绘画性和自然趣味之风格形成了明显差异。汉地传统的缠枝纹与藏传佛教八吉祥组合而成的缠枝莲托八吉祥代表了明代八吉祥纹样的最高艺术成就。明代八吉祥纹样排列组合顺序趋于稳定，明永乐年间，八吉祥宝物形成了固定模式，即轮、螺、伞、盖、花、罐、鱼、肠。(图 2)八吉祥宝物形态的存在和演变，与汉藏文化的交流密不可分，也正是因为有了这些真切的生活理想和吉祥寓意，才使得明代缠枝纹以及八吉祥纹样体现出秩序美感，在延展间彰显整体、于绕转中包容多样，不仅被应用于曼荼罗图示建筑彩画，也被应用于诸多艺术形式中。

四、结　论

从狭义上来讲，曼荼罗是密宗的一个立体与平面共存的图式符号；从广义上来讲，通过这个图式可以达到众生与佛的精神沟通。总之，曼荼罗是一个具有上下次第关系，并且极具秩序感的精神图式。而曼荼罗图式出现于明代建筑彩画中，体现了汉藏文化的相互影响与渗透。上述曼荼罗彩画是明代官式宗教建筑彩画与西藏唐卡结合的典型代表。彩画在多文化特色的融合下使建筑像一件艺术品，引导着人们对审美的更高追求。以曼荼罗图式为代表的具有藏传佛教意蕴的建筑彩画将明代的文化特征融于一体并完美呈现，属于珍贵的古代建筑彩画典范，具有特殊的艺术及历史研究价值，对于继承和弘扬优秀的古代建筑文化具有现实意义，值得更加深入地研究和发掘。

经过分析曼荼罗图式的源流及明代汉藏建筑彩画的特点，笔者更深层次地理解了当时历史背景下彩画工匠的创作意图，这将有助于保护、继承和弘扬这一传统建筑艺术形式，探索传统建筑彩画创新发展的途径。我们需要在融会贯通的基础上，将包含众多民族传统元素的建筑文化遗产传承下来，赋予建筑彩画这一独特的建筑瑰宝新的生命力。

参考文献

[1] Alberta Hutchinson，*Mystical Mandala Coloring Book*，Dover Publications Inc. Mineola New York，2007.

[2]李沙、彭梅：《明式建筑彩画色彩控制》，《建筑我们的和谐家园——2012 年中国建筑学会年会论文集》，北京：中国建筑工业出版社，2012 年版。

[3]李沙、彭梅：《中国古典建筑彩画的新生》，《中国建筑装饰装修》，2012 年第 5 期。

[4]吴卫、王静：《论明代缠枝纹视觉艺术形式特征探析》，《艺海》，2013 年第 4 期。

[5]杨鸿姣：《明代藏传佛教八吉祥纹样在汉地的传播及其风格演变》，《西藏艺术研究》，2008 年第 1 期。

（作者：李　沙　北京建筑大学教授）

项目名称：北京宫廷昆曲文化遗产的保护研究
项目编号：13WYC044
项目负责人：蒯卫华
项目信誉保证单位：北京师范大学

北京宫廷昆曲的传承脉络

北京宫廷昆曲的传承有两条脉络——桌台清曲和舞台剧曲。

“桌台清曲”主要指热爱昆曲艺术的业余习曲者在研习、研究昆曲艺术的过程中传承下来的昆曲艺术形式。桌台清曲的曲友们或自行唱曲，或者与众多曲友聚集在一起拍曲交流昆曲艺术。桌台清曲有自己专门的传承体系，他们的拍曲先生被尊称为“拍先”。他们拍曲的桌子又称为“清吟桌”。桌台清曲的曲友们经常围绕在清音桌边，或背诵，或看谱拍习昆曲。曲友多为业余的昆曲爱好者，有时也会有职业演员参加进来。他们长期坚持学曲、练曲、参加曲友间组织的各种活动。

“舞台剧曲”是从宫廷戏班到现代昆剧演出专业团体中的专业演员，他们依靠昆曲演出为职业，在昆曲舞台上世代传承昆曲表演艺术形式。舞台剧曲又被称为“红氍毹”上的艺术，主要在“舞台”这个特定场合传播完成昆曲的艺术形式。

一、桌台清曲

昆曲被列入戏曲行列是从昆曲的综合舞台表演属性而言的，如果从桌台清曲演唱的角度看，昆曲的“文人性”便凸显出来。

(一)宫廷及民间技艺精湛的昆曲艺术家和文化造诣深厚的曲家

北京民间昆曲发展初期，昆曲的谱词、度曲主要依靠有一定经济实力的文人墨客。这些文人既深谙昆曲行腔之理，又有足够的精力来参与昆曲的创作，甚至有些富户能够自养家班，亲自挑选演员进行排练。这些曲家们对于艺人的教习，为昆曲严格的传承打下了基础。

清朝末期，昆曲演员与曲家之间打破界限，相互交流，相互学习，共同进步。例如，北京著名的曲家爱新觉罗·溥侗，字后斋，号西园，别署红豆馆主，生于清光绪三年(1877年)8月16日，其父载治，乃乾隆十一子成亲王永理的曾孙，过继于道光长子隐志郡王为嗣，世袭镇国将军，辅国公，兼理民政部总理大臣。

爱新觉罗・溥侗自幼钻研琴、棋、书、画，收藏金石、碑帖，精于治印，酷爱剧艺。特别对昆曲、京剧更为爱好。为学习昆、京艺术，遍投名师，向陈德霖学得的旦角戏有《断桥》中之白蛇，《游园・惊梦》中之杜丽娘，《思凡》中之色空，《琴挑》中之陈妙常，《风筝误》中之詹爱娟，《絮阁》《惊变》中之杨贵妃；向王楞仙学得的小生戏为《琴挑》中之潘必正，《惊梦》中之柳梦梅等，能戏颇多。对于昆、京艺术，生、旦、净、末、丑兼工，并对戏剧音乐如笛、二胡、弦子、琵琶等无所不通；一出戏每个角色都能演。如《奇双会》中，他以饰赵宠为主，但李桂枝、李奇也同样能演好；在《断桥》一剧，一直演白蛇，到晚年，自谈“岁月如流”，不再扮演白蛇。当时金光平先生(蒙古大学教授，女真文国际知名学者金启琮之父)说溥侗“虽不能饰白蛇，饰法海仍为人之所不及”。他曾与梅兰芳合演过《奇双会》等。戏曲界一致称其“昆乱不挡，六场通透”的“票界大王”。梅兰芳、徐凌云、吴梅、王季烈、韩世昌、袁寒云、刘梦起、言菊朋等都常与之交往。1929 年曾任清华大学曲学导师，同时又在北京女子文理学院、北京艺术专科学校等处任教昆曲，先后培养学生百余人，有清华大学的杨文辉、陶光、陈竹隐(朱自清的夫人)等，北大学生廖书筠，昆曲爱好者袁敏宣、马伯夷、张树声(顾铁华之师)，北方昆剧院教师叶仰曦等。溥侗在北京成立“言乐会”，地址在西单牌楼旧刑部的“意园别墅”，每周集会一次。杨小楼、余叔岩、曹新泉、焦菊隐、王瑶卿、谭小培、姚增禄(昆曲教师)、唐明春(梅兰芳先生的昆曲教师)、韩世昌、姜妙香、言菊朋、马连良、侯喜瑞、韩雨田(梅兰芳夫人福芝芳的教师)、尚小云等都经常前往。甘贡三老先生之长子甘南轩等，也曾跟其学习过昆、京艺术。世人皆尊称为“侗五爷”。溥侗先生对于治学更为严谨，学生学唱昆曲要求必须拍三十至五十遍方能上笛；要唱、念十分熟练，并能背出，方能说身段；认为演员台上的衣着，体现着角色的地位、风格、气质，什么角色穿什么衣服，宁可穿破，不可穿错。溥侗先生对于戏剧除了经常演唱、研究之外还亲自手抄了曲谱和京剧剧本数十本，并专制了自用的“红豆馆词曲用笺”。1933 年应南京国民政府蒙藏委员会之聘，从北京来南京任委员之职。并在业余时间联系了一些昆曲业余爱好者在南京先后组织“成乐社”“阳春社”“公余联欢社”等业余曲社，其中以“公余联欢社”活动内容最为丰富。“公余联欢社”戏剧组由溥侗先生负责，下设昆曲、京剧、话剧三个小组。昆曲小组组长是甘贡三，参加活动的有甘南轩、刘梦起、马伯夷、张树声、徐炎之、张善芗、陶善庭等数十人。溥侗先生 1950 年 6 月病故于上海，安葬在昆曲发源地苏州的灵岩山。①

爱新觉罗・溥侗问学求教于昆曲艺术界的名师，凭借自己对音乐、文学

① 有关“红豆馆主”溥侗的资料，来源于“民国初年四公子”。(http://club.beelink.com.cn/dispbbs.asp?boardid=11&id=55019)此文中有关年代、文字的错讹，笔者进行了修改。

的天赋，在昆曲的修养及造诣上日渐精进。琴、棋、书、画的滋养令他具备了深厚的文化底蕴；昆曲演唱及伴奏乐器的精通使得他深谙昆曲音律之道；桌台清唱与舞台彩串并修打造出他综合的艺术表达能力。他不仅自身具备综合的昆曲音乐素质和昆曲文化修养，还积极投入到昆曲的教学实践中，为桌台清曲的传播和传承奠定了重要基础。

这样一批深谙昆曲艺术的曲家无疑是昆曲艺术领域中的宝贵财富。

(二)较为严格的师承关系

在桌台清曲中，昆曲的“拍先”是被广大曲友尊崇的长者，并且是具有一定师传的曲家。“拍先”对昆曲的严格传承有其代表性和权威性。他们教习并督促拍曲者对昆曲的严格传承。从某种程度上讲，他们对清曲艺术起到了指导作用。清曲界严格尊崇师承关系，对于切音的念字方法、演唱口法，以及对于拍曲先生润腔惟妙惟肖的模仿要求甚为严格。这些润腔处的细腻处理深刻表现出了昆曲唱腔的韵味。曲家唱曲过程中凝聚着文人长期以来对于词、曲审美特质的积淀，曲友对昆曲传承审美的接受过程中，解读了昆曲音乐的审美内涵。这样的解释传播系统，不仅为昆曲世代传递着中华民族的审美因子，而且在某种程度上影响着昆曲的发展。昆曲就是在这样传承过程中不断细腻化，而且如同“大浪淘沙”去粗取精、去伪存真。

曲家对于昆曲唱腔的教习过程是对曲友们提出的一种普适性要求。这种普适性要求呈现出昆曲的普遍性、规律性和典型性的唱腔风格特征。这些唱腔风格的体现是脱离谱面独立存在的。相比较而言，谱面上越是量化的东西(如定弦、音位、音高以及节奏、节拍等)越容易判断；越是属于质性的东西(如音乐的情绪、风格等)越难判断。[①] 昆曲曲家对于昆曲非谱面上的因素(昆曲唱腔风格特征)的教习和传承为昆曲韵味的保持奠定了重要基础。

昆曲有着这样严格师承体系，在某种层面上制约着对昆曲肆意篡改现象的发生。北京昆曲研习社曲家杨忞(曲家杨文辉之女)在给曲友拍曲时，反复强调初学昆曲的人不能自行润腔，不能仅仅按照录音学唱，更不能按谱自读。杨忞等曲家对此问题的共识阐发出初学曲的曲友们在没有掌握昆曲唱腔普适性要求时，不能擅自在唱腔中加入润腔。只有经过大量实践掌握昆曲唱腔的普适性要求之后，才能进行昆曲润腔的处理。这时的处理才可能做到准确适度。

昆曲虽有唱谱，但唱曲者不能只是按曲谱来演唱。昆曲工尺谱面是唱曲人的辅助工具，它只能记录昆曲曲腔关系的大概。按照工尺谱来演唱，唱曲之人只能做到“依葫芦画瓢”，昆曲的传承不仅停留在音乐的本身，最重要的是韵味的传承。“韵味”恰恰是曲谱中无法记录的内容，这个昆曲唱腔音乐的点睛之笔就需要在“口传心授”的师承过程中完成。昆曲音乐文化的审美传承

① 修海林：《对古谱译解与音响再现学理层面上的认识》，《音乐艺术》，2002年第1期，第18页。

也在此基础上得以体现。

清王德晖和徐沅澄著的《顾误录》中强调了“学曲六戒”：不就所长、手口不应、贪多不纯、按谱自读、不求尽善、自命不凡。

贪多不纯——“此人之通病，颖悟者为尤甚。曲词并未成诵，板眼亦未记清，即要看谱上笛。略能记忆，即想再排二支，此套未完，又想新曲。如此学法，焉能尽善？且转眼既忘，必至一生之曲，并无一套完全者。切宜戒之。”①

这条禁忌体现了对习曲者的严格要求，要求曲友不能贪多，要习一曲精一曲，达到熟练于心，不能有一点差池。正是这样精益求精的态度，使得昆曲演唱传统保留下来。人们在观念上把这种演唱形式定型化，不允许学曲人随便触碰这块“神圣化”的土地。

按谱自读——“此颖悟者之病。略解工尺之高下，即谓无徐口授，自己持曲按读，于细腻小腔，纤巧唱头，不知理会，纵能合拍，不过背诵而已。甚至有左腔别字，却工少尺之处，罔不自觉。而于曲情字眼，节奏口气，全然未讲，不知有何意味？”②

文化中对神圣的东西是一定有禁忌的。正是这样的“禁忌”，使得这一事物得以完好的传承下来。如果一旦失掉这个禁忌，则传承的完整性和保护性将有所缺失。

（三）一批成熟的度曲理论和演唱理论著作支撑

昆曲在长期发展演进中，有一批昆曲理论著作问世。这些理论著作包罗万象，包括文词的角度、演唱的要领、念白的角度等。北京宫廷昆曲能够一直绵延不衰的原因，是有一大批这样的文人在传习昆曲经典唱腔的同时，传承着昆曲识谱技法和演唱理论及演唱之外的文化背景知识。

1. 不断完善了一套度曲理论和演唱理论

这些理论在长期的艺术实践过程中日臻成熟。有这样一套成熟的演唱理论规范着昆曲从咬字、吐音、发声到演唱不同阶段的要求事项。可谓事无巨细、又是必知必通的学曲门径。

明沈宠绥《度曲须知》第一节《曲运隆衰》说：

嘉、隆间有豫章魏良辅者，流寓娄东（太仓）、鹿城（昆山）之间，生而审音，愤南曲之讹陋也，尽洗乖声，别开堂奥。调用水磨，拍捱冷板，声则平上去入之婉协，字则头腹尾音之毕匀。功深镕琢，气无烟火，启口轻圆，收

① （清）王德晖、徐沅澄：《顾误录》，中国戏曲研究院编：《中国古典戏曲论著集成（九）》，北京：中国戏剧出版社，1982年版，第62页。

② （清）王德晖、徐沅澄：《顾误录》，中国戏曲研究院编：《中国古典戏曲论著集成（九）》，北京：中国戏剧出版社，1982年版，第62页。

音纯细。[1]

除了历史资料的记载外，明清时代，曲友们对昆剧的进步与发展起着不可替代的作用。昆剧的剧作家、理论研究家、谱曲家几乎无不在曲友中间。正是有了一套成熟的度曲理论和演唱理论的指导，使得曲友们在看昆剧的演出时，能够甄别优劣。王季烈在《与众曲谱》中记录了当时他与俞粟庐的一段对话：

往时余与王欣甫、俞粟庐两丈，同度曲，欣丈之《惊变》说白，至妃子二字，沿俗伶之误，妃读如肺，粟庐立指其谬，而欣丈不以为忤，粟庐因告余，谓伶工笛师中，惟小金寿(全福班之丑角)之说白，有一半可听，他人则十误其九，决不足法，故我辈研究宾白。宜自己用功，先逐字考证其四声阴阳，而于去上声字重叠之处，斟酌其揭高某字，以与知音之友人，彼此互念互听，随时互相纠正，而后说白始能臻于尽善。[2]

2. 一套完善的昆曲发音标准参考书《韵学骊珠》

汉语的韵书有“官韵”和“曲韵”。其中，“曲韵”主要适合于长短句的文体，属于中州韵音系。1324 年周德清的《中原音韵》主要为创作北曲用韵所作。《中原音韵》属于私人著作，由于实用性强，被社会广泛认可。元代北曲、杂剧和清唱北散曲均广泛使用它。“曲韵”的各个韵部的名称都由双字组成，如“家麻”韵部、“干寒”韵部、“萧豪”韵部、“质直”韵部等。曲韵的体例以“韵部”为纲。如《韵学骊珠》的曲韵编排如表 1：

表 1 《韵学骊珠》曲韵编排表

卷别		具体韵部
上卷	十一韵	东同韵(鼻音[3])、江阳韵(鼻音)、支时韵(直音)、机微韵(直音)、灰回韵(收噫)、居鱼韵(撮口)、姑模韵(满口)、皆来韵(收噫)、真文韵(抵颚)、干寒韵(抵颚)、欢桓韵(抵颚)
下卷	十韵	天田韵(抵颚)、萧豪韵(收鸣)、歌罗韵(直音)、家麻韵(直音)、车蛇(直音)、庚亭韵(鼻音)、鸠侯韵(收鸣)、侵寻韵(闭口)、监咸韵(闭口)、纤廉韵(闭口)
	八个入声韵	屋读韵(满口)、恤律韵(撮口)、质直韵(直音)、拍陌韵(直音)、约略韵(直音)、曷跋韵(撮口)、豁达韵(直音)、屑辙韵(直音)

① (明)沈宠绥：《度曲须知》，中国戏曲研究院编：《中国古典戏曲论著集成(五)》，北京：中国戏剧出版社，1982 年版，第 198 页。

② 王季烈：《与众曲谱》，苏州：苏州昆曲社重印(内部资料)，1990 年，第 90 页。

③ “清”声母为不送气的塞音和塞擦音、鼻音、边音、零声母的字。“浊”声母为送气的塞音和塞擦音、擦音的字。“次浊”声母为舌尖音和卷舌音，韵母如“兹”“知”的字。“直音”韵母为开口单母音或复合韵母为后响母音的字。“满口”韵母为合口单母音，或复合韵母的介音为合口的字。“撮口”韵母为撮口单母音，或复合韵母的介音为撮口的字。“收噫”复合韵母的韵尾为 i 的字。“收鸣”复合韵母的韵尾为 u 的字。“抵颚”复合韵母的韵尾为前鼻音的字。“鼻音”复合韵母的韵尾为后鼻音的字。“闭口”复合韵母的韵尾为唇鼻音的字。以上为吴宗济在《韵学骊珠》序言中的归纳。

《韵学骊珠》是昆曲演唱过程中，咬字、发音严格遵循的念字工具书。无论南曲还是北曲，所涉及的字的发音都在《韵学骊珠》上有详细的标明。这套工具书的出现，使昆曲拥有了一套完善的念字体系、唱法体系以及昆曲理论研究体系。

光绪十八年，古越高昌寒食生桂笙何镛在《韵学骊珠》的前言中，有这样一段话：

自韵学失传，而人乃无由知音之所本，宫商错乱，音以不谐，度曲家无所适从，相沿多误，识者憾之。夫宫商角徵羽即上尺工六五，为仲吕韵正音。由此类推，宫生徵，徵生商，商生羽，羽生角，子母相生，无失其次。循声按律而调以成，所谓无相夺伦也，所谓谐也。还相为宫，循环无端，正调、变调，千态万状，而不外乎寻韵求音之法，韵学顾不重乎哉！度曲家最重收音，而往往误于牵强。……《韵学骊珠》之刻，计上下两卷。其余音韵最为精切，而尤严格于收音。度曲家得此津梁，不难使韵谐律备。[①]

这段序言言及了“音律”与“韵”之间的关系，韵学失传使得曲唱的音律失谐。曲唱本是“循声按律而调以成”。韵书的价值是“寻韵求音之法”。吴宗济在中华书局于2006年重印的《韵学骊珠》序言中认为，“目前要求提高昆曲的演唱水平和传习，愚见不外乎要解决三个问题，即：曲唱的正音、协韵和传习，三者是相辅相成的”[②]。吴宗济提到的“正音、协韵”两个方面都和“韵书”有关，足见“韵书”在曲唱中的重要作用。“传习”虽然不属于“韵书”的范畴，但是“传习”的过程确实同“韵书”有着密切的联系。

北京昆曲研习社曲家朱复和杨忞在给曲友们拍唱时，均严格遵守《韵学骊珠》上标记的“切音”方法。每过一段时间，他们都会给新曲友们安排一节查阅《韵学骊珠》的课程，目的是方便曲友们在业余时间查阅此书，以辅助唱曲。

(四)桌台清曲的“文人性”特征

从历史上看，昆曲最早是以清曲演唱形式出现的。这种演唱形式体现出昆曲对唐宋词调音乐与元曲音乐的沿袭。昆曲最早是由文人作词、度曲创作而成的。从这个角度来说，昆曲具备了文人音乐的属性。也就是说，它是历代由具有一定文化修养的知识阶层人士创作或参与创作的传统音乐。[③]

1. 昆曲的文词创作者与制曲者皆文人

文人在参与创作的过程中，审慎地对唱词进行修饰，对于唱腔同文字的结合认真研磨。昆曲与吟诵之间有着密切联系，从各个方面都能够看出，昆曲与诗词吟诵之间存在血缘关系。昆曲可以被看作扩大、夸张了的吟诵。吟

---

① (清)沈乘麐著，欧阳启名编：《韵学骊珠》，北京：中华书局，2006年版，第27页。

② (清)沈乘麐著，欧阳启名编：《韵学骊珠》序言，北京：中华书局，2006年版，第1页。

③ 王耀华、杜亚雄：《中国传统音乐概论》，福州：福建教育出版社，2004年版，第79页。

诵调隶属于文人音乐的领域。明清时期，文人有诗词吟诵的基础，因此当时昆曲音乐理论著述中较少有阐释昆曲宾白的内容。王季烈在《与众曲谱》中这样解释："自来文人学士论曲之书甚多，绝无论及宾白之念法者，非疏漏也。昔时占毕之儒，大都能辨四声，至平仄则无人不知，五七言诗，人人童而习之，吟诵无不入调，骈体词赋，亦尽人能读，至于举业八股，尤尚音调，读之声韵铿锵，故彼时文人，以诵五七言诗，诵骈体四六，诵举业八股之法，推之于昆曲之宾白，而自然妥协，不烦研究也。"①昆曲艺术领域中，桌台清曲被列入文人音乐的范畴是无可争议的。它不仅与文人音乐中的词调音乐一脉相承，而且还具备了词调音乐创作的诸多要点。

桌台清曲艺术形式具备以下几个方面的文人音乐特征：创作过程的个体性；创作表达方式的书面性；音乐曲调的相对稳定性。②

大量相关著述都对桌台清曲在理论上进行过总结。在明代魏良辅《曲律》等书籍中，论述到桌台清曲的演唱注意事项，以及桌台清曲应该如何"咬字""吐音"和"发声"等诸多重要事项。这些理论问题的深入探讨，为昆曲音韵声腔艺术的发展奠定了良好的基础。

2. *曲友为一群高水平知识分子*

昆曲在长期发展过程中，得益于一批喜好昆曲的知识分子的参与，他们不仅自己喜爱昆曲，而且在习唱的过程中，还自发、自觉地进行研究和创作。这样的文人基础无疑能促使昆曲艺术品位的不断提升，且监督着昆曲艺术的发展不能肆意脱离轨道。他们是昆曲忠实的爱好者，也是昆曲班社永久的支持者。如北京昆曲研习社老社长张允和的《昆曲日记》中记录了 1979 年 4 月 29 日上午 9 时，俞老(俞振飞)夫妇到，最老的大姐 85 岁，听过去几次的录音，欧阳予倩录音的最后是"俞平伯鼓、朱传茗笛、周铨庵笙。上午到的是：许宝驯、俞平伯、潘清如、谢锡恩、许宝騄、周铨庵、陈颖、朱世藕、许淑春、关德泉、张允和。下午参加欧阳老纪念昆曲的是：周铨庵、陈颖、朱世藕、关德泉、汪健君、杨忞、樊书培、徐书城、朱复、崇光起、朱家溍、韩久成、张允和。上、下午共到 19 人"③。

各地昆曲社在 1982 年一共只有 6 个，有社员二百多人，北京因其"文化中心的位置"，昆曲曲友聚集的数量较多。

此外，有关昆曲清唱以及曲家的研究论文也大量出现。朱昆槐于 1991 年出版的《昆曲清唱研究》是对昆曲清唱研究的理论著作。该著作阐述了昆曲清唱的独特传统，考察了昆曲发展成为戏剧音乐之前，元末昆山腔是文人清唱

---

① 王季烈：《与众曲谱》卷八，苏州：苏州昆曲社翻印(内部资料)，1990 年，第 77 页。

② 王耀华、杜亚雄：《中国传统音乐概论》，福州：福建教育出版社，2004 年版，第 118 页。

③ 张允和著，欧阳启名编：《昆曲日记》，北京：语文出版社，2004 年版，第 99 页。

的散曲。曲家的唱曲不仅仅是清唱剧曲(昆剧演出剧目),而且他们还经常聚在一起切磋清曲,为清曲作词、度曲,相互交流。曲家认为,昆曲演唱好坏的标准不在于嗓子条件的好坏,而是在于唱曲者对文辞的理解、把握,念字切音的准确,口法运用的到位。以上种种阐释都昭示出桌台清曲具备文人化的功能属性。

二、舞台剧曲

无论是过去宫廷昆曲班社的伶人还是新中国成立后昆曲剧团的演员,他们很大一部分人从小学习昆曲后,都酷爱上这门艺术。对他们来说,每一次的舞台演绎,都有二度创作的快乐。从这个精神层面上来讲,他们在舞台的表演过程中是自娱的。舞台剧曲有以下方面的特点:

(一)舞台剧曲把昆曲唱腔艺术在舞台上呈现出来

昆曲舞台艺术声腔的传播,不仅要注重唱腔旋律的优美性,还要配合在特定剧情人物身份的表演。昆曲演出时有具体的身段要求,昆曲的身段吸收和继承了古代民间舞蹈、宫廷舞蹈等多方因素的影响,在长期实践过程中积累了大量经验,逐渐形成了一定的规范和程式。这些身段的表演可以使所描述剧情的故事性色彩更强,对唱腔具有烘托、强化的效应。

(二)舞台剧曲的要求演员具备综合能力

欣赏昆曲舞台艺术时,人们不仅需要满足听觉的需求,更重要的是满足自身综合的感官享受。这种综合的感官享受,对于演员的要求是“唱、念、坐、表(舞或打)”的综合能力要强。换句话说,如果演员扮演《牡丹亭·惊梦》中杜丽娘的角色,需要具备以下几个方面的要求:

1. 扮相好

有些演员自身很漂亮,但不一定扮相漂亮;有些演员自身长相一般,舞台上的扮相较好。昆曲舞台上,“五旦”演员需要由舞台扮相较好的年轻女演员担当,这符合“五旦”这个大家闺秀形象在观众心目中的期待。

2. 气质好

昆曲剧目中的“五旦”通常是大家闺秀,因此气质就成为演员需要具备的一个重要因素。演员需要表现出大家闺秀内敛、端庄,知书达理而不轻佻浮躁的气质。气质不是一朝一夕培养出来的,它需要演员长期、不断地提升自身修养、增进学识。明、清时期宫廷戏班的演员往往读书识字甚少,扮演的帝王将相、才子佳人均靠模仿。这样的模仿只能是做到“形似”而已,真正的“神似”则需要演员自我内在气质的提高。

3. 身段好

昆曲的身段与中国传统舞蹈的审美有着密不可分的关系。昆曲的身段大体可以分成两种:一种是说话时的辅助姿态和由手势发展起来的注重写意的身段；另一种是配合唱词的抒情舞蹈身段。《审音鉴古录》是较早的昆曲身段谱。身段同唱腔结合直接影响到昆曲唱腔写意的表述，以及舞台上演员气质的传递。

4. 唱腔好

昆剧演员对昆曲唱腔阐释的程度和水平，是昆曲表演艺术诸多因素中最为重要的一项。唱腔的良莠受到两方面因素的影响：一方面是嗓子。有的演员嗓子天生条件好，对于昆曲细腻、润滑的音腔表达自然会感到轻松、顺畅。有的演员嗓子天生条件差，训练起来自然会辛苦。嗓子好的演员，若不懂得用嗓，音色也不会柔美动人。嗓子不好的演员，若懂得如何用嗓，也能够弥补先天的不足。除了嗓子的先天条件，另一方面是音乐天赋。音乐天赋高的演员能够举一反三、触类旁通，懂得并且能够很快、很好的掌握师傅的要求。

(三)舞台剧曲对表演环境、空间、听众等有具体要求

除了演员，舞台艺术构成中另一个不可缺少的因素是舞台下的观众。演员每次在舞台上演出的过程，都是与台下观众之间互动、交流的过程。作为一名职业演员，能被观众认可是他们心里最大的满足和享受。在舞台上的这一时刻，观众就是他们的知音，是他们艺术造诣的品评者、肯定者和欣赏者。中国传统戏曲艺术是一种立体、综合艺术。中国传统戏曲舞台三面朝向观众，就已经最大限度地开辟出舞台与观众进行交流的空间和互动的可能性。

基于以上客观因素，舞台剧曲背后蕴含着昆曲舞台艺术的娱乐功能。舞台艺术的娱乐功能促使昆曲演员的演出要有一种归属感和成就感。能否被台下的观众认可，在某种程度上是衡量演员优秀与否的重要标志。因此，在舞台剧曲演出过程中，演员有时甚至需要去迎合观众的审美需求。

由于以上主、客观因素，舞台剧曲艺术的唱腔地位变得弱化。舞台表演艺术中，欣赏者以综合的眼光审视所欣赏的剧目。尽管唱腔重要，但很多时候可以被演员的一个身段或者一个“哭腔”带过去，甚至被剧情中人物的情绪带过，而不用使用满腔满调。舞台下欣赏的观众往往不会去计较她的唱腔是否完全到位，观众的注意力部分被分散到昆剧的其他诸多要素中去了。如现在有些武生演员，为了保证动作的完整性和持续性，会放弃一部分唱腔以确保动作的连贯性。

三、桌台清曲和舞台剧曲文化差异的比较

昆曲的两条主要传承脉络的不同之处，主要表现在以下方面：

(一)传承脉络不同、参与方式不同

笔者把舞台剧曲和桌台清曲文化之间的差异性因素整理后列于表2，集中阐释了舞台剧曲和桌台清曲的不同生存的背景和人员组织结构。

表 2　舞台剧曲、桌台清曲文化差异比较表

类型	舞台剧曲	桌台清曲
目的	盈利或满足统治者需求	愉悦精神
效果	普及、他娱兼自娱	自娱、自省
参与者	圈外人士和圈内人士	圈内人士
参与者身份	演员和观众	以文人为主
格调	雅俗共赏	高度雅致

上表对于昆曲两条传承脉络的文化属性进行了比对分析。通过上表可以看出，舞台剧曲是面向宫廷统治阶级，或者社会群体中的广大受众群体。这个受众群体中有昆曲界的职业演员、曲友及其他欣赏昆曲的社会各阶层人士。桌台清曲主要面向曲友自身以及个体的小众群体。这里的参与者主要是有一定文化修养和一定曲学修养的文人，也偶尔有职业演员来参加活动。这个群体都属于昆曲圈内人士。

舞台剧曲与桌台清曲之间“唱曲”目的不同。排除舞台剧曲的部分演员与桌台清曲曲友共同爱好昆曲的主观因素，舞台剧曲是以满足统治阶级的需求或以演出盈利为目的，桌台清曲是以参与者自己愉悦身心为目的。桌台清曲的曲友们通常是有钱有闲，他们有欣赏能力和经济实力来支持自己尽情享受文化。二者目的不同，由此带来的效果也是不同的。舞台剧曲的效果可以对昆曲声腔艺术进行普及、宣传，扩大昆曲演出的受众面。演员舞台演出在自娱的同时，也要最大限度地愉悦台下观众、迎合观众的兴趣和品位。桌台清曲参与者在寄性抒情、愉悦自己身心和精神的同时，在更大程度上对自己的唱曲进行反省。这个反省的过程不需要其他人参与，有三五知己交流也未尝不好，最重要的是他们在唱给自己听，互相借鉴、提高。

(二)经济行为方式不同

舞台剧曲与桌台清曲唱曲不同的目的性，使舞台剧曲更多满足受众者的需求，桌台清曲更多满足参与者自身精神的需求。桌台清曲的曲友们不仅学习昆曲的清唱，还自发地对昆曲的清唱进行研讨。曲友们唱曲往往是建立在不需要为生计发愁基础之上，他们在这样有经济支撑的前提下，有闲情雅致去学习、研习昆曲艺术。基于此，他们会严守拍曲先生对自己诸多昆曲“口法”和“唱法”的传承。

明、清时期，去梨园唱戏的孩子通常是家里供养困难，被迫走向戏班学戏，是为了解决基本的生存问题。在学戏过程中，他们为了让自己留在戏班，必须严格遵从师傅的教导。他们可以不去理解，但一定要遵从，还要具备一定的悟性。正是这些生存的压力，迫使他们在学习时必须毫无条件地服从。

到了宫廷，统治者大多谙熟曲律，他们的表演更加不能随意逾越师傅的教授准则。

宫廷昆曲传到民间后，民间昆曲班社的学童们出师登台演出，还要考虑演出的经济效益。如果班社经济效益好，他们的生活压力自然减少。班社的经济效益将直接影响他们生存质量。为了减轻生活压力，他们必须拥有一个庞大的受众群来支撑他们的生存，使得生活不致困窘。基于经济这个深层次原因，舞台剧曲的唱腔必须考虑到观众的喜好和需求，舞台剧曲的唱腔会因为观众的需求而有所改变。

四、桌台清曲对舞台剧曲的制约

舞台剧曲和桌台清曲这两个群体因为受到经济因素的影响，在昆曲发展过程中，从而形成了一对相互制约的矛盾体，即宫廷班社的昆曲传承要考虑到统治者的需求，他们对于昆曲的传承需要做到不能够从俗。宫廷统治者对昆曲艺术有很内行的品评能力。他们能够品评戏班演员演出时是否恰到好处。在某种程度上，这些宫廷统治者能够成为昆曲艺人的师傅，甚至成为昆曲在宫廷戏班传承中的监督者。正如王季烈在《与众曲谱》中记录："其时京朝官，如许鹤巢丈、吴慎生师、皆精于度曲、徐子静丈及其子侄辈、一门皆工度曲、善擫笛，知音者甚众，故伶工虽兼习皮黄、而演昆剧时，绝不敢自作聪明，稍越范围，以视今日习昆曲之士大夫，为伶工所转移，适相反也。"①

舞台剧曲在传承过程中，正是有宫廷统治者为代表的桌台文人的制衡，使得它不能脱离昆曲的正常轨道而媚俗。由此可以看出，宫廷统治者内行的品评对舞台剧曲演员形成压力，客观上制约了演员的演唱不能脱离昆曲的本质。从某种角度来说，这种制约力带来了昆曲艺术发展的保守性和稳固性。昆曲艺术的发展不可能脱离其赖以存在的特定社会的"文化代码"而独立存在，这个"文化代码"正是蕴藏在舞台剧曲、桌台清曲不同行为方式中。

参考文献

[1]（明）魏良辅：《曲律》，中国戏曲研究院编：《中国古典戏曲论著集成（五）》，北京：中国戏剧出版社，1982年版。

[2]（明）沈宠绥：《度曲须知》，中国戏曲研究院编：《中国古典戏曲论著集成（五）》，北京：中国戏剧出版社，1982年版。

[3]（清）王德晖、徐沅澄：《顾误录》，中国戏曲研究院编：《中国古典戏曲论著集成（九）》，北京：中国戏剧出版社，1982年版。

[4]（清）沈乘麐著，欧阳启名编：《韵学骊珠》，北京：中华书局，2006年版。

① 王季烈：《与众曲谱》，苏州：苏州昆曲社重印（内部资料），1990年，第58页。

[5]王季烈：《与众曲谱》，苏州：苏州昆曲社重印(内部资料)，1990 年版。
[6]修海林：《对古谱译解与音响再现学理层面上的认识》，《音乐艺术》，2002 年第 1 期。
[7]王耀华、杜亚雄：《中国传统音乐概论》，福州：福建教育出版社，2004 年版。
[8]张允和著，欧阳启名编：《昆曲日记》，北京：语文出版社，2004 年版。
[9]Merriam，Alan. *The Anthropology of Music*，Evanston，Illinois：Northwest University Press，1964.

（作者：蒯卫华　北京师范大学副教授）

历史学学科

L I S H I X U E X U E K E

项目名称：民国以来的北京满族研究——基于中华民族现代自觉的视角
项目编号：11LSB005
项目负责人：常书红
项目信誉保证单位：北京师范大学

北京与中华民族多元一体文化的发展

北京位于华北大平原的北端，踞华北平原出入东北平原、蒙古高原之门户，衔北方游牧文化、渔猎文化沟通华北农耕文化之枢纽，是我国多民族文化发展的重要舞台。传说中华民族的祖先黄帝部落便在这一带西击九黎、“北逐荤粥”、战炎帝于阪泉，建都邑于涿鹿，从而开启了中华民族之“核心”——华夏族的形成和发展历史。秦、汉、隋、唐之际，这里屹为重镇，邻近各族征战会盟，推动了后来构成中华民族共同体的各民族之间的接触和融合；其后作为辽、金、元、明、清五朝都城和15—19世纪初近400年间世界上最大的城市[①]，这里一度冠裳云集、异俗共趋，成为国内外诸民族文化交流的中心，并最终上升为“中华民族”多元一体文化的象征。

一、北京城的历史演变

在中国行政区划的出现和发展嬗变中，今北京所在区域始终占据非常重要的位置。清人《天府广记》载：“昔黄帝与蚩尤战于涿鹿之野，戮其元凶，四海攸同。然后合符釜山，而为天子。建都涿鹿之阿，以兵为营卫。即今京师地。”后尧分天下为九州，“建都于冀。燕，冀地也。”[②]由是观之，早在先秦时期，北京地区即成为华夏民族生存的核心区域。

北京在行政区划中的举足轻重的地位有赖于其得天独厚的自然因素和人文环境。对此，《宸垣识略》著者吴长元称“自古建都之地，上得天时，下得地势，中得人心，未有过于此者也”，将北京作为建都之首选，并不惜笔墨、旁征博引，对其天时地利进行了详细的阐述。概而言之，北京一占天象之吉：“北斗七星，是谓帝车，运乎中央而临制四方。六曰开阳，亦曰应星，主木主

① 从15世纪明代迁都北京后，除了17世纪短时间内亚格拉、君士坦丁堡和德里曾向它的居首地位挑战外，北京一直是世界最大的城市，直到1800年前后才被伦敦超过。参见特蒂乌斯·钱德勒与吉拉尔德·福克斯：《城市成长的3000年》，纽约：学术出版社，1974年版，第364页。转引自施坚雅主编：《中华帝国晚期的城市》，北京：中华书局，2000年版，第32页。

② （清）孙承泽：《天府广记》，北京：北京古籍出版社，1982年版，第1页。

燕"，"燕地箕尾之分野也"，而尾箕星又名析木，"析木之津"即天河，居箕斗二星之间，"箕在东方木位，斗在北方水位。分析水木，以箕星为隔，隔河须津梁以渡"，可见其独特的天文优势。北京辽时称"析津"，即得名于此。二拥地势之胜："是邦之地，左环沧海，右拥太行，北枕居庸，南襟河济，形胜甲于天下，诚天府之国也。""冀都山脉从云中发来。前则黄河环绕，泰山耸左为龙，华山耸右为虎。嵩为前案，淮南诸山为第二重案，江南五岭诸山为第三重案……所谓无风以散之，有水以界之也。"①

以今天的眼光来看，吴氏所论虽不尽科学合理，但北京具天时、地利、人和的优势则无须质疑。

首先，北京所处的位置，水甘土厚、气候适宜、物产丰饶，奠定了其建城的基础。

从一定意义上来说，北京城市发展史就是生活在北京的人们与自然环境和谐发展的历史。北京城市的诞生首先源于人们对自然环境的选择。

北京处于北纬 40 度左右，这一纬度上大部分为世界上最美丽、最富饶的地区。纵向来看，适居北陲重镇漠河与南海巨港海口之中心点。地形上来看，它位于华北大平原的西北隅与太行山北端、燕山西端的交接部。东面距海仅 150 公里。西、北、东北太行山脉、军都山、燕山三面环抱。燕山山脉与军都山交汇于西北，形成一个向东南展开的半圆形大海湾，俗称"北京湾"，其所围绕的小平原即为北京小平原。环山怀抱之中，永定河、潮白河、温榆河、拒马河、大石河等蜿蜒而过，北京小平原即处于诸河冲积扇上，土壤肥沃、灌溉便利、自然灾害少、适于农耕。

气候的适宜也为北京地区农业的发展提供了有利条件。北京所处的气候带，约在 400 毫米等降水线上，对这条等降水线之于中国，特别是北京的意义，黄仁宇可谓一语中的。他指出，15 英寸(约 380 毫米，笔者注)等降水线从中国东北向西南，当中的一段与长城大致符合。线之东南，农业茂盛，人口繁殖；线之西及北，以游牧为生。②

其次，北京地势险要，"扆山带海，有金汤之固"③，奠定了其作为军事重镇的基础。

北京周围，群关环拱。所谓"燕山之地，易州西北乃金坡关，昌平之西乃居庸关，顺州之北乃古北关，景州东北乃松亭关，平州之东乃榆关，榆关之东乃金人之来路，凡此数关盖天所以限蕃汉也。一夫守之，可以当百，朝廷

---

① (清)吴长元：《宸垣识略》，北京：北京古籍出版社，1983 年版，第 1—3 页。

② 黄仁宇：《中国大历史》，北京：生活·读书·新知三联书店，1997 年版，第 25 页。

③ (清)朱彝尊：《日下旧闻·形胜》。

之制地若得诸关，则燕山之境可保矣。”[①]从历史上来看，为防止和抵御北方游牧民族的侵扰，北京有很长的时间是作为军事重镇而存在。自秦在今北京境内置上谷、渔阳、广阳三郡之后，一直到唐末，北京一直是北方军事重镇，也是遭匈奴等少数民族侵扰较重的地区。唐代贾至《燕歌行》中就有“国之重镇惟幽都，东防九夷北制胡”这样的诗句。

二、北京民族融合的基本历程

依笔者之见，北京民族融合大致经历了四个阶段。各阶段之间首尾相连、彼此呼应；同时又泾渭分明、各具特色。

第一阶段：先秦时期

先秦时期是中华民族主体——汉族前身华夏族从多元形成一体的重要时期，也是“中华民族多元一体”格局的起点。在这一时期，北京一方面充当了华夏文化孵化器和辐射源的主要角色，另一方面又见证了诸多少数民族的彼此交往。其最鲜明的特色，乃是华夏民族的融合及华夏文化与周边少数民族文化的杂糅。在文化层面，表现出明显的互动与融合迹象。

近年来有专家在延庆考察发现，这里很可能就是炎黄阪泉之战发生的地点，这进一步印证了北京为华夏文明发祥地的事实。到目前为止，大量对北京地区先秦遗迹的考古也表明：当时这一地区已经形成了多民族杂居的状况，肃慎、燕亳、孤竹、山戎等少数民族与华夏族不仅在这里共同居住，诸民族文化亦交互渗透，彼此濡染。从出土的周代燕地青铜器来看，无论是器物的种类、形态，还是铸造的工艺、镌刻的铭文和线条的装饰等，都受到了来自中原农耕文化与北方游牧文化的双重影响，既体现出中原高超的工艺水平，也反映着北方游牧民族的骑射雄风。如在燕山南侧发掘了先秦铸造精良的青铜短剑，而其剑柄上，则通常装饰有特殊的鹰头或马首，这无疑是南北文化交融的缩影。另外，在北京昌平白浮村发现的西周燕国墓葬以及北京延庆西拨子发现的春秋游牧部族墓葬也表明，当时华夏部族的礼俗已为北方戎族部落所吸收。

第二阶段：秦汉迄隋唐北京作为北方军事重镇时期

北方少数民族历次南下，都要掠去大量的汉人；与此同时，为躲避战乱，又有大批汉人流亡塞北。因此，这一时期北京地区在促进中原文化向外辐射方面，发挥了重要的作用。史载鲜卑慕容氏在大批幽冀士庶流亡辽河流域时，“推举贤才，委以庶政”，又设置郡县安置流民，从而吸引了大量的中原投奔者，致使流人超过原来人口的10倍以上，成为慕容氏汉化的开始。

当然，少数民族内附的进程并未中断。三国两晋南北朝时期，丁零人一

---

① (宋)马端临：《文献通考》卷315，《舆地一》。

部分聚居在密云等地，蓟城附近的一条河流即被命名为丁零川。隋代幽州居民除汉族外，还包括粟末靺鞨、突厥、高丽、新罗、契丹、奚、室韦等族。玄宗天宝年间留居在现北京境内的还有7138户，34293人。在魏晋十六国北朝时期内，蓟城也增加了不少内迁的乌桓、鲜卑、丁零、高车人等。由此，北京地区的民族文化得到进一步丰富。值得一提的是，这一时期，西亚等地的文化也向北京地区渗透，比如在唐代幽州，从波斯传来的打马球(击鞠)运动就很流行。

第三阶段：辽、金、元、明、清北京作为都城时期

有学者研究，辽、金、元、明、清各代，北京地区人口在建都前后均有大幅度增长。而人口内聚迁移是导致这一现象的根本原因。辽、金、元、清四个少数民族政权统治北京地区期间，空前规模的少数民族人口内迁对北京多民族文化的影响毋庸置疑。各朝人口迁移基本情况如下：[①]

辽代：内聚迁移南京城适合南京地区户口累计达2万户，约10万人，其中契丹人居多；

金代：累计迁入中都地区的户口约4.5万户，25万人，其中除女真人外，还包括大量契丹、奚、渤海等少数民族人口；

元代：累计迁入大都地区的户口在17万户以上，其中蒙古诸部贫民及归附州县兼管的军站奥鲁户口均有一定规模；

清代：旗人户口及隶属户口迁入计20余万户，90余万人。

契丹、女真、蒙古及其他少数民族人口从北方乃至西域迁入内地，不仅在辽南京、金中都和元大都地区先后出现了契丹人、女真人、蒙古人和其他一些少数民族集中居住或与汉民杂处的局面，而且形成了一些少数民族集聚的村落，如阿苏卫、孛罗营、畏吾村、高丽庄、骚子营、达子坟之类。从而使这一地区民族文化融合的速度和范围都达到了前所未有的程度。元大都是元代多民族国家的缩影，城中除契丹、女真、渤海等民族久已同汉民混杂之外，蒙古人也与汉人交错而居。此外还有很多唐兀人、畏兀儿人、西藏僧人以及大批被统称为“色目人”(回回人)的中亚各族人民，包括康里人、钦察人(吉卜赛人)、斡罗思人(俄罗斯人)、阿速人、突厥蛮(土库曼人)和伊朗人等居住。据1263年的统计，当时中都路共有回回人户2953户。此外还有欧亚商人、罗马教士和各国使者等。清代的北京，不仅居住着满、蒙、汉八旗人、汉族人，还有蒙古喇嘛、阿拉伯人、俄罗斯人、犹太人等。当然，明代北京的民族融合也有所发展。北方的女真、藏、蒙、回、维吾尔等族以及西南各地的壮、苗、瑶、傣等民族都有人口在北京生活居住。

① 相关数据参见韩光辉：《北京历史人口地理》，北京：北京大学出版社，1996年版，第147—149页。

第四阶段：民国至今

1912 年元旦民国肇始，孙中山即发布《中华民国临时大总统宣言书》，郑重宣告："国家之本，在于人民。合汉、满、蒙、回、藏诸族为一人，是曰民族之统一"，五族共和被确立为民国政府处理民族关系的基本原则，中华民族的概念也由此日益深入人心。1949 年中华人民共和国成立以后，进一步确立了民族平等和民族团结的政策。这极大地推动了北京多民族文化的进一步融合与发展。2000 年第五次人口普查数据资料表明，在北京市人口中，少数民族人口达 58.5 万人，已占到北京人口总数的 4.3%。我国多民族大家庭中的 56 个民族，都有成员在这里学习、工作和生活。北京已成为中华民族多元一体文化的中心和象征。

三、北京民族融合的主要特点

北京文化的发展轨迹在中华民族多元一体文化生成过程中，具有非常重要的地位。

第一，从时间上来看，北京发展的历史与中华民族起源、孕育、发展乃至成熟的过程相伴随。

北京地区人类居住生活的历史，可追溯至 50 万年前的"北京人"；而自公元前 1046 年武王灭商，北京正式建城迄今，也已历 3000 余年。而就中华民族的发展过程来看，它起源于新石器时代，以黄河中下游两大区域新石器文化汇聚为核心，北京即位于这一文化生成带上。"从中华民族发展史的角度来概括，春秋战国是中华民族的孕育时期"，而北京当时已经形成了肃慎、燕亳、孤竹、山戎多民族杂居的地区，并与周边的东胡、秽貘、奚、夫余、池豆于、抱娄等少数民族交流互动。秦开启了中国统一多民族国家的发展过程，特别是元代以来，中国的疆域和人口及其在世界上的影响远超前代，而这一时期北京绝大多数时间都是作为中国的首都，民族融合速度和范围大大超过了其他地区。

第二，就空间而言，北京一直是中华民族多元文化发展的汇聚地与辐射区，它自始至终带动了北方游牧民族文化与中原农耕文化的彼此吐纳及一体化发展。

在林惠祥先生《中国民族史》一书中，将中国历史上之民族划分为 16 系，并概括了自自远古至现代的递嬗情况。在 16 系中，华夏、东胡、肃慎、突厥、匈奴、蒙古等系都在很早的时候，便在北京地区活动。民国以来，汉、满、蒙、回、藏乃是中华民族多元体中最大的五大民族，而在满族、蒙古族与汉族的融合过程中，北京无疑是最重要的舞台。

需要特别指出的是，由于这一时期北京是少数民族政权的陪都，或者是少数民族建立的全国统一政权的首都，因此，各朝的文化政策对北京文化发展具有至关重要的影响。而据史实来看，各朝统治者都实行了在保持本民族文化前提下的多元文化并行政策。如元朝统治者对由于蒙古、藏族等民族的进入被带到中原的萨满教、景教、藏传佛教，和中原原有的佛教、道教以及外来的基督教、伊斯兰教等，采取了兼容并蓄的政策。清朝统治者也在定鼎中原之初，便选择了多元并行的文化政策。以语言文字为例。顺治初年，多尔衮下令，“满洲官员子弟有愿读清书或愿读汉书，及汉官子孙有愿读清汉书者，俱送入国子监”学习，以缓解“满汉语言不通”的困境。此外，为抚绥塞外蒙古，提倡蒙古八旗子弟兼习满蒙文，确立了蒙文作为满、汉之外第三种官方文字的地位。顺治十年(1653 年)，封西藏达赖喇嘛金册、金印，用满、汉及图白忒国字；赐蒙古厄鲁特部顾实汗金册、金印，用满、汉、蒙古字，……乾隆年间平定准部、回部后，还通过《西域同文志》的编纂，引进以维吾尔文为主的西域文字……至乾隆时期，清政府多元并行的文化政策初步完成。他在题写避暑山庄丽正门门额，镌刻盛京大清门以及永陵、福陵、昭陵石碑，编制《御制清文鉴》时，均使用了满、汉、蒙、维、藏五种文字。

这些政策对北京民族文化融合的影响是显而易见的。元大都的设计思想，概依《周礼·考工记》，然其建筑格局则兼具农耕与游牧文化的特色。比如在建筑样式与布局方面采用了中原的样式，而局部设置上则保留了一些游牧文化的特色，在宫殿四周种植了大片草地，在宫殿之内陈设了大量兽皮、毡毯，等等。无怪乎有学者指出，它“充其量不过是个半中国式的城市”。直至 1353 年，大都城中仍有专供忽必烈使用的“毡帐”，即大蒙古包。到了清代，北京各民族彼此在外在的服饰、语言乃至信仰等方面都逐步趋同。

直至今天，北京多民族文化发展的经验仍对推动中华民族多元一体文化的进步具有重要的启示意义。

一方面，要坚持“一”的轴线和方向，加强祖国统一和民族团结。

北京民族融合及多民族文化发展的历史轨迹表明，中华民族是“由众多民族在形成为统一国家的长期历史发展中逐渐形成的民族集合体”，国家统一和民族团结始终是它的主旋律。正如白寿彝先生在谈到我国统一多民族国家之“一”和“多”的辩证关系时所说：“‘统一’提出个‘一’字，‘多民族’提出个‘多’字。‘多’和‘一’是相对的”“‘多’和‘一’的关系，并不能简单地理解为，好像是土豆同口袋的关系，认为统一的多民族就是把土豆放到口袋里就行了”“它不只是一个口袋，重要的还在于它是轴线，是方向”。在中华民族如雪球一般越滚越大的数千年发展过程中，汇入其中的每一个少数民族都无法摆脱“一”的轴线和方向。因此，在推进中华民族多元一体文化发展的过程中，一定要坚持有利于祖国统一、有助于民族团结的原则，反对任何破坏祖国统一和民族团结的言论和做法。

另一方面，要有兼容并包的胸怀，不可盲目排斥外来文化的进入。

在北京多民族文化发展的历史上，曾屡有试图阻止不同民族文化相互融合的情况，但统治者设置的种种畛域最终都被历史发展的必然进程所打破。譬如，建立金国的女真人曾将所征服地区的居民分别称为汉人、燕人、南人等，以便和女真人相区别，但是后来却有许多女真人出于自愿，开始改用汉姓，仅见于《金史》记载的即有 31 姓。元代蒙古统治者将其民分为蒙古、色目、汉人和南人四个等级，然而这一做法客观上却加强了女真人、契丹人、高丽人等非汉民族和汉族的融合。明初曾下令禁止胡服、胡语、胡姓，恢复“唐代衣冠”，但却出现了“鞑装”盛过唐服的情况。清代亦然，统治者尽管采取了“旗、民分治”的统治政策，在旗人内部，满洲、蒙古、汉军八旗之间也设置了一定的藩篱。然而，正是在这一模式下，满、汉及其他各民族自觉不自觉的交往，加速了中华民族多元一体文化的发展进程。历史事实告诫我们，在对待其他民族文化时，一定要采取辩证的态度，同时要解决好国际化与保持本民族文化特色之间的关系，通过“走出去”与“请进来”的方式，加强文化交流，为新时期中华民族多元一体文化的发展创造良好的条件。

参考文献

[1]费孝通主编：《中华民族的多元一体格局》，北京：中央民族大学出版社，1999 年版。
[2]于敏中等：《日下旧闻考》，北京：北京古籍出版社，1981 年版。
[3]汤用彬、陈声聪、彭一卣：《旧都文物略》，北京：华文出版社，2003 年版。
[4]王玲：《北京历史文化的总体特点》，见北京市社会科学界联合会、首都图书馆、北京史研究会：《漫步北京历史长河》，北京：中国书店，2004 年版。
[5]北京大学历史系《北京史》编写组：《北京史》，北京：北京出版社，1985 年版。
[6]尹钧科：《北京郊区村落发展史》，北京：北京大学出版社，2001 年版。
[7]张宗平、吕永和译：《清末北京志资料》，北京：燕山出版社，1994 年版。
[8]叶高树：《清朝前期的文化政策》，台北：稻乡出版社，2002 年版。
[9][美]施坚雅著，叶光庭等译：《中华帝国晚期的城市》，北京：中华书局，2000 年版。
[10]常书红：《清代北京的旗、民一体化进程——兼论北京满汉文化的交融》，《北京师范大学学报(哲学社会科学版)》，2004 年第 1 期。
[11]林惠祥：《中国民族史》(上册)，北京：商务印书馆，1998 年版。
[12]白寿彝：《民族宗教论集》，石家庄：河北教育出版社，2001 年版。

（作者：常书红　北京师范大学副研究员）

项目名称：北京地区辽代矿冶遗址调查与研究
项目编号：13LSA001
项目负责人：刘乃涛
项目信誉保证单位：北京市文物局

北京延庆大庄科辽代矿冶遗址群

大庄科矿冶遗址群，位于北京市延庆区大庄科乡，南距北京市区 70 公里，西距延庆城区 40 公里，地处延庆区东南部深山区，燕山山脉腹地。

延庆大庄科矿冶遗址群主要由矿山、冶炼、居住及作坊遗址等构成，分布区域主要位于水泉沟、铁炉村、汉家川、慈母川等地。考古调查、勘探及发掘取得了重要成果，发现了从采矿到冶炼的遗迹，并且找到了冶铁工匠工作、生活、居住的地方，遗址类型比较系统、丰富。

大庄科矿冶遗址群的发现是非常重要的，反映了辽代接收、运用中原的生铁冶金技术的情况，是辽代向西传播生铁冶金技术一个非常重要的环节，同时体现了辽代物质文化的发展水平。

辽代极其重视冶铁业，铁冶的设置以及不断跟中原地区的技术交流，对其生产力的发展和军备力量的提高产生了重要的影响。以大庄科矿冶遗址群为代表的燕山地带矿产资源开发和金属冶炼技术与中原冶炼水平相当。

大庄科矿冶遗址群是目前国内发现的辽代矿冶遗存中保存冶铁炉最多，且炉体保存相对完好的冶铁场所，其基本形貌清晰可见。炉内结构完好，鼓风口清晰可见。发掘所揭示的炉型结构为正确认识中国古代冶铁高炉的炉型结构演变提供了弥足珍贵的资料。

北京延庆大庄科矿冶遗址群的发现为开展辽代冶铁技术研究乃至中国古代冶金史研究提供了极为宝贵的考古材料。

一、遗址调查与考古发掘

大庄科矿冶遗址群是燕山地区规模较大、保存最为完整辽代冶铁遗址。

通过考古调查及勘探工作，发现矿山五处，分别为榆木沟矿山、东三岔矿山、香屯矿山、东王庄矿山、慈母川矿山；发现冶炼遗址四处，分别为水泉沟冶炼遗址、汉家川冶炼遗址、铁炉村冶炼遗址、慈母川冶炼遗址；发现居住及作坊遗址三处，分别为水泉沟居住及作坊遗址、铁炉村居住及作坊遗址、汉家川居住及作坊遗址。这其中，水泉沟的生产链条较为齐备，在遗址群中居于核心的位置。

遗址群所在的大庄科乡矿产资源十分丰富。现已探明的有铁、锌、石英石、白云石、钼、金、铜和大量的花岗岩。现已开采的品种有铁、锌、石英石、花岗岩等。

矿冶遗址群开采铁矿石的矿洞及部分露天采矿遗迹分布在山脚及半山坡范围内，采矿洞口清晰可见。榆木沟铁矿为致密块状磁铁矿，磁性很强。香屯矿山现存露天采矿遗迹一处，主要包括磁铁矿、赤铁矿及褐铁矿。东三岔铁矿体较长，在灰岩中呈团块状，储量较大。东王庄铁矿主要为磁铁矿、含锌磁铁矿，矿体顺着裂隙侵入，洞内主要为大量的磁铁矿，部分矿物晶形较好。慈母川铁矿石以磁铁矿为主，黄铁矿、赤铁矿次之。

矿山周边地形切割较为严重，地表径流排水较好，水流通畅，乡域水资源丰富。怀九河环绕于榆木沟、莲花山、香屯、东三岔、东王庄、汉家川、水泉沟等矿冶遗址周围，铁炉河环绕于慈母川、铁炉村等矿冶遗址周围。丰富的水资源不仅为矿石的运输提供便利，同时对于冶炼过程中的用水以及矿冶管理机构、冶炼工匠的饮用水源提供了便利。

目前发现大庄科矿冶遗址群有保存相对完整的冶铁炉 10 座，其中水泉沟冶炼遗址 5 座，汉家川冶炼遗址 3 座，铁炉村冶炼遗址 2 座。

冶炼遗址均位于半月形黄土台地边缘处，呈缓坡状，为河流二级台地。

水泉沟冶炼遗址所处的半月形黄土台地海拔 420 米，由东北向西南倾斜，坡度较小。目前已发掘水泉沟冶铁炉 4 座。遗址周围有矿山和古代采矿的铁石坑。

下面笔者以发掘清理的冶铁炉 Y3 为例来说明冶铁炉的基本结构。

冶铁炉 Y3 为竖炉，开口高于地面，中部外弧，横截面近圆形，残高 3.8 米。冶铁炉主要由炉腹、炉腰、炉门、出铁口、出渣口、鼓风口、前后工作面等组成。冶铁炉残缺部分主要是炉腰以上部位。炉壁用耐火材料垒砌。冶铁炉后壁中部有鼓风口。风道内、外风口均为长方形，竖直高度大于水平宽度。外侧风口内壁抹耐火层，表面平滑，可见白色风干痕迹。内侧风口内缘只剩石砌炉壁，内缘炉壁表面粘有较薄的炉渣，据此推测内壁没有涂抹耐火层，现存风口尺寸与冶炼时相同。炉门位于炉身下部，呈拱形，鼓风口正对炉门。炉门底部有铁水沟槽遗存。炉腹、炉腰有明显的内径变化。从现存炉型曲面走向来看，缺失部分仍有内倾，但角度已经减小。冶铁炉 Y3 的主要特征是水平截面呈圆形，采用单风口，风口位于炉腹部位，倾斜向下鼓风，有明显炉身角，其收口式结构符合常规设计。

炉前工作面供冶铁操作和临时存放生铁产品，炉后残存有一不规则工作面，较为平坦，用来堆放燃料和铁矿，进行燃料和矿料的破碎、筛分等工序，最后将矿料和燃料由后上方装进冶铁炉里。炉壁内侧用较为整齐的石块砌成，十分平整，缝隙平直、细小，外侧用石块围砌，炉内壁黏结大量不规则的坚硬炼渣，炼渣断口有的呈玻璃状，有的呈蜂窝状。炉底部用经过细加工的耐火土填实，形成高炉基础。

冶铁炉最内层是烧流区域，可以看到玻璃态的炉渣、矿石，从炉渣的流动状态可以断定冶铁炉可以较好地实现渣铁分离。这里的冶铁技术均为生铁冶炼技术。冶炼过程中加了白云石做助熔剂以降低炉渣熔点，便于冶炼操作。

石砌竖炉的炉型在竖直截面的变化比夯土竖炉更加丰富，其重要原因是石料的抗剪强度远高于夯土，特别是在高温状态下这一特征尤为重要。使得石砌炉体对炉身角的限制放宽，炉型设计自由度增加。石砌炉体对防止渗漏，避免石块爆裂等建炉工艺要求较高。

在冶铁炉内发现少量已炼出的生铁块，炉内填土层中发现有铁矿石、红烧土、木炭、耐火材料及大量炉渣等遗物。其他出土器物主要有陶器、瓷器、板瓦、钱币等遗物。

冶铁炉遗址地层情况为：第一层为表土层，黄褐色，沙土团粒结构，土质疏松，含草根、红烧土颗粒，现代瓷片等。第二层为辽代文化层，黑褐色，沙土团粒结构，含较多红烧土颗粒，土质稍松，出有炉渣、辽代瓷片、钱币等。二层以下为生土层。

地层关系显示，大庄科矿冶遗址群一、三号炉的始建年代要早于二、四号炉，根据炉型和时代的判断，一、三号炉应为辽代所建，参照了中原的大型、圆形冶铁炉结构。水泉沟二、四号炉以及一号炉改建后的炉型都可视为长方形，炉身收口，采用单风口斜吹。

通过考古调查、勘探已发现生活及作坊遗址3处。目前已发掘清理水泉沟生活及作坊遗址1处，位于冶铁炉遗址东北侧，距冶铁炉约100米，东距怀九河约30米，占地面积约20000平方米。

生活及作坊遗址文化层堆积较为简单。根据土质土色分布情况可划分为两个文化堆积层。第一层为表土层，黄褐色，土质疏松。发掘前地表种植板栗，土层中分布有大量植物根系。第二层为辽代文化层，灰褐色，土质较为松散。包含物主要有白瓷片、灰陶板瓦、冶铁块、炉渣、红烧土等。二层以下为生土层。

出土器物主要有矿石、铁块、炉渣、铁箭镞、铁刀、石碾盘、石碾子等。建筑材料主要有石块、灰陶板瓦、兽面纹瓦当、长条形沟纹砖等。生活用品主要有瓷碗、酱釉罐、陶罐、砚台、铜钱、纺轮等。

房屋由于破坏较为严重，没有一处十分完整的房址，只残存着用石块砌成的部分房基以及部分柱础石等。房屋均为地面起墙的建筑，房址平面形状一般呈方形或长方形。下面以发掘清理的其中一处房址F7为例来说明房屋的基本结构。

该房屋坐北朝南，由院门、院墙、正房、东西厢房组成。院落平面呈长方形，院墙东西长24.3米，南北宽10.6米，墙体残高0.18—0.6米。

院门开在南方，满足房屋冬暖夏凉，光线充足的需求。院子内部踩踏面明显。

房屋基础的构筑方法是平地起建。正房位于院内中部，房屋面宽5.2米，进深4.8米。墙基用石块砌成。房屋上部原覆盖有灰陶板瓦，现已塌落。

房屋南侧设门，门前安放长方形过门石。房屋内有一踩踏面，土质呈灰褐色，含红烧土颗粒及草木灰屑等，土质较为紧密，呈块状，厚约0.1米。正房内西北侧有长3.3米，宽1.5米，残高0.2米的火炕，石板上部用泥土抹平。炕内设三条宽0.2—0.3米，深0.2米东西走向的烟道，上有小块花岗岩石板作为炕面。房址西北角有一排烟口。

房内东南角有一灶，平面呈弧形，灶壁四周有一层烧结面，遭到不同程度破坏。灶内填土呈褐色，含红烧土颗粒，土质结构紧密，底部有草木灰。灶壁用黄土砌成，烧成红褐色。灶门开于灶南偏西处，灶膛西北角与炕内烟道相通。

作坊遗址区发现辽代车辙和道路遗迹。路面上共清理出10条车辙。道路呈南北走向，向南可抵达水泉沟冶炼炉遗址，向北可抵达汉家川冶炼区。道路L1宽15.8米，发掘清理长度19.5米，路土厚0.3米。路土上距地表深0.6—0.9米，路土呈灰黑色，较脏，稍杂，坚硬，含有炭灰等。路土面上有车辙，单辙宽0.25—0.3米，辙沟深0.15—0.19米，两辙中心间距约2.4米。车辙内填土，灰褐色，坚硬，有的底部垫有小石块。

炒钢炉6座，以3号炒钢炉C3为例说明。炒钢炉呈椭圆形，东西约0.55米，南北约0.4米，残高0.1米。炉底留有一层铁渣，底部垫有石块，石块呈红色，外围红烧土范围约1.1米。

二、文物保护与科技考古

在大庄科矿冶遗址群的考古发掘过程中，遵循考古发掘与文物保护并重的原则，制定了文物保护方案，将考古发掘与文物保护放在同等重要的位置。在考古发掘过程中，采取多学科合作的方式，利用现代自然科学技术和方法，对文物遗存进行了测试、分析和鉴定，获得了丰富的考古学信息，为进一步开展大庄科矿冶遗址群的研究提供了新的资料。

在发掘的同时，大庄科矿冶遗址群的文物保护工作同步开展，妥善解决遗址保护的问题，结合北京市沟域经济发展规划，遗址与当地居民的日常生产生活以及与当地社会、经济发展的相关问题，制定文物保护规划，使大庄科矿冶遗址群得到长期有效的保护。通过制定保护规划使大庄科矿冶遗址群的文物价值和社会价值得到实现，保护大庄科矿冶遗址群的真实性和完整性，从而使大庄科矿冶遗址群的文物价值与社会价值得以延续，为大庄科矿冶遗址群下一步的文物保护提供法律依据、工作框架和具体措施，使大庄科矿冶遗址群获得科学、有效的保护和合理的利用。通过多学科共同参与，加强大庄科矿冶遗址群的保护、修缮、加固和管理。通过对相关山形、水系的保护与村庄、环境治理，保护环境的真实性和完整性。结合考古调查、勘探与发掘，揭示大庄科矿冶遗址群的各个层面，进而体现大庄科矿冶遗址群深厚的历史文化积淀。结合大庄科矿冶遗址群的分布特点和遗存性质，结合本体保护，形成有主题、有系统的展示。划定保护范围与建设控制地带，妥善处理周边环境关系。在保护的前提下，探索科学、合理的利用模式，进一步增进公众参与意识，提高文物保护意识，使文物保护工作进入良性循环。

科技考古工作主要开展了炉渣、矿石的科技分析、冶铁炉三维激光扫描、采用计算流体力学方法对炉内气流场进行模拟等冶炼科技研究。

大庄科矿冶遗址群发现的古代冶铁竖炉炉型共有两类：一号炉和三号炉为一种类型，该炉型横截面呈圆形，炉体高大；二号炉和四号炉为另一种类型，该炉型横截面呈长方形，炉体略小。

大庄科矿冶遗址群水泉沟三号冶铁炉保存较好，水平截面接近圆形，单风口炉腹鼓风，炉身内收明显。借助三维激光扫描技术获取了高精度炉型数据。竖炉冶铁追求的是在尽量低能耗的条件下，通过受控的炉料与煤气流的逆向运动，高效地完成还原、造渣、传热及渣铁反应等过程，得到化学成分和温度较为理想的生铁，供下一步工序（铸造、炼钢）使用。设计合理的炉型，配合炉料、鼓风等技术，控制炉内气流合理分布，是竖炉冶铁重要的技术内容。

从炉渣分析看冶炼技术。冶炼技术可通过对矿石、炉渣、炉壁挂渣等冶炼遗物的分析进行综合判定，其中对炉渣的金属颗粒、物相组织和化学成分的科学分析，可较为准确地判定遗址的冶炼技术水平。通过金相组织观察、扫描电子显微镜观察和能谱仪化学成分分析（SEM-EDS），大庄科矿冶遗址群排出渣中残留金属颗粒均为铁颗粒、并多呈圆滴状，炉渣基体为 $FeO\text{-}SiO_2\text{-}CaO$ 系的玻璃相硅酸盐，可判定遗址冶炼技术为生铁冶炼技术。矿石的物相成分分析（XRD）显示水泉沟所用的矿石主要为磁铁矿。化学成分分析显示含铁量在 40%—50%，品位中等偏下。矿石中含大量的镁、硅、钙类脉石，含有少量的锰、钒、钛等。而排出渣中含有大量的镁、钙，其不仅来源于矿石，而且是添加了较多含钙的助熔剂，如白云石等的结果。水泉沟炉渣及金属颗粒中硫含量较低，认为主要使用了木炭作为燃料和还原剂。

为了比较水泉沟四座冶铁炉的冶炼技术水平，在炉壁上直接取得炉壁挂渣样品，对炉渣和炉壁挂渣样品进行主量氧化物的化学成分分析，分别比较不同炉子排出渣和炉壁挂渣的化学成分差异。认为排出渣总体差异不大，但一号炉、三号炉的成分分布范围较四号炉较广，可能说明小型、方形冶铁炉的排出渣成分更为均匀，冶炼过程成分控制较好。而炉壁挂渣则更好地反映了四座炉子之间的差异，认为一号炉成分的分布范围较二、四号炉更广；同时挂渣中铁含量更高，可能说明了小型、方形冶铁炉吃铁量更少、更易控制铁的流失。

水泉沟冶铁遗址古代冶炼技术评析。汉代和唐宋时期是中国古代冶铁技术取得突破性进展的两个重要时期。炉型演变与鼓风技术、砌炉材料以及木炭强度的关系非常密切。根据全国范围的冶铁遗址调查，宋辽时期冶铁炉的筑炉材料、鼓风技术发生了重大改变，衍生出多种炉型。唐宋时期，竖炉冶铁已经使用木扇、风箱等硬质封装鼓风器。此类鼓风器可承受更高气压，也能做得更大；采用水力或多人驱动，产生很高的风压和流量；采用活塞式结构，依靠活塞板往复运动鼓风，机械效率高于皮囊式鼓风器，实现了鼓风性能的大幅提升。这为提高炉体高度，扩大炉容提供了鼓风技术保障。由于木炭材料耐压、耐磨等强度性能有限，炉料自身所能支撑的炉料高度有限。中国古代主要是通过调整炉身曲线，增加炉壁对炉料的支撑力度来解决这一问题。此时期内，较早阶段仍使用夯土竖炉，纵向抗剪强度较低，夯土竖炉炉身角不能太大，炉身曲线变化有限。这种情况在唐宋交接之际发生了重大改变。

大庄科矿冶遗址群位于辽南京附近，历史上是宋辽之间战场前沿地带。大庄科矿冶遗址群既可能是生产兵器等军用产品的场所，也可能是冶铁技术自中原地区向边远地区传播的证据之一。辽灭国以后建立的西辽国，是中国古代生铁技术向西方传播的重要力量之一。对于大庄科矿冶遗址群的综合研究将深化冶铁技术交流与传播的研究。

生铁是中华民族最伟大的发明之一。中国在西周晚期进入铁器时代之初就能够冶炼和使用生铁，并于战国至秦汉时期形成了以生铁冶炼为基础的一整套钢铁冶金技术体系，奠定了中华文明壮大的物质基础。从战国时期开始，中原先进的冶铁技术不断向周边地区传播，成为华夏各民族进步的强大物质基础。据相关史料记载，辽代立国之初就大兴炉冶，从中原掠夺工匠，引进技术，其中冶铁业更是重中之重。

（作者：刘乃涛　北京市文物研究所副研究馆员）

项目名称：明清皇家坛庙文献整理及研究
项目编号：13LSA002
项目负责人：郗志群
项目信誉保证单位：首都师范大学

清宫中祭祀场所及其功能初探

清朝是中国古代最后一个王朝。至清朝时，各项祭祀制度、礼仪都十分完备，统治者也对祭祀特别重视。据《钦定大清通礼》所载："礼有五经，莫重于祭，国家祀典，孔明有大祀，有中祀，有群祀，殊事合敬。"[①]清朝把祭祀分为三个等级：大祀、中祀、群祀，其每一级别的祭祀亦详细收录于《钦定大清会典》《钦定大清通礼》《大清通典》等书中，这为后世的研究提供了方便。

一、清宫祭祀场所概述

清代紫禁城内宫殿众多，其中不少宫殿是专用的祭祀场所，也有些宫殿只是兼有祭祀功能，现仅就已见资料，按其功能分述如下。

（一）佛教祭祀场所

紫禁城内的佛堂数量很多，分布广泛。这些佛堂或是单独存在的独立建筑，多个独立建筑在地域上分布较为相近，则构成一个佛堂区；或是包含在某一建筑内的局部建筑，分布较为分散。宫中共有六组建筑组成六个佛堂区：一是由中正殿及其配殿、香云楼、宝华殿、梵宗楼、雨花阁及其配楼组成的中正殿佛堂区；二是由慈宁宫大佛堂及其东西庑、咸若馆、宝相楼、吉云楼等组成的慈宁宫佛堂区；三是由佛日楼、梵华楼组成的宁寿宫佛堂区；四是由慧曜楼、广生楼、凝辉楼等组成的建福宫花园佛堂区。此外养心殿东西配殿、养心殿西暖阁、养性殿西暖阁、崇敬殿东西暖阁、宁寿宫东西暖阁、颐和轩东暖阁、寿康宫东暖阁、惇本殿东西暖阁等属于局部佛堂建筑。就现有资料，列表整理如下：

① （清）来保：《钦定大清通礼》，见《文津阁四库全书》第二一八册，北京：商务印书馆，2005 年版。

表 1　清宫佛堂概况列表

	祭祀场所名称	方位	形制	主要供奉对象	功能
中正殿佛堂区	中正殿	紫禁城东北角，建福宫花园南面	面阔三间，进深一间，单檐歇山顶，正中南面出一抱厦	无量寿佛	设有专门管理清宫藏传佛教的机构——中正殿念经处，总领宫中佛教事物
	宝华殿	中正殿南部、雨花阁后昭福门内	面阔三间，进深一间，黄琉璃瓦单檐歇山顶，后檐明间出一抱厦，与前檐出厦的中正殿遥相呼应，形成南北对称的格局	释迦牟尼	日常佛事活动主要是喇嘛诵经和设供献等，宝华殿前小广场是举行大型宫廷佛事活动的地方，主要是一年一度的送岁、跳布扎
	雨花阁	紫禁城西北角，建福宫花园南面，内廷外西路春华门内	阁楼式建筑，重檐四角尖顶，中间为塔形宝顶，顶覆鎏金铜瓦，一、二层腰檐铺葺蓝绿两色琉璃瓦，四条屋脊上都有一条巨龙，四龙为黄铜铸造	一层大殿供释迦牟尼佛、无量寿佛，二层供行德品佛共 9 尊，三层供瑜伽品佛共 5 尊，四层供奉无上品佛共 3 尊。此外每层还有诸多唐卡供奉	清宫中最大的一处密宗佛堂
	梵宗楼	雨花阁西北、昭福门内	二层小楼，依墙建造，三开间，卷棚歇山顶	一层供奉红铜文殊菩萨坐像，二层供大威德怖畏金刚像	
慈宁宫佛堂区	慈宁宫大佛堂	慈宁宫后殿	面阔七间，进深三间，黄琉璃瓦歇山顶式	元代干漆夹纻的三世佛、护力法士和十八罗汉像	皇宫内唯一以汉传佛教内容为主的一座佛堂
	咸若馆	慈宁宫花园北部中央，是园中的主体建筑	正殿五间，前面有抱厦三间，四周有围廊，平面呈“凸”字形。正殿为歇山顶，上覆黄琉璃瓦，抱厦为黄琉璃瓦卷棚式顶		清代太后、太妃礼佛场所

续表

	祭祀场所名称	方位	形制	主要供奉对象	功能
慈宁宫佛堂区	宝相楼	慈宁宫花园北部、咸若馆东配楼	分上下两层，面阔七间，卷棚歇山顶式，绿琉璃瓦黄剪边	释迦牟尼立像	清代太后、太妃礼佛场所
	吉云楼	慈宁宫花园北部、咸若馆西配楼	面阔七间，与宝相楼相对	1万多尊五彩描金佛母像	清代太后、太妃礼佛场所
宁寿宫佛堂区	佛日楼	宁寿宫区内最北端	二层小楼，坐北朝南，卷棚歇山顶。一层南面出抱厦，二层三面有廊子	释迦牟尼坐像和两尊银质绿度母立像	皇帝专用佛堂
	梵华楼	佛日楼旁	面阔七间，卷棚歇山顶式，前面出廊	一层供奉释迦牟尼立像，二层供奉宗喀巴坐像。此外还有诸多壁画式唐卡	
建福宫花园佛堂区	慧曜楼	建福宫花园中	共两层，面阔七间，进深一间，紧贴北墙建造	宗喀巴大师金像	

资料来源：参见龙霄飞《北京皇宫御苑的佛寺与佛堂》

（二）道教祭祀场所

1. 钦安殿

钦安殿位于后廷御花园北，神武门内，以墙垣围之，其正门曰天一门。该殿南向，面阔五间，进深三间，重檐盝顶，中置镏金宝顶，覆黄琉璃瓦。于殿内主要供奉玄天上帝，《国朝宫史》记载，“每岁元旦，宫殿监率该处首领太监等于钦安殿、天一门内正中设斗香，恭候皇帝亲诣拈香行礼。其每月朔望，俱设斗香，宫殿监等敬谨拈香行礼。”①

2. 四神祠

四神祠位于御花园西北，北与延晖阁相对。它由一座八角形亭子前接卷

① 转引自章乃炜：《清宫述闻》，北京：北京古籍出版社，1988年版，第296页。

棚歇山顶抱厦组成，周围出廊，八方攒尖黄琉璃瓦顶，上置黄琉璃瓦宝顶。四神祠供四神，四神说法不一，或言青龙、白虎、朱雀、玄武四方之神，或言为主风雨雷电之神。虽供四神却并无神牌，屋内只供奉有安神牌。

3. 天穹宝殿

院中正殿坐北朝南，面阔五间，黄琉璃瓦歇山顶，主要祭祀昊天上帝。

(三)萨满教祭祀场所

1. 坤宁宫

紫禁城内最重要的一处萨满教祭祀场所，祭祀仪式包括常祭、月祭、四季献神、元旦行礼等，下文将做详细介绍。

2. 祭马神室

位于神武门西一处南北正房，迎门北墙设两口大锅，门西位神堂，此处不设神位，仅在祭祀时从坤宁宫奉请神位。满洲以骑射著称，故非常重视马的饲养。每年春秋二季大祭时，要专门为马群繁息祭神。

(四)祭祖场所——奉先殿

清宫内专门祭祀皇家先祖的场所，地位仅次于太庙，凡帝后崩，都会升祔奉先殿以供后人祭拜，下文将做详细介绍。

(五)祭孔场所

1. 传心殿

康熙二十四年(1685 年)后，皇帝举行经筵礼前专门祭祀孔子先贤的场所，下文将详细介绍。

2. 乾清宫弘德殿

乾清宫西侧小殿，南向三间，单檐黄琉璃瓦歇山顶。顺治十四年(1657 年)，以开日讲祭告孔子于弘德殿。康熙十四年(1675 年)举行经筵，以文华殿未落成，于弘德殿设孔子位致祭。

3. 乾清宫周庑

东庑拐角处北为祀孔处，一室，内供奉至圣先师及先贤神位，每岁元旦至此行礼，皇子六龄入学亦到此行礼。

二、清宫重要祭祀场所及仪式

(一)奉先殿

奉先殿始建于顺治十三年(1656 年)，坐落于宫中之左垣，景运门之东。乃是“世祖以太庙时享，孝思未申，命稽往制”而建，于顺治十四年(1657 年)告成。据《清宫述闻》所载：

奉先殿前殿后殿均九间，中为穿堂以联前后，缭以周垣。前殿设列圣列后龙凤神宝座、笾豆案、香帛案、祝案、尊案。后殿同殿异室，各设神龛、宝床、宝椅、榫檖，前设供案、灯檠，均如事生之仪。[①]

凡帝后崩，其牌位都先升祔太庙，待升祔太庙礼成后，便升祔奉先殿。帝后神位升祔奉先殿的礼仪，大致可分为以下几个环节[②]：

(1)前期准备。包括制作神位、陈设前后两殿祭器、安排好乐器和乐舞生等，这些准备工作均由内务府掌仪司承担。

(2)皇帝出宫。掌仪司官员先于后殿恭捧列代祖先神位奉安于前殿的宝座上，待当日皇帝于太庙归来，褪下礼服换上补服，礼部尚书再至乾清宫奏请皇帝出宫。御驾至诚肃门前降舆，太常寺二卿恭导皇帝到神库门外，行盥手礼。

(3)皇帝行礼。一是对即将升祔的帝主后主神位上香行三拜礼，后主大臣[③]于门外随同皇上行礼。随后皇帝恭捧帝主神位于前殿安放，后主大臣亦跪捧后主神位随皇帝同行。安奉完毕行三叩礼，此为皇帝第二次行礼。再而赞引北面跪奏“皇后[④]升祔奉先殿”，后主大臣恭奉后主神位跪下并安放神位于拜位，从殿西门出，由皇帝代已故皇后向列祖列宗行三跪九拜礼，此为皇帝第三次行礼。礼毕，皇帝将后主神位再奉安于宝座上，退至案前行三拜礼，此为皇帝第四次行礼。

(4)行大飨礼。迎神、上香、读祝、奠献、望瞭诸仪均和平时祭飨相同。

(5)皇帝回宫。由赞引恭导皇帝出奉先左门到诚肃门外，起驾回宫，随行官员亦同来时随行。掌仪司官员恭请前殿神位还寝室，并跪拜上香。

清朝定制，若皇后先崩，先奉安其神位与奉先殿夹室中，待升祔太庙礼成后，再升祔奉先殿。而皇后升祔仪与帝后同时升祔不同，皇帝仅于升祔仪前一日亲诣奉先殿祇告，升祔当日，则一般仅由皇子安奉神位，皇帝不再亲自到场行礼。

除升祔仪外，奉先殿日常的祭祀仪式主要分前殿和后殿两种：

(奉先殿)奉列圣列后神位，日献食，月献鲜，朔望朝谒，时节展拜，出入启告。恭遇圣诞忌辰及诸令节庆典，则于后殿上香行礼。恭遇皇太后万寿、皇帝万寿、元旦、冬日至及国有大庆，则奉请神位前殿祭飨。凡上徽号、册立、册封、御经筵、耕耤、谒陵、巡狩、回銮及诸庆典，均祇告于后殿。

前殿祭飨仪主要有以下几个环节[⑤]：

(1)准备工作。祭祀前三日，皇帝与执事官均要斋戒。祭祀前一日，掌仪司呈上祝版[⑥]，置于神库。祭祀当日，内监开启寝室神龛，并陈列祭器供品，

① 章乃炜：《清宫述闻》卷六，北京：北京古籍出版社，1988 年版，第 359 页。

② 整个祭祀仪式参见来保：《钦定大清通礼》卷四。

③ 帝后同时升祔时，主捧皇后神位的官员，多由皇子担任。

④ 在此需加上后主谥号。

⑤ 整个祭祀仪式参见来保：《钦定大清通礼》卷四。

⑥ 祝文随事撰拟。

所陈祭器均与太庙相同；司祝到神库恭奉祝版安放于祝案上；内务府官员入后殿恭奉列圣列后神位从中门入前殿，依次奉安神位于宝座，所有神位均南向。[①]

(2)皇帝出宫。同升祔仪。

(3)行礼献供。皇帝就殿门正中位，司香奉香于各案前。皇帝从太祖高皇帝起，依次到列圣案前上香，礼毕后复位而立，再行三跪九拜礼。皇后神位前亦同样上香。上香完毕后，行三献礼，分别奏敉平之章、敷平之章、绍平之章，司爵亦三次到各神位前献爵。

(5)望燎。三献礼过后，司乐举还宫乐，奏乂平之章，皇帝行三跪九拜礼。音乐停止，典仪奉祝帛送燎司，皇帝转向拜位东旁西向而立，待祝帛送过之后，皇上复位而立，至此礼成。

(6)皇帝还宫。亦同升祔仪。

后殿上香仪与前殿上香仪相同，即皇帝分别到列圣列后神位前行礼。而后殿祗告仪除取消奏乐之外，其他读祝、奠献、望燎、行礼等仪式都与前殿祭飨仪相同。

奉先殿祭奠祖先这一制度乃是清朝沿袭明制而形成的，而较明代有所不同的是，清朝增设了四祖合祭仪一项——自康熙十八年(1679年)始，定奉先殿四祖合祭仪，凡遇元旦、万寿节皆于太庙后殿捧取四祖神牌至奉先殿前殿行礼，仪式与前殿祭飨仪相同。[②] 康熙三十八年(1699年)，康熙帝谕“元旦诸臣俱齐，人众烦扰，请捧神牌往来，朕心殊觉未安”，又使大臣查明明代并无此仪，故停止合祭。

除奉先殿之外，更为人们所熟知的清宫祭祖场所乃是太庙，它们共同构成了清宫祖先祭祀的体系，体现统治者“以孝治天下”的思想。奉先殿“礼仪、祭器一如太庙”，如“奉先殿供奉笾豆案上加红油爵版，太庙笾豆供设于黄案上，嗣后俱请供设黄案上，则一切礼仪周详画一，愈伸仁孝诚敬之忱”。不同的是，其一，供奉对象不同。太庙除供奉天子亲族先祖之外，还配享有许多功臣名将等。奉先殿则因是家庙之祭，只供列圣列后之牌位。其二，所行礼节不同。于奉先殿行礼，“不设牲俎，不行饮福受胙礼，王公不陪祭”，又雍正三年(1725年)，谕礼部“于奉先殿告祭，自行家礼，至于颁谕中外，可不必行”。其三，性质不同，“列圣秋猎木兰，凡亲射之鹿、獐，必驿传至京，荐新于奉先殿。”由此可见，奉先殿礼仪之“精忱密迩”，体现君王对于奉先殿的

---

① 如遇皇后附飨，则皇后附位东位西向。

② 据《钦定大清会典》卷一百五十一载康熙：“但祭太祖、太宗，未经合祭四祖，朕之孝心犹为未尽。嗣后遇元旦、皇太后圣诞日、朕诞辰，恭迎太庙四祖神位，于奉先殿前殿内，与太祖、太宗合祭。……十八年题准。”

重视，而这种重视只为体现对先祖的孝思，是建立在奉先殿家庙性质上的。总之，太庙与奉先殿虽同为先祖之祭拜，但太庙尤显君臣之礼，等级之分，奉先殿则只行家人之礼，显孝思亲情。

(二)坤宁宫

坤宁宫在明代又称中宫，原是皇后所居之地，主要作为皇后的起居室而存在。清朝建立后，根据自身需求，对紫禁城进行了改建，于顺治二年(1645年)重修坤宁宫，顺治十年(1653年)仿沈阳盛京清宁宫再次重修。东二间辟为暖阁，为皇帝大婚之所；中四间为神堂，顺南、西、北三面山墙，建有满洲风格的万字炕，迎门北墙辟为煮肉灶间，内设大铁锅三口；西一间为存贮佛亭之所。另外在坤宁宫门前，近乾清宫后檐处，立有神杆石座一座。

改建之后，坤宁宫成为清宫中萨满教祭祀的重要场所，祭祀活动尤为频繁。

每岁元旦行礼暨正月二日迎神还大内，诹吉展祭。日祭，召王宫、大臣食肉。祭之翌日，还愿，并月祭、日祭、朝祭、夕祭。四孟月献神。春秋二季，堂子立神杆，前期报祭，祭后，仍于坤宁宫大祭。以及十二月二十六日请神进堂子。四月八日堂子浴佛，仍迎神还大内。

由此可知，坤宁宫所进行的祭祀活动根据时间的不同主要分为以下几种：

(1)“元旦行礼”，正月初一日三更时，皇帝皇后率亲王、贝勒、贝子等亲贵大臣于坤宁宫行礼。

(2)“常祭”，每日在坤宁宫举行，故又称为“日祭”，分为朝祭和夕祭，早晚都要煮肉、献牲。

(3)“月祭”，正月初三日及每月初一日进行，祭祀仪式与常祭基本相同。

(4)“四季献神”，即四孟月献神。向神供献白马、牛、金银、缎布等，并不杀牲。

(5)“春秋二季立杆大祭”，每岁春秋二季，先于堂子立神杆祭天，后仍于坤宁宫大祭。大祭前一日需报祭，报祭礼仪与常祭同，只祝辞稍有不同。

(6)“翌日祭天”，春秋二季大祭翌日需卸杆祭天，撒米致祝，也要杀牲受胙，并重新立起神杆。

(7)“浴佛祭”，据吴振棫《养吉斋丛录》载：“四月八日浴佛，由礼部具奏。是日于坤宁宫请佛亭至堂子，将大内所备红蜜及诸王所备之蜜，贮黄瓷浴池内，以净水搅匀，请佛浴池内。浴毕，以新棉垫座安奉亭中，仍请入宫。”

以上所述皆是固定时节皇帝皇后亲诣坤宁宫所行的礼节，规格较高。其所有的祭祀仪式十分烦琐，但各项仪式过程大都重复。我们可以常祭为例，了解坤宁宫萨满教的祭祀过程[①]：

---

① 常祭祭祀过程参见(清)允录：《钦定满洲祭神祭天典礼》，《文津阁四库全书》第二一八册，卷二。

(1)设神位并献供。在大炕上东向悬挂菩萨像和关帝像，并于炕上设两张大低桌，桌上供香碟、净水以及洒糕。

(2)进猪。司香点香，司俎将两头猪抬到坤宁宫门外右边安置，皆北向。

(3)祝祷。司俎共首领太监共十人，均向上盘膝而坐，奏三弦琵琶，并鸣拍板，司俎满洲屈膝跪于地上拊掌。司祝执神刀祝祷：司祝一叩头，司俎等歌鄂啰罗诵神歌，司祝拿着神刀祷祝三次，诵神歌一次。司祝每祝祷一次，司俎就要在旁歌颂神歌三次，司祝共祝祷三次，则司俎共歌颂神歌九次。如此重复完毕，司祝又祝祷三次再以神刀授予司香。

(4)行礼。皇帝入殿内朝祭神位前正中向上而立，皇帝跪听司祝读祝并行礼。礼毕，司祝叩头，大家合掌致敬。行礼时，所有司俎都必须退出门外，只留妇人与太监在内。

(5)撤菩萨神位设关帝神像。司香撤去菩萨、佛神位，移奉于坤宁宫西楹大厅。将关帝神像移至正中，所供净水和香碟也都移至正中。

(6)第二次祝祷，杀猪献牲。杀猪前需献净水，司俎依旧歌诵神歌，司祝祝祷，祝祷完毕后，将净水灌于猪耳内。之后，司俎杀猪，接血、去毛、煮肉、献牲。献牲时，同样需要再献净水。

(7)第二次行礼。皇帝至关帝像前行礼如前仪。

(8)受胙。即将祭肉予大臣们分食。

(9)收神位。将神位收归原处安奉。

夕祭时仪式大致相同，变化有三：一是夕祭时司祝需系闪缎裙束腰铃，二是奏乐也有所变化，将奏三弦琵琶、鸣拍板、附掌和之改为击手鼓，并以鼓和之，三是增加了背灯祭一项。所谓背灯祭，即撤出殿内所有供奉的灯火，连神龛内的火亦用青稠幭掩蔽，阖上宫门，在外击鼓诵神歌，四次向神祈请。

除以上固定时节的祭祀活动之外，还有一种不定时的“求福之祭”，旨在保婴，为婴孩祈福。祭祀前要事先选取吉日。祭祀前数日，司俎向无事故的满洲九家攒取棉线和绸片，并将棉线捻成绳索，绸片缝成绸布。祭祀前一日，再至瀛台砍一株高九尺围径三寸的完整的柳树，届时置于坤宁宫廊下正中处，悬挂净纸和绸布。而后布置朝祭神像，摆放供品。在炕前立一神箭，用练麻和所捻的九家线索系于神箭之上，又以线索为绳，在殿内系于西壁铁环上，穿过殿堂，再系于殿外柳枝上。做好这些准备工作后，皇帝皇后行礼，司祝执神刀祝祷，均如朝祭仪。不同的是，司祝对柳枝举扬神箭祝祷，以练麻拂拭柳枝，再分奉练麻于皇帝、皇后各三次。案上所陈的供品，也均献于柳树。之后将神箭上所系两条线索，分奉皇帝和皇后，再受胙。而柳枝所系的绳索，贮于囊内，仍悬挂于西山墙上，柳枝则送至堂子，待除夕时焚化。[①]

① 求福祭祀仪式参见(清)允禄：《钦定满洲祭神祭天典礼》卷四，第685—686页。

宫廷所祀的萨满教神灵比较复杂，且都保留了满语称呼，其含义甚至已经失传。乾隆朝制定《钦定满洲祭神祭天典礼》时特另大臣们详加考释，近年来一些学者也再次进行了考证，现撷取部分成果，如表2所示：

表2　坤宁宫神灵释义表

类　别	名　称	含　义	偶　像
朝祭神	释迦牟尼佛	佛教神	释迦牟尼佛像
	观世音菩萨	佛教神	观音画像
	关圣帝君	汉族神	关帝画像
夕祭神	穆哩罕(又称穆哩穆哩哈)	马王神(主管牲畜)	挂在架上的偶像
	纳丹岱珲(又称画像神)	七星之祀	七女画像
	蒙古神(又称喀屯诺延)	蒙古外来神	两个绸布偶
	阿珲年锡	一说为农神，一说为满族第三十一位年神	无
	安春阿雅喇	完颜氏先神	无
	恩都哩僧固	刺猬神	无
	纳丹威瑚哩	船神	无
	拜满章京	?	无
	纳尔珲轩初	星神	无
	恩都蒙鄂乐	?	无
求福祭之神	佛立佛多鄂谟锡玛玛	保婴神	装有索绳的口袋

资料来源：姜小莉：《清代满族萨满教研究》，东北师范大学博士学位论文，2008年，第53—54页

坤宁宫是清宫中最为重要的一处萨满教祭祀场所，除宗教功能外，它在清宫生活中还起着其他重要的功能。其功能有一首乾隆御制诗为证，诗曰："受胙遵家法，肆筵合雅诗。春秋钦大祀，上下沐鸿禧。割肉躬为倡，颁糕远莫遗。睦亲兼寓俭，逮众是为慈。于此应吉言，无端亦缱思。述先世后世，勿漫视常辞。"

所谓"遵家法""述先世后世"，体现坤宁宫文化功能，即延续满族传统习俗，传承满族传统文化。在坤宁宫的萨满教祭祀中，仍然坚持用满文祝祷，并保持背灯祭、舞腰铃等传统环节。清代统治者最重本民族文化的传承，如同保持骑射传统一样，坤宁宫的萨满教祭祀也成为传承满族文化的重要途径。而所谓"上下沐鸿禧""睦亲兼寓俭，逮众是为慈"，则体现坤宁宫政治功能，即联系皇族亲情，密切君臣感情。如何使"上下沐鸿禧"呢？就是通过"割肉躬

为倡，颁糕远莫遗”的方式。据章乃炜《清宫述闻》载：

每岁坤宁宫嚟肉三次，枢臣皆与。两宫祭神毕，太后坐北床，皇上坐南床。如太后不御坐，则皇上坐北床。宣派出诸臣鱼贯入，西面行列，上垫跪向太后前一扣，皇上前一叩，分给诸臣肉及咸菜神糕，皆一叩谢。内务府大臣捧奶茶诣两宫御案前进上，诸臣亦同一叩，分给诸臣奶茶酒，皆一叩谢。两宫御食撤案，诸臣起立，在后者先出，以次退。正月初二日一次，王公枢臣及年班到京之蒙藩。二月十日朔各一次，王公枢臣及诸一品大臣礼同。

大内于元旦次日及仲春秋朔行大祭神与坤宁宫，钦派内外藩王、贝勒、辅臣、六部正卿嚟祭神肉。

参与受胙之礼的有内外藩王、贝勒等亲贵，有辅臣、六部正卿、一品大臣等重臣，还有到京之藩蒙，即蒙古贵族，皆是朝堂上举足轻重之人。通过定期与朝臣一同食肉，君臣同乐，上下融洽，增添君臣间的沟通交流，更凸显了君王的恩德。

(三)传心殿

传心殿乃是清康熙二十四年(1685 年)所建，位于文华殿之东。据《清宫述闻》所载：“本仁殿折而东为传心殿，五楹。殿前东西角门二，北向五楹为治牲所，南向三楹为景行门。院东有大庖井，上覆以亭殿，后有祝版房、神厨各三楹，再后为直房三间。”

传心殿既建于文华殿旁，其功能自与文华殿功能相联系。文华殿为清代举行经筵典礼之地，而举行经筵，意在体现君王对于文化的重视。作为配套设施，传心殿乃“中祀皇师、帝师、王师、先圣、先贤”之地，意在表示对先师圣贤的崇敬。

从顺治十四年(1657 年)起，就一直有经筵礼前祭告先师孔子之礼的传统。自康熙二十四年(1685 年)传心殿建成后，传心殿就成为这一专门祭祀的场所。该祭祀任务，本只由大学士或太常寺官员承担，至康熙时定皇帝亲诣行礼，雍正时又定祭礼于经筵礼当日进行。[①] 除经筵礼前需行此祗告仪之外，太子春秋会讲也会先行于传心殿祭告。

传心殿内神位排列如下：“皇师伏羲氏正位南向，皇师神农氏、皇师轩辕氏、帝师陶唐氏、帝师有虞氏、王师夏王禹、王师商王汤、王师周文王、王师周武王左右分序，均南向。先圣周公东位西向，先师孔子西位东向。”

---

① 《大清通典》载：“我朝自顺治十四年举行经筵，礼部疏请皇帝诣宏德殿致祭先师孔子礼。康熙十年举行经筵亦遣官告祭先师孔子。逮传心殿既建，而前期祗告始垂。……每岁御经筵前期，遣大学士一人行祗告礼。(康熙)二十五年定经筵前一日皇帝亲诣传心殿祗告仪，又定每月朔望太常寺堂官一人供酒果上香行礼。雍正四年，定祗告之礼，除袷祭躬耕耤田仍于前一日祗告外，其余祭祀皆于本日祗告。今年二月经筵应照例于本日祗告。”

其祭祀过程主要有以下几个环节[①]：

(1)准备工作。这主要包括两方面的内容，内阁书写祝版和太常寺官员陈设祭器。

(2)皇帝出宫。日出前三刻，司祝到祝版房供奉祝版案置于祝案之上，司拜褥将拜褥布于殿门内正中央。太常寺卿到乾清门奏请皇帝，皇帝着补服乘轿出宫，至文华门前下轿。太常寺卿引导皇帝由中门入殿中，于拜位前向西而立。

(3)皇帝上香。皇帝先至皇师伏羲氏香案前上香，再依次到各神位前上香。上香完毕，皇帝复立，赞引奏拜兴，皇帝行二跪六拜礼。司祝亦至祝案前三叩头，并奉祝版归于香案左边。皇帝跪听司祝读祝，行三拜礼，再行二跪六拜礼。

(4)望燎。各司分别奉祝帛、篚、香由中道出，送燎所。皇帝转立于拜位东向，待祝帛过，再复立。

(5)皇上出宫。皇帝由殿中门出顺中间阶梯而下，至文华殿御经筵进行讲说。经筵礼毕，再乘轿回宫。

传心殿的祭祀功能比较简单，只是单纯作为文华殿经筵礼的配套，对先师圣贤进行祭拜。乾隆亦有诗表达了于传心殿祭祀的心情："布治遵前矩，崇文御讲筵。先期修祀事，亲诣致心虔。礼乐薄殷夏，经纶在简编。执中恒自凛，敢曰断薪传。"举行经筵礼，乃是延续明朝旧制，更是为薪火相传，将知识文化继续传承下去。在传心殿举行祭祀，只为表达对先师的虔诚敬意，体现君王对于文化的尊重和重视。

三、结　语

清宫祭祀场所数量庞大，分布广泛，是清宫生活中十分重要的一部分。按其功能划分，可分为佛教、道教、萨满教、祭祖、祭孔等几类场所。虽然这些祭祀场所五花八门，且分布零星，但也有一定的规律。

第一，从地域方面来说，这些祭祀场所的分布都遵循就近原则，即为满足皇家不同人员祭祀需求，就其方便而分布。在宫外，原本就有类似祭祀功能的祭祀场所存在，而在宫内，仍要重复设立同种类型的祭祀场所，只为满足皇家就近祭祀的需要。譬如，宫外本有太庙祭祖，宫内仍设奉先殿；宫外有堂子进行萨满祭祀，宫内仍有坤宁宫；宫外有孔庙祭孔，宫内仍建传心殿。就佛堂的分布来说，为方便太后、太妃礼佛，则于太后所居的慈宁宫设慈宁宫佛堂区及慈宁花园佛堂区；为方便乾隆帝归隐后礼佛，则于其所居宁寿宫设宁寿宫佛堂区。

第二，从历史发展方面来说，这些祭祀场所所体现的祭祀制度较之前代，

---

① 整个祭祀环节参见来保：《钦定大清通礼》卷十。

既有所继承又有所发展，甚至形成了一些清代特有的祭祀制度和祭祀场所。如奉先殿祭祖制度，乃是明代所制，清朝延续此制，但又在此基础上增加了四祖合祭之礼；举行经筵礼是从宋代始，圣师之祭，则举自明代，而专设传心殿致祭先师孔子则是清代所创，所谓“敬稽展祀之制，增列太学释奠之前，以补杜典志所未有”。至于坤宁宫萨满祭祀，乃因满洲信仰萨满教而增设，故为清代所特有。

第三，从政治方面来说，不同祭祀场所对应不同阶层人员需要，等级分明，有些甚至专人专用，不能混淆。如宁寿宫佛堂仅供皇帝一人专用，慈宁宫佛堂仅供太后太妃所使，而坤宁宫的萨满祭祀，仅帝后及满洲官员能参与，汉官不能涉足。

以上便是笔者对于清宫中祭祀场所的初步研究。通过本文，望读者能对清宫中祭祀场所的分布、建置、祭祀仪式、各场所不同的祭祀功能有所了解，并有所重视，更积极地加强对清宫建筑的保护，让这种建筑文化、祭祀文化得以保留。

参考文献

[1]（清）来保：《钦定大清通礼》，见商务印书馆四库全书出版工作委员会：《文津阁四库全书》第二一八册，北京：商务印书馆，2005年版。

[2]龙霄飞：《北京皇宫御苑的佛寺与佛堂》，北京：华文出版社，2004年版。

[3]章乃炜：《清宫述闻》，北京：北京古籍出版社，1988年版。

[4]孟凡人：《明代宫廷建筑史》，北京：紫禁城出版社，2010年版。

[5]姜小莉：《清代满族萨满教研究》，东北师范大学博士学位论文，2008年。

[6]（清）伊桑阿、王熙：《钦定大清会典（康熙朝）》，北京：第一历史档案馆，2013[2013-03-10]. http：//data. unihan. com. cn/QHDDoc/＃00000，img。

[7]（清）张廷玉、福敏：《世宗憲皇帝实录》，北京：第一历史档案馆，2013[2013-03-10]. http：//data. unihan. com. cn/QSLDoc/＃014531，img。

[8]（清）清高宗：《清朝通典》，见《万有文库》第二辑，北京：商务印书馆，1935年版。

[9]（清）庆桂等：《国朝宫史续编》，北京：北京古籍出版社，1994年版。

[10]（清）吴振棫：《养吉斋丛录》，北京：中华书局，2005年版。

[11]（清）允禄：《钦定满洲祭神祭天典礼》，见商务印书馆四库全书出版工作委员会：《文津阁四库全书》第二一八册，北京：商务印书馆，2005年版。

[12]（清）鄂尔泰：《国朝宫史》，北京：北京古籍出版社，1987年版。

（作者：郗志群　首都师范大学教授
林　赛　首都师范大学研究生）

项目名称：近代北京城市公共空间对城市文化影响研究
项目编号：13LSB011
项目负责人：孙希磊
项目信誉保障单位：北京建筑大学

北京朝阜路空间文化内涵与传承展现研究

朝阜路是北京旧城内最具文化魅力的传统街区之一，以其悠久漫长的历史渊源和丰富多元的文化遗产，成为首都历史风貌骨架的重要部分，是彰显“首都金名片”的重要载体。

根据北京“十二五”规划纲要中提出的“再现朝阜大街美丽景观”的建设目标，为进一步推动旧城风貌的整体保护，深化对朝阜路历史资源的挖掘与整理，凸显人文内涵，传承历史文脉，本文从朝阜路的历史渊源、文化内涵的角度，凝练朝阜路的总体风貌特征；在此基础上，彰显其人文价值，勾勒出“点—面—线”之间内在的文化关联，探讨提升文化功能区的实施路径，为“再现朝阜大街美丽景观”提供实证研究的基础。

一、朝阜路：渊源悠久而文脉深厚

朝阜路，是北京最为悠久的历史古街区。其历史最早可追溯到辽金时期（公元938年—公元1123年），距今已有一千多年的历史。朝阜路中段的北海，其基址就建筑在辽南京城东北郊名曰“瑶屿行宫”的皇家园林。[①] 至金朝，由此改建为帝王的离宫“大宁宫”（太宁宫），后更名为寿宁宫、万宁宫。位于砖塔胡同的万松老人塔、广济寺等，也是朝阜路上辽金时期的建筑遗存。

忽必烈定都北京后，便以万宁宫为中心营建其都城——元大都[②]，并对北海进行大规模的扩建，改名为“万寿山”，将其水域命名为“太液池”。元代奠定了朝阜路的基本格局，至今没有根本性的变化。因此，侯仁之认为“这条最富有历史文化意义的东西贯通的街道（南有长安街、北有平安大街），最初是在元朝兴建大都城时期确定下来的”[③]。

元大都时期最重要的建筑就是妙应寺白塔。该塔建于元朝至元八年（公元

① （清）于敏中等编纂：《日下旧闻考》（一），北京：北京古籍出版社，1985年版，第586页。
② 侯仁之：《北京旧城平面设计的改造》，《文物》，1973年第5期。
③ 侯仁之：《亮出白塔，功德无量》，《北京日报》，1998年10月26日。

1271年），由忽必烈亲自勘查选址，尼泊尔人阿尼哥设计。其人在华40余年，一生共建3座佛塔，一在西藏，二在五台山，三在北京，而今前两座塔已经无存，北京仅存的白塔尤其珍贵。据清人描述道："从墙外竚望，见塔制如幢，色如白银，可供四瞩也。"[①]《天府广记》中则记述了白塔寺更为悠久的历史："辽白塔寺建于辽道宗寿昌二年，塔制如幢，色白如银。至元八年，加铜纲石栏。天顺二年，改名妙应寺。"同时，附近还有青塔寺、黑塔寺，但是，到了清代中叶时"寺存而无塔"。[②]

明清两朝是朝阜路格局最终形成时期。明朝时，将平则门改为阜成门，齐化门改为朝阳门，一直沿用至今。值得一提的是，在明朝史料记载中，朝阜路一线是蕴含在北京古城的"街坊制"的城市规划格局之中的，在《京师五城坊巷衚衕集》中，朝阳门大街属于"思城坊"；而阜成门大街则列为"南—北"两街，分段属于"咸宜坊""鸣玉坊""金城坊""河漕西""朝天宫西"5个街坊所辖。[③] 至清代，朝阜路一线的记载更加充实与丰富，以"朝阳坊"命名的街区亦有记载。《京师坊巷志稿》中对"朝阳门大街""阜成门大街"均有详细记述。如对阜成门大街的历史景物"马市街""历代帝王庙""宏慈广济寺""白塔寺"，朝阳门大街的元代"车市""太庙"、明代之"大慈延福宫"等建筑均有精彩描述。其中，记载元代的童谣中，对白塔寺曾这样评述，颇为生动："塔儿红，北人来作主人翁；塔儿白，南人作主北人客。"从市井文化的一个视角，反映了当时存在的民族矛盾与社会矛盾。[④]

目前，朝阜路上的明代遗址有：历代帝王庙、大高玄殿、景山、故宫、宣仁庙（风神庙）、福佑寺（雨神庙）等古建筑遗址群。

清朝末期至民国年间，朝阜路出现的一个新特点是修建了很多西式教堂建筑和近代建筑，出现了近代城市公共建筑，如图书馆、学校、医院等，既反映京城宗教文化的多样性与包容性。同时，也记录了北京城的巨大变迁。其中，西什库教堂是其典型代表。

在民国之前，由于封建帝制的存在，朝阜路一直处于被皇城隔断的状态，特别是东部地段。那时，从朝阳门到阜成门要绕行到北边的地安门。1912年民国建立后，北洋政府开始了对北京城第一次的大规模城市改造。就朝阜路而言，首先，为了便于交通，拆除了部分皇城墙，使皇城与内城连成一体；同时，改建了沿线道路，如文津街、景山前街、三座门大街、景山东前街、沙滩、汉花园。这样，这条街已经基本可以通行了，成为沟通京城东—西走

① （清）励宗万：《京城古迹考　日下尊闻录》，北京：北京古籍出版社，1981年版，第14页。
② （清）孙承泽：《天府广记》，北京：北京古籍出版社，1984年版，第581页。
③ （明）张爵：《京师五城坊巷衚衕集》，北京：北京古籍出版社，1983年版，第11—12页。
④ （清）朱一新：《京师坊巷志稿》，北京：北京古籍出版社，1983年版，第140页。

向的城市轴线。特别强调的是，进入近代后的朝阜路，突出了一种“新文化、新建筑”的气象。民国时期，这里新增加的建筑基本与文化教育有关，如位于沙滩的五四新文化运动的中心——北京大学红楼、留法勤工俭学运动中心——中法大学；位于文津街的首都第一家公共图书馆——北京图书馆；中国第一个生物科学基地——静生生物调查所；位于阜成门内大街的北京第一家公立医院——“中央医院”（现北京人民医院）等。这些新式建筑的出现，也影响到其街区功能的变化，新的城市风貌形成了，为古老的旧城注入新文化的特征。

1949年新中国成立后，北京城市的格局发生了很大变化。从拓展道路、便于交通的角度，对旧城空间进行了大规模的改造，从传统的街巷—胡同的体系转变为城市干道模式。朝阜路一线也相继拆除了一些重要的历史建筑，如阜成门、西四牌楼、金鳌玉栋牌楼、三座门、东西牌楼等，很多旧城的景观从此消失。新中国成立后的改造建设采取了增建方式，没有完全破坏这条街的风貌，同时增加了新的文化元素。尤其在朝阜路的东端，即美术馆到朝阳门一线，其中，与王府井大街交叉路口处最为突出和明显。20世纪50年代末，首都著名的“十大建筑”中的华侨大厦、中国美术馆屹立于此，成为新中国对外交流与文化展示的中心区；同时，东四人民商场的兴建，使得老隆福寺庙会商业圈焕发出新的生机与活力；加上紧邻的社科院考古所、商务印书馆、首都剧场与北京人民艺术剧院，构成了新中国首都核心圈内的新文化功能区。

综上所述，朝阜路作为北京内城最长的一条文化历史街区，一方面其历史悠久，源远流长，贯穿古今历史，联结中外文化；另一方面，它是一条沟通内城、皇城、宫城之间的重要纽带，犹如一根“历史轴线”，串联起分布其周围的历史古迹与文化遗产，起到“浓缩北京历史，延续城市文脉”的特殊作用。

二、朝阜路的文化内涵透视

朝阜路，是北京旧城内一条横贯东西的著名历史文化街区，作为古都“九纬”的重要干道之一，其全长7.4公里，横穿内城，穿越皇城，绵延伸展，连接起京城的东西两翼，与纵贯南北的中轴线组成了“金十字”骨架。

其蕴含的文化价值，可以从以下三个方面进行概括：

（一）从中国传统城市规划思想与设计理念方面考察，朝阜路不仅体现其精神实质，而且又和城市的主轴线——中轴线形成十字形交叉，构成完美的城市骨架与南北核心

首先，朝阜路本身就是王城干道之一，是北京古城“九经九纬”的重要组成部分。其设计理念，直接源自中国古代都城规划思想，即《周礼·考工记》

中所谓“王城干道”：“匠人营国。方九里，旁三门。国中九经九纬，经涂九轨”。《周礼》规划了帝王都城的道路系统：南北干道三条，东西干道三条，即所谓“经纬”，每条干道又各分“三涂”，故合称“九经九纬”。①

其次，“朝阜路”的特殊意义在于其“中纬干道”，即“王城干道”中的“中纬之道”。它和“中轴线”相互结合起来，形成“中经中纬”骨干大道，二者汇聚在都城的核心区——景山，构筑起北京的文化最高点。其中，“中经”即中轴线，“中纬”即是朝阜路，二者构成“九经九纬”的核心与骨架，对全城的历史风貌起到核心支撑作用。因为，按照《周礼·考工记》所言，“九经九纬”的道路网是环绕城市中心区对称分布的，最重要的干道，只有两条，即“中经中纬”，它是纵一横的轴线，而两轴交汇的中心点就是宫廷区，即紫禁城的位置。所以，从契合中国传统城市伦理精神的角度看，“朝阜路”与“中轴线”的地位是完全相同的，只不过一条纵贯南北，另一条横贯东西。

(二)从城市历史发展脉络方面考察，朝阜路是一条进行历史穿越的“时空隧道”

通过对朝阜路的历史“穿越”，我们可以从三个方面系统回顾城市历史的全貌：首先，从平面的视角看，它能够体验北京古城的整体布局，即“三重环绕”的“回”字形的城市格局；其次，它又能同时感受到北京“棋盘式”的街道、开阔的水域、网格化的道路系统、对称排列有序的胡同、反映大众生活的四合院；再次，从立体的视角看，能够观赏既具有历史价值，又富有艺术价值的建筑文物、寺庙殿堂、名人故居、西式洋房，感受历史沧桑，体会古都风韵。

由于在这条街区的两侧，密布着元、明、清以及近现代类型多元、异彩纷呈的历史文化遗存，因而散发着浓厚的古城风韵。在这条街区的沿线，汇聚着丰富的历史文化资源，积淀着悠久的历史文脉，蕴含着深厚的文化内涵，让人深刻感受到古都文化的凝重深厚与绚丽多姿，是展现北京历史风貌的一道靓丽的风景线，更是彰显城市魅力的一条文化走廊。

(三)从城市文化魅力与展现方面考察，朝阜路是一条多元文化并存、相互包容、相互融合的历史街区

朝阜路总的文化特征有以下三个方面：一是皇家文化与平民文化交相呼应；二是宗教文化流派纷呈，相互映衬；三是近现代新文化运动的曙光。

首先，皇家文化与平民文化交相呼应。“皇家文化区”在朝阜路的文化资源中占据着核心地位。与“中轴线”上的皇宫区是有区别的，更具有特点。它由三个部分组成：一是皇家园林文化区，以北海、团城、中南海、景山为主，

---

① 朱祖希：《营国匠意——古都北京的规划建设及其文化渊源》，北京：中华书局，2007年版，第202页。

这里以开阔的水域著称，体现了中国传统的“风水”文化理念。“天人合一”，是自然山水与宫殿庙宇有机统一的象征。二是皇家祭祀文化区，以历代帝王庙、大玄高殿、福佑寺、万寿兴隆寺等建筑群为主，属于皇家专用的祭祀场所。反映了帝王“敬天法祖”的治国理念以及尊崇儒、释、道的精神信仰，体现了封建王朝的文化信念与价值体系。三是自然神崇拜区，以昭显庙、宣仁庙、凝和庙为代表，颇具皇家文化特色。这些庙宇，一般规模不大，紧邻故宫，属于皇家专用的祭祀道场。祭祀对象一般是雷、云、风、雨等自然现象，反映出历代帝王敬畏自然、祈福平安的文化理念，与中轴线两侧的天坛、地坛、日坛、月坛形成内外呼应的文化形态。

其中，有一点尤其值得研究，即中国传统政治思想中，一直包含着“阳刚”与“阴柔”、“威严”与“怀柔”、“肃穆”与“灵动”这种二元文化元素并存的精神内涵。这种二元文化的有机统一，在北京都市规划与建筑设计中表现较为充分。在建筑中清晰地反映出此文化特点：一方面是高大威武的宫殿、官署，以体现封建王权的至高无上；另一方面是庄严肃穆的庙宇、道场，通过祭祀、朝拜等宗教活动，寄托精神，祈祷风调雨顺、天下安宁、五谷丰登。这一硬一软，恰好反映了其统治的全部内容。前者，即掌控政权，这些仅是达到统治目的的一个手段，还需要有另一种手段的配合，才能实现其长治久安的最终目标；而后者，即精神资源的控制，就要依靠文化的力量，要依靠礼仪祭祀、敬天法祖的配合，以达到思想与文化的垄断。也正是因为这个目的，才必须从城市规划中，尤其是帝王之都的空间布局与城市设计中，很明确地体现出来，以实现“君临天下，驾驭四方，天人合一，万物一统”的理想。

平民文化区则体现在朝阜路两侧的胡同、四合院中，它们占据内城的两翼，与居中的皇城形成“三足鼎立”的状态。东岳庙、隆福寺、护国寺三大民间庙会，展现出市井文化的特色；另外，东四、西四牌楼周围，形成繁华的商业区，“三大庙会”“二大牌楼”，都聚集在朝阜路沿线，构成内城的一道民间文化风景线。与威严的皇城文化相对比，亦雅亦俗，雅俗共赏；一张一弛，肃穆与宽松，形成鲜明的反差，极具视觉冲击力。

其次，宗教文化流派纷呈，相互映衬。从建筑文物的类型看，样式与风格多样，既有中国式的寺庙建筑(广济寺)，也有尼泊尔工匠建造的藏式庙塔(妙应寺白塔)，还有西方的哥特式教堂建筑(天主教“北堂”，即西什库教堂)，还有伊斯兰教风格的清真寺。从宗教流派看，这里云集了众多教派，呈现出“百家争鸣”的特点，反映了宗教之间的相互渗透与包容。这里既有汉传佛教，又有藏传佛教，既有道场，也有西方的上帝，甚至还有祭祀自然神灵的皇家小庙。各宗教信徒彼此平等相处，反映了北京文化的博大与宽容。

再次，近现代新文化运动的曙光。其标志是“科学”“民主”精神的弘扬。这里以北大红楼为中心的近代建筑群为主，形成一片特色鲜明的京城文化区，包括建于1918年的北大红楼、北大地质学馆、北大女生宿舍、李石曾创办的“中法大学”旧址、中国地质调查所旧址等一批优秀近现代建筑。它们不仅具有文物价值，更凝聚着人文精神，反映着北京城的变迁，记载着时代留下的印记。这里，是中国近现代新文化启蒙运动的发祥地，也是五四救亡爱国运动的摇篮；这里，还孕育了近代科学技术的曙光，中国现代大学的鼻祖——北京大学就诞生在这里，培养了一大批时代的伟人和精英人物。

这里的人文氛围浓郁，与下面这些时代巨人的名字紧密联系：蔡元培、陈独秀、李大钊、胡适、鲁迅、毛泽东、梁漱溟、钱玄同……每一处都留下他们的脚步。稍往北去，又是近代教育的一处印记：中法大学旧址、中国地质调研所旧址、北大地质学馆；往南的北河沿，是北大法科教学楼，更是五四运动的发祥地。“外争国权，内惩国贼”的口号至今激励着后人的爱国主义情怀，值得永远珍惜。

三、展现朝阜路重要城市节点的建议与思路

所谓“城市节点”，是指城市空间结构及其要素之间的连接点。表现为人文视域下“城市意象”的汇聚点、浓缩点，是勾勒一个城市整体印象的“点睛之笔”；同时，也是加强城市保护，寄托乡思，承载记忆的重要渠道。其要素包括：道路、区域、边缘、节点、标志。

从欧洲城市的起源以及风貌特征看，“城市广场”是构成空间体系的主要节点。而中国城市则与之形成不同的路径特征。

中国古代的都城，走的是自己独特的发展道路，形成了特殊的城市空间模式。首先，从城市空间布局看，是以皇宫为城市中心点，依次环绕官府衙署、宫廷机构以及民居、商肆、庙宇等建筑群，构建整个城市全貌。其次，从道路系统与路网结构看，中国是以棋盘式、网格状的道路系统构成一座城市的空间结构。因此，中国传统城市的节点以干道或轴线为形式，以线带点，以点连片，形成一个城市的不同功能区，承担起汇聚资源、彰显特色的功能。因此，在线周围，往往汇集了城市的标志性景观建筑，起到对城市整体风貌的烘托作用。因此，中国都市的格局是以中心点，即皇宫衙署为基点，以网格线，即棋盘式道路为轴线，支撑起城市交通路网；功能区，即宫殿、庙宇、商肆、住宅为城市区域，构建起城市空间结构。

就朝阜路而言，我们提出城市节点的恢复与保护思路时，主要考虑以下几点：一是“汇聚线”，这条线历史底蕴深厚，而且周围文化遗址云集、风景园林优美。二是“连接线”，它是连接内城、皇城、宫城的一条极重要的“中纬干道”，是体现中国古代都城规划思想的物质载体。历经几百年的变迁，至今仍然发挥着巨大的作用。三是要结合旧城25片历史文化保护区中的相关部分。四是结合北京古城整体风貌保护的实际。

构建城市节点的另一重要意义，在于通过强化“城市意象”，形成特色鲜明的城市亮点。

美国建筑学家凯文·林奇的“城市意象”(the image of the city)理论认为，每一座城市对市民来说都具有“可意象性”(image-ability)，城市空间的“意象”由通道、边沿、区域、节点和地标五种元素构成。① 而朝阜路所蕴含的历史价值、文化内涵，可以通过这一思路，进一步扩大其传播路径，扩展其影响范围。

朝阜路节点设计的思路是：二城、七片、四节点。

(1)所谓“二城”，是指城市节点要连接起内城与皇城两个部分，二者起到相互呼应的效果。

(2)所谓“七片”，是指城市节点与七片历史文化保护区的关联性、连接性，所提出的城市节点都在这个大范围内。

这七片区域包括：西华门大街、文津街、五四大街、阜成门内大街、西四北一条至八条、东四北三条至八条、皇城。

(3)所谓“四节点”：其一，是指在内城的东、西两翼，分别以东四十字路口、西四十字路口为中心，形成两个城市景观节点，恢复老北京东、西四牌楼的城市风貌；一处在东四十字路口，以东是广济寺、白塔寺，以西是大片的西四传统民居、胡同保护区，又有近代建筑中央医院旧址(人民医院老楼)。另一处在东四十字街口，以东是著名的隆福寺庙会，以南有东四清真寺，以西是朝内大街，有孚王府，保存较为完好。其二，是在皇城与内城的结合部，以皇城保护区为中心，设计另两个城市节点：一处在西黄城根街与西安门大街交汇处的十字街口，南有礼王府，北有西什库教堂，与文津街相连，还有北京“水准原点旧址”，这里也是进入皇城的开始。另一处在五四大街与沙滩北街的交叉路口，紧邻皇城根遗址公园，西面是北大红楼，东面是中法大学旧址、中国美术馆，连接近现代历史风貌。

综上所述，朝阜路沿线保护与发展的思路是：以“一轴一线”为总体骨架，以历史文化为主脉，通过文化资源的挖掘与整理，传承文化；通过文化资源的利用，带动文化产业，以推动街区发展；突出历史文化保护区的空间辐射功能，以点带面，以面成线。最终，形成一条时空穿越、文化交汇的城市魅力廊道。

(作者：孙希磊　北京建筑大学教授)

---

① [美]凯文·林奇著，项秉仁译：《城市的意象》，北京：中国建筑工业出版社，1990 年版，第 41—44 页。

城市学学科

C H E N G S H I X U E X U E K E

项目名称：北京城市景观文化生态发展研究
项目编号：12CSB003
项目负责人：黄　艳
项目信誉保证单位：清华大学

可持续公园
——城市公园的生态与社会服务功能

过去，人们对城市的印象是压力大、拥挤、紧张、空气污染和不于利健康，而公园则恰恰相反，是城市生活的一剂解药或调味品——在公园中人们能够获得开阔的空间、新鲜的空气、精神的放松、自然的景观等。一切都似乎是自然田园的景象。相关的公园研究也多是基于自然学科的生态价值、景观格局、植物恢复等。有学者指出：公园研究"一般借鉴自然科学方法，侧重探讨应急避难、空间可达性、规划设计等"。[①] 然而，《公园设计的原则：美国城市公园的历史》(*The Politics of Park Design*：*A History of Urban Parks in America*)一书以时间为顺序，总结了相继出现的四种类型的城市公园，却发现每一种类型都对应的是社会问题，而不是生态问题，这确实有些令人匪夷所思。实际上，这些传统的城市公园都对社会问题做出了反应，并且表达了关于自然的各种理念，虽然它们很少关注实际的生态适应性。

如今，生态问题已经成为我们最大的社会问题之一，与这个事实相对应的，是出现于 20 世纪 90 年代后期的、一种聚焦于以社会学的途径去解决生态问题的新型公园——可持续公园。毫无疑问，可持续发展的城市应该以富有智慧和社会和谐为目标，那么在这个框架下我们要问，公园能够为促进城市的生态平衡及可持续发展做出怎样的贡献？可持续公园的贡献可以总结为以下三条："1. 公园从物质和维护的角度具有独立自主性；2. 解决了公园边界以外的更大的都市问题；3. 提供了关于美学、公园和都市景观管理的新标准。它涉及公园设计、景观建筑实践、市民参与及生态教育等方面，这不仅意味着关注自然资源的自给自足，而且从这种关注发展出新的景观形式和审

---

① 陶晓丽等：《城市公园的类型划分及其与功能的关系分析——以北京城市公园为例》，《地理研究》，2013 年第 10 期，第 1966 页。

美观。”①

一、公园服务目标与公园类型

对城市公园进行分类的目的之一是为了指导将来的公园设计，为公园项目的定位提供依据，并进而指导具体的规划和设计细节，在政策层面提供建议等。

同样，过去关于城市公园的分类，更多的也是关于社会问题而不是生态可持续性，比如《美国城市公园的历史》一书从社会学的角度定义了相继出现的四种类型的城市公园——游乐场（1850—1900 年）、改良公园（1900—1930 年）、休憩设施（1930—1965 年）和开放空间系统（1965— ），每一种类型对应的都是社会问题，而不是生态问题。这种分类法既包括了那些公园所服务的、多变的社会目标，也包括相应的设计形式的变化。每一种类型是为应对当时不同的社会压力，就如纽约城市公园部（New York City's Park Department）所列举的所有公园服务目标一样：减少社会冲突、巩固家庭单元、促使移民融入美国生活方式、阻断疾病的蔓延以及市民教育，等等。

然而，在分析了中美期刊上发表的在物理形式、社会程序、开发倡导者、建设目标和实际的受益者以及公众娱乐等方面的对 70 多个公园研究，我们可以发现可持续公园具有不同于这四种公园的特征。实际上，每一种类型公园之间的界限常常不是那么清晰，某个公园可能具有多种类型的特征，因此可以将每个公园归为其中的一类或不止一类。这样的分类法，更多的是体现了关于城市公园建设理念而不是形式的发展，而且这种发展是基于解决不断出现的新的社会矛盾。进行这样的分类和对比，是为了便于可持续发展公园能够在历史的脉络中被理解（见表 1）。

表 1　每种城市公园类型的相关要素

类型 项目	休憩场 （1850—1900 年）	改良公园 （1900—1930 年）	休闲设施 （1930—1965 年）	开放空间系统 （1965— ）	可持续公园 （1990— ）
社会目标	公共健康、社会改良	社会改良、儿童玩乐、同化作用	娱乐服务	公众参与、城市复兴、防止暴乱	人类健康、生态健康
活动	散步、骑自行车、划船、音乐会、社会教育	有监护的玩乐、体操、手工、跳舞、演出和盛装游行	积极的消遣、篮球、网球、团队运动、游泳、观赏运动	心灵放松、自由玩耍、流行音乐、公共艺术	散步、远足、自行车、积极或消极的娱乐、观赏、公众教育、管理

① Cranz, Galen and Boland, Michael, Defining the Sustainable Park: A Fifth Model for Urban Parks, *Landscape Journal*, 2004, p. 102.

续表

项目＼类型	休憩场（1850—1900 年）	改良公园（1900—1930 年）	休闲设施（1930—1965 年）	开放空间系统（1965— ）	可持续公园（1990— ）
规模	很大（400 公顷＋）	小、街区	小型或中型，有一定的模式	各种、多数是小型的，地点不固定	不等、重点在廊道
形式	曲线	直线	直线	曲线或直线	发展的审美形式
元素	林地和草地、曲折的步行道、大面积平静的水体、乡野的结构、有限的花卉展示	沙坑、操场、直线的通道、游泳池	柏油或草坪玩乐区、直线的通道、标准娱乐设施	树木、草、灌木、曲线或直线步行道、水景或水元素、自由形式的玩乐设施	当地植物、可渗透的表面、生态修复绿色基础设施、自给自足的资源
与城市的关系	与城市模式相对比	可接受城市模式	郊区	形成网络、认为城市是艺术	艺术自然连续性、大都市系统的一部分、其他的模式
受益者	所有的城市居民（理论上）、中高阶层（实际上）	儿童、移民、工薪阶层	郊区家庭	居民、工人、低收入城市年轻人、中产阶级	居民、野生动植物、城市、整个地球
倡导者	健康革新者、房地产开发者	社会革新者、社会工作者、娱乐工作者	政治家、官员、规划师	政治家、环境主义者、艺术家、设计师	环境主义者、当地社区、志愿者、景观建筑师

以上的总结对比显示了可持续公园模型非常独特，完全不同于其他的几种。实际上，每种类型公园的界限常常不仅不是如此清晰，甚至我们很难对其进行归类。而且，它们无论从形式、活动内容、使用者等各方面来看，都可能具有重叠的地方。而新建的公园，比如说美国 1990 年后发表的文章中提及的公园，86％都具有可持续性的特征。这个变化是发生在 1965 年开放空间理念产生的 25 年后。我们观察到从 1998—2014 年，休憩场的数量急剧减少，而开放空间和可持续公园的数量却增加了（见表 2）。

表 2　1982—2014 年中美主要景观建筑期刊中涉及的公园类型

类型＼时间	1982—1990 年	1991—2002 年	2003—2014 年	共　计
休憩场	12(24%)	12(16%)	9(14%)	33(17%)
改良公园	0(0%)	3(4%)	4(5%)	7(3%)
休闲设施	12(24%)	0(0%)	2(2%)	14(7%)
开放空间系统	23(45%)	34(46%)	25(35%)	82(42%)
可持续公园	4(8%)	25(34%)	32(44%)	61(31%)
共　计	51(100%)	74(100%)	72(100%)	197(100%)

二、城市公园发展的趋势——可持续公园

我们不能够仅从外观来判断一个公园是否属于可持续公园，因为可持续发展公园的生态的功能不能很快从物质形式上体现出来，而是要从其运行、管理机制、物质材料的处理手段等隐性方面体现出来。

一个通常引用的关于可持续性的定义，是“满足当前的需求，而不会损害下一代满足他们自己需求的能力。在一代和不同代之间，强调可持续性与公正相关”①。“可持续公园这些新特征包括当地植物的使用，河流或其他自然系统的恢复，野生动物栖息地、适当的技术或基础设施的整合、循环使用以及可持续的构造物和保养程序等。”②

这种定义虽然突出强调了公园的生态价值，但我们知道还应包括社会价值。毕竟，可持续性根本上是一个社会的概念而不是技术的或生物的概念，人类要为今天的生态危机负责。

虽然从外观看，我们难以确定这些公园是否成功地建立了减少资源使用，并自我维持和创造健康的生态系统，我们甚至不能区分哪些是唤起生态象征主义的公园和哪些是实际上恢复了功能生态系统的公园。但是纵观历史，对于可持续性和生态学赋予哲学和人文的意义，对于城市公园来说已经是一个令人瞩目的改变了。

因此，可持续公园也不完全等同于我们常说的生态公园，包括森林公园和郊野公园等，它们“一般具有较大规模面积，有良好的植被，景色秀丽，环境优美，空气质量良好，能够满足市民回归自然和郊游等户外活动需求。生态公园是城市系统中最完整地保留地域性原生自然环境的区域，具有多样性、

---

① Thompson. Ian, The ethics of sustainability. In *Landscape and Sustainabilily*, edited by John Benson and Maggie Roe, London and New York: Spon Press, 2000, pp. 12-32.

② Cranz, Galen and Boland, Michael. Defining the Sustainable Park: A Fifth Model for Urban Parks, *Landscape Journal*, by the Board of Regents of the University of Wisconsin System, 2004, p. 108.

系统性，是对局地微气候改善作用最为突出地区域，有助于改善城市系统生态失衡的问题，缓解城市热岛效应”①。

实际上，作为大城市一部分的可持续公园，它有助于解决公园边界以外的城市问题。过去人们往往将像纽约中央公园这样的休憩场设想成都市生活的一剂解药，解决包括糟糕的空气质量、缺乏阳光，没机会体育锻炼，以及其他伴随着封闭的城市生活的一系列问题。但可持续公园的目标远远超过了这些，它是将生态与生活、形式美学与解决问题等作为一个整体来加以发展的，可持续公园就是在这样的历史前提下出现的。

三、可持续公园边界的内外——再生策略

我们将再生策略定义为提高资源的自给自足和物质的自我循环，包括可持续的设计、建设和管理，植物选择、施肥，水体保持与收集，等等。首先，从物质资源来说，可持续发展公园努力达到自给自足；其次，与其周边城市肌理相结合，它能够在解决其边界以外的问题当中承担重要的角色；第三，为公园和其他城市景观创造了新的审美形式。

(一)自给自足的来源

过去的城市公园类型不是自给自足的，而是需要外界提供大量能量、肥料、植物材料、劳动力和水，同时还会制造噪声、附加的农药、废水、草屑和垃圾——所有这些从场地运出都花费大量人力物力，造成了负面影响。沉重的保养和运行资金负担，使得大量城市公园都面临着难以长期维持的问题。例如纽约的中央公园。奥姆斯特德(Olmsted)虽然寻求创造一种自然主义的景观——在美学的层面上模仿自然，但在物种的组合和生态功能上却并非如此。“在接下来的世纪，中央公园逐渐陷入失修的境地，成了预算降低的受害者，呈现出使用过度、自然寿命减少、不可再生的景观。从维护的角度来看，后果之一就是遭受了入侵物种的蔓延——比如挪威枫树和日本节草、苏格兰金雀花和水生风信子，人工种植的森林成为最早被废弃的景观。”②这种仅仅出于美学效果的设计，以及对维护资金的大量需求常常造成公园维修不及时，而失修的公园进一步被公众所抛弃，从而在使用和资金方面造成恶性循环。

同样的情况在我国也时有发生，在传统公园中的部分植被，特别是下层的地被植物、多年生植物和草坪，都出现了严重退化、物种单一、缺乏趣味等状况。例如上海解放公园，起初是作为苗圃建设的，没有底层植被的保护，加上排水基础设施的陈旧，地表裸土降水漫排逐渐导致了水土流失和水质退化等连带问题。

---

① 陶晓丽等：《城市公园的类型划分及其与功能的关系分析——以北京城市公园为例》，《地理研究》，2013年第10期，第1967页。

② Defining the Sustainable Park: A Fifth Model for Urban Parks, *Landscape Journal*, by the Board of Regents of the University of Wisconsin System, 2004, p. 112.

可持续公园在内部物质和能量的循环方面不同于其他类型的都市公园，它利用一系列多样的策略来减少对资源的需求，并提升自给自足的能力。这些策略交织在公园设计、建设和管理的方方面面，并有效地减少资源使用和维护。

例如，可持续公园中建筑物的选址和设计都力图将建筑物及使用中的能耗降到最低：建筑物面向太阳；依赖自然采光和通风系统；游泳池使用最新的无毒清洁系统；使用循环或耗能低的建筑材料。材料专家对材料进行评估，比如从长期看，金属、塑料、竹子、木材、多孔混凝土、沥青等在各种环境下，对环境的损耗最低——这就是材料的生态功能的含义之一。当然多数项目实践只是着重在某个方面，例如加利福尼亚州 Santa Rosa 的春泉公园游客中心(The Spring Lake Park)，力图将建造和运行的费用都降到最低——简单的金字塔形构造小心地插入布满树林的场地，只移走了 3 棵树；金字塔的形式便于构造，也使得太阳能板的功效达到最大；结构的一部分埋在地下以减少其视觉冲击力并提高能源效应；建筑物以太阳能取暖，利用简单和自然的系统来通风降温，只有在冬天最冷的几天才需要烧壁炉取暖，等等。

(二)公园以外——与基础设施的结合

长期以来，我国城市基础设施建设给公园带来的更多是限制，尤其是近年来高压走廊、地铁、高架桥、轻轨等基础设施的迅速发展，都给城市公园带来限制性或不利因素。如上海人民公园因地铁建设，局部有大面积的地下建筑和地上的通风设施，这一地块的恢复改造就受到很大的限制。

将城市基础设施与公园相结合，并不是新鲜的概念，比如通过其中的园路提供自由穿行的路线，从而在城市交通中起到关键性的作用。波士顿的 Boston's Emerald Necklace 就是由道路、停车场共同组成的网络系统，形成了独特的城市肌理延伸的模式。同时，它还是一个精密的雨水蓄积系统，用以解决城市化带来的水质和排水等问题(见图 1)。但是，Boston's Emerald Necklace 只是一个特例而不是规则，在许多案例中，公园只是基础设施穿过的一个容器，公园景观很少以本身作为大都市基础设施系统的一个组成部分来发挥作用。

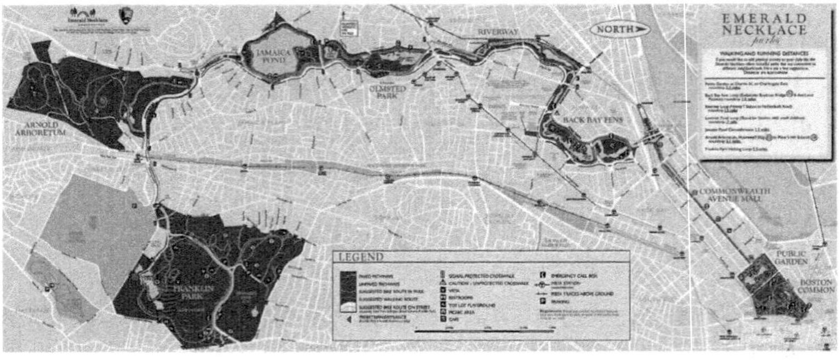

图 1　波士顿 Boston's Emerald Necklace 贯穿了城市的很大一部分

可持续公园改变了这种状况，通过利用公共场地来处理城市废水和雨水，提出了使废水处理基础设施与公园结合的途径。这种策略还有一个好处，就是创造野生动物栖息地、娱乐和景观装置。有些是利用河流系统来处理都市废水和雨水，例如俄勒冈州希尔斯博罗市(Hillsboro)的杰克逊底公园(Jackson Bottom Park)就是利用现有的滨水系统和池塘系统来处理雨水、污水和其他城市排泄物。

(三)生态恢复

经历了一个世纪的快速工业化和去工业化，许多城市在其市区内留下了大量废弃地，包括以前的军事基地、工业废址、垃圾填埋场和废弃过时的交通设施系统等。这些地方的土壤常常被重金属、铅涂料、石油产品、杀虫剂和其他有毒物质严重污染，或者有土壤疏松不稳固的问题，这种情况使得这些地方不适合建新的建筑物。虽然它们常常是都市内部环境最落后的地方，但却为新公园提供了绝佳的机会。从这个角度看，建造公园本身成了土地恢复的一种方式。

下面几个可持续公园以独特的方式解决了土地生态恢复的问题。位于科罗拉多州丹佛郊外的 Mel Chin's 生物治理艺术项目创造了一种科学的理念——通过使用植物来提取土壤中的重金属，同时也设立了一个公园景观的典范。在加利福尼亚州比克斯比公园(Bixby Park)中，设计师乔治·哈格里夫斯(George Hargreaves)利用生态和技术手段的结合，来恢复以前的垃圾场，采用当地草本植物来覆盖具有雕塑感的地形。“沼泽地中的土坝控制了侵蚀：通过组织水流而为本地植物物种创造了微环境。虽然工业文化的碎片和沼气提取装置及其他基础设施使人们认识到废弃的垃圾场还可见，但它作为解释性的和记忆被保留了”[①]。他在佛罗里达的 Dyer Landfill 中更进一步，在一个原先的垃圾场上建了一个湿地。本地柏树、槲树、沼泽松和美洲蒲葵在同样的高度种植，人们可以在附近的自然景观中发现它们。按照建筑师的想法，本地蔬菜已经开始自动繁殖，许多野生动物物种(朱鹭、浣熊、犰狳和短吻鳄)开始使用这个地方了。

而循环使用的一个有力例子是旧金山的 Crissy Field，设计师试图在对现代娱乐活动的需求和生态重建中，平衡自然与人类历史。他在建造一个潮沼时，把被移走的 176000 立方米的泥土用于建造有历史影响的机场和新的团体野餐营地，而不是简单地倾倒在远离场地的地方或港湾(见图 2)。具体内容包括修复独特而具有生态价值的盐沼泽和沙丘栖息地；步道与航行设施相混合；0.11 平方千米修复的机场被用于公共活动和娱乐；15000 吨从海滩移出的砾

---

① Rainey, Ruben. Environmental ethics and park design: A case study of Bixby Park. *Journal of Garden History*, 1994(3), pp. 171－178.

石被用在地面或塑造景观特征中；超过 0.18 平方千米沥青被移走、压碎，用在通道和停车场的下面，成为路的基层或结构填充物，等等。

图 2　旧金山金门大桥附近的 Crissy Field 现在成了露营的好去处

四、可持续公园的文化社会活力——完整大都市系统的一个部分

可持续公园同样致力于处理都市中的社会和文化问题，这些问题包括健康发展、情感与社会和谐、美学表达的新模型等。当然问题不仅仅局限于这些，这只是我们最常遇到并进行总结的。

（一）健康

健康是可持续公园关注的焦点。运用公园来教育和维护公共卫生是个古老理念——以草药为主的花园见于古代中国、埃及、希腊和罗马地区。在西方国家，将城市公园作为社区总体健康指标的一部分已经深深地嵌入国家文化了。实际上所有类型的城市公园都在提升居民健康方面做出了不同程度的努力。

可持续公园在身体和精神两方面提升人们的健康，甚至比传统公园做得更直接。例如，德国博特罗普(Bottrop)附近 10 公顷的健康公园就是特别为附近医院的病人而建造的。它们与社区公园相结合，目的是促进住院病人的康复，支持社区自我救助团体，并且协助重症病人的术后调养。而公园内人们活动的内容也相应变化，甚至可提供某些课程，如瑜伽、太极、冥想等，都是力图使公园更加广泛而深入地介入到城市生活之中。

（二）情感与社会和谐

都市疏离、与自然隔绝是人们对城市生活普遍担忧的问题，许多人担心城市居民已经疏离了自然和自然进程，缺乏了解自然的机会，甚至进而造成人与人之间情感的疏离。而“可持续公园声称要寻求提升社会和谐，提倡市民更广泛地参与到都市公园的管理中，而都市农场能激发归属感和社区感。

……在都市环境中对生态进程的了解和接触加深，能够提升一个人与地域环境的联系。可持续公园通过提供新的媒介来指导公众在公园概念、创造和管理的参与，加强了市民之间的联系以及市民与土地直接的联系”[①]。（见图 3）

图 3　位于第六大道的 Bryant Park 是纽约独特都市生活的代表，经常成为影视作品的外景地

（三）美学表达的新模型

可持续公园也创造了新的美学表达模型。公园本身的形式及其与城市的关系、它的设计风格和管理实践，都更加朝着生态的方向发展，从而产生了一种进化的审美观、一种与城市的新型空间关系、一种对设计师来说新的角色。这种新类型可以作为城市景观或私人花园，并且进而成为城市本身的模型。

因此真正的可持续公园不仅必须超越关于景观风格固定的、静止的形象的传统观念，而且包含变化的因素——一种动态变化的审美观。这种审美观使得自然景观对人和建筑物来说是补充，而不是隐藏。许多艺术家和景观建筑师创造了能诉说生态进程的景观。例如，材料的简单变化；抗旱的、低维护的本土物种；为了土壤改良的可循环垃圾；木屑铺筑的路径和树池；可回收的塑料做长椅；低维护、本地的、或可再生的材料；等等。设计师控制植物和地形时，不是把它们当作静止的材料，而是作为动态的生态系统副产品的景观。按照恢复生态学的指示，塑造了多样的植物群落，强调了植物的装饰和生态价值，这一步超越了仅仅用当地物种来替换装饰性的外来植物。这种管理植物的方式不仅带来了结构上的革新性变化和物种的多样性，而且已经成为种植和公园景观管理的必要方式。

---

① Kranck, Karen, Lynda Schneekloth. Ordering *Space*: *Types in Architecture and Design*. New York: Van Nostrand Reinhold, 1994.

另一方面，也有艺术家希望主要从现实主义出发来探索公园中的生态理念。加拿大多伦多市中心的 The Village of Yorkville Park 是一个市中心广场，由 17 个部分组成，每个部分包含的植物都是来自当地不同的植物群落。通过展示当地植物群落与当地生态，这个公园将地方性景观的意象带进多伦多市中心，创造了它们潜在的形态学、气候学的进程——它们是被高度控制的、非常清晰精确的关于生态进程的标志或表现。虽然对于景观如何与生态进程相配合来说，它也许并不是完美的模式，但它唤起了景观应包含生态美学最原始的冲动，并建议在城市环境中，艺术能够在生态进程的大众教育中起作用（见图 4）。

图 4　加拿大多伦多 The Village of Yorkville Park 岩石从地下裸露出来，挑战了人们的审美习惯

而且，出乎多数人意外的是，规则的设计在为生态目标服务方面同样具有潜力。对于某些动物和植物来说，规则的花园也许比英国田园式花园更适合生存，因为在规则的花园中，人被严格地限制在步道的范围内，而鸟类可以在安全篱笆内筑巢和繁殖，因为规则的边缘给鸟类安全感（见图 5）。

图 5　Parc de Sceaux 公园规则的树篱是鸟类栖息和繁衍的安全处所

五、结　语

总之，可持续公园意味着开放的系统，提倡公园与城市之间、公园与其周边环境之间的空间关系应该是多样化的。从外表来看，它可以是自然的也可以是人工的；它不是被设想成与城市生活相对比的解药(实际上，将公园看作是与城市分离的自然场所，这种观念在真正的可持续城市公园中已经被废弃了)，而是基于开放空间系统的理念，通过将开放空间融入城市而建立的。然而，它又超越了开放空间系统，它的生态动力比开放空间思想走得更深更远，因为它在城市环境中还为其他物种服务，如为野生动物建地下通道等。

由于可持续公园以各种各样的方式广泛地介入到城市和社区中，它们不再是专家和管理者的专门领域，必定带来公园设计和管理方面的一套不同的方式，这也说明发展的或进化的审美观概念拥有巨大的社会价值——一个进化的审美观必定带来设计目的的改变，设计师的作用也从过去的项目策划者转变为自然与社会的中介，从而使得自然和社会的各种力量都能表达他们自己。

参考文献

[1] 陶晓丽等：《城市公园的类型划分及其与功能的关系分析——以北京城市公园为例》，《地理研究》，2013 年第 10 期。

[2] 刘晓惠、李常华：《郊野公园发展的模式与策略选择》，《中国园林》，2009 年第 3 期。

[3] Cranz，Galen and Boland，Michael，Defining the Sustainable Park：A Fifth Model for Urban Parks，*Landscape Journal*，by the Board of Regents of the University of Wisconsin System，2004(2).

[4] Cramer，Marianne，Urban renewal：Restoring the vision of Olmsted and Vaux in Central Park's woodlands，*Restoration and Management Notes*，1993(2).

[5] CranZ，Galen. *The Politics of Park Design*：*A History of Urban Parks in America*，Cambridge，MA：MIT Press，1982.

[6] Hough，Michael，*Out of Place*：*Restoring Identity in the Regional Landscape*. New Haven：Yale University Press，1990.

[7] Johnson，Jory. Updating Olmsted，*Landscape Architecture Magazine*，1996(3).

[8] Koh，Jusuck. An ecological aesthetic，*Landscape Journal*，1988(2).

[9] Lawson，Laura. *The community -garden movement*，1970*s to present*，*PHD Dissertation*. Department of Landscape Architecture，University of California，Berkeley，2000.

[10] Moses，Robert. *Six Years of Park Progress*. New York City：Department of Parks，1940.

[11] Mozingo，Louise，The aesthetics of ecological design：Seeing science as culture，*Landscape Journal*，1997(2).

[12] Rainey，Ruben，Environmental ethics and park design：A case study of Bixby Park，

Journal of Garden History，1994(3).

[13] Sauer，Rolf，Master plan for renewing Louisville Kentucky's Olmsted parks and parkways：A guide to sustainable landscape management. *Forum*，1996(1).

[14] Spirn，Ann，*The Granite Garden*：*Urban Nature and Human Design*. New York：Basic Books，1984.

[15] Thompson，Ian，The ethics of sustainability. In *Landscape and Sustainabilily*，edited by John Benson and Maggie Roe，London and New York：Spon Press，2000.

[16] Kranck，Karen，and Lynda Schneekloth，*Ordering Space*：*Types in Architecture and Design*，New York：Van Nostrand Reinhold，1994.

（作者：黄 艳 清华大学副教授）

项目名称：加快推进北京市智慧社区建设的对策研究
项目编号：13CSB001
项目负责人：梁　丽
项目信誉保证单位：中共北京市委党校

加快推进北京市智慧社区建设的对策研究

智慧社区是智慧城市的重要组成部分。北京市推进智慧社区建设是落实《智慧北京行动纲要》和《北京市"十二五"时期城市信息化及重大信息基础设施建设规划》、创新城市管理与服务方式的重要举措。北京市提出的智慧社区是指利用物联网、云计算、移动互联网、信息智能终端等新一代信息技术，通过对各类与居民生活密切相关信息的自动感知、及时传送、及时发布和信息资源的整合共享，实现对社区居民"吃、住、行、游、购、娱、健"生活七大要素的数字化、网络化、智能化、互动化和协同化，让"五化"成为居民工作、生活的主要方式，为居民提供更加安全、便利、舒适、愉悦的生活环境，让居民的生活更智慧、更幸福、更安全、更和谐、更文明。智慧社区的远景目标是将社区建设成为政务高效、服务便捷、管理睿智、生活智能、环境宜居的社区生活新业态，实现"智慧社区、美丽家园、幸福生活"的新目标，使"任何人(Anyone)、在任何时候(Anytime)、任何地点(Anywhere)、通过任何方式(Anyway)、能得到任何服务(Any service)"。

一、北京市智慧社区建设的现状

北京市智慧社区的建设工作从2012年4月开始启动，市属16个区(县)社会办均按照《关于在全市推进智慧社区建设的实施意见》《北京市智慧社区建设指导标准》的要求，结合所管辖区域的实际，不同程度地推进智慧社区建设，截至2014年年底，已经建成星级智慧社区1032个，占北京市社区总数的40%，惠及235万户、620万居民。

(一)2012—2013年建设状况

截至2013年年底，北京市共建成智慧社区524个。其中，三星级智慧社区421个，二星级智慧社区73个，一星级智慧社区30个。东华门、广安门内、德胜、团结湖、奥运村、麦子店、清华园、紫竹院、青龙桥、马家堡、丰台、西潞、胜利、林校路14个街道将辖区内所有社区纳入智慧社区建设试点的范围。西城区广安门内街道、德胜街道，朝阳区团结湖街道，海淀区清华园街道等的建设内容都非常有特色，是比较典型的案例。

朝阳区团结湖街道通过微博、微信和街道 APP，为社区居民搭建了交往平台，其中，手机服务平台“掌上团结湖”、智慧服务机等都非常受居民欢迎。西城区广安门内街道用“全响应”模式提供公共服务，“虚拟养老院”“家庭养老院”“爱心超市”为老年人、困难群体提供便捷有效服务，形成了政府救助与社会互助有机结合的社会救助新模式。构建直营店、加盟店等商品直销流通服务新模式，有效缓解了部分行动不便的居民“购物难”“买菜难”等问题。商家统一针对物流配送中心扩大了配送网点分布范围，提升了商家的配送能力。西城区德胜街道的“德胜一刻”社会服务平台体系，实现了服务资源一站式查询。丰台区方庄办事处利用社区网站、APP 客户端、平板电脑、电子信息显示屏和触摸屏等为居民提供基于多种终端的全方位服务。清华园街道通过建设一站式信息服务平台促进居民生活便捷化，建设智能居民一卡通系统促进管理服务科学化，建设综合健康服务系统促进居民医疗保健精细化，建设“五个一”为老服务系统，促进为老服务特色化。丰台区马家堡的掌上数字化党建项目“时代微党建”、密云县鼓楼街道在 13 个社区网站上开通了网上预约挂号服务。这些智慧社区在社区管理与服务方面探索出很多开创性的模式。但智慧社区建设毕竟是刚刚起步，因此整体水平和智慧程度都处于初级阶段，各个智慧社区建设试点单位结合辖区特点建设的项目也是比较零散的。《北京市智慧社区建设指导标准(试行)》要求并不高，凡是申报智慧社区建设试点的社区都是能够达到标准的。

(二)2014 年建设状况

2014 年，北京市新建星级智慧社区 508 个，升星建设智慧社区 274 个。其中，五星级智慧社区有 92 个，四星级智慧社区 153 个，三星级智慧社区 403 个，二星级智慧社区 97 个，一星级智慧社区 37 个。随着新一代信息技术的广泛应用，16 个区(县)在继续建设新智慧社区的同时，都不同程度地深化和完善原有智慧社区的建设内容，推进智慧社区向更高水平升级，一些区县开始注重发展农村信息化，开展了很多富有社区特色的创新、探索活动。

在推动智慧社区基础设施建设方面，加大投资力度，为社区安装大屏幕 LED 电子显示屏、电子触摸屏、微机及相关配套设施；对社区办公网络进行改造，实现光纤接入。各种智能终端应用到社区管理和服务中。很多区(县)、街道是通过推进“一刻钟社区服务圈”来实现智慧社区公共服务的。“北京社会服务之窗”APP 集成了市区两级各有关部门的服务指南，汇集了街道(乡镇)和社区层面的服务资源。智慧养老是智慧社区建设中的重要内容，也是当前我国进入老龄化社会后亟须解决的问题。很多智慧社区的建设就是从养老服务开始着手，从“无围墙敬老院”到依托 96156 服务商、社区社会组织联合会等平台，为社区空巢、孤寡、90 岁以上的特殊家庭老人进行紧急救助、医护指导、精神慰藉以及家政等服务。团结湖街道的“智慧居家养老服务中心”、广安门内街道的“槐柏助老生活便利圈”、北新桥街道的智慧养老综合服务平台等模式、智慧牛街、奥运村街道“5A”智慧奥运村、智慧长阳、永欣嘉园社区的“WIFI智慧社区综合服务系统”、海淀区的“文明小屋”、房山区的“流动服务”文化大篷车、东华门的“网上居委会”、海淀区“我爱中关村”等都是优秀案例。

（三）2015年上半年建设状况

进入2015年，各区县智慧社区建设更加紧密结合物联网、云计算和大数据等技术，使得基础设施建设进一步加强，如加快4G建设和应用、加快推进光纤入户、实现使用10兆及以上宽带家庭用户比例增多、整合“北京通”范围、发放新健康卡和老年人卡等。智慧社区服务继续深化创新，云服务模式不断涌现。如朝阳区民生服务开启了“云模式”，朝阳区养老服务指导中心以社会化模式运营，开通养老服务热线96083，同时线上运营养老服务网。中关村智慧养老创新示范基地采用国际上最先进的3G移动和位置定位技术，配备了多功能机器人。朝阳区八里庄街道开启了“云动全域”大数据模式。在不断创新网格化管理的基础上，很多社区多举措加强社区民主自治建设，多元参与、共同治理格局有明显成效。如西城区广安门内街道全面发动党员骨干、楼门院长和志愿者力量参与社区内部事务，强化社区二级自治管理体系建设。

二、智慧社区的建设质量及目前存在的问题

（一）智慧社区的质量与水平

经过近三年的概念普及和粗放型的实践，智慧社区在解决社区发展问题和服务社区居民方面发挥了很大作用，在社区治理和服务方面探索出很多经验，提升了社区治理能力。

从2015年这半年来的部分建设现状看，智慧社区建设的内容和质量与2013年、2014年相比有明显丰富和提高，智慧程度有明显提升，但整体水平还是比较初级的。新建小区、城市社区的信息化水平比较高，而老旧小区、郊区社区的建设严重滞后，这与智慧社区所需要的宽带网络、智能终端、云计算数据处理中心等智能技术支撑不充足不发达有直接关系。建设智慧社区，社区基础设施建设必须同步跟上。有的社区宽带都尚未进入，根本谈不上智慧建设。一些硬件设备比如应急呼叫系统、视频监控系统、门禁系统、家庭感应系统、远程服务系统等都要有配套的智能设备。随着“互联网+”、智慧城市写进《政府工作报告》并成为国家战略，智慧社区建设会有突破性的发展。本课题组认为，目前智慧社区建设只是智慧社区的雏形，“互联网+”背景下的智慧社区建设才真正进入起步阶段。

(二)存在的问题

智慧社区建设是需要技术支撑、资金保障、人才主导的。而基层大多数街道及所辖社区的财力、人力、技术装备都是有限、不充足的，因此，从这几年智慧社区建设实践来看也暴露出一些问题。

(1)规划、建设模式雷同，智慧程度比较低，碎片式的智慧项目偏多，有些并不智慧，即便数字化设备的使用，也没有达到智慧化。

(2)社区信息基础设施还不足以支撑智慧社区的发展。智慧社区需要全面的感知和宽带泛在互联，把社区中的物与物、物与人、人与人全面互联、互通和互动起来，为随时收集获取社区运行状态信息及应用提供可能；通过传感技术实现对社区各方面的监测和全面感知，智能识别社区环境、状态、位置等变化，将社区运行状态数据实时传递到统一的数据储存及处理中心进行融合、分析和处理，并与业务流程智能化集成，继而实时反馈、主动响应以干预社区运行状态，有效分配社区资源，促进社区和谐高效运行。

(3)在街道和社区有数十个业务应用系统，系统条块分割严重，分散建设，犹如信息孤岛，缺乏高度整合的集成体系，资源不能共享，导致社区政务资源整合能力低，降低了政府的效能。

(4)社区基础数据重复采集，数据标准不统一，采集方法不一致。社区经常为上级政府业务部门采集本地区数据，但社区街道却很难实现数据的有效查询与使用，降低了数据的使用效果，浪费资源。为此，街道社区又纷纷按照自己的工作要求建立了各类相关系统，这其实是走上了信息孤岛的老道路，在社区各种信息系统交叉混合的复杂局面下，又增加了复杂度。

(5)社区网站在线办事功能有限，主动推送服务不够。与百度、电子商务等网站相比，街道社区政府网站提供的服务区域性比较强，非本区域的公众点击量和访问比较少，影响力不太强，利用率也不太高。据课题组 2014 年对北京市民的随机调查发现，将近 70%的居民是不使用甚至不知道社区政府网站、政务微博和政务微信的，经常使用的不到 10%。

(6)数字鸿沟带来的社区信息能力落后。公众与社区工作人员之间、街道与社区政府部门之间、工作人员之间都或多或少存在着数字鸿沟。既有部分社区工作人员信息能力落伍于时代的问题，也存在着部分居民因信息能力薄弱不能很好地运用社区智能设备的问题。

(7)街道、社区居委会创新氛围不浓、创新能力不强。政府部门内科层等级分明，下级听从上级指挥，这种模式使下级的好想法、好建议难以得到重视，再加上业务系统基本是工作流程的电子化，创新想法难以实现。智慧社区建设经常是被动的推进，有些社区领导存在等等看的思想。这既是各级政府工作人员观念认识的问题，也是缺乏专业指导、缺少顶层设计和统筹推进的问题。

(8)社区服务的开放程度还不够，缺乏品牌效应。BAT等互联网公司纷纷在城市社区抢滩布局，面向城市提供的服务比政府提供的还方便，例如电子地图、交通状况查询方面，百度和高德就做得很好，拥有很多用户。但一个政务的APP放到苹果或安卓的应用商场里，则有可能马上被淹没。

(9)多方参与、合作共建机制有待加强。当前社区治理主体仍然是以街道办(乡镇)和居委会为主，社区居民、社会组织、企业参与社区的决策过程不够，街道事务多、工作人员少、责任大、权力小，很难对政府的社区治理和公共服务职能进行有效监督。智慧社区建设过程中，坚持“政府主导、行业引导、企业参与”来运作，但在调研过程中，发现一个问题，就是如果参与社区建设的IT公司过多，会导致每个公司市场所占份额减少，前期基础设施投入过大，导致经济效益偏低，甚至亏本，这在一定程度上也制约了市场化发展。如果参与社区建设的IT公司就局限于几个，公司应用区域多、市场份额就多，公司成本倒是降下来了，可又缺少了参与竞争的市场机制。

(10)智慧社区建设的很多实际应用不具有普遍推广性。个别街道投入大笔资金请专业公司开发软件，但是在实际工作中，这些软件应用的如何，社区居民能否接受这些服务方式，软件是否具有可复制性，街道没有去调研，可能会造成系统闲置和资金浪费。

(11)智慧社区建设需要投入的资金很多，街道是没有专项经费支持的，如果没有上级的专项经费支持，开展工作是很难的。有些街道由于缺乏智慧社区建设资金，往往是购置一些硬件设备，无法投入软件建设。智慧社区的星级差别不大，每年考核不明确具体任务，社区不知如何迎接检查，总感觉申报成功就代表创建智慧社区成功了。

(12)有些街道和社区信息化人才缺少，部分工作者年龄偏大，信息化能力不足，又缺少市区级层面的专业指导，靠街道和社区来创新驱动智慧社区建设发展，工作难度比较大。

(三)智慧社区建设的推进模式

北京市智慧社区建设的推进首先是全市的统一部署，在智慧社区建设的理念、目的、指导思想、工作原则等方面，所有社区都是一致的，就是为社区居民和企事业单位提供更好的管理与服务，让居民生活更幸福。但不同的社区因其地理位置、居民特点、建设时间、基础环境、居民需求等不同，智慧社区建设的规划、模式、实施策略、发展路径、主要任务也不尽相同，应当采用实事求是的策略，因地制宜，因社区而异，各有特色。有些街道是整体推进，有些街道则是从个别项目突破。

(1)自上而下的推进模式。这种模式受制于政府“条块”影响及资源约束。一方面，社区受政府的相关业务部门指导，另一方面又受街道领导。由于对社区实际工作缺乏了解，上级在注重面上共性的同时比较容易忽略社区自身的特点，市区推行的系统软件或硬件设施，如果是街道社区未曾开发与应用过的，则能顺利地在社区得到推行，如果是社区有类似的系统或产品则推进时会形成利益冲突，造成推进困难。

(2)自下而上的推进模式。智慧社区建设比较领先的街道往往都有自己事先开发的软件系统。从区乃至市级层面来看，各个街道的软件系统所用的开发语言和技术都有差异。各个公司的产品之间由于专利或者利益的原因相互接入也十分困难。容易形成各自为政、重复开发、缺乏标准化的问题。同时由于各街道都自行委托软件公司进行开发，使得行业整体成本大大提高。由于当前法制环境、工作环境、政策配套环境有限，且自下而上的推行方式是社区的个体行为，所以推行的范围一般局限在街道内部。要建立一个真正健全开放的智慧社区，一个权威的法制政策环境是十分必要的。

(3)自由式的建设模式，即街道根据自身的需求来不断推动智慧社区建设。这种推进模式的好处是推动的速度比较快，但因为是自行开发，没有一个权威且统一的标准，日后数据共享的难度会比较大。

三、北京市智慧社区建设的对策建议

2015 年 7 月 4 日，国务院印发《关于积极推进“互联网＋”行动的指导意见》(以下简称《指导意见》)，这是推动互联网由消费领域向生产领域拓展，加速提升产业发展水平，增强各行业创新能力，构筑经济社会发展新优势和新动能的重要举措。第六项具体行动是“互联网＋”益民服务，内容包括创新政府网络化管理和服务，大力发展线上线下新兴消费和基于互联网的医疗、健康、养老、教育、旅游、社会保障等新兴服务。这正是智慧社区要建设的内容。智慧社区也可以理解为“互联网＋社区”。2015 年将是信息技术围绕街道社区治理体系现代化、信息化建设稳步增长的一年，如何加快推进“互联网＋”背景下的智慧社区建设，笔者认为有以下对策建议：

(1)加强完善“互联网＋”背景下的“云网端”基础设施建设。云、网、端等基础设施是推进智慧社区建设的基础，也是关键要素。

(2)促进“互联网＋”与社区的深度融合，使社区治理能力精细而智慧。“互联网＋社区”的生态圈很大，百度、阿里巴巴、腾讯分别以百度直达号、支付宝、微信公众号为基础，将 O2O 业务纳入自有生态圈。建议北京市有关政府部门能关注这方面的发展态势，加强与互联网公司的合作。

(3)建设政务云公共平台，推进社区各级各类服务资源信息的集成开发利用，提升街道、社区对资源的整合能力。这是智慧社区建设的难点。建议政务云能借助阿里云、百度云等企业云的空间，而不是建设新的政务云实体。

(4)加快电子政务向基层延伸，推进建设社区网上办事大厅，方便申办人查询办事进度或结果。

(5)坚持政府主导和社会参与相结合的社会治理体系。建议推进社区资源社会化开放力度，支持公共服务机构和各类企业充分挖掘社区资源、开放社区线上线下融合的便民应用，从而降低社区医疗、卫生、健康、养老、教育、餐饮、娱乐、家政、环保、交通等领域应用的准入门槛。

(6)把智慧社区建设与已有的“一刻钟社区服务圈”、网格化社会服务管理体系建设结合起来，建立社区公平、普惠、便捷的智能化服务平台。推进社区以人为本的公共服务方式创新，使社区民生服务更趋普惠性和包容性。在“一刻钟社区服务圈”开辟多个服务板块，线上线下有机结合，把社区内的生活配套组成一个有机互动的生活供应链，所有信息功能通过智慧社区的总入口集中进入居民日常生活消费终端，社区居民足不出户，就可以随时随地实施自己的“菜单”式选购计划，让居民在社区靠一部手机就能搞定生活琐事。

(7)推广社区政务微博、社区微信公共账号，按照少年、青年、壮年、老年四个生命年龄阶段和公共服务、自助互助服务、便民利民服务、服务信息需求等类型分类服务，扩展社区人际交往的空间，实现街道、社区政府与社区居民的良好沟通，推进社区治理的体制机制创新。

(8)加强建设智慧社区的宣传力度。对现有社区工作人员进行培训，提高使用现代信息技术的能力。加快社区社工人员队伍建设，引导居民将素质高、能力强的人选进社区两委等。

(作者：梁　丽　中共北京市委党校教授)

项目名称：北京建设世界城市中新城多中心治理模式研究
项目编号：13CSC008
项目负责人：龚文婧
项目信誉保证单位：中共北京市委党校

北京构建新城多中心治理模式的现状与条件分析

北京在以世界城市为目标的治理发展中，更需要注重世界城市的内核构建，以构建新城多中心治理模式为突破。本文试图对北京构建新城多中心治理模式的现状与条件进行探讨，为构建新型城镇化和世界城市模式，形成制度内在的解决问题的机制体制提供条件支持。

一、北京新城治理的现状和问题

一般认为，推动城市化的方式包括两种：一是小城镇整体规模的扩大和功能的提升；二是大城市的进一步发展启动和带动其郊区的城市化进程，大城市实现了中心城区郊区的联动发展。① 北京在建设世界城市目标下，进一步的城市化关键点在于北京城市郊区的城市化，即北京新城建设的重要任务。《国务院关于〈北京市城市总体规划(2004—2020年)〉的批复》中明确指出："加强通州等11个新城的规划，近期重点做好顺义、通州、亦庄新城的发展建设，使其成为相对独立、功能完善的城市组团，为有序引导中心城人口和功能的疏解与调整创造条件。"也就是说，北京在建设世界城市的实践中，已经认识到了新城发展对目前中心城出现的资源危机、人口爆炸等矛盾具有缓解作用；二者的良性互动不仅有利于缓解大城市病，还能使中心城周围的新城也实现真正意义上的城市化与现代化。但是，目前新城的发展尚处在初级阶段，主要以中心城的附属地位存在，没有发挥出新城作为多中心治理主体对世界城市建设的带动作用。北京目前新城发展主要根据功能进行不同模式的发展，现以两种模式为例，对其现状与问题进行分析。

(一)绿色生态旅游模式

根据延庆"十二五"规划中所提出的总体目标："深入实施生态文明发展战略，坚持高端一流标准，全面建设环境优美、生态宜居、富裕文明、幸福和谐的'绿色北京示范区'，为建设国际一流的旅游休闲名区、国际一流的低碳

① 洪银兴、陈雯：《城市化模式的新发展——以江苏为例的分析》，《经济研究》，2000年第12期。

经济社会示范区、国际一流的宜居城市和美丽乡村奠定坚实的基础。”延庆新城的规划也主要体现这一总体目标。

政府在建设延庆绿色生态旅游模式方面起到了主导作用，主要表现在以下几个方面：

第一，进行生态维护，立足本土天然优势。《延庆新城规划》确立“到2020年，努力把延庆建成首都生态涵养重地、国际旅游休闲名区、现代生态宜居新城”建设目标。本着生态为本的原则，政府着力打造国际旅游休闲名区；实行农村环境保护，加强污染防治与环境监管，在农村建立了垃圾管理长效机制；强化环境监管，改善区域环境质量；严格建设项目审批，提高环保准入门槛；加强城市环境绿化美化，在城区，居民出门10分钟就能进入一座免费公园。同样在农村推行村庄绿化环境建设活动，村村都进行了绿化美化活动，目前已有60个村跨入了“首都绿色村庄”行列①。

第二，进行了一定程度的规范管理，延庆自2002年起对民俗旅游逐步完成了由无证照经营到“三证、一照、一牌”齐全经营的规范管理过程。截至2008年年底，共成立了11个乡镇民俗旅游协会和民俗村旅游协会②。

第三，政府搭台，开展多项文化旅游活动。延庆近年来举办的踏青赏花季、消夏避暑季、端午文化节、葡萄文化节、冰雪欢乐节等旅游节庆活动已成为北京乃至华北地区颇具知名度的旅游品牌。

在绿色生态旅游模式的构建中，政府不仅作为主导角色，而且几乎参与了所有活动的过程，这一模式在运行过程中也逐渐出现了多方面的困境，使得政府在投入不断加大的同时，出现了一些难以破解的问题，主要包括：

第一，旅游业快速发展和当地有限的承载能力之间出现“小马拉大车”的矛盾。延庆常住人口31万，2011年的旅游人次却达到了1737万，相应的基础设施、公共服务配套落后、旅游从业人员整体素质不高，存在无序竞争现象，虽存在行业协会，但作用不明显，导致整体市场竞争能力较弱。

第二，旅游开发引发的政府管理机制不足日益凸显。比如，延庆千家店镇通过统筹规划建设了千家店4A景区，促进了当地第一、二、三产业的深度融合，增加了农民的收入，镇域内的农民真正成为旅游服务的提供者和旅游发展的直接受益者。但“全镇域变成一个景区后，景区与镇政府应该是什么关系，资源、规划、项目、土地等如何配置与整合等，这些都需要进一步研究和探索”。“镇域内的居民与景区如何形成一个利益共同体，如何突破土地限制配套旅游项目和公共服务设施，如何建立一个既约束政府、居民，又约束

① 方晓：《生态为魂　绿色发展——延庆全力打造世界城市后花园》，《中国乡镇企业》，2012年第7期。

② 耿红莉等：《延庆县乡村旅游发展现状及思考》，《北京农业职业学院学报》，2009年第4期。

游客的生态旅游服务系统等。”[①]

(二)住宅功能为主开发模式

从2009年开始，房山区住宅供地量就位于北京各区之首。中原地产市场研究部统计数据显示，2009年1月至2012年，房山供应的住宅地达37块，合计供应建筑面积高达673.6万平方米，平均楼面价为4664元/平方米，占全市供应量的17.5%。同期，北京市住宅成交地块共计241宗，但房山的商业供地并不活跃。2009年1月至2012年9月，该区商业用地成交数目仅5宗，建设用地面积仅占北京市所有成交面积的5.24%。[②] 在2009财政年度中，土地出让收入占了房山区财政收入的一半。[③]

房山区长阳镇作为距离北京中心城最近的房山区新城开发重点区域，具有以下优势：

第一，“地铁财政”。2010年年底，北京地铁房山线开通，与地铁9号线实现同站台换乘，成为房山区新城建设“土地运营”的重要推进器。

第二，政府直接领导下进行的土地一级开发。房山区土地一级开发的主要工作就是征地和拆迁，房山区采用的是在区土地储备中心下，由乡镇成立集体所有制公司进行本乡镇区域内的土地一级开发，农村集体经济组织的成员继而成为进行土地一级开发公司的股东。按照北京市土地一级开发的费用管理规定，负担土地一级开发的企业，可以得到土地溢价增值部分中不超过8%作为利润。[④] 这意味着，作为乡镇集体所有制公司“股东”的农村集体经济组织成员，在获取相关土地补偿的同时，有权力参加“不高于8%的利润总额”的分配，使当地农民得到实惠，有利于征地和拆迁的进行。

第三，房山区在主推长阳新城的建设时，提出“房山中央休闲购物区(CSD)”的概念。房山长阳新城目前的发展思路是以住宅为主，接下来启动具有带动力的商业，然后再出让住宅用地，这样就能相互借力。

在房山长阳新城住宅功能为主要开发模式的构建中，政府仍然作为主导角色参与了从规划、市政建设、土地一级开发等过程，但这一模式在运行过程中存在许多隐患，单靠政府一方难以解决，主要包括：

第一，长阳新城住宅功能为主的快速开发和当地其他功能缺位之间出现“不均衡发展”的矛盾。目前，长阳新城的供地主要用于住宅，商业及第三产业等其他行业供地则处于明显的不均衡劣势地位。这种发展态势很容易让房山新城成为未来的“睡城”，不仅没有实现新城的可持续发展，更有可能加剧

---

① 赵方忠：《美丽延庆从旅游改革示范开始》，《投资北京》，2013年第1期。

② 王营：《房山：新的睡城在孕育》，《21世纪经济报道》，2012年10月25日第23版。

③ 李乐：《北京房山：运营“高地价”》，《中国经营报》，2010年12月13日第B14版。

④ 李乐：《北京房山：运营“高地价”》，《中国经营报》，2010年12月13日第B14版。

新城和中心城之间拥堵的交通状况。

第二，长阳新城建设中出现与周边区域之间的利益制度矛盾。目前，长阳新城与中心城连接的主要交通干道只有两条——京港澳高速、京良路。其中最重要的京港澳高速在丰台区内设杜家坎收费站，交通壁垒不利于长阳新城发展。同时，长阳新城的交通干道基础设施建设中有一项非常重要的工程——京良路改扩建工程。北京市京良路东起五环路，西至京港澳高速，全长 10.8 千米，地处房山、大兴、丰台三区。目前，房山区段工程基本完成、实施顺利，但大兴、丰台地段工程进展缓慢，由此折射出新城建设中地方政府之间的利益协调困境。

第三，新城居住人口激增与组织能力落后之间产生的矛盾。根据房山新城规划(2005 年—2020 年)，2020 年房山新城规划城镇人口控制在 60 万人左右。① 人口激增对原有的村镇社区形态产生巨大的挑战，亟须向城市社区形态过渡。

从延庆新城所建立的绿色生态旅游模式和房山长阳新城的住宅功能为主的开发模式的现状和问题来看，政府已经初步完成了在新城发展规划中的引领作用。但在这一模式的具体操作层面，政府仍然承担了过多的功能，社会力量调动不足，如此不仅政府无法面面俱到，而且在新城规划的实施中，如社会主体参与不足，有可能达不到预期的目标。在新城规划实施中的多元治理从根本上是一个分权的问题，实现成功的分权需要正确的组织、适当的时机和一定的经验。尤其是在发展中国家的分权经验中，分权如果没有国家和地方政府层面强有力的领导，就不能轻易形成。

二、北京构建新城多中心治理模式的条件分析

我国目前关于世界城市的研究多偏重于城市规划方面，以研究世界城市所应满足的各种指标体系为对象展开，尤其注重经济发展方面；还有一部分政治学范畴的研究的也大都是从传统的法律制度视角去分析，对世界城市新城治理的研究较少。本文则采用政治学新近的研究视角——历史制度主义，来分析建设北京世界城市下构建新城治理模式的有利条件，主要从利益、制度、观念三个角度论证北京目前进行新城治理的条件。

(一)从利益角度分析

1. 北京社会阶层的变化趋势有利于形成新城多中心治理模式

北京总体出现了多元化的利益诉求，社会分层多样化，中产阶层呈现扩大趋势，新兴的中产阶层在需要住宅、就业的同时，需要在所居住的城市地

① 北京市规划委员会网站：《房山新城规划(2005 年—2020 年)》，http：//www. bjghw. gov. cn/web/static/articles/catalog _ 431/article _ 7475/7475. html。

域实现相应的权利。现代社会不是一个具有单一价值观的社会，各个阶层、各种文化背景的人都可以组成不同的利益团体，特别是北京作为中国政治文化的中心和中央政府所在地，更是多种文化交融的地方，不同的文化价值和思想呈现多元化趋势，随着人的多元化，必定形成异质化的多元利益诉求。

在总体多元化中还呈现出中产阶层扩大的趋势。根据赵卫华对 2005 年北京市社会阶层的分析，北京市社会阶层结构正在由传统的“金字塔形”结构向现代的“橄榄型”阶层结构方向发展，其较低阶层的比例远远小于全国的比例，社会中间阶层正在形成。[①]《2010 年北京社会建设分析报告》公布的数据显示，目前北京中产阶层在社会阶层结构中所占的比例已经超过 40%，约 540 万人。北京中产阶层有很大一部分是新的外来技术和知识分子，其购房需求很难在中心城满足，往往会选择在住宅价格较低的新城买房。所以，一方面，新城多中心治理的发展具有新生的中产阶层的需求推动；另一方面，新城中外来移民和当地居民混合呈现的多元化利益也是新城多中心治理的利益推动因素。

2. 北京中心城大城市病突出，新城发展相对滞后，城市规划的落实需要新城多中心治理模式

北京目前大城市病已非常突出，人口爆炸带来的交通拥堵、各种教育医疗资源紧缺带来的社会公平问题、环境恶化程度迫在眉睫。虽然《北京市城市总体规划(2004—2020 年)》把新城发展作为重要的一章进行规定，但由于区域和全局的利益差异等因素，规划在实施的过程中，新城发展仍处于比较落后的状态，与中心城在各方面的差距仍很明显。这种规划在实施中发生的问题更需要软的制度发生作用，也就是说以往的单向性的制度模式已经很难实现现阶段北京城市发展模式的转型目标，政府作为政策制定与执行的主体在实施中往往会出现很多问题。如在延庆绿色生态模式中出现的由于旅游开发引发的政府管理机制不足的问题；在房山长阳新城住宅功能为主的快速开发和当地其他功能缺位之间出现“不均衡发展”的矛盾。

规划不仅要体现有能力参与政治竞争与交易的利益群体的利益，而且要体现被排斥在政治竞争与交易过程之外的弱势群体的利益。[②] 而且，在规划的实施中更需要多元主体的共同参与。新城规划顺利实施有助于新城的可持续，这不仅有利于新城居民自身的利益，更是实现北京空间布局多中心的本质途径。

同时，这一过程中也存在一些不利的利益因素，主要包括：第一，政府的价值导向还存在以追求经济增长为主导的误区，可能会忽略对新城的一些基础设施投入而更注重产能，不利于新城的整体发展。第二，政府在新城的

① 赵卫华：《北京市社会阶层结构状况与特点分析》，《北京社会科学》，2006 年第 1 期。

② 李强、杨开忠、张鲸：《西方现代城市规划模式变迁》，《城市问题》，2004 年第 3 期。

开发中往往可能会因为巨大的利益难以放权，陷入传统的计划审批管理模式中。第三，新城的居民由于缺乏相应的制度平台，很难参与新城的治理中，从而难以形成利益的融合，而这一制度的启动又往往依靠政府，陷入某种两难的困境。

(二)从制度角度分析

1. 北京市政府在制度和管理水平方面的基准比较高，具有较强的创新能力，为新城多中心治理模式提供了较好的制度环境

2012年《法治蓝皮书》中，中国政府透明度年度报告首次对26个省市政府进行调研，北京市政府的透明度水平在全国排在首位。北京市政府注重运用新媒体，提升政府管理透明度，加强与公众的交流互动。比如，2011年11月，“北京微博发布厅”上线运行，首批有20个北京市政府部门的政务微博加入。

北京市地方政府管理体制也出现许多有创新意义的个案。

安贞街道下辖的黄寺社区在文化建设工作中调动辖区多元主体参与文化资源整合，实践了文化建设社区治理的新模式。黄寺社区与辖区内的企业开展合作，企业为社区居民提供文化活动的场地和经费，社区承担了企业周边的环境整治工作，协调企业与居民之间的关系，最终达到双赢效果。

朝阳区的崔各庄乡属于北京市城市化进程中的一个乡镇，在乡镇农民向城市社区居民转化的过程中，也出现了拆迁、土地流转等问题。政府相应进行了一系列制度创新，包括：第一，由第三方介入的“村财代管”制度。当地在村级创新实施由第三方介入的财务监督制度，建立村级财务会计代理记账和出纳委派制度，创新了城乡转化过程中集体经济的管理模式，采取政府购买公共服务的方式让社会主体参与治理，村民的政治参与需求通过合理合法的方式得到了满足，同时实现了政治稳定。第二，由农民参与产权制度改革模式。崔各庄地区探索“资产变股权、农民当股东”，各村登记注册成立村级新型股份经济合作社，民主选聘社长、管委会和监委会成员，负责界定集体经济组织成员身份、清产核资、评估资产、登记房龄、处置资产等具体工作，把社员以前集体共有的经济资源产权改革为按份按股共有的量化集体经济组织机构，发放股权证。社员凭证持股分红受益，同时参与管理和监督。在各村改革的基础上，全乡组建成立乡资源资产股份合作联社，使各村经济向乡统筹过渡。

2. 新城居民主体为外来移民和当地居民混合，亟须制度创新解决社会管理中的新问题

新城的居民和以往传统社区的居民构成存在很大差异，有的社区可能全部由当地拆迁居民组成，还有的是外来移民，也有的二者兼有。对这样的新城居民采取何种组织制度，这就对原本主管农村工作的地方政府的管理提出

巨大挑战。往往由于新城原来的地方政府的管理水平不足导致制度缺位。

房山长阳新城的社区发展中就出现了类似的制度缺位问题。2013 年年底，地处长阳新城的北京城建集团徜徉集项目的业主对物业公司单方面提出的每月 480 元的车库收费价格不满(周边大部分市场价在每月 150 元左右)，组织维权活动，业主认为该定价没有提前与业主协商。2013 年 10 月 18 日，房山区发改委《关于城建徜徉集 5 号院车库乱收费的问题》的答复为：第一，徜徉集小区地下停车费还未经过发改委价格管理科核准。第二，地下停车场临时停车收费要按照发改委核准的标准进行收费，月租年租收费要与业主委员会协商，没有业主委员会的要和业主签订协议，以签字为准。但该住房项目当时并不具备成立业委会的资格，根据《北京市物业管理办法》第十四条，业主委员会的成立条件需入住率超过 50%。没有业委会，物业认为业主不具备协商资格，引发该小区业主强烈不满，多次协商未果。新城中，以房地产项目小区为居住单位的社区在短时间内大量增加，原有的基层政府无法提供相应的公共服务和制度供给，新兴社区的自我管理要求与原有制度供给之间的矛盾越来越突出。

3. 新城开发的主体不仅限于政府，企业、社会组织和个人也成为参与其中的力量，亟须协调各方的制度供给

除政府的前期规划以外，新城的房地产开发商、物业公司等商业企业、第三部门的非政府组织、其他社会组织以及当地的新居民都在新城建设中承担一定角色，客观上已经改变了传统的政府单方面决策的局面。比如，开发商在承担住宅、商业开发时也影响了当地政府的决策。如何变被动为主动，进行多元主体的角色地位重构，进行积极引导，通过制度供给使多元主体形成责任公担、权利分享，共同来负责维持秩序、参与政治、经济与社会事务的管理和调节的共治局面，是新城政府在新城建设中的重要课题。

(三)从观念角度分析

主要的世界城市都具有其特色的文化观念特征，比如多种族融合文化下纽约的多元个体精神、伦敦基于理性主义之下的竞争与包容多元的精神、巴黎在人文关怀下传统与现代的交融精神。北京在改革开放 30 多年的发展中，在市场经济的逐渐成熟中也形成了较为独特的人文精神，有利于世界城市新城多中心治理模式的形成。

1. 公平竞争的规则意识

我国改革开放 30 多年来，市场经济得到飞速发展。北京作为中国经济的前沿，逐渐形成较为成熟的市场经济体系。在长期的市场经济锻炼中，北京形成了一种公平竞争的规则意识。尤其是政府透明度的不断提高，在市民、社会的监督下政府等权力部门的工作越来越法制化，这也是北京吸引人才、商业企业的重要原因。这一点与纽约的文化特征有很大相似之处，纽约自早

期荷兰移民时期就保留了现代资本主义自由竞争的商业精神，利用其海港的优越地理位置，控制了两条重要的贸易线，吸引了大批外来人口从事商业活动。尤其是随着工业化发展，纽约成为美国最大工业基地，确立了华尔街的全球金融中心的地位，这一过程中也形成了商业气息浓厚的公平竞争意识，保障了商业和经济的发展是在居民自治原则约定的法律框架下进行的合法、有序公平的竞争，衍生出保护公平竞争的制度环境为个人和商业发展提供机遇。北京逐渐形成的这种公平竞争的规则意识有利于新城在新的机遇和条件下，吸引更多的人才和企业，只要在公平竞争的政策引导下，新城也同样具备发展潜力。

2. 多元包容和谐的理念

以纽约为例，纽约具有鲜明的美国移民城市的特征。17 世纪 40 年代，当新阿姆斯特丹居民尚不足 1000 人时，那里已经通行 15 种语言。截至 2000 年人口普查，除近 36％的纽约人出生在美国以外，800 万人口中，30％是拉丁美裔，26％以上是非裔，近 10％是亚裔。① 纽约在协调不同种族不同文化不同阶层地位的人之间的矛盾中积累了重要的经验，即赋予每个公民法律地位上的自由平等和个人权利，共同拥有对公共事务的参与权。北京市官方统计数据显示，2014 年年末北京市常住人口 2151.6 万人，户籍人口 1333.4 万人，常住外来人口 818.7 万人，占常住人口的比重为 38.1％。② 而且在户籍人口中有很大一部分都不是土生土长的北京人，外来人口来自全国各地。外来人口让北京人口具有了多元化的特征，在北京的共同生活培养了北京新居民更多的包容、宽容精神。2011 年 11 月 2 日，北京市公布了北京的城市精神——“北京精神”，包括爱国、创新、包容、厚德。在新城多元治理中，需要新城居民具备这种可以对话沟通的包容精神，在理性的平台上包容多元利益需求，达成和谐共识，达到治理的“善治”目的。

当然，传统的一些单线行政观念、政府本位的意识仍然有很大市场，但北京在进一步的市场经济和人口融合中正在构筑新城多中心治理变革的观念基础。

参考文献

[1]金元浦主编：《北京：走向世界城市》，北京：北京科学技术出版社，2010 年版。

[2]张国庆：《“十一五”期间北京城市管理的观念、体制、机制研究》，北京：北京大学出版社，2010 年版。

[3]王旭：《美国城市发展模式——从城市化到大都市区化》，北京：清华大学出版社，

① 奚洁人等：《世界城市精神文化论》，上海：学林出版社，2010 年版，第 81 页。

② 北京市统计局网站：http：//www.bjstats.gov.cn/。

2004 年版。
[4][美]文森特·奥斯特罗姆等著，井敏、陈幽泓译：《美国地方政府》，北京：北京大学出版社，2004 年版。
[5][美]罗伯特·帕特南著，刘波等译：《独自打保龄——美国社区的衰落与复兴》，北京：北京大学出版社，2011 年版。
[6][英]戴维·贾奇等编，刘晔译：《城市政治学理论》，上海：上海人民出版社，2009 年版。
[7]杨忠伟、范凌云：《中国大都市郊区化》，北京：化学工业出版社，2006 年版。
[8]孙柏瑛：《当代地方治理——面向 21 世纪的挑战》，北京：中国人民大学出版社，2004 年版。
[9]奚洁人：《世界城市精神文化论》，上海：学林出版社，2010 年版。
[10][英]乔纳森·S. 戴维斯、[美]戴维·L. 英布罗肖主编，何艳玲译：《城市政治学理论前沿》，上海：格致出版社、上海人民出版社，2013 年版。
[11]John，P，*Local Governance in West Europe*，London：Sage Publications Ltd，2001.
[12]Samual Humes，*Local governance and national power ：a worldwide comparison of tradition and change in local government*，New York ：Harvester Wheatsheaf，1991.

（作者：龚文婧　中共北京市委党校讲师）

项目名称：北京市流动人口聚居区“社区主导型”人居环境改善模式研究
项目编号：12CSC011
项目负责人：孙　立
项目信誉保证单位：北京建筑大学

基于社区参与的北京市流动人口聚居区人居环境整治研究

一、绪　论

北京市流动人口数量多、增长快，形成了许多以“城中村”为代表的低收入流动人口聚居区，这里将其称之为“城市非正规住区”，其人居环境状况不容乐观、亟待整治。本文所谓的“城市非正规住区”是指在一些现代城市规划制度难以发挥作用的地域，未在城市规划管控下自发形成的城市化地区。自发形成的非正规住区有其自发的秩序和活力，不能一味地以脏乱差来评判，对于此类区域的规划与整治，常规的自上而下的规划难以发挥作用，非正规住区因其有着特殊的居住人群和产权条件等因素，以社区参与这种自下而上的模式进行此类区域的人居环境整治被认为是行之有效的。一方面，适当的社区参与能够有效保持非正规住区的社区活力，维持当地居民的生产、生活模式；另一方面，非正规住区特殊的居住人群和产权模式，也对社区参与整治策略造成了一定的限制。

二、相关基础研究

(一)概念界定及基本认识

1. 研究对象的界定

(1)流动人口聚居区

在国内，流动人口聚居区主要表现为“城中村”，研究涉及其概念、特征、人口流动机制、改造模式建议等，主要就“城中村”的特点、流动人口结构、居住环境的治理、流动人口的居住条件、流动人口的空间流动和职业流动、流动人口管理模式等方面进行研究，并从规划和社会管理方面探讨“城中村”更新改造的发展模式。

其中，吴晓对我国流动人口聚居区的研究已经相当深入和全面，他将我国的流动人口聚居区划分为以北京的“浙江村”、南京的“河南村”为代表的“缘聚型”和以各地“城中村”为代表的“混居型”两种类别。他给出的定义为“流动人口聚居区，是以外来暂住人口为居民主体、以房屋租赁为主导建构方式、以城乡边缘带为区位选择的自发型集中居住区”，并提出以物质性手段对其人居环境进行整合的规划建议。但他分析借鉴的对象多集中于发达国家，而对于发展中国家的成功经验的研究尚显不足，今后有必要进一步强化，这对于我们应该更有借鉴意义。

(2)公众参与

我国处于城市化的高速发展阶段，城市规划和城市建设与公众的矛盾时有发生。为缓和各类矛盾，实现城市空间的合理分配，构建和谐社会，公众参与是上述要求的必需。(陶景平)公众参与就是在社会分层、公众需求多样化、利益集团介入的情况下采取的一种协调对策，它强调公众(市民)对城市规划编制管理过程的参与。它源自于美国、加拿大，最初是为了宣泄市民的“不满”情绪，以稳定民心，保持社会安定，而后上升到寻求公众政策，上升到城市规划制定、决策、管理民主化的高度。

(3)社区规划

社区规划由于兼具规划与社会政策双重属性，逐渐成为城市规划界关注的重点。西方发达国家社区规划展开得较早，也积累了一些成熟的经验。近年，国内也逐渐展开了对社区规划模式的研究，国外城市社区规划理论被引入国内(刘荣增、崔功豪，2000；徐一大、吴明伟，2002)，并在北京、上海、深圳等城市开展了以城区、街道和居住区为单位的社区规划实践探索(孙施文、邓永成，2001；赵民、赵蔚，2004)。薛德升等指出，社区规划今后的发展应为积极开展社区规划实践，探索社区规划的基本框架，培育良好的社区规划环境，建立公众、企业、社区组织、规划机构和政府部门相互协调的机制，引进国外的先进经验，开展不同学科的交流等。

关于社区的作用，李志刚在《中国城市“新移民”聚居区居住满意度研究：以北京、上海、广州为例》(2011)一文中分析了城中村居民的居住满意度及其影响因素，指出社会归属感是影响流动人口聚居区居住满意度的最重要因素。包路芳在《北京市“城中村”改造与流动人口城市融入》(2010)中认为，融入社区是流动人口最终融入整个城市的前提，在“城中村”改造过程中必须充分发挥社区融合作用。

2. 社区参与的内涵

国际学术界对社区参与的内涵及其意义有着不同理解，较有代表性的主要有以下几种：

莫泽、卡罗琳(1987)认为，社区参与并不是一个新的概念，从 20 世纪 50 年代起，社区参与就已经是农村发展规划中的重要组成部分，在城市开发活动中的社区参与比农村发展要缓慢得多。这可能是因为农村的项目多为生产导向，村民既是受益者又是生产者，必须参与到生产过程中。而城市的项目，作为受益者的市民往往被看作接受服务的消费者，他们在城市建设中的作用也因此不那么重要。社区参与和城市规划的经验表明，社区组织和住户可以为住房和城市发展提供有力支持。这不仅有利于获得低成本的资源调动，而且能更好地确定整治措施，通过他们在规划阶段的介入，可以真正满足居民的需要，以住户的需求为导向，使市民参与到住房和城市服务过程中。此外，社区参与增强了住户对社区设施的"所有权"，从而让住户能够更广泛、更有效地使用和维护社区设施。

保罗·大卫多夫(1965)在《规划中的倡导性和多样性》一文中提出了与社会政治多元化和民主化发展相适应的"多元化倡导性规划"概念。他认为，规划的内容与过程涉及众多利益主体，政府组织与规划人员也难以做到价值中立，在规划中价值的建构、方法的选用和行动纲领的确立都需要政府组织和规划人员做出选择。他们要充当不同利益团体的代言人，以求得多元化市场经济体制下社会利益的协调与分配，因此需要市民参与到城市规划当中。

盖·比德斯提出，面对多元化的利益主体，公共权力集中的公共行政并不能真实反映公众的需求，因此在复杂的社会活动中仍然需要某种程度的直接民主，不论是在问题的确立、问题的回应上，还是在被接受方案的执行上，都有必要让更多的公民来参与。

约翰·福里德曼认为，规划的过程有一部分是教育过程，规划者从群众那里学习社会的脉络和价值观，群众则从规划师的身上学习技术和管理。因此，让双方交往，让两类知识融合，规划师可以与群众一起发展其规划。

在中国，社区参与被认为是社区居民自觉自愿地参加社区各种活动或事务的过程。熊思博、彭轶君(2010)认为，社区参与是一种公众的参与，就是在社会阶层、公众需求多样化、利益集团介入的情况下采取的一种协调对策。他强调公众对城市规划编制、审批和管理实施过程的参与、决策和管理的重要性。

3. 社区参与的定义

尽管对于社区参与内涵理解的表述不仅相同，但究其本质，仍可以找到其共通之处。作为基础理论研究，本文试图给出社区参与的基本定义。公民对于住房和城市服务的参与是一个过程，他们作为住房的消费者和城市服务的生产者，影响着住房质量和城市服务的流程。基于不同参与者之间的关系，其中可能包括政府机构、个体住户、社区组织、用户群体、私营企业和非政府组织。因此对于住房和城市服务管理方面的参与，可以从参与过程和有关参与者的关系本质的方向来定义，它的含义可以简要描述如下：

背景——参与不仅限于城市开发项目，还包含了许多城市日常生活中其他的活动。活动范围从微观到宏观，小到以社区为基础的活动(如维护当地排水沟），大到政府主办的活动（如公众支持的环保活动）。这些活动构成了社区参与策略的一部分，建立在非正式住区和自建房的现有基础之上，城市发展的支持使他们更有效地和正规住房城乡系统接轨。

过程——社区参与是一个过程，它不是简单的参与者获益共享，而是在共同规划住房和城市服务的发展过程中发挥作用。

角色——有关参与者不仅限于住宅社区，他们可能是房屋的其他任何使用者，如个体户和私营企业等。

关系——规划项目中的社区参与取决于各方参与者或利益相关者之间的自愿合作关系。这意味着参与是一个双向的过程：它关注的不仅是受益者对于项目或计划的投入，还包括对受益者、政府和其他人之间持续的相互作用。参与者之间的关系是自愿的，其有效性将取决于各利益相关者在协商过程中的利益分配。

（二）关于流动人口聚居区的基础研究

1. 流动人口聚居区的形成背景

随着我国城市化进程的加快，大量农村剩余劳动力涌入城市，而城市贫乏的住房资源无法满足大量外来人口的住房需求，因此这些外来人口便聚居于城市中房租低廉的地区。北京市作为首都和一线大都市，外来人口除了农民工之外，还包括了大量从国内其他城市来的务工人员，因而其流动人口聚居区的构成成分更加复杂。

2. 流动人口聚居区的形成机制

魏立华、闫小培（2005年）认为，发展中国家流动人口聚居区的形成是由城市资本运行的“核心—边缘”分工体制所决定的。核心城市的公司从边缘地区寻求产品市场、原材料及廉价劳动力的来源。流动人口聚居区的形成伴随着过度城市化或快速城市化现象，并具备以下特征：其一，城市人口的比重增长过快，且以机械增长为主；其二，就业不充分，城市中存在大量过剩劳动人口，就业集中在商业服务业部门；其三，非正式就业人口大量存在，在未纳入政府管理体系的非正式经济成分中就业（Wallerstein I，1989）。由于政府尚无力解决低收入住房问题，而追求经济利润的市场力量更无心关注这些低收入弱势群体的需求，进入城市从事非正式经济的流动人口可选择的居住模式只有工厂宿舍或寻找能够提供廉价住房的“寄主”。

是否拥有成片建筑的房源供应是外来人口聚集区形成的一个必要的外在条件。孤立建筑可容纳的人口毕竟有限，连成片的住宅区通常可以容纳更多的人口。由于住宅区内生活成本的不同，也因此汇集了不同阶层的外来人口。

3. 流动人口聚居区的居住概况

在我国，流动人口聚居区的居住环境面临很多问题。吴晓（2003）提到，“城中村”型的流动人口聚居区，其居住空间混杂以及土地负载过大所导致的居住环境恶化主要涉及以下几方面的因素：首先是严重的超标违章建设行为，其次是良莠不齐的建设质量，再一个因素是居住空间的超负荷使用。

(三)关于社区参与的基础研究

1. 社区参与类型研究

城市规划中的社区参与包括基于各种社区住户、政府机构和相关部门之间关系的不同策略。参与的方式多种多样，从政府参与社区发展活动到市民参与政府主导的管理功能，它们是不可分割、同时进行的。本文将参与策略分为四类：

第一种以社区为基础的策略是完全自下而上的参与。这种方法以社区组织为主体，主要目标是支持社区建设；以社区组织来管理当地城市服务；通过在法律、技术和政策方面适当地修改规划流程。典型的手段包括社区组织和技术推广服务，常用措施包括承认居民自建房和城乡改进、权属安全和自订建设方案的权利。这种方法的主要优势在于从社区组织中发掘社会各界的潜力和创造力。然而，这种策略下，社区组织的参与手段并不总是成功的。自下而上的、以社区为基础的方法面临两大难题：一方面是将当地开发的住房与城市系统、城市网络联系起来有比较多的困难，另一方面则是该方法很难调动更多的城市资源。

第二种形式是基于地区的策略。这种形式的参与策略平衡了社区组织和地方政府之间的参与程度，在较大区域内考虑了社区开发和城市服务之间的关系。项目参与者在开发过程的各个阶段，以提高效率和效益、节约政府活动成本的原则为目标。典型的手段包括提高认识、按照需求分析社区参与和选择解决方案，并调动资源，实施和运行维护。社区组织的能力也被引入建设。这种方法适合引导比较大量的资源，并确保地方一级开发和市政系统之间更有效地联系。然而，社区“所有权”和贫困收回成本损失是这种方法的常见问题。

第三种是以功能为基础策略的主要目标。首先是为开发项目的各利益相关方指定职责、锻炼能力和分配利益，其次是建立这些不同部门之间的有效合作。通常情况下，社区团体将采取管理和融资的“内部”活动，如当地的垃圾回收责任，而市政当局将确保“外部”的任务，如转送和处理废旧物资。功能上的协同方法的优势在于进行参与的社区组织在能力上有较高的水平。由于项目实施和融资仍然在社区手中，项目所有权的丧失和贫困收回成本便不成为问题。内部设施和政府资助之间最重要的困难在于协调和联动“外部”的设施。

第四种是基于过程的策略。其基本目标是改善住房和城市服务管理在交付过程中权力下放的效率，这需要响应和问责制。权力下放一方面意味着，在下放决策过程中地方机构更多的互动和责任措施，另一方面，使各级管理功能的信息交流透明化。具体的服务交付任务和其他形式的公私伙伴关系的私有化是重要的非集中化战略措施。分权策略取决于机构发展增加的职责和权限，以便于地方机构发展自己的能力。非集中化战略的两个优势，一是来源于它在社会各阶层中发掘出的创作能力，二是更高效地利用现有的能力和潜力。

2. 国内公众参与现状

我国自从把公众参与理念引入城市规划领域以来，许多城市先后使用了媒体宣传、市民讨论、问卷调查和举办规划成果展示会等形式来吸引公众参与城市建设。但是由于与公众参与城市规划相关的立法、保障机制、机构组织和具体参与模式等尚未建立健全，我国的公众参与总体上仍处于“市民参与的梯子”的中段，即“象征性的参与”。不管是市民、利益集团，还是规划人员，只有参议权而没有决策权。

同济大学的孙施文认为，我国城市规划公众参与的主要症结在于：规划者的认识还停留在“我制定，你执行”的阶段；缺乏普及和宣传，市民对自身的权益缺乏认识，影响了参与规划的热情；公众参与缺乏真正的决策权和相应的制度和法律保障。中国政法大学的张莉认为，公众参与不是政府把已经成型的规划拿出来让大家发表意见，毕竟已经成型的方案不可能因为一个意见而被全盘推翻。邢海峰认为，中国还处在一个“无参与”和少量的“传统式协商”的阶段，虽然许多地方对规划项目开展了公示、展览、调查问卷等形式的公众参与，但都是象征性的，很少有决策性参与的案例出现。张莉认为，城市规划要实现最理想的公众参与是实现全过程参与。我国公众参与的深度和宽度远远不够，立法机制不够健全。根据欧美公众参与的经验，公众参与的顺利开展需要法定的程度、强有力的仲裁机构和干练的组织部门，而我国在这三方面都不健全。陶景平认为，可与居委会结合形成有中国特色的参与机构，可鼓励居民形成某一方面的参与组织、学术机构。这种组织虽然独立于行政组织层次，但应受到法律保护与支持。

我国的公众参与明显地因各地的经济发展水平而异。在经济较发达的地区，如上海、深圳、大连、沈阳，“法定图纸”“经营城市”被引入规划编制，公众参与程度较高。例如，《深圳市城市更新办法》规定权利人可作为更新改造实施主体自行融资改造。而在中西部一些比较落后及边远地区，公众参与的程度很低。

3. 社区参与本土限制

在我国的非正规住区整治项目中，一些制约因素阻碍了项目各要素之间的有效参与，这在很大程度上降低了社区参与策略成功的可能性。这些制约因素包括法律的限制、法规和技术标准、规划方法、项目管理程序，抑或是缺乏一个可行的模式。下一步，我们将简要地分析社区参与的各种限制条件。

(1)法律限制

社区参与的第一个限制是合法性。事实上，非正规住区的居民的高比例以及不拥有合法所有权的情形构成了一个重要的制约参与的因素。负责住房和城市服务提供的机构都不愿采取相关措施来识别产权的缺陷。要解决这个问题，政府可能会为特别项目“规范”非正规住区，意在土地使用权、布局改造、服务升级的合法化。

(2)法规和技术标准

对参与的进一步限制，来自于市政府适用住房建设的法规和技术标准。完全符合现行住房和城市服务的法规和标准时，住房和城市服务往往超出了低收入家庭能承受的价格。虽然实施社区参与有时需要补贴一定的资金，但真正参与到社区整治活动中，是居民多少能获得实惠的唯一可行解决办法。

(3)规划方法

现行规划方法和程序也阻碍了社区参与的发展。保守的总体规划体现为一种概念性的方法，是一个自上而下的过程，侧重于单一的住房和城市部门，这被看作空间扩展技术网络理想的未来状态。实施通常分为不同阶段的项目，旨在通过一个目标日期，以达到设计能力。而参与性方法是以社区为基础自下而上的规划，这种方法在许多方面与总体规划相对立。

(4)项目管理程序

除了规划方法之外，行政程序和外部支持机构的实际利益往往也限制了社区参与的范围。项目规划者和管理者必须提前制定预算和实施进度，以控制下一个开发项目的支出和活动时间。为了确保项目的进度，有一种倾向是限制受益人在规划阶段的作用，这称为单向的咨询，而不是决策的真正参与。

(5)缺乏可行模式

社区参与的最后一个制约因素是缺乏可行的模式。社区参与通常意味着重要的创新，负责的政府机构和官员发生变化或缺乏经验，构成了引进社区参与的主要障碍。即使政府有引入参与方法的意愿，也往往因为缺乏所需的时间投入、资源和技能知识而导致参与策略无法进行下去。

在我国的城市规划中，政府组织处于主导地位，社区参与的程度和效果在一定程度上取决于政府对于社区参与的态度。一方面，政府既想推进社区参与规划，推动规划的民主性与科学性，树立良好的政府形象，提升政府规划的合法性，但又顾忌为参与提供更多的成本与时间，影响参与的效率。另一方面，政府既想推动社区参与这种可控性强的形式，但又顾虑公众的参与会制约政府的规划权力。总之，目前我国的规划体系中尚缺乏有效的监督制约机制，只能依靠政府的政治素质和责任意识，社区参与很容易被形式化、表演化和操纵化。

三、北京市流动人口聚居区概况

(一)概况

1. 北京流动人口状况总述

第六次全国人口普查数据表明，2010 年北京外来人口数量巨大(704 万人)，占常住人口的比例为 35.9%。“外来人口”群体已经具有长久聚居城市的趋向，尤其其中“80 后”“90 后”群体，将是未来城市居民的一大组成部分。

统计结果表明，流动人口在京居留时间的增长极为迅速，并呈现出长期居住的内在趋势。九成以上的流动人口在京居留半年以上，五成在京居留五年以上。在京居留时间越长，留京意愿越明显。

一半以上的流动人口来到北京以后一直在同一地点居住。这说明流动人口京内流动的频率并不快，居住稳定性较强。流动人口两次搬家之间的平均时间间隔竟达 4 年之久，京内流动较为缓慢。

2. 北京市流动人口聚居区分类

北京市的流动人口主要分布在城中村、市内的老旧社区和未整改的历史街区中。这些地区因为租金低廉、交通便利等因素成为在京外来务工人员的首选居住地。

20 世纪中叶以来，此类地区成为城市流动人口聚居的核心场域，均体现出明显的“过密化”进程，但其建设模式存在很大差异。在形态上，北京城中村呈现一种传统村落形式，村内多为一层或两层平房，每户拥有自己的院落。地下室的利用较为突出，表现为一种“不断下压”的“过密化”。

3. 北京市流动人口聚居区分布

总体说来，流动人口聚集区主要分布在城市建成区的边缘地带和城乡结合部，尤其是交通比较便利的五环路、城铁以及机场、京通快速路附近。这些地区城市化程度较低，流动人口相对集中，但市政基础设施相对匮乏。北京的城中村可分为三类：一类为四环内城中村，但基本已被改造；第二类是位于四环和五环之间以及五环附近村落，其中大部分已动工改造或被列入近期改造计划内；第三类是五环至六环及远郊未改造的城中村。

(二)改造情况

1. 改造整体概况

北京市对于流动人口聚居区的整治，主要有拆除重建和渐进改善两种整治模式。其中拆除重建模式多应用于城中村改造，包括原地回迁和异地重建。2010 年 3 月北京市制定的“50 个城中村改造方案”，分布在朝阳、海淀、丰台、石景山、房山、通州、顺义、昌平和大兴 9 个区。而渐进改善模式则多应用于历史街区和老旧社区，个别比较有历史价值或是文化特色的城中村也属此类。

2. 老旧社区渐进改造

对于老旧社区的改造主要分为两类：

其一是抗震节能改造。统计显示，目前北京市有简易住宅楼 882 栋，涉及 28234 户。市政府要求将简易住宅楼的拆除纳入全市房屋建筑抗震节能综合改造范畴，同步完成。据了解，对 882 栋简易住宅楼，除将其中的极少数作为历史遗迹保留，其余由属地区政府采用拆除、申请翻建等方式消除安全隐患。

其二是居住环境改造。2010 年海淀区计划投资 4000 多万元，先期完成北下关街道大慧寺社区、万寿路街道沙窝社区、燕园街道中关园社区等 15 个老旧社区升级改造，2011 年计划升级改造 20 个老旧社区，2012 年计划升级改造 25 个老旧社区，三年累计升级改造老旧社区 60 个。

海淀区在中关村街道小泥湾、羊坊店街道铁医社区、花园路街道马甸西村路 3 个老旧社区进行了文明创建先行试点，给每个老旧社区划拨了 50 万元的资金支持，加上其他部门累计投入 1000 余万元，对 3 个老旧社区进行了楼体粉饰、绿化补植、铺装道路、改善公共照明、改造自行车棚、修建社区文化墙、加设无障碍设施等基础建设。

3. 城中村整治概况

2009 年，北京市政府首先圈定海淀区北坞村和朝阳区大望京村，作为此次大规模城乡接合部改造的试点。大望京村的城市改造，是一个改良版的征地建城模式。而北坞模式，政府选择了变通后的空转征地，回避了全部征地费用。

2010 年北京市重点整治 50 个城中村。

海淀区唐家岭村按照原有规划将村民集中安置在西北旺镇，但是由于拆迁安置费用高，一直未能实施。此次将通过规划优化调整进行整治改造，根据海淀区政府发布的消息，唐家岭将采取宅基地腾退换房，旧村原址实施绿化的“北坞模式”。

昌平区东三旗村将通过全镇统筹实施整治。规划统筹考虑北七家镇剩余 16 个村庄的城镇化搬迁改造，统一实施全镇土地一级开发及剩余村庄的搬迁改造。

丰台区夏家胡同村此次通过土地置换解决安置住房问题，夏家胡同自然村规划为绿地，通过部分用地置换调整，在建设用地不变的前提下，提高土地使用面积，安置住房。

大兴区旧宫村结合南苑边缘集团用地，全村整体实施土地一级开发，所有搬迁户回迁安置，剩余土地实现收益，达到自身资金平衡。

4. 自主改良模式探索

从 20 世纪 90 年代中期开始，北京周边的“城中村”陆续自发开始了变乡村为城市的尝试。较为典型的有位于西南三环路的丰台区草桥村、位于北部昌平区的郑各庄村、位于东北四五环之间的崔各庄乡以及丰台区的南宫村。

这些地区由农民集体自主进行改造，他们以土地为资本，改造规划则力图符合城市的标准，建设了商品房、产业房以及公共服务设施等。但是这种尝试还是民间的自发行为，因而具有相当大的政策风险。

四、整治思路与政策建议

北京市流动人口聚居区人居环境整治由过去的完全由政府出资主导的改造模式，逐渐向政府、开发商、社区组织多元参与的模式发展，资金来源变得市场化和多元化，改善模式由整体外迁逐渐倾向于社区内部的更新整治。要在北京市流动人口聚居区实施社区参与型人居环境整治，其主要影响因素包括内外两方面。外部条件主要包括：政府主管部门支持与否，当前社会经济水平和社会环境情况。影响社区参与的内部条件包括：社区组织是否成熟，社区参与渠道是否通畅，社区居民是否有共同意识，社区自身的经济实力，流动人口群体的居住需求等。在明确主要影响因素的基础上，结合北京的具体市情，建议如下：

第一，大力培育社区组织，使社区组织成为推进流动人口聚居区人居环境整治的主体。

第二，及早建立有利于推进多元参与改造模式的规章制度，强化落实措施。

第三，政府应运用政策工具来调控土地和房屋市场，在社会保障性住房供应和社区人居环境整治政策方面向弱势群体适度倾斜。

第四，流动人口聚居区人居环境整治应坚持与满足外来流动人口的居住需求相结合。

参考文献

[1]Ayman M, Nour. Challenges and Advantages of Community Participation as an Approach for Sustainable Urban Development in Egypt, *Journal of Sustainable Development*, 2011(2).

[2]何丹、赵民：《论城市规划中公众参与的政治经济基础及制度安排》，《城市规划汇刊》，1999 年第 5 期。

[3]孙施文、殷悦：《西方城市规划中公众参与的理论基础及其发展》，《国外城市规划》，2004 年第 1 期。

[4]吴晓：《“边缘社区”探察——我国流动人口聚居区的现状特征透析》，《城市规划》，2003 年第 7 期。

[5]魏立华、闫小培：《“城中村”：存续前提下的转型——兼论“城中村”改造的可行性模式》，《规划研究》，2005 年第 5 期。

[6]李志刚：《中国城市“新移民”聚居区居住满意度研究：以北京、上海、广州为例》，《城市规划》，2011 年第 12 期。
[7]翟振武、侯佳伟：《北京市外来人口聚集区：模式和发展趋势》，《人口研究》，2010 年第 1 期。
[8]Schubeler, Peter, Participation and Partnership in Urban Infrastructure Management, UMP, The world Bank, Washington, D. C. 1996.

（作者：孙　立　北京建筑大学副教授）

综合类学科

ZONGHELEIXUEKE

项目名称：北京文化发展报告
项目编号：11ZHA001
项目负责人：刘　勇
项目信誉保证单位：北京师范大学

文化认同与京津冀协同发展

京津冀一体化发展是党中央和习近平总书记的重要战略决策，是我国经济发展布局中又一个关键环节，是区域发展的重大转折。为此，从中央到京津冀地区都采取了一系列措施，国家级的协同机制和强有力的政策法规双管齐下，极大地促进了京津冀的协同发展。然而，在注重协同机制和政策激励的同时，也不应该忽视文化认同对协同发展所起的重大作用。从全球范围来看，大约只有30%的经济合作是由于技术、资金或者战略方面出现的问题而搁浅，剩下的70%是由于跨文化沟通方面的问题而造成的。因此，没有文化认同就难以获得协同发展上的真正突破。

对京津冀而言，文化认同是一个薄弱环节。比如北京与天津仅“一步之遥”，两地的京剧不是一个唱法，相声不是一个讲法，足球也不是一个踢法。长期以来，京味文化、津门文化和燕赵文化三者鼎足而立，各成气象，这既是京津冀的一大特点，但也给文化认同带来了困难。文化认同是京津冀协同发展中不可忽略的重要问题，必须给予高度重视并着手解决。

一、文化认同是区域协同发展的重要环节

文化认同是区域协同发展的基础，是协同发展快慢、优劣的关键因素，也是区域协同发展的重要环节。在当今社会，评判一个区域之间协同发展的好坏，通常会聚焦在社会、经济、生态等方面，而文化认同的重要性往往被忽视。事实上，文化与社会、经济、生态一样，是影响区域协同发展的重要因素，甚至是最关键的因素。只有正确认识文化认同的重要性，才能在真正意义上促进区域的协同发展。

“文化认同”即“区域文化认同”，其中包含两个层面的问题，其一是“区域文化”，其二是“认同”。区域文化更多的是历史传统因子，而认同则是区域文化延伸至现代的情状。

区域文化是地区之间所拥有的相似文化特质。如果将整个中国的文化看作“根”文化，那么区域文化就是“枝”文化。这种由于地理位置、历史积淀所

致的区域文化，人们早有意识。如在哲学上有“南老北孔”之说，在思维行为上有“北人厚重，南人机灵”之说，在生活方式上则有“南米北面，南甜北咸”之说等等。明代王士性在《广志绎》中详细描述了中国不同特色的文化，对饮食文化有如下描述：“海南人食鱼虾，北人厌其腥；塞北人食乳酪，南人厌其膻；河北食胡、葱、蒜、韭，江南畏其辛辣，而身不自觉。此皆水土积习，不能强同。”①

着眼于中国内部，但凡区域文化发达的地区往往也是城市区域经济发展较快的地区。比如：长三角有吴越文化，珠三角有岭南文化，胶东半岛有齐文化，川渝有巴蜀文化等。

如果没有传统积淀下来的区域文化，经济、交通等的发展其实是事倍功半的。比如同一制度体制在不同的区域会产生截然相反的结果。非洲的尼日利亚实行的是与欧洲相同的资本主义经济制度和政治上的民主制度，然而经济发展的结果却相差千里。南美洲的巴西、阿根廷等国实行了西方经济学家主张的自由主义，结果也是适得其反。

而“认同”一词其实是指同一性，心理学中将其称为一种心理机制。是“自我”区分于“他者”的标准。特定的文化认同可以加强彼此的同一感，最终凝聚为拥有共同文化内涵的群体。“认同”在时间范畴上跨度很大，从古代一直延伸至现代。比如珠三角的岭南文化，至今都得到珠三角地区人们的认同。但京津冀地区原本的燕赵文化，却随着时间的推移慢慢消退，因此很难达到“认同”。换言之，历史传统所促成的区域文化只是“区域文化认同”的一个很好的基础，但更重要的是在当下是否能够在此基础上再次达到“认同”的标准，进而促进社会经济的全面发展。

将“区域文化认同”看作一个整体，强调文化认同的重要性，强调文化认同是区域协同发展中的重要环节，是因为它在很大程度上影响了区域间经济、合作等各方面的发展。

从区域间经济发展方面来看，欧盟是在一体化道路上走得最远的，能够建立起区域共同市场和经济政治联盟，就是因为基督教文化和新教伦理文化是“欧盟”各个组成国家的基础文化认同和人文基础；而多元文化下的区域组织，如南亚区域合作联盟等，几乎都在区域合作的道路上步履蹒跚，就是因为文化具有“多元性”而非“同一性”。

从区域间合作关系方面来看，城市政府通常希望通过城市间的共同合作来解决那些仅靠一个城市无法解决的问题，如环境、交通、通信等问题。但是，城市区域合作并非是完全理性的，其中“人”的因素占了绝大部分，而人的决策往往会受到“文化认同”方面的极大影响。比如，香港和广东地理位置

① （明）王士性：《广志绎》，北京：中华书局，2006年版，第191页。

相连，有着极为相似的区域文化认同，这也就导致在改革开放之初，有大量的香港人携带资金、技术来到珠三角地区进行创业，一时间粤港的合作极为频繁，也极大地促进了珠三角地区的城市化进程。而在这样的助力之下，“珠三角”城市群也得以最终形成。有些研究者认为这与国内劳动力成本低廉有着密切的关联。但相比之下，无论是东南亚的一些国家还是中国内陆其他地区，都有劳动力成本更加低廉的地方。因此，粤港的合作更多的是文化认同基础上的合作，是文化认同推进区域合作的典型例证。

“区域文化认同”的作用是重大的，其原因主要有三个方面。首先，拥有区域文化认同，就是拥有一致的行为准则和道德标准。俗语说“心往一处想，劲往一处使”，在区域文化认同的基础上，如果所思所想都是一致的，那么在沟通中就可以相互理解，也可以深入细致探讨。这实际上为区域间的各种交流奠定了公众基础。其次，拥有区域文化认同，就是拥有信任他人与自信的“本金”。无论是投资者还是政府部门，在接触到自己熟悉的文明、生活方式、饮食等内容时，自然会产生一种亲近的心态，更容易接受这种因“熟悉”而产生的信任感，同时能够传达出自身对于这种文化熏陶程度、与他者相似程度的信号，并从中获取自信。最后，拥有区域文化认同，就是拥有一个和谐积极的氛围。区域文化认同的一个重要作用是拉近城市间的距离。高铁缩短的是城市间的地理距离，而只有文化认同，才能缩短区域间的“心理”距离。当居住在一个区域里的人们认可自己的区域文化时，就产生了和谐积极的氛围，从而形成了整体的凝聚力。

二、文化认同在京津冀协同发展中的独特作用

京津冀地区是我国最重要的政治、经济、文化与科技中心，与长三角、珠三角一起，被认为是我国三大人口和社会经济活动的集聚地带。但从目前区域内主要城市经济总量的指标来看，京津冀地区的 GDP 远远小于长三角，同时也低于珠三角的整体水平。京津冀三地在经济、交通、社会等各方面已经进行了很好的沟通，从北京到天津只需半个小时的时间，但交通的便捷并不能掩饰文化认同方面的薄弱。只有认识到文化认同在京津冀协同发展过程中的重要作用，才能使三地“协同”得更好，更具有凝聚力，更具有主动性。

京津冀地区是具有“区域文化”的，燕赵文化就是三地文化的母体。燕赵“自古多慷慨悲歌之士”，这成为千百年来燕赵文化的独特标志和燕赵人民精神风格的集中概括。如今，河北的别称为“燕赵”，但从燕赵区域的划分来看，燕赵区域东部临海，南界为黄河，西界和北界为太行山和燕山山脉。地理位置恰好涵盖了北京、天津及河北三地。燕赵文化虽以“慷慨悲歌”为其特色，但燕赵文化是博大精深的，也是丰富多彩的。随着京津冀三地的文化不断地繁荣进步，随着北京文化、天津文化和河北文化开始彰显各自的活力，燕赵

文化的影响力开始慢慢衰减。但需要强调的是，其实无论三地如何凸显个性，事实上都是燕赵文化的累积与裂变。共同的文化背景、相连的地域人脉、享有的“区域文化”基础是不可更改的。

从历史角度来看，京津冀三地，特别是京津之间的文化认同是有深厚底蕴的。比如 20 世纪 30 年代所形成的“京派”作家群，就是京津文化认同的重要例证。所谓“京派”，特指 20 世纪 30 年代一个独特的文学流派。主要的成员有周作人、沈从文、废名、林徽因、师陀、朱光潜、梁宗岱、李健吾等。鲁迅在《“京派”与“海派”》一文中说：“自从北平某先生在某报上有扬‘京派’而抑‘海派’之言，颇引起了一番议论。最先是上海某先生在某杂志上的不平，且引别一某先生的陈言，以为作者的籍贯，与作品并无关系，要给北平某先生一个打击。”“所谓‘京派’与‘海派’，本不指作者的本籍而言，所指的乃是一群人所聚的地域，故‘京派’非皆北平人，‘海派’亦非皆上海人。梅兰芳博士，戏中之真正京派也，而其本贯，则为吴下。”①

“京派”的作家聚集于北京，但并不只有北京人，而“京派”活动的场所也并非只在北京，而是扩展到了整个京津地区。著名的京派刊物《大公报·文艺》副刊就创办于天津。“京派”作家之一萧乾回忆说：“1935 年我接手编《大公报·文艺》时，每个月必从天津来北京，到来今雨轩请一次茶会，由杨振声、沈从文二位主持。如果把与会者名单开列一下，每次三十至四十人，倒真像个京派文人俱乐部。每次必到的有朱光潜、梁宗岱、卞之琳、李广田、林徽因及梁思成、巴金、靳以(但不久他们二人赴沪了……)。还有冯至，他应是京派的中坚。”②由此可见，无论是从文学或者历史的角度，京津地区都是紧密相连的。

从文化环境上看，京津冀三地的文化气氛都极其浓厚，在某种程度上有着极大的一致性。突出的表现是 21 世纪后，三地都自觉地将文化建设作为自己发展的核心内容，很显然三地都看到了文化的重要意义，这种自觉的态度形成了三地良好的文化氛围。北京作为首都，是全国的政治、文化中心和国际交流的枢纽，近年来，如音乐节、艺术节、文化交流年等活动的举办非常频繁。天津作为中国北方的漕运重地、物流中心和交通枢纽，在文化上，特别是 20 世纪以来，其文化建设更是取得了突飞猛进的发展。90 年代，相继建成了天津图书馆、平津战役纪念馆、周邓纪念馆等标志性的文化设施，同时也维修了中国大戏院、艺术博物馆等重点文化设施。河北是中华民族古老文化的发祥地之一，这块宝地拥有极为宝贵的文化资源。近年来，河北开始了

---

① 鲁迅：《“京派”与“海派”》，见《鲁迅全集》(第五卷)，北京：人民文学出版社，2005 年版，第 453 页。

② 萧乾：《致严家炎》，见《萧乾文集》(第十卷)，杭州：浙江文艺出版社，1998 年版，第 406 页。

建设广场、修建园林、栽种花草的城镇化建设，在力度上、规模上和意识观念上都表现出一种与众不同的状态。良好的文化氛围，是三地在当今社会达到“认同”的契机，也是三地达到“文化认同”的基础条件。

可以说，京津冀地区是有条件发挥文化认同对区域协同发展作用的，但现实状况是，对于文化认同重要性的认识还比较单薄。三地协同发展的最终目的绝不是仅仅促进北京一地的经济发展，这在主旨上就与“协同发展”相背离。北京作为首都，在京津冀一体化的过程中，应该带动周边地区的发展。2005 年 8 月 17 日，亚洲开发银行资助的一份调查报告首次提出“环京津贫困带”的概念：在国际大都市北京和天津周围，环绕着河北的 3798 个贫困村、32 个贫困县，年均收入不足 625 元的 272.6 万贫困人口。[①] 北京被称为首善之区，如何既能保持首善，又能带动周边地区的发展，才是需要思考的重要环节。如今文化认同的薄弱，使京津冀地区缺乏凝聚力、创新力和推动力，只有关注到文化认同薄弱所带来的问题，才有可能进一步改进并发展。

首先，没有文化认同，就没有区域融合的凝聚力。如今河北更多的打出燕赵文化，天津打出津门文化，而北京则立足于京派文化。内在的联系与相辅相成已被打磨殆尽，文化中的棱角却越发明显。仅从戏剧文化入手，就可发觉三地的“分歧”之深。京剧已有 200 多年历史，融合昆曲、秦腔和一些民间曲调，因北京是该剧种形成所在地，故而在清末、民初一直把它称作“京剧”。随着京剧走出国门，国际影响逐渐增大，因而一度被称为“国剧”。与此同时，北京也对宣传京剧文化做出了众多的努力，申奥的宣传片，广泛覆盖的公共广告都成为宣传京剧的载体。天津，则以天津快板闻名。天津快板是 20 世纪 50 年代出现的一个新曲种，是由群众自发创造并发展起来的。由于天津快板风格粗犷、爽朗、明快、幽默，有着浓厚的生活气息和地方风味，故而深受天津人的喜爱。天津快板的特点之一就是用天津地方口音述说，因此在一定程度上加重了“天津”对于快板的意义。如今，这种带着浓重津味儿的曲艺与狗不理包子等并列成为天津最具特色的内容。在河北，河北梆子是河北的经典戏曲种类。有人说要想了解河北人是什么性格，就去听河北梆子，可见河北梆子在河北人心中的地位。如今，河北对河北梆子这一地方戏种格外重视，甚至成立了河北梆子传承与发展促进会，旨在推动河北地方戏的传承和发展，为河北梆子培养传承人，其目前已有会员 200 余人。京津冀三地有自己主打的戏曲种类，在各自的发展过程中，这种“专属”的姿态更加突出。可以说京津冀三地文化的趋同性虚化，而相异性却增加。但事实上，京津冀在戏剧方面的问题还是有方式可以解决的。比如河北梆子，来到燕赵大地后，

---

① 刘玉海：《“环首都贫困带”再调查：北京依然孤独地繁荣着》，《21 世纪经济报道》，2011 年 12 月 26 日。

首先引起关注的就是北京。清初著名地理学者刘献廷在其《广阳杂记》载："秦优新声，有名乱弹者，其声甚散而哀。"如今，河北梆子在北京、天津都有相关戏曲社成立，在北京有丹声社、群声社，在天津有复兴剧社、移风剧社、益民剧社、民主剧社。之后，河北省、天津市和北京市都先后成立了国营河北梆子剧团。为了更好地培养人才、发展剧种，天津市又成立了小百花河北梆子剧团，天津市戏校也设立了河北梆子专科。这也就意味着三地的戏曲在走向融合，但这种融合还是比较单薄的，或者说是非常单一化而并未普及的。如何让文化认同感大幅度提升，从细节方面考虑会得到更多的启示。

其次，没有文化认同，就没有区域发展的创新。京津冀地区存在着三种文化，即皇城文化、漕运文化和直隶文化。而这三种传统文化的"固思"在一定程度上禁锢了当下京津冀文化的发展。北京坐享"皇城文化"，与生俱来的优越感和帝王之气，将北京与他地隔绝起来，无形中为北京造成了阻碍。这种"官本位"的文化，导致京津冀地区不同于长三角和珠三角融合的趋势，反而使文化矛盾有所激化。而天津的"漕运文化"，使得天津在经济上完全可以自给自足，可以享受小富即安的心态。天津虽然拥有开放的意识，但在京津冀文化融合方面，却相对保守。河北有良好的地理优势，享受临近京津地区所带来的便利。但也正是因为这样的便利，使得河北的"直隶文化"非但没有消失，反而愈发严重。这种直隶文化的心态，逐渐在消磨河北自身的特点，无法确定自己的定位。三地固守自身的文化特质，使得文化格局没有创新性的改变，也使得文化心理没有创新性的突破。因此很大程度上制约了京津冀地区的发展。

最后，没有文化认同，就没有区域建设的推动力。文化研究作为文化认同的基础，对区域建设有推动作用。尽管三地都始终坚持做文化研究，但基本上是囿于一地。比如北京文化的研究已经成为一个独立的研究领域，"京味""京派"等都已经纳入研究视野。天津文化研究以及河北燕赵文化研究也已经取得不少成就。但将三地联合在一起的研究，通常还是从经济角度切入，而本应作为核心的文化研究还是没有广泛地进入视野之内。

文化建设作为文化认同的手段，同样对区域建设有着推动作用。对比洛杉矶、纽约、伦敦等大城市，文化建设是由当地政府负责制定法规，宏观指导。而企业则负责推动文化投资，组织文化生产。一些公共组织即非政府行业，进行信息沟通、行业服务和评估推介等。国际经验表明，政府、企业与非政府组织间的默契配合、相互监督良性互动机制的构建是区域文化建设的助推器，而京津冀地区还没有形成构建这种机制的意识。

三、文化认同推动京津冀协同发展的具体构想

文化认同对京津冀协同发展的作用是巨大的，如何从文化认同的角度推

动京津冀的协同发展，是亟待解决的问题。笔者认为，可以从以下四个方面入手：

第一，应该用文化理念凝聚人心，为京津冀协同发展提供精神助力。文化理念是文化认同的重要内容之一，是指长期生活在同一文化环境中的人们，逐步形成的对自然、社会与人本身的基本的、相对一致的观点与信念。京津冀地区的人们拥有同根同源的燕赵文化，因此享受的是相同的文化环境，感悟的是相同的文化理念。这是京津冀协同发展的极大优势，应该充分加以利用。文化理念的一致带来的最大益处在于凝聚人心。凝聚人心，是京津冀协同发展的根本，无论是产业发展还是企业联合，如果难以凝聚人心，协同机制和国家法规只能是被动的启用，而无法真正磨合。只有让京津冀地区的人们“心往一处想，劲往一处使”，才能从根本上促进京津冀协同发展，才能在经济、合作、生态等各方面的协同发展过程中，变被动为主动。

第二，在文化认同感的驱动下，推动产业的发展，打造京津冀三地的产业品牌，为京津冀协同发展增添助力。京津地区，一直以来都是受瞩目的北方经济热点区域，也是环首都城市圈的核心。不过，在“双城”的发展过程中，这一优势并未给区域的合作带来便利，反而成为比其他区域更难以协调的障碍。当长三角、珠三角开始日益形成紧密的区域经济合作体并开始参与全球竞争时，以北京、天津为核心的京津冀还尚在为理顺合作机制而努力。换言之，这就是京津冀还未重视到文化认同重要性的缘故。仅以长三角而言，工商业是长三角地区的重要经济来源，而工商业的发展恰恰依赖于长三角地区的文化认同感。长三角的区域文化影响塑造着长三角区域的创业者、职业经理人、企业家以及商业从业人员，让他们始终保持一致的文化素养、文化底蕴、文化意识、文化精神及文化境界，共同强化着他们的创业创富精神、企业家精神、商业精神及商业文明传统。在他们的跨区域合作中，也因其强烈的文化认同感而获得了充分而持久的保障。而在京津冀，这样的良性循环还没有形成，区域产业间的互动还非常生硬。对此，在京津冀协同发展过程中，如果可以打造一批同属于三地的优质产业品牌，在三地之间优化资源配置，增强三地企业家、创业者等人的联系与配合，不但可以促进京津冀三地产业横向推广的进程，而且也可以使经济得以纵向提升。

第三，通过文化认同增强区域旅游发展的凝聚力，依托旅游资源和自然生态优势，为京津冀协同发展提供保证。旅游作为京津冀一体化的先行行业，是京津冀区域经济发展的先锋，对京津冀协同发展起着至关重要的作用。正如学者所言：“京津冀地区旅游合作发展始终是旅游区域发展的重要研究问题之一。依据聚集经济的观点，旅游资源聚集和市场聚集是一种不同于传统经济资源和市场聚集的特殊聚集方式。”[①]但仅从经济角度分析京津冀旅游合作问题是不够的，由于文化认同感比较薄弱，同样导致了京津冀的旅游业缺乏凝聚力，使其合作产生问题。北京是我国旅游最发达的城市之一，虽然河北与天津也拥有极为丰富的旅游资源，但是由于北京皇家建筑的极大“吸引力”，使得河北与天津处于北京旅游的“阴影”之下。换言之，京津冀作为一个整体，缺乏一个统一的形象。因此，在文化认同的基础上打造一个统一的形象，增强区域旅游的凝聚力是非常必要的。我们认为，可以参照美国奥兰多迪士尼的构想，利用特大项目带动京津冀三地的参与与合作，使得河北与天津在区域旅游合作中获得更加平等的地位。

第四，在文化认同感的引领下进行人才培训，为京津冀协同发展提供长效支持。京津冀地区是中国人才资源聚集的重要基地，其人才培养能力、人才资源的规模和素质在全国都处于领先地位，但三地的人才资源，特别是河北的人才资源存在流失情况。据统计，京津冀的人才主要集中在天津、北京、石家庄、秦皇岛等大中型城市。河北省在 2000—2004 年四年间流失人才 10819 人，出省就业的高校毕业生 25447 人，约有 90％流向京津民营企业。[②]也就是说，京津冀的人才流动是由河北流向京津。如果能够在文化认同感增强的基础上，对人才进行培训，让其对三地的整体性有正确的认识，而不是一味地靠近京津冀经济圈的经济增长极，就能够在一定程度上解决人才地区分布不均、人才利用率偏低等问题。对此，京津冀文化部门已经提出要实施三地文化人才联合培养工程、创新文化人才培育机制，通过支持课题研究、学术研讨、国际交流、著述创造和舞台表演等方式，发掘一批懂文化、知经营、善管理、跨领域的文化高端人才。除此之外，为了更好地服务于三地人才，实现三地人才区域发展，三地已基本确定启动“京津冀区域人才交流系列洽谈活动”模式并联合打造一个京津冀区域人才交流的统一网络发布和共享平台。众多的举措，也为文化认同下的京津冀协同发展营造了良好的氛围。

参考文献

[1]萧乾：《致严家炎》，见《萧乾文集》(第十卷)，杭州：浙江文艺出版社，1998 年版。

[2]鲁迅：《“京派”与“海派”》，见《鲁迅全集》(第五卷)，北京：人民文学出版社，2005 年版。

[3](明)王士性：《广志绎》，北京：中华书局，2007 年版。

[4]《高铁开启京津冀同城时代，河北如何锻造人才“磁铁”?》，《燕赵都市报》，2009 年 4 月

---

① 宁泽群、李享、吴泰岳、汪金辉：《京津冀地区的旅游联动发展：模式、对象与路径》，《北京联合大学学报(人文社会科学版)》，2013 年第 1 期。

② 《高铁开启京津冀同城时代，河北如何锻造人才“磁铁”?》，《燕赵都市报》，2009 年 4 月 20 日，http：//news. yzdsb. com. cn/system/2009/04/20/000900794. shtml。

20 日，http：//news. yzdsb. com. cn/system/2009/04/20/000900794. shtml。
[5]刘娜：《河北乱弹的演变与特点》，《邢台学院学报》，2009 年第 1 期。
[6]刘玉海：《“环首都贫困带”再调查：北京依然孤独地繁荣着》，《21 世纪经济报道》，2011 年 12 月 26 日。
[7]宁泽群、李享、吴泰岳、汪金辉：《京津冀地区的旅游联动发展：模式、对象与路径》，《北京联合大学学报(人文社会科学版)》，2013 年第 1 期。

（作者：刘　勇　北京师范大学教授）

项目名称：线上话语空间建构与线下动员——突发公共事件的微博传播与预警机制研究
项目编号：12ZHA005
项目负责人：喻国明
项目信誉保证单位：中国人民大学

社会化媒体时代网民心理特征及其疏导机制研究

有句歌词这样唱："世界上没有无缘无故的爱，也没有无缘无故的恨。"高速传播的信息字节，承载了转型社会的诸多现实——在社会结构转型背景下，国际金融危机给人们带来社会心理恐慌与不确定感，国内减薪裁员和健全的社会保障体系缺位，农民工返乡与大学生就业难，社会紧张度日益加剧，多元混杂的、长期淤积的情绪亟须寻找一个话语的宣泄突破口。而在现实中，由于受到多方面因素的制约，公众很难找到一个可以宣泄情绪的渠道和公共空间，而当公众情绪难以在现实中表达出来的时候，他们就会寻求一种相对自由的公共空间，这就是心理学中的代偿机制原理。社会代偿机制认为在现实生活中，一旦人们在追求某种东西而不得时，就不再去追求原来的对象了，而是试图"重新"设定一个对象来追求，而这个替身是可以追求得到的，这样，假借它去造成一种"目的实现了"的假象，以满足自己的欲望。一定程度上网络因其相对自由、容忍度高等特点，成为中国网民宣泄情绪、寻找心理替代物、实现心理代偿最为有效的场所和出口，网民在网络上以一种话语狂欢的方式寻求着被压抑心理的释放。因此，网民在网络中"闹腾""撒点儿野""吐口水"甚至"低俗"是正常的，这种现象也是一个相对健全的社会所应该容忍的。

不容否认，社会大众作为个体进入网络传播场域中来，参与网络场域传播行为，必然会带入一些先赋性的社会资本，这其中包括其自身的社会心理。因此现实生活中的社会大众所具备的心理特质，作为线上行为的现实个体即网民也同样具备，并且在某些特质上更为明显，但网民的媒介使用行为对其自身的心理特质又有全新的型塑，因此网民的心理特征又表现出与社会大众不同的方面。将网民的心理特质与社会化媒体时代结合起来研究，对进一步疏导社会淤积情绪，强化社会舆论引导机制具有重要的作用。

一、网民群体特征素描

在网上喧哗的群体，通常有较为特殊的人口学、心理学特征，据中国互联网络信息中心(CNNIC)2015年1月发布的《第35次中国互联网发展状况统计报告》的数据显示，在网民群体中，29岁以下的青少年年龄组占据了56.1%的比例，其中20—29岁的网民群体数量最大，占比为30.4%，占网民总体的近1/3；同时，88.6%的网民是大专以下文化程度，高中以下文化程度所占比重最大，接近79%，即占到网民总体的3/4。根据以上数据加权计算，可以对目前网民的主流群体进行特征形象的刻画和素描——平均年龄为29.5岁、平均月收入2869.1元、平均学历为高中/中专/技校学历、以学生(25.1%)和个体户/自由职业者(18.1%)为主要人群。从以上数据可以看出，网民整体上处于青年阶段，在年龄上表现出年轻化，学历上呈现出上升趋势，收入水平整体处于低收入水平，但成长空间巨大，在职业类别上以学生和自由职业者为主，空闲时间相对较为充足。以上是中国网民主体的基本特征，这些特征一定程度上决定了中国网民心理机制的形成。

二、中国网民心理特征刻画

可以设想一下，现实生活中这类人群所具备的基本素质如何——作为网民主体90后的年轻一代，社会历练和经验不足，从小到大都浸染在感性文化和快餐文化的环境中，这使得他们的情感更加脆弱、善变，从而变得敏感，任何外界些许的情感刺激就可能产生极大的情感波动甚至情绪宣泄，其刺激—情感反应机制更像巴普洛夫的应激机制一样迅速、直接。有研究者还系统地总结了网民所呈现出来的九大心理特征：第一，渴求新知；第二，猎奇探究；第三，彰显个性；第四，娱乐时尚；第五，减压宣泄；第六，跟风从众；第七，追求平等；第八，渴望创新；第九，自我实现。[①] 笔者试着总结了以下几点社会化媒体时代网民的基本心理特征。

(一)话语表达和社会参与需求强烈、政治上较激进

人们的嘴巴天生有两大基本功能——吃饭和说话，几千年来，中国老百姓一直都在为解决吃饭问题而奔波、斗争，改革开放以后，随着人们的基本生存需求得到保障和实质提升，同时，民众的文化素养也得到整体提升，嘴巴的另一个功能——话语表达相较于以往任何一个时期的需求都更为强烈。从小处说，老百姓希望将自己的喜怒哀乐、家长里短等事情与别人共享，因为现代化和网络化带来的是个体存在的原子化，人们具有普遍的电子恐慌症和群体疏离感；往大处说，老百姓希望行使自己的政治权利，对国家大事“评

① 毕宏音：《网民心理特征分析》，《社科纵横》，2006年第9期，第38—39页。

头论足”，但由于社会结构的严重错位，在现实生活中，由于各种因素的制约，民意表达渠道并不通畅。社会化媒体由于其隐匿性、相对表达自由等特性，着实让中国老百姓压抑了几千年的话语权得到了一定程度的释放，网民自由表达和社会参与需求的愿望十分强烈，他们热衷于参与各种事件，尤其是社会公共事件的讨论，这就不难解释为什么在西方很大程度上作为电子商务平台的网络到中国就变为社会话语表达的公共平台和为什么网络上经常出现点击量和回复量超百万的网络民意的啸聚事件了。

强烈的话语表达和社会参与需求带来的现实是刚刚发表的一个自以为不错的社会事实或者观点，很快就被滚滚的“网络口水”所吞没，因此有些人不得不标新立异、危言耸听，抓人眼球的社会事实可遇不可求，只能寻求观点的耸人听闻和一鸣惊人，否认一切“解构性”的行为更加容易产生轰动效应，因此在网络话语表达中产生这样一种所谓的“行为艺术”——话语表达方式要“语不惊人死不休”，观点要新颖、叛逆、解构一切可以解构的主流，政治上要激进，越是这样越容易得到网民的“眷顾”，这就是当下所谓的网民表达逻辑。

（二）具有正义感和使命感，从“清议”到“起而做”

中国老百姓历来“不患寡而患不均”，而社会现实意义上的公平观与公众长期以来形成的思维定位产生的张力，以及在中国人深层文化基因中存在着的“侠”的基因，即所谓的“路见不平一声吼”，以上这些基因也被移植到了网民的文化基因中。面对贫富冲突、劳资矛盾、城市拆迁、农村土地流转、环境污染、医疗教育、道德失范等问题，特别是政府的施政缺失和司法不公，中国网民总以社会罪恶克星等身份出现，并仗义执言，经常能改变公共政策的方向；同时，也正是网民的声音，迫使基层公共权力经常处在从未有过的紧张氛围之中，并警示地方领导干部恪守基本的政治伦理和人伦底线。2009年可以看作“网络舆论从线上走到线下”元年，网民的行动已不仅限于网络之上的“清议”。他们常常走下“网坛”，不仅进行田野调查、叩问突发事件的真相，更以社会建设者和卫道士的身份主持正义，如随手拍活动、免费午餐计划等，同时还以一种异化的形式——“行为艺术”来表达自己的意见，如网络求虐、PS恶搞风潮等。

（三）观点重于事实本身，“有主张，少论据”

中国网民不是传统意义上的社会精英阶层，这类人在现实生活中可能处于社会底层，长期受压抑的话语表达权让网络带来的“话语平权”一旦从牢笼中释放出来，这种新鲜感和喜悦是可想而知的。有学者认为中国网民的话语表达处于幼儿阶段是有道理的，中国网民的新媒体素养还有待进一步提升，社会化媒体这一新话语平台在带来全民狂欢和喧哗的背后是懵懂和不适。

由于中国网民大部分处在社会底层，即所谓的“草根阶层”，改革开放的成本和压力很大程度上被这一部分人所承受，这类群体存在着强烈的相对被剥夺感、心理失衡感及对社会公正的不信任感，随着贫富分化、生存压力的不断加大，紧张、焦虑、不满等负面社会情绪浮动，面对一系列社会矛盾和不公的时候，每个人都或多或少地在种种利益冲突中心态失衡。他们在感到不满、愤懑的同时，又感到个人的无力，多数人出于现实利益的考虑，会选择沉默，而这种愤懑与沉默累加起来就会形成人们心中无法发泄的不良情绪，一旦在网上遇到与自己现实中相似的事件，在法不责众等心理暗示下，情绪会集中地宣泄出来，迅速引爆整个网络。网民在网络中不是靠分享事实来博得同情和怜悯，而是以发表言论、观点等方式来寻求情绪的宣泄突破口，要么是讨论严肃的社会公共话题，如钓鱼岛事件、房产税改革事件等；要么以“打酱油”风格介入无厘头事件，用无所指的话语抒发自己的压抑感，如恶搞杜甫事件、娱乐反腐风潮等。

（四）言论感性化、情绪化

网民虽然重视言论，但言论更加具有感性化和情绪化，具体表现在以下几个方面：一是社会孤独感和缺乏归属感使得情感交流占重要地位，很多网民参与讨论的目的是进行情感交流和情绪宣泄，网络的匿名性使人们无所顾忌地进行着感情宣泄；二是网民之间讨论的话题转换频繁，思维时常处于发散状态，话题之间跳跃性大，时常穿插一些感性语言，如“今天吃的好多啊”“我怎么忘了这个事啊”，等等，表现出网民的情绪化特征；三是网民的言论大多没有经过深思熟虑；四是语言整体呈现口语化、非逻辑化、情绪化的特点，如“最最××抗议！！！”“史上最牛××”等。这种讨论往往停留于较表面的层次。

（五）群体极化效应明显，群体感染性强

在社会心理学研究中，群体心理一直是研究的重点，社会科学家们以佛里（A. Fouillie）与雷班（G. LeBon）为代表早在18世纪末研究法国大革命时就发现，各种人一起行动的行为有着不同于单个人时的特征和结果，由此，这种行为开始被称为“Crowd Behavior”（群众行为），后经麦独孤修改为“Group Behavior”（团体行为）。1920年，帕克在《科学社会学导论》一书中提出“Collective Mind”（集体心理）的概念。此后，将这种现象称为“Collective Behavior”（集群行为、集合行为或集聚行为），并被学术界约定俗成地沿袭了下来。古斯塔夫·勒庞在《乌合之众》一书中认为“受众群体”在智力上总是弱于“孤立的个人”“所有的群体无疑总是急躁而冲动的”，并且个人的意见在群体中还会“易受暗示和轻信”，在情绪上也会显得“夸张”和“单纯”，在行为上还会“偏执、专横和保守"①。他还认为集合行为是人们情绪感染的结果，群众的特征表现为有意识的人格已经消失，无意识的人格占据主导地位，情绪和观念的感染、暗示的影响使群众的心理朝着某一方向发展并具有将暗示的观念立即转变为行动的倾向②。

传播心理学相关理论认为互动的频度、密度与传播行为的非理性化有一定的正相关性。当人际群体置身于网络这个巨大的互动平台中时，其表现与行为在网络交流的平等化、弱规范化、匿名化、多样化、自由化等因素的"催化""搅拌"下，那些既是传播者又是接受者的虚拟群体中的个体，在其传播过程中所表现出的非理性现象与行为与传统社会相比，更容易形成群体行为，因此网络上经常出现点击量超百万的群体事件和群体行为也就不足为奇了。

所谓群体极化(group polarization)，是由美国当代哲学家、芝加哥大学法学院讲座教授凯斯·桑斯坦在《网络共和国——网络社会中的民主问题》一书中提出的，"群体极化的定义极其简单：团体成员一开始即有某些偏向，在商议后，人们朝偏向的方向继续移动，最后形成极端的观点""在网络和新传播技术的领域里，志同道合的团体成员间会彼此进行沟通讨论，到最后他们的想法和原先一样，只是形式上变得更极端了"③。有证据显示，在网上发生群体极化倾向的比例，是现实生活中面对面时的两倍多④。在我国，这种群体极化效应更加强烈，首先由于网民低龄化和低学历化，对事实的判断不像西方国家网民的整体判断力高；其次，以上的分析也多次提到，网民以"草根"为主，社会相对剥夺感强烈，更易于情绪化，"一点就着"，畅达的现实民意表达渠道等中介变量严重缺位，因此群体极化效应更为明显，群体感染性较强。

(六)存在话语暴力和网络暴力倾向——"多数人的暴政"

在话语表达上，网民遇到不顺心的事就会敲击键盘发泄，"草泥马"等网络词汇风行就是一个佐证，话语暴力仅是一种外在的暴力形式，在网络世界中，人肉搜索、网络推手等却大行其道，更有甚者，将线上的不满在线下进行宣泄，"铜须门事件""姜岩死亡博客事件"等事件中，中国网民所表现出来的张狂和暴力至今仍让人心有余悸，美国纽约时报曾称中国的网民为"以键盘为武器的暴民"。主要表现为两种行为表现方式：一是信息暴力，如通过言论、图片、邮件等传播威胁性、攻击性信息，比如"铜须门事件"中的《江湖追

① [法]古斯塔夫·勒庞著，冯克利译：《乌合之众》，北京：中央编译出版社，2005年版，第23—33页。

② 郑杭生主编：《社会学概论新修(修订本)》，北京：中国人民大学出版社，1994年版，第185页。

③ [美]凯斯·桑斯坦著，黄维明译：《网络共和国——网络社会中的民主问题》，上海：上海人民出版社，2003年版，第47页。

④ [美]凯斯·桑斯坦著，黄维明译：《网络共和国——网络社会中的民主问题》，上海：上海人民出版社，2003年版，第51页。

杀令》、论坛中带攻击威胁性言论的帖子等都属于信息暴力；二是行为暴力，指超越网络空间而涉及现实生活的一些侮辱、攻击性行为和对当事人个人隐私的侵犯，比如“铜须门事件”中对“铜须”(郑星)真实资料(姓名、身份、照片等)的公布，对“铜须”(郑星)本人和朋友及家人的威胁、骚扰等。

在网络的话语宣泄中，网民感受到了道德缺位和游戏的双重狂欢，参与者容易产生一种唯恐天下不乱的心理，在陌生人社会频繁地实施“自我豁免权”——“仅我一个人这样做，对整个社会的危害是微小的，或者说既然无人知道危害由我造成，那么规范对我个人而言便是无效的”。当行为者可以随意解释他所奉行的伦理规范，并用来为自己辩护时，那么不道德只是一种手段，而实质是“正义”的化身，因此“行为的我”并没有违反“道德的我”，“强国论坛”中活跃的发言者“数学”在一篇自述的帖子里说：“其实，我在强国论坛大搞概念上的欺骗，使劲地偷换概念骗得大家一愣一愣的。但是我有一点不同，就是我已经承认自己是在搞欺骗，正如一个魔术师承认自己是在作假，就不犯有诈骗罪。”

网络暴力存在的深层次原因在于社会个体存在的原子化与社会一体化之间的张力所致。网络社会的形成与崛起，社会个体逐渐原子化存在，将整个社会分裂成本质上不可沟通的孤单碎片，人们变成一群孤独的存在者，现代性不断再生出个人的原子化、碎片化以及与社会一体化的巨大矛盾，社会个体相较于以往任何一个时期更需要归属感，这种归属感在现实中找不到，转而渴求在虚拟世界中得到，于是出现了虚拟世界相较于现实世界中更为强烈的从众心理。从众心理是在个体与群体意见发生分歧的情况下，个体所具有的放弃自己意见而顺从群体的压力，并让步于大多数人的一种心理倾向。从心理学的角度来讲，从众使得个体得到安全感的同时也有效地回避了责任。但没有鲜明的自主意识，也容易受到影响，尽管其动机与做派可能完全是理性的，但在网络群体非理性行为的裹胁之下亦无法控制。

(七)多数网民是通情达理的，更多在乎的是尊重和态度

某种意义上说，中国的网民是“顺民”，传统的官尊民卑的思想依然存在，很多事件是这样的发展逻辑：事件发生—网民爆料—传统媒体跟进—网络热炒—形成舆论压力—政府部门介入—网民偃旗息鼓。很多事件只要政府部门做了回应，哪怕仅是话语上的回应，即使不能让人满意和信服，网民也会退出，如 2012 年出现了一系列烂尾新闻，如广州大校打人事件等，随着政府的表态和介入，网民也是在宣泄后逐步退出。可以看出一般网民的心态是基于其“草根”的特性，只要得到部分尊重尤其是政府部门的重视，就有了成就感和满足感。

综上所述，在社会化媒体的技术背景和转型期双重背景下的“公众的狂欢是上瘾的、孤独的；愤怒是有名义、少证据的；情感是脆弱的、善变的、幼儿化的”[①]。

三、社会化媒体时代网民心理疏导机制

根据以上网民心理的特征，在社会化媒体时代应该在以下几个方面加强网民的心理疏导，在此基础上，争取构建更加和谐的网络环境。

（一）正确认识网络的社会安全阀功能

在社会学研究中，美国冲突论的代表L. A. 科瑟明确提出和阐述了社会安全阀的概念。科瑟认为通过建立社会安全阀制度，使得社会情绪具有了替代目标和发泄渠道，有助于维护社会关系，他认为社会结构越僵化，安全阀就越重要，任何没有安全阀制度或安全阀制度不完备的社会结构，都是僵化的社会结构。

在当下的互联网管理逻辑中，时不时可以看到部分管理者依然将网络作为“洪水猛兽”，无论是打着“绿坝护航”抑或是“绿色办网”等旗号，背后总感觉到一种政治逻辑，即严格控制互联网，将互联网管理成为没有任何虚假、危害信息的绿色空间，“水至清则无鱼”，所谓纯净的互联网空间是不可能存在的。

从目前的互联网实践来看，网络一定程度上扮演了很好的社会安全阀角色，其在促进网民情绪宣泄、缓解社会戾气等方面具有其他任何媒介所不具有的社会功能，因此，对网络应该持正确的认识，切勿以“网络管理”为名，行“控制网络”之实。

（二）强化网络的社会代偿机制，有效疏导网民淤积情绪

在社会学中有所谓“弱者的武器”这一概念，即弱势一方通过既有的正规途径，比如诉讼、信访、请愿等，无法达到自己的诉求，无法与强者抗衡，转而寻求其他极端手段，比如上演跳楼、聚众停尸、人群密集处持械行凶等，表现在现实生活中一方面上访数量不断减少，而另一方面群体性极端事件不断发生。现实社会生活中这些手段往往比正规途径有效，故而会在整个社会中产生可怕的示范效应——“闹大了才可解决”取代了理性、合法的表达途径，造成了恶性循环。

一定程度上，网络具有社会代偿功能，可以一定程度上消解社会情绪，网民通过在网络上的戏谑、嘲讽甚至辱骂宣泄了对社会的不满情绪，化解了社会戾气，减少了网民付诸线下具体行动的可能性，是化解“弱者的武器”的最好宣泄场域。因此，要理性看待网络上的喧哗和群体极化现象，毕竟虚拟空间的压力比现实空间的压力要轻微。

---

① 胡百精主编：《中国危机管理报告（2008—2009）》，北京：中国人民大学出版社，2009年版，第7页。

（三）加强信息公开和透明化，压缩网络谣言生存空间

网络上经常出现数百万乃至上千万的民意啸聚，从本质上说，是公共权力和民众代表的“草根”的信息知情权之争，民众在这个争夺过程中处于“权利匮乏”的尴尬境地，谣言也是这种应激行为的伴随产品而已，因此，需要加强信息的进一步公开和透明化，切忌用“删、捂、拖”等方式来应对网络民意，这样不仅不利于事件的进一步解决，而且可能造成更大的民意啸聚。

同时，信息的公开透明，也会让网络谣言失去生存土壤，其实在很多情况下网络谣言的背后都有一个不积极作为或傲慢的公共权力部门。

（四）重视网民意见，积极回应网民质疑，积极展开与网络意见领袖的互动

网络民意在很多公共权力部门和管理者那儿都有“叶公好龙”之嫌，甚至作为了一种可以利用的政治工具。网民的意见是经过意见观点的交锋而呈现出来的显性民意，虽然并不一定全都是正确的，但具有一定的合理性，应该加以重视。

相关部门要积极回应网民的关切和质疑，哪怕是在管理部门看来部分网民的质疑是“不明真相的”，态度是相互的，只有尊重了网民，才能获得网民的尊重。同时，应该重视网络意见领袖在网民中的作用和价值，通过构建意见领袖数据库、线上线下双向互动行为，从而建立互信互认的信任机制。

（五）加强网络立法，打击网络不法暴力行为

从网民的心理特征分析可以看出，部分网民的确有网络话语暴力倾向，因此要加强网络立法，尤其是对网络上一些侵犯别人隐私和声誉的不良暴力行为要严惩，在维护网络良好言论氛围的前提下，加强对极端网络行为的管理也是网络健康发展的题中之意。

四、结语与讨论

社会学家托马斯认为，一个人对情境的主观解释（或定义）会直接影响他的行为。这就是所谓的托马斯定理。笔者认为网络事件之所以频发并以网络公共事件的形式呈现，上百万 ID 的网络啸聚，很大程度上与网民所定义的现实社会情景有关，因此了解社会化媒体时代网民的心理特征对网络事件的研究可以提供社会坐标谱系，研究社会化媒体时代的网民心理特征，为网络事件的研究提供宏大的叙事背景，一定程度上掌握网络事件生产、发展和“喧嚣”于网络传播场域的“土壤”，为把握网络事件的传播机制提供了基本定位和文化地图。

（作者：喻国明　中国人民大学教授）

项目名称：文化原创力与北京文化创新机制研究
项目编号：13ZHA024
项目负责人：曹卫东
项目信誉保证单位：北京师范大学

文化原创力与先进文化之都建设

文化原创力是文化创新的核心内容，提升文化原创力是建设社会主义先进文化之都的题中之意。目前，文化原创力的发展已经引起了理论界和政府有关部门的高度重视，但我们应该意识到，文化原创力不应只存在于政策、理论和口号阶段，要认识到当前我国文化原创产业领域面临的问题，积极探索文化原创力的发展实践之路，这是摆在我们面前更为重要而紧迫的任务。

一、文化原创力的定义及特点

文化原创力是文化持续发展的基本动力，是一个地区和国家的文化繁荣、具有生命力的重要标志。人才是进行文化原创的主体，是提升文化原创力的核心力量。顾名思义，文化原创力的首要特性在于它的“原”字，这里的“原”字既包含常说的“最初的”“原始的”，又包含“创新性”“独创性”之意。“原创力”意味着“人无我有”，文化原创精品应该用自己独特的表现形式和思想内涵，充分展现出本地区或本民族独特的文化资源、独特的人文自然景观、独特的世界观和人生体验。

文化原创力具有引导性和示范性，它可以带动文化产业的健康发展，引领更多文化精品的出现，为文化创新提供示范性意义，从而形成具有原创力的文化辨识力和文化感召力，“由此而创造出的文化艺术作品和工业技术产品就必然地会爆发出文化原创力的冲击力与凝聚力，会形成对于社会政治经济文化的深刻而持久的推动作用”①。

在进行文化原创时，还可以借鉴其他民族的优秀文化元素，融进自己的精神内涵，创作出既“多元化”而又不失个性的作品。《功夫熊猫》作为好莱坞的原创文化精品，它的个性化特征体现在古老的东方元素和美国的平民英雄叙事的高度融合。这样的原创文化产品才会有持久的生命力和强大的竞争力。

文化原创力的提升离不开对传统文化的传承。“传统文化是人们在历史的

① 曾凡：《呼唤文化原创力》，《人民日报》，http：//shiping. cctv. com/20090724/102281. shtml。

创造与选择过程中形成的经济伦理、政治伦理、社会伦理等价值体系及依循该价值体系将生活目标付诸实现的经济、政治、社会实践等实践体系，它构成的价值体系是各个文化体中最为稳定的部分。”[①]中华五千年传统文化为当下的文化创新提供了丰富的滋养和“模仿”的对象，胡适曾经说过：“所谓创造只是模仿到了十足时的一点儿新花样，凡不善于模仿的人必不善于创造。”[②]

文化原创力根植于对生活的感知和对现实的理解。“‘文化原创力’并非指凭空地虚构和天马行空的玄想，而是独到地发现和独特地表达既有的现实经验。文化创造着眼于‘新’，却用功于‘旧’。老舍以悲天悯人的情怀观照老北京胡同里琐细的日常生活，将耳闻目睹的贫民世界点点滴滴细密编织，造就了《月牙儿》《我这一辈子》《骆驼祥子》这样脍炙人口的作品，便是创新。”[③]

文化原创力的发展需要相关人才的创造性思维和超前化想象，充分发挥主观能动性，在文化领域敢为天下先，能想别人所不能想。在信息化条件下，还需要文化原创人才能够运用各种现代科技手段将自己的观念表现出来。芬兰 Rovio 公司出品的小游戏《愤怒的小鸟》在全球拥有 7500 万粉丝，甚至英国首相卡梅伦也是这款游戏的忠实玩家。这款游戏的设计者在大学时代就获得过游戏大赛冠军，他们充分利用苹果公司的 iPhone、iPad 进行研发和营销，用科技带动文化原创力发展。

文化生态的丰富和活跃是进行文化原创的必要条件，“文化生态是指人类适应环境而创造出来并身处其中的历史传统、价值观念、社会伦理、科学技术、宗教信仰、文艺活动、民间习俗等，是人类文明在一定时期形成的生产生活方式与观念形态，是一种生存智慧、生存策略。”[④]文化生态关系到文化的生成、传承和存在状态，对文化原创力的发展有重要影响。

二、我国文化原创力发展现状及问题

近年来，中央高度重视社会主义文化建设，这为我国文化原创力的提升提供了新的发展契机。目前，在相关政府部门的正确领导下，在文化原创机构的自身努力下，在社会各界的扶持带动下，我国的文化原创产业取得了显著的成绩，文化原创能力得到了一定的提升，这主要表现在图书原创力、影视原创力、动漫游戏原创力、广告原创力等方面。

---

① 古龙高：《统筹兼顾文化传承与文化创新》，《淮南工学院学报(人文社会科学版)》，2012 年第 1 期。

② 转引自《文化原创力死于“山寨”》，《深圳特区报》，http：//www.sznews.com/news/content/2008-10/22/content_3322733.htm。

③ 董阳：《文化创造要“陈言务去”》，《人民日报》，2011 年 3 月 25 日。

④ 徐健：《当代中国文化生态研究——基于文化哲学的视角》，华东师范大学博士学位论文，2008 年。

(一)图书原创力

原创图书是经济、科技、文化原创力在出版文字上的反映，是相关作者、编辑创造性思维的结晶。在我国的原创图书中，既有畅销书，也有常销书，原创力表现在文化、经济、科学、工程技术等各个类别的图书上。此外，学者的学术专著也是我国原创图书的重要组成部分。

但是，目前我国的图书出版业存在着很多不足，图书原创力不足是其中的一个突出问题。我国每年出版的图书有 30 多万种，但在已出版的图书中，存在着大量的低水平重复现象，这在教辅学习类图书和传统文化类图书中表现尤为明显。此外，跟风出版也是影响我国图书原创力进一步提升的重要问题，如中信出版社引进的《乔布斯传》在国内热销之后，近期各类关于乔布斯的图书层出不穷。

(二)影视原创力

从国家新闻出版广电总局了解到，目前，我国已经成为世界第一大电视剧生产国，平均每天生产电视剧 40 集左右，2011 年，我国的电影年产量达到了 791 部，位居世界第三位，实现了 2002 年产业化改革以来连续九年的增长。但是，我国的影视剧呈现出数量多而原创精品少的特点。无疑，原创影视剧需要一定的资金，但是资金不是最主要的条件，《亮剑》和《士兵突击》的投入并不多，但是它们却以打动人心的情节、丰富的人性表现、精湛的演技成为影视原创精品。

随着文化体制改革的不断深入，民营企业在影视原创方面十分活跃，这些企业有荣信达影视艺术有限公司、飞腾影视制作公司、格翼诗文化传媒有限公司、水晶石影视传媒有限公司、艺海星空国际影视文化传媒有限公司、巨星世纪影视策划中心、光影互动影视文化传播有限公司、维汉文化传播有限公司、子怡影视文化传媒有限公司、梦想空间国际影视文化发展有限公司等，它们曾独立或参与制作出《大明宫词》《孔子》《人间四月天》《大宅门》等原创影视剧。

我国影视原创力的不足主要体现在题材和内容方面，这些题材集中在革命、爱情、家庭、都市、农村、历史、谍战等方面。在影视剧的内容方面，编剧和导演在人物形象的塑造、情节的安排、环境的描写上，原创力和想象力不足，存在着普遍的重复现象，降低了影视剧的整体质量。除此之外，续拍、翻拍现象的泛滥也是制约我国影视原创力发展的重要因素。

(三)动漫游戏原创力

根据《中国动漫产业发展报告(2011)》，我国已经取代日本，成为世界第一大动漫生产国，2009 年我国的动画片年产量达到 17 万分钟，2010 年已经突破 26 万分钟。但是，我国的动漫游戏商长期以来以“代工”为主，缺乏原创能力，并且《中国文化品牌发展报告(2012)》指出，目前国内 85%的动漫企业处于亏损状态，资金的不足使得一些企业更不愿承担原创风险。

我国动漫游戏原创力发展的困境表现在以下几方面：首先，动漫游戏的年制作数量不少，但是思想内涵和人物塑造水平有待进一步提高。其次，有些动漫游戏制作人急于求成，不经过充分的论证、学习和沉淀就盲目上马，制作过程更是粗糙。与之相比，比如好莱坞原创影片《功夫熊猫》的制作历时五年，其导演奥斯波恩在拍摄这部电影前，曾经钻研中国文化30年，这种创作心态值得我们反思和学习。最后，部分动漫游戏产品低水平模仿和复制西方同类产品中的元素，缺乏文化个性和民族特色。

(四)广告原创力

原创是广告产业的本质要求，任何一个引发公众关注的广告都有自己独特的形式和内容，据国家工商总局广告司透露，目前，我国的本土广告业以超过30%的增速迅猛发展，此外，由于强劲的经济增长所带来的广阔市场前景，许多国外大型广告公司纷纷进军中国，目前，仅在北京就有560多家外资广告公司，促进了我国的广告原创理念与方法的国际化，提高了我国的广告原创力。

但是，我国的广告产业仍然面临着原创力不足的问题，各类媒体上播出的和我们在日常生活所接触的广告很多都是平庸的、陈旧的，不具备独特的文化个性和积极的示范作用，缺乏对现实生活的理解和对人生的关照。例如，“饮食类广告的风格总是一家其乐融融，服饰类的总有明星充当模特，服务类的总有梳着高发髻的制服美女微笑恭候，汽车类的则总是塑造一社会精英型男，驾着车一会儿去画建筑图纸，一会儿去做成果演讲。①”很多广告甚至存在着形式粗糙、内容复制的现象，这样的广告，既有损社会文明也会在一定程度上误导观众。

三、文化原创力与先进文化之都的关系

2011年12月，中共北京市委十届十次会议全会审议通过了《中共北京市委关于发挥文化中心作用，加快建设中国特色社会主义先进文化之都的意见》（以下简称《意见》）。《意见》指出，认真贯彻落实党的十七届六中全会精神，推动首都文化大繁荣大发展，建设中国特色社会主义先进文化之都，是当前和今后一个时期全市重要而紧迫的战略任务。

该《意见》同时体现了北京市高度重视文化原创力在经济文化发展中的重要作用。《意见》提出，各级相关政府部门要大力实施文化创新工程和文化创意产业提升工程，支持企业开发原创性文化产品，政府的重视和扶持表明，

---

① 王辰：《盘点汽车广告九宗“罪”，国内缺乏创意》，http：//autos.cn.yahoo.com/ypen/20120217/870815_1.html。

文化原创力对北京建设社会主义先进文化之都有着重要的意义。文化原创力与建设先进文化之都的关系，具体体现在以下四个方面：

(一)文化原创力与城市精神文明建设密切相关

精神文明建设的基本目标是提高人的精神文化素质，提高人们的思想道德水平。文化原创不仅提供新的文艺作品，更影响文艺受众的审美取向和价值观，引导人们自觉地改造自己的精神世界，接受最新文艺形式和蕴含在其中的思想内容的熏陶，增强对新鲜世界和传统文化的再认识，从而提高人们认识世界、改造世界的能力。

对于一个城市的精神文明建设来说，优秀的文化原创作品可以提高城市的文化凝聚力，增强人们的文化自豪感。桂林广维文化旅游文化产业有限公司与张艺谋合作拍摄的《印象·刘三姐》宣传了桂林地区的民俗风情和优美的山水风光，获得了巨大的成功，在全国范围内产生了积极的影响，经常出现一票难求的盛况。这一文化原创精品极大地鼓舞了人心，增强了桂林人民进行经济社会文化建设的干劲。

(二)文化原创力是文化产业发展的核心引擎和支柱

党的十七届六中全会通过了推动社会主义文化大发展大繁荣的重要决定，决定指出，要加快发展文化产业，推动文化产业跨越式发展，构建结构合理、门类齐全、科技含量高、富有创意、竞争力强的现代文化产业体系，使之成为国民经济的支柱性产业，成为新的经济增长点、经济结构战略性调整的重要支点、转变经济发展方式的重要着力点，为推动经济、社会、文化全面发展提供重要支撑。

文化原创力是文化产业健康发展的核心推动力，是其持续发展的重要支柱，文化原创力的提升是文化产业实现“质”的变化发展的重要保证。原创是文化产业发展的灵魂，只有具有强烈的个性特征、能够给人耳目一新的感觉的产品和服务才会在文化产业中拥有一席之地。文化原创产业大多集中在相关人才集中、配套设施完善、市场需求广阔的城市地区，在一线城市和文化特色鲜明的城市尤为突出。北京作为我国的政治文化中心、历史文化名城和国际交流中心城市，文化原创能力较强，其对文化产业发展的带动作用也十分明显。

(三)文化原创力是城市软实力、竞争力的重要表现

对于北京而言，发展文化原创力不仅是创新时代的内在要求，也是增强城市软实力的必然举措，它赋予北京文化以全新的载体和全新的生命力。发展文化原创力是提升北京文化软实力的根本路径，优秀的原创文化精品有助于增强北京文化的辐射力和感染力，增强外界对于北京文化的了解和认同，进而全面提高北京的文化软实力。

文化原创力也是城市竞争力的重要表现。“在现代激烈的国际国内竞争中，一个城市的产业是否能保持其强劲的竞争能力取决于它是否能通过不断地创新来提升和创造其核心竞争优势。[①]”文化原创力是城市创新能力的重要表现，是一种文化与经济高度融合而形成的综合竞争力。大力发展文化原创力，有助于实现经济效益和文化效益的双丰收。

（四）文化原创力是世界城市的必要品格

2012 年 6 月，北京市第十一次党代会通过决议，将建设有中国特色的世界城市作为北京今后一个时期内的重要任务。世界城市是指“在全球政治、经济、文化、社会等方面具有最高影响力的城市，世界城市是国际城市的高端形态，而国际城市是指那些具有较大规模且城市现代化和国际化职能效应都达到‘极强’或‘较强’程度，在全球经济中具有重要地位作用的国际性城市”[②]。

文化原创力是世界城市的必要品格，一个只能在文化领域进行复制和低级模仿的城市是不能成为世界城市的，因为世界城市的一个重要特征就是其文化原创能力十分强大，文化原创人才众多，文化原创精品对世界文化发展有着显著的引导力，文化创意产业对世界有着广泛的辐射力，目前全球公认的世界城市有四个：纽约、伦敦、巴黎和东京，这四个城市的文化原创力在全世界都处于领先地位。

以巴黎为例，巴黎是世界的“时尚之都”，聚集了大量优秀的时装设计师，这里原创的各类时装引领着每年的全球时尚潮流；巴黎的美术举世闻名，出现过“新古典主义”“浪漫主义”“印象派”“现代主义”等影响深远的艺术流派；众多的思想家、哲学家行走在巴黎的“左岸”，大量原创性的思想和改变世界的意识形态在这里产生。北京在建设世界城市的过程中，亟须打造这样一张响亮的、具有世界影响力的原创文化名片。

为提升北京文化原创力，加快社会主义先进文化之都的建设，北京市提出，“到 2020 年，要把首都建设成为在国内发挥示范带动作用、在国际上具有重大影响力的著名文化中心城市，成为全国文化精品创作中心、文化创意培育中心、文化人才集聚教育中心、文化要素配置中心、文化信息传播中心、文化交流展示中心，发挥好首都文化中心的表率引领作用、辐射带动作用、提升驱动作用、桥梁纽带作用、荟萃集聚作用”[③]。

---

① 《2005 中国城市竞争力述评》，北京：社会科学文献出版社，2005 年版。

② 龙露：《北京 2050 年将建成世界城市》，《北京晚报》，http：//news. sina. com. cn/c/2010-03-03/175219781243. shtml。

③ 赵新政：《北京将加快建设先进文化之都》，《劳动午报》，http：//media. workercn. cn/ldwb/2011 _ 12/26/GR0101. htm。

四、提升北京文化原创力，建设先进文化之都的对策建议

（一）多方融资，加强对文化原创产业的投入

北京文化原创力的提升，离不开各级政府部门和相关社会团体的投入与扶持。文化原创力作为一种软实力，它的存在和发展需要以硬实力为基础。同时，北京文化原创力的发展不能仅仅依靠政府，还应开拓更广泛的融资渠道，努力搭建相关融资平台。可以通过制定优惠政策，积极引导和鼓励社会团体、各类企事业单位投资原创文化产品，扩大文化原创产业直接融资规模。相关商业银行也可以探索多种类型的文化原创项目的贷款模式，“对于融资规模较大的文化企业，以银团贷款等方式提供金融支持；对处于产业集群或产业链中的中小文化创意企业，探索联保联贷等方式提供金融支持”①。

（二）优化文化人才培养环境，打造原创文化精品

人才是进行文化原创的主体，是提升北京文化原创力的核心力量。北京作为全国教育文化中心，聚集了众多的知名高校和专业培训机构，可以以此为依托，大力培养文化原创人才。王克修在《如何大力培养文化产业人才》一文中，建议“制定文化产业人才培养的科学规划，形成产学研相结合的培养机制，加强文化产业人才‘创意’的培养”②。除此之外，根据现有的理论和实践成果，有导向的甄选、学习与培训，创造优良的创意环境，实行创意管理也是培养文化原创人才的关键因素③。

（三）加快文化体制改革，健全文化原创产业经营管理机制

文化原创产业的健康持续发展离不开健全的文化原创产业经营管理机制，北京是中央确定的全国文化体制改革试点地区，其文化体制改革一直处在全国前列。目前，“北京市国有经营性文化事业单位转企改制取得突破性进展。目前已完成经营性出版单位、发行单位、电影发行放映单位的转企改制。北京市设立了重点文化企业储备库，组织上市培训，完善企业上市工作联动机制。”④2012 年 6 月，北京成立了北京市国有文化资产监督管理办公室（以下简称“文资办”），文资办的成立有助于“推进文化企事业单位改革重组，建立现代企业制度，促进文化产业发展，落实文化创新、科技创新‘双轮驱动’战略，整合中央和市属资源，培育文化新业态，推动文化与科技、金融等领域融合

---

① 魏谙书、张宇天放、王硕：《文化产业融资的金融创新及相关建议》，《现代商业》，2012 年第 9 期。

② 王克修：《如何大力培养文化产业人才》，《人民日报》，2012 年 2 月 15 日。

③ 孟琦：《文化产业创意人才的素质结构及开发途径探究》，《商品与质量》，2012 年第 S5 期。

④ 万一等：《站上文化发展制高点——北京天津山西宁夏四地文化体制改革成果综述》，《人民日报》，2011 年 4 月 29 日。

发展，做强做大文化产业”[①]。

(四)加强知识产权保护力度，提高文化原创者的合法收益

知识产权保护一直是北京文化产业发展中的薄弱环节，很多原创精品出版发行后不久，就遇到了严重的盗版问题。盗版图书大多印制粗糙，错别字较多，但由于价格便宜，且内容与正版大致相同，因而吸引了不少消费者购买，这些盗版产品对文化原创者的合法利益造成了很大冲击。

为保护文化原创者的合法收益，首先，全国人大要加强知识产权立法，学者王兴东认为，相关法律应该明确确定：“原创作者对于其首创作品及文学形象拥有无限期无约束的控制权利，一切改编、翻译、汇编、演出、录音、影视、网络、数字等形式使用其作品，均须经原始著作权人授权才能使用，并支付相应的报酬。对因其使用后而产生的其他衍生产品，除原作者特别约定转让外，无可争辩地拥有一定份额的版权收益。”[②]其次，北京市相关部门要加强执法，政府部门要加强市场监管，加大对盗版行为的处罚力度。最后，要加强对知识产权理念的宣传，使广大消费者自觉形成购买正版文化产品的习惯。

(五)推动原创文化精品“走出去”，增强北京文化的世界影响力

推动原创文化精品“走出去”是建设先进文化之都和世界城市的必然举措，它有助于加强北京与世界各地的文化联系，在文化交流的过程中增进友谊和相互了解。通过展现北京的古老文化传统，展现当代北京的经济文化成就和北京人的精神风貌，增强北京在世界范围内的文化影响力和文化导向力，为建设先进文化之都和世界城市增光添彩。

综上所述，文化原创力是原创精神和原创方法在文化领域内的表现，它具有原初性和引导性特征，具有鲜明的个性魅力。文化原创力与城市精神文明建设密切相关，是文化产业发展的核心引擎和支柱，是城市软实力、竞争力的重要表现，是世界城市的必要品格。北京作为我国的政治、文化中心，聚集了大批优秀的文化原创机构和文化原创人才，但是也存在着低水平重复、想象力不足、缺乏文化个性等问题。为提升北京文化原创力，加快社会主义先进文化之都的建设，我们建议：多方融资，加强对文化原创产业的投入；培养文化原创人才，打造原创文化精品；加快文化体制改革，健全文化原创产业经营管理机制；加强知识产权保护力度，提高文化原创者的合法收益；推动原创文化精品“走出去”，增强北京文化的世界影响力。

---

① 《北京文化体制改革推出新举措》，《经济日报》，http：//news.10jqka.com.cn/20120620/c528147956.shtml。

② 王兴东：《提升原创力，才能打造文化强国》，http：//lianghui.people.com.cn/2012cppcc/GB/17270197.html。

参考文献

[1]杨亮：《呼唤文化原创力》，《光明日报》，2012 年 8 月 2 日。

[2]魏谙书、张宇天放、王硕：《文化产业融资的金融创新及相关建议》，《现代商业》，2012 年第 9 期。

[3]张玉玲：《盘点近期文化产业热点》，《光明日报》，2012 年 8 月 2 日。

[4]刘克梅：《文艺作品原创力枯竭呼唤“有尊严的创作”》，《检查风云》，2011 年 23 期。

[5]董阳：《文化创造要“陈言务去”》，《人民日报》，2011 年 3 月 25 日。

[6]高书生：《如何增强文化原创力》，《人民日报》，2011 年 3 月 29 日。

（作者：万安伦　北京师范大学教授）

项目名称：公共外交视野下“中国梦”的国际传播研究
项目编号：13ZHA026
项目负责人：张　超　钟　新
项目信誉保证单位：中国人民大学

论“中国梦”的对外传播：新公共外交的视角

“中国梦”是中华民族伟大复兴的一个愿景，属于国家品牌建构中的前景品牌建构(Promise Branding)，即对一国未来期待形象的建构。① 实现“中国梦”，对内我们要坚持中国道路、弘扬中国精神、凝聚中国力量，对外要营造良好的国际舆论环境。历史上，美国成功地向世界推介了“美国梦”，一定程度上为美国的发展提供了精神动力，营造了良好的世界舆论。② “中国梦”亦是如此。

当前国际上还存在着对“中国梦”的种种误解，这也使某些国家公众对“中国梦”存有顾虑。自己不表达便会被别人表达，如今，“中国梦”已经成为国际话语争夺的一个焦点。如何有效地传播“中国梦”，将“中国梦”宣传好、阐释好，既是提升中国对外传播软实力的客观要求，也是为“中国梦”营造良好国际舆论环境的题中之意。

一、对外传播与新公共外交

“对外传播”的概念在中国语境中有狭义理解和广义理解之分：狭义理解是指中国对外媒体以大众传播形式开展的对外宣传；广义理解是指一切面向国际公众的传播行为。本文对“对外传播”持广义理解的观点。

对外传播通常被视为公共外交的一种主要形式，但二者并不完全重合，只有为了国家利益有意或无意开展的对外传播行为才是公共外交的一部分。

公共外交(Public Diplomacy)自 1965 年由美国塔夫茨大学教授埃德蒙·

---

① Tatevossian, A. R., Domestic Society's (Often Neglected) Role in Nation Branding, *Place Branding and Public Diplomacy*, 2008(2), p. 189.

② 骆郁廷、史姗姗：《话语权视域下的中国梦》，《湖北大学学报(哲学社会科学版)》，2014 年第 4 期。

格利恩(Edmund Gullion)使用以来[①]，其内涵在近五十年间不断丰富，到 21 世纪初逐渐演化出传统公共外交和新公共外交两种理念。目前对公共外交普遍的理解是：与对方人民建立关系的过程，以促进利益及扩展价值观。[②] 因为一国外交政策的制定与实施不仅受到国际环境的影响，还受到国内舆论的影响，公共外交的作用方式即是通过影响对象国的公众，进而影响对象国的政府。

传统公共外交和新公共外交间的差别主要在于实践主体不同：将公共外交的实践主体限定在各国政府或由政府授权的主体，被称为传统公共外交[③]；将在对外交往过程中起到公共外交作用的、无政府背景的非政府行为主体和个人也纳入到公共外交主体则是新公共外交或全民外交。[④]

此外，传统公共外交重在定向传播信息，新公共外交重在关系建立；传统公共外交是自上而下地垂直式传播，新公共外交是任何行为主体的水平传播。无论传统公共外交还是新公共外交，均是行为主体面向对象国公众塑造本国良好形象、实现国家利益的行为。

二、“中国梦”对外传播的话语优势

“中国梦”既是中华民族的奋斗目标、未来的中国国家形象，亦是中国的国家品牌。“中国梦”作为一种意识形态话语，具有显著的对外传播优势，主要表现在以下三个方面：

(一)“中国梦”的跨文化符号认知优势

从符号学分析“中国梦”，我们看到“中国梦”的对外传播价值在于两个方面：

一方面，“中国梦”是当代中国的标志性符号。2011 年，在一项针对美、德、俄、印等国公众的“中国文化印象”调查中，长城、中国烹调、龙、中国功夫成为代表中国的世界级符号。[⑤] 代表中国的文化符号都是传统的中国符号，缺少具有辨识度的当代中国文化符号。习近平强调，“中国梦”的宣传和阐释，要与当代中国价值观念紧密结合起来。[⑥] “中国梦”作为当代中国的政治

① 公共外交作为术语首先出现于 1856 年 1 月 15 日的《泰晤士报》，当时只是被当作是“举止礼仪”(Civility)的同义词来使用，埃德蒙·格利恩使用后具有现在的含义。参见 http://fletcher. Tufts. edu/murrow/public-diplomacy. html。

② 卢咏：《第三力量——美国非营利机构与民间外交》，北京：社会科学文献出版社，2011 年版，第 223 页。

③ 相关定义参见韩方明主编：《公共外交概论》，北京：北京大学出版社，2011 年版。

④ 相关定义参见钟新：《新公共外交：软实力视野下的全民外交》，《现代传播》，2011 年第 8 期。

⑤ 北京大学新闻与传播学院课题组委托北京益派市场咨询调查有限公司通过美国国际抽样调查公司(SSI)，对美国、德国、俄罗斯、印度、日本五国公众进行了调查，相关结果参见王丽雅：《中国文化符号在海外传播现状初探》，《国际新闻界》，2013 年第 5 期。

⑥ 习近平：《建设社会主义文化强国　着力提高国家文化软实力》，《人民网》，http://cpc. people. com. cn/n/2014/0101/c64094-23995307. html。

文化符号，内含中国特色社会主义的核心价值观，将中国道路、中国精神、中国力量纳入其中，是国际公众了解当代中国的新符号。

另一方面，“中国梦”依托“梦”的符号，在跨文化传播中打通了不同文化间的意义空间。作为“梦”的一种，“中国梦”的意象具有普遍性、人格化等特征，能引起人的情感共鸣，习近平指出，“中国梦”是和平、发展、合作、共赢的梦，与包括“美国梦”在内的世界各国人民的美好梦想是相通的。[①] 这使我们与别国公众的交流关系不再是“他者”的关系，而是“我们”“自己人”，这易于别国公众理解、接受和认可。

(二)“中国梦”的话语转换与对接优势

“中国梦”的话语内涵是国家富强、民族振兴、人民幸福，本质是中国特色社会主义的共同理想。从社会主义共同理想到形象的“中国梦”，有学者认为“中国梦”的提出是中国意识形态领域又一具有划时代意义的话语创新和话语再造。[②] 因为话语转换为“中国梦”体现着一种平等、尊重意识，让中国特色社会主义的共同理想形象化、通俗化，使之更亲和、更清晰、更具体。[③]

话语转换的意义在于转换后的话语可以在短期内实现话语的广泛传播和认可。人们在“梦想”这个相同的概念下相互参照，最终可能找到跟人性更为接近的共同点。

长久以来，中国在西方被称为“社会主义中国”，贴上“社会主义”的标签通常会被西方公众先入为主地排斥，使我们的话语体系很难被别人接受。“中国梦”让话语的意识形态因素内敛化，在表达方式和内涵上易于别国公众接受。“中国梦”让人不禁联想到“美国梦”，虽然二者存在诸多差异，但从话语对接的角度讲，可以快速地让人理解和认可。“中国梦”用“梦”对接了“别国梦”和“世界梦”，进而对接了世界话语体系，这样我们在与世界各国的交流时便有了更多的共同话题、共同语言，这不仅有利于理解、沟通，也有利于增进了解、消除分歧，以实现互利共赢。[④]

(三)“中国梦”的共享价值观优势

约瑟夫·奈(Joseph Nye)认为软实力是一种依靠吸引力，而非通过威逼或利诱的手段来达到目标的能力。在对外传播中，别国公众是否认同“中国梦”，很大程度上取决于“中国梦”与别国公众共享价值观(shared values)的契合度。共享价值观是“在当今两种文化中或两国民众中都接受或追求的价值

---

① 《习近平在同美国总统奥巴马共同会见记者时的讲话》，《人民日报》，2013年6月9日。

② 王明春：《论中国梦的话语内涵与话语功能》，《吉首大学学报(社会科学版)》，2014年第4期。

③ 匡和平：《“话语转换”视角下的马克思主义大众化——兼谈“中国梦”的话语效果》，《成都理工大学学报(社会科学版)》，2013年第6期。

④ 巩联军：《中国梦，话语体系的政治智慧——十八论中国梦》，http://jgdw.lnpu.edu.cn/info/1019/1274.htm。

观，就是使大家在精神上都得到满足的原则和信念”。[①]

“中国梦”的价值内核在对外交往方面包含着“新义利观”，即“有原则、讲情义、讲道义”。还包含着普遍联系的观点：命运共同体。习近平指出：“这个世界，各国相互联系、相互依存的程度空前加深，人类生活在同一个地球村里，生活在历史和现实交汇的同一个时空里，越来越成为你中有我、我中有你的命运共同体。”[②]“命运共同体”意味着中国与世界的联系是“一荣俱荣、一损俱损”。“命运共同体”的理念也得到美国的积极回应，2014 年 11 月，美国总统奥巴马在 APEC 工商领导人峰会演讲时表示：“我想重复一次，我们欢迎一个繁荣和平稳定的中国，符合中美和世界的利益，我希望中国能成功。”韩国总统朴槿惠在访华时指出：“中国正朝着中华民族伟大复兴的‘中国梦’奋勇前进，韩国也向着开启国民幸福新时代的‘韩国梦’迈进。”

三、用新公共外交策略传播“中国梦”

(一)“中国梦”的国际传播概况

当今世界的信息流动是不均衡的，当前“中国梦”存在两类“传播逆差”，一类是国内关注与国外关注的逆差，即“中国梦”在国内广受关注，中国对外媒体在对外传播时加大了报道比重，但是国外主流媒体关注度较少。另一类是对外阐释与对外理解的逆差。根据新华社对外部“中国国际传播研究中心”的调查，“中国梦”在海外遭到歪曲解读。

鉴于当前“中国梦”在对外传播中遇到的诸多问题，一方面需要我国在国际事务中，通过集体认同(collective identity)，[③] 与各国建立起信任关系，还要改变以往主要依靠中国对外传播媒体的单一路径，应当综合利用大众传播、群体传播、人际传播等形式，构筑立体多元的传播体系，新公共外交思维是值得借鉴和参考的框架。

(二)“中国梦”对外传播的新公共外交理念

1. 真实的而非化妆的

以往中国对外传播的主要目的是展示中国良好的国家形象，在信息传播全球化时代，媒介环境已经改变，以往政府可以控制信息的跨国界流动，但随着互联网和自媒体的发展，每个人都具备全球传播的可能性，而且对内传播与对外传播的界限也愈渐模糊，因此这就要求对外传播获得良好传播效果的前提是真实的。内容是真实的，意味着态度是真诚的。世界上没有十全十

---

① 关世杰：《对外传播中的共享性中华核心价值观》，《人民论坛》，2012 年第 15 期。

② 《习近平在莫斯科国际关系学院的演讲》，《新华网》，http://news.xinhuanet.com/world/2013-03/24/c_124495576_3.htm。

③ 刘小燕：《国家对外传播的“软环境”分析》，《国际新闻界》，2010 年第 3 期。

美的国家，每个国家都有自身的优势和存在的问题，在“中国梦”的对外传播上，应当依据国际受众的兴趣点，真实、客观地报道中国、阐释“中国梦”，而不是采用“化妆”或“粉饰”的手段糊弄国际受众。

习近平认为要“引导人们更加全面客观地认识当代中国”，并提出了四个“讲清楚”①，强调了在对外传播中，真实、客观的重要性。以外宣纪录片为例，当前中国对外传输的外宣纪录片难以在西方主流世界引起反响，一个重要的原因在于，外宣纪录片采用的是“宣传”的理念，只说中国好的一面，避而不谈中国存在的问题。探索频道主编说，这使他们不得不使用其他国家拍摄的中国纪录片。2012 年上海外语频道播出了《中国面临的挑战 I》，随后在西方主流社会引起很大反响，在美国的 189 家电视台累计播出了 1323 次，这部外宣纪录片之所以受到西方观众欢迎，原因在于改变了以往外宣纪录片“赞歌式”的宣传，而是客观、真实地讲述了中国面临的各种问题。因此只有我们在传播过程中真诚相待、真实呈现，才能最终得到国际公众对“中国梦”的正确认知和认可。

2. 倾听的而非独白的

倾听是指我们要了解对象国公众对“中国梦”的关注。通常我们研究对象国的舆论会聚焦对象国主流媒体的报道。虽然这些报道能在一定程度上反映该国舆论，但并不一定是科学的，因此真正的“倾听”需要在对象国展开多层次的调研工作，多层次是指宏观——国家形象调查、中观——国家议题评价调查、微观——单一事件（或政策）调查。目前我国已在世界范围开展了国家形象调查，而后两者较少。中国对海外的舆情监测应当加强，西方政府和媒体善于民意调查，中国也应学习，在对象国开展定期性的调查，倾听不同声音，有的放矢地进行“中国梦”的传播。

倾听还意味着在传播策略上的具体环境具体分析。以往我们在对外传播理念上实现了从“内外有别”到“外外有别”的提升，意识到了国际受众的复杂性，但具体怎么做，还有待提升。如高文化语境国家与低文化语境国家在信息接收和表达方面存在着差异，所以在信息传播上要进行本土化处理。在国际关系层面，对中国有“忧虑”的国家，对外传播时不能片面强调中国的“复兴”，而应当强调中国与该国的紧密联系、中国崛起对世界的贡献以及中国对世界的责任，将“中国梦”与对象国的梦想联系起来，强调“命运共同体”的观念。

对于两国间不太认同的观念，要“和而不同”“求同存异”。以“中国文化印象”调查为例，共同富裕、以人为本和集体主义，是不被受调查国公众认可的

---

① 习近平：《讲好中国故事　传播好中国声音》，《新华网》，http://news.xinhuanet.com/zgjx/2013-08/21/c_132648439.htm。

中国价值观念①，因此在对外传播“中国梦”时应有舍有留，强化共识，弱化分歧。

3. 整体的而非片段的

“中国梦”在跨文化传播中要注重意义的整体输出，而非零碎地、片段式地输出。因为“中国梦”传播的核心在于其蕴含的意义和价值观，而非符号、概念的单纯告知。当前“中国梦”在学界和对外传播的阐释中存在着简单化、片面化理解的倾向。有学者指出，目前国内思想界关于“中国梦”的论述，大多是自说自话，一味强调民族复兴、国家崛起，很少提及中国应当承担的国际责任，也未能有效回应全球社会对中国的期待。② 因此导致一方面现有的论述不容易被国际舆论所接纳，另一方面加重了国际舆论对“中国梦”的误读。

另一个值得关注的问题是，国内出现了言必称“中国梦”的简单化理解和简单化传播的倾向。似乎任何集体、个人的成功都可以用“中国梦”套用，将“中国梦”的认知概念化、机械化，使“中国梦”的传播浮于表面。造成这一问题的实质在于研究者和传播者对“中国梦”的内涵与外延缺少整体把握，对中国梦的理解过于宽泛。因此加强对“中国梦”涉外内涵的研究、阐释，形成系统的对外传播话语体系，并与国际话语对接是今后“中国梦”传播的重要议题。

4. 长远的而非近利的

作为前景品牌建构的“中国梦”，其对外传播是贯穿于“中国梦”的提出到实现的始终。所以我们要从公共外交的三个维度来规划“中国梦”的对外传播，即新闻管理（短期）、战略沟通（中期）和关系建立（长期）三个维度。

新闻管理是指通过日常的外交政策报道，在危机发生时对受众认知上的分歧进行协调，减少危机对本国形象的损失。战略沟通是指通过一定时期内精心策划的一系列活动，传递战略信息、扩大单一事件的政治影响力，形成或增强外国公众对本国的认知，通常需要几周至几个月的时间。关系建立是指通过学术交流、人员培训、国际研讨会等形式，在个人层面与重要的个人建立良好的关系，需要几年甚至几十年的时间。③ “中国梦”的对外传播需要综合利用各种行为主体，建立短、中、长期的传播策略（见表 1）。

---

① 关世杰：《对外传播中的共享性中华核心价值观》，《人民论坛》，2012 年第 15 期。

② 史安斌：《“中国梦”：提升对外传播内容与效果的新契机》，《对外传播》，2013 年第 7 期。

③ 李江宁：《9·11 之后美国对伊斯兰世界公众外交评析》，中国人民大学硕士学位论文，2005 年。

表 1　新公共外交中各行为主体的"中国梦"传播分析

主体	互动方式	可信度	覆盖面	手段	主要层次
对外媒体	间接	中或低	广	议程设置 讲好故事	日常沟通 战略沟通
企业	直接	中或高	广	产品体验 企业营销	战略沟通 关系建立
舆论领袖	直接或间接	中或高	视情况而定	多种形式	战略沟通 关系建立
公众	直接或间接	视情况而定	视情况而定	多种形式	日常沟通

注：该表为作者整理

对于"中国梦"的传播必须要立足长远，而非求一日一时之利。我们正处于实现"中国梦"的过程中，许多因素会影响先前的传播效果，如国家间关系、国家利益、意识形态、文化观念等。一次严重的环境污染事件，可能会将以前中国对环境保护所做的努力付之东流。但"中国梦"的构成中有物质层面，它的客观存在是不以人的意志为转移的。随着潜移默化的影响，对象国公众会越来越客观地看待中国，看待"中国梦"。

(三)"中国梦"的对外传播主体及实践方式

1. 对外传播媒体：提升议程设置能力，讲好"中国梦"

当前我国已经构建起了立体、多元的对外传播体系，对外传播力不断提升。中国的对外传播媒体是"中国梦"进行对外传播的主力。习近平指出要着力推进国际传播能力的建设，创新对外宣传方式，精心构建对外话语体系，发挥好新兴媒体的作用，增强对外话语的创造力、感召力、公信力，讲好中国故事，传播好中国声音，阐释好中国特色。[①]

对中国的对外传播媒体而言，传播好"中国梦"要做好以下两点：一方面要提升"中国梦"议程设置能力。议程设置能力包括本平台的议程设置能力和二次平台的议程设置能力。需要注意的是，提升"中国梦"议程设置能力并非单纯增加"中国梦"的报道数量，而是利用"中国梦"与报道议题的相关性，尤其是与对象国公众的相关性嵌入"中国梦"。此外对于"中国梦"的误解、偏见和歪曲要积极回应，用事实说话、用对方可以理解和接受的方式说话，以理服人，对于国际上的关切要积极回应，议程设置不能只谈成绩，不谈问题。议程设置的核心理念是：实现"中国梦"给世界带来的是和平，不是动荡；是

① 中共中央宣传部：《习近平总书记系列重要讲话读本》，北京：学习出版社、人民出版社，2014 年版，第 105 页。

机遇，不是威胁。[1]

除了发挥好自身传播平台的优势，中国对外传播媒体要善于借船出海，利用二次平台进行议程设置。对于对象国受众而言，了解中国的主要窗口还是本国主流媒体。因此与当地媒体的合作，扩大影响力非常必要。

另一方面，还要提升讲好“中国梦”故事的能力。约瑟夫·奈说：“政治竞争可能成了谁的故事最终能打动人。”[2]虽然我国对外传播媒体近些年在对外讲故事的能力上有一定提升，但是与西方主流媒体仍然存在距离，这也是对外传播“传而不通”的主要原因之一。去除宣传味的关键在于“会讲故事”，“中国梦”的对外传播要宏大叙事与个人叙事相结合，要具象化、故事化、多层次展现中国梦[3]，积极学习西方的新闻业务经验，让“中国梦”有内容、有情节、有人情味、有感染力，与国际公众产生共鸣。

2. 本土跨国企业：利用“晕轮效应”，用民族品牌承载“中国梦”

中国本土的跨国企业也是公共外交的重要力量。这是因为一方面本土跨国企业可以大范围、长时间、直接感知式地影响国外消费者，如果产品赢得国外公众的欢迎，那么将产生正向的晕轮效应(halo effect)[4]，进而改善国家形象。另一方面本土跨国企业具有跨文化沟通能力，在众多公共外交实践主体中可信度较高。根据爱德曼国际公关公司的数据，在2014年全球信任度调查报告中，非政府组织和企业的信任度排第一、第二位，分别是87%和74%，均高于政府。

本土跨国企业与“中国梦”对外传播的契合点在于，中国的民族品牌已经成为国家品牌的重要组成部分。许多企业的品牌精神与中国精神是契合的，打造企业品牌行为本身，其实就是企业在践行“中国梦”。

2014年在世界知名广告传播集团WPP发布的《中国梦的力量和潜力》报告中，与“中国梦”契合的中国品牌包括中国国际航空公司、中国国旅、海尔、联想、百度、华为、茅台、李宁等。企业的品牌影响力是建立在企业产品品质和信誉的基础之上的，品牌影响力决定了公共外交的效力。在“中国梦”的对外传播方面，相关部门应与企业进行合作，企业在营销自身品牌的同时，嵌入“中国梦”的内涵，通过国外消费者直接体验产品、接触企业服务感知“中国梦”，这也是企业社会责任感的体现，也是企业公共外交行为的重要组成部分。

---

① 《习近平在接受拉美三国媒体联合采访时的答问》，《人民日报》，2013年6月1日。

② [美]约瑟夫·奈著，马娟娟译：《软实力》，北京：中信出版社，2013年版，第143页。

③ 《中国梦如何与世界对话？——“中国梦的世界对话”国际研讨会观点摘编》，《对外传播》，2014年第1期。

④ 晕轮效应是以点概面效应，它是一种影响人际知觉的因素，指在人际知觉中所形成的以点概面或以偏概全的主观印象。

3. 舆论领袖：利用“自己人效应”，用个人影响力传播“中国梦”

舆论领袖包括两部分：中国在对象国(或国际上)具有一定影响力的舆论领袖和对象国舆论领袖。舆论领袖传播“中国梦”的优势在于，他们本身掌握一定的话语权，并有相对固定的忠实粉丝，一些议题在舆论领袖的引导下有可能形成大规模的局部公众舆论，进而形成社会舆论。通过舆论领袖传播“中国梦”，利用“自己人效应”可以获得较多认同，而且舆论领袖作为公众人物，他的评价和观点本身会构成媒体议程的一部分，有利于在对象国主流媒体的呈现，增强“中国梦”的到达率和认可度。因此利用舆论领袖的传播，可以加强中国梦的认可度。

当然舆论领袖限于自身的实际情况，并不一定或者并不能完全按照中国官方意志开展活动，因此对舆论领袖的多种声音持宽容和理解心态，适当创造机会，让有能力和有水平的舆论领袖在国际主流媒体平台持续、连续、高质量发言。①

4. 公众：利用“平民话语”，多渠道参与、多维度表达、多层次交流

“中国梦”将国家、民族、个人作为有机联系的整体纳入进来，是最大公约数的体现。当然我们也要看到它既是“宏大叙事”的国家梦，也是“具体而微”的个人梦。② 随着新媒体，尤其是社交媒体的发展，人们可通过互联网和移动终端与世界保持联络。在全民外交的新形势下，公众愈来愈成为公共外交的主体，“中国梦”的对外传播离不开每一个中国人，因为“中国梦”归根结底是人民的梦。“中国梦”的对外传播，不仅需要宏大的国家叙事，也需要“平民话语”的个人叙事，而且个人叙事通俗明了、形式多样、风格多元、人情味浓，易引发共鸣。公众参与的优势还在于多渠道参与(如旅行、留学、社交媒体、日常生活等)、多维度表达(如历史与现实、国家与个人等)、多层次交流(如直观感知与理性探讨等)。

“中国梦”的公众参与之所以可行，首先基于国内公众对“中国梦”的高度认知。根据《中国梦的力量与潜力》报告，与“美国梦”在美国公众中的认知、“英国梦”在英国公众中的认知相比，“中国梦”提出的时间虽短，但在中国公众中的认知度很高(见表2)。调查中，12%的中国公众非常了解中国的国家梦想，42%的中国民众比较了解中国的国家梦想，二者合计占54%，远高“美国梦”和“英国梦”。

---

① 贾敏：《意见领袖的生成机制和风险管控》，《对外传播》，2012年第12期。

② 中共中央宣传部：《习近平总书记系列重要讲话读本》，北京：学习出版社、人民出版社，2014年版。

表 2 中、美、英公众对各自国家梦想的认知度

	中国人对“中国梦”的了解	美国人对“美国梦”的了解	英国人对“英国梦”的了解
非常了解	12%	18%	4%
比较了解	42%	25%	4%
了解一点	35%	30%	5%
一点都不了解	8%	18%	79%
很难说	3%	9%	8%

资料来源：《中国梦的力量与潜力》，WPP，2014 年

报告认为，中国公众对“中国梦”的吸引力更加自信。受访中有超过三分之一的中国公众认为，美国是当今世界的“理想国度”，但有 42%的中国公众认为，再过 10 年，中国将会成为“理想国度”。

对“中国梦”的认知要转换为公共外交行动，全民具备良好公共外交素养，这是成为合格公共外交使者的前提条件。① 在具体引导上，分为三个层次：(1)要加强对于涉外工作人员的公共外交能力培训，使其掌握公共外交的基本理论和知识，培育公共外交的意识和观念，提高公共外交的素养和能力；② (2)在科研机构、高等院校将公共外交作为课程，培养更广范围的公共外交人才；(3)将公共外交素养培训纳入公民教育的社会体系，树立个人的国家名片意识，使公民更加自觉地进行公共外交活动。

（作者：张　超　山东大学讲师
钟　新　中国人民大学教授）

① 钟新：《新公共外交：软实力视野下的全民外交》，《现代传播》，2011 年第 8 期。
② 赵启正：《加强公共外交，建设国际舆论环境》，《对外大传播》，2007 年第 4 期。

项目名称：基于情景分析的北京市家庭医生式服务发展策略研究
项目编号：13ZHB005
项目负责人：杜　娟
项目信誉保证单位：首都医科大学

北京市家庭医生式服务开展现况：基于全科医生的视角

一、研究背景

我国自2009年新一轮医改启动以来，“保基本，强基层，建机制”已经初见成效。随着医改的不断深入，如何在确保医疗服务质量的前提下，控制费用上涨，全科医生作为医疗保险和居民健康双重“守门人”的重要性日渐凸显出来。2013年，十八届三中全会谈到医疗卫生改革时提出“完善合理分级诊疗模式，建立社区医生和居民契约服务关系”，要求基层医疗卫生机构要与居民开展签约服务。自2010年，全国各地均进行了家庭医生式(以下简称“家医”)服务试点，如郑州、上海、青岛等地建立全科团队，开展家医服务，对服务社区进行分区划片管理，与居民签订家医服务协议，全科医生针对签约居民主要健康问题和需求制订健康管理服务计划，实施个性化健康干预和指导，引导居民社区首诊。北京市于2010年9月启动家医服务试点，计划2012年年底覆盖所有街道、乡镇，逐步建立以家庭医生责任制为核心的新型社区卫生服务网络。该项服务开展以来，学者们从需求方探讨了家医服务存在的问题，如社区居民对家医服务的了解程度不高，签约率偏低，居民对健康管理、家庭保健的需求较高，全科医生缺口大等问题，但作为家医服务的提供方，全科医生对家医服务的态度如何，尚未见报道。因此本文采用定性研究方法，对北京市社区卫生服务机构的全科医生进行专题小组访谈，从全科医生的角度来了解目前北京市家庭医生式服务开展的现状以及存在的问题，为今后家医服务的可持续发展提供依据。

二、研究对象与方法

(一)研究对象

本文选取北京市6个城区和10个远郊区的社区卫生服务机构的全科医生作为研究对象。其中西城区、东城区、朝阳区、海淀区、丰台区、怀柔区、通州区、顺义区和昌平区 9 个区中各选取两家社区卫生服务机构，其余区选取一家社区卫生服务机构，然后在每个机构中选取一名全科医生。访谈全科医生的入选标准为从事家医服务超过 1 年，并且愿意参加本次访谈。依照以上标准，2014 年 11 月至 2015 年 1 月共有 27 名全科医生参加了访谈。

（二）研究方法

本研究采用专题小组访谈方式进行，共进行了相同访谈内容的四场小组访谈，访谈依据提纲进行，访谈提纲主要内容为：家医服务的签约情况及签约的病人特征；家医服务团队配置及团队成员的作用；家医服务的开展情况及成效；家医服务的激励机制；家医服务现存的困难或问题。访谈开始前先向访谈对象说明研究目的及意义，经同意后课题组成员同时记录，并在征得受访者同意的前提下，将整个访谈过程录音。每次专题小组访谈时间 45—120 分钟。

（三）资料分析

反复听取录音材料，并将语言及非语言信息转化为文字信息，转录成访问记录；通过初步分析对访问内容形成大概印象，对资料中有意义的内容进行提取；最后进行编码归类、精简，提取访谈主题。

三、结　果

（一）基本情况

参加访谈共 27 名全科医生，其中女性 19 人、男性 8 人；平均年龄 38 岁（25—48 岁）；大专学历 6 人、本科学历 19 人、研究生学历 2 人；助理医师 5 人、医师 2 人、主治医师 15 人，副主任医师 5 人。

（二）全科医生所在社区卫生服务机构实施家医服务的情况

参与访谈的城区全科医生来自社区卫生服务中心 8 人、社区站 3 人；远郊区的全科医生来自社区卫生服务中心 12 人、社区站 4 人。

1. 签约情况

城区社区卫生服务机构的服务人口数为 6700—120000 人，家医签约率在 30％—80％；远郊区社区卫生服务机构的服务人口数为 4800—120000 人，家医签约率在 38％—100％。签约服务对象城区与郊区类似，主要是患有慢性病的老年人、孕产妇、儿童等。

2. 家医服务团队成员构成情况

家医服务团队成员构成在城区社区卫生服务中心主要由医生、护士、防保人员组成，社区站则主要是由医生和护士组成；其中四个机构的家医服务团队配有中医医生，一个机构团队加入返聘专家。家医服务团队成员构成方面，郊区社区卫生服务中心主要由医生、护士、防保人员组成，社区站则主要由全科医生和护士组成；其中 4 个机构的家医服务团队有乡村医生协助，有 1 个服务团队有中医医生。

3. 家医服务团队成员的分工职责

家医服务团队成员中，全科医生为团队的管理者和工作的主要承担者，负责慢性病治疗、慢性病管理、用药指导、健康教育、随访、体检、宣传、讲座、书写健康档案；护士负责预约、健康指导、档案整理、健康高危人群管理、电话随访、体检、宣传教育；防保人员负责健康人群、孕产妇、婴幼儿指导，实际承担工作有限；在郊区家医服务团队中，乡村医生主要承担农村公共卫生和基本医疗。

4. 门诊服务方式

主要指门诊预约叫号系统的安装和使用，在所访谈的郊区社区卫生服务机构中，均未安装；在所访谈的城区社区卫生服务机构中，2 名全科医生所在社区卫生服务机构安装了门诊预约叫号系统，并实行了签约居民的预约就诊、定向分诊，可以优先到签约医生处就诊，且有医生与患者的“一对一”诊室；另外有 2 家机构安装了门诊预约叫号系统，但未使用预约功能，没有实行定向分诊；还有 3 家机构正在筹划安装此系统；另有 4 家未安装此系统。

(三)访谈结果分析

通过对小组访谈资料进行分析，共提炼出以下 8 个主题：

1. 主题一：居民对家医服务的认识存在误区，供需存在差异

居民对家医服务存在“家庭医生就是私人医生、就得出诊服务、上门诊疗、随叫随到”的认识误区。北京市提供的家医服务强调在签约的基础上提供主动、连续的健康管理、慢性病管理服务，慢性病居民则希望获得更精细的服务、更多的免费检查，而健康人群对健康管理需求不大。

受访者 J：“百姓容易对家庭医生式服务产生误解，以为是私人医生、上门服务，应强调主动服务理念，是由固定的医生、护士为其提供门诊服务和慢病管理。”受访者 K：“家医的实际服务能力有限，不能为所有签约患者提供精细服务。”受访者 D：“健康人管理难度很大，他没有慢性病不来取药，他也没有这个需求，你定期给他打电话，时间长了人家还烦呢。”受访者 L：“我们特别辛苦地跟病人进行宣传、签约，然后事后再问，很多签了的人都不知道这个事，可能就是病人希望的我们没做到，可能病人希望我们能上门诊疗等，所以对家医服务不上心。”受访者 F：“病人对家医服务不了解的主要原因是医生提供的服务与病人的需求不匹配，可能病人需要的是基本医疗。”

2. 主题二：社区卫生技术人员不足，家医服务增加了日常工作量

27 名受访全科医生不同程度地表示社区的工作繁杂，要承担许多不同部门下发的各种工作，社区卫生技术人员不足、工资低、社会地位低、留不住人才。家医服务增加了工作量，使他们身心疲惫。

受访者 E：“社区留不住人，工资少，除了吃饭租房没什么钱，护士一有

证就都去三甲医院了。”受访者 E：“家医 60 岁以上每年 1 次免费体检、慢性病一年四次随访、年终评估都要录入电脑，录入真是特别耗时。”受访者 Z：“基层待遇低，导致本科生不愿来，专科生待不了两年，知识和技术成熟了最后就走了。”受访者 X：“社区医生除了负责基本的诊疗之外，还要负责各部门下达的各种任务，如糖尿病的筛查等，可能这项工作还没完成，又有别的任务下达。”

3. 主题三：家医服务配套政策与措施急需完善

相比于卫生行政部门不断推进的家医服务，家医相关配套政策和措施还不完善，较为突出的问题有相关法律不完善、社区用药受限、有效双向转诊机制尚未形成以及家医服务的绩效考核和激励机制不完善等。例如，社区基本用药目录仍存在药品种类不全，规格、厂家和二、三级医院不同的问题；在城区，医院和社区卫生服务机构的对口支援在带教、实习、人员培训上虽有合作，但并未实现有效的双向转诊；由于北京市现阶段医保并未对家医服务实行付费，各区社管中心根据签约率、居民满意度、慢性病管理率、健康宣教次数等指标对社区卫生服务机构进行家医服务绩效考核，把原有人均收入的一部分作为家庭服务专项绩效资金，各中心再针对机构内部进行家医服务团队考核，指导奖金分配，绩效、激励机制不能充分调动团队成员的工作积极性。

受访者 H：“家医服务在原则上可提供出诊、居家养老服务或者更多的服务内容，但《执业医师法》中对出诊没有提供法律保障，出现医疗纠纷怎么办？提供这些服务是要承担一定风险的。”受访者 Z：“社区医院很多药是不能用的，病人去县医院能开 4 种药，但在社区医院只能开 2 种药。因此，接到投诉抱怨最多的就是说社区药品种类少，药太便宜，吃了不管用，然后就会抱怨服务不好，因为服务内容太少，连药的品种都不能给病人保证，进而对家医服务不满。”受访者 F：“我们单位和协和医院是对口支援，预约协和的专家号半个月都不一定约回来，更不用说双向转诊了，病人不满意，对我们的家医服务工作也不信任。”受访者 Z：“奖励机制根据家医服务团队工作量决定，工作量大，绩效奖金高，但没有签约一份给多少钱，但也是从基本工资里拿出来一部分钱作为专项绩效奖金。”受访者 L：“家医服务绩效考核方式能不能精炼一点，社管中心人员拿着考核表问病人，病人可能不太理解这些考核问题或者有些病人不配合考核时的电话提问等原因导致我们考核不合格，所以希望考核内容能通俗一点，让病人能理解。”

4. 主题四：重视基本公共卫生服务的同时，更应注重基本医疗诊疗能力的提升

受访医生均不同程度表示要进一步发展家医服务，在注重基本公共卫生服务的同时，不能放松对基本医疗诊疗能力的提升，否则将导致专业知识不

足、居民信任度不够等问题。尤其对于郊区中山区或半山区的社区卫生服务中心，在转诊过程中与转诊医院距离远，对于病情严重的病人需要医生进行基本的临床救治，因此郊区的全科医生应更加注重基本诊疗能力的提升。

受访者J：“工作繁杂琐碎，周末也要做家医工作，但要想吸引病人，更要提高诊疗能力。”受访者E：“十年前我敢治心梗、能为糖尿病病人调胰岛素、抽胸水，现在这些都不敢做了。”受访者L：“我们转诊对口医院是房山区医院，但从我们中心到房山区医院得一个多小时，如果出现急性心急梗塞的病人，病人就有可能在路上去世，因此社区医生应更加注重基本诊疗的能力。”

5. 主题五：信息化建设水平有待提升

受访的全科医生均表示，电子病历仅机构内或个别合作医院之间共享，尚未实现全市信息资源互通、共享，导致全科医生不能及时、全面地了解签约病人在三级医院的诊疗信息，不利于提高家医服务健康、慢性病管理的能力。访谈中发现许多社区卫生服务机构没有实行预约就诊和定向分诊，影响了全科医生对签约病人诊疗和慢病管理服务的连续性。

受访者B：“我们全科诊区健康小屋提供的诊前服务可以免费测量血压、血糖、健康指导。中心对签约病人预约下次就诊时间，定向分诊到签约医生处，有利于签约病人的连续就诊、优先就诊和慢病的动态管理。”受访者E：“如果能把上级医院和社区医院的信息共享，医保实现全市联网，可以有利于全科医生了解病人的病史，在大医院的化验、检查、诊断、治疗用药，减少病人的重复检查和医疗资源的浪费，提高社区诊疗、慢性病管理能力。”

6. 主题六：远郊区家医服务主要签约方式为上门签约，服务方式为定期下乡巡诊

由于地处偏远半山区或山区的农村地区离当地乡镇卫生院距离远，人口特征主要为老弱病残、行动不便的人，所以郊区家医服务签约方式主要为上门签约，主要服务方式为下乡巡诊。

受访者L：“我们对辖区人群进行家医服务签约，主要是下乡签，每个签约大夫负责一个村，一家一家签，有时下乡讲课的时候也与居民签约。”受访者B：“我们辖区病人类型以老弱病残为主，都需上门签约。另外，病人看一次病需要一个小时到我们医院，所以我们都是下乡巡诊。”受访者Z：“我们家医签约形式主要是集中下乡签，病人多来自边远山区，因此我们的服务方式主要是巡诊，团队一个月必须到辖区村巡诊一次。”

7. 主题七：远郊区的家医服务团队中乡村医生承担了重要角色，防保人员作用有待发挥

由于一些山区和半山区农村地区离卫生院相对较远，因此当地的乡村医生成为乡镇卫生院家医团队中的重要一员。家医团队中防保人员由于本身有

较重的防保任务，在家医团队中发挥作用有限。

受访者 Z："我们团队中有乡村医生，乡村医生主要负责基本公共卫生和基本医疗，乡村医生在随访的过程中处理不了所管理的高血压病人出现的特殊情况，可以跟病人的全科医生联系，预约就诊。"受访者 S："乡村医生做日常慢性病病人的管理，然后将病人信息反馈回来供全科医生使用，有问题时全科医生下乡随访时解决。我们是社区卫生服务站，没有专职防保人员，开展家医服务需要的时候从中心调，防保人员负责健康人群、孕产妇、婴幼儿的指导工作，但在中心他们本身的防保任务也很多，防保人员很少参加家医实际工作。"受访者 L："因为乡村医生了解病人的基本情况，在我们下乡时辅助进行健康体检，一般全科医生主要负责基本医疗与签约，护士参与电话随访，但大部分工作都是全科医生做，因为防保人员有自己的防保工作，当防保工作多时，根本没时间参与家医工作。"

8. 主题八：城区家医服务初见成效，在郊区未达到预期成效，仅医患关系得到改善

在城区社区卫生服务机构中，由于签约家医服务后，对病人的疾病、健康管理有了连续性，对病人和家庭的关注更多了，病人和医护之间的信任程度、感情也加深了，医患关系也更加融洽了，一定程度上吸引了居民到社区首诊，促进了分级诊疗。而在郊区社区卫生服务机构，家医服务成效主要表现为医患关系的改善。

受访者 C："签约病人有问题先咨询我，然后去大医院就诊可以有目的地挂号，减少盲目性。签约后他们 24 小时可以打电话咨询，有些小问题通过电话在家里就可以解决了。"受访者 J："对签约病人实施精细化管理，给病人更多关注，服务更有连续性，增加了病人的信任。"受访者 Y："基层中的医患关系就像邻居一样，现在我们那里的老百姓基本上都知道自己的责任医生姓什么。"

四、讨　论

(一)加强对家医服务的正确宣传引导

在访谈时发现，家医服务虽然已得到社区居民的认可，但居民对目前家医服务的服务内容缺乏深入了解，对家医服务仍未完全信任，部分居民对服务不感兴趣、不配合、不认同，这与林汉利等对深圳，倪金燕等对上海的研究结果类似。政府、媒体、社区卫生机构应加大对居民的宣传力度，强调家医服务是为签约居民提供个性化、连续性的健康管理，是帮助居民提高健康意识、改善生活方式、预防控制慢性病、促进健康。另外，不要夸大家医服务现阶段所能提供的服务内容和服务能力，不应过分宣传上门服务，而应让居民逐步了解和认同家医服务模式，配合全科医生签约团队的健康管理，改

善医患关系，以引导居民合理利用医疗资源，营造有序的就医格局。

（二）优化家庭医生式服务内涵，发挥团队作用

家医服务的开展使基本公共卫生服务的工作内容大大增加，全科医生把大量的精力用于慢病管理、宣传教育、健康档案管理以及电子信息录入，用于基本医疗和继续学习的精力和时间明显减少。为了避免医疗风险，社区卫生服务机构将重一点的、难一点的病人都转走，能做的诊疗也来越少。没有过硬的医疗技术如何能吸引病人社区首诊，如何为居民当好健康的“守门人”？因此不能一味强调基本公共卫生服务，仍要重视基本医疗的诊疗能力，基本医疗是社区卫生服务的基石，在此基础上做好健康管理才是锦上添花。因此应优化家医服务内涵，将更多的服务融入日常诊疗工作中，发挥团队作用，减轻全科医生的工作负担。医生应回归基本医疗，充分发挥社区护士和防保人员的团队协作作用，使全科医生在健康档案管理、电话随访、健康宣教、信息录入、体检等方面发挥更大的作用。

（三）不断完善家医服务相关配套政策

加强机构内部和区域信息化建设，在全市范围内实现三级医院、社区卫生机构信息互联互通、资源共享，方便社区全科医生及时、快速、准确地掌握患者的就诊资料，提高全科医生的诊疗能力、慢病管理能力。政府应加大家医服务的专项投入，结合各社区卫生服务机构的实际情况学习“方庄模式”，进一步完善家医服务模式。具体内容包括就诊预约、定向分诊、诊前服务（包括健康自测、健康管理服务）、医患一对一接诊充分交流，有利于改善就诊秩序、建立和密切医患之间固定的服务关系、提升健康管理效果、保护患者隐私、提高服务质量。家庭医生承担了更多的健康管理和公共卫生服务内容，医保并未对家庭医生因签约提供的健康服务提供经费补偿，影响了家医签约服务的积极性。政府应增加投入、制定医保相关政策，把家医服务项目纳入医保报销范围。随着医疗保障制度的完善以及全科医生人才队伍的壮大，家医服务可逐步探索向按人头付费和社区首诊制、预约就诊的服务模式发展。与此同时，建议放宽社区用药目录，适当扩大社区医生开药权限，更加方便居民看病用药。另外，加强医联体建设，促进三甲医院和社区医院的合作，完善双向转诊、分级诊疗。通过医联体构建形成一个新型、有序的分级诊疗体系，使就诊次序规范、医疗资源分配合理、合理控制医疗费用，通过医保杠杆作用，有效地控制医疗服务费用和运行费用的增长。将大医院优质的技术和优秀的人才引入社区，实现社区首诊放心、大医院转诊安心的目标。三级医院应为合作社区卫生服务机构提供进修培训、专家出诊、远程会诊等专业技术支持，提供双向转诊绿色通道，实现病人诊疗信息共享，对于稳定期、康复期的患者转回社区继续治疗。

(四)完善绩效考核、激励机制

应建立科学、客观、合理的绩效考核指标体系来评价家医服务签约后的服务质量，不能只注重签约人数、签约率，应把服务质量、签约居民满意度、家医服务的利用率作为重点。同时，要建立科学的激励机制，让社区医务人员获得合适的收入，调动其积极性，从而吸引更多的医务人员到社区工作。在提高家医团队成员收入的同时，通过建立独立的全科专业职称评定体系，在晋升职称上给予政策倾斜，有利于全科医生和社区护士获得职业认同感和实现自我价值、社会价值。

参考文献

[1]张跃红、张拓红、王志锋：《北京市德胜地区居民家庭医生式服务的签约现状及影响因素调查》，《中国全科医学》，2013年第31期。

[2]鲍勇、杜学礼、张安等：《基于社区健康管理的上海市家庭医生制度发展战略与策略》，《中华全科医学》，2012年第7期。

[3]张亚君：《社区居民对“家庭医生责任制服务”需求的调查及分析》，《中国社区医师》，2011年第35期。

[4]刘德奇、史庭璋、伍平：《上海市某社区家庭医生责任制服务的居民满意度调查》，《中国全科医学》，2012年第16期。

[5]林汉利、林爱华：《社区家庭医生责任制服务满意度调查分析》，《医学与社会》，2012年第5期。

[6]倪金燕、白朝晖、缪栋蕾等：《家庭医生制服务对高血压患者家庭管理的效果评价研究》，《中国全科医学》，2012年第31期。

[7]许峻峰：《〈完善家庭医生式服务模式工作方案〉文件解读》，《中国全科医学》，2014年第22期。

[8]张向东、赵京、兰丽娜等：《北京市社区卫生家庭医生式服务模式及激励机制探讨》，《中国全科医学》，2014年第7期。

[9]张文燕：《以医联体促有序就医》，《中国医院院长》，2013年第16期。

（作者：杜　娟　首都医科大学副教授）

项目名称：北京市服务业清洁生产实施战略及路径研究
项目编号：13ZHB007
项目负责人：吕竹明
项目信誉保证单位：北京市科学技术研究院

北京市服务业清洁生产实施战略及路径研究

一、国内外清洁生产发展现状

(一)清洁生产的概念

清洁生产是一种全新的环境保护战略，是在全世界范围内从单纯依靠末端治理逐步转向过程控制的一种转变。清洁生产在不同的发展阶段或者不同的国家有不同的叫法，例如“废弃物减量化”“无废工艺”“污染预防”等，但是其基本内涵一致，即对产品和产品生产过程采用污染预防的策略来减少污染物的产生。

1989 年，联合国环境规划署(UNEP)首次提出了清洁生产的定义：清洁生产是一种新的创造性的思想，该思想将整体预防的环境战略持续应用于生产过程、产品和服务中，以增加生态效率和减少人类及环境的风险。

《中华人民共和国清洁生产促进法》进一步明确了清洁生产的定义：是指不断采取改进设计、使用清洁的能源和原料、采用先进的工艺技术与设备、改善管理、综合利用等措施，从源头削减污染，提高资源利用效率，减少或者避免生产、服务和产品使用过程中污染物的产生和排放，以减轻或者消除对人类健康和环境的危害。

(二)国际清洁生产发展历程

清洁生产起源于 20 世纪 60 年代美国化工行业的污染预防审计。在北美“清洁生产”被称为“污染预防”。

国际上清洁生产概念的产生，最早可追溯到 1976 年，这一年的 11—12 月欧洲共同体在巴黎举行了“无废工艺和无废生产的国际研讨会”，提出协调社会和自然的相互关系应主要着眼于消除造成污染的根源，而不仅仅是消除污染引起的后果。

1979 年 4 月，欧洲共同体理事会宣布推行清洁生产的政策。此后召开了不少地区性的、国家的和国际性的研讨会。1984 年、1985 年、1987 年欧共体环境事务委员会三次拨款支持建立清洁生产示范项目。

1989 年 5 月，联合国环境署工业与环境规划活动中心(UNEP IE/PAC)根据 UNEP 理事会的会议决议，制定了《清洁生产计划》，在全球范围内推行清洁生产，强调提高政界、工业界、学术界人士的清洁生产意识，教育公众参与推进清洁生产行动。该计划通过组建两类工作组具体实施：一组是制革、造纸、纺织、金属表面加工等行业推行清洁生产；另一组是开展清洁生产数据网络、教育、政策及战略研究等。

1990 年 9 月在英国坎特伯雷举办了“首届促进清洁生产高级研讨会”，会上提出了一系列建议，如支持世界不同地区发起和制订国家级的清洁生产计划、支持创办国家级的清洁生产中心、进一步与有关国际组织以及其他组织联结成网等。此后，这一高级国际研讨会每两年召开一次，以便定期评估进展，交流经验，发现问题，提出新的目标。

1998 年 10 月，联合国环境规划署在韩国汉城(首尔)第五次国际清洁生产高级研讨会上，出台了《国际清洁生产宣言》，该宣言是国际社会及相关各方对清洁生产做出的公开承诺。

近年来，工业发达国家清洁生产政策有两个重要倾向：其一是着眼点从清洁生产技术逐渐转向清洁产品的整个生命周期；其二是从多年前大型企业在获得财政支持和其他对工业的支持方面拥有优先权，转变为更加重视扶持中小企业进行清洁生产，包括提供财政补贴、项目支持、技术服务和信息等措施。

从 20 世纪 90 年代初国际社会开始支持发展中国家开展清洁生产。美国、加拿大、欧洲各国以及联合国工业发展组织、环境规划署均以技术援助、资金支持的方式在发展中国家提倡“污染预防”的先进理念，试行清洁生产项目。1994 年联合国工业发展组织和环境署启动了“建立发展中国家国家清洁生产中心”项目，将清洁生产理念引入发展中国家。

(三)国内清洁生产发展历程

我国政府对国际社会倡导的清洁生产战略一直积极响应。1992 年，中国积极响应联合国环境与发展大会可持续发展战略和《21 世纪议程》倡导的清洁生产号召，将推行清洁生产列入《中国环境与发展十大对策》，由此正式拉开了中国实施清洁生产的序幕。

1992—2012 年，我国清洁生产发展过程中的重大事件见表 1 所列。

表 1　中国清洁生产大事记

时　间	组　织	内　容
1992 年 5 月	国家环境保护局、联合国环境署	第一次国际清洁生产研讨会 “中国清洁生产行动计划(草案)”

续表

时　间	组　织	内　容
1993 年 10 月	国务院、国家经贸委、国家环境保护局	第二次全国工业污染防治会议 明确清洁生产在我国工业污染防治中的地位
1994 年 3 月	国务院	《中国 21 世纪议程——中国 21 世纪人口、环境与发展白皮书》中，将推行“清洁生产”列为优先领域
1994 年	国家环境保护局	“清洁生产”被国家环境保护局列为世行项目
1996 年	国家经贸委	国家经贸委将“清洁生产”列为中—加合作项目
1997 年 4 月	国家环境保护局	《关于推行清洁生产的若干意见》
1999 年 5 月	国家经贸委	《关于实施清洁生产示范试点的通知》
2000 年 2 月	国家经贸委	《国家重点行业清洁生产技术导向目录》(第一批)
2002 年 6 月	全国人大常委会第二十八次会议	《中华人民共和国清洁生产促进法》
2003 年 2 月	国家经贸委和国家环境保护总局	《国家重点行业清洁生产技术导向目录》(第二批)
2003 年 4 月	国家环境保护总局	关于贯彻落实《清洁生产促进法》的若干意见
2004 年 8 月	国家发展与改革委员会和国家环保总局	《清洁生产审核暂行办法》
2004 年 10 月	财政部	《中央补助地方清洁生产专项资金使用管理办法》
2005 年 12 月	国家环境保护总局	《重点企业清洁生产审核程序的规定》
2006 年 11 月	国家发展与改革委员会和国家环境保护总局	《国家重点行业清洁生产技术导向目录》(第三批)
2008 年 7 月	环境保护部	《关于进一步加强重点企业清洁生产审核工作的通知》
2009 年 10 月	财政部、工业和信息化部	《中央财政清洁生产专项资金管理暂行办法》
2010 年 3 月	工业和信息化部	《关于申报 2010 年工业清洁生产示范项目的通知》
2010 年 4 月	环境保护部	《关于深入推进重点企业清洁生产的通知》
2012 年 2 月	中华人民共和国主席令(第五十四号)	《中华人民共和国清洁生产促进法(2012 年修正)》

通过这二十多年的发展，我国的清洁生产工作取得了很大的成效，截至2008年9月，我国已经发布了三批《国家重点行业清洁生产技术导向目录》，发布了33个行业的清洁生产标准和24个行业的清洁生产评价指标体系，这些清洁生产标准、评价指标体系均针对工业行业。

二、北京市清洁生产发展现状

(一)北京市清洁生产发展历程

1993—2004年是北京市清洁生产工作的试点示范阶段。1993—1994年，北京市完成世界银行“清洁生产援助计划”，5个企业实施了清洁生产审核。1996—1999年，在挪威政府等国家和组织提供的国际资金和技术支持下，北京市组织钢铁、石化、医药、纺织、电力、电子等行业的30余家企业开展清洁生产审核并实施示范项目。1999年，北京市成为全国清洁生产10个试点城市之一。

从2006年开始，北京市的清洁生产工作进入全面推进阶段，加快了相关政策的研究制定工作，见表2。

表2　早期北京市清洁生产相关政策

序号	时　间	政策名称	牵头单位	状态
1	2006年3月	《北京市〈清洁生产审核暂行办法〉实施细则》	北京市发改委、环保局、财政局、工业促进局、商务局、科委	废止
2	2007年5月	《北京市支持清洁生产资金使用办法》	北京市财政局、发改委、工业促进局、环保局	废止
3	2007年7月	《北京市清洁生产审核验收暂行办法》	北京市发改委和环保局	废止
4	2007年7月	《北京市清洁生产审核咨询机构管理办法》	北京市发改委和环保局	在用
5	2007年9月	《北京市清洁生产专家管理暂行办法》	北京市发改委和环保局	在用

2013年11月，为全面推进清洁生产，顺应本市经济发展战略需求，市发改委牵头，依据新修订的《清洁生产促进法》，修订出台了《北京市清洁生产管理办法》，明确了政府部门的促进职责，完善了清洁生产审核要求，强化了清洁生产项目实施，增加了清洁生产绩效评估。原《北京市〈清洁生产审核暂行办法〉实施细则》(京发改〔2006〕364号)、《北京市清洁生产审核验收暂行办法》和《北京市支持清洁生产资金使用办法》(京财经一〔2007〕156号)同时废止。

(二)北京市服务业清洁生产发展现状

1. 北京市推行服务业清洁生产的背景

北京作为国家首都，多年来一直把产业结构优化升级作为转变经济发展方式的重要着力点。2011 年，北京市服务业增加值占全市 GDP 比重达到 75.7%，比全国平均水平高 32.6 个百分点，率先进入服务业经济主导的发展阶段。随之，服务业能耗、水耗、污染物排放也呈现较快增长态势。2011 年，全市服务业领域年耗能 5000 吨标准煤以上的重点企业 369 家，总用能量达 1305.6 万吨标准煤。全市年耗水 50 万吨以上的服务业用水大户 60 余家，总耗水 1.1 亿立方米，占全市生活用水总量的 5.6%。生活源排放化学需氧量 10.6 万吨，占全市化学需氧量的 51.5%；生活源排放氨氮 1.73 万吨，占全市氨氮排放总量的 73.4%。其中，医院、学校、住宿、餐饮、交通运输、零售、沐浴、洗染、汽车修理等重点领域排放化学需氧量约 2.7 万吨，氮氧化物约 0.21 万吨。

针对北京市服务业 GDP 比重高、能耗高、水耗大的特点，北京市于 2007 年起逐步在服务业探索推行清洁生产。2010 年 5 月，北京市发展改革委发布《关于推进服务业清洁生产审核工作的通知》，公开征集服务业单位开展清洁生产审核工作意见，推广清洁生产理念；2010 年 11 月，发布《关于同意友谊宾馆等 9 家单位开展清洁生产审核的通知》，启动服务业审核试点工作。

2011 年 6 月，北京市发展改革委联合市环保局公开推荐 14 家具有服务业清洁生产技术服务能力的清洁生产审核机构，涵盖商厦、医疗机构、学校、宾馆等领域，并组织编制了《北京市服务业清洁生产审核报告编写技术规范》，初步探索了面向服务企业的审核机制。2012 年 6 月，北京市正式启动建设服务业清洁生产试点城市；2012 年 8 月，《北京市建设服务业清洁生产试点城市实施方案》通过专家评审。

2012 年 10 月 31 日，国家发展改革委和财政部联合下发《关于开展服务业清洁生产试点城市建设的通知》(发改办环资〔2012〕536 号)，选定北京市为服务业清洁生产试点城市。

2. 北京市服务业推行清洁生产工作的重点领域

根据《北京市建设服务业清洁生产试点城市实施方案》，北京市确定了十大重点领域：医疗机构、学校与科研院所、住宿餐饮业、商业零售业、商务楼宇、洗衣业、沐浴业、交通运输业、汽车维修及拆解业、环境及公共设施管理业。

3. 北京市服务业清洁生产审核工作推进现状

2010 年 11 月，北京市发布《关于同意友谊宾馆等 9 家单位开展清洁生产审核的通知》，启动服务业审核试点工作。截至 2012 年《北京市建设服务业清洁生产试点城市实施方案》实施之前，腾达大厦、凤山温泉、友谊医院、庄胜崇光百货等 17 家单位完成了清洁生产审核，涉及住宿餐饮、写字楼、医疗机构、零售业等多个领域。

2012 年 4 月，北京市发展和改革委员会、北京市环境保护局、北京市经济和信息化委员会发布了《关于组织开展 2012 年第一批重点企业清洁生产审核工作的通知》，其中《鼓励开展清洁生产审核的企业名单(第一批)》中发布了 35 家服务业单位。

2013 年 7 月，北京市发展和改革委员会发布了《关于发布 2013 年服务业清洁生产审核单位名单的通知》，又发布了 78 家服务单位名单，鼓励服务业单位开展清洁生产审核工作。

2014 年 9 月，北京市发展和改革委员会、北京市环境保护局、北京市经济和信息化委员会发布了《关于加快推进实施清洁生产审核工作的通知》，公布了《北京市 2014 年实施清洁生产审核单位名单》和《北京市 2015—2017 年实施清洁生产审核单位名单》，其中包括服务业单位 400 多家。

三、北京市服务业清洁生产发展的成绩和存在的问题

(一)北京市服务业清洁生产发展的成绩

1. 标准体系建设

在北京市发展和改革委员会和北京市质量技术监督局的指导下，2011 年北京市开始组织《服务业清洁生产审核报告编制技术规范》的研究制订工作，2013 年 6 月，《服务业清洁生产审核报告编制技术规范》(DB11/T 978—2013)发布。

2012 年 11 月，北京市发展和改革委员会组织编制医疗机构、高等院校、住宿餐饮业、商业零售业、交通运输业、洗衣业、沐浴业、汽车维修及拆解业、商务楼宇、环境及公共设施管理业十个行业清洁生产评价指标体系。服务业清洁生产指标体系的编制是北京市建设服务业清洁生产试点城市的重点工作内容和成果，将为全国服务业清洁生产工作起到应有的示范和借鉴作用。

2. 工作机制形成

经过多年的探索与实践，北京市初步建立起“各级政府部门联动、多元主体共同推动、企业自愿积极实施”的清洁生产推进机制。在推进清洁生产工作中，积极发挥行业协会、集团公司和技术联盟的作用。

金隅集团等大型集团公司高度重视清洁生产，将清洁生产理念融入企业经营管理，下发相关文件统筹部署，有计划地开展清洁生产工作。

2012 年，由清华大学、中国节能协会节能服务产业委员会和北京正丰易科环保技术研究中心联合发起的易科清洁技术联盟在北京成立。该联盟由投资商、清洁技术供应商和清洁生产咨询机构组成，以全新的商业模式架设投资方、清洁技术供应商、清洁生产咨询机构和企业用户之间的桥梁，构建中

国清洁生产技术推广平台。

3. 宣传培训工作的开展

(1)媒体宣传。为提高全社会对清洁生产的认识，北京市高度重视清洁生产的宣传工作，通过电视、广播、杂志、报纸等媒体加大相关政策法规的宣传力度。

(2)专题培训。自2005年以来，北京市相关部门有续组织开展了全市电力和热力、建材、电子、化学原料制造、重点用水等14个行业企业的清洁生产审核培训、清洁生产专家培训和区县清洁生产主管人员培训。截至2012年，共举办清洁生产培训班9次，累计为管理部门、企业以及咨询机构等社会团体培训超过2000人次。

(3)企业宣传。在清洁生产审核中，咨询机构和企业非常重视清洁生产理念和知识的宣传，通过清洁生产审核工作启动会、技术交流会、车间例会等方式，采取授课、研讨、参观、海报、办公自动化系统等多种形式积极宣传清洁生产知识和理念。

4. 咨询服务队伍建设

为开展清洁生产审核的企业提供咨询服务，加强对企业实施清洁生产的监督管理，北京市发改委会同市环保局和市经济信息化委，推荐了多家清洁生产专业咨询机构，咨询机构的服务能力从最初的六个重点行业扩展到包括轻工、纺织、汽车、电子、医院、学校、住宿餐饮、宾馆饭店、食品加工及种养殖等数十个行业，咨询范围涵盖工业、服务业和农业。根据《清洁生产审核咨询机构管理办法》对中介机构实施动态管理，每年考评一次，评估不合格的，取消推荐资格。

5. 清洁生产审核工作开展情况及实施效果

2012—2014年，北京市发展和改革委员会发布的清洁生产审核名单中，需要开展清洁生产审核的服务业企业多达254家。

这些企业的清洁生产，产生了大量的清洁生产方案，节能减排成效显著。以高碑店污水处理厂清洁生产审核为例，通过清洁生产审核，共实施中高费方案6项、无低费方案22项，共计投资1492.92万元，总经济效益达451.53万元/年。

(二)北京市服务业清洁生产发展存在的问题

近年来，北京市服务业的清洁生产工作取得明显的经济效益和环境效益，但是由于清洁生产审核工作才刚刚起步，在服务业清洁生产工作开展过程中还存在很多问题。

1. 企业对清洁生产的认识还有待进一步提高

很多企业对清洁生产的认识还不够深入，缺乏开展清洁生产的积极性；一些企业也缺乏有效的自我约束机制，在清洁生产审核结束后不能有效地巩固清洁生产的效果。

2. 过分注重审核程序，审核工作的深入程度不够

企业在清洁生产审核过程中，过分注重审核程序，审核工作的深入程度还不够；在审核过程中也基本以加强企业内部管理的低费、无费方案为主，所取得的成果也很有限。

3. 技术支持不足，实施清洁生产面临技术障碍

清洁生产需要有比较系统而完善的技术支持，目前各行业的清洁生产技术研究与开发比较滞后，缺少先进适用的技术，特别对行业有重大影响和带动作用的共性、关键和配套的清洁生产技术，研究开发和示范不够，难以适应企业实施清洁生产的需要。清洁生产技术信息不畅，企业缺乏寻找清洁生产技术与管理信息的渠道，不能及时获取行业的清洁生产最新信息，难以掌握国内外清洁生产技术的最新动态。

4. 企业内部存在的一些障碍和问题

企业内部不同程度地存在着一些问题，如：某些企业领导层决策水平和远见能力方面存在相当的局限性；相当比例的企业实行清洁生产的内部需求及动力不足；不少小型企业的基础管理过于薄弱；传统观念认识、行为模式的惯性障碍；人员素质参差不齐/培训不足；对清洁生产、清洁生产审核方法、清洁生产审核活动的陌生感，对其成效的怀疑感；计量系统不完善。

四、北京市服务业清洁生产实施路径研究

(一)政策法规、标准方面

2013 年用于规范企业清洁生产审核报告编制的《服务业企业清洁生产审核报告编制技术规范》(DB11/T-978—2013)发布。2015 年 12 月，北京市质量技术监督局正式发布医疗机构、高等院校、住宿餐饮业、商业零售业、交通运输业、洗衣业、沐浴业、汽车维修及拆解业、商务楼宇、环境及公共设施管理业十个行业的清洁生产评价指标体系，为服务业开展清洁生产提供了技术指导。

针对服务业企业计量系统普遍欠缺的现状，制定能源、水资源消费和污染排放计量、统计、监测、评价相关标准及管理规范。

另外，还需制定相关的产业政策，如汽车维修和拆解业，该行业能耗高、污染重，应通过产业政策引导行业的配置。

(二)清洁生产资源共享方面

服务业清洁生产审核已有一定的工作基础，但仍存在信息交换不畅的问题，因此需收集和整合服务业领域的清洁生产技术和信息资源。建议建立市级清洁生产信息平台，对清洁生产技术、清洁生产政策法规、交流合作、清洁生产标准、行业信息等进行资源共享，促进服务业领域的政府、服务业企

业、咨询机构、技术服务商间的清洁生产信息交流。

（三）清洁生产途径方面

实施清洁生产的主要途径是清洁生产审核。各行业企业的能源消耗、污染物产生各有特点，在实施审核过程中应结合各行业、各企业自身特点，有针对性地开展审核工作，解决企业的突出问题。

快速清洁生产审核具有较强的时效性，其能有效实施依赖于企业内部成熟的清洁生产技术力量和外部专家可靠的方法指导。目前，北京市已完成审核的服务业企业有 200 多家，咨询机构积累了大量经验，因此，在明晰企业的主要能源、环境问题后，可采用快速审核方法，以期在短时间内取得较为明显的清洁生产效益。

（四）宣传、培训方面

服务业清洁生产活动中，企业员工和消费者是两个重要的参与者。

针对企业员工，可通过政府组织的清洁生产宣传培训加强对清洁生产的认识，也可通过清洁生产咨询机构至企业现场有针对性地进行清洁生产宣传培训，提升员工对清洁生产的掌握水平。宣传培训内容包括：实施清洁生产的背景、意义，如何开展清洁生产等。

针对消费者，可通过电视、互联网、展会等多种途径进行清洁生产宣传，提升消费者的节能减排意识；服务业企业在提供服务的活动中对消费者的宣传引导也是一条重要途径。宣传培训内容包括：实施清洁生产的背景、意义以及如何践行清洁生产、实现节能减排等。

（作者：吕竹明　中国轻工业清洁生产中心副研究员）

项目名称：中国特色社会主义文化国际传播策略及效果研究
项目编号：13ZHB029
项目负责人：郭晓明
项目信誉保证单位：中国人民大学

扩大中国社会主义核心价值观国际传播

国际政治经济格局正在发生着有利于中国的深刻变化，随着中国在全球影响力的大幅度提升，中国观点、立场和利益日益受到全球关注。这要求我们在坚持社会主义核心价值观的同时，必须扩大全球对社会主义核心价值观的认同和利益交集，这关乎全球对中国改革开放的态度、对中国特色社会主义事业的态度、对中国全球地位和影响的态度，说到底是对实现"中国梦"和中华民族伟大复兴的态度。中国社会主义核心价值观全球传播的战略是以实现"中国梦"为主题和主体，以传播社会主义核心价值观为重点，以增强社会主义核心价值观的话语权和传播力为突破口，努力构建体系完备、覆盖广泛、生动活泼、形式多样、运营高效的国际传播体系，扩大全球对中国社会主义核心价值观的普遍认同和利益交集。

一、中国社会主义核心价值观的国际传播环境

(一)社会主义核心价值观是对人类文明成果的继承和弘扬，具有普遍的世界意义

世界各国文明都有一套核心价值体系作为支撑，它与一定的经济基础和政治制度相适应，并具有广泛的社会共识。党的十八大概括的社会主义核心价值观是对中国传统优秀文明成果、世界优秀文明成果和中国特色社会主义建设实践的提炼与融合，把民族性与世界性、历史继承性与时代性、现实性和前瞻性很好地统一起来，反映了人类共同的价值追求。社会主义核心价值观的全球传播不是进行社会主义意识形态的输出，而是为实现"中国梦"和中华民族的伟大复兴争取更多的国际支持，创造更加有利的国际环境。

(二)社会主义核心价值观是比其他价值观更为先进的社会形态的价值理想和追求，与其他价值观存在明显差异

矛盾与冲突主要来自社会制度、民族文化和发展阶段的不同。社会主义核心价值观是社会主义制度的内在精神和生命之魂，是社会主义意识形态的基石；根源于中华民族的悠久历史和文化传统，具有明显的民族特色；体现

着中国特色社会主义建设的价值理想和追求。社会主义核心价值观与资本主义价值体系和其他社会制度价值体系既存在相通性，也存在本质区别。

(三)全球金融危机为传播社会主义核心价值观创造了历史契机

全球金融危机暴露了资本主义制度的尖锐矛盾，向资本主义制度发起严峻挑战。全球金融危机之前，许多国家和地区已经掀起了中国学热潮，研究中国如何取得如此巨大的发展成就，“中国模式”“中国道路”等纷纷出现在各大国际媒体和学术文献中。全球金融危机暴露了美、英等资本主义国家的诸多缺陷，中国应对危机的政策措施和优异表现，体现了社会主义的优越性，增强了中国发展道路的说服力，为传播社会主义核心价值观提供了良好契机。中国发展成就的背后正是社会主义核心价值观，它支撑中国成功探索了具有中国特色的社会主义的发展道路。

(四)传播全球化加剧了文明的冲突和交流，全球认同成为大国争夺的稀缺资源

网络和新媒体正在迅速将全球民众纳入同一个传播体系中，推动了全球传播时代的来临，让文明间的交往没有时空距离。文明间的冲突和交流不断加深，全球认同随着传播全球化在国际关系中发挥着比以往任何时候更大的作用，只有价值观的全球传播才能增强全球认同。不论是老牌西方强国还是新兴经济体均十分重视全球传播，塑造本国的国际形象和文化优势，推动本国文明的核心价值体系的全球认同。

(五)全球价值观的多元化潮流推动了价值观传播，西方价值观的传播受到多方挑战

迄今为止，在工业革命以来现代经济的强力推动下，西方价值观成为全球传播最成功的价值观。冷战结束后，随着原社会主义阵营的解体，西方价值观的传播速度更加突飞猛进，在国际社会占据着主导地位。但随着新兴经济体的崛起特别是“金砖国家”的壮大，全球政治经济格局发生深刻变革，多元化发展潮流势不可挡，多种非西方价值观也在全球迅速传播。例如中国、印度、巴西等多国文明经过现代化的洗礼迸发出强大的生命力和传播力。

二、中国社会主义核心价值观国际传播面临的挑战

目前，我国社会主义核心价值观的全球影响，与我国作为世界第二大经济体的地位，与我国在国际政治体系中发挥的作用，与中华文化的悠久历史和巨大影响，与我国实现“中国梦”和中华民族伟大复兴的需要，是不相称的。我们要扩大全球对中国社会主义价值观的认同，需要正视和解决以下问题：

(一)社会主义价值观在西方主导的传播媒体中被歪曲和意识形态化

历史上，社会主义价值观经历过两次大规模的国际传播：第一次是19世纪共产主义的广泛传播，产生了苏联、中国等一批社会主义国家；第二次是

20世纪冷战期间以苏联和美国为代表的两大阵营的政治军事对峙，带来社会主义与资本主义意识形态的长期对抗。经过欧美等国冷战时期的丑化宣传，西方国家和许多第三世界国家的民众普遍对社会主义抱有怀疑态度，存在心理隔阂，“共产主义”“社会主义”被丑化为恐怖、专制、集权的代名词，而西方国家的多党制、三权分立等被认作民主制度的代名词。目前，西方国家主导的传播媒体一方面继续采取各种方式丑化社会主义，另一方面散布中国迅速崛起阴谋论，导致中国社会主义核心价值观在未被传播之前就被歪曲，许多国家民众不同程度对中国社会主义核心价值观存有心理隔阂和认同困难。

(二)社会主义核心价值观的内容和话语体系不够丰富和完善

当今世界有关价值观的话语权仍然掌控在西方国家及其媒体手中，价值标准也仍被其主导，国际社会许多事务的价值评价标准同样多由其定义和掌控。中国虽然有判断国际事务的标准和立场，在国际社会和国际舞台上长期坚持独立自主的外交政策和主张，向世界传递出了一系列反映中国价值理念的立场、政策、主张，但总体上来看，中国还缺乏一套能系统完整反映中国社会主义价值观、又易于让外部世界理解的内容和话语体系。这往往造成中国价值观的对外传播、政策宣示的浅表化、碎片化，不易让外部世界全面、完整、深层次地理解和认同中国的价值观与政策主张。

(三)中国社会主义核心价值观的传播主体单一、方式单调，影响了传播效果

长期以来，中国社会主义价值观传播基本依靠政府官方媒体，采取的方式也多限于报道和宣传。中国的报纸、书刊、电视、广播、网络等对外传播的主要机构习惯于采用一种模式、一种声音说话，极不适应国外受众的认知要求和信息需要。国外受众一般认为，中国媒体发出的声音就是中国政府的声音，是政府的舆论宣传，往往容易产生逆反心理。

(四)经济交流与外宣工作缺少相互支撑，中国强大的全球经济影响力未能有效促进价值观的传播

虽然我国与外国的经济交往普遍而深入，对外投资增长迅速，规模庞大。但总体来看，社会主义核心价值观的全球传播未能有效支持中国经济的海外扩展，中国经济在全球影响力的提升也未能有效支撑社会主义核心价值观的传播。大多数涉外企业对外宣工作的重要性缺乏足够认识，缺少在所投资国家扎下根来长期发展的规划，过于看重经济效益指标，忽略投资管理运营本地化。即使做一些宣传工作，也往往是经济和宣传之间缺少互相联系和支撑。这造成了中国产品在国外有市场，但中国的文化观念和经营理念无市场的尴尬局面。

三、加强社会主义核心价值观国际传播的对策建议

(一)吸取中华传统文化和世界优秀文化成果，进一步完善和丰富中国社会主义核心价值观的内涵和外延

1. 完善中国社会主义核心价值观的内涵，形成对价值观含义的清晰完整的阐释

一般而言，完整的价值观包括对宇宙、世界、国家、人类行为、家庭等客观存在的价值判断。党的十八大报告对中国社会主义核心价值观进行了概括："倡导富强、民主、文明、和谐，倡导自由、平等、公正、法治，倡导爱国、敬业、诚信、友善，积极培育社会主义核心价值观。"这些核心价值观的关键概念，需要在吸收中华传统文化和世界优秀文化的基础上，进一步明确其内涵。很显然"民主"在不同的价值观语境中具有不同的含义，中国社会主义核心价值观中"民主"的具体含义仍需要进一步明确。建议对这些关键概念的含义进行更为清晰的阐释，形成更具说服力的宇宙、世界、国家、人类行为、家庭等层次的价值观体系和话语体系。

2. 挖掘传统文化，为"中国梦"注入有原创力和吸引力的内容

借鉴中国传统文化中的思想资源，以"中国梦"弘扬经典、延续文化正脉，可从四个方面为以"中国梦"为统领的社会主义核心价值观注入具有原创力和吸引力的内容：一是自强，奋发有为、自立自强的精神，与"美国梦"强调个人价值实现的核心价值观有共通之处；二是仁爱，仁慈体现人与人的和谐相处，博爱体现"中国梦"是人民的梦，发展成果为大众共享；三是和谐，强调人与自然和谐相处，强调礼节、道德和理智，保证人与人之间的和谐相处；四是责任，强调诚实、信用并勇于承担国际责任。

3. 用历史和事实说话，丰富中国社会主义核心价值观的外延

向世界说明哪些行为、制度、理念或者思想符合中国社会主义核心价值观，需要极其丰富的外延内容，单纯依靠从概念到概念或者概念阐释则会流于空洞。应该结合中国社会主义核心价值观，从中国和世界各国的历史与现实中选取丰富的内容素材，精心设计，系统阐释，为社会主义核心价值观的全球传播提供引领。首先，要从中国的历史文化传统和当代现实生活中寻找丰富的内容。一般来说，传统内容可以展现一种文化的古老、厚重和尊严，但往往与现实生活距离较远，缺少亲近感，不能使人接纳和亲近；现代内容有现实的活力、实用性和亲和力，但如果没有厚重的文化支撑，容易显露出浅薄和虚弱。结合传统与现代，找到能够凸显社会主义核心价值观的丰富内容载体，从个人成长、生活方式、社会制度、现代化成就等方面入手，全面介绍中国特色社会主义蕴含的价值观。其次，为方便跨文化传播，也需从他国的历史和现实中寻找丰富的内容载体。

(二)打造新概念、新范畴、新表述，丰富中国社会主义核心价值观的话语体系

1. 以“中国梦”引领中国社会主义核心价值观话语体系的创新

根据中国对外传播的经验，易于对外传播的话语须符合亲切性、创新性、吸引力、感染力、中国特色、世界共享六个原则。实践证明，“中国梦”是中国社会主义核心价值观的一个非常恰当的话语，一经提出就受到国内外媒体的广泛关注。目前，“中国梦”是一个开放和不断充实的话语表达，它可以衍生并引领一系列反映中国社会主义核心价值观的话语，形成一个具有时代特色的话语体系。建议围绕十八大提出的社会主义核心价值观的概念，围绕“中国梦”的丰富内涵，创新社会主义核心价值观全球传播的话语表达和话语体系。

2. 建设中国社会主义核心价值观相关知识体系，为话语体系创新奠定坚实基础

知识体系是话语体系创新的基础，以人权的对外宣传为例，原来中国在“人权”概念上与西方争论总是处于被动，原因之一就是没有超越西方的话语体系和规则。针对这种情况，中国提出“生存权”和“发展权”是最基本人权的概念，就取得了理论和宣传的主动权，并使之成为捍卫发展中国家权益的一个核心概念，为广大发展中国家所认同和拥护。可见，价值观的话语表达只有建立在科学理论基础和解释上，才能有真正的说服力。

3. 鼓励智库、学者、意见领袖等多方力量参与话语体系创新

第一，要大力加强智库建设，打造可以与西方智库在同一层面上进行问题交流的国家智库及其他高端智库，鼓励各类高端智库主动应对国际关注问题，亦可以根据国际形势发展设置议题，邀请各国政要、知名人士参与讨论交流，形成政府之外的中国立场、中国观点表达与交流平台。第二，要高度重视参与国际学术交流平台，支持具有理论研究能力、语言表达能力和中国责任感的学者参加世界性的学术交流，从而加强学术交流、密切学术联系、创建话语体系。第三，要打造中国权威英文学术期刊和期刊群，按照国际惯例办刊，提高被引用率，增强话语权，推动产生中国学术的国际影响。第四，要培养坚持与传播中国立场的意见领袖，不但包括政治导向正确、语言沟通能力强、善于运用国际传播渠道和机会的中国公民，也应包括对华友好、了解中国的国际友人。

(三)将非媒体载体作为价值观传播的重要抓手，丰富社会主义核心价值观传播的隐性载体

1. 注重利用音乐、绘画、杂技等多种艺术形式进行社会主义核心价值观的国际传播

韩国电视剧、日本动漫、法国电影和绘画、德国文学和奥地利音乐等，

都为传播本国价值观做出了突出贡献。中国也有许多古老优秀的艺术形式和成果，包括中国功夫、书法、绘画、戏曲、杂技等，要善于充分运用这些形式多样的文化内容，传播社会主义核心价值观。功夫承载着责任、勇敢等价值观，书法体现了和谐、文明等价值观，杂技作为来源于“江湖”的艺术形式，本身就是勤劳、信义、坚强等中华价值观的体现，相较于媒体节目，功夫、书法、杂技等不但可以进行国际演出，也可以进行国际交流，并通过网络互动延续人际传播的效果。

2. 以中国功夫为主题，推出反映社会主义核心价值观、易于理解的系列电影

在中国本土产生的所有文化艺术形式中，中国功夫国际传播的范围广、影响深。中国功夫具有较高的国际文化认同度，适合作为塑造可以接受的社会主义核心价值观的载体。《卧虎藏龙》《功夫熊猫》的成功已经做好了中国功夫的国际预热，我们接下来需要做的是做好剧本策划，将社会主义核心价值观巧妙地融入故事中，用具有世界影响力的阵容，推出可以广泛传播的系列功夫电影。在这个过程中，要摒弃以往那种把功夫英雄描绘为打家劫舍的“草莽英雄”的偏差，向世界传递维护社会正义、信守道德标准、诚实仁义可信赖、与人为善、人格丰满的中国英雄形象。

3. 通过优质电视剧讲述普通人的“中国故事”，传播社会主义核心价值观

建议开展中国优秀电视剧海外推广工程，加大资助力度。从对他国成功案例的研究和受众阅听习惯的分析不难发现，电视剧在价值观国际传播方面具有不容忽视的优势。美国、巴西、韩国、日本、泰国等国家都有非常经典的电视剧，尤其是对大众生活的细致描写和刻画，往往能够收到意想不到的效果。我国电视剧《媳妇的美好时代》和《甄嬛传》的海外成功播出，也证明了中国电视剧具有海外传播实力。注重利用新媒体环境传播中国电视剧，视频网站也是国际传播的重要渠道。

(四)吸收借鉴价值观国际传播的经验，学习有效的价值观传播理念和手段

在价值观有效国际传播问题上，可供我们思考的案例归纳起来大致有这样几个：18 世纪德国崛起过程中文化观念的树立；19 世纪共产主义价值观的有效传播；20 世纪后期美国借助大众媒体进行美利坚民族意识的培育和国际传播；21 世纪以来日本和韩国借助新兴媒介对于国家整体形象的重新打造。这些国际传播的成功案例为我们提供了有价值的借鉴。

1. 隐性传播是传播社会主义核心价值观念的有效手段

经验表明，好的宣传就是要做得不像宣传，“软包装，硬内核”，社会主义核心价值观的传播尤其如此。社会主义核心价值观传播也要用艺术的、技术的手段将意识形态价值理念巧妙地包裹起来进行传播，或者将其附着在物

质产品上，让受众在消费物质产品时接受影响熏染。让外国受众在欣赏中华民族的艺术作品等文化产品的同时，在享用"中国制造"的物质产品的同时，自然而然地了解并理解中国特色社会主义核心价值观。

2. 创新性的价值观核心概念

价值观的传播必然有其创新性的核心概念深入人心。德国通过狂飙突进运动，树立了"文化"的概念，从而挑战"文明—野蛮"的二元关系对世界意识形态的统治。美国将"美国梦"作为引领源自世界各地、缺乏共同价值观的美国人协同奋斗的利器，开创了"白手起家"、称霸全球的时代。马克思主义价值观的传播得益于社会主义、共产主义概念对各国普通民众的强大吸引。中国特色社会主义核心价值观也需要提出创新性的核心概念，而"中国梦"最有可能成为这一概念。

3. 选择恰当的价值观传播载体

从历史经验来看，价值观传播的首要载体是本国优秀的艺术形式和艺术作品，而不是媒体，媒体决定了传播能力但本身并不是最佳的传播载体。其次是本国的优质产品和品牌产品，德国汽车、瑞士钟表、法国时装和化妆品、意大利皮鞋、日本电器等等，均较好地承载和传播了本国的价值观。再者重大的国际活动也是价值观传播的重要载体，北京奥运会对中国形象的提升很好地说明了这一点。

（五）顺应全球传播的趋势，提升媒体传播价值观的能力

1. 转变工作思维，提升主流媒体的价值观对外传播能力

"全球、全民、全媒"是对当前新闻传播生态的战略性描述，这三个维度又是相互交织的。全媒体化趋势所带来的社交媒体、自媒体和公民新闻热潮直接带来媒体的全民化趋势。全媒化和全民化又直接推动新闻的去国界化。核心价值观的传播必须跟踪和顺应这种趋势，尤其是主流媒体必须转换工作思路，借助全球化浪潮，加大全球传播的能力建设；要聚焦民众的诉求，传播价值观而不是宣传价值观；要特别强调"全民化"的作用，要发挥民众积极性，对外传播中国的社会主义核心价值观。

2. 创新外宣工作机制，构建"大外宣"格局

全球传播时代，不仅传播技术有改进，传播体制和传播主体也发生了革命性的变化。专业媒体仅仅是现代传播体系的一部分，网络和新媒体将民众、企业、非政府组织等多种社会主体纳入了现代传播体系中。我们需要构建"大外宣"格局，创新外宣工作机制，整合社会资源，发挥多种社会主体在传播价值观方面的作用。

3. 面向各国青年群体，制定社会主义核心价值观传播的新媒体规划和实施方案

联合信息产业部、中科院、国家发改委等部门，结合正在推动中的"大数

据国家战略”和“宽带中国”，制定新媒体对外传播的规划和实施方案。尤其要把各国青少年作为传播的主要对象，减少盲目性，加强针对性。十几亿的全球新媒体用户以青少年群体为主，这正是社会主义核心价值观传播的重点人群。新媒体也是青少年最为欢迎的媒体方式，利用新媒体传播社会主义核心价值观将事半功倍。

(六)外宣办与国资委、国家旅游局等部门合作，发挥跨国企业和出境游客社会主义核心价值观传播的作用

1. 借助中国强大的经济影响力，发挥产品、品牌、跨国企业等传播社会主义核心价值观的作用

为解决经济和外宣缺少联系的问题，建议外宣办与国资委深度合作，充分发挥跨国企业在传播社会主义核心价值观方面所起到的作用。

一是要求海外企业必须精心塑造符合中华优秀文化和社会主义核心价值观的企业精神，将其贯穿于经营、管理、产品、广告、服务等各个环节，不但要创造企业的产品品牌，还要创造企业的精神品牌。我们的企业应当既是“生产队”，又是“宣传队”。对一些特殊行业，比如旅游产业、文化产业等，由于其业务直接与国家民族形象相关，更应将宣传中国优良文化与业务经营联系起来，包括对中国出境游客、文化工作者的行为规范教育。

二是对海外企业外派人员(尤其是企业领导者)进行必要的文化传播培训，掌握基本的文化理念，如“和谐”“诚信”“仁爱”“民生”“以人为本”“合作共赢”等，提高工作能力和文明素质。

三是在海外企业建立专门的外宣和文化公关部门，设相应的专职工作人员。根据情况，专职人员可从国家相关宣传部门选派。

2. 注重利用中国出境游客、访华人士等人员往来传播社会主义核心价值观

外宣办可与国家旅游局合作，研究制定未来 5 年规划，如何发挥至少 4 亿人次出境旅游人数的传播作用。

一是让中国出境游客成为本国文化价值观的积极传播者。2014 年中国内地公民出境旅游人数首次突破 1 亿人次。建议制定未来 5 年规划，可对出境游客发放文化传播手册，制作相关宣传片等提升出境游客进行文化传播的意识。

二是策划“走遍中国”旅游项目。有选择、有计划地邀请一批对中国友好的国外知名政治家、学者、活动家来华访问，使他们能成为客观反映中国现实和发展理念的宣传者。其中特别要注意联系一批对华友好、精通中国事务和文化的“汉学家”(在各领域都有这样一批人)，这些人在中国问题上对其本国政府和民众有一定的影响力。建议定期更新访华人士的重点名单，加强与他们的联系，为他们提供一定的资金和业务支持，形成一支可为我所用的舆论力量或代言人队伍。

(七)针对国际主流社会、中华文化圈和发展中国家，制定不同价值观传播策略

1. 以全球公共事务为重点，向国际社会传播中国社会主义核心价值观

在关乎人类共同利益的全球公共事务中，倡导平等互信、包容互鉴、合作共赢的价值观，维护国际公平正义。中国可就全球金融危机、打击恐怖主义、国际裁军事务、限制核武器和生化武器、环境保护和治理、防止艾滋病和毒品、世界粮食安全等全球治理问题，结合社会主义核心价值观发表白皮书、报告、政策和言论。中国强调人类共识、国际共识，以完善全球治理机制。原有的国际经济交往规则和政治、价值评价规则，是在西方国家价值体系上建立的。国际形势的新发展要求创新和改革以往的国际规则，更多地体现和反映发展中国家的价值诉求和新兴经济体的价值诉求。

2. 以传统文化和周边区域合作为重点，面对中华文化圈传播社会主义核心价值观

周边区域很多国家属于大中华文化圈，与中国共享中华传统文化价值观，相对而言，较容易接受社会主义核心价值观。除此之外，向周边国家阐明中国处理周边国家间关系的价值观也至关重要。习近平总书记提出“一带一路”发展战略，以及“以点带面，从线到片，逐步形成区域的大合作”和“讲信修睦、合作共赢、守望相助、心心相印、开放包容”的中国一东盟命运共同体及“海上丝绸之路”等，是中国在新时期发展区域合作的崭新思路，受到相关各国的热烈响应，通过传播这些理念向周边国家传播社会主义核心价值观大有可为。

3. 以“中国发展道路”为载体，向发展中国家传播中国社会主义核心价值观

经济发展是广大发展中国家最为关心的问题，中国发展道路既是关注焦点，同样也是传播社会主义核心价值观的最佳载体。建议研究广大发展中国家在发展中存在的问题，有针对性地传播中国在发展道路方面取得的经验，以便更好地传播社会主义核心价值观；同时向发展中国家展现中国进行经济改革、经济交流方面的价值观；树立并大力传播中国发展的新理念，确立并全面展示中国发展的新动力。中国发展的动力是改革开放和科技创新，并不是对外扩张。习近平总书记提出，要“维护和发展开放型世界经济”，中国不但要继续做世界的市场，同样也要以世界为市场，与世界各国在经济领域实现互利共赢。

（作者：郭晓明　中国人民大学出版社副编审
贺耀敏　中国人民大学教授）

后　　记

为更好地宣传和推介北京市社会科学基金项目研究成果，促进研究成果的转化和应用，北京市哲学社会科学规划办公室编辑出版了2015年度北京市哲学社会科学基金项目阶段成果选编。

本书收录的是2015年7月北京市哲学社会科学基金项目年度中期检查过程中征集到的部分在研项目的阶段性成果。当年共有562个在研项目参加了年度中期检查，各课题组共提交参选阶段成果253项，这些成果均完成于2015年7月之前，其中部分成果曾在期刊上公开发表过。我们聘请专家对参选的阶段成果进行了筛选，最终将78项阶段成果收录到本辑中。

“十二五”期间，市社科规划办共组织出版《北京市社会科学基金项目优秀成果选编》(2011－2015年)5辑，累计收录北京社科基金项目阶段性研究成果382篇，在推动项目研究服务首都科学发展等方面发挥了积极作用。

在《北京市社会科学基金项目阶段成果选编》(2011－2015)这五辑的组织出版过程中，入选成果的项目负责人和课题组付出了大量的心血和智慧，各科研管理单位承担了大量的组织和协调工作，首都师范大学出版社给予了积极帮助与支持。在此一并表示诚挚的感谢！

北京市哲学社会科学规划办公室
2016年3月